中国近代海关史

陈诗启 ◎ 著

中国海关出版社

图书在版编目（CIP）数据

中国近代海关史／陈诗启著. —北京：中国海关出版社有限公司：人民出版社，2021. 11

ISBN 978 - 7 - 5175 - 0533 - 4

I.①中… II.①陈… III.①海关—经济史—中国—近代 IV.①F752.59

中国版本图书馆 CIP 数据核字（2021）第 221297 号

中国近代海关史
ZHONGGUO JINDAI HAIGUANSHI

作　　　者：	陈诗启	
策　　　划：	陈鹏鸣　韩　钢	
责 任 编 辑：	刘　畅　叶　芳	
出 版 发 行：	人民出版社　中国海关出版社有限公司	
地　　　址：	北京市朝阳区东四环南路甲 1 号	邮政编码：100023
网　　　址：	https://weidian. com/? userid = 319526934	
编 辑 部：	01065194242-7531（电话）	
发 行 部：	01065194221/4238/4246（电话）	
社 办 书 店：	01065195616（电话）	
印　　　刷：	北京新华印刷有限公司	经销：新华书店
开　　　本：	710mm×1000mm　1/16	
印　　　张：	58	字数：980 千字
版　　　次：	2021 年 11 月第 1 版	
印　　　次：	2021 年 11 月第 1 次印刷	
书　　　号：	ISBN 978 - 7 - 5175 - 0533 - 4	
定　　　价：	200.00 元	

出版前言

PREFACE

　　《中国近代海关史》是近代海关史研究领域的一部具有开拓意义的专著，以外籍税务司管理下的中国近代海关为研究对象，对外籍税务司海关制度的形成及消失过程进行了系统论述。该书"晚清部分"和"民国部分"的初版分别于1993年、1999年由人民出版社出版。2002年入选研究生教学用书，将两部分合并后由人民出版社出版。为了表彰作者陈诗启教授对中国海关史研究的巨大贡献，海关总署于1987年特授予他海关金质纪念章。

　　2021年是中国共产党成立100周年。习近平总书记在党史学习教育动员大会上指出："历史是最好的老师，我们党的历史是中国近现代以来历史最为可歌可泣的篇章，历史在人民探索和奋斗中造就了中国共产党，我们党团结带领人民又造就了历史悠久的中华文明新的历史辉煌。一切向前走，都不能忘记走过的路，走得再远、走到再光辉的未来，也不能忘记走过的过去，不能忘记为什么出发。"

　　为深入探讨中国近代海关的起源、发展、活动及其对近代中国社会的影响和作用，加深人们对中国近代社会性质的认识，了解在中国共产党的领导下持续反对外国控制海关的斗争过程、成果和意义，延续革命斗争精神，传承红色基因，人民出版社与中国海关出版社联合推出新版的《中国近代海关史》，在充分发挥各自历史、文化、思想宣传阵地优势的基础上，携手助推海关史研究向更宽的领域发展。

学史明理、学史增信、学史崇德、学史力行。人民出版社与中国海关出版社将不断推出更多、更好的精品力作，筑牢中华民族文化自信的根基，"讲好中国故事，传播好中国声音"。

人 民 出 版 社
中国海关出版社
2021 年 11 月

目　录
CONTENTS

晚清部分

民国部分

再 版 序 言

PREFACE

　　《中国近代海关史》是国家"七五"规划社会科学基金项目。晚清部分于 1993 年 7 月由人民出版社出版。1995 年获国家教育委员会颁发"全国高等学校人文社会科学研究优秀成果二等奖";1999 年复获全国哲学社会科学规划领导小组颁发"国家社会科学基金项目优秀成果二等奖"。

　　1999 年 9 月,《中国近代海关史(民国部分)》由人民出版社出版。

　　2001 年,经教育部委托全国学位与研究生教育发展中心组织专家对申报项目进行评议,国务院学位委员会学科评议组召集人会议审定,《中国近代海关史》晚清部分和民国部分入选教育部研究生工作办公室推荐的研究生教学用书。

　　教育部办公厅通知:"入选教学用书应于 2002 年 8 月 1 日以前出版或再版","以便新学年培养单位选用。未经许可,不得延期出版。"据此规定,我当即将全书复校,并进行修改补充,以备如期再版。

　　本书所称的中国近代海关,主要是指外籍税务司管理下的中国海关,内容包括从外籍税务司海关制度的酝酿、建立到 1950 年在中国国土上最后消失的全过程。

　　我是于 1972 年在处境极端艰难时刻开始进行中国近代海关史资料的搜集工作的,到 20 世纪 80 年代才开始撰写。我的系统研究成果都是在 1986 年退休以后才完成和出版的。

　　退休以后,一切教学工作都停止了,学术上一时被歪曲、被篡改的问题也得到拨乱反正。完整的时间和学术思想的解放，使 1956 年前后的研究春天再度来临，我怀着无限喜悦的心情，向着中国近代海关史的系统研究迈步前进。

首先，我应中国海关学会之约，把历年发表的有关专题论文，辑成《中国近代海关史问题初探》一书，作为中国海关学会历史丛书第一部，于 1987 年由中国展望出版社出版。其次，在《中国近代海关史问题初探》基础上开展中国近代海关史前期的系统研究。在晚清部分即将完成的时候，我本来打算把书名定为《中国近代海关史》（上册），但因想到自己已年近八十，能否完成下册，殊属疑问，索性把上册改为"晚清部分"，万一写不出下册，总算告了一段落。现在看到这个课题的最后完成，非意料所及，不胜欣慰！

外籍税务司管理的中国海关，是在西方资本主义阔步前进，特别是英国维多利亚女王在全球建立大英帝国时代产生的。那时，中国还处于落后、闭塞的封建时期，闭关锁国的政策把自己的国家远远抛在西方资本主义世界后面。资本主义强大的生产力突破了国家界限，摧毁了落后国家脆弱的经济基础，打破了民族的闭塞隔阂状态。它们的生产和消费，一步步地卷进资本主义世界市场的漩涡。落后国家，虽自甘孤立，却孤立不了，虽欲自主，却自主不了，终于沦为殖民地或半殖民地。落后的国家民族，虽因此而伤心落泪，甚至奋起抗争，但因落后，无法挽救，徒叹奈何。

中国正是在这样的潮流中沦为半殖民地的。落后的中国，远不能满足列强发展资本主义的要求。因此，资本主义国家不论是它们的政府还是工商业者，都要求清政府甚至自行在中国尽快地行驶汽船、开办工厂、开采矿产、修建铁路，以便顺畅地运输商品、原料，加速资本积累，壮大本国的经济力量。所以随着世界市场的建立，近代化的交通工具、生产工具和生产技术，都输了进来，资本主义精神文化也被带了进来。

资本主义国家入侵中国，破坏了中国自给自足的自然经济，但也促进了商品生产的发展，促进了沿海、沿江地区资本主义生产的发展。但是因为资本主义列强企图在中国建立自己的经济体系，倾销商品，搜购原料，壮大自己的经济力量，势必排挤、打击中国的民族经济，从而阻遏了中国社会的发展。

中国近代的海关，一方面是作为资本主义因素出现在中国的，这就不可避免地带进了资本主义的新事物；另一方面，也是主导方面，它是维护、发展列强经济的工具，因而也就不可避免地阻碍了中国社会的发展。总税务司赫德曾就条约与海关的关系论述海关的作用。他说，条约"总是制定者从外国立场出发强迫签订的，因此，极端重视的首先是要求外部（国）贸易的发展，而不是发挥［中国］内部的潜在能力"；根据条约而建立的海关外籍税务司制度，是"为使贸易按照规定的方式进行，为使中国人按照条约规定强加于他们的贸易方向行动"。① 这是海关开办时的情况，其后，海关被建成英国对华关系的基石，这就在更广泛的范围维护和发展了列强特别是英国在华的经济利益。

由于海关一开始就和清朝最高统治者——满族统治者结合在一起，满族统治者企图依靠海关加强它的统治，而海关又企图建成英国对华关系的基石，所以海关势力得以乘机渗透进中国政治、经济、文化甚至军事各个领域。这样，它的业务越广泛、权力越大，对中国的危害性就越显著，它的本质也因而越来越暴露。因此，当中国人民民族意识高涨，民主革命兴起，它便成为革命的打击对象。

由于海关渗透到近代中国社会的各个领域，所以它的业务非常庞杂。它以征收对外贸易关税、监督对外贸易为核心，兼办港务、航政、气象、检疫、引水、灯塔、航标等海事业务，还经办外债、内债、赔款及以邮政为主的洋务，从事大量的业余外交活动。海关经办的业务和活动，牵涉近代中国财政史、对外贸易史、港务史、洋务史、外交史及中外关系史等专门学科，它对中国近代社会有着广泛的影响和作用。深入地探讨中国近代海关的起源、发展、活动及其对近代中国社会的影响和作用，不但可以丰富有关学科的内容，而且可以充实、扩大整个中国近代史，加深对中国近代社会性质的认识。

---

① 1864年赫德呈英国议会《关于中国洋关创办备忘录》，全文刊载于 ［英］ 魏尔特编：《中国近代海关历史文件汇编》，海关总税务司署统计科1940年印行，第172—194页。

如何看待一个如此庞杂的行政机构，这是一个关于如何对待历史研究的态度问题。我们认为，从事历史研究，最起码的态度应是忠实地依据历史资料，从历史事实出发进行探讨；其次是把历史事件放在特定的历史条件中加以辩证地分析；最后，要用全面观点去考察问题。这看来是老生常谈，但是在长期"左"的思潮的深刻影响未尽消除的情况下，不能不老调重弹，以免重蹈覆辙。我们正是秉着这种态度，从事本书的撰写的。

中国近代海关史的研究，是在辛亥革命后继起的民主革命时代兴起的。1917年，孙中山在广州集结革命力量，发动反对北洋军阀破坏宪法的护法运动，接着爆发了反帝反封建的五四运动。到了1924年，在广州革命政府领导下，掀起了北伐大革命。当时，全国民族意识高涨，知识分子和海关华员为了配合收回关税自主权、收回海关的斗争，他们比较集中地撰写了一批揭露海关阴暗面的专著和论文。这些论著，对于当时的反帝运动起到了宣传鼓动的作用，激发了人民的爱国情绪，其功绩是不可磨灭的。但是因为当时海关档案还在外籍税务司严密封锁之下，海关制度不许外人研究，所以这些论著还不可能进行系统、全面的论述。尽管如此，它们还是为后来的研究奠定了基础。

1928年，大革命转入低潮，海关史的研究气氛，随着社会矛盾的转化而渐趋沉寂，前后几达30年之久。

到了20世纪50年代后期，中国政治发生了重大变化，中国近代经济史资料丛刊编委会和海关总署研究室编译了10种《帝国主义与中国海关》丛书，从海关密档中辑译出大量有关外交史和中外关系史的资料。这些资料，揭露了中国海关大量的业余外交活动和中外关系的历史事实，为近代海关史的研究提供了极其珍贵的资料。但是这套丛书的出版，并没有引起学术界应有的重视。从此以后，中国海关史的研究又度过了沉寂的10年。

我对中国近代海关史的研究开始于20世纪70年代。我在厦门大学担任中国近代史教师的时候（20世纪60年代以前），对于中国近代海关问题就颇感兴趣，但因教学任务繁重，缺乏研究条件，无从着手。从1966年下半年开始，全国进入"文化大革命"时期，研究工作停顿。直到1979年，我终于结束了众所周知的长期的知识分子改造生活，开始走出学校，访问了厦门海关。时任关长张震同志大力支持我的工作，吩咐经办人员给予查阅、借用档案的便利。在此谨向张关长和厦门海关档案室人员的无私援助，致以谢忱。

中国近代海关史内容如此庞杂，海关档案浩如烟海，要全面完成这项研究任务，绝非个人能力所能办到的。因此，培养一批青年研究力量，是当务之急。于是，我于1985年开始招收中国近代海关史研究生。为了进行分工合作的系统研究，我还有设置中国海关史研究机构的构想。

就在这一年（1985年），中国海关学会在北京酝酿成立。我希望厦门大学和中国海关学会合办中国海关史研究中心。这个主意得到厦门大学辜联崑副校长的首肯。于是，我奔走于京、厦两地，终得中国海关学会领导的同意，由其提供经费和人员。这样，中国海关史研究中心便于1985年11月在厦门大学正式成立。研究中心成立后五六年中，撰写论文60余篇，大多在全国性刊物发表，还出版了专著三部、外国著作译本一部。

中国海关史研究中心顾问、厦门海关秦惠中关长，对于中国海关史研究中心的研究工作备极关怀，提供了查阅使用厦门海关档案的诸多方便。本书的撰写，受惠特多，在此特致谢忱。

鉴于中国近代海关是在外籍税务司管理之下，又和外国的政治、经济、文化紧密联系，英、美等国外交档案保存了大量有关中国海关的档案资料；随着海关外籍人员的返国，还有许多私人信件、日记等分散各国，而各国学者研究中国海关史和海关人物的也不乏其人。因此，有必要在国际范围内交流各国有关的研究资料、研究成果和不同观点，求同存异，共同促进，才能推进这门学科的全面发展，因此有举办国际学术研究的设想。

香港大学王赓武校长，热心扶掖学术研究工作，慨然承诺该校历史系和亚洲研究中心联合举办第一次中国海关史国际学术研讨会，以资倡导。研讨会于1988年11月在香港大学举行。参加的有美国、日本、加拿大、中国（包括香港、台湾地区）的学者30多人，提交论文29篇。1990年8月，由中国海关史研究中心牵头，《历史研究》编辑部、《近代史研究》编辑部、中山大学历史系、广东社会科学院历史研究所联合举办的第二次中国海关史国际学术研讨会在厦门大学举行。出席的各国学者46人，提交论文 32 篇。1995 年，香港中文大学历史系主办的第三次中国海关史国际学术研讨会，出席的中外学者 60 余人，提交论文 40 篇。通过以上三次国际学术研讨会，海关史的基本问题，经过反复讨论，我深受启发，获益良多。研讨会的大量论文，为本书的撰写提供了研究成果。

中国海关史研究，还有一支不可忽视的力量，这就是在中国海关学会的领导下，全国各海关都成立了编写关志办公室，拥有庞大的编撰队伍。在他们辛勤努力之下，各关大多写出了关志初稿或定稿，许多已经出版了。此外，中国海关学会编辑的《海关研究》、中国海关杂志社编辑部编辑的《人民海关》（后改为《中国海关》）也发表了不少有关论文。以上这些成果丰富了中国海关史研究的内容。

有些专家学者最近著译出版的书籍，如陈霞飞编审主编的《中国海关密档：赫德、金登干函电汇编》，汤象龙教授编著的《中国近代海关税收和分配统计》，汪敬虞教授著的《赫德与近代中西关系》，叶松年教授著的《中国近代海关税则史》，中国海关学会编的《海关职工革命斗争史》，英国人魏尔特著、陈敉才等译的《赫德与中国海关》，徐万民和王恭忠同志编的《中国引航史》，叶家奋同志主编的《中国航标史》等，都是很有价值的作品。

本书晚清部分在撰写过程中，承中国海关学会特予大量的经费资助，朱剑白、宿世芳两位会长，江西大学名誉校长、我的老师谷霁光教授，厦门大学副校长郑学檬教授，中国社会科学院近代史研究所王庆成教授，西南财经大学汤象龙教授，人民出版社编辑部王能雄编审等给予关怀、鼓励和鞭策；福建师范大学林振盛副教授、厦门大学教师阅览室石翠金同志，在我极端困难的情况下帮助我借阅书籍，给予查阅资料的方便；人民出版社编辑部的定期发稿，对我的写作起了督促作用，在此敬致衷心谢忱！

厦门大学中国海关史研究中心连心豪副教授、薛鹏志同志协助我处理大量的注释，校阅了全书，戴一峰教授提供有关资料，吴亚敏关务监督提供部分译稿；80 岁高龄的康维屏同志，冒着酷暑为我誊清了凌乱的稿件，在此一并致谢。

在这里，我也不会忘记，在生活条件极端困难境况下，黄美德同志不辞劳苦地带领全家大小为本书的撰写做好了大量的准备工作。没有这些工作，我不能想象在今天能够完成这个任务，特书此以为留念。

本书民国部分附录刊载了英国人魏尔特著的《关税纪实》中"民国元年至二十三年海常各关关税总数收支表"，对 1912 年到 1934 年海关和常关的收入和分配情形记载甚详，资料价值很高。篇幅较多，不妨作为附录部分录下，以供参考。

附录还载了几篇本人关于这个课题的研究经历、讲话、出版缘起、序言、译序，反映我的研究过程、方向和观点，也一并录下。

民国部分书稿蒙叶克豪同志精心打印，前后费时三四年，费尽心血；厦门大学中国海关史研究中心薛鹏志同志为我输送大量资料，还为我完成"1912 年到 1948 年海关职员人数统计表"；厦门海关档案室继续提供查阅档案的便利；厦门大学历史系孔永松教授、厦门海关翟后柱同志提供解放区海关资料；胡月英老师冒着酷暑协助校对。所有这些，都是本书成书和出版不可或缺的宝贵帮助，在此敬致衷心谢忱。

本书虽连续撰写了七八年，但因内容庞杂，舛误遗漏之处，在所难免。敬请学术界、海关界同志，不吝批评指正，是所切盼。

2002 年 2 月 28 日
于厦门大学中国海关史研究中心

晚清部分

第一章

西方资本主义势力的入侵和英美法
驻沪领事夺取江海关夷税征收权的酝酿

第一节　五口通商和海关夷税的开征

1840 年英国发动的鸦片战争，以清政府的失败而告终。英国迫使清政府签订《江宁条约》等几个不平等条约；之后，法国、美国相继而来，胁迫清政府签订类似内容的条约。从此，中国开始沦为列强争夺的半殖民地。英、美、法等国为了开拓市场，扩大在华的通商贸易，在《江宁条约》及其随后的各项条约中，强制清政府出让各种通商贸易特权，另建通商贸易秩序。

根据《江宁条约》规定开辟的广州、厦门、福州、宁波、上海五个通商口岸，原来就有海关的设置。康熙二十三年（1684），清朝平定台湾的反清政权，次年（1685）宣布开放海禁，设闽海关、粤海关（海关监督于 1685 年到达广州，此为粤海关实际设立时间）；康熙二十四年（1685），又设立江海关和浙海关。粤海关设广州、江海关设上海、浙海关设宁波①；至于闽海关早期可能设在福州或厦门。《厦门志》载，台湾平定后，施琅（泉州人）请设海关，"康熙二十三年设立，派户部司官一员榷闽海关税务"②。《鹭江志》记载较详，"闽海关旧为户部所管，每三年部中选一员抵厦，专理其事。……住户部衙（在养元宫边），分四处稽查"。③ 据此，则闽海关最早设在厦门；但同治

---

① 参阅彭泽益：《清初四榷关地点和贸易的考察》，《社会科学战线》1984 年第 3 期。
② 道光十八年纂修：《厦门志》卷 2，分域略，官署，第 50 页。
③ 蒲起风、杨国春、黄名香乾隆三十一年纂：《鹭江志》，荷兰莱顿大学汉学院图书馆藏，林仁川教授提供。

《福建通志》则称：闽海关"初用满汉二员，分驻于南〔台〕、厦〔门〕，一年一易"。① 此又另为一说。雍正八年（1730）管理闽海关事务郎中准泰称："福建海关向有南台、厦门衙署二处，从前监督多住厦门。"接着又称："今奴才往返看得厦门地方偏僻，耳目难周；南台近在省会，为沿海口岸适中之地，是以奴才住扎南台衙署，以便往来巡查各口，合并奏明。"② 雍正八年后闽海关迁扎南台，当是肯定的。其后，先后改归福建巡抚、闽浙总督兼辖。大抵在乾隆初年便改辖福州将军。到《鹭江志》纂修的乾隆三十一年（1766）便记载，闽海关"令（今）为将军兼管，委官一员，在厦经理。有事则禀明将军。……大馆在岛尾路头。凡洋商南北等船出入，皆到馆请验"。是在乾隆三十一年前，闽海关已归福州将军兼管，而厦门成为闽海关之一口，当无可疑。自此以后，直到新关设立，都由福州将军兼管，不再改变。

由此可见，远在鸦片战争之前，五口都有海关的设立。乾隆二十二年（1757）虽下诏除广州一口以外，其他四口不准外国船舶前来贸易，但原设海关仍然继续办理华船征税业务，并未关闭。从五口通商到1854年英、美、法驻沪领事接管江海关夷税征收权的10多年间，负责外商船货征税业务的，仍是原有五个海关。③ 这五个海关都是由清政府任命的官员管理的。它们的行政组织、官员任命、人事管理以及方针政策、章则条例，都是根据统治阶级自身的利益而制定的，外国政府和商人，没有置喙余地。这是一个按照统治阶级自己的意志而设立的行政机关。它有"决定应课何税的主权，从来没有被各该有关外商的政府非难和干预过"。④

当时的海关，从组织管理、征税制度、查缉办法、财务行政等方面看，都是封建的，落后的；加上关政不修，贿赂公行，弊窦丛生，吏员关役在西方走私集团的严重腐蚀之下，腐朽不堪。因此，虽属独立，却独立不了；虽属自主，却自主不了。

《江宁条约》于1842年8月29日签订，1843年2月英军便开始在福州催逼开市活动。当时占领定海的英国水师提督巴图览"自浙率夷船五只，于〔道光二十三年正月〕初五日驶至五虎门外白犬洋投信，并遣守备甲花厘率领

① 同治七年《福建通志》卷107。
② 台北故宫博物院编印：《宫中档雍正朝奏折》第16辑。
③ 参阅黄国盛、谢必震：《清代闽海关重要事实考略》，《海交史研究》1990年第1期。
④ ［英］魏尔特著、姚曾廙译：《中国关税沿革史》，三联书店1958年出版，第1页。

夷官、通事、跟役、舵手八名赍书到〔福州〕省城"，并称：璞鼎查"令其来闽察看地势，选择码头"①。

1843 年初，璞鼎查一再照会两广总督祁𡎴，请派差，"同心妥办""和约所定各项"。清政府乃于是年 4 月任命耆英为钦差大臣，驰赴广东，"查办事件"②；旋又调任两广总督，兼办通商（对外）事宜。从此，清政府把一切对外事务，统交两广总督办理。外国使节有什么交涉，都得通过两广总督，中央政府和其他地方政府，一律不办。于是两广总督等于兼任的外交大员了。

耆英以"五口通商章程初定，头绪纷如，闽、浙、江苏三省又属创始，华夷素不相习，一切事宜，尚须因时因地，酌量办理；而夷性多疑，若无职分较大为该夷信服之员妥为抚驭，势必事事皆须大吏亲往料理；而体制攸关，督抚大吏既不便与之时常接见，亦有断非亲自能办之事，是筹派各口办事人员，实为第一要件"③。因而奏派广东藩司黄恩彤、福建藩司徐继畲、浙江提督李廷钰、四等侍卫咸龄改为候补道府，分别担任广东、福建、浙江、江苏各口岸办事人员。

耆英到粤后，即赴香港和璞鼎查粗定通商章程和输税事例。章程粗定，璞鼎查便催迫五口开市。首先催开广州口岸。他于 1843 年 7 月照会耆英说："清廷恩准通商，业经十个月之久。……伊里布前于正月间，曾约期七月初一日（7 月 27 日）颁行新例"，在广州开市。广州"伊国众商货船停泊外洋者，已有三十余只"，"久停洋面，台飓堪虞"，"且船户水手人数众多，一切汲取淡水、购买食物，甚属苦累。现在众情汹汹，有不遵约束之势"，坚请于 7 月 27 日开市。结果，耆英答应如期开市，并照"新例贸易输税"④。

其余四个通商口岸，虽然原已设有海关，但因 1757 年执行闭关政策，禁止外国商船通商贸易，海关便只征收本国民船贸易关税了。现在四口既然重行开放，海关就得按照新章开征外国商船关税。此项关税称为夷税，而原征诸华商民船货物的关税称为商税、华税或常税。这样，海关除原征常税以外，又征夷税。所以福州将军管闽海关敬敩说："海关征收夷税、常税，分而为二。"

① 道光二十三年正月十六日保昌等奏折。《筹办夷务始末》（道光朝）第 5 册，中华书局 1964 年版，卷 65，第 2570 页。
② 道光二十三年三月初七日上谕。《筹办夷务始末》（道光朝）第 5 册，卷 66，第 2605 页。
③ 道光二十三年八月二十七日耆英奏折。《筹办夷务始末》（道光朝）第 5 册，卷 69，第 2741—2742 页。
④ 道光二十三年六月十五日耆英奏折。《筹办夷务始末》（道光朝）第 5 册，卷 67，第 2649—2650 页。

1860 年后列强以"夷"字是对外国的贱称，不许使用，于是一般文件改为"洋"字，夷税也就改为洋税了。

重开四口，最早开征夷税的是厦门。厦门海关，原只征收常税，但"自夷氛不靖（按：指鸦片战争），厦关停征"。"厦关管税委员，向于防御、骁骑校中派委。上年开关〔征收常税〕之际，奴才〔保昌〕以该处华夷杂处（按：当时英军仍驻鼓浪屿），控制防闲，稽查弹压，在在匪易。防御等官卑职微，难以胜任，特委协领霍隆武往彼查办。厦门乃于 1842 年 8 月 27 日（道光二十二年七月二十二日）开关启征。"① 这里所说的"启征"，系指恢复常税的开征。

1843 年 10 月 6 日，英国领事记理布到厦门，租赁海关附近空房一所，"以作马头"，"择于九月十一日（11 月 2 日）开市，一切通商事宜，遵照广东议定各款"②。厦门既经开市，"又有榷收夷税事宜，复添委明干之佐领都尔逊前往，会同霍隆武经理"③。厦门就这样地开征夷税了。

其次开征夷税的是上海。上海原设江海关，在"上海小东门外，向系查验内地商船"。英国驻上海领事巴富尔是和厦门领事记理布同船到厦，随即转赴上海。到达上海后，便和上海官宪商定江海关于 11 月 17 日（道光二十三年九月二十六日）开征夷税。

第三个开征夷税的海关是宁波。英国领事罗伯逊于 1843 年 12 月中旬到达宁波，"据称十一月十二日（1844 年 1 月 1 日）为伊国正朔，不便另择〔开市时间〕，即于是日邀请在城文武，眼同开市"④，随即开关。

福州是最后开征夷税的口岸。早于厦门开埠时璞鼎查便照会耆英说："福州一口现在无人（领事）可派，应暂停开市。"到 1844 年 6 月底，璞鼎查所派的领事李太郭才到达福州，但因英船前来贸易极少，其间还有领事强租城内住处，领事调换等问题的争执，所以，迟至 1845 年 7 月继任领事阿礼国到达福州后才开征夷税。

这样，在 1845 年，五口都开征夷税了。

---

① 道光二十四年二月二十五日福州将军兼管闽海关保昌：《厦门商税折》。《筹办夷务始末补遗》（钞本）。
② 道光二十四年十月二十三日保昌等奏折。《筹办夷务始末》（道光朝）第 6 册，卷 70，第 2784 页。
③ 保昌：《厦门商税折》。《筹办夷务始末补遗》（钞本）。
④ 道光二十三年十二月十二日李廷钰奏折。《筹办夷务始末》（道光朝）第 5 册，卷 70，第 2794 页。

第二节　英国重建在华贸易秩序的失败及其
终止保障中国关税征收的干预

　　五口开市既已完成，英、美、法等国企图根据条约规定的贸易方式，建立一种和鸦片战争前截然不同的贸易方式，这就是按照中英《江宁条约》、《五口通商章程：海关税则》（《虎门条约》），中美《五口贸易章程：海关税则》（《望厦条约》）和中法《五口贸易章程：海关税则》（《黄埔条约》）的规定而建立的贸易方式。这种贸易方式，大致包括下面内容：

　　首先是废止官设洋行制度，外商得与华商在市场上自由贸易。中英《五口通商章程：海关税则》规定："凡现经议定，英商卸货后自投商贾，无论与何人交易，听从其便。"① 中美《五口贸易章程：海关税则》更加明确规定："各国通商旧例，归广州官设洋行经理。现经议定将洋行名目裁撤，所有合众国民人贩货进口、出口，均准其自与中国商民任便交易，不加限制，以杜包揽把持之弊。"② 这是新的贸易方式由以建立的先决条件。如果外商贸易仍在行商管束之下，不得和华商直接贸易，便无法自由发展。在外商看来，强迫清政府废行官设洋行制度，是非常必要的。

　　其次是按照条约规定的税则征税。《江宁条约》签订以后所定的税则，没有规定明确的税率，其税饷较诸鸦片战争前已经低得很多，但到1858年签订的中英《天津条约》，英国强行塞进洋商进出口货税"值百抽五"的规定。《天津条约》还规定洋商进出口货物，只要"综算货价为率，每百两征银二两五钱的子口税，便得遍运天下，不再重征"。这样，洋商的货物只要交纳7.5%的关税，就得遍运全国了（详见本书第九章"海关关税及其作用和使用分配问题"）。

　　再次，这种贸易是在各国领事严密监督下进行的。领事的监督主要是通过对清朝海关的监督来实现的。凡外国船货通过清朝海关，每一环节，诸如报关、结关、货物检查、估税、剥船过货等都有当事国的领事或官员的监督。

　　这种对外贸易的特点，就是在各国领事监督下，由清朝海关依据条约规定

---

① 王铁崖编：《中外旧约章汇编》第1册，三联书店1957年版，第40页。
② 《中外旧约章汇编》第1册，第53—54页。

予以执行的。领事对海关所以要实行监督，正如璞鼎查给马礼逊的训令中所说的："只有领事们在一切关于中国关税事务上这样子经常出面并预闻其事，才能保障帝国的税务，同时对于任何新的未奉准的苛税，也可以借此防微杜渐。"① 显然，这是在损害中国海关主权的情况下进行的，所以这是半殖民地性质的贸易。这种强制性的贸易方式，是构成当时中外关系的基础。在以后10多年中，列强在中国的主要任务，就是建立这种贸易秩序，以扩大其在华的通商贸易。

面临着19世纪40年代猖獗的走私活动，这种半殖民地贸易秩序的建立受到严重的挑战，而和中国有条约关系的国家和无条约关系国家间在对华贸易待遇上的悬殊，使这种秩序的建立增加了困难。

五口通商以后，外国人在中国取得了种种通商贸易特权，又有领事裁判权的庇护，于是大批西方冒险家、浪人、不法分子抱着到中国大发横财的迷梦，一齐涌到中国沿海来，并和英、美各大洋行相勾结，组成了庞大的武装走私集团。它们依仗着高速精锐的飞剪船，运用行贿手段，腐蚀海关员役，进行了肆无忌惮的走私活动，形成了一股大规模的走私逆流。走私的浪潮在中国沿海以至内地广泛地泛滥着。

当时在中国最大的通商贸易国家是英国。面对着这种严峻形势，两广总督祁墫不能不向英国全权大臣璞鼎查提出申诉："今两国已敦睦和好，就应更加严密监督，不任英商勾引海关书役舍人，串同规避关税。两国既已约定会商税则，本督更加恳望贵全权大臣提出条规办法，载入约章，以为永久指南，借以共同检查，防范上述弊窦。"② 璞鼎查在给祁墫的复照中明确表示："我已注意到，一种非常广泛的既向外又向内的走私偷漏关税的方式，通过秘密渠道，在当地海关关员纵容之下，这时在广州惯常地活动着，……本大臣谨向阁下切实保证，并以正式的方式声明，这种活动和本国政府与本人的意图与愿望全然背道而驰。本大臣乐意和阁下在与本大臣的地位和责任一致的任何步骤中联合一起，共同制止这种祸害。"③ 璞鼎查还发布了两个布告。在1843年7月的布告

① 1843年2月6日璞鼎查致阿伯丁第7号函附件19号，璞鼎查致马礼逊函，引自《中国关税沿革史》，第87—88页。
② 光绪二十三年三月十七日祁墫致璞鼎查照会。据英文迻译。《中国近代海关历史文件汇编》第6卷，第4页。
③ 1843年4月13日璞鼎查致祁墫照会。《中国近代海关历史文件汇编》第6卷，第3页。

中说："他决定用他所可用的各种方法，以求一切愿于将来从事对华贸易的人们履行商约的规定；并且无论何时，如果他从女王陛下的领事或中国当局方面收到有确实根据的情报，指出商约这种规定已经被规避（或者试图规避），他将采取最紧急和坚决的措施，以对付各违约方。"因为这样的事情，"有损于英国在中国政府评价中国和其他一切国家的看法中的国家荣誉、尊严和信义"。① 为了使走私得到切实制止，璞鼎查还训令驻广州领事李太郭："如果你得到确凿而不可争辩的证据，证明省河中有任何英国商船曾经或正在从事走私，或逃避税则或通商章程所制定的中国政府正当税课的缴纳，你就要采取及时的步骤，把所知道的情况通知中国海关高级官吏，以便他们可以斟酌情形，拦截这些船只，再行卸货或装货。如果他们认为适当的话；同时你也要把你所曾采取的步骤通知这艘船只的船主、所有者或货物受托人，并且晓示他们：凡拟进行走私行为，或拟以武力进行任何违反中国当局意愿和方针的贸易等一切企图，都会使我不得不要这类船只驶出省河以外。"② 类似的训令也颁给其他四个通商口岸的领事。璞鼎查严厉斥责了走私对条约规定的合法贸易的危害性："这种无耻的、不名誉的整批走私体系——这一种体系，果真被忽视和许可，那不独迅速削弱和摧毁一切合法贸易的现有基础，而且会使一切为把这种合法贸易置于一种坚固、正规和庄严基础上所可能的，或可能试图作的努力和部署，都全然归于无效。"③ 所以他照复钦差大臣说：在消灭这种非法贸易方面，中国当局可以期待他在条约规定范围内提供保护。

显然，璞鼎查已经深切地意识到走私的泛滥，势必破坏条约规定的贸易方式，从而影响半殖民地贸易秩序的建立。所以在 1843 年 10 月签订的《五口通商附粘善后条款》中专列一款，内称："倘访闻有偷漏走私之案，该（英）管事官即时通报中华地方官，以便本地方官捉拿；其偷漏之货，无论价值、品类全数查抄入官，并将偷漏之商船，或不许贸易，或俟账目清后，即严行驱出，均不稍为袒护。"④ 尽管他把走私泛滥的责任推给清朝海关官员，但他希望制止走私的意图却是不可否认的。

璞鼎查在签订这个条款时，显然没有考虑到它可能产生的后果。他只认为

---

① 《中国丛报》卷 12，1843 年，第 391 页。

② 1843 年 4 月 15 日璞鼎查致阿伯丁第 34 号函。《中国近代海关历史文件汇编》第 6 卷，第 4 页。

③ 1843 年 4 月 15 日璞鼎查关于走私问题颁发的布告。《中国近代海关历史文件汇编》第 6 卷，第 5 页。

④ 《中外旧约章汇编》第 1 册，第 37 页。

条约既然赋予英商种种贸易特权，英商就有遵守条约规定的义务，而他则可以依仗英国政府赋予的权力去强制执行。他没有想到他和清政府签订的条款，可能把各口的英国领事和英国商人推向严重对立的境地，因而激起英商的强烈反对。

首先，中英条约关于英国领事提供中国海关关于英商走私情报和《五口通商章程：海关税则》英官担保英商船货关税这两项规定，是中美、中法条约所没有的。至于和中国没有条约关系国家的商船则可置海关于不顾，出入通商口岸如入无人之境，海关无法制止。这势必导致有约国和无约国间在贸易待遇上的不同，从而导致市场的混乱和有约国商人的亏损，英商对于这种情况非常不满。当时任英国外交大臣的巴麦尊收到上海洋商总会的抗议，内称："英国领事当局为保障中国税收而出面的干预，势必将上海口岸的大部分贸易都送到其他国家的臣民和国民手里；因为他们的买卖行为完全不受领事的管制，他们能够和中国当局勾结串通，大事偷漏中国的税收。这样，英国商人自无法与之竞争"。洋商总会还说：上海走私的盛行，"是由于中国的玩忽或腐败"。"中国当局并没有意思采取有效措施保护中国的税收，那么，自不能期待英国政府单独承担这项义务。"他们声称：因为中美、中法两约中没有同样的规定，所以，最惠国条款已经解除了《江宁条约》第二款所加于英国的义务。这个条款的规定是：驻五口的领事、管事等官令英人"清楚交纳货税、钞饷等费"。因此，巴麦尊于 1851 年 5 月 24 日写信给英国驻华公使文翰："因为中国政府由于它的官宪的玩忽，没有能够对该项共同努力尽其本身的责任，所以英国政府可以公允地主张，关于这个问题，将不再受任何义务的约束。""英国政府认为它本身有权终止将来英国领事当局为保障中国税收所作的一切干预。"①

当时的海关，是在清朝官员管理之下。它沿袭鸦片战争前老一套办法，组织管理散漫松弛，规章制度形同具文，一切弊窦原封不动。它面临着西方强大的武装走私集团，不但不图振作，不思改革，甚且变本加厉。海关员役经不起走私贩的腐蚀，受贿纵私，互相串通，共同舞弊，引狼入室。耆英曾于五口通商后两年奏称，海关稽察征收，假手书役，"监督一人耳目难周，不惟易起通

① 1851 年 5 月 24 日巴麦尊致文翰第 39 号函。引自《中国关税沿革史》，第 90—91 页。

同隐蔽之端，且恐别滋征多报少之弊"。① 直到 1851 年，他仍奏称："海关经理不善，用度太烦"，"加以奸商之偷漏，丁蠹之卖放，种种侵耗……此关税之弊，不可不除。"② 1852 年 7 月，江南道监察御史梁绍献也上奏称："……奸徒走私……或雇用快艇，直达夷船，或借票影射，飞渡关津，或通事书差，串同瞒验，百端诡计，愈出愈奇。此洋务所以日坏，夷情所以日肆，而偷漏所以日多也。"他具体上奏了各种货物走私的实情："白糖、冰糖，向来夷人采买，每年不下五六千万斤，至道光二十五六年间，仅得一千五六百万斤，近年以来绝少呈报，其为偷漏，更属显然。此外如进口之洋参，出口之绸缎，皆属大帮货物，近年税册，俱觉寥寥。广东如此，外省各关口均同此弊，概可想见。"③

至于海关对待有约国与无约国的对华贸易，未能妥善处理，以致英商大感不满。梁绍献对此亦有所闻，他说："风闻上年七月间，英夷酋在福州照会内称：上海、广州两处，所有他国贸易商贾，进口出口货物，多系走私，而中国知情故纵，于英商生理，大有亏损，深为不公"；又称："中国不收他国税饷，惟止英商输纳。嗣后英商在中国贸易者，亦准其按照他国，画一贸易，方为公平等语。是他国夷商，串同上海、广东内地奸徒，走偷货税，致英商有所借口。"④

这样，列强虽从中国掠夺了大量通商特权，却无法按照条约规定建立所企求的贸易秩序。璞鼎查以条约为规范的贸易方式显然一开始就潜伏着失败的危机了。

1851 年，英国驻沪领事阿礼国接到巴麦尊 4 月间关于停止干预中国海关税征收的指示，8 月 14 日据以照会上海道吴健彰："近奉英王陛下政府训令，指示五口领事官员今后容许英国臣民和美国公民以及其他国家臣民一样，按同样的方式，在同样的情况之下进行贸易。因此，从本日起，停止本口英国领事为保障中国关税所作的一切干预。阁下作为海关监督，应自行采取征收海关关税一切必要措施，毋须期待本领事提供任何违章行为或走私的情报。贵道台将

① 道光二十六年九月初四日耆英等奏。《筹办夷务始末补遗》（钞本）。

② 引自咸丰元年正月十一日裕瑞奏折。《筹办夷务始末补遗》（钞本）。

③ 咸丰二年五月二十九日梁绍献奏折。中国史学会主编：中国近代史资料丛刊《第二次鸦片战争》第 1 册，神州国光社 1953 年版，第 398 页。

④ 咸丰二年五月二十九日梁绍献奏折。《第二次鸦片战争》第 1 册，第 397 页。

明确地了解英国政府并不为英国商人要求任何特权"，但是他们要求"英国商人在严格按照我们各项条约规定之下获得和各国商人同等的待遇。因此，中国官员不能准许或者纵容各国商人规避完纳关税，而对英国臣民则采取不同的方针"。但他表示："在船舶到达及时申报和递交进口货物清单之后，本领事便不再做什么，而只是保管船牌，直到呈验大印……退还船牌，船舶就得离开时为止。"① 尽管如此，英国对清朝海关只是放弃部分的监督而已，至于报关和结关的监督仍然继续下去。

英国领事于同年 8 月 19 日通告英国臣民："英国领事当局即日起终止为保障中国关税所作的一切干预。为了各别商人的利益，希望海关官吏更加公正地自行努力征收关税，更加用心和切实地关注本口整个的对外贸易。"②

这样，英国把它签订条约应负的义务，赖得一干二净，同时还把全部责任推给中国海关官员，并要海关在一大批走私集团面前自行负起缉私和征税的责任。这显然是意图置中国海关于不堪设想的狼狈地步，借以俟机逼使清政府交出海关的权力。

为了从根本上改变中国海关，上海英商的喉舌《北华捷报》公然提出，中国海关"必须保有一批有主动力、有理解力和忠实的人们所组成的有效干部，来管理关务"③；阿礼国也提出，"把忠实和精干的成分引进海关。" 这就是主张以英、美、法洋员取代清朝关员。魏尔特在总结这个时期中国的关务情况时说："显然，改革必须从内部开始，而且大势所趋，已经使这种改革成为可能，并且加速着它的实现。"④

由上以观，上海江海关夷税征收权已面临着西方国家掠夺的危机。它们的在华官员正在等待时机的到来。

第三节　上海小刀会起义期间江海关行政的停顿和英美法驻沪领事夺取江海关夷税征收权的酝酿

五口通商后，有约国与无约国在华贸易上的矛盾和猖獗的走私活动，使得

---

① 《北华捷报》 1851 年 8 月 31 日。
② 《北华捷报》 1851 年 8 月 31 日。
③ 《北华捷报》 1852 年 11 月 6 日。
④ 《中国关税沿革史》，第 97 页。

根据条约而制定的贸易方式无法进行，半殖民地贸易秩序无法建立。英国政府片面终止为保障中国关税的干预，这就把重建贸易秩序的责任，完全推给清朝海关了。这是列强为夺取江海关夷税征收权的先行步骤。

上海开埠之后，英国驻沪领事巴富尔为了更好地处理条约规定对华贸易征税问题，诱致上海道把设在上海县城东北的江海关迁进租界的外滩中心区，这就使江海关实际上处于英国领事监视之下。尽管如此，他还只是从外部加以干预而已，他的力量还没有打进江海关内部，江海关管理权仍在清朝海关官员掌握中。

1851 年，上海外商（主要是英商）普遍签名要求上海道委派外国人任海关港务机构的职务。上海的领事们在 9 月宣布：英人尼古拉斯·贝利斯（Nichols Baylios）已经得到上海道的委派担任这个职务了。在贝利斯的主持下，上海海关公布了一套管理船舶和船员的口岸章程。这是洋员打进江海关的开端。但这只是个别事例，还没有作为一种规定载入正式文件。整个说来，中国海关的独立性虽然受到了侵害，但还没有发生根本的变化。

1853 年 3 月下旬，起义于广西的太平天国，经湖南、湖北，沿江而下，占领南京，震撼了上海。一时间，上海贸易停滞，钱庄拒绝作寻常的通融，外商无法从中国商号获得缴付进口税的现金。早在 3 月初，英商便要求英国领事筹划延期交税办法。英国驻沪领事阿礼国擅自作出了一种类似保税的办法，准许英国船舶在缴存足够抵偿关税的有价证券之后，便得结关出口。这种窃夺中国海关关税征收权的做法，连香港总督兼商务监督的文翰也不敢赞同。所以此项办法仅实行了一个多月，阿礼国便自动取消了。

1853 年 9 月 7 日，上海小刀会在太平天国胜利进军和闽南小刀会攻占厦门的鼓舞下，一举占领了上海县城。署上海道吴健彰逃出了县城，避难于租界。接着，外滩的海关被群众捣毁，上海海关行政停顿。9 月 9 日，阿礼国"在本埠海关机构及合法当局尚付缺如的状态之下"，以履行"庄严条约"，"保障中国关税的征收"为由，和美国驻沪副领事金能亨（E. Cunningham）迫不及待地自行公布了一个内容大致相同的《海关行政停顿期间船舶结关暂行章程》（Provisional Rules for the Clearing of Ship in the Absence of a Custom-house Establishment）。兹将英国领事馆公布的《暂行章程》主要两点摘录如下：

一、"进口商、运货人和船舶受托人应缴的税额，应向本领事馆缴纳；或按各海关银号收受税款时他们使用的缴款办法，以现银缴纳；或是以各该当事人的票据缴纳。不过所出票据限四十日内在上海向中国海关监督凭票付款；但此条有待于女王陛下政府的核准。"

二、"上述手续经英国领事认为满意，受托人即可申请，随即领取船舶证件及加盖领事印信的结关准单。在点验结关准单之后，船舶方得自由离口。"①

这就是只要交进限期 40 天向上海道缴纳现款的期票，英船就得离港。

在公布这个《暂行章程》时，英国领事在布告中作了长篇说明。布告说：有人认为"目前海关既陷于停顿，我们就没有遵守海关规章或缴纳关税的义务，这是不对的"。"订约的一方政府，虽然由于遭受祸患而不能行使条约权利；但另一方却不能以此为理由，利用这种形势而置条约权利于不顾。说实在，这正构成忠实承认条约权利的最有力论点。""从本月 7 日上午起，既然没有海关可以查验货物的起卸和装运，没有任何机构可以估税、征税，则停留港内的船舶就不得离口，那将造成损失。"因此，"如果恪守条约，任何为应目前需要而采取的措施，而又不背弃信义，则必须履行条约规定的必不可少的两个条件：第一是按照税率确定〔船货〕应缴纳的税款；第二是保证〔船舶离港后〕税款的到期支付"。为此，特别制定此《暂行章程》，以免"船舶无限期停留，以及货物可能遭受大量的损坏"。②

美国领事和英国领事采取一致的行动，在同一天也公布内容大致相同的《暂行章程》③。

《暂行章程》从根本看来，并不是像阿礼国所宣称的是为了履行条约，保障中国的关税。这从他致英国外交部的备忘录可以看得一清二楚。在这个备忘录中，他说："为英国商人和他们的贸易计，领事突然有了研拟一些办法的必要，俾使英国船舶得不完纳任何税项或依法清欠而结关出口，使贸易得以继续不间断。"他还承认，"这些办法虽然违背各项国际条约的明文规定"，"但并不破坏国家（英国）的信义，或加诸他本人或他的政府对未清缴税项以金钱上的责任"。④《暂行章程》的本质在这段话中暴露无遗。

尽管如此，在江海关征税行政停顿期间，英、美领事公布的这个《暂行

---

① 《北华捷报》 1853 年 9 月 17 日。
② 《北华捷报》 1853 年 9 月 9 日。
③ 《北华捷报》 1853 年 9 月 17 日。
④ 1855 年 5 月 19 日包令致克拉伦顿第 182 号函，附阿礼国备忘录。引自《中国关税沿革史》，第 104 页。

章程》，要求商人出具保票，限期向上海道完税，较诸听任他们的船货不完税
饷而任便出入，总胜一筹；如果英、美领事能够切实施行，对中国税收还是有
利的。

但是结果却非如此，英国最后赖掉全部欠税，美国则赖掉部分。这将于后
面加以叙述。

《暂行章程》的公布，英、美领事以代上海官员征税的名义取得了海关夷
税的代征，这原是一时权宜之计。可是，英、美领事取得这项代征之后，便多
方刁难，致使江海关一直无法恢复关税征收权。英国领事在这方面发挥了带头
作用。

《暂行章程》公布后一个月，清政府正式任命吴健彰为苏松太兵备道兼管
江海关，"所有该道管辖及关税征收事宜，仍照向例办理"，并照会英国领事。
英国领事当即复照说："本领事认为须俟大清官军收复上海县城，阁下到江海
关复职视事之日，才准备与阁下进一步谈判征收关税事宜。"① 吴健彰要求在
海关原址恢复办公，但所得的答复是：如果海关在租界恢复办公，非有强大军
队抗御叛军不可；否则，租界会变成浴血的战场，危害外侨生命财产，拒不答
应。海关既然无法恢复办公，吴健彰只得要求英领事移交9月7日前英船所欠
税银（计4.5万两）；至于9月7日以后所欠的丝茶税，则请领事代收，或由
本道向北新关及浒墅关索取本国商人之丝茶进口记录，以便向各该有关外商征
收。英国领事则复称："当本城沦陷而海关机构遭受破坏时，本领事已拟定若
干章程，规定英商须向本领事馆报告其进出口货物之总额，并保证缴纳税
款。""上项《章程》已由商务大臣转呈大不列颠女王陛下政府。在获得批准
之前，英商不得向中国政府缴纳关税。"吴健彰复称："如阁下不能代收商人
所欠之税，则钦差大臣、总督及巡抚将责令本道从本国商人扣回全部欠款，且
必须全部扣足。"英国领事竟然逞强说："目前，贵国海关既不存在，对于上
海地方，贵国又失去控制权力，而他国商人且可以乘机逃税。情况既然如此，
贵国皇帝根据何种平等法律或条约权利以向英国商人追收是项税款？我国同胞
如因此而蒙受损失，谁将负责赔偿？"因此表示："阁下实无权向我方提出要
求，而本领事亦无权代征是项税收。"最后威胁说："本领事深表怀疑，钦差
大臣与总督不能不看到阁下所采取之手段，对于我国商业乃是一种敌对与侵犯

① 《北华捷报》1853年10月22日。

行为。""在清政府与中国人民刻下进行之斗争中，所有英国当局均保持严格中立""为着贵国皇帝之利益，是否对于英国政府进行挑衅，甚至由贵国之挑衅行为，使得我国不得不放弃中立政策，而采取自卫办法，应由贵国抉择。"①

但是吴健彰仍作困兽之斗，他于 10 月 30 日带领一支士兵到租界，企图恢复海关。英国不让士兵进入，吴健彰只好独自进去。

当时，清政府在澳门招募了 36 只拖船，用以镇压沿海沿江的起义军，其中有 5 艘帆船和快艇拖船停泊在上海陆家咀附近。上海官员奉命挑选一二艘作为临时征收关税之用。吴健彰据以照会各国领事。英领事复照说："查上海尚在叛军之手，商务尚无妥善保障之际，本领事对阁下之建议，即选择数船作为临时征税之用，是否适当，不能作出决定，而必须请示英国驻香港全权公使加以裁决"；同时声称：凡英船承受运货任务的，应照《暂行章程》结关出口②。这是企图以拖延办法来阻遏海关恢复关税的征收。

法国领事的态度更加蛮横："当我没有看到上海确实已有可以承认的正常机关，足以保证两大帝国间的现行条约的履行，尤其对于我国人民的贸易、生命和财产权利得到保护的时候，本领事认为有权准许我国船只自由地进出本港，而无须缴纳任何关税。"③

美国商人原就不满《暂行章程》关于凭票付款的规定，现在不满的情绪更为高涨了。美国在华的琼记、魏德卯等洋行特就设立"水上海关"问题写信询问各国领事："目前是否承认在本埠有海关？""如有海关，设在何处？"英、法、荷、葡、普鲁士、汉堡等领事都回复不知道或不承认有这样海关的存在。美商据以致函美国副领事："对于你承认一个流动的水上海关，也就是随时可能被赶跑的海关，我们和我们的同行认为这是严重危害美国利益的行为，我们不得不对此提出严重的抗议。"④

1854 年 2 月，英国领事最后致函吴健彰："我已奉命声明，我方不承认这种水上海关，《暂行章程》将继续有效，直到女王陛下政府另行谕示为止。"⑤

美国领事对于中国海关问题，本来和英国领事紧密合作，采取一致行动，

---

① 以上往来照会，参阅《北华捷报》 1853 年 10 月 22 日。
② 《北华捷报》 1854 年 11 月 2 日。
③ 《北华捷报》 1853 年 11 月 12 日。
④ 《北华捷报》 1853 年 11 月 5 日。
⑤ 《北华捷报》 1854 年 2 月 24 日。

但是由于美国商人坚决反对期票付款的规定以及美国公使对英国在华行动的猜忌，因此这两个在中国贸易利益关系最大的国家，分道扬镳了。英、美两国领事同时公布的《暂行章程》，内容和主旨都是一致的，但有一点，也是关键的一点，即对于商人呈交的期票要否兑现，英国方面的规定是要经英国政府的核准。这意味着英国政府如不核准，商人的期票便不必兑现了。至于美国《暂行章程》则无此规定。美国领事的《暂行章程》是经过美国驻华公使马沙利批准的。美国商人对于这种不同待遇，极端不满。他们要求拒绝承认中国海关监督，不让他根据条约有在上海征税的权利，并拒绝承认过去所订的办法。马沙利却坚决表示："任何其他国家所做出的榜样，或成立的先例，都不能使我放弃忠于执行我们明显承担的国际义务的态度。"可是，马沙利的态度后来突然转变了。

马沙利"也许体会到对美国商民如此有破坏作用的一项规定，迟早有向国务院作一番解释的必要"，同时为"防止他所视为英国的侵略计划"，他向国务院写了一篇很长的公函，阐明他和英国分道扬镳的理由。公函说："我相信英国如果确知美国决不会为中国而进行干涉，它就会夺取这个〔上海〕城市，并且永远把握不放，从而控制这或许是世界上最富庶地区的扬子江流域。"他列举了一些事实以证明他的论点："英国政府，当时正会同法国在中国领土上行使主权权利。……不但外国居留区正为他们的海军陆战队所驻守，而且他们竟然在帝国统帅进入居留区拜访外国当局的时候，加以拦阻。"① 英国派兵驻守居留区，没有要求驻泊港内的美国海军的帮助，中国海关船艇曾两次被英国战舰赶出外国居留区前的停泊所；还说，英国臣民正同南京太平天国互通消息等。"在中国日有发生的这些事件的实例，将足以使你掌握中国情势的趋向，也足以证明英国尽管口口声声以中立为辞，可是鉴于外交部的计划以及驻华当局在中国人当中的所作所为，其别有企图，是可以断言的。"马沙利这种模糊的论调，也许和美商强烈反对美国公使在上海所执行的《暂行章程》有关。但是无论如何，他所奉行的政策，就当时而论，是"支持帝国当局（清朝）和继续承认中国的主权"②，也就是支持清政府。

----

① 1853 年 11 月 10 日马沙利复金能亨函。《北华捷报》1853 年 11 月 5 日。
② 以上引文引自 ［美］泰勒·丹涅特著，姚曾廙译：《美国人在东亚》，商务印书馆 1959 年版，第191—192 页。

正因如此，马沙利来了个 180 度大转弯。在对待中国海关问题上采取了和英国对立的态度。当吴健彰被任为苏松太道兼管江海关时，马沙利公使立即给以承认，并称准备就他提出的海关办公地点进行接洽。两三星期后，美国副领事照会吴健彰："我得到美国公使阁下的许可而拟订的《暂行章程》，不过是为应付一时的紧急事变；除在短期内让贵国官员重新建立海关，并有足够力量可以执行业务，因而不致产生中断危险之外，我们从来没有想到把美国的官员当作贵国长期收税员。""你现在的兵力足够维持你的安全，总督已通知过美国公使，你也通知过我，你现在准备恢复履行你的职务了。""我认为现在时间已到，我应该通知敝国商人，《暂行章程》已经失效；不论你的官员在哪个地点办公，他们今后一定要向你的官员办理纳税事宜。"①

美国领事馆以奉公使训令，"目前中国当局既准许其他国家（按：指无约国）的船只进入本港而不向中国海关报关，也不付税"，那么，"根据中美条约第二款美国侨民可享受最惠国条款的规定"，"则美国船只离港向本领事呈缴单据时，毋须附呈中国海关的结关单。"② 据此布告，美国商船既不要报关，也不要结关，而得自由出入上海港了。这就使美国公使一向宣称的维护庄严条约，自打了嘴巴。

当吴健彰奉命选择两艘旧兵船作为海关人员征收关税之用而照会各国领事时，美国副领事当即布告美国商船的货运承办人，内称：已接到吴道台的通知，"海关税务人员将暂在停泊于租界对岸的两艘中国军舰上办公，该军舰并将悬挂海关旗帜"。③ 旋又奉马沙利训令布告美商："《暂行章程》将于〔10月〕28 日上午失效。"④

美国公使的做法显然和英国背道而驰。

英国领事坚持《暂行章程》继续有效，英国商务监督文翰直到 11 月间还称："在正式海关组织尚未形成，海关能够负责处理本埠海关事务，并能保护货物装卸之前，我认为道台没有征收任何关税的权利。"⑤ 由此可见，直到 1853 年 11 月，英国仍然是以执行《暂行章程》为理由，坚持阻挠江海关恢复

---

① 《北华捷报》 1853 年 11 月 5 日。

② 美国领事馆 1 月 20 日布告。《北华捷报》 1854 年 1 月 23 日。

③ 《北华捷报》 1853 年 11 月 5 日。

④ 《北华捷报》 1853 年 10 月 14 日。

⑤ 1853 年 11 月 7 日文翰致英国领事第 90 号函。《北华捷报》 1853 年 12 月 3 日。

征税权力。英国这样做，显然是把自己置于孤立不利的地位。美国丹涅特分析了这个情况："美国委员的目的是双重的：援助美商脱离正在演变的无法自处的境地，以及强英国做它所不愿意做的事；因为在新秩序之下，被置于不利地位的是英国的商业利益；美国船得自由往来，而英国船却仍须缴存期票，同时也还不确知将来必不会有兑付的一天。"① 由此看来，英国坚持的《暂行章程》，已到无法维持的境地了。

1854年1月30日，阿礼国只得照会吴健彰："我没有受权无限期地继续执行《暂行章程》"，"这个《章程》已实行了差不多5个月，我有责任向你说明一下，究竟还需要多少时候，你才能根据条约，在适当地点重建海关？"② 并宣布从1854年1月起《暂行章程》失效。

至此，英国在上海所走的路线，和美国又不谋而合了。

吴健彰面临着英、美宣布《暂行章程》失效，要求恢复海关自行征税的情况，当即照会英、美领事在苏州河北岸虹口租赁的一座房屋重建海关，并通告驻上海各国领事，于1854年2月9日起开始办公。

美国公使的态度，显然前后反复。这和美国的对华政策以及新任公使麦莲的来华是互相联系的。当麦莲取代马沙利为美国驻华公使时，奉到皮尔司政府关于和其他有约国合作的训令。这是美国对华政策转变的发轫。"旧日的落落寡合，特别是对于英国和英国一切工作的旧恨和猜疑，已渐成过去，美、英两国政府在远东究竟应彼此合作，抑应彼此抗衡，何去何从，乃是年年存在的问题。合作似乎是聪明之道。"③ 麦莲秉承着美国政府的命令，在上海开始了和其他有约国合作。1854年2月6日，美、英、法三国领事联合发出了一个布告，承认了虹口海关。但在致吴健彰的照会中附了一个条件："即海关的监督权不论对于有约国或无约国的任何船只，均应一律生效。"④

这个重建的海关，只是依靠领事们的承认才得存在，它凭什么来对这群不驯的洋大亨进行监督，征收关税？因此，报关、结关的船货寥寥无几，虹口海关等于虚设。吴健彰无奈，最后只得在通向内地通道出口的闵行镇和白鹤渚另行设立两个关卡，向本国商人直接征收外商应纳关税。吴健彰照会英国领事

---

① 《美国人在东亚》，第194页。

② 《北华捷报》1854年2月4日。

③ 《美国人在东亚》，第197页。

④ 1854年2月6日三国领事致吴健彰函。《北华捷报》1854年2月6日。

说："暂由中国人付税乃最好办法；不但对中国税款之征收有利，而对外国官员与商人亦可免除许多烦扰。"并说："自两卡成立之日起，一切由内地运往上海各种〔外商〕货物应纳之税款，即由中国商人负责照缴。"①

吴健彰这一措施，在当时的条件下是唯一有效的办法，也完全是上海官员权限以内的事。可是麦莲率先抗议这种"突如其来"的设关办法，并向吴健彰发出严厉警告：按条约规定，海关应设在通商口岸；关卡设在内地，这是违反条约，其后果应由中国方面负责。还威胁说，他准备以美国代表的身份，和中国高级官员讨论这项问题。为了表示他和有约国的合作，英、美、法举行了会议并照复吴健彰："我们于 2 月 9 日已经承认〔苏州河〕所设立的海关，已经为履行条约而在权力范围内给予阁下以一切便利，因为这些条约明文规定税款的款数、收税地点与方式。我们无权允准，也无法承认中国违背条约条款的行为。"②

就在此时，阿礼国透露了他策划了几年夺取清朝海关夷税征税权的计划，即"关税的征收能以任何方式置于三个有约国有效管辖之下，就像是置于〔中国〕海关行政当局管辖之下一样"。③ 显然，阿礼国企图乘人之急，谋取大利。为了实现这个计划，三国领事对吴健彰进行最后的胁迫。5 月 9 日，他们联合布告三国商人："不必签具目前惯常所签的支付凭证，只须由承办人及航运商出具证明书，证明根据法令和条约付给中国政府的税款未经缴付而船已开出，这个责任完全与关系国的领事与政府无关"；还宣称："我们相信，这个措施不但可以保全三国的信誉，而且可以把违反条约的责任推给中国一方。"④这种倒打一耙的行径，无非是强迫上海官员交出江海关夷税征收权的最后一着而已。

以上一系列的刁难、胁迫活动，充分暴露出英、美、法在制造种种障碍，使江海关无法恢复夷税征收权，从而迫使上海官员把这种征收权交给三国洋员接管。江海关夷税征收权的丧失已迫在眉睫了。

---

① 1854 年 3 月 25 日吴健彰致英国领事照会。《北华捷报》 1854 年 5 月 20 日。

② 1854 年 5 月 1 日致吴健彰照会。《北华捷报》 1854 年 5 月 20 日。

③ 1854 年 5 月 5 日、 6 日阿礼国致包令 40、 41 号函。引自《中国关税沿革史》，第 112 页。

④ 1854 年 5 月 9 日英美法三国领事联合布告。《北华捷报》 1854 年 5 月 20 日。

第二章

英美法税务管理委员会接管江海关夷税征收权
和海关作为英国对华关系基石的实践

第一节　上海会议关于组织税务管理
委员会的决定及其实施

小刀会占领上海县城以后的 11 个月，英、美、法驻沪领事，以英国领事阿礼国为首，于 1854 年 7 月间接管了江海关夷税征收权。

1854 年 6 月，阿礼国夺取江海关夷税征收权的方案出笼。阿礼国在为改进江海关行政致包令函中详尽阐述了这个方案的精神、原则和办法。该函一开头就指出："已往十年的经验无可怀疑地证明，如果听任中国人自行采用有效的方法，以保证关税公平和高效率的征收，是完全没有希望的。""对于剥夺诚实商人一切条约保障的大量弊窦，和不公平行为的惟一补救办法，看来是引进外国成分（Foreign element）。在现行条约之下，摆脱整个重重困难的惟一出路，是寻求一种以诚实与精干的外国成分和中国官员相结合的办法。"这种办法，在他看来，"不但免于受到强烈的反对，而且具有成功的必要条件"。这个方案的基本内容是："一个负责的和可靠的外籍税务监督和负责海关行政的中国执行官员的协作。"具体说来，是"作为三个有约国代表的此项官员，由领事和道台会同提名、委派，任期一年……并支给足以保证才德兼备人员服务的固定和优厚的薪俸"。这个代表领事的海关官员，就是以后所称的税务监督（Inspector Customs）。他认为这个机构"必然提供有效的方法，以制止海关官员受贿和因循苟且的行为"，并且可以"增加关税远超这个机构开支费用十倍以上的数额"。①

阿礼国是这个"引进外国成分"方案的始作俑者，但是这个方案的实施却是借助于美国公使麦莲的强制。美国当时的对华政策是和各有约国共同合作，这是美国皮尔司政府政策的核心，也是 10 年后西华德对华"合作政策"的前驱。

1854 年正是中美 12 年修约期近的时候，麦莲带着炮舰来到中国。在他的指使之下，美国新任驻沪领事马辉（R. C. Marphy）立即就中国海关问题和英、法进行合作。麦莲作为阿礼国"引进外国成分"的海关方案的执行者，对上海清朝官员进行了胁迫。据两江总督怡良奏称："据苏松太道吴健彰禀报：咪唎𡂢夷酋麦莲驾坐火轮兵船二只来至上海"，要求"换坐内地船只。经吴健彰督同松江府海防同知蓝蔚雯于五月二十五日伴送抵崑〔山〕。奴才带同在苏年久熟悉情形之署苏州府知府平翰，于二十四日自苏启程，亦于二十五日到彼。次日在崑山公所传该酋进谒"。麦莲在崑山对怡良威胁说："近年江路不通，商本亏折，拟请奏恳恩施，准其赴扬子江一带贸易。所有入江货物，伊等自能保护；倘不蒙代奏，只得径赴天津。"又说："上海税关改设吴淞，已与旧章不同，诸多不便"，要求"拆毁"；并称"伊系该国全权大臣，可以便宜行事。若江省因关碍旧约，不能主张，即请奏明奏派重权大臣前来，以便面交国书，酌商定议"；"如蒙奏准，自当襄助中华，削平反侧；否则，……自行设法办理。有不尽已道之处，咎在华官。"麦莲在这次会见怡良中，提出了上海海关问题，要求拆毁所设两个关卡。怡良"仍饬吴健彰速将上海商税事宜，从长计议，妥为办理，勿致各夷有所借口"。②

丹涅特曾就此事作过记述："六月二十一日，在两江总督的一次会晤中，麦莲委员提纲挈领地提出一个方案。根据该方案，'上海道应赋有〔全权〕，俾会同三个有约国领事，为今后本口海关奠立在永久性基础上的行政，进行商谈和缔结一个协定。其中主张在一个外国税务管理委员会的直接管辖下，重新在苏州河建立海关。'总督同意了。"③

---

① 1854 年 6 月 6 日阿礼国致包令第 58 号函。全文载《中国近代海关历史文件汇编》第 6 卷，第 48—50 页。

② 咸丰四年五月二十日怡良奏折。《筹办夷务始末》（咸丰朝）第 1 册，中华书局 1979 年版，卷 8，第 285—286 页。

③ 《美国人在东亚》，第 198 页。

1854 年 6 月 29 日，英国领事阿礼国、美国领事马辉、法国代理领事伊担
（B. Eden）和吴健彰在上海根据阿礼国提出的方案，商谈具体执行条款，并以
会议记录方式确定下来。这是外籍税务监督由以建立的根据，也是外籍税务司
制度追源溯本一个至关重要的文件，关系到中国海关募用洋人制度的根本问
题。兹将其要点摘录于下：

一、海关监督一向感到的主要困难，是无法罗致严格遵行条约和海关章程
所必要的公正、精明与通晓外国语言的关员。唯一适当的补救办法似乎是海关
机构中引用外籍人员，由道台慎加遴选和委派。

二、实行这个办法的最好方式，是由道台委派一个或一个以上真正公正的
外籍人员担任税务监督（同治《上海县志》和一般文件均称"司税"），督
同一个华洋僚属组成的混合机构，连同一只由外籍水手妥为配备并由一个可靠
和精明的船长指挥的缉私巡艇，秉承他的命令办事。这个机构的全部费用由道
台税收项下支付，并应从优给酬，按月发给。

三、关于税务监督及其辅助部门——税务管理委员会的组织方面，兹同
意：由各有约国领事各提出税务监督一名，由道台委派，并由三个税务监督组
成一个单独而又联合行动的税务管理委员会（Board of Inspectors），委托他们
遴选华洋各属员。关于华员的遴选，道台得根据监督的陈请，委派若干人。

四、税务监督被控勒索、贪污或玩忽职守的案件，由各领事负责审判和裁
决。对于他不当行为的指控，如果案情属实，道台和三有约国领事就得进行会
讯，其裁决以投票取决之。道台有两个投票权。除非由于各领事的同意，或因
制度根本改变，不得以任何其他手续开除或免去税务监督的职务。税务监督的
属员，只有根据税务监督的建议，才得开革；道台得到建议时，应立即执行。

五、税务管理委员会应特别着重对于船舶和关税方面适当遵行《海关章
程》和条约规定的监督，并应赋予充分权力以及所有必要的手段，使他们能
够检查船舶报告、货运舱口单、装卸准单、关税完纳和结关准单，以便发现任
何方面的错误、违规和偷漏行为。

税务监督要在海关设立办事处，以便任意调阅中国海关簿籍和文件。他们
保管的账册，在规定时期，在道台和三有约国领事监督之下，得和中国方面所
记载的账册和案卷详加核对；如发现任何不符之处，立即严查。

海关监督保证，非经税务监督的副署或盖章，中国方面的海关部门不得颁
发装卸准单、税款单据、结关准单或其他正式文件。如果没有通过正式公认的

领事，外船不得申报；非按照章程，不得滞留口岸或者装卸货物。

六、建造一只人员配备齐全和在一个外籍船长指挥下的武装缉私巡艇是不可少的。

七、在本次会议一致通过和同意的这些基础上，道台愿意而且承担改组海关机构，并于十日内把此项组织和编制细则分送下列签名领事，请他们根据条约规定，尽量给以赞助和积极支持。他们准备在收到这个照会时，在规定的日期，宣布海关监督恢复他一切职务，而所有各该国的船舶的货运承办人和船主均有严守《海关口岸章程》的义务；违者依据条约规定给予罚款或没收的惩处。①

吴健彰对于外国领事接管江海关夷税征收权，是不高兴的，但是拒不接受将只意味着贸易和船舶的管理处于无政府状态和税收的全部损失，他还受着英、美官员偿还因实行《暂行章程》外商期票欠税的诱饵，于是屈服了。

吴健彰当于 1854 年 7 月 4 日写信给三国领事，"按照会议商定的各项基础改组海关，挑选三个税务监督以备委派"，并"从本月 12 日起，所有进入或结关船只，都必须遵照新的章程"。② 三国领事于 7 月 6 日联合布告三国商民："吴道台兼海关监督已正式照会三国领事，表示决心依靠外籍人员组织的税务管理委员会的协助，贯彻条约规定，按照同等条件征收关税；如有欺瞒及非法行为，一律予以严厉处罚。"布告还称：原设"内地"的两处关卡即行裁撤，重行设置上海海关。自本月（7 月）12 日起所有进口出口船舶的货运承办人，必须向苏州河岸海关办理进出口报关手续，一应关税统由该处海关严格遵照条约规定予以征收。③

英、美、法领事就这样接管了江海关夷税征收权。他们企图依靠这个由三国洋员管理的税务管理委员会，重建半殖民地贸易秩序。

江海关税务管理委员会，原只打算设置一人总负责。英、美两国领事同意由法国人担任，因为这可以节约经费，而法国在华贸易额最小，可能公正处理税务问题。但是法国领事不愿意担任这个职务，最后决定设置三个委员（税务监督）组成的委员会。由三国领事提名并经上海道加以任命。最初三个税

---

① 1854 年 6 月 29 日英美法驻沪领事和上海苏松太道兼管江海关吴健彰会议记录。《北华捷报》 1854 年 7 月 8 日。

② 《北华捷报》 1854 年 7 月 8 日。

③ 《北华捷报》 1854 年 7 月 6 日。

务监督是法国的史亚实（Arthur Smith）、美国的贾流意（Leuis Carr）和英国
的威妥玛（Thomas Francis Wade）。他们的办公地点，在外滩海关修复之前，
仍在苏州河畔的海关。

江海关虽是一个整体，但据会议记录，却被划分为两个互不统属的部门：
一个是所谓比较有"独占性的中国部门"，这指的是上海道管辖下的老关或大
关，它除了拥有任命税务监督的虚名以外，还管理原来管辖的华商民船贸易的
华税征收事宜；另一个部门是税务管理委员会，这是"辅助部门"，它管理原
在江海关管辖的夷税征收事宜，也就是中国的对外贸易关税。随着外商轮船贸
易的迅速发展，夷税征收税额越来越大，特别是有三国领事的强大后盾，这个
"辅助部门"也就迅速发展成为独立部门了。

江海关这一新的部门，即税务管理委员会，一见而知它的实质。这个部门
与其说是中国海关的部门，毋宁说是英、美、法三个有约国驻沪领事管辖下的
附属机构。

魏尔特（英国税务司）认为根据协议记录而产生的这个机构，"第一，各
领事均受托选择和提名一个委员"，而道台"却只是按照所提人员予以任用"。

"第二，各委员奉到委任之后，应不视为中国官吏（按：税务监督仍兼领
事馆职务），而在举凡勒索或受贿之类的违章行为方面和玩忽职守等情弊，他
们应在法律上对一个由三个有约国领事和道台组成的混合法庭负责。虽说道台
有两个投票权，可是事实却是骗不了人的，外国领事享有永远占多数〔三票〕
的特权。"因为一个委员的解职，是"以多数票取决的"，这就使领事们控制
了各委员的任免。他们"实际上已经把这个新机构作成各领事馆的一个附属
机关……并且已经把直接的外国干涉注入一个中国政府部门"了。

此外，"一切华洋属员，也都是处于具有任免权的各委员的单独管辖之
下；而且海关的一切档案、册籍和公文等项都任由各委员检阅；他们还自行保
持一整套汉、英文的册籍，以备定期提呈道台和各领事。还要求道台同意，非
有一个或几个委员的副署，不对任何国籍船只或运货人签发装卸货物准单、税
款收据、结关准单或其他正式文件，或是使这些准单生效。"

这个协议"影响所及，却把海关和关员确切而不可争辩地置于各有约国
领事管辖之下"了①。

---

① 《中国关税沿革史》，第119—120页。

英国领事密迪乐在致驻华公使卜鲁斯函中也说："上海海关的力量、威信和作用，完全是由于外国政府所给的方便、协助和鼓舞的结果。这乃是对于一个健全政府的一项重要权能的篡夺。"① 海关总税务司赫德在向英国议会的汇报中也说："在它的起源和它主要预期的目的方面，与其说税务管理委员会具有本〔中〕国机关的性质，还不如说它具有外国机关的性质；它简直是一种外国政府的办法，而不是渊源于中国当局的。它的章则和惯例……还是和这个社会的一些人们的目的发生了冲突。这些人（指领事们）原本都是想利用这样一种机构不存在的时机，乘着本〔中〕国官员一筹莫展和秩序混乱之际，取巧渔利的。"②

由此可见，江海关税务管理委员会实质上是个殖民地化的海关。不过，由于它的税务监督在形式上还是"由道台慎加遴选和委派的"，所以具有半殖民地的外观而已。

但是必须明确，这种海关制度，只是基于三国驻沪领事和上海道的协议，并未经过清朝中央政府和三国政府的批准，而且仅实行于上海一口而已。

这是中国第一个由外国人管理的海关，也是中国海关管理权丧失的开始。

上海会议协议各款公布之后，《北华捷报》马上发表题为《论新海关机构与各国遵守条约、保持中立的政策》的评论。评论说："我们在对待交战双方（按：指清政府和小刀会），当然应该采取不同的行动方针。""现在清方像过去一样，有责任对三个有约国的臣民履行条约义务；但是我们知道他们目前没有这个力量。我们要维持我们贸易的完整性，就必须采取一种宽厚的政策，进一步在征收关税上协助大清国。我们和大清国还有友好的条约关系……，还有向内战的一方缴纳关税的条约义务"；至于和内战的另一方，以后"除了由于他们的暴行和非法行为使我们无法回避以外，我们与他们之间，简直毫无关系可言"。③ 这就是鼓吹放弃中立政策。

与此同时，为了保持"租界的安全"，"与中国缔结条约的三国领事，遵奉各该国全权公使的训令，会同代表大清国政府的上海地方当局吴道台阁下"，共同并分别颁布新制定的《上海租界地皮章程》（New Code of Municipal

---

① 1858年2月8日函。引自 〔美〕马士著，张汇文等译：《中华帝国对外关系史》第2卷，三联书店1958年版，第28页。

② 〔英〕赫德：《关于中国洋关创办问题备忘录》。《中国近代海关历史文件汇编》第6卷，第116页。

③ 《北华捷报》1854年7月8日。

and Land Regulations）。这个章程把前此的英国租界章程，也由法、美两国援
用了。

　　这样，关于海关行政和租界问题，在英、法、美三国胁迫之下，上海地方
当局全都屈服了。于是，三国对上海交战双方完全倒向清朝一方。由于"咈
咑哂提督嚟呢咏首先助顺，嗼咭利领事啊唎咺，亦听凭官兵筑墙扎营"，"咪
（美）夷领事马辉，水师提督钵伯亦曾带兵携炮相助筑墙"。① 占领上海县城的
小刀会终于在 1855 年 2 月被清军和外国军队联合镇压而最后失败了。

　　这里附带叙述一下根据英、美驻沪领事公布的《海关行政停顿期间船舶
结关章程》的规定，英、美商人用期票担保欠税的处理问题。从 1853 年 9 月
9 日《暂行章程》公布后，英商"约计旧欠商税，多则百万，少亦七八十
万"，江苏巡抚吉尔杭阿要求清欠。"〔1854 年〕夏间〔包令〕已允设法措缴；
旋又俟广东回来再办，今竟一字不提。是阳为庇商抗课，阴实饵商以利。因饬
代办苏淞太道蓝蔚雯，诘以不能践言之故。"英国政府竟以中国"内地纷纷滋
扰，各商诸多亏折，上海商行皆系自行护卫，彼此往来交接，情谊不周，该国
王颇为不悦。是以将正月十二日以前各商交过税单（期票），作为废纸"。② 首
相克拉伦顿于 7 月 3 日指示驻华公使包令，"此项期票，发还提交人"。③ 这
样，就把所有远期支票作废，赖掉了全部欠税。

　　至于美商的欠税，"未缴税银三十五万四千一百四十九两八分三钱，"④
"允给中国人以应得数额三分之一，扣减三分之一作为美商在贸易动荡不宁之
中所受损失的赔偿，并以另三分之一赔补自《暂行章程》实施以来金银价值的
上涨。"这样，美国也赖掉了三分之二。清政府无可奈何，只好"概予豁免"。⑤

第二节　夷税开征后关税行政的变化和税务
管理委员会时代的海关行政

　　夷税开征后，海关关税行政发生了一些较大的变化。这些变化和税务管理

---

① 怡良、吉尔杭阿奏折。《筹办夷务始末》（咸丰朝）第 1 册，卷 9，第 319 页；第 2 册，卷 13，第 478—
479 页。

② 咸丰四年八月二十三日吉尔杭阿奏折。《筹办夷务始末》（咸丰朝）第 1 册，卷 9，第 319—321 页。

③ 《中国近代海关历史文件汇编》第 7 卷，第 19 页。

④ 怡良、赵德辙奏折。《筹办夷务始末》（咸丰朝）第 2 册，卷 9，第 478—479 页。

⑤ 《美国人在东亚》，第 201 页。

委员会的海关行政有一定的联系。

首先一个变化是江海关设置了征收夷税的盘验所，夷税和常税征收的分开。

五口通商后，中国对外贸易的中心迅速地由广州转向上海。上海邻近著名丝产区湖州，从前经由江西到广州出口的丝货，现在都改由上海出口。由于丝货出口改道上海，从前由内地常关——浙江的北新关、江西的赣关、广东的太平关征收的常税，都为上海江海关所夺，三关的税收锐减，无法按定额上解，乃由两江总督耆英奏准："嗣后凡内地客商，贩运湖丝前赴福州、厦门、宁波、上海四口与西洋各国贸易者，均查明赴粤路程，少过一关，即在卸货关口补纳一关。"① 据此规定，则丝货集中出口的上海，便由江海关代向商人征收原经三关应纳常税，以资弥补。江海关为完成这个征收任务，把征收工作包给一些丝商代征，并颁给执照。这个办法以后也推行到茶的征税上。丝茶是当时出口主要的国际商品，随着丝茶出口转向上海，许多广州商人也跟着从广州集中到上海来了。英国领事巴富尔害怕从前在广州实行的公行专利制度被带到上海来，乃于1843年12月会见苏松太道宫慕久，要求制止这种制度在上海复活。宫慕久答应收回商人执照，另行设置收税官员开征丝税。这是江海关征收洋商关税的盘验所由以设立的起因。②

1844年，宫慕久以"兹以外夷通商，未便令其〔与华船〕停泊一处，致滋拥挤"，"经……勘定离关二里路之扬泾浜以北，新设盘验所一处，专查各国商船货税"，"使内地与外夷各船，不相混淆，便于稽查"；并"请添雇舍人六名，以便查验货税，签量书算，添雇家人三名，专司稽查……"③。这或许就是宫慕久"设立收税官员"的实现。这个新设的盘验所，专征洋船贸易关税，而设于上海小东门外的大关则专征民船贸易关税了。因为这个盘验所是新设的，所以称为"新关"，而大关也就被称为"旧关"了。吴煦和王有龄对此有详细记述："遵查江海大关，向设新旧两关。新关专收洋税，旧关专收商税。""凡由海出进货物，华商则在大关纳税，夷商则在新关完纳"④；"虽有新旧之分，实则即系一关，例征海口进出货物"。"其大关所收内地商税事宜，

---

① 道光二十三年七月十六日耆英奏折。《筹办夷务始末》（道光朝）第 5 册，卷 67，第 2679 页。

② 参阅 ［日］冈本隆司：《洋关的建立》。《东洋史研究》第 50 卷，第 1 号。

③ 道光二十四年三月十九日两江总督孙宝善等奏《上海税所卡巡折》。《筹办夷务始末补遗》（钞本）。

④ 1859 年 4 月 13 日王有龄致吴煦函。4 月 16 日《吴煦禀陈洋药收捐办法》。《吴煦档案选编》第 6 辑，江苏人民出版社 1983 年版，第 289、285 页。

自系巡抚专管；至新关夷税，遇有变通，向由五口通商之钦差大臣核定办
理。"① 是新旧关在洋关设立之前早已存在了。这个新关就是英、美、法三国
驻沪领事攫夺的对象，1854 年税务管理委员会接管的就是这个新关的业务。

其次一个变化是夷税征收激增，常税征收锐减。这一方面由于各国对华贸
易的发展，另一方面由于洋货、土货的沿海贸易由华船转向洋船，所以造成了
常税和洋税的严重消长。这种情况各口都存在，而以厦门最为显著。据福建将
军有凤奏称："查厦门口自道光二十三年议准西洋各国通商以后，闽海关征收
常税，历年屡见亏短。其短收之故，实因夷商所贩之货，即华商所贩之货；夷
税即（既）增，常税不能不绌。此盈彼绌，势所必然。"五口通商后，夷船得
在五口间经营沿海贸易，夷船装备好，航行迅速，货物又有保险。那时海上劫
掠经常发生，太平天国运动爆发后，社会混乱，行栈迁徙，交通阻塞，商贾裹
足，商业贸易大受影响。民船贩运货物，本为闽海关常税的税源，现在商运既
少，常税自必亏短，特别是 19 世纪 50 年代以后，海上不靖，"南北客商，往
来贩运，必须附搭夷船行走，可保无虞；而夷商所征之税，又须归入西洋税数
之内报解，是以闽海关征收夷税，年复增多，而征收常税，转致日绌……"
常税征收亏短，不能按定额上解，福州将军璧昌不能不奏请每年在于夷税内拨
补常税银 2.5 万两"作为补偿"②。

常税、洋税的消长趋势，为税务管理委员会在征收方法上采行尽征尽报、
尽征尽解提供了条件；又由于关政的改进，定额包税的制度不能不自行退出新
关了。

1854 年税务管理委员会接管关税征收权之后，对于关政确有改进。这可
从下述几个方面看出：

第一，关于新关的编制和经费方面，根据阿礼国的"建议"和苏松太道
核定的方案大体如下：

税务监督三名，每名年俸 6,000 元	共 18,000 元
通晓汉英文头等通事三名，每名月薪 100 元	共 3,600 元
汉文文案三名，每名月薪 20 元	共 720 元

---

① 1858 年 11 月赵德辙致薛焕函。《吴煦档案选编》第 6 辑，第 268 页。
② 咸丰五年十二月初八日有凤奏折；道光二十五年三月十七日敬敩奏《议变通收税章程折》。《筹办夷务始
末补遗》（钞本）。

文具用费，估定	1,000 元
雇用洋员三名充当扦子手，每名月薪	
50 元到 80 元，估定	2,400 元
巡艇一，连同负责艇长一，月薪 150 元	共 1,800 元
配备水手 6 名，每名月薪 30 元，估定	5,000 元
合计开支	30,000〔余〕元

这个行政机构具有和清朝海关如下几个不同的特点：

第一，人员精简。从人员来说，全部只有 19 人。我们还没有找到同时期清朝海关的资料；但远在 10 年前盘验所设立之时，清朝海关奏请专征夷税的人员，便达 44 人。其后可能有增无减。人员的等级，税务管理委员会只设税务监督、通事、汉文文案、扦子手、艇长、水手六等。而清朝海关所设的盘验所则有舍人、家人、提舱手、栅夫、更夫、饭夫、水火夫、贴写、巡役等九种。① 由此可见，税务管理委员会的编制，确实符合精简原则。

第二，员工报酬优厚。阿礼国在草拟税务管理委员会方案时，便已确定："支给足以保证才德兼备人员服务的固定和优厚的薪俸。"据此原则，税务管理委员会的员工俸给比起大关人员来，优厚得多。据同治年间的记载，当时江海大关最高级的经制书吏仅有饭食银一两八钱，工食银一两五钱，最低级的更夫、饭夫每月只有饭食银九钱，工食银六钱。② 两相比较，相差很大，大关人员报酬太低，维持生活困难，难免贪污受贿，有伤关风。

第三，关于关税征收方法方面，采用了尽征尽报、尽征尽解的办法。各口开征夷税之后，夷税收入激增，定额也就没有必要了，所以同治《上海县志》称："洋商税钞，并无定额，历系尽征尽报，听候户部拨解。"③

第四，关于查缉方面。税务管理委员会对于夷税征收权的接管，无疑是对中国关税主权的掠夺。但税务管理委员会的主要成员是洋员，他们生长在外国，和中国社会没有联系或者很少联系，社会关系简单。这些洋员都是在建设半殖民地事业，又刚上任不久，因此，勇于任事，办事比较认真。吴煦对江海关夷税征收的认真情况，常有论述："至上海新关查办违禁物件甚严，一经查

① 道光二十四年三月十九日孙宝善等奏《上海税所卡巡折》，《筹办夷务始末补遗》（钞本）。
② 同治《上海县志》，建置志，海关系。
③ 同治《上海县志》，建置志，海关系。

出，无不入官'究罚'"；"近闻洋商多愿贩运枪炮火药售与长毛，李夷（泰国）再三嘱为严防"，"新关专收夷税，从前夷人漏税甚大，无术禁戢，……〔咸丰〕四年分续延三国夷人为三司税经理，税务更为认真。""又丝茶过南北卡先行报数，发给联单、售货及出口之际，非有联单不能成交，亦不得出口。"① 李泰国还曾请吴煦转请何桂清行文山东、直隶、奉天等省设有夷船私往，必须严行拒绝；若与交易，官参民究，庶杜窥伺之端，而免淆乱新章。尤不准其装豆，即拒绝买卖也。

以上所引均系吴煦禀语。这些禀语都是写给上海内部官员的，当非虚语。

最后谈谈关于税务管理委员会税收增加问题。所有重用李泰国的官员几乎都异口同声赞扬洋员管理税务，税收激增。吴煦说，自李泰国经理夷税征收之后，"税钞大有起色，按年比较，银数倍增"。② 李泰国亦夸称："即如上海一口，未设税务司以前，每年至多收税银不过数十万至百余万两，自伊经理数年以来，均约增至一倍。"③

税务管理委员会接管夷税征收权之后，税收确有增加。据1854年到1855年江海关所报的夷税征收数额为176万两，较诸委员会成立前的1853年到1854年所征收的54.5万余两与59.1万余两确实增加很多，不但是倍余，甚至是两倍有余。但这两年一因小刀会起义，二因英、美、法的刁难，清朝海关无法恢复夷税征收，所以征收税款锐减。这是特殊情况，应作为例外。若与1851—1852年相较，则相差就不那么大了。这两年分别为102万余两和124万余两，和税务管理委员会成立后的收入相差不到一倍。④ 这个增加数目如果把对外贸易的发展和轮船沿海贸易数量的增加等客观因素考虑进去，那么，增加的数目就有限了。

应当承认税务管理委员会关政的改进，和税收的增加是有关系，但不应把增加数量过于夸大。

① 1857年5月2日《吴煦答问关于江海关税收及上海地方宜》。《吴煦档案选编》第6辑，第224页。
② 1859年5月吴煦禀送《与李泰国会议海关条款》底稿。《吴煦档案选编》第6辑，第300页。
③ 1859年3月《江海关呈送税务条陈折》。《吴煦档案选编》第6辑，第279页。
④ 以上数字引自 ［日］冈本隆司：《洋关的建立》附件第一表。《东洋史研究》第50卷，第1号。

第三节　英国侵华政策的转变和海关作为英国对华关系基石的实践

　　1854 年，英、美、法三国驻沪领事接管江海关夷税征收权的目的，原意是为了取代腐败无能的清朝海关官员，解决各国在对华贸易中的矛盾和大规模走私问题，以建立半殖民地贸易秩序，主要是基于经济上的原因。但其发展结果，却使中国海关变成"列强驻华使馆之附属物"，"英国外交的必要附属品"，而被英国政府视为"中英关系的基石"，这看来是不可思议的，但历史事实就是这样。本节在于阐述中国海关这个演变的过程。这是研究中国近代海关史一个根本性的问题。搞清了这个问题，对于近代中国海关的实质就可以了若指掌了。

　　第一次鸦片战争后的二三十年间，英国资本主义发展逐渐进入全盛时代。这个时代是维多利亚女王建立殖民帝国的时代。这 30 年间，英帝国的当权人物主要是巴麦尊。巴麦尊是个拥有爱尔兰大地产投资于工矿企业的资产阶级化的土地贵族，一手包办了这个时期英国的对外政策。当时，在"世界工厂"基础上建立起来的英国海军，是巴麦尊为工商业资本家服务的物质基础，他的"外交原则就是商人原则"。巴麦尊从 1830 年出任外交大臣之后直到 1855 年，"再没有别的不列颠外交大臣〔像他那样〕到地球每个角落去这样行动了；……远征那不勒斯，远征太平洋；远征波斯湾；为了建立'自由'而和西班牙作战，为了推销鸦片而和中国作战；北美边界之争，阿富汗之战……所有这一切，还要伴以大堆的威吓性照会，成捆的议定书和许多外交抗议书，才算齐全。"[①] 这还不够，1856 年还对中国发动了第二次鸦片战争。在第一次鸦片战争时，巴麦尊官居墨尔本内阁的外交大臣，但到第二次鸦片战争的 1859 年则擢为首相了。巴麦尊这些狂热的暴力活动，是迎合当时英国工商业集团扩展鸦片贸易和商品市场的强烈欲望。《江宁条约》签订后，英军总头目璞鼎查兴奋地告诉曼彻斯特的工商业者们："他已经为他们的贸易打开一个新世界，这个世界是如此庞大，以致所有兰开夏工厂加在一起，尚不足以供给他们一个省份

---

① 马克思、恩格斯：《论英国》，第 394 页注。

所需用的日常备用的衣料。"① 可是，历史的发展却和璞鼎查的期望相反。在 7
年以后，即 1849 年，英国驻沪领事阿礼国向香港总督文翰报告说："目前中国
人所取于英国每年七千万镑生产总值中的份额远在二百万镑以下。他们吸收的
比例如此之小，以致作为主顾来说，他们对我国的重要性，抵不上西印度殖民
地，意大利诸岛或欧洲一个较大的国家。""驱策我们前进的远景是这样的希
望；……不是两百万，而是创造两千万以上的需求。"② 香港副总督米琪
（A. Michie）也说："经过这么一个大国家开放贸易十年之久……而拥有如此
庞大人口的中国，其消费我们的制造品竟不及荷兰的一半，也不及人口稀少的
北美或澳大利亚殖民地的一半，赶不上法国或巴西，赶不上我们自己，不在西
印度之上，只比欧洲大陆某些小王国如比利时、葡萄牙或那不勒斯稍微多
一点。"③

曼彻斯特市商会在欢迎任命包令为香港总督和对华商务监督时，表现了下
面的强烈愿望，"希望授予他权力，使他不仅能在中国，而且能在日本、暹罗
以及其他邻近这些海洋国家里，扩展英国的利益"。④ 他们认为必须采取暴力
手段迫使清政府把整个中国开放给英国，甚至把它沦为第二个印度，英国商品
才可以在中国全国范围内推销。英国驻上海领事阿礼国在 1849 年 1 月认为：
"《南京条约》确定的狭窄范围和有限让步的原则，实际上是承认了过去的传
统，它无法改变那种口头声称平等而事实上背道而驰的情况的。废除这种原则
并重建一个不同的基础，看来是为我们政治上平等所必需的。它为一个有所改
善的社会和商业的形势奠定良好的基础，特别是在南方。"⑤ 阿礼国显然企图
推翻《江宁条约》的基础而重建一个不同的基础，由于"鸦片贸易事业，业
已成为一种在中国投资的手段，所以庞大的资本，巨额的收入，以及与之密切
联系的合法贸易都被卷入进去，这就排斥了任何停业或是撤退的想法"。于是
他提出对付清政府的办法是"温厚行为和果断的决心，教育说服和威吓要挟

---

① 　1852 年 3 月《米琪报告》（Michie Report），引自 ［英］ 伯尔考维茨著，江载华译：《中国通与英国外
交部》，商务印书馆 1959 年版，第 17 页。

② 　1849 年 1 月 19 日阿礼国上香港总督建议书。见米琪：《在中国的英国人》（A. Michie：The English-man
in China），第 1 卷，第 206 页。

③ 　《曼彻斯特市商会议事录》 1849—1858 年卷， 1849 年 5 月 22 日。《中国通与英国外交部》，第 14 页。

④ 　《曼彻斯特市商会议事录》 1849—1858 年卷， 1849 年 1 月 19 日。《中国通与英国外交部》，第 15 页。

⑤ 　［英］ 米琪：《阿礼国传》第 1 卷，第 205 页。

交替使用，并且要以强迫作为最后手段来取得一切公正和必需的让步"。他的"最后手段"就是"在早春时候，当北京正依靠漕船的到达以储备一年供应的时刻，派遣一个小型舰队到达白河口，便能生效。这是较之摧毁中国内地或沿海口岸的二十个城市更为有效的一种威胁办法"。于是阿礼国说："战争结束了，但又再一次甚嚣尘上"① 了。

法国也想通过修改条约，以求"在更大程度上，为我们的商业打开通向天朝帝国的道路。从今以后，我们的商人取得沿大江河航行，在大的消费中心开行设业，并自由出入所有的港口"。②

正是在这样背景下，英国借口"亚罗"号快艇问题，会同借口马神甫在广西西林被杀的法国，于1856年12月，联合攻进广州，第二次鸦片战争终于爆发了。

1858年5月，英法联军北上，攻占大沽口，兵船进抵天津。清政府急令桂良、花沙纳赴津议和。他们在李泰国和威妥玛威逼之下，于6月26日、27日和英、法两国签订了《天津条约》。

英商对于《天津条约》取得的各种特权是满意的。怡和洋行估计了商界的情绪，认为如果《天津条约》真正付诸实施，在目前情况下是"所能期望得到的全部"。③ 但是一般英商却认为只有继续施加压力，才能得到实惠，而老中国通约翰·撒克尔甚至说，除非在"刺刀的刀锋下实行，这个条约是不会有多大用处的"。④

1859年6月，英法公使率兵船北上换约，抵大沽口，为僧格林沁率领的清军击退，损失很大。英法恼羞成怒，于1860年8月强行登陆北塘，大举进攻。10月占领北京。清政府被迫和英法签订了北京《续增条约》，互换《天津条约》。11月，英法联军退出北京城。

第二次鸦片战争显然是为了满足英国工商业集团扩大在华的商业利益，重建对华贸易秩序而发动的。但在《天津条约》签订的1858年，巴麦尊的暴力

① ［英］米琪：《阿礼国传》第1卷，第414—415页。

② 1857年5月9日法政府《给葛罗男爵先生的训令》，［法］科尔迪埃：《1857—1858年中国之征》，第145—151页；《第二次鸦片战争》第6册，第88页。

③ 《怡和洋行通讯原稿》，函件卷（1858—1859），1858年8月9日，引自《中国通与英国外交部》，第28页。

④ 《怡和洋行通讯原稿》，伦敦卷（1859），撒克尔致怡和洋行1859年9月15日函，引自《中国通与英国外交部》，第23页。

政策开始遭到了挑战。

早在 1852 年，香港副总督米琪把在中国实地考察的结果写成报告。报告于 6 年后（1858 年）才为额尔金连同自己的公函一起送达英国外交部。

米琪的报告说：根据他在中国三个不同省份居留了近 10 年的观察，他认为中国存在着一种"又完善又简单的经济制度"。他以福建为例，阐述了这个制度的基本内容："福建的农民不仅是一个农民，而且是一个农业家兼制造者。〔他们制造的土布〕除原料外，没有别的花费。既不需要额外的人工，也不需要额外的劳动时间。他们是在庄稼正在生长的时候，以及在庄稼收割以后，或是在两季不能作田间工作时进行纺织的。""正是这种经济制度对外来竞争的侵袭有着顽强抵抗的力量。"① 这就是马克思所说的"在印度和中国，生产方式的广阔基础，是由小农业和家内工业形成的"。"由农业与制造业直接结合引起的巨大经济和时间节省，在这里，对于大工业生产物，提出了极顽强的反抗。"② 正是这种经济制度，抗拒了当时从英国输进的棉纺织品。这是英国棉纺织品在中国不能大量销售的原因。这个报告提供了英国侵华政策转变的理论根据。

英国政府部分当权人物，同意中国市场局限性的看法。他们认为"更进一步强迫中国作出更多的特权让与，会造成商人们所要求中国的真正'开放'，因而也就可能导致中国国内的混乱；而紧接着国内的混乱状态的，必然是国内政权的崩溃以及不可避免的代之以某种形式的英国统治。但是，如果英国在华利益注定是短暂的和有限的，又有什么理由使英国为保护这些利益而承当起扩大了的义务所需的费用和责任呢？"③ 因此，他们认为采取一种"零碎的在华逐渐扩展经济机会"，也就是一种"有限的进展和调和的政策"④ 是势所必然的。这种政策的主要内容，是扶植、加强清朝统治，逐步扩展英国的在华利益，也就是所谓"缓进政策"。这和英国工商业集团要求的把清朝变为印度、反对"放弃了一个本来可用廉价取得的帝国"⑤ 的"猛进政策"，形成鲜

① 1852 年米琪致文翰的报告，彭泽益编：《中国近代手工业史资料》第 1 卷，三联书店 1957 年版，第 502—503 页。

② 马克思：《资本论》第 1 卷，人民出版社 1953 年版，第 412—413 页。

③ 《中国通与英国外交部》，第 38 页。

④ 《中国通与英国外交部》，第 3、6 页。

⑤ 《中国通与英国外交部》，第 3 页。

明对照。

双方的争论是长期的、激烈的。但是英国政府，特别是那些在华的使节，在和中国打交道之后，从对华贸易发展的总趋势，列强争夺中国的斗争形势和中国人民强烈的反抗情绪考虑，采取了比较现实的态度。从1858年以后便开始酝酿着侵华策略的转变。积极倡议和推动这种转变的是额尔金和他的弟弟、英国第一任驻华公使卜鲁斯。

额尔金虽然是第二次鸦片战争英国远征中国军队的统帅，但他意识到从战争获得的条约特权能否履行，还有疑问。还有，用不断战争的办法来对付中国，也不是长久办法。他认为改用扶植、加强清政府，使之充当英国的工具，对于英国在华的利益更有保障。因此，他把一些有关改造清政府的条款列进《天津条约》，并准备安排手下的属员担任清政府关键性的行政职务，由他来扶植、改造清政府。他设想"受到一个或所有大国的支持而不是控制的外籍税务机构制度。可以保证外国利益的合法权利和义务得到满足"。作为全国性的中央行政机构，外籍税务机构管理下的海关，"可以成为改造〔清〕政府及其他部门的模式"。他认为"一个固守原则、专心致志、经验丰富的〔外国〕行政官员，如能得与清政府最高级官员接触并获得他们的信任，哪怕只是一个派系的官员……那么，他对促进友好的国际关系及加速在政治、社会、经济活动领域里接受现代西方标准的速度方面必大有裨益"。其次，"把战争赔款的偿付期限延长下去，额尔金希望这样做能够造成一种利益互相关联的制度，并使这种制度获得主要方面（各外国政府，外国商人及清廷）的长久支持，以便外籍税务机构制度因其做出的成就而被接受"。①

不但如此，各国在华使节还对中国立下了"更远大的目标"，这就是以"安全、经济利益或提高地位等作为标榜"，"要把中国改组成为现代世界上占有适当地位的国家"。②

由此可见，额尔金设想的中国海关，远不限于"帮办税务"，而是把它看作英国对华关系的基石。这种设想在《天津条约》签订之前已形成了。

额尔金的弟弟卜鲁斯把这种设想逐步具体化。他认为要在中英之间建立一

---

① 这里所说的"更大目标"并无单一的文件加以阐述，它是散见于卜鲁斯、额尔金、李泰国等文件和著作中。请阅〔加〕葛松著，中国海关史研究中心译，邝兆江校：《李泰国与中英关系》，厦门大学出版社1991年版，第106—107页。

② 《李泰国与中英关系》，第106页。

种足以维护和扩展英国在华利益的关系，就得"把中国作为一个能够独立负
责的国家看待"，"由清朝的中央政府负起维护英国利益的责任。要做到这样，
就要以行动来加强这个衰弱的帝国政府。这就意味着帮助北京政府抵抗太平
军，意味着英国官员支援新设立的海关，英国政府要命令领事和海军当局向北
京政府要求损害的赔偿，而不要对地方政府施加压力来强制取得"。① 这就是
扶植、加强清朝的中央政府，使其负起维护英国在全中国利益的直接责任，以
保障"有限的进展和调和的政策"的执行。

　　李泰国继任税务监督之后，和清朝驻上海的高级官员发生了密切联系。他
和先后担任江苏巡抚的赵德辙、薛焕、布政使王有龄、上海道兼管江海关吴煦
都有交情，甚至搭上了两江总督兼各口通商大臣何桂清的关系。因为吴煦是他
的直接上司，关系特别密切。在中国被迫开放的早期，要找到像李泰国这样的
媒介人物确属不易。李泰国从小就来到中国，既懂汉语、又懂汉文，22 岁便
任英国驻沪领事馆代理副领事。他是额尔金的得力亲信，是包令任商务监督时
提拔的，并深得阿礼国的赞许。李泰国的"意见和主张都来自他的上司（威
妥玛、巴夏礼以及间接地来自阿礼国）"②。

　　英国在华官员的这种设想，主要是受到税务监督制度在实践过程中产生的
作用的启发。李泰国和清政府官员的密切关系及其产生的作用，使他们产生了
利用这个制度作为建立对华关系基石的构想。

　　李泰国在税务监督任内，确实为英国做了许多事情。据有限的记载，他在
就任税务监督后的 5 个月间就向英国商务监督汇报了几次和清朝上海官员关于
政治问题的私人谈话。③ 1857 年初，他又汇报了税务管理委员会的长篇备忘
录，英国商务监督包令直接转交英国外交部。④ 李泰国还做了一件被认为"完
成了中外关系史上一项创举"的工作。本来清政府拒绝外国商人以至外国官
员和清朝的中央官员甚至其他的地方官员接触，外国使节因而无法向清政府表
达意见。第二次鸦片战争英法联军攻下广州之后，为了打破这种限制，以便对
清政府施加更为有效的压力，决定组织一个代表团前往江苏省会苏州，把英、
法递给清政府的照会面交江苏巡抚赵德辙转达清廷。他们利用李泰国在江海关

---

① 《中国通与英国外交部》，第 23 页。

② 《李泰国与中英关系》，第 76 页。

③ 1856 年 3 月 13 日包令致克拉伦顿函附件。《李泰国与中英关系》，第 54 页。

④ 1857 年 2 月 6 日包令致克拉伦顿函。《李泰国与中英关系》，第 54 页。

和赵德辙的关系，终于在 1858 年 6 月间会见了赵德辙。据额尔金的私人秘书俄理范（L. Oliphant）报告说："我们此行成功不但应将全部功劳归于李泰国的干练与妥善安排，而且随时可得到他的明智的忠告，这最使我们感到快慰……我们进〔苏州〕城时未受阻挠。由于李泰国与巡抚有旧交，一切都进行顺利。"①

在第二次鸦片战争爆发后，当英方需要了解漕粮北运的情况时，李泰国把有关漕运的资料私下提供给威妥玛。这份资料"对制定〔远征中国的〕军事方案很有用，威妥玛当即'私下地'把它转交给额尔金"。②

由于李泰国在江海关有这么大的作用，受到额尔金的信任，所以当 1858 年额尔金北上天津胁逼清政府签订《天津条约》时，公然利用李泰国作为胁迫工具。李泰国在天津谈判中，对清政府派遣的钦差大臣桂良、花沙纳，极尽威逼之能事。他要桂良等对所提条约，"非特无可商量，即一字亦不会更易"，"立逼应允"；"如本日不给伊带回议准照会，即带兵直入京师"；"次日，李泰国复同通使〔事〕威妥玛……逼索议准照会，神色俱厉"，致使恭亲王奕䜣也按捺不住，"拟敕下桂良，待其无礼肆闹时，立即拿下，或当场正法，或解京治罪"。③

在条约谈判中，李泰国从清朝官员探悉中美条约把鸦片列为违禁品，这对英国非常不利。他立刻向额尔金汇报。额尔金当即派遣卜鲁斯和代理美国公使卫廉士与俄国公使普提雅廷商谈，还亲自访问了他们，劝告他们"不要在各自的条约中提及鸦片问题"④，以免妨碍鸦片贸易合法化。结果，额尔金如愿以偿。

额尔金非常重视条约的履行。他曾写信给他的妻子表示了这种关切的心情："直到今天我还认为，如果由不称职的人来执行这个条约的话，整个条约将告失败。"⑤ 在他的心目中，李泰国是执行条约最能称职的人。因此，他极力恢复李泰国在江海关的地位，寄望他成为"清政府一位有权力的官员"，借

① 1858 年 3 月 9 日俄理范致额尔金机要文件。《李泰国与中英关系》，第 65—66 页。
② 1857 年 11 月 12 日威妥玛致额尔金私函。《李泰国与中英关系》，第 64 页。
③ 咸丰八年五月十三日、十六日恭亲王、桂良奏折。《筹办夷务始末》（咸丰朝）第 3 册，卷 26，第 953、966 页。
④ 1858 年 6 月 10 日额尔金致麦默斯伯公函。《李泰国与中英关系》，第 77 页。
⑤ 1858 年 9 月 23 日额尔金致金夫人函。《李泰国与中英关系》，第 84 页。

以监督《天津条约》的履行。

卜鲁斯是额尔金强而有力的助手。他极力推行他哥哥的计划。他在一个备忘录中为李泰国吹嘘："李泰国讲官话流利，并具有高度的能力来抓住上级的意图，以最好的方式表达出来，使清政府〔官员〕易于接受。因此，一开始最好就让他与威妥玛一起工作。但现在我获悉清政府有意让他按照上海采用的、由他自己成功地执行的〔海关〕制度，组织各地海关。我们当然不宜使他辞卸这个任务，因为在一个中国行政的重要部门任用一名干练、正直的外国人将是清王朝复兴的第一步，并且有利于我们将来的交往。我可以说，额尔金勋爵在天津谈判中所以要突出李泰国，并使他机密地向清方建议他们应如何行事，其用意就是希望清政府钦差大臣能看到把李泰国留用作为他们的外事顾问是可取的。"①

由此可以肯定，李泰国确是英国在华最高官员额尔金和卜鲁斯使用的人物。这正如巴夏礼以后所说的，李泰国"虽于1855年从〔英国驻华〕机构调任为清政府服务，但在1857—1861年在华军事行动中，他始终被已过世的额尔金及卜鲁斯在极其机密的情况下，继续咨询及使用"。② 李泰国也认为："他是被卜鲁斯在他与中国人政治关系中所使用的人——实际上是卜鲁斯与清政府交往的媒介——其范围之广绝非英国外交部所能想象得到的……"③

李泰国不但是英国驻华官员使用的人物，上海的清朝官员也把他看作是可以利用的英国人。当时上海已取代广州而为中外关系的中心，上海官员对于中央政府负有侦查外国以至处理中英关系的任务，但是他们没有建立情报机构，缺乏对外交涉人物，因此，对于英国在华的活动，所知极少。现在有了李泰国，而李泰国又是他们的属员，于是产生了利用李泰国的思想。当卜鲁斯来华履行公使职务到达香港准备赴京换约时，清廷正在大沽设防，形势内紧外松。吴煦认为"当此夷方吃紧之时，该夷（李泰国）尚有可用，不得不仍事羁縻"。④ 正因如此，李泰国在中英关系中能够发挥其他英国人不能发挥的作用。

吴煦虽心存利用李泰国，实则为李泰国所利用。从上面种种事实看来，李泰国无疑是额尔金和卜鲁斯安置在海关用以建立对华关系的基石人物，这是非

---

① 1858年10月21日卜鲁斯在伦敦写的备忘录。《李泰国与中英关系》，第74页。

② 1870年7月31日巴夏礼致克拉伦顿。《李泰国与中英关系》，第118页。

③ 1866年1月19日李泰国致哈蒙德。《李泰国与中英关系》，第118页。

④ 1859年5月1日吴煦禀与李泰国商议江海关各事。《吴煦档案选编》第6辑，第298页。

常明显的。

由此可见，洋员管理海关的制度已逐渐蜕变为英国对华关系的基石了。正因如此，在赫德统治中国海关时，海关职能不断扩大，不但经办了庞杂的洋务，甚至扩及政治、外交领域，总税务司署的权力不但凌驾于公使馆之上，而且隐然成为清朝的太上王国。在列强争夺中国权益的复杂斗争中，英国在中国的优势地位，维持了70年左右，海关总税务司的重大作用是不容忽视的。正因英国在海关占据优势地位，因而引起了列强对海关长期不断的争夺。

第三章

《通商章程善后条约：海关税则》的
签订和海关外籍税务司制度的初建

第一节　《通商章程善后条约：海关税则》
关于海关行政问题的规定

　　江海关税务管理委员会接管的是夷税征收权，不涉及华税，所以华商没有什么反应。但外商的反应就很强烈，他们纷纷提出批评、抗议。外商攻击的主要问题集中于海关手续方面。

　　在洋员管理制度引用之前，"商人（外商）和海关办理业务，即使不是全部，主要也是通过他们的中国通事、跑街或者买办，外国人不准洽办。因此，外商没有必要和海关官员进行直接接触，也决不会使自己有什么麻烦"。"由于外国成分的引进，自然而然就发生了一种引人注目的变化。税务监督只承认外商，而对买办则不理睬。"一切手续要求外商亲自办理，洋行还要签字。这就是要外商按照一种和清朝海关完全不同的方式办理海关手续。这种手续大大干扰了外商。他们认为"这是有损于他们的尊严"，极力抵制；他们不是派遣适当合格又能回答问题的职员去海关，而是雇用苦力或船妇，交进一张无法辨认、字迹潦草的废纸以取代正式申请书。这样，就造成种种误会，以至恶感，引起了冲突。①

　　在清朝官员管理海关时，货物的估税、检验是马虎从事，甚至受贿纵私。洋货除非通过检查，拒绝证明申报的货物。"对于这样的检查，经常有反对的

①　《关于中国洋关创办问题备忘录》。《中国近代海关历史文件汇编》第6卷，第172—194页。

人，他们的反对不只是威胁而已，甚至采用暴力方式。"于是货物无法检查，不能通过，这就耽延了商人和船舶。"当偷漏被揭发或者走私被缉获时，犯规的人立即起来叫嚷，外国报纸袒护外商，有的闹到领事馆去。"①

反对外籍税务监督制度最强烈的是美商。他们向公使伯驾提出了申诉。他们说清朝海关手续简单、敏捷，有利于商务，而现行海关手续烦琐、滞慢，不利于商人的贸易。还有，此口实行此种制度，他口不实行，则"此口受累"矣。所以强烈要求废止税务监督制度。

但是税务监督制度经过实践之后，仗着英、美、法领事的支持，结束了多月的贸易混乱状态，对于有约国和无约国实行了同等的关税待遇。英国商务监督包令认为这个制度：一、把鸦片贸易放在一种"例外的和有保障的条件下"；二、为航行的改善和安全，税则的改良和损害赔偿等，从国家收入中指拨了专款，使外商得到种种"便利"；三、为商务监督处和领事们免除了无数的纠纷问题，"这些问题已经由它当场予以公平解决"。② 美国公使伯驾也说：这种制度已经"出人意外地成为中国一种巨大的精神政治影响的泉源，有益于中国，有利于他们代表的各国而无损于商业利益"③。英国驻沪领事罗伯逊也说："溯自海关任用洋员以来，各商人所受待遇，一律平等，故洋商对于此新制，全体主张拥护。"④

尽管如此，这个制度还存在着两个尚待解决的问题：第一，英国首相克拉伦顿"虽不反对雇用英国人帮助中国人征收关税，可是不同意女王陛下的领事在这类人员的任用上，加以任何干涉，理由是女王陛下政府因此而要对他们的举措行为负一些责任"⑤。"从美国国务院和英国外交部双方的观点看来，税务委员（监督）的遴选方式，就候选人应由领事提名一节而论，是大可非议的。据认为，这未免使各外国领事涉足太深，大有须对海关办事能力负责之势。"⑥

---

① 《关于中国洋关创办问题备忘录》。
② 1857 年 2 月 4 日包令致克拉伦顿第 63 号函。《中国关税沿革史》，第 132 页。
③ 1856 年 1 月 25 日伯驾致国务院第 5 号函及其两个附件。《中国近代海关历史文件汇编》第 7 卷，第 23 页。
④ 《最近十年各埠海关报告》（1922—1931），总税务司署造册处编印，上卷，第 130 页。
⑤ 英国国会档案：《中国叛乱有关文件续编》（1863），第 174、 193 页；《中国关税沿革史》，第 126—127 页。
⑥ 《美国人在东亚》，第 199 页。

　　还有，税务监督由领事提名，意味着税务监督受领事的管辖，这就使两者
为了商务关税问题经常发生冲突。此外，美国 1856 年的《领事法》规定，公
使、领事们不得推荐任何公民充任任何外国政府的职务，这就使这种制度在提
名任用问题上有加改变的必要。第二，税务监督制度仅限上海一口，不利于上
海茶叶的输出，也不利于英国棉织品的输入。从茶叶来说，税务管理委员会有
一套防止关税舞弊的办法，所以偷税漏税的情况在一定程度上可以得到制止。
但是宁波、福州海关仍在清朝官员管理之下，他们贪污腐败，受贿纵私，一仍
其旧，偷税漏税层出不穷，这就可能夺取上海的茶叶出口。还有，上海是洋货
进口的中心口岸，洋货进口超过全部进口的 50%，甚至达到 90%。因此，上
海许多外商，通过了实践，不但不希望因废行外籍税务监督制度而引起市场的
混乱，甚至希望此种制度推行到其他口岸，以免洋货进口为其他口岸所夺。所
以，以怡和洋行为首的外商认为"关税管理委员会是在现有情况之下可以公
正地征税，维护老实商人权利的惟一制度"，他们一再要求包令注意将这种制
度扩大到其他口岸。①

　　以上两个问题成为以后修改税务监督制度的基点。

　　继任英籍税务监督的李泰国②，曾为推广税务监督制度预作舆论。他曾向
苏松太道蓝蔚雯揭发宁波、福州两海关的纵私情况。他说："福州关税偷漏甚
多，有船一只，装茶出口，照例该完税银二万五千两，该船仅完一千七百两；
又福州自设关以来，征收茶税，每担一两五钱或一两，或不及一两，较上海每
担按照税则征银二两五钱者，大有区别。又宁波关毫不稽查，全无税则，运米
出洋，亦不阻止。以致上海商情不服，见利思迁……上海关税必至立形短绌
……而本年正、二两月，所收夷税，已形短少。"③

　　跟着，英国商务监督包令亲自照会福州将军有凤、闽浙总督王懿德，请福
州口依照上海模式办理。有凤、王懿德奏称："臣等叠准嘆咭唎国夷酋咆吟照
会，以上海地方设立司税官，代为稽查税务，并代征税银，于事甚为有益，请
福州关口照依办理。"他们当即奏称："第思关税一事，既归臣将军衙门兼管，
此时听其添设司税官，夷情叵测，利之所在，难免不生觊觎；况该夷议请设

――――――――――

①　《北华捷报》1856 年 4 月 5 日。

②　《中国关税沿革史》译为李国泰，此误。《新关题名录》和所有文件均作李泰国。

③　咸丰六年三月二十日怡良等奏折，《筹办夷务始末》（咸丰朝）第 2 册，卷 13，第 458 页。

官，而不归臣等管束，来去听其自如，作伪不能过问；即所用之夷人，亦不容臣等查察。设或滋生事端，咎将谁诿？……臣等断不敢轻许，致紊关政。"上谕亦称："是时断难允行。"①

以上两个问题，直到 1858 年《通商章程善后条约：海关税则》的签订，才最后解决。

1858 年 6 月《天津条约》签订。10 月，根据《天津条约》签订的附约中英、中美、中法《通商章程善后条约：海关税则》关于海关行政问题，便作出规定。这个规定关系到以后八九十年整个海关制度问题，至关重要，特抄录于下：

> 通商各口收税，如何严防偷漏，自应由中国设法办理，条约业已载明。然现已议明：各口划一办理，是由总理外国通商事宜大臣或随时亲诣巡历，或委员代办。任凭总理大臣邀请英〔美、法〕人帮办税务并严查漏税，判定口界，派人指泊船只及分设浮桩、号船、塔表、望楼等事，毋庸英〔美〕官指荐干预。其浮桩、号船、塔表、望楼等经费，在于船钞项下拨用。至长江如何严防偷漏之处，俟通商后，察看情形，任凭中国设法筹办。②

据此规定，则一、"任凭"清朝总理大臣"邀请"英、美、法人"帮办税务并严查偷漏"，毋须英、美（法不在内）官员的干预；二、海关任用外国人的办法，"各口划一办理"；三、海关兼办港务和航政，其经费"在于船钞项下拨用"。随着任用外国人规定的改变，外籍税务监督制度也就演变为外籍税务司制度了。税务监督英文作 Inspector，而税务司则为 Comissioner of Customs。外籍税务司制度虽是从外籍税务监督制度演变来的，但二者有其不同内容。我国著作把两者一律译为税务司，难免互混不清，有加以改进的必要。尽管内容有所不同，但是关键的一点，就是任用外国人一点，没有任何改变。税务司制度是根据《通商章程善后条约：海关税则》第十款的规定而设立的。这一款成为支配中国近代海关一成不变的海关制度。

---

① 咸丰六年三月二十七日有凤等奏，《筹办夷务始末》（咸丰朝）第 2 册，卷 13，第 463 页。
② 《中外旧约章汇编》第 1 册，第 118—140 页。

第二节 两江总督兼任各口通商大臣和
李泰国受命为海关总税务司

"邀请"洋人"帮办税务"既经条约确认，接下去就是根据条约规定组织各口海关了。首先必须解决的是由谁组织的问题。从英国方面说，额尔金在《天津条约》签订之后，就已决定恢复李泰国在中国海关的地位（李泰国原任税务监督，一度随同额尔金北上谈判《天津条约》），使他成为"清政府一位有权力的官员"。这就不能不为李泰国在天津谈判中对清朝钦差大臣所表现的骄悍恶态承担责任。额尔金自述道："我已认真调查了李泰国的话语，……我发现那些话语完全符合我的指示。因此，我已命令威妥玛往谒钦差大臣，告诉他们这些话语应由我而不应由李泰国负责。"①

额尔金还向他的妻子透露："我还通过一种秘密渠道（李泰国）向他们（钦差大臣）暗示：如果他们〔对于条约的履行〕不立即满足我的要求，我就将再度前往天津——这无疑将使桂良和花沙纳二人的人头落地。"② 由此可见，额尔金还极力利用李泰国作为他的传声筒。

李泰国带着额尔金的使命回到上海。为了使额尔金宽慰放心，"李泰国须注意自己的行动，务使清政府感到任用李泰国既属得计，又属必要"③。他一回到上海便做了个 180 度的转弯，立即往访老上司上海道薛焕，告以"已奉谕知，准其在牛庄、登州、潮州、台湾、琼州、镇江、汉口等处设立码头。不日当奉谕旨，敕下江苏巡抚〔赵德辙〕前赴上海，就近会议税则等语。"④ 这消息当时还没有传到上海，李泰国抢先传达，显然是对薛焕表示好感。

1858 年 10 月在上海通商章程的谈判中，英方谈判人员"语多傲慢"，"惟里（李）泰国不至从中挑剔"。对于钦差大臣要求停止公使驻京、内江通商，"里（李）泰国闻之，允以回去必向公使再三开导"⑤。李泰国这种虚与委蛇的应付态度，竟被两江总督作为有利材料而上奏。李泰国这些做法，大大冲淡

① 1859 年 7 月威妥玛备忘录，《李泰国与中英关系》，第 83 页。

② 引自《李泰国与中英关系》，第 74 页。

③ 《李泰国与中英关系》，第 84 页。

④ 引自咸丰八年六月十五日何桂清奏折。《第二次鸦片战争》第 3 册，第 472 页。

⑤ 咸丰八年九月二十日桂良等奏折。《第二次鸦片战争》第 3 册，第 547—548 页。

了他在天津的恶行；而一向重用李泰国的何桂清竟以李泰国之虚与委蛇而自诩说："哞嗹咽在天津，视宰相如儿戏，其在上海则大不然，并能出力，此何说也？"① 借以表示他驾驭李泰国手段的高明。

何桂清为了重用李泰国，也为李泰国在天津的恶行缓颊。他上奏称："哞嗹咽系夷人中最狡黠者，咸丰五年冬，前抚臣吉尔杭阿照会该酋，用之为江海关司税，辛工优厚，该夷尚知感激，为我稽查偷漏，是以近年夷税，较开市之初加增三四倍。该夷恐为各夷所憎恨，后又随赴天津，大肆猖獗，献媚于夷酋，以见其公。迨回上海，则驯顺如昨，为我所用。解铃系铃，仍当责诸该夷。"② 这显示了何桂清为重用李泰国在制造舆论。

李泰国显系额尔金力图安置在中国海关的人员，这是无可置疑的，但是上海官员，也企图利用李泰国。当时正当第二次鸦片战争期间，上海官员因负有对外交涉任务，急待获得英方情报，而且希望有个得力的外国人从中斡旋。他们认为李泰国是恰当的人物。他们过高地估计李泰国在英方的地位，所以不但亟望从李泰国获得情报，而且寄望他"开导"英方官方人员。他们要求李泰国说服英国的头目放弃公使驻京、内江通商的要求。所以苏松太道吴煦称："此人能为我出力，于□□〔卑府〕似尚相信。"所以"每于闲谈时，探其意见，并为感动宠络"。

五口通商后，清政府害怕那些难以遏制的悍夷的骚扰，所以把对外交涉事务派给两广总督专管，力图拒之于偏远的广州，以免干扰京师，有损统治尊严。外国在华的官员意识到这种办法只是让交涉问题在地方上踢来踢去，无法取得结果，觉得不满。《天津条约》签订后，南自广州，北至牛庄整个海岸线都被打开了，上海处于海岸线的中点，它在政治经济的重要性取代了广州。适应着这种形势，清政府不能不把对外交涉的重心从广州移到了上海。1859 年 1 月 31 日（咸丰八年十二月二十八日）内阁奉上谕："至上海现办通商事宜与广东较远，着即授两江总督何桂清为钦差大臣，办理各国事务。所有钦差大臣关防，着〔两广钦差大臣〕黄宗汉派员赍交何桂清祗领接办。"③ 由于沿海的通商口岸由 5 口增至 11 口，所以原来的五口通商大臣改称为"各口通商大

① 咸丰八年七月初四日何桂清致自娱主人函。苏州博物馆等编：《何桂清等书札》，第 71 页。
② 咸丰八年八月二十九日何桂清奏折。《筹办夷务始末》（咸丰朝）第 3 册，卷 30，第 1133 页。
③ 1859 年 1 月 29 日上谕着即授总督何桂清为钦差大臣，办理各国事务（抄件）。《吴煦档案选编》第 4 辑，第 195 页。

臣"。这样，上海取代广州成为办理夷务的中心了。

何桂清既以两江总督兼任各口通商大臣，沿海各口的对外交涉都归掌理了。海关在当时也被看作对外交涉的夷务，因此也在管辖之内。

1859年1月间，何桂清被内定为各口通商大臣后，迫不及待地内定李泰国为"总管各口海关总税务司"。兹将任命札谕底稿摘录于下：

> 查李税务司曾在江海关帮办四载，熟谙中外商情，诸臻妥洽。兹派令帮同总理各口稽查关税事务，准其会同各监督及本大臣所派委员，总司稽察，悉照条约画一办理各口，新建税务司统归钤束。设有未能尽善之处，随时报候查办。酌定五年，议给辛俸，准由江海关支给。李总税司膺此重任，自宜一秉大公，尽心办事，毋负信任重意，是所切嘱。特谕。①

当时何桂清尚未接收各口通商大臣的关防，所以这个札谕仅是内定底稿而已，搁置了数月而未颁发。总管夷税征收的新关，其有总税务司之名，实始于此。这个札谕直到何桂清接到各口通商大臣关防后，才于1859年5月23日颁给李泰国。② 从此以后，李泰国便成为总管新关的总税务司了。

根据1854年6月29日英、美、法三国驻沪领事和上海道吴健彰的协议，接管江海关夷税征收权的是三国领事提名的三个税务监督组成的税务管理委员会。从理论上说，他们三人的权力、地位都是相等的。现在何桂清独任李泰国为总税务司，排斥了美、法两个税务监督，这就废弃了1854年三国领事和苏松太道协议的规定，而美国税务监督余飞和法国税务监督伊担也就被"资遣"了，于是引起了一场小风波。吴煦对此曾有记述："伊担（法国代理领事）本系新关司税，因李夷查照新议，上海只用正副司税各一人，将美国之余飞同法国伊担一并辞复（退）。唯因伊担人尚老诚，仍许将来改派小口。乃敏夷（敏体尼，法国驻沪领事）于未去之前，与□□〔卑府〕大为饶舌，谓无过犯何以遽革其职？且照旧章辞退司税，应先会商领事。□□〔卑职〕以新章与之力争，始得缄默，令其代办领事，亦□□〔卑职〕调停之议也。"③

美国领事也有意见，"并闻美领事士觅威良因此事亦颇不服，深怪李夷把

---

① 1859年1月何桂清《派李泰国为总税务司札谕》（底稿）。《吴煦档案选编》第6辑，第270页。
② 据李泰国妻收藏李泰国的私人文件，这个札谕是1859年5月23日发的，封面用中文注"1859年5月24日收到"，见《李泰国与中英关系》，第303页第六章注。
③ 1859年6月30日，吴煦上王有龄禀（底稿）。《吴煦档案选编》第5辑，第53—54页。

持"。"外间纷纷传言，均云美法领事各已致书公使，请其在京理说，意欲照从前旧章，美法各举税务司在口办事，原非设税务司于京都也。"①

但因英国在华势力很大，而且新关多年以来，权力都操在李泰国手中，美、法也无可奈何。

李泰国出任总税务司，无暇兼顾上海海关事务。于是，选任德都德（H. Tutor Davis）为江海关税务司。1859 年 7 月 23 日（咸丰九年六月二十四日），德都德还以税务监督名义签发公文；过两天，即 25 日（二十六日），便改称为税务司了。② 查税务司之名，在这以前，虽偶尔见到，但一般文件都称"司税"，在此之后，税务司便成为各口海关负责人的通称了。税务司英文作Commissioner of Customs，总税务司本来应作 Chief Commissioner of Customs，但李泰国却别出心裁，采用 Inspector General 做他的英文职衔。此后，历任总税务司都沿用这个英文职称。

英国美化这个从外籍税务监督制度演变而来的外籍税务司制度。英国公使卜鲁斯向外交大臣罗素呈称："这种新制度和从前在上海实行的不同，因为它所雇用的外国人不再是外国领事们所推荐的。它现在已经变成了一个纯粹中国机关。"③ 赫德也说："与其说税务管理委员会具有中国本国机关性质，不如说它具有外国机关的性质"；可是不久之后，"这个机关凭借它那种混合性质中所固有的活力，逐渐和它的创始人分开来了，并且由于偶然的引力，越来越变成为一个中国机关了"④。

从表面上看，税务司的遴选任用，条约明文规定"毋庸英（美）官指荐干预"；但是最根本一点，即"邀请"洋员"帮办"税务，却没有任何改变，甚至还规定"各口划一办理"。只要任用洋员管理税务的原则不变，外国驻华官员就有可能随时凭借其影响，诱逼清政府接受他们指荐的人员。李泰国和赫德出任总税务司，都是在卜鲁斯权势的影响下促成的。至于各口税务司的任免，都取决于总税务司，清政府和海关监督无权过问。既然总税务司及其选募的税务司都是洋员，其下所属的主要人员也都是洋员，而全部关务又都在洋员控制之下，中国官员不得干预，那么，说海关"纯粹是一个中国的机关"，就

① 1859 年 7 月 21 日，吴煦、蓝蔚雯上王有龄（底稿）。《吴煦档案选编》第 5 辑，第 73 页。

② 《最近十年各埠海关报告》（1921—1931），上卷，第 33 页。

③ 英国国会档案《中国事务有关通讯汇编》（1859—1860）。引自《中国关税沿革史》，第 134 页。

④ 《关于中国洋关创办问题备忘录》。《中国近代海关历史文件汇编》第 6 卷，第 176 页。

无法自圆其说了。

《通商章程善后条约：海关税则》，并没有统辖各口海关的总税务司的规定。这个职位是何桂清设置的。何桂清"以条款内既有任凭总理大臣邀请外国人帮办税务之语，若各口所用之外国人皆由总理大臣选募，事多窒碍；若别口不用外国人帮办，又恐事不画一，洋商必致借口，易启争端。是以何桂清札饬李泰国总司其事，名曰总税司，以明画一之意"。[1] 从行政管理原则看来，各口既设海关，上面设一统辖首脑，这是必要的。但是这个统辖职务势必将各口海关置于一个外国人统治之下。这不但易启专权擅权的弊窦，而且超越了条约的规定。这是为英人在海关的独裁统治奠下的第一个基石。

海关外籍税务司制度至此已初步建立，但是此时总税务署还没有设置，总税务司对各关税务司的任用权，还没有确定下来，海关行政还没有统一，所以这个制度还不能说已经确立。

第三节　海关外籍税务司制度的筹建

李泰国既被内定为总税务司，便迫不及待地根据《通商章程善后条约：海关税则》的规定，筹划建立以外籍税务司为核心的海关制度。1859 年 3 月，他向上海道呈送一个《江海关呈送税务条款清折》[2]。《清折》提出："英国新公使普路斯不日可到，一经换约，立即开办新章；若有一处未齐，匪特未能核实稽征，且不慎之于始，将来即难收拾。"这显然是督催按照上海募用洋员的办法，在通商各口建立"划一"的海关。

李泰国认为，各口海关"向有广东（州）、福州、厦门、宁波、上海五口，今新增广东之琼州、潮州、福建之台湾、江南之镇江、山东之登州、盛京之牛庄等六处，除长江至汉口各码头俟军务平定再商外，现共码头十一处之多"。这十一处"综观全局，应以上海、广东两处定为总口，税必大旺；余如琼州、潮州、福州、厦门、台湾五处定为中口，宁波、镇江、登州、牛庄等四处定为小口"。

据估计，"统计十一口，如概用外国人为税务司，每年共可收税一千万两

---

① 引自咸丰十年十二月初六日江苏巡抚薛焕奏折。《筹办夷务始末》（咸丰朝）第 8 册，卷 71，第 2687 页。
② 全文载《吴煦档案选编》第 6 辑，第 279—284 页。

以上"。

各口海关的设立，首先要解决的是关于海关负责人——税务司的任命权问题，这是关系到总税务司对各口海关的管辖权问题，也是建立海关外籍税务司制度的根本问题。因此，作为内定总税务司的李泰国，对于这种权力，势在必争。李泰国在《清折》第一条拍头就说："外国人帮办税务，载入上海《善后条约》第十款。现蒙总办通商钦差何宫保邀伊帮同总办，务须新旧各口一律照上海式，各派外国人为税务司，俾归划一。以外国人治外国人，始能得法。"意即必须按照上海江海关的模式，在通商各口建立"划一"的海关。

《通商章程善后条约：海关税则》第十款只笼统规定各口"划一""邀请"外国人"帮办税务，严查偷漏"，至于这些外国人由谁来任命，并无规定。何桂清在委派李泰国为总税务司的札谕（底稿）中，也只称"各新延税务司统归〔总税务司〕铃束"而已，至于税务司由谁任命，也没有规定。李泰国为了取得对各口海关的管辖权，公然要求吴煦转请何桂清，"请发札谕一道，令伊（李）预为选择〔外国人〕，去留亦听伊主持"。①

吴煦向来极力支持李泰国。他一面运用转弯抹角的官僚手法禀告上司布政使王有龄、按察使薛焕说：李泰国的请求，"察其词意，固觉揽权；然实为认真公事起见"；"但事关大局，不可不慎之于始"。因此，请王有龄、薛焕"斟酌定妥，禀请督宪（何）裁示施行"②。另一方面函致李泰国，上海"不日开办新章，尚须添人襄理，即希贵税务司为代访妥当公正而体面者数人""来沪帮办"③。这表示吴煦为李泰国的要求预留了地步。

但是对于江海关以外各口税务司的任命问题，吴煦不好擅定。何桂清当时处境不佳。据薛焕函告吴煦："京中不信该夷（李），粤督又与苏督不合"，"而黄寿翁（宗汉）又与宫保何不合，一经彼参奏，则宫保危矣。"因此，薛焕虽然同情李泰国，但是对李泰国的要求不敢答应。他说："司税由各口监督自雇，整顿由总理大臣作主，其所雇之人如有不妥，自可听总理大臣去取也。"此外，还要吴煦"缓缓开导"李泰国，并说"宫保将来总可设法归于一律，须要顺序办理，方可如愿"④。吴煦又将李泰国的要求转禀何桂清，并要

① 1859年2月19日吴煦禀王有龄（底稿）。《吴煦档案选编》第6辑，第273页。

② 1859年3月江海关呈送税务条款清折（呈通商大臣）。《吴煦档案选编》第6辑，第279—280页。

③ 1859年2月19日吴煦给李泰国函。《吴煦档案选编》第6辑，第274页。

④ 1859年4月16日薛焕致吴煦函。《吴煦档案选编》第6辑，第292页。

求发给江海关新任税务司德都德谕单（任命书）。何桂清明确表示拒绝。他说："司税必各口自延，而整顿则总办大臣作主。其所延之人，如有不妥，自可听总理大臣查察去取。况经费一切出自各关，理应由监督按月给发；如各监督有向总税务司要人者，尽可由总税司保举，听其延请，总理大臣亦不便过问。如此，则各口司税方与各口监督相安，于中国定例亦不至违背，彼此方能有益。"至于发给德都德谕单一事，何桂清答称："查弟系总办大臣，只能总其大纲，俾各口一律办理，期臻妥善。如司税一项内，惟总司税系属帮同总办各口税务之人，自应由弟处给发谕单；至各口司税，乃总司税以次之人，系帮同各口监督办事，应由各口监督给发谕单，则事有专责。即如道府州县幕友，应由道府州县自行延请，不得由督抚大臣为之代请，此中国定例也。"至于费士莱"乃广东税务司，应与粤关监督议定给谕办事，祈转致李总税司知照为要"①。据此复函，则何桂清只许海关外国人由总税务司"保举"，听海关监督"延请"，他自己"不便过问"。但李泰国极力抗争，"渠则检阅第十款，以议定各口画一办理，任凭总理大臣邀请英人帮办税务，原非指总税司一人。……故正月间奉藩、臬宪传述宫保之谕，亦令我遴雇英人分布各口。现在通商各口外国人亦无不知此事。若仍令各监督自雇，必致各国坏人纷纷钻营，税务一败涂地，我亦不能代为整理。"并且提出辞职要挟："就目前情形，既为宫保疑，又为外国人笑，我实不值为此，不如趁未颁谕单，及早辞退，请宫保另雇别人。"吴煦说李泰国"一味均系负气之言。□□〔卑府〕知其所欲不遂，故意刁蹬"。"不得已甜言哄诱，令其安心办事"，并称："我必再为力请，断不可存辞退之心。再三劝解，方始转颜。"② 这种半推半就的丑剧，显示了李泰国争夺海关管辖权的野心。

薛焕在李泰国百端胁迫之下，乃和王有龄会商处置办法。他们认为，"若宫保为各口定夷人，则烂子不小。不但宫保不肯如此，我等属员亦不忍见宫保如此也。"因此决定募用外国人事，"似须上海先定"，"将来委员到各口，他处必要来抄上海章程，……我即以议定章程抄与之……不怕他不照办。如此一通融间，宫保可避代定之名，哩（李）夷亦得总办之实，岂非全美，哩夷何

---

① 1859 年 4 月 19 日何桂清致吴煦函。《吴煦档案选编》第 6 辑，第 295—296 页。
② 1859 年 4 月 26 日，吴煦禀（底稿）。《吴煦档案选编》第 6 辑，第 296 页。

必哓哓饶舌也。"① 薛焕还称："连日与方伯（王有龄）相商，不如我江苏先立规模，别口自然仿照办理，最是妙策。"② 吴煦亦以"上海先定一切，使各口得以仿行，诚为紧要关键。"③ 这样，王有龄、薛焕和吴煦勾结一起，由上海拟定各口仿行的章程。这个章程就是吴煦与李泰国合订的"会议海关条款"。其有关两条："本关税务司及各项办公外国人等，均议归李总税务司选用约束。不分何国人，总期正派妥当；如有不妥，惟李总税务司是问。""本关税务司本系帮同监督办事，一切公事应与监督商定施行，不得一人作主；设有未能尽善之处，由李总税务司理涉去取。"④ 前一条，明确地把税务司以及各项办公外国人的"选用"权全归总税务司；后一条，江海关的"一切公事"最后都由李总税务司"理涉去取"了。

尽管如此，但 1859 年 10 月粤海新关成立时，新关税务司虽由李泰国选募，仍由海关监督任命，所以粤海关监督恒祺在致英国驻广州领事函称："本监督既已完全取法上海，设置各税务司；兹委派费士莱君为税务司，在其到任之前以吉罗福君代理税务司，赫德君为副税务司，而孖地臣君为黄埔关副税务司。本监督已命令各该税务司从本月廿四日起，履行此间与黄埔各海关之职务。"⑤ 由此可见，税务司的任用权仍操诸海关监督手中。

关于海关经费，也是李泰国在所必争的问题。薛焕曾说："哩夷经费一节，最费筹画"，但何桂清坚主仍由各口海关监督妥办。何桂清答吴煦函称："中国各关经费，向来由各口监督妥办，即如从前粤省总理五口，此间上海经费仍归江苏办理，粤督从不过问。现在李税司总办各口税务，其雇人经费，一切仍应与各口监督议定数目，妥为商办。"⑥

李泰国一面争夺税务司的任命权，一面进行组织海关工作。

首先，制定各口海关的编制预算。其中江海新关已存在多年，规模初具，定得比较详细。兹将该关编制预算列下：

---

① 1859 年 4 月 30 日薛焕致吴煦函。《吴煦档案选编》第 6 辑，第 297 页。
② 1859 年 5 月 6 日薛焕致吴煦函。《吴煦档案选编》第 6 辑，第 299 页。
③ 1859 年 5 月 1 日吴煦禀（底稿）。《吴煦档案选编》第 6 辑，第 298 页。
④ 1859 年 5 月吴煦禀，《吴煦档案选编》第 6 辑，第 301 页。
⑤ 1859 年 10 月 13 日恒祺函。此据英文迻译，《中国近代海关历史文件汇编》第 6 卷，第 71 页。
⑥ 1859 年 5 月何桂清致吴煦函。《吴煦档案选编》第 6 辑，第 315—316 页。

正税务司一名	月俸约银 500 两
副税务司一名	月俸约银 500 两
总办事，旧名大写一名	月俸约银 300 两
副办事，旧名二写三写	月俸每名约银 250 两
帮办十一名	月俸分三等约 200 两、150 两、100 两
巡船总办事二名	月俸每名约 250 两
副办事二名	月俸每名约 200 两
帮办二名	月俸每名约 150 两
外国扦手三十名	月俸每名约 70 两
通事六名	共约工食银 600 两
书办舍人	共约工食银 400 两
书手	共约工食银 300 两
听差	共约工食银 300 两
中国扦手、摇船手、巡船水手	共约工食银 1,000 两
吴淞巡役等项	共约工食银 1,400 两
办公零用费	每月共约银 750 两
每月另备杂用银	1,000 两

每月总共银 14,000 余两，言定每月支曹平银 13,000 两。

外应雇排船指泊总管一名	月约工银 250 两
副管二名	月约工银 200 两
帮管三名	月约工银 150 两
吴淞各指泊总一名等等	每月约银 300 两
	言定实支曹平银 250 两

其他各口的编制和经费仅作粗略估定而已：

琼州、潮州、福州、厦门、台湾等五个中口，每月经费 3,000 两，每年约共银 36,000 两。

宁波、镇江、登州、牛庄等四个小口，每月经费银约 2,400 两，每年总共银 28,800 两。

此外，中下口九处排船指泊、搁浅等项，每月约银 9,000 两。

以上统共十一口，每年约共常年经费 703,200 两。又每年船钞项下另拨排船等款约银 18 万两。①

李泰国还详拟"海关税务各条款",即税务管理章程多件。计有一、《各国商船进出起下货物完纳钞税条款》;二、《运出入内地货物事宜》;三、《给发存票事例》,又《运出入内地货物事宜添列一条》;四、《江海关征税给单验货现行事例》;五、《给发免重征执照事例》;六、《运出入内地征税给照验货各新例》;七、《税务司管理》。②

从这些章程看来,当时海关业务应管的大体都管起来了,而且经过了仔细考虑。比如外商从内地运内地货出口,最易产生弊窦。章程作出了周密的规定:"来自内地的出口货,先在本关请领运出内地货凭照,在第一个子口验货,送货之人必须开单,注明货物若干,应在何口卸货,呈交该子口存留,并呈验海关原始运出凭照,该子口即日发给执照,亦详载货物件数,并于海关原给凭照上加盖骑缝图记,准其起运。路上各子口一体查验盖戳,均于凭照上加盖骑缝图记,至最后子口或海关分卡,该商呈出内地第一子口所领执照,交子口分卡存查,货亦暂存。一面先赴海关银号照完税则一半,掣取号收(收据),连原领凭照呈本关查验,换给收照。该商持收照赴子口分卡呈验。相符者,该子口分卡将收照留下,连该商所缴内地执照一并送关,准将货物过卡放行。本关仍将原给凭照,内地执照,逐一核对。如沿途有一处漏未加戳及无骑缝图记者,即系该商不遵章程,一体议罚。"所订条款尚属细密,尽量不为偷漏关税留下余地。

海关业务一些起码章则条例,在李泰国时已大体拟定了。这是总结 1855 年以来积累的经验而制定的。

李泰国拟定的章程,当然都是根据不平等条约规定的原则,但他坚持商人应按照这些原则进行通商贸易,否则,便予议罚。这多少抑制了偷漏关税歪风,在一定程度上阻止了外商的违章行为。这对于建立半殖民地贸易秩序,应该说是有利的。但是外商则以章程订得苛细,执行过严而加以攻击。

在李泰国任内新关行政大致如此。从这些情况看来,新关的组织管理还很粗略,但其基础已经粗定,所以李泰国可以说是新关的奠基者。

① 1859 年 5 月吴煦禀送与李泰国会议海关条款(底稿)。《吴煦档案选编》第 6 辑,第 302—304 页。
② 1859 年 5 月 10 日李泰国致吴煦函附"海关税务条款"。《吴煦档案选编》第 6 辑,第 306—315 页。

第四节　粤海、潮海新关的开办和赫德的崭露头角

粤海新关的开办和英国领事的诱致是分不开的。

英法联军于 1857 年底攻占广州城，组织一个由海军大佐修叶（F. Martineau des Chenez）、陆军上校哈罗威（Thomas Hollowag）和英国驻广州领事巴夏礼组成的联军委员会统治广州城。委员会扶植原广东巡抚柏贵为傀儡，进行形式上的管理。刚从宁波调任广州领事馆的翻译官赫德，担任委员会的秘书。

赫德，英国爱尔兰人，出生于维多利亚女王登基前两年，即 1835 年。1853 年以优异成绩毕业于贝尔法斯特（Belfast）皇后大学。那时，英国外交部正在计划选派人员补充中国各领事馆的缺员，赫德就是贝尔法斯特皇后大学等三家大学推荐给外交部 9 名毕业生中的第二名。1854 年 4 月，赫德 19 岁，外交部安排他担任驻中国见习译员，随即启程来香港。10 月，奉派到宁波领事馆工作，途经上海，暂住上海英国领事馆。在英国领事馆中，他结识了英国早期来华的有名外交人员，如阿礼国、威妥玛、麦华陀、密妥士等。李泰国那时是上海领事馆的代理副领事，赫德和他朝夕相处，混得很熟。不久，赫德前往宁波，任职于英国驻宁波领事馆。他在宁波结识了以后和同文馆发生长期关系的美国传教士丁韪良，开始学习官话和宁波话。

宁波领事馆人员少，这使赫德和清朝官员的接触机会比起其他口岸的领事馆来得多。这对他日后的官场活动提供了较好的锻炼。他和宁波道台、知县、提督都很有交往。1855 年 6 月，赫德升为助理翻译员，还代理几个月副领事的职务。尽管如此，他还仅仅是个称职的译员而已。

3 年后，即 23 岁时，他和清朝官员打交道已应付裕如，在立身处世方面也更加成熟了，因而取得了上司的赏识。

1858 年 3 月，赫德奉调广州，任英国领事馆二等帮办。不久，又调任英法联军委员会担任秘书职务。他在这个职务上对处于狼狈境况的柏贵等傀儡官员，以英法强大力量为后盾，而在表面上却避免使用强制逼迫的方式，以保全他们的面子，因而取得了官员们的好感。这对他以后在中国官场中飞黄腾达是有一定帮助的。

英法联军占领广州城后，广州城陷于混乱状态，海关和英国领事馆一度迁

往香港。于是珠江上江轮的走私成为公开的活动。英国政府眼见这种情况，不能不把海关问题交给额尔金去处理。美国对于英国的行动，大感不满。美国驻广州领事裨理（Oliver H. Perry）指控英国留在广州的副领事柏德曾准许一艘名叫"沙宾那号"（Sabina）的船只不完税而结关出口，损害了美国的航运利益。英国对广州的占领，为英商的规避关税大开方便之门。刚从上海调到广州的英国领事阿礼国眼见这种情况，觉得非加处理不可。

1858 年 11 月，那时中英已经签订《天津条约》，英法联军把广州城交还给广州官员，中英关系有了改善。于是阿礼国、柏贵和海关监督恒祺举行了一次会议，商谈了走私问题。关于制止走私问题，恒祺曾提出由十二家行商组成一个协会，把贸易限制于协会会员，以防走私。阿礼国认为，这种组合可能导致垄断，不予同意。阿礼国是江海关外籍税务监督制度的设计人，他乘机建议仿照上海范例，开办新关。阿礼国曾记述了这一过程："作为海关负责人的海关监督〔恒祺〕，敦促我考虑的首要问题之一，是关于川行〔珠〕江上往返于香港和澳门邻近口岸运输客货洋船的违章和舞弊发展的问题，这些江轮的税收已完全不在他的掌握之中了；但是同时又感到单独和这些困难作斗争无能为力：一方面他自己的人员不称职，贪污受贿，另一方面他们都一样地害怕和外国人发生冲突。""在这种情况下，阁下（恒祺）向我呼吁，而且怀着有效合作的希望，他显然有意把采取措施的问题交给我。"① 这就提供了阿礼国诱致采用上海模式的最好机会。

在这次会议上，赫德初次崭露头角。他和广州官员的密切关系，得到阿礼国很大的表扬。阿礼国在一封写给包令的信中，吹捧赫德的作用。他说："他和高级官员们的亲密私交，……给予他一种公务方面的便利。这种便利，……是没有任何其他翻译官能够带给本领事馆的。"接着他肯定地说："我目前非常重视赫德先生的帮助和尽力，无论是作为翻译官，或是在建立与一切中国官员交往的新制度作为一个现成的桥梁方面。并且我不相信有任何翻译官，纵使在学识和才具上更胜一筹，对于那些现正在职和久经在公务处理上同他相认识和交好的人们，能够作为这样一个有用的桥梁。"②

正因为赫德和广州官员建立了密切关系，所以当官员们表示接受阿礼国采

---

① 1858 年 12 月 13 日阿礼国致额尔金第 22 号函。《中国近代海关历史文件汇编》第 6 卷，第 66—67 页。

② 1858 年 11 月 25 日阿礼国致包令第 169 号函。《中国关税沿革史》，第 169 页注 22。

用江海关引用洋员办法时，便企图重用他。

新任两广总督劳崇光，对于阿礼国的"建议"表示赞同，并且上奏称："粤海关税务近年征收未见起色，固由夷务未定，亦由走私太多。查粤海港叉纷歧，人性刁悍，内地奸民与外国商人勾串走私，稽查稍懈，则漏卮无穷；侦缉太严，则衅端易启，办理尤多掣肘。臣到任后，访悉情形，与监督恒祺悉心筹画，惟有仿照上海办法，用外国人治外国人，语言通晓，底蕴周知，内地奸民无从煽惑勾串，于税务必有裨益。"①

劳崇光和恒祺既决定采用上海模式，便邀请赫德开办新关。赫德也许自知条件不够，辞谢了邀请，但示意邀请李泰国。同时写了一件关于广州情势的长篇备忘录寄给李泰国，以便他到广州时作为指南。

赫德眼光敏锐，意识到这个新的海关具有广阔前途，大有驰骋的余地，于是决定辞去领事馆职务，并于1859年5月27日向领事馆提出辞职。辞职书说："一个和开放对外贸易口岸关税征收有关的职位，已经向我提出来。……因为我的职务和外籍税务司机构有关，我将暂留广州。兹谨奉告，当需要我的〔中国〕语言知识和地方经验提供有益的服务时，我非常乐意听从阁下任便使用。"②

在此之后两个月，即7月29日，李泰国因干预上海群众殴打拐卖华工的外国人而被戳伤。据上海道七月初一（1859年7月30日）告示称："本关李总税务司昨晚偕英国合教师（按：即合信牧师）至马路闸口，见有本地人众，将一疑是拐骗之外国人杀殴，当向力劝。伊等有意行凶。合教师避入铺中，李总税务司在街等候。伊等追来，扭住殴戳，肋前胁下伤口甚重。"③

是年10月，粤海关监督恒祺既决定采用上海办法开办新关，乃函吴煦邀请李泰国"来粤整顿新关，一切悉照江海关办理"。吴煦复称："总税务司哩泰国伤已全痊，昨（10月3日）粤海恒关部淳切函催，业已起程赴粤。"④

英国公使卜鲁斯为了支持李泰国在各口的设关工作，特训令各口英国领事，要他们支持李泰国，并要领事们向中国官员说明上海模式的海关制度的优点："女王陛下政府对于这个试验的成功极其关心，因此，在此项工作中要你

---

① 咸丰九年十一月二十八日劳崇光又奏。《筹办夷务始末》（咸丰朝）第5册，卷45，第1725页。
② 1859年5月27日赫德致代理领事温思达函。《中国近代海关历史文件汇编》第6卷，第70页。
③ 1859年7月30日苏松太道告示。《吴煦档案选编》第5辑，第80页。
④ 1859年10月6日吴煦致王有龄禀。《吴煦档案选编》第6辑，第334页。

给以必要的帮助。""你和中国官员谈话时，如果涉及这个问题，应该申明，女王陛下政府认为这个制度是最完善的办法，因为它把外国人和中国的商业交往引进正常状态，保障了中国的税收和诚实商人的利益，从而避免了走私贸易的流弊。"①

李泰国外有英国公使的支持，内有何桂清、薛焕和吴煦的帮助，他赍有何桂清印札，并携带上海章程来粤，"臣（劳崇光）与监督恒祺接见其人，与谈税务，极为明白晓畅，当即会同饬令查照上海章程，于九月二十九日（10月24日）起试行开办"。②

李泰国到广州后，便着手组织粤海新关。这是根据《通商章程善后条约：海关税则》规定开办的第二个新关。

粤海新关开办之后，李泰国便往汕头开办潮海新关了。潮海关设立之前，粤海关曾在汕头妈屿岛设立潮州新关（这个新关和外籍税务司设立的新关不同），管辖庵埠总口及所属各口。中英《天津条约》增辟的九处通商口岸，潮州为其一。1860年北京《续增条约》签订时，改潮州为汕头。潮海新关乃于1860年2月开办。两广"总督和海关监督还会同派来了一个委员和税务司合作"。③

潮海新关第一任税务司为当时美国驻华公使华约翰（John E. Ward）的弟弟华为士。这是外籍税务司管理的第三个新关。

1860年6月，由于英法联军进攻北京，新关的建立暂时中断。

英法联军进攻北京，中国和英、法的矛盾又趋激化。李泰国不得不请假，声明暂时停止和中国海关的联系，而且劝告其他英国人员同样办理。直到是年（1860年）9月20日，卜鲁斯要求他和海关继续联系，他才恢复海关的职位。

① 1859年9月28日卜鲁斯从上海发给各口领事的训令。《中国近代海关历史文件汇编》第6卷，第70页。
② 咸丰九年十一月二十八日劳崇光又奏。《筹办夷务始末》（咸丰朝）第5册，卷45，第1725页。
③ ［英］赫德：《关于中国洋关创办问题备忘录》。

第四章

总理衙门统辖海关和外籍税务司制度的确立

第一节　总理衙门的设立及其统辖海关

在晚清，海关是隶属总理衙门的。现在先从总理衙门的设立谈起。

清政府没有外交部。外国官商有什么交涉，只能向两广总督（后改两江总督）去申诉，其他中央或地方官员不办。列强为了打破这种局面，特在《天津条约》中规定："大清皇上特简内阁大学士尚书一员，与大英钦差大臣文移、会晤各等事务，商办仪式皆照平仪相待。"① 据此规定，清政府再也不能像过去那样以待藩属国的方式对待西方列强了。外国公使的地位要和清政府大学士尚书地位对等。北京《续增条约》签订后，清政府确认了《天津条约》，英、美、法、俄等国公使准备进驻北京。清政府为了和各国公使打交道，处理对外交涉问题，乃由恭亲王奕䜣、大学士桂良、户部右侍郎文祥等专折奏请设立总理衙门。总理衙门是在民族矛盾缓和、太平天国运动再度激烈的形势下设立的。奏折首先检讨了当时的形势，接着提出了对策："臣就今日之势论之，发、捻交乘，心腹之害也；俄国壤地相接，有蚕食上国之志，肘腋之患也；嘆国志在通商，暴虐无人理，……肢体之患也。"据此形势，他们认为当前的对策应以"灭发、捻为先，治俄次之，治英又次之"。对待英、俄，应是"按照条约，不使稍有侵越。外敦信睦，而隐示羁縻"。即首先集中力量，消灭太平天国、捻军；至于对外，则采取"信睦"、"羁縻"政策。他们"统计全局"，提出了六条建议，第一条就是"京师请设立总理各国事务衙门"。

① 《中外旧约章汇编》第 1 册，第 97 页。

其任务是专理"外国事务","兼备各国〔公使〕接见"。总理衙门以王大臣为首,军机大臣兼管,地位很高。[①]

总理衙门原定全衔为"总理各国通商事务衙门",因恐"通商"二字不为各国所接受,乃改为"总理各国事务衙门",总理衙门是其简称。

一般国家,海关是隶属于财政部门,而清政府的海关,却是隶属于对外交涉的外交部门,这和中国社会的半殖民地特点是相联系的。半殖民地中国的关税问题,是和列强侵略、不平等条约联系在一起,清政府把它看作一种夷务,所以决定把海关归总理衙门统辖。恭亲王奕䜣对此曾有过扼要的论述:"伏查税务一项,不独有关国币,且有擘于抚驭大局,……又为中外交涉最要之端"[②];上谕亦以"各口设立新关与外国交涉,设一切章程未能妥协,徒滋争论",因此,谕令"所有各口税务章程,仍着〔总理衙门〕奕䜣等悉心酌议具奏,并咨会办理各口通商事务大臣,各就地方情形妥为筹议"。[③] 从此以后,海关便从两江总督兼各口通商大臣改辖中央的总理衙门了。

总理衙门于咸丰十年十二月十日,即公元1861年1月20日设立。总理衙门设立前,海关已有总税务司职位的设置,由两江总督兼管各口通商事务大臣札派。各口通商大臣的管辖范围除原有的通商五口,加上长江三口、潮州、琼州、台湾、淡水各口。地位虽然重要,但只是地方官员而已。

总理衙门酝酿设立的时候,卜鲁斯可能得到海关将转辖于中央部门的消息,特地训令威妥玛从上海驰赴北京,为李泰国续任总税务司向清廷大员游说。卜鲁斯向外交大臣汇报了这种情况:"我给威妥玛的第一个训令是于本年一月派他到北京劝说恭亲王及其同僚,和李泰国先生的私下交往,将使他们获得益处。"[④] 威妥玛到北京,向后任总理衙门大臣文祥佯称:"李泰国不是我们有意派去的,以期使他在海关的关系上不致被视为英国的代理人";但又转过来说:"虽然外国制度越来越划一推行的情形是英国政府所以满意的根源,可是至于由谁来替中国征收关税,它却不以为意。中国尽可募用中国人、英国人、法国人。"威妥玛跟着写信给李泰国,说已"提名他为对外贸易的总税务

---

① 咸丰十年十二月初三日恭亲王奕䜣等奏折。《筹办夷务始末》(咸丰朝)第8册,卷71,第2676页。

② 咸丰十一年五月十二日上谕。《第二次鸦片战争》第5册,第492页。

③ 引自咸丰十一年五月二十七日恭亲王等奏折。《第二次鸦片战争》第5册,第492页。

④ 1861年7月1日卜鲁斯致罗素第85号函。《中国近代海关历史文件汇编》第6卷,第130页。

司"，并"召他到北方来"。① 文祥认为，"如果海关没有外国人帮办，如果不是把这些机构（海关）置于一个划一制度下，他们将会无法处理赔款问题"。凭着两广总督劳崇光、两江总督何桂清和江苏巡抚薛焕一致的推荐，文祥终于告诉威妥玛说，他本人希望李泰国能被任为总税务司。他的任命"对于政府不但在贸易和关税方面，而且作为一个一般洋务的可靠顾问方面"，都是有价值的。②

海关既然改辖总理衙门，江苏巡抚薛焕应李泰国的要求，请恭亲王颁给李泰国出任总税务司的札谕。上谕军机大臣："新定通商税则既有外国人帮办税务一条，该唛哦咽系总司税务，所有新设通商各口，自可令其一体经理。着奕䜣等即行发给执照，交唛哦咽收执，责令帮同各口管理通商官员筹办。"③

1861 年 1 月 30 日，李泰国重新受派为总税务司。英国公使亟盼他趁此机会和总理衙门建立联系，以便完成外籍税务司制度的建立工作，把海关建成英国对华关系的基石。

可是，李泰国缺乏见识和机智，而且性格暴躁。当太平军席卷江南，清政府一时陷于岌岌可危的关键时刻，他却借养伤为由而径回英国去了。

李泰国曾于 1859 年 7 月受伤，但于 10 月初就已痊愈了，并已应邀到广东开办粤海、潮海新关，前后历时两个月，在 1860 年一整年中没有发现关于他的伤情的记载。他的回英显有不可告人的原因。

从 1860 年底到 1861 年初，太平天国运动再度激烈，江南富庶之区，全为太平军席卷，清朝统治处于十分危殆的境地。据桂良致吴煦函称："江浙军务糜烂日甚。近闻浙江之海盐、平湖、乍浦相继失守，上海一隅，尤为危殆。东省捻逆四窜，藩师屡挫，胜军现赴河间，亦只可仅堵北窜。直省教匪、盐枭各路烽起，大顺广各属被贼滋扰，滔滔皆是，为唤奈何！"④ 吴煦亦称："江苏糜烂至此，为亘古罕有之惨变。""上海一隅，亦复贼氛四逼，浸成坐困之势；兼且各路梗阻，百货滞销，税捐因而两绌，兵饷益无所出，频有决裂之患。

①　1861 年 7 月 7 日卜鲁斯致罗素第 85 号函。《中国近代海关历史文件汇编》第 6 卷，第 131 页；　1861 年 3 月 12 日卜鲁斯致罗素第 14 号函。附 1 月 11 日威妥玛函，引自《中国关税沿革史》，第 145 页。
②　1861 年 3 月 12 日卜鲁斯致罗素第 14 号函。附 1 月 11 日威妥玛函。《中国关税沿革史》，第 145 页。
③　咸丰十年十一月六日廷寄。《筹办夷务始末》（咸丰朝）第 8 册，卷 71，第 2688 页。
④　1861 年 5 月桂良致吴煦函。《吴煦档案选编》第 5 辑，第 227 页。

……处此一筹莫展之时，洵有朝不保夕之象。"①

李泰国根据威妥玛对清朝形势的估计，认为清廷前景濒临危殆，"他（李）不愿与一个可能就要覆亡的王朝紧密地联系在一起。他估计在一年内（他的假期恰巧就是一年。按：清朝文件载为十五个月），〔清朝〕的生存和灭亡的问题就会决定"。② 在他致额尔金的私人信件中也谈到这一点："恭亲王派我任海关总税务司。但最近叛乱的力量庞大，以致威胁着这个王朝的生存。从这个事实并考虑到我的健康，我决定回国，作一年的休假，我打算乘下一班邮船启程。威妥玛来信说，北京现处在'可怕境地'之中。有些省份的情况混乱不堪，岌岌可危；如果曾国藩或其他官员真能攻克几个省份，那么大清王朝还可挽救；否则，帝国其余部分的崩溃只是时间问题而已。"在另一封信中，他还说："今晨消息，僧格林沁在济宁被困……如果捻军把僧格林沁击溃，则北京殆矣！局势既然如此，我当然不能贸然负担起新的任务。在扩展海关制度之前，我认为谨慎的办法莫如'等着瞧'，看看今年会发生什么事情。根据现在的情况看来，这个朝代的命运将于今年有所分晓。如果明年大清王朝上升，我可放手工作；如果叛乱者得逞，我也将无憾。同时，我在回国后也有机会对现在的海关制度加以阐述。"③

李泰国的突然回国，失去了完成海关外籍税务司制度建立的机会，额尔金、卜鲁斯都感到沮丧。

第二节　赫德和总理衙门联系的建立
及其受命署理总税务司

1861 年 4 月，李泰国急急忙忙地离开中国。他向署理各口通商大臣薛焕推荐江海新关税务司费士莱和粤海新关副税务司赫德，会同署理总税务司职务。卜鲁斯立召赫德"刻不容缓地到北京来"。6 月 10 日，赫德赶到天津。刚被调任总理衙门大臣的粤海关监督恒祺，驰往天津。据他奏报，他要在天津和赫德面议津海关开关问题；"嗣因嘈噜嘶欲见赫德，假谒见臣奕䜣为名，令其

---

① 1861 年 3 月吴煦上沈兆霖禀（底稿）。《吴煦档案选编》第 2 辑，第 42 页。

② 《李泰国与中英关系》，第 119 页第六章注 178。

③ 李泰国致额尔金私人信，1861 年 3 月 22 日发自上海。《李泰国与中英关系》附件 3，第 206 页。

来京。臣恒祺因与之同来"。①

　　早在 1859 年 4 月间，当卜鲁斯来华就任驻华公使到达香港时，就获得赫德关于清政府命令僧格林沁统率八旗兵在大沽、天津一带修筑炮台，企图阻止英、法公使入京换约的情报。② 因此，对赫德有着深刻的印象。赫德在广州英国领事馆和联军委员会工作，也深得阿礼国的好评。赫德通晓中国语文，熟悉海关情况。当他到达北京时，卜鲁斯推荐他晋见恭亲王。卜鲁斯曾把赫德和恭亲王会见的情况向外交大臣罗素作过汇报："如果任何事情由于劝说而得实行，那就应该借助于中国行政机构人员的健全观点和正确行动去进行。""因此，我认为一件重要的事，就是应该提供这种机会，让赫德去接近恭亲王和文祥这样地位极高的人物，而且给予他们一种良好的印象。""赫德先生准备了各种用以支持他的开明见解的文件和数字前来。这些见解通过书面的节略和经常整天继续不断的谈话，使文祥能够掌握。""亲王变得非常友好和谦恭，所以他被强烈地要求留在北京，协助中国政府处理这些问题。"卜鲁斯据以推断："我相信下一次他将被中国政府留下来，并被看作是他们衙门的一个成员。"③

　　赫德和总理衙门大臣的会晤，对于他在中国今后的发展是个关键性的场合。这是他以海关作为基石建立中英关系的开端，也是为大英帝国创建中国半殖民地事业的嚆矢。

　　赫德的海关生涯，开始于 1859 年 5 月间辞去英国领事馆职务而进入粤海关的时候；1861 年 4 月间才获得李泰国推荐为署理总税务司，6 月初便应召赶到北京，从他呈递的七个清单、两个禀呈的内容看来，他对于海关税务情况、海关弊端，确实了解很多，而且能够提出解决方案，以备总理衙门采纳。这些文件，内容丰富，差不多把当时迫切需要解决的问题都包括进去。兹将它们的主要内容介绍如下：

　　禀呈一、关于"广东洋药抽厘"问题，主要揭露粤海大关征收洋药税厘的弊窦，建议广州设立洋药税厘总、分局，洋药每箱抽银 50 两。

①　咸丰十一年五月初四日恭亲王等又奏。《筹办夷务始末》（咸丰朝）第 8 册，卷 78，第 2890 页。

②　1859 年 5 月 22 日赫德致卜鲁斯函。引自 ［美］ 马士著，张汇文等译：《中华帝国对外关系史》第 1 卷，三联书店 1957 年版，第 648 页。

③　以上引文出自 1861 年 7 月 7 日卜鲁斯致罗素第 85 号函。全文载《中国近代海关历史文件汇编》第 6 卷，第 130—133 页。

禀呈二、关于"广东茶叶抽厘"问题，揭露广东厘局"所行之法，令人违背律例，滋生事端"。

清单一、关于子口税问题，认为"无所甚难征收"。建议"择一紧要处所设立关卡"。无论洋货土货，都要稽查过卡准照；"如无准照，不准过卡"。

清单二、关于"盐饷"问题。揭露私盐连同私货，同路进入广东内河的弊端，建议"粤海关并盐运司应会同合办稽查"。

清单三、"外国船载运土货往来论"。这个清单因牵涉沿海贸易权和英商利益，所以写得很隐晦，文字也枯涩难解。大意是内地船载土货出口所纳税项比洋船载货出口所纳税项较少，建议两者划一办理。

清单四、"长江一带通商论"，实即长江设关征税问题。清单认为长江之镇江、九江、汉口均应设关征税；"惟镇江以上，巡查缉私甚难。因镇江至九江、九江至汉口，各有数百余里，两岸均有村庄卖买，……中途随意可以起下货物，因中国风蓬（篷）船只赶不上有意走私火船，恐难禁止缉拿。……现在各处贼匪（指太平军）滋扰，更不能设船查拿。"因此，"不但新设三关，徒糜经费，无税可收；而粤海出口税、上海进口税，也日见其少"。所以建议："若照《暂定章程》（参阅本书第四章第三节"各口海关陆续开办和长江设关征税问题"）。在上海征纳税饷，旋在镇江以上，汉口以下，准商任便起货下货。镇江以下，即作为上海内口，无庸设虚立之关。"

清单五、"洋药一款各口情形"。首述鸦片走私的严重情况和查禁之困难，然后提出建议：洋药之税，不可太重。过重即令人随意保私漏税。洋药征税的具体办法有下列各点：

（一）通商各口洋药店铺必须请领执照，方许开张；

（二）洋药正口纳银 30 两，上岸后由买主完子口税每箱 15 两。一出府交界，由地方官设法办理；

（三）内地船贩运洋药，应先赴关报明，请领准照；无准照的充公究办；

（四）由上海进长江完正税 30 两；入长江者，即行征收子口税 15 两，方准下船。

清单六、"通商各口每年应收洋税银两"。开列各口应征税银，每年共征收 1,068 万两。

清单七、"通商各口征税费用"。分别各口征税费用和总理各口费用两项。总税务司、税务司和其下员役应领银数，一一开列。每年计银 57 万余两。

　　赫德和总理衙门大臣在初次会晤中，解决了两个主要问题：

　　第一是土货出口又复进口的关税问题。关于这个问题，"条约税则未经明晰，而牵混之语甚多，流弊尤难枚举。如果筹计稍疏，恐奸商避重就轻，不惟亏关税之额征，且暗夺商民之生计"。按常情而论，土货出口照规定应纳一出口税，复进他口，应纳一进口税。最后决定纳一进口半税，即二·五，不扣赔款二成（按：英法赔款规定关税扣二成偿付）。卜鲁斯"始颇坚持"，"经臣等再三狡辩，赫德亦从旁怂恿"。卜鲁斯最后"尚肯就我范围，允为商办"。恭亲王奏称："此中撮合之处，则赫德为力居多。"①

　　从上面记载看来，洋船载运土货的关税问题算是解决了，赫德确实从中出力。但这种解决对于中国是否有利，当于后面论述。

　　第二是为镇压太平天国运动，购置新式船炮问题。这是刻不容缓的。当时太平军席卷江南，各地群众纷起反对清朝统治。清朝的统治秩序处于危急状态。总理衙门决定定购外国船炮，镇压太平军。但是大臣们对于新式船炮茫然无知，无从下手，特别是关于经费问题，更觉棘手。赫德为其筹划购船、筹费、募员，大得总理衙门赏识。上谕立即批准发给赫德札文，"令其购买"。

　　赫德和总理衙门的初次接触，显然是成功的。这为他以后和总理衙门的紧密结合打下了良好基础。

　　当总理衙门和列强开始打交道的时候，大臣们不懂外国语言，对于资本主义新事物，几乎一无所知，确实需要像赫德这样的人物的辅助。在这种情况之下，"借材异国"是势所必然。

　　由此可见，赫德和总理衙门建立联系，不但是英国公使的要求，也是总理衙门大臣的要求。因此，赫德成为中英双方器重的人物。

　　正是在这种情况下，恭亲王于1861年6月30日以"钦差总理各国事务大臣"名义，颁给札谕，重新任命费士莱和赫德会同署理总税务司职务。札谕内称："该费士莱与赫德经由钦差大臣薛焕指派帮同总理各通商口岸关税征收与对外通商一切事务。兹本爵札谕该费士莱与赫德署理总税务司职务，会同各口海关监督，按照条约认真办理。""至各口税务司各办公外国人等，中国不能知其好歹，该员务加留意，随时查察。""其应用薪俸暨开支经费，即就各

---

① 以上引文出自咸丰十一年五月（1861 年 7 月 7 日）恭亲王等又奏。《筹办夷务始末》（咸丰朝）第 8 册，卷 79，第 2916 页。

口收税多寡情形，由海关监督会同总税务司酌定，不得稍涉冒滥。"①

赫德受命和费士莱署理总税务司之后，因为他和英国公使与总理衙门有了密切关系，所以独掌总税务司权力。至于费士莱虽然在英方的资历高于赫德，反而居于从属地位。1861 年 6 月 30 日从总理衙门发出的总税务司通札第 1 号，他竟以"署理中国海关总税务司赫德"的名义颁发给各关税务司，包括江海关税务司费士莱先生在内。费士莱不懂汉语，他不可能和总理衙门大臣直接接触，也就默认了这一事实。

第三节　各口海关陆续开办和长江设关征税问题

李泰国开办粤海、潮海两新关，这是《通商章程善后条约：海关税则》第十款推行的开始，也是李泰国开办海关的结束。此后新关的开办，大多由赫德承担了。②

首先开办的是镇江关。根据《天津条约》的规定，长江要开放通商，须俟"地方平静"，也就是平息太平军之后。可是英国公使在英商催迫下，迫不及待地要求总理衙门先行开放镇江、九江和汉口三口，让英船通商贸易。1861 年 4 月 27 日，英人林纳奉派为镇江关副税务司③。大约在 5 月间镇江关就开办了。但据上海英国领事擅定的《长江各口通商暂订章程》的规定，英船入长江的，只要在上海完纳关税，就得在镇江以上、汉口以下"任便起卸货物，不用请给准单，不用随纳关税"。这样，镇江虽然设关，但不征税，而只稽查船货而已。直到《长江通商统共章程》实行之后，才"在镇江、九江、汉口轮流完纳船钞，并照章完纳关税。"

5 月 20 日，费士莱被派为宁波海关税务司④。大约同时宁波也开办了浙海关。

---

① 咸丰十一年五月二十三日恭亲王札谕，原文未见，此据英文迻译。《总税务司通札》（第 1 辑 1861—1875），总税务司署造册处编印，第 1 页。

② 海关总税务司署印行的《海关制度概略》"海关人事制度"篇有"李泰国遵奉政府之命，陆续在广州、汕头、厦门、福州、九江、汉口、烟台、天津等埠，分设海关、派遣欧美洋员为税务司"等语，误。李泰国开设的海关，除原有的江海新关外，只有粤海、潮海两个新关，其余多系 1861 年后赫德手内开办的。

③ 《海关主管官员名录》（1859—1921）（Customs Service：Officers in Charge，1859—1921），总税务司署造册处编印，第 180 页。

④ 《海关主管官员名录》（1859—1921），第 223 页。

1861 年 4 月，北方三口通商大臣崇厚急于开办津海新关，恭亲王乃札令李泰国"力疾赴津，暂为经理〔关务〕；俟办有头绪，再行给假。"但据江苏巡抚薛焕复称："哗嗹咽业已启程，其所荐克士可士吉、赫德二员已起程赴津等语。臣等查哗嗹咽既已回国，而三口税务，若无外国人经理，实多棘手。克士可士吉等既为哗嗹咽所荐，并保其妥善可靠，只好先令其试办。"① 5 月间，津海关开办，以克士可士吉为税务司。

1861 年 7 月闽海关开办于福州，调华为士为税务司②。

至于汉口，因两湖总督官文力争，于 1862 年 1 月才开办江汉关，九江也于同月开办九江关，但设关而不征税，只稽查外商进出各货及子口税，直到 1863 年 1 月"关税概按《统共章程》在汉口、九江、镇江和上海征收"③。赫德《关于中国洋关创办问题备忘录》说汉口开关时间为 1862 年 10 月，似误。据《海关主管官员名录》记载，威妥玛于 1862 年 1 月已首任江汉关税务司了。

1862 年 1 月任命华为士为厦门关税务司，厦门关于是年 3 月开办。④

1863 年 3 月东海关（芝罘）开办。

1863 年 5 月台湾淡水关开办，打狗关于年底开办。⑤

1864 年 5 月牛庄的山海关开办。

最后开关的是台南（安平）关，于 1865 年 7 月开办。

所有开放通商口岸，只有琼州（即海口）"因为来到琼州的洋船即使有，也极少"。⑥ 它是唯一没有设关的口岸。从此以后的 10 年间，因为没有通商口岸的开辟，也就没有海关的设立了。

综观各通商口岸的设关情况，主要海关的设立，大多是出于地方官吏的要求。如粤海关是由两广总督劳崇光和海关监督恒祺的要求；津海关是三口通商大臣崇厚的要求；潮海关开办时，两广总督和海关监督还派来了一个委员和税务司合作；福州将军"对于以他为首的福州海关，本来已有了很高评价，所

---

① 咸丰十一年三月二十二日，恭亲王等奏折。《筹办夷务始末》（咸丰朝）第 8 册，卷 76，第 2830 页。

② 参阅《海关主管官员名录》（1859—1921），第 258 页载：华为士 8 月 17 日任职；《关于中国洋关创办问题备忘录》。

③ 参阅甘胜禄：《关于江汉关设立年限的考证》，《海关研究》1989 年（增刊）。

④ 《海关主管官员名录》（1859—1921），第 266 页；《厦门海关志》，科学出版社 1994 年版。

⑤ 参阅《关于中国洋关创办问题备忘录》。

⑥ 参阅《关于中国洋关创办问题备忘录》。

以对厦门关属员发出了一个这样的指示，就是当税务司机构筹办的时候，他们要给予充分的帮助"。牛庄关"总理衙门和办理北方三口通商大臣曾经一再敦促总税务司在那里设关"。①

由此看来，海关外籍税务司制度的推行，虽然是根据条约的规定，但因外国人经办海关确有成效，所以各口官员大多表示欢迎。

长江是中国最大的内河。世界各国的内河权益，一般不容许外国染指。但是长江却成为列强觊觎中国的主要目标，其权益终为列强所夺。

19 世纪 50 年代，英国商界便极力主张开放中国的内地、内河，以便于通商贸易。英国政府在英商的催逼下，曾多次指示在华官员向中国内地、内河发展。1854 年克拉伦顿指令包令说："争取广泛地进入中华帝国内地以及沿海各领域。如果这一点办不到，则争取扬子江的自由航行，并进入沿江两岸直到南京为止。"② 1857 年 4 月间，他接连两次颁发指示给额尔金：修改与中国订立的条约，"允许英国人进入各大内河沿岸的城市"，"概括要求准许在扬子江航行及与扬子江两岸通商的权利"③。美国也积极窥伺长江。"（咸丰）四年，美麦莲至上海，要求赴扬子江一带贸易。"④

1856 年，第二次鸦片战争爆发。1858 年，英、美、法和清政府签订了《天津条约》，强迫清政府增辟了 6 处通商口岸，并准许外国商人"持照前往内地各处游历、通商"。⑤ 中英《天津条约》第十款特别规定："长江一带各口，英商船只俱可通行。"⑥ 这就使外国商人获得了长江通商、外国船只在长江中下游航行的特权。

开放长江，是列强扩大对华贸易，侵夺中国内河通商特权的第一步，是至关重要的一步。而长江通商，和当时草创的海关有密切的联系。

《天津条约》签订时，正值清军与太平军在长江下游一带展开激烈斗争，条约中虽规定开放长江，允许外国商船进入长江通商，但附有如下声明："惟现在江上下游均有贼匪，除镇江一年后立口通商外，其余俟地方平靖，大英钦

---

① 参阅《关于中国洋关创办问题备忘录》。

② 1854 年 2 月 13 日克拉伦顿致包令函。引自《中华帝国对外关系史》第 1 卷，第 168 页，附录 16。

③ 英国国会文件：《关于额尔金赴中国特别使命的通讯 1857—1859 年》，第 2—3、4—5 页。

④ 《清史稿》，邦交志中。

⑤ 参阅《中外旧约章汇编》第 1 册，第 97—98、105—145 页。

⑥ 参阅《中外旧约章汇编》第 1 册，第 97 页。

差大臣与大清特派之大学士尚书会议，准将自汉口溯流至海各地，选择不逾三口，准为英船进出货物通商之区。"① 据此规定，在清军与太平军的军事对抗没有停息之前，外国商人无权进入长江通商。但是，英商迫不及待，向英国在华官员施加种种压力。1860 年 11 月间，英国公使卜鲁斯向恭亲王提出开放汉口、九江两口，并在上海或镇江纳税的要求。恭亲王竟予同意，"惟所请在上海或镇江纳税一节，臣等于该处近日情形，未能遥测，令其与上海关公同商酌"。并听由英国公使商同江海关拟定必要的章程。翌年初，额尔金委派参赞巴夏礼与海军中将何伯一起，从上海溯江到汉口，为开放长江做一次调查摸底。额尔金在给巴夏礼的信中作出了重要指示："你知道我们希望的是，我们借此而为英国船舶取得的特权，不应该在实际上只限于对某些特定口岸通商的许可，而应该，如果可能的话，作为把沿江贸易对英船一体开放的一种特权来实行。"②

英国上海领事巴夏礼根据额尔金的指示拟定了《长江各口通商暂订章程》。根据这个章程的规定，凡持有入江江照的英船，可到汉口为止；只要在上海完纳关税，就得在镇江以上汉口以下任便起下货物，不用请给准单，不用随纳税饷。"这完全和额尔金伯爵在致巴夏礼的训令中所叙明的宗旨吻合"。③

恭亲王既令与江海关公同商酌，时任江苏巡抚薛焕奏称："长江通商一事……〔经〕命上海管关道照会各领事酌议办法；无如各领事杳不会商。""昨据上海管关道吴煦禀：据英领事〔馆〕送到领事巴夏礼自定《长江贸易章程十条》，……核与英公使原意多有不符之处。此事本系巴领事擅专，原可一概驳斥；第闻该领事已将英文刊布；且洋商纷纷载货而去，实已无可再迟。再四筹酌，不得已先将第一至第六及第八第十等八条，暂准试办，其第七、第九两条，系于税务大有窒碍，现已驳令暂缓。"④ 但继任领事密迪乐"竟称长江通商，重在贸易，不应驳令暂停，总当全行照准，仍听钦差大臣恭亲王与伊驻京公使斟酌定夺，言语尤为桀骜"。⑤

薛焕指出《暂订章程》第七条的弊端："各船领验盖戳报完内地税项，节

① 《中外旧约章汇编》第 1 册，第 97 页。
② 1861 年 1 月 19 日额尔金致巴夏礼函。《中国关税沿革史》，第 250—251 页。
③ 1861 年 1 月 19 日额尔金给巴夏礼函。《中国关税沿革史》，第 202 页。
④ 1861 年 3 月薛焕致奕䜣等函（底稿）。《吴煦档案选编》第 5 辑，第 219 页。
⑤ 1861 年 4 月 5 日薛焕再呈恭亲王函（底稿）。《吴煦档案选编》第 5 辑，第 220 页。

节均有稽考；若无关处均可任意起下货物，则请照查验完税各条，尽成虚设，必致有（百）弊丛生，尤属不便照办"；"又第九款内载：各船长江贸易，遇有另被指控之事，任领事官扣船审断等语。查'另被指控之事，未识究指何事？……至若走私偷漏等事，应由各关监督照定章办理。……而走私等事，悉系关涉税饷，和约所载甚详。监督与领事官各有分内应办之事，均可遵办，更非寻常指告讼案可比，从无另由领事官扣船审断之条。"因此，薛焕议请将第七款、第九款删除，"其余八款，暂为试办"。①

上海官员还认为，当时长江流域情形混乱，章程所定易生严重流弊。这些流弊从后来英国的官方文件中可以窥见一斑。英商利用这个章程，把武器和粮食运供太平军，"这简直是像长江通商专为以供应品接济太平军而设的了"。②清政府怎能容忍这种"济敌"的行为！

这个问题就此拖延下去。

1861 年 6 月，赫德于呈递的七件清单中，提出了"长江一带通商论"，清单开头就说："洋船载货由长江行走者，不准沿途上下货物，只准在镇江、九江、汉口起货下货。""其货物自须在该三处设关收税"，但转而又说："因中国风蓬（篷）船只赶不上有意走私火船，恐难禁止缉拿。当中国安静时，长江一带防堵走私，已属不易，况现在各处贼匪滋扰，更不能设船查拿。不但新设三关，徒糜经费，无税可收，而粤海出口税，上海进口税，亦日见其少；若再指明该三处只准通商，外国商船即应该与该三处有权力之人（指太平天国）酌定章程，以保护本国人。现在该三处就近有权之人，即系贼匪，伪称太平天国；若与外国伊等酌定章程，是亦以官员相待，则伊等更觉气高胆大，而蔓延之势，更难了结。"

接着，他肯定了《暂定条约》的优越性。他说："若照新定章程，在上海征纳税饷，旋在镇江以上汉口以下，准商任便起货下货，镇江以下，即作为上海内口，毋庸设虚立之关。……如此办理，于国课大有益处，而商情无损。""若在三口设关征税，商人以利为心，一定想法不到关而起货；若该三处无关征税，该商人因此三处原系有大卖买（买卖）之区，必愿将货物运至该三处售卖，而不愿在沿途有小卖买（买卖处）起卸。"

---

① 1861 年 8 月薛焕批吴煦送巴夏礼所拟长江贸易章程。《吴煦档案选编》第 5 辑，第 233 页。

② 1863 年 7 月 18 日卜鲁斯致罗素第 108 号函。《中国关税沿革史》，第 202 页。

总之，"若照《暂订章程》，在上海完税纳饷，而不提镇江以上各口，则不必禁止而自无沿途起卸之弊；若改《暂订章程》，指明令其在该三口通商，虽然禁止沿途起卸，实生沿途起卸之弊"。① 据此，既然不设关征税，则所谓"不准沿途上下货物，只准在镇江、九江、汉口起货下货"两语，仅是空炮而已。

总理衙门对于此件清单作了研究。他们认为"长江贼匪，出没无常，商贩走私，难于查拿，固宜于总处支纳，以免偷漏；然任便起卸货物，又恐漫无限制"，所以建议"着薛焕、崇厚妥议章程，会商妥办"。②

这样，根据赫德"长江一带通商论"而改订的《长江各口通商暂行章程》于 1861 年 10 月 9 日出笼了。《暂行章程》把《暂订章程》的十款增为十二款。增加的两款，一是洋商雇用内地船只载货，须具保单；一是有违前款的处分规定。至于由上海征收关税，听任英商在长江一带上下货物的核心问题，几乎一无更动。除个别无关紧要的字句作些修改外，差不多是全文照抄。③ 所以，夏燮在《中西纪事》"长江开关"一文中作过比较和评论："查原订章程出口入口之货，均在镇江以上汉口以下，准商人任便起货下货，将镇江作为上海内口，无庸设虚立之关。其立意在总处纳交，以杜偷漏。然总纳之后，即可沿途任便起卸货物，漫无限制，是仍与原议依违也。"这是《暂订章程》的翻版，也是贯彻额尔金沿江贸易的意图。这项章程经过了恭亲王和卜鲁斯的会商，竟然达成协议。

《暂订章程》出笼后，长江流域的湖广总督官文和江西巡抚毓科相继上奏。官文直截了当地提出：所订章程，"凡进口出口货物，均归上海稽查纳税，实有心取巧，预萌偷漏之端"。"自洋人入江以来，进出口税均在上海交纳，其入内地卖洋货，买土货，既未议征子税，而洋人复不令地方官抽厘，汉口、九江领事，又均不服稽查。"所以，"洋商往返贸易，凡有洋货进口售卖内地，内货出口贩运外洋者，……皆于汉口各行中暗中以货易货，载运上船，并不交进口货物清单，亦不报出口货物数目，以至毫无稽察"。"若如英使所谓出口货仍至上海纳税，则迢迢长江千余里，随处皆可上货下货，任其自便，

①　咸丰十一年五月三十日恭亲王又奏。《筹办夷务始末》（咸丰朝）第 8 册，卷 79，第 2918 页。
②　咸丰十一年五月三十日恭亲王等又奏。《筹办夷务始末》（咸丰朝）第 8 册，卷 79，第 2931—2932 页。
③　参阅《中外旧约章汇编》第 1 册，第 154—156、175—177 页所载两个章程。

实存欺蔽之明验也。""汉口为九省通衢,行运甚广,百货丛集。其中茶叶、大黄、桐油等货,尤为出口大宗。奸商倚托影射,甚至将停运之货,接济贼匪。违禁之物,潜行夹带。自汉口至镇江,途经千余里,其中处处均可私售,汉口既无盘验,上海镇江无凭稽察。若径由长江出口,则上海亦无从查知。不特税课竟归无着,抑且将来流弊无穷。"因此,奏请在汉口、九江设关征税,添设监督,赶建衙署,以便稽查。①

官文这个奏文纯从《暂订章程》的流弊出发,并非从地方税收利益着眼。恭亲王据此奏文,也承认《暂订章程》"尚有未尽严密之处,而收税一节亦未议及,因就原议章程重加修改,定名《长江通商章程十二款》(即《长江通商暂行章程》)",并奏请"长江应收进出口正税及土货复进口税,现今均在上海完交,应请饬下江苏巡抚将上海代收长江各税,每届三月一结之期,分别解往湖北、江西二省,以济军饷"。②意图堵塞官文等的驳斥,并于11月间奏请核准施行。

官文奏请"拟将汉口、九江应征之税,改归汉口、九江征收","〔拟〕饬汉阳府勘择地址,创立关卡,所有督办关税事务,应请添设监督一员,恭候由京简放通晓税务、深知外国商人性情之员,……"这是解决长江通商的关键问题,但赫德则称"长江辽阔,江面尚未平靖,稽察难周。如长江进口洋货不在上海征税,则洋商避汉口、九江之有关,必于无关之处绕越卸货,则进口之正税漏矣;如长江出口货税不在上海征收,则洋船避汉口、九江之有关,亦必于无关之处偷载上船,则出口之正税漏矣。再四筹商,不如仍在上海征收……"至于洋商入内地买货,先请江海关发给买货报单,使内地奸商无由假冒影射,并按规定逢关纳税,遇卡抽厘,或交子口税;洋商雇用内地船只,须具保单。"以上各节,均已与英国议定,列入长江通商章程内,行知长江各省查照办理。"总理衙门对于汉口设关一事,没有拒绝理由,只得奏请:"据该督奏称必须设关,自应准其设立,查验进出各货;惟该督奏请由京简派监督一节,……汉口仅止征收子税及盘验货物等事,应即由汉黄德道管理,勿庸由京派往。"③

---

① 咸丰十一年九月十七日官文奏折。《筹办夷务始末》(同治朝)第1册,台湾文海出版社1971年版,卷2,第4—7页。

② 咸丰十一年十月十二日恭亲王等奏。《筹办夷务始末》(同治朝)第1册,卷2,第18页。

③ 咸丰十一年十月十二日恭亲王等又奏。《筹办夷务始末》(同治朝)第1册,卷2,第35页。

官文的奏折使总理衙门不能不奏准在汉口设关。赫德乃于 1861 年 12 月 27 日致函筹办江汉关的狄妥玛称："皇上已对湖广总督官文两次奏折批复同意设关；但在汉口不征收进出口税，主要执行修改长江通商章程等，并发下江汉关盘查外商进出各货及子口税章程"。①

这样，江汉关乃于 1862 年 1 月 1 日开关，赫德任命狄妥玛为江汉关税务司。②

但是官文以汉口虽然设关，却不能征收各税，厘税日见短绌，有碍军需，要求准予江汉关征税。1862 年 2 月他上奏称："奴才详加考核〔章程〕，并揆地方情形，诸多窒碍。倘一意遵行，流弊无极"；"盖其中有专为上海计，而未为三口计者，有专为洋商获益计，而不为内地税饷计者。照章办理，则长江无可立之关，无可征之税，并无可查之货。""即赫德所称，长江之税不由上海代征，而归于九江、汉口自行征税，则洋船皆绕无关之处偷越，则偷漏多矣等语。查汉口、九江直抵镇江，江面数千里，虽多支港湖汊，均不能驶出外洋，该船从何绕越？若谓上海为外洋进长江总口，则置狼山、福山于不问，洋船出海入江，听其自由，岂必欲迁至上海纳税后，再进长江而至汉口？"嗣又直指赫德，"该税务司赫德未熟悉长江形势，意存回护洋商地步，均所不免。"他举出实际材料说："去年通商已及一年，由汉口发去之验单，不下数百张，从未见上海撤回查对，声气隔绝。"他又说："议及利弊，则洋船由长江直入外洋，不特上海不得而知，其曾否到沪，即汉口亦无从得悉；若由外洋直入长江之货船可抵汉口，而上海亦不得闻。时下洋船抵汉口，并未肯呈出上海照票，其在上海曾否纳税，无据可凭，该船到上海亦皆未曾缴回，而（两）处隔膜，无从稽查，是预存绕越之明证也。"官文还揭发赫德到湖北规避商谈征税情况："该税务司来楚，仅与奴才会面一次，详谈长江形势，面订出口入口税则，赫德均称近理，令其与办理通商道员郑兰详细简订，赫德又未议复，托言赴粤，即行下驶。如果楚省收税，于理不顺，该税司赫德必将晓晓辩论，何至默无一言，托故他去？"

官文在这个奏折中才提到地方军费问题。他说："频年两湖、安徽血战之师，久已望饷若渴，以为汉关开征之后，饷需无虞匮乏，得以尽力东征；迄今

① 参阅甘胜禄：《关于江汉关设立年限的考证》，《海关研究》 1989 年（增刊）。
② 《海关主管官员名录》（1859—1921）汉口，第 129 页。

关税未议定，即收子口半税，而不抵厘金之一二成。求盈反绌，皆由上海之未能洞悉长江情形，为十二款、五款章程所限故也。"① 官文这个叙述，对清朝统治利益说来，当是实情，不好因此而以争夺关税利益而否定之。

对于这个《暂行章程》，最高统治者也认为确有问题，所以"御批：总理各国事务衙门会同户部妥议具奏"。这就使《暂行章程》不能不另议改订了。

在地方大吏的坚决反对之下，总理衙门不能不"督饬司员，与之〔赫〕详加辩论"②，对《暂行章程》作出根本性的修改。这就导致《长江通商统共章程》的产生。

《长江通商统共章程》解决了官文提出的在汉口、九江征税的问题，把那种在沿江任意上下货物不必纳税的情况改变过来，也就是暂做或经常做长江买卖的大洋船，不论在何口贸易，"均照条约及该口章程办理"。暂做买卖的大洋船，如在镇江贸易，即在镇江交付船钞；若由镇江再行上到九江、汉口的，该在九江、汉口起下货物，所有纳税一切事宜，均照该口章程办理。经常做长江生意的叫内江轮船。这种轮船"抵镇江、九江，无论上江、下江，须将江照呈关查验。嗣后有江照之轮船须在镇江、九江、汉口轮流完纳船钞"，还规定"有江照之轮船装载土货，须由该商在装货口岸先将正、半两税一并完清，方准装货"。③

这个章程由赫德亲自带往湖北交官文审阅。为了保存他的面子，总理衙门准备了公文，并由他带去同治皇帝登基和裁撤8位赞襄政务大臣的上谕以及曾国藩的专函。官文"优礼相待，赫德辞意极为和顺"。官文"连日督同江汉关道郑兰，将关税事宜及长江防弊之法，与赫德悉心讲求，分别筹议，已更正长江事宜及江汉关征收正税、子口税各章程"。并规定同治二年十一月十二日（1863年12月22日）汉口、九江开始征税。④ 郑兰于同治二年十月二十九日（1863年12月9日）照会狄妥玛："据署理总税务司赫德申称：案查江汉关开关以来，只行稽查货物，并未令行征税。前经派有狄妥玛代办江汉关税务，现在江汉关开办，一律征税。本司仍派狄妥玛为江汉关税务司帮办税务，……

---

① 同治元年正月二十三日官文奏折。《筹办夷务始末》（同治朝）第1册，卷4，第21—25页。
② 同治元年十二月二十日官文奏折。《筹办夷务始末》（同治朝）第1册，卷12，第43页。
③ 《中外旧约章汇编》第1册，第195—196页。是书把这个章程叫做《长江收税章程》。
④ 同治元年十二月二十日官文奏折。《筹办夷务始末》（同治朝）第1册，卷12，第43—44页。

〔务请〕照会各国领事官、狄税务司。"①

1862 年 12 月 5 日，赫德于上海发出第 2 号通札，附发《长江通商统共章程》，并称"此项章程取代现行的《长江通商章程十二款》，从 1863 年 1 月 1 日起，关税概按《统共章程》规定，在汉口、九江、镇江和上海征收"。②

长江设关征税问题，前后达两年之久，至此才最后解决。《长江通商统共章程》一直实行了 35 年之久，如果不是官文和长江一些地方官力争，其弊不堪胜言。这一事实暴露赫德维护英国利益的顽强立场。

英国公使为了便利英国从最接近产茶区地方装运茶叶，要求恭亲王准许轮船持江汉关（汉口）或九江关所发的专照前往安庆、大通、芜湖装运茶叶，这是企图进一步开放长江。为使曾国藩和总理衙门易于接受，赫德主张轮船装载的茶叶，应缴厘金和复出口半税；但是曾国藩和总理衙门均不同意，因此搁了下来。尽管如此，英国仍在酝酿开放全部长江以至全中国的内河。

第四节　全国海关行政的统一

鸦片战争前后的海关，本来都是由清朝地方军事长官管辖的。早在雍正十二年（1734），谕旨以"直省关税监督，于地方官原不相统辖，一切呼应不灵，而大小口岸甚多，监督一人势难分身兼顾，……而地方文武官弁，以为无与己事，并不协力，或转怀挟私意，则奸商之隐漏，地棍之把持，督抚或不关心，监督动则掣肘。不独于税务无补，即于地方亦难免扰累。嗣后凡有监督各关，着该督、抚兼管所属口岸，饬令该地方文武各官不时巡查，如有纵容滋扰情弊，听该督抚参处"③。这样一来，地方武职官员不但承担了军事职务，而且兼管税务了。到了近代，全国除粤海关因系肥缺，由皇帝从内府差使钦派海关监督，并由两广总督协同办理之外，其他都是由将军、总督、巡抚委派兵备道管理，或自行兼管。江海关是江苏巡抚委派苏松太道督理，闽海关是福州将军兼管，浙海关是浙江巡抚派宁绍台道督理，厦门关是由福州将军从防御骁骑校中委派管税委员管理。这些地方官员分辖各地，不相统属，中央对地方的关

① 江汉关监督档案，南京中国第二历史档案馆六七九第 1836 卷。参阅《关于江汉关设立年限的考证》，《海关研究》1989 年（增刊）。
② 《总税务司通札》（第 1 辑 1861—1875），第 145 页。
③ 梁廷枏等纂：《粤海关志》卷 7，设官。

系又没有处理好，于是全国各地形成半割据状态。这是中国社会半封建性质的反映，是一种落后的统治方式。中国的海关行政，因为受到这种状态的制约，所以也是各自为政，不相统属。这种互不统属的局面，要全国一律实行条约规定的协定税则是不可能的，要统筹赔款的偿付也是不可能的。因此，全国海关行政的统一成为迫切需要解决的问题。《最近百年来中国对外贸易史》的作者班思德（税务司）曾就实行协定税则与统一关政问题作过论述，他说："《天津条约》及其附约，对于进出口税则的规定，是全国统一的，而且必须准确施行；若非海关行政高度统一，执行条约规定的税则，便无法画一。总税务司考虑到清朝官员管理下的海关，都由各省地方官员负责，他们的征税办法，各不相同，在事员司，也不一定能够实施条约的规定，所以觉得非实行关政统一不可。"[1]

赫德对于统一海关行政问题也作过论述，他说：现在"贸易日见进展，手续益趋繁复，商人请领退税存票，免重征执照，及其他单据等事，无日蔑有，需要相当记载，以为办理之根据，故海关制度殊有整饬之必要。其道端在税课之公允，记载翔实，公务熟谙，办理适当。全国各埠，不容纷歧，更须一致"；"目下通商口岸，多至十余处，商行之数，当以百计，小资本家又麇集其间，办理手续，日见复杂，势须官商各尽其责，相辅而行，始克有济。就官方言之，惟有施行完善画一之海关制度，始可无忝厥职。"又称：海关"各关征收关税，必期毫无偷漏；保护洋货，务使避免重征；往来各国之船只，与出入内地之货物，俱应立章管理，俾克有条不紊；各项办事规程，又须力求适当，庶与各国官商可以和衷共济；此外如订定各埠港口章程，办理引水事务，编制贸易统计，设置航路标志，皆系刻不容缓之事；而各关内部之组织及一切制度，均待悉心规划，勿令参差；又须物色各国人士，一炉共冶，妥为训练，俾泯猜嫌，同守纪律"。[2] 凡此种种，海关行政非统一不可。

英法赔款的偿还促进了海关行政的统一。北京《续增条约》规定，清政府赔偿英、法两国军费各800万两，并规定以各口海关征税总额的1/5按结（季）摊付；偿还税款的征收、保管和会计事宜，均归负责海关的外籍税务司监督。为了保证1/5关税按结（季）摊付，海关记载各口征税的账册、档案、

---

① 《最近十年各埠海关报告》（1922—1931）上卷，第136页。

② 《最近百年来中国对外贸易史》，引自《最近十年各埠海关报告》（1922—1931）上卷，第131页。

每结（季）终了都要让各口的英、法领事审查核对。如果各口海关各自为政，应摊应还之数，无法统筹，集中部署，那么赔款的偿还，便无法保证如期偿还。总理衙门大臣文祥曾说："如果海关里没有外国人的帮办，如果不把这些机构置在一个划一的制度下，他们将无法处理赔款问题。"为什么非用外国人不可？文祥说："用中国人不行，因为显然他们都不按照实征数目呈报，并且以薛〔焕〕为例，说他近三年根本没有报过一篇账。"①

要统一海关行政，首先就得有个统辖机构，这就是后来所称的总税务司署。这是作为统一海关行政的火车头。总税务司署的设立，于1863年大体告成。关于这个问题比较复杂，我们将在第七章详论之。

海关行政统一的过程，就是总税务司剥夺海关监督权力、架空海关监督的过程。清朝的海关监督都是由地方武职官员充任的，他们都是地方长官，各自为政，拥有雄厚的势力。如果没有把他们的征税权力剥夺过来，海关行政的统一，就难以实现。李泰国内定为总税务司（1859年1月）后，便肆行威逼吴煦，非夺取税务司任用权不可，但没有成功。

赫德署理总税务司之后，乃与英国公使馆威妥玛商议"把关税行政完全从地方当局手中取出"②。但这不是赫德个人的力量所能办到的，他主要是依靠总理衙门的支持。班思德对于这种情况曾有过说明。他说：直到赫德实授总税务司（1863年11月）时，尚有"七埠海关监督与税务司犹不免时为地方分权之传统观念所左右，一切设施往往顾本地而惟各省当局之命是听。幸海关改制之结果，各省之损失，即系中央之利益，北京政府对于总税务司当然乐予援助。故总税务司卒能排除众难，渐将集权制度推行于各关也"③。这就是利用中央和地方争夺财政权的矛盾，以增加中央财政收入为诱饵，依靠总理衙门的力量，把地方有关海关方面的权力尽量收归总税务司署。

全面剥夺海关监督的权力，这是长期的过程。这种剥夺主要在于夺取各关税务司的任用权。这种夺取到1864年《通商各口募用外国人帮办税务章程》颁布后，才算最后完成。《通商各口募用外国人帮办税务章程》关于帮办税务的外国人，规定"均由总税务司募请调派，其薪水如何增减，其调往各口以

---

① 1859年4月28日吴煦禀王有龄。《吴煦档案选编》第6辑，第296页。

② 1862年10月13日卜鲁斯致罗素第141号函，附威妥玛报告与赫德会谈的记录，引自《中国关税沿革史》，第171页注3。

③ 《最近百年来中国对外贸易史》，载《最近十年各埠海关报告》（1922—1931）上卷，第136页。

及应行撤退,均由总税务司作主"。① 这就肯定了总税务司对税务司以至一切外国人的任用权,包括新关人事管理全权。总税务司任命税务司的权力,至此才最后确定下来。北方三口通商大臣崇厚曾就这个过程简略叙述道:"及赫德为总税务司,将任用税务司之权归于总税务司,监督不能去取;各口监督又因随时换任,情形不熟,多有将税务事宜专委之于税务司者,因而各口税务司之权日重。洋商但知有税务司,而不知有监督矣。"②

《通商各口募用外国人帮办税务章程》不但解决了总税务司和税务司以至所有外国人之间的关系问题,还解决了总税务司和总理衙门的关系问题。按规定,总税务司只直辖于总理衙门大臣,总税务司一切"申陈事件及更换各口税务司"都只向总理衙门申报。换言之,除了总理衙门以外,不论中央或地方机关都不能对总税务司发出命令;总税务司也不接受来自总理衙门以外的命令。其他机关对于海关如有申述,只能经由总理衙门转饬总税务司札行各关办理。这就把海关系统从清政府行政系统中独立出来,而总税务司署也就成为清政府行政系统中的独立王国了。这就使海关行政不但从地方独立出来,而且从中央独立出来,做到彻底的统一。

统一是进步,分裂是落后。但是这种统一,是把全国海关行政统一于具有强烈国际政治背景的外籍税务司手中,这就值得我们三思了。

从上述种种情况看来,海关已在通商各口设立,而且一律归外籍税务司管理;作为统管全国海关的总税务司署也已设置起来;全国地方的税收行政,大体统一过来;关于各关税务司的任命权和总税务司与总理衙门的关系问题,也由《通商各口募用外国人帮办税务章程》最后肯定下来。加上后述的各国公使的一致支持和清政府的确认,海关外籍税务司制度已经确立了。

第五节　关于海关外籍税务司制度的反对和支持

当海关外籍税务司制度向通商各口推行时候,遭遇到以怡和洋行为首的英商的强烈反对。他们把海关执行条约的规定视为对华贸易的障碍,坚决要求废

---

① 《通商各口募用外国人帮办税务章程》共二十七条,载杨德森编:《中国海关制度沿革》,商务印书馆1925年版;黄序鹓著:《海关通志》,商务印书馆1915年版。

② 同治六年十一月二十六日崇厚奏折。《筹办夷务始末》(同治朝),卷54,第5107—5108页。

止这个制度。

怡和洋行说："这里新海关的设置完全不适于贸易，严重地妨碍了商务，也使侨民们感到烦恼。""事实上整个的洋关制度，已经变成对于商业和在中国迅速交通的阻碍，而它的作用又是这样的不公平和不正直，因此外国人越早放手不支持它越好；同时我们非常希望国内与贸易界的有力人物出来对于这方面采取行动。"① 这是废除海关外籍税务司制度运动的信号。上海和香港两地的英国商会起而响应。接着，格拉斯哥市商会也致书外交大臣罗素，攻击外籍税务司的"横征暴敛"，控诉英国公使不给予必要的援助。香港商会在其痛斥卜鲁斯和外籍税务司制度的意见书中，反映了英商愤慨的焦点。他们说，公使"之所以被置于中国的一个主要目的，是为了保护、发展和鼓励贸易，而不仅仅是要求我们盲目地服从中国政府或他们所雇用的外人所作的每一项请求"。②

怡和洋行甚至告诉工商业家们，卜鲁斯的"支持中华帝国政府及海关外籍税务司，正是中国不能消费掉涌集在中国市场上的大量英货的原因"。"如果我们的现行政策仍旧继续下去，我们非常害怕其后果会成为对于贸易的极大灾害。"③ 香港和上海的洋商总会向曼彻斯特市商会诉述说：免交内地税的执照不受尊重，中国任意征收过境税。

这个反对税务司制度的运动虽然发动起来了，但却没有得到英商的广泛支持。格拉斯哥商会"不愿意太频繁地干扰英国政府的视听，因为总是这样做会减少它在政府的影响力"。④ 曼彻斯特市商会为了调查香港和上海市洋商总会的控诉而组织的小组所得的结论是："这些损害大部分已得到匡正，同时卜鲁斯的行动也是无可非难的。"⑤

英国贸易部经过调查后，对于卜鲁斯所采取的政策给予无可置疑的支持，并且评论说："如果满足商人们的要求就会导致中国政府的倾覆，而这种结局是英国使用一切代价来阻止发生的。"⑥

---

① 《怡和洋行通讯原稿》，函件卷（1861年3月—1862年1月）。引自《中国通与英国外交部》，第26页。
② 《外交部档案原稿》，第223组，香港商会致格拉斯哥市商会函，引自《中国通与英国外交部》，第27页。
③ 《怡和洋行通讯原稿》，函件卷（1862）。《中国通与英国外交部》，第27页。
④ 1862年威廉·派东致怡和洋行函。《怡和洋行档案原稿》，大不列颠资料柜（1862—1863），《中国通与英国外交部》，第28页。
⑤ 《曼彻斯特市商会议事录》 1858—1867年，1862年1月27日，《中国通与英国外交部》，第28页。
⑥ 1862年2月13日贸易部致外交部函。《中国通与英国外交部》，第29页。

英国商人反对外籍税务司制度已由手续问题大大前进了一步，那就是要求政府支持他们对《天津条约》所作的任意的无限制的解释，简直是把他们本来认为是满意的条约也废行了。这和英国政府主张扶植、加强清政府的统治的政策是相左的，所以不为英国政府所接受。

总税务司对于外商的反对情绪已经充分了解到，他说："据说大多数商人（指外商）对于税务司制度，怀有根深蒂固的憎恨。他们当中有许多人，并不企图隐瞒这种憎恨，而且只要规章的执行对他们不利，或者甚至当规章稽延执行，这对海关工作的处理虽属必要，但在他们看来似乎是讨厌而又不必要的时候，他们大家就一起叫嚷起来了。""说到的那种情绪起源于几年前商人们一般享有对于海关办的事可以不必理睬的那项权利。""这样的一种情绪竟然会存在，是应当引为憾事的。"为了缓和这种紧张情绪，改善海关和商人的关系，总税务司告诫税务司们说："和商人对抗不是一位税务司或他的办事人员在办理海关业务中应当奉行的原则。"他说："税收的宝箱很快注满时就是商务发达的时候，而要使商务发达，就应该在它的一切运用方面尽量予以便利而尽可能少地加以限制。"他强调："在适当地照顾到保护税收的条件下，商人们的利益应该是他们主要加以留心的事。""无论那位税务司都无须害怕他为了便利业务的进行和连带地顾到贸易及商业的真正利益而作出的努力，将要被总税务司指为奉承商人。"[1]

基于这些观点，当大英轮船公司由于"领事口岸根据领事和海关船舶报关和结关章程的联合行动，致使本公司在香港、福州线上行驶的轮船受到阻滞，因而引起了财政上亏损的问题"时，向总税务司递送了备忘录，提出了种种要求。赫德当即札行厦门关税务司休士，认为大英轮船公司所提要求，"没有什么不可以答应的"，并颁给一套章程，共11条，这11条都是根据要求而作出的，甚至授予了条约外特权，如货物"不离开栈房"，得在"三天内交纳关税"，只要由"代理人交进了三天内完税的保证书"就得通过。[2] 他还直接写信给上海洋商总会，希望把他们对海关的意见，随时由税务司转达。

由于海关屈从外商们的要求，甚至给予他们条约外特权，所以到1864年

---

① 1864年总税务司通札第8号。《总税务司通札》（第1辑 1861—1875），第54—55页。

② 1863年10月27日上海大英轮船公司中国监督撒瑟兰致总税务司函，附休士函。全文载《中国近代海关历史文件汇编》第6卷，第154—161页。

6月赫德便可以告诉税务司们："可以庆贺的就是这种敌对的恶毒性在有些口岸里却有渐次消失的征象。"①

总税务司在1864年总结了外籍税务司制度对外商和外国公众以至外国政府的好处：

一、"它帮助中国人履行条约义务，也是适当履行条约所规定的商业条款必要的依赖。洋关使贸易按照条约规定的方式进行"；二、在各口拟定章程时，税务司署总是"通过非任何其他方式所能轻易达到的有效的更改"，使它"对商人都有直接利益"；三、"税务司署对于有权取得损失赔偿的外商，对索取赔款的各国政府，以及对于必须支付赔款的中国政府，不是一个毫无价值的机关。该署对征收关税的监督已经保证了这一种要求，要比其他方式迅速得多，而且毫无损害"；四、海关在"潜移默化"中消除了中国官员对外国人的疑忌，转而"尊重"外国人。"各税务司与中国官吏的日益亲切，这对于中国官吏更好地了解外国人，祛除对外国人的很多怀疑和反感，裨益不少"；"在这种潜移默化的作用中，……〔中国官吏〕不久就会转变为对外国人的尊重，即使不是欢迎的话。"②

所有这些作用，都不是用战争或签订条约的方法可以取得的，而是通过从根本上掌握中国海关的权力，用不光明的手法而取得的。

海关的这些做法，一方面使外商的怨怒情绪有所改变，另一方面得到了各国官方的支持。

卜鲁斯向英国政府表示了极其坚定的支持立场："我敬告女王陛下，除非这个机构（海关）受到必要的权力的支持而得到侨民们的尊敬，我便无法支撑我驻在北京的目的，即高尚的道义地位"；"而我将耗费全部的时间和力量由于海关各项案件而引起的种种不光彩的争论。"这些案件，往往是因领事的庇护商人而引起的。"他们真正地图谋废弃中国海关的权力。"他说："在中国的外侨只能凭借外国的员司才能在陋习中获得救拔。"③

美国公使蒲安臣也认为："各方面都同意，当前的洋关制度是直到目前为止设想得最好的制度，因为它由李泰国先生管理，值得我们的支持。"④

---

① 1864年第8号通札语。
② 〔英〕赫德：《关于中国洋关创办问题备忘录》。
③ 1862年4月13日卜鲁斯致罗素第33号公函。《中国近代海关历史文件汇编》第6卷，第128页。
④ 1863年6月20日蒲安臣致国务卿第42号函。《中国近代海关历史文件汇编》第6卷，第61页。

《天津条约》签订以后，清政府和各国的矛盾缓和下来了。因为各国都取得了一批特权，暂时满足了它们的要求，所以各国之间争夺中国的矛盾也缓和下来。"自从在北京建立外交关系以来，外国公使们在一切有关一般利益方面是完全一致的"（美国公使罗文劳斯语）；蒲安臣在早期公使任内，也收到了美国政府的训令，"嘱在中国和其他条约国家合作"。于是列强在华的"合作政策"出现了。蒲安臣曾将一封有关"合作政策"内容的信件"送请英国、法国和俄国的公使们看过，他们授权给我（蒲）告诉你〔国务卿〕，他们完全赞同信里所说的意见和政策"。"那个政策已经全部由我们的政府核准。那个政策是这样的：在中国，对于一切重大问题要协商合作；在维护我们的条约权利所必需的范围内保护通商口岸；在纯粹的行政方面，并在国际性的基础之上，支持在外国人管理下的那个海关；赞助中国政府在维持秩序方面的努力；在通商口岸内，既不要求，也不占用租界，不用任何方式干涉中国政府对于它自己的人民的管辖，也不威胁中华帝国的领土完整。"①

这样，支持那个在国际性基础上的海关成为四国公使"合作政策"的重要内容之一。海关因此获得有约四国公使的确认和支持了。

在这个政策形成过程中，各国公使和清朝统治者日益结合起来，共同镇压太平天国运动，推行海关外籍税务司制度，支持清政府重建统治秩序。海关既受到四国公使的确认和支持，也就迅速地走上了发展的道路。

在 19 世纪 60 年代前期，海关已在各口开办了，它成为扶植清政府重建统治秩序的得力机构。海关总税务司赫德，是贯彻这种扶植政策最得力的人。他认为"英国在中国的政策是支持帝国的事业，……它的官员是腐败的，……但他总比试图统治的太平军好些，希望更加支持它，加强它。"② 这是海关对待太平天国和清政府的基本态度。基于这种态度，凡是太平天国运动战火燃烧到的口岸，都有外籍税务司的灭火活动。

外籍税务司在镇压太平军活动中表现得最凶悍的是浙海关法籍税务司日意格。1862 年底，日意格和法将勒伯勒东组织了一支 2,500 人的中法洋枪队，对占据浙东的太平军展开猛烈的进攻。他们"直捣上虞县城，节节进剿，连

---

① 以上引文出自 1864 年 6 月 15 日蒲安臣致上海总领事函。引自《中华帝国对外关系史》第 2 卷，第 470—471 页。

② 1864 年 3 月 26 日卜鲁斯致罗素函附件：赫德致卜鲁斯函。《中国近代海关历史文件汇编》第 7 卷，第 760 页。

破贼卡十四座。勒伯勒东、日意格挥兵逼下，连放炸炮，毙贼千余人，乘胜踏毁通明堰贼卡二座，中外官兵直薄城下。日意格跃马当先，右臂陡中枪子，负救回营"。其后，"进攻奉化，与诸军克之。攻安吉思溪双福桥，驾小轮船赴荻港，毁袁家汇贼垒。"①

1864 年天京沦陷之后，太平军集结湖州，日意格再度"督率洋枪队并浅水轮船，前赴湖州助剿，甚为踊跃"②，湖州被攻陷。清政府赏加日意格总兵衔。

1865 年，太平军余部从江西退入福建，攻占漳州，厦门"民心惶惶，危在旦夕"。闽海关法籍税务司美里登立将从前在香港购买的"铜炮四装及炮车、火药、西瓜弹子……并所练兵丁四十人，请添六十人，凑成一百，即配本关轮船，拨马〔瞻〕教习同副税务司带往厦门，会同厦税务司相机剿堵。"10 月 13 日，马瞻和厦门协办税务巴德带领这批武装驰赴漳州。后来美里登到厦门，"将带往洋兵，安置车炮，在岸驻守"，和石码、海澄一带的清军互相联络。③ 这样，"凡在省、厦税司、领事并外国在阵从戎人等，皆出力相帮。"④

赫德在镇压太平军中不遗余力。1863 年底，苏州太平军纳王郜永宽等向李鸿章投降，"戈登以先经允许郜逆等投降免死，后来郜逆等骈诛。戈登自以失信于贼，与李鸿章势将倒戈相向，有不可解之势。赖赫德从中调处，解释前嫌，戈登仍前出力，俾李鸿章得以收复常州一带。是戈登终成助剿之功，实赫德调停之力"。⑤ 1864 年 5 月，戈登进攻常州时，赫德"随同攻剿，每遇紧要机宜，赫德无不赞助"。⑥ 赫德还极力支援清军的军费。恭亲王奏称："查苏省连年用兵，一切饷需，均借洋税源源接济，大半皆由赫德稽察洋税之力。"⑦因此，御批：赏加按察使衔。

南方太平军失败的时候，北方捻军方兴未艾。津海关税务司贝格赶往山东东昌。北方三口通商大臣崇厚令为教练官，"即赴阿城镇归队，与春霖会同，

① 同治元年十一月十日浙江巡抚左宗棠等奏折。《筹办夷务始末》（同治朝），卷 11，第 12 页；《清史稿·列传》，第 222 页。

② 同治四年十月九日左宗棠奏折。《筹办夷务始末》（同治朝），卷 37，第 3531 页。

③ 同治四年正月二十日英桂、左宗棠、徐宗干等奏折。《筹办夷务始末》（同治朝），卷 32，第 3122 页。

④ 以上均见美里登函（没有日期）。《筹办夷务始末》（同治朝），卷 30，第 2931—2932 页。

⑤ 同治三年十一月十九日恭亲王奕訢奏折。《筹办夷务始末》（同治朝），卷 30，第 2945 页。

⑥ 同治三年十一月十二日李鸿章奏折。《筹办夷务始末》（同治朝），卷 30，第 2921 页。

⑦ 同治三年十一月十九日恭亲王奕訢奏折。《筹办夷务始末》（同治朝），卷30，第2944—2945 页。

妥为教演，以期得力"。①

由此可见，海关外籍税务司，无不极力协助清政府镇压农民起义，为重建统治秩序创造条件。

海关还为清政府承担了偿还英、法赔款的任务。

据 1860 年中英、中法北京《续增条约》的规定，清政府赔偿英、法各800 万两军费，除粤海关已缴银 33 万多两外，"其余银两宜在中国各海关每年收银若干，按五分之一扣归。其交银之时，系三个月交一次；首次宜于咸丰十年八月十七日起，而于十一月二十日止，……但限定于十月十八日在津郡一盘现交银五十万两。"② 中英北京《续增条约》详载："其余银两应于通商各关所纳总数内分结，扣缴二成，以英国三个月为一结，即行算清。自本年英十月初一日，即庚申年八月十七日至英十二月三十一日，即庚申年十一月二十日为第一结，如此陆续扣缴八百万总数完结……"并定"两国彼此各应先期添派数员，稽查数目清单等件，以昭慎重"。③

据此规定，则一、赔款指定由海关洋税支付，这是以海关洋税抵偿赔款的嚆矢，开了海关与赔款联系的先例；二、海关清算季度以"结"为名，始于北京《续增条约》。黄序鹓说，"至今海关收入仍按结造报者，实权舆于此（算至民国二年冬，已二百零十三结）。此亦我国关税史上之极大纪念也"。④三、为扣交赔款二成，各口英、法领事得按规定将 3 个月内外国货物纳税清单，于结期后 5 日之内，交领事查验。这种由领事直接查看海关总散各簿的规定，显系对中国海关主权的侵犯。

在第一结付款时，英国领事密迪乐要求洋税以外，连不在规定之列的船钞，罚款的税款，都要核扣。但经吴煦复以条约只指"纳税清单，并无船钞罚款字样"，始行作罢。

1860 年 10 月 1 日以来，英、法赔款均由海关按结拨付。到 1865 年 12 月13 日，未付尾数估计只有 25 万两，总税务司作出最后结账的安排：此 25 万两由江海、江汉、奥海三关按规定日期支付。据总税务司署统筹，赔款将于

① 同治四年闰五月初六日三口通商大臣兵部侍郎崇厚奏折。《筹办夷务始末》（同治朝），卷 33，第3182 页。
② 黄月波等编：《中外条约汇编》，"中法条约"，商务印书馆 1936 年第三版，第 88 页。
③ 《中外条约汇编》，"中英条约"，第 11 页。
④ 《海关通志》下卷，第 292 页。

1866年上半年找清完案。

赔款即将完案，恭亲王等立即上奏：一、和款清结之后，从第二十二结起，便可毋庸再付。各关洋税既无外国扣款，东南各省又渐平息，于是奏准："将所停付扣款各关，从二十二结起，于部拨京饷、协饷之外，仍按结酌提四成，委员解交部库，另款存储，以备急需。其江海、江汉、闽海、粤海四关，即从第二十四结起，于扣款清完后，一律照办。"这就为部库存储了四成的洋税扣款了。二、"查数年以来，洋人充当中国司税，办理尚属认真"，奏准扣款完案之后，"或令洋人仍帮同司税，厚以廪饩"①。据此，海关外籍税务司制度获得了清政府的确认。

海关如期完成赔款任务，显示了海关的工作效率和信用，总税务司获得清政府很大的信任，也赢得了各国的称誉。从此以后，海关飞黄腾达，在近代中国扮演了极其重要的角色。

---

① 同治四年十二月初五日恭亲王等奏折。《筹办夷务始末》（同治朝），卷38，第3615页。

第五章

英国夺取清政府水师船队管辖权的阴谋
和李泰国的革职与赫德继任总税务司

第一节　太平军席卷江南和总理衙门议购新式船炮

19 世纪 60 年代一开始，太平军以雷霆万钧之力挺进江南。太平军和清军的作战，集中于长江下游。1860 年 4 月至 6 月间，李秀成率部大破江南大营，攻占了常州、无锡，和清朝在江南的政治经济中心苏州，很快地占领了全国富庶的太湖以东地区。8 月，进逼列强在华的侵略基地上海。清朝统治者和驻上海英、法官商，大为震惊。

是年 10 月，英法联军攻占北京，清政府被迫和英、法签订北京《续增条约》。中国形势为之一变。那时年轻的掌权大臣恭亲王奕䜣，认为"自臣宠络英佛（法）以来，目前尚称安静，似可就而暱我；若不亟乘此时，卧薪尝胆，中外同心，以灭贼为志，诚恐机会一失，则贼性愈张，而外国之情，必因之而肆。"[1] 显然，中外联合镇压太平天国运动的形势，已在形成之中了。

那时，统率清军进攻太平天国的曾国藩曾经奏陈："攻取苏、常、金陵，非有三支水师不能得手"，因有"由江北造船保护里下河以取金陵之说"，但造船不能济燃眉之急，"自不如火轮船剿办更为得力"。因有筹购轮船的计划。[2]

1861 年 7 月，署理总税务司赫德正在北京和总理衙门大臣研讨海关税务

---

① 咸丰十一年五月三十日奕䜣等奏折。《筹办夷务始末》（咸丰朝）第 8 册，卷 79，第 2914 页。

② 咸丰十一年五月三十日恭亲王等奏折。《筹办夷务始末》（咸丰朝）第 8 册，卷 79，第 2915 页。

问题，总理衙门大臣对于轮船情形，几无所知，经费也无着，乃和赫德言及"中国剿贼情形，皆由器械不利，以故不能取胜，欲向外国购买船炮等物；又告以此项经费无出"。赫德当即进言："伊（英）国火轮船一只，大者数十万两，……大船在内地不利行驶；若用小火轮船十余号，益以精利枪炮，其费不过数十万两。"至于经费，他建议征收洋药印票（花）税，岁可增银数十万两。"此项留为购买船炮，亦足裨益。"总理衙门据以奏准"于上海、广东各关税内，先行筹款购买；俟将来洋药印票税收有成数，再行归款"。①

有了轮船，还得有管带、驾御、司炮等人员。赫德对于人员问题也提出建议："至驾驶之法，广东、上海等处，多有能之者，可雇内地人随时学习，用以入江，必可奏效；若内地人一时不能尽习，亦可雇用外国人二三名，令其司舵，司炮。"上谕当即批复："给赫德札文，令其购买。运到时即交广东、江苏各督抚雇内地人学习驾驶。""惟应配兵丁并统带大员各事宜，应饬下官文、曾国藩预为筹计；一俟运到，即请旨办理。"②并"着劳崇光、耆龄、薛焕等即按照所奏预为筹办，立定四个月为限。江海、粤海两关各筹银二十万两，闽海关十万两，厦门、宁波各五万两；并由粤海关先筹二十万两交赫德妥速办理。船内所用人员，应即于英国筹募"，"其添配内地之水勇人等，应由广东、福建、山东……等处选募"③。这个任务，赫德声称，由他函致在英国的总税务司李泰国，"令于伊〔英〕国购办"。尽管赫德早在1862年3月就致函李泰国，但受命办理购船的江苏巡抚薛焕却因购船问题复杂须待调查，因而搁置下来，但赫德却仍积极活动。他乘1862年1月间巡视南洋各口海关之际，在广州和两广总督劳崇光"悉心商酌"，决定制办中号船3只，小号船4只，共价银65万两，由粤海关先拨10万两，其余10万两及江海、闽海等关应拨银两，预筹陆续支给；至于配用外国舵工、炮手、水手及看火等人，在英国招募，"并邀英国熟识诚实可靠的武员一名管带来华，以资训练钤束"。④赫德由粤到闽，晋谒福州将军文清，"坚请福州口应拨银十万两，必须拨五万两寄去〔英

---

① 咸丰十一年五月三十日恭亲王等奏折。《筹办夷务始末》（咸丰朝）第8册，卷79，第2915页。

② 咸丰十一年五月三十日恭亲王等奏折。《筹办夷务始末》（咸丰朝）第8册，卷79，第2915页。

③ 引自同治元年三月初一日劳崇光奏折，中国史学会主编：中国近代史资料丛刊《洋务运动》（以下简称《洋务运动》）第2册，上海人民出版社1961年版，第234—236页。

④ 同治元年三月初一日劳崇光奏折，《洋务运动》第2册，第236—237页。

国〕，方能速办。余银应照原限四个月拨给清款"①。

1862 年 3 月到 5 月间，太平军向浙江发动攻势，连克杭州、宁波，"发逆有汇银五十万两向美国购船之事"。恭亲王惊呼："发逆已有购买轮船之事"，"更恐滋蔓之势，延及北洋三口。"② 上谕亦称："前因杭州、宁波等府失守，沿海各口宜加防范"，谕令薛焕等"购置外国轮炮，速筹办理"。总理衙门当即奏请"即着薛焕督该〔署总〕税务司赫德，将应需船炮军械等速为购买"。③ 薛焕以"贼据宁波，沿海地方均形吃紧"，筹买西洋船炮，"未可再事因循"。乃飞咨两广总督劳崇光、广东巡抚耆龄、闽浙总督庆端、福建巡抚瑞璸，赶紧筹办。上谕又着曾国藩等筹议应配兵丁和统兵大员。那时，清军已从长江上游向南京进逼，太平军战局逆转。曾国藩认为：和南京太平军角逐，主要在陆不在水；但他赞同购买船炮，着重点在于"据为己物"，使"英法亦渐失其所恃"。④ 这样，购船之事成为当时紧迫任务。薛焕奉上谕，当即调令赫德迅速回沪商办。

从前面叙述的情况看来，购置船炮的目的要求非常明确，即是为了镇压太平军；船到中国后，即交中国地方督抚接管；配备的洋员是用以驾驶船只来华并训练中国士兵的。这显然是一支纯为镇压太平军的中国船队，毫不含糊。可是购买船只由赫德转手李泰国，事情便走了样，变成一支"以执行在中国沿岸及领水内巡逻和治安任务"的"欧华舰队"了。⑤

第二节　李泰国在英国购船募员的活动及其和阿思本签订的十三条合同

早在 1856 年李泰国任英籍税务监督的时候，便提出购置轮船镇压太平军的建议。是年，李泰国向管江海关护苏常太道兰蔚雯呈称："新制小火炮船，屡经攻下俄罗斯炮台城垣，著有成效。现在中国各处肆扰，正宜买此轮船数只，扫清狂寇。如肯允行，该夷（李泰国）愿立军令状，效力戒行；并将其

---

① 同治元年六月初十日文清片，《洋务运动》第 2 册，第 239 页。
② 咸丰十一年十二月二十六日恭亲王等奏。《筹办夷务始末》（同治朝）第 1 册，卷 3，第 291—292 页。
③ 同治元年正月二十一日恭亲王等奏。《筹办夷务始末》（同治朝）第 1 册，卷 4，第 324—325 页。
④ 咸丰十一年七月十八日曾国藩奏折。《曾文正公全集》，奏稿，卷 17，第 4 页。
⑤ 1862 年 3 月 14 日赫德致李泰国函，附备忘录，《李泰国与中英关系》附件四，第 213 页。

船坚炮利与俄罗斯争斗获胜情形，绘图九纸，注明夷字，禀呈前来。"兰蔚雯"正言拒绝；〔李〕复以助顺剿逆为词，夸张其船坚炮利，且有船身轻灵，炮火精妙，即至浅至窄之处亦可驶到"等语。李泰国之请购轮船，甚至自愿"效力戎行"，显有见好之意，但察其以后表现，亦不无别有用心之处。当时李泰国初任江海关职务，上海官员对英国人的戒忌犹深，所以两江总督怡良、江苏巡抚吉尔杭阿以"中国兵力，足制逆贼死命，毋庸藉资夷力，批饬传知"；咸丰帝也朱批称："勿堕其术中，预杜患萌。"①

这是海关英员议购轮船的开始。李泰国议购不成，乃于《天津条约》中议添一款（第五十二款）。该款内称："中华海面每有贼盗抢劫，大清、大英视为向于内外商民大有损碍，意合会议设法消除。"② 这一条款显然是为海关建立海上武装埋下伏笔。

从赫德与李泰国的通信中，可以看出他们两人都是有意识地插手于清政府的购船事情。赫德曾函李泰国说：在"去年（1861 年）夏秋间，我与恭亲王及新成立的总理各国事务衙门的其他官员有多次会晤，在会晤中我反复提出迫切需要采取措施以肃清沿岸的海盗，并防止不法匪徒向条约开放的通商口岸及其地区的袭击。亲王殿下对我的建议表示很大的兴趣，并指示我书面拟具一份备忘录，就该项建议的应办事项及最易执行的途径详加阐述"。③ 赫德的这个叙述，虽然在于向李泰国炫耀他对清政府的影响力，却暴露了他插手购船的意图。

至于李泰国则早已策划在海关建立海上武装。他在答复赫德的信中，历述他策划建立海上武装的过程，还在《天津条约》中设置了中英合作肃清海盗的条款。他说："你不要把恭亲王同意购置舰船一事，完全归功于你的努力。关于此事，以往我曾经屡次向中国高级官员建议，他们也据以上奏。正因为如此，我才获得批准，购买'孔夫子'号炮舰。在天津谈判时，我又亲自提出这个问题，并在我的授意下，《天津条约》才增加了关于中英共同肃清海盗的

---

① 咸丰六年三月十二日（1856 年 4 月 16 日）怡良、吉尔杭阿奏折。《筹办夷务始末》（咸丰朝）第 2 册，卷 13，第 456—457 页。

② 《中外旧约章汇编》第 1 册，第 103 页。

③ 1862 年 3 月 14 日，赫德发自香港致李泰国函。《李泰国与中英关系》附件四，第 212 页。

条款。这个条款的措词也使我有根据促使清政府购置船只。"①

由此可见，总税务司力图建立一支在海关管辖下的海上武装，早已策划定了。正因如此，赫德在致函李泰国在英国购置船炮时，把它们的用途说成是"肃清海盗、走私和土匪（Bandit）"。②他寄给李泰国的购船的备忘录，也以"中国领水内执行治安（Police）任务"为题。赫德还告诉李泰国说：建造领水治安武装，"应与外籍税务司管理的海关合作进行"。因为"它是保护外商贸易的一种措施，在这一意义上，它可能避免与外国友好关系的中断"。③他的着重点显然与议政王字寄官文等的上谕不同。上谕是这样说的："此项轮船现在自以先剿金陵等处发逆为要；贼平之后，即可以为巡缉私贩之用。"④

在李泰国和赫德看来，船炮如果作为缉私之用，则可成为海关的常备武装；如果作为平息太平军之用，则太平军平息之后，轮船便失去效用，可能就得解散或归地方督抚。所以，他们强调这支武装是海关的缉私力量，非与海关联系在一起不可。卜鲁斯甚至企图把总税务司署现代文官行政制度、关税征收和海军兼海岸巡逻的舰队结合在一起，完成了一个合治模式的行政机构。这个机构是"在海关总税务司署现代文官行政制度和可靠的税收来源之外，现在又加上了一支完整的海军兼海岸巡逻的舰队。这个三头行政机构不是用来作战的武器，而是具有生命力的、再生效用的新鲜血液"。⑤

在这个意图推动下，李泰国在英国不遗余力地开展了购船募员的活动。

他需要物色一个购买船炮并主管这些船炮的海军官佐。他找到了阿思本（Sherard Osborn）。阿思本是英国海军部的海军官佐，李泰国于1857—1859年在额尔金代表团中便和他认识。在1858年的战役和随后的谈判以及年底为期六周的额尔金长江之行中，两人共事，交往甚密。其后阿思本因病回英国。当阿思本率英舰"多尼戈号"沿墨西哥海岸出勤时，他接到了李泰国征求他出任购买船炮任务的试探信。阿思本回伦敦后，李泰国和他继续商谈。1862年5月29日，李泰国还没有获得清政府的授权，便赋给阿思本以5个月为期的书

---

① 1862年5月9日李泰国致赫德函。《我们在中国的利益》（未刊部分），引自《李泰国与中英关系》附件四，第219页。

② 参阅《李泰国与中英关系》附件四，第212页。

③ 1862年3月14日赫德致李泰国函。《李泰国与中英关系》附件四，第212页。

④ 咸丰十一年十二月十三日上谕。《洋务运动》第2册，第248页。

⑤ 参阅1862年10月13日卜鲁斯致罗素函。《李泰国与中英关系》，第155页。

面委派，使他"能专心致力于创建一支欧洲人指挥的中国小舰队"。① 5 个月
满后另作新的安排。在李泰国的手下，恭亲王所要购买的"船炮"变成一支
"舰队"，由清政府募用的外国人则是组织、指挥这支"舰队"的"欧洲人"，
而英国议会文件简直称为"英华舰队"了。

　　船炮是在英国采购的，人员是在英国招募的，非得英国政府的许可不可，
所以从 1862 年 6 月中旬起，李泰国开始在英国政府进行申请活动。他说："中
国政府深感有创建一支欧式海关舰队的必要"，舰队配备的人员应是以欧洲
人，特别是以英国人为核心。因此，要求英国政府给以批准，"以使英籍军官
和船员得以自由地接受中国政府的雇用"。② 英国海军大臣萨默赛特（Duke of
Somerset）于 1862 年 6 月 15 日，为此致函外交大臣罗素勋爵表达他的意见：
"我的意见是：这件事如果不致引起其他国家的猜忌，将不失为一件大好事，
应受到你的鼓励和支持。一支由中国政府维持的小舰队将肃清那里的海盗，巩
固我们的长江贸易，并平定太平军的叛乱。""我们可以把一些现驻在香港的
炮舰售予中国政府，并且由于我们因此得以减少中国沿海的力量，我们的开支
就可节省。"③

　　英国首相巴麦尊认为"不把这支强大的舰队置于英国军官统率之下，女
王陛下政府是不会同意组织的"。④

　　由此可见，"对英国来说，极其重要的事在于支配中国的军事力量，特别
是支配它的舰队"。⑤

　　早在 1854 年，英国政府为了观望中国局势的发展，通过了一个《中立法
令》。根据这个法令，英国在清军与太平军的作战中保守中立。现在英国政府
要准许英国海军官佐为清军服役，就必须废止这个法令。要废止这个法令，务
必牵涉到许多有关部门，如内阁、外交部、海军部、殖民部、内务部、枢密院
以至法律官员等，以及冗繁的公文旅行、法律手续和层层的磋商、解释与审
批。此外，李泰国还和外交大臣进行了多次密商。这就把事情拖了下来，一直
到 1862 年 9 月初枢密院才发出敕令，同意英国人可以为清政府服役，但首席

①　《李泰国与中英关系》，第 140 页。

②　1862 年 6 月 16 日李泰国致外交部备忘录。《李泰国与中英关系》，第 141 页。

③　引自《李泰国与中英关系》，第 141—142 页。

④　英国蓝皮书：《关于阿思本舰队和李泰国免去总税务司的通讯》，第 15 号文件附件 9。

⑤　［英］季南：《1880—1885 年英国在华的外交》，第 213 页。

检察长艾瑟（Sir W. Atherton）在呈送枢密院的报告中却声明：服役条件应作出某些规定和限制，那就是"不论在陆上或海上，任何人只能通过李泰国和阿思本，而不能通过其他人，才能合法地应募为中国皇帝服役"；还有"中国皇帝的军队，在过去和极可能在将来作战时，或多或少犯有野蛮行为"，因此，"有必要防止英国臣民在应募后被置在中国官佐的直接指挥之下，或与皇帝的一般部队混杂在一起"。① 9月9日，枢密院敕令正式公布，由外交大臣罗素正式通知海军部："建议阿思本应保证应募人员只在英籍官佐指挥下服役"，并通知了李泰国②。

敕令的公布，改变了1854年的《中立法令》，为英国和清政府公开联合镇压太平天国运动打开了缺口，并且也暴露了英国政府控制这支船队的野心。其后船队管辖权发生了种种纠纷，根源即在于此。

李泰国的购船募员，虽然获得许可，但他却没有奉到清政府正式授权的文件。因此，不能不催促赫德要求总理衙门发给授权札文。

1862年9月，赫德赴京，呈请总理衙门发给李泰国授权札文。呈称："购买船炮一切事宜，已行文李总税务司在英国代办，业将各关所拨之银付寄李总税务司赶紧行办。"并"请另发札文一件，俾李总税务司持以为据"，还说："今据呈请，嗣后〔购船事〕均交该总税务司经理"。1862年10月24日，恭亲王以"和硕亲王"名义发给李泰国授权札文。札文明确授权三项：

"购买船只并各船内应用之炮药、煤觔以及各项零星等件；邀请应坐各船之武弁、招募炮手水手人等，以及立定各项之合同；酌留所需银两，以便照各项合同发给俸禄工钱，以及将来备赏各款之用。以上三项支发，均交该总税务司一手经理。所有各关抽收银数，除各关已交之银业由署总税务司赫付给该总税务司收领外，其余各关未交之款，将来陆续交付署总税务司赫，仍由署总税务司手交该总税务司李查收支用，一切均责成该总税务司一人专理。至应如何设法妥办或派人协同办理之处，均由该总税务司自行酌量妥办。"末称："现在中国需用此项船炮甚急，务即迅速办就，驶赴上海，听候拨用。"③

① 1862年8月29日法律专员致枢密院办公厅报告。《李泰国与中英关系》，第151—152页。
② 罗素备忘录。《李泰国与中英关系》，第152页。
③ 此札文全文复印件附于《李泰国与中英关系》，第232—234页。

授权札文发出后，总理衙门预感到札文授予李泰国的权限写得过于笼统，深恐事后发生纠纷，乃于 11 月 20 日上奏称："伏查此项购买船炮既经赫德呈称明春可到，所有酌配将弁、水手等事，自当赶筹。查上年曾国藩议复臣等请购船炮折内称：'俟〔该船等〕驶到安庆、汉口时，商定奏办'等语。臣等思若俟该船驶到再为商办，诚恐一时选派，难得其人，转致多延时日；且恐停泊过久，无〔华〕人管带，彼又自出主见，据为伊等保护口岸之计，不受中国调度。此等流弊，亦应预防。"因于"月前（10 月）赫德来京，……复与商及。赫德亦以为此事必须预筹。"赫德据以开单。但恭亲王等"于外国轮船未经目睹，未敢遂以赫德之言为凭。……应请旨饬下曾国藩、官文，相度机宜，考以赫德之言，悉心筹酌……于该船未到之先，一律酌齐；一俟驶到，即可上船演习；万勿俟驶到后再议，致为外国人所据"。并"应令曾国藩等于船到后札调总税务司等与英国承办船炮武官实纳阿思本熟商办理"。末附"赫德所呈轮船应派将弁、兵丁、炮手、水手等人大概清单"。清单第一条规定："应派总兵官（华员）一员，会同英国承办船炮武官实纳阿思本管理各船一切事宜"；第二条"应派武官（华员）七员，各船一员。"① 据此规定，则轮船管辖权主要掌握在清政府所派的武职人员手中。

1863 年 1 月，李泰国根据英国政府敕令和阿思本签订了十三条合同。这份合同和总理衙门与赫德议定的内容完全背道而驰。现将合同重要条款摘录于下：

　　第一条　中国现立外国兵船水师，阿思本允作总统四年；但除阿思本之外，中国不得另延外国人作为总统。

　　第二条　阿思本作总统，凡中国所有外国样式船只，或内地船雇外国人管理者，或中国官民所置各轮船，议定嗣后均归阿思本一律管辖调度。

　　第三条　朝廷应给阿思本谕旨一道，派阿思本作为此项兵船水师总统。谕旨内应确切载明所管各事宜，作为凭据，以免窒碍。

　　第四条　凡朝廷一切谕阿思本文件，均由李泰国转行谕知，阿思本无不遵办；若由别人转谕，则未能遵行。

　　第五条　如有阿思本不能照办之事，则李泰国未便转谕。

①　引自同治元年十月二十九日恭亲王等奏折。《洋务运动》第 2 册，第 242—243 页。

第六条　所有此项水师各船弁、兵丁、水手，均由阿思本选用，仍需李泰国应允，方可准行。

……

第十条　李泰国应即日另行支领各员辛俸工食、各船经费等银两，足敷四年之数，存储待用，以安阿思本及各外国人之心。刻下在英国，姑以所置各船及各兵等，暂为质押。

第十一条　现议合同十三条，系奉朝廷上谕办理；倘四年之后，李泰国身故，或阿思本身故，仍应照办，不得以二人中一人身故便将此议各条废而不用。①

合同除了规定阿思本作为"中国现立外国水师"的"总统"（总司令）以外，还规定经皇帝批准组织的洋枪队及其拥有的外国式样船只，只要是由"外国人管理的"，都要归阿思本一人"管辖调度"，而阿思本只承认由李泰国传达谕旨，其他人传达的一律不办。这样，李泰国和阿思本成为这支武装的实际统帅。他们不但企图垄断海上武装，连陆上也不能有一个竞争的对手。李泰国曾函赫德说："关于舰队司令的'权限条款'，我认为必须另加一条，那就是，除了在他（阿）的管辖之下，中国政府应不雇用其他外籍军事人员——我的目的是解散〔上海〕道台的舰队及'华尔上校的洋枪队'。我们在陆地上不能有一个竞争的对手。"② 他还企图由他自立银号直接收纳全国海关税款，"作为该舰队开支的保证"；"上海、浙江所雇外国兵（按：指英法洋枪队），嗣后亦由李总税务司管理，其一切俸饷、经费、办公费用也由本总税务司在饷银项下支给"。③ 李泰国还告诉赫德："我们不能有两套外籍顾问。如果对处理海关外籍职员的事务另有一个机构，这将不可避免地使该机构及海关迅速走向崩溃。家庭内部将产生分裂，而这正如一位智者所说的，将站不住脚了。"④

《赫德日记》记载了1864到1870年海关经费的预算，这7年的经费预算分为四项：第一，海关每年经费100万两；第二，海军100万两；第三，陆

---

① 池仲佑：《海军纪实》，"购舰篇"，选舰上下篇，第3—5页；《中华帝国对外关系史》第2卷，第113—134页，亦有英文译文。

② 1862年5月9日李泰国致赫德函。《李泰国与中英关系》附件四，第218页。

③ 《海防档》，"购买船炮"，第47页；〔英〕魏尔特著，陈敉才、陆琢成等译，戴一峰校：《赫德与中国海关》，厦门大学出版社1993年出版，第243页。

④ 1862年5月9日李泰国致赫德函。《李泰国与中英关系》附件四，第218页。

军，士兵定为 1,000 名，180 万两；第四，清偿借数，第一年 186 万两，以后逐步减少。① 由此可见，在赫德私人的海关预算中就有了海陆军的预算了。

根据合同的规定，则这支由清政府建立的"外国水师"，必须以阿思本为"总统"，甚至"不得另延外国人作为总统"；清廷的谕旨，只能由李泰国传达，其他人"转谕"的，阿思本则不遵行。这样，这支水师的实际管辖权全为李泰国和阿思本所垄断了。这和恭亲王等 1862 年 11 月 20 日的奏折与赫德的清单完全不符。合同的规定，显然篡夺了清政府水师船队的管辖权，这就难免导致双方矛盾的爆发。

第三节　李泰国和总理衙门的激烈争吵与
英国篡夺船队管辖权阴谋的败露

李泰国办理购船、募员任务完毕，于 1863 年 5 月返抵上海，宣布恢复总税务司职务。总理衙门特札赫德为"江海关税务司兼管长江各口和宁波关"。这一任命，实际上是让赫德掌握全国的重要海关，借以架空李泰国。总理衙门以赫德取代李泰国的企图，已明朗化了。

李泰国返抵上海，立即找新任江苏巡抚李鸿章。据李鸿章致薛焕函称："李泰国自英来沪，面称代办兵船七只，已陆续购齐，两月后可到中国。惟前汇八十万，尚不敷用，嘱弟（李）由海关提银十二万，找付船炮及弁兵川费。立须兑交，不容延欠。"并称：李泰国"与赫德前在总理衙门所议各款，迥不相符……若令李泰国一人专主，要求胁制，后患方长"；还称："该酋多方薰吓，气焰凌人。在此立法定章之始，似须坚明约束，杜渐防微，免其外饶舌。"②

1863 年 6 月，李泰国由赫德陪同，气势汹汹地驰赴北京。一到北京，便称船炮所费共银 107 万两，此后每月各项费用酌拟 10 万两。按合同规定，船上募用武官、兵丁、水手多至 600 人，还说："中国如欲用银，伊能代向外国

---

① ［美］费正清、司马富、布鲁纳编：《步入中国仕途——1854 至 1863 年赫德日记》（以下简称《赫德日记》，John K. Fairbank, Katherine F. Bruner, Richard J Smith: Enter China's Service, Robert Hart's Journels, 1854—1863, 哈佛大学东亚研究中心 1986 年出版）1863 年 6 月 11 日，中国海关史研究中心译稿。

② 同治二年三月二十九日（1863 年 5 月 16 日）致薛焕函，《李文忠公全书·明僚函稿》，商务印书馆 1905—1908 年印，卷 3，第 17—18 页。

商人借银一千万两，分年带利归还。"① 李泰国还声称："有一件事情他已经下了决心，那就是在规定日期之后，他将为总理衙门而不是为各省官员征收税项；如果总理衙门不同意这一点，他就不再担任总税务司，而且将使英国公使撤走海关所有英国人。"② 总理衙门只许拨银107万两，至于每月经费10万两，"为数终觉浮多；其请借银一千万两之说，中国亦断无此办法。所立合同十三条，事事欲由阿思本专主，不肯听命于中国，尤为不谙体制，难以照办"。③ 卜鲁斯也出来为李泰国撑腰，他写了一封措辞强硬的信给恭亲王："除非依照下列条件，我不批准雇用英国海军军官和陆军军官：（1）帝国（清）政府必须把海关税收掌握在自己手中，作为保证定期支付这支部队军饷的方法，以便维护军纪；（2）这支部队应直属于帝国政府，只接受帝国政府的命令，只对帝国政府负责，并据此与地方当局协同行动，但不受地方当局的节制。"④

恭亲王答复说："准许〔英国〕军官为中国效劳与否，自属英国公使决定的问题。如公使阁下不予允准，则此事即行作罢；但如允其提供援助，则此等军官由何人统领以及其饷银由何项开支，自当由亲王自行决定。"

这样，问题胶着，无法解决。

经由赫德从中斡旋，李泰国和总理衙门另定《现议轮船章程五条》，大抵为由中国选派武职大员作为汉总统（总司令），并延阿思本作为帮同总统（副司令），以4年为定；"阿思本帮中国管带师船，应听督抚节制调遣，其行兵进止，仍听中国主持"；"此项兵船系中国所买，必期于中国有益，自应随时挑选中国人上船学习。"并议定每月经费7.5万两，"统归李泰国经理"。⑤

从1863年6月到11月，李泰国在北京和总理衙门连续争吵。李泰国态度蛮横，俨然以殖民地统治者自居。据赫德日记记载："他素常非常骄傲，一味过分依仗英国公使，动辄就用公使的不高兴吓唬他们（总理衙门大臣）。他对他们说，他丝毫也不信任他们，而又要求他们完全信任他，……他把自己称为大英钦差，自称可以和任何人平起平坐。好发号施令，而不与人商量。要求有

---

① 引自同治二年五月二十三日恭亲王等奏折。《洋务运动》第2册，第247页。

② 《赫德日记》1863年6月8日。

③ 同治二年五月二十三日恭亲王等奏折。《洋务运动》第2册，第247页。

④ "北京谈判与李泰国的覆没"，《赫德日记》，第578页。

⑤ 同治二年五月二十三日（1863年7月8日）恭亲王等奏折。《洋务运动》第2册，第248页。

一座府第，出门要坐轿子。和各地方官有过争吵，老是指手画足地开条件，自以为对他们来说，他就是一切的一切；没有他，他们就无法过日子等等。我（赫）敢说，他的打算错了。"①

总理衙门也向卜鲁斯诉述李泰国的蛮横情形。他说：赫德和李泰国本来"同办一事"，那么，"赫署总税务司既承办在前，则李总税务司接办，自必与赫总税务司所呈无异"。"乃两者所办大有歧异"，并列出合同十三条不能照准缘由，其至关重要的三条是：

一、"'凡朝廷一切谕阿思本文件，均由李泰国转行谕知，阿思本无不照办；若由别人传谕，则未能遵行。'阿总兵并非李泰国属员，何以必由李泰国转谕始能遵行？……若照此办理，则中国为其束缚。本爵原札内并无此意，是以不能照办。"

二、"'如有阿思本不能照办之事，则李泰国未便转谕。'阿思本不能照办之事，自可与中国大员相商；若如所云，则中国大员与阿思本不得通气，必致贻误大事，自然不能允准。"

三、"李泰国应即另行支领各员辛俸工食各船经费等项银两足敷四年之用"，并要求以在英所购各船及各兵器"暂为质押"。这是"李泰国不能相信本衙各大臣，本爵又岂能相信李泰国一人，遂以重资交付？""况预领四年辛俸，中国向无此例，所以未能照准。"②

总理衙门在"给英国照复"中有"中国费数百万之币金，竟不得一毫之权柄"③；李鸿章直斥为"将各项轮船尽归伊管，专擅中国兵船之权"。④ 语极沉痛！

阿思本于 1863 年 9 月统率第二批轮船到达上海，把轮船开到烟台，并且牢牢掌握在自己手中。他则径赴北京。7 月 8 日，他奉到恭亲王颁发的札谕，任命他为副总统，并谕示，华总统将由两江总督、江苏巡抚札委；华总统必须遵奉督抚的命令。⑤

阿思本对于总理衙门的谕示，坚决抵制。他说："这些指示直接违反我和

① 《赫德日记》 1863 年 6 月 29 日。

② 总理衙门给英国照复、给英国照会。《洋务运动》第 2 册，第 260—263 页。

③ 给英国照会。《洋务运动》第 2 册，第 261 页。

④ 《海防档》，"购买船炮"，第 156 页。

⑤ 英国国会档案：《中国第二号（1869 年）》，引自《中国关税沿革史》，第 156 页。

李泰国先生的正式协定。……我到这里来是为皇帝效劳……而不是仅仅充当地方当局的仆人，……中国总理衙门提出的论点是恭亲王所议之办法，系中国之常例；对此，我的答复是，我以及我的追随者到这里来，不是为了我们自己习惯于中国水兵或士兵所受的通常待遇，也不是为了帮助他们在对待欧洲雇员或一般欧洲人方面执行一项倒退的政策。"[1]

阿思本怂恿卜鲁斯出面干涉，并称：如不照合同办理，"欲将所募弁兵遣散"。卜鲁斯据以照会总理衙门："查该总税务司与该总兵在本国采买轮船等物之时，我国秉权大臣亦曾襄办，且深知管带所买轮船之人，又系结实可靠，声名甚嘉，所以准其随便采买。本大臣因知其故，理合即将此事情形，报明我国家，请示船只等物应如何处理，并已饬知该总兵〔阿思本〕将所有船只火炮军械等项暂留，候示遵办。"[2] 这样，由清政府出资购买的船炮，却须"暂留"，听候英国政府的处理了。至此，英国篡夺中国水师船队管辖权的阴谋完全败露了。

1863年10月5日，阿思本向总理衙门发出最后通牒：限48小时内批准他和李泰国签订的合同，否则立即解散舰队。恭亲王及其同僚却不动摇，文祥甚至说："清廷宁可退到长城以外，也不屈服于阿思本的要求。"（《赫德日记》语）

购船事和长江流域镇压太平军的统兵大员曾国藩、李鸿章关系最大。"因为任何由北京支配的海军，除非置于在长江一带负责的曾国藩和李鸿章的指挥下，都不可能沿江作战。"（《赫德日记》语）

曾国藩奉旨筹募〔华〕员，当即委派记名总兵蔡国祥为汉总统，并奏准两湖楚勇参用浙勇、闽粤之人，表示并无专用洋人之意。但总理衙门所附的清单，却有"随时挑选中国人上船学习"之语。曾国藩以既为"随时"上船，"并非在船常住，与原奏配用楚勇之案，不相符合"。总理衙门还称："蔡国祥仍须带中国师船，与轮船同泊一处，其轮船水勇已有外国雇定，毋庸添雇。"曾国藩对总理衙门"购船之初意，自相违戾。"大感不满，复称："购船云者，购之以为己物，令中国之将得为斯船之主也；若仍另带中国师船，则蔡国祥仍为长龙三板之主，不得为轮船之主矣。……彼则如箭如飞，千里一瞬；此则阻风阻水，寸步难移；求其拖带同行，且不可得，又安能使彼听我号令以为进止

---

[1] "北京谈判和李泰国的覆没"，《赫德日记》，第585页。

[2] 英国照会，《筹办夷务始末》(同治朝)，卷21。

哉！""若彼（阿思本）意气凌厉，视轮船为奇货可居，视汉总统如堂下之厮
役，倚门之贱客，则不特蔡国祥断不甘心，即水陆将士皆将引为大耻！""是
不如早为之谋，疏而远之。视彼七船者，在可有可无之数。既不以之同泊，亦
不复言统辖。以中国之大，区区一百七十万之船价，每年九十万之用款，视之
直如秋毫，可不介意；或竟将此船分赏各国，不索原价，亦足使李泰国失其恃
而折其骄气也。"① 李鸿章亦以蔡国祥来沪，因"虚拥会带之名，毫无下手之
处，仍自回皖"，并认为轮船同泊一处，"究之一家吴越，大小异形，强弱异
势，终不能相与附丽"。所以原募兵勇数百名，"曾帅已饬令遣散矣"。② 曾国
荃时已攻占九袱洲，亦称："江路已通，长江水师，帆樯如林，与陆军通力合
作，一经合围，定可剋期扫荡〔金陵〕，可不借轮船攻战之功。"③ 总理衙门在
曾国藩、李鸿章的压力下，不得不作出解散轮船的决定，但他以"此次撤退
轮船，若由中国发端，彼必借口挟制，欲撤不能，并恐因此寻衅，贻中国以无
穷之累"。因此决意："先与之讲论情理，处处引臣衙门所给李泰国文札为证，
不豫露撤退之迹，使其自然入我范围。"④ 最后他们上奏称："因阿思本有遣散
弁兵之语，即就其说，并将轮船撤退，买价仍由英国交还中国，卜鲁斯亦允照
办。"英国"弁兵薪工及往来经费，议由中国备给"。至于船炮，"系由我备价
所买，自应由我留用；但卜鲁斯坚称此项船炮乃英国朝廷之物，非买自商人可
比。既不用其人，则船炮应缴还本国，方能了结"。总理衙门还怕"与洋人办
事，若不决断于几，则该洋兵等稽延起程，其费繁又不知虚糜凡几；且反复无
常，是其本性；若使为时过久，众情生变，恐又非数十万金所能结事者"。于
是核计共须找给薪工银约 16.2 万两，回英经费约银 21.3 万两，共银 37.5 万
两。饬由李泰国先向洋行借垫，即日交阿思本先收，以便迅速启程，免致逗留
生事。⑤

总理衙门也怕阿思本回到英国可能挑拨英国政府，因此奏称："必须事事
妥协，方免彼国退有后言，不得不作牢笼之计。现拟另赏阿思本银一万两。"
他们更怕李泰国"此等狡诘小人，若绝之过甚，彼必肆其反噬"（恭亲王奏

---

① 曾国藩来函。《洋务运动》第 2 册，第 267—268 页。
② 李鸿章来函。《洋务运动》第 2 册，第 268—269 页。
③ 同治二年十月初六日恭亲王等奏折。《筹办夷务始末》（同治朝），卷 21。
④ 同治二年十月初六日恭亲王等奏折。《洋务运动》第 2 册，第 256 页。
⑤ 同治二年十月初六日恭亲王等奏折。《洋务运动》第 2 册，第 257 页。

语）；回英后"颠倒是非，处心积虑，遇事思掣中国之肘，不可不预为之防"。那时英国公使馆参赞威妥玛在英国，他在北京时和总理衙门大臣，特别是文祥，经常会晤，因此，由文祥出名，将李泰国承办轮船"未能妥协，及其来京后种种狂妄情形，函知威妥玛知悉"。函称："两国和好如常，彼此照常关注。贵参赞聪明过人，平情论事，逖听之余，亦当首肯。"① 这个信件力争威妥玛的谅解，期能从中排解，以免英国政府出面干涉。此外，还拨给李泰国停职住京经费 8,000 两，又赏给旅费 6,000 两。

卜鲁斯和公使们既然表示清政府有权处理李泰国，对于李泰国的革职，不表反对。那么，总理衙门就据以执行了。

总理衙门还不放心，他们央请美国公使蒲安臣出面斡旋。蒲安臣曾就这事向国务卿西华德汇报说："中国人来到这里（公使馆）说：我们对李泰国已失去信任……他们要求我提供意见。他们暗示说，他们打算撤掉他。我最后同意和我的同僚（各国公使）会商，而且把结果通知他们。我这样做了，而且发现他们（公使）一致的看法是：中国政府本身有决定这个问题的权利和责任，对于这样的决定没有可以指控的理由。我把这种看法通知了中国人。他们对此表示非常满意。在美国公使馆另一次会见中，英国公使卜鲁斯爵士，正如我从前所做的那样，听取了他们（总理衙门大臣）对李泰国先生的怨诉和把他撤职的决定。于是我们的努力是径对着使他们和李泰国先生受最少损害这样的方式去做。他们加倍发给已够庞大的几个月薪津。在〔阿思本〕离开时还待以早餐并给他大量赠款（六千两）。""恭亲王及其随从亲自到来，感谢我由于我和各方面的亲切关系，能够获得这样实际的建议，提供他们这样的效果。"②

公使们同时作出了一个决定："我们觉得敦促他们（总理衙门）从事如下的做法是我们的责任，即不容许其业务是在沿海的总税务司和其他的外籍'雇员'，以准外交人员的身份住在北京是明智的。他们（总理衙门大臣）对于这个意见，竭诚同意。"③

---

① 给英国威妥玛信函。《洋务运动》第 2 册，第 273 页。
② 1863 年 11 月 23 日蒲安臣致西华德函。《中国近代海关历史文件汇编》第 7 卷，第 68—69 页。
③ 1863 年 11 月 23 日蒲安臣致西华德函。《中国近代海关历史文件汇编》第 7 卷，第 68—69 页。

第四节　李泰国的革职和赫德实授总税务司

　　总理衙门对于李泰国的骄纵跋扈，早在李泰国到达北京之初，就感到厌恶。当赫德陪同李泰国到京不多天（1863 年 6 月 11 日），总理衙门大臣就曾告诉他说："李泰国什么都很好，但是如果他继续在我们头上作威作福，像他一直企图的那样，那么，我们对他以前效劳的回忆就会从我们的头脑中消失了。"[①] 赫德曾向总理衙门大臣透露关于他的署理职务问题的心衷说："一个'署理'官员有难处。他在仅仅署理期间决不应当倡议任何事情。"文祥说："你这样说就错了，难道你没有听说过'署理'能够成为'实授'吗?""李泰国有朝一日总是要走的，那就非你不可了。"[②] 7 月 10 日《赫德日记》记述了总理衙门意图提升他为副总税务司的事："亲王希望把我提升为副总税务司，或其他什么相当的职位，不希望我屈居人下。"[③] 第二天，"薛〔焕〕已把我的事向李〔泰国〕作了嘱咐，他希望把我提升为副总税务司。但李不同意用那个'总'字，因为这个字将赋予我干这干那的权力等等"。[④] 这些都显示总理衙门已为赫德取代李泰国做了准备，但李泰国还蒙在鼓里，以为总理衙门非他不可，动辄以辞职相要挟。

　　赫德和李泰国的矛盾在默默中迅速发展着。赫德对李泰国开始产生了背弃的心情。他的日记透露了他的心机："我不知道站在哪一边好。个人的利益要求我支持他（李）；但是公平和正义却说，我应当采取独立的立场，而站在另一方面，——他们（按：指总理衙门大臣）没有后盾力量，迄今为止，我出于忠诚意识而支持他，实在并非我的本愿，而且有时还要含垢忍辱；但是，如果事情的发展有损于我的理想，而有陷入困境的迹象，那么我就一定要重新考虑所应采取的步骤。与此同时，这个朝廷是如此的脆弱，各省多事，亲王又如此地害怕采取勇敢和决断的措施。因此，看来让它沉沦下去，不能指望会有什么好处。'那该怎么办?'"[⑤] 这种不满情绪促使他更加卖力地工作，以取得大

[①]　《赫德日记》 1863 年 6 月 7 日。

[②]　《赫德日记》 1863 年 6 月 11 日。

[③]　《赫德日记》 1863 年 7 月 9 日。

[④]　《赫德日记》 1863 年 7 月 10 日。

[⑤]　《赫德日记》 1863 年 6 月 29 日。

臣们的好感，从而取得更大的信任。换言之，他极力创造取代李泰国的条件。

李泰国有一定的开创能力，但他少年得志，骄纵跋扈，缺少应付事变的能力，在政治上缺乏识见，终于导致他在中国建立远大目标的幻想的破灭。

李泰国自视甚高，企图以殖民地老爷的虚架子来统治中国，他从不把清朝统治者看在眼里。他认为，"中国政府是贫弱而不能独立的，现在还不能以其本身的力量给海关一个坚实的基础。它要依靠海关，而不是海关要依靠它。海关只能站在自己所创建的基础之上。因此，它与一般财政上依靠中国政府的机构不同，它有独特的地位。它不能不依靠英国政府。因为没有英国政府的支持，它便不能对英国臣民及贸易采取任何措施。作为一个独特的机构，海关必须有自己的代表和首脑——在目前的情况中就是我本人"。① 他告诉赫德说："我恐怕在你不在北京的时候，恭亲王会犯错误。他应该把你留在身边，以备咨询。我认为他像孩提一样，还不能独自行走。"② 所以，"老朋友，我们和恭亲王交往时，要牢记我们应该约束和指导他，而不是让他约束和指导我们"③。他还说："总税务司虽然没有官阶……，但我们必须有实权。我将不接受薛焕或其他官员的命令，我只直接接受恭亲王的命令。" "总税务司应该有权与恭亲王及总理衙门直接来往。"④ 卜鲁斯也曾说过："李泰国先生的政策是要把对外的一切交往统统经由海关办理!"（1863 年 9 月 26 日语）。一个政治上如此鲁莽、幼稚的人，竟然抱着如此偌大的野心，怎能允容于总理衙门？

李泰国在海关工作已有 7 年（1854—1861），而且是海关外籍税务司制度的奠基者，令人惊讶的是他在海关中竟然没有一个可靠的追随者。他回英国后，虽牢牢抓住总税务司职位，但各口海关却落在署理总税务司赫德掌握中，他只像一棵无根之树。而赫德则极力争取统辖海关的总理衙门掌权大臣如恭亲王、文祥等的信任。他经常主动地提供税务、洋务，特别是外交方面的意见，并为之出谋献策；当他们需要指导和帮助的时候，他极力提供服务；在许多问题上，他确实起了顾问的作用。总理衙门大有离开他就寸步难行之势。显然，他在有形无形之中，对于大臣们的影响很大，而且越来越大。在总理衙门大臣的心目中，他显然已取代了李泰国。赫德的自制、沉着、圆通，而又熟悉官场

---

① 1862 年 10 月 10 日李泰国致赫德函。《李泰国与中英关系》附件四，第 225 页。
② 1862 年 10 月 10 日李泰国致赫德函。《李泰国与中英关系》附件四，第 224—225 页。
③ 1862 年 8 月 23 日李泰国致赫德函。《李泰国与中英关系》附件四，第 223 页。
④ 1862 年 3 月 26 日李泰国致赫德函。《李泰国与中英关系》附件四，第 209 页。

礼节和中国士大夫的习气，所以深得大臣们的赞扬。"中国政府觉得他以类似的身份所作的劝告是那样地宝贵，所以他从受任之日起，不过偶尔不在北京而已。"①

文祥在致威妥玛的信中，曾把赫德和李泰国作了比较："从前赫税司署理总税务司，一切谦谨自守，遇事备具申呈；今李前总税务司来京后，口称贵国钦差，向皆与彼平行；此后遇有公事，恭亲王处亦可不用申陈，随用平行书信函递恭亲王。""又查伊所住句栏胡同之屋，本系上年津威税司来京为其购买，计房一百余间，极为宽敞，贵参赞（威妥玛）在京时亦曾去过；乃伊到京以为狭小，口称必须得一府第居住，且指明要肃王府，或分给一半居住；如王府不能让给，即要詹事府衙门居住。又欲将中国各口旧有轮船，归伊一人调拨；上海常胜军，归伊一人支发。其所用办理税务经费，不肯呈报细账。其住京经费，每月索至三千两之多"；"且直言中国之事非挟制不可"。②

他在英国足足住了两年。在这么长的时间中，总税务司署究竟发生了怎样的变化，他几乎一无所知。赫德趁着署理总税务司的机会，极力经营海关，冲淡李泰国在海关的事迹。且看赫德下面这一段记述，就可以获知他在海关的地位已经根深蒂固了，他说："自1861年春季起，海关事务的安排主要由我管理。在一百名现时属于内班方面的人员中，大约只有二十人是最初由李泰国先生任为税务司的，其他的人获得他们的升迁却大多数由于我本人；现在海关服务的其余八十位先生们——除掉三位或四位最初是由费士莱先生暂予提名任用的以外，获得他们首次任用和后来的升迁也都是由于我本人"，由此可以"使你们（海关人员）回忆到我从一开始就怎样亲切地和海关及海关各事相联系，以及我本人是怎样密切地与差不多每一位海关人员的经历有关联"③。显然，由李泰国奠基的海关已经成为赫德的王国了。这就为赫德取代李泰国提供了组织上和人事上的条件。赫德还特地声称："我们（赫和费士莱）所持有的并非李泰国先生的任命书，而是总理各口通商大臣薛焕和华北三口通商大臣崇厚的札文；到了当年6月，总理衙门的首长恭亲王又给我们以正式委派。"④ 这就否认了李泰国在他的任命上的任何关系，这是意味深长的。

---

① 《中华帝国对外关系史》第2卷，附录三，第489页。

② 总理衙门给威妥玛信函。《洋务运动》第2册，第274页。

③ 1869年11月1日总税务司通札，第25号，《总税务司通札》（第1辑1861—1875），第228—229页。

④ 1869年总税务司通札，第25号。

　　赫德和李泰国早在 1861 年初就出现裂痕。1859 年，李泰国任命德都德为江海关税务司时，曾承诺德都德的地位仅次于他自己。当 1861 年德都德因病回英假满将返中国时，他要求和仅次李泰国的赫德的地位相等，否则，拒绝返沪。李泰国劝说赫德接受德都德的要求，并自认对此局面应负责任。他告诉赫德说，这种地位的差别只是形式的，接受这种决定不会有损于他的声望或权力。赫德当时已受总理衙门的信任，并且单独承担了总税务司的职务，因而表示：任何足以引起权力或责任分裂的形式上和技术上的安排，他都坚决反对。他认为不管其形式如何，他本人是对总理衙门唯一负责的人，而且认为这种远离权力中心作出的安排，将不可避免地对行政的顺利运行产生不利的影响。[①]嗣因德都德父亲亡故，其后，妻子临近产期，不得不推迟返沪，最后德都德也死了，这就使这次矛盾避免了爆发。但继起的矛盾在购船问题上发生了。李泰国的购船经费是来自指定的海关并由赫德集中汇给李泰国的。第一次汇款总额 60 万两折成 25 万英镑。这是采用了 3∶1 的名义汇率。李泰国认为当时上海通常的汇率为 3.3∶1，而广州和香港的汇率经常高达 4∶1。李泰国对此颇感不满，竟然写信命令赫德："无论如何，你总可获准在税款到达道台之手以前，先提取一定的百分比，以作舰队维修之用。我建议你立即这样做，而你可能已这样做了。"[②]

　　赫德和李泰国在总税务司的地位问题上，也发生了争论。赫德认为李泰国既已请假在英国，而他则已署理总税务司职务，那么，他就有权处理总税务司的事务，而李泰国则认为赫德不能改变有关海关的根本做法。他说："你在 7 月 15 日来信中问我，照我的看法，你我二人相互地位应如何摆法。照你的意见，我的地位和一位休假中的英国领事的地位相仿，例如巴夏礼。因此在我休假离华期间，我与海关业务并无具体关系，不能颁发任何命令。""我不能完全同意你的意见。照我的看法，我的地位好比一名全权公使而不是一名领事官。相当于休假返国的文翰。而你的地位相当于文翰的临时代理人包令的地位。文翰在离职期间对公使馆的事务仍有一定的管理权，即在总的安排方面有一定的权力；而包令则无权不顾离职首脑的见解与意图，作出任何根本性的改变或新的措施。同样地，虽然我与海关业务并无具体关系，对它也不颁发任何

① 　《李泰国与中英关系》，第 127—128 页。
② 　1862 年 10 月 10 日李泰国致赫德函，附言。《李泰国与中英关系》附件四，第 229 页。

'命令'。但作为其代表或首脑，我仍有一定的管理权——这种管理权是由于我的临时代理人忠于职守而给与我的。" "话要回到你第一次汇款的那封信。我深信你并非有意这样做，但实际上你在该信中却把我们二人的地位倒置了。你把自己视为总税务司，把我视为你的代理人。你要我代替你支取属于中国政府的款项，并把购得的船只的所有权归属于你，我不能接受这种地位。但我向你保证，我从未怀疑你对我的忠诚，虽然我认为你已被胜利冲昏了头脑，以致失去了理智。"①

李泰国这种鲁莽和气势迫人的态度，我们不难想象，赫德将怀着何等难堪的心情？

从这些情况看来，李泰国在海关中不但没有可靠的追随者，甚至在海关内部制造了敌对势力。赫德不但不支持他，甚至企图摆脱他而独立。这股潜在的力量，正在侵蚀着李泰国多年经营的海关基础。由此可见，赫德的取代李泰国，已是必然的趋势了。

李泰国在陷于困境的时候，曾向卜鲁斯求援。卜鲁斯对于李泰国的骄横，也觉不满，不但不给予援助，甚且加以责斥。据威妥玛向李泰国说："虽然他（卜鲁斯）厌恶中国政府，但他认为没有理由在一个完全属于他们自己的问题上，用绝对的口吻对他们发号施令，不论其结果如何。他无任何权力这样做。" "他对你的个人交涉，以辞职相威胁从而迫使他们陷入困境，倒寄予较大的希望。"② 卜鲁斯在致函罗素时，不能不谴责李泰国的作为，"他们（总理衙门大臣）把他（李）看作一个为特殊任务而派的代表，他的权力只限于购置船只和招募人员将船只驶回。"他补充说："我不承认充任中国代表的一个人，可以越权行事；如有故违，那么就应该由他自己负责，自行承担其后果。"③

尽管卜鲁斯对李泰国的行径表示不满，但他却同意阿思本水师船队的解散。总理衙门害怕掌握船队的英国官兵在中国滋事，趁势表示同意，并致谢意，对于所募英国官兵，还给以厚赏。恭亲王在复卜鲁斯照会中声称："今阿总兵欲将所募兵弁遣散回国，本爵深谢贵国派给修好各船之睦意，特遣官兵驶

---

① 1862 年 10 月 10 日李泰国致赫德函。《李泰国与中国海关》附件四，第 225—226 页。
② 1863 年 6 月 23 日威妥玛致李泰国函。《李泰国与中英关系》附件七，第 238—239 页。
③ 1863 年 11 月 27 日卜鲁斯致罗素函，引自《中国关税沿革史》，第 158 页。

来中国；并谢阿总兵劳心费力"，自动提出发给阿思本和各武弁、兵丁、水手各人来往薪俸和杂项费用到回英之日为止，"另送阿总兵一万两，以酬其劳"。至于清政府购买船炮军械的费用，"请贵大臣代立善法，裨得交还中国，以清朝廷库款是荷"①。

1863年11月16日恭亲王上奏："今曾国藩既有早为疏远之议，而曾国荃又有不借彼攻战之语，是与其贻患于将来，不若请裁于此日。"② 决定解散船队，并由卜鲁斯把轮船变价之款计21.3万两归还。

至于李泰国，"办事刁诈，以致虚靡钜款，实难姑容。现由臣等将其革退，不准经理税务。该夷狡狯异常，中外皆知，屡欲去之而不能；今因办船贻误，正可借此驱逐"。"其总税务司一缺，即由赫德办理。"同治二年十月初六日（1863年11月16日）上谕批准把李泰国革退，派赫德继任总税务司。③

轮船价款虽由卜鲁斯变价归还，但洋员工役薪工、旅费、赏金等费用，完全付诸东流。据葛松的估计，清政府的损失不下于20万余英镑。④ 李泰国所得总计4.2万两，按名义汇率计算为1.4万英镑。⑤

水师船队解散问题，是19世纪大英帝国对弱小中国赤裸裸的掠夺，其理至明，而恭亲王等在大英帝国当前表现得如此软弱，实足令人惊讶！

与李泰国革职同时，总理衙门致函卜鲁斯，以"赫总税务司亦系贵国之人，向为商民所悦服。此后中外交涉事件，当更易办理也"。所以总税务司一缺，"本衙门已另派赫税司管理"。⑥ 1863年11月15日，恭亲王向赫德颁发札谕。札谕全文如下：

> "李泰国业已开去总税务司职务，并已札饬前往上海，结束未了各事。兹悉赫德自入海关迄至今时，所办各事，诸臻妥协，并具成效，因特札派为总税务司。该总税务司应驻上海，办理各项事务；如有要事，一如既往，于必要时请准来京熟筹。
>
> 该总税务司得视情形，将南北洋沿海日常发生事件，呈报通商大

---

① 恭亲王给英国照会。《洋务运动》第2册，第263页。
② 同治二年十月初六日恭亲王奏折。《筹办夷务始末》（同治朝），卷21。
③ 同治二年十月初六日寄谕。《筹办夷务始末》（同治朝），卷21。
④ 《李泰国与中英关系》，第186页。
⑤ 《李泰国与中英关系》，第186页。
⑥ 给英国威妥玛信函。《洋务运动》第2册，第272页。

臣李鸿章、崇厚，并候指示。至长江各口，酌情办理。

前总税务司李泰国已限四个月内将一切事务移交该总税务司，慎
审清结所有收支账目，连同全部应行退还款项，一并移交该总税务
司……

该总税务司谨慎圆通，并富经验，向为中外所共知，应更勤慎，
借证委派现职之切当。"①

1863 年 11 月 29 日一早，赫德在上海记载接到这个札谕的情况："今晨我
正坐下吃早餐，忽接道台的名刺，他给我转来了总理衙门的公函，信封上写着
致'总税务司'……打开公函，第一件是卜鲁斯爵士的信，劝我接受总税务
司一职，并保证我能得到各国公使的支持；第二件是柏卓安的长信，证明北京
方面对我的深切信任；第三件是总办庆、夏、车、辛等几位的汉文长信，写得
极端华丽，非常悦人；第四件是总理衙门的公函，其中任命我为总税务司
等等。"②

在此之前两天（11 月 27 日），当赫德接得李泰国便函，告知他被委派为
总税务司时，他写道："登上了顶峰，非常高兴，但是我还面临着重重困难。"
他正是以这种心情踏上他的第二阶段征途。这是他创建大英帝国半殖民地事业
的开端，也是海关进入发展的阶段。

第五节　全国形势的转变和总税务司奉命迁驻北京

1865 年，太平军余部在广东最后失败了，绵亘 15 年的长期内战开始进入
低潮。清朝统治从垂危中获得了拯救，清政府在列强扶植之下开始重建统治
秩序。

在重建统治秩序中面临着一大堆复杂的国内、国际问题。在西方列强强烈
要求中国进一步开放的情况下，清朝统治者最感棘手的是关于国际问题的处
理。总税务司赫德以往在这方面提供的服务，总理衙门认为是最难得的服务，
也是迫切需要的服务。1865 年，转眼将届修约年头，总理衙门亟望在外交上
有一个突破，以期避免列强扩大特权的勒索；海关违章处分的中外会讯问题，

① 《中国近代海关历史文件汇编》第 6 卷，第 143—144 页。
② 《赫德日记》 1863 年 11 月 29 日。

外国掠卖华工问题等，都要求及时解决。这些都亟待总税务司能够就近提供咨询和辅弼。赫德不但乐于指导辅弼，而且渴望实现他胸怀的庞大计划。他管理中国海关，完全是遵循额尔金和卜鲁斯一贯的方针，那就是把海关办成扶植、强化、改造清朝统治的动力机构，以维护中英关系，从而维护、扩展英国的在华利益。简单地说，就是把海关办成英国对华关系的基石。要实现这个庞大的设想，非得和清政府中枢的权力机构密切结合，因此，当 1865 年九十月间总税务司在北京和总理衙门研讨中外会讯、华工出国等问题时，他便产生了这样的想法："说实在的，我想我最好还是下定决心继续留在这里好。我可以使他们（总理衙门）摆脱不少困难，只要他们在任何情况下推心置腹的话。"这说明赫德原就有意留在北京，以指导总理衙门的事务。①

1865 年秋，总税务司到北京，由于文祥暂时出缺，公函又需要准确翻译，还有中外会讯、华工出国等问题，他一直被留在北京。据《赫德日记》编者记述，10 月 28 日，总理衙门"决定他（赫德）应把北京作为他的总部，并得到亲王一意认可"。总税务司也写道："他们（总理衙门）现在对我和我的待人处世方式已经有了两年的经验，他们已经命令我……长住在这里！"② 而且"无论如何从今冬开始。因为他们希望在使中国人成为洋式船舶所有主方面以及在筹备明年向外国派遣一个或几个使团方面得到帮助"。③

总理衙门因各国公使的劝告，曾于任命总税务司赫德的札谕中要赫德仍驻上海，有事时才请准来京熟筹。现在事隔两年，总理衙门又转而命令总税务司迁驻北京，而各国公使也表示同意。据总税务司自述，威妥玛告诉他："所有公使馆对我（赫德自称）都抱着同样好感，他（威）认为我可以在此长住，完全不会危及任何有关利益方面。"④

这样，从 1865 年冬天起，总税务司便迁驻北京，而原在上海的总税务司署也跟着迁往北京了。

在北京，总税务司"经常与总理衙门，并且间接地和恭亲王保持密切接触。他可以尽量利用他作为受到信任的顾问的身份而从中得到最大的好处。他

① 《赫德日记》，译稿，跋，第 740—741 页。
② 《赫德日记》，译稿，跋，第 741—742 页。
③ 1865 年 10 月 27 日威妥玛致外交大臣罗素机密函。司马富：《赫德与中国早期近代化》，见《近代史研究》1989 年第 6 期。
④ 《赫德日记》，第 741 页。

一向对他的中国雇主的心情和需要至为敏感。这样，他就能够推动那些他认为
有关键作用的计划（如同文馆之类），或者减轻一切压力等待时机，或者可作
长远打算播下某一想法的种子——聆听，吸取，作出反应"。① 所以，从此以
后，他的日记经常是以下列词句作为开端："今天去总理衙门"，"整个下午均
在总理衙门"；"去总理衙门，见到恭亲王也在那里"，"昨天在总理衙门进早
餐"，"一点钟时被召去总理衙门。"

由此可见，总税务司迁京以后，和总理衙门进一步结合起来了。这种结合
标志着清政府在英国支持下重建统治秩序的开始，也象征着英国对华关系基石
的建立和总税务司在中国建立大英帝国半殖民地事业的嚆矢。所以《步入中
国仕途——1854 至 1863 年赫德日记》的编者以"赫德与十九世纪六十年代的
中英新秩序"为题，把总税务司赫德看作是"在这个新秩序中形成为中心人
物的特殊角色"。

当时清政府的当权人物是恭亲王，他 31 岁，是个锐意变革的青年。赫德
小恭亲王 3 岁，28 岁，对于清政府存在的问题，相当敏感，对清政府的变革，
也具有同感。他们各自怀着不同的目的，朝着重建清朝统治秩序的方向而紧密
地结合起来，在同治中兴及其嗣后多年中开展了一系列的改革。

当时所谓改革，就是引进西方资本主义新事物，改造清政府，强化清朝统
治。恭亲王怀着这种改革的热切愿望，而赫德则作为启导者从中诱导。赫德自
述道："从我 1861 年首次到北京以来，就一直在劝说总理衙门向着西方所理解
的'进步'的方向前进。"② 赫德在同治中兴的改革中确实充当了独特的角色。

---

① 《赫德日记》，编者的叙述，第 742 页。
② ［英］赫德:《中国事件纪略》，载于 1869 年《上海记事报》增刊。

第六章

近代中国海关的异态

第一节　特异的中国海关及其"国际性"

　　海关是一个国家对输出入国境货物的监督管理和征收关税的行政机关。它设在开放口岸，把守着经济大门，捍卫着民族经济利益。它具有强烈的民族性，是保卫民族经济的有效工具。

　　近代的中国海关，是在列强争夺中国权益、中国民族藩篱被冲破的半殖民地时代产生的，它是根据不平等条约的规定而设置的。因此，它不是为了捍卫中国的民族经济，而是为了便利列强的对华经济侵略。这就使它难免带着半殖民地的烙印，且有不同于一般国家海关的特点。这些不同的特点，总税务司赫德曾作过概括的表述。他说："由于它（海关）的国际性的组织，它的治外法权化的成分和它的奇特的国际职责"，"它一开头就是中国外交部（总理衙门）必然的附属部门"，因此，"海关是这样一个非正常（abnormal）的机构。"[①]赫德所说的"非正常"，就是畸形的、异态的机构。

　　近代中国海关是以外籍税务司制度为核心。列强要求海关按照条约规定的贸易方式和贸易方向而进行管理。赫德在 1864 年根据英国公使卜鲁斯的建议撰写了一个递送英国议会的文件，即《关于中国洋关创办问题备忘录》[②]。《备忘录》毫不隐讳地阐述了这一点。他首先从列强和清政府签订的条约谈起。

---

① 1906 年 10 月 21 日赫德致塞西尔·克莱门特史密斯函。《中国近代海关历史文件汇编》第 7 卷，第 208 页。

② 英国议会档案：《中国问题》 1865 年第 1 号，全文载《中国近代海关历史文件汇编》第 6 卷，第 172—194 页。

他说："列强和中国签订的条约是在强制之下进行的。这些条约，无论有多大的相互利益，总是制定者从外国立场出发强迫签订的。因此，极端重视的是要求外部〔国〕贸易的发展，而不是首先发挥中国内部的潜在能力。""为使中国人按照条约规定强加于他们的贸易方向行动，没有这样一种税务司制度将显得更加混乱。"所以，"按照各项条约，并考虑到条约规定的贸易前途，一个诚实的税收行政是件首要的事情"。

　　不但如此，英国还有更进一步的企图。早在外籍税务监督制度时候，额尔金就意识到，从战争获得的条约特权能否履行，表示怀疑。还有，用不断战争的手段来强制中国作出特权的让与，也不是长远的办法。因此，他和他的弟弟卜鲁斯一直设想找到一种更好的解决办法。他们从外籍税务监督制度的实践中，发现"外国成分和中国官员"相结合这种结构，可以培植海关洋员和中国官员的关系，从而影响清政府的方针政策，并用西方资本主义的办法，改造清政府，强化清朝统治，建立起中英的牢固关系。这样，清朝的统治利益和英国的利益就结合起来，从而保障了英国的在华利益。因此，他们千方百计地利用外籍税务司制度把海关建成英国对华关系的基石。

　　综观以上所述，近代中国的海关是"为使中国人按照条约规定强加于他们的贸易方向行动"，也就是按照条约规定的贸易方式进行贸易。这是新关所追求的目标。这个目标"极端重要的是要求外部（国）贸易的发展"，它是为"外部"利益而服务的。

　　英国对于中国海关追求的更远大的目标，就是把它办成对华关系的基石，从而保障英国的在华利益。

　　近代中国海关是沿着这两个方面发展的。这样的海关和一般国家为捍卫本国经济利益而设立的海关有着本质上的不同。这是一种变态的海关，也是畸形的海关。

　　近代中国是列强争夺的半殖民地。各国在掠夺中国权益方面，虽然是一致的，但它们总是同床异梦，谁都想在中国夺取更多更大的权益。于是，形成了你争我夺、尔虞我诈的错综复杂局面。在这种局面之下，谁想独占一项中国的权益，都会引起尖锐的斗争。由于列强在中国的势力不平衡，所以争得的权益各有不同。英国是老牌的侵华国家，它的势力一直占据优势地位。因此，这种争夺局面受着英国势力的制约。这是列强在近代中国斗争形势的特点。这个特点反映到中国海关，就是那些和中国发生缔约关系的国家，都要求分享管理海关的权益，而在中国占据优势地位的英国，要求享有最大的一份。这就使中国海关成为英国控制下的国际官厅。

早在 1854 年 6 月，英、法、美三国为了确保在华长远的商业利益暂时凑合起来，由英、美、法三国驻沪领事提名的三个税务监督组成的税务管理委员会接管了江海关的夷税征收权。这样，江海关便成为最早的国际官厅。

由于英国和中国打交道最久，势力最大，所以这个国际官厅，一开始就为英国税务监督威妥玛，特别是继任的李泰国所控制。

1858 年，通过中英、中法、中美《通商章程善后条约》的规定，海关外籍税务监督制度演变为外籍税务司制度，废止了领事的提名，改由清政府"邀请"有约国人员"帮办税务"，并把这种制度推行到各口。两江总督兼各口通商大臣何桂清据以任命英国税务监督李泰国为总管各口海关的总税务司。

1859 年 10 月，李泰国应广州官员的邀请到广州开办粤海新关。李泰国任命费士莱、赫德、孖地臣为新关正副税务司，这三人都是英国人。美国驻黄埔领事裨理以海关人员都由英人包办，海关新章程没有咨询过他，拒绝承认这个新的机构。

美国公使华约翰为此专函何桂清。函称："今税关既用外国人，抑于帮助征收稍经外国人沾涉，则凡一切章程条款，均应由美国驻中华大臣、领事等官允许，方可施行。又各港中凡有外国人在税关内，极少亦应用美国一人，更须将其名送达美国大臣等官宪允许；至司税之员，极少亦须三分之一是美国人。纵使两港用外国人，其中之一司税必是美国人，仍须将名字送达美国官宪允许。""并请早日行文广东，庶免酿成意外事端也。"[1]

何桂清根据《通商章程善后条约》关于中国邀请外国人帮办税务，"毋庸外国官指荐干预"的规定，复称"帮办税务之外国人，惟择其才堪胜任而已，去留悉凭中国官自理，亦未便限定某国几人。即各口所定收税章程，乃监督办法章程，而非帮办外国人所能擅专也"。最后只称："现经本大臣移咨粤海关监督，现议各条有何不洽商情之事，及可否添延美国人帮办之处，即日查复。"[2]

美国国务卿凯斯出而支持华约翰的要求："除非所有各关系国都在其中获

① 1859 年 11 月何桂清复华约翰照会（抄件）。《吴煦档案选编》第 4 辑，第 354 页。

② 何桂清复华约翰照会（抄件）。《吴煦档案选编》第 4 辑，第 354—355 页。

有公平的代表权，并且在章程方面受到适当的咨询，这个机构绝不能顺利地圆满地推动。"①

卜鲁斯早已看清了这种复杂局面，劝告李泰国不要过分包办这个新机构。他指出："参用一二个办事效率较差的别国人，比惹起各国的猜忌好得多"；并认为"海关的继续存在，很大程度上有赖于各国的乐许"。② 结果，李泰国不能不在粤海关安置美国人吉罗福为代理税务司，而在潮海关安置华约翰之弟华为士为税务司。华约翰对此才感满意。他致书卜鲁斯说："我愉快地告诉你，正如你所说的，李泰国以合作的精神与我会晤，所有困难均已迎刃而解……如果我能留在中国，我将感到满意与愉快。在执行你的政策中，尽我的力量与你通力合作……"③ 威妥玛给卜鲁斯的报告也说："李泰国为了清除任何嫉妒之心，已派美国人吉罗福（Grover）为广州海关税务司。原先，华若翰曾力荐亨特（Hunter），但李泰国对任何公使提出的人选表示异议，结果华若翰让步，承认他无权干涉，并说选用关员之事必须完全由李泰国作决定。"④ 这个事件至此才告平息。

从这一事件可以看出，在中国，英国要独占海关的权益是不可能的。但英国在海关的优势却在默默发展着。

美国继任公使蒲安臣看到英国在海关拥有的权力，未免眼红。他曾说："如果有一个〔美国〕译员学校，我们〔在海关〕就会比现在更有影响了。"英国处于当权地位，当然意识到问题的复杂性，所以卜鲁斯向蒲安臣作出如下的解释："情况超出了意图，看来英国似乎是控制了通商口岸。这首先是因为英国的贸易很大。此外，从和东方长期的联系中，它的许多国民学得汉语知识。因此，当需要人员时，那些最合格的人便被挑选，这是很自然的。"他说：海关应是放在世界化、也就是国际性的基础上。但是要把许多代表不同利益同床异梦的人员熔为一炉，确实是件非常困难的事。正如高柳松一郎所说："协调各国人之分配及关务之便利进行，此则总税务司煞费苦心之职务也。"⑤ 尽管如此，赫德看到这个问题没有妥善解决，必将引起各国的猜忌，争夺海关

---

① 引自 1860 年 2 月 13 日英国驻华盛顿大使李昂斯致罗素第 54 号函。《中国关税沿革史》，第 143 页。

② 《中国关税沿革史》，第 143 页。

③ 1859 年 12 月 5 日华约翰致卜鲁斯私函。《李泰国与中英关系》，第 101 页。

④ 1859 年 12 月 6 日卜鲁斯致罗素函。《李泰国与中英关系》，第 102 页。

⑤ 〔日〕高柳松一郎著，李达译：《中国关税制度论》第 3 编，商务印书馆 1927 年版，第 420 页。

权力，影响新生的海关的稳定。因此，他决定："将作出一种合理尝试，〔让海关〕代表主要的缔约国。"① 这样，他在安排负责关员时，把人员的国籍作为一个重要的遴选条件。他说：海关"要依靠它能够达成那样彻底地世界化而足以使各国对它抱有好感，因而防止进行干涉而中断它的生存"，这就必须在各级人员当中混合各种不同国籍的人而使大家都可以接受。因此，在海关创立的头十年，"个人的效率，特有的才能和国籍，是遴选人员首先考虑的条件"②；又说："在人员的遴选方面，我将坚持按照海关最近五年（即建关初期）实行的原则，就是：只要能够保证个人的适当性，正当需要他们的时候，我将不分国籍地雇佣他们。我的目的不在于准确地按数字比例分配，或者企图为每一口岸提供每一个缔约国的代表。这个机构在它的一般构成方面，将仍然是国际性的。"他认为"这个机关向所有国家公开的事实，在公正管理方面，对每一个国家的利益将是一种充分的保证"③。

为了保证海关内部的一致和总税务司对各国洋员的统一指挥，他要求"所有海关洋员无论如何都不和他们自己的政府发生关系"。④ 这当然只能是不发生组织上的关系，至于个人的国家观念和民族意识，这是谁也泯灭不了的。因此，总税务司告诫洋员们要"回避带有国家色彩的言辞"，或者"势必导致公众或个人作为中国的外国雇员，由于不适当期望增进一个国家的利益，而反对或妨碍其他国家利益的任何行动"。⑤

根据这个所谓国际性的原则，赫德主动向有关国家的外交使节，要求遣派其本国人员参加海关工作。他于 1864 年 7 月致函蒲安臣，"在一个像我们这样性质是国际性的，又和这么多不同国家的人员一起办理业务的机构中，期望美国会在人数上强烈地表现出来，这是自然的。可惜我发现在中国为我们的海关招募〔美国〕人是完全不可能的。"因此，"如果你能够为我在美国物色三个年轻人士，年龄从 18 岁到 22 岁，接受大学教育，我认为这是个很大的帮忙。我所希望的至少是具有十足的中等才干，相当的社会地位和有勤劳习惯的人。"蒲安臣据此要求，致函国务卿西华德说："我将尽可能多地把年轻的美

① 1867 年 3 月 16 日赫德：《沿海灯塔备忘录》，《中国近代海关历史文件汇编》第 1 卷，第 201 页。
② 1869 年 11 月 1 日总税务司通札第 25 号。《总税务司通札》（第 1 辑 1861—1875），第 229 页。
③ 1867 年 3 月 16 日赫德：《沿海灯塔备忘录》，《中国近代海关历史文件汇编》第 1 卷，第 201 页。
④ 1863 年 10 月 14 日卫廉士致国务卿第 10 号函。《中国近代海关历史文件汇编》第 7 卷，第 83 页。
⑤ 1869 年 11 月 1 日总税务司通札第 25 号。《总税务司通札》（第 1 辑 1861—1875），第 229 页。

国人搞进中国文官机构。"他要求国务卿能从耶鲁或哈佛大学毕业生中挑选在各方面都能够是最好典型的青年，"他们将和那些经过极其严格甄别考试的英国行政机关所选拔的毕业于剑桥和牛津的青年直接匹敌"。蒲安臣也"极力争取逐渐地把这个机关（海关）如此地国际化，借使各缔约国都感到它们是为它里面的成员所代表"。结果美国为海关输送了3名青年。①

蒲安臣对赫德这个行动极感满意。他说：赫德"是一个品格极好、具有非凡的行政管理才干的人。他选拔的人，尽可能是第一流人才。如果他继续居于海关负责的地位，我认为中国政府会使其国家以海关人员的身份做它的后盾"②。

德国当时和中国的关系日趋密切，因为这个"'中国皇家'的机构可以影响北京政府的决策，而他们在海关的代表也有种种可能来便利它们本国的商业"，所以在稍后的1869年要求海关分配给它高级人员的名额。总税务司"欣然表示添用不少于10名的德国人，因而在当年年中，在海关高级职位上有4名，在低级职位上有6至8名的德国人在工作。因此，在海关职员人数上德国仅次于英国。几个月以后，北德联盟首相办公室又为海关派出5名年轻的德国人，其中甚至有一名是财政部的助理，而且每一个大国都能继续努力使它本国的公民在中国海关的关员中尽可能占得高的地位"。③ 因为总税务司满足了德国的要求，所以直到40年后，德国首相布洛夫还赞扬他是"大公无私地对我们的经济利益予以公平的考虑"的负责人，他还表示同意赫德"长久留在他的职位上"。④

海关"国际化"的工作在赫德实授总税务司之后便迅速完成。美国公使卫廉士于1865年10月14日向国务卿西华德呈称："71个钤字手和验货以上等级的雇员，英国人有46人、美国人9人、法国人9人、德国人5人、丹麦人和瑞士人各1人，分配在14个口岸。去年，9人辞职或死亡或被解职。明年，希望有7人以上来自法国、西班牙、俄罗斯和英国。""当15个口岸开辟

① 1864年7月5日蒲安臣致西华德第88号函及附件。《中国近代海关历史文件汇编》第7卷，第81—83页。
② 1864年7月5日蒲安臣致西华德第88号函及附件。《中国近代海关历史文件汇编》第7卷，第81—83页。
③ 〔德〕施丢克尔著，乔松译：《十九世纪的德国与中国》，三联书店1963年版，第71页。
④ 孙瑞芹译：《德国外交文件有关中国交涉史料选译》第2卷，商务印书馆1960年版，第231页。

时，大约要提供 90 个税务司和供事的雇用，要求他们最后能说和写汉语汉文。这个安排包括税务司 15 人、头等供事 5 人，和其他四级供事等，每等各是 10、15、30 和 15 人。他们都有按其品格、条件和供职时间提升的前景。"①

中国海关的"国际化"，把海关紧紧地和列强利益联系在一起，这就得到各国的支持，加强了外籍税务司制度，强化了海关。

中国海关虽然沦为国际机构，但是我们不应忘记它是在英国势力控制之下的。海关洋员以英国占绝大多数。以 1872 年来说，内班洋员 93 人，英国就占 58 人，法国只有 12 人，德国 11 人，美国 8 人，其他国籍 4 人。② 海关的重要职位大多为英国人所占有。

特别是海关的最高负责人——总税务司一直为英国人所包办。在江海关监督时期，第一、二任的税务监督威妥玛、李泰国都是英国人，而且居于当权地位。英国人赫德，担任总税务司达 50 年。他们 3 人都是英国驻上海、宁波、广州领事馆的高级官员，都是由英国领事馆或公使馆力荐的。总税务司是"中国政府的负责代理人"，"是惟一有权将人员予以录用或革职、升级或降级，或从一地调往他地者"。③ 他是全国海关的最高领导人，他的领导权力是各国行政机关的行政长官不能比拟的。所以中国海关是在英国控制下的"国际官厅"。

第二节　洋员对华员的绝对统治和关员特殊化

近代中国海关沦为国际官厅，列强为了保障国际利益，实行洋员对华员的绝对统治，以便垄断海关管理权。阿礼国早就肯定"中国人不可能办好海关已为十年经验所证明"，他以此为理由而夺取江海关管理权。

李泰国受命为总税务司时仿照英国领事馆用人办法，即所有高级的、重要的职位，一律任用英国人，而职别低、非重要的职位才雇用华人。这是海关洋员对华员统治实践的开始。

赫德继任总税务司之后，更是殚精竭虑地制定种种规章制度，以巩固洋员

---

① 1865 年 10 月 14 日卫廉士致国务卿第 10 号函。《中国近代海关历史文件汇编》第 7 卷，第 82 页。

② 参阅 1872 年的《新关题名录》，总税务司署造册处编印。

③ 1864 年 6 月 21 日总税务司通札第 8 号。《总税务司通札》（第 1 辑 1861—1875），第 540 页。

对华员的统治。总税务司在《关于中国洋关创办问题备忘录》中和阿礼国一样认为中国海关"不帮助，中国人就不会诚实地按照税则征收关税，而在征收的欺诈中，必然带来了错误和混乱……其结果将是税收的损失和不便。这些，在中饱关税极其严重的情况下是无法补救的。"正因如此，他认为必须采用外籍税务司的管理办法。

基于上述理由，总税务司设置的统辖全国海关的总税务司署所有官员，从总税务司到文案税务司，甚至连煤气营造师，一律任用洋员，无一华人。如1870年总税务司署的官员共15人，其中英国11人，法国2人，美国1人，德国1人，华人全被排斥在外。这种情况，一直没有改变过。

各口税务司署（即各口海关）都是厉行洋员对华员的统治。撰写《中国海关制度沿革》的杨德森考察了洋员对华员统治的历史时说："洋员在海关服务本为帮办性质，处于客卿地位。今尽占高级，各职华员仅任中下阶级助员，以听外员指挥，无升任正付税务司及其他主任职。自有总税务司六十七年来，华员中仅张玉堂一人，被任西藏亚东代理税务司，且非参与征税事务，并为极短期间。此外上海造册处有华襄办秘书一缺，但几为署缺，仅丁艋仙一人服务年满，休致以前，享有两月之实缺头衔而已。"① 这里所说的张玉堂即张福建，其出任代理税务司还是在税务处成立之后的1907年。那时，清政府鉴于海关权势过大，大有尾大不掉之势，已有逐渐收回海关主权的意图。在这种形势下，总税务司不能不任用张玉堂，作为虚饰。

海关华员约六倍至七倍于洋员，但内班华员只能担任办事员一类的供事，外班再高也不超过验货。多数华员都是担任低微工作如听差、轿夫、更夫、匠人、杂人等，没有超过供事的。

洋员来自外国，远涉重洋，要有较高待遇，这是无可非议的，但是有些生活待遇的悬殊，极不合理。如高级洋员发给房租，租金之巨，竟可抵华员三四人的薪俸；一个新升税务司，除旧有家具之外，另给家具费达1,000两，即署理税务司也给300两。通札1869年第25号虽称"加薪一事可以被认作是有确切的时期"，但据早期《新关题名录》的记载：担任文案（书手）、书办的低级华员，绝大多数5年之间不曾增加一文薪俸。我们曾就1876—1881年5年间87个文案和书办的加薪情况加以考察：这87人5年中获得提升的只有36

① 《中国海关制度沿革》，第100页。

人，其余 51 人不曾加过一文薪。有许多 1862 年进关的，工作了 19 年，薪俸也只 20 两、30 两，而秦少卿进关 20 年，仅有 14 两而已。①

总税务司对于中国的民族性虽然没有作过公开恶评，但从他对待华员的一贯态度，可以看出他是把中国民族作为劣等民族看待的，这可以从他处理通事一级的华员的情况看出来。

在总税务司制定《海关管理章程》之前，对于是否培养通事一级的华员担任海关官员的问题作过很多考虑。他认为，"经验证明，怀着从通事一级中补充官员的希望，到目前为止，已经没有什么根据了。没有一个通事显得兼备各种必要的品质；而且，一般说来，较高级的官员已经证明通事是不足信任的，这就在本质上不利于他们获得信任的地位，尽管他们有适于填补官员的能力和经验"。

但是"导致继续任用通事的原因有三个：一、洋员不能讲汉语，特别是不能讲当地的方言；二、把不重要的抄写工作给支取较低薪俸的中国人去做，节约了海关经费；三、希望在通事一级中为中国公务机关的税收部门及时物色到能干的和可靠的本国（中国）官员"，因此，"我们必须力图争取机会培养一班管理税务的中国人"。关于最后一点，总税务司特别加以申述，他说："在半个世纪中，中国大概需要外国人在我们现在所担任的职位上服务；但是期望这种情况永远持续下去，将是荒谬的。可以肯定认为我们的接班人，或远或近，或迟或早，都将依次为本（中）国人所取代。由于这种在望的前景，我开始抱着这种想法，就是我们对中国政府和各缔约国负有尽我们所能的培养一批适于继承我们的中国人的义务。""还必须作出一种尝试，使他们更加适合于他们可能担任的职位；作为国际的代理人，通过指引他们增进他们外国语言的熟悉。"②

从这个通札的精神看来，海关所以要使用中国通事，从前景看，是为海关培养"国际代理人"，使洋员有朝一夕退出海关时，海关仍能履行国际代理人的职责。正因如此，所以在 1869 年公布的《中国海关管理章程》中仍列进了通事等级。

① 以上资料引自《新关题名录》，1876—1881 年。
② 全文刊载于 1868 年 5 月 15 日总税务司通札第 12 号。《总税务司通札》（第 1 辑 1861—1875），第 143—146 页。

　　1870年，总税务司发现了北方口岸的通事和书办在皮张和医药方面，"按照他们自己和商人之间的商定，以较低的价值发给海关单据。这样，商人只交纳了他们的货物应纳的百分之五十，……为自己留下了百分之十到二十，而付给书办和通事百分之三十到四十，作为他们为了商人利益而弄虚作假的报酬"。"同样类似的不法行为也可能存在于其他口岸。"因此，总税务司对各关税务司作出指示："如果华员的工作是靠不住的，……由洋供事去检查和核证此项工作。没有你们（税务司）自己的签名或者内班洋员的草签，你不应让任何证件离开你的公事房。本总税务司现在要求你以此作为今后规定，而且要求你特别注意鉴定一切种类的海关便单和准单。"[①]

　　到了1875年12月，总税务司索性以第46号通札通饬各关把通事一级取消，而代以供事（税务员）。在1875年的《新关题名录》便没有通事的记载了。从此，华员在海关中断丧了提升高级官员的希望了。

　　近代中国的通事和公行时代的通事有一定的关联，他们沿袭着贪污舞弊的恶习。他们的社会关系复杂，易于和外商与地方上不法分子通同作弊，这是事实。我国第一个留美学生容闳回国后曾任李泰国手下的通事。他曾说过："盖此间有恶习，中国船上商人，海关中通事，咸通声色，狼狈为奸，以图中饱。予既知此，乃深恶其卑鄙，不屑为伍，以自污名誉，乃决意辞退。"[②] 因此，我们毋庸为其劣迹辩护。

　　但是总税务司以一小撮通事的舞弊行为，作为整个华员的通病，不再重用华员，这是总税务司把中国民族视为劣等民族的思想的体现。正是从这一观点出发，所以他实行的洋员对华员的统治是一种民族歧视的殖民统治。这就把总税务司通札中所说的洋员应把中国官民看作"兄弟辈"，要待以"礼貌"等饰词全部揭穿了。这种统治连维护英国利益的《泰晤士报》的有名记者英理循也认为"海关专制式管理是种族主义的，海关内班没有一个中国人获得重要地位"，这是"极不公正的"。[③] 日本学者高柳松一郎也说："华人居本国行政机关，而如此受差别之待遇，仰外人之指挥，实可谓矛盾之至！"[④] 近人杨德

---

①　1870年11月4日总税务司通札第9号。《总税务司通札》（第1辑 1861—1875），第285页。

②　容闳著，徐石译：《西学东渐记》，商务印书馆1934年版，第40—41页。

③　1911年5月19日致布拉姆函。［澳］骆惠敏编，陈泽宪译：《清末民初政情内幕》下卷，知识出版社1986年版，第730—731页。

④　《中国关税制度论》第3编，第44页。

森不禁慨叹："世界各国聘用客卿以备咨询者有之，但未能如中国海关之喧宾夺主之如此者也。"①

海关洋员是外国人，他们是总税务司所说的"治外法权化的成分"，所以他们不受中国法律的管辖。总税务司曾就海关监督与税务司过犯的惩罚作过比较。他说：海关监督有什么过犯，要受斥责、惩罚，甚至处死，但是税务司只受撤职而已，不受中国法律惩办。《新关内班诚程》"帮办"条载有"帮办牵涉辞任候结"的规定："凡帮办遇有毙人命、伤人身之事"，"应立报知税务司，并立辞职任，嗣后由该国领事官照例为之办理完案。"② 作为中国行政机关的海关，作为中国官员的洋员，竟然不受中国法律的管辖，岂非怪事！

这种特殊化也影响到华员，中国官府逮捕华员或为被告或为证人而被传时，须先得外籍税务司的认可，和被雇于外国公使馆、领事馆的华人一样。

列强借口海关的"国际性"，所以把它看作是"中立性"的机构。于是在中国和其他国家发生冲突或战争时，它们就利用"中立"的幌子，留用和中国敌对国家的洋员，继续把持海关行政。当1860年英法联军进攻大沽、北京的时候，海关"当时的小小员司采取的态度就发生了。各公使作出了决定：不但认为撤退是不必要的，也是不适当的。而且认为在我们的岗位上继续执行职务，对中国和各缔约国将是最好的服务"。这样做，"不仅不背离各自的政府（英国和法国），而且也是各国政府所要求的"③。在中法战争时，总税务司也申明法员照常任职。中日甲午战争时，总税务司通饬各洋员说："一种战争性质的服役不但不被容许，而且禁止的"；如果从事这种服役的关员，税务司就得把它除名。④ 当中外发生战争时，被称为中国行政机关的海关，竟然可以宣称"中立"，它不但继续留用敌国人员，甚至纵容他们干着种种敌视中国的活动。中国海关这种特异情况，真是令人惊异！

第三节　包罗万象的海关行政

近代中国海关是个包罗万象、庞杂无比的机构。论其职务，有职务内的职

① 《中国海关制度沿革》，第91页。
② 《新关内班诚程》，第42页。
③ 《中国近代海关历史文件汇编》第2卷，第25页。
④ 《中国近代海关历史文件汇编》第2卷，第25页。

务，更多的是职务外的职务；有的是条约赋予的，有的是列强加的，有的是清政府因时势所需而委办的，有许多是总税务司为了某种利益而举办的。至于总税务司以海关的名义、力量而从事的活动，比如大量的外交活动，这是保密的，更不胜枚举。由海关的职务和总税务司各种活动构成的海关行政有如万花筒，层出不穷。海关行政所以出现这种情况，这是海关的特定任务所决定的。英国一向期望把海关办成英国对华关系的基石。为了巩固、扩大这个基石，单单依靠税务一项是远远不够的，它必须在政治、经济、军事、文化各方面开展活动，包揽尽可能包揽的职务，承担尽可能承担的职务，千方百计地增强海关的权力。这样，才能扩大对清政府的影响力。正是基于这一任务，所以总税务司赫德在发给税务司及其属员的早期通札中一再重复："他绝不是采取狭隘的工作职务的观点，凡是促进商业、工业和地方繁荣的事都必须做。"① 他还认为："我所管理的机构虽然叫做海关，但是它的范围是广泛的，它的目的是在最大可能方面为中国做有益的工作。"② 正因如此，海关行政远远超出了海关的职责范围。

海关最基本的职务是征税，所以总税务司要求海关"每一个人应当记得的第一件事"，就是征税工作；"把那项工作做好应该是他们的主要任务"。这不但因为这是中国政府指定做的工作，而且做好了此项工作才能增加税收，为其他工作提供雄厚的经济基础。这是扩大海关权力，巩固对华关系基石的根本要图。

其次一项职务，就是管理海务，也就是管理灯塔、浮标、船舶的停泊等。

这两项职务都是条约的规定。从新关的始建到外籍税务司制度的消失（1949），它们是海关两大骨干的职务，始终不变。

海关的职务随着形势的发展而发展。海关原定是对轮船贸易的征课。近代早期只有外商拥有轮船，所以轮船贸易意味着外商的对华贸易。可是19世纪60年代以后，因为外商在沿海沿江行驶轮船高额利润的刺激，华商也开始自造、置买轮船从事客货的载运。署理总税务司赫德意识到华商轮船贸易发展的必然趋势，一面劝说总理衙门准许华商置建轮船，一面诱使总理衙门把华商的轮船贸易归给海关管理。本来华商贸易是由常关管理的，总理衙门当权大臣文

---

① ［英］ 班思德著，李廷之译：《中国沿海灯塔志》，总税务司署统计科 1933 年印行，第 1 章，第 1 页。
② 赫德致索尔兹伯里函。《中国近代海关历史文件汇编》第 6 卷，第 544 页。

祥因地方官管理的常关腐败，因而有将华商轮船贸易改由海关管理的企图。据威妥玛向外交大臣罗素汇报说：文祥"自然地告诉赫德先生：中国人拥有洋式船只，目前还只能在开放口岸进行贸易。这些船只将置于外籍税务司管理之下。他希望通过这些手段最终地摆脱目前存在的常关。"（威妥玛致罗素第275号函语）到1867年这个由海关管理的华商自置轮船的办法，才由总税务司起草完毕，名为《华商置用火轮夹板管理章程》，并由总理衙门颁布。根据《章程》的规定，华商自置轮船的管理，完全归于海关。这个《章程》在1873年招商局设立后才付诸实施。

海关的征税项目，也不断扩大。早期的征税项目，只有进口正税、出口正税、子口税、复进口半税，后来逐渐扩大到鸦片厘金和粤海常关的常税和厘金，以至抵押英德续借款七处的厘金的征收。

海关的海务职务也不断扩大。在各国争夺各口引水权的情况下，海关争夺到引水管理权，并于1887年制定了《引水章程专条》。尽管这种管辖权没有充分实施，但名义的管辖权却属于海关。

随着轮船航行在沿海沿江的发展而发生检疫问题。检疫和轮船的管理有密切关系，控制了检疫权，在一定程度上也就控制了轮船。1873年，新加坡、暹罗等地发生霍乱，海关首倡对轮船开展检疫，以防传染病的传播。检疫工作开始于1874年。是年，上海颁布了《上海凡各国洋船从有传染病症海口来沪章程》。《章程》规定各国驶沪洋船到吴淞口外，由海关理船厅通知医生前往检查。如发现有患传染病的船只，就得驶回江浮椿外停泊，把患者移置别处，并将船只货物熏洗之后，客货才得上岸。[①] 同年，厦门海关也公布了《厦门口岸保护传染病疫章程》。因为检疫涉及外国船舶，凡是制定章程、封港、停船时日，都得经领事同意。轮船检疫制度就此传入，海关增加了检疫职务。

海关依无领事的缔约国或无约国的商人或船主的请托，得代领事办理他们的通商手续和公证人的职务。这项职务一般叫做准领事职务（Quasi—Conswlar Function），海关译作"权办领事官事"。这是根据条约规定而产生的。中美《天津条约》载："遇有领事等官不在港内，应准大合众国船主、商人托友国领事代为料理；否则，径赴海关呈明，设法妥办"（第十九款）；中法《天津

---

① 1883年10月25日总税务司通札第245号附件。《总税务司通札》（第2辑 1882—1885），第235—238页。

条约》也有类似规定："遇有领事等官不在该口，大法国船主、商人可以相托与国领事代为料理；否则，径赴海关呈明，设法妥办，使该船主、商人得沾章程之利益"（第五款）①。据此规定，一个国家的领事不在时，该国船主和商人得申请海关代为办理条约上最惠国条款享有的一切利益。海关在《新关内班诚程》中亦有"权办领事官事"一条的规定。该条称："设有无领事官国之商人赴尔口贸易，务宜使其与有领事官在者同一沾利益，无所羁绊掣肘，亦须尽心妥筹，使伊等与有领事官在者共遵章程交易。其无和约、无领事官之各国人，于有关税务事之外，复有他类似之一切事务，应凭该口之地方官办理，或凭与彼国为友邦之领事官代理。"② 海关税务司代办的职务，范围很广，大体包括：一、"关于船舶者（例如船舶出入手续、船舶书类、供给海难辨明书之证明、货物交易证或送货单之证明、船员之保证等）"；二、"关于本国商人之利便者（例如关于商品买卖契约及土地家屋之借贷而欲得地方官证明，或欲得旅券之署名，或欲领得子口税三联单，均须有待于税务司之援助等事）"；三、"关于援助船长或商人对华人之诉讼事件者"。③

海关还须会同海关监督处理华工出国事宜。19 世纪 60 年代，列强在中国掠卖华工情事日益严重，总理衙门乃赋予海关总税务司处理华工出国任务。

1864 年 10 月总理衙门以各口招工，办理未能划一，拐卖、诓骗、虐待华工情事不断发生，动辄引起中外交涉。总理衙门对于外事问题，不很了解，因而交给总税务司去处理。总税务司拟定《续定招工章程条约》。其间和各国公使往来照会，亦多由总税务司代拟。《条约》经总理衙门核定后，乃于 1866 年公布施行。

《新关内班诚程》"税务司"条关于海关处理华工出国问题，有如下的规定："凡有蒙该管官允许创设招工出洋公所者，尔（税务司）宜与该口监督会办，务使该公所所立之章程规例所行一切事宜，俱遵照 1866 年《续定招工章程条约》，尔须拣员和中国地面官所派委之员，会同察查。带合同出国之工人，果否深明合同中之词意，且其出洋是否由于自己甘心情愿，于合同内俱宜书名用印，以证明出洋之人，实深悉合同内所载之意，并已允许合同中所言节

① 《中外旧约章汇编》第 1 册，第 93、 105 页。
② 《新关内班诚程》，"税务司"，第 329 页。
③ 《中国关税制度论》第 3 编，第 34 页。

制之各款。尔亦宜严防与中国无和约国之人，决不可使其创招工出洋公所，亦不能使未定和约国之船装载有招工合同之华人，更不可听凭出洋之工人带合同往无和约之国。"①

1860 年清政府对英、法各 800 万两的赔款，英、法要求由海关洋税作抵，并由海关负责清偿，这就为以后的赔款开了先例，海关也就开始沦为列强赔款的出纳机关了。

编制贸易统计，也是海关重要任务之一。中国之有贸易统计，实始于 1859 年海关税务司制度建立之后。当时新关草创，只有少数几个海关的统计，各关自行编印出版，没有全国的对外贸易统计。1865 年，总税务司署迁北京，那时全国海关行政已经统一，乃于 1867 年开始编印全国贸易统计。1875 年后，编印了全国贸易报告。从 1882 年起，贸易统计和报告合并，以全国与分关为单位，分成两册。这些都是年报（Anuual Roport），最为重要。计有《全国贸易及税收辑要》《全国对外贸易及统计辑要》《各关贸易报告》等。此外，还有月报（Monthly Returns），最早刊于 1866 年，名为《各通商口岸贸易月报》，1868 年改为季报。其三为季报（Quarterly Returns），季刊的刊印，可以和月报互相补充。第四为十年报告（Deenial Reports），即海关十年报告，以报告为主，统计为副，开始编印于 1882 年，至 1931 年停刊。

我国海关贸易统计报告册，自 1859 年印行以来，一直编印不停，统计册总在千卷以上。内容丰富，项目齐全，虽然它们是为海关关税征收，为外商对华贸易服务的，却是研究中国经济史唯一可靠、系统的资料，历来受到有关专家的重视。②

总税务司署还设立类似现在出版社的造册处，印行了上述各种贸易报告以及许许多多书籍。这些书刊共分贸易统计类（Returns Trade）、特种类（Special Series）、公务类（Service Series）、官署类（Office Series）和杂项类（Miscellaneous Series）。其书目载于《中国近代海关历史文件汇编》第 7 卷之末。

19 世纪 50 年代以后的数十年间，清政府在内外忧患之中，民穷财尽，各省地方官宪为了应付军费，经常向洋商借款，而以海关税作抵。债票须经税务司签署，才有效力。总税务司乘机要求总理衙门，以后凡各地方的借款，必须

① 《新关内班诚程》，《华人出洋事》，第 30 页。
② 参阅郑友揆：《我国海关贸易统计编制方法及其内容之沿革考》，《中国近代史论丛》第 2 辑第 3 册。

经过谕旨批准，并通知总税务司。总税务司才札行有关税务司对期票或其他文件盖章或副署。通过这个手续，总税务司取得了关税抵押借款的控制权。

从 19 世纪 60 年代开始，由于中外往来日趋密切，清政府不断获得各国参加各种博览会的邀请。博览会当时译为赛会、奇会、衒奇会、衒奇院、衒奇公会。总理衙门当时对于外国博览会情况，无所了解，对于全国商情也了解不多，不能不札行总税务司主办展出事宜。海关有验货一职的官员，对各种商品情况，甚为熟悉，对展品的征集，易于进行。从 1867 年到 1905 年清政府应邀参加的博览会不下 25 次，其中大规模的有 1873 年在奥地利维也纳举办的博览会，1876 年美国在芝加哥举行的建国百周年博览会，1878 年、1899 年法国博览会，1902 年河内博览会，1903 年美国散鲁伊斯城博览会，1905 年比利时黎业斯博览会。此次博览会大为出丑，旅外华侨强烈反对海关主办博览会，才改归农工商部专办，从此海关不再经办了。

海关还举办各种洋务。这些洋务主要是由总税务司提出，经总理衙门首肯的，诸如改造同文馆，派遣斌椿和同文馆学生出国游历，协助处理蒲安臣出使，倡议外国设立外国使领馆，倡议、经办新式海军、邮政，策划开采基隆煤矿等（这些将在总税务司与洋务章详述）。

作为海关首脑的总税务司一系列的业余外交活动，是 19 世纪 70 年代以后数十年间压倒海关一切的活动。这些活动虽然不是一种职务活动，但是关系到整个清政府的政治外交，以至整个中国社会。海关几乎成为"业余外交部"。

总税务司还为总理衙门起草、翻译外交文件，通读和校对条约；海关税务司还充当清政府官员出使外国的随员；参加通商贸易关税的谈判。在晚清时期，总理衙门所有外事工作，几乎都是依靠总税务司去办。

海关作为列强共管的国际机构，它的主要任务是履行条约以及各国赋予的任务。这也就是总税务司赫德所说的负有"国际奇特的职务"。

从以上的叙述，我们可以看出列强极力泯灭海关强烈的民族性，海关无论从组织、人员、职务来说，都是以"国际性"来取代民族性。所以赫德说它是个"非正常"的行政机构，也是个异态、畸形的行政机构。

第七章

海关的行政组织

第一节　总税务司署的设立及其发展

海关是由两个部分组成的：一是分布各口的税务司署，通称为海关，它是海关方针政策的执行机关；一是总税务司署，它是统辖各口海关的领导机关。本节先就总税务司署的组织及其发展问题加以叙述。

总税务司署设立于何时，未见明确记载。根据已有资料，总税务司署的设置不是一蹴而成，而是逐步发展而成的。

李泰国 1859 年 5 月就任总税务司时，新关只有江海一关，没有另行设置一个统辖机构的必要。那时，总税务司没有独立的员司，没有独立的经费，也就不需独立的官署了。吴煦在"派令英人李泰国为海关总税务司"所附的"议单"中指出，李泰国任总税务司的薪俸，"由上海关支给"；又称："本关（上海）税务司及各项办公外国人等，均归李总税务司选用约束。"① 可见李泰国就任之始，薪俸由江海关支给，江海关所用外国人均归李泰国"选用约束"。这说明当时的总税务司还没有独立的官署。及德都德受命为江海关税务司之后，总税务司的职责才和税务司的职责分开来。但李泰国的薪俸仍由江海关支给。可以猜想当时的总税务司是和江海关合署办公的。其后，李泰国受伤。伤愈，又赴广东开办粤海、潮海两关；不久，英法联军进攻北京，李泰国暂时离开海关；之后，又忙于奔跑总税务司的重新任命。这期间，看来李泰国没有时间和心思考虑设置总税务司署问题；而仅有的 3 个海关，两个刚设立，

---

① 1859 年 5 月"吴煦禀送李泰国会议海关条款"（底稿）。《吴煦档案选编》第 6 辑，第 301 页。

也没有设置总税务司署的迫切需要。李泰国重新任命后两个月就请假回英国了。所以，李泰国时代没有总税务司署的设置。

总理衙门设立后，任命赫德为署理总税务司，在以后二三年中，全国除北海一口外，各口开办的海关数达 11 处。这时，设立统辖各关的领导机关成为当务之急，于是总税务司署逐步建立起来。

赫德进京和总理衙门大臣初次会面时，便提出了总税务司属员和经费计划，这是总税务司署最早的设计。在赫德呈递的清单七"通商各口征税费用"中罗列了总税务司的编制人员和薪俸预算：

总税务司一员，	每年薪俸银一万二千两。
委员，	每年银九千两。
帮办写字一名，	每年银二千四百两。
中国写字先生三名，	每名每年银六百两；共一千八百两。
差役十名，	每名每年银七十二两；共七百二十两。
共计二万五千九百二十两。[①]	

由以上观，赫德于 1861 年 6 月赴京时已有设立总税务司署的计划了。但还只是个计划而已。这个初步计划有"委员"的设置，委员是清政府的代表。可见最初设计的编制，统辖机构还有清政府代表在内。

赫德重新受命署理总税务司以后，为了统一各关的方针政策、人事行政、征税制度、财务管理，设置一个统辖各关行政的领导机构，成为刻不容缓的任务；加上北京《续增条约》赋予海关偿还英法赔款的任务，促进了这样的统辖机构的设立。

总理衙门于 1861 年 6 月 30 日重新任命赫德和费士莱署理总税务司职务。是日，赫德便向各关发出第 1 号总税务司通札，这也许可以视为总税务司署开始设立的标志。这个通札的颁发地点是总理衙门，其后颁发的通札也只写颁发地点如天津、上海、广州而已，并无官署名称。直到 1863 年发出的第 1 号通札才写 Insperctorate Genenal，1864 年第 1 号通札改为 Insperctorate Genenal of Customs。自此以后长期沿用这个名称，这也就是总税务司署的英文名称。这当是总税务司署的最后形成。

从 1862 年开始，总税务司已有独立编制了。据总税务司署造册处编印的

---

① 1861 年赫德呈递清单七。《筹办夷务始末》（咸丰朝）第 8 册，卷 79，第 2943 页。

《中国海关主管官员名录》（Customs Service：Officers in Charge 1859—1921）记载：从 1862 年 12 月 1 日开始，金登干便任文案兼委巡各口款项事——稽核文案（Secretary and Auditor）。这是海关统辖机关最早记载的官员。

1866 年，总税务司署由上海迁移北京后，又有管理汉文文案（Chinese Secretary）之设。1870 年后，总理文案和稽核账目文案有分离的倾向。总理文案掌管总税务司署一般行政事务，有点像现在办公室主任的职务；管理汉文文案由通晓汉文的外籍税务司充任，一切汉文文稿和与总理衙门往来的公文均由其承办；另外，还会同总理文案处理日常事务。稽核账目文案负责巡视稽查各口海关财务。

随着海关业务的发展，总税务司署的行政组织不断扩大。本来江海关设有印书房（Printing Office）和表报处（Returns Department）两个机构，到 1873 年 10 月，为适应各口海关的需要，总税务司决定把江海关的印书房和表报处合并起来，组成造册处（Statistical Department），归总税务司署管辖，设造册文案 1 人，由税务司级官员担任。造册处设在上海，它的任务是受命提供各海关使用的统一表格、统一的海关证件，编印海关贸易报告、统计年报，印刷海关文件、书籍等等①。这是个出版社和印刷厂的联合机构，配备了精良的印刷机器。

1874 年 8 月，随着中国和列强矛盾的上升，总税务司意识到业余外交活动将趋频繁，于是决定撤销原设于伦敦的中国海关代办处，改设总税务司署伦敦办事处（the London Office of the Inspectorate General of Chinese Maritime Customs），伦敦办事处的负责税务司主要是秉承总税务司意旨在伦敦办理业余外交活动。这将于"总税务司赫德的业余外交活动"一章详论，这里从略。

从金登干赴英开始，总税务司署的总理文案兼稽核账目文案便分开了。继任的裴式楷专任总理文案，不兼稽核账目文案；稽核账目文案改为委巡各口款项事务文案，每年至少巡视各口海关一次，就地审核各关账目；还设置一个襄办各口款项事务文案，由副税务司担任，驻在北京，审核各口按结呈送的账目。

1874 年总税务司把总税务司署各文案的日常事务简要地通告各关税务司，内称："总税务司由五位税务司协助，他们担任文案：

---

① 1873 年 10 月 27 日总税务司通札第 17 号。《总税务司通札》（第 1 辑 1861—1875），第 457 页。

一般文报等事务由总理文案负责；

一般汉文文报册结等工作由汉文文案负责；

海关开支等事务由稽查账目文案负责；

筹造一般贸易册报、财务册报等事务，由造册文案负责；

海关供应等事务，由驻外文案负责。"

通札还要求："各文案下达的指示，要和总税务司本身起草和签名的指示一样完全地执行。"①

兹将1876年总税务司署的组织情况和各负责人员的姓名及国籍②开列于下：

北　京

内班	总税务司	赫　德	英国	
	总理文案	裴式楷	英国	（指派特殊任务）
	代理总理文案	哲美森	英国	
	汉文文案	葛德立	英国	
	稽核账目文案	雷　德	英国	
	副汉文文案	殷伯尔	法国	
	副稽核账目文案	史　密	英国	
	二等帮办后班	阿理文	德国	
	四等帮办前班	韩　礼	英国	
		罗　彻		
	四等帮办前班	帛　黎	法国	（特殊任务）
杂项	煤气营造师	翟多玛	英国	

上　海

内班	造册文案	逞得尔	美国	（祈假）
	署造册文案	葛显礼	英国	
	造册文案帮办	贺璧理	英国	

伦　敦

内班	驻外文案	金登干	英国

---

① 1875年12月31日总税务司通札第35号。《总税务司通札》（第1辑1861—1875），第639页。

② 《新关题名录》第2期（1876），第73页。

1879 年设置了总税务司录事司（Private Secretary，IG），由帮办充任。录事司掌理签发机要文件，代总税务司处理私人事务，是总税务司的私人秘书。

以上叙述的都是管理税务方面的负责官员。

总税务司署还有一个负责海务行政的船钞部门。这个部门和上述的税务部门是平行的。它和管理征税职务的海关毫无关系，但它竟被纳进海关作为一个组成部门，这是难以思议的。这将在下节加以论述。

从 1876 年总税务司署的组织看来，有几个情况值得注意：第一，在赫德最初拟定的计划中包括了一个清政府的代表——委员在内，但在正式编制中，便被删除了。于是总税司署成为清一色的外籍人员所包办；第二，总税务司署以英员占绝大多数，体现了海关为英国控制下的国际官厅的本质；第三，总税务司署只设内班人员，各关的内、外、海各班人员，均归总税务司署的内班人员管理，这说明内班人员在海关中的重要地位。

第二节　总税务司署船钞部门的设置

近代中国的国际条约一般都规定，华洋商人洋式船只出入通商口岸，都由海关征收船钞，船钞的征收数额，都由条约规定；连船钞的使用，也受条约的限制。《通商章程善后条约》第十款规定："……任凭（清朝）总理大臣邀请英（美、法）人帮办税务并严查漏税，判定口界、派人指泊船只及分设浮桩、号船、塔表、望楼等事。其浮桩、号船、塔表、望楼等经费，在于船钞下拨用。"据此规定，则清政府必须"邀请"海关洋员征收关税，查缉走私，并赋予管理各口船舶、设置助航设备的任务。这就把海关办理海务，以船钞提供助航设备经费两事，以条约形式强制规定下来了。这样，和征税工作毫无关涉的海务工作也划归海关管理了。这个规定，把征税、海务和船钞三个方面联系起来，统归海关洋员管理，这就保证了外商轮船加速进出通商口岸，为外商在中国的商业贸易提供了交通运输上的便利。由此可见，海关海务工作，是由不平等条约强加于中国的，是为外商服务的。

《通商章程善后条约》签订于 1858 年 10 月，船钞的普遍征收当在 19 世纪 60 年代初期各口海关设立之后。这个时候，正是太平天国和清朝统治阶级生死搏斗的关键时刻。清政府军费紧张，需款孔急，"就利用那些欧洲人叫做'吨税'的大部分款项，和他们所掌握的为了进行公共工程借以增进沿海和内河航行便利而构成的特殊经费"，充作镇压太平天国运动的军费。① 这就妨碍了助航设备的设置。外商们强烈抨击清政府，认为"中国没有对条约国家守信"；"中国全然不顾外国航船的利益"。因此，各国对华贸易商人叫嚣组织国际委员会，从海关接管船钞②。总税务司为了维护海关对船钞的保管权，申呈总理衙门，要求抵制外商的倡议。总理衙门上奏船钞使用和各国争夺船钞情况时说：洋船进口出口及复进口，均按 4 个月纳船钞一次。这项船钞按照条约，原为建造塔表、望楼之用。"同治元年七月间，由臣衙门设立同文馆，……〔因〕筹款无着，即于船钞项下酌拨三成应用，以一成交付赫德，为沿海各口兴办一切之需；余六成存储各关，按照条约为洋人在各口分设浮桩、号船、塔表、望楼等项经费，历经照办有年。现因各口所留六成船钞往往挪作别用，未能将塔楼等一律修建。洋人私议：拟怂恿各国驻京公使出头，向臣衙门辩论，将此项船钞悉数交与领事馆收办。"法国公使伯尔德密甚至照会总理衙门把历年所收船钞 100 余万两发还该国，自行修建塔楼。总理衙门认为：与其交给领事致使中国不能过问，不如径交总税务司，"中国尚可稽察，公同商酌。"（总理衙门奏折）因此，奏准除同文馆所提三成照旧提用外，其余七成，从同治五年（1866 年）第三十一结（季度）起，交由总税务司收领。按照条约规定，为建造塔楼等项之费。

　　但是，清政府的决定谁也不理睬，外商仍然喋喋不休，而各国使节继续做他们的后盾。为了和他们抗衡，总税务司极力争取英国公使阿礼国的支持。他以中国海关负责人和英国籍民的身份，向英国公使递送了备忘录。在备忘录中根据条约的规定，认为中国政府并没有把船钞全都花在助航设备上的义务。尽管如此，但在 1855 年外籍税务监督时代，上海道就使用船钞，设立了一处号船和灯塔。从 1855 年 6 月 1 日至 1860 年 12 月 31 日，江苏省拨充上海各灯塔的费用达 6 万两。从 1861 年 1 月至 1868 年 3 月花在这方面的费用共达 26 万两。以上证明"中国政府关于改进航行方面已经做了相当一部分工作，当前已经作出了种种安排，准备继续这项工作。如果一个国际委员会接管船钞，将受到反对。"他认为这样的委员会因为得不到海关的帮助，既不能迅速地，也

① 〔英〕赫德：《沿海灯塔问题备忘录》。《中国近代海关历史文件汇编》第 1 卷，第 201 页。

② 〔英〕赫德：《关于中国政府征收外国船钞应用问题备忘录》。《中国近代海关历史文件汇编》第 1 卷，第 228 页。

不能节约地工作，而且会削弱和损害中国。

阿礼国认为这个备忘录对于船钞的使用提供了非常满意的证明。还说，总税务司通过他在伦敦的代理人和英国海军部海道测量局取得了联系，而且"实际上由它（海道测量局）作出了一部分建议，并在它审慎校正各种来源的资料之后，由负责人完全同意的方案"。因此，阿礼国向英国外交部作出如下建议："我觉得不能要求实行许多请愿书中所提出的，把这项（海务）工作从总税务司的手中拿出去的建议，或者把全部船钞及其使用置于一个委员会的管理之下。这些款项，占全部船钞的十分之七是赫德先生为此项工作而安排的。因为他把此项工程和海关行政结合在一起，节约了远远超过用于同文馆的十分之三的费用，而且获得任何其他方案所能获得的更大的效率"。①

由于英国公使的支持，用于增进助航设备的 7/10 的船钞终于牢牢掌握在总税务司手中。

总税务司和各国争夺船钞保管权，在一定程度上意味着列强对中国权益的争夺；但他以中国海关总负责人的身份取得了这项税款的保管权，使这项税款名义上仍在中国保管之下，这和落在一个所谓国际委员会手里的情况显有不同。正如总理衙门奏折中所说的，由总税务司保管，"中国尚可稽察"也。从这方面说，应该承认，总税务司在保存这项名义权益方面，起了一定的作用。但是一个像清政府这样软弱无能的政权，在各国列强相互争夺在华权益的斗争中，只能依靠一个强国的力量来保存一些名义上的权益，这又是何等可怜！还有，总税务司的海务设施方案，是在英国海军部海道测量局支持下作出的，从国防观点看，这对中国的海防是何等不利！正因如此，所以后来中国海军部要求接管海务部，而日本则极力争夺海务权力。

1865 年，绵延了十余年的太平天国运动被镇压下去，北京《续增条约》规定的英法赔款也于 1866 年由洋税清偿完毕，清政府财政有了转机。总税务司既受命保管 7/10 的船钞，助航设备经费就有了着落，于是，总税务司积极开展海务工作。

海务工作非常庞杂，总税务司在设立船钞部的通札中曾概括地叙述："为了到中国沿海进行贸易的船舶利益，一般地说，真正的需要如下：在远航中，给予船舶以危险的警告，这就应在必要的地方设置灯塔；在靠近口岸时，由熟

---

① 1868 年 6 月 4 日阿礼国致斯坦利函。《中国近代海关历史文件汇编》第 6 卷，第 235 页。

悉当地特点、潮汐、海流等熟手给予帮助，这就必须配备能够胜任的引水人；在口岸海面必须回避的地点，应加标志，这就应在那里适当地提供浮标和信标；为了便利业务和防止事故，保持秩序和规则，在那里就必须设立理船厅。"①

为了执行这样庞杂的任务，就得建立专设的部门进行领导。这样的部门，就其性质而言，应在海关之外另行设立，专司其事；但是总税务司认为这样做，就得另搞一套机构，另配一套人马，可能把可资利用的经费为新的机构的开支，为新的人员的薪俸所"吞噬"。因此，他认为应该组织一个和海关联系在一起，并在某些方面由海关人员构成的部门。这样的设想，是为了把外轮的进出控制在海关手中，以扩大海关的权力；但从行政管理的角度观察，这是符合精简节约原则的，可以说是个创新。以后海关各种业务的兴办，都是根据这个原则，一概纳入海关行政系统中。

在1868年以前，各海关为了便利外商轮船的航行，已经各自开办了一些海务工作，这就为海务部门的设立打下了业务基础；从1865年1月以来连续3年积累起来的船钞，又为海务部门的设立提供了财政基础。于是，在1868年4月，总税务司发出了建立船钞部（Marine Department）的通札，海关船钞部正式成立。船钞部就是办理海务的部门，其所以以船钞为名，乃因条约规定海务设施的经费，"在于船钞项下拨用"。

船钞部的最高负责人是海务税务司（Marine Commissioner），直属总税务司，直接对总税务司负责。他的"一切权力都是独立的"。总税务司认为船钞部是一个"特殊部门。同时将和海关合并在一起。……通过这样的方式，使两个部门互相帮助，节约了经费，为公众保证了工作效率"。②

海务税务司由管理灯塔和港务的正副营造司（工程师）和一个秘书性质的文案（Secratary）协助。他的职务是建筑、管理沿海、内河的灯塔、浮标、雾角和其他航行标志，撤除航道的沉没船只，修浚港口航道，管理停泊处航船停泊，延请专门人才和分配任务等事务，略似现在的港务和航政业务。

海务税务司下辖沿海中、南、北三个段（Division）。每段设巡查司（Divisional Inspector）（后改为巡工司）1人，管理所属的段的工作。中段巡查司驻

① 1868年4月25日总税务司通札第10号。《总税务司通札》（第1辑1861—1875），第138页。
② 1868年4月25日总税务司通札第10号。《总税务司通札》（第1辑1861—1875），第138页。

上海，北段驻芝罘，南段驻福州。在巡查司监督下，段内通商各口各设理船厅
1人。理船厅下面分设港口引水人、执有字据引水人、灯塔值事人和港口巡吏
等。这个船钞部门和税务司署不相统属。为了协调工作，巡查司在执行海务税
务司下达命令之前，应由所属的理船厅把命令送至有关口岸的税务司，经他的
同意和副署后，方得执行。①

　　海务税务司是由英人霍士（Charles Stewart Forbes）担任。霍士在第二次
鸦片战争中指挥过英军"阿尔及利亚"号战船，1863年随"阿思本舰队"来
华，当了旗舰的舰长。总税务司聘他负责海务工作，但他留在伦敦研究灯塔和
浮标问题，直到1869年船钞部成立后才来到中国。

　　海务税务司和税务司同级，巡查司、营造司列入副税务司级，理船厅则列
入与供事相应的等级。

　　为了避免各国争夺海务权力，船钞项下人员的募用，采取已往6年海关采
用的原则，即不分国籍，也就是总税务司一向强调的"国际性"。总税务司声
称：船钞部将"作出一种公允的尝试，以代表主要的缔约国"。② 可见它是一
个在英国控制下的国际部门，其性质和税务部门毫无二致。

　　经过一段时间的实践，总税务司觉得船钞部的组织有问题，于是逐步进行
了调整和改组。

　　首先，他认为各巡查司职责不明，权力分散，所以在船钞部成立后几个
月，便把中、南、北三个段合并为南北两段。其次，撤销海务税务司的职位。
海务税务司是船钞部的最高负责人，他只向总税务司负责。其下的巡查司、理
船厅则层层向上负责。这样，各口税务司除了副署工作报告以外，对于船钞部
的工作，简直不能有所干预。总税务司感到船钞部和征税部不相统属，得不到
相互支持，相互帮助的效果；而且这种趋势，有使船钞部发展成为一个"独
立组织"的可能。因此，对于海务税务司的权力加以限制。霍士不满这种限
制，于1879年12月提出辞职。总税务司当即表示："本总税务司已接受海务
税务司霍士的辞职，不打算委派其他的人填补此缺"；还明确表示：船钞项下
的任务，今后将在总税务司的监督之下，由各口税务司管理。他还通饬各关税
务司提出各该口及其毗邻地区海务工作的实际建议，"一俟能够腾出营造司而

---

① 1868年4月25日总税务司通札第10号。《总税务司通札》（第1辑1861—1875），第138页。
② 1868年4月25日总税务司通札第10号。《总税务司通札》（第1辑1861—1875），第138页。

经费许可时，你的建议获得批准的，就得采取措施付诸实行"①。此后 10 年间，中国沿海的海务工作，由各口理船厅秉承税务司命令进行管理，并由南北巡查司协助。最后，撤销巡查司，由海务巡工司和总营造司主持海务工作。由于南北巡查司的地位没有明确的规定，职务也没有划分清楚，不仅港口事务由他们管理，所属段内其他各口的海务事宜也归其管理。总税务司认为他的职权庞杂，难免会有疏忽，便将巡查司裁撤，派南段巡查司为海务巡工司，常驻上海，将北段巡查司调至征税部，于是南北两段合二而一了。

此后 32 年中，海务工作全由总营造司和海务巡工司会同管理。所有技术建筑和机械设置事宜，由总营造师掌管；关于支配职员、海务行政以及设计事宜，由巡工司掌管。

1880 年，南段巡查司调到上海后，南段灯塔和航行事务，改由厦门关税务司代管。最后改派南段巡视员 1 人，驻于厦门，专理南段灯塔事务。

船钞部的组织，到 19 世纪 80 年代以后逐步形成营造司、理船厅和灯塔处三个部分。营造司专管灯塔、浮标和附属建筑物的设计、工程建筑事宜，提供先进技术、仪器设备等；灯塔处负责管理灯塔的发光，灯塔人员的给养，维持灯塔和海关间的运输交通等；理船厅管理泊船界内的航船行政。理船厅的任务庞杂，工作重要。它的具体工作是指定航船的停泊地段，维持泊船界内航船的秩序，规定灯塔、浮标的限界，制定指示行船章程、海船免碰章程、商船雇船旗帜和耐航的检查以及引水、检疫等工作。

船钞部门设立的次年，即 1869 年，总税务司决定设立气象站。

气象和轮船航行的安全有密切关系。总税务司于 1869 年 11 月，颁发了一个设置气象站的通札。内称："本总税务司意图于来年设立和各海关相联系的气象站，要求从你（税务司）的编制人员中提出能够承担记录必要的观测的最可靠的人员"，并准备好各种建议，以备商榷。通札称："我们的海关现在是设在沿海和沿江地位，包括绵延大约纬度二十度的陆地和海面"，"如果海关能够记录观测气象变化，对于科学的价值，和对于在东方海洋的航海人员与其他人员可能作出的实际价值，将在适当时候得到正确的评价和承认。"这就可以"非常有效地帮助揭示自然规律，而且在科研人员力所能及的范围内，从地球的一方带来许多事实和数字，丰富了现象"。通札希望"这些气象站可

---

① 1870 年 12 月 28 日总税务司通札第 14 号。《总税务司通札》（第 1 辑 1861—1875），第 295 页。

能会有一个和同文馆有关联而设立的气象台作为它们的首脑"。① "我们当前的〔海关〕机构将使我们能够不增加人员而记录观测的气象，而且除了支付购置仪器的费用以外而不需要其他的开支。"这样，从1870年开始各口海关和各主要灯塔所在地，逐步设立了气象站——测候所。

第三节 各口海关的组织和海关监督的架空

近代中国各口的海关，正规地说，海关监督是最高负责人。他是代表清政府在某一地区行使海关主权的官员。由他任命的江海关税务监督和其后的各口税务司，当然是他以次的属员。这正如前引两江总督兼各口通商大臣何桂清所说的，"至各口税务司，……系帮同各监督办事，应由各口监督发给谕单（任命书）"；至于各口海关经费，"向来由各口监督妥办。"

海关监督设有海关监督衙门或海关监督署（新关文件一般叫做海关监督处），有独立的员司。新关设立后，海关监督除了作为海关的名义首长以外，还管理华商民船贸易征税事宜。

外籍税务司制度推行各口之后，各口税务司为了征收轮船贸易的夷税，另行组织了税务司署，也就是各口海关。后来，税务司夺取了海关监督权力，海关监督被架空，税务司署便取代海关监督衙门而成为海关的主要官署了。

各口税务司署的编制，在1861年赫德初次抵京时所呈的清单七"通商各口征税费用"，便作了初步的规定，计有：税务司、副税务司、帮办写字、扦子手、通事、书办、差役、水手六等。从1876年开始，总税务司署造册处编印的《新关题名录》，各关各等人员的配备便作了准确记载。兹以江海新关为例，说明各关人员配备情况。江海新关的人员配备如下：

征税项下的洋员：

内班：税务司、副税务司、一等帮办前班后班、二等帮办前班后班、三等帮办前班后班、四等帮办、试用帮办、理船厅未列等供事、未指派的税务司。共21人。

外班：头等总巡、总巡、二等总巡、验货、额外验货、三等验货、头等钤字手（后称稽查员）、二等钤字手。以上各项共44人。

① 1869年11月12日总税务司通札第28号。《总税务司通札》（第1辑1861—1875），第245页。

海班："魁星"（Kua Hsing）缉私船管驾官、署理大副、署理二副，共
　　3人。

　　　三班洋员共68人。

华员：各等供事、文案（文牍员）、书办、技员、仆役和海班人员共
　　225人。

统计征税项下的华洋人员共293人。

船钞（海务）项下的华洋人员：

营造处的洋员：营造司、匠董、入水匠、未列等人员，共4人。

理船厅的洋员：巡工司、指泊所、巡河吏、信旗吏，共11人。

灯塔处洋员："东沙"灯船主事人、"狼山"灯船主事人、头等值事人、
　　二等值事人前班、三等值事人前班后班、试用值事人，共6人。

华员：技员、仆役共89人。

船钞项下华洋人员共124人。

全关华洋人员共417人。

1876年各关人员以上海为最多，计417人；第二为粤海关，220人；第三
为闽海关，159人；第四厦门关，172人；第五江汉关，120人；最少的是九
江关，只有28人。是年全国各关人员总计为1,918人。[①]

各关根据总税务司分配的内班各等人员，按照业务性质分设各种机构。早
期的组织机构因资料缺乏，无法提供。我们只略为知道江汉关的内班设有大公
事房、存票房、总结房、账房等；大概到后期设有大写台、验单台、进口台、
出口台、内地单台和结关台等。厦门关于1877年设有大公事房、账房、总结
房、洋文文案房、汉文文案等机构；1903年间，改设总务课、秘书课、会计
课、总结课、造册课、常关分遣课、进口台、出口台。

内班是在办公室的办公人员，掌理整个海关的征税行政，是海关组织系统
的核心。

海关有一种外围组织，这就是报关行（Customs Broker）。这是跟着洋关的
开办而产生的。鸦片战争前，对外贸易限制于广州一口，并由特许的商号组织
洋行，或称公行，外商进出口贸易关税，悉由洋行负责代征，外商和海关从不
接触。鸦片战争后，洋行制度被迫取消，海关为外国人所窃据，所用文件单证

① 《新关题名录》（1876年），第78—81、90—93页表。

多用英文，海关手续繁琐，商人办理甚感困难；海关也因商号日多，商号人员缺乏报关知识，说明解释很感麻烦，于是便有一种中间行业产生，这就叫做报关行。报关行是代商号报关、垫缴关税以及办理运输、垫付运费等。

1873年，总税务司参照英、美两国办法，对报关行进行管理。所有中国商人均得向税务司申请在某口经营报关业务，经该管税务司批准注册，始得开业。一般报关行应有殷实铺户担保，交纳保证金。报关行得雇人代为报关、申请存票。报关行对雇员的雇佣和解雇均应呈报海关；如发现雇员有舞弊漏税情事，报关行应负全责。据记载，汉口最早的报关行为光绪年间设立的太古谕和广永诚，到光绪末年有信誉的报关行有20余家；厦门早期的报关行为杂货公会申请设立的"金广安报关处"，后改为报关行。

各口海关存在一种突出现象，那就是海关监督和税务司的畸形关系。

正如前述，海关监督是代表清政府在各口行使海关主权的海关负责人，而税务司"系帮同各口监督办事"。在1864年第8号总税务司通札中，总税务司也认为"就事实而言，在适当处理每一个口岸的海关职务方面，正式负责的是一个口岸的海关监督，所以税务司的职位必须是次于海关监督"①；同年，公布的《通商各口募用外国人帮办税务章程》也明确规定："凡有公事，自应归监督作主"；"遇事则税务司所办之事，即监督手下之事"，税务司不得"招摇揽权，有碍公事，以致监督难专其责"；并规定：税务司在领事交涉事件时，"愈当以凡事均为监督责任，不可稍存侵权见好之心，致罹咎谴"。所有这些，都充分说明海关监督和税务司的主从关系。

如果根据这些规定，则税务司事事都得由海关监督作主。那么，税务司要控制整个征税过程，总税务司要实现关政统一就不可能了。因此，总税务司必"把关税行政完全从地方当局手中取出"（赫德和威妥玛密商语）。这是一个关系到整个海关利益的关键问题。总税务司如何把关税行政从地方当局手中完全取出？首先，总税务司依靠总理衙门的力量把多年没有解决的税务司以及各外国人的任命权从海关监督手中剥夺过来，并于《募用章程》中作出规定，这就取得了法定的权力了。其次就是运用巧妙的手法使海关监督不能不把征税权力交出来。这种手法，常常只可意会，不可言宣。这里不妨把总税务司对各口税务司的有关指示摘录一些，以见一斑。

---

① 1864年6月21日总税务司通札第8号。《总税务司通札》（第1辑 1861—1875），第56页。

在总税务司看来，税务司"具有外国人和中国人进行贸易所遵照的那些章程方面的正确知识"，而且"连带地熟悉那些外国人的习惯、意愿、思想情况以及对于事情的看法，并且要比别的外国人更加熟悉中国人的性格、情况和权利"；还有，税务司"完全明了中国人与外国人之间的相互义务、权利和行动方法"，所以海关监督势必"把税务司看做可靠的顾问"。因此，各关税务司要争取作为海关监督的顾问，使税务司的决定"就是海关监督的决定"。另据崇厚奏称："各口监督又因随时换任，情形不熟，多有将税务事宜委之于税务司者"，这就提供税务司窃夺监督权力的机会。总税务司指示税务司们尽量利用这一机会。"如果海关监督是新上任的一位，税务司应该充当监督的顾问，也是他居于总税务司的代表人的地位的自然结果，并在有些方面是他作为海关监督下面的行政首领的权力。"① 这些漂亮的词句显然包藏着剥夺海关监督权力的祸心。在清朝政府被迫开放的初期，海关监督既没有管理外商对华贸易的语言工具和知识，又没有制服外商的权力，于是只好把征税权力送给税务司，这是无可奈何的。

这种情况发展的结果，正如日本高柳松一郎所说的，中国"各地海关之第一负责人本为海关监督，税务司实居第二。……唯依据多年之习惯与境遇，事实上遂使外人税务司成为第一负责人"。因此，"税务司为事实上之监督官。海关监督仅为名义上之监督官而已"②。这种本末倒置的关系就是我们所说的畸形关系。这种关系，追本溯源，早在税务监督时代（1854—1859年）就已经存在了。

从1854年7月开始，中国海关便进入一个特殊时期。这一年的6月29日，英、美、法三国驻沪领事迫使上海道吴健彰达成了关于组织新的海关的协议。协议规定"由道台委派一个或一个以上真正公正的外籍人员，担任税务监督，督同一个由华洋僚属组成的混合机构"进行管理。从协议的记录看来，这个"混合机构"，就形式上说，海关监督是最高官员，其次是他任命的外籍税务监督，再次是税务监督遴选的华洋人员。这样看来，这个机构是个单一而又统一的机构。

但从实际情况看来，因为英、美、法三国驻沪领事拥有税务监督的提名

---

① 1864年6月21日总税务司通札第8号。《总税务司通札》（第1辑1861—1875），第56页。
② 《中国关税制度论》第3编，第36页。

权，而海关监督在领事面前，只能唯命是从，就领事提名的人任命。这就使领事的提名权成为最后的决定权了。但领事们却假借海关监督的任命权，以避免篡夺中国海关主权的恶名，所以在外籍税务监督时代江海关就出现了名不副实的畸形现象。

从协议的规定看来，江海关监督和外籍税务监督是在海关监督衙门里合署办公的，所以仿佛是一个单一而统一的机构；但仔细观察，其中却显然存在着两个部门：一个是"比较有独占性的海关的中国部门"，又有一个是"辅助海关的税务监督部门"。两者的职责显著不同。"税务监督部门"的职责，"特别应该考虑到的是监督海关章程的执行以及航运和关税等项有关条约规定的遵守事宜"。"他们将赋予充分权力和一切必要手段，俾使他们能够审查船舶报告、货运舱口单、装卸准单、税款完纳和海关准单，以便发现所有任何错误、违章和偷漏行为。"所有重要单据和正式文件，非有税务监督的副署，不生效力。至于"中国部门"或监督衙门，则只是保管册籍公文，授权税务监督处理违章处分案件，以及发给违章罚款的奖金等，也就是只有名义上的"监督"权，并无实际权力。所以，在征收轮船贸易关税行政方面，海关监督完全被排斥在外。这样，三国税务监督就把海关监督架空起来了。由此可见，远在税务监督时代，江海关就已被分割为海关监督管理下的"中国部门"和"税务监督部门"两个部分了。这是这个混合机构的最初模式。这个模式为以后各口海关承袭了下来。这是由英国驻沪领事阿礼国制造的典型的畸形机构。这样，本来由海关监督统一管理的海关，被分割成为两个行政系统了。这就使本来拥有主管权力的海关监督，变成空头的傀儡；另一方面被募用的外籍税务监督取代了海关监督，窃取了海关的管理权。这种喧宾夺主的反常现象，是任何一个主权国家所罕见的。这种关系的建立，是上海官员屈服于英、美、法压力的结果，并为外籍税务司奉为圭臬而继承下来。

总税务司拟定的《募用章程》虽然承认"凡有公事，自应归监督作主"。但又说："惟税务司系总税务司所派之人，非监督属员可比。"在1873年颁发的第13号总税务司通札，甚至连税务司称"海关监督阁下"，也认为不妥。它说："阁下"两个字，"用得不当，应该停止使用"。并通饬："当写信涉及海关监督时，就直称为'海关监督'。"还说：有的税务司说"监督命令我这样办"，当然更是不成了。通札称："监督不能命令税务司。根据《海关章程》，监督和税务司是会同（？）。虽然在两者意见不同时，应遵循监督的决定；但他不能'命令'税务司"。"你不要说：'奉监督命这么做'"，只能说和监督"磋商"。还说："在你和公众的通讯中，停止使用其他一种足以受到评论的措词，这种措词无论如何会使人联想到你和你的同僚是中国海关监督的属员，或者你是在他的管辖之下的这种想法。"① 这个通札赤裸裸地暴露了总税务司窃夺海关监督权力的企图。

这个通札的颁布，势必加剧了各关税务司和海关监督的矛盾。总理衙门为此特地札行总税务司通饬各税务司，"要普遍地铭记和海关监督协调工作的必要性，而且尽可能避免引起一切误解"。在这种情况下，总税务司不能不挖空心思，草拟一个很长的通札（1873 年第 24 号）以图处理好这个严重矛盾。通札的主要内容大致如下："中国海关可以这样说，是由两个部门组成的：行政部门征收关税，登录部门设置档案；监督是这两个部门的负责人。由于洋员的募用，这两个部门就变得有像是分离了的。因为，尽管主要的登录工作仍由监督衙门执行，而主要的行政工作则移归税务司署了。""尽管有这种表面的分离，海关仍是一个单一的机构。税务司受命和监督一起行动，他们是同僚的关系，并非上下属的关系。监督由皇帝直接钦派或由皇帝正式授权地方大吏委派。他是两个同僚之一。由于他（监督）是本国官员，因而对于口岸的固有行政负有更直接的责任——他是这一既是分离又是互为补充的单一机构的中国负责人。另一方面，税务司由总税务司委派，他是通过总税务司署（向中国政府）的间接负责人——他是当地的，而且是地方混合的行政机构的负责人。"

税务司和海关监督的职责各不相同，因此不能互相干预。通札说："监督是登录员司的直接首长，他的人员和工作，税务司没有理由去干预。而税务司是行政部门的直接首长，他的人员和工作，除了某些事项之外，监督极少去干预，也不能干预。"

税务司署有一种特殊的人员，这就是书办（Shupam）。这也许是作为海关监督监督税务司工作而派进去的，他和税务司的员司一道工作，但又不在税务司的管辖之下。书办"不仅仅干他的专门工作，作为行政人员，还计算关税和填写完税验单；他作为登录员司，还记载日常事务的登记簿，把所有其他监督登录员司的工作登记进去"。书办近似会计员和记录员，他是由监督任命

① 总税务司通札 1873 年第 13 号。《总税务司通札》（第 1 辑 1861—1875），第 451 页。

的；但税务司如果"认为（监督）所提的人不能满意地工作，则保留拒绝任用的权利"。所谓海关监督，就连这一小小人员的任命权也得不到保障，还谈得上什么监督？

但是通札又把话说回来。它说海关监督对于上级查问海关的事务，他必须加以答复，这就使监督有熟悉自己登录部门事务的必要，也有熟悉行政方面事务的必要。"这个事实就足够给予监督的优先地位。从监督的个人责任来看，如果海关业务办理不得当，监督就应受罚，可能是受指责，也可能被处死。反过来，税务司作为一个中国官员，除了撤免外，不受更重的惩办。个人的责任既是如此不同，监督应受到他的同僚税务司尊为上司的理由，也就更加明显了。"还有，"作为中国国土上本国官员的无可争议的地位，无论何时，监督和税务司意见不同，在获悉总理衙门命令之前，监督的意见应被执行。当税务司执行或不执行章程，或者当提出新的问题时，如果税务司置监督于不顾，有时就会引起最友好的同僚——监督的反对。至于'税务司是外国人，品级低'，地位也就不能和海关监督相比了；可是尽管有一个负责的同僚担任两个部门的首脑。但却由行政部门处理日常事务，单独办理海关业务"。①

把上引通札的内容概括起来有两点是突出的：第一，海关是统一而又分离的机关。第二，各关的总负责人是海关监督，不是税务司；但税务司又不是监督的属员，两者是同僚关系。这两点都是矛盾对立的。总税务司虽然极力企图以上述抽象的理论来处理好监督和税务司的关系，终归徒然。因此两者经常发生冲突。海关监督认为他是一关之长，不甘心受制于税务司；而税务司持有代表外国势力的总税务司的奥援，不把监督看在眼里。有的税务司要求划清海关监督和税务司的职权界限，以免时相龃龉。总税务司为了让税务司们在混水中摸鱼，有意不把两者的界限划清。他告诉税务司们："在税务司和监督之间设置一条固定的分界线是不可能的，而且也是不必要的。分界线经常是难以设置的。边界问题是最多最大纠纷的根源。"那么，如何解决好他们之间的关系？他罗列了七八条办法，概括说来，就是税务司在形式上要尊重海关监督，在实质上要抓住实权。所望于税务司的是和监督"会商、办事，并保持愉快的关系"。总税务司为了使税务司不把两者的关系搞僵，以免使他陷于为难境地，曾用比较强烈的语气警告税务司们："如果一个税务司不能维持他的同僚——

---

① 1873 年 12 月 18 日总税务司通札第 24 号。《总税务司通札》（第 1 辑 1861—1875），第 488—495 页。

监督和一般官员的良好关系……"，"就没有达到税务司所需要的性格和机智的标准"①。这些空洞的说教和警告，可说是为了维护这种畸形关系，而不是改变这种关系。

这个通札的撰写，总税务司费尽了心机。他在致金登干的一封信中，曾说明了它的撰写过程和用意。他说："1873 年的 24 号通令在我手里推敲了六个月之久，经过反复阅读、修改，甚至重写；然而当我看到印出来的成品时，还是不满意。……因为我知道我要说的正是我知道要他们做的事。我们必须承认，我们处于中国人的助手而不是主人的地位；我原文就是这样写的。我认为我的训诫将使事情有所改善。如果谁不理解我们的这种地位，或是没有执行我的解释性指示的精神，我就撤销他的职务。我可以理直气壮地说，我已尽了最大的努力使海关对中国人有益，使它立于不败之地，把它公之于众，以便消除人们对我们的身份和能力的一切怀疑，并且使全体成员各安本职。"②

通札的似是而非又不能自圆其说的议论，没有能够掩盖他剥夺海关监督权力的本质。因此，税务司除了对海关监督虚与委蛇之外，仍是我行我素。结果，两者的矛盾冲突一直持续下去。

---

① 1873 年 12 月 18 日总税务司通札第 24 号。《总税务司通札》（第 1 辑 1861—1875），第 488—495 页。
② 1874 年 7 月 18 日赫德致金登干函。陈霞飞主编：《中国海关密档：赫德、金登干函电汇编》（以下简称《中国海关密档》）第 1 卷，中华书局 1990 年版，第 96—97 页。

第八章

海关的人事制度和财务管理

第一节 《中国海关管理章程》的公布及其基本内容

近代中国海关的人事行政,总的精神和方针是实行洋员对华员的绝对统治,以垄断海关的管理权。这是一种歧视华员的殖民统治,是不得人心的。但是总税务司为了管理好海关工作,最大限度地发挥关员的工作效率,引进了西方的人事管理制度;这种制度从管理学的角度来看,是科学的,从当时的中国来说,也是先进的。

海关人员的组织,在税务监督时代,因为仅限于征税方面,所以只有设置征税人员。征税人员虽有办理征税行政的办公人员和执行稽查任务的室外人员之别;但无论是阿礼国拟定的税务管理委员会的编制方案,或李泰国和吴健彰拟定的江海关编制方案,都没有内班、外班的名目。葛松著的《李泰国与中英关系》所说的内班、外班、总税务司署等名称,在汉文档案中都不存在,可能是引用后来习用的名称。

海关内班、外班名称始于何时,我们没有看到确切的记载。据 1867 年颁发的第 14 号总税务司通札的叙述,"直到现在,外班人员是在一种不确定和不能令人满意的基础上服务的。表面看来,他们很少受到关怀,他们的服务,不受重视。因此,本总税务司对于存在着许多混乱的地方,更加乐于企图尽量使它有秩序些、有计划些。而且让一个其中许多成员占有非常负责地位的部门稳定下来,同样地履行一种重要性质的服务"。这一年才"把外班部门给以适当的组织。"① 由此可见，直到 1867 年，外班还没有适当组织，而是处于不稳定的混乱状态。

1869 年，内外班大致都组织起来了，华员通事也确定了。总税务司才据以制定《中国海关管理章程》②。这个《章程》只限于税务部门的范围，至于船钞部门则另有管理办法，不在其内。这可以说是中国人事管理最早的比较完备、比较科学、比较系统的制度。现在把它的要点摘述如下：

《章程》把海关的主要部门——税务部门分为内班、外班（《章程》还没有"海班"的规定）和华属三个部分：

内班的构成为：

税务司 16 人　　每人每年薪俸从 3,000 两递升至 9,000 两

副税务司 6 人　　每人每年薪俸从 3,000 两递升至 3,600 两

头等帮办前班
　　　中班〉30 人，每人每年薪俸从 2,400 两到 3,000 两。
　　　后班

二等帮办前班
　　　中班〉30 人，每人每年薪俸从 1,500 两到 2,100 两。
　　　后班

三等帮办前班
　　　中班〉20 人，每人每年薪俸从 900 两到 1,200 两。
　　　后班

内班的提升为：帮办初次委任是三等帮办后班。帮办轮到提升时，只要证明符合规定的期限，就将按照年资提升；但每五分之一的缺额留给总税务司遴选递补。帮办由三等提升到二等、由二等提升到头等，必须通过汉文考试及格，或者担任不少于 6 年的三等帮办和二等帮办。税务司和副税务司，由总税务司从副税务司和头等帮办遴选委派。总税务司遴选的条件是按照适当性、从前服务情况、品性、汉语知识、特殊条件和国籍而定。如果各项条件相等，优先给予年资连续 3 年以上的人员。凡是汉语知识没有满意及格，或须依靠翻译才能办理特别文件的，不得委派为税务司或副税务司或主管一个口岸的工作。

---

① 1867 年 9 月 19 日总税务司通札第 14 号。《总税务司通札》（第 1 辑 1861—1875），第 127 页。

② 全文载于《总税务司通札》（第 1 辑 1861—1875），第 234—241 页。

内班假期的规定：凡供职满 7 年的给予半薪两年的假期。税务司在条件许可时，得向总税务司申请每隔一年，给予为期不超过两个月的假期，支取全薪。税务司得自行决定该关在条件许可时给予每次不超过四周的假期。帮办可以通过税务司向总税务司申请每隔两年给予为期不超过 3 个月的假期，支取全薪。海关人员要求请假或离开口岸、为期不超过两个阴历月的，在整个离开期间支取半薪。

一般洋员病假的规定：海关洋员因病在中国出缺超过 3 个月的，整个出缺期间支取半薪；出缺超过两年的，在满两年之后，不得支薪；不过得保留其名字。从支薪之日起两年内，仍准回关，作为从前所属等级后班班末的额外人员。

此外，关于调动旅费、住宿和房租津贴，都作了详细规定。

不论税务司、副税务司或帮办，都不准接受或以任何方式分享罚款或没收款项的金钱上的利益。

外班的构成如下：

超等验估	5 人	每人每年薪俸	2,400 两
头等验估	10 人	每人每年薪俸	1,800 两
二等验估	15 人	每人每年薪俸	1,200 两
超等验货	5 人	每人每年薪俸	1,200 两
头等验货	10 人	每人每年薪俸	1,080 两
二等验货	15 人	每人每年薪俸	960 两
超等钤字手	30 人	每人每年薪俸	844 两
头等钤字手	50 人	每人每年薪俸	720 两
二等钤字手	80 人	每人每年薪俸	600 两

外班委派、提升的规定：

外班人员的委派和提升，钤字手（稽查员）由税务司委派，但应将名字连同医师证明书送呈总税务司。在列入固定编制之前，需要 6 个月的试用期。钤字手得从二等提升为头等、头等提升为超等。但事先应将名字呈报总税务司。税务司得依其才力、品行和年资加以遴选。凡是不能流畅地写、读和准确计算的，没有从二等提升的资格。至于验货则由总税务司和税务司联系遴选，由总税务司委派。除了五分之一缺额之外，从二等提升到头等都要按照年资。熟悉中国口语（方言更好）的将被推荐。验估也由总税务司和税务司遴选，由总税务司委派，得按年资从二等升到头等。超等验估由总税务司委派，遴选与否，得视必要性而定，懂得中国方言的将被推荐。

外班的种种规定：

假期、旅费、房租津贴的规定，较诸内班人员简单得多。外班人员凡供职满 7 年的，如果条件许可，得给一年半薪假期，短假由税务司自行决定，随时给予。凡调口的外班人员，只给船费。超等、头等验估或超等验货，如果结婚，每月给予不超过 25 两的房租津贴。

税务司可以不经呈报总税务司自行革退钤字手；但应于月份事件报告中呈报。

任何外班人员，在缉获没收和罚款中出力的，都被许可取得此项罚款或没收净款的十分之一。

华属（Chinse Staff）的构成：主要由通事一级的人员构成的。通事计分：头等通事、二等通事、三等通事、头等帮办通事、二等帮办通事、三等帮办通事、额外通事，共 70 人。每人每年薪俸由最低的额外通事 240 两到头等通事最高的 1,500 两。

此外还有"在公事房的"、"在外面的"、"不列等"的通事。

通事的提升：额外通事提升为帮办通事，按年资递补；只要能用英语精确地写、读和计算，就得从三等、二等提升到头等；从帮办通事到通事，由总税务司联系税务司遴选提升；从三等到二等通事，按年资提升。除每五分之一缺额外，从二等到头等通事，按遴选提升。

通事假期的规定：

通事因病出缺不超过 1 个月的，仍支全薪；超过 1 个月的在整个出缺期间支半薪；但到 6 个月之后停支半薪。通事供职满 4 年的给予全薪两个月的假期，或者半薪 4 个月的假期。

通事过失、赏金的规定：通事有过失，可以处以月薪半数的罚款；但非经总税务司的批准，不得革职。

各等华员不另支给新年赏金，但在全年服务中甘心乐意、专心、服从和工作效率优异的，得发给新年赏金。

关于一般关员惩戒的规定：凡有过失，就加惩戒。"各种过犯，可以列举如下：懒散草率、不守时、玩忽、不胜任、好争吵、不服从、无故缺席、未经批准而公布任何民事和刑事的起诉案件、贪污、盗用公款、贿赂、欺诈、经商、酗酒、重大的不道德行为。""各种处罚可得列举如下：私下训斥、在全关人员面前公开训斥、向总税务司呈报，在呈报期间暂时停职，支半薪、记名等末、记名于最低等，开革。犯有酗酒、欺诈或者殴打华员行为，如果税务司向总税务司呈报，不论任何品级的有关人员，立即开革，属员被控罪状性质非常严重致被税务司停职的，可以要求设立审讯法庭，调查案件，法庭的活动，仅限于获得证据，并宣告被告有罪或无罪。法庭的判决，由庭长呈报总税务司，并附建议和意见。如果税务司被控并被证实玩忽职守的，应撤职或者停职。暂时停职的支半薪。应设立一个包括三个税务司的四人调查审讯法庭，法庭以总税务司署的总理文案为庭长。其职责和上述法庭同；但总税务司的决定，不得上诉。

关员不得拥有任何船舶的全部或一部，或者充当任何船舶的所有主，任何船上货物的经理人、代理人、受托人；也不得直接或间接地和任何用以出售的商品货物的进口或出口发生关系；否则，应受革职处分。

最后，还作出总税务司或总税务司署的总理文案巡视各口的规定。总税务司巡视时，各口人员都要在关，并把各种怨忧，申述，解释或建议送呈。总理文案的巡视是检查账簿、稽查账目、查核海关结余。总税务司不能定期巡视时，则由各国籍的税务司轮流出巡各口。

以上是《中国海关管理章程》的基本内容。

总税务司在公布《管理章程》时，颁发了第25号通札，把征集各关税务司的意见作了一番解释。这些解释有助我们对海关人事管理制度的了解，这里加以扼述。

通札谈的第一个问题是关于关员的遴选和升迁问题。总税务司认为一个行政机构，开头"只有依靠特别的任命和审慎的选择，才能使办事效率达到服务机构的创始人和计划者所希望达到的标准"；还有，"要在各级人员当中混合不同国籍的人，才可防止各国的干预或中断它的生存"。所以在海关开办的第一个10年内，"年资照例是一种次要的考虑，而个人的效率、特有条件和国籍却是首要的"。

第二个问题是关于学习汉语问题。总税务司认为"在任何政府下的雇用人员都应该会讲受雇国家的语言；我屡次收到中国海关监督们的来信，要求我不要委派不会说汉语的税务司到他们的口岸去。"关员们获得汉语知识，"海关就可以希望以固有的价值博得中国官员的称赞，""可以使总税务司因有时不得不把会说汉语的低级关员，提升到不能说汉语而在其他方面条件很好的高级关员之上；学习汉语的人，对于中国的国民性可以作出较正确的估价，对于他们在中国政府所处的地位以及为中国政府所做的工作可以作出较正确的评价"。所以"以优越的地位给予学习汉语的关员，不是没有理由的。"

第三个问题是有些关员认为在相当长时间内没有增加薪俸；有的一时被提高了，旋又恢复原薪。这是因为"我仅仅拥有一笔固定、按年计算的金额以维持海关，因而无从随意增加薪给。有的是领取代理薪给，但回原职时就得支领原薪。"

第四个问题是怀有不满情绪的关员的申诉问题。这样的人，可以详细叙述他的情形，用书面按照正常方法，经由他的直接上司——税务司上呈。用这样方法来表白自己"是不须惧怕触犯总税务司的。"

第五个问题是关于税务司的创制精神问题。通札说：总税务司不但不反对税务司的创制精神，"我一直不过是太急切于看到各口的首长们愿意而且能够有所创制，不拘是在他所辖的海关内做些改进工作，或者在邻近地区内有所改良。""假使任何人能够由他自己做出任何事情来，不拘是推广商业利益的范围，或是创办工业，甚至促成政治情况的改良……没有比我将要更加迅速地予以承认，彻底地加以尊重，并热烈地予以支持。"但是对于"瞒着我"或者"没有在适当时间内使我充分知悉"而做出的事情，"我不愿意承担……责任。""而且我反对用威逼或试图威逼当地官员的手段来达到目的的任何创制。"

第六个问题是关于税务司对于海关经费运用的自由问题。"总税务司被许给了固定的一笔款项以维持海关费用，所以各口海关的用度只能限制在按年固定的款项之内。但准给的各项数目"，"要保证年终获得一项贷方余额"，"总税务司才可以从这余额内拨款支付任何口岸账目中所无的一些用途——比方总税务署的维持费、防疫船经费、住宅经费、酬劳金———一切必须筹得款项，储以备用。"但是一切超出预定的拨款，一定要经批准。

第七个问题是关于尊重各关主管人问题。"随便哪处海关的主管人，在口岸事务管理方面，不但要对总税务司负责，而且是惟一的负责者。任何其他职员，不管他的地位多高、多能干，都不应干预他，给他以任何训示，或在其口岸范围内，采取任何行动。"

第八个问题是关于海关案件就地解决问题。通札说：总理衙门迫切希望一切海关案件都能够就地解决，不要提到北京去，以免引起许多外交纠纷。他希望税务司尽量和领事协商，就地解决。对于一个案件，一开始，税务司就得加以权衡，尽可能不提交海关监督，这个问题我们在论述会讯问题一章中有详细叙述，这里从略。

最后一个问题是关于薪给问题。海关发给各级关员的薪俸"都相当优厚"，"在海关里，没有一个等级的人员是不可能省下金钱的，并且任何员司不需要节约或过分刻苦，在服务 25 年或 30 年之后，年龄不到 50 的光景，就可以告老离职而手里拥有足够的一笔钱，使他得以居家而得到相当优厚的收入。""那就是说，它使一个人能够在亡故时留下家属的赡养费。"还有，"只要轮到他加薪的时候，他的薪金将会增加的。""并且加薪一事可以被看作是有确切的时期，足以摈除一切焦急。"①

《章程》是开关后 9 年制定的，有些项目还来不及作出规定。所以还不能说是完备的。尽管如此，但它把人事管理系统化、制度化，并具有一定的科学性，这是值得重视的。

首先，《章程》把海关税务部门的官职加以缜密的划分，并且一级跟着一级层层由下而上，职别分明，井然有序；同时每一等、班都有顺序而增的固定薪俸；关员何时升迁，应升何等，由谁委派，都订得较细。升迁有个初步的标准，不是盲目提升，所有进关人员，都得从基层职务开始。这些规定，使清政府人事行政出现的大量弊窦得到匡正。因为关员都得从基层职务做起，这就杜绝了权要的推毂或汲引而躐登高位，阻遏了夤缘奔竞之风。所有高级官员，都有基层工作的实践经验，处理业务，自能驾轻就熟，不至于事事假手于属员；对于工作利弊，易于觉察。关员待遇"相当优厚"，升迁又有期，关员就得安心工作。关员一经正式任用，职位便有切实保障；如果没有重大过失或贪渎行为，不能任意撤换，也不以长官的进退而影响其地位。这样人人都以海关为职业，无五日京兆之心。

至于关员的工作，有具体的考核办法，过犯有惩戒办法，而且切实执行。这样，海关的纪律得以维护，工作效率也有保障。

海关的人事权力，集中于总税务司手中，这固然维护了总税务司的独裁统

---

① 1869 年 11 月 1 日总税务司通札第 25 号。《总税务司通札》（第 1 辑 1861—1875），第 227—233 页。

治，但也阻遏了清政府腐败的用人风气的侵入，海关的人事制度不容易受到侵蚀。

由于以上这些措施，所以海关关员得以保持较高的工作效率。

《章程》也存在不少的问题，首先是华员作为附属人员附在洋员后面，他们的品级低微，这种喧宾夺主的现象，是海关人事管理方针的具体体现；其次，重内班轻外班，外班的地位待遇都远远低于内班。一样是海关的工作，竟有如此高低之分，殊不可解；再次，《章程》还不完备，如关员的考试、录用、专业化的训练、退休制度等，全付缺如。这些，在以后的实践中，都在逐步改进。

第二节　海关人事管理工作的充实

《中国海关管理章程》公布后，海关人事管理工作随着形势的发展，在住宿、家具、薪给、旅费、赏金、体检、制服、录用、任命、退职等方面都有所改进和充实，管理工作不断向着制度化方向发展。它的内容非常细致，几乎所应管的都尽量管起来。我们就接触到的资料，把几个问题略为叙述，以见其发展情况的一斑。

首先，总税务司害怕《章程》的公布，关员们把海关职位看作金饭碗、铁饭碗，因而产生松劲情绪，于是在 1870 年 12 月发出了第 31 号通札。通札以 1854—1870 年关员除名为例，为他们敲了警钟。通札说，在这 10 多年中，"内班总共 181 人，其中 81 人除名，留下了 100 人。从名单上除名的 81 人中，7 人死亡、53 名辞职、7 人因不称职、5 名因酗酒、4 名因渎职、1 名因经商、1 名因受贿而革职、3 名因不再需要他们的服务而免职……这些统计表明，海关的成员一点也用不着害怕来自总税务司的〔除名〕行动，只要他们是值得雇用的；但是不应该认为：因为海关是个政府的部门，一旦进入就得老是不顾行为或者不顾工作效率。""税务司是各海关的直接首长，当他呈报任何一个的渎职行为时，有权调查这件事情，而且据以处理。税务司向总税务司呈报的任何一个不能胜任或不称职的人，可以立即给予免职。"①

1881 年，粤海关外籍扦子手杀死了一个中国人，广州人民掀起了浩大的

---

① 1870 年 12 月 31 日总税务司通札第 26 号。《总税务司通札》（第 1 辑 1861—1875），第 345—346 页。

斗争。总税务司为了维护海关和中国人民间的关系，重新公布了从前的规定，札行各关关员遵守，这个规定如下：任何海关人员，不论是有意或无意、武装或非武装、杀、伤或被告杀、伤任何外国人或本（中）国人，不论是自卫或非自卫，应立即把事件报告税务司，而且辞职；然后到他的领事馆，并在领事看管之下，请求调查，要求领事馆保护。如果宣布有过失而且送往审讯；或者经领事处罚，他的雇佣和薪俸从事件发生之日起，无限期地停止，跟着是辞退。但是如果宣布由于履行职务或自卫而采取的行动，并宣布不受惩罚，便撤销他的辞职。[①]

总税务司对于洋员的生活待遇格外照顾，特请总理衙门"给予每个工龄满七年的职员（洋员）多发一年薪俸的年金"。这样，"所有工龄满十四年的人，将在今年按现在的汇率发给两年的薪俸。所有工龄满七年以上的人，将在1877年按当时汇率发给一年的薪俸。""从此以后，每到七年期满，如总税务司认为工作满意，每个职员便可得到一年的薪俸。"总税务司认为"大多数人将在服务满四个七年期限（28年），可以获得四笔年金"[②]。

总税务司对于华洋关员一般的生活待遇都力求维持原有的水平，使其不因银价下跌而受太大的影响，以免影响工作效率。

关于职员进关考试问题，相当认真，职员的进关，都要经过严格的考试，应试者要求年富力强。内班年龄限制在19到23岁，外班不超过30岁，均应未婚。内班人员需要受过普通高等教育，体格检查不及格的不予录取；外班不重学科试验，以健康及品德为主。

洋员的考试，在上海、九龙、广州、大连、青岛等处都设点招考。伦敦办事处成立后，也在英国招考。当时虽然没有制订考试制度，但金登干尚能认真负责，一般不囿于私情。如有个名叫邓干的投考者，他的父亲是金登干的至好老友。他要求金为他写信给总税务司，替儿子说情；但还是要他考试。结果，"这次五个报考人当中只有两个被录取"；金登干认为邓干"太年轻、太稚气。我意他应再上一两年学，使他有资格被海关录用。我认为如果现在就任用他，那对任何人都是不公平的"。结果没有录取。[③]

① 1881年4月30日总税务司通札第146号。《总税务司通札》（第2辑1876—1882），第276页。
② 1876年5月12日赫德致金登干Z/24函。《中国海关密档》第1卷，第399页。
③ 1874年5月1日、5月8日金登干致赫德第2、3号半官函。《中国海关密档》第1卷，第37、39页。

赫德作为总税务司，总有一些亲友介绍人给他；尽管是友人的推荐，也须经过考试。他曾答应广州一位牧师为他的儿子乔治·俾士安排一个职务。俾士二十来岁，就读于英国美以美教会学院和私立汤顿文法学校，并在伦敦大学深造；但赫德仍要他在伦敦办事处参加考试。"如果……考试及格，就在5月里让他乘法国邮船到上海来。"并指定税务司葛德立和金登干一起主持考试。1874年2月24日总税务司寄给金登干一个推荐报考的名单，其中有韩威礼、邓干、阿歧森、格雷、小俾士（前述之乔治·俾士）和巴恒利；但他说"谁不符合我们的条件，就不录用。"经过考试，"汉斯彻底落选了。我为他和他的亲人感到抱憾。但有什么办法呢？"① 金登干也告诉赫德说："小俾士先生是最不像样的——且不说他是个跛子。"②

总税务司是重视用考试方法来搜罗人才的，但他也不囿于考试。比方"关于德·费尔库尔先生，假如他真的可能是一位不可多得的人才，我就破例录用他；假如他'不行'，最好立即对他说'不'。"③

海关的专门人才，一般是通过金登干在英国物色的。金登干对于物色的人才，都是亲自访问的。如总税务司需要一个管理灯塔的人才，他找到了毕诗礼。他首先找引水公会总工程师道格拉斯，了解毕的品德和工作情况；还找土木工程师布普斯、印度部埃迪斯工程师、土木工程学会秘书，打听他的业务和健康情况。得到肯定的资料，最后才决定推荐给总税务司。④

新关对于迫切需要高级人员，虽不经考试，但选择、审查都相当严格，务求获得优秀人才。

金登干认为这样选拔人才，具有偶然性，不一定能够得到真才，建议总税务司："如果您对每项任命都提三名候选人，并把全部或部分名额交给联合王国的公学或学院的校长们，我可以肯定您会得到一些真正优秀的人才，他们将为海关增光，成为文学或科学方面出类拔萃的人物。但是按现行的提名和考试制度，您会用上什么样的人，就有很大的偶然性。"⑤

尽管这个办法没有付诸实行，但可见他们求才之心是迫切的。

---

① 1874年3月28日、 2月24日赫德致金登干函。《中国海关密档》第1卷，第7—8、14页。

② 1874年4月17日金登干致赫德函。《中国海关密档》第1卷，第30页。

③ 1874年7月25日赫德致金登干函。《中国海关密档》第1卷，第104页。

④ 1874年8月21日金登干致赫德 A/29 函。《中国海关密档》第1卷，第117页。

⑤ 1874年10月2日金登干致赫德 A/38 函。《中国海关密档》第1卷，第141—142页。

总税务司为了维护海关的安定，极力主张有约国共管海关，反对排斥任何有约国应得的名额；但是他却尽量培植英国的势力，当他发觉"我们这里的英国职员，是很蹩脚的一帮人！在他们中间找不出十个真正有出息的人来"时，他便告诉金登干说："我希望能弄到一些人（英格兰人，或者不如说是英国人），他们能在这里以文学或科学事业使自己和本机关赢得声誉。"[1] 有一次，"这里有人向我推荐一个年青的〔煤矿工程师的〕比利时人，但对这件特殊工作，我宁愿要'一个我们本国人'。"[2] 可见总税务司在处理人事问题不是毫无私心的。

海关在工作实践过程中，为了提高关员的工作效率，每一个关员的职责范围，何者是关员应办的，何者是不应办的，总税务司署都根据积累的经验，在19世纪70年代中期陆续编辑各种办事细则。这种办事细则当时称为《诫程》，我们看到的有《新关内班诫程》《新关外班诫程》《新关理账诫程》。《诫程》把各部门的职责范围、应办、不应办的事情，订得非常细密。如《新关内班诫程》"税务司条"标出的项目就有"处事宜速""应酬地面职官""禁贸易""禁贿赏""官权勿私用""章程宜熟悉""札文宜谨遵""急事宜申呈""不可轻诺""选取钤子手""册簿宜清""权办领事官事""华人出洋事""搜禁军前要物""钤字手毋亲雇""斥革钤字手""总巡匿报宜禀""接任交任"等70个项目。帮办也有严格的规定。

《新关外班诫程》，首先列出各等职位，然后按职位订立诫程。并订有所有外班人员都应遵守的"通守条例"。

因为各部门订有办事细则，每人职有专司，职责分明，无从推诿，官僚作风无从产生，工作效率也有保证。所以，总税务司认为海关章程订得好像机器一般，办事有所遵循，不会有什么困难。

海关有比较完整的人事档案，而且经常的考核，所以事事有案可查。现在一些海关还保存着完整的人事档案。

第三节　海关经费及其管理

海关的财务管理，相当严密，而且非常严格。本节拟从三方面进行叙述。

---

[1] 1874年6月20日赫德致金登干函。《中国海关密档》第1卷，第76页。

[2] 1874年11月21日赫德致金登干函。《中国海关密档》第1卷，第176页。

首先叙述税款完纳和汇报制度问题。

据1843年签订的《五口通商章程：海关税则》（即《虎门条约》）第八款规定："海关应择殷实铺户，设立银号数处，发给执照，注明准某号代纳英商税银字样，作为凭据，以便英商按期前往。"① 中美、中法《五口贸易章程》也有类似的规定。由银号执行收缴税银任务，早在《五口通商章程》中就有了规定。据此规定，外商完纳税款应赴指定的海关银号。领事为了监督征收税款是按照条约规定，参预了税款的完纳手续，那就是银号掣给的号收（交款收据）要由领事转交海关。1851年，由于英国政府宣布终止领事干预中国征税手续，江海关不能不做出规定，令外商运货人将进口税及船钞"直接提交海关，毋庸照以往办法由领事收转"。（1851年江海关公布的海关章程第五条）1853年9月上海小刀会起义，海关行政停顿，英、美驻沪领事自行公布了《海关行政停顿期间船舶结关暂行章程》，规定"进口商、航运商及货运承办人应缴的税额，应向本领事馆缴纳"，并可以用40天付现的期票缴纳。海关银号的收税制度一度受到破坏。到了1859年，由外籍税务管理委员会成立，重新规定："税款缴纳于道台所指定的海关银号"（上海会议记录），是仍恢复原来办法。直到19世纪60年代初，海关外籍税务司制度建立后，赫德才制定一套严密的纳税办法，把税款完纳和呈报两者结合起来，这才使制度趋于完善。这种制度的内容大致如下：银号收到外商完纳的税款之后，即发给与海关掣发的"验单"相符的号收；号收转送海关，构成实收税款季度报告的根据。报告分送海关监督、总税务司署、总理衙门和户部查核。据此，则总税务司署所属海关估税，海关监督通过海关银号收纳税款，总税司署呈报。② 这个制度一直实行下去。因为这个制度采取了互相监督的办法，海关税款虽归海关监督保管，仍得保障不为官僚所侵吞。

海关税款虽由海关监督保管，但各关经费以及不归监督保管的特殊款项则税务司署自行管理。现将各关自行保管款项及其出纳的规定录下：

（一）经费　记入账簿"元"（海关账簿分元、亨、利、贞，英文作A、B、C、D四种）：

入款：一、海关监督拨交的经费，二、总税务司补发之项。

① 《中外旧约章汇编》第1册，第41页。

② 《中华帝国对外关系史》第3卷，商务印书馆1960年版，第127页。

支款：

一、薪水。

二、盘运各费，内包括旅费、运价和保险经费等。

三、租费，指房租等。

四、各项关房建修费。

五、各项关船建修费。

六、沿江、沿海巡查经费。

七、常用杂费，包括文具邮电等费。

八、呈准特用各费。

九、汇兑费。

十、总税务司由"元"簿提项。

十一、还上结未入之垫款。

（二）罚款　记入账簿"亨"：

入款：计有罚商银两、罚货物入官变价、总税务司补发之项三项。

支款：

一、缉私经费。

二、提归总理衙门三成。

三、提归监督三成。

四、应提总税务司四成项下。

五、汇兑费。

六、总税务司属列"亨"簿提项。

七、还上结未入之垫款（解同文馆）。

（三）船钞　记入"利"簿：

入款：

甲、薪水　营造处、理船厅、蹬塔等处司事（洋、华人）之薪水，统由船钞支拨。

乙、盘运各费　旅费、贩运及保险经费。

丙、租费　房租等。

丁、灯浮、灯塔各项建修费。

戊、各项关房、关船建修费。

己、各项特动之工费，指疏浚河道费等。

庚、常用杂费，指各处杂费、物料、涉讼经费等。

辛、汇兑费。

（四）另款……

入款：

甲、奉总理衙门饬拨之款。

乙、华商船牌费。

丙、华商船关照费。

丁、引水账各银两。

戊、招工账各银两。

己、责纳专单费。

庚、关版商货全书售价银。

辛、酬谢关船救护银。

壬、暂存银行银两之利息。

癸、本关人等违章罚项。

子、未能预先列名各项银。

丑、经费、罚款、船钞、另款各尾数。

寅、总税务司补发之款。

支款：

一、奉总理衙门饬拨银两之支款。

二、华商牌照费归总理衙门三分之一。

三、华商牌照费、关照费归监督三分之一五成。

四、引水账各银两。

（下缺）①

对于上列各项款项的管理，一个环节扣着一个环节，非常严密。因近于琐屑，未能详录。

海关的财务管理，一般仿自英国政府财政部，李泰国请假回英返华时，带来了在英国政府财政部学校受过严格财务训练的金登干。金登干一开始就担任总理文案兼委巡各口账目文案税务司。早期海关的记账形式是税收细目和海关开支兼备的简易清册。19世纪70年代，海关设计了一套新的会计制度。这套

① 《续理账诚程》，第101—115页。

制度是金登干在英国财政部国家账目委员会委员长（Public Account Comissioner）佛郎西斯·巴林指导下精心制作的。① 所以海关的会计制度是吸收西方先进的会计制度而制定的。

海关管理的款项存于和总税务司私人有密切关系的丽如银行（O.B.C）。丽如银行亦叫东方银行、东亚银公司。总行在伦敦，在上海、福州、厦门和汉口等地设有分行。海关在丽如银行立有往来账户，分 A、C、D 三个号头。A、C 是海关的正式账目，D 是 A 和 C 的补充账目。此外，金登干还在该行开了账户，存放总税务司私人款项。伦敦办事处立有暂用账户 O 和 S。所有这些账目，因资料来源不同，用途也不尽相同。80 年代丽如银行关门后，总税务司乃于汇丰银行开立账户，存入各种经管款项。

总税务司对于各关财务管理，异常严格。1870 年颁发了十条禁令，到1877 年归并于《续理账诫程》。兹将其主要项目摘录于下：

第四十一节　"各口账目例应责成该税务司清理。凡各口无论为税务司或奉有总税务司札派、署税务司之员，其一切入支存款、各项银钱，例为该员之专责；遇有差谬，则总税务司惟向该员是问……"

第四十二节　"札委某人理某口税务。凡总税务司札委某人料理某口税务，无论其为实授、暂署，总税务司皆于所付札文上画押盖印，即该员之职而言，以此札为凭，遵照定例接受该口前任税务司所有出支一切常用杂费之权。再如前任税务司未完之呈准各专支款，则此新莅任者例接代办。"

从此节可以看出总税务司得委派任何人"料理某口税务"。

第四十六节　"理账之事责有攸归。""凡各口之职为理账兼充拨发薪水之帮办，其一切隶于理账之事，该税务司惟此帮办是问……"

第六十节　"公所存项例不许借垫。""凡税务司例不许将该署公所现存银两出借与他公所，亦不许代他公所有所垫付。"

第六十四节　"薪水不可先期支付。"

第六十六节　"税务司于监督应拨、提之外，禁别有移领、提寄。""若税务司自愿向监督处额外有所移领者，必先得总税务司处函准，方可办理。"

第六十七节　"额外入银例归贞簿，总税务司提项下。""凡税务司处遇有额外银两，无论其为何项所入，如出售该关自置房地、什器等项，均例归贞

---

① ［英］魏尔特著：《赫德与中国海关》，爱尔兰马伦公司 1950 年版，第 283 页。

簿总税务司提项下，决不可支作该关他项费用。"①

这些规定是作为财务纪律而制定的。

总税务司极其重视审计工作。他特设一个稽查账目文案税务司，每年至少巡视各关一次，就地审查各关的账目。审查是根据总税务司札文进行的。审查的主要内容是：各关有没有未经批准的开支，账簿是否一直记到现在，结余是否按照报告依次存贮。

审查是很严格的："稽查账目文案税务司到达口岸时，税务司应命令当时主管账目的供事，立即把存放余款或其他有关证件、保管的支票和存折等等的保险箱钥匙移交给他，并即把各项账簿当面交出。这样，他才可以向总税务司呈报他到达时所获悉保险箱和账目的准确情况。根据我（总税务司）的特许和总理衙门的批准，万一发现有未经认可的开支、滥用公款或其他违规情事，稽查账目文案税务司有权停止任何税务司或负责关员的职务；如果必要时，稽查账目文案税务司得立即把该关看管起来，而且暂代税务司职务，在总税务司指示到达之前，执行海关工作。""稽查账目文案税务司到达口岸时，应递交他在该口和最后巡视口岸之间所用的旅费清单，〔该关〕应把此项支出的款数归还给他，取得收据。此项款数记入账户'元''流动'项目内。"②

由于有严密的管理，所以海关财务很少发现舞弊现象。

---

① 《新关理账诚程》下卷，第 29—37 页。
② 1874 年 10 月 1 日总税务司通札第 26 号。《总税务司通札》（第 1 辑 1861—1875），第 534 页。

第九章

海关关税及其作用和使用分配问题

第一节　片面协定税则的规定和进出口货物
值百抽五税率的确定问题

对出入国境的货物征收关税是海关的主要任务。海关税则是国家对进出关境货物的计征条例、分类和税率表。它是一个国家关税政策的具体体现。

鸦片战争前的海关税则，完全是清朝政府根据自身的利益自行制定的，不受任何外力的掣肘和拘束。这种税则虽然是自主的，但是由于清朝统治日趋腐败，管理松弛，吏治不修，所以陋规苛繁，朘削日剧，所定税则，层层加码，扰商损商。这种情况，不为外商所接受。终于被迫采用片面的协定税则。《江宁条约》第十款规定：英国商人"应纳进口、出口货税，均宜秉公议定则例"，这已隐含"商议制定"的意义。1844年中美《五口贸易章程：海关税则》便明确规定："倘中国日后欲将税则更变，须与合众国领事等官议允"（第二款）；中法《五口贸易章程：海关税则》也规定，"佛兰西人在五口贸易，凡入口、出口均照税则及章程所定，系两国钦差印押者，输纳钞饷"；"如将来改变则例，应与佛兰西会同议允后，方可酌改"（第六款）。据此规定，则税则的制定须待"议定"，税则的修改，须待"议允"。这种"议定"、"议允"，与其说是"议"，不如说是单方面的强制，因为它是在列强强制之下制订的，所以实际上是片面协定。片面协定税则的规定，标志着中国关税自主权的丧失，也是列强对中国海关一项重要主权的篡夺。

中国第一个协定税则是在1843年10月8日公布的中英《五口通商章程：海关税则》。这个税则分为出口税则和进口税则两大表，大部分税目属从量税，少数为从价税。出口税分为 12 大类，68 个税目；进口税分 14 大类，104 个税目。进出口货中属于从价税的，其税率分"值百抽十"与"值百抽五"两个税级。值百抽十的都属进口货品，但税目甚少。"凡出口货有不能贱载者，即论价值若干，每百两抽银五两。""凡属进口香料等货，例未贱载者，即按价值若干，每百两抽银十两"，进口免税货品有：金银类、各样金、银洋钱、锭镍、洋木、洋麦、五谷等。①

这个税则比起粤海关税则来，在结构上有所改进，它废除了粤海关税则中的比例税。这种比例税是不科学的，因为比例的标准难于制定，易滋弊端和纠纷。协定税则中的从价税目的范围较诸粤海关税则大为缩小，且税级仅两级，便于稽征。

把协定税则和粤海关税则的实际征收（正税加上各种规费等附加税）加以比较，则协定税则实征税率，无论出口货或进口货都是普遍地、大幅度地减了税。以出口大宗的茶叶来说，协定税则较粤海关税则降低 58.33%；另一大宗出口的湖丝、土丝则降低了 57.86%。主要进口货棉花，协定税则较粤海关税则也降低了 77.01%。

协定税则订立之后，美、法两国又强迫某些货物的税率一减再减。如 1843 年 9 月，美商要求美国上等洋参的进口税每百斤完税 34 两，减为 4 两，下等洋参每百斤完税 3.5 两，减为 2.7 两。② 1844 年 11 月，法国要求下等丁香每百斤税银 5 钱，减为 2.5 钱，大瓶洋酒每百瓶税银 1 两减为 2 钱，小瓶自 5 钱减为 1 钱。③

中国关税税率一减再减，成为世界上进口税率低的国家之一，如和英、法相比，相差太大了。1806 年英国自中国进口的茶叶税征至 96%④，至 1847 年通常品级提高到 200%，次等品级则在 350% 以上⑤。法国从我国进口的绣货，课 80% 以上的进口税，而我国对法国进口的绸缎仅课值百抽五的低税。⑥

中国关税税率如此低，既达不到财政收入的目的，更谈不上保护生产的作

① 《中外旧约章汇编》第 1 册，第 43—57 页。
② 道光二十二年十月十四日耆英等奏折。《筹办夷务始末》（道光朝）第 6 册，卷 73，第 2890 页。
③ 《中华帝国对外关系史》第 1 卷，第 92 页。
④ 英国国会档案：《对华商务关系专门委员会报告书》。引自《中国关税沿革史》，第 39 页。
⑤ 武堉干：《中国关税问题》，第 61 页。
⑥ 道光二十三年六月十三日耆英奏折。《筹办夷务始末》（道光朝）第 5 册，卷 67，第 2647 页。

用。因此，大量的洋货涌进来，大量的农产品被吸引外运①。

中国海关的征税项目共有：进口正税、出口正税（正税系附加税的对称）、子口税（内包运入内地半税、运出内地半税）、复进口半税、船钞（吨税）和洋药税厘。现在先从进出口正税问题谈起。

凡进出口货物，应完纳值百抽五的关税。这个值百抽五的税率是英国强加的。据1842年《江宁条约》及其随后签订的各国条约，都没有进出口货物值百抽五税率的规定。《江宁条约》只规定英商在五口"应纳进口、出口货税、饷费，均宜秉公议定则例，由部晓示"；英国货物在口按例纳税后，"即准由中国商人遍运天下"，中国内地税关"只可按估价则例若干，每两加税不过分"（第十款）②。1843年签订的中英《五口通商章程：海关税则》也只说"凡系进口出口货物，均按新定则例，五口一律纳税，此外各项规费丝毫不得加增"（第六款）③。《江宁条约》所说的"秉公议定则例"，是以清代旧税则的正税率为基础，不包括地方课征和规费在内。根据议定税则规定的税率，不论进口税或出口税，都不是按照值百抽五的税章计税，甚至在税则表中明文规定：凡未列举的树胶、五金和木料，都按值百抽十的从价税率完税。由此可见，在当时并没有采用值百抽五税率的硬性规定。

但在1858年签订的《天津条约》，其第二十六款却这样写着："前在江宁立约第十条内，完进、出口货各货税，彼时欲综算税饷多寡，均以价值为率，每价百两，征税五两。"④ 这里所载"每价百两，征税五两"，查诸《江宁条约》第十款，并没有这样记载；即遍找《五口通商章程：海关税则》，亦无此语，可见"每价百两，征税五两"一语，系《天津条约》英国制定者塞进的。《江宁条约》如已规定值百抽五，《天津条约》便无须重载了。自此以后，"在进口货方面是严格依据值百抽五从价标准计算的，在出口货方面虽也依据同样的标准，惟以茶、丝两项税率为维持不变的显著例外"⑤。这样，值百抽五成为硬性不变的税率了。《天津条约》没有经过中英双方的谈判，而是英国强迫一字不改签订的，清政府也只好把英国自定的税率接受下来了。

① 参阅叶松年著：《中国近代海关税则史》，上海三联书店1991年版，第20—30页。

② 《中外旧约章汇编》第1册，第32页。

③ 《中外旧约章汇编》第1册，第41页。

④ 《中外旧约章汇编》第1册，第99页。

⑤ 《中国关税沿革史》，第53页。

第二节 百弊丛生的子口税

子口税是由海关征收的一种国内税，其性质属于内地过境税，英文名为 Transit Duty。所谓子口是指内地常关、厘卡所在地，也就是通商口岸正口的对称。凡货物征收子口税之后，便不再征收常关税和厘金等内地过境税。因为子口税是取代内地过境税，所以又称抵代税。

早在鸦片战争进行中，英国首相巴麦尊便训令在华全权代表，在和清政府缔结条约时，应订明："中国皇帝所属官员应对此项货物自一省转运另一省时另行加征之税捐，不得超过此等货物价值的百分之若干，或相当于此等货物进口时所已缴之税的二分之一或三分之一。"[①]《江宁条约》据以规定："英国货物自在某港按例纳税后，即准由中国商人遍运天下，而路所经过税关不得加重税例，只可按估价则例若干，每两加税不过分。"[②] 1843 年中英双方又签署了《过境税声明》，内称："惟查中国内地关税定例本轻，今复议明内地各关收税，一切照旧轻纳，不得加增。"[③]

1853 年，清政府为筹措军饷以镇压太平天国运动，开始征收厘金。厘金的征收，虽名为 1% 的厘，实则高至 4%—10%，甚至有高达 20% 的；征收的地域越来越广，而且无货不征，一物数征，这就妨碍了"每两加税不过分"，"一切照旧轻纳"的规定。1854 年 2 月，英国外交大臣克拉伦顿（Clarendon）致函驻华公使包令，命令他要求清政府："不得在外国进口的货物上，和为向外国出口而购买的货物上，课征内地税或过境税。"[④] 1857 年 4 月又指示额尔金向清政府要求以缴纳一种代偿金来代替进出口货的一切内地课税。[⑤]

清政府拒绝这个要求。结果通过第二次鸦片战争的《天津条约》实现了它的目标。《天津条约》第二十八款载："惟有英商已在内地买货，欲赴口下载，或在口有洋货欲进售内地，倘愿一次纳税，免各子口征收纷繁，则准照一

---

① 《内阁专用机密印件，有关中国事件的文书》。引自严中平：《英国资产阶级纺织利益集团与两次鸦片战争史料》，《经济研究》1955 年第 2 期。

② 《中外旧约章汇编》第 1 册，第 32、33 页。

③ 《中外旧约章汇编》第 1 册，第 32、33 页。

④ 1854 年 2 月 13 日克勒拉恩致包令函，引自《中华帝国对外关系史》第 1 卷，第 767 页。

⑤ 英国议会文件：《关于 1857—1859 年额尔金对中国和日本特别使团的通讯》，第 2—3 页。

次之课。其内地货则在路上曾经之子口输交；洋货则在海口完纳给票，为他子口毫不另征之据。所征若干，综合货价为率，每百两征银二两五钱。"① 这个2.5%的税，用以抵代内地所有子口的征课，所以叫做子口税。按此规定，凡洋商进出口货物，只要照章缴纳一次进出口税5%，再加上2.5%的子口税，共纳7.5%的关税，就得遍运全国，不再缴纳其他税厘。

根据《天津条约》的规定，子口税有两种：一种是运洋货入内地的子口税，税率是从价征课2.5%。凡洋商运洋货从通商口岸入内地，经进口地海关查验，确系原货，一次完纳进口税和子口税后，随由海关发给进口税单，称为"运洋货入内地之税单"（Transit Pass Inwards），该货便得放行。此后经过各关卡时，应将税单呈验，由关卡查核单货相符，即盖戳放行；无论远近，一律免征税厘。

另一种是洋商运土货往海口的子口税，享有此种子口税特权的土货，必须是运出国外的；如非运出国外，即不能享受这种货物的子口税，仍是从价课征2.5%。洋商往内地购买土货，须先向本国领事申请，由领事向海关监督处领取"购买土货报单"（Transit Pass Mamoraldum）。该报单由三联组成，通称"三联单"。洋商在内地购买土货之后，由送货人填写应填各项。在经过第一子口时，将三联单一并呈交。该子口将第一联盖印加封，由驿递送出口海关查明；第二联盖印加封，送海关监督按月呈报总理衙门备查，第三联留存第一子口，照单填发该货运照（Conveyance Certificate）。

运照货物不许在中途贩卖。货物运抵最靠近指定装船口岸的子口时，商人须开其货名、件数、重量等清单报关，经海关发给过卡准单，随将货物送交海关码头验货，缴纳子口税，方准该货起运上栈。待装船出口时，再完纳出口税。三联单的有效限期，各关不一，有一年、半年、三个月，也有十三个月不等。

子口税在实施中产生了种种弊窦。关于进口子口税方面，按子口税只有外商才得享受，华商货物则须"逢关纳税，过卡抽厘。"洋商因内地分散，销货不便，领事又没有有效的保护，各有戒心，所以绝大部分洋货的内销，是由华商经营，洋商从不轻易自运洋货进入内地。洋商乘机以自己的名义领取子口税单，以高价出售给贩运洋货的华商。这样，洋商既可牟利，又可避免自运的风

---

① 《中外旧约章汇编》第1册，第100页。

险和麻烦。华商既持有购自洋商的子口税单，就得减免常关税、厘金的缴纳。这种弊端导致 1876 年《烟台条约》的规定：凡运洋货入内地的子口税单，"不分华、洋商人均可请领，并无参差"（第三端第四节）①。这个规定延至 1880 年总理衙门才札行总税务司实行。②

至于出口子口税方面，也出现了洋商出售三联单的弊端。洋商请领的三联单，动辄转售华商。上海三联单每份售价高达五两银子。领事签发三联单，非常马虎，随便发给洋人雇员以及经纪人和代理商等。这样，三联单竟成为中外商人之间一项交易品。英国领事曾说，在汉口专门以出售子口税单为业的洋行就有 6 家。③

1896 年，总理衙门根据总税务司的申报，奏请三联单的请领扩及华商。奏称：三联报单为洋商独有之利益，华商不能申领。因此，"常有华商假托洋商名号，贩运土货，希图免厘。该货并不运送外国"，"洋商亦乐于包庇，以坐分其利。诈伪百出，莫可穷诘"，"以致正经贸易与各省厘捐两者妨碍。"于是奏准"华商、洋商一律请领三联报单，置买土货出口，流弊既可杜绝，税课亦可畅旺"。并建议按镇江关保证罚则章程在所有各口一体推行。④ 镇江关章程规定：若土货不运出外国，则多收倍半之税，留抵厘金。

这个办法推行后，据 1897 年总税务司的申报：土货出内地领三联单者，"华商迄无一人"。结果，三联单的申领权，仍为洋商专有。⑤

第三节　复进口税的确定和沿海贸易权的丧失

洋船载运土货复进他口征税问题是海关初建时期的棘手问题。这个问题相当复杂，影响也很大。现在先从洋货复进口问题谈起。

《江宁条约》规定，英商可在五口"贸易通商无碍"。这一规定是指英船可以直接从外国口岸载运外国货（洋货）到中国通商口岸进行贸易，但是不能从通商此口到通商彼口进行沿海贸易。

---

① 《中外旧约章汇编》第 1 册，第 349 页。

② 1880 年 11 月 4 日总税务司通札第 119 号。《总税务司通札》（第 2 辑 1876—1882），第 352 页。

③ 1878—1880 年《英国领事商务报告，汉口》。

④ 总税务司通札（1896）第 730 号附件。《总税务司通札》（第 2 辑 1893—1897），第 406—408 页。

⑤ 参阅《中国近代海关税则史》，第 73—90 页。

　　五口通商后，在上海、厦门发生了洋货滞销的现象。英国驻厦领事记里布乃要求闽浙总督刘韵珂，因英商"贩来货物，不能按船全销，请照销数输税，余货分往他口分销。"当时负责对外交涉的耆英，同意英商"将报验起卸之货按则征输，其未检未卸者免其纳税，准赴他口销售"①。这就使英商载运来华的洋货，可以在通商此口运到通商彼口进行沿海贸易了。1844年7月和10月签订的中美《五口贸易章程：海关税则》和中法《五口贸易章程：海关税则》进而明确规定：美商可在"五口居住贸易"；"其五港口之船只，装载货物，互相往来，俱听其便"；法国船只"在五口停泊，贸易往来，俱听其便。"②据此规定，外国船只载运洋货在五口间的贸易，便为条约所确认了。

　　外商虽然可在沿海各口载运洋货，但对土货的沿海载运，则是非法的。由于英商使用的商船，设备精良，航行迅速，又有精锐武器可以抵御海上的劫掠；它载运的货物有保险；而且华商货物由外国商船载运，可以抵制清朝海关人员的敲诈勒索，因此，华商乐于把土货交给外商轮船载运。远在1843年，厦门华商已有利用外商船舶载运土货的事。厦门海防厅曾向英国提出异议，1847年，还重申禁令。香港总督兼英国驻华商务监督德庇时曾就这个问题照会耆英，建议加以解决。耆英因势就便复称："倘禁止英商以英船载运其货物，势必妨碍贸易之进行。"因此，"应商定若干办法，借使华商使用英船装运货物，不受阻挠"。同时建议："凡载运华商货物之英船，均应交纳船钞；而托运之货物，应由华商自行完纳关税。"德庇时当即表示："这是非常公正的建议"；并称"英船不论货主是谁，都应完纳船钞；货主不论是欧洲人或中国人，都得完纳全部货物的关税。只有这样，领事才会准许英船进行贸易，并让船舶离口。"1847年4月17日，香港殖民当局在一项布告中，布告香港英国商人，"中国大臣准予他的政府的臣民使用英国船舶载运〔中国〕货物"③。耆英把这项办法通知闽浙总督：英船在沿海口岸间载运华商土货已为两国大臣所同意了。但是应该明确，这种同意并未经过两国政府的批准，因此，他们的照会不具条约效力。尽管这些照会只是对于一项既成事实的承认并加以规范而已，但厦门官方既有这样的许可，企求谋利的外商便放手大干了。于是，在数

① 道光二十四年三月初八日刘韵珂等奏折。《筹办夷务始末》（道光朝）第5册，卷71，第2817页。
② 《中外旧约章汇编》第1册，第58、55页。
③ 以上引文出自英国国会文件：《1847年有关中国贸易的章则和布告》，《中国近代海关历史文件汇编》第6卷，第8—9页。

年间，一些专载华商土货的 50 吨到 300 吨的外商快艇，不但在通商口岸之间的口岸载运土货，甚至发展到货主所指定的非通商口岸去。到 1850 年，大英轮船公司把明轮汽船"玛丽·伍德号"派到香港和上海及其间各口进行定期航行；3 年后，单单这个公司就有不下 5 艘轮船从事这种沿海载运行业。到 19 世纪 60 年代初，外轮定期航行于上海和沿海之间载运土货进出口上海的在一半以上。[①] 由于这项贸易权还没有经过清政府的批准，英、美公使都企图以订约形式迫使清政府承认。

早在 1854 年 10 月，英国公使就提出："凡于贸易诸港口之间，准英船装运货物，往来无碍。"[②] 美国公使也要求推广《五口贸易章程》的适用范围，"遇有特设运货船只，曾经请领牌照者，即准其任意往来，由此港运货到别港；但只准其在港之内"[③]。第二次鸦片战争中，英国商人又向额尔金提出，因为土货的沿岸贸易已经奠定，要求"以专款予以保障和确定"[④]。

沿岸贸易权，在当时，无论哪个国家，都是属于本国的，只有本国商人享有这项权利，至于外国商人一律不得分润。在欧洲，从行会能够影响国家贸易政策时开始，在亚洲从各国能够控制外商时开始，外商都被排斥在这种贸易之外。纽约和旧金山、敖得萨和海参崴都不例外；就是英国，直到 1854 年还不准外国人分润沿海贸易权。

随着外轮在沿海各口载运土货的发展，发生了此项贸易的征税问题。

首先，在新关设立之前，不论民船贸易或洋船贸易，统归各口海关监督征课。各口海关对于洋船载运的土货按什么标准征税，没有统一，各征各的。1854 年江海新关设立之后，情况更加复杂了。

那时华商经营的民船贸易是由海关监督管理的常关管理，它的关税是按常关税则征课的；外商经营的轮船贸易是由各关税务司管理的海关管辖，它的关税是按条约规定的税则征课的。两者征课的税则不同。这就影响到土货载运的征课。具体说，华商用民船载运的土货按常关税则应纳一出口税，复进他口，又纳一进口税；沿途还得经一关纳一关的税。如湖丝由内地至广东，应完三个常关的税，但每百斤应课税银只有 3 两多；如由轮船载运，则应按条约规定的

---

① 《赫德与中国海关》，第 203 页。

② 咸丰四年九月英使包令所递清折十八条。《筹办夷务始末》（咸丰朝）第 1 册，卷 9，第 343 页。

③ 咸丰四年九月美使麦莲所递清折十一条。《筹办夷务始末》（咸丰朝）第 1 册，卷 9，第 345 页。

④ 《中国关税沿革史》，第 190 页。

税则完税，出口时纳一出口税。进口时又纳一进口税，共税银 10 两，较常关税多两倍余。① 这对轮船载运的土货大大不利。外商因而啧有烦言。

其次，土货由轮船载运，它的关税由新关征课。这就影响到常关的常税和厘局的厘金的收入。还有，华商利用洋船载运土货，逃避地方的其他课征，这对于地方收入不利。

再次，根据 1858 年《通商章程善后条约》精神制定的税则，分为进口货和出口货两表，但却作为一个对外贸易的总税则而公布。因此，外商认为只要货物由外国商船载运，就构成了对外贸易。所以轮船载运的土货，要根据条约规定的税则完纳进出口正税，此外就不必再抽征了。李泰国对于宁波、厦门间的洋船载运的土货，凡停留在上海的，要求在江海关完纳进口税，并发给不再纳税的免重征执照——免单。宁波海关道认为江海关无权干预宁波海关的征税。同样，轮船从上海载运土布到广州，江海关也发给了免重征执照。粤海关监督提出抗议，认为免重征执照只适用于洋货；至于土货的免重征执照，只是证明货物已在江海关完过出口税，并无免重征的规定。因此，粤海关监督仍要求照纳进口税。

以上这些情况，既使外商不便，又对外商不利。

赫德第一次到北京时，抛出的《洋船载运土货往来论》，就是企图解决这个问题的。

总理衙门和赫德、英国公使共同探讨了这个问题。恭亲王以洋船载运土货出口而复进口，"仍令其照内地过一关纳一关之税"，赫德则以"如此办理，恐各国公使不肯"。恭亲王乃函卜鲁斯、威妥玛到总理衙门会商。结果商定："洋船载运土货出口而复进口者，仍应纳税；如完一正税，准扣英法赔款二成；如完一半税，便不扣赔款。无论正税半税，纳清后，仍一关纳一关之税。"② 最后决定完纳半税。这种关税英文称为进口半税（Half Import Duty，一般叫做 Coast Duty），汉名称为复进口半税（A Half Duty on Re-importion），日本则称为沿岸移入税。

1861 年 9 月 8 日，赫德从总理衙门颁发总税务司通札第 7 号，内称："兹札行该税务司，缔约国公使与恭亲王殿下业经商定，沿海口岸之间土货的载

① ［英］赫德：《外船运载土货往来论》。
② 咸丰十一年五月恭亲王等奏折。《筹办夷务始末》（咸丰朝）第 8 册，卷 79，第 2916—2917 页。

运，应完纳：一、出口口岸全税；二、进口口岸半税；三、帝国关税因土货完纳进口半税所得的款额，不扣缴赔款。"[1] 税务司魏尔特概括了复进口半税的意义："凡在国内销费之已完出口税的本国货物，于到达指运之通商口岸进口时，按当时出口税率半数收复进口税。其性质实即沿海、沿江、沿河子口税。盖此项货物，如由民船载运，则沿途亦须完纳其他种内地税厘也。"[2]

1861 年 10 月，复进口半税的规定便载入《通商各口通商章程》。《章程》第二款载："洋商由上海运土货进长江，其统货应在上海交本地出口之正税，并先完长江复进口半税；俟到长江各口后，一经离口贩运，无论洋商、华商，均逢关纳税，过卡抽厘。"第三款载："洋商由上海运别口所来之土货，已在别口交过出口税，并在上海交过复进口税，如再出口往长江，毋庸再在上海纳出口税并长江复进口之税；俟到长江各口后，一经离口贩运，无论洋商、华商，均逢关纳税，过卡抽厘。"[3] 这是中国"中央政府对于洋船载运土货的沿海贸易的默认"[4]。

1863 年，经过总税务司与丹麦公使幕后策划后，于 7 月底签订了中丹《天津条约》，把外船载运土货交纳复进口半税问题订进了条约。

随着复进口半税而来的是退税存票问题。从这个问题可以看出列强无孔不入地钻取种种关税权益，而总税务司总是从旁促成。

在太平天国运动期间，社会秩序混乱，外商积压了大量无法销售的进口货，他们要求救济办法。1856 年，税务监督李泰国诱使上海道准予外商确属无法推销而向外国复出口的进口货，请领特别号收或存票，以抵付进口税。两年之后，总理衙门被迫把这项准许订进中英《天津条约》。该约第四十五款载称：英商运进纳清税课的进口货，"或欲将货运出外国，亦应一律声禀海关监督验明，发给存票一纸，他日不论进口、出口之货，均可持作已纳税饷之据"[5]。这样，一项条约外的非法权利，变成条约特权了。中美、中法《天津条约》，虽然没有同样的规定，但据"一体均沾"的原则，凡是缔约国商民都

① 《总税务司通札》（第 1 辑 1861—1875），第 8 页。

② ［英］魏尔特著，郭本校阅：《自民国元年起至二十三年止关税纪实》（以下简称《关税纪实》），总税务司署统计科印行，1936 年版，第 55 页。

③ 《中外旧约章汇编》第 1 册，第 178 页。

④ 《赫德与中国海关》，第 206 页。

⑤ 《中外旧约章汇编》第 1 册，第 102 页。

一律分享了。

这项特权最初只限于向国外复出口时的已完税的外商进口货，同时，凡享有这项待遇的货物必须是未经拆动的原装原货。但总税务司商得恭亲王的同意，把这种退税权扩大到已缴清出口税和复进口半税的土货。这就是说，当土货向外国复出口时，也应把复进口半税退还。因而议定该项货物自付税之日起的 3 个月内输出国外的，也得以现款将复进口半税发还有关外商。

1863 年 6 月间，丹麦在英国公使支持下，也要求签订条约。经过总税务司幕后策划之后，于 7 月 13 日签订了中丹《天津条约》。该约第四十四款把复进口半税问题也规定进去："丹国商民沿海议定通商各口载运土货，约准出口先纳正税，复进他口再纳半税。"总税务司建议的存票以 1 年为期，也在条款中作了规定："至于土货自通商各口运入他口，按例纳完半税后，该商再欲运往外国，以一年为期，期内亦准一律发给半税存票。该票无论何商呈验，均准专抵该关进出货税，不准特赴别关抵课。"（第四十五款）① 这样，外商不但获得复进口半税的特权，而且获得存票由 3 个月至 1 年的特权了。

复进口税开征之后，华商的土货多由民船转向轮船，而轮船贸易是由海关管理的。这样，常关关于此项贸易的税课，也就转移到海关了。这种情况固然使常关征收不到沿海贸易税，就是运抵指运地的海关也因土货免重征执照而收不到关税。这以天津最为显著。津海关开办之后，所有洋货以及若干土货都由洋船运来了。在绝大多数情况下，洋船都是在上海结关的，它们的货物已在那里完了出口税，随带免重征执照来到天津，这样，津海关征得的税款无几，甚至无款可征；常关也发现那些从前赖以征税的货物，尽管来到天津，却不再由他们去征课。常关宣称："最近开办的新关的做法，使他们不能征得每年负责征收的定额税款；新关也感到，随带免重征执照的货物的到来，不但使新关不可能补偿旧的税关的亏损，连自己也收不到一点关税。"②

尤其严重的是民船的沿海贸易遭受前所未有的沉重打击。早在 1858 年两江总督何桂清就已预料到："今在天津所议条款，任其（外商）周游天下……则我内地货物亦听其在内地兴贩矣。……普天之利，将尽归于该夷。"③ 当

---

① 《中外旧约章汇编》第 1 册，第 203 页。

② 《关于中国洋关创办问题备忘录》。

③ 咸丰八年七月初十日何桂清奏折。《筹办夷务始末》（咸丰朝）第 3 册，卷 30，第 1100 页。

1861 年 8 月间复进口半税在酝酿的时候，英商喉舌《北华捷报》也说过："目前对于本（中）国船输出入的货物是课以一种差别的和低标准的关税；如果将两者（指民船和轮船）划一，我们深信会给予外国船的业务一种物质上的刺激，渐渐地外国船或许会垄断了沿海贸易的极大部分。"① 60 年代外商取得沿岸贸易条约权利和内江航行权之后，"所有国内陆路贸易，以及内河沿海之中国帆航运输业，则逐渐转入洋船之手。外商兴洋船之地位，则得条约与领事之保障而愈趋优越。"② 上海在通商前"万桅云集，自西人通商之后，夹板行而沙船之利夺，自火轮行则沙船之利益夺"，遂使"成千上万条的帆船闲置在黄浦江上，闲置得快烂掉了"③。

关于民船沿海贸易遭受惨重打击的命运，赫德是挽救不了的；但他却极力解决因土货免重征而引起的问题。

土货免重征执照的擎发是李泰国任江海关税务监督时发起的。但因上海擎发了免重征执照，货物到达他口时，他口海关便征不到税了，于是引起了海关之间的矛盾。

根据中英、中法、中美《天津条约》规定的免重征，只是限于从此口运往彼口——开始就完纳进口正税的进口货——洋货，并不包括土货在内。据此，署理总税务司赫德遵照总理衙门的指示，于 1861 年总税务司第 2 号通札（第一辑）通饬各关税务司，"自 1861 年 7 月 17 日起废止外国船从一个通商口岸往另一通商口岸载运的已税土货擎发免重征执照的办法。因为这种执照根据条约规定只能在已税的外国进口货（洋货）于进口通商口岸运往另一个通商口岸时擎发，以作为不另征税的凭据。此后凡外国船从另一通商口岸运来的一切已完出口税的土货，不论货主为谁，在到达卸货口岸时，均须缴纳复进口半税。"④ 这才解决了土货免重征的问题。

跟着存票制度而来的是派司（Pass）制度。外商为把进口货物复进他口，往往在进口之先，伪报货物，希图免税，海关乃有派司之设。派司是一种证明文件，凡已税货物谋于再出口时取得退税或免重征执照，用以证明该货与原装原货相符的证件。当土货进口时，货主须将姓名、货物种类、数量、价格、包

①　《北华捷报》1861 年 8 月 3 日。

②　［英］班思德：《最近百年中国对外贸易史》，第 78 页。

③　1865—1881 年《海关贸易报告》，附录，第 131 页。

④　1861 年 7 月 4 日总税务司通辑第 2 号。《总税务司通札》（第 1 辑 1861—1875），第 4 页。

装记号、件数及进口船只名称、进口地点等记进进口报单。海关进口台受理此项报单时，一面是作为进口手续办理；一面则转送于派司处，由派司处司事填写派司，加盖关防，交货主收执。其后如果货主把载入派司的货物的一部分，出售于他人，可以呈请海关从原派司所载货物取消出售部分，另行填写新派司，亦称副派司（Sub—Pass），加盖关防，与原派司一同交付原货主，由原货主转新货主。新派司和原派司均有退税的特权。此为外商进口货物所用之派司。土货从海关进口的，亦可请领派司，称为内地货物派司。该项货物再出口时，可据派司请求退税。其限期为1年，与洋货派司为期3年不同。其所退仅限于复进口半税。

外商并不满足于土货存票的特权的获得，他们还要求存票请领现银。本来存票请领现银是严格限制于向外国复出口的已税洋货的存票为限，可是1883年美国公使却提出了持票人听便洋货或土货存票兑付现银特权的要求。总理衙门竟然授权总税务司发出指示，着自1884年1月1日起，准予所有存票毫无区别地抵付海关一切税捐；如果持票人不愿意抵付税款，也可同样毫无区别地由税务司批兑现银。[①] 但是由于长江流域各地方当局拒不准许以土货存票兑付现银，因而在1884年2月间又发布命令，只有对洋货掣发的存票才准兑付现银，其他一切存票只能用以抵各该关税款之用。[②]

可是4年之后，即1888年，各国公使提出抗议，总理衙门被迫札行总税务司："本衙门查土货存票积久愈多，洋商未免吃亏，不得不量为通融。现经酌定，自光绪十四年（1888）长江各关第一百十二结起，嗣后土货存票，准其统抵本关各项税银。"[③]

从本节所述情况看来，外商在关税问题上，得寸进尺，无孔不入；总理衙门则逆来顺受，几乎完全丧失抵制能力了。

第四节 船钞（吨税）和洋药税厘征收问题

船钞是征诸船舶的船税。鸦片战争前，船钞的征收是较重的，大约每登记

---

① 1883年8月28日总税务司通札第231号。《总税务司通札》（第2辑1882—1885），第121页。
② 1884年2月26日总税务司通札第270号。《总税务司通札》（第2辑1882—1885），第353页。
③ 1888年4月10日总税务司第412号附件。《总税务司通札》（第2辑1885—1889），第33页。

吨要纳 6 两银子以上。璞鼎查在 1843 年 1 月间曾写信给清朝钦差大臣说："……对碇泊税或港口捐应有所解决，并且我认为处理这件事的最简单方法，就是举出每只进口船舶登记载重量每吨的定额金数。""应该注意到，中国政府从前向来没有在建筑灯塔、安置浮标或系船具以及建立灯标等方面，作过任何事情来便利通商，因此，这种捐税就应该特别从轻，并且也应该像关税一样地订定清楚。"① 根据这一原则，1843 年签订的中英《五口通商章程：海关税则》规定："凡英国进口商船，应查照船牌开明可载若干，定输税之多寡，计每吨输银五钱。"并规定："所有纳钞旧例及出口、进口日月规各项费用，均行停止"（第五款）②。同时签订的《五口通商附粘善后条款》关于小船征钞问题也作了规定："英国之各小船，如二枝桅或一枝桅、三板、划艇等名目，向不输钞。今议定：……倘载有货物，无论出、入口及已、未满载，但使有一担之货，其船即应按吨输纳船钞，以昭核实"；"嗣后此等〔驶行港澳〕小船，最小者以七十五吨为率，最大者以一百五十吨为率，每进口一次，按吨纳钞一钱；其不及七十五吨者，仍照七十五吨计算；倘已逾一百五十吨者，即作大洋船论，仍按新例，每吨输钞五钱"（十七款）③。中法《五口贸易章程：海关税则》规定得更为详细："凡〔法〕船进口，出二日之外，即将船钞全完。按照例式，凡船在一百五十吨以上，每吨纳钞银五钱；不及一百五十吨者，每吨纳钞银一钱。"这就是说，在口不超过两天的就不要纳钞；并规定："凡纳钞时，海关给发执照，开明船钞完纳；倘该船驶往别口，即于进口时，将执照送验，毋庸纳钞，以免重复"。所有佛兰西三板等小船，无论有篷、无篷，附搭过客、载运行李、书信、食物，并无应税之货者，一体免钞。""倘佛兰西商人雇赁中国船艇，该船不须纳钞。"（第十五款）中美的《五口通商章程：海关税则》也有类似的规定。④

这个规定到 1858 年签订的中英《天津条约》中便作了改变。该约第二十九款，把 150 吨以上的英船应纳的船钞，从每吨五钱，改为四钱，而且一次缴纳后，"自是日起以四个月为期，如系前赴通商各口，俱毋庸另纳船钞，以免重输"。又于第三十一款规定："英商在各口自用的艇只，运带客人、行李、

① 《中国丛报》卷 12，1843 年，第 45 页。
② 《中外旧约章汇编》第 1 册，第 41 页。
③ 《中外旧约章汇编》第 1 册，第 38 页。
④ 《中外旧约章汇编》第 1 册，第 60、52 页。

书信、食物及例不纳税之物；倘带例应完税之货，则每四个月一次纳钞，每吨一钱。"① 中美《天津条约》关于每吨五钱改为四钱一项亦作同样规定；只有中法《天津条约》，仍按五钱完纳，未加更动。② 但到 1860 年中法北京《续增条约》签订时，其第十款也和英、美一样每吨由 5 钱改为 4 钱，并于约内声言，此系"错载字样"③。这简直把条约的签订视为儿戏！

另外，关于鸦片税厘问题。

鸦片战争是因鸦片问题而爆发的；但在结束鸦片战争的《江宁条约》及其附约《五口通商章程：海关税则》中竟只字不提鸦片问题。清政府未申明前禁，英国也不坚持列入税则，双方采取置而不议的态度。但是英国政府却利用一切机会诱使清政府放弃禁烟政策；而作为清政府谈判钦差大臣的耆英却表示："至于各国商船是否载运鸦片，中国无须过问，也无须在这方面采取任何措施。"④ 英国也觉得强迫清政府把鸦片问题订入条约，很不光彩，所以在《江宁条约》签订后的 16 年间，中英双方在心照不宣的暧昧情况下，鸦片的输入大幅度上升了。其输入的数目从 1842 年的 28,000 余箱到 1856 年达58,000 余箱。鸦片贸易在默默之中飞跃发展起来了。"一切载有鸦片的小船，都在光天化日之下，毫无顾忌地往来于海关的船边，既不受稽查，也不受检验。"⑤

英国为了谋求鸦片贸易的合法化，在《江宁条约》签订以后，璞鼎查便照会耆英说："中国名为禁烟，实则免税"；"与其禁之，不如税之"，"增税必多"⑥。在 1854 年和 1856 年的修约活动中，一再提出鸦片贸易合法化问题，这就导致 1858 年中央《通商章程善后条约：海关税则》的规定。该《章程》把鸦片改称"洋药"，并公然声称："向来洋药……等物，例皆不准通商，现定稍宽其禁，听商遵行纳税贸易"；同时规定"洋药准其进口，议定每百斤纳税银三十两。惟该商止准在口销卖；一经离口，即属中国货物，只准华商运入内地，……其如何征税，听凭中国办理。嗣后遇修改税则，仍不得按照别定货

---

① 《中外旧约章汇编》第 1 册，第 100 页。
② 《中外旧约章汇编》第 1 册，第 101 页。
③ 《中外旧约章汇编》第 1 册，第 148 页。
④ 英国国会文件：《关于在华鸦片贸易文件》，第 1 页。
⑤ 英国外交部档案 Z88/31。 1844 年 2 月 12 日巴富尔致璞鼎查第 33 号函。《中国关税沿革史》，第 56 页。
⑥ 黄恩彤：《抚远纪略》，"粤东复市"，第四。

税。"（第五款）①　鸦片贸易从此合法化了。

　　1876 年签订的中英《烟台条约》，关于鸦片征税问题，又作了新规定。该约第三端第三节规定："英商于贩运洋药入口时，由新关派人稽查，封存栈房或趸船，俟售卖时，洋商照例完税；并令买客一并在新关输纳厘税，以免偷漏。其应抽厘税若干，由各省察勘情形酌办。"②　根据这个规定，所有进入通商口岸的鸦片应纳的进口税和厘金都由海关统一征收。本来海关只有在通商口岸稽征鸦片进口税的权力，而鸦片厘金则由地方督抚通过厘局征收；但是《烟台条约》则把鸦片进口税和厘金合并起来，一律归海关征收，这叫做"洋药税厘并征"。因为双方关于税厘征收数目讨价还价，"所拟数目不符，各国使臣又从旁阻挠"③，以致鸦片税厘并征迁延了 8 年之久。未能定议。直到 1885 年才以《烟台条约续增专条》的名义订出洋药详章。《专条》对《烟台条约》第三端第三节所拟洋药办法，"今议定改为：洋药运入中国"，应"封存海关准设具有保结之栈房，或封存具有保结之趸船内，必俟按照每百斤箱向海关完纳正税三十两，并纳厘金不过八十两之后，方许搬出"（第二条）。至此，洋药税厘才确定为每百斤箱共完纳 110 两，并定："此专条应于画押以后六个月开办施行"（第六条）④。这才把税厘数目最后落实下来。

　　以上是关于进口鸦片税厘征收方面。此外还有我国自产的土药税厘问题。对于土药税厘也仿照洋药税厘同一办法。自 1887 年起，土药运经通商各口时，海关也实行土药税厘并征。自此，盛产鸦片的云南、四川等省的大量鸦片由通商各口运销全国，而重庆、宜昌、蒙自各海关的土药出口税成为各关税收的大宗。⑤

　　从海关关税征收情况的发展看来，外商通过他们的政府施加压力，力争减轻税负，务期一减再减，轻上加轻。他们都是通过驻华公使对清政府施加压力，进行讹诈；而总税务司则在幕后对总理衙门从中鼓动、说合。比如丹麦为西欧小国，竟于 1863 年和清政府签订囊括各国在华权益的中丹《天津条约》，甚至有些条款，如关于复进口半税及其存票期限等是各国条约所无。这是由于

①　《中外旧约章汇编》第 1 册，第 117 页。

②　《中外旧约章汇编》第 1 册，第 349 页。

③　光绪八年四月二十二日，张树声奏折。《清季外交史料》，卷 27，第 33 页。

④　《中外旧约章汇编》第 1 册，第 471—472 页。

⑤　参阅汤象龙编著：《中国近代海关税收和分配统计》，中华书局 1990 年版，第 17 页。

英国公使馆参赞威妥玛和总税务司赫德在明暗之中的助力，我们不妨从赫德日记中引征数条，以见一斑。

1863 年 6 月 8 日，"十一点我前往总理衙门，一直呆到下午六点。……我建议复出口商品把期限〔由原定三个月〕延长到一年。"

"英国人和美国人同意废除免重征执照，并代以退税"，"我向他们（总理衙门大臣）建议把对复出口实行退税定为规章，但对要求免重征执照的任何人允予签发。"

7 月 5 日，"威妥玛带着中丹条约来〔总理衙门〕了。他走时，似乎对一切有争议的问题都谈妥。"

7 月 10 日，"今天带着扬子江问题致拉斯得福（丹麦公使）的草稿去见恒祺，准许兵舰、轮船进入扬子江……"。

"收到〔丹使〕拉斯得福的便函，对我在中丹条约问题上给予的支援，表示感谢。"①

正是在各国公使和总税务司密谋策划之下，中国关税权益不断丧失。清政府无法从外商征得应征的税，只得或者放任地方政府对华商的苛征，以致华、洋商人在关税待遇上处于极不平等的地位。改良主义者陈炽睹此情况，不禁慨叹说："洋货入口，一税一半之外，一无稽阻；西商偶到，趋媚不遑，所以待外人者彼其厚。土货则口口而查之，节节而税之，恶声厉色，百计留难，甚则加以鞭扑，所以待己民者如此其薄。"②

处在这种情况之下的华商，除非依庇外商，生存已难，遑论发展资本？难怪近代中国民族资本主义，只能匍匐龟行了。

第五节　海关关税的增长、作用及其使用分配问题

海关关税的增长前已略为一述。本节着重叙述 1861 年后的情况。1861 年海关的总税收共为 5,036,370 库平两，到 1910 年增加到 34,518,589 两。在 50 年中增长了 5.8 倍，这种增长是十分突出的。海关税收为什么增长得这么快？首先，主要由于列强经济侵略日益深入和扩大，外商进出口贸易不断发展，税

---

① 《赫德日记》第 1 卷，第 610—697 页。

② 《庸书》，内篇，卷上，"厘金"。

收也因而迅速增长。这种趋势从五口通商后夷税征收的增加趋势便已显示出来了。以全国税收最大的江海关来说，从 1861 年到 1872 年，该关进出口税收由每年 100 多万两增加到 200 多万两，全是由于外商进出口的增加；从 1873 年到 1893 年，该关总进出口税收由 1,982,361 两增加到 3,624,996 库平两，其中洋税由 1,976,134 两增至 3,288,984 两，共占 44.69% 至 89.50%，而华税在最高的 1893 年也仅占 10.50%。由此可见，江海关税收的迅速增长正是由于外商大量倾销洋货和搜购廉价原料所造成的，这已是肯定的事实。

其次，由于鸦片贸易合法化，鸦片输入激增，鸦片的税厘全归海关征收，这也是海关税收剧增之一原因。据统计，从 1862 年到 1887 年每年海关的洋药（鸦片）税就占税收总数 15% 以上，其中 1865 年、1866 年和 1867 年 3 年达到 20%—21%。从 1887 年洋药税厘并征实施后，直到 1894 年，每年洋药税厘共占同年税收达三分之一左右。其中 1888 年达到 39.37%。这是世界各国海关所没有的特异现象。

再次，新关在各口设立后，把属于国内税性质的子口税、复进口半税纳入海关征收的税种中；1887 年实行洋药税厘并征后，复把原属内地税的鸦片厘金的征收交给新关征收，这就增加了海关的总税收。[1]

由此可见，不好把海关税收剧增完全归因于海关外籍税务司制度的推行。当然，海关的征税制度，税款保管办法有一套比较完善的科学办法，保证了税款不为税吏所侵吞，这也不是没有作用的。也正因如此，总理衙门才乐意把一些非属于海关征收的税种移交给海关，这也是不容否认的。

新关建立后，海关税收稳定上升，成为支撑清朝统治的稳定的、可靠的财政支柱。因此，它受到清政府的极大重视。关税除了挽回垂危的清朝统治以外，在不同时期产生了不同作用。一般说来，在中日甲午战争之后，它基本上成为赔款、外债的抵押品，海关也沦为列强债、赔的出纳机构；但在中日甲午战争之前的 30 年间，那时的对外赔款，只有英、法赔款 800 万两，这笔赔款早在 1866 年就由海关洋税清偿完毕。清政府在这一时期举借的外债，本息的支付，平均只占清政府总支出的 4.3%。关税用于支付外债本息的数额，平均也只占关税收入的 15.8%[2]，是关税支付外债本息在清政府的总支出和海关关

---

[1]　以上资料引自《中国近代海关税收和分配统计》，"绪论"，第 20—22 页。

[2]　据徐义生编：《中国近代外债史统计资料》，中华书局 1962 年版，第 28 页的统计数字。

税的总支出中还不占重要地位。那么，关税用途在哪里？从总的看来，无疑是支持清政府的国用。关税支持清政府国用占三分之二或五分之四以上。由此可见，当时清朝统治如果没有大量的关税支持，是很难继续存在下去。但是国用的开支却很复杂，可得而述的，如"饷项"下支付的"轮船制造经费"，是作为江南制造局和福建船政局的经费而支付的。从 1866—1910 年江海、闽海两关拨交两厂的经费共达 53,372,594 两。又从 1868 年到 1910 年江海、津海、东海、江汉、宜昌五关共拨解 18,595,313 两，其中天津机器局占 15,535,563 两，津海关拨解的也达 10,513,061 两。从 1875 年到 1910 年中关税拨解的海军购买舰艇和海军衙门的海防经费共计达 68,896,533 两。从 1880 年到 1910 年的 31 年中各海关共拨 15,029,520 两的边防经费。以上的大量关税拨款主要是用来防备俄、日、英、法在边疆和海上侵略的军事拨款，或用于自强新政的洋务运动。[1] 这些经费对于"防俄备日和防英防法"、对于"建立海军和设厂造船"都产生积极作用。甲午战争后关税抵押给大量外债，而《辛丑各国和约》加上抵押大量的庚子赔款，洋税便由支持清政府的国用急转直下，主要变成为债、赔的抵押品了。估计从 1902 年到 1910 年各海关共计摊付庚子赔款 33,609,858 两，约占第一期偿付庚子赔款的五分之一；而各海关每年偿付之数共达 300—400 数十万两，从中日甲午战争中举借的汇丰银行款到战后的三大借款，合计总额将近 4 亿两，清政府每年应摊还本利达 1,000 余万两。这样，偿还债、赔成为国家的大宗支出。[2]

这样，关税由主要支持清政府的国用而变为列强债、赔的抵押品了。关税作用的这一变化，促使清政府对海关态度的变化。

晚清海关关税的征收权，虽为外籍税务司所夺，但税款的保管权仍掌握在海关监督手中。海关监督按例将税收数目分年分季上报，然后按照中央的规定将税款解归户部或按户部指定各项开支数目拨解或留用。近代海关税收的使用，分配在以下几个项目：其一是"国用"。这是指关税用于清政府重大支出的项目，包括户部指拨的和皇室专用的各项费用。国用一般占总支出的三分之二或五分之四以上。国用计包括"解部"、"饷项"、赔款、外债、皇室经费，中央政费等六项。其二是"省用"。这是海关解交所在省的款项，居于海关税

---

① 参阅《中国近代海关税收和分配统计》，第 27—31 页。

② 参阅《中国近代海关税收和分配统计》，第 34、 41 页。

收分配的第二位，占各年税收分配总数的 20%—30%。其三是"关用"，包括税务司经费、关用经费以及海关使用的汇费川资、倾熔火耗等项。

和本书关系最大的是关用经费。海关经费分为两个系统，即总税务司经费，这项经费归入国用的"中央经费"；而"税务司经费"则归"关用"。"关用项下"的支出包括海关监督经费的"关用经费"和海关监督汇解税款的"解费川资"与"火耗"。统计关用项下的款项一般都占税收分配总数百分之十几，1901 年达到 19.44%；从 1861 年到 1910 年关用项下共计 127,713,615 两，占历年税收分配总数的 14.3%。而税务司经费从 1861 到 1910 年 50 年中共达 80,739,886 两，占历年关用项下总数的 63.22% 这是关用项下最大的支出。[1]

清朝海关的经费，虽有定数，但因采取包税办法，只要满足所包定额，其余部分可以作为外水落进税吏荷包。这就等于定数之外，还有额外经费。这笔糊涂账，永远也算不清。

外籍税务司管理下的海关，彻底废止了包税制度，所有税款都得"尽收尽解"，这就必须从税收项下拨给一笔固定的经费，充当征税费用；否则，无法进行征税工作。这个支取固定经费的办法，保证了税款的点滴归公，员役不得假借名目勒索商人以自肥，这是一个进步的办法。海关一直按此原则申请经费；非经批准，不得另行增加。

通商大臣何桂清在内定李泰国为总税务司时，关于海关经费问题，曾作过指示，即"视收税之盈绌定经费之多寡"，李泰国认为"此乃极妥之法"[2]。1860 年 9 月（咸丰十年八月）各关开办之初，自第一结（季度）至第四结，共征正税、子口半税银 5,700,000 两，是年经费银共支 28 万两。第五结至第八结，共征银 7,250,000 两，共用经费银 44 万两。1862 年，据总税务司通札 1870 年第 23 号的记载，海关实支经费为 720,200 两。

1863 年 1 月，赫德以各关税务司因前定经费不敷支用，乃以总税务司李泰国名义申请总理衙门酌增。据恭亲王奏称："该总税务司现拟每年经费银七十万两零，虽比赫德两次所拟较多；但议定通商口岸现已次第开埠，台湾、东海、牛庄三关，现复议设税务司。""臣等公同商酌，此项加增经费，既系出

① 《中国近代海关税收和分配统计》，第 25—27、43—46 页。
② 1859 年 3 月江海关呈送税务条款清折（呈通商大臣）。《吴煦档案选编》第 6 辑，第 280 页。

自洋税之多征，拟即照准，俟奉旨后行文各该管将军、大臣、督抚、监督每月各按数支发，按结奏报，均在洋税项下作正开销。""统计十三关，每年共支经费银七十万二百两。"① 这是以"关口之大小，税务之繁简，拟定经费之多寡。"赫德实授总税务司后，复增至 748,000 关平两。当时征收洋税数目计算，征收经费约为十分之一。

1867 年 4 月，赫德因山海、东海、台湾、淡水四关原定经费不敷，"请于该四关原定月给四千两外，四关共月增银二千五百两，一年计加经费三万两之数。"总理衙门因"海关自开埠以来，华洋交易有年，进出口货物实借税务司带领扦手上船，认真查验，关税日有起色，非稍予以微利，诚恐另有要求，转虞掣肘；且所请之数尚属无多，拟即照准，于本年（同治六年）五月三十日，即外国七月初一日第二十八结起在各该关洋税项下，按月照加增数目支发，作正开销"。（同治元年三月初二日恭亲王奏折）

1876 年总税务司又请准自是年 1 月 1 日起增拨常年经费总数 1,098,200 两，自第六十二结开始实行。这是一次大幅度的增拨。是时，总理衙门议定：嗣后约以 70 万两为收税 1,000 万之经费，将来税收非过 1,500 万两之数，不得请增。1888 年 4 月又请准增至 1,738,200 两。1893 年，因蒙自、龙州设关已达四载，重庆也开关两年，后又派税务司等前往朝鲜汉城、仁川、釜山、元山襄办税务，又请准增至 1,858,200 两。1895 年 4 月，因台湾割让给日本，台湾各关经费削除，于是减为 1,766,200 两。至 1896 年 10 月，又增至 1,968,000 两。这次的增加乃因银价暴跌，"查同治年间各关所收之税银三两购一英金镑，惟自光绪年间以来，银价跌落，以致欲购一金镑非六七两不可"。② 由于银对金的比率日落，而海关征税则以银为准，外籍人员所领薪津都按银计算，购买力丧失了一半，而领取铜钱的中国员司，购买力丧失了四分之一。这就影响到海关人员的生活，于是赫德向清政府申请大幅度提高海关经费，以资弥补。

一般说来，各关经费充裕，每年大都有余银。据记载，远在 1866 年各关的余银就达 15 万两。

① 同治二年五月十八日恭亲王等奏。《筹办夷务始末》（同治朝），卷 16。
② 1896 年 3 月赫德建议关平两对金单位兑换备忘录。《中国近代海关历史文件汇编》第 6 卷，第 592 页。

第十章

关于海关违章处分、引水和洋员管辖权问题的争议

第一节　外商严重的走私偷漏及其处分管辖权问题的争议

外籍税务司管理下的海关，面临一个极其严峻的走私偷漏问题。

商人的走私偷漏，进入19世纪50年代以后继续发展。鸦片、茶叶除了使用飞剪船走私之外，轮船也参加了走私行列。不但一些冒险家、不法分子怀着大发横财的奢望从事走私，连一些大洋行也从事走私偷漏。这些大洋行，有财有势，对海关的干扰很大。总税务司赫德曾于1861年11月送给卜鲁斯一件信件并附了备忘录①，报告了许多大洋行走私偷漏的情况。赫德说："自从1854年以来，上海货物的报关制度，几乎全靠以商人的良心来申报进口货物的确实数量。关税一律按照商人呈报的数量，而不是根据海关查验数量来征收的。这种制度的自然结果，就让那些'害群之马'屡屡欺蒙我们。一经发现，他们总是归罪于笔误。奇怪的是，这许多所谓'笔误'，如果不被发现，永远是错得逃了关税，让商人得利。商人那枝笔在办理报关文件时，总是以多错少。"

赫德列举了一些大洋行偷漏的严重情况。宝文洋行把4,000匹的市布伪报2,000匹。海关要没收货物，洋行却称是申报时"笔误"，"这个案子可能由领事报告到北京去"。魏尔塞洋行从英国运交9只箱子给几个传教士，发票上明写"螺丝钉与书籍"，经海关检查则是"朴枪用的铜帽"。非通商口岸在1861年时外轮是不能进入的，但"艾伦·马斯特号""却从温州载了1,500包盐

---

① 1861年11月15日赫德致卜鲁斯函。引自载姚贤镐编：《中国近代对外贸易史资料》第1册，中华书局1962年版，第447—454页。

斤，海关提出警告，但船长不接受警告，上海领事麦华陀也拒绝签发扣押这批盐斤的公文"。麦华陀的意见似乎以为温州当局并不阻止，其他中国当局也就无权阻止。1861年，太平洋行报的上船茶叶是480担，实际是在700担以上，"新任的领事麦华陀和中国海关道私人会晤，主张不应没收货物"。"海关道不愿拒绝新任领事的头一个要求，同意让茶叶启封运出。商人只对超出原定重量的220担茶叶完纳出口税。"吠礼查洋行运出茶叶135担，但海关检查实为145担，海关把茶叶扣留，也"因领事的要求予以放行"。1861年4月，宝顺洋行的职员瓦尔特申请起卸3个箱子，其中一个，他说是装的6支左轮手枪，余2箱装的是衣服。经开箱查验结果，其中有：

左轮手枪22支

朴枪用铜帽1,000个

钟50架

表5只

青铜器具50件

这些货物是没收了，但衣服发还。

商人走私偷漏，领事则包庇、袒护。

总税务司觉得这是一个严重问题。他认为"除非中国成立有效的缉私机构，海关业务绝对无法顺利进行；可是大多数领事认为条约没有明文规定，反对采取任何防止走私偷漏的尝试，所以即使成立缉私机构，还是会有困难的。按照商人的如意算盘，领事做事的基本原则是，商人有权利为所欲为，而中国人除非条约明文规定外，任何事都无权过问。"《天津条约》第三十七款明确规定英国船只进口，"限一日该船主将船牌、舱口单各件交领事官"，"次日通知〔海关〕监督官"；"如过期限，该船主并未报明领事官，每日罚银五十两"。上海英国副领事则歪曲为"船只在港内停留不到四十八小时以上，根本无须报关。"总税务司"对于领事这种种偏心，商人认为有利，海关看不顺眼"。但是他们都是大洋行，有领事作后盾，无可奈何！

三国税务监督接管江海关夷税征收权，从根本上改变了江海关夷税征收的体制。从此，江海关缉私和违章处分的重大任务，也就由外籍税务监督去执行了。

由于英国在华势力最大，所以实际主持江海关的是英籍税务监督。1855年继威妥玛任英籍税务监督的李泰国，一开始就和英国领事在违章处分问题上发生了严重的冲突。李泰国是个被称为"小霸王"的专横的年轻人，他不让英国领事干预英商的违章处分。但是接任阿礼国为上海领事的罗伯逊却认为，违章处分案件应该完全归领事管辖；税务监督在上海道批准下发布的章程，非经领事公布或批准，对英商是没有拘束力的。这样，领事和税务监督的关系日趋紧张，甚至发展到税务监督送达领事的信件竟不拆封而退回的僵局。美国领事也认为领事理应居于税务监督权力之上。

由于英国当时在中国的贸易占据主要地位，许多关于关税案件的矛盾，主要集中于英国领事和英籍税务监督间。英国领事认为英籍税务监督没有资格以裁判官的身份行事，而只能以通报人的身份出席他的领事法庭。英国外交大臣不同意这种看法。1855 年 10 月，英国驻华最高官员包令把外交部的决定传达给英国领事，向他明白指出：中国海关的英籍税务监督，不应视为英国君主的官员，而应视为代表上海道台的中国官员；如果他以税务监督的身份所作的活动侵害到英国任何居民，领事应向道台指控。① 《天津条约》附约《通商章程善后条约》关于英籍税务人员不由领事提名而由中国总理大臣"邀请"的规定，在一定程度上反映了英国政府这一精神。

1858 年签订的中美、中英、中法《天津条约》，重新规定了违章处分办法。兹以中英《天津条约》为例，摘录其要点如下：

第一，英国船只进口，在两天内应由领事通知海关监督，以凭查验。"如过限期，该船主并未报领事官，每日罚银五十两；惟所罚之款，总不能逾二百两以外。至其舱口单内，须将所载货物详细开明；如有漏报者，船主罚银五百两。倘系笔误，即在递单之日改正者，可不罚银。"

第二，"倘船主未领开舱单，擅行下货，即罚银五百两，并将所下货物全行入官"。

第三，各船不准私自拨货，"违者将该货全行入官"。中美、中法《天津条约》的规定虽然详略不一，但主要内容是一致的。

根据这些规定，外商在违章处分方面至少已经得到两项宽待：

一、过期申报罚款，其最高数目不超过 200 两，舱口单"笔误"在递单之日改正的，"可不罚银"。

二、条约规定各项的处分，都只限于财产刑，并以罚款和没收船货为最高

---

① 《中国关税沿革史》，第 130 页。

限度。反观英、法的处分罚则，则明确规定：连续犯有走私货物之罪的科以 6
个月以上、1 年以下的监禁，或兼做苦工；也就是除财产刑之外，还要加上体
罚。至于中国的处分罚则，则没有此项规定。

尽管这些处分格外宽，英商对于这种以本国人治本国人的办法，仍很反
感。当 19 世纪 60 年代初期新关通商口岸普遍建立时。英商支持他们的领事，
否认中国海关英籍人员拥有这种处分的权力。他们不顾海关章程的规定，继续
进行走私活动，连最大的洋行如怡和、宝顺也不例外。走私偷漏案件，往往一
而再，再而三地作为违约性质的指控提到北京公使那里，构成许多外交交涉。

鸦片战争前，外商的走私一直是中国沿海贸易的普遍现象。从 1842 年
《江宁条约》签订到 1851 年 6 月，由于中英条约的规定和海关官员的腐败无
能，当时只有英国领事可能制止英商的走私和执行违章处分。从 1851 年 6 月
以后，英国政府公然撕毁了条约，"人们，特别是英国商人们，真是不禁欢欣
鼓舞"① 了。中国海关虽然公布了新的章程，但官员们无力执行，章程等于具
文。1854 年外籍税务监督取代中国关员接管了江海关夷税征收权之后，由于
英国领事和税务监督争夺违章处分的管辖权，在许多走私案中，英国领事一
变而成为走私偷漏的保护者了。赫德说：商人希望领事用来作为他们的行动标
准的观念，"就是商人想怎么干就怎么干的权力，而中国人除了条约订明他们
可以干的以外，没有权力做任何其他的事"②。香港英商商会认为，"除非经过
领事的公平的和公开的审判之后，不能由于破坏税收法令而以惩罚加诸一个
〔英国〕臣民"；"所有那类海关案件，应向领事提出，由他公开裁决"③，因
为英国人已被赋予领事裁判权，所以可以不受海关官员对违章行为所加的处
分。特别是这些官员都是外国人，他们本人就应当服从领事的管辖。该商会认
为：一、"应褫夺海关根据本身处断的没收货物的权力。凡有违反税法的行
为，非经领事公正和公开审讯后，不得加英国臣民以任何处罚，不论是没收充
公或是罚款"。二、就服务海关的外国人而论，"如有任何人对他们所受的损
害提出诉讼，而根据法庭的判决，该海关官员等确已超越他们的合法权力，则
他们的官员身份和他们以中国税务监督名义进行处理的情由，都不能使他们免

---

① 1861 年 11 月 15 日赫德致卜鲁斯备忘录。《中国关税沿革史》，第 92 页。
② 1861 年 11 月赫德呈卜鲁斯备忘录，见 1861 年 12 月 23 日卜鲁斯致罗素第 191 号函。《赫德与中国海
关》，第 353 页。
③ 1861 年 8 月 26 日、20 日香港商会致罗素函。《中华帝国对外关系史》第 2 卷，第 154 页。

于领事法庭或其他外国法庭对损害赔偿所下的裁判"。①

1861 年后由外籍税务监督演变过来的外籍税务司制度，推行到通商各口。在华英商首脑怡和洋行，因为外籍税务司对违章处分的管辖权，不利于他们的非法活动，就纠合商界，从根本上否定新关制度。上海和香港两地的商会都向英国外交部请愿，并呼吁国内各商会给予支持。

走私偷漏应受相应的处分，这是任何主权国家的海关法都有明确规定的。国家为防范进出口货物的走私偷漏，拥有检查、搜索和违章处分的权力。这种权力是属于国内海关法的范围，不容任何国家、任何商人的干预，这是各国公认的原则。近代中国虽然沦为半殖民地，关税主权受到破坏和侵夺；但是列强仍然不能不承认中国拥有缉私和违章处分的权力。

1843 年签订的中英《五口通商附粘善后条款》载称："其偷漏之货，无论价值、品类，全数查抄入官并将偷漏商船，或不许贸易，或俟其账目清后，即行驱出，均不稍为袒护"（第十二条）。中美《五口通商章程：海关税则》规定："合众国民人凡有……走私漏税或携带鸦片及别项违禁物至中国者，听中国地方官自行办理治罪，合众国官民均不得稍有袒护"（第三十三条）。中法《五口贸易章程：海关税则》也有类似规定："缘所定之税则公当，不为走私借口……若或有商人、船只在五口走私，无论何等货价，何项货物，并例禁之货与偷漏者，地方官一体拿究入官。再，中国可以随意禁止走私船只进中土，亦可以押令算清账目，刻即出口"（第八款）。中英早期条约甚至还规定英国领事有向清政府地方官提供英船走私情报的责任。

鸦片战争后所有中外条约，都一致承认中国拥有违章处分的管辖权。1858 年中英、中法、中美《通商章程善后条约：海关税则》都一律规定："通商各口收税如何严防偷漏，自应由中国办理，条约业已载明。"②

可是这种管辖权由于外商、领事们的破坏，海关却无法执行。

1861 年，上海商会提出由中外双方以平等的权利在公开的法庭中会同处理走私偷漏案件的要求。③ 这个要求显系剥夺了中国海关的处分管辖权。当时李泰国请假在英，他对香港、上海商会所提的违章偷漏处分办法大感不满。他

---

① 1861 年 8 月 26 日香港商会致罗素函。《中国关税沿革史》，第 206 页。

② 《中外旧约章汇编》第 1 册，第 118、 135、 139 页。

③ 1861 年 8 月 2 日上海商会致罗素函。引自《中国关税沿革史》，第 207 页。

认为"商会的真正目的乃是要使英籍海关官员受一个英国法庭的管辖。他们这样做就会使得英国臣民无法以一种行政官的资格为中国政府服务"。"要想中国政府把获有条约保障的罚款和没收权,提交任何外国法庭作司法上的讨论和裁决,已经不太公平了;至于还要容许那些本人就是天天处心积虑想逃避中国税法的商人们,那就更加不公平"了。中国政府"并不曾放弃其对违反本国税法行为之裁判权";它坚持"英国领事只能在政治上不能在司法上干预其事。"①

李泰国趁在英的机会,就下面两个问题征求伦敦重要律师的意见。这两个问题是:一、从条约范围着眼,海关处分权的性质和范围问题;二、中国海关雇用的外国人对他们以海关官员身份所作措施应负的责任问题。征求意见的结果,大概如下:一、在事关没收案件中,中国当局单独握有裁判权;但是在事关罚款的案件中,因为这种处罚是对人的(按:外国人享有领事裁决权),所以非会同领事不能强制执行;二、如果有人对中国政府雇用为海关官员的英国臣民向英国法庭提出诉讼,对于这项诉讼的批复应该毫无疑义的是:被控告的行为,是被告(海关外籍人员)在中国管辖权范围内,以一个中国海关官员的身份为行使他的职务而作的。

李泰国还就会讯办法问题写信给赫德说:"你一定要注意,不让恭亲王同意有关组织混合法庭的建议。"巴夏礼曾代表外交部会见英国商界某些人士,他可能提出建立混合法庭的建议。"你必须提高警惕!⋯⋯我们的立场拥有首席检察长的支持,因此恭亲王尽可拒不考虑这项既损害国家主权,又无条约规定的会审法庭建议⋯⋯这些建议将在转瞬之间削弱海关制度。"② 他还争取晋见巴麦尊,企图阻止这项建议的实现;他甚至威胁说:如果恭亲王退让,他就要辞职。

李泰国的做法,是为了维护他在海关的绝对统治;但在客观上却维护了中国对外商违章处分的管辖权,在一定程度上,对中国是有利的。可是他最后也屈服了。

---

① 以上引自 1862 年 1 月 11 日李泰国关于香港和上海商会问题备忘录,全文载《中国近代海关历史文件汇编》第 6 卷,第 106—123 页。

② 1852 年〔1862 年之误〕4 月 26 日李泰国致赫德函。《李泰国与中英关系》附件四,第 210—211 页。

第二节 中外会讯违章案件的酝酿和
会讯办法在上海的试行

1862 年，额尔金曾建议组织一个由中英两国组成的混合法庭，以审理关税案件，使双方处于"平等地位"，以免海关和外商以至领事经常纠缠不休。这个建议受到英国外交大臣罗素的支持，并向卜鲁斯作了介绍。赫德获悉了这个办法，表示赞同。他认为以往通过海关监督和领事之间，或者总理衙门和公使之间，以文牍往来处理关税案件的方式，不是发现事实、进行裁判的令人满意的方法。商人经常抱怨海关，说它在执行海关章程时，行动总是反复无常，专横独断，见不得人。为了避免这些抨击，赫德认为还是使用中外会讯的办法好。他说：会讯可以让商人公开起诉，详核证据，通过全面审讯，然后进行裁决，这才可以妥善解决关税案件。据此办法，则《通商章程善后条约》第十款所定的"如何严防偷漏，自应由中国政府设法办理"的规定，便成为具文了。这显然是牺牲中国对于走私偷漏处分的管辖权，是对中国海关主权的一种篡夺。这对中国当然不利。

经过了 1 年多的酝酿，到了 1863 年 8 月赫德便和卜鲁斯在主要问题上"取得了一致"的看法。据 8 月 2 日《赫德日记》的记载："昨天柏卓安给我看一封卜鲁斯爵士致恭亲王的信，要进行翻译。信中要求，凡属充公入官案件，即使不设会讯公堂，至少也要公开审讯。卜鲁斯就此事另外给我写了一封私人的信。我在下列各点上和他一致：

1. 现行没收手续似乎没有一定的规定，可能产生不公；由于执行中缺乏公开性，商人们认为他们在无理扣押等等面前没有保障。

2. 公开审理能使〔外国〕商人知耻而走正道，并可使海关免受非议。

3. 由中国主动提出联合审讯的办法，这完全无损于中国的主权。

4. 现行制度下的申诉案件不符常轨；因为必须提出许多问题，方能对许多要点达到了解。"

到了 1863 年 11 月，卜鲁斯便向外交大臣罗素汇报说："赫德在最近两年处理这类案件中很有实际经验，他赞成这个建议。因为这样办理，案件的调查可以公开进行，而且海关可以避免被人指摘有独断专行之嫌，因此对海关也有利。不幸，李泰国看不到这些好处，而希望由海关税务司单独处理。这种做法是完全不能使当事人满意的，并且等于承认中国当局对外国人拥有某些司法权，这是难以接受的。"①

中外会讯问题至此到达完成阶段。1863 年 11 月下旬，在李泰国去职之前，赫德竟然说服他，接受会讯办法。赫德继任总税务司后第一件最得意的事，就是说服恭亲王接受在上海试行会讯办法。他在总税务司通札中说："我因能够诱导中国当局在江海关试行会讯计划而感到满意。"② 由他拟定的一套没收试行章程，即《上海关扣留案件条款》，交给江海关试行。这个条款的主要内容如下：

一、凡是英国人的船货，在通商口岸被海关扣留，应即禀明海关监督；监督即委税务司，函知该英国人，限于五日内，准其禀报领事。倘至第六日中午，领事尚未来文咨请共同查核，船货即行入官（没收）。该英商如认为处分不符规定，得任便向税务司陈明，转报监督。监督若以为是，即行释放船货；设若该英商不以为然，准禀知领事，由领事转咨监督，请其定期共同查核。

二、监督接到领事来文后，照复定期到关当堂会晤。领事饬该英人按期带见证人等到关，监督和领事上堂同坐，税务司也要上堂，帮助监督。监督先令海关原拿船货人役起诉，监督按情节随时诘问。英人如有辩驳，不向监督禀明，而禀明领事，由领事代监督逐一诘问。监督、领事如不亲自赴关，也可另行派员代往。

三、询问之间，所有关役、英国人、证人等口供，随时抄录。监督、领事画押盖章时，令全案人证退去，监督和领事商量解决办法。如意见不同，准英国人上诉，监督和领事各将案情抄录，申请总理衙门与驻京公使查核定夺。如果两者都同意扣留船货，英国人即不准上诉。

四、案件上诉北京，英商得按估价出具情愿遵断缴案保证，监督可先将船货发还。如果大宪断定应罚款入官，即饬商人遵办；如英商不肯出具保证者，即将船货扣留，其后结案，不准禀请赔补。

总理衙门面对猖獗走私情况，在英国的压力下，批准了这个章程。卜鲁斯同意章程适用于各口岸的英国船主和商人，美国公使也首肯。1864 年 7 月 23 日，赫德下达总税务司通札，饬令江海关税务司试行。在上海试行 6 个月后，

---

① 1863 年 11 月 16 日卜鲁斯致罗素函。《李泰国与中英关系》，第 193 页。
② 1868 年 6 月 15 日总税务司通札第 19 号。《总税务司通札》（第 1 辑 1861—1875），第 154 页。

把会讯公堂工作情况和续增条款，呈报江苏巡抚李鸿章，转总理衙门备查。①
1866 年 1 月 24 日，英国政府也批准了这个章程。② 10 月 27 日，《上海海关扣
留案件条款》正式公布了。

这个《条款》虽仅在江海关试行，但已为推行全国各口奠定了基础，中
国海关违章处分的管辖权，已面临全面被剥夺的危机了。

第三节　会讯章程的制定和中国海关
违章处分管辖权的丧失

1864 年 10 月由上海试行的违章处分的"会讯"办法，到 1867 年，总理
衙门授权赫德把这个章程推行到所有通商口岸。总理衙门还把这个决定通知各
公使馆。英国公使阿礼国和美国公使蒲安臣建议对原有章程加以增订，即会讯
公堂不仅审理没收案件；如果被控告人愿意的话，也可以审理罚款案件。于是
正式章程由 4 条增至 8 条，名曰《会讯船货入官章程》（以下简称《会讯章
程》）。章程虽只冠以"入官"两字，但却包括了罚款在内。这个新章程的没
收部分，除把 1864 年章程的"英商"改为"洋商"，以示适用于各国商人外，
其余原文照抄。至于续增 4 条，关键的是有关罚款的第五条。这一条的主要内
容如下：凡各口指谓商人犯章，其所犯之条并非船货入官，系按约按章应罚银
两者，税务司一面知照监督，一面遣人在领事官署内立案，由领事官定期讯
断，定期后应先知照税司，届期传集人证，或税司本人，或委员，即在坐指
证。如讯明该商实有应罚之处，如条约章程内载有银两之数目，即由领事官按
其数断令交出，或可从宽办理，则其权属于该关，即由监督会同税司自定可
也。倘查明该商实无应罚之处，税司亦无异言，如有船货因此案留滞者，可一
同开放……若税司与领事官意见不合，即行知会监督，一面抄录全案各详总理
衙门、驻京大宪查核。③

新的章程和上海章程有一个显著不同之处，即列在章程之首的第一条。这
一条是"凡各口有干涉税务案件，领事官应先与税务司彼此关照，或面见会

---

① 总税务司 1864 年 7 月 23 日上海税务司狄妥玛函。《中国近代海关历史文件汇编》第 6 卷，第 170—171
页。
② 《赫德与中国海关》，第 359 页。
③ 《中外旧约章汇编》第 1 册，第 260 页。

议"。据此规定：则所有税务案件，领事和税务司都要先行会商。这就在案件开审之前，他们可以预先定下格局，以控制审理的全过程。由此可见，所谓会讯，不过徒有其名而已。还有，章程明确规定，没收案件归海关监督管辖，而罚款案件因涉及人的方面，由领事管辖。这个违反条约的规定，也由总理衙门所承认了。

在修订章程的时候，总税务司和各公使馆保持了密切联系，各公使馆和总理衙门也公函往返不断。到 1868 年 6 月初，阿礼国向英国外交部报告说："在各外国公使馆总的一致合作下"，已经取得了协议。因此，英国政府批准了这个章程，美国也表示欢迎。6 月，赫德以总税务司 1868 年第 19 号通札，通饬各关税务司遵行。通札还指示在贸易报告的每一结（季度），要把该结的罚款、没收案件的摘要在《关册》上公布，写上日期、姓名、船只、过犯、拿获关员姓名、货物、判决、实得数额、支付拿获关员数额等。

《会讯章程》公布后，卜鲁斯和德意志各国各邦照复总理衙门，表示接受；但声明罚款"所罚最重者，亦不过五百两之数"。这就把各条约规定的过犯罚款"五百两"，改为不超过五百两。所以总税务司通札说：罚款只能在五百两以下，"决不能超过五百两"。这又在章程上增加了另一种限制。①

各国政府对于《会讯章程》大体上表示满意，特别是美国公使卫廉士给以很高评价。他认为章程显示出中国政府在他们的法律行动方面，"朝着同化于西方国家采用的章程方向发展，这是鼓舞人心的前进！"此外还"承认他们（中国）官员和其他国家官员间，在权力、利益和目的方面引人注目的平等地位；在调整其他争端方面可以作为指南和先例"。②

税务司马士认为章程的订立，"这是双方的一种真正的和解；外国方面出让了关于条约规定的罚款案件的最后判决——根据条约规定，这是领事裁判权范围以内的；中国方面则出让了关于没收案件的惟一权利——根据国际公法的每项原则和外国代表的承认，这是在中国法庭的权限以内的。但是这个新法庭作为一个法庭来说是一种失败，它本身带有分裂的种子。""因为领事是一个陪审官，但是由于他的职务上的地位的关系，必须是代理人和被告的保护人；而税务司既是原告、检察官，又是陪审官。结果，很多判决，以及那些包括有

---

① 总税务司通札 1868 年第 24 号。《总税务司通札》（第 1 辑 1861—1875），第 166 页。
② 1868 年 6 月 8 日威尔斯致在华各领事通函。《中国近代海关历史文件汇编》第 6 卷，第 85 页。

重要原则的案件，从一开始意见就分裂了。这样，只好向公使和总理衙门上诉了。"①

另一税务司魏尔特则认为章程是成功的。"不应该从它订定了六十多年而很少被应用这个角度来衡量，而应从它所发生过的遏制和预防力量的作用这个事实来衡量。它通过加强海关的力量，对于那些在章程订立之前，敢于为非作歹的人们，已经证明是一种有效的警告。同时因为订有一套办事程序，不论在保护中国税收或在保障外国商业利益方面，都规范着各口海关的行动，所以它大有助于树立一种稳重健全的风气并使得无数案件尚未发展到有会讯必要的地步，就能潜消于无形。"②

我们认为《会讯章程》是一个以牺牲中国海关法权而屈从于外商利益的典型的半殖民地章程。

第一，《会讯章程》赤裸裸地破坏了条约规定，剥夺了中国违章处分的管辖权。中国拥有违章处分的权力，这在早期的条约中就作了规定；1858 年签订的中英、中美、中法《通商章程善后条约》规定更加明确，这就是上引的"通商各口收税如何严防偷漏，自应由中国设法办理，条约业已载明"（第十款）；但以英国为首的各国政府屈从商人的压力，竟把这一规定撕毁，改为中外官员"会讯"。会讯的时候，代表中国政府的海关监督（实际上监督都是委派税务司代表）和代表有关国家的领事要"上堂同坐"。这就使公堂上外国势力占据了优势地位。

第二，在会讯公堂上，以领事的讯问取代了双方的会讯，中国海关监督实际上连会讯的权力也被剥夺了。因为按《会讯章程》规定，海关监督对外商如有讯问，外商只向领事禀明，不向监督禀明，并由"领事代监督逐一诘问"。这是外国人不归中国法律管辖在会讯问题上的体现。这不但破坏了走私偷漏"由中国设法办理"的规定，而且独擅讯问之权，何"会讯"之有？这简直是对海关监督的侮辱！正因如此，所以海关监督一般都不出席会讯公堂，索性由税务司代行。

第三，把同一处分案件，分割为没收和罚款两个部分。凡是没收案件，由海关监督主持；凡是罚款案件则由领事主持，税务司和委员（监督代表）只

---

① 《中华帝国对外关系史》第 2 卷，第 164—165 页。

② 《中国关税沿革史》，第 211—212 页。

能"在堂指正";如果讯明商人有应罚之处,才由领事断令交出罚款,而委员则无权出令。这也是领事裁判权在违章处分问题上的体现。马士认为把罚款案件订入《会讯章程》,这是英、美对中国的"出让",显属荒谬。因为章程明确规定罚款案件由领事主持,何"出让"之有?这其实是对中国违章处分权力的篡夺!

第四,所谓"会讯"者,实即领事和税务司对违章处分的包揽也。按规定:税务案件发生后,税务司就得和领事商谈,这就为包揽整个案件的审理过程预先定下了格局。还有,税务司被海关监督认为"完全明了中国人和外国之间的相互义务、权利和行动方法,致使他成为(监督)可靠的顾问"。因此,"如果商人的确要求举行会讯,关监督十次之中有九次亟愿请税务司代他出面,那么后者(税务司)将继续掌握权力,可以同领事达成谅解"。① 《会讯章程》所加的"设若监督、领事官欲不亲赴海关(会讯),亦可遣员代往"数语,是专为税务司取代海关监督而设的,其用意是再明显不过的了。马士认为领事既是陪审官,又是被告的代理人、保护人;而税务司既是原告、检察官,又是陪审官,两者的地位使他们"一开始意见就分裂了";恰恰相反,不是分裂,而是更便于双方直接交易,操纵案件的审理权。

尽管上述弊窦是很明显的,但是有个会讯形式,聊胜于无。不管税务司和领事如何串通,商人如果违章,总得通过"会讯",这对商人来说,是一件麻烦不利的事,因为一经会讯,商人就得出庭,商务就会受到阻搁,因此,章程对商人的违章是有一定约束作用的。可是由于总税务司一而再、再而三地饬令各口税务司对一切税务案件就地解决,草草了事,就使《会讯章程》基本上成为具文。为了了解总税务司对于《会讯章程》所持的态度,从而看出海关在征税方面产生的严重弊端,我们不妨把赫德发给各关税务司的通札,摘录一些,以见一斑。

在各口岸设立新关的初期,商人们和海关可以说是势不两立;而赫德认为"领事们和商人们很相近;他们在税务案件中是法律上和事实上的审判官……领事们的倾向是:在税务司对中国人的关系中,承认他的官方地位;但是在他

---

① 1864年6月21日总税务司通札第8号、1869年11月1日总税务司通札第25号。《总税务司通札》(第1辑1861—1875),第56、227页。

同外国人的关系中，不管是同领事或商人，却又否认"①。这就使一个违章案件的解决，发生很大困难，最后只得提到北京的总理衙门和各公使去。于是，在北京造成许多外交交涉。而公使们常以胜利者自居，对总理衙门大臣进行多方威逼。因为总税务司是总理衙门的属员，又是海关的首脑，也就难免被牵连进去。总税务司为此很伤脑筋。他告诉税务司们："中国外交部（总理衙门）无限地情愿看到发生的问题在口岸内平静而公正地获得解决，而不愿让它们被提交北京来解决。在一位领事和税务司对于应该采取方针获得同意而关监督却坚持一种不同的意见的情况下，提交北京确属必要，那是没有办法的；但是在任何事情的开头，当它仍在税务司本人手中时，他应当权衡轻重，自己去判断是否值得使关监督知悉，以致由于函札来往而有扩大范围，不得不提交北京的可能性。"为了把大事化小，小事化了，他告诫税务司们："在过去十年中曾经发生许多事情表明，如果一个问题过早地向关监督提出，是多么有害！一个正式纪录一经创立下来，除非经由公认的正式途径是不能终结的。所以我常常大惑不解，在诸如此类的案件送达北京之后，这种牵动那么大的机构的行动，究竟有什么道理！"他还明确指示："所发生的事端属于这样一种性质的，只要商人（外商）解释一下，就应该立即予以接受；其他争端却属于琐屑的性质，扣留货物和勒令解释即含有斥责意义，应该足够代替惩罚与警告了；还有其他的争端是显然咎在商人的一类，如果用友好的方式同领事商得应采取的行动，也不应有什么困难——在所有这类案件中，只要商人并不请求法庭进行会讯，税务司不必送交关监督，即可采取行动。"他甚至公然煽动税务司："认为行动和原则相抵触，决不应该采取，这是荒谬的。案件发生后，需要作出例外的行动，是常有的事"，而由领事出面干涉的案件就是这类案件。"任何事件在最初的时候都容易由私下用非正式的方法谈一谈；谈过之后，关于应采取的行动也照样容易达成相互谅解；反之，匆遽执笔，互换公文——唱出高调，站在一种除非自甘失败便摆脱不了的正式地位，最恶劣的，竟把关监督过早地拉入现场——，这样，适足引起敌意，示弱于人，并且使私人关系恶化。"②

从这些札文中，可以看出总税务司搞的这个《会讯章程》，只是想摆个样子，无意认真执行。他所希望的是税务司背着海关监督和领事进行私下交易，

① 《中华帝国对外关系史》第2卷，第155页。
② 1869年1月13日总税务司通札第24号。《总税务司通札》（第1辑 1861—1875），第226页。

把大事化小，小事化了，以免引起商人的不满，增加海关和商人的矛盾，特别是免于提交北京，演成外交交涉，把他牵连进去。

这样，《会讯章程》变成了具文。各口税务司接受总税务司的指示，对外商的走私偷漏，能包庇的则包庇了事，不能包庇的则和领事私下达成协议，尽量迁就，尽量宽处，务期就地解决，不了了之。所以从1864年上海试行会讯制度之后整整4年间，在上海没有一个没收案件提交会讯（引自1881年6月6日赫政致赫德第116号函）。魏尔特也说：从《会讯章程》的公布到废行的60多年间，绝少实行。我们看到一些"会讯"事实，不是由税务司和领事包揽审讯，就是从宽了事。只有在无法回避的情况下才处理一些案件。如1884年"温州"号轮船自汕头驶进烟台，船主米联漏报舱口单被查获，进行了会讯。会讯时，由英国驻烟台领事璧利南讯断，东海关税务司德益在坐指证。米联承认了错误，但声称是由于忽略所致，领事才判罚银500两。同一年，闽海关查获英商"吴淞"号轮船进口舱口单漏报洋药30箱，由英国领事定期会讯。船主声称该洋药系义和洋行赶装来闽，不及写立舱口单，此货明叠船上，并无藏匿，经查验钤字手证实。"因念该船主来华在烟台已受罚二百两，亦系无心舛误，故准薄罚一百两。"①

关于违章会讯问题，日本高柳松一郎有一个比较公允的论述，可作为本节的总结，兹录于下："《会讯章程》在今日绝少实行，实际上多由海关单独处分故也。船舶之没收和入口之禁止，实系一种严重处分，即令条约中有此规定，而海关未见实行。寻常遇有犯规事情，或者由当事人直接申辨（辩），或由领事间接申辨（辩），海关轻课罚金了事，此已成海关习用之原则，而没收船货之事则绝无仅有。故犯规者通例不烦领事之助，听从海关之处分，率以为常。而总税务司之训令，亦常令各地税务司尊重犯规者之申辨（辩），轻与处罚了事，务期回避《会讯章程》之规定焉。"反观其对华商的处分，"俨如最终之判决，绝无申辩余地。如有密运武器、鸦片者，除将该件没收外，更送交官厅加以体刑"，不像外商之有公开审讯。② 因此，据海关所载没收罚款案件，以华商为最多，而外商则绝少见之。

---

① 《总税务司通札》（第2辑 1882—1885），第426、441页。

② 《中国关税制度论》第4编，第120—121页。

第四节　关于引水管辖权问题的争议

引水管辖权和海关违章走私管辖权一样，同属一个国家的主权范围。引水今称引航。

鸦片战争前，中国作为一个主权国家，对它领水范围内的引水，从引水员的选择、任用到引水业务的管理，统由粤海关监督和澳门海防同知负责，外商没有干预的余地。所以清政府对于引水有绝对的管辖权。

鸦片战争后，随着外国资本主义的入侵，中国的引水权，在不平等条约的强制下，迅速地落入列强的掌握中。

中国的引水业务，和清朝政治一样腐败。外船到来，海防衙门对引水人的委派，经常稽延，引水人不断反复地勒索规定以外的引水费；不称职的引水人，不能保障引水的效率。许多弊端为列强侵夺中国引水权提供了借口。

1843 年五口通商，英国侵华先锋人物马礼逊和罗伯聃，首先提出管辖英船引水的要求。璞鼎查据以通知清政府的谈判大臣耆英：“每个想充当〔英国〕引水的至少要三个船主证明他能胜任引水工作；英国领事获得证明之后发给英文和中文执照，允许他们为英国船只（和其他国家船只）引水。”① 璞鼎查还认为今后引水人没有必要向澳门同知申报。这些内容不是一下子全部载入不平等条约，而是由中英《五口通商章程：海关税则》，中美、中法《望厦条约》和中法《黄埔条约》步步实现的。中英条约只说船只到达五口，“准令引水即行带进”；英船“欲行回国，亦准引水随时带出”，“至雇募引水工价……即由英国派出管事官秉公议定酌给”。中美《五口贸易章程：海关税则》进一步规定，美船进口，“准其自雇引水”，至于工价“请各领事官酌办，中国地方官勿庸经理”；而中法《五口贸易章程：海关税则》则更进一步规定，法船到五口，“就可以自雇引水”，清官“不得阻止留难”；“凡人欲当佛兰西船引水者，若有三张船主执照，领事官便可着伊为引水”②。这样，璞鼎查夺取中国引水权的全部内容，都被载入三国不平等条约了。直到 1866 年的中意《通商条约》，才稍有改变。中意条约规定：意船到各口，“听其雇觅引水之

---

① 1843 年 8 月 24 日璞鼎查致阿伯丁第 102 号函。附第 19 号函。引自《赫德与中国海关》，第 305 页。

② 《中外旧约章汇编》第 1 册，第 40、52、59—60 页。

人";但"所给引水工银及引水人等应遵规条,地方官会同领事官酌量定立"①。据此规定,意国虽承认中国地方官对引水人有定工价和管理的权力;但既"听其雇觅引水之人",又须会同"领事官""定立",则留给地方官的权力也就无几了;况且这个规定对于中英、中美、中法条约的规定,并没有约束力。因此,"会同地方官定立"一语,也就等于具文了。

外国领事在中国领水竟然可以取代中国官员管理中国引水事务,就连充当中国海关税务司的英国人魏尔特,也觉得这"无疑干预了中国的国家主权","但在当时的情况下,这种干预势不可免"②。

尽管各缔约国夺取了中国的引水权,但各国之间却没有能够就共同监督、管理引水事务达成协议,因此,没有能够建立共同的管理机构。这样,各口引水事务在各国领事把持之下,各立山头,各自为政,谁也管不了谁,谁也不服谁管。于是各口引水事务沦于无政府状态。中法条约本来规定充当引水的人须有3个船主证明其能胜任,领事才发给执照;但船主乱发证明,执照的发给也就很滥了;引水人经常心安理得地把执照借给不能胜任的亲友,各国商船的引水费也各定各的;船主对不称职或拒不服从的引水人拒发引水工银,引水人诉之领事,领事也只是抚慰一番,不了了之。由于无法建立统一集中的领导,各国船舶的停泊,各随己意,海关理船厅指挥不了。

海关总税务司赫德看到这种情况,于1867年初向北京公使团建议设立一个引水管制委员会,以海关税务司为主、领事团的领袖〔首席〕领事为辅,由海关理船厅、外国轮船和邮船公司董事与引水董事联合组成。该委员会应有广泛的调查权和管理权,在制定章程细则、划定引水界限、规定引水费、调查违章行为、撤销不称职引水执照和交由领事治罪等引水事务,均由委员会处理。这个以税务司为首的委员会的建议,为公使团所拒绝。③

我们知道,总税务司虽然是外籍人员,基本上代表外国利益;但他又是中国总理大臣"邀请"的官员,不能置中国的利益于不顾。总税务司这种双重地位,使他可能得到列强的支持,但也可能受到猜忌。他尽可以利用他的职务用隐蔽的非法手法庇护外商的利益,做出不利于中国的事;但中国海关毕竟是

---

① 《中外旧约章汇编》第1册,第251页。

② 《赫德与中国海关》,第306页。

③ 参阅《赫德与中国海关》,第311页。

中国政府的行政机构，总税务司是总理衙门的属员，至少在形式上仍得服从总理衙门的命令，而对于重大问题，还得经过总理衙门的批准。正因如此，公使团害怕各口引水权力集中于海关，不利于外国引水，也可能引起各口领事的反对，所以拒绝接受建议。

此议不行，总税务司另行拟定一套章程，即《引水章程》（Chinese Pilotage Regulations），提交英、法、俄、美等国驻华公使认可，并经总理衙门批准。1867 年 4 月总税务司通札第 3 号通饬各关执行。

《引水章程》规定"有条约各国之民"，得和华民"一体充当引水"，而考选引水人的考选局也由外国保险公所和外海轮船公司代表参加，这就在法律上保障了外籍引水的根本利益，因此，取得了外国公使的认可。《章程》又规定："凡考选局派充引水者，由税务司代（中国）地方官发给引水字据。"这一款在总税务司看来，是为中国收回引水权。正是由于这一规定，所以容易取得总理衙门的批准。

但是另一方面，《引水章程》规定："凡夹板船、火轮船出进，须用引水引其进口；若该口有请领字据之引水，……而该船不用者，即由理船厅向该经纪代引水局索取引水经费。"这就是轮船公司必须雇用该口有字据的引水人；否则要索取引水经费。这就是外商所说的强制引水。至于引水管理权，大多掌握在海关理船厅手中，如"凡引水宜制于理船厅也"。"倘有违背总章分章以及不遵理船厅谕示之处，或罚以银两，或暂撤执照，或将执据撤销，皆由理船厅办理；惟撤销执据一层，须申详总税务司核复，方可施行"等①。《章程》只由公使们认可，至于各口领事则不与闻。

《引水章程》公布之后，激起了各口领事和外商、外籍引水的强烈反对。美国公使蒲安臣在向国务卿汇报中综述了这种反对情况："由于各口领事不能同意此项章程，由于引水人的遴选问题产生的种种猜忌，原来的办法（按：指《引水章程》）发现行不通。""在上海，普鲁斯领事断然拒绝和他的同事（指公使）合作。在牛庄，英国领事密迪乐拟定了一件由英国公使阿礼国核准，为英国人所独占的引水章程，不愿意和美国领事鼎德先生一致行动。"②

---

① 参阅 1867 年 4 月 26 日总税务司通札第 3 号附件。《总税务司通札》（第 1 辑 1861—1875），第 109—115 页。

② 1867 年 5 月 1 日蒲安臣致国务卿第 138 号函。《中国近代海关历史文件汇编》第 7 卷，第 83—84 页。

上海外籍引水们也写信给江海关税务司费士莱，坚决要求修改章程。而费士莱也写信给总税务司要求修改。因为这是中国最大商埠——上海引水们的要求，又经领事们同意，影响很大，总税务司不能不于 6 月 25 日札行江海关"停止施行"；但仍坚持"新建议的修改，在有关细节方面，可以由分章和地方条例作出一定限度的规定；但是如果关系到原则方面，是不能采纳的"①。这等于说，海关的总的管理权是不能动摇的。

上海洋商总会以总税务司没有预先征求他们的意见，认为非满足他们的要求，章程不能生效；保险公司也认为"在航运的一般利益和引水自身的一般利益方面是不能令人满意的"。②轮船公司特别是经营沿海贸易的轮船公司甚至企图使用武力来反对强制性的引水条款。他们认为章程最后的强制引水条款，主要是针对他们。他们声称：许多船主和管驾，对各口岸航道的危险和困难，了若指掌，即使曲折难行的福州港和上海港，无须引水也可进港。各口外国官员害怕在条约执行发生困难时，赋予海关理船厅执法权，会侵犯到缔约国臣民的治外法权，因此，纷起反对。

由此可见，《引水章程》虽然保障了外国引水人的特权，但各口领事、外商和外籍引水因为海关是中国的行政机关，海关背后的中国政府有一朝一夕侵害他们的特权时，他们将处于不利地位，所以不让海关拥有过大的权力。从这一点看，海关和外国在引水问题上确实存在着一定的矛盾。

但是《引水章程》是经过公使团认可的，公使团不能不根据各口领事反映的意见，同意进行修改。总税务司经过 1 年多时间在总理衙门和公使团中会商斡旋，终于完成《引水章程专条》（Chinese Pilotage Service：General Reguatons），经总理衙门批准，于 1868 年 10 月通饬各关税务司试行。

这套章程共十款，其主要内容集中表现于下列各款：

一、"凡各口应定之分章及定明引水界限，并应用引水者若干名，其引水各费一切事宜，应由理船厅准情酌理，约与各国领事官并通商总局（洋商总会）妥为拟定。"

二、"凡华民及有条约各国之民欲充引水者，均准其一体充当"；"遇有他出，即应由考选局……拣选充补。"

---

① 1867 年 6 月 25 日总税务司致费士莱函。《中国近代海关历史文件汇编》第 6 卷，第 209—210 页。

② 1867 年 9 月 4 日赫德致江海关署理船厅第 863 号密函。

三、"考选局包括作为主席的理船厅，老资格的引水人，和两个由理船厅会商领事与洋商通商总局提名并公布的名单中签掣二人"（按：此款汉文本不很明确，此据英文本迻译）。

四、"备考者其国领事官……均可在局从旁监同考试"。

五、关于由税务司代地方官发给引水字据一条与旧章同。

六、关于引水俱归理船厅管理一条虽与旧章同；但理船厅的管理权力则大大削弱了，如引水执据的撤销，不是经总税务司批准，而是"限三天内赴领事官处禀诉撤据原委"。犯关章者亦然。凡引船没有引水字据，或假借他人字据，或字据借给他人的，由理船厅"知该国官照其本国例治罪。"其余如引水船之标志、悬挂旗帜、船舶停泊地点以及如何收费等琐屑事务，则留给理船厅处理。①

总税务司在 1868 年 10 月 27 日第 30 号通札中就新章程与旧章程作了比较，并指出："现在作出的最重要的改变是行使强制引水的条款取消了。"这一款既被取消，"各口分章的内容就没有必要制定很多了"，于是"引水事务简化了"。除此而外，就是"撤去了某些倾向于把各种各样的权力置于理船厅手中的条文，而这些权力和现在的治外法权条约一起，严格地属于非中国当局。"但"外国官员在发现无意剥夺他们的正当权力时，对于真正适于理船厅执行的引水的必要工作，都将只是非常乐意留给理船厅去做"②。

不论旧章程或新章程都是在不平等条约关于外船自雇引水规定的基础上，维护缔约国国民有和华民一体充当引水的特权。这是章程的要害所在。这在当时的历史条件下是无法改变的，外国政府不容改变，清政府无能改变，总税务司就只能依据条约制定章程。关于这一点，是无可非议的。总税务司所以力争取得海关引水管辖权，其目的是"规定一种只有正式合格的人才得获准操引水职业的办法，把管理引水人的权力置于理船厅的掌握中"，"使理船厅能够帮助维持一批人员的工作效率"，"因而在中国领水建立一个效率高的引水制度"③。这里所说的"正式合格的人"，主要是通过考选局考试合格的外国引水

①　以上参阅 1868 年 10 月 27 日总税务司通札第 30 号附件。《总税务司通札》（第 1 辑 1861—1875），第 176—183 页。

②　以上参阅 1868 年 10 月 27 日总税务司通札第 30 号。《总税务司通札》（第 1 辑 1861—1875），第 174—175 页。

③　1868 年 10 月 27 日总税务司通札第 30 号。《总税务司通札》（第 1 辑 1861—1875），第 174—175 页。

人。把这些人置于理船厅的掌握中较诸没有一个集中统一的管理，比任其滥充、舞弊的无政府状态总胜一筹。因为有了共同遵守的章程，有了集中统一领导，就可以逐步建立引水管理制度，管理秩序。在当时各口领事争夺中国引水权和引水权处于无政府状态的情况下，这些做法，对于外轮和华轮都是有利的。

尽管《引水章程专条》保障了外籍引水的利益，而海关理船厅的管辖权也极其有限，但是它的执行仍是困难重重。《专条》颁布后，天津的一些外籍引水拒绝按规定更换字据，这就抵制了理船厅的管辖，使得津海关感到非常头痛。津海关税务司申呈总税务司请示，总税务司为了消除和领事的摩擦，搞好和领事的关系，立即指示："海关在这方面的工作应以下列三项为限：一、考核候选人，二、发给引水人员及引水船执照，三、宣布某引水人暂行停业。至于进出口船只雇用引水人的其他事项，尽量让有关领事去管理。外籍引水人都享有治外法权，由于他们最终有权向有约国当局提出申诉，因此，一般来说，最好从一开始就让领事们去管理他们。"最后宣称："适当解决所有细节问题，诸如当前拒绝更换新的字据，更多的要依靠税务司和口岸领事的私人关系，而不是依靠本署发出各种指示以资遵照。"①

此后，《专条》的日子没有更好过些，这从1887年第35号通札中反映了出来。通札告诫各关税务司：理船厅惩戒外籍引水，外籍引水有权上诉于领事；如果外籍引水所犯的仅是技术上的问题，这种惩戒不可能为领事所承认；还有，章程是试办的，缔约国可以随时拒绝承认；理船厅行使惩戒权力，会使引水人变得不耐烦，因此，"〔海关〕官员的干预越少越好"。他认为引水工作是世界上最艰苦的工作，而引水人"处于最末阶级"，所以对他们"要行使很少权力，而表现最大的宽谅"②。总税务司要执行《专条》，但海关以至清政府无力与各口的外国势力抗衡，无法辖制各国领事、商人和引水。为了使海关避免和各口领事、商人、引水的冲突，总税务司便背着清政府，指示税务司和领事们进行私下交易，用最简便办法，结束一切纠纷，或者按照"干预越少越好"的不负责任态度对待引水问题，甚至把外籍引水的非法行为，推给领事去处理。他在致牛庄关税务司的信中说："我将把海关的行动限制在注意：除

---

① 1869年7月21日总税务司致津海关函。《中国近代海关历史文件汇编》第6卷，第293页。

② 1887年7月22日总税务司通札第385号。《总税务司通札》（第2辑1885—1889），第264—265页。

对合格人员外不发给引水字据；除对继续有工作效能的人员外，不准保留引水字据。这样，就让领事们来处理非核准的引水人问题以及在他们治外法权下的国人们的任何错误行为问题。"连自己制定的关于各口规定引水人数的章程条款，也自己否定了。他在同一封信中说："我的观点是反对在每个中国口岸限制和固定引水人数的规章。我的意见是：需求与供应的自然法则的作用是尚可信赖的。"①

各口引水人数既打破了规定的限制，而海关又无法或者不去堵塞各种弊端，这样，滥充也就不可避免了。这样，在这些指示指引下，许多口岸的华籍引水被外籍引水人排挤了。

《专条》虽经公布，但在根本问题上却是听之任之。

从海关违章处分和引水管理两个问题看来，总税务司为了消除各国商人、领事对海关的恶感，回避矛盾，总是背着清政府采取讨好、退让的办法，以保证海关的稳定；至于中国的主权，是在所不惜的。

第五节　海关洋员法律管辖权问题

中国海关募用的外籍关员在执行职务活动中的法律管辖权问题，在新关草创时期，在外商、领事间经常引起了争议。这在违章处分管辖权问题上是屡见不鲜的，我们已在上节略作叙述。因为这个问题关系到外籍税务司制度的建立和巩固问题，所以本节拟以英商宝文洋行因漏税涉及海关募用人员在执行职务中的法律管辖权问题作为典型事例加以阐述，以见其争议的激烈情形。

首先，我们把宝文洋行的漏税查获的情况稍作介绍。

1861年8月8日，上海英商宝文洋行申请从第3634号商船卸下衬衫料子800包的准单，载明每包25件，总数为2,000件。当卸到22包时，海关司秤发现每包所装的不是25件，而是50件，显然少报了一半。他立即制止卸货，并赶回海关汇报。宝文洋行的仆役乘着司秤离开之际，把8包私自运进宝文仓库。司秤回来，制止把余下的14包运走，而且到洋行要求把那些已被运走的运回。洋行仆役大肆吵闹，并说他还要运走其他14包。

管江海关上海道吴煦致函英国副领事马卡姆（MarKham），要求发给搜查

---

① 《中华帝国对外关系史》第2卷，第175页。

证以便派遣关员进入洋行栈房，扣留运进栈房的衣料，并把仆役 Hue 逮送审查。

马卡姆把搜查证寄交吴煦；但声明办理宝文洋行业务的是一个年轻人，无意中犯了错误；还说："我坚信宝文洋行方面的这种行为不是有意的，希望把还在海关马头的其他 14 包让洋行卸下；否则，我就不能不把这个问题交北京英国全权公使。"吴煦复道："根据规定，全部都应没收；但是考虑到阁下提出的理由和请求，同意没收 22 包，余下部分准许商人完税后提回。""我认为这样做已是极宽大，因为该商已是第二次违章。他们前次已卸下虚报的 30 包了。如果这是笔误，他们应到海关更正；但当货物被扣留时才说错误，这种虚报显系有意，而非偶然。不但如此，如关员没有迅速回到马头，不但 8 包被运走了，其他 14 包也会被运走的。洋行的人当着关员面威胁要殴打他，这就加重了他们的罪行。"吴煦最后说："如果把这个案件上报卜鲁斯先生，我很高兴，他可以了解外商是多么坏，我的处理是多么为难。"

这么一件如此简单的事，竟然由领事麦华陀呈交公使卜鲁斯。卜鲁斯当即批复："宝文洋行经理这样一种强暴的行为不但证明扣留这 22 包衬衣料是有理由的，而且证明扣留 80 包也是有理由的。""你应告诉宝文洋行，我不能考虑任意要求归还他们的货物。如果不满于我的决定，他们可以向女王陛下外交大臣申诉。"

宝文洋行竟然请求香港高等法院传讯江海关税务司费士莱，控告他对它的处分是非法的。在这里就发生了中国海关募用的英国人的法律管辖权问题。在英籍关员行使中国海关职务的时候，他们的行动究竟是否受英国法庭的审判，英国法庭可不可以传讯中国募用的英国人，问题就发生了。

恭亲王，作为统辖海关的最高首脑，立即向卜鲁斯提出抗议。恭亲王认为宝文洋行请求香港高等法院传讯江海关税务司费士莱，这是违反条约规定的。其理由概括如下：第一，根据条约规定，中国海关可以采取适于保护关税的任何办法；第二，也是根据条约规定，恭亲王才颁给李泰国札谕，派令为总税务司，并令募用声誉良好的英国人稽查各口洋商完税事宜；第三，被募用的英国人是帮办税务，没有独立行事的权力，独立行事权力属于海关监督。如果海关监督有什么过失，英国公使可以建议本爵调查他的行为；如果他确实有错，受害者当然可以要求赔偿。如果募用的英国关员的行动可以由于〔英国〕官员的干预而停止，则何必募用？中国海关事务不能作为诉讼看待，胡乱地传讯海关募用的英员是不对的；第四，假使英国商人对于关员行为有所不满，适当的方法是由中国和英国官员提交本爵和英国公使，会同检讨，以达成令人满意的结论。恭亲王的抗议是名正言顺的。

卜鲁斯连同恭亲王公函的抄件以及香港高等法院发给领事麦迪乐的传讯抄件等寄呈外交大臣罗素。卜鲁斯表达了他的意见。他认为香港高等法院不能干预这类案件。由中国募用的英国臣民，其行动应由中国政府负责。"兹奉上有关宝文洋行文件的抄件。这些文件表明，他们远不是受到苛刻的对待。中国当局对他们已很宽大的了，不能证明它是无意过错，因为货包大小就足够表示数量的虚假。"最后他宣称："如果中国海关是有效率的，就必须毫无例外地使用严厉的惩罚，因为一个国家商人的豁免，其他国家的商人也可以同样要求豁免。国家之间的猜忌被利用了，海关行政的效率也变为不可能了。"

这件事迁延了两年，直到 1863 年 8 月才由英国外交部最后裁决。英国政府和女王的司法官进行了磋商，外交大臣据以通知卜鲁斯：英国臣民并不由于为中国皇帝服务而不是"英国臣民"；但关于他们正式地为中国政府所做的行动，而这种行动受到弁护和证明时，他们就不应在领事法庭负有民事责任。这就是英国政府承认他们中国官员的地位。[1]

海关募用英员在执行职务所作的行动的法律管辖权，至此始告解决。尽管如此，此后仍有余波。1866 年，总税务司回英国为同文馆聘来了一个名叫方根拔的教习，教授天文学课程。方根拔，德国人，后入英国籍。这是一个走江湖人物。他到任后，馆方要他改授数学。方根拔大为不满，竟说这有损于他的"尊严"，拒绝接受。总理衙门授命总税务司免除方的职务。方根拔向上海英国高等法院控告总税务司赫德。此案也迁延几年，最后总税务司才在英国请律师上诉于英国枢密院，以胜诉而结案。

上述的管辖权问题，体现了海关英员和英商、领事间的矛盾。英国政府如果没有处理好这些矛盾，则海关英员便无法执行海关职务，外籍税务司制度也就无法巩固。而根据条约规定的贸易方式，也将无由建立。那就将导致 10 年前对华贸易无政府状态的重现。英国政府因而不能不支持海关英员因行使职务所作的行动，以免英国关员遭受外商、领事的干扰，从而稳定外籍税务制度。

---

[1] 1863 年 4 月宝文洋行与费士莱案件。所引文件均载于《中国近代海关历史文件汇编》第 7 卷，第 47—59 页。

第十一章

总税务司赫德和洋务

第一节 英国关于在华开办洋务问题的争议和 总税务司《中国问题纪略》的发表

19 世纪 60 年代以后，清政府为了重建统治秩序，强化自己的统治，在同治年间，开始举办了一系列洋务；英国为了扶植脆弱的清朝统治，扩展在华的经济势力，建立对华关系的基石，也热衷于中国洋务的举办。

19 世纪下半期的英国，正是维多利亚女王在全球范围内建立殖民地、半殖民地的大英帝国的狂热时代，在这个时代，英国的资本主义正以跃进姿态向着全球落后国家和地区挺进。地球上许多落后国家、落后地区的民族藩篱一个个地被英国资本主义的洪流冲决了。它们日益丧失其孤立地位和闭塞状态，它们的生产和消费被卷进资本主义世界市场的漩涡，许多落后国家和地区就这样地沦为大英帝国的殖民地和半殖民地。落后的中国正是在这种情况下沦为大英帝国的半殖民地。中国的落后情况不符合英国资本主义发展的要求，因此，英国上下渴望中国敞开大门，引进先进的交通工具、生产工具和生产技术，开发资源，开办工业，以加速商品流通，原料运输，加快资本积累，扩大本国的经济力量。

当时的中国，虽然出现了像恭亲王、李鸿章之辈的洋务派；但是顽固势力还很强大，至于不了解外国、不了解资本主义新事物的人更是无法计数，总税务司赫德对于这种情况曾作过粗略估计："一万个中国人不到一个人了解外国的任何事物"；"十万个中国人不到一个人了解外国的革新和发明"；"一百万人中不到一个人对于西方情况或机械的优越性有所认识"；"在中国一二十个真正认识到西方机械价值的人，却不到一个人准备勇敢地自由采用"。那里存在着"反对革新的真正的和自然的困难"①。

正是在这种情况下，英国对于如何在华开办洋务问题，引起了激烈的争论。

英国工商业者，特别是对华贸易工商业集团，为了迅速扩展对华贸易，积累资本，壮大自身的经济力量，要求英国政府强迫清政府进行迅猛的改革，让英国建筑铁路、开矿。在第二次修约到临的 1869 年，烟台英商要求获得修建从烟台到济南的铁路、开采这一地区煤矿的特权；上海、福州、厦门、天津、香港各英国商会都一致要求强制清政府进行"实业上和政治上的革命"，撤除一切政治障碍。天津的英商甚至发出最厉害的炮弹：把整个中国都对"基督教与商业"开放，建筑铁路和电报，扩大交通和增加货物交换的机会。他们甚至毫不留情地批评："公使们一旦失去与外商的联系，并且脱离了公共舆论的影响，就会变成不但不是扩展外国贸易的代言人，而且多少有几分变成了中国排外主义的代言人。"②

英国官方为着保障、壮大本国的经济力量，同样要求清政府敞开大门，兴办洋务；但是他们反对强制清政府作出迅猛的变革，特别是驻华公使们，因为驻在中国首都，对于清政府的情况了解得较清楚，一般都反对这种强制行为。

卜鲁斯批评李泰国对中国改革的急躁态度："李泰国希冀将中国变为英国的属国，在这些海域中代表着西方文明，并强迫它采纳十九世纪的物质进步。如果设想一支舰队和五百名兵员足以实现所期望的目标（按：李泰国当时为清政府采购一些轮船、募员 600 人），而其他列强又将甘愿久居于下位，这只能显示了他完全没有理解中国，也没有理解其他列强的敏感之处。"③

阿礼国也认为"新的特权让与，只能借着对中国施加压力来取得，而这样就有伴随这种激烈行动以及突然使一个大帝国的风俗、传统和习惯而产生的全部危险"。现在的形势不容许"加快速度或进行势如破竹的改革，而必须用较为缓慢的方法来进行。""如果要使中国不致崩溃，便一定要让中国以它自己的方式向前发展"。④

---

① 《中国问题纪略》，全文载《上海纪事报》 1869 年 11 月 12 日增刊。
② 1868 年 1 月 24 日上海洋商总会致英各商会函。《中国通与英国外交部》，第 54 页。
③ 《李泰国与中英关系》，第 196 页。
④ 1867 年 12 月 23 日阿礼国致史丹雷函。《中国通与英国外交部》，第 52 页。

阿礼国预见到急剧的改革，会使中国倾向于反对外国的干预，所以他认为："铁路、电报、矿山以及外国人在公用事业中服务——所有这些都可以在一个条件下很快被采纳——即中国人对于他们代理人的选择，对于受雇时间和条件都能不受别人的命令和控制，并且感觉到自己是自由的，不受列强和它们的外交及领事人员的令人愤慨的干预。"① 这就是由清政府聘用外国人搞洋务。阿礼国认为这是最好的办法，这实际上是采用外籍税务司制度的管理办法。

英国外交部史丹雷也认为一种"真正"的政策应该是"在一个共体中结合双方的意见"；并称："我们一定要引导而不要强迫中国采纳一种较好的制度，我们一定要使自己安于等待那种制度的发展，并且使自己满足于等待在将来的一个时期再行修约，正如目前我们将要在 1868 年修约中可能达到新的协议一样。"②

赫德对于李泰国的急躁态度也极力抨击。他说："如果说，为了未能立即重视建筑铁路、架设电报线路、洽谈外国借款、引进外国人所使用的各种设备，就认为当前的中国政府没有希望，这在我看来是既不合逻辑，也不合情理的。""经验将使中国政府最后深信，只有信守它承担的义务，并以开明的精神履行这种义务，才能更好地和外国相处。但经验的取得需要时间，在给中国政府一定时间的同时，如果我们要使中国政府在经验中取得教益，必须做一些合理的实事，而不是粗暴地发号施令。"③

双方的争论是激烈的。但英国官方坚持采用缓进政策，以免引起清朝统治阶级的反感、抵制。

1869 年 6 月，正当蒲安臣率领清政府代表团前往欧美有约各国访问时，总税务司针对蒲安臣的言论发表了《中国问题纪略》一文，阐述他对清政府办理洋务的看法，也就是他对清政府办理洋务所采取的方针。这篇文章反映了英国官方对清政府举办洋务的态度。

赫德的文章，是从下面这样的认识着手论述的："由于中国过去的离群索居和当前的疑惧，所以要使它进步就应采取下列途径之一：一、让它按自己的速度迈进并按自己的模式发展；二、劝说它必须前进；三、强制它前进。"采

---

① 1868 年 1 月 1 日阿礼国致史丹雷密件。《中国通与英国外交部》，第 57 页。

② 1867 年 8 月 17 日史丹雷致阿礼国函。《中国通与英国外交部》，第 47—48 页。

③ 1864 年 1 月 13 日赫德致卜鲁斯函。《李泰国与中英关系》，第 236 页。

用的办法也有三种："甲、〔由外国〕个人管理；乙、某个外国单独施加压力，或丙、各有约国联合施加压力。" 他首先肯定地认为 "各有约国缺乏共同利益，不可能联合起来要求中国进步；如由一个外国单独地试图强制中国进步，哪怕是无私的，难免因为中国利用其他国家的不信任和猜忌而暗中反对致遭失败。个人管理，除了个人影响之外，只能意味着耍弄阴谋诡计，迟早必将垮台"。用劝说办法，"会引起疑虑和不必要的反抗，从而造成祸害"。这些既都不行，那么只剩下一个办法，那就是 "让它自行其是"。这样办，总税务司不但认为可能，并且已经开始实行了。在这里，他提出了 "需求（Want）论"。他认为 "一切进步的条件是先有一种需求；只要感觉到需求，就能努力去满足这个需求"。于是 "需求正如泉源一样，一经开发，便会自成渠道，汇成一泓水流，流向远方"。"中国已有了这种需求——一种物质力量的需求，而物质力量在自然界中是一切需求的根本——它是进步的母体。""它满足了一个需求，就会感到别的需求，对满足其他需求的决心也就更大了，执行的方法也就更好了。"因此，"我认为当中国要求强大时，也就走上改革的途路，并且一步一步地开发资源，创办工业，取得在物质上、精神上和道德上的进步。所以，我日益倾向于认为对中国的正确政策是'让它自行其是'"。他反对 "采取以经常使用武力和发号施令" 的办法。他认为 "外国的发号施令适足以引起反抗，阻碍健康、自然的发展"。

总税务司虽然声称让清政府 "自行其是"，而且提出 "需求论"，以促其自然发展，但却对清政府不求进步，顽固不化方面提出了对付办法。他反对蒲安臣和美国签订中美《续增条约》第八条。这一条的内容是："至于中国之内治，美国声明并无干预之权及催问之意；即如通线、铁路各等机法，于何时、照何法、因何情欲行制造，总由中国自主，酌度办理。"[①] 这一条其实就是赫德所说的 "自行其是"，可是他却认为这个条款，"不足以促进中国的进步"；"如果各国都同样签订这种条款，那末，不但中国需求物质力量的紧迫感将会削弱，而它的进步也会相反地受到阻碍，即使是不完全停顿的话"。他着重指出："我们必须牢记，如果现在许诺永不强制它进步，那末势将剥夺它最终促使它进步的最大推动力。这种推动力就是感觉到缺乏安全感及应付意外事件的能力，而这种感受却会促使它作出努力及采取一系列的措施，从而带来进步和

---

① 《中外旧约章汇编》第 1 册，第 263 页。

机器。至于关于内地居住权及外轮内河航行权的问题……我以为这些让与只能作为权利包括在条约中才能求得；如果现在就特意签订条约放弃它们，结果将不是促进，而是起相反的作用。"这也就是说，要求中国进步，只有凭借不平等条约的压力去推动。所以他告诫西方国家，"不推诿责任是一个精明的政策；不提出无权享受的要求是一个公允的政策；要求一经提出，即不后退，这是一个坚定的政策；根据自己正当的需要而提出要求，而不是以中国利益为借口，为这些要求辩护，这是一个坦率的政策。所有这些政策最可能获得成功"；否则，"只能引起误会，产生争执，招致凌辱，激起疑虑，并遭人们的蔑视而已"。他在最后虽强调"我不赞成强制"，但"我也不赞成讨好"。"有些问题进行干涉是得计的，而有些问题进行干涉将是不许可或可能是有害的"，但其核心的论点，只能是以不平等条约"为中国进步的推动力"。[①]

由此可见，无论是"自行其是"，或是"需要论"，都是依靠不平等条约作为鞭策。清政府能自觉去做最好，如不自觉去做，便以鞭策之。归根结底，还是一种强制。

尽管总税务司主张以不平等条约作为压迫清政府进步的最后动力，但应该承认，他却极少用威逼的方法去强制它。正因如此，所以他一直得到总理衙门的重用。

在阐述总税务司对清政府举办洋务态度的同时，有一点应加说明。总税务司极力引导清政府举办洋务，固然意图为英国的资本输出、商品输出打开出路，壮大本国的经济力量，但更重要的是扶植、强化清朝的脆弱统治，使它经得起风浪的袭击，牢牢地靠拢英国，为保障英国的在华利益服务。总税务司兴办的洋务越多，越是要害的部门，总税务司的权力越大，对清政府的影响力就越强，并使影响力转化为控制力。所以总税务司动辄以改革的名义，力促清政府举办各种洋务。

总税务司一般不使用洋务一词，他使用的是"改革"，即以西方科技改造清朝的落后统治，维护清政府封建专制体制，使之为英国的在华利益服务。

---

① 《中国问题纪略》。

第二节　总税务司洋务活动的发轫
——《局外旁观论》的呈递

在重建清朝统治秩序的同治中兴到海关改辖税务处（1906）的 40 年间，总税务司进行了一系列的洋务活动。这些活动发轫于 1865 年 10 月 17 日呈递的《局外旁观论》（或作《帮官论》，以下简称《旁观论》① ）。

《旁观论》的呈递，是和当时中国政局的转变联系在一起。早在清军攻陷南京之前，总税务司预见到内战平息后清政府统治集团内部的顽固排外势力可能抬头，这将导致中国对外关系的逆转。因此他说："我必须尽我所能在这些中国人中促使其对外国人有更为友好的感情，树立正确的方式，以及由此保持正直与确保和平。既然太平天国叛乱正被镇压，我必须尽力防止帝国官员中增长或怂恿增长排外情绪。""我必须努力查明哪些西方文明的产物最有利于中国，用什么方式使这些不同的事物最有效地传入，我必须支持那些从事传播福音、传授基督教等最高尚工作的人们。"②

1865 年 5 月，正当中国形势转变的关键时刻，总税务司本着上述的精神，草拟了一个扶植、改造清政府的粗略规划。这个规划概括为八个方面：一、使海关"进入良好状态"；二、劝告清政府建立一支小型舰队，"军官由英国人担任，船员为英国人，作为中国常规海军的核心"；三、"劝说总理衙门在北京保留四个营的士兵（每营 2,500 人），由外国教练负责训练，接受外国总教练的指挥"，"以此与地方武装对比，使其更直接地受制于总理衙门，在各口岸发挥作用"；四、敦促清政府向欧洲派遣使臣；五、发展中国的采矿业和通讯业；六、促使中国人摒弃木船，"采用轮船和汽船进行贸易"；七、将"极为实用"的著作译成汉文；八、从海关内部开始，给所有中国官吏以较高的薪俸，以"终止其敲诈勒索，保持政府的清廉"。③

这个规划勾画出《旁观论》的轮廓。大概从这个时候开始，总税务司便集中力量撰写这个有名的文件。

---

① 1865 年 10 月 17 日威妥玛致罗素机密函说："本月 17 日呈递总理衙门各大臣"。司马富：《赫德与中国早期近代化》附件。

② 《赫德日记》1863 年 12 月 23 日。

③ 《赫德日记》1865 年 5 月 30 日。引自司马富：《赫德与中国早期近代化》。

《旁观论》从当时清政府的"内情"和"外情"两个方面，论述了清政府应行改革的弊端和应走的道路。首先提出"自有记载以来，历数千年，莫古于中国，而自四海各国观之，竟莫弱于中国"的论题，其次据以分析为什么会有这样的结果。他说："今日之外情，系由前日之内情所致；而日后内情，亦必由外情所变。"

为什么"今日之外情，系由前日之内情所致？"他直言不讳地揭露了清政府吏治、军事、财政等内政的腐败情况，以及官员藐视洋人，不遵条约，以致"复动干戈"的结果。据此"内情"，他提出整顿地丁、盐课、税饷，改变官吏俸禄制度，改进军事设施等办法。

《旁观论》着重提出"外情"，也就是对外关系问题。它从边界、传教、贸易三方面加以论列："以上三节，既定有约，必应于边界循照定章，必应准传教，必应于贸易之事遵守各章。""若不肯［遵守］，必有出而勉强者；若因不能，必有起而代行者。""或者边界有事，俄国何难占地？若教内有故，致由外进兵，奉教者何难相助？若贸易有阻，而英国进兵，各国必从。一经动兵，外国有得而无失，是以当留心而免之……若再用兵之事，成败得失，不待智者而决矣。是以或有应办，或有请办，不如早办，不致日后为人所勉强也。"

基于这种"外情"，他提出了改善对外关系的方案：

"凡有外国可效之善法，应学应办。即如铸银钱以便民用，做轮车以利人行，造船以便涉险，［制］电机以速通信。……然旁观劝行之意不在此，系在外国日后必请之事。"此外：

"一、皇帝允许召见各国大臣，以免外国借端生事。

"二、委派大臣驻扎各国。

"三、准洋商和华商会办轮车、电机等。"

最后则称："盖万国来往，向来各国让各国之事。中国若仍不让，各国必不服；若让，而中国作万国之友，其地广大，其民众多……止有国政转移，无难为万国之首；若不转移，数年之内，必为万国之役。日后之内情，均由此日之外情而生。"①

---

① 同治四年九月十八日赫德呈递《局外旁观论》。《筹办夷务始末》（同治朝）第7册，卷40，第3770—3787页。

《旁观论》的行文是严酷的，带着胁制的口吻。除了要清政府信守不平等条约，对列强的要求要忍让以外，还要求它铸钱、建筑铁路、建造轮船，并要求中外合资。

值得注意的是，在此之前（二月间），英国参赞威妥玛奉公使阿礼国之命也递送了《新议论略》的说帖。"其所议与总税务司赫德以前递送的《旁观论》大致相同，而措词更为激切"。"《新议论略》大旨有二：曰借法自强；曰缓不济急。"① 显然，两者同出一鼻孔。

这两个文件是在中国形势转变的关键时刻同时提出的，因此引起了清朝统治集团格外重视。威妥玛于《旁观论》呈递后10天写信向外交大臣罗素汇报总理衙门反映的情况："所有总理衙门大臣都非常关注地研究它，而且成为他们和赫德以及协助准备这个说帖的中国士大夫谈论的话题。"文祥还告诉赫德，希望他在冬天住到北京来。三个在总理衙门最有影响的人，即宝鋆、文祥和董恂，"董恂，汉人，注意到这个文件所有的议论都是有根据的，所有它的建议都应该实行；而宝鋆则说：它的所有忠告是好的，但难于采用。"② 11月2日威妥玛又汇报说："恭亲王已经阅读了"。据传说："有的部分殿下未能明了，有的部分太过率直，应改变形式，保留说帖的实质；然后提请御览。上谕将把副本颁给所有地方政府，同时谕令采取步骤，表示帝国政府的意见，没有什么比继续和外国保持友好关系更加重要了。"③

总理衙门在上奏《旁观论》时曾全面考虑了对它的看法："窥其主意，一似目前无可寻衅，特先发此议论，以为日后借端生事地步"，所以应加"通盘筹划，先事图维"，以免"仓猝更难措置"；但也承认："所陈内治外交各种利弊"，"不无谈言微中"；还以为"概鄙他人之法为不可用，又不广求良法，立见施行"，可能使"外国借口生事"。因此，必须"设法自强，使中国日后有备无患"。上谕亦称："外国生事与否，总视中国之能否自强定准。""至所论各节，反复申明，总以将来中国不能守信为疑；所陈轮车电机等事，虽多室碍难行，然有为各国处心积虑所必欲力争之事，尤恐将来以保护洋商为词，即由通商口岸而起。"因此，谕令通商口岸所在地各督抚，"应加设法自强，使中

---

① 同治五年二月十六日恭亲王等奏。《筹办夷务始末》（同治朝）第7册，卷40，第3764—3765页。

② 1865年10月27日威妥玛致罗素机密函。见司马富：《赫德与中国早期近代化》。

③ 1865年11月2日威妥玛致罗素机密函。见司马富：《赫德与中国早期近代化》附件。

国日后有备无患，并如何设法预防，俾各国目前不致生疑之处，着官文、曾国藩……各就该处情形亟早筹维，仍令通盘大局……专折速行密奏……此事关系中外情形甚重……务当共体时艰……详慎筹划，不可稍涉疏略，是为至要。"①

上谕寄发后，各督抚先后上疏表达意见。一般认为，这是对王朝的轻侮，应加抨击。其中左宗棠抨击最烈："此次威妥玛、赫德所递论议说帖，悖慢之词，殊堪发指。威妥玛所论与赫德同，可知即赫德之意。我之待赫德不为不优，而竟敢如此。彼固英人耳，其心惟利是图，于我何有！"但他也提出"自强"的论调。他说："至我国家自强之道，莫要于捐文法，用贤才……政事克修，远人自服"；他还进一步说："见在借新法自强之论既发之威妥玛、赫德，则我设局开厂，彼虽未与其议，当亦无词挠止。"所以他"拟习造轮船与习驾驶"，此马尾船政局之发端也。②

三口通商大臣崇厚则称："至于借法自强一说，现如海关之延用税务司，京外之练习洋枪队，上海之机器局，深资利用，已有明效；但使取其长而略其所短，实力讲求，诚不难进而益上。该使等所言类多要求，其所论不无可采。"③

江西巡抚刘坤一亦称："现闻署两江督臣李鸿章购造〔轮船〕数只，颇有成效可观。应令沿海各省及湖北省，无惜重资购造，务尽其妙而夺所长。"④

通过这一上谕，以自强为目的的洋务活动在统治阶级内部比较广泛地开展起来了。在1865年以前，办洋务仅限于极少数官僚，到了1865年，由于威妥玛和赫德所上的改革方案，使清朝最高统治者预感到外国胁制的危机，通饬各通商口岸所在地的督抚，"应如何自强，使中国日后有备无患"，要大家先事图维。于是各督抚，先后专折上奏，其中多数认为必须借西法以自强。这样，洋务活动迅速地形成一个运动。

第三节　总税务司经办的洋务

总税务司从迁驻北京到海关改辖税务处（1866—1906）的40年中，经办

---

① 同治五年二月十六日恭亲王等奏及上谕。《筹办夷务始末》（同治朝）第7册，卷40，第3765—3766页。
② 同治五年六月初三日左宗棠奏折。《筹办夷务始末》（同治朝）第7册，卷42，第4021—4026页。
③ 同治五年三月十三日崇厚奏折。《筹办夷务始末》（同治朝）第7册，卷41，第3881页。
④ 同治五年四月十六日刘坤一奏折。《筹办夷务始末》（同治朝）第7册，卷41，第3917页。

了一系列的洋务。

早在 1866 年总税务司迁驻北京后，总税务司便着手改造同文馆，引进西方新的学科和科学教育。

根据中英《天津条约》第五十款的规定："嗣后英国文书俱用英字书写，暂时仍以汉字配送；俟中国选派学生学习英文、英语熟习，即不配送汉文。自今以后，遇有文词辩论之处，总以英文作为正文。"① 据此规定，清政府不能不作出相应的措施。清代原设有学习俄罗斯语文馆，当 1861 年 1 月恭亲王等奏请设立总理衙门时，同时奏请设立英、法语文馆。奏称："查与外国交涉事件必先识其性情。今语言不通，文字难辨，一切隔膜，安望其妥协?""闻广东、上海商人，有专习嘆、唎、咪三国文字语言之人，请敕各该省督抚，挑选诚实可靠者，每省各派二人共派四人，携带各国书籍来京。"其学生则于"八旗中挑选天资聪慧，年在十三四以下者各四五人，俾资学习"。② 延至 1862 年 8 月，因"广东则称无人可派"；上海虽有少数人，"而艺不甚精，价则过巨，是以日久未能举办"。恭亲王等以"各国均以重资聘请中国人讲解文义，而中国迄无熟悉各国语言文字之人，恐无以悉其底蕴"，有"受人欺蒙"之虑③。由此可见，清朝统治阶级在面对西方资本主义世界之初，就感到缺乏外语人才的苦闷，不得不寻求解决办法。英国公使馆的威妥玛乘机进荐英人包尔腾教习英文，总理衙门另请汉人徐树琳教习汉文，并令"暗为稽察"，"即以此学为同文馆"。包尔腾因系试教，年薪为银 300 两，拟次年增为千两，较之汉教习每月仅 8 两，相差悬殊。这种重资聘请洋人教习的行动，显示清政府重视培养外语人才的迫切感。英、法语文馆的创办，显系受到中英《天津条约》规定的影响，其目的仅限于培养外语人才，除了引用洋教习以外，没有什么引人注目的地方。

1866 年，总税务司署迁移北京之后，在赫德的"提倡和帮助"之下，同文馆便由学习外国语言的学校变为"介绍近代思想进入中国教育制度的先驱"了。这是同文馆的一大变革。这个变革是由总税务司首倡而由总理衙门发动的。恭亲王等于 1866 年 12 月（同治五年十一月）上奏称："因思洋人制造机

① 《中外旧约章汇编》第 1 册，第 102 页。
② 《筹办夷务始末》（咸丰朝）第 8 册，卷 71，第 2680 页。
③ 《洋务运动》第 2 册，第 7 页。

器火器等件，以及行船、行军，无一不自天文、算学中来。现在上海、浙江等处讲求轮船各项，若不从根本上用着实功夫，即习学皮毛，仍无裨于实用。臣等公同商酌，现拟添设一馆……务期天文、算学均能洞澈根源。斯道成于上，即艺成于下。数年以后，必有成效。"① 因此，拟请添设学习自然科学的格致馆。由于"天文算术，义蕴精深，非夙知勤学用心之人，难以渐窥底蕴，与专习外洋语言文字之学生不同。前议专取举人、恩、拔、副、岁、优贡及由此项出身人员，今拟推广：凡翰林院庶吉士、编修、检讨，并五品以下由进士出身之京、外各官，俾克其选。缘该员等研经有素，善用心思，致力果专，程功自易"。② 恭亲王这个奏折主要有三点：第一，学习天文算学是制造机器、火器、行船、行军的根本；第二，学习如此深奥的学问，必须用正途出身的五品以下的京、外各官；第三，要学习此种学问，就必须师事洋人。这种对自然科学基础理论和应用科学密切关系及其深奥情形断非恭亲王等所能了解的，这当是得自赫德的启发。所以丁韪良（美国人，后任同文馆总教习）说："这个措施无疑地是由他（赫德）最先提议的。"③

同文馆的这个变革，冲击了科举的育才制度，冲击了统治阶级的精神支柱——儒家哲学，特别是师事洋人，激起了顽固派的猛烈回击，从而引起了一场激烈的争论。

顽固派首脑大学士倭仁上奏力言："窃闻立国之道，尚礼义不尚权谋；根本之图，在人心不在技艺……古今来未闻有恃术数而能起衰弱者也。天下之大，不患无才，何必夷人？何必师事夷人？"如果这样，"数年以后，不尽驱中国之众咸归于夷不止！"④

上谕坚决站在恭亲王一边，顽固派遭到惨败。倭仁于召见面对时，"潸焉出涕"，"上马几坠，类痰厥不语，借它人椅轿舁至家，疾势甚重也"。旋被开去一切差使。⑤ 这场争论的激烈程度，由此可见。争论的结果，是格致馆的设立。从此以后，科学教育在中国萌芽，封建的育才制度和教育制度受到冲击，

① 《洋务运动》第 2 册，第 22—23 页。

② 《酌拟同文馆学习天文算学章程十条》第 1 条。《筹办夷务始末》（同治朝）第 8 册，卷 46，第 4502—4503 页。

③ 《中华帝国对外关系史》第 3 卷，第 511 页。

④ 《洋务运动》第 2 册，第 30—31 页。

⑤ 《翁同和日记》同治六年三月二十、二十一日。

而崇尚"义理"，鄙视科技的传统价值观念也开始动摇了。① 通过这次争论，洋务运动迅速地开展起来了。

同文馆是总税务司一手扶植的，因此，它和海关的关系极其密切。关于这一点，虽有记载，却被学术界所忽视。

一、经费。1862 年 8 月恭亲王奏请设立同文馆时便称："此项教习薪水及学生茶水饭食、服役人等工食，一切零费，每年约需数千两。近来部库支绌，无款动支，再四斟酌，惟于南北各海口外国所纳船钞项下酌提三成，由各海关按照三个月一结奏报之期，委员批解臣衙门交纳，以资应用。"② 由此可见，同文馆经费是由海关船钞收入之三成提供的。

关于同文馆经费问题，丁韪良曾记载道：1869 年 9 月赫德要丁出来主持馆务，"他决计每年从海关方面拨给我一笔整款，以供学院之用。当时我就答道：'擦擦灯台，我是愿意的，但是你得供给灯油。'他答允了。自此二十五年间，践行约言，未尝或渝。"所以丁韪良说，就同文馆说来，"赫德是父亲，我只是一个看妈而已"③。

二、人事。同文馆的外籍教习甚至总教习是由赫德聘任和推荐的。同文馆在 1866 年准备设立格致馆时，恭亲王奏称："其延聘洋人一事，前与总税务司赫议及，伊可代为招聘。"④ 是年赫德乞假回英，在欧洲聘请了 5 个洋教习。1869 年，赫德还推荐丁韪良为同文馆总教习，海关税务司如马士、帛黎、欧礼斐等都曾在同文馆兼课，欧礼斐还继丁韪良为总教习。⑤

此外，1865 年，同文馆的英、俄、法文学生，学习期限届满，进行考试。恭亲王"因洋文非臣等所习，特饬总税务司与各馆各国外国教习会同阅看，分别名次高下"⑥。

由此可见，同文馆简直是海关的附属机构，所以从 1888 年起，归入总税务司署编制，其人员编进《新关题名录》，而总税务司署也就增设了教育部门，直到 1902 年同文馆归并于京师大学堂为止。

---

① 叶晓青：《近代西方科技的引进及其影响》，《历史研究》 1982 年第 1 期。

② 《洋务运动》第 2 册，第 8 页。

③ 丁韪良：《中国春秋》第 6 章，引自《中国出版史料补编》，第 15 页。

④ 《洋务运动》第 2 册，第 22 页。

⑤ 《中华帝国对外关系史》第 3 卷，第 516 页。

⑥ 《洋务运动》第 2 册，第 16 页。

　　与同文馆进行改革同时，赫德说服了清政府派遣斌椿携同文馆学生到西方游历。这是为了促使清政府派遣驻外使节而设计的一次活动。1861 年，各国公使进驻北京，但清政府却没有派出驻外使节，所以《局外旁观论》建议派驻各国使节。这个建议上谕认为"系应办之事"。赫德自述道：自从 1861 年到北京以来，"几乎没有任何一点比在各有约国设立常驻使节的必要性更加强调或者更加频繁的了"。他认为："代表的出国是绝对重要的事，而且，就其本质来说是进步的。因为当时我便认为它是保持中国的自由和独立最不受反对的一种方法。我认为它是构成一条对西方联系非常牢固的纽带，容许它确定地进行改革事业，使倒退成为不可能。"可见赫德主张的派使出国是引导清政府面向西方、改造清政府一个先行步骤。

　　"为了说明如何办理对外交往问题，早于丁韪良博士来到北京之前，我（赫德）就给总理衙门翻译了惠腾（Wheaten）《国际公法》关于公使馆的各种权利、条约等。"以供参阅。

　　"作为第一步，并通过对官吏阶级证明西方是可以安全访问的，而在旅途上既非十分劳累，也不会有什么危险。我说服了总理衙门派遣斌椿老爷及其一行〔和我〕一道去欧洲。"①

　　恭亲王等于 1866 年为此上了奏折，内称："窃查自各国换约以来，洋人往来中国，于各省一切情形日臻熟悉；而外国情况，中国未能周知，于办理交涉事件，终虞隔膜。……兹因总税务司赫德来臣衙门，谈及伊欲乞假回国，如由臣衙门派同文馆学生一二名随伊前往美（英?）国，一览该国风土人情，似亦正办等语。臣等伏思同文馆学生内有前经臣等考取奏请授为八九品官及留学者，于外国语言文字均能粗识大概；若令前往该国游历一番，亦可增广见闻，有裨学业。"并奏请派遣前任山西襄陵县知县满人斌椿沿途领导照料。斌椿经赫德延请办理文案，并"伊子笔式帖式广英襄办，拟令该员及伊子笔帖式广英同该学生等，与赫前往，即令其沿途留心，将该国一切山川形势，风土人情，随时记载，带回中国，以资印证"。

　　至于出游旅费，统由总税务司预垫，整装银两亦由海关征收的船钞酌给。②

---

① 《中国问题纪略》。
② 《洋务运动》第 2 册，第 20 页。

从上述事实，可见斌椿的出游是由赫德策动无疑。斌椿是个老顽固，他的出游，毫无所得；尽管如此，却表明了清政府部分开明官僚以至最高统治者认识到了解西方、开辟对外关系势在必行。这是清朝统治阶级对西方认识的一次质变。

1866 年冬，赫德返抵北京。那一年年底，"〔赫德〕利用修改条约的机会"，"对总理衙门关于〔出使〕这一点的敦促，比以前更加强调了"。"在 1867 年 9 月和 10 月，派遣代表出国是我每一次到总理衙门一定要谈到的问题。当时谭〔廷襄〕大人告诉我，在一两星期中，会通知我一种决定，表示政府对于我的忠告将立即采取行动；文〔祥〕大人补充说：如果我能够抽空离开北京，考虑委派我陪同中国官员前往。"①

显然，关于遣使出国问题，清政府已接近决定阶段了。恭亲王等于 1868 年 11 月 15 日专折奏称："窃臣衙门前因通商各国届修约之期，所有一切事宜，必须筹备，业于本年九月专折缕晰具奏。……原奏内遣使一节，本系必应举行之事；只因一时乏人堪膺此选，且中外交际，不无为难之处。是以明知必应举行，而不敢举行……"恭亲王仍认为"中外隔阂"，而其"隔阂之由，总因彼有使来，我无使往，以致遇有该使倔强任性，不合情理之事，仅能正言折服，而不能向其本国一加诘责，默为转移"②。由此看来，这已不是仅仅在于了解西方，出使示范，而是派使进行对外交涉的实际行动了。

但是向来闭关的清政府，把自己的官员窒息了，连一个可以充当出使大臣的人物也找不到。因此，不得不委派美国卸任公使蒲安臣"权充办理中外交涉事务使臣。"

关于清政府派遣蒲安臣为交涉大臣一事，据赫德自称："这个想法应该支持。""第二天，我到总理衙门去，极力表示赞成。董〔恂〕大人告诉我：'我们已经七八分有意办这件事，但是现在你是非常热烈地赞同，我们真是已有十二分了。以前认为是好的，现在我们认为更好了。'"③

赫德不但倡导派遣出国使节，对于使团的成员，也有所建议。他告诉总理衙门说："一个中国代表团不应该没有中国官员，并建议德善作为代表团的秘

---

①　《中国问题纪略》。

②　同治六年十月二十六日恭亲王等奏折。《筹办夷务始末》（同治朝）第 9 册，卷 51，第 4898—4899 页。

③　《中国问题纪略》。

书和柏卓安一同去。"① 总理衙门据此建议，奏准派遣满人花翎记名海关道志刚、汉人礼部郎中孙家谷会同蒲安臣出使。"无论官职大小，均系钦差，一切体制，悉与各该使一律平行。" 德善，法国人，曾偕斌椿出游；柏卓安，英国人，英国公使馆翻译官，"两人均能通晓汉文语"，"可以笼络英法诸国，甚为合宜"。② 使团成员共约 30 人。

使团的经费由海关代管的一笔款项支付。

使团出使的目的，据赫德说："是通过对每个条约国解释中国在试图改变现状或者引进新事物方面不能不经历着各种困难，借此培养和保持友好关系。这是为求取宽恕，为了尽可能防止借助于任何敌对压力以榨取政府自己还不愿意给予的特权。为了准备当中国认为不仅应该听到外国驻北京代表的言语，而且应该能够通过一个章程在各国政府首都的中国媒介向其陈述意见时，为其准备途径。"③ 文祥后来说："我们给予我们使节的惟一训令，是不让西洋强迫我们建筑铁路和电报，我们只希望这些事情由我们自己来提倡。"④

使团于 1870 年 2 月从上海出发，经美国、英国、北欧、西欧，1870 年浦安臣死于俄国圣彼得堡，使团由志刚领导，在访问比、意之后于 10 月间回到中国。

纵观中国历史，特别是闭关锁国的清朝历史，从对外关系角度来看，应该说，这次出使是划时代的行动。这个行动，惊动了驻北京的各国公使。英国公使阿礼国向英政府报告说："没有一个人知道中国已临到一种变革的前夕，这种变革将使局面有实质的改变。"⑤ 这个步骤同样地出乎法国和俄国公使意料之外。

在清政府看来，"中国钦命之员，系属试办，并非驻扎各国大臣，其归期以一年为满，期满仍回中国。如该员〔蒲安臣〕回中国后，察看试办有效，再行另议久远章程"。⑥ 可见清政府已有和各有约国建立长期外交关系的准备。这次出使，为 1876 年郭嵩焘出使常驻英国创造了条件。这说明了清朝统治者

---

① 《中国问题纪略》。
② 同治六年十月二十六日恭亲王等奏折。《筹办夷务始末》（同治朝）第 9 册，卷 51，第 4902 页。
③ 《中国问题纪略》。
④ 高第：《中国对外关系史》第 1 卷，第 825 页。
⑤ 〔英〕米琪：《阿礼国旅华记》第 2 卷，第 193 页。
⑥ 同治六年十一月初一日恭亲王等奏折。《筹办夷务始末》（同治朝）第 9 册，卷 52，第 4918—4919 页。

盲目排外、夜郎自大的闭关思想，已经开始发生变化，愿意和一向视为"夷狄"的外国交往。这是个重大的转变，这个转变和赫德的启发是分不开的。

1876年，郭嵩焘到英国，在伦敦设立公使馆，这是清政府派遣驻外使节的开始。这也和赫德的建议分不开。郭嵩焘出使伦敦，一切都由海关给予安排。他一行数十人由上海前往伦敦，搭坐轮船所需的船票并沿途应用银两以及在伦敦的接待、租赁房屋等，都由江海关以及总税务司署伦敦办事处金登干负责。

从此以后，驻各国的使领馆相继设立，这就需要大量的驻外经费。这笔经费都是由海关的税收支付的。1876年总理衙门酌定的出使章程规定：嗣后"各关所收六成洋税，作为十成分算，即于此十成中每关盘结约一成，另款存储，听候指拨"，"作为出使经费"。① 海关税收负担驻外使领馆经费，直到民国不变。

由此可见，海关在为清政府开拓近代外交方面，起了很大作用。

海关在港务、航政的建设和引进海务科学技术管理方面，做了大量工作。

海务工作所以作为海关业务的一个部分，乃因海务设施关系到外国轮船的行驶及其业务的发展，轮船船钞又是由海关征收的，在外商看来，海务由海关管理最为得力。1868年在总税务司管辖下，设立了船钞部，这样，海务便成为海关中和税务平行的两项基本业务了。

海关的海务，主要包括：一、指定航船停泊地段，维持泊船界内航船的秩序，制定指示行船章程等港务工作，管理引水业务；二、灯塔、航标的设置和保养；三、气象观测；四、疏浚航道；五、检疫。

中国在新关建立以前，虽有一些指示航行的标志，如宝塔、守望台、土丘、土堆、石桩等，在极少数险要地方，如山东成山角、澎湖渔翁岛设有油盏，以照耀民船的进出；但都很简陋，甚至是原始的；至于港务、航政方面简直没有什么正规工作可言。

这种情况远远不能满足19世纪后半期西方资本主义发展中国航运业和商业贸易的奢望。海关为了满足外商的强烈愿望，在海务设施方面做了大量工作。这些工作总括起来有下列各项：

第一，沿海、内河险要地点设置了从西方引进的先进的海务技术设备、管

---

① 光绪二年九月十二日总理衙门札行总税务司。《中国近代海关历史文件汇编》第6卷，第465页。

理方法，并构成了一定的体系。从沿海来说，通商各口险要地点，都设置了灯塔、灯船、浮桩、浮筒、雾角等助航设备，并构成了连锁体系。内河如长江、珠江也都部署了助航设备，并由海务部门负责巡视、保养和修葺。这些助航设备随着西方科学技术的发展，都在有步骤地进行革新。当1894年沿海助航设备基本就绪时，巡工司毕士璧便认为"就现在经济而论，似应将已建各灯，加以改良，俾使追踪西欧。如沿海重要灯塔设有透镜定光者，则宜改装明灭相间灯，其燃用植物油者，则宜改用煤油，俾增光力，而宏效用"①。1895年，当时较大灯塔燃用植物油的，不下12处，而设置定光灯的也有12处。从这一年，特别是从1900年开始，各灯塔都相继改装明灭相间灯、煤油蒸汽灯头，甚至"阿格式"电石瓦斯灯头，燃用平楚瓦斯；安设新式镜机，灯光烛力大为增进。长江以外的花鸟山灯塔，设置了新发明的指示机械——无线电桩。1911年落成的遮浪角灯塔，是当时世界最大灯塔之一；南澎岛灯塔所设的气压雾笛，为世界发声最强的雾角之一。

第二，海关为了提供航船的台风气象信息，在沿海沿江内陆设立了许多测候所（气象站），全国大部分重要地区构成了气象联络体系，有利于江海船舶的航行，以防台风的袭击；而巡工司积累的系统气象记录，提供了大量资料，有助于中国气象问题的研究。

第三，在测量、疏浚水道，绘制水道图，制定航行章程，刊发航行布告等方面，海关海务部门做了大量工作。以长江巡江事务局来说，该局测量的水道达5,400余海里，绘制蓝色水道图出售的达3万余幅。

此外，还制定和发布了各种船舶管理、助航设备分界和海难营救等章程办法，加强了船舶和助航设备的管理，维护了锚地船舶的秩序和助航设备的保养。

清末以来，海关海务部门还参加了沿海各口水道的勘测和疏浚事宜。

第四，制定检疫章程，执行检疫任务，提供瘟疫情报，以备地方官宣布"疫埠"的决定。

19世纪70年代中期，日本侵略台湾，总税务司趁机劝说清政府购置舰艇，加强海防，于是导致了海军的创建。

19世纪70年代，各资本主义国家相继进入鼎盛时期，日本也开始进入发

---

① 《中国沿海灯塔志》，第17页。

展阶段。这个新兴的东方小国，一开始就把矛头指向台湾。

1874 年，日本向台湾出兵。这次出兵，对清政府是个刺激。总理衙门奏称："现在日本之寻衅生番，其患已见者也。以一小国之不驯，而备御已苦无策，西洋各国之观变而动，患之濒见而未见者也。倘遇一朝之猝发，而弭救更何所凭？"①

早在 1861 年，当太平军在江南发动攻势时，清政府鉴于战局严重，曾通过署理总税务司赫德委托请假在英的总税务司李泰国购置炮艇，雇用英人教练、驾驶。李泰国企图夺取船队管辖权的阴谋败露，清政府把他革职。自此以后，清政府对于通过外国人购置炮船一事，深具戒心，而赫德也怕见疑，不敢重提购船事。现值台湾"生番生事"，日本派兵入侵台湾，赫德乘机向总理衙门提出购船建议。据总理衙门大臣奕䜣等奏称："因赫德自上年（1874 年）日本扰台事起，屡在臣衙门议及购买船炮各事。经臣等详细询究，即量力先行购办〔船只〕，责令该总税务司经理，以视各口洋行经手购买者较有责成。"②

总理衙门把购船任务交李鸿章和赫德"面商办理"。从这个时候开始，到 1880 年大约 5 年间，先后购买两批炮艇，共 8 艘，还有碰快船两艘，都是通过总税务司署伦敦办事处税务司金登干向英国阿摩士庄（Armstrong）兵工厂订购的。

第一批订购的是装 38 吨炮的炮艇两只，装 26 吨半炮的炮艇两只，连所用炮位、药弹，光银汇费、送船经费，以及雇用外国船主、大副、二副、管轮机人、炮手、水手的薪水以及煤斤、水手的回国盘费等，共 45 万两。于 1875 年汇银定造，1876 年 10 月间，炮艇便驶抵大沽口。经李鸿章督同赫德"亲加演试，所有炮位、轮机、器具等种，均属精致灵捷"。该 4 艇命名为"龙骧""虎威""飞霆""策电"。这一批炮艇的经费系就江汉、九江、江海、浙海、粤海五关，于六成、四成洋税中酌定分拨凑集的。③

总理衙门以"此项船只无论各海口，难资分布，即咽喉要区、根本重地尚恐不敷……今察看该船巨炮实足以制铁甲，守护海口最为得力，必当及时添置"④。因此，奏请再行添置 4 艘，仍饬因假在英的赫德经办。赫德转饬金登

---

① 同治十三年九月二十七日恭亲王等奏折。《筹办夷务始末》（同治朝）第 14 册，卷 98，第 9031 页。
② 恭亲王等奏折，《洋务运动》第 2 册，第 335—336 页。
③ 《洋务运动》第 2 册，第 337、345—346 页。
④ 光绪四年六月十七日（1878 年 7 月 16 日）李鸿章奏折片。《洋务运动》第 2 册，第 345 页。

干查照从前办法，与阿摩士庄先立详细合同，其船价银 45 万两，加上由英来华沿途所需经费及购备药弹等银 16 万两。此项船只于 1879 年 11 月驶抵天津海口，李鸿章仍然亲自验收，并名之为"镇北"、"镇南"、"镇东"、"镇西"。这一批船的经费，由各省解到的海防经费分起拨给。

嗣总理衙门又奏："蚊子船防守海岸，最为得力，赫德所购尤各国罕有之新式"，议准广东、台湾、宁波、烟台各口均须各置三两只，并请敕下李鸿章，将广东省海口应行购备蚊子船，仍令赫德代为订购，并由李鸿章验收。①

1880 年北洋经费尚有存款百万，打算采购铁甲舰 1 只，赫德以先购快船，再办铁甲为是。于是，新购碰快船两只，用银 65 万两，一名"超勇"、一名"扬威"。

船艇既备，总理衙门奏请简派督办大臣两员专理其事，并请先于北洋创设水师一军，俟力渐充，由一化三，择要分布。上谕"着派李鸿章督办北洋海防事宜，沈葆桢督办南洋海防事宜。所有分洋之任，练军诸议，统归大臣择要筹办"。北洋计辖直隶、山东、奉天三省，口岸较少，因此，议准由李鸿章先就北洋督办。② 这样李鸿章就以督办北洋通商事务大臣，兼督办北洋海防了。

清政府购置船炮，悉由总税务司赫德通过金登干承办。金登干意图获取阿摩士庄的佣金。赫德认为这样做"可能使你陷于各种困难，产生各种误会"。"你应让它（阿摩士庄）经常了解你是一个〔中国〕政府的代表，不得要求佣金，或者通过你的手支付任何定货的佣金给任何人"。赫德最后决定，"关于由你从阿摩士庄接受的佣金数额……一齐加起来，总共 4,356 镑 6 便士……这是中国政府的财产。今天我已把这宗交易向直隶总督李鸿章报告，而且寄给他一张收回 4,565 镑 6 便士 5 先令，即等于 17,460 上海两的支票"③。这样，金登干或海关没有染指这笔佣金。

从上面的事实来看，清政府的创建海军和赫德的倡议与经办是分不开的，这是北洋海军的起源。

办理邮政是海关职务外一项最大的业务。中英《天津条约》第四款规定各国公使可以进驻北京；并规定："大英钦差大臣并各随员等，皆可任便往

---

① 《洋务运动》第 2 册，第 27 页。
② 《洋务运动》第 2 册，第 387—388 页。
③ 1879 年 8 月 9 日赫德致金登干员司函。《中国近代海关历史文件汇编》第 7 卷，第 105—106 页。

来，收发文件……送文专差同大清驿站差使一律保安照料。"1863 年中丹《天津条约》规定得更细，即"无论沿海何处，皆可送文，不得有人擅行拆启，专差同大清驿站弁兵一律保安照料"（第四款）①。其他国家签订的条约也有类似规定。据此规定，清政府被迫承担运送外国公使馆文件的任务。

在西方各国使馆驻北京的头几年，使馆和海关的邮件都是由总理衙门交给驿站运送的。当时赫德就企图把这个办法继续发展下去，以便为将来建立国家邮政局作好准备。1866 年，赫德主动商请总理衙门将使馆和海关从北京发出的邮件由总理衙门交付驿站代运；由上海寄北京的邮件，则由总理衙门送交总税务司署开袋分送，海关就这样地介入了邮递工作。

1876 年，赫德企图把海员开办邮政一事订进《烟台条约》，但威妥玛不予同意。②

1877 年，九江关税务司葛显礼申呈总税务司："日本在汉口设立邮政局运送中国邮件到外国去。""是一种不合理的特权。我正在准备一个海关试办邮政的方案，搞好以后，送请你审阅批准。"葛显礼的方案，企图以办理"新政"的名义来打动清政府："中国过去已经仿行了西方的许多新政……现在继续仿照西法设立像邮政局这样的机构，也已经是时候了。"他建议在各通商口岸办理邮政，以接管各国在上海设立的邮政机构。③ 赫德根据这个方案，于1876 年通饬津海关税务司德璀琳建立北方各通商口岸和北京、上海等地海关之间的邮递业务。德璀琳于 1876 年 3 月间创办了北京和天津间的骑差邮路，由商人胡永安承办骑差邮递业务；津海关成立书信馆，并于 5 月间宣布开放邮寄。同时通知上海、烟台和牛庄税务司设立书信馆，办理邮递业务。津海关书信馆一开始就获得李鸿章的支持。李鸿章命令北洋各军舰管带为天津、牛庄海关书信馆代运邮件，并支持招商局同样办理。海关书信馆利用华商大昌商行接收分送中国私人邮件业务。大昌商行在北京、天津、牛庄、烟台和上海开办邮务代理机构，定名为华洋书信馆（该馆因办理不善，于 1882 年被勒令停办）。津海关参照西方国家的邮政章则，制定了邮务章程，发行了邮票。④

① 中国近代经济史资料丛刊编委会主编：《帝国主义与中国海关》第十二编《中国海关与邮政》（以下简称《中国海关与邮政》），科学出版社 1961 年版，第 45 页。
② 《中国海关与邮政》，第 45 页。
③ 《中国海关与邮政》，第 2—3 页。
④ 《中国海关与邮政》，第 2—10 页。

总税务司因津海关试办邮政有成效，乃于1879年底，发出第89号通札，授权德璀琳把邮政"逐渐向其他口岸推广"；邮政"总办事处暂设天津，津海关税务司德璀琳负责管理各关邮递业务。该税务司所发纯属邮递业务性质的指示，各关应予照办"，并希望各关"在不影响关务和不增加现行开支的条件下，尽力予以推广"①。这样，邮政逐步发展到浙江省。

1884年，葛显礼任浙海关税务司时，看见宁波口的海关书信馆在英国邮政局的排挤下，无法发展，计划中国自办邮政以取代外国邮政。这时洋务派官僚薛福成刚任浙海关道，对于这个计划很感兴趣，并认为"各口岸的邮政局当由税务司管理，经费暂由总税司署支付"②。

薛福成根据葛显礼的建议，提请南北洋大臣向总理衙门报告。过了3个月，葛显礼向总税务司呈称："现在两江总督、闽浙总督、直隶总督和浙江巡抚，都已经同意了这个开办邮政的计划。"③ 1886年，北洋大臣李鸿章还批示："各国在中国设立邮政局本与万国通例不符，中外条约亦无准设之款"，认为葛显礼"所禀甚为有见"④。赫德以由海关兼办国家邮政，需要增加人员、经费，条件还不成熟，不敢贸然承担，所以邮政的发展迟慢。

上面所谈是已开办的洋务，至于在总税务司计划中准备开办或试办的洋务还很多。

19世纪70年代，当丁日昌在台湾大搞洋务时，总税务司非常重视获得基隆煤矿、铁路、电报的经办。他于1877年11月曾函告金登干，拟向丽如银行做一笔20万两银子的贷款生意。"我们将把这笔贷款用于：1. 架设一条从淡水到台湾府的电报路线，或者再从那里架设到渔翁岛（澎湖）的军港；2. 建造一条从台湾府到打狗的铁路；3. 疏浚打狗港。从兴办工业的观点看来，这些都是有利的。我愿设法为这样的工程筹款，并尽我之所能协助丁抚台（丁日昌）。"⑤

1867年基隆煤矿开始开采，但因管理不善，达不到预期产量。1875年，清政府批准沈葆桢采用机器开采的建议。总税务司力促其成，并力图插手。他

---

① 《中国海关与邮政》，第15页。

② 《中国海关与邮政》，第33页。

③ 1885年10月9日葛显礼呈赫德文第111号。《中国海关与邮政》，第37页。

④ 《中国海关与邮政》，第557页。

⑤ 1877年10月25日赫德致金登干函。《中国海关密档》第1卷，第620—621页。

要金登干"派一个有经验的采矿工程师给我，来检验台湾的煤田，对它们的操作提出科学性的意见并监督确实合算的采矿业务"。"要赶紧留心和赶快下手，以便趁热打铁（也就是说，中国人要我们开采基隆煤矿，而我不愿拖长时间，以免他们中途变卦），还指示他带来竖井和露天开采的预算和计划。"①

金登干根据指示，在英国物色建筑电报的人才，找到毕诗礼，并吩咐他"悄悄地尽可能搜集有关电报（建设和维新）方面的任何情报。我（金）告诉他（毕），因为中国人已着手铺设从台湾至福州的电缆，他们还可能建其他线路；而假如要求海关承担某项此类工程，这种情报将十分有用。"②

总税务司在1877年，看见自己倡导的洋务开展起来，不禁感到高兴。他告诉金登干说："我们这里正为公事忙得不可开交，也为社交穷于应付。""好博逊（海关人员）现正忙着他在基隆开矿事宜"，"吴淞铁路现在通车了"。"福州当局已经自动把马尾罗星塔的电报线从高水位线的不利位置移到了山上一个比较有利的位置。""这样，煤气、矿山、铁路、电报线路、觐见、驻外代表机构、扩充海关、增设口岸、商轮、军舰等事项全都在'进行中'了。我确实认为中国开始动起来了！我真高兴我所提出要办的事项有这么多已经办成了。现在我们只缺少造币厂了。"③

"造币厂问题一直'拖延未决'，但是，铸造货币的日子还是会到来的。就我所知，在中国要办成一件事，一般地说，总得经过十年的议论……中国人正在认真考虑这个问题。"④

1888年，黄河洪水泛滥，一个新的堤坝被冲决，赫德也想插手治黄。他认为海关的组织机构能使治黄圆满成功。他还建议科举要加试科学和数学，1888年的举人考试，增加了数学一门，就是赫德建议的。

赫德每当中国出现危机，便乘机向总理衙门提出改革方案。在马嘉理事件中，他提出一揽子改革"政务、商务、讼务"的《整理通商各口征抽事宜遵议节略》；在中法战争后又准备了一个节略，提出了为外交官员和军事人员进行科学教育、开采煤矿、建筑铁路、雇佣外国工程技术人员治理洪水泛滥、设置邮政机构、建立国家银行和造币厂、海军和陆军的改革等；在《辛丑各国

---

① 1874年10月2日赫德致金登干电报。《中国海关密档》第1卷，第139页。

② 1874年12月4日金登干致赫德A/19函。《中国海关密档》第1卷，第183页。

③ 1877年1月11日赫德致金登干Z/42函。《中国海关密档》第1卷，第483—484页。

④ 1877年10月25日赫德致金登干函。《中国海关密档》第1卷，第621—622页。

和约》谈判期间又提出《更新节略》，直到 1905 年还提出《筹饷节略》。

赫德对于清政府的举办洋务，不但是个倡导者，而且是个经办者。总理衙门举办的洋务，差不多全是由他包办。

第四节 总税务司经办的洋务的评价

总税务司经办的洋务，一般都有成效。他所引进的都是资本主义世界的新事物，这些新事物对封建落后的旧事物来说，是先进的。中国在新关建立以前的助航设备，只有一些原始落后的航行标志如土丘、土桩，个别地方也只有油盏而已，也没有正规的港务工作。新关建立之后，便开始设置灯船、浮标、灯塔。到 1868 年总税务司署设立船钞部（海务部门）以后，便有计划有步骤地在沿海各险要地点建筑灯塔、设置航标，引进西方先进的技术设备，并随着西方技术设备的发展而替换和革新，大戢山灯塔还设置了台风信号台，传递了徐家汇天文台所发的台风警报。船钞部先后制定了各海关管理灯塔浮标划分界限章程，指示引船章程，引进万国海船免碰章程第八、第九两条作为海船应用灯号章程等。

由此可见，海关的海务工作，由于引进了西方先进的技术设备和管理方法，中国的海务便从原始、落后状态跃进世界先进行列。

海关的海务工作和征税工作对中国所起的作用显然不同。征税工作是执行不平等条约有关关税问题的规定，对中国民族工商业的发展起了阻碍作用。至于海务工作，一方面大大便利了外商轮船的航行，从而加速了它们在中国的经济侵略作用；但另一方面，对于中国的商轮、民船甚至海军舰艇的航行也有不可忽视的作用。在这一点上，不能不承认海务工作具有一定的公益性质。1894年 5 月间，北洋大臣李鸿章就上奏了海关设置助航设备的情况，并深为赞赏。奏云："中国海面辽阔，港汊纷歧，绵亘万余里。经总税务司赫德历年设立警船、灯塔、浮桩等二百六十余处。如北洋之大沽、曹妃甸、辽河口镇珋岛、成山头、崆峒岛、猴矶岛，及海军提臣丁汝昌商同添造旅顺老铁山、威海卫、赵北嘴等处，均属险要地方。自设置灯塔后，往来船只即遇风雾，不致迷向触礁，于水师行驶、商船人货，获益匪浅。现值巡阅海军，臣等顺勘视北洋各处灯塔、船桩，深为合法。该总税务司赫德尽心筹办，不无微劳。"因此，"拟请传旨嘉奖，以示鼓励"。①

1915 年徐家汇天文台主持人溥洛克神父在临别中国时，高度评价了海关的气象工作："今日中国测候系统，组织完美，所有工作，咸称满意……饮水思源，海关职员辅助实多。盖以中国沿海各处，南起琼州，北迄牛庄，凡有海关，皆有信号之设置，以资传达；而现在信号之编制，亦多由海关人员所赞助。"② 海关海务工作的贡献，由此可见。

中国历来的通信，官方是依靠驿站的传递。驿站是封建落后的官方机构。民间是依靠民信局。民信局传递信件办法迟缓，不经常，花钱多而不甚可靠，更无法和世界各国通递。海关邮政引进了资本主义国家的邮政制度，组织严密，管理科学，所以传递经常，费用低，可以远递各国，它的优点，也是明显的。

中国水师拥有的船只，本来都是木船，非改用近代舰艇，不能适应近代国防的需要。总税务司在清政府创办近代海军过程中对于承办购船募员方面，发挥了很大的作用。海关对于北洋海军的创建是有贡献的。

总税务司对于同文馆的改造，为清政府开拓的近代外交，都是划时代的工作。这对于改变封建教育，引进新学科、新的教育制度，清除统治者盲目自大的思想，树立开放意识都起了作用。

所以笼统地把海关工作都看作消极的，这是不符合历史事实的。

总税务司经办的洋务，一般都是总理衙门领导的中央洋务，有的具有全国性的规模。这和地方洋务派经办的局限于地方的洋务有所不同，因此，其作用和影响也不同。由于这些洋务办有成效，所以落后的中国出现了一些新的气象，把一些行业从封建、落后的状态推向近代化。

海关经办的洋务，为什么能够取得成效？

首先，经费有保障，总税务司经办的洋务，经费都是来自海关的税收。近代中国海关的税收，相当稳定，而且随着对外贸易的发展，稳步上升。由于税收稳定，洋务经费有了保障，所办洋务就不致因经费不济而陷于停办甚至关门。这和其他洋务企业有显著的不同。

---

① 光绪二十年四月二十五日李鸿章奏折。《李文忠公全书·奏稿》，商务印书馆 1905—1908 年印，第 49 册，第 78 卷，第 20 页。

② 《中国沿海灯塔志》，第 14 页。

其次，总税务司经办的洋务，所有机器、设备、原材料都是来自英国。总税务司署伦敦办事处专门从事调查行情，洽购选购，装运；只要经费有着，随时可以提供，质量也有保证，因此不致有停工待料之虞。

再次，由于赫德是英国人，而在英国又设有伦敦办事处，他们可以提供必需的技术人员。这些人员，有的是总税务司自己熟识的，多数是经过办事处税务司金登干在英国亲自访闻遴选的，一般都有真才实学，比较可靠；至于地方洋务派经办的洋务，它们的技术人员都是仰赖洋行或其他间接途径获得的，往往缺乏真才实学，不能胜任。

最后，海关洋务，都是作为海关业务一个组成部分而举办的。它是通过海关严密的人事和财务制度进行管理的。海关管理的科学化、制度化，海关人员工作的高效率，为附属洋务提供了良好的管理基础。所以当时洋务可能出现的弊端，一般可以避免。至于洋务官僚经办的洋务则是"关道荐人"，甚至"隔省官员挂名应差支领薪水"；"委任各员，任意开销，浪费侵蚀；私囊日充，公款日亏"，弊窦丛生。海关洋务既附于海关，则人员、经费、设备可以借助于海关，以较少的经费办较多的事，所以总税务司经办的洋务能够产生相应的效益。

但是我们应该看到另外一面，海关是英国对华政策的附属物，是英国对华关系的基石。它是作为扶植、改造清朝统治的机构而存在的。因此，它所办的洋务也是为改造、强化清朝统治服务的。统辖总税务司的总理衙门对于洋务所知极少，无法进行正确的领导，于是只好听任总税务司一手包办。这就使海关洋务成为总税务司扩大海关权力，谋取英国利益甚至总税务司一己利益的工具。我们且举一些要害的洋务来说明这些情况。

首先谈谈总税务司经办的海军舰艇问题，这是有关国防的要害问题。1879年，总税务司眼见承办购船任务将完，趁机上奏并请交军机处审议由他出任"总海防司"的计划。这个计划由12名精于炮术、航海术、大炮、机械、轮机舱操作和外科医生的海军人员，"组成两艘海防舰的海军队伍；这两艘海防舰将由我亲自挑选的两个人来指挥。这两个人将获得中国海军舰长职位，掌管阿摩士庄公司所建造的炮艇，训练合格的水兵，定期检验舰艇、大炮和机械，使水兵和舰艇经常处于战争状态。可能组成两支舰队，每队由一位中国高级官员协同一位海防司（正如一位海关税务司协同一位道台那样）领导。这两位海防司就是那两艘海防舰的舰长，他们在我所管辖的一个新衙门当差，这个大概将要设置的新衙门称作海防总署，我的官衔简称为总海防司，我的上司是总理衙门和负责海岸防务的总督（两位）。这项计划现已上奏皇上和交军机处审议，非常可能获得批准"。他请金登干"悄悄地物色一下〔12个人员〕，不要提起我或我的计划"。① 这个计划显然获得总理衙门的许可，所以才能上奏到皇帝。从这个计划可以看出赫德企图获取舰队实际的管辖权。

　　总税务司企图掌握海军管辖权，立即引起沈葆桢的反对。李鸿章也函致总理衙门说："天津方面文武幕吏，多不以为然，谓其既有利权，又执兵权，钧署及南北洋必为牵制。"李鸿章还说："中外人员共事不易，傥海防司所去所留，督办大员以为不合，未便违约驳论，此则极有窒碍。"② 赫德见所谋不遂，只好罢手，但他仍然企图把这支幼稚的海军置于英籍人员手中。他切望英国海军上校郎威理能出来承担海军的重要职位。到1882年他还说："如郎不来，中国海军就会完全落进法国人或美国人手中。"③ 直到中日甲午战争中，赫德还认为海军不归他管，有抱怨的情绪。他说："我相信他们（总理衙门）也许有意将海军交给我整顿；但十年或二十年前不这样办，今天如此已经太晚了。"④

　　总税务司染指总海防司要职不遂，对海军的建设便不支持了。北洋舰艇需人教练，李鸿章函驻英、法公使延聘，均不可得。"嗣闻赫德所属海关洋人，内有曾充英国水师之职，曾于五月间函托延致。该总税务司嫌其无权，置之不复"⑤；甚至连总理衙门自行购船，也受到阻挠。1880年，"缘雨生（丁日昌）前嘱丹崖（李凤苞）于出洋时，探询阿摩士庄蚊船价式，该厂即告知赫德，打抱不平，谓中国有猜疑彼人之见。丹崖遂不肯涉手，盖赫、金（登干）等与该厂交情已深，一切易顺手；若另派他人觅订，必致掣肘。"李凤苞只好退出。

　　总税务司在开拓清政府近代外交方面，起了很大作用；但是因为他是英国利益的代表，本身又有极其强烈的权力欲望，这就使他为清政府开拓出来的外交，不但是为了维护英国利益，甚至是为了维护和扩张总税务司一己的权势。

① 1879年9月4日赫德致金登干A/3号函。《中国海关密档》第2卷，第230—231页。
② 光绪五年八月十八日李鸿章函。《李文忠公全书·译署函稿》第1册，卷10，第5页。
③ 1882年4月8日赫德致金登干Z/70号函。［美］费正清等编：《在北京的总税务司》第1卷，哈佛大学出版社1975年版，第404页。
④ 中国近代经济史资料丛刊编委会主编：《帝国主义与中国海关》第七编《中国海关与中日战争》（以下简称《中国海关与中日战争》），科学出版社1958年版，第162—163页。
⑤ 光绪五年九月十一日李鸿章函。《李文忠公全书·译署函稿》第1册，卷10，第5页。

远在 1876 年，总税务司一再催促清政府建立的驻外使馆，终于实现了。当郭嵩焘到达伦敦开办中国第一个公使馆时，总税务司便显示了控制使馆的野心，甚至企图凌驾于英国外交部。总税务司在写给金登干的信中对于这种情况谈得淋漓尽致。他说："很有可能，郭将需要外国译员，而在英国的一些会讲汉语的人（霍尔特、道格思、星察理、佩恩、李泰国等等）会试图尽力抓住他。我们必须先下手，并且防止：1. 他落入坏人的掌握中，2. 从海关来源以外招用与使馆有关的外国雇员阶层的形成。因此我授权你立即把屠迈伦、佘德或贾雅各（按：都是海关人员）叫到伦敦来……派屠迈伦到巴黎去迎接郭，并陪伴他一直到他住进伦敦的住所；还把屠迈伦留在你身边，直到郭完全安顿下来适应了伦敦的节奏。这样做，你便可以防止郭被迫去抓外人或被外人抓到手的偶然性和必然性了；但郭可能会担心我们干涉他的事，所以不要过分明显地把屠迈伦推到他身边……并以不太介入的态度去为他做各种事情。我要你如此行事，不只是要防范冒险的外人，而且还要使郭摆脱〔英国〕外交部和威妥玛等方面。"他还向金登干表示收买办法，"照这样子办了之后，你可向我申报，我将授权发活动费给应你所召前来担任这项任务的人。"①

1877 年 5 月，郭嵩焘要屠迈伦到公使馆去做摘译报纸工作，金登干立即向郭保证，"我们的人由衷地关心中国人的利益"，屠迈伦也就被派到公使馆了。

此后，"屠迈伦正在成为郭大人必不可少的人"，甚至"郭大人很可能让他搬进公使馆来"。②

总税务司不但要控制郭嵩焘，还要控制驻德公使刘锡鸿。在刘到柏林之前，赫德便派了"薄郎……在柏林为公使馆找到一所房子，购置了家具，雇了仆人"。"我派薄郎随同刘去工作的主要原因，是为了不让别人去占有那个职位，尤其是康发达（德国人）。"他告诉金登干："警告刘特别不要和康发达接近，他肯定会使刘陷入困境。"③

这样，由总税务司开拓出来的近代外交，却变成总税务司扩大势力的工具了。

---

① 1876 年 11 月 17 日赫德给金登干机密函。《中国海关密档》第 1 卷，第 462—463 页。
② 金登干致赫德 1877 年 5 月 18 日 Z/54 函，7 月 20 日 A/130 函。《中国海关密档》第 1 卷，第 568 页。
③ 1877 年 10 月 25 日赫德致金登干函。《中国海关密档》第 1 卷，第 619 页。

海关创办的邮政，是一项庞大的洋务。它把中国的通信业务推向近代化，其作用是不可否认的。但是邮政创办之后，却成为英、法争夺的对象。法国迫使清政府承认，来日邮政脱离海关时，应聘用法人管理；当总税务司风闻邮传部有接管邮政消息时，他写道："看到（邮政）这个机构在两方面受到危害——中国人还不可能管理它，离开海关自己管，法国会取得它，我将感到惋惜。"① 为了不使邮政落进法国人手中，总税务司宁可不参加万国邮政联会。因为联会要求会员国必须设立专署专办，"一经专办……则应〔脱离海关〕归他人管理"②。中国既不参加联会，对于禁阻外国在华设局，或者接管外国在华的邮政机构，也就不能得到联会的支持了。1908 年清政府邮传部决定接管海关邮政，但代理总税务司安格联则以"查看国内暨国际情势，窃揣均未免太早；若果照办，恐不但邮务推广暨各国承认诸端无益，尤恐增加政府难处，且或招致他国要索酬补。鄙意以为现当缓缓进行，仍由税务处与新关留办邮政，照旧管理"为好。嗣又补充申述："查中国海关原系中国政治中之一部分，聘用外人办理。所聘之人各国参用，邮政亦……参用各国之人。若改此宗旨……则法国必将出面干预……要求特别之地位"，"偏重一国之创局即开，而海关与邮政均蒙其害"③。邮传部以"奉旨：依议"，迫令"克期移交"，海关才不得不在 1911 年 5 月交接，但却附加了种种条件。

总之，总税务司在中国搞了一些洋务，这些洋务对于一些行业的近代化起了促进作用。但是由于这些洋务是在代表外国利益的总税务司的掌握中，他们怀着不可告人的目的，这就使这些洋务的发展有了局限，甚至在不同程度上产生了消极作用。

---

①　1905 年 4 月 23 日赫德致金登干 Z 字/055 号函。《在北京的总税务司》第 2 卷，第 1464 页。

②　《中国海关与邮政》，第 118 页。

③　1910 年 9 月 20 日安格联面交胡惟德节略。《中国海关与邮政》，第 193 页。

第十二章

总税务司争夺粤海常关权力和
九龙、拱北海关的设立

第一节　以港、澳为基地的鸦片走私浪潮
和常关税厂的设立

海关管理轮船贸易的征课，常关管理民船贸易的征课，本来就有严格的区别，以防互相侵夺。随着海关权力的扩展和清朝最高统治者对海关的盲目信任，海关对常关权力的侵夺，越来越严重。总税务司争夺粤海常关权力的斗争是历时最久、影响最大的斗争。这个斗争集中于洋药（鸦片）税厘并征权力的争夺。

鸦片战争是由鸦片贸易引起的，但是作为结束鸦片战争的《江宁条约》，对于鸦片问题却只字不提，这实际上是默认鸦片贸易的继续存在。因此，战后鸦片贸易继续发展。

1858 年签订的中英《通商章程善后条约：海关税则》，把鸦片改称"洋药"，而且公然规定："向来洋药……等物，例皆不准通商，现定稍宽其禁，听商遵行纳税贸易。"① 这样，鸦片贸易完全合法化了。中外鸦片贩子放手大做鸦片生意，鸦片贸易以空前的速度发展起来。

香港当时已被英国殖民统治，澳门则为葡萄牙以"租"的形式所窃踞。中外鸦片贩子就以港、澳为基地向内地发动猖狂的鸦片走私。从前的鸦片走私，一般是外国商船干的。现在，往来港、澳的华商民船，在港、澳殖民当局

① 《中外旧约章汇编》第 1 册，第 116 页。

庇护之下，也加入走私的行列。"从事这项非法贸易的民船队，往往都聚集在这两个（香港和澳门）地方，因为各该殖民地当局并不想去制止它们，所以它们可以毫无困难地装运贵重的货载潜行窜往中国地方。它们都配有精干的人员和武器，绝不害怕任何想要试图截阻它们的缉私武力。不论殖民地当局究竟凭着什么借口，把英国旗帜的保护扩展到那些租有英王土地的中国民船，无可争议的，他们这样做，无异是给予这类民船所有主一种手段，使他们得以违反《虎门条约》第四款……的规定，而不受殖民地当局方面的处分。"① 那时，中国在港、澳附近的广州海面没有缉私征税的机构，因此，广东海面变成一片弥漫着乌烟瘴气的"烟海"了。据总税务司赫德的估计，单 1869 年一年，"洋药到香港者八万八千箱之多，进口报税者只有五万箱，其三万箱走私可知。"此三万箱"可多征四十五万两"税银。② 不论赫德的估计是否反映真实情况，它也说明了广东外海鸦片走私的严重性。

两广总督瑞麟为了疏导大量走私鸦片走入正轨，增加地方税收，曾于 1866 年 11 月开放东莞、顺德、香山和开平 4 处，凡是民船载运前来的鸦片，只要缴纳低额的厘金，就得销行内地，但是走私气焰并不因此削弱。瑞麟便改变办法，于 1868 年 7 月宣布在九龙界东西两面以及澳门各进口处，设立 6 个厘卡，查缉走私，征收鸦片厘金。凡由民船载运的鸦片，经过这些厘卡，每箱只要完纳 16 两银子的厘金，"贴了印花，其后携至指定地点，不受其他关税的勒索"③。这个税率，较诸中英《通商章程善后条约》规定的通商口岸的税率，即每箱缴纳进口正税 30 两，相差几达一半。瑞麟这个做法，可能把外轮载运前往通商口岸的鸦片驱进民船，从而影响洋关在通商口岸的鸦片税收。这些厘卡设在非通商口岸，在常关管辖之下，和设在通商口岸的海关无关。总税务司赫德也认为："香港的特殊地位和特别权利，给予商人们凭借那里的特殊便利偷漏关税，使中国当局在其合法的境界之内为保护关税、取缔走私而采取

---

① 　《中国关税沿革史》，第 296 页。出版者注：根据《人民日报》1997 年 3 月 17 日第 11 版，中国常驻联合国代表黄华于 1972 年 3 月 8 日致函联合国非殖民化特别委员会主席，明确宣布"香港、澳门是属于历史上遗留下来的帝国主义强加于中国的一系列不平等条约的结果。香港和澳门是被英国和葡萄牙当局占领的中国领土的一部分，解决香港、澳门问题完全是属于中国主权范围内的问题，根本不属于通常的'殖民地'范畴。"此处为历史文献原文，保留"殖民地"说法，但不代表出版者观点。本书同类情况同此处理。
② 　同治九年闰十月十四日恭亲王奏折。《筹办夷务始末》（同治朝）第 14 册，卷 79，第 7737—7738 页。
③ 　1868 年 7 月 20 日吉罗福致赫德函。《中国近代海关历史文件汇编》第 6 卷，第 237 页。

的各种措施获得了充分的借口。我注意到，这个问题是公使和领事所承认的。"① 因此，广东海面虽然有大批的鸦片税收，海关却无法染指。

尽管如此，赫德却很不甘心。他告诉粤海关税务司吉罗福说："有一点我认为新的办法是大可非议的。按照当前情况来看，它对所有规避通商口岸的征税提供了奖励。新的厘金每箱鸦片完税 16 两，就获得保护，进入所有非通商口岸的内地；而到达通商口岸的鸦片每箱则应付正税 30 两。"② 因此，他向总理衙门申称："香港处所设卡抽厘，无难并征洋药正税。"③ 要求两广总督在抽收鸦片厘金同时，要为海关征收鸦片正税。瑞麟不答应这个要求。赫德便于1870 年径申总理衙门："粤省既未便承办，只可独责其成"，要求"在香港之佛头门、九龙、汲水门、长洲、榕树脚五处，澳门之拱北湾、关闸、石角、前山四处设立公所，代关纳税"，并称："已由总税务司将各关巡查洋税之轮船，调赴广东；其巡船已札粤海关税务司备齐，拟委副税务司布浪专司其事。另由粤海关监督派老成书吏十余名，并银号看银之人，一同前往。"还说："若照所拟办理，年终计可多征洋药税银四五十万两。"④ 显然，总税务司企图制造既成事实，诱迫清政府答应所提要求。清政府看见总税务司企图把海关势力从通商口岸打进非通商口岸，害怕夺取常关权力，戒忌殊深。因此责令瑞麟自行开征鸦片正税，以免洋人染指。恭亲王为此奏称："以该（广东）省应办事件，转令该税务司代任其劳，地方官置身度外，袖手旁观，未免有忝厥职。"上谕亦称："惟利源所在，洋人每生觊觎；现如自行商办，必实无走私偷漏情弊，方为核实办公，不致为洋人所窃笑"，亦免"洋人越俎代谋！"因此，责令"该督等详定章程，斟酌委办，不得稍事颟顸，亦不准稍涉推诿！"⑤ 这就把征收鸦片正税任务，责成两广总督去完成。

瑞麟接奉上谕，立即筹备在广州海面设厂征税，并通知粤海关代理税务司鲍拉，还要求他出售两条海关巡船，帮助缉私。鲍拉认为，由于中国对边界的宽大解释有利于港、澳两个殖民统治地区，严格限制搜查和扣留的权力于正式

---

① 1868 年 9 月 7 日赫德致吉罗福函。《中国近代海关历史文件汇编》第 6 卷，第 238 页。

② 1868 年 9 月 7 日赫德致吉罗福函。《中国近代海关历史文件汇编》第 6 卷，第 238 页。

③ 同治九年闰十月十四日总理衙门奏折。《筹办夷务始末》（同治朝）第 14 册，卷 79，第 7337 页。

④ 同治九年闰十月十四日总理衙门奏折。《筹办夷务始末》（同治朝）第 14 册，卷 79，第 7337—7338页。

⑤ 同治九年闰十月十四日总理衙门奏折。《筹办夷务始末》（同治朝）第 14 册，卷 79，第 7344 页。

公认的省的领土，认为和香港与澳门当局的纠纷可以避免。这就是说总督的设厂征税，会处理得好，不致和港、澳方面发生冲突。可是鲍拉对这种情况却很焦急。他致函总税务司说："除非立即采取措施，洋关和帝国国库将丧失征诸鸦片的税收。""我怀着焦急渴望的心情，伫候你关于应行采取的途径和提供帮助的种类和限度的指示。"① 赫德仍然认为这是一件广州领事管不了的事，"而且完全是中国当局自己权限范围内的事"，不便插手干预。因此，尽管他们心怀不满，却改变不了清政府和两广总督的决定。结果，广东海面的税厂于1870 年 6 月 18 日和厘卡合并，并开始开征鸦片税厘。因为赫德预见到税厂的设立，总有一天会引起来自香港方面的反对，所以他叮咛鲍拉说："凡你为了一般利益对各种船舶行使的监督，应该很好地让人家懂得，所采取的一般行动是海关监督的行动，其责任不在你自己或总税务司署。"② 这就是向香港、澳门殖民当局和鸦片走私贩表白，海关对于常关征收鸦片正税问题不负责任。由于常关对征税问题处理得当，香港殖民当局一时找不到借口，常关税厂在香港外围开征鸦片税厘的工作，得以顺利进行。

第二节 澳门小马骝洲税厂的设立和
香港殖民当局的反对叫嚣

常关在香港外围的税厂虽然顺利设立了，但是在澳门外围的拱北（对面山）设厂的建议，却遭到澳门葡萄牙殖民当局的强烈反对。拱北并没有"租"给葡萄牙，一直是在中国管辖之下。但因拱北密迩澳门，葡萄牙企图霸占。因此，两广总督和葡萄牙殖民当局在设厂问题上，引起了一场严重的交涉。

瑞麟看到小小的葡萄牙竟敢逞强，立即派遣副将彭玉立率领了以"安澜""恬波""绥靖""飞龙" 4 条巡船组成的护航队，并命令海关的巡逻炮艇"鹏超海""凌风""神机""健锐" 4 船陪同前往澳门。1870 年 6 月 26 日，彭玉立率领船队到达澳门，要求澳门葡萄牙当局就设厂问题进行谈判。那时，澳门"要塞的大炮瞄准着这些船只，口岸的葡萄牙快速带帆战船的炮眼打开了，它的大炮伸了出来；彭将军被要求命令这些船只离开港口"。一时战云密布，战

---

① 1870 年 12 月 28 日鲍拉致赫德函。《中国近代海关历史文件汇编》第 6 卷，第 306 页。
② 1871 年 6 月 23 日赫德致鲍拉函。《中国近代海关历史文件汇编》第 6 卷，第 312 页。

机大有一触即发之势。但是彭玉立从容声称："他的意图和他的命令具有非常和平的性质，这些船只是在问题还没有解决的时候来协助征收关税的"；而且说，"既然〔澳门方面〕有了这样的要求，他会把它们（船只）立即调离，移驻口外"。结果，除"鹏超海"以外，其他船舶都撤离口岸。这样，双方开始了谈判。澳门总督声称，"他不能答应在拱北湾设立税厂，但他无意反对在距离〔澳门〕不少于三哩的任何地点提供设立税厂的场所"，并指定偏僻的、航道很浅的三湾仔为设厂地点。彭玉立以三湾仔不适于设厂，要求改为马骝洲，谈判陷于僵局。

广东的船队虽然撤离了口岸，但却把澳门港严密封锁起来。"凌风"驻九岛，堵拦搜查往来石龙、太平和陈村的船舶；"鹏超海"驻鸡颈，搜查西海岸和海南的船舶；"恬波"和"绥靖"守在十字门；"神机"和"安澜"则驻磨刀门，搜查所有出入口岸的帆船，迫使它们完纳载运鸦片的税厘。而被围困在澳门港内的民船，也有被迫秘密完纳税厘的可能。澳门在两广船队的围困中已变成死港了。

彭玉立在和澳门总督的谈判中，阐明两广总督关于澳门管辖权的观点："在无可争议的中国领土上，驯服地忍受剥夺中国臣民行使的管辖权是不可能的。他强调在澳门的苦力贸易的祸害和恐怖以及伴随而来的持续屠杀和起义。他声称葡萄牙当局毫无根据的僭越，不能不引起关于他们占据澳门的权力问题。"①

封锁中的澳门，形势十分紧张。葡萄牙当局对于停泊在口外的巡逻艇，"表现了一种极度恐慌的状态，它们的移动受到极其猜疑的监视，要塞的大炮小心地瞄准它们。只要情况有一点变化，甚至放下一只小船，就会导致〔澳门〕传令各营地的士兵奔就炮位，夜间经常发生惊骇"。而葡萄牙居民则怀疑澳门总督"和中国人共谋而且屈从中国人的观点，非常不满"。在这种情况下，只要有"一点极其轻微的'意外事故'，就可能惹起一场暴动"。澳门总督在内外交逼的困境下，通过税务司鲍拉的调停，终于被迫答应在小马骝洲设立税厂，而以撤退广东巡船为条件。历时1个多月的争执，至此始告结束。小马骝洲的税厂跟着设立起来了。②

---

① 以上引自1871年7月11日鲍拉致赫德函。《中国近代海关历史文件汇编》第6卷，第312—317页。

② 1871年8月5日鲍拉致赫德函。《中国近代海关历史文件汇编》第6卷，第317—322页。

1876 年，两广总督刘坤一等以出入澳门的民船载运的货物（非鸦片），商人借口没有征收货税的关卡，走私偷漏，因而奏准把形同虚设的黄埔长洲关卡移设小马骝洲，所有下府往来澳门的民船载运的货物，均在小马骝洲报验输税。这样，小马骝洲税厂除征收洋药税厘外，还征收百货常税。①

尽管广东海面常关的征税问题已获得了解决，但是总税务司却千方百计地企图把海关的势力打进常关去。那时华商已开始购置轮船在这个地区行驶，赫德借口华商自置的轮船，根据从前总理衙门核定的章程，应由税务司署管辖，所以"税务司和监督基于共同的理由，必须做同样的工作，而且必须联合一致"。他说：各税厂毗邻"外国的居留地"，又配备了缉私轮船，如果"有了一定数量的洋员的帮助更好"。因为这可以"防止了和外国当局的冲突"，也可以使船员和水手"保持适当的秩序"；而他所任用的副税务司布浪，"熟悉粤海关地区的地形、语言和道路情况"，"在轮船管理、照料各税厂的需要和提供双方可能有效的辅助的缉私工作等方面，对监督很有好处"。② 因此，他希望布浪在粤海常关担任下面这些工作，即管理海关监督的轮船，监督洋药税厂的部署，缉私和取缔私盐。他说这些帮助，对于保护常税、洋税、厘金都有好处。他通过粤海关税务司康发达对粤海关监督施加压力。最后海关监督屈服了。"他表达了布浪先生帮助缉私轮船和巡船管理的愿望。"于是，康发达通令各缉私船由洋员指挥，"严令他们（船员）服从他的命令，一切事情都得向他汇报。"康发达还向总税务司表示："尽一切可能，注视、保护和捍卫已经获得的东西，不受任何干预"。③

这样，海关虽然没有能够获得这一地区的关税征收权力，但却掌握了它的缉私权力。这就使得海关能够"约束那些船只不做非法的行为"（马士语），也就是对常关税厂查缉走私的活动进行监督。这是海关在当时历史条件下可能办到的事。

如前所述，总税务司早就预见到税厂的缉私征税活动，"这是一种准会大大触怒殖民地当局的措施，而当有了机会的时候，它就会对广州官员制造种种不愉快的事件来对付他们"。④ 现在常关已扩大到鸦片正税的征收，"触怒"香

① 光绪二年六月二十四日刘坤一、文铿奏折。《清季外交史料》卷 16，第 29—30 页。
② 参阅 1874 年 2 月 12 日赫德致康发达函附件。《中国近代海关历史文件汇编》第 6 卷，第 332—340 页。
③ 1874 年 6 月 8 日康发达致赫德函。《中国近代海关历史文件汇编》第 6 卷，第 351 页。
④ 1868 年 9 月 7 日赫德致吉罗福函。《中国近代海关历史文件汇编》第 6 卷，第 237 页。

港殖民当局的可能性更大了。总税务司怀着幸灾乐祸的心情说："这将是一件很不受人欢迎的工作，我也有些愿意让海关监督去做。"① 他估计到清政府对于香港当局的反对无法应付，因此，抱着观望的态度，等着插手的机会。

香港殖民当局和与鸦片利益有联系的商人，对于常关税厂的征税缉私活动，当然是"憎恶的"。他们认为"这会给予他们所有的自由港的特权加上了一些限制，因而这些巡逻船只的游弋就常常被说成是'对香港的封锁'"②。他们叫嚣反对这种"封锁"。但是他们没有能够消除中国在自己领海征收税厘的自主权。因此，常关的权力在广东海面整整维持了 20 多年之久。

第三节　《烟台条约》及其《续增专条》关于鸦片税厘并征的规定和总税务司赴港谈判鸦片管制问题

粤海常关虽然掌握着广东海面鸦片贸易的征税权力，但是随着资本主义国家对中国侵略的扩大和鸦片贸易的空前发展，随着香港商人反对税厂征税缉私叫嚣的加强和清政府对总税务司信任的增加，海关夺取常关鸦片税厘征收权力的时机，一步步地到来了。

1875 年马嘉理事件发生，1876 年中英《烟台条约》签订。《烟台条约》关于鸦片问题作出了由海关征收税厘的规定。本来海关只有在通商口岸稽征鸦片进口税的权力，而鸦片厘金则由地方督抚通过常关征收，但是《烟台条约》则把鸦片进口税和厘金合并起来，一律归海关征收，这叫做"洋药税厘并征"。这样，海关便夺取了常关征收鸦片厘金的权力。《烟台条约》还认为："香港洋面粤海关向设巡船稽查收税事宜，屡由香港官宪声称，此项巡船有扰累华民商船情事。"因此议定："即由英国选派领事官一员，会同查明，核议定章遵办。"这个规定隐示英国借口税厂巡船扰累民船贸易，有迫使清政府放弃广州海面常关征税权力并以海关取代常关的意图。我们不难推想，这是总税务司和香港殖民当局私下交易的结果。《烟台条约》还规定：鸦片税厘并征一事，须"俟英国会商各国，再行定期开办"③。这就是说，鸦片税厘并征，还

① 1871 年 2 月 9 日赫德致吉罗福函。《中华帝国对外关系史》第 2 卷，第 423 页。
② 艾特尔（Eitel）：《在中国欧化了的香港历史——1882 年前》，第 502、552 页。
③ 以上条文引自《中外条约汇编》"中英条约"，第 15 页。

要等待英国和各国会商一致以后，才得实行。这就使英国可以就鸦片税厘数目问题和中国讨价还价，借故迁延实行。

《烟台条约》议定之后，清朝地方大吏就鸦片税厘的数目展开了讨论。李鸿章主张鸦片每百斤征收正税 30 两，厘金 80 两，计税厘 110 两。左宗棠则奏请加至 150 两。威妥玛坚持 100 两。英国大商人沙苗取得英国印度部的部文到中国来，通过李鸿章的亲信德国人德璀琳以及总税务司的关系，向清政府呈递了《揽办洋药章程》，企图包揽中国鸦片贸易，并定鸦片每百斤完税银 100 两。总税务司认为"现在多年反复商议洋药事宜，而未见头绪，总税务司以为不若依沙苗之章定局"。"按此法可多收税项，而多省事；若准照办，似必有效验。"[1] 直隶总督张树声亦同此议。总理衙门认为："先由中国令洋人揽办，是拒之不暇，反招之使来；其名不正，其事断不可行。"[2] 结果，沙苗钻营失败。总理衙门倾向威妥玛每百斤纳税厘百两之议，要求威妥玛速催英政府答复。但是英政府迟迟不答复。这样一来，"因所拟数目不符，各国使臣又复从旁阻挠"[3]，以致鸦片税厘并征迁延了 8 年之久，未能定议。

19 世纪 80 年代由英国一些正义人士组织的禁烟会，呼吁禁止鸦片贸易，清政府乘机催促英政府实行《烟台条约》规定的鸦片税厘并征章程。1883 年10 月，特派驻英公使曾纪泽和英政府开始会商，直到 1885 年才订立《烟台条约续增专条》十条，双方"议定洋药每箱税银共征一百一十两，并在进口时输纳，由海关给与凭单，运往内地，无须再完税项，当与土烟值相较均算，以昭平允"[4]。《续增专条》还规定：画押后 6 个月开始施行。

鸦片税厘的数目和开征日期虽经议定，但不解决香港走私问题，税厘并征仍然无法切实施行，而其走私问题，又和香港殖民当局联系在一起。因此，《续增专条》又定：《烟台条约》"所载派员查禁香港至中国偷漏之事，应即作速派员" 会商。这就为总税务司插手谈判，从而为海关夺取通商各口鸦片税厘并征以及广州海面常关权力铺好了道路。清政府根据《续增专条》的规定，当即派遣苏松太道邵友濂，并添派总税务司 "同往香港会商"。

我们不妨回顾一下，在 1870 年总税务司争夺广州海面鸦片征税权力时，

---

① 光绪八年四月十二日张树声奏折。《清季外交史料》卷 27，第 37 页。

② 光绪八年四月二十六日总理衙门奏折。《清季外交史料》卷 27，第 39 页。

③ 光绪八年四月二十二日张树声奏折。《清季外交史料》卷 27，第 33 页。

④ 光绪十一年九月初十日曾纪泽奏折附条约。《清季外交史料》卷 61，第 3 页。

清政府对他还有戒忌,认为"利源所在,洋人每生觊觎",要求粤督瑞麟自行征收鸦片正税,以免"洋人越俎代谋"。但从 19 世纪 70 年代中期开始,中外民族矛盾逐步上升,总税务司利用和总理衙门的隶属关系,以巧妙的"居间""斡旋"手法,迎合了清朝最高统治者对外妥协、对内苟安的心理;在马嘉理事件,特别是中法战争中,为清政府取得了不战而和、战而得和的结果。而海关日益增加的关税收入,对于支持清政府的财政也起了很大的作用。还有,中法战争后,清政府锐意建立新式海军,需款孔急,这就改变了清朝最高统治者对总税务司的看法,乐意把粤海常关征收税厘的权力交给海关了。总理衙门大臣们深深感到,杜绝鸦片走私,"尤在与香港英官订立妥善章程",总税务司赫德是英国人,和英官当然易于达成协议。大臣们还认为他"办理税务二十余年,诸事妥协,所有防弊章程,深为熟悉",因此奏请添派他会同邵友濂同往香港,"既可联中外之情,亦可取切实之效"①。

1886 年 6 月总税务司到达香港。从 6 月下旬到 9 月 13 日,其间只经过四五次的会谈,便订立了《管理香港洋药事宜章程》(简称《章程》)。总税务司概括《章程》的要点如下:"洋药到香港须由商报〔港〕官,请领起货单;洋药起岸入栈后,未出栈以前须报官请领下船准单;在香港作洋药买卖者须以整箱交易,不准拆零售卖。如此办理,省城来往之轮船,实难照旧走私;日落后不准华船出口;不准华民在九龙会齐,携有军械,保送洋药出境入内地。"他认为"以上数层系香港向来所无之事"②。这是"为中国省事,使香港代劳"③。其实,香港的"代劳"是有条件的。第一,香港协助查禁鸦片,中国政府应与澳门当局商定相等办法;否则,香港就不履行;第二,《章程》的实行如对香港税课有碍,香港得单方面废行;第三,把中国在九龙设立海关问题也作为交换条件之一。《章程》竟然规定:"由总税司在中国九龙地方处所设立新关,以便发卖洋药税单。"④ 关于这一条,总税务司向总理衙门明确申称:"旋与英官商定:九龙山为自港至粤陆路要道。今欲堵截私土,必应添设税司,驻扎此山北面附近,香港六厂亦归税司经理,驻港洋官即允派员会同稽

① 光绪十二年正月二十五日总理衙门片。《清季外交史料》卷 63,第 28 页。

② 1886 年 10 月 27 日赫德申呈总理衙门,中国近代经济史资料丛刊编委会主编:《帝国主义与中国海关》第六编《中国海关与中葡里斯本草约》(以下简称《中葡里斯本草约》),科学出版社 1959 年版,第 3 页。

③ 光绪十二年六月初八日李鸿章致总署电,《清季外交史料》卷 67,第 67 页。

④ 光绪十二年十月初一日赫德申呈总理衙门京字第 1794 号附件(一),《中葡里斯本草约》,第 8 页。

查。"由此可见，九龙关的设立和常关税厂归税务司管辖，显系总税务司和香港殖民当局共谋策划的。和这一条相联系的还有下面一条规定，即"九龙新关税务司之责任，倘有〔香港〕华商禀报被关卡或巡船遭扰等事，胥归九龙新关税务司查验定断，香港督宪亦可随时派员随同办理"。这就把广州海面华商民船在鸦片税厘的征收和缉私中发生的问题，全归税务司甚至英国官员处理，这就便于包庇华船的非法贸易。此外还规定："华船往来香港者，其货物应纳之税，不得较往来澳门之数加多；其由中国赴香港或由香港赴中国之华船，不得于应完之出口、进口各种税厘之外，另有征收。"① 这又使这些华船获得了特殊权益，以便为发展对华的半殖民地贸易尽更大的力量。从此以后，"对香港封锁"的叫嚣便消失了。

《章程》明确规定：倘不照此条办法，"则前述各款即不照行"。由此可见，香港的"代劳"，一方面是中国政府付出了代价，香港当局取得了利益；另一方面是海关扩大了权力。清政府为了眼前的财政利益，竟然不顾一切，听任总税务司的摆布。总税务司就是如此通过《烟台条约》及其《续增专条》和《香港洋药管理事宜章程》，夺取香港外围常关税厂权力的。

第四节　总税务司赴澳门会商管制鸦片问题和葡萄牙的"永据"澳门

由于香港殖民当局要求查禁鸦片走私，中国政府应与澳门当局商定相等办法，这就把香港问题和澳门问题联系起来，从而为总税务司进一步插手澳门谈判，夺取澳门地区常关权力创造了条件。

19 世纪 60 年代以来，澳门的地位显得格外重要。总理衙门屡次奏称："广东香山县澳门，雄峙海滨，向为番舶往来出入要路。"道光末年以来，澳门"偷漏税课，招纳叛亡，拐骗丁口及作奸犯科等等，不一而足"。因此，其"为害于粤东，则澳门视香港为尤甚"②。澳门虽被葡萄牙长期窃踞；但其主权却一直在中国手里。总税务司早就垂涎澳门地区的鸦片税收，因此，早在1867 年就向总理衙门建议"赎回"澳门。他向总理衙门"言及大西洋国（葡

---

① 光绪十二年十月初一日赫德申呈总理衙门京字第 1794 号附件（一），《中葡里斯本草约》，第 9 页。
② 同治七年三月十九日恭亲王奏折.《筹办夷务始末》（同治朝）第 10 册，卷 58，第 5403—5405 页。

萄牙）日渐贫困，如能乘机动之以利，澳门可望收复"。那时，日斯巴尼亚（西班牙）驻华公使玛斯任满，即将回国，总税务司要他"乘机商令大西洋国，将澳门原住洋兵，撤回本国，原建炮台公所等项，交给中国。所需迁移建置等费，由中国筹银若干两，互相交割。此后澳门全归中国自主之权，设法经理。并据玛斯声称，愿以此事自任"。总理衙门果为所动，当即照会玛斯，"令其到粤体察能否照办"；还把崇厚原先和葡萄牙所订条约的换约事，归并一起，"即令玛斯前往办理"。总理衙门出价 100 万两赎回澳门，"另再筹银三十万两，交与玛斯、赫德，作为筹办一切经费"，并颁给玛斯国书。总税务司还推荐亲信金登干，请旨赏给"协办"名目，以监督玛斯办理交涉事宜。可是事隔经年，因为"大西洋国忽有变故"和玛斯病故，总理衙门只好奏请"暂行停待"，"另候筹商"。结果，不了了之。① 这是总税务司插手澳门问题的开端。1870 年，总税务司要求清政府让海关在广东海面设立公所征收鸦片正税，遭到清政府的批驳，这又使海关获取港、澳地区的征税权力落空。当时又过了 15 个年头了，因为港、澳殖民当局庇护华商民船走私鸦片，走私问题一直未能解决。清政府根据香港的要求，即令总税务司赴澳门，和葡萄牙殖民当局会商与香港同等的查禁鸦片走私办法。这样，海关夺取澳门地区常关权力的时机成熟了。

　　总税务司向清政府极力表明，"香港所拟办法最为妥善，且已足额；惟澳门若不肯照办，则香港亦不肯应允"。于是提出了和葡萄牙的交换条件。他通过李鸿章向总理衙门提出要求："澳门系葡人久有之地，中国若要取回，或须用巨款商换，办法很难；或将强取，恐葡萄牙将澳门交与法德俄及他国"；因此，"若葡人肯受海关章程及香港所拟办法，则请中国允准以下两层：一、和葡国定立条约，与别条约无异；二、将澳门永远租与葡萄牙，而不收租银"。李鸿章当时正在大办北洋海军，需款孔急。他转告总理衙门："赫德力请用此公平能成之办法"，并请准照所请办理。② 总理衙门着眼于增加鸦片税收，无视澳门主权，默许总税务司的请求。

　　1886 年 7 月下旬，总税务司奉派赴澳门，和葡萄牙澳门总督罗沙进行谈判。罗沙一开始便答应在澳门设一官栈，为囤贮鸦片场所，"由中国派税务司

① 同治七年五月初七日恭亲王奏折。《筹办夷务始末》（同治朝）第 10 册，卷 59，第 5443—5444 页。
② 光绪十二年六月初八日李鸿章致总署电。《清季外交史料》卷 67，第 22 页。

驻澳管理彼处事宜";但"伊不愿'永远租'字样,欲中国允从葡萄牙国居用澳门地方",也就是"永远驻扎管理"澳门。① 总税务司就此问题向总理衙门作了轻描淡写的解释:"伏思此注写数字,并非格外允许异事,只系将多年相沿之事,作为固有之事,该国并不能从若等字样内另生别事⋯⋯"② 总理衙门急于求成,答应了葡萄牙"永驻"澳门的要求。

但是罗沙并不以此为满足,他进一步提出驻扎管理澳门附近的拱北和撤除澳门外围常关税厂的两项要求。总理衙门对葡萄牙的要求,感到恼火,立电总税务司:"今忽添此两端,均于中国有损,断难允准!⋯⋯倘彼仍执前说,只有暂行罢议。"③ 那时,罗沙已经任满,将于8月中旬回国。总税务司一面请求清政府派遣金登干径赴里斯本和葡萄牙政府直接谈判,一面则于8月10日和罗沙达成条约摘要底稿。底稿除规定两国所拟的条约,"应与通商各约大致相同",即包括"一体均沾"一项之外,还有下列两个主要条款:

一、"中国以葡萄牙国人居住澳门所属之地,业有三百余年,现允葡萄牙国永远驻扎管理;嗣后即凭此条为例";

二、"葡萄牙国允按照此约续订之专条,会同中国在澳门设法相助中国征收洋药税项事宜"。④

这是谈判正式条约的基础。

总税务司在港、澳的谈判任务,至此全告完成,9月16日启程回北京。11月下旬,清政府根据总税务司的建议派遣金登干前往里斯本。从此以后,谈判便由澳门转移到里斯本,并在总税务司指挥下由金登干一手包办,秘密进行。

葡萄牙的谈判代表是外交大臣巴罗果美。谈判仍然集中在拱北和撤卡两个问题上。巴罗果美强调澳门地位是"极端重要"的问题。他说:"为了使澳门四周水面而引起的管辖权纠纷能够永远结束,为了能切实合作保障中国关税,他们才要求拱北或它的一部分。"金登干直截了当地告诫他,总理衙门除了承

---

① 1886年10月27日赫德申呈总理衙门京字第1794号。《中葡里斯本草约》,第6页。李鸿章致总署电。《清季外交史料》卷67,第7页。

② 1886年10月27日赫德申呈总理衙门京字第1794号。《中葡里斯本草约》,第6页。李鸿章致总署电。《清季外交史料》卷67,第7页。

③ 光绪十二年七月初十日总署致赫德电,《清季外交史料》卷68,第6页。

④ 光绪十二年七月十一日澳门总督商同总税务司拟议条约摘要之底稿,《中葡里斯本草约》,第9页。

认葡萄牙治理澳门本地，"此外决不再多让；如果再提拱北问题，谈判就必破裂"。葡萄牙看到要索拱北无法实现，只好退让，但仍坚持撤卡。他说："内阁接受堆栈而不提拱北，已冒了不少危险；如允设堆栈而容税厂可以留存，一定会使现政府倒台。"在澳门地区设立海关，统辖税厂，取代常关，这是总税务司此行的主要目的；澳门要求撤卡，和他的目的背道而驰，当然不能为他接受。因此，他指示金登干向巴罗果美进行要挟恫吓：内阁如果坚持取消税厂，谈判必致决裂，中国内地可能用禁止各式中国内地船只往来中国澳门的简单方法作为一种缉私措施。他虽然怀疑"这种威胁可能会坏事，但这张牌也可能在目前场合中制胜"，他决定冒险打出这张牌。金登干早些时候就向葡萄牙放出空气说，总税务司曾电令他"探询购买巡舰价格，以增强现在已经是很雄厚的缉私舰艇力量"；现在，他遵照总税务司的指示，摊出了这张牌。巴罗果美终被吓倒了。他说："中国虽然可以用强力置澳门于死地，也可以使澳门饥荒；但他相信中国决不会这样办。中国是一个文明国家，对中国作这种推测是不公的。"金登干一面进行威胁，一面却给以诱饵。他说："关卡已不由粤督管理，而完全由总税务司管理。""澳门的民船贸易有固定的税则和规章可以遵守，就不会再受什么留难和麻烦。"还说："取得条约和地位条款的机会一错过就决不会再来的。"①

葡萄牙虽然要求不遂，但它取得了向来没有能够取得的"永驻"澳门的莫大权益，已感满足。结果双方订立了《中葡里斯本草约》（简称《草约》）。葡萄牙决定派遣罗沙为特命全权使节到北京议订正式条约。在议约期间，葡萄牙颁布敕命，准自 4 月 1 日起澳门和香港一样，协助税务司查禁鸦片走私，实施鸦片税厘并征办法，并"允许中国税务司在澳门有私人公馆，但办公处所须在澳门及其附属地以外"②。《草约》议定之后，总理衙门奏请批准总税务司所议各条。奏折认为"澳门久为彼（葡）国盘踞，今纵不准永远居住，亦属虚文，徒于税务多添窒碍，并无收回之实据"，并极力夸大在那里设关征税的利益，借以掩盖损害澳门主权的罪责。上谕批准"金登干先行划押，俾得香、澳一律开办〔鸦片税厘并征〕"③。

① 1887 年 1 月 31 日、2 月 19 日、2 月 21 日赫德、金登干往返 Z 字第 463 号、新字 746 号、Z 字 469 号函电。《中葡里斯本草约》，第 49、58、61 页。
② 1887 年 3 月 5 日金登干致赫德新字 428 号电。《中葡里斯本草约》，第 67 页。
③ 光绪十三年九月二十七日庆亲王奕劻奏折。《清季外交史料》卷 73，第 25—26 页。

1887 年 3 月 26 日《草约》签字。《草约》的主要条款有：定准在中国北京或天津即议互换修好通商条约，此约内亦有"一体均沾"之一条；定准由中国坚准葡国永驻澳门以及属澳之地；定准由葡坚允，若未经中国首肯，则葡国永不得将澳地让与他国；定准由葡国坚允，洋药征税事宜应如何会同各节，凡英国在香港施办之件，则葡国在澳类推办理。①

从《草约》内容可以看出，清政府为了在自己的领土澳门征收鸦片税厘，竟然"定准"和葡萄牙签订与各国签订"一体均沾"的不平等条约，特别是"坚准"葡萄牙"永驻"窃踞 300 多年的澳门及所属之地，使葡萄牙获得从未从中国获得的重大利益。难怪总税务司致电罗沙时说："您已经击败了我。您已获得比我们两人当初商定的草案内更多利益，而我反倒少了。"他在致金登干的电中也说："至于我们给澳门的，对于中国不算什么，而对葡萄牙却所获甚大。"②正因如此，葡萄牙对总税务司和金登干感恩不尽。据金登干向赫德报告：巴罗果美对谈判结果"很高兴，很满意"；"葡萄牙国王很隆重地接见了我，一握手之后，首先表示他感谢您所做的一切"③，葡萄牙赠给总税务司基督十字勋章④。

总税务司所以热衷于这一笔交易，完全是从夺取澳门地区常关税厂的征税权力着想的。他在实现这个目的时说："我们已经在粤海关监督制度的那口棺材上打进了另外一只钉子了。……我可以说，我注意这些民船已经有了二十五年之久，最后到现在，我们掌握住它们了。"他还刻薄地奚落维护常关的两广官员们，"想保住这些民船的那些老先生们的辗转不安和惊慌失措的样子，既有趣又讨人厌烦，我可怜他们；但是我们不能让腐败阻挡着改进"。⑤

清朝牺牲了这么重大的权益，换来的只是《缉私条规》所规定的东西，即"大西洋国应派官员一员，在澳门以为督理查缉出口入口之洋药"；"所有澳门出口前往中国各海口之洋药，必须到督理洋药衙门领取准照，一面由该衙门官员立将转运出口之准照，转致拱北关税务司办理。"⑥

---

①　1887 年 3 月金登干致赫德新字 919 号电。《中葡里斯本草约》，第 74 页。

②　1887 年 3 月 31 日赫德致金登干 Z 字 470 号、476A 号。《中葡里斯本草约》，第 78、79—80 页。

③　1887 年 3 月 7 日、4 月 15 日金登干致赫德 Z 字 470 号函、476A 号电。《中葡里斯本草约》，第 68、84 页。

④　《中华帝国对外关系史》第 3 卷，第 507 页。

⑤　1887 年 6 月 11 日赫德致杜维德函。《中华帝国对外关系史》第 2 卷，第 430 页。

⑥　光绪十三年十月十五日奕劻奏折。《清季外交史料》卷 74，第 14—15 页。

　　总税务司夺取了整个港、澳外围的常关权力，激起了清朝官员的强烈反对。《中华帝国对外关系史》的作者马士说：中葡条约"虽然在中国方面是由特派的国家大员签字的，这个条约以及它所依据的那个草约，却由赫德爵士一手造成的，因此给他的名誉以一次严重的打击"；"他已经逼着中国不过为了商务上的利益而付出了一种可耻的代价，因此，帝国的政治家当中的那些人们为了澳门的割让（？）是绝不原谅他的。"①　总税务司也说："……中国的官吏们都反对得很厉害。他们恨我，也恨我的改良办法，总理衙门有些泄气。"他特别指出："曾侯（即曾纪泽）坚决反对澳门办法"，"在香港、澳门和里斯本的谈判过程中，我的处境，极难应付。曾纪泽当然不愿意我的主张胜利，而他的主张失败"。②

　　总税务司特别害怕那个"几乎使崇厚丧失性命的两广总督张之洞"③。张之洞强烈反对《草约》。他上奏说，此事的定局，"焦灼徬徨，不可言喻！"他罗列了5条反对理由。他说："葡虽窃据澳门，但挈权量力，我之可以逼葡，葡之不足病我，事理甚明"，坚主不可"因筹饷而损权"；但"草约已定，势难中止"，他只好提出细订详约，划清界限等五项"挽回补救之策"，其中关键的一条是"暂缓批准"。他说："立约虽有成议，批准权在朝廷，此各国之通例。"葡萄牙占踞下的澳门，"食用则仰资粤产、贸易则专仗粤商"，现"既允与立约，并准其永住澳门……是葡人所获已多"，因此，坚请总理衙门"极力坚持"；"如葡肯从，则照此立约"；否则，"则弃约出自葡国，《草约》自可任作罢论"④。由于张之洞一再上奏，曾纪泽也上奏反对，"总理衙门慌了"，"打算废除过去对外立约时所用的一些用语，……并且打算就从葡萄牙条约开始"。"总理衙门慑于国内的反对，宁可向葡萄牙失信，而不敢惹官吏和文人的指责。"⑤

　　但是总税务司却认为："我并不灰心，自信能将这事办好。"直到谈判濒于破裂时刻，他还表示："我并不失望，我还可以捞到我的东西。"他说他有他的"好朋友"，"特别是七爷（即光绪皇帝的生父醇亲王奕譞）本人"的帮

---

①　《中华帝国对外关系史》第2卷，第423—429页。

②　1887年4月17日赫德致金登干Z字287号函。《中葡里斯本草约》，第87、90页。

③　1887年8月7日赫德致金登干Z字304号函。《中葡里斯本草约》，第92页。

④　光绪十三年闰四月二十一日张之洞奏折。《清季外交史料》卷71，第10—16页。

⑤　1887年8月7日赫德致金登干Z字309号、313号函。《中葡里斯本草约》，第92、95页。

助，"皇太后也看到我们工作的方法是最好的，且当我们呼吁时，他会支持我们"①。正是在这种情况之下，中葡双方在《草约》的基础上议定的《中葡条约五十四款》，在北京签字，并于 1888 年 5 月换约。

第五节　各省大吏反对海关侵夺常关权力
和九龙、拱北两关的设立

总税务司回到北京，立即根据《烟台条约》及其《续增专条》的规定，部署在全国各通商口岸开征鸦片税厘。1886 年 11 月，他申呈总理衙门，要求把各省常关鸦片厘金的征收工作移交海关，以便迅速开征。总理衙门据以通告各省督抚："洋药并征，现定各省厘局截至新正初八为止，初九日（1887 年 2 月 1 日）起一律归洋关开征；……其香港附近六厂，因税务赶不及，暂由各该委员照新定一百一十两分别征收税厘，三月初九（4 月 2 日）起，统由海关并征。"② 这样，全国的鸦片厘金统在通商口岸径由海关征收，而港、澳外围的常关权力也跟着丧失了。

大约与此同时，总税务司还通过庆亲王奕劻奏准把广东海面各税厂刚开办一年的百货厘金也交给海关征收。奕劻奏称："据赫德申称：若〔百货厘金〕饬税司经理，收数必有起色。"是以通盘筹计，"不若将经过该厂华船应完之税、厘两项，均责成该关代收"③。上谕批准"统由税司经理，以节靡费，而一事权"④。此外，总理衙门还奏准把粤、潮、琼、廉四口往来于港、澳的民船的领牌和验货工作也交税务司管理，这就把广东全省各海口往返港、澳民船的征税工作统归海关管理了。

海关对常关权力这样大规模的侵夺，引起了全国各通商口岸的官员，特别关系最大的两广大吏的强烈反对。总税务司在致税务司墨贤理的信中说："从

---

① 1887 年 6 月 6 日赫德致墨贤理函。《中国近代史资料丛刊·中国海关与中日战争》（以下简称《中日战争》），新知识出版社 1956 年版，第 525 页； 1887 年 9 月 11 日赫德致金登干函 Z 字第 310 号。《中葡里斯本草约》，第 94 页。

② 光绪十二年十二月二十二日总署致各省督抚电。《清季外交史料》，卷 69，第 36 页。

③ 光绪十三年七月初十奕劻奏折。《清季外交史料》，卷 72，第 19 页。

④ 光绪十三年二月二十三日总理衙门奏折。《清季外交史料》，卷 70，第 20—21 页。

牛庄到北海，在道台、抚台和厘金委员中，我们随处结了许多怨家。"① 浙海关道揭发"赫德定章，专祖沪关"。他说："闻沪药由嘉、湖入浙者半，在沪完厘税半系影射走私。"② 两广大吏多次致电总理衙门，力争保留广东海面的税厂，甚至坚不移交，反对尤为激烈。张之洞电总理衙门称：香港外围税厂，"通年可抽百货厘金十数万金，藉此数厂补内地之绌"；"该处系华界，与条约无碍，与洋药税厘亦无涉"。因此，坚请为常关保留百货厘金。③

张之洞还和吴大澂、周德润联电总理衙门，申述粤海常关税厘征收移归税务司的弊端，其中特别指出洋人管理税厘的潜在危险。电称："熟察各关税司洋人，已成坚据不移之势，不肯用华人；对外海内地税厘财源，统归洋员，实不能无过虑。"关于移交百货厘金征收工作问题，他们认为"厘务为地方官经理，税务为本关经理，均系抽之华人华船，与洋关抽收货船不同。若百货厘金、百货税卡，归洋人经理，窒碍之至！税务司虽为我用，终以彼族为疑；……此后如统交洋人税厘并征，其粤海大关之咽喉全归洋人掌握，其弊不可胜言，似应缓办！"④

总理衙门早已向张之洞坚决表示："税厘并征，已遵旨通行开办"，"此时事在必行，势不能顾惜一隅，动摇全局"⑤。奕劻在上奏时也说：筹办洋药税厘并征，由海关代收六厂厘税，"无非冀除一分中饱，即增一滴饷源"。并为任用外籍税务司问题辩解："追述同治初年创设洋关之始，闻亦浮议纷腾，谓授权外人，弊多利少；迨后税收逐渐增加，乃无异议。"⑥

谕旨对张之洞等的奏折，严行斥责，甚至倒打一耙。谕称："该督等于朝廷全局通筹之意，毫不体察，辄挟持偏见，故作危词，竟以六厂员弁一撤，从此天下利权悉入洋人之手！殊不思税司由我而设，洋税自我而收，现在海关岁入增至一千五百余万，业已明效可观；即使并征之议，此后办理，设有窒碍，尽可随时变通，复归旧制，岂外海内地税厘财源统归彼族耶？""海军创始，筹饷万难，有此办法，冀可岁增巨款；纵令六厂区区十余万之数，全行蠲弃，

① 1887 年 6 月 6 日赫德致墨贤理函。《中日战争》第 2 册，第 526 页。
② 光绪十三年六月二十三日李鸿章致总署电。《清季外交史料》，卷 72，第 13 页。
③ 光绪十三年二月初六日张之洞致总署电。《清季外交史料》，卷 70，第 13 页。
④ 光绪十三年三月初三日，张之洞等致总署电。《清季外交史料》，卷 70，第 24—25 页。
⑤ 光绪十三年二月初九日，总署致张之洞电。《清季外交史料》，卷 70，第 15 页。
⑥ 光绪十三年七月初十日，庆亲王奏折。《清季外交史料》，卷 72，第 22 页。

亦无所顾惜!"

谕旨还认为张之洞等的奏折是包庇常关吏胥。谕说:"该(六厂)委员等卖放侵渔,利归私囊"。所以税厘归海关征收,"所不便者不过厂员利薮一空,未免浮言胥动耳。"最后严谕说:"事关筹饷大计,特旨允行……该督等接本旨,当凛遵办理,所有该六厂补抽税厘章程,即日交付两税司,毋准再有延误,至于重咎!"①

张之洞最后被迫把六厂"依期交该两税司接办",但提出请求:"此举须为将来规复旧章之地,委员必宜诸事与闻。"② 总理衙门置若罔闻。九龙和拱北两关就这样地设立起来了。

九龙、拱北两关设立后,总税务司彻底改组税厂。各税厂的验货、钤字手、通事等较高级人员全部任用洋员,只有司秤、巡役等低级人员由华员担任。这些华员虽然是留用原来税厂的人员,但要经过观察,凡不合用或工作上不需要的,就得解职。还规定,供职华员只能"在税务司命令下工作,并向税务司直接负责"③。

香港殖民当局为了便利鸦片商办理海关申报手续,允许中国海关在香港维多利亚城内设立办事处,由总税务司委派英籍税务司驻在那里管理一切。拱北关的情况也大体相同。这样一来,九、拱两关,总关虽设九龙、拱北,但仅管理统计、会计以及无关紧要的庶务而已,验货、征收税厘等主要工作,则在香港、澳门殖民当局庇护之下履行。以上的措施,粉碎了张之洞"规复旧章"的幻想。

总税务司还和香港汇丰银行秘密协商,把九龙关征收的税厘存入该行,这就给该行获得了一大笔短期存款。

九龙和拱北两关具有和一般海关不同的特点。一般海关都是根据条约的规定设立在通商口岸,它的征课任务是根据条约规定的税则,对中国通商口岸和外国之间以及通商口岸之间轮船贸易进出口税、子口税和船钞等的征收。而九、拱两关则设在非通商口岸的九龙和拱北,实际征收关税地点则在香港和澳门。它们是管理港、澳和通商口岸与非通商口岸间民船贸易关税的征收。其征课任务比较复杂:一、按《续增专条》规定的税则征收鸦片税厘;二、按常

---

① 光绪十三年三月初二日,张之洞、吴大澂、周德润致总署电。《清季外交史料》,卷70,第25页。

② 光绪十三年九月十四日张之洞致总署电。《清季外交史料》,卷73,第23页。

③ 《中国近代海关历史文件汇编》第6卷,第549—552页。

关规定的税则为常关征收常税；三、按地方规定的税则为两广总督征收厘金。由此看来，九、拱两关实具常关的性质。这是海关势力锲入常关的表现。日本高柳松一郎也认为这是"扩张海关权限于民船贸易之权舆"①。

我们还没有能够把海关和广东海面各税厂在常关管理之下的征税情况作出详细的比较，但据马士提供的有限资料，在常关管理的 1885 年，各税厂交纳税厘的鸦片只有 2.761 担，到 1887 年海关接管后，便骤增至 10,256 担。其后两年中，都在 16,500 担左右。1888 年两关的税收为 1,044,868 两，其后大概维持在 75 万和 100 万两之间。② 九、拱两关税收，确实大大超过常关管理时代。

关于九、拱两关的税收增加，牵涉到对海关的评价问题，这里有加申论的必要。九、拱两关税收的增加，一方面是由于香港、澳门殖民当局和中国海关的合作，在一定程度上减少了鸦片的走私；另一方面，不能否认，海关制度确较常关制度优越。

但是清朝最高统治者只看到洋关制度的优越性一面，却无视于操纵这种制度的外籍税务司特别是总税务司强烈的政治背景方面。从上面各章的叙述，可以看出税务司们是列强在中国利益的代理人，而控制海关的总税务司则是英国利益的总代理人，所以，总税务司是把中国海关作为英国对华关系的基石看待的。因此，他力图巩固、扩大这块基石。基石越扩越大，对于清政府的影响力就越强。从总税务司赫德夺取常关权力的得意心情，可以看出他对于扩大这块基石，扩大海关权力是何等迫切！他在写给金登干的私人信中毫不隐讳地说："我们业已胜利。现在我将各通商口岸往来香港和澳门的民船贸易，从粤海关监督的掌握中抢了过来，置于税务司的管辖之下。""马根现在是九龙关税务司，在香港附近管一个总关和五个分关。法来格是拱北关税务司，在澳门附近管二三个分卡。这一次不小的扩大权势，看上去早晚可以管理通商口岸以外的事情了。"③

清朝最高统治者迷恋于洋关制度的优越性，无视其扩大权力的危害性，因而不惜强迫广东官员把常关权力移交海关。至于如何奋起改造常关，培植本国人才，重建海关，则置诸脑后，终使海关形成尾大不掉之势，可谓短视之至！

---

① 《中国关税制度论》，第 45 页。
② 《中华帝国对外关系史》第 2 卷，第 427、430 页注 6。
③ 1887 年 6 月 20 日、4 月 1 日赫德致金登干 Z 字 207、285 号函。《中葡里斯本草约》，第 89、80 页。

第十三章

总税务司赫德的业余外交活动

第一节　海关洋员介入清政府的外交领域
和总税务司业余外交渠道的建立

总税务司从事的业余外交，是整个海关活动中最引人注目的活动。

从 19 世纪 70 年代开始，列强的国际斗争逐渐集中到中国及其四周的邻邦来。复杂的国际斗争为总税务司赫德提供了大搞业余外交的机会。"业余外交"这个名词是赫德提出的，以别于职业外交，这种外交据他说就是"秘密外交"。

中国近代海关——洋关是中国对外关系的产物。负责管理海关的洋员，一面是外国人，和外国驻华使馆以及驻华官员有着密切的联系；一面又是清政府募用的人员，和主管对外交涉的总理衙门有着隶属关系。他们以两种身份周旋于清政府与外国官方人员之间，这就为他们参与外交活动提供了机会。近代早期的清朝官员对于外事所知极少，更谈不上什么外交经验，当然也没有什么外交渠道。在对外关系、对外交涉日益频繁的情况下，他们不能不任用海关洋员以沟通外国官员，处理外交问题。这样，海关洋员便成为清政府和外国建立外交之前的准外交人员了。上海道兼管江海关吴煦对于这种情况有过叙述："上海自有税司，于中外各事，彼此释疑，一切枝节，亦得暗中消弭，于羁縻绥抚之道，不无小助。"① 在第二次鸦片战争期间又说："当此吃紧之时，该夷（指

---

① 1859 年 5 月 17 日吴煦节略（底稿）。《吴煦档案选编》第 6 辑，第 3 页。

英籍税务监督李泰国）尚有可用，不得不仍事羁縻。"① 赫德继李泰国出任总税务司时，恭亲王亦向卜鲁斯声称："赫总税司亦系贵国之人，向为商民所悦服。"他不但接管税务，"此后中外交涉事件，当更易办理也"②。这是迫于事势，无可奈何，但却为海关洋员介入清政府外交领域创造了条件。

总理衙门设立之后，海关归总理衙门统辖。总税务司署成为总理衙门的附属机构，总税务司成为总理衙门的属员，总税务司署对总理衙门的隶属关系，为总税务司渗透进清政府外交领域开辟了捷径。

半殖民地的中国，是在列强半殖民统治之下。清政府和列强的关系是决定中国政治的主要关系，因此，不妨说，外交是清政府最大的政治。谁掌握了清政府的外交，谁就控制了清政府。

清政府的外交，从太平天国运动失败以来的 20 多年中，逐渐形成了两个权力中心。一个是在中央的总理衙门，它是统辖全国外交的最高机构，密迩最高统治者皇帝，拥有外交方针政策的决策权力。总税务司凭借着对总理衙门的隶属关系，为清政府办了许多洋务，开拓了外交领域，逐渐成为总理衙门的洋务外交顾问，从而参与了清政府的外交活动。

另一个权力中心是设在天津的直隶总督衙门。直隶总督李鸿章在镇压太平天国运动过程中迅速积累了军事力量；他是清政府中和列强打交道最久的老官僚。他虽然没有总理衙门那么大的权势，但总理衙门关于外交问题，大都要通过李鸿章去进行交涉。因此，直隶总督衙门俨然成为清政府的准外交部。津海关税务司德璀琳在天津工作 20 多年，因海关业务和通商大臣有密切联系，和李鸿章搭上了关系，成为李鸿章的洋务和外交顾问。

总税务司和津海关税务司都有强大的后台，他们都能对清政府的外交决策发生影响。因此，他们在外交领域中进行了激烈的斗争。由于总税务司和总理衙门一开始就有隶属关系，而且参与了议事，可以从中探得王大臣以至最高统治者的外交动向甚至外交决策，获得第一手的外交情报，同时也易于把自己的意图上达于王大臣以至最高统治者，影响他们的决策。所以，他在和德璀琳甚至李鸿章的外交角逐中，往往取胜。他的优越地位，使他在清政府的外交领域中扮演着任何海关洋员所不能扮演的重要角色。

① 1859 年 5 月 1 日吴煦禀薛焕（底稿）。《吴煦档案选编》第 6 辑，第 248 页。
② 同治二年十月二十一日恭亲王等奏折。《筹办夷务始末》（同治朝）第 4 册，卷 21，第 2203 页。

19 世纪 70 年代，中国的民族矛盾开始出现上升趋势，赫德意识到大搞业余外交的时机已经到来，建立一条通往西方以至世界各国的外交渠道是刻不容缓的事，于是决定设立总税务司署伦敦办事处。

总税务司署曾于 1867 年在伦敦设立了中国海关代办处，由商人巴切勒主持，负责清政府和海关所需的外国物料的采购和发运事务。1874 年 1 月，总税务司因为有外交机密任务，认为巴切勒"要完成对一位欧洲代表所提全部要求的能力，这位代表是不合格的"，因而命令撤销代办处和巴切勒的职务，改设总税务司署伦敦办事处，并以亲信的总理文案兼稽核文案金登干负责其事。这个职务叫做驻外文案（Non-Resident Secnetarg I. G.），因为它是以税务司级的官员充任的，所以一般称为伦敦办事处税务司。总税务司署伦敦办事处的设立，可以说是总税务司从事业余外交的开端。伦敦办事处税务司的任务有两种："1、购买和发运巴切勒迄今为止已订购的物资；2、处理经常可能碰到的和交你办的机密工作"①。

开头，赫德对金登干并没有把他的意图明白表达出来，只是透露说："我主要急于知道那些对中国有影响的消息，无论是直接的（例如一支法国远征军）还是间接的（例如英美战争）；内阁首相和外交大臣以及驻北京使馆的公使和秘书的变更，都是值得了解的。卡斯特拉尔（西班牙第一共和国领袖）的下台和塞拉诺（西班牙共和派领袖）的重新上台，如此等等。"② 此外，还要和欧洲官员、银行家、商人进行谈判。赫德所以"急于知道"这些国际要闻，还要金登干与欧洲官员等进行谈判，显然，总税务司是要求金登干作为他办理业余外交的机密代表。由此可见，如果说总税务司署是个"业余外交部"，那么伦敦办事处就是它的派办处或派出机关了。从 1874 年金登干就任伦敦办事处税务司开始直到金登干亡故前一年（1906 年），清政府的主要外交事件，几乎没有一件不是通过总税务司和伦敦办事处税务司去处理的。这是一条畅通的秘密外交渠道。这条渠道的一端是总理衙门。主持总理衙门的亲王是皇帝的近亲，他的决定不妨说就是皇帝的决定。这一端不是任何其他人员可以抓得到的，但总税务司却稳稳地抓住了。一个外交决策由总理衙门直达总税务司，总税务司通过极端保密的办法，传给伦敦办事处税务司金登干，再由金登

---

① 1874 年 1 月 20 日赫德致金登干函。《中国海关密档》第 1 卷，第 1 页。
② 1874 年 1 月 27 日赫德致金登干函。《中国海关密档》第 1 卷，第 5 页。

干去接通另一端——外国政府的外交部门。这条渠道成为总税务司大搞业余外交的大动脉。基于这种极其重要而又极其保密的任务，总税务司对金登干的要求很高。正如他在信中所说的，他所要求的人应是"一个（像你那样）了解中国的人"，"一个为我完全信任（就像你那样）的人"，"一个忠于我个人（就像我完全信任你那样）的人"①。他要求金登干"1、你必须执行总税务司的命令；2、你必须不断向他提供一切重要问题的情报（即：就你对他的地位和需要的了解，推断出他所要知道的东西）；而你的反面职责只有一个，也很简单：你不得自作主张，在没有得到指示的情况下，你必须请示和等待，有了指示后再行动"②。由此可见，伦敦办事处税务司完全是作为总税务司经办业余外交的工具而设置的。

第二节　总税务司业余外交的概况和 19 世纪 70 年代的业余外交活动

总税务司赫德迁驻北京之后，便积极为清政府开拓近代外交。其后 40 年，他在海关的突出工作就是业余外交活动。他于 1908 年因病请假回英前向税务处呈递了一个申呈，历述他在任 50 年所办各事③。综观这个申呈，他在海关所办的事，以外交活动最为显著。这是研究中国近代外交史的重要文件。为了先让读者一般地了解总税务司的业余外交活动，兹将申呈有关外交部分摘录如下：

同治五年（1866）　请派内务府庆丰司郎中斌椿游历欧洲，"此为日后委派公使大臣之先导"。

六年（1867）　请派前总理衙门总办二员会同蒲安臣出使，"此则中国派出使人员之第二次也"。

九年（1870）　税务人员耶威勇等三名，随同三口通商大臣崇厚赴德，"此则中国派出使人员之第三次也"。

十二年（1873）　税务司马福臣、吴秉文随同陈兰彬赴古巴查办华

---

① 《在北京的总税务司》第 2 卷，第 122 页。

② 1875 年 7 月 21 日赫德致金登干函。《中国海关密档》第 1 卷，第 282 页。

③ 光绪三十四年二月二十五日总税务司申呈税务处关字第 539 号文。全文载《总税务司通札》（第 2 辑 1907—1909），第 424—434 页。

工事件。

光绪二年（1876）　马嘉理事件中，"蒙派赴沪挽回驻华大臣威妥玛。商允威大臣在烟台会议办法，请派直督李鸿章赴烟，商定《烟台条约》结案"。

"奏派郭嵩焘大臣出使英国。此后委派各国出使大臣，作为定章"。特派金登干作为驻英税务司，"代办一切"。（按：此系1874年事。）

光绪十年（1884）　中法战争中，"蒙派前往上海，面见法国巴德禄大臣，结束越南案"。

"英国政府派为驻京英国大臣，蒙中国政府要留，仍任总税务司"。
"北洋大臣李饬派税务司等前往朝鲜通商口岸，照中国新关定式，征收关税，至日俄议和时停止"。

光绪十一年（1885）　"派金登干在巴黎议妥停战草约"，"派税务司吴得禄、雷东石赴越南"，"解和兵事"；派金登干赴葡议定草约，开办九龙、拱北两关。

十三年（1887）　"与葡国特派大臣议定澳门详细办法，由总税务司所派之参赞签押。"

十五年（1889）　总税务司请前总理衙门特派税务司赫政（赫德之弟）"会同驻藏大臣料理划界等事，并通商口岸开关等事"。

二十年（1894）　中日失和，总税务司一手经理告借七厘息、四厘五等息款，"而未指地抵偿，可谓开设新关之明效"。

二十五年（1899）　"蒙派与德国海靖大臣商议在山东青岛界内设立胶海新关并试办各条款。"

二十六年（1900）　联军入京，总税务司会见留京大臣昆裕等商议挽回大局之法，并请庆亲王回京。呈阅所拟和议大纲。

二十八年（1902）　"是年起，历年蒙外务部带同觐见。"

三十一年（1905）　"蒙派与德大臣另议青岛无税地区之实行办法。"

三十二年（1906）　外务部转饬与日本大臣商订大连关征税办法。

以上是赫德据记忆奏报的，就我们所知，其中漏报的不少，有的则回避陈奏。比如1885年11月中缅纠纷发生，总理衙门庆亲王，"他叫我想法子不经官方途径，与英国取得友好谅解"。① 因而参与了中英缅甸问题的交涉。中日甲午战争中，"在事端刚发生时，我（赫）曾竭力主张派兵入朝鲜镇压全罗道的叛乱，后来又曾使总理衙门与日本代办重开谈判"；"我们现在正设法使中日问题不经正式外交调停，自己谈判解决"。在黄海大战之后，他建议英国政府立即采取行动，以免刚复任的恭亲王"听俄国摆布"②，等等。

现就上述线索，把总税务司主要的业余外交活动依次叙述于后。

1868—1869 年，中英第二次修约，总税务司奉派参加修约谈判。这是总税务司第一次参加的外交谈判。在谈判中，总税务司因为得到阿礼国和清政府的信任，同时掌握了大量的海关资料，他的意见占了上风。据阿礼国说，这个修订的条约——《新订条约》或称《阿礼国条约》，"它们定能作为一种证据，证明没有一个国家或西方政府前此曾经对于贸易给过如此慷慨的特许"，显见这次修约，英国又勒索到大量的特权。前此勒索的特权是凭借战争暴力，而这次特权的获得，则是总税务司"尽力把它造成中英关系史上的一个突出的里程碑，也就是第一件不是用武力强迫而成的条约"。③ 总税务司在谈判中所起的作用，由此可见。尽管总税务司费尽了力气，但所得的特权却不能满足英国商人的贪欲，英国工商业集团终于迫使英国政府拒绝批准。

1875 年，马嘉理事件发生，英国驻华公使威妥玛乘机连续照会清政府，提出超出马嘉理案件范围以外的广泛要求，并要求把云南总督立即提京审讯。时任英国驻华公使的威妥玛表示，如不全部接受他的要求，就要撤退使馆，断绝关系，并以战争相威胁。光绪二年五月"二十四日（1876 年 6 月 15 日）该使忽函致臣等（恭亲王等）将以前所议全为罢论，竟于是日申刻出京"④，径赴上海。总理衙门"因令总税务司赫德来臣衙门面商，冀有转圜"。"臣等即令其由津赴沪"⑤，挽回局势。

总税务司到沪后，立即提出 10 条意见径呈李鸿章转陈总理衙门。这 10 条最重要的一条是第七条，内称："总税务司再三筹划，拟求李中堂奏明请旨，

---

① 1856 年 11 月 1 日赫德致金登干第 536 号电。中国近代经济史资料丛刊编委会主编：《中国海关与缅藏问题》（以下简称《缅藏问题》），科学出版社 1958 年版，第 9 页。

② 1894 年 7 月 27 日、7 月 8 日赫德致金登干 Z 字第 625 号、621 号函。《中日战争》，第 56、48 页。

③ 《中国关税沿革史》，第 238 页。

④ 光绪二年闰五月五日总署奏折。《清季外交史料》，卷 6，第 6—12 页。

⑤ 光绪二年闰五月二十三日总署奏折。《清季外交史料》，卷 6，第 16—17 页。

即派李中堂一人或派李中堂同别位大臣到烟台，与威大臣会商。谕旨内要叙明办理此事，可以有权柄作主，无论若何办法，可以作为定准"，"并请于六月十二、三日到烟，不宜过迟误事"。

总税务司还呈称：除前议宜昌、温州、北海三口辟为通商口岸外，"总税务司意见求添芜湖一口"。并称"从前〔《阿礼国条约》〕本准芜湖开口，现又不准，大有妨碍"；且直指："外人皆谓李中堂是安徽人，不肯添开"。

此外，还要求清政府，"比对目下强弱情形，处事和气大方，所有不免相让之处，不妨善让，莫要推辞"。①

由此可见，总税务司参与马嘉理案件的谈判，显系出于总理衙门的主动，但总税务司也趁此机会积极活动，务使谈判向着有利于他所谋划的方向转移。

威妥玛的虚张声势，并以战争相威胁，总税务司虽然明知"我认为不会打仗"②，在伦敦专门搜集情报的金登干也写信告诉他："英国公众一点也想不到，竟会有同中国打仗这样的事提上日程——而且我十分怀疑，这样一场战争在本国不得人心。"③ 他还说：英国"外交部的人似乎并不耽心会发生战争"，因为当时"土耳其问题吸引了全国的注意力"④。但是赫德却极力渲染战争的可能性。他说："英国有意乘此机会使别国知道，既能防备西洋，尚有余力来中国保护声名。"并在所提10条中专列一条："西国情形，现为土耳其事日有变动，英国朝廷愿趁此机会叫别国看明白，该国力量既能在西洋作主，又可在东方用兵，随意办事。"⑤

当时清政府还没有在各国建立使馆，对于各国情况茫然无知，果为威妥玛、赫德的虚张声势所吓倒。总理衙门大臣奏称："臣等查英国使臣此次出京，虽无显示决裂之语，而究竟决裂与否，殊不可恃。臣等揆其用心，将来如何始有转机，亦实不能预料。"⑥。

总税务司所以力荐李鸿章为谈判代表，这是因为他明知："今天，最急于和解和求和的中国人，莫过于瓦瓦苏尔和克虏伯的战友和朋友——李鸿章本人

① 以上引自光绪二年闰五月十九日李鸿章奏折。《清季外交史料》，卷6，第19—22页。
② 1876年3月16日赫德致金登干Z/33函。《中国海关密档》第1卷，第367页。
③ 1876年9月1日金登干致赫德Z/39函。《中国海关密档》第1卷，第438页。
④ 1876年9月15日金登干致赫德A/90函。《中国海关密档》第1卷，第442、441页。
⑤ 引自光绪二年闰五月十九日李鸿章奏折。《清季外交史料》，卷6，第19—22页。
⑥ 光绪二年闰五月五日总署奏折。《清季外交史料》，卷6，第17页。

了！他知道他会受到何种打击，他也知道一次战败会使他失掉所有高官厚禄，一场败仗会夺他所有的一切！"①

威妥玛使用的办法是虚张声势，战争讹诈，而总税务司则以"威妥玛的态度有引起战争的危险。他的首席顾问梅辉立是好战的，据说在各方面都比巴夏礼爵士本人更巴夏礼。我们受不了这样，因为我们要和平。因此，我们必须做我们准备做的事……首先是要努力使他妥协"。"我们大家都宁愿立即看到事件在此妥善解决，而不愿让它再长此悬而不决。"所以总税务司建议："伟大的李〔鸿章〕已被派到这里（烟台）来'全权'对付威妥玛。""当前的主要问题是先了结滇案。然后我们将尽全力在这里商妥诸事。"②

到了 10 月 5 日，总税务司已怀着胜利的心情告诉金登干："我刚接到总理衙门的短笺，说中国接受烟台协议。这样，就中国方面来说，'滇案'已告结束。""经此事件后，海关比以往任何时候都强大，我认为在今后的二十年之内，绝无翻船的可能！我开始感到我毕竟相当出色地驾驭了这条航船。"③

在结束马嘉理事件的《烟台条约》中，英国不费一兵一卒，讹诈到大量的特权。"最大部分的功劳归于赫德"④。总税务司在马嘉理事件中确实为大英帝国的半殖民地事业立下了"功勋"。一、云南边境定立通商章程，英国官员得在大理或云南其他地方驻留 5 年，察看通商情形；二、开辟宜昌、芜湖、温州、北海为通商口岸；三、英国可以派员驻寓重庆，查看川省英商事宜；四、指定长江 6 处即大通、安庆、湖口、武穴、陆溪口、沙市，准许外国轮船停泊，上下客商货物；五、不论华、洋商人，均准请领洋货运入内地半税单照等共两端 10 条。加上第一端"昭雪滇案" 6 条共三端 16 条。另还议定准予英国派员"遍历甘肃、青海一带或由内地四川等处入藏，以抵印度，为探访路程之意"⑤。据此条约，中国的长江流域以至西南、西北大多向英国开放了。

① 1876 年 6 月 27 日赫德致金登干 Z/35 函。《中国海关密档》第 1 卷，第 415 页。

② 1876 年 8 月 24 日赫德在芝罘致金登干函。《中国海关密档》第 1 卷，第 434—435 页。

③ 1876 年 10 月 3 日赫德致金登干 Z/37 函。《中国海关密档》第 1 卷，第 449 页。

④ 《中华帝国对外关系史》第 2 卷，第 335 页。

⑤ 《中外旧约章汇编》第 1 册，第 346—350 页。

第三节 中法战争期间总税务司争夺
控制中法谈判的活动

总税务司赫德在 19 世纪 80 年代的业余外交活动，主要集中于中法战争中争夺控制中法谈判的斗争上。

中法战争前期，代表德国势力的津海关税务司德璀琳极力争夺中法谈判，而且获得胜利。

早在 1883 年 6 月间，法军大举侵略越南北圻，德璀琳就在伦敦说：李鸿章和法驻华公使脱利古举行了第一次会议，商谈和平，因此，"和平在望"；李鸿章电促德璀琳返回中国。时清政府驻法公使曾纪泽就法国侵越问题发表了与和谈相悖的言论："盖中国此时虽失山西，尚未似十年前法失守师丹之故事也。"现在各国虽有调停之议，"然事已至此，恐中国不能收纳矣"。[①] 德璀琳认为曾的言论不利于和谈，坚主召回。由此可见，德璀琳早就和李鸿章协同排挤曾纪泽，企图包揽中法谈判。

1884 年 3 月德璀琳返华，路经香港，遇法国水师总兵福诺禄。那时法军攻占了越南战略要地北宁，清军败退，福诺禄趁机向德璀琳侈谈法国军情，以为恫吓，然后大肆诱和。谓"若此时与和，似兵费可免，边界可商；若待彼深入，或更用兵船攻夺沿海地方，恐并此亦办不到。"福诺禄自称"愿为从中调解，密致一函交德税务司"径交李鸿章。李鸿章立将此议专函总理衙门转奏。上谕立"着李鸿章通盘筹画，酌定办理之法，即行具奏"；并谕御前大臣、军机大臣、总理衙门大臣、大学士、六部、九卿、科道等，大议中法和战问题。大臣们随谕附和，"以目前事势而论，迎机利导，俾就范围，未始非收束之法"上奏[②]。于是李鸿章通过德璀琳和福诺禄进行会谈。为了提防德国公使和总税务司从中破坏，李鸿章在致总理衙门函中特地指出：德使巴兰德，"深忌德璀琳、福诺禄之从旁调停；总税务司赫德亦不以德璀琳议和为是，皆

---

① 光绪十年三月二十五日，李鸿章致总署密函及附件。《清季外交史料》，卷 40，第 6—11 页。
② 光绪十年三月二十五日李鸿章致总署密函。《清季外交史料》，卷 40，第 6—11 页。中国史学会主编：中国近代史资料丛刊《中法战争》（以下简称《中法战争》）第 5 册，新知识出版社 1955 年版，第 336—339 页。

有幸灾乐祸之心"，"祈勿听信""左右进谗者"①。于是李鸿章和福诺禄于1884年5月在天津签订中法《简明条约》。《条约》总的要旨是把中法争夺的北越全部归并法国。

总税务司赫德对于这个条约，用轻蔑的口吻函告金登干："这条约是我所见到的最奇特的文件"，"它容许法国在越南为所欲为，比法国国会的法案还有驰骋余地"。"我高兴我们得到和平，但我不赞成这条约，我以为德璀琳的活动虽然是成功了，但这仍然是一种可以憾惜的条约。"②尽管如此，这个条约还是赫德最后争取的条约。德璀琳诱和成功，对清政府的影响激增。总税务司见此情况，大为惊慌："对于这（德璀琳）正在增长的权势，我所畏惧的倒不是他将取代我的地位，而是德国的势力将因他而高涨，英国的势力却要衰沉下去……我的得意日子也许快完了吧！"他忧伤地告诉金登干："也许有一天你会接到命令，把伦敦办事处移到柏林。"③

但是法军在条约生效之前，贸然进攻谅山，遭到清军痛击，于是双方又陷于敌对状态，这就为赫德提供了插手谈判的机会，他俟机取代德璀琳介入中法谈判。

法军战败，一面大张作战声势，法驻华公使巴德诺在上海狂叫，"本国已发表哀的美敦书"，不但要求清军按《简明条约》规定退兵，还要求赔偿军费。清政府答应退兵；但拒绝赔款，态度强硬，双方胶着。总税务司乘机自请赴上海会见巴德诺，商谈议款。总税务司认为"付赔款而避免战争是上算的。我正为了实现这目标而辩论和活动"④。上谕严令拿办任何主张赔款和解的人，并罢免了总理衙门的六位大臣，还电促总税务司回京。清政府以法国"无理已甚，不必再议"，积极筹备规复北圻。

1884年8月，法军大举进攻，轰击马尾船厂，马尾清军舰艇皆毁。10月，法军攻占基隆，旋又进攻淡水，受到清军巨创。法政府不得不表示愿意"光

---

① 光绪十年四月十三日李鸿章致总署函。《清季外交史料》，卷40，第31页。

② 1884年5月14日赫德致金登干Z字第175号函。中国近代经济史资料丛刊编委会主编：《帝国主义与中国海关》第四编《中国海关与中法战争》（以下简称《中国海关与中法战争》），科学出版社1957年版，第150页。

③ 1884年5月28日赫德致金登干Z字第177号函。6月4日Z字第178号函。《中国海关与中法战争》，第158、159页。

④ 1884年7月31日赫德致金登干Z字第184号函。《中国海关与中法战争》，第161页。

荣和平"。总税务司认为"中国如果真能打到底的话，它是会赢的！但不幸是我所据以行事的是中国一定不会打到底"①。这是总税务司坚主和议，"据以行事"的根据；他已从总理衙门得到承诺，即可按天津《简明条约》成议；"但不要公开发表，因为〔它〕不愿露有急于求和的表示"②。这张牌是任何人，包括李鸿章都无法得到的。正因如此，他"拼命地抓住裂缝的两端，以使他们能重新接合"起来。现在他已经抓住了清政府一端了；但对法政府一端，则掌握不住；如果能够确切地了解法国也有媾和意愿与媾和条件，那么两端就可以接合了。

这个时候，总税务司提请英国政府出面调停，但英国政府宁愿法国忙于越南战争，以免顾及埃及的争夺，不愿调停，扔在一边，"我们不妨自来一下也是于事无损的"③。

1885 年 1 月中旬总税务司电令金登干驰往巴黎，借着向法国政府交涉收回海关灯塔供应船"飞虎"号在台海被法军俘获事，径晤法国内阁总理兼外交部长茹费理，秘密传达他主张和议的愿望，并探询法国政府对和议的态度。他电告金登干，你要"向他（茹）解释说我（赫）主张和平，曾多方试图解决。我已劝导总理衙门这样做"，还提出和议条件。茹当即表示：这是"他所听到的惟一合理条件"；"他以外交部部长身份，任何提案，除非直接来自总理衙门并正式送交，不便赞成或接受"④。总税务司当即取得清政府的授权，由金登干转致："皇帝批准以下四款方案：第一款：中国方面允许 1884 年 5 月天津条约，……第四款：中国海关驻伦敦办事处税务司……金登干受命为专使，代中国与法方所派代表签订本草约，作为初步协议或〔谈判〕起点。"⑤同时把这个谕旨转交法国驻津领事林椿。这样，这笔秘密交易就在赫德和金登干包揽之下顺利进行了。

到了 1885 年 2 月下旬，"目前的谈判，完全在我（赫）手里。我要求保守秘密，并不受干预。我自守机密，总理衙门也如此。皇帝已有旨，令津、沪、闽、粤各方停止谈判，以免妨碍我的行动。……照目前的情形，通过现在

---

① 1885 年 6 月 14 日赫德致金登干 Z 字第 221 号函。《中国海关与中法战争》，第 187 页。
② 1884 年 12 月 11 日赫德致金登干第 164 号电。《中国海关与中法战争》，第 62 页。
③ 1884 年 12 月 17 日赫德致金登干第 163 号电。《中国海关与中法战争》，第 64 页。
④ 1885 年 1 月 25 日金登干致赫德第 316 号电。《中国海关与中法战争》，第 72 页。
⑤ 1885 年 2 月 28 日赫德致金登干第 198 号电。《中国海关与中法战争》，第 83 页。

的途径，可以更容易地取得解决或解决的初步协议，也就是说通过我比通过其他方面更好。"① "不赞成5月草约的御史们在谅山事件之后才要求战争，他们有些已受申斥，而所有御史们都因为倡议行不通的办法失去人望"，"现在御史们已不敢鲁莽上奏"②。显然，主战的气氛已被压了下去。

当协议完成的时候，清军突然在谅山大举反攻，获得大胜，法军惨败。清政府内部主战派"意气复壮，……认为中国能以武力光荣地结束纷争"。"一天过一天，好战派的主张可能在北京占优势，一天过一天，舆论的压力可能使中国政府撤回已经答应的让与。"③ 法国国会因战败而通过增拨军费案，准备大举增援，茹费理内阁倒台。总税务司通过金登干密告茹费理，"在中国已得收复谅山消息之后，朝廷和总理衙门还都恪守所已达成的协议，足可向茹费理证明中国方面希望和平和履行天津条约的真诚"。④ 总税务司还电告金登干："总理衙门唯恐谅山的胜利，会使宫廷听从那些不负责任的主战言论，急于迅速解决。一个星期的耽延，也许会使我们三个月以来不断努力和耐心取得的成就，完全搁浅。"⑤

在谈判濒于危机之际，总税务司想出了办法。"谈判的事尚未传出外间，初步协定，知之者仅十人而已，所以满可以保守秘密至中国政府庄严地批准之日为止；初步协定一批准，协议则成公开，成功亦即可确定了。"⑥ 金登干把这个建议传达给茹费理。茹费理当即召集阁僚会议，全体一致决定在已达成的协议上签字。4月4日下午由政务司司长毕洛代表法国和金登干签字，初步协定就这样确定了。⑦ 这就是《巴黎草约》。

《巴黎草约》对中国完全不利，对法国则"尽得所欲"。总税务司说："〔中法〕双方比较〔所得〕，法国尽得所欲，毫无所损，保有实益而以虚名惠人"；"战争的胜利，还能为法国取得什么比现在提请茹费理立刻接受更有利的东西？"⑧

---

① 1885年2月21日赫德致金登干第195号电。《中国海关与中法战争》，第81页。

② 1885年2月28日赫德致金登干第197号电。《中国海关与中法战争》，第82页。

③ 《内阁的危机与初步协定的签订》。《中法战争》第7册，第403页。

④ 1885年3月31日赫德致金登干第212号电。《中国海关与中法战争》，第96页。

⑤ 1885年4月3日赫德致金登干第216号电。《中国海关与中法战争》，第98页。

⑥ 《内阁的危机与初步协定的签订》。《中法战争》第7册，第409—410页。

⑦ 《内阁的危机与初步协定的签订》。《中法战争》第7册，第403页。

⑧ 1884年12月16日赫德致金登干第167号电。《中国海关与中法战争》，第63页。

正因如此，主战派官僚激烈反对。张之洞电李鸿章："云、桂并捷，议款骤成，稍一坚持，台口开矣。""今议详约，万望力争。天下责望，唯在公也。"① 李鸿章回电称："议款始终由内主持，专倚二赤。虽予全权，不过奉文画诺；公徒责望，似未深知。"②

张之洞致岑毓英电亦称："赫德一手承揽，中国坐受其愚，边民绝望，边防日蹙，可为痛哭流涕！"③

许景澄也认为"中法和议皆赫德密与总署接洽，并北洋亦不与闻"④。唐景崧亦责"赫德欺蒙朝廷，愚华助法，撤兵而后定约，已中诡计"。⑤

但是清政府不顾一切，坚主和议，于光绪十一年六月二十四日（1885年8月4日）宣布停战和议谕旨。上谕称："越南地极炎荒，士卒多瘴故；且〔中法〕相持半载，每损士徒，藩属人民亦罹锋镝，朕甚悯焉。迨十二月间，总税务司英人赫德，以两国本无嫌隙，力请照津约，往返通词，弃怨修好。""特照所请"，"言归于好"。"今当和局既定，特通谕中外，俾咸知朕意焉。"⑥

从此以后，总税务司在清政府中享有的权力，超过钦派大员，他的意见大有举足轻重之势。当1885年12月间，中法商谈界务条约时，双方争执很大，大有决裂之势。赫德申呈总理衙门，抨击当时的主战派："外国议论甚多。有云自议和之后，朝廷渐渐以战为是，以和为非。朝廷所派邓〔承修〕、周〔德润〕两大臣办理界务即系主战之人"，并指张之洞亦为"主战之人"。他警告总理衙门，须记得两国所订新约之意，即系除边界两处派领事官驻扎外，其余边界各处均可听彼通商；若有违易，则法有可藉口而生衅端矣。⑦ 他终于战胜了主战派，并洋洋得意地说："中法勘界委员会发生了争执，几乎决裂；但是我想办法取得皇帝谕旨，严令中国委员不得再生事，幸而是有我在这里能说话，一场纠纷就此过去；如再争下去，战事可能重开……如果我在英使馆（按：英国政府以赫德结束中法战争，曾任命他为驻华公使，后不就。详见第

① 光绪十一年三月十九日张之洞致李鸿章电。《张文襄公全集》，公牍。
② 光绪十一年三月二十一日李鸿章回电。《张文襄公全集》，公牍。
③ 光绪十一年四月初四日张之洞致岑毓英电。《张文襄公全集》，公牍。
④ 致朱亮在观察。《许文肃公外集》，书札，卷2。
⑤ 唐景崧：《请缨日记》，卷8。
⑥ "中法越南交涉资料"（中）。《中法战争》第6册，第365—366页。
⑦ 光绪十一年十一月十一日赫德呈总署节略。《清季外交史料》，卷62，第28页。

十四章第二节），那就不好办这事了。"①

1885年11月，英国准备进攻缅甸，恭亲王要求总税务司先"以私人途径安排解决"，"以后再由官方正式进行"，"免得大家为此事正式谈判，有决裂危险"②。总税务司通过金登干和英国外交部不断联系。他建议英军直接征服缅甸，"而令缅甸按成例每届十年向中国进贡一次"③；但因印度殖民当局坚主无条件吞并，迅速进兵缅京，缅王投降。1886年中英签订《缅甸条款》。金登干立即打电给赫德，"中英关于缅甸协定的国会文件已公布了，我看见第一款内明白规定每十年由缅甸人致送贡品。协定的前三款，可以说全与您原来所提的相同。正所谓'天从人愿'了！"④ 可见缅甸的丧失和总税务司是分不开的。

1886年，总税务司奉派会同邵友濂赴香港谈判洋药税厘并征和设关征税问题，和香港殖民当局达成《管理香港洋药事宜章程》和九龙设关问题；随着又赴澳门和澳门殖民当局达成葡萄牙"永驻"澳门，澳门协助内地征收洋药税厘与拱北设关的规定。这两个问题比较复杂，已另立专章论述。

1886年以后，英国一直在窥伺西藏，英军侵占了咱利、亚东等地。1888年冬天清政府命驻藏大臣升泰在纳荡与英国保尔谈判，总税务司向总理衙门推荐其弟赫政任谈判翻译员，介入谈判。总理衙门特电升泰，"现有税务司赫政，系总税务司赫德之弟……贵大臣可即留用〔为翻译〕，以资臂助"，并称："赫政熟悉汉洋语言文字，曾随邓星使（承修）勘办越界，甚为得力。"⑤ 总税务司指使赫政，"你可试作中间人，将事权掌握在手中"⑥。1893年签订的《印藏条约》，就是在总税务司与赫政控制下签订的。

第四节　总税务司争夺总管朝鲜海关及其在中日战争中的业余外交活动

19世纪70年代以后，日本、美国、俄国和英国都积极侵略朝鲜，国际斗

---

① 1886年2月11日赫德致金登干Z字第251号函。《缅藏问题》，第62页。

② 1885年11月1日赫德致金登干第292号电、237号函。《缅藏问题》，第8、9页。

③ 1885年11月16日赫德致金登干第301号电。《缅藏问题》，第26页。

④ 1886年10月8日金登干致赫德Z字第446号函。《缅藏问题》，第81页。

⑤ 引自1889年1月1日赫德致赫政电。《缅藏问题》，第83页。

⑥ 1889年4月6日赫德致赫政第10号电。《缅藏问题》，第89页。

争集中在海东一角。中国海关在这个错综复杂的斗争中，扮演着重要的角色。

1875 年，日本侵略势力开始打进朝鲜半岛。1882 年，日本扶植朝鲜政府中的亲日派官僚，企图夺取政权。当时，李鸿章看到朝鲜形势严重，密劝朝鲜政府和西方列强缔约，以牵制日本的侵略。他趁着朝鲜陪臣金允植来华商谈外交问题的机会，向朝鲜兜售引用洋人管理税务的海关制度。他说："倘雇日人司理税务，尤恐滋弊；只有暂雇西人之明白税务及兼通汉文者，令其随同朝鲜所派管关官员料理收税，较为妥当。"① 他企图利用西方外籍税务司抵制日本侵夺朝鲜海关权力，这是他的"以夷制夷"政策的体现。朝鲜政府接受这个意见。李鸿章便派德人穆麟德到朝鲜开办海关。这样，中国海关外籍税务司制度便输进了朝鲜。朝鲜政府任命穆麟德兼为外务署参判（副署长）。穆麟德积极干预、控制朝鲜的内政和外交。他挑拨中朝关系，甚至引导朝鲜和俄国签订密约，同意俄国使用朝鲜的不冻港永兴湾，并教练朝鲜军队。总税务司见日、俄都在争夺朝鲜，也企图染指。他申呈总理衙门说："伏念朝鲜自通商以来，时有他人窥伺牟利，设法煽惑。税务司为上国所派驻扎属国之员，于一切不虞之事即能就正稽察，以防闲于未然。其驻扎该处，于保卫屏藩不无裨益。纵使将各关所领之薪俸，由上国全出，亦未为虚靡也。"②

1885 年，日本侵朝益急，英国为防沙俄南下，占领了朝鲜的巨文岛，各国争夺朝鲜的斗争尖锐化。李鸿章看到朝鲜倾向沙俄，撤回了通俄的穆麟德，通过总税务司推荐了美籍税务司墨贤理，前往接管朝鲜海关事务。李鸿章为此制定了五款训条③，这就是总税务司所提的"朝中海关联合"方案。其中主要的是第一款，即"朝鲜海关之干部须任中国海关之外人，归中国海关总税务司管辖，其薪俸双方分担"④。总税务司企图通过这一条款，把朝鲜的海关行政纳入他所控制的中国海关。这样，一则扩大了中国海关权力；二则加强了英国在朝鲜的地位。

墨贤理肩负着"朝中海关联合"的使命，于 1885 年 10 月到达汉城。国

① 引自光绪七年十二月初四日李鸿章奏折。《清季外交史料》，卷 26，第 21 页。
② 光绪九年四月初七日总税务司申呈总理衙门京字第 2637 号。《中国近代海关历史文件汇编》第 2 卷，第 3—7 页。
③ 光绪十一年八月十六日李鸿章致朝鲜国王。《李文忠公全书·译署函稿》，商务印书馆 1905—1908 年印，卷 17，第 59—60 页。
④ 参阅《中国海关制度沿革》，第 23 页。

王敕派他总办税务，兼任户曹参议。他一接任，就改组朝鲜海关，以中国海关代理税务司品级以上的洋员，如史纳机、帛黎、格类取代各口海关的朝鲜人员。"比较高级的职位都逐步由调自中国海关的人员担任。"① 赫德鼓励墨贤理说："我们希望不久能把朝中海关的联合肯定下来"②，还要求朝鲜每季的海关统计在中国海关《关册》上发表。

总税务司和墨贤理千方百计地抵制其他国家势力渗透朝鲜海关；墨贤理主张由中国借款或代朝鲜借款以清理朝鲜债务，这就可以"确保我们在此地的地位能够永久"，也是"通过李中堂或总理衙门使朝鲜人承认您〔赫德〕控制海关的最好机会。"③

总税务司借着朝鲜借款问题，向李鸿章提出要求："现在所有〔朝鲜〕之督办税务司以及分驻三口之税司人等，均系本总税司借委之人员；若由该国之外部请其廷旨，行文委派本总税务司，一体总理其通商各口岸之税务，似与体制更为相符，于该国亦觉壮观，即于其事亦不无裨益。"④ 他还要墨贤理向朝鲜国王请求委派。至此，总税务司企图通过"朝中海关联合"以实现他总管朝鲜海关的野心，昭然若揭了。

总税务司的请求遭到李鸿章的当头一棒："至赫德请由韩派伊总理税务一节，断办不到！"还说朝鲜政府曾递说帖，"痛诋赫德揽权，欲遥制朝鲜税务"⑤。结果，总税务司总管朝鲜海关的阴谋才没有得逞。

墨贤理一方面极力打击李鸿章派驻朝鲜的商务督办袁世凯，攻击他使"朝鲜人离心"，力主把他撤换；另一方面又搆煽朝鲜"自主"亲美。他和美国驻朝领事福久进行勾结。总税务司眼看朝鲜将落入美国掌握中，警告墨贤理说：把朝鲜拉向美国或日本，"只是大有可能来扰乱世界上这一区域内的和平，而使外间的群狗相互争夺朝鲜这一块骨头。""你是宗主国的人，应该就力之所及保持藩属的权利——你可以指出激怒中国的危险，企图独立的无益，

---

① 《中华帝国对外关系史》第3卷，第15页。

② 1885年9月25日赫德致墨贤理函。孙瑞芹译：《赫德等关于朝鲜事情的书谕》，《中国海关与中日战争》，第522页。

③ 1887年3月8日、4月5日墨贤理致赫德第27、28号函。《中国海关与中日战争》，第26页。

④ 光绪十五年七月廿二日李鸿章"议朝鲜借款"附件；"赫总税务司面递节略"。《李文忠公全书·译署函稿》卷19，第36页。

⑤ 光绪十五年七月廿二日李鸿章"议朝鲜借款"附件；"赫总税务司面递节略"。《李文忠公全书·译署函稿》卷19，第36页。

以及公开和宗主国站在一边的实际聪明和安适愉快。"① 赫德之所以如此热衷中于维护中朝的宗藩关系，只不过是为了维护在他控制下的朝鲜海关和英国在朝鲜的利益而已。

总税务司原想把朝鲜拉进英国一边，但墨贤理却把它拉向美国，两者不能相容，结果，墨贤理只好离开朝鲜。1899 年，总税务司另派德国人史纳机去接任，但只给代理职务；到了 1893 年，索性委派英国人柏卓安去接替。

朝鲜共设有汉阳、仁川、釜山、元山 4 个海关，这 4 个海关的税务司、副税务司都是由中国海关总税务司派出的洋员担任的。此外还派去内班洋员 7 人，外班洋员 4 人，华属外班 67 人。所有这些人员都是担任要职。他们都被编入中国海关总税务司署造册处编印的《新关题名录》，表示他们是中国海关的属员，朝鲜海关是中国海关总税务司署的辖属机关。②

总税务司曾于 1893 年申呈总理衙门备述朝鲜海关和朝鲜政局的关系："税务司等助办税务，推及朝鲜各口之举，值此时事多艰，于大局安危，不无攸关。派往之员，系特选明练可靠者。以其相宜，所有前驻汉阳督办朝鲜各口税务之税务司墨贤理、史纳机二员，先后措办，悉臻妥协；而自现任督办之税务司马根接办，局势稍定，诸事渐就稳妥。其先后派驻仁川、釜山、元山三口之署税务司湛参、格类、帛黎、何文德、欧森、阿滋本六员，均能助同督办税务司将已得之地步，守住无失。"③

尽管如此，日本却在伺机吞并朝鲜。

1894 年夏，朝鲜爆发了东学党起义。日本等待的时机已到，决定发动战争，吞并朝鲜，入侵中国。

当 6 月下旬朝鲜东学党起义爆发时，总税务司"曾竭力主张派兵入朝镇压全罗道的叛乱，后来又曾使总理衙门和日本代办小村重开谈判"；但因俄国的喀西尼和德国的德璀琳、英国的欧格纳都争相干预，"我（赫）觉得最好还是不要插手，因此就一直沉默"。④

7 月初，中日局势接近战争边缘，总税务司按捺不住，又跳出来，"我们

① 1885 年 5 月 29 日赫德致墨贤理函。《中华帝国对外关系史》第 3 卷，第 17 页。

② 参阅 1894 年《新关题名录》。

③ 光绪十八年十二月初八日总税务司申呈总理衙门。《总税务司通札》（第 2 辑 1893—1897），第 25 页。

④ 1894 年 7 月 27 日赫德致金登干 Z/623 函。《中国海关与中日战争》，第 48—49 页。

正在设法使中日问题不经正式外交调停，自己谈判解决"①。

8月1日，中日宣战。下旬，战争在激烈进行。总税务司认为"中国的国运攸关，我必须尽我的力量。""我还是愿意以中国作盟友，而不愿去找日本；当然这也还是须以中国能接受我的劝告，听我的指导为条件的。"②

9月底，总税务司探悉日军3万将在渤海湾登陆，10月底攻进北京，焦急道："如英国方面不能阻止日军登陆，中国必将毫无保留地投入俄国的怀抱，我以为英国应以实力出头干涉，外交毫无用处。现在机不可失。如不动手，将来局势可能全部改观。"③ "恭亲王已经复职，但他又怎能有所作为？如果英国不采取行动（我所说的行动是命令英国海军司令用武力制止日军登陆），恐怕也只有听俄国去摆布。我一点也不敢恭维英国的对华政策，它永远是那么不痛不痒，有气无力……中国如果和俄国联合，东方的前途，恐将全部改观。"④

10月5日，总理衙门授予总税务司行动全权，电请英国政府出面调停，条件是"有关各国如能相互保证朝鲜的独立，而不必中国自行出面求和，中国政府可以放弃宗主权"，"最好立即行动，阻止日本再前进"。⑤ 金登干当即通过伦道尔和英国首相与外交大臣进行联系。伦道尔回复说："首相嘱我向您（赫）致谢，来电已于今日在内阁会议上讨论。内阁充分了解局势的严重，并已采取必要措施，请一面同欧格讷〔英国驻华公使〕合作，一面通过我与首相联系，不必有所拘束。"⑥

形势日趋紧张，总理衙门急坏了。据总税务司致金登干的信说："现在已到了最后一刻，因此我的上司（总理衙门）又找我去。""昨天（10月9日）孙毓汶和徐用仪（两位都是总理衙门和军机处的大臣）同我自下午四点钟谈到六点钟。他们两个几乎痛哭流涕，愿意听受任何好的建议，答应以后办这样那样"。"孙、徐两位说，政府有责任力撑危局，现在也知道继续作战没有把握，早日和解是最好的方法，所以问我应当怎样办。"⑦

① 1899年7月8日赫德致金登干Z字621函。《中国海关与中日战争》，第48页。
② 1894年8月20日赫德致金登干Z字629函。《中国海关与中日战争》，第54页。
③ 1894年9月30日赫德致金登干新字899号电。《中国海关与中日战争》，第58页。
④ 1894年9月30日赫德致金登干Z字634函。《中国海关与中日战争》，第59页。
⑤ 1894年10月5日赫德致金登干新字896、897号电转致伦道尔。《中国海关与中日战争》，第60页。
⑥ 1894年10月4日金登干致赫德新字814号电。《中国海关与中日战争》，第50页。
⑦ 1894年10月7日赫德致金登干Z字635函。《中国海关与中日战争》，第63页。

英国当即出面向德、法、美、俄提出在共同保证朝鲜独立的基础上，由各国联合调停，并另提出赔偿日本军费的建议。英国作了调停试探之后回答说："不能希冀列强用武力干涉来支持建议中的解决条件"；并称"某两个国家（按：美国和德国）不同意使用道义压力"，"不能希冀英国政府在外交行动以外另作单独行动"①。

各国既然不能联合调停，总税务司便亲自出马。"我适才为总理衙门草拟了一件照会稿，请求各国调停。"② 恭亲王据以邀请各国驻华公使共同出面调停。但是各国之间，各怀鬼胎，矛盾重重，共同调停，又成泡影。

10月27日，日军第一军渡鸭绿江，侵入中国境内；第二军从辽东半岛花园口登陆，向辽东半岛各战略要地进攻。总税务司见到清军节节败退，"我想日本人将试图进攻北京，他们如果成功，将控制所有政府机关，可能把我赶跑或囚禁"；"如果中国失败了，日本或将派自己的人来，海关自然消灭。我虽觉得可惜，但不知怎样能避免这不幸的收场！"③

12月，日军陷金州、大连，李鸿章以各国调停失败，提出和日本直接交涉，推荐津海关税务司德璀琳给清政府，委派他去日本探悉媾和条件。德璀琳携带李鸿章致伊藤博文信件，于11月下旬到达日本神户。日本以德璀琳非中国大员，且仅带李鸿章私信，未带国书，拒绝接待，清政府只好把他召回。

不久，旅顺沦陷，日军侵占海城、金州。在日本军事压力之下，清政府派遣侍郎张荫桓、巡抚邵友濂为全权大臣，赴日求和。日本以张、邵地位太低，"全权不足"为由，强迫他们离日。

日本对中国的媾和条件，十分苛刻，深恐泄露，引起各国干涉。因此，一方面拒绝各国的调停，极力引诱清政府直接谈判；另一方面，对于议和条件绝对保密，使各国无从干涉，总税务司亦无从插手。

1895年3月初，牛庄沦陷，并传日本将轰击大沽，形势极端紧张。4月，清政府最后决定派遣李鸿章赴日，和日本媾和。媾和条件传出，俄国大为震动，因为和约中的朝鲜独立和割让辽东半岛两项，与俄国利益攸关。俄国虽然认为"朝鲜是不足道的，可是由于它的软弱，如果被交战国之一方统治，可

---

① 1894年10月15日金登干致赫德新字800号电。《中国海关与中日战争》，第67页。
② 1894年10月28日赫德致金登干Z字637函。《中国海关与中日战争》，第71页。
③ 1894年12月2日赫德致金登干Z字第642函。《中国海关与中日战争》，第78页。

能成为敌视我（俄）国的工具。"此外，日本占领朝鲜半岛的南部，俄国"西伯利亚东部海湾通大洋惟一出路的朝鲜海峡"，将落入日本手中，"如此则我们将很难保持航行日本海面的自由"。①

和约中规定日本占领辽东半岛，直接打击了俄国近期的侵略目标。当时，俄国建造的西伯利亚铁路已将完成，外交大臣罗拔诺夫声称："我们要在太平洋上获得一个不冻港，为便利西伯利亚铁路的建筑起见，我们必须兼并满洲的若干部分。"② 因此，日本占领辽东半岛，这是俄国绝对不能容忍的。财政大臣维特认为，为了"修正我们阿穆尔（黑龙江）疆界"，"我们最好现在就积极行动，以阻止日本进占满洲"，"即开始对日本海军作敌对行动，并袭击日本港口"。这样，"我们就成为中国的救星，中国会尊重我们的效劳，因而会同意用和平的方式修改我们的国界"，"得到我们需要的一切"③。

法国和俄国已有联盟关系，在辽东问题上，法国采取和俄国一致的态度，以图在中国东南方获得一个小岛的报酬；而德国则试图在中国取得一个海军基地，进而占领中国一个省。④ 于是，俄、法、德三国酝酿联合出面干涉日本占领辽东半岛。

总税务司很快就得到这个消息。他以极其惊异的口吻急电金登干："重大的政治阴谋正在此地紧张进行，德、法、俄三国都劝中国不批准对日和约。"他斩钉截铁地说："英国在那里说'我们不能说任何鼓励你不批准的话'。我说'应该批准！'为什么？这些国家既不担保阻止日本进攻北京，或保证中国今后的安全，如果它们不喜欢这个条约，它们应该找日本去说话。"他在猜测："这场把戏在我眼光看来，不过是这些国家想在自己准备好了的时候，力迫日本吐出中国所正式割让的省份据为己有。……这种外交阴谋，并不是有爱于中国，而是某些国家（英国除外）虎视眈眈在为自己谋取掳获品。目前我们当然主张两害相权取其轻，应该批准条约，割让土地。"⑤ 他看到俄国在秣马厉兵，剑拔弩张，英国被甩在一边，不禁为英国的前途悲伤。他说："俄国舰队明日将开抵烟台，有大小军舰约三十艘，另有俄军六万五千人集中海参崴

---

① 《红档》（1932年）第52卷，《中国海关与中日战争》，第246—300页。
② 张蒙初译：《红档杂志有关中国交涉史选译》，三联书店1957年版，第159页。
③ 《中日战争》第7册，第307页。
④ 《中日战争》第7册，第347页。
⑤ 1895年4月28日赫德致金登干Z字658函。《中国海关与中日战争》，第86页。

附近，将有重大事件发生。英国已经被甩在一边，这只能怪他自己一次又一次地错过机会。如果她能够在朝鲜就将日本拦住，不使它进入中国本土，早已不是现在这种局面！"①

三国干涉还辽对清政府的诱惑太大了。清政府在战争中已被打得落花流水，现在有了俄、法、德三国的撑腰，能够轻易地收回接近京师的辽东半岛，这种意外的收获是求之不得的，结果决定推迟对日和约的互换，要求重新谈判。这样，总税务司批准和约的建议落空了。

1895 年 5 月，日本作出了决定：对中国一步不让，对三国完全让步。清政府最后以白银 3,000 万两作为补偿，赎回辽东半岛。但是不久，正如总税务司所预料的，俄国要求强租旅顺、大连为还辽的报酬，旅大终为俄国所得。俄国对清政府的影响激增。远东形势为之一变。

第五节　总税务司的业余外交加深了中国的半殖民地化

综观中日甲午战争前总税务司的业余外交活动，不但没有改善清政府的外交地位，甚至成为争夺英国权益、扩大总税务司权力、维护满族统治利益的工具。如果说总税务司举办的洋务对中国社会还有一定的积极作用，那么，总税务司从事的业余外交活动，便谈不上什么积极作用，而只有消极作用了。

英国是侵略中国的老牌国家，它拥有强大的资本主义力量，所以在中国一直保有优越的经济、政治地位。但到 19 世纪 70 年代以后的一二十年间，有的后起国家赶上英国，有的甚至超过了英国，这就导致整个世界的国际形势发生了变化。当时地球的落后地区，大多为欧美国家先后征服而沦为殖民地，只有中国及其邻邦还是"自由土地"。所有西方后起国家都把注意力集中到这个地区来，力图争夺一分殖民地。到了 19 世纪 90 年代，新兴的日本也参加了争夺行列，"它可以成为世界上最大的帝国，并且也许是大家所从未遇到过的强横帝国！"② 显然，远东形势在酝酿着巨大变化。英国在中国的优越地位受到前所未有的挑衅，作为英国对华关系基石的中国海关，也受到强烈冲击。为了保持英国的在华地位，维护海关利益，总税务司势必起而抗争，总税务司的业余

---

① 1895 年 5 月 5 日赫德致金登干 Z 字 659 函。《中国海关与中日战争》，第 87 页。

② 1894 年 10 月 21 日赫德致金登干 Z 字 636 函。《中国海关与中日战争》，第 69 页。

外交活动，主要是针对这种形势而开展的。

总税务司的利益和英国在华利益是息息相关的。总税务司赫德曾说过：英国在华利益，海关占大部分。可见总税务司利益是英国在华的主要利益。它的保持和发展，端视英国在华势力的消长而定。我们可以用"皮之不存，毛将焉附"的话来形容这两个利益的依存关系。正因如此，总税务司的业余外交是依附于英国外交，从属于英国外交的。这种情况在国际斗争激化的时候，表现得特别突出。在中法战争中，当代表德国势力的津海关税务司德璀琳取得中法谈判的胜利而签订天津《简明条约》时，总税务司不禁叫喊："德国的势力将因他〔德〕而高涨，英国的势力却衰沉下去。"他电告金登干："也许有一天你会接到命令，把伦敦办事处移到柏林。"

1885年底，英国为防备法国侵入缅甸，决定先发制人并吞全缅。总税务司受庆亲王之命以"私人途径安排解决"，赫德却背着庆亲王指示金登干向英外交部提示："英军应继续推进，强制订立条约，约束缅甸，未经英国同意，永不得对外交涉。英国住手或退兵，国际干涉或政治阴谋将立即插足缅甸，而使这片土地脱离英国势力范围"①；赫德还认为他提的条款，可以使"英国取得实利，让出虚名，并保住中国的友谊"。"虚名无损于实利，而实利能左右虚名。"② 结果，"天从人愿"，清政府在保住虚名中，英国得了实利。

在1889年与西藏交涉中，总理衙门特派总税务司之弟赫政前往西藏，协助驻藏大臣升泰与英国印度总督谈判。赫德随即指示赫政，"我给你的方案是：你可以试作中间人，将事权掌握自己手中"。"此间英使馆已通知印度，承认你为升泰的代表，与你谈判。你可尽最大努力取得协议，以印度原提草案为基础，试请印度方面修正，使与升大臣意见接近。"③ 1891年清政府改派黄绍勋和英方谈判。赫德指示赫政："不妨把印度方面的条件说得大些，说他们要求开放许多地点，然后再提帕里。照这样方式进行，就可使他情愿开放帕里，甚至同意开放别处。唯有使谈判面子上好像是中国的胜利，一切行动才可以取得支持。希审慎进行，小心地使你的鱼能够自来上钩。"④ 赫德指使赫政"试作中间人"与"使你的鱼自来上钩"的办法，都是为英国达到统治哲孟雄

① 1885年11月19日赫德致金登干第306号电。《缅藏问题》，第29页。
② 1885年11月23日赫德致金登干第310号电。《缅藏问题》，第35页。
③ 1889年4月21日赫德致金登干第15号电。《缅藏问题》，第96页。
④ 1891年2月20日第127号电。《缅藏问题》，第344页。

（锡金）、打开西藏门户着想的。

中日甲午战争中，日军在辽东半岛节节推进，总税务司眼看英国在华地位势必动摇，惊呼日军进攻北京，"将控制所有政府机关，可能把我赶跑或囚禁"，"海关自然要消灭"。这是总税务司利益和英国利益依存关系的写照。

但是清政府是总税务司的雇主，总理衙门是他的上司，总税务司管理的是中国全国的海关。他的这种地位，决定他要求英国政府全力支持清政府，搞好和清政府的关系，维护清政府的统治。在中法战争中，他要求英国政府出面调停。他说：如果调停成功，"中国将对英国表示非常友好的敬重，今后英公使在此亦可有亲密而更有势力的地位"①。

由此可见，总税务司的业余外交主要是集中力量对付其他国家抢夺英国的在华利益，防范其他国家取代总税务司而控制清政府。在中法战争中，他密告金登干说："中国正竭尽所能，以备在战场上迎敌法国。它这样做是对的，但是所有这些都驱使中国走向德国和美国的怀抱，英国人和英国的利益将被抛在一旁去了。"② 进入 19 世纪 90 年代，他特别警惕来自北方的俄国。在中日战争爆发前夕，他便密切注视"俄国已在朝鲜边境增兵，在海参崴集中舰队，等着'梨子熟了落在手里'"③。当日军准备在渤海湾登陆时，他得悉"有人倡议中俄联盟"，立即函电金登干转伦道尔向英国政府活动，他说：如英国不能阻止日军登陆，中国必将毫无保留地投入俄国的怀抱，"中国如和俄国联合，东方的前途，恐将全部改观"。④

1895 年 4 月间，俄、德、法三国联合干涉还辽时，他叫嚣说："如俄、德、法干涉胜利，英国的地位必将低落。"⑤ 他极力主张清政府应该批准条约，割让土地，以抵制俄国乘干涉之机，"把中国拉到他身边。"

他对法国也十分警惕。1894 年 11 月间，法国公使施阿兰正在积极插手谈判。总税务司惊呼："我们已失去了机会和时间，大清皇朝恐怕要完了！法国公使施阿兰是个野心极大的人物，他这次如果真的成功，不但会博得中日两国的感谢，而且自己也是名利双收的。英国自己把事情弄坏，错过了一个好机

---

① 1884 年 11 月 10 日赫德致金登干第 154 号电。《中国海关与中法战争》，第 55 页。
② 1884 年 9 月 28 日 Z 字第 191 函。《中国海关与中法战争》，第 173 页。
③ 1894 年 7 月 8 日赫德致金登干 Z 字 621 函。《中国海关与中日战争》，第 45 页。
④ 1894 年 9 月 30 日赫德致金登干新字第 899 号电、Z 字 634 函。《中国海关与中日战争》，第 58 页。
⑤ 1895 年 5 月 1 日赫德自天津致金登干第 633 号电。《中国海关与中日战争》，第 87 页。

会；如果能够好好利用这个机会，以后将会一路顺利，现在只好看别人的。"①

所有这些事实，都说明总税务司的业余外交在于杜防其他国家争夺英国在华的地位，保持总税务司既有的利益。

在各国争夺中国权益中，总税务司的业余外交，主要是诱导清政府走和议路线。因为"战争或许延续多年，不仅造成多方面的损失，而且会经常为有危害的阴谋提供机会"；还有，"五年战争，可以完全扼杀二十五年的贸易"②。这些都对英国不利。所以总税务司说：为了"有约国在沿海的利益，特别是英国的〔利益〕"，"需要迅速解决〔争端〕"③。解决办法就是英国出面调停，清政府和议。

总税务司的业余外交，在中外争端中，都是力促清政府走避战求和的路线，这是明显的；而清政府的对外方针，总的说也是避战求和。自从第一、二次鸦片战争惨败之后，它的对外方针，便确定为"外敦信睦，而隐示羁縻"；对于外国，"偶有要求，尚不遽为大害"，不妨让予。在国际争夺中国激化的情况下，这个方针一直被清朝最高统治者捧为圭臬。清政府采取这个方针，这和清朝统治阶级内部满、汉官僚的矛盾是联系一起的。满、汉官僚的矛盾，从清朝入关以后便一直存在着。在各国争夺中国权益的斗争中，清政府中的满族统治者非常害怕汉族官僚势力的抬头。这种情况，总税务司在和总理衙门的密切接触中，了解得十分清楚。《赫德日记》的编者曾就日记记载的事实，把满族统治者对汉族官僚的一种"满洲偏执性"作了综述。这对于了解满、汉官僚的矛盾很有用处，对于满族统治者对待外国的态度也很有帮助。编者说：总理衙门大臣"恒祺（一个满洲人——原注）告诉赫德说：'在每个中国人（按：指汉人）的内心深处，每念及有可能驱逐当今朝廷时，总有一种洋洋得意之感'。他（恒）坚持认为皇上的汉人顾问，在清政府与列强之间发生纠葛时，不会心甘情愿的提供主意，而是认为对清政府的每一次打击都会削弱它，使汉族有加倍的〔抬头〕机会。恒祺的结论是，'清朝政府因此就应该是与洋人保持最好的关系，避免任何纠纷，甚至不惜重大代价，也不要引起纠纷'。类似的情绪，文祥在那个月早些时候也有所流露。"编者认为："这些满洲人

① 1894 年 11 月 4 日赫德致金登干 Z 字 368 函。《中国海关与中日战争》，第 72 页。
② 1884 年 12 月 13 日赫德致金登干第 163 号电。《中国海关与中法战争》，第 62 页。
③ 1884 年 11 月 16 日赫德致金登干第 157 号函。《中国海关与中法战争》，第 57 页。

比英国人更加意识到清廷的策略，就是利用英国的支持维护清朝的统治。"
"满人对汉人的征服地位还是可以尖锐地意识到的。满人对汉人称之为'臭老虎'，无疑还是恼火的"。①

这段叙述符合当时的实际情况。满族统治者基于这种"偏执性"，宁可不惜代价与洋人特别是英人搞好关系，以免汉族势力乘机崛起，危及他们在中国的统治。正是由于这样，所以他们对于和外国的争端，在关键时刻，总是容忍、退让，以至求和。这是他们一贯的态度。

总税务司经常利用满、汉官僚之间的矛盾，运用他对清政府的影响力，诱导满族最高统治者作出和议的决策。在中法战争中，他告诉总理衙门大臣："如果你们有把握能一致战斗到底，我应当劝你们打，因为正义是在你们这一边，而法国劳师远征是必会疲敝的；但是你们是这样地易于惊慌失措，而且也不像能够意志一致，我倒是劝你们让步为妙；并且现在就接受较轻易的条件，以免将来接受非常不利的条件。"② 在中日战争中他也说："假如我掌权的话，必定坚决打下去；可惜我没有这权力；我也不敢劝中国政府这样干，因为可能造成最后毁灭。"③ 他就是用这种劝说的方式去打动满族最高统治者的。

总税务司的业余外交，都是走总理衙门的门路。总理衙门是执行满族最高统治者对外方针政策的权力机构。它的领衔大臣都是特简的亲王贝勒或郡王贝勒，他们都是皇帝的近亲，有权力的大臣都是满员，所以不妨说，它是代表满族统治者的利益。总税务司打进总理衙门简直就是打进满族统治者的心脏。满族统治者基于极端自私的狭隘民族利益，它的对外决策是避战求和。总税务司为了防避其他列强趁火打劫，也是力主避战求和，两者目标一致。因此，紧密地结合起来，走着同一条路线。中法和议时"〔总理〕衙门——特别是新王爷〔庆郡王奕劻〕——在我们直接去找茹费理以后，坚决支持了我"。"王爷始终支持了我的办法。"④ 当中法和谈取得协议时，总税务司告诉金登干说："这都是由于你的茹费理和我的王爷，我和你自己的努力还不算在内。"⑤ 当中法边界谈判即将破裂时，总税务司"想办法取得皇帝的谕旨，严令中国委员不得

① 《赫德日记》第 1 卷。
② 1884 年 9 月 7 日赫德致金登干 Z 字 188 函。《中国海关与中法战争》，第 171 页。
③ 1895 年 1 月 6 日赫德致金登干 Z 字 697 函。《中国海关与中日战争》，第 81 页。
④ 1885 年 3 月 23 日赫德致金登干 Z 字 212 函。《中国海关与中法战争》，第 184 页。
⑤ 1885 年 6 月 7 日赫德致金登干 Z 字 220 函。《中国海关与中法战争》，第 187 页。

再生事"，委员们只好屈服了。1887年因张之洞等大臣的力谏，总税务司获得"七爷"和"皇太后"的支持，使葡萄牙"永据"澳门的条款得以保全下来。如果总税务司不是打进满族统治阶级的最高层，怎能获得这样的结果？

总税务司看准了总理衙门的权力所在，一开始就竭力支持它，早在总理衙门设立的时候，满族统治阶层内部存在着亲外派与排外派的矛盾。排外的顽固势力强大，对于少数亲外派发动了攻击。总税务司竭力扶植，始终维护亲外派。正如总税务司致卜鲁斯信中所说的："我们（英国）必须体谅少数人的困难地位，他们敢于创立总理衙门，而他们作为总理衙门的官员时常遭受了恶意攻击，并负担起其他——愚蠢、闭关自守、排外者——所没有承担的责任。我们必须给他们时间，并让他们利用条约的规定作为胸墙，保卫反对他们的人。"① 正因如此，当赫德实授总税务司时，恭亲王告诉卜鲁斯说："此后中外交涉事件，当更易于办理也。"其后，总税务司在总理衙门大力支持下，于同治中兴期间，举办了一系列洋务。在中法谈判中，"总理衙门所用的惟一途径，就是我自己"②。至于本国外交人员，如李鸿章、曾纪泽、许景澄等都被摈在一边。正是在这样水乳交融、紧密结合之下，总税务司才得施展他的业余外交伎俩。

总税务司的业余外交，并没有改变中国的外交形势，改善中国的外交地位。相反，总税务司总是不惜牺牲中国的权益，力求和议的成功。中法战争的结果，正如总税务司所说的："法国取得新领土，完全占领北圻，和越南发展商务的希望等等。这应使每一个法国人晓得法国已获得非常的巨大利益，他们可以满意了"③。其后清政府的丧权辱国，总是和总税务司的诱导和开路分不开的。

总税务司通过业余外交，大大扩大了他的权力。在中法谈判中，总税务司说："如果我们这次〔调停〕成功，我们将永远有他〔王爷〕这样一个有力的盟友。"④ 最后果然"成功"了，"谕旨坦率地传谕中国，英人赫德实现了和法国的和平。昨天还要求我推荐朝鲜总税务司。这表现了我是强而有力的，并

---

① 1864年1月赫德致卜鲁斯函。《李泰国与中英关系》附件，第235页。
② 1885年3月12日赫德致金登干第204号电。《中国海关与中法战争》，第87页。
③ 1884年3月9日赫德致金登干第203号电。《中国海关与中法战争》，第86—87页。
④ 1885年3月17日赫德致金登干Z字211函。《中国海关与中日战争》，第184页。

使中国人承认英国是他们的盟友"。① 当中法谈判协议达成时，法国外交部长也极力拉拢总税务司，他告诉金登干说："他〔赫〕永远是法国的朋友，他的政策就是与法国和好，他将选派一位能在北京与您（赫）合作的公使"。还说："我很高兴，由于英国的尽力，我们终于成功。"② 英国政府看见总税务司成就了这样的"奇迹"，大为赞赏，任命他为驻华、驻朝鲜公使（后不就，下章将有论述）。显然，总税务司大有所获。

总税务司的业余外交，一方面使英国在华地位不受排斥；另一方面，满族的统治利益也得以苟延残喘。

综观上面各节的论述，可以看出，总税务司业余外交活动的结果，牺牲了中国的权益，稳定了英国在华地位，维护了满族对汉族的统治，扩大了总税务司的权力。至于中国的外交地位，不但没有改善，甚至是大大低落了。中国的半殖民地性质更加深化了。

---

① 1885 年 8 月 31 日赫德致金登干转朱利恩、波恩斯福蒂电。《中国近代海关历史文件汇编》第 7 卷，第 114—116 页。

② 1885 年 6 月 28 日赫德致金登干第 508 号电。《中国海关与中法战争》，第 127 页。

第十四章

民族危机严重时期海关在
列强争夺中国权益中的活动和作用

第一节　民族危机的步步深入和总税务司
与俄法争夺三大借款的激烈斗争

　　俄、德、法三国干涉还辽，为列强争夺三大借款、争夺海关、争夺租借地、划分势力范围埋下了伏线。1896 年 3 月，李鸿章奉派参加沙皇尼古拉二世加冕典礼，俄国乘机诱使清政府签订《御敌互相援助条约》（《中俄密约》）。据此条约，俄国在"共同防日"的名义下，夺取在中国东北修建铁路的特权，接着又签订《中俄合办东省铁路公司合同章程》。《章程》规定：由俄国负责修建和经营中东铁路，并取得了沿线地区的行政权、警察权和采矿权等。列强掀起了前所未有的割地狂潮。斗争的主角是英国和俄、法，德国则在虎视眈眈地伺机介入。1897 年 11 月，以德国占领胶州湾为发端，12 月俄国占领旅顺、大连；1898 年 3 月英国要求拓展香港界址，强租威海卫，4 月强租深圳湾、大鹏湾；1899 年 11 月法国强租广州湾（湛江港）。与此同时，它们在中国各自划分势力范围。俄国以整个东北为其势力范围；德国以山东为其势力范围；法国以云南、广东及广西大部分为其势力范围；英国以长江流域为其势力范围，并在华南、华北继续与法、俄开展争夺；日本也以福建为其势力范围。连小小的意大利也企图租借浙江的三门湾，由于列强之间的矛盾和清政府的坚拒而没能得逞。

　　在短短三四年间，中国呈现了空前严重的民族危机。在危机不断发展的情况之下，列强首先爆发了争夺三大借款、争夺海关的尖锐斗争。

中日甲午战争后，清政府举借的外债成为列强侵略中国的重要手段之一，外债也成为列强争夺中国海关、争夺控制清政府的工具。

海关是征收对外贸易关税的行政机构，它和外债并无必然的联系，但因清政府举借的外债是以关税为抵押，这就把外债和海关联系起来了。

列强对中国的贷款，都要求以关税作为抵押。在它们看来，关税是最可靠的抵押品。其一，关税收入稳定，没有风险。近代中国关税的收入，因对外贸易发展和海关对关税有妥善的管理办法，所以不但税收稳定，而且稳步上升。关税都是在通商口岸征收的，而通商口岸是在外国势力庇护之下，不受农民起义的影响，内战也很少扰及，所以关税是有保障的；其二，海关是根据不平等条约而设立的，有外国势力的支持；并由外籍税务司管理，税款有一套完整的保管方法，不怕被挪用，被侵蚀。因此，列强的贷款，都要求以关税为抵押。

总税务司因为经理外债，可以控制清政府的财政，扩大海关权力，加强海关对清政府的影响力，所以极力包揽外债的管理。这就促使海关与外债紧密结合起来。

总税务司赫德为了控制清政府关税抵押外债的权力，在1867年7月的一个通札中，通饬各关税务司："关于地方当局向外国商人与银行借款的经常尝试……非经本总税务司批准，〔税务司〕拒绝签署任何期票，或提供任何性质的帮助。""无论如何，谕旨批准一笔借款，总理衙门就会通知本总税务司札行有关海关。一俟〔这个手续〕办完，各税务司就有权盖章和副署省当局或者海关监督发出的期票或证件"；如果没有本总税务司的准札，各税务司就得十分明确地拒绝证明任何抵押品的效力。① 这样，以关税为抵押的外债的成立，第一，要有清政府谕旨的批准；第二，要有总税务司的批准。二者缺一不可。作为外债抵押品的海关印票，须有关税务司的画押、副署才能生效。1867年左宗棠为镇压陕甘回民起义的借款，因为没有经过这个手续，"以上海税务司不肯画押，几被阻挠"。左宗棠不得不奏请"饬下总理衙门转饬赫德会办此事，督饬上海税务司画押"②。总税务司干预借款权力之大，由此可想而知了。

清政府举借外债始于咸丰初年。时值上海小刀会响应太平天国运动，在上海发动起义，占领上海县城。上海地方官员为了雇募外国炮船攻打上海县城，

---

① 1867年7月27日总税务司第11号通札。《总税务司通札》（第1辑 1861—1875），第122页。
② 同治六年十二月二十二日左宗棠奏折。《筹办夷务始末》（同治朝）第10册，卷56，第5232页。

于 1853—1854 年间，由原广东同顺行行商——时任苏松太道的吴健彰经手，向上海洋商举借了外债。这笔外债的数额不详，仅就 1855 年和两次江海关洋税中扣还的银数就达 127,728 余库平两。

第二次鸦片战争期间，英法联军占领广州府城，广东人民纷起抗战，并响应太平天国运动而起义。两广总督黄宗汉因军费孔急，便以粤海关印票作抵，经由怡和行行商伍崇曜向美商旗昌洋行借库平银 32 万两，月息 6 厘。这笔债务到 1866—1870 年间，才由粤海关税收如数还本（利息由伍崇曜负担）。①

由此可见，近代清政府举借外债一开始就和海关联系在一起，并对镇压人民起义起了一定的作用。

1860 年，英法联军攻占北京城，清政府和英、法两国签订了北京《续增条约》，《续增条约》规定清政府赔偿英、法各 800 万两银子，以关税作抵，署总税务司赫德（当时总税务司李泰国请假回英国）毅然承担清偿赔款的任务。赔款终于在 1866 年 1 月如期清偿完毕。

英、法赔款虽然没有转变成为债务，但它的如期清偿，却为清政府举借外债提供信用敞开了大门。

中日甲午战争前，据比较可靠的记载，清政府共举借外债 43 次，总数为库平银 45,922,968 两。其中以关税作为偿还抵押的有 25 次，总数 32,361,103 两，占 70.5%。② 海关和外债关系的紧密，由此可见一斑。

清政府举借的外债，在 19 世纪 70 年代以前，一般都是由地方官员向外商洋行举借的。19 世纪 70 年代以后，上述情况有了显著的变化。清政府举借外债转向外国银行，尤其是转向在华势力最大的汇丰银行。

汇丰银行于 1866 年正式成立，在香港注册，总行设在香港。汇丰银行成立后，业务迅速发展。在中日甲午战争前的 20 余年间，其分行遍设上海、福州、宁波、武汉、汕头、厦门、烟台、九江、广州、北海、天津、澳门、打狗、北京、牛庄、基隆等处，形成一个遍布中国南北沿海及沿江内地的金融网。它的主要支持者都是在中国经营多年、财大势众的洋行老板，是主宰近代中国长达 85 年之久的英国金融势力的堡垒。1874 年，汇丰银行向台湾海防大臣沈葆桢贷款 200 万库平两，用于镇压台湾高山族人民起义，时称"福建台

---

① 以上两笔外债参阅《中国近代外债史统计资料》，第 101 页。
② 《中国近代外债史统计资料》，第 24 页表一统计。

防借款"①。这次借款一改 19 世纪 70 年代以前的情况，揭开了清政府向外国银行借款的序幕。此后，清政府的借款基本上转向外国银行，其中以汇丰银行雄居榜首。据统计，"台防借款"到中日甲午战争 20 年间，清政府共举借外债 41，366，621 库平两，其中汇丰银行就占了 28，965，175 库平两，达 70% 之多。② 而汇丰银行的贷款，大多是以关税为抵押的，并且早在"台防借款"中便首次明确约定，必须有"税务司印押方能兑银"③。因而，正是在清政府和汇丰银行发生借贷关系上，总税务司一手控制的海关与汇丰银行结成了联盟。1878 年，总税务司曾企图向清政府推荐汇丰银行作为经理有关借款事务的专门银行。④ 到 19 世纪 80 年代初，汇丰银行经理嘉谟伦已成了总税务司的座上宾。⑤ 显而易见，中日甲午战争前海关与汇丰银行已经结合起来了。这种结合正是借助于海关与外债的联系而形成的；反过来又加深了这种联系。

综上所述，中日甲午战争前，清政府的外债便与海关发生了密切的联系。这种联系对海关的演化产生了一系列影响，即扩大了海关的权力，促使海关与汇丰银行结合。

但这一时期清政府举借的外债，数额尚属有限，外债本利的支付，平均只占政府支出总额的 4.3%；关税用于支付外债本利的款额平均约占关税总收入的 15.8%，最多的一年亦仅占 19.6%。⑥ 因此，外债和海关的联系还处于初级阶段，其重要性还未完全显露。

中日甲午战争期间，清政府为了筹集军费，共借了 4 次数额较大的外债，其总额达 41，089，936 库平两。其中向汇丰银行举借两次，即所谓"汇丰银款"和"汇丰镑款"，总额为 28，653，962 库平两，占 70%。⑦ 这两次借款都是总税务司经办的。

中日甲午战争后，俄、德、法三国干涉日本还辽和《中俄密约》，引发了列强争夺中国权益的激烈斗争。争夺对中国借款和争夺海关，是这个斗争中的

① 欧阳昱：《见闻琐事》，卷 1，第 5 页。
② 根据《中国近代外债史统计资料》第 24 页表一统计。
③ 同治十三年七月二十五日恭亲王等奏折。《筹办夷务始末》（同治朝）第 14 册，卷 96，第 8848 页。
④ 《在北京的总税务司》第 2 卷，第 259 页。
⑤ 同上书，第 2 卷，第 366 页。
⑥ 《中国近代外债史统计资料》，第 5 页。
⑦ 据《中国近代外债史统计资料》第 28 页提供数据统计。

先发环节。

中日甲午战争，以清政府的失败而告终。中日间签订的《马关条约》，规定清政府赔偿军费库平银 2 亿两。清政府当时每年只有 9,000 万两左右的财政收入，当然无力支付，不得不于 1895 年下半年到 1898 年间，分三次向列强借款。

1895 年 2 月 12 日，威海卫军港陷落，北洋海军覆没，清政府决心求和。赫德闻风而动，积极策划控制清政府为筹付战争赔款而举借的外债。他和英国政府频繁联系，并告知："战争结束后，中国需要大批款项"。他当时就估计到，"对日赔款如交我筹借，恐怕除了海关之外，还有许多别的职权交到我手中。"① 因此，他一直窥测清政府的动向。清政府为了筹付第一批对日赔款、赎辽款项，决定举借第一次外债。4 月 12 日，总理衙门通知总税务司和汇丰银行联系借款事宜。总税务司当即急电英政府，并提出借款应附有"由总税务司管理常关税收以作担保"或"用盐税、厘金或田赋、或以海南岛或舟山群岛作抵"② 等条件。五天后，《马关条约》在日本签订，总税务司闻信加紧筹划贷款活动。但俄、法、德三国由于联合干涉日本还辽而获得清政府的欢心，大大加强了与英国对抗的实力。一时间，俄、德、法三国联合势力占据上风。它们一面大造舆论，鼓吹"中国海关应由欧洲各国共同管理，以作赔款担保"③。一面密谋三国"一同控制海关，排挤现在的〔海关〕当局……安置他们本国人为联合管理人，从而获取一切特殊商业利益和铁路特权等等，完全挤掉英国的市场"④。德、俄两国皇帝"决计要使法、德、俄三国取得对华的大借款，而把英国排挤出去"⑤。

是年（1895 年）5 月初，俄国外交大臣罗拔诺夫向清政府驻俄公使许景澄表示了俄国政府对英国独揽借款的不满："闻中国拟将偿费借付日本，此事俄国户部已筹良策，有益中国，预备询商。乃闻欲向不肯合劝〔还辽〕之英国商借，颇觉诧异。特请代达国家，应先商俄国，方见交谊。"⑥ 数日后，俄

① 1895 年 3 月 3 日赫德致金登干 Z 字 654 函。《中国海关与中日战争》，第 149 页。
② 1895 年 4 月 14 日赫德致金登干第 626 号电。《中国海关与中日战争》，第 157 页。
③ 1895 年 5 月 9 日金登干致赫德第 936 号电。《中国海关与中日战争》，第 168 页。
④ 1895 年 5 月 8 日金登干致赫德新字第 759 号电。《中国海关与中日战争》，第 167 页。
⑤ 1895 年 5 月 17 日金登干致赫德 Z 字 946 函。《中国海关与中日战争》，第 172 页。
⑥ 许景澄：《许文肃公遗稿》，卷 10，第 14 页。

国财政大臣维特又向清政府驻俄公使许景澄声称：财政部已筹好借款，并询问清政府的偿付方法与借款担保。当时俄国金融资本尚不雄厚，只得暗地里拉拢法国，共揽借款。在取得法国支持后，维特再次向许景澄提出具体方案，其要点包括：借款以中国海关收入担保，海关收入不够偿还时，由俄国政府加保；俄国派人来中国查访海关情形。① 俄国染指海关与中国财政大权的野心，溢于言表。在沙俄威迫下，清政府不得不同意借款；但电令许景澄向俄国声明："海关进项足敷分年抵还之用，有税司总册可凭，无须查访。"② 6 月 9 日，俄国财政部与外交部联合向许景澄提出借款最后条件，放弃查访海关一条，但附加 "中国以后借款，如允海关及他项权利，亦准俄国均沾"③。

在俄国频繁活动之际，总税务司三番五次地催促汇丰银行："趁别人还在谈判时抢先办妥"，"速办为要"④。一面又通过英国政府 "对中国施加压力，劝中国听从忠告"，拒绝向俄国借款。但俄国以干涉还辽居功，对清政府多方胁迫，借款合同终于 1895 年 7 月 6 日在圣彼得堡签订，时称《俄法洋款合同》，亦称《中俄四厘借款合同》。该项借款数额为俄银 1 亿金卢布，合中国 1 亿两，利息 4 厘。"以海关所入税项及股票作为抵押"。在所附声明文件中宣称："因此借款之事，中国声明无论何国何故，决不许其办理照看税入等项权利；如中国经允他国此种权利，亦准俄国均沾。"⑤ 总税务司因所谋落空，忧心忡忡，喟然长叹："我们已经被排挤在一边了，俄法现在可以随心所欲，俄国已提出共同分享管理海关的权利，这是企图控制海关的楔子。只要我一走，他们必定立刻下手。"⑥ 英国已面临俄、法的严重挑战。

俄法借款签订后，俄、法两国虽然暂时处于优势，但争夺海关控制权的斗争远未结束。俄、法两国趁热打铁，企图包揽第二次借款。英国 "自俄国借款以来，英使馆用一切力量争取其余借款，以缓和财政控制，分割政治上的统治，……如中国接受〔俄法贷款〕，则英国将来对华交涉，将失去重要把柄"。为此，赫德 "建议英国出面担保，提供低利贷款，可望取得政治上的优势。

① 许景澄：《许文肃公遗稿》，卷 10，第 14 页。

② 《清季外交史料》，卷 112，第 20 页。

③ 许景澄：《许文肃公遗稿》，卷 10，第 15 页。

④ 1895 年 5 月 24 日金登干致赫德 Z 字 947 函，5 月 12 日赫德致金登干第 637 号电。《中国海关与中日战争》，第 178、169 页。

⑤ 《清季外交史料》，卷 115，第 7—14 页。

⑥ 1895 年 8 月 25 日赫德致金登干 Z 字 674 函。《中国海关与中日战争》，第 190 页。

如若法俄联合继续下去，则他们得利，英国吃亏，以后造成同盟和军事上的优势，为害是无穷的"①。于是，英国拉拢俄法借款中被半途排挤而满腹牢骚的德国，迫使清政府把下一次借款留给英、德两国。1896 年 2 月，俄法借款合同规定的清政府 6 个月内不得另借外债的期限届满，那时第二次对日赔款偿还的限期也已迫近，列强的借款斗争因而加剧了。2 月 20 日，金登干电告总税务司："法俄反对英国分润中国借款，据揣测，目的在于排斥英国将来对于海关的发言权。"② 总税务司当即回电："阻止俄方控制增强的惟一方法是在借款上帮忙（清政府）。"③ 即取得对清政府的贷款。为此，驻京英国使馆"用一切力量争取其余借款"。到 3 月初，双方的争夺达到白热化程度。法国公使力促总理衙门接受法方借款，条件是法国取代英国管理海关；还要求粤、桂、滇三省的大量特权。俄国公使大助其焰。英、法公使闹得总理衙门像个拍卖场。当时任军机大臣的翁同龢记述这种嚣张威逼的情况：英国公使"咆哮恣肆，为借款也。此等恶趣，我何以堪！"法国公使"无耻无餍，日在犬羊丛中"④。总理衙门因法国条件太苛，最后决定将借款事宜交总税务司办理。总税务司喜出望外，第二天就办妥了，并急电英政府。3 月 23 日，借款合同正式签订。这次借款是由英国汇丰银行与德国德华银行合揽的，一般简称"英德洋款"。此次借款共 1,600 万镑，合中国 1 亿两，利息 5 厘。借款合同附有不变更海关行政的规定，即："至此次借款未付还时，中国总理海关事务应照现今办理之法办理。"由于合同中规定"借款三十六年内还清"，在"三十六年期内，中国不得或加项归还，或清还，或更章还"⑤。这就使英国将继续保持控制海关达 36 年。无怪乎借款合同签字后，总税务司抑制不住内心的得意之情，电告金登干："借款合同签字，海关终获保全。我在总理衙门的地位也满意。"⑥ 关于借款期限和清还前保持现有海关办法的规定，显然是赫德策划的，因为他早

---

① 1896 年 3 月 1 日赫德致金登干新字第 836 号电。《中国海关与中日战争》，第 205 页。

② 1896 年 2 月 20 日金登干致赫德新字第 726 号电。《中国海关与中日战争》，第 202 页。

③ 1896 年 2 月 26 日赫德致金登干新字第 838 号电。《中国海关与中日战争》，第 203 页。

④ 《翁文恭公日记》，光绪二十二年正月二十三日。

⑤ 《中外旧约章汇编》第 1 册，第 642—643 页。

⑥ 1897 年 7 月 18 日赫德致金登干 Z 字 759 函。中国近代经济史资料丛刊编委会主编：《帝国主义与中国海关》第八编《中国海关与英德续借款》（以下简称《中国海关与英德续借款》），科学出版社 1959 年版，第 12 页。

就说过："为对日赔款所借外债，或可使海关维持到下一世纪的中叶。"① 他为"这件事挽回了整个局势，而使中国摆脱那些帮它索回辽东的朋友们的掌握"而大感快意。② 英国伯尔考维茨在叙述当时的情况时也说："这笔贷款作为对抗俄法计划的一种平衡力量是受到欢迎的，而最重要的是它可以作为保护海关行政独立的一种手段。对于这一点，商界社会是非常欢迎的。"③

英德借款使英国终于保住了在海关的统治地位。但俄、法两国并不就此罢休。1897 年 6 月，清政府为了尽早筹集借款以付清对日赔款，计划筹措第三次借款。李鸿章主张向俄国举借。总税务司得到情报："听说〔俄使喀西尼〕已经掌握〔中国驻俄公使〕张荫桓，沙皇也请他作客，并表示愿意帮助中国渡过财政难关，办理借款等等。"总税务司认为"英国想要抵销这种拼命追求的惟一办法，就是指示英格兰银行（汇丰已承担了前一笔借款，筹款困难）承办三厘息的中国借款，而由英国担保……除非这样办，中国就越来越陷入俄国的圈套里，而长时期出不来了"。④ 后来看到汇丰银行还有筹款能力，他表示完全支持汇丰，以"打破对方的阴谋"⑤。金登干电告总税务司："借款如无英国政府支持，决不能成功。汇丰银行昨已函首相提出要求……您（赫德）那里也必须使用压力，使英国外交部充分了解现在局势对英国利益有莫大危险。"⑥ 总税务司认为总理衙门"只求眼前能渡过难关，苟安一时，甘愿听信俄国。俄国出面干涉还辽，中国非常感激，它所提方案自然易被接受"；但他以为"英国现在出力帮忙，虽然不能获得同样的感激，仍可改变以后局面。目前形势危迫，关系到远东大局！我非常希望汇丰能取得英国外交部的有力支持"⑦。汇丰银行要求英国外交部出面，外交部询问了总税务司关于关税还有多少可以抵押的情况。总税务司趁机提出："借款对于中国极重要。我希望汇丰银行能承办。提出由总税务司代管厘金这个担保，是非常好的，希望很大"。总税务司对于管理厘金有很大兴趣。他说："总理衙门对我说，'如果你

① 1895 年 4 月 21 日赫德致金登干 Z 字 657 函。《中国海关与中日战争》，第 162 页。
② 1896 年 3 月 8 日赫德致金登干 Z 字 700 函。《中国海关与中日战争》，第 208 页。
③ 《中国通与英国外交部》，第 237 页。
④ 1897 年 7 月 18 日赫德致金登干 Z 字 759 函。《中国海关与英德续借款》，第 12 页。
⑤ 1897 年 7 月 23 日赫德致金登干新字第 720 号电。《中国海关与英德续借款》，第 23 页。
⑥ 1897 年 12 月 25 日金登干致赫德新字第 557 号电。《中国海关与英德续借款》，第 27 页。
⑦ 1897 年 12 月 27 日赫德致金登干新字第 718 号电。《中国海关与英德续借款》，第 27 页。

收的厘金比现在收的多，那就证明我们不顾所有财政官员们的反对把厘金交给你管理是正确的，而且将来扩大你的管理范围也就更有理由了。'有了这样的远景，我想许多改革都可以有指望。"① 在争夺这笔借款时，俄国也大力活动。和对华贸易有密切关系的中国协会曾称："据传，并且一般相信，俄国政府已提议担保中国政府的信用借款，以管理海关、津京铁路及中国将来一般的铁路为条件。大不列颠必须立即改善局势。我们极力主张你们请求外交大臣提出与俄国同样的提议，催办这件事。"② 俄国驻华代办巴布富罗夫以绝交威胁清政府。翁同龢日记记载，俄使语："若中国不借俄而借英，伊国必问罪。"③

英、俄两国一直为争夺第三次借款而明争暗斗。总理衙门为避免开罪任何一方，提出双方各借一半的主张，但遭双方拒绝。总理衙门又欲以募内债办法，另筹款项，也因发行内债条件尚未具备而无法实现。最后，"英款利息低而期限长"，在英国外交部、汇丰银行、总税务司以及总理衙门各方合拍之下，英国终于夺得了这笔借款。1898 年 2 月 21 日借款草合同签字。总税务司认为"此事除去政治上的重要性以外，并可认为改革财政的开端，也是中国复兴的先决条件，前途大有希望"！英国舆论界也"反应良好，对英外交部所公布的中国政府与英国的协议极表满意"。于是"五厘债券涨出票面 2%"。至于"俄国人无可奈何，法国人暗图报复"④。

3 月 1 日，借款正式合同签订，由汇丰银行与德华银行共同承揽，时称《英德续借款合同》。借款合同规定：借款数额仍为 1,600 万镑，利息 4.5 厘。借款以海关税收为抵押，但不足抵付，又加上苏州、淞沪、九江、浙东 4 处货厘及宜昌、湖北、安徽 3 处盐厘。以上 7 处货厘及盐厘由海关总税务司派员征收。这样，海关势力进一步打进了内地税领域。此外，还重申关于海关行政问题的规定，即借款偿还之前，"海关事务应照现今办理之法办理"，而其借款偿还期限从上次英德洋款的 36 年延长到 45 年。⑤

这样，通过英德续借款，英国不仅巩固了海关的统治地位，而且还可以延

---

① 1898 年 2 月 13 日赫德致金登干 Z 字第 783 函。《中国海关与英德续借款》，第 35 页。

② 《中国协会议事录》，1897 年 2 册，12 月 29 日，"中国第一号"，第 256 页。

③ 《翁文恭公日记》，光绪二十二年十二月二十三日。

④ 1898 年 2 月 24 日金登干致赫德新字第 526 号电，3 月 2 日赫德致金登干新字第 702 号电。《中国海关与英德续借款》，第 36、38 页。

⑤ 《清季外交史料》，卷 129，第 221—228 页。

长 45 年。

以上三次大借款，都是以海关关税为担保，以争夺海关为目的。总税务司为了保住英国对海关的统治地位，作为斗争的主角参加了斗争的行列，使得中国海关沦为列强争夺的对象。

三大借款对于中国非常不利，税务司魏尔特在《关税纪实》中对此曾有详论，所论不加隐讳，尚称公允。兹将其论点扼述如下。

魏尔特在论述以上各借款合同特点时说："上述各种外债，俱以关税为担保。海关本为中国最可靠之税源……今乃以债约之故，每年须牺牲若干税款，以付外债之本息，其事已至痛惜；然中国所订外债，其明暗示之条文，有堪指摘者尚多，兹分别论列如左"：

第一，"海关制度不得变更也。"赫德力争的《英德借款》和《英德续借款》，都有"至此款未清偿前，海关事务应照现今之法办理"的规定。所谓"现今之法"，即在英国控制下的国际共管。据此规定，在借款未清还之前，也就是在 45 年内，海关都得在英国控制之下。这个合同关系到"民国元年以后总税务司职权之扩大"和"中国行政权之缩小"（指总税务司剥夺中国海关税款保管权），"实无可讳言"。

第二，"贷款而有国际背景也"。"各国银行团当贷款之初，实曾纵横捭阖，极外交之能事；及磋商条件之时，其驻华使节或躬自参加会议，或暗中操纵而了然于经过之情形。……实际与此有关之列强，辄认中国此种债务，与其对华政策，有重大关系也"。

第三，"承担各款俱未十足交付也。"上述各借款，"俱不按债票额定价格交付中国，其发行时有较实收债款之成数为高者，则利益悉为承募之外国银行所得，而中国无与焉"，"目击〔中国〕实收之数，仅为百分之九五者，而发行后短期内售出之价格则达百分之一零五至一零六，其对债权者所采希腊人赠与礼物之手段，诚不胜其惭赧耳。"不仅如此，"归还期限延长，利率又高，而债款又多以金币计值，中国于偿还本利息时，更须受付款日兑行市的支配"。因此，中国负担的债务，"遂不胜其重矣"。以英德正续二借款而言，中国实收英金 28,320,000 金镑，但往日所付和今后应付的本息，约共 72,200,240 金镑。"几与借一还三无异"。俄法借款，则"在实得之数二倍以上也"。

此外，还有下列各点：即合同"未经明白规定偿还责任。"这样，设偿付债款的货币，因价格低落而发生汇兑亏折，或所汇款项因意外事故（如战争、银行倒闭等）不能提用时，此种损失，自应由中国政府补偿，而经理债款的银行则不负责任。其次，合同"无确切账目以资稽核也"。因此，如遇政局变化，船舶沉没，军事征发等事件，使债票有毁坏及遗失时，遂予银行以牟利之机，而中国则须一债两还，即一付持票人，一付债权国。在这种情况下，经理银行应有详尽账目，报告中国政府；但原合同中并无此项规定，"宁非怪事"！又次：抽中债票及息票之取现，应有一定的时期，过此即无效，此乃一般通例。但各合同竟无确切规定。再次：合同规定还本付息应先期偿付，这使在固定还本付息日期之前，中国就得按月将应付款项预付经理银行。这无异给予外国银行以莫大利益。至于到期未经取现的债款本息，银行得自由保管，长存账内，甚至债权人终不取现的，合同中亦无将余款交还中国政府的明文。最后，中国不能提前偿还债款，更是无理之至！

这种不公平的借款合同，魏尔特认为"即贷款者乘中国国运不昌之际，欺其对国际财政之无经历，以剥夺其利益而已"[1]。

总税务司赫德对两次英德借款合同，始终参与其事，其对合同应负的责任是推卸不了的。三次大借款争夺的结果：首先，使中国海关长期牢牢地掌握在以英国为首的列强控制之中；其次，把中国长期捆锁于沉重的债务负担之中。

第二节　俄法和英国争夺海关总税务司职位的尖锐化

列强争夺三大借款，其近期目标是争夺海关总税务司职位。英国企图保持在海关的统治地位，俄、法则企图打进海关，挤掉英国。因此，双方进行了争夺总税务司职位的尖锐斗争。

总税务司是管辖中国海关的最高负责人，他拥有世界上无法与之伦比的行政机关负责人的权力。他对于清朝统治阶级有着重大的影响力，所以在列强争夺中国的权益中，引发了争夺总税务司职位的斗争。

总税务司赫德早在 1875 年准备赴欧时，就殚精竭虑作出了周详的部署，以防清政府指派官员或其他国家人员接管总税务司署，这个部署，赫德曾于 1876 年 2 月 28 日以总税务司通札通饬各关税务司："本总税务司因公即将前

---

[1]　以上引文出自《关税纪实》（自民国元年至二十二年止），第231—238页。

往欧洲，除非提早召回，在 10 月以前不会回到中国。在我离开期间，总税务司署的工作按照 1875 年春规定的办法继续进行。那时，我曾经和总理衙门商定，万一总税务司因病、失踪或者亡故，总税务司署的工作按当时拟定和一致同意的章程不受阻挠地进行；而且在通饬其他安排或者发出其他指示之前，由总理文案和汉文文案会同办理。在此期间，正如你所知道的，总理文案和汉文文案是税务司裴式楷先生和葛德立先生，因此，此项工作将由他们执行，直到我返回为止。""你要把迄今呈给总税务司的申呈，和你两周一次的半官函或者私人的信件……寄给总理文案。发给你的地址的公文和通饬照常由两文案在'代总税务司'下面按序签名。""假使任何一位文案病了，其他一位当然必须暂时履行两人的职务。当以此方式代总税务司办事时，所有总税务司拥有的惩戒权力都由有关文案行使。作为海关的首脑，自从开始作出此项安排之后，我就觉得更加放心了，因为，万一我在中国拖延停留和不断工作而引起了突然的健康衰退，或者严重疾病时，这个职位的职务就得继续进行而不致中断，而一般海关和所有其他的人员的利益，就不可能受到损害，而且更加可能加以准备和保护。"最后他补充说："这种安排是经总理衙门批准的。"[1] 在他给金登干的信中，也提到总税务司职务安排问题。那时传闻赫德将辞总税务司职务并将以崇厚继任的消息。他在信中提到这种安排："考虑到总理衙门很难获得列强各国一致同意接受任何一个人做我的继任人，我想这样一种计划（即安排一位中国总税务司）将是行得通的——只要他不干涉太多，并把人事任免和奖惩权都交给他的欧洲籍税务司去掌管（我在这里已作了这样的安排：假如我有病或去世，总理文案税务司和管理汉文文案税务司共同行使总税务司职责，直到总理衙门认为应作出其他安排的时候。我请总理衙门以公函形式批准，总理衙门这样做了；但很勉强……）。"[2]

从赫德这种安排看来，他早已牢牢抓住总税务司的职位，千方百计地预防他人的取代。

到了中法战争，远东的国际斗争渐趋激化。代表德国势力的德璀琳因诱导清政府和议成功，对清政府的影响激增。总税务司眼看德璀琳即将取代他的地位，便在默默之中筹划挽回。他认为："将佐（暗指德璀琳）的成功，虽然可

① 　1878 年 2 月 25 日总税务司通札。《总税务司通札》（第 2 辑 1876—1882 ），第 49 页。

② 　1876 年 1 月 26 日赫德致金登干函。《中国海关密档》第 1 卷，第 348 页。

以使他们预先成了统帅的最后继任人，但不一定就立刻可以压倒统帅。"① 战争停停打打，到了法军在淡水战败有意媾和，而清政府一向就没有决战的意愿，他便乘机介入中法谈判。结果，在"七爷奕劻全力支持下，夺回了德璀琳夺去的阵地"，"我把事情（和谈）全抓在我手里"。②

中法战争后期的谈判自始至终没有通过任何正式外交途径，也没有任何其他人插过手，而是单凭总税务司和伦敦办事处税务司通过频繁的密电而达成的。英国政府把赫德完成这件事看作是一个奇迹。那时，英国驻华公使巴夏礼刚于3月间死于任上，英国政府认为赫德是最适当的继任人选，所以当谈判即将取得最后结果的4月间，维多利亚女王便决定任命赫德为驻华、驻朝鲜公使。5月2日外交大臣格兰维尔（Granvill）专函赫德："女王已经优渥地任命你为女王陛下驻中国特命全权公使，并按此职位每年给予5,500镑的薪俸。"③6月下旬又发了另一公函，附有任命赫德为驻华、驻朝鲜公使而致中国皇帝和朝鲜国王的国书。这样，关于赫德的任命手续已告完成。

总税务司赫德对于公使的任命，当然乐于接受；但庞大的权力使他泛起了更大的构想。这个构想就是为协调英国公使馆和总税务司署的对华方针政策，以加强对清政府的影响力。他企图由自己出任驻华公使，而以其弟赫政继任总税务司，兄弟俩掌握英国在华的最高权力，这是一个多好的构想！

1885年8月，他发出了第317号通札，正式向海关同事告别。

赫德既然接受公使的任命，就得卸去总税务司职务。关于这个问题是他最感头痛的。他于7月16日由金登干机密地转电他的政坛老友伦道尔，请他就这个问题和外交大臣格兰维尔商量。他说："海关所做的工作和（洋员）的募用，是关系到中国和国际的重要利益问题，因此，它应受重视"。如果"我离开海关而又留任公使，我就不便推荐下一任的总税务司；而中国政府对于这个可能导致海关的混乱和崩溃的总税务司空缺问题，看来现在就可能采取行动……如果我仍任总税务司，海关的利益是有保障的"。因此，"请问……究竟应否留任总税务司？"请伦道尔"充分地迅速地经由驻伦敦税务司赐复"④。

伦道尔当即电复："已和格兰维尔商量过，在公布你为公使的任命时，他

① 1884年6月4日Z字178函。《中国海关与中法战争》，第159页。
② 1885年2月21日赫德致金登干195号电。《中国海关与中法战争》，第81页。
③ 1885年5月2日格兰维尔致赫德函。《中国近代海关历史文件汇编》第6卷，第542页。
④ 1885年7月16日赫德致金登干机密函。《中国近代海关历史文件汇编》第7卷，第114—115页。

已设想总税务司的委派是有保障的，而且已为你的兄弟（赫政）拿到手"。"为了公众的利益，无论如何，他（格）毫不犹豫地让你自行处理。通过这样做，采用了既能使你保持使节而又能推荐下一任总税务司的最好方法"。"格兰维尔公爵已经见过〔首相〕索尔兹伯里公爵，跟着给我如下的备忘录，现在转送给你：你放弃这个使节，他们将感到遗憾；但是他们完全同意你所能做的为公众服务最充分的自行选择。"①

从赫德和英国外交大臣与有关方面的电商中，可以看出英国政府倾向于赫德继任公使而他的弟弟担任总税务司，这和赫德的构想完全一致。

赫德的疑虑不是没有理由的。在1885年7月间，当总税务司职位还没有确定地为赫政拿到手的时候，一些反对的迹象出现了。

最明显的是，"赫德指定的〔总税务司〕接班人可能变成英国公使馆的一个附属的追随者"②。这一事情，非常容易引起人们的猜忌，因而引起批评，这就必然影响了赫德的盘算。

在赫德向他的海关同事告别不到几天，总理衙门突然宣布同文馆总教习美国人丁韪良为继任者③，几天后，又突然改任赫政④。这显然是赫德幕后活动的结果。

与此同时，另一种更加可怕的活动在默默地酝酿着，这就是德璀琳的秘密活动。德璀琳的后台是李鸿章。李鸿章对于赫德和赫政的结合，是不会置之不理的。而从李鸿章当时的权势观察，也有可能使德璀琳进入总税务司署。这就使赫德深深感到，"形势使海关令人极端忧虑"。"对于海关利益、海关行政和国际关系，前景是恶劣的。""除非我个人免去公使馆的任命，我看不出有什么相应的和肯定的好处。"⑤

早在7月31日赫德就意识到，"我已几乎作出了拒绝接受公使职位，仍然留任总税务司的决定。我现在怕已成了一块拱顶石；如果一移动，海关的拱门就有倒塌的可能"。"我不能让你们其余的人（按：指海关人员）冒着窒塞的

---

① 1885年7月16日，金登干复电。《中国近代海关历史文件汇编》第7卷，第115页。

② 1885年7月16日金登干复电。《中国近代海关历史文件汇编》第7卷，第115页。

③ 《北华捷报》1885年8月21日，8月19日北京电报。转引自《中华帝国对外关系史》第2卷，第409页。

④ 《北华捷报》1885年8月28日，8月25日北京电报。《中华帝国对外关系史》第2卷，第409页。

⑤ 1885年8月31日赫德电金登干转致英国外交部常任副大臣波恩斯福蒂电。《中国近代海关历史文件汇编》第7卷，第114—116页。

雪崩而独自攀登顶峰"；但他仍征询金登干的意见："我仍然担任总税务司的决定是否正确？是否应该改变？"到8月底，他突然作出了最后决定："留在海关"。为什么有此突变？这可以从他在8月底向英国政府呈送的辞职书上看得十分清楚。

辞职书说："我于此际离开海关而担任中国的其他职务，对于中国海关将会发生极其严重的影响，而对于需要一个行政管理机构的商业利益集团，对于从中国的发展中寻求改善的国际关系，非常有害"。他的离开，"非常可能的是，各种各样有益的结果，将由于海关落在别人手中而不幸崩溃或者发生一种可怕的对抗的发展，从而〔使海关〕变得没有什么价值，说不定还会被完全抵销"。他坦直地说："我所掌管的这个机构虽然叫做海关，但是它的范围是广泛的，它的目的是在各个方面为中国做有益的工作，它确实是一个改革所有海关分支行政管理和改进一切帝国行业的应有的核心组织，因而首要的是，其领导权必须掌握在英国人手里。这种领导权已经由于谈论我的告退所引起的种种建议而受到危害"。正因如此，所以"我认为最好是留在原来的职位上"。①就这样，他最后撤销了告退总税务司的决定，并于1885年11月2日以总税务司第318号通札，简短地通饬各海关税务司："现仍担任总税务司职务"②。没有作出任何说明。这就堵住了德璀琳对总税务司职位的争夺。

中日甲午战争后，俄、德、法干涉日本还辽成功，对清政府的影响力剧增，远东形势剧变。于是，俄、德、法集中力量争夺总税务司的职位，以控制海关，进而控制清政府。

三国干涉还辽之前，德国便力图使自己成为"局势的主宰，拟与俄、法一同控制海关，排挤现在的当局，包括您〔赫〕自己在内，安置他们本国人为联合管理人，从而获取一切特殊商业利益和铁路特权等等，完全挤掉英国的市场"③。与此同时，法国《巴黎时报》也叫嚷"中国海关应由欧洲各国共同管理，作为赔款担保"④。

三国干涉还辽之后，俄、法联合反对英国分润中国借款，"其目的在于排

---

① 1885年8月28日欧格纳致索尔兹伯里函附件赫德函。《中国近代海关历史文件汇编》第6卷，第542—545页。

② 1885年11月2日总税务司通札第318号。《总税务司通札》（第2辑 1885—1889），第1页。

③ 1895年5月8日金登干致赫德新字第759号电。《中国海关与中日战争》，第167页。

④ 1896年2月20日金登干致赫德新字第726号电。《中国海关与中日战争》，第202页。

斥英国将来对于管理海关的发言权"。

1897 年冬，各国争夺中国的斗争达到白热化，终于演成割地狂潮，于是，俄、法、德等国通知总理衙门，三国政府认为赫德继续留任总税务司是非常不适宜的，要求撤换①，但未获成功。

1897 年 10 月，俄国派出大批财政顾问进入朝鲜，接管朝鲜财政大权。11 月，朝鲜国王任命俄人阿列克谢也夫为朝鲜海关税务司，原税务司英人柏卓安被迫撤离朝鲜。赫德预感到自己的地位岌岌可危，函告金登干："下一回就是争夺我的位子，争夺完了，'总税务司' 就会成为过去的名词了！"② 两天后，金登干来电说：俄、法政府 "正逼迫中国用俄国人继您充任总税务司"③。果然，12 月 14 日当李鸿章向俄国提出借款 1 亿两的要求时，俄国趁机提出了 "中国海关总税务司职位出缺时，应任命一位俄国人充任"④ 的条件，这是俄国第一次公开提出对总税务司一职的要求。英国政府闻讯大惊失色，担心俄国借款谈判成功，"海关也就不再在英国人的手中了"。因而一面对俄国的要求表示抗议，一面强迫总理衙门接受英国借款，并提出 6 个借款条件。第一条便是切实管理中国的财政，包括海关、厘金、盐课和常关在内。消息一传出，俄、法两国顿起反对。两国公使轮番对总理衙门施加压力。英国政府急了，于 1898 年 2 月初通过驻华公使窦讷乐照会总理衙门："由于英国对华贸易既已超过他国，本国政府认为海关总税务司将来仍照以前办法，应由英人担任，对于英国商务利益关系极大也"。总理衙门当即复照：总税务司赫德 "如请离职，中国必设法挽留；但如定要回国，中国国家察看各口贸易情形，查明英商为数属多，当令该税务司推荐能力相称之〔英〕人查核委派接办海关事务"。两天后，总理衙门害怕激怒俄、法等国，连忙补充声明："将来他国各口贸易较多于英国，则届时自不必聘用英人矣。"⑤ 那时，各国都在中国忙于争夺势力范围，总税务司一职，久已落在英国手里，赫德又为总理衙门所重用。这样，俄、法虽然垂涎，但无可奈何。

总税务司赫德对于窦讷乐的照会，认为是个失策。他认为这个照会即使不

---

① 1897 年 11 月 9 日金登干致赫德新字第 577 号电。《中国海关与英德续借款》，第 25 页。

② 1897 年 11 月 7 日赫德致金登干 Z 字 774 函。《中国海关与英德续借款》，第 25 页。

③ 1897 年 11 月 9 日金登干致赫德 Z 字第 577 号电。《中国海关与英德续借款》，第 25 页。

④ 英国国会档案，《1898 年中国（第 1 号）》，第 9 页。

⑤ 1889 年 2 月 10 日、 13 日英人担任海关总税务司照会。《中外旧约章汇编》第 1 册，第 732—733 页。

是剥夺中国对总税务司的任命权；但也束缚、限制了中国的选择权。对中国的这种限制，将引起列强的嫉忌和敌视。赫德认为："由于窦讷乐提出'英人充任总税务司'的要求，总理衙门对我侧目而视，其他公使馆也混水摸鱼。"他认为这种做法，"使相互争夺的列强，有理由相信，海关的高级职位如税务司将被视为政治争夺的目标，并为此开了要求的先例，从而危及海关的工作效率。""使英国人担任总税务司得到承认，这是很好的"；但是，"我对公使馆这种处理问题的方式感到遗憾。因为它为其他公使馆〔的要求〕开了先例，开辟了道路。他们可以说，'好吧，让英国人一直当总税务司吧！但是，我们要求法国人当江海关税务司，德国人当津海关税务司，俄国人当江汉关税务司，或者海关要这样那样地继续下去；或者要有这样那样的副总税务司等等。"他担心列强提出种种要求，"而要求转眼即到。法国提出，只要邮政部门成为独立的组织，法国人就应担任邮政总长；日本人也提出厦门关税务司的要求。昨天……日本人来了，要求我马上任命一位日本官员为厦门关税务司！我〔认为〕可以募用一些日本人当四等帮办；但不能现在就任为税务司……我担心，这就是英国公使馆成功地使总理衙门承诺永远由英人担任总税务司的第一个结果。"①

总税务司赫德虽然高兴总理衙门的承诺，但因他把总税务司职位看作个人的私产，因此，他意图极力安排他的亲戚作为接班人，而不愿意其他的英国人继任他的职位。所以，他特别强调必须严格遵守《通商章程善后条约》第十款所规定的"任凭总理大臣邀请英〔法〕人帮办税务"的选择，任何国家都不应该限制中国这种选择权。由于赫德充当总税务司达35年之久，他在海关的地位根深蒂固，他最有条件向总理衙门推荐候选人。1896年当他的健康每况愈下的时候，他曾要他的弟弟赫政回华代理总税务司职务。赫政以家庭和个人有困难，辞谢了这个要求；赫德转而邀请已经辞去海关职务的妻弟裴式楷。裴式楷表示愿意在被任命为海关第二把手并被考虑为赫德的接班人的条件下返回中国，窦讷乐表示同意。结果，裴式楷于1898年被任为副总税务司。总理衙门因当时列强争夺中国权益激烈，由此而产生的海关的复杂任务需要赫德处理，要他再干一两年；赫德也感到法、俄争夺总税务司职位激烈，如果他离

---

① 《赫德与中国海关》，第693—696页。

开，总税务司职位可能落进俄、法手中，因而也就继续留任了。① 于是，赫德仍稳坐总税务司宝座。

法国夺取总税务司职位未遂，迫使清政府让给总管邮政的职位。

1896 年海关兼办邮政官局的谕旨发表后，法国参议院就有人询问外交部关于中国邮政任用法国人问题。外交部长答称："中国如果愿在本国内部机关内扩大欧籍人员的任用范围，法国政府将注意使法国人取得公平的份额。"② 由此可见，法国当时已经重视争夺中国邮政的权力。当英国要求包办总税务司职位时，法国也要求安置一个法国人员作为邮政的总负责人。总理衙门在指明邮政系由海关兼办之后，答应"将来如成立一个单独的邮政机构，而以一个欧洲人为主持人时，法国当与其他国家同样有对该项职务推荐一位候选人的权利"。③ 这大概就是后来赫德把海关的邮政总办让给法国人的原因。

第三节　税务司贺璧理的"英俄分治中国论"和门户开放政策的促成

在激烈的割地狂潮中，英国在华从事业余外交的海关税务司，在幕后进行积极活动。贺璧理是这期间搞业余外交的一个很有影响的人物。贺璧理 1867 年进入海关，在总税务司署、各口海关担任税务司的要职。他和中日甲午战争后不久来华的伦敦《泰晤士报》派驻北京记者莫理循（George Ernest Morrison）结合在一起，进行了种种业余外交活动。他的外交活动十分诡秘，很少为人所知。在以后 20 年中，莫理循和活跃在政治舞台上的银行界、政界人物结成了以莫理循为首的维护英国在华利益的集团。当德国于 1897 年 4 月占领胶州湾时，贺璧理便认为德国可能和俄、法结成反英联盟，"在那种情况下，如果三国一致行动，英国将会作出退让，她在这里的威望会进一步遭受损失。"因此，他认为"英国惟一的全国性政策，多年来就应该是准备同俄国达成谅解"。他说："两年前她有过这种机会，只是她放过了；现在又有这种机会，如果再放弃，那可就再没有这样的机会了，结果迟早一定会爆发战争"。

---

① 参阅《赫德与中国海关》，第 697—698 页。

② 1896 年 4 月 1 日金登干致赫德新字第 700 号电。《中国海关与邮政》，第 70 页。

③ 参阅 ［法］高第：《中国与列强关系史》，第 36 页。

他对俄、英分治中国南北的"对华立场"极感兴趣。这个立场，"我只能归结为：它意味着放弃华北给俄国，并由我们（共同）瓜分长江流域和长江以南地区或者将这些地区作为英国所专有的势力范围"。① 他论证说："俄国必然要而且决心要在太平洋上得到一个不冻港，那是自然的规律，英国无法阻止。看上帝面上，英国对此应该下定决心，接受这一无可避免的事情，而使自己在其他地方得到补偿，在舟山、在长江流域，总之，在远离她所已经容许成为俄国势力范围的任何地方。除此以外，她还能做什么呢？""如果英国执意干涉，那就意味着战争。""如果战争爆发，英国舰队无疑能够摧毁俄国或与其联合的俄法舰队，这就意味着一场全面战争。""在我看来，英国现在惟一可行的政策就是立刻安排同俄国和解。"② 但是莫理循认为："我们在这里的正确政策应该是：采取除了结盟之外的一切办法去鼓励日本人的进攻精神，以反对俄国。"③ 这就是相反的政策——联日反俄。贺璧理认为："在这个阴郁多云的地平线上，只有一线曙光，那就是大不列颠撤回她的关于开放旅顺口为通商口岸的要求，因为她承认俄国的势力范围，而旅顺口关在俄国势力范围之内。这样就敞开了这两个大国之间达成一项约定的途径；而在这同一方向上的另一步骤将是：大不列颠和俄国分摊贷款的会谈。"④

贺璧理看到中国的港口为俄国夺取，甚感忧虑。他说："俄国用从朝鲜后退办法摆脱了日本的反对；又以答应在她租借大连湾期间把它开放为自由港的办法摆脱了英国的对抗；现在她已迫使中国处于无援的状态，而不得不完全屈服于她的要求了。于是她大模大样地进驻旅顺口和大连湾。""我们将要漂泊到哪里去呢？……在她〔英〕慷慨地把港口都送给其他国家作为加煤站之后，她现在实际上没给自己留下一个港口来停泊她在国外建造的舰只，甚至连一个可以抛锚的码头也找不到了。"⑤

当割地狂潮在中国澎湃的时候，意大利也到东方来了，它要求租借浙江省的三门湾。贺璧理听到这个消息"大吃一惊"！他写信给莫理循说："意大利

① 1897年12月20日贺璧理致莫理循函。〔澳〕骆惠敏编，刘桂梁等译：《清末民初政情内幕》上卷，知识出版社1986年版，第63页。
② 1897年12月22日贺璧理致濮兰德函。《清末民初政情内幕》上卷，第70页。
③ 1898年1月17日莫理循致濮兰德函。《清末民初政情内幕》上卷，第74页。
④ 1894年1月30日贺璧理致莫理循函。《清末民初政情内幕》上卷，第80页。
⑤ 1898年3月25日贺璧理致莫理循函。《清末民初政情内幕》上卷，第92页。

要求租借三门湾，获悉英国支持这项要求，我大吃一惊"。"作为交换条件，意大利将交出阿比西尼亚的领土"；"若如你（莫）所说，这个要求是为了得到整个浙江省的。那么，意大利将到达松江的背后而占有太湖的部分地区。这样，我们大肆夸耀的对于长江流域的要求就会被我们自己置于荒唐境地。""至于她要求加煤站，如果意大利一经要求就得到一个港口和一个省作为他的势力范围，那么，荷兰、奥地利和日本势将群起效尤，中国海岸将落入外国手中，而这样的领土掠夺将意味着瓜分。"他批评英国的政策，"在我看来，我们没有通情达理的政策，我们的政策简直是混乱不堪"①，"是一个由软弱无能的人组成的不成熟的集团。他们不打算领导别人，而只按照他们自己所谓的'普通人'的愿望，时而在这里，时而在那里地随波逐流。"②

从贺璧理阐明自己的立场看来，他虽身为中国募用的税务司，背后搞的却是阴谋勾结俄国，掠夺中国，以维护英国的在华地位和利益。

值得我们注意的是美国在1899年提出的"门户开放"政策，竟是贺璧理主谋的。

列强在中国划分势力范围的过程中，既相互争夺，但为避免冲突的激化，又相互妥协。1896年，英、法两国达成协议，规定在四川、云南两省已经取得和将来取得的一切权利，都由英、法两国共同享有；1898年英、德两国达成协议，共同承认山东为德国的势力范围，德国同意英国租借威海卫；英、俄之间于1899年达成了互相承认各自在华势力范围的协定。据此协定，"英国约定不在中国长城以北为自己或为英籍臣民或其他人争求任何铁路让与权"，"俄国方面约定不在扬子江流域为自己或为俄籍臣民或其他人争求任何铁路让与权。"③ 这种形势标志着中国处于被肢解、被瓜分的危机。

英国在危机中为对抗其他列强，虽然也夺取大量的权益；但并没有解决它的根本问题。英国在中国的根本利益是在中国全国范围内进行商业贸易。它在当时占有中国对外贸易的五分之四，维护它在全中国的商业贸易利益是头等重要的事。这种肢解瓜分中国的形势，威胁到它在华的经济优势和由此而产生的政治利益。俄国占领旅、大之后，曾企图使一些港口只对自己货物开放，不许

---

① 1899年3月11日贺璧理致莫理循函。《清末民初政情内幕》上卷，第140—142页。

② 1900年5月11日贺璧理致莫理循函。《清末民初政情内幕》上卷，第167页。

③ 《英国议会文件》，中国，第2号（1899年），第90页。

其他国家的货物进口，或者只在高于货物关税的情况下允许他们的货物进口。① 英国在 1898 年 1 月下旬便向俄国说明：英国"实质上的必要政策是保持中国的对外贸易开放，反对过高的关税，不允许我们的商业利益和由此产生的政治地位被其他列强摈于一边"，"我们不允许破坏任何现在条约或危害中华帝国和土耳其帝国目前的完整。这两条是基本原则。我们的目的不是瓜分领土，只是划分优势。"②

列强划分在华势力范围，如果进一步强化，建立各种垄断性的特权，必将导致中国的瓜分，势将限制英国发挥其经济优势以进行竞争，最终会把英国的贸易和投资排斥于这些势力范围之外。这就意味着英国在华商品市场、投资场所和原料产地的大大缩小。英国在华的最大利益，只能凭借经济实力同列强进行同等条件下的竞争，所以英国第一个站出来力主在中国实行门户开放和机会均等的政策，维护已有的"条约权利"。

1899 年 1 月，英国财政大臣希克斯向商界宣称："我们认为中国是将来对于我国贸易和世界贸易最有希望的地区，并且英国政府完全有决心不惜以任何代价——干脆直话直说——必要时不惜以战争使这扇大门不得对我们关闭。"③ 3 月 1 日，英国议会下院一致通过一项决议，"保持中国的领土独立，对于英国的商业和影响是至关紧要的"。④

英国外务副大臣寇松根据这个决议阐述了对华政策："中国的完整和独立是政府十分关切的事情"，"并且可以被认为是我们对那个国家政策的主要基础。""我们的政策是，而且必须是，只要我们能够防止中国的瓦解，我们就防止中国的瓦解。……它有巨大的和重要的资源，它应该享有这样〔继续生存〕的机会。因此，我们反对割让中国任何领土，或牺牲中国任何部分的独立。"他提出了英国对华政策的三个原则：一、"维持中国的完整和独立"；二、"自由贸易"；三、"保持条约权利，即：1. 绝不可要求英人交纳较其他各国更高的税，2. 英舰可以访问中国所有港口，3. 英国根据最惠国条款应自

---

① 英国蓝皮书：《中国事务通讯》 1898 年第 1 号，第 6、32—33 页。

② 古契等编：《关于大战起源的英国文件》第 1 卷，伦敦 1926 年版，第 2—8 页。

③ 〔英〕格兰威尔：《索尔兹伯里勋爵与外交政策》（Grenville， Lord Salisbury and Foreign Policy），伦敦 1964 年版，第 143 页。

④ 〔美〕饱明钤：《门户开放主义与中国》（M. J. Baw：The Open Door Doctrine in Relation to China），纽约 1923 年版，第 17 页。

由平等地分享给予任何国家的一切特权和豁免权。"①

英国所以提出对华门户开放政策，这是因为当时英国在华的经济优势较大而军事力量不足。

关于经济优势问题，已为大家所了解；至于军事力量，因为俄国西伯利亚大铁路完成，英国依仗海军力量在东亚取得的优势大大削弱，德国和法国在非洲与英国的角逐，使它抽不出军事力量，以阻止俄、德、法在中国的扩张。因此，不能不提出门户开放政策。但是这个政策，不能取得俄、德、法、日等国的支持，只好向美国施加影响，获得了美国的赞同。

美国的生产总值，早已超过了欧洲列强，1894年就已跃居世界生产总值的第一位。1898年美国兼并了夏威夷，击败西班牙，占领了菲律宾，于是关注到中国市场问题。英国力促美国抓住机会，支持在华实行门户开放政策。英国鉴于其他列强对它的疑忌，建议由美国领头发动这项政策。值得我们注意的是活跃于幕后的中国海关税务司贺璧理，对于美国采取这一行动和拟定美国门户开放的照会，起了直接的促成作用。

贺璧理在中国海关30年，对中国面临的形势和英国在华的利益及其政策，都有深切了解，他同美国国务卿海约翰的好友柔克义私交很深。1898年，贺璧理休假，和他的家人到巴尔的摩消夏。在那里他和柔克义相逢。柔克义是精通远东问题的美国外交官，1899年4月就任国务院远东顾问，为国务卿海约翰出谋献策。贺璧理来到美国，和柔克义就中国最近的形势讨论了门户开放政策和如何进行的问题。贺璧理建议由美国领头倡议门户开放政策。这个主意立即为柔克义所接受。柔克义当即把他介绍给海约翰。海约翰原就确信在华实行门户开放政策的重要性，对他们两人的见解深抱同感。②

贺璧理于1899年7月离开美国之前写信给柔克义，迫切要求美国站出来引起列强重视中国的局势，并且在谴责分割土地、划分势力范围的同时，表示美国不放弃根据条约规定所享有的权利和特权，他认为必须承认列强的利益范围是既成事实，它们的控制性的路矿特权也是既成事实。在这为时已晚之际，能做到的事就是从列强那里获得一项保证："中国的条约税率应无差别地施之

① 《列强对华外交》，第248—252页；《门户开放主义与中国》，第18页。
② [美] 瓦格：《门户开放外交家柔克义之生平》（P. A. Varg, Open Door Diplomat, the Life of W. W. Rock—hill），伊利诺斯大学1952年版，第29—30页。

于进入各势力范围的一切商品，势力范围的任何通商口岸都应不受干扰。"这显然是英国政府所提的有限的门户开放政策，但是柔克义不以此为满足。他回信说美国还应作出某种形式的声明，"此一声明将被中国理解为我们方面要保证协助维持该帝国的完整"。这样，这一项重要的政策大纲便完成了。

8月21日，贺璧理为柔克义草拟了关于美国在华门户开放政策的备忘录，其中增加在势力范围中由中国负责征收关税的条款。28日，柔克义递交给国务卿一个备忘录，这个备忘录和贺璧理的备忘录大体相同。美国政府批准了他们的建议。海约翰对柔克义的备忘录稍加修改，便作为照会于9月6日转发驻英、德、俄、法的美国公使，令他们相机照会驻在国政府。① 照会要求各国在其势力范围内承认下列原则：

第一，各国对于其在中国任何所谓"势力范围"，或租借地内之任何条约口岸，或任何既得利益，不得干涉。

第二，中国现行约定的关税率，对于运往在前述"势力范围"内一切口岸，除非是"自由港"之所有货物，无论属于何国，均应适用，其税款概归中国政府征收。

第三，各国在其"范围"内之任何口岸，对他国船舶，不得课以高于该国船舶之港口税，并在其"范围"内所建筑、控制或经营的铁路上运输属于他国公民或臣民的货物，通过此种"范围"时，所收运费不得较高于本国国民同样货物所收之运费。②

由此可见，税务司贺璧理对于美国的门户开放政策所起的促进作用是多么大。贺璧理所搞的门户开放政策，一方面承认列强的利益范围，另一方面要求商业贸易的机会均等，这就是牺牲中国以求得经济实力占优势的英国的利益。③

这个对于列强各国都有利的门户开放政策，获得了各国不同程序的承认。

由此可见，海关在列强争夺权益的斗争中发生的作用多大！

---

① 《赫德与中国海关》，第887页；《门户开放外交家柔克义之生平》，第29—32页。

② 世界知识出版社编：《中美关系资料汇编》（第1辑），世界知识出版社1957年版，第450—451页。

③ 参阅牛大勇：《美国对华门户开放政策的缘起》，《历史研究》1990年第4期。

第十五章

总税务司总司全国邮政与边关、租借地海关的设置
和海关为外商及其自身争夺在华权益的活动

第一节　上谕总税务司总司全国邮政

　　清政府在中日甲午战争中的惨败，赔偿日本军费两亿两，赎辽款项 3,000 万两，全国全年岁入，不足清还三分之一。这是清政府财政的转折点。从此，清政府负债累累，财政竭蹶，不能不把全国邮政交给总税务司经办。据总税务司的叙述，总理衙门"现在对于邮政制度很有兴味，指望用来增加财政收入。他们也谈到兴办印花税，认为或者可以由此得到一笔相当数目的收入"。①

　　总税务司早在 1866 年迁驻北京之后，就已染指邮政，那时就有举办全国邮政的企图。从 1866 年开始直到中日甲午战争，海关在宁波以北各通商口岸都开办了邮政，但始终没有获得清政府的正式批准。

　　1893 年 3 月，总理衙门开始"认真讨论邮政问题，并将由我（赫德自称）来办，这一点差不多可以肯定了。我已经奉命提出建议，现正在进行工作。"② 10 月，总税务司向总理衙门呈递了关于邮政问题的报告，"总理衙门转给南北洋大臣刘坤一和李鸿章提意见，然后颁发谕旨，规定开办日期。"③ 由于 1894 年爆发了中日战争，开办全国邮政问题又搁置下来。

　　1895 年 9 月，总税务司获悉总理衙门有开办邮政官局之意，立即调派上

---

① 1896 年 1 月 12 日赫德致金登干 Z 字 642 函。《中国海关与中日战争》，第 199 页。
② 1893 年 8 月 20 日赫德致金登干 A 字第 67 函。《中国海关与邮政》，第 59 页。
③ 1893 年 10 月 15 日赫德致金登干 Z 字第 596 函。《中国海关与邮政》，第 61 页。

海总税务司署造册处税务司葛显礼，乘关轮前往南京，进谒南洋大臣张之洞。张之洞是赞同开办邮政的，但他主张由地方办理，不由海关兼办。葛显礼以海关办理邮政早在1884—1885年间便由前南洋大臣同意，所以提请照旧案办理，并称："地方办理邮政比国家（指由总税务司总办）办理并不省钱，也不见得比现行的办法好。"张之洞最后同意由海关办理。① 于是上奏称："查此事该总税务司考究有年，情形熟悉，且各关税务司熟谙邮政办法，如葛显礼者不乏其人。相应请旨饬下总理衙门转饬赫德妥议章程，大举开办，推广沿江沿海各省，兼办内地水陆各路。务令所设信局全行撤去，并与各国入〔联〕会……，各国在华所设信局，必肯裁撤。此本各国通行之法，实属有利无弊之胜算，诚理财之大端，便民之要道也。"②

在张之洞敦促之下，总税务司终于在1896年4月30日奉到总理衙门的劄文，札饬"总税务司总司其（邮政）事，仍由总理衙门总其成"，并奉朱批："依议"。③ 这样，负有推广全国邮政任务的邮政官局，在总税务司直接领导之下建立起来了。这是中国在全国范围内开办邮政的开端。邮政官局是在海关组织基础上建立的，并由各关税务司管理。总税务司兼任总邮政司，各关税务司兼任邮政司。因为邮政的设立并不是另起炉灶，所以发展得比较顺利。但是因为总税务司害怕发展过快，机构过大，有脱离海关而独立的可能，所以总税务司办理邮政的方针"应该是龟行，而不是兔走"④；还有全国存在着大量的民信局，和邮政竞争激烈；而通商口岸的外国邮局，清政府没有力量使其裁撤，结果，邮政业务无法顺利发展，于是入不敷出，亏损严重，只得由海关协济款项，每年达72万两。所以邮政虽然开办起来，并没有达到增加财政收入的预期目的。由于邮政局所，伸入穷乡僻壤，海关势力也就像蜘蛛网一般伸展到全国各地，这就导致海关与地方官民的矛盾，结果引发了长江流域的总督对海关的猛烈抨击，这将于以后加以详述。

海关自1896年奉旨开办邮政之后，在全国范围内全面开办邮政官局，此后步步发展。到1904年，"除甘肃一省未经设局外，已有总分支等局几及千处之多，局中所用洋员约一百员，各项华员约三千人。光绪二十九年分局中收发

---

① 1895年9月10日葛显礼致赫德文第923号。《中国海关与邮政》，第70页。
② 光绪二十一年十二月初三日张之洞拟请饬办邮政片议。《清季外交史料》，卷119，第17—18页。
③ 光绪二十二年二月初七日总理衙门议办邮政折。《中国海关与邮政》，第78页。
④ 《中华帝国对外关系史》第3卷，第69页注1。

信函之数约四千三百万件，又代民局寄送不收资费之包件约七百三十余万件，各项包裹约四十九万件，共收资费约七百三十余万两。"① 海关机构随着邮政官局的开办而空前扩大了。

第二节　边关、租借地海关的设置

随着列强争夺中国权益和割地狂潮的到来，海关外籍税务司制度演化出边关、租借地海关的特殊海关来。

从民族矛盾开始上升的 19 世纪 70 年代中期到割地狂潮、划分势力范围的 19 世纪 90 年代末期的 20 多年中，英国和法国从占领缅甸、越南和我国的西藏，直入西南边疆，云南、广西、西藏成为英、法争夺的对象。在那里英、法强迫清政府开放通商口岸、修建铁路、要索通商特权。这 20 多年中，清政府和法国签订了《中法新约》、《越南边界通商章程》、《续议商务专条》、《续议商务专条附章》；和英国签订了《缅甸条约》、《续议缅界商务条约》、《藏印条约》、《藏印续约》、《续议滇缅界、商务条款》、《续议缅甸条约附款》。根据这些条约，西南边疆从 1889 年以后的 10 年间，计开辟了龙州、蒙自、蛮耗（后改为河口）、亚东、思茅、腾越 6 个通商口岸，设置了龙州关（1889 年 6 月）、蒙自关（1889 年 8 月）、蛮耗关（1889 年 8 月）、亚东关（1894 年 5 月）、思茅关（1897 年 1 月）、蒙自关河口分关（1898 年 7 月）、腾越关（1902 年 5 月），连分关在内共 14 个海关。因为这些海关设在边疆，所以习称边关。这些边关是在英、法争夺西南权益之下设立的，所以它们的征税制度具有不同于一般通商口岸海关征税制度的特点。以下分片叙述这些不同的特点。

一、中法陆路通商征税制度。法国开辟中越陆路商道，主要目的在于打开中国西南市场。为此目的，它要求获取优惠贸易特权，进而垄断贸易。早在中法战争期间签订的中法天津《简明条款》，法国就提出，日后议定详细商约税则，"务须格外和衷，期于法国商务极为有益"②。1886 年 4 月，中法签订的《越南边界通商章程》对税则作了如下的规定：1. 洋货进云南、广西边关，"按照中国通商海关税则减五分之一收纳正税；如税则未载，即按估价值百抽

① 光绪三十年正月二十九日总税务司申呈外务部。《中国近代海关历史文件汇编》，第 2 卷，第 423 页。
② 《中外旧约章汇编》第 1 册，第 455 页。

五征收正税"。2. 土货运出云南、广西边关，先纳子口税，再照中国通商海关税则减三分之一征收出口正税；如税则未载，即按估价值百抽五征收正税（第六款）①。法国政府对此并不满足，又于1887年6月签订的《续议商务专条》对上述规定作了如下的修改："凡由北圻入中国滇、粤通商处所之洋货，即按照中国通商海关税则减十分之四收纳正税；其出口至北圻之中国土货，即按照中国通商税则减十分之四收纳正税"（第三条）②。

二、中英陆路通商征税制度。法国取得了陆路通商特权，英国也于1894年3月和清政府签订《续议滇缅界、商务条款》，对税则作了如下的规定："中国欲令中、缅商务兴旺，答允自批准条约后，以六年为期，凡货经以上所开之路（按：即蛮允、盏西两路）运入中国者，完税照海关税则减十分之三；若货由中国经此路运往缅甸者，完税照海关税则减十分之四"（第九条）③。尽管条约载明以六年为期，实际上，这一优惠特权一直到1929年才废止。④1897年2月签订的中英《续议缅甸条约附款》，增开思茅、腾越为中英滇缅通商处所，上述的优惠特权自然扩大到思茅、腾越两处。

对于印藏、哲孟雄、印度陆路的通商征税制度，也作了特殊的规定。由于1881年的中俄通商章程等"已有两国边界百里之内任便贸易的先例"，1893年12月，英国迫使清政府签订的《藏印条款》也规定，除各项迷醉药等禁运货物之外，"其余各货，由印度进藏，或由藏进印度，经过藏、哲边界者，无论何处出产，自开关之日起，皆准以五年为限，概行免纳进、出口税"（第四款）⑤。此项免税，虽规定五年为限，实际上延至1913年亚东关撤销时，中印通商，始终没有征过税，20世纪初，英国第二次入侵西藏，清政府被迫于1904年签订《拉萨条约》，约中规定在西藏新开江孜、噶大光为商埠，又把前述免税特权扩大到这两处新开商埠。⑥

除上述中法、中英陆路通商征税制度外，英、法两国为攫取更多的贸易特权，扩大在西南地区权益，还对西南边关的征税制度作了一些特别规定，归纳

---

① 《中外旧约章汇编》第1册，第479页。

② 《中外旧约章汇编》第1册，第515页。

③ 《中外旧约章汇编》第1册，第578—579页。

④ 《缅藏问题》，第4页。

⑤ 《中外旧约章汇编》第1册，第567页。

⑥ 王铁崖编：《中外旧约章汇编》第2册，三联书店1959年版，第346—347页。

起来，主要有下列几条：

其一，边境水道航运船货免税规定。1887 年中法《续议商务专条》规定，所有法国及北圻船只，经由边境松吉江、高平河来往于谅山、高平间，只需输纳船钞每吨银五分，至于"船内所载货物，一概免税"（第六条）①。

其二，铁路用料等免税规定。铁路是英、法两国入侵西南边疆的重要工具。中日甲午战争后，英、法两国一面竞相向清政府索取铁路修筑权，一面索取修筑铁路用料免税特权。1896 年 6 月中法《龙州至镇南关铁路合同》规定："凡筑造经理铁路之材料、什物、机器、车辆、器具、家伙等件，无论何项关税、差费，一概免纳"（第六条）②。1903 年签订的《滇越铁路章程》，重申了这一规定。

其三，土货转口贸易减、免税规定。1895 年 6 月签订的中法《续议商务专条附章》对经由法属越南的土货转口贸易作了如下的规定："凡边界所开之龙州、蒙自、思茅、河口通商四处，若有土货经过越南，来往出此口时，应照十分减四之例收（出口）税。""专发完税凭单，带同货物前往，俟到沿海沿江通商口岸，应照沿海、沿江各通商口岸同项土货通例，完纳复进口半税"；"凡有沿海、沿江通商口岸运土货，经过越南，前往以上四处，于出口时，征收十成正税。专发完税凭单，带同货物前往，俟到边关进口时，按照十分减四征收复进口半税"（第四条）③。

以上关于边关的设置和边关的特殊征税制度，是 19 世纪 70 年代以后民族矛盾日趋尖锐、西南边疆危机的产物。它们的产生标志着列强争夺中国权益日趋激化。

中日甲午战争后，在列强割地狂潮中，随着租借地的出现，产生了租借地海关。当时的租借地，从北到南有俄国租借的旅顺、大连；英国租借的威海卫、九龙；法国租借的广州湾。法国租借的广州湾和英国租借的威海卫，主要出自政治和军事的目的，并没有辟为商业据点的意图，所以这两个租借地，没有海关的设置。九龙租借地原已设有中国海关，但仅管理统计、会计以及无关紧要的事务，并在香港维多利亚城内设立办事处，由总税务司委派英籍税务司

---

① 《中外旧约章汇编》第 1 册，第 516 页。

② 《中外旧约章汇编》第 1 册，第 653 页。

③ 《中外旧约章汇编》第 1 册，第 622—623 页。

驻在那里管理主要业务。英国强租九龙之后，总税务司建议正式承认海关在香港所设的办事处，继续维持租借地的长州、汲水门、佛头洲等现有各关卡；①九龙关税务司义理尔也建议："将九龙海关继续留在九龙城内，检查货载、征收关税。"② 但是香港商会、伦敦商会、中国协会都以保障香港的自由为由反对这些建议。1899 年 4 月，九龙正式租让英国，由于英国政府的同意，九龙关仍在九龙租借地内继续执行职务。10 月，九龙人民举行示威，反对把他们的家园置于英国管辖之下，结果被英军和香港警察血腥镇压，英国索性把九龙关驱逐出九龙城。九龙关只好以珠江口的大铲和伶仃取代汲水门，以大鹏湾东的沙鱼涌和三门取代佛头洲。由于陆路边界从 2.5 英里延长到 60 英里，大大方便了走私。

1897 年 11 月，德国占领胶州湾，开了割地狂潮的绪端。德国一面强行租借胶州湾，一面筹划建立海关机构，"替中国政府征收胶州湾到内地货物的进口税"，但要"德国人领导，华人协助"。其所以要由德国人领导，乃"因赫德爵士所领导的中国海关实际上是个英国的机构，所以必须抛弃它"。③ 后因不愿激怒英国，终于放弃了这个方案。

为了平息西方列强对德国租借胶州湾的不满情绪，德国于 1898 年 4 月宣布青岛为自由港。同时，德国同意在青岛设立中国海关。

1898 年春，"德国亲王到京，曾面与总税务司云：与其在胶州沿边地方多设缉私处所，不若在界内设关总理"，"并托总税务司筹议办法"。总税务司当即和德国公使往返函商，"并调宜昌关税务司德国人何理文前往胶州商明一切"。何理文往谒德国巡抚。巡抚答应在青岛"划出地址一段，允设中国海关"。1899 年 4 月，双方签订《青岛设关征税办法》，"其要义为：一、该关所用洋员，应由总税务司由各处新关人员内拣调德国人前往；二、德国界内所产各物，出口时毋庸纳出口税；界内所用之物进口时毋庸纳进口税；三、中国土货经过德界出口者并经过德界入内地之进口货，若由洋式船只装运，应按通商税则完纳税项；若系华式船只，应按向遵之税则办理；四、凡通商各关监督应办之税务各事暨办事之权，均归该关税务司一人掌握。该税务司所发入内地

① 1898 年 6 月 27 日赫德致窦纳乐函。《中国近代海关历史文件汇编》第 6 卷，第 599—601 页。
② 《赫德与中国海关》，第 709—710 页。
③ 1897 年 12 月 17 日德国外交大臣布洛夫致俄国驻德大使奥斯登萨根私函草稿。孙瑞芹译：《德国外交文件有关中国交涉史料选译》第 1 卷，商务印书馆1960年版，第97、199 页。

买土货之报单、运照暨运洋货入内地之税单等照，均与各关监督所发者无异。"五、这个办法"系属试办，日后有应修改之处，可以会商改订。"[①]

《青岛设关征税办法》经清政府核准，双方签押，1899 年 7 月，青岛正式设关征税，叫做胶海关。这是近代中国第一个租借地海关。

无论对于租借地的德国当局还是中国海关，胶海关设立最初几年并没有达到预期的目的，这主要是因为《青岛设关征税办法》中没有拟定适当的条款以控制进出内地的货物，而且一开始德国当局无意使中国海关在租借地内发挥作用，总税务司只得在与租借地邻界的地方设立一连串的海关关卡以控制进出租借地的货物。由于中国海关在边界设置关卡花费很大，困难重重，而德国租借地当局因中国商人不愿前往，使租借地的繁荣成为泡影。乃于 1905 年 12 月重新签订了《会订青岛设关征税修改办法》。双方协定：一、改原行的自由港为自由区制。"即系将从前青岛口岸概行免税之法，改在租界限内只行择地一区，作为无税之地，其余均行起征"；二、"中国按胶海关进口正税实数，每年提拨二成，交青岛德官，作为中国政府津贴租地之用"；三、德国应允"辅助中国在德国租界内所设立之海关办理一切，以重应征之税课"；四、撤销原设于租借地边界的海关关卡。[②] 从此，胶海关才在租借地之内扎下了根。1914年日德青岛战争爆发，德国战败投降，日本夺取德国在胶州湾租借地一切特权，1915 年 8 月，中日签订了《恢复青岛海关协定》。《恢复青岛海关协定》声明：胶海关的管理、征税制度如旧，只把中德协定中"有'德国'文字者，易以'日本'文字"[③]。直到 1922 年，根据华盛顿会议，日本将胶州湾交还中国，胶海关才摆脱租借地性质。

第二个租借地海关是大连关。大连关是俄国在东北推行海关"俄罗斯化"政策的一个重要环节。但大连租借地海关却不是在这个时期设立的，而是1905 年日俄战争后于 1907 年 7 月设立的。这在以后详述。

租借地海关在组织、管理、征税等方面均有许多与其他通商口岸海关迥异之处：

其一，关于海关组织与行政管理方面。租借地海关在设关之初便明文规

---

① 　1899 年 5 月 5 日总税务司通札第 894 号附件 2、 3。《中国近代海关历史文件汇编》第 2 卷，第 198—199 页。

② 　《中外旧约章汇编》第 2 册，第 336—338 页。

③ 　《中外旧约章汇编》第 2 册，第 1123—1124 页。

定：税务司应由租借地租借国国人充任；倘有应行更调，则由总税务司与该国驻京大臣定明另派；该关所用各项洋员，亦应优先任用租借国国人，唯因"仓猝缺出，更调不及"或"别关人地相需，必须调往"，方可调派别国之人暂行委用。洋员更调，总税务司亦应先行知会租借国在当地的最高行政长官。① 这意味着，总税务司对租借地海关洋员的任免调派权力已受到极大限制，从而保证了租借国对租借地海关的控制。

其二，近代中国海关虽标榜为国际性组织，但基本上为英国势力所控制。因而，英文成了海关系统通用的文字，举凡总税务司通札，往来信函，文件，各口海关报单等，无不使用英文。但租借地海关对此则作了新的规定，即租借地海关与其官员、商民等文函往来，均用租借国文字。②

其三，近代中国海关有海关监督的设置，租借地海关则明定不设海关监督。这就公然剥夺了海关监督的一切权力。将其归入税务司份下。这意味着租借地海关半殖民化更为加深了。

其四，关于海关权限方面，其变化有二。一、征收船钞，原为中国海关征税权利之一。租借地海关则被剥夺了③；二、按 1868 年订立的《会讯船货入官章程》规定，查明走私、偷漏等违章税务案件，为各口税务司、各有关国领事官及海关监督所领办。租借地海关则规定，所有掌握查明走私、偷漏等违章行为自归德国所设之衙署。④ 这就为租借地租借国任便行事打下埋伏。到 1905 年签订的《会订青岛设关征税修改办法》才作了修改，照《会讯船货入官章程》办理。⑤

最后，关于征税制度方面。租借地"照现时通商各口之税则办理"⑥，即除享有各通商口岸条约所享有的特权与优惠外，还规定了一系列其他通商口岸所没有的特殊优惠条件。主要有以下几条：其一，运入租借地并在租借地内销售的货物一律免征进口税。⑦ 在胶州湾租借地，1905 年的《会订青岛设关征税修改办法》虽将免税区限于所划定的自由区内，但仍补充规定：除"在海

---

① 《中外旧约章汇编》第 1 册，第 884 页；第 2 册，第 395 页。
② 《中外旧约章汇编》第 1 册，第 885 页；第 2 册，第 396 页。
③ 《中外旧约章汇编》第 1 册，第 885 页；第 2 册，第 395 页。
④ 《中外旧约章汇编》第 1 册，第 885 页。
⑤ 《中外旧约章汇编》第 1 册，第 338 页。
⑥ 《中外旧约章汇编》第 1 册，第 884 页；第 2 册，第 304 页。
⑦ 《中外旧约章汇编》第 1 册，第 884 页；第 2 册，第 304 页。

关税则免税之物则在青岛租界一同照免”外，军营需用之物，如各色军械、被服、食品和公众之用品，如机器、配件、家具、农器，及建筑木料、器具等，也应列入免税项目。① 其二，凡租借地内生产之物料及由海路运来之物料制成之各种制造品，运出租借地时，均不纳出口税；若用租借地外中国其他地区运入租借地之物料制成之制造品，按原料完纳税项。②

此外，在胶州湾租借地，根据 1905 年的协议规定，海关征收的进口税百分之二十必须提交租借国，作为"补助费"③。据魏尔特在《中国关税沿革史》一书中所载，则"在这笔补助费中，据解释，也要包括同样成数的沿岸贸易税（复进口半税）和民船贸易进口税在内"。后来则又加进民船装载的水果关税的百分之五十；惟内中扣除征收费百分之二又二分之一。④ 这是对中国海关关税赤裸裸的侵夺。

近代中国租借地海关的出现及其关税制度的形成，对近代中国海关及其关税制度的发展变化，产生了影响。一方面，由于租借地海关仍属海关总税务司署管辖，故租借地海关的设立，也是海关权力的进一步扩张；但另一方面，由于租借地海关在组织，管理和征税等方面的上述特殊规定，使租借国得以较大程度地控制了租借地海关，使总税务司署的管辖权受到削弱；同时，也使关税制度自此开一变例。

总之，从以上所述表明，近代中国租借地海关的出现及其关税制度的形成是中日甲午战后列强争夺在华权益的产物，也是中国民族危机深重的一种反映。⑤

此外，由于英、法争夺西南边疆，英国于 1897 年迫使清政府签订的《续议缅甸条约附款》，另立专条，规定开放西江口岸之梧州、三水为通商口岸，将江门、甘竹滩、肇庆府和德庆州城外 4 处，"开为停泊上下客商货物之口，按长江停泊口岸章程一律办理。"这样，英国由于开放西江而达到将西南边疆和长江流域连成一片的意图了。三水、梧州于 1897 年开关，作为起下货物之

---

① 《中外旧约章汇编》第 2 册，第 336—337 页。

② 《中外旧约章汇编》第 1 册，第 884 页；第 2 册，第 395—396 页。

③ 《中外旧约章汇编》第 2 册，第 402、336 页。

④ 《中国关税沿革史》，第 403 页。

⑤ 本节参阅戴一峰：《近代中国租借地海关及其关税制度试探》，《海关研究》 1987 年第 2 期。《十九世纪后期西南边疆的开埠设关及其关税制度》，《海关研究》 1990 年第 1 期。

4 处，也于 1897 年开放。江门于 1904 年提升为江门关。只有南宁关迟至 1907 年才开办。

重庆、沙市、杭州、苏州也根据《马关条约》开为商埠，并于 1896 年开办了沙市关、杭州关、苏州关。

由于列强在中国各口岸到处窥伺，清政府无法招架，索性自开口岸，称为"自开商埠"。这一期间的自开商埠有岳州、三都澳和吴淞，此三口也各开设了海关，即 1898 年开办的岳州关、福海关和吴淞关。由于新辟口岸的增设，海关机构不断扩大，海关势力深入到内地以至偏远的西南边疆了。

第三节　海关与内河开放

1898 年列强正在中国掀起割地狂潮，英国公使因清政府拒绝接受英国的抵押借款而要求一项补偿，那就是要求准许英国船舶到内地通商，其他列强也渴望获得这项权益。总理衙门在被迫情况之下，只好声称："近年以来，江苏苏州、浙江杭州两府，开设商埠，民船往来，多用轮船拖带；搭客运货，悉皆便捷，仍与民船贸易并无窒碍；华、洋商民每请设立公司制造船只，驶行各口，自应因时制宜，变通尽利。臣等拟将通商省份所有内河，无论华商、洋商，均准驶行小轮船，借以扩充商务，增收税厘"①，并饬总税务司妥议章程。总税务司遵拟《华洋轮船航行内港章程》（简称《内港行船章程》）。《内港行船章程》塞进许多不利于华商的规定。《内港行船章程》第一条规定："中国内港，嗣后均准特在口岸注册之华、洋各项轮船，任便按照后列之章往来，专作内港贸易，不得出中国之界，前往他处。'内港'二字，即与《烟台条约》第四端（按：系第三端第四款）所论'内地'二字相同。"②《烟台条约》第三端第四款："系指沿海、沿江、沿河及陆路各处不通商口岸，皆属内地。"③ 内港行轮统由税务司管理，由海关发给驶行内港的华、洋轮船关牌；轮船前往内港，于出口、回口时，都应"一体报关"，"由关核定应否照完何项出口税"。"凡属洋商之船，应完何税，即按条约税则办理。"但"洋商应遵

---

① 光绪二十四年三月初三日总理衙门随总字第 2349 号奏折。《总税务司通札》（第 2 辑 1897—1901），第 93 页。

② 《中外旧约章汇编》第 1 册，第 786 页。

③ 《中外旧约章汇编》第 1 册，第 349 页。

之章，须与条约相符，仍由海关一体颁布"。此项轮船经过税关、厘卡等处，如有"不遵允停轮，或搭客、水手等在内港地方滋闹等事，即照各关卡定章罚办，一面由海关将该船之船牌撤销，不准复往内港贸易"；"倘系洋商之船，若该商以审断案情及罚款，均请照同治七年《会讯船货入官章程》办理"。①这些规定，保证海关对轮船贸易的管辖，为外商争得较诸华船通商贸易的有利条件。

《内港行船章程》经总理衙门发交有关地方官征求意见。南洋大臣张之洞发觉《内港行船章程》流弊很大，作了中肯的剖析并上奏。首先他一针见血地指出，"查各国内河，只准本国商民行轮，搭客装货，不比沿海地方任人共行；其榷税收捐亦独优于本国商民。重税进口，轻税出口，各国不得均沾。若为扩充商务增益税厘起见，准华洋并驶，立约之事，权自我操。今此章一行，则是尽夺华人之商务以与洋商，阴攫中国之税厘以益外商。"其次指出，把"内港"作为"内地"，"是陆路不通商口岸皆有外国之帆影轮声，僻壤愚民必多惊扰。至于征收税厘之权，本应华、洋一体通行"，"今洋商改照条约税则办理"，"是照旧征收者仅华商厘税。洋商既同得约外之利，独不完内地之厘，办理两歧，难言平允。""又增长江轮船若无海关牌照，一概不准拖带货船数倍，是明许洋商可请领事代为请照，所向隅者独在华商。"这种情况，"势必使华商俱隶洋籍，便可挂旗领牌，畅行无阻，则长江、内地厘金尚可问乎？"因此，吁请"华洋一律办理，以免偏枯"。总理衙门以内港行轮本系条约必行的事情，"洋商既同得约外之利，自应同完内地之厘金，以昭平允。"于是札行总税务司，"再行妥速秉公详晰，核议申复"。②

副总税务司裴式楷以"现此章既由贵衙门酌定，并经照知各国驻京大臣查照，不日即当照行；若颁行未久，旋即撤回，不但与贵署体统有关，且各国大臣必不允从。"最后只由副总税务司拟具补续章程，"与前章相辅"而行。他所拟的补续章程叫做《内港行轮补续章程》（简称《补续章程》）。副总税务司申称："续之意约有二端，一为保固税厘，仍能照数征收，归于各省大宪；一为便利商船，即有华洋商轮驶入内港，沿途关卡不能留难阻滞。""除

---

① 《中外旧约章汇编》第 1 册，第 786—787 页。

② 光绪二十四年六月十二日总理衙门札总税务司总字第 2412 号。《总税务司通札》（第 2 辑 1897—1901），第 142 页。

由总税务司代征厘金之口外，其余通商各口应由〔各省〕上宪派委妥员会同税务司办理。"这是因为"轮船各事，向归各税务司办理，而内港税厘又非税务司之职"，所以应由地方官宪派员"总征收"。

我们详查《补续章程》，关于洋商纳税税则问题，作了如下的修改：原章第七款所载各该卡之章程，即"洋商应遵之章，须与条约相符，仍由海关一体颁布"，改为"应以本年为限，由中国将各卡章程颁布"。是则原章第七款只实行到"本年"，本年后即行废行，另按中国各卡章程执行。《补续章程》规定：凡在通商口岸将土货装载轮船运往内港，应先报明该关，照民船装货出口完税之例完纳出口正税；该轮船往内港新装之土货，若遇关卡，须照该处章程完纳各项税厘等款，"与民船办法丝毫无异。""凡土货在内港已装轮船非欲运他处，……惟遇沿途关卡，仍须按该处之章，完纳税厘。"这样，华、洋之别，洋商纳税按条约规定办理的规定，才被删去。为缓和地方官宪的反对，还在《补续章程》规定一条，即"内港各口应由该省大宪各派一妥慎之员代收轮船往来内港之税厘。""各该员应于新关附近之处设立局所，与本口税务司和衷会办，不可自专。"这就把地方应得的税厘自收自报了。①

由此可见，总税务司所拟原章，完全是牺牲华商利益，为外商争利；如非南洋大臣力争，便无法挽回了，此项章程，总理衙门竟予批准，还照会各国公使执行，可谓颟顸、无能之至！

1897年年底，列强乘中国民族危机严重之际，要求修改行之36年的《长江通商统共章程》。外商认为该《章程》"强制"他们对于载自沿江各口的土货同时完纳出口正税和复进口半税是不合理的。要求这种纳税手续比照装自沿海各口的同样货载划一办理。他们还要求简化茶的征税手续，使承销人在茶叶从一艘领有长江专照的轮船起岸时，可以不必缴纳复进口半税，而按照应完款数，立具保结以为代替。这项保结准在茶叶于1年内重新装船出口时，予以注销。此外，从1862年起，沿江又开放了南京、芜湖、沙市、宜昌和重庆等5个通商口岸，以及大通、安庆、湖口、陆溪口和武穴5处可以装卸货载的停泊所，和8个可以上下旅客和随身携带行李的搭客站。以上各项要求均载入修订的《长江通商统共章程》。这个修订的章程，由英国公使窦讷乐代表各国公使

---

① 此章程载《中外旧约章汇编》第1册，第820页，名为《续补内港行轮章程》。总税务司通札第846号附件3，总理衙门发下的章程则作《内港行轮补续章程》。

递交总理衙门。总税务司以《长江通商统共章程》是在太平天国运动期间拟定的，"厥后发逆早尽剿灭，则长江之情形自与彼时不同，一则两税并征，虽为船商便捷，而闻有伤于货商"，所以赞同各公使送交的改定章程。①

1898 年 12 月，窦讷乐又函总理衙门催办，而继任领袖公使的西班牙公使亦称，"该章程已为各国驻京大臣核准，可以通饬遵行"，总理衙门也核准于 1899 年 4 月 1 日开始生效。

第四节　海关为外商及其自身争夺在华权益的活动

海关是列强利益的代表，它为外商争夺中国的权益，这是无法避免的，也是历史条件加给他们的限制。海关为外商争夺在华权益，以争夺保税关栈权益最为典型，我们不妨用较多的篇幅加以叙述。

按照条约规定，外商应纳的关税，进口税应于货物起岸后立即缴纳，出口税应于货物装船时完全付清，商船统俟各项税钞全数付清后方得结关离口。

早在 1854 年 10 月，在英、美呈递的修约节略中，便提出设立保税关栈的条约要求。《嘆咭唎清折》第 17 条称："在各贸易港口处所，设法建立官栈，暂存候销货物，以便不合售者，仍行出口；终能合售，亦按则纳税"。美国呈递的清折，也有准其货物"暂行存官栈"的要求。② 这些要求遭到清政府的拒绝。

1868 年 5 月，中英修约又迫近了。英国公使阿礼国递交总理衙门第二个修约节略又提出："如各海口洋行，大半皆欲设立官栈，或由海关设立，或系该商设立栈房，亦可作为官栈，均归监督办理。"③ 清政府坚持不住，乃于中英《新定条约》（《阿礼国草约》）中规定：中国应允"准通商口岸酌量情形设立关栈"。但《新定条约善后章程》议明："倘有碍难设立之处，亦可不设。"④

在修约谈判中，阿礼国强烈要求由外国自立的栈房，改设关栈；但总理衙

---

① 光绪二十四年二月十九日总税务司申复总理衙门京字第 3476 号。《总税务司通札》（第 2 辑 1897—1901），第 120 页。

② 咸丰四年九月十五日崇纶等奏折附件。《筹办夷务始末》（咸丰朝）第 1 册，卷 9，第 344、346 页。

③ 同治六年十二月初八日英国公使论拟修约节略。《筹办夷务始末》（同治朝）第 11 册，卷 63，第 31 页。

④ 《中外旧约章汇编》第 1 册，第 309、312 页。

门坚持应由中国海关设立。最后在 1869 年《新定条约》中议定："即由该关监督会同总税务司酌量情形，妥议章程办理。"①

由于《新定条约》为英国政府所否定，没有生效，关栈保税条款也就没有实行了。

但是在修约期间，江海关税务司费士莱擅自准许未完税进口货物起岸存栈，给予"几天的付款宽限"；其后税务司狄妥玛也极力为外商商会多次要求在上海采行关栈制度，力图把进口税的征收，"推迟到货物到达最后一个口岸之时"。总税务司警告狄妥玛："记住目前尚没有关栈"，"不要随便作出任何承诺或执行任何建议，以免使海关陷入窘境。"② 他认为要在上海引进关栈制度，不能根据"现有条约"，而有待于把关栈作为定例的修改条约的到来。③

1878 年，中英谈判《烟台条约》时，关栈和鸦片问题混在一起，成为谈判焦点。双方最后议定："令英商于贩运洋药入口时，由新关派人稽查，封存栈房或趸船，俟售卖时洋商照则完税。"④ 据此规定，鸦片成为最早特许存栈的货物。这项规定因外商规避增加税厘而一再拖延，直到 1887 年才付诸实施。

1880 年，在中德《续修条约》中才正式规定："中国允：凡中国通商各口，由该监督等酌量情形，如系众洋商情愿，无碍地方者，该监督等妥议章程，自行设立关栈。"⑤ 并于《续修条约善后章程》中规定："先由上海试办，即由该监督会同总税务司酌量情形，妥议章程，由该监督等自行设立"⑥。

1882 年 5 月，总税务司据中德条约的规定，奉派到上海筹办关栈。他草拟了上海试办关栈章程，规划了设立关栈的具体方案，其中有一条涉及"中外商栈一体享用关栈权益"。他说："上海商栈虽多，但适用充作关栈的，莫如招商局、虹口及怡和洋行之顺泰码头仓栈。"而"怡和洋行栈房与招商局毗连，若合作一栈，较为妥便"⑦。据此以行，则关栈权益推及外国人。江海关

① 《中外旧约章汇编》第 1 册，第 312 页。

② 《中国关税沿革史》，第 217 页。 1869 年 2 月 11 日赫德致狄妥玛第 10 号函。《中国近代海关历史文件汇编》第 6 卷，第 276 页。

③ 1869 年 3 月 30 日赫德致狄妥玛第 34 号函。《中国近代海关历史文件汇编》第 6 卷，第 287 页。

④ 《中外旧约章汇编》第 1 册，第 349 页。

⑤ 《中外旧约章汇编》第 1 册，第 373 页。

⑥ 《清季外交史料》，卷 20，第 6 页。

⑦ 光绪十一年邵友濂致徐润函稿。聂宝璋编：《中国近代航运史资料》第 1 辑下册，上海人民出版社 1983 年版，第 1134 页。

监督认为，目前只准德国商船享有关栈权益，其他各国"须俟试办两年后再为仿办"。总税务司辩称："一准德国船货按关栈章程办理，则不得不准有约各国船货同沾其益。"① 总理衙门只好默认。

关栈章程既已订出，江海关监督主张"专用华商栈房"。② 招商局更以选择关栈，事关国家自主之权，"未便听洋商自主"③。双方经过几年的争论，到1880年10月，总理衙门才最后决定自办关栈，撤开外国商栈，而仅委托招商局承办。总税务司不得不遵示拟定《上海关栈试办章程》，并于1888年1月1日起开办关栈，实行关栈保税。

只准招商局承办关栈，这是中国自有的主权；但是外商极力反对，洋商总会甚至举行特别会议，企图阻挠招商局主办。怡和洋行麦轧利哥（J. Macgre-yor）抛出事先拟好的节略，提议由洋商总会上书各国公使设法"将独权包揽之法删除，使此格外利权归于公众"④。

招商局开办关栈后，外商进行抵制，所以试办6个月，只有70%进口船只到栈，30%进口货物囤栈。总税务司把这种情况归咎于招商局的"垄断"，并断言招商局承办关栈，"与商务并无益处，亦并非商人必要者"；"只准招商局一处开关栈，虽有包揽之意，并无包揽之益"，"日后必非获利之源"⑤。但仍无法打动总理衙门。

外商取得设置关栈的权益是开始于火油关栈的设置，而且是由总税务司促成的。

十九世纪八九十年代以来，火油（煤油）在中国的销售数量达百万箱，成为进口的大宗货物。火油是危险品，应另筹囤积之处。招商局集股设立的上海浦东华栈公司，禀请总理衙门特许作为火油关栈。总理衙门即饬总税务司查明情况。旗昌洋行闻讯函请美国公使田贝出面要求与招商局"同沾其益。"并称招商局禀请火油"不准存于别国公司"，对于该行浦东所设存油之栈有碍，

---

① 光绪十三年四月二十二日总税务司申复总理衙门京字第1855号。《总税务司通札》（第2辑1885—1889），第296页。

② 光绪十三年四月十三日总理衙门札行总税务司总字第1532号。《总税务司通札》（第2辑1885—1889），第294页。

③ 光绪十二年正月三十日招商局咨复文稿。《中国近代航运史资料》第1辑下册，第1135页。

④ 《中国近代航运史资料》第1辑下册，第1143页。

⑤ 光绪十四年七月初二日总税务司申复总理衙门京字第2005号。《总税务司通札》（第2辑1885—1889），第567页。

还要求："如国家添设栈房，自必中外公司，视同一例。"①

1888年11月，总税务司向总理衙门提出了外商栈房同办关栈的方案，以期打破中国自办关栈的局面。他声称：招商局"现拟开设火油关栈虽无不可"，然"已设之油栈洋行，未必即甘心情愿。是火油关栈一举，不若准招商局并旗昌行同时开办。"至于百货关栈，"不若乘此机会另准怡和行（英商）照办。""若准照办，则事属大公无偏无袒，各商必为感激。"② 总税务司为外商争利的意图在这里表现得十分清楚。

总税务司试图把火油关栈和普通关栈的权益推广到外商，立即遭到招商局的抗议和总理衙门的反对。招商局认为这是"保全中国自主之权"，强烈要求总理衙门，"将百货与火油两关栈专派该局承充，以免权利旁落。"③ 总理衙门因而札饬总税务司："关栈属自主之权，非他人所能搀越"；"若准旗昌、怡和等行照办，殊与定约不符"，直斥为"欲洋人得分其利"，并于1889年4月札行总税务司："所有百货、火油两关栈，自应仍照前议，专准招商局充办。"总税务司无奈，只得通饬江海关税务司："发给招商局浦东栈房作为火油关栈执照"④。

1894年，随着火油装运由箱运改为油轮统舱散装，英、德油商要求开筑池栈，散装火油，并擅自在上海浦东建筑池栈。李鸿章派员与外国领事交涉，势难禁阻，只好仿效英、日、法例，议定《火油池设限防险章程》，准予火油栈"上海浦东一处暂行通融办理，以后他处不得援此为例"⑤。

1894年4月，外商为池栈火油改运别口请领免单。总理衙门以原定池油进口完纳进口正税，改箱装运出口则纳出口正税，复进别口再完复进口半税。英、德公使皆以火油系属原货，自应免征。为此，总理衙门和外国公使进行长达1年的反复谈判，相持不下。总税务司竟然以中间人面目出面调解，"特为酌中参核，于征、免之中只征半税，以为通融办法，俾两面皆不全失己之所

---

① 引自招商局档案："美国田使信"。《中国近代航运史资料》第1辑下册，第1144页。

② 光绪十四年十一月初九日总税务司申呈总理衙门京字第2044号。《总税务司通札》（第2辑1885—1889），第569页。

③ 光绪十五年二月初四日李鸿章札饬招商局文。《中国近代航运史资料》第1辑下册，第1143页。

④ 1889年4月16日总税务司通札第450号。《总税务司通札》（第2辑1885—1889），第558页。

⑤ 光绪二十年六月十七日李鸿章、刘坤一奏折。《清季外交史料》，卷93，第7—8页。

欲，且不迫令他人全失所欲"①；但是德国公使坚持免征、俄国公使更为挺强，认为火油装运，除照约值百抽五外，"不能违理重征"。总税务司乘着中日甲午战争清政府惨败求和的机会，要挟总理衙门："辩论池栈火油之事，总以了结为妙，不必再生争执。"同时申明，池油只可运入地方官准设之池栈，并制定了征税办法：凡储火油之关栈的池栈火油，离栈时完纳一进口正税后装入容器，向其他通商口岸复出口则不再重征；运入内地且有转口特权的仅纳子口半税；而储于非作为火油关栈的池栈火油，运入时完纳进口正税，于改装转运他口时再纳复进口半税，运入内地没有转口特权。总税务司据以制定《火油池栈专章》。总理衙门在走投无路之下，只得批准，并宣布自 1895 年 4 月 1 日起施行。

这样，总税务司为外商争得了设置火油关栈和火油改装半税出口两项特权，终于打开了招商局独办关栈的缺口，把关栈设置特权扩展到外商池栈。从此，保税关栈由中国自办转而为外商广办了。中国保税关栈的自主权因而丧失②。

由此可见，在保税关栈问题上，总税务司所扮演的是怎样的角色。

总税务司还极力为外商争夺内港通商权益。

列强获得沿海、沿江通商航行特权之后的数十年间，力图打进内河，在全国范围内进行通商贸易；但是清政府为保住内地的统治，千方百计地坚持不放，所以除长江以外的内河，列强一直没有能够取得通商航行的条约特权。

1896 年 7 月，总理衙门以"当此度支奇绌，因应繁难"之际，接受了总税务司的建议，"其机器制造之货，不论华商洋商，均于离厂之先，仿照洋货进口例，征收值百抽五之正税，再加征一倍，以抵内地厘金，统计每值百两征银十两"，奏请遵行③。

总理衙门奏请华商机制货物的理由是：中日《马关条约》签订之后，"现日本商人已在上海购地设厂，各国洋商亦纷纷设厂。转瞻通商口内机厂林立，百货蝟溢；既享制造之利益，应守完税之责成。此等创举之事，只可酌定税

① 光绪二十年十二月初七日总税务司申复总理衙门京字第 2858 号。《总税务司通札》（第 2 辑 1893—1897），第 246 页。

② 参阅薛鹏志：《中国近代保税关栈的起源和设立》。《近代史研究》1991 年第 3 期。

③ 光绪二十二年五月二十四日总理衙门札行总税务司随总字第 2054 号。《总税务司通札》（第 2 辑 1893—1897），第 405—407 页。

章，且无歧轻歧重之别。"① 华、洋商人既同造机制货物，便应同纳一税率，于是在 6 月札行总税务司遵办。

总税务司奉到札文，当于 1896 年 7 月 15 日札行各关税务司：华商机制货物向外转运征收从价百分之十的关税。

湖广总督张之洞以此项征税办法，"乃农工商民公共之利害，中外贫富强弱之枢机"，"臣为自强大局，力顾根本起见，反复焦思，不敢不言"。于是罗列了种种理由，奏请华商"暂免加税"。他历述华商创办企业的艰难，官府扶掖的苦心。在此"华商鼓舞方在萌芽之时，遽行加税，则华民困阻于内，洋商抑勒于外，数年之间，已成者歇业，未开者绝响。是九州之地产物力，万国之巧法厚利，尽为洋商垄断之资。""如谓〔华洋〕明文一体加税，暗中〔对华商〕则曲予维持。目前中华局势，外洋情形，窃恐未能办到；且洋商之究竟肯加税与否，亦尚不知何时，而华商则已先敝矣。即使洋商于华造者遵加，而其来自外洋者仍不能加。〔洋商〕明知华商不能再开机厂，则不造于中华，而专运之于本国，销路日广，货价日增，徒存内地加税之虚名，而受华商阻塞利源之实害。此有损于民生，而仍无益于国计者也。"他和江苏巡抚赵舒翘、浙江巡抚廖寿丰往返电商，均以暂缓加税，为保护华商之至计。因此，力请"将机器造货值百抽十之新章，暂行缓办；一俟商务大盛，而各国又一体允加进口税之时，再行举办。"②

《甲辰新民丛报汇编》有署名"中国之新民"的，发表了《外资输入问题》的文章，抨击总税务司说，"日本《马关条约》特提机器改造货一事，实为〔外资输入〕第一着手。自彼约既定后数日，总税务司赫德旋拟出机器特别抽税章程，思所以助外资之气焰，而阻本国之进步。比附观之，肝肺如见"③。这篇文章，击中总税务司的要害，总理衙门亦以张之洞的奏阻，只好作罢。

上面各种事例，说明了总税务司虽身为中国之官员，但其屁股却坐在外商一边。这仅是公开的事实，至于暗中活动不为人知者，不知凡几！

海关不但为外商争夺在华权益，总税务司和税务司们也无孔不入地争夺中

---

① 光绪二十二年五月二十四日总理衙门札行总税务司随总字第 2054 号。《总税务司通札》（第 2 辑 1893—1897），第 405—407 页。

② 《总税务司通札》（第 3 辑 1890—1919），第 38—41 页。

③ 《甲辰新民丛报汇编》，论说，第 12 页。

国的权益。他们争夺的主要对象是铁路和矿产。开平煤矿是 19 世纪七八十年代东亚首屈一指的近代化煤矿，是当时官督商办企业中最有成效的企业，因此，成为税务司们争夺的对象。天津铁路也不例外。

中日甲午战争后期，清政府害怕日本占夺开平煤矿、天津铁路，准备以开平煤矿和天津铁路作为抵押，向欧美资本家借款，组织洋董事会，由外国人管理，以抵制日本的占夺。总税务司得到这个消息，认为"可以在良好基础上兴办大业"，坚主由汇丰银行出面经办。终以"铁路迄今仍是天津方面所管的地方事务"，自知无法介入，"只好停止干预"，"不便多问"①。而开平煤矿则因汇丰不肯轻易插手而未能实现。

过了半年，"现在又有考虑盐务、铁路的空气了"。总税务司便向总理衙门提出要求："应将这些掌握在手内，派我为总办，集中管理，"并说"这是取得成功的惟一办法。"② 与此同时，德璀琳也带了一个"仿照海关制度管理中国铁路的计划"，在德国进行活动。德皇曾单独召见他长谈约一小时。此外，他还曾与斯宾瑞斯和英国驻德大使馆拉赛尔爵士等会谈过③。但是，清政府却委派盛宣怀担任铁路总公司总办。这样，德璀琳攫取中国铁路利权的计划便告破产。

接着，德璀琳把目标转向矿务。他于 1897 年 9 月向总理衙门呈递一个禀帖，倡议设立矿务总司。他从德国带来了一个矿学专家，"察勘直隶满洲各处矿产……于是德君于政府以设立矿务总司为请直隶、满洲所有之矿，统归采办，章程则仿照海关而行，盖欲综揽事权，故满志踌躇，冀或酬其愿望。"④但也没有得到清政府的采纳。

德璀琳倡议的铁路总公司、矿务总司，都是采用海关外籍税务司制度，这是因为这种制度是以洋员为核心，名义上是清政府的，实际的权力完全操诸外国人，这是最有利于浑水摸鱼的。1900 年 6 月，八国联军侵占了天津。开平煤矿督办张翼害怕联军霸占煤矿，札派德璀琳为法律代理人，兼开平矿务局总

---

① 1985 年 2 月 16 日、20 日，3 月 2 日赫德致金登干新字第 865、268、766 号电，3 月 3 日 Z 字第 654 号函。《中国海关与中日战争》，第 146—149 页。

② 1895 年 9 月 15 日赫德致金登干函。同上书，第 196—197 页。

③ 1896 年 9 月 12 日金登干致里德新字第 658 号电，11 月 13 日 Z 字第 1032 号函。《中国海关与英德续借款》，第 100 页。

④ "德璀琳论中国开矿造路事"。《湘报》，第 79 号（光绪廿四年四月十七日），录自《国闻报》。

代理人，把开平改为中外合办企业。德璀琳和英商墨林的代表人胡华（即后任美国总统的胡佛）签订了《卖约》，把开平卖给墨林：墨林又转手卖给自己占有很大股份的东方辛迪加，组织了"开平矿务有限公司。"从此以后，这个大矿就落在外国资产阶级手中了。

这群税务司们就是这样为外商、为自己追逐中国权益的。

第十六章

义和团运动和修订商约期间海关权势的空前扩展
和海关帝国主义本质的充分暴露

第一节　义和团围攻使馆、焚炬总税务司署和
长江下游的税务司与"东南互保"

　　列强在中国掀起的割地狂潮，使中国处于空前的民族危机之中。这种空前严重的形势，促使了义和团反对列强侵略运动的爆发。发源于山东的义和团于1900年6月初，在"扶清灭洋"口号的号召下，迅速地进入北京城，和开进北京城的董福祥部队结合起来，开展了声势浩大的围攻各国使馆的斗争活动。

　　作为海关的首脑机关总税务司署是义和团的打击对象。"五月二十四日（6月20日）总税务司带同裴副〔总〕税务司及同文馆欧〔礼斐〕总教习等老幼四十余口，均赴英国使馆避难。"① "我们好像笼中之鼠，日夜担心不知什么时候会遭遇大难"，"每个中国人都得为了把外国人赶出去而欢庆呢!"②

　　1900年6月10日赫德用"急密"电报打给粤海关税务司庆丕，"请立即往访李鸿章（时任两广总督），向他说明此间局势极端严重。各国使馆都害怕会受到打击，并且以为中国政府既不仇外，也无能为力。如果发生事故，或情况不迅速改善，定将引起大规模的联合干涉，大清帝国可能灭亡。请转告李中堂，我请他电奏慈禧太后，使馆的安全极为重要，对于所有建议采取敌对行动

---

① 1900 年 7 月 22 日赫德致总署总办函。中国近代经济史资料丛刊编委会主编：《中国海关与义和团运动》（以下简称《义和团运动》），科学出版社 1959 年版，第 24 页。
② 1900 年 6 月 3 日赫德致金登干 Z 字第 859 号函。《义和团运动》，第 6—7 页。

的人都应予驳斥。"① 李鸿章以"国事太乱，政出多门，鄙人何能为力"为答。

6 月 20 日，义和团开始围攻北京各国使馆区，总税务司和同文馆等 16 个机关"咸遭焚炬"。总税务司乃于 24 日专差赴天津，向"驻津各国领事官或西兵统带官"求救："北京情形，十分危急！请火速发兵援救"（讴隐同《拳乱纪闻》语）。

总税务司署既被焚炬，总税务司和海关洋员都避居使馆区内，海关行政完全停顿，总税务司的职务无人行使，全国海关成为无首群龙。上海领事团征得上海税务司署造册处税务司戴乐尔的同意，并经南洋大臣刘坤一的委派，由戴乐尔暂代总税务司职务，并于 7 月 16 日在上海成立临时总税务司署，暂时执行总税务司职务②。

北方淹没在义和团运动的浪潮中，长江流域通商口岸的大官僚盛宣怀、李鸿章、张之洞、刘坤一等则在策划"东南互保"。海关税务司为着抵制义和团势力波及东南地区，维护英国利益，也都纷出活动。其中最活跃的是金陵关的韩森和江海关的安格联。6 月 16 日安格联电金陵关署理税务司韩森，要他设法去见两江总督刘坤一，"说明必须在这一地区保持安定，并对他说：在这个问题上，英国方面支持他。"韩森向赫德打了电报："下午 7 时，总督通知我去见他。总督很激动。他极力说明他愿意在长江一带维护和平，并且迫切需要英国方面的支持。他要我同安格联联系，设法使英国方面了解，只要英国方面帮助，什么都肯做。他还要求立刻派三艘英国军舰，一艘驻吴淞口，两艘停泊南京和汉口之间，"刘坤一表示：他"同英国人打交道有四十年了，觉得英国人常常是很'公道'的。在目前危急时期，他知道英国除了本身的商业利益以外，还会为中国的利益着想。如果其他国家侵犯长江一带，他愿意听英国的指挥。"刘坤一还强调："他的地位极为重要，如果他带头使老百姓不闹事，就可以使中国的大部分地区不致因战事发生混乱，并免被各国占领，让长江一带贸易照常进行，把军事行动限在北方"。他甚至"屡次声明：不管太后的意图如何，他决心照自己的方针行事"；"如果太后现在谕旨给我，谁敢说这不是俄国政府的指示呢。"③

---

① 1900 年 6 月 10 日致庆丕电。《义和团运动》，第 73 页。
② 参阅 1900 年 7 月 16 日总税务司通札第 951 号及附件。《总税务司通札》（第 2 辑 1897—1901），第 571—572 页。
③ 1900 年 6 月 19 日韩森致赫德函。《义和团运动》，第 74—75 页。

韩森于当天（1900 年 6 月 16 日）晚上也给安格联打了一个长电，告诉他和刘坤一谈话的情况，并说明："英国必须用军舰极力支持，加强总督的地位。"

韩森还和英国总领事、其他几个清朝官员在洋务局进行联系。他们传阅了命令李鸿章和袁世凯到北京去的谕旨。"他们认为这是一个好的预兆，因为李鸿章在外国人方面有很大的影响。"韩森向赫德报告了南京的局势："这里大多数官员对于义和团没有同情；但这并不能说明局势就不严重了。官员里有一些人暗中恨'洋鬼子'对于义和团是同情的。例如藩台就是一个满洲人，而英国人应当密切注意的人物还是江苏巡抚鹿传霖。据说鹿传霖是反对刘坤一的那一派的首脑。安徽巡抚王之春是拥护总督的。这一带的湖南军队拥戴刘坤一"。刘坤一是坚决镇压义和团的，他"出告示把义和团叫做无法无天的暴徒，并悬赏缉拿，兵勇经常在街上巡逻。"①

税务司中最可怕的是安格联。安格联看见刘坤一"无疑是一个重要人物"，便策动他另建"中华帝国"。他说"刘坤一倾向英国，别国在长江不能做的事，英国能够做到"。"所谓别国，主要指德国、法国和俄国；此外还要记住：刘坤一对于慈禧太后是非常忠心的，对于慈禧个人的任何威胁，都会使他激动。"他认为"英国现在有一个很好的机会从内部重建一个中华帝国，以南京为核心。只有英国能办到这件事。"②

安格联表扬了韩森的活动，他说："韩森的工作做得不错，刘坤一和其他的官员们看来都相信他。刘坤一……肯维持这一带地方的秩序，韩森是起了不少作用的。"③

在义和团进入北京城时，"英国总领事法磊斯昨天接到英国外交大臣的电报后，今天下午去见总督，建议长江流域如果发生变乱，可由英国提供一切的军事援助。"江汉关税务司何文德也报告赫德说："总督〔张之洞〕对于英国愿意提供军事援助，表示感谢；但是他不肯接受。因为英国军队一到，别国的军队也就跟着来，那好比火上加油，后果如何？他就不能负责了。总督估计暂时还不致发生什么严重的事情；如果真有什么事情发生需要援助时，他就会马

① 1900 年 6 月 19 日韩森致赫德函。《义和团运动》，第 74—75 页。
② 1900 年 7 月 24 日安格联致金登干函。《义和团运动》，第 77—78 页。
③ 1900 年 9 月 15 日安格联致赫德函。《义和团运动》，第 78 页。

上同英国总领事商量的，他和两江总督同心协力，决意维持秩序，保护洋人。"①

正是在这些官僚、税务司和英国领事策动之下，"刘坤一、张之洞、李鸿章三位总督和福建巡抚许应骙，联合成了一种临时政府，并派代表到上海去，同各国领事商量保持华中、华南中立的办法"②，这就是"东南互保"。

由此可见，一方面以安格联为首，企图乘北方大乱之际，扶持刘坤一出来组织"中华帝国"；而大官僚们则不惜在国家危急之际，投靠英国以维持其统治。嗣因八国联军占领北京，这个分裂中国的活动也就停息了。

在围攻使馆中，总税务司除了饱受枪炮声的惊慌之外，几乎和外界断绝了关系。在将近两个月中，总理衙门偶尔来了几次信。第一次的来信是 1900 年6 月 19 日围攻使馆的前一天，这个信件通知说："由于〔各国〕要求交出大沽炮台，并附带通知如不交出，他们将予占领，命令各公使馆于 24 小时内离开北京"；还说："在这种情况之下，海关员司同公使馆离开看来是最好办法。"总税务司"要求总理衙门委派司员带同兵弁交接海关房屋和档案"，并另函请派拨队伍沿途保护至天津。复信因情况混乱而未送达。其后总理衙门陆续来了一些信件，如 7 月 21 日来信对海关房屋的焚毁，表示遗憾，并问总税务司和副总税务司裴式楷安否？7 月 25 日又来信询问关于由造册处税务司戴乐尔履行总税务司职务问题，7 月 27 日总理衙门建议总税务司拍发个电报给各国报告使馆平静安全，其后又转来一些得悉安全表示欣慰的海关等来电③。

第二节　八国联军占领北京和赫德关于
处理义和团事件的广泛建议

1900 年 8 月 14 日，八国联军占领北京城，使馆解围。海关除了代理邮政总办华格勒在法国使馆中炮身亡外，其余的"都在可怕围困的严峻考验中幸存着。"赫德宣布 22 日复职。总税务司署暂设崇文门附近的高井庙，恢复办公，并委派副总税务司到上海接管临时总税务署的档案。

---

① 1900 年 6 月 17 日何文德致赫德函。《义和团运动》，第 80—81 页。
② 1900 年 6 月 29 日韩森致赫德函。《义和团运动》，第 70 页。
③ 全文暨附件刊载于《中国近代海关历史文件汇编》第 2 卷，第 238—255 页。

　　八国联军占领北京，慈禧太后和光绪皇帝匆忙逃往西安。留京的总理衙门总办舒文当即函致总税务司，哀求出来"挽救"，"俾使宗社转危为安，京城生灵不致同归于尽"，"挽此大劫"。总税务司当即申呈总理衙门，呈称此次朝廷"误信廷臣之谬议，多日围攻使臣公馆，以致激怒众国，实属古今未有之奇事。因思此次各国出兵，原为救护使臣，非欲殃民害国，是以大局虽甚可危，尚可极力设法收拾。惟办理此事，欲有成效，最宜及早开议；若推诿迟延，致其中另生他变，则挽回更难。""贵衙门庆亲王久办交涉事件，各国大臣均与和睦；若能奏请皇上速行简派来京，或一人独办，或督同前派尚未到京之李中堂（鸿章）会办，其事虽属甚难，然亦必有办法。"① 庆亲王当即奉派会同李鸿章进京，主持和议。庆亲王于9月6日到京。赫德建议镇压在京的义和团，以免有碍"和局"；其次建议"皇帝回京"，以便速开和议，并代拟致各国公使"照会拟稿"、"信函底稿"两件，要求各国迅速开议和局，还附拟议和议纲领，"俾期速将应办之事早日完结"。"惟最要者系各国所索，倘可照办，立即应允，无庸辩论。"② 但当时有的公使出京，有的公使没有到任，且各国同床异梦，利害冲突，难以调和，所以一直无法开议。

　　赫德原有回国主意，但是"为了海关，为了中国，为了大家的利益。我想我可以有作用，也只有我才能在目前对于三方面都有作用。"所以"坚持留下"③。赫德决心在这关键时刻掌握局势。

　　为了掌握局势，总税务司赫德从围困的使馆中脱身之后，直到1900年底的4个月中，撰写了一系列论文。论文重点在于阐述经过义和团这一事件之后，各国应如何处理好中国问题，以避免事件的重演。这些论文编为一个论集，原名为"These From the Land of Sinim"，Essays on the China Question，译名为《这些从秦国来——中国问题论集》（简称《论集》），④ 内容非常广泛，从1900年7月义和团围攻使馆谈起，包括"庚子拳民"、中国的对外贸易、中国的重建、中国和世界等重大问题。这是赫德根据他在中国海关工作40年的经验，从其和中国官民、特别是和清政府权力机构当权人物长期频繁的接触，站在中国募用人员和列强代理人的观点、立场上，提出如何处理义和团事

---

① 1900年8月27日总税务司申呈总署另字第1号。《义和团运动》，第29页。

② 赫德：围攻使臣始末节略四。《义和团运动》，第39页。

③ 1900年9月8日赫德致金登干函。《义和团运动》，第10页。

④ 《中国问题论集》由邝兆江全部译出。连载于《大陆杂志》第70卷第3、4期。

件、如何处理好中外关系问题，以避免"黄祸"的出现。这个时候是八国联军占领北京、列强在酝酿对清政府谈判之际，这是提供各国谈判大臣的谈判意见和应取的态度。《论集》分成五个专题，其中颇多重复之处，内容芜杂。为了让读者对于这个庞杂的《论集》有个系统印象，特将要点整理如下。

《论集》首先把 1900 年"这个夏天北京发生空前未有的事件"——义和团事件提供个"概观"，并提供义和团围攻使馆的实况，然后提出他对这个事件的处理意见。

《论集》把"拳民"事件，看作"是一个变动世纪的开幕，又是远东未来历史的主题"，还认为"2000 年的中国将会大异于 1900 年的中国"。

《论集》从中国历史渊源分析义和团事件发生的原因。他从中国民族的特点谈起，在他看来，"中国有傲气——有人说是骄矜——的民族，但他们的傲气有很好的由来，他们的骄矜也有可原谅之处。他们与世界其他地方相距很远，一直过着自己的自足生活，开展自己的文明。"他历述了中国民族的许多优点，如孝道、君臣之道、和平之道、强权应在公理面前屈服、学识受到尊重，所以"人民的领袖是那些经由全国考试竞争证实才具较他人为好者出任"，"最贫穷的子弟也可赢取通往最高品位的途径，晋身宰辅之列。""时势及作为一个优越文明的威望，曾使四邻成为朝贡国"。"朝贡国祇需表面承认中国的宗主权，实际上可过自己的生活，还多少接受中国文明的影响和接受它的伦理教导。""对朋友本着己所不欲勿施于人的原则相处。"

"这一切的自然结果是中国政府逐渐自视为普天之下惟一伟大和文明的政府"。"多个世纪以来在各方面的优越已被想当然地接受了，一切骄傲的意识也就影响着政府和人民的意向和态度"。

鸦片战争爆发后，"这种长期以来自视为至高无上的政府和长期以来视其他人为野蛮的人民，发觉自己在军事上失利，被迫与不单威胁中国的优越，而且证实有力强制他人和实行自己意愿的列强建立条约关系。他们的民族自尊所遭受的打击，立即在他们的本性内扎根，成为一种持久的感受。不单是自尊心受创，而且认为公理〔受〕摧残。"但是《论集》认为"从天津诸约到拳民运动所经历的四十年，并不如先前的二十年过得那般平静。"而在"〔19 世纪〕结束时，这个〔列强欺压的〕苦杯可说已经注得满满"了。

接着，《论集》详述了外国人进入中国只受到中国人的"容忍"而不受"欢迎"的情况。"外国人根据天津诸约取得一些特权，其后都因为干预本地人〔中国人〕的利益而被视为不能接受。沿海贸易开放给挂上外国旗的船经营，竞争伤害了帆船主和与此行业有关的各项贸易。利用过境通行证把货物往返运经内地的特权也给予外人。这种特权不单被滥用于运载本地商人的货物，还替半独立的省政府财政制造困难。""传教士利用上述的新条款，在内地很多地方安顿下来。随着而来的不单是教徒与异教徒之争，还有关于传教士本人介入地方政府事务，因此，把地方官员和人民都激怒的投诉。海关的外人总办制（按：即外籍税务司制度）把很多额外收入和部分用人权从道台监督的手上拿了过来，因此虽然深得上头器重，却不大受地方欢迎。""'治外法权'意味着持续的侮蔑"，产生了"侮辱性的效果"。这样，过去"一般接触祇受到容忍，从没有受到欢迎。"

《论集》叙述了在华的外国人的三个阶层不受欢迎的情况。外商虽按条约规定"合法经营业务"，但沿海贸易的竞争，"已令中国帆船之破产和大帮依赖他为生的船夫失业，——因而触怒了〔中国〕商人阶层"；传教士虽"多方行善"，在医疗方面的"恩惠已得到感激的承认"，但他们"冒昧教诲的行动已引起不满。""一些已见的弊端——如假教民为了逃避自己的恶行的后果，为了利用教会的关系干预地方诉讼而入教；还有的传教士喧宾夺主，直接介入或妨碍地方官员的事务，使官员们愤怒……激成公愤，使官民同感不满。"至于使节阶层、公使和领事，"若认为他们的态度和行为都不符礼节要求，那是荒谬的；但与此同时，作为那些不仅中国自视至尊的权威，而且还索取权益或分享他人的所得权益的国家代表，他们经常被用猜疑的目光对待。"外国人不受欢迎的"情绪的暗流都朝向一个愿望，即诱使他早日离去，而不是延长他的逗留。"

这就造成两方面关系的"伤口"。《论集》认为"令伤口继续张开不能复原的是条约内某样东西。""条约中最重要而从外人看是最必要的，是在华外人享有治外法权条款。外国人据此可以不受中国法庭的仲裁，祇受本国官员的管理，它的本质具有某种粘液的扩张性。因此，它不但被用来保护个人及其财产，而且还导致一种设想，即个人除了只受自己国家法律的审判外，还可免除遵守中国法律的义务"。外国人"在这样基础上建立的架构却像比萨斜塔一样倾侧，总有一天是会折断倒塌的。"

《论集》总结义和团事件的爆发，"民族感情是一个必须重视、不可忽略的常因"。"中国惟一普遍存在的感情是对中国制度的自豪和对外的轻视。"虽然过去中国和外国签订了许多条约，但"条约下的接触没有把握这些情况改变；若有任何作用的话，反使之强化了。"这就引发了义和团运动。

今后怎么办？赫德认为"有三条可供选择的途径。"一条是瓜分，一条是改朝换代，一条是挽救清朝政权。瓜分，"面对这么庞大的人口，它终于成为不可彻底的解决办法"。"可以断言：将来会有一个'黄种'或'黄祸'的问题出现。"

《论集》说很多人畅论瓜分是"最便捷的解决方法"，但这不容易实现。"任何从中国割取的土地，都必须靠武力维持。割取面积愈大，管治时需要的士兵愈多，不安与动乱也愈易发生。被瓜分的中国会把对抗几个外国统治者的事作为共同目标。纵然无政府状态不至于连年继续下去，平静或平静的表象祇为那无可避免的力量作好准备，到时突然遍地动乱，显示民族感情的存在与实力"。所以"这个方案应受到贬责"。

"另一群在思考的人有一个错觉，以为北京已被占领，中国政府已不复存在，因此胜利者的责任是要建立一个新朝代。实在的形势是这样：政府的总部〔虽然〕不再设在北京，但帝国的运作如常，——皇帝在哪里，政府便在哪里。至于联军所产生的教育或威吓性效果，祇影响沿途所经构成十八行省的二百多个府的两三府而已"；"就算各国可以初步克服〔皇帝〕人选的困难而另立新皇帝，他将会依赖外国刺刀的支持，他的威令祇能在一个有限范围通行；他跟外国的渊源使他受到每一名黑发种族成员的鄙视，抵销外人撤去支持，他本人和他的产业便会马上永远消失。把一个新朝代强加在中国人身上的尝试"，是一个比瓜分更无望的方案。还有，改朝换代，"那里没有任何有名人士会被全中国接受，这个方案势将使中国长期陷入无政府状态，而任何赖列强撑腰建立的朝代将永远成为较弱和耻辱的标记。"

余下的是第三个方案，即"接受现存的朝代为继续的事业。""要言之，就目前的情况尽力而为。这个朝代绝不衰弱。它的威令遍及全中国，承认它是列强可以接受最容易的办法，对它支持会较其他行动更快更有效地全面恢复太平"。"为了维持治安和迅速恢复安宁，使生活和商业关系可以回复安全有益，惟一可行的方案是先让现存的朝代维持原状，到中国人民感到它的政令不行时，才由他们自行解决"。《论集》设想，"外来的侵扰与内部的溃散用不同速度平行并进，终会导致最后的灾难。因此，现在对外国利益最关紧要的是朝廷回銮。谈判人宜设法令皇帝可以这样做，而且在欢悦和安全的情况下做到。"

这样就可以商得彼此都可以接受的"构想"。"其次，作为地方重建的第一步，这不是指旧秩序的恢复，而是指一种可令旧制度中美好的事物与必要接受的新事物配合的安排。可授予庆亲王的所谓代理皇权，从而确立一个团结的重心。〔这〕不是为了对抗外人，而是为了方便那些指望在京城和附近地区恢复秩序和繁荣的人的共同努力。"所以《论集》主张继续承认清廷和支持光绪皇帝是"展开重建工作的起点"。此外，"没有其他办法会是这样易于实行，也没有其他计划可有同样把握把秩序迅速恢复。"

如何解决中国问题？《论集》联系到解决"黄祸"问题。它所说的"黄祸"，就是一个"拥有约四亿人口"的民族运动。这个民族"在文字、思想和感情各方面都达致混一"；他们有良好的居住土地；"这个种族经过数千年惟我独尊、闭关自守后，已迫于形势及来犯者的无比的力量，与世界缔结条约关系；但认为这是耻辱，看不到从中会得到什么好处。还希望终有一天强大起来，足以恢复旧有的生活，排斥一切外来接触、干扰和入侵。""它对每一名成员正激起中国人的感情——中国是中国人的，外国人滚出去"。"拳民运动……已吸摄着群众的想象力，将会像野火般蔓延全国每一角落。简言之，它纯是一个爱国的志愿运动，它的目的是要用中国人的办法把中国强大起来。""将来的爱国拳民会拥有金钱可以买到的最厉害的武器，到时再也不能漠视'黄祸'"了。

《论集》认为，这种"黄祸""当前就开始而又稳定有序地推动"。必须加以"疏导"。怎样"疏导"？他设想有两种可能的办法：一种是"倘若列强能够达成协议，马上瓜分中国，其后本着共同的了解，让中国的古老思想发挥最大效用，抑压尚武精神"，"如制定法律：不准人民接受军事训练、携带兵器、买卖军火等等"，"也许爱好和平、守法和勤奋的中国人会受摆布，经过多世纪后，其他文明的力量通过延续的世代，把未来的国民思想与感情的内涵与取向改变过来，让中国得以进入国际生活的圈子里。在那里，友好关系、共同利益和国与国间的互相尊重，取代了强制、嫉妒和种族仇视。借此使'黄祸'在人类前景中消散。"

还有一种可能"是不管官方的反对和民众的愤怒，基督教勇往直前，传遍整个中国，把中国变成友邦中最和气和对任何和平友好的事〔成为〕最显要的发起人，这样也可以把拳民的气球戳破，并把那势使种族仇恨高涨以及危及世界未来的毒雾驱散"；"但也要他们站稳脚，二千万或更多〔的人〕武装起来，操练有素，纪律严明和充满爱国心——即使是偏歪的爱国心——的拳民，将令外人无法在中国居住，将从外人身上取回他们在中国得到的东西，将把旧恨连息清还，将把中国旗帜和中国武器带到今日意想不到的地方，因而为未来酝酿从前连梦也没有想过的动乱和灾难。五十年后，将有数以百万计整装待发的拳民听从中国政府的指挥，这是完全不用怀疑的！如果中国政府继续存在的话，它会鼓励……支持和培植这个中国的民族运动，这对世界不会有任何好处。"《论集》虽然认为"祇有瓜分"和"最纯正的基督教神迹的扩展……，才可以暂延或避免这个结果。"但是它认为瓜分，"这是一个困难、可能性不大的国际性方案"；至于"基督教神迹般的扩展"，"这样的宗教胜利不是没有可能，祇是不宜寄望过高。"

上面二途真正是在实际政治和宣教活动的范围内吗？"我〔想〕恐怕不是"；如果不是，那又如何？他的结论是，这次起事无法无天的表现必须得到宽恕，而清廷也要得到支持。为此必须安排后者尽量少"失面子"。《论集》告诫各国谈判大员说："中国目前正处在对方愤怒的掌握之中，这个'掌握'必先换上友人衷心的包容，然后对外关系才可再循和平的途径进行，内政才可回复正常"。

在"中国与重建"一文中，赫德描绘当时北京附近的凄惨境况："从海滨到北京城一百二十哩路上，很难见到生命的迹象，令人不禁为造成如此灾难苍凉与杀伤悲哀。""北京城火灾和劫掠，主要是〔中国〕士兵和拳民的作为，使人感到可悲的是基督教国家卓越的军士们祇有使情况恶化……他们在这里征用东西，在那里抢掠，到处攫取战利品，袭击未能及时和其他一起逃脱的可怜妇女；在暂被弃置的房屋内，私人财产不翼而飞，留下的少数中国人吃尽了这一阵子的苦头"。"某国人士为了表示对这个古老文明的憎恨，肆意破坏他们不能带走的东西，另一国人士为了宣扬他们清洁的信条，射杀任何在公众场所便溺的人，还有第三国人士擅闯民宅，蹂躏妇女……"；"一些传教士为了上帝更高的荣耀，甚至率先劫掠异教徒。据称有一名目击者说：'在未来一个世纪内，中国信徒会以为劫掠和复仇是基督徒的美德！'"这时，光绪皇帝和慈禧太后已逃到西安，中国已出现了部分的瓦解和严重破坏。

如何重建中国？怎样和清政府进行谈判？《论集》认为总的目标应是改善关系，保障未来。《论集》对于"六十年来的条约关系竟导致这个拳民运动"，深感痛切。它认为"坚执现行条约祇会延续我们已知的各种困难"，所以它主张改善"条约关系"。"自从条约关系开始后，〔中国对于〕这种受创的感觉被各个条约的条款和再三出现的误会维持下来，随着时间的过去有增无减。"因而导致"十九世纪竟然以这样一个驱逐外人的尝试作为结束，整个世纪以来的〔中外〕接触大概要算是无益而又不讨好了。""至少从表面上看来，各口岸的贸易和接触都曾经过那么平静时期，而我们竟一直活在火山边缘，实在叫人难以置信。"正因如此，赫德认为应该趁这个机会改变情况，改善关系。如何改变和改善？他提出了种种建议，以备各国谈判大员采纳。

首先，《论集》认为外国公使、译员、传教士、外国团体被杀被毁，外国人财产、教堂、住宅遭受大规模的破坏，"都必须取得赔偿，并尽力防止它们再度发生"，"一些被指名的罪犯……无论怎样惩办也不算是过分苛刻。"

其次，"培植和推行一个保卫国家的志愿组织是合理而〔值得〕称许的；但是政府必须对其作为负责，它亦必须接受国家的控制，而不能控制国家。"

条约中"最惹人注目的要算'治外法权'"和"最惠国条款"。从外国人的角度和商业法的要求看，在中国领土之上维持治外法权和外人自己的法庭，在过去和现在可能都属权宜甚至必要之举。但在中国人眼中，这是一根矛而不是一面盾。除非把它拿走，否则外人不会有真正闲适栖身之所——对外接触不会真受到欢迎。

至于"最惠国条款"，"一直在妨碍转变，令中国政府不愿为取得特殊利益而争取补偿或愿作出补偿。这种让后来的外人均沾前来者所享有一切利益"是不公平的。"最惠国条款"应附加声明，"即任何国家如要均沾中国所给予其他国家的利益，便须接受并遵守给予此等利益的附带条件"。

"关税需要修订，因为自1860年以来物价都已变动，已有不少新货品面世。至于维持值百抽五还是改为值百抽十，这留待谈判人员去决定"。

赫德一向重视清政府的改革，所以强调要趁此机会引进"新事物"。《论集》以日本为例，"当全体人民受新思想和新动机的鼓动进入一种新生活时"，可以做许多事；"但是缺乏这种内在力量的地方，就祇好顺其自然，不应强使新生命在妊娠期完成以前便诞生出来"。

还有关于"使商人找到销售枪械市场"问题，"还是为避免那几亿人可能误用这些玩意儿造成祸害，宁可牺牲目前的收益。"也就是禁止外商在中国做军火生意。

关于赔款数目方面，他认为中国"对日本的赔款已构成一个苦不堪言的负担，……希望列强会把它减至最轻，同时本着同情和迁就的精神对待这位不幸的负债人"。

《论集》还为慈禧太后缓颊说："虽然端亲王和他的同僚被指责僭夺权力，组织目前国家的非法政府；但直到现在，还没有人可以确定慈禧太后自愿或被迫追随他们到什么程度"。

《论集》认为"我们渴望找到的东西，是要令将来的交往安全和平和有利"。因此，所望于谈判人员的，是"合理的行动和同情的对待在这个时刻可以赢取朋友，及为将来的友好关系播下种子"。所以它认为"换了另一套更谨慎、更合理和更一致的行动方针，可能会产生更佳的结果。"

以上是《论集》的大致要点。

从《论集》总的论点看来，中国和外国发生条约关系以来的 60 年，导致的结果是爆发反对外国人的"拳民"运动。从外国方面而言，这是由于条约存在着缺点，以致产生不良影响。《论集》着重要求改掉缺点，使不良关系转变为友好关系，以"赢取朋友，及为将来的友好关系播下种子"。尽管《论集》并不要求外国彻底放弃在中国的特权，而只是为着外国在中国长远利益着想，但这种改善关系的愿望，在当时敌对情绪那么严重的时候，不能不说对中国是有利的。

对于重建中国与谈判的一些建议，如赔偿数目从轻、撤除治外法权、改进最惠国条约、修改税则、传教士不得干预中国内政等，确实也是改进中外关系的迫切要求；这些缓和建议固然是从外国在华的长远利益着想，但在一定程度上减轻了中国的压迫和榨取，应该说是可以改善关系的。

赫德，作为一个英国人，难免受着英商利益和英国外交政策的限制，所以我们不能对他有过高的要求；《论集》为慈禧太后开脱责任，为庆亲王撑腰，极力主张支持清朝的统治。在当时，还没有一个新政府可以取代清政府的形势下，可以避免中国陷于无政府状态，造成列强瓜分或分裂局面的危机，这也是无可厚非的。

但是支持一个和海关紧密结合了 40 年的清王朝，也就维护了英国在华的政治利益和经济利益，而受到慈禧太后和恭亲王、庆亲王一贯重用的赫德，也将继续坐在总税务司的宝座上，驾驭着清朝这架统治机器，以确保英国及其个人的在华利益。尽管《论集》是站在列强立场上讲话，不便牵涉到英国；但从赫德的一贯表现看来，他的民族自私和个人利益是掩盖不了的。通过《辛丑各国和约》和修改商约谈判，海关的帝国主义本质和赫德的自私立场暴露无遗，终于导致了清政府对海关、对赫德看法的转变，从而出现了海关隶属关系的改变（这将在第十七章详论）。

第三节　总税务司完全掌握清政府的外交谈判
及其在赔款谈判中的主导作用

和议直到 1900 年 12 月 24 日才开议。和议虽由庆亲王、李鸿章出面，但背后拉线的全是总税务司。总税务司为了做好拉线工作，早已特向庆亲王提出要求，"若令效劳，须将全案卷宗随时赐看"；"并请嗣后来往各文件均随时抄送"①。这样，谈判完全落在总税务司掌握中。

列强在谈判中提出了"定而不移之十二款"，赫德认为："其中只有第六、第十一两款，似应由中国先提，其余各款似可暂候各国自行来议"。第六款是"赔补"，第十一款是议约。但第二款"尽法严惩""祸首"是前提。总税务司建议："须知愈重办则他事较易，愈轻办则他事倍难，此系确乎不移之理。"②

在各国谈判中，总税务司对于赔款问题保持着最大的警觉。他千方百计地"阻止成立一个国际管理委员会管理中国的财政"的方案。他说："赔款当然不是容易的事，如果再规定由一个国际管理委员会管理中国财政，对于海关将造成不利的局面。据说赔款总数至少将有 5,000 万镑"③。

1900 年 12 月 24 日谈判开始。据总税务司说，他还没有看见要求条件的全文，"想来他们〔清政府〕不会提异议而只能接受。但相信其中没有国际管理委员会的条款。这样，海关将会扩张而我们也将出人头地了！"④

英国外交部也要求总税务司"以非官方方式提供资料以协助他们确定中国力能支付的赔款数额和有利于一般利益的最好筹款方法"，并且"防止国际共管财政事。"⑤

---

① 光绪二十六年九月初三日赫德致庆亲王函。《义和团运动》，第 40 页。

② 1901 年 1 月 16 日赫德：围攻使臣始末节略七。《义和团运动》，第 43 页。

③ 1900 年 11 月 15 日赫德致金登干函。《义和团运动》，第 16 页。

④ 1900 年 12 月 24 日赫德致金登干 Z 字第 879 号函。《义和团运动》，第 16 页。

⑤ 1900 年 2 月 10 日金登干代税务司贺璧理致赫德新字第 402 号。《义和团运动》，第 16 页。

1901 年 3 月中旬，由英、德、比、荷四国公使组成的赔款委员会开始商讨赔款的原则。总税务司当时的"主要目的是阻止成立一个国际管理委员会。"一面授命因假在英的税务司、诡秘的业余外交家贺璧理："请即协助〔英国〕外交部"。

1901 年 3 月 25 日赫德送给北京公使团赔款委员会一件意见书，全面提供中国的财政资料，阐述他对赔款的意见，意见书谈了三个问题：一、中国究竟能偿付多少款项。二、用什么方式支付赔款最为恰当。三、什么税收最容易取得。

关于第一个问题，他说："就中国四万万人口来说，一万万两的财政收支，人民平均负担每人每年二钱五分。如果从宽估计另加一倍作为征税开支和官吏需索，结果每人也不过负担五钱。而日本人每年须日银七元，美国人须十五元。所以……中国人的负担还是比谁都轻。"言下之意，要中国赔款两万万两，还是轻的。他赞成"通过增税办法来增加赔款的开支，每年不应超过二千万两。"

关于第二个问题，他认为"如中国想要在市场上借款，银行方面将收取高额佣金，发行折扣要大；还有担保和条件很难使公众满意，而且可能拖延时间"，他极力主张"分期摊付办法"。"如果各国政府同意接受中国政府担保在若干年内摊付的办法，对中国是比较便宜的，而且细节能比较迅速地解决。譬方说，假定赔款是五千万英镑，中国承诺在三十年内每年按该额的百分之五支付……有关政府就可集体地或个别地每年自行发行赔款公债，并用所得数目立即付清各政府的、如公司和个人的赔款。"这两种方式中，从中国人的观点来说，第二种是较为合宜的。

至于第三个问题，他认为"最好是把常关税（即中国民船所完纳的关税）作为补充，加上盐厘盐课；还有是恢复白银对金的比价即一英镑等于关平银三两，而不是当前的七两，这可使海关税收增加一千万两至一千五百万两，差不多足够应付新赔款。"关于监督问题，总税务司认为如果盐课盐厘等作为新赔款的担保，最简便方法是由海关去征收；"并把通商各口岸常关与海关合并。"①

赔款谈判进展很慢，据总税务司的猜测，"将是法国管理邮政，德国管理

---

① 全文刊载于《义和团运动》，第 64—69 页。

盐务，而英国管理海关；但另一传说是可能成立国际管理委员会来代替管理这个机构。这对我们当然不好。"①

总税务司认为，"各国可能接受〔海关〕按年分摊的办法，因为举债太不划算"。"我正尽力劝说各国使馆接受分期摊还赔款的方案。但各国都各有一套方案，争议不休，""最后恐怕还是会落到我手里的，因此，我已作好一切准备，目前只静待时机的成熟而已"②。1901 年 5 月 4 日，公使团正式通知中国政府赔款 4.5 亿两。清政府把赔款照会"交给我（赫）拟复。海关又出头了。""据闻各使馆终于发现不能忽视海关，因此，我们在承担此项任务下，将比过去的权力更为强大了"③。

在此关键时刻，德国大力支持由赫德主管的海关来履行赔偿的任务。德国首相希洛夫以第 1266 号函密致驻伦敦大使哈慈菲尔德：鉴于"赫德爵士多年来领导中国海关行政获得的成就我们极深钦佩，我们不特承认他有卓越的专门知识，而且是大公无私的对于我们的经济利益予以公平的考虑"。"从这个意见出发，我们相信，中国筹付我们的战费，首先并主要地要依靠赫德与其领导的机构。设立一个欧洲人领导，或者是用欧洲人管理中国的财政制度，我们认为都是不可能的……大规模夺取中国国内各项税收如田赋，亦势难达到目的。因此，必须主要地依靠海关来满足要求。"他认为赔款的偿付，"唯一的办法是发行一笔付息按年还本的借款。据专家的意见，每年必须付息还本，可由海关支出。因此而须增加现行税率一倍或二倍……除关税外再拉上一种或几种与关税有联带关系或者能同样的组织管理起来的税收。""因此，据我们的意见，海关系统之适当改组，赫德爵士职权之扩大，及其职员之充分增加，似乎是解决财政问题应争取的目标。在这种事中，把海关提供分期赔款的款项尽可能地直接交给欧洲收款处，不使中国人过手是有利的。"首相请驻英大使"作成一个极机密的备忘录"和英国进行联系④。关于赔款办法虽尚待商议，但由海关主持清还赔款问题已经解决了，这是赫德渴望达到的目标，所以赔款问题到 1901 年 3、4 月间已逐渐明朗化了。

---

① 1901 年 4 月 8 日赫德致金登干函。《义和团运动》，第 19 页。
② 1901 年 5 月 6 日、 7 日赫德致金登干新字第 609 号电， Z 字第 889 号函。《义和团运动》，第 19 页。
③ 1901 年 5 月 9 日、 5 月 12 日赫德致金登干新字第 608 号电， Z 字 890 号函。《义和团运动》，第 20 页。
④ "战争赔款问题"。《德国外交文件有关中国交涉史料选译》第 2 卷，第 331—333 页。

1901 年 5 月 1 日，委员会提出了一个报告，并和中国代表交换了意见，各国提出的赔款总数是 6,750 万镑，即 4.5 亿两左右的银子，这个问题列进《辛丑各国和约》第六款。

至于"所定承担保票之财源开列于后：

一、新关各进款，俟前已作为担保之借款各本利付给剩余者；又进口货税增至切实值百抽五，将所增之数加之……

二、所有常关各进款；在各通商口岸之常关，均归新关管理。

三、所有盐政各进项，除归还前泰西借款一宗外，余剩一并归入。

至进口货税，增至切实值百抽五，诸国现允可行，惟须二端：

一、将现在照估价抽收进口各税，凡能改者，皆当急速改为按件抽税几何定办。改税一层如后：为估算货价之基，应以一千八百九十七、八、九三年卸货时各价率算价值……

二、北河、黄浦两水路，均应改善。中国国家即应拨款相助……"①。

另于附件十二，清政府全权大臣特别申明："付款之事，仍由税务司经理。"② 全部赔款于 1940 年摊还完毕。

这样，赔款问题大致按照赫德所定方案执行。根据《辛丑各国和约》的规定，海关的权力大大扩展了，而英国控制下的海关外籍税务司制度又得延长到 1940 年了。

根据《辛丑各国和约》第六款的规定，清政府承担赔款保票财源之一是通商口岸常关的进款，并规定通商口岸的常关均归海关管理。

第四节　海关接管通商口岸的常关

海关和常关的征课范围，早有严格的规定，以免相互侵夺。总税务司为了扩张海关的征税权力，在外籍税务司制度创建的开始，就有觊觎常关权力的意图。19 世纪 60 年代，在总理衙门支持之下，总税务司就取得了由常关管理的华轮国内贸易的征收权力；1870 年左右，又企图夺取粤海常关的征收权力，但未得逞；到了 1887 年，乃以管制鸦片、增加关税收入为由，在总理衙门甚

---

① 《中外旧约章汇编》第 1 册，第 1006 页。

② 《辛丑各国和约》第六款附件十二。《中外旧约章汇编》第 1 册，第 1013 页。

至最高统治者极力支持之下，夺取了粤海常关权力，设立了九龙和拱北两个海关。

总税务司不但觊觎常关权力，还觊觎厘金征收权力。1898 年英德续借款成立时，清政府以海关关税"已有十分之七抵押"外债①，不敷抵押这笔借款；只得把长江下游各省七处的盐厘或货厘移交海关代征。于是，海关权力大规模打进厘金的征收领域。

部分常关、厘金征收权力的移交，虽然都是清政府谕令地方政府作出的；但都是由总税务司从中提示的。总税务司所以意图夺取常关、厘金权力，正如他所说的："我过去所作所为都是使海关站得住脚，并且不放掉任何机会来扩张它的根基，从而保证它的稳定。"② 其实，不只是保证海关的稳定，简直是在扩大海关的权力。

常关的税收是归中央的，而由地方政府征收；厘金则是地方政府行政经费所由出，由地方政府自行征收。海关在接管七处厘金征收的实践过程中，受到地方政府的坚决抵制，造成接管上极大的困难，使代征迟迟不能实现。正因如此，总税务司在递交赔款委员会意见书中以"厘金是一种临时税，中国人和外商都希望予以废除，因此，不要让中国政府保留它作为担保"③ 为由，提出以通商口岸的常税为抵押，而由海关接管通商口岸常关的建议。他说："总税务司认为以常税抵押，是最适当的监督，但在同一口岸存在着两个税关容易发生错误，引起冲突，而海关工作人员担任常关的工作是轻而易举的。"④ 实则因为通商口岸都设有海关，便于接管而已。

各国赔款初定，赫德便向总理衙门呈递《赔款节略》，要求"及早"接管常关，并要求：一、关于常关进款，"似应一例解为通商口岸进出各华船船料、各华船货税，并一切规费，均在其内"；二、要求接管的常关，有广泛的地界⑤。

作为谈判全权大臣的奕劻和李鸿章当即给予札复：一、关于各口移交的常关共 14 个；至于奉天的山海关、直隶的津海关，因被洋军占据，尚未收回，

① 1897 年 12 月 29 日赫德致金登干新字第 716 号。《中国海关与英德续借款》，第 29 页。
② 1896 年 6 月 14 日赫德致金登干 Z 字第 712 号电。《中国海关与英德续借款》，第 5 页。
③ 1901 年 3 月 25 日赫德致北京公使团赔款委员会意见书。《义和团运动》，第 87 页。
④ 赫德致赔款委员会意见书。《义和团运动》，第 69 页。
⑤ 光绪二十七年七月六日，赫德：《赔款节略》。《义和团运动》，第 54—55 页。

不在其内。"惟粤海关向系内府差役……应仍由监督自行管理"。并定常关税局在口岸 50 里以内的归税务司兼管，50 里以外者仍由监督专管。关于征税范围方面规定：凡原系海关监督征收的税，划归税务司；其他衙门征收的，则不在其内。①

奕劻还指出："各国公使于各关情形固属未能深知，且无暇详考"。言外之意，只要赫德谅解，量宽处理，当无为难之处。但是赫德却坚持——按约规定办理，一点也不能通融，甚至额外苛求。他申复说：

一、十四关以外，尚有征收土税各关，如胶州、沙市、南京、三都澳、厦门、三水、甘竹、江门、肇庆、梧州等，"似应一体〔由海关〕兼办，方符新约"②。结果，移交的常关由原定的 14 关增至 23 关。

二、关于粤海关问题，他直截了当地说："惟粤海一关扣出，不归新关一节，如此定办，非总税务司所能主"③。这是借各国公使的权势进行胁逼。这个问题一直争执到 1902 年 1 月，外务部（按：根据《辛丑各国和约》，总理衙门被迫改为外务部）无可奈何，才"电达粤海关监督照允交出，归税务司代征。"④

三、至于 50 里定界问题，赫德声称："倘有五十里外之事与五十里内所应办者甚有妨碍，自当随时申请酌办"，显然很不甘心。

四、"至于货税、船料归别衙门经理，应循旧归别衙门一节，所拟是否合新约之意，总税务司不敢臆度"⑤。

不但如此，赫德在接管常关时，还额外苛求。比如：扬州常关在镇江 50 里外，不应交管，赫德则称："按水程折算，若出界外，然按陆路直线，仍在五十里内"⑥；在九江，姑塘不在 50 里之内；在广州，陈村等四口，航路也在 50 里之外，但他却坚持交管。

关于《辛丑各国和约》所说的"土税"，赫德认为"即系各省各处之土税"，并不限于通商各口，因此要求把各省土税按月汇交上海。这是企图在条

① 光绪二十七年七月十六日庆亲王、李鸿章札行赫德。《义和团运动》，第 56 页。
② 引自黄序鹓著：《海关通志》下卷，第 118 页。
③ 引自黄序鹓著：《海关通志》下卷，第 118 页。
④ 光绪二十八年十二月一日外务部总办致赫德函。《义和团运动》，第 62 页。
⑤ 《海关通志》下卷，第 118 页。
⑥ 1901 年 11 月 18 日赫德致外务部函。《义和团运动》，第 61 页。

约规定之外，囊括全国的土税，其心至狠！奕劻和李鸿章驳称："各省各处不在通商口岸之常税，并不在抵款之列"①。赫德自知理屈，只好作罢。

从这一系列事实可以看出，总税务司在接管常关时，一关也少不得，甚至在 50 里以外的关卡也要强制接管；他不但要把通商各口的常关税搜刮净尽，甚至企图搜刮全国各省各地的土税，连常税之外的杂耗税厘也在搜刮之列。赫德在谈判时曾说愿为中国"竭犬马之劳，上以副圣主恩遇之隆，下以辅助朋友之谊"。对照一下他的行动，可以说，全是一派谎言！总税务司数十年来隐蔽的面目，至此暴露无遗了。

总税务司由于接管厘金失败的教训，对于接管通商口岸常关不能不采取小心谨慎的态度。这是一件较诸洋关的创办更加艰巨的工作。他意识到反抗虽然声微力弱，但却能用许多隐蔽方法宣泄出来。

为了避免常关人员对海关接管的抵制，总税务司一开始就札饬税务司接管常关时，"凡有应办的工作，应优先录用旧人员，指导原则应该是留用而不是排斥旧机关的人员；在适当过程中，他们都要安排就绪。只有那些办事显然不力或不必要的人，才得以解职；但是就连这个步骤也不要立刻进行，或仓促从事，而必须先行呈报，俟奉有本总税务司的授权再行办理。"②

总税务司还指示接管常关的税务司要向海关监督说明："拟议的移交，并不以排斥常关人员、引用洋关人员为目的，而是当轴迫于形势的需要和帝国财政的困难不得不如此的。税收部门两个系统，无论叫做常关或洋关，原本属于一家，因而为官民的一般利益计，应该通力合作，实心办事。"③ 他还通饬各关税务司，常关工作"应由原有人员，在原主管，但会同税务司的共同监督下，照旧进行；可是这新同事——税务司并不是一个尸位素餐而是一个积极的伙伴，并且他不是居于隶属而是居于领导地位。"（1901 年 10 月 1 日总税务司通札语）显然，这又是一种偷梁换柱，架空海关监督的办法。在这种办法掩盖之下，海关对常关进行了接管，并逐步改革。尽管如此，但海关接管常关，仍然遭遇了有形无形的抵制，而一些封疆大吏甚至强烈反对。张之洞指责总税

---

① 光绪三十七年九月八日庆亲王、李鸿章札行赫德。《义和团运动》，第 59 页。

② 1901 年 11 月 11 日总税务司通札第 93 号。《中国近代海关历史文件汇编》第 2 卷，第 290 页。

③ 1901 年 10 月 26 日总税务司通札第 985 号。《中国近代海关历史文件汇编》第 2 卷，第 285 页。

务司赫德"借赔款为词，揽办常关。""竟欲将中国利权一网打尽。其心良险矣"①。张之洞还电致刘坤一，斥责赫德不但揽办常关，且欲揽办口外他衙门之税关。"务望合力坚持。公如加电枢译，尤为得力。"② 张之洞还将此电分致江、闽、浙、广、川、豫各省共同联合抵制。江西巡抚李兴锐的奏折，尤中要害。按清代常关税，原用于支解京协等项用途，如将常关税全部支付赔款，则京协各饷必无着落。李兴锐因而奏请"将京协各饷及耗费等项分别改拨。"③户部以此事关系财政重大，当即和外务部会商。会商结果札行赫德："常关归税务司代征，仅稽核征收数目，并非将款项截留划拨；至户部行令各关按月提解〔支付赔款〕，系专指税司代征以后新增收数而言，非将照常征收各款全行提解"；江西九江关"除仍令将增收数目按月解沪凑还赔款外，其应解京协各饷，抵补货厘并随征耗杂实在应准开支之数，自可循案办理"，并行知赫德，赔款已"分拨各省通力筹还。"④

总税务司因为这个问题牵涉各省的利益极大，深恐引起风波，不得不勉强表示，"若各省筹拨无误，则所交之款由何项拨来，或亦无人问及"，认可了户部所议⑤。户部又将上议推及其他各口，总税务司只好接受。由此可见，清政府对海关如果充分实行监督权，丧失的海关权力是可以挽回的。前此数十年，中国各项海关权力不断丧失，实乃总理衙门的姑息有以致之。

由于各省大吏的反对，总税务司接管常关出现了三种形式："有将常关一切事宜统归税务司直接管理者"，如天津、牛庄、福州、三都澳等关；有的"只限于收受监督方面实征款数的报表，转报中央行政当局者"，如芜湖、沙市、九江等关；而多数口岸常关则"由税务司特派人员稽查"⑥。直到民国初年，由于各省无力偿付赔款，总税务司安格联才乘机将50里内常关完全置于

---

① 光绪二十七年十一月初二日"致开封行在军机处处务部、京城外务部"。《张文襄公全集》卷175，电牍54。

② 光绪二十七年十一月初三日致江宁刘制台。《张文襄公全集》卷175，电牍54。

③ 引自光绪二十八年三月二十五日外务部札行总税务司札文。《中国近代海关历史文件汇编》第1卷，第320页。

④ 引自光绪二十八年三月二十五日外务部札行总税务司札文。《中国近代海关历史文件汇编》第1卷，第320页。

⑤ 光绪二十八年三月二十六日总税务司申复外务部。《中国近代海关历史文件汇编》第1卷，第323页。

⑥ 《海关通志》下卷，第134—135页。

海关直接管理之下①。

经过整顿的常关，在 1908—1910 年 3 年之中实收的常税每年平均为
2,981,757 两。1915 年最高征收额为 3,784,570 两。征收经费是十分之一②。

海关接管常关之后较之接管前，税收的增加是显著的。据 1904 年初户部
奏称："近来常关之交新关代征者，虽各关未能一律足额统计，第一年期内，
共溢征银九十七万六千余两，第二年期满，较上届又共溢征银八十八万七千余
两③。1907 年，原度支部右侍郎陈璧亦称："据最近奏报，自光绪三十年十月
初一日起至三十一年九月底止，一年期满共征银三十九万六千三百余两，其所
增二十余万之数，均系附近闽、厦两口改派税务司代征之款。"④ 以福州口而
言，"税务司接手时，年征不过七万余两，自归税务司经理后，至光绪三十二
年，该关年征之数竟至二十五万两以上。"⑤ 而天津常关，接管前每年最高收
入不过 45 万两，接管后，竟多至百万两左右⑥。

常关税收的激增，这是由于海关对常关进行改革的结果。常关一贯实行封
建落后的管理制度，弊窦丛生，贪污、中饱、受贿成风，人浮于事，纪律松
懈。海关接管之后，对常关进行了改革，如三都澳"正税之外又有例规，不
止一端抽收，且分数处，留货耽延，莫此为甚。当税务司接管之初，该关用人
至六百名之多。每年报款，不过一万一千两；经税务司先将在事之六百人，可
者留之，不可者去之，计留七十余，已足敷用，又将一切例规，统行核计，与
正税一并征收……至光绪三十二年，该关税项年征之数，已及八万余两。"⑦
户部奏折亦称：常税的增收，"贵在得人（按指海关税务司），明效彰彰。洵
足风示各关，以为之倡，并请特旨宣示，俾各关有所遵循"⑧。户部度支侍郎
亦奏"一经改良，明效昭著"。（陈璧语）清政府还把这种改革作为示范，以
为各关遵循。

这种明显功效，乃因海关引进西方先进的管理办法取得的成果。这说明在

① 参阅戴一峰：《论清末海关兼管常关》。《历史研究》 1986 年第 6 期。

② 参阅《中华帝国对外关系史》第 3 卷，第 422—423 页。

③ 《户部奏整顿关税折》。《东方杂志》第 1 号第 4 期。

④ 光绪三十三年五月初七日"拟请整顿闽海关税务折"。《望崧堂奏稿》卷 5，第 40 页。

⑤ 《海关通志》下卷，第 135 页。

⑥ 《常关贸易报告》，总税务司署造册处编印， 1907 年，第 7 页。

⑦ 《海关通志》下卷，第 135 页。

⑧ 户部奏《整顿关税折》。户部度支部侍郎亦奏称："一经改良，明效昭著"（陈璧奏语）。

当时的中国，确实需要引进资本主义的新事物，改造封建落后的旧事物。

但是在进行这种改造的同时，决不能忽视国家主权问题。清政府正是忽视了这个根本问题，把常关的管理权交给海关，但对海关没有进行有效的监督。所以外籍税务司得以垄断海关权力，这就导致了不堪设想的严重后果。辛亥革命爆发，总税务司乘着政局混乱的时机，以海关税收抵押外债为由，一声令下，把全国各关连常关在内的税款截留，终于夺取了一向由海关监督管理的税款保管权，并凭借掌握大批的税款，垄断了中国财政，使总税务司成为中国的太上财政总长。这个深刻的教训，是值得我们深思的。

第五节　各国商约的修订和修改税则与裁厘加税问题

根据《辛丑各国和约》第十一款的规定，"大清国家允定，将通商行船各条约内，诸国视为应行商改之处，及有关通商其他事宜，均行议商，经期妥善简易。"[1] 清政府委派了办理商约大臣。上谕"着派〔工部尚书〕吕海寰会同〔工部左侍郎〕盛宣怀悉心筹议并谕饬副总税务司裴式楷、税务司贺璧理、戴乐尔一体遵照"[2]。吕海寰和盛宣怀是"会同"，裴式楷是"帮同"，贺璧理与戴乐尔是"随同"。因为害怕总税务司操纵商约谈判，商约大臣盛宣怀特电外务部："凡涉税务，赫德赞助则可，奏派会办须酌。恐事权并重，万一意见稍歧，必至掣肘，不可不虑。"刘坤一、张之洞，意见相同[3]。因此，在这次谈判中，总税务司赫德被排斥在外。但总税务司仍然札行参加会议的税务司要"把上海会议中修约委员会的任何建议、意见和帮助或在其他地方的活动呈副总税务司向总税务司报告。"[4] 这样，总税务司仍然掌握会议。

这里先叙述一下总理衙门改称外务部问题。据《辛丑各国和约》第十一款规定，"西历本年七月二十四日、即中历六月初九日，降旨将总理各国事务衙门，按照诸国酌定，改为外务部，班列六部之前"[5]。各国大臣觐见皇帝或

---

① 《中外旧约章汇编》第 1 册，第 1007 页。
② 光绪二十八年正月二十一日外务部札行总税务司。《中国近代海关历史文件汇编》第 2 卷，第 311 页。
③ 光绪二十八年正月初二日盛宣怀致外务部电。《清季外交史料》卷 152，第 2 页。
④ 1902 年 3 月 1 日总税务司通札第 1010 号。《总税务司通札》（第 2 辑 1902—1904），第 45 页。
⑤ 《中外旧约章汇编》第 1 册，第 1008 页。

递国书时也规定了"觐见礼节说帖"。① 新成立的外务部奉上谕札行总税务司："从前设立总理各国事务衙门，办理交涉，历有年所；惟新派五大臣等多系兼差，恐未能殚心职守，自应特设员缺，以专责成。总理各国事务衙门着改为外务部，班列六部之前，简派和硕亲王奕劻总理外务部，工部尚书瞿鸿机调补外务部尚书，授为会办外务大臣。"② 从此以后，在列强压力之下，总理衙门改称外务部。本来由总理衙门统辖的海关，跟着改辖于外务部。

清政府既已派了办理商约大臣，有约各国也相继组织代表团来华要求修改商约谈判。

英国外交大臣兰斯棠（Lord Las-doune）指派马凯为英国代表团的首席代表。马凯是"总理印度事务大臣政务处副堂"、大英轮船公司的合伙人。他和他的僚属于 1901 年 11 月间到达上海，其他各国代表团也相继来沪。在商约修改中凡是有关各国共同利益的税则修改问题，由各国代表参加的全体会议商议，至于个别问题，则由各国代表团和清政府的商约大臣自行商办。在 5 月 30 日英美法德日各国代表全体出席的一次会议中，中国代表团提出了一件由总税务司赫德起草的备忘录，建议修改，其中主要是税则按照黄金标准计算问题。

关于税则税率以黄金为征税标准问题，早在 1896 年李鸿章出访欧洲时，赫德就用中、英、法、德等国文字写成了备忘录，由李鸿章径向各国提出了。总税务司所以热衷于这个建议，这是因为白银不断贬值，影响了海关员工的生活待遇，影响了以洋税为抵押的外债的偿还。备忘录指出，协定税则在条约初定（1843 年、1858 年）的时候，据以缴纳关税的关平两〔海关两〕，实际上是保持每两六先令八便士或者三两一英镑的确定价值；可是过了二十年，白银对英镑的兑价一直在贬低，到 1896 年，白银对英镑的兑价，必须六到八两才能兑得一英镑，总税务司赫德以"根据时势的需要，考虑事理的持平"，认为应该重新宣布关平两的固有价值，并且遵从中国所同意据以收税的三两一镑的银价，这就是按金征税。备忘录认为：采用按金征税，"不须修改条约，或变动税则的办法，只不过在每六个月之前，确定和公布一次关平两与英镑的比价就得。所以中国建议任便以黄金、纹银或外国铸币完纳关税；黄金完税，一金

① 《辛丑各国和约》附件 12。《中外旧约章汇编》第 1 册，第 1023—1024 页。
② 光绪二十七年七月初六日外务部札行总税务司。《总税务司通札》（第 2 辑 1897—1901），第 694 页。

镑等于三关平两。这实际上是把关平两作成等同六先令八便士的金单位。"①

这个建议首先在英国便不受欢迎，而在清政府遭受列强空前宰割的严重民族危机时候，还有什么力量，争取以金为单位的有利条件？所以这次的建议不受理睬。

1899年12月间，清政府又重提这个问题，并开了几次会，可是却被义和团运动的浪潮冲垮了。

到这次修订税则税率的会议上，中国代表团才又提出仍由赫德起草的以金单位为修改税率标准的备忘录。备忘录认为1895年中日战争后，关平两计值英币39.8996便士，可是到1901年，《辛丑各国和约》已把关平两定为36便士。这样，白银对英币的兑价仅值英币30.078便士了。"根据这个比率……它〔中国〕每年这笔赔款和前欠债款……两共应付的总额，将不止是像《辛丑各国和约》上所载的42,429,500海关两；而是总数大为提高的51,285,622关平两。清政府的收入总共〔每年〕不过八千五百万两，那么除非将白银对黄金的兑价大大提高，中国在付清外债之后，只能剩余三千五百万两不到的一笔收入。要靠这样一笔款项来开支这个庞大帝国的全部行政和国防经费，自然是一件办不到的事。""除非是按黄金计，或不妨说按美国金元币计，来厘定海关税则，并根据《辛丑各国和约》中定明的一关平两等于0.742金的汇率，将1897年、1898年和1899年期间的商品平均价值……折合成该种货币，政府认为，任何其他办法都会对中国造成严重的不平。"②

这是总税务司的第三次尝试，可是这次的尝试，并没有取得更好的结果。所有外国代表都不同意这种办法。他们都说这项建议和《辛丑各国和约》抵触，他们除了严守《辛丑各国和约》的文字以外，无权做别的事，他们甚至不肯将这项建议呈报他们本国政府；而担任委员会常任主席的马凯竟扬言，除非中国代表断然将建议撤销，谈判就要宣告决裂，而谈判失败的责任要由中国负责。

总税务司的建议被挡回，中国代表团又提出一个为贺璧理所拟的另一方案。这就是按《辛丑各国和约》所规定的1897年、1898年、1899年"此三年酌中货价，按件抽税，并将三年货价估值若干银两，按其当时金银之行市，

---

① 参阅《中国关税沿革史》，第335页。
② 参阅《中国关税沿革史》，第361—363页。

以银两合成金镑，能得若干，再将所得金镑若干，按照现时市价值银若干，照此银数以定抽收税数，庶昭公允。"① 但是马凯采取的立场简直就是除非盛宣怀用书面将这两个建议一并撤回外，决不再进行公议；而各国代表团认为中国只能按照《辛丑各国和约》规定的三个年份的平均价值切实值百抽五。如果中国认为不公平，应向各缔约国请求修改《辛丑各国和约》条款，他们不愿越出条约规定的范围。这样，贺璧理的建议也被挡回了。

于是各国代表团另行商议。结果，拟定了《续修增改各国通商进口税则善后章程》。于 1902 年 8 月 29 日由美、英、德、日、西班牙、奥匈、比利时和荷兰等国代表签了字，并规定 1902 年 10 月 31 日起施行。还有 7 个国家直到 1904 年 11 月才签了字。这个章程规定的税则共有 773 个项目，其中 640 个项目是从量税率，其余 133 个项目是百分之五的从价税率。

这个税则是 1858 年《通商章程善后条约：海关税则》以来一次比较全面的修改。根据《章程》的规定：进口货物估价的基准 "为估算货价之基，应以一千八百九十七、八、九三年卸货时各货估算价值，乃开除进口税及杂费总数之市价" 为准②。

列强指定以 1897 年等 3 年为进口货年平均价格为计算从量税的标准是不公正的，因为 1897 年的货价异常低落，1898 年、1899 年的货价也低。三年平均价格低于 1902 年确定新税率时的价格水平。而且这个平均价格是以关平两计价的。那时银子对黄金的兑价暴跌，所以中国实际得款额将低于《章程》议定的 "切实值百抽五"。这显然违背了国际惯例以 "正常年份" 为估价基准的规定。

把 1858 年和 1902 年的税则粗略比较，大部分进口货品的新税率确实有所提高，其中有些货品的税率提高的幅度还相当大，有助于增加税收，抵付赔款。新税则的免税品也缩小了范围，这对中国是有利的。

海关对于估价的裁决方法也有规定，即海关估定的完税价格如和货主发生争议，可以组织仲裁委员会裁定。仲裁委员会由海关职员 1 人，进口商的本国领事指派商人 1 人和由领袖领事指定的与该进口商不同国籍的商人 1 人组成，它的裁决，对海关和商人都具有约束力，不得再有异议。裁定的价格即为完税

---

① 引自光绪二十八年四月十八日吕海寰、盛宣怀致外务部电。《清季外交史料》卷 156，第 5—6 页。

② 《中外旧约章汇编》第 2 册，第 1006 页。

价格。这个规定比较明确，便于核算税收，可以减少海关与商人间的争议。但是仲裁委员会所定价格不同时，则应"从二不从一"，这就便于领事和领袖领事指定的2名商人互相包庇；至于海关职员也是洋员，这就使他们的裁决难以持平。至于仲裁委员会夺取中国违章处分管辖权这一点就更不用说了①。

据《辛丑各国和约》规定，和中国有条约关系的国家，都相继派遣修约代表团来华索取新的权益。由马凯率领的英国代表团，于1902年9月5日首先和清政府签订了中英《续议通商行船条约》（又名《马凯条约》），接着，1903年10月8日，清政府又分别与美国、日本签订了《通商行船续订条约》和《通商行船续约》。在中英修订商约中，裁厘加税问题成为争议的焦点。

总税务司赫德早已企图染指厘金的征收工作，英国现在却提出了裁厘加税问题，这和海关接管厘金征收的失败是相联系的。我们不妨用些篇幅叙述这一变化过程。

厘金是由清政府地方官员征收留用的内地税。清政府在财源竭蹶的情况之下，有意把厘金交给海关征收，作为洋债的抵押品。早在1898年2月，总税务司便催汇丰银行承办第三次大借款，并由汇丰银行提出由海关代管厘金，以为抵押。他告诉金登干说："借款对于中国极重要。我希望汇丰银行能够承办。提出由总税务司代管厘金这个担保，是非常好的，希望很大。总理衙门对我说：'如果你收的厘金比现在收的多，那就证明我们不顾所有财政官员们的反对，把厘金交给你管理是正确的，而且将来扩大你的管理范围也就更有理由了'。有了这样的前景，我想有许多改革都可以有指望。"②

英国终于取得了清政府第三次大借款，但总税务司认为，海关"关税收入已有十分之七抵押了！余款因须支付征收费用、驻外使馆经费，及沿海灯塔维持费等，所余无几。"③于是，总理衙门奏准将"苏州、淞沪、九江、浙东等处货厘，宜昌及鄂岸盐厘等七处的厘金，酌照广东六厂办法，札派总税务司赫德代征，以便按期拨付本息；不致迟误。""以上抵押的七处厘金，每年共为500万两。"如果以上洋税、厘金不足付还此款本利，"或因所征税厘缺少，或因他故所致，即应由中国另行加指足敷抵偿之项，以便按期付还。所加指之

① 参阅《中国近代海关税则史》，第143—157页。
② 1898年2月13日赫德致金登干Z字第783号函。《中国海关与英德续借款》，第35页。
③ 1897年12月30日赫德致金登干新字第716号电。《中国海关与英德续借款》，第23页。

各项，仍由总税务司代征。"①

通过借款合同的规定，这七处原来掌握在省地方官宪的厘金征收转移到海关手中了。这是海关第一次大规模接管厘金的征收。这七处均在长江下游，是全国商品经济最发达的地方，它的厘金收入数目最大，这等于海关掌握了全国主要的厘金税源。

总税务司对于这笔借款的成功，特别是代征七处厘金，非常高兴。他说："总理衙门已听从我的意见，应允由我管理盐税和厘金，以每年约五百万两的收入，作为借款担保，并允将来扩大管理范围。此事除去政治上的重要性以外，并可认为改革财政的开端，也是中国复兴的先决条件，前途大有希望。"②他还于 4 月 2 日通饬各关税务司，"盐厘和货厘的经理，数量可观，地区广大，借款时间这么长（四十五年），对于中国财政措置方面不能不产生有利的影响。因此，这一种新的方针不但是有益的，而且是大有可为的。"③

英德续借款合同签订的第二天，总理衙门立即传达由总税务司代征七处厘金的谕旨，并札行酌拟章程声复。

总税务司虽然感到高兴，但面临这项繁重任务，困难重重。他申复说："查设立新关以来，各关税务司并未经手此项厘金，而总税务司于各该处之办法亦难立时熟悉；不但酌办章程，且复代征厘金，势必无从着手。"接着，罗列了一大堆问题，如各总厘局系在何处设立？各总局系何员经理？各总局中有何项章程？各总局之分卡分设何处？等等，希望户部告知。"倘户部无案可查，请转饬各该省地方官查明声复。"汇丰银行和德华银行也从旁督催，并称有待总税务司代征开办，方肯交款④。

但是户部复称："查厘金始于咸丰初年，就地筹饷，因军务倥偬，随收随支，各省向不报部。嗣虽将每年数目笼统造册，而各章程、详细条例，仍未能一一奏咨"。因此，户部只就一般设置情况，如总局设立省城，分卡设立市镇或水陆要区等等泛泛作复，并要总税务司自行派员就近会同地方官，将各处厘金章程局卡地段详加考订，"切实履勘，定期交接，照案代征。"

①　光绪二十四年二月初十日，庆亲王奕劻等奏文。《清季外交史料》卷 124，第 22—23 页。

②　1898 年 2 月 21 日赫德致金登干新字第 706 号电。《中国海关与英德续借款》，第 36 页。

③　1898 年 4 月 21 日总税务司通札第 820 号。《总税务司通札》（第 2 辑 1897—1901），第 57 页。

④　1898 年 4 月 21 日总税务司通札，第 820 号附件一，总税务司申复总理衙门。《总税务司通札》（第二辑 1897—1901），第 60 页。

总税务司面临这种困境，不得不申复总理衙门：关于厘金由总税务司代征一事，"一则将地方官向办之事，今忽不归管辖；一则将总税务司未办之事，今须改归管理，交代接替，必致不易；且应交代之百货厘金，多在通商口岸左右，而租界附近地方，何处宜设厘局，何处不宜设局，皆系常与各国辩论之事。""情事如此，进退彼此两难，左支右绌，互有得失之不便。任重力绌，自恐弗胜。"①

但总税务司既然承担了这个责任，不能不委派就近各关税务司进行"稽查"，另派副税务司"经理"；至于移交一事，则以"各处之情形，尚未查明应用人员若干，……且各关人员中堪以委办此项厘金者亦属寥寥；而一经转委此差，遗缺更须另补，并须于新关中续添多人，以备日后补足各厘卡应用之人数，是以交代日期尤难预定。"② 但据借款合同规定，每月又得从厘金中付息四五十万两，总税务司只得要求总理衙门通饬"原局各局员仍负征收之责，不得擅离职守。务须俟总税务司陆续查明应否派人接手，该局员等再定行止"。③ 他一面札饬各委派接管的副税务司在接管之先："其责任全在现时之各局员，并非总税务司之任也。""现在各员役须按月遵交应还借银之数。"④

造成交接的困难，除了客观原因以外，主要是各地方例征厘金的官员的抵制。总税务司明确告诉税务司们，海关接管厘金的征收，"是不受地方官宪欢迎的。他们不愿意看到当地的工作为洋人所染指。"显然，在地方官抵制之下，总税务司已感到一筹莫展。当 1898 年接管厘局一开始，他就意识到："一接触这个工作，就觉得它的庞大，我几乎害怕而把它扔了。我常对自己说，为什么不在 1893 年走了呢？但是既然还在这里，那就只好服从命令，勉为其难了。"⑤ 过了 20 天，他又说："厘金不是好玩的事，而且不能出错！我相信情形是这样的：总理衙门大臣说，'我们要的是钱，5 月 6 日就要。银行要求由

---

① 光绪二十四年二月二十三日总税务司申复总理衙门京字第 3480 号附件一。《总税务司通札》（第 2 辑 1897—1901），页数模糊。

② 光绪二十四年三月十九日总税务司申复总理衙门京字第 3495 号附件一。《中国近代海关历史文件汇编》第 2 卷，第 115 页。

③ 光绪二十四年二月二十三日总税务司申复总理衙门京字第 3480 号附件一。《中国近代海关历史文件汇编》第 2 卷，第 113 页。

④ 光绪二十四年三月十九日总税务司申复总理衙门京字第 3495 号附件一。《中国近代海关历史文件汇编》第 2 卷，第 117 页。

⑤ 1898 年 3 月 2 日赫德致金登干 Z 字第 787 号函。《中国海关与英德续借款》，第 46 页。

赫代管厘金，好吧，就让他管，并且让他征收，把整个事情交给他，如果钱不来，我们就对银行说，这不是你们自己要的吗？'因此，我必须特别小心，一开始就办好它，否则筹到借款付款以后，我再要他们支持由海关人员在内地切实征收厘金，就没有指望了。"　"5月1日我就要派人去当地接管每一个厘局。"①

摆在眼前的情况既然这样，总税务司只好答复汇丰银行的询问：征收工作移交，只能"按照缓慢的、系统的和原任人员承担税款（厘金）责任的办法做着适当的事。"②

但是过了半年，他不能不承认："鉴于通过更加周密的研究，显示出盐厘局的种种特殊性，我就犹豫打乱现有的组织，在进一步前进之前，宁可考验它们的能力和可靠性。"③

早在1898年8月间《湘报》就作出了报道："两湖盐务有改归英人接办之说。兹经当道再三酌议，以其中诸多未便，暂且率由旧章，仍归华官办理。惟每引中抽厘银六两五钱四分以偿洋债，此款至年底结算，归税务司穆君和德领取。"④

镇江下游厘捐总局到1898年八、九月间，章程虽另须改订，但"司事巡丁则暂仍其旧"⑤。

显然，总税务司接管厘金征收工作的长期幻想，已经破灭了。1899年4月，"《泰晤士报》上海电称：'总税务司在五、六年内将暂缓接管厘金，已引起债券持有人的恐慌'。"⑥总税务司立即打电报给金登干说："暂缓管理厘金曾经公使馆和汇丰银行同意，债券持有人大可不必惊惶。"⑦

跟着接管厘金征收的失败，到各国修约谈判时代之而起的是"裁厘加税"了。

现在我们转向中英修约谈判关于裁厘加税问题上来。

中英修订商约谈判开始于1902年1月10日，同年9月5日结束，双方签

① 1898年4月3日赫德致金登干Z字第789号函。《中国海关与英德续借款》，第42页。
② 1898年4月13日总税务司复北京汇丰银行经理函。《中国近代海关史文件汇编》第2卷，第130页。
③ 1898年11月28日总税务司致湖北厘局卢力飞函。《中国近代海关历史文件汇编》第6卷，第158页。
④ 《湘报》光绪二十四年六月二十五日。
⑤ 《湘报》光绪二十四年七月十日。
⑥ 1899年4月26日金登干致赫德新字第484号电。《中国海关与英德续借款》，第44页。
⑦ 1899年4月29日赫德致金登干新字第667号电。《中国海关与英德续借款》，第44页。

订了《续议通商行船条约》。《续议通商行船条约》全文 16 款，还附了若干附件。前后 8 个月的谈判，主要集中于"裁厘加税"问题，这个问题列入《续议通商行船条约》第八款，被称为是"具有头等重要性的一项"。①

厘金对商品流通确实起了很大的阻碍作用，无论对于华商或洋商都很不利，所以中外商人都要求废除；但一向向往揽办厘金的总税务司现在不再提出以厘金为抵押了。总税务司这一转变，无异公开承认接管厘金是不可能的，因而不能作为赔款的抵押。赔款委员会接受了这个意见。

但是厘金裁撤后，怎样弥补清政府厘金的短收？中英双方都同意用"增加进口税"的办法来弥补清政府裁厘的财政损失。进口税究竟应增加多少？清政府谈判大臣要求增加进口税率 3 倍，后减为 2 倍；英国代表断然拒绝。经过双方协商，结果英国允愿：进口洋货加抽"进口正税一倍半"；出口土货加抽"出口正税之一半"，即进口税从 5% 增至 12.5%；出口税从 5% 增至 7.5%，"以此款所载各项整顿之事。"

为抵补因实施这项改变在国内贸易上所受的损失，条约中还特别规定：

一、"中国可任便向不出洋之土货征抽一销场税"；

二、现在所有的常关，"凡载在户、工部则例、大清会典者，均可仍旧存留"；

三、土货在内地从一处运到另一处时，应在第一道常关，缴纳百分之二又二分之一的出口附加税；凡民、帆各船出入通商口岸装载之货，所纳税项不得少于轮船装载同类之货所纳进口正税以及加税之总数。在这一款中又规定：（一）洋药的税厘保留不动；但厘金名目改为附加税；（二）中国得征收土药税；（三）废除盐厘，改称盐税，现行征课的数额并入正项盐税；（四）凡洋商或华商的机制棉纱或棉布或其他机械制产品，应完一等于进口税两倍（百分之十）的厂货税。

以上这些征收工作规定了监督办法，即"由各省督抚自行在海关人员中选定一人或数人，商明总税务司，由该督抚派充每省监督常关、销场税、盐税、土药征收事宜。该员等须实力监察；如有不合例之需索、留难，一经监察之员禀报，该省督抚即行将弊端除去。"

"此款办法应自西历一九〇四年正月初一日举行。届时将所有厘卡尽行裁

---

① 《中华帝国对外关系史》第 3 卷，第 399 页。

撤……人员亦须辞差。"①

马凯这个偌大的野心尝试，连税务司魏尔特也认为："在这整个方案中，外国对中国财政和行政权非分干涉的气味太浓厚了，其中规定以这个方案的执行机构的监督事宜，要由选自海关中的外国人负责。作为必要条件的那一条款，只是把这项建议弄得更加令人不愉快，特别是一些高级省当局，而以总督张之洞最为显著。他坦率地基于爱国主义的理由，反对把更多的权力交给外国人，即使这些外国人是中国政府的可靠的服务人员。并且他深怕这项建议会不仅使他们按照《和约》中已经答应的办法，监察通商口岸的常关机构，而且也会使他们监察其他各处的一切常关机构，以及消费税、盐税和土鸦片税的征收事宜。在张之洞和其他许多中国领袖人物看来，这无异是开门揖盗。"② 英国利用海关作为控制中国的财政工具，至此已昭然若揭，海关的本质，又进一步暴露了。

根据这个条约，海关还取代了海关监督而获得发给存票的权力，而外商的存票退税还得领取现银。

《续议通商行船条约》除第八款裁厘加税而外，还增辟了湖南长沙、四川万县、安徽安庆、广东惠州和江门，又将广东的白土口、罗定口、都城作为"暂行停泊上下客货之处。"将容奇、马宁、九江、古劳、永安、后沥、禄步、悦城、陆都、封川等10处作为"上下搭客之处"。③

还有根据《续议通商行船条约》附件丙第八条规定，"此项（内港）轮船准在口岸内行驶，或由此口至通商彼口，或由口岸至内地，并由该地处驶回口岸"。这就是说，一艘轮船可以同时成为沿海贸易和内港航行的船舶，大大扩大了外轮的航行范围。此外还作了"多设保税关栈"、修改矿务章程、保护英国商标、设立国家统一货币等规定。这是《烟台条约》后一次大规模的勒索行动。

在中美修约谈判中，关于裁厘加税问题，争论十分激烈，美国代表认为进口税增至一倍半，太重，只同意在值百抽五的基础上增加一倍。双方争论达三个月之久。日本也极力反对中英条约关于加税的规定，他们不同意以进口货

---

① 《中外旧约章汇编》第2册，第101—110页。

② 《中国关税沿革史》，第371—372页。

③ 《中外旧约章汇编》第2册，第107—108页。

10%以上的征课换取厘金的裁撤，也不同意对在中国境内制造的洋式产品课征任何税项。最后，日约中把裁厘加税一项索性删去了。

按中英修订商约第八款作出如此的规定：关于裁厘加税一项，"须俟各国允许照办，始可将此款举行"。列强对于加税既有异议，而中国地方官对裁厘又不支持，这就使这一款无法生效。

其他国家以中英商约为蓝本，都要求修订商约。葡萄牙于 1904 年 11 月和清政府签订了《通商条约》，但因葡萄牙议会反对清政府在澳门设立海关等问题，不予批准；德国也于 1905 年 4 月和清政府举行了第一次修约谈判，经过了整整 10 个月，德国以清政府"不是豁达大度的作风，而是断断于讨价还价"，不急成议。

奥、比、荷兰和意大利都准备和清政府进行谈判。它们都想看一看清政府和各大国谈判的结果。唯一挺身而出的是意大利。中意谈判是在 1906 年 5 月举行。意大利竟然提出开放南京，保证中国浙江绝不给任何外国以特殊优越地位等要求。清政府坚决拒绝。这不但结束了中意的谈判，而且也结束了中国和其他一切国家的谈判。法、比、荷等国虽然准备了草约，但看到清政府绝不允许给予英、美、日三国以外的任何权益，觉得谈判徒费时间，也只好作罢。

在商约谈判中，各国都援引最惠国条款获得了大国同样的特权，中国因修订商约丧失了更多的权益。

第六节　海关和黄浦江浚治权力的争夺

外商对于通商口岸港口的河道普遍重视。这是因为港口河道关系到洋船的进出，是外商贸易的生命线。如果港口河道堵塞，通商贸易就无法进行。通商口岸港口河道，因为洋行到处兴建码头、栈房，动辄擅自填筑河岸，加上人口迅速增加，垃圾不断堆积，于是河岸日宽，河道日窄，河底日淤，影响到河道的通行。自从通商口岸开辟之后，各通商口岸的港口河道都出现同样的情况。当时清朝官府没有有效的管理措施，因此，外商乘机组织各种国际性的机构，自行修浚，因而侵犯了我国河道主权。

外商特别重视天津的白河和上海的黄浦江。因为天津是北方最大港口，而上海则是长江流域进出口的要道，又位于海岸线的中心点，地位更为重要。所以黄浦江修浚问题成为国际争夺的对象。

　　早于 1897 年，英、法驻天津领事和外国商会便因白河水路土沙堆积，深度渐减，同直隶总督会商浚治办法，组织了白河浚治委员会，中国方面由海关道、税务司、招商局和开平矿务局代表；外国方面由外国航运业代表、英法侨民及商会代表组成。实际上委员会未曾开过一次会，只是由海关道、首席领事和税务司执行其事，经费暂由直隶总督拨出 10 万两，由英法租界募集市债 15 万两，由海关进口税征收 1% 的附加税。1899 年动工修治。其经费渐有增加，进口货附加税增至 4%。

　　1874 年、1880 年，上海外商曾要求上海官府处理吴淞内外沙滩问题，但没有得到应有的重视。1899 年，他们擅自组织了一个由 9 人组成的委员会，处理黄浦江的疏浚事宜。这个委员会外籍人员 8 人，连最后 1 名税务司也是外籍人员。"他们主张行使理应归诸中国的主权权利；他们提供所需的款项不过半数，却不许中国参加经费的管理，又为防止中国官府的贪污腐败的风气，竟然主张将管理权交给一个九人委员会。"①

　　1901 年浚治白河和黄浦江问题作为一个国际条款订进《辛丑各国和约》第十一款，关于"北河改善河道"一条规定："一俟〔联军〕治理天津事务交还之后，即可由中国国家派员与诸国新派之员会办。中国国家应付海关银每年六万两，以养其工。"关于黄浦江浚治方面，则规定"设立黄浦河道局，经营整顿改善水道各工所派该局各员，均代中国暨诸国保守在沪所有通商之利益。"浚治经费预估 20 年，每年应用海关银 46 万两。"此数平分，半由中国国家付给，半由外国各干涉者出资"②。

　　各国代表还在《辛丑各国和约》之外另订一"附件十七"作出洋洋 37 条的规定。附件规定，应在上海设立"修治黄浦河道局"。该局管辖的范围为自滦华港起至扬子江红色浮标止。河道局由下列人员组成：上海道、税务司、各领事公举二员，上海通商总局公举二员、各行船公司年逾五万吨的公举二员，公共租界工部局一员、法租界公部局一员、各国进口船只年逾二十万吨的，由该国国家特派一员。由各局员公举督办一员、帮办一员；如公举不到多数票的，"即请各国领事中之领衔者入名"。河道局的主要职权为：一、"所有经理行船应置各节，由该局主定"；二、有获取所设停船器具之权，"另设公共停

---

①　《中华帝国对外关系史》第 3 卷，第 407 页。
②　《中外旧约章汇编》第 1 册，第 1007—1008 页。

船器具之法"；三、所有河内挖河、修筑码头等工，"应经该局允准"；四、河港内所有浮灯、浮标……标记、标灯等，除灯塔外，均由该局任便安置；灯塔仍按《天津条约》第 32 款规定办理，即"由领事官与地方官会同酌视建造"；五、所有改善及保全黄浦各工，统由该局工程司管理，"如因其工应在辖界之外兴作，亦一律办理。"关于用人方面，"海口理船长及其所用之人，均由该局拣派"，关于整顿巡查、上海引水一切事务，统"由该局经管"①。也就是一切用人、经费、浚治河道以及相关的行政权、巡查权、引水权等均由独立于中国行政之外的国际委员会管理。这是对中国主权的掠夺。所以税务司贺璧理认为："附件十七是议定书中损害〔中国〕最甚的部分。"两江总督刘坤一对于此项规定极力反对。他曾愤慨地告诉税务司贺璧理："我从未赞同，而且永远也不会赞同这一计划。我宁肯辞职，也不违心同意在我的辖区内做此等丧权辱国之事。那么，请你记着，我希望你在上海谈判〔商约〕过程中提出这个问题，为之斗争，尽你全力争取以下列方针修改此议，就是，无论如何，水路、陆路巡警、引水事务、船只停泊等项控制权须握在作为清朝政府代理人海关手里。"贺璧理为此提出了"修浚黄浦节略"让他考虑。"如果他同意，应送外务部转各国公使，因为只有他们有资格改变他们曾签过字的文件。"②

贺璧理从英国商业利益出发，对于英国公使接受这个文件（附件十七）也觉费解。他说："为给这项计划提供必要的经费，需要课税的货物至少有十分之八是属于英国的，但到头来英国并不比别国享有更多的代表权。进入上海卸货的船舶总吨位 9,176,839 吨之中，英国船占 4,935,262 吨，较其他国家合起来的总吨位还多许多；然而大不列颠的代表权，并不比仅有 233,520 吨的法国和 253,870 吨的美国的代表权大，这项计划对于清朝的利益简直是欺人太甚。她不仅被剥夺了浚治黄浦江岸的征税权、控制水路权以及这种控制权所及的一切方面，而且清朝将这些权利转给河道局之后，只得到三个代表席位，而列强有十三个代表，然而却要清朝筹集半数的经费"。正是基于这一各自的利益，所以贺璧理同情刘坤一的愤慨情绪。他说："无怪总督这样说：'1900 年夏，我冒丢官和生命的危险（按：指义和团围攻使馆时刘违抗慈禧谕旨一

---

① 《中外旧约章汇编》第 1 册，第 1019—1022 页。
② 以上引文出自 1901 年 4 月 22 日贺璧理致莫理循函。全文刊载《清末民初政情内幕》上卷，第 230—235 页。

事），设法维护沿江一带的和平，并且做到了这点，英国由于感激而站在我一边。她〔英〕是如何信守诺言的呢？她将我这无骚乱的辖区和骚乱最甚的直隶等同对待。在两地都派军队，剥夺了我对水路的管辖权。此水路所通之处不仅是我的辖区的，而且是全中国的首要商港'。"贺璧理也极力谴责英国公使的做法，"如果说这个计划有什么意义的话，那只能是被用来摧毁英国在中国和长江流域的主要港口和长江上的影响。"接着，他揭露了各国领事争夺黄浦江的管辖权。"他们无视港口当局，下令移去鸦片废船残骸，并且背着港口当局去找道台。……〔道台〕老老实实予以认可"；"如果不是萨道义爵士出面干涉，……黄浦江的最高权力就会落在他们之手。""这一企图被挫败后，他们最近又竭力要压倒港务局〔理船厅〕和商会，把持引水事务。"贺璧理还就河道局组织情况观察各国的利益。他说："英、美、日有八名成员，其他国家成员有五名；但在前者之中，美国领事是反英的，而另一个美国成员（费伦）也很难反对。这从费伦任理事会主席时所采取的行动可以看出来。所以在决定政策方面，人数比例不是八比五，而是六比七；而如果道台被这个反英集团争取过去，他会将清朝航运代表拉到他的方面。这样即使海关税务司也一致投票赞成英国政策——即最可保障中国利益的政策，那么人数比例也不过是七票赞成英国，九票反对英国。"①

　　正因如此，贺璧理以中国主权被夺为理由，出而反对。他说第十七个附件，"与中国损碍尤多。不特中国海关素来所管之巡江吏、灯塔、引水及准驳建设码头各项事宜，应改归洋商所设之局办理，即如华民田地，亦应由该局估价抽捐，以备修河之用。如此办法，虽未明夺中国之主权，而暗中已将中国商务总汇之口岸水道自主之权让与他人。"他说各国签订附件时，"不准中国全权改易一字"，现"驻京公使已有将该件第二十八、二十九、三十等条之意略为改变"；"现在彼既能擅行更变，我亦能会商修改，此绝妙机会也"。于是乘机提出他的修改方案：

　　一、现在各口都有修浚河道问题，应设一大员，专门管理。
　　二、黄浦河道，应设一局，并暂准洋商襄办。以海关道为领袖，另派税务司、理船厅、营造司各一员，洋商总会二员，轮船公司一员，共七人组成。

---

① 以上引文出自上引 1902 年 4 月 22 日贺璧理致莫理循函。

三、因为河道关系外商利益最大，所需经费应大半出自洋商。①

贺璧理的方案并没有为刘坤一所接受。刘坤一另拟《修浚黄浦章程》五条交驻沪各国领事团。其第一条为："中国政府每年在海关税饷项下，自拨银二十三万两；其各洋商所认捐的二十三万两，亦中国任之，共多拨关平银四十六万两，直至修浚黄浦竣事而止"。第二条，"所有黄浦工程，仍归上海道及海关管理；其水巡、灯塔及各项事权，仍属海关执事。"②

1905年9月，外务部"奏修浚黄浦河道议归中国自办改订条款合同画押折"，把"经各国应允商定办法"列奏，其修订条款主要的有如下数条：

一、所有改善及保全黄浦河道并吴淞内外沙滩各工，统由江海关道暨税务司管理。其黄浦江面之巡捕及卫生、检疫、灯塔、浮标、引水等事仍照旧章办理。

……

五、凡新筑泊岸码头并安设活码头，及河面停泊趸船各事，须由江海关道暨税务司允准，方能举动。

六、凡已设泊船处所器具，江海关道暨税务司均有取舍之权，并有权设立公共泊船之处。

七、浚河各工须由江海关暨税务司核准，方能开办。

八、凡改善保全黄浦河道各工所应用外国租界之地，江海关道暨税务司有收买使用之权。

……

十、中国现指定四川及江苏徐州府土药税统数，以担保河工之全费，仍照辛丑和约每年支用关平银四十六万两，以二十年为限。如以上所提之税不敷，则由中国政府应用他项进款，以补足所定之数。

……

十二、此条议定画押后即将辛丑和约第十一款之第二段及附件第十七暂行停住；但如不照新章办理，则辛丑和约及附件十七即复施行。③

关于黄浦江修治问题的争议，至此才告解决。应该说，在当时的情况下，

---

① 以上引文出自光绪二十八年二月初八日贺璧理呈刘坤一修浚黄浦节略。《清季外交史料》卷192，第4—7页。
② 《东方杂志》第5期，光绪三十年五月二十五日发行，第55页。
③ 《清季外交史料》卷190，第4—7页。

这个问题能够办到这样的地步，比在一个国际委员会管理下总胜一筹。因为如果是在国际委员会管理之下，则黄浦江修浚及其他管辖权，上海官宪便无法过问，现在一切管辖权统归上海官宪和海关，外商便无从垄断了。但是，这种归回只是名义上、形式上的。因为江海关道只是江海关名义上的负责人，而实权则操诸江海关税务司。原来各口河道的修浚及其行政管辖权，都是海关理船厅、营造司管辖范围，国际委员会接管这些权力，不啻是接管海关的权力；上海黄浦江的修浚和管理是关系到长江流域的通商贸易，而长江流域又是英国的势力范围，英籍税务司怎能坐视其他国家的侵夺？这在贺璧理致莫理循的信中已讲得一清二楚。

刘坤一和外务部，因为海关是在外籍税务司管理之下，海关的利益各国都有一份，所以把海关抬了出来，由海关接管，比较易于取得各国的同意。正因如此，清政府和各国争夺权益的结果，往往就是扩大了海关的权力，清政府和刘坤一也满足于这种解决办法。因为这种做法，在名义上正如刘坤一所说的是收归于清政府"代理人海关的手里"；但是众所周知，海关是在英国势力控制之下，主要是代表英国的利益。因此，由国际委员会归回海关，不妨说是回到英国管辖之下。所以关于黄浦江修治权力问题的争夺，实际上是英国和其他各国如德、美等的国际争夺而已，而刘坤一的坚定立场，到头来，无非是为英国利益服务罢了。

当然，我们也应承认，在江海关管辖下的黄浦江的修浚工作也确有成效。在1907年1月，黄浦江外滩的深度，是在低基准水平以下16呎，12月是16呎半，这个滩经过浚治，已经消失了。内滩是在一个斜交叉上，这个交叉上的水道的深度在1907年，计从2月间低基准水平以下14呎的最高点，到9月间11呎的最低点不等，这个滩也已经消失了，代替它的是深度没有一处不到低基准水平以下24呎的那条循着水流路径的新公平女神航道①。这不能不说是由于海关的有效管理和高水平的工作效率，这对中外航船的航行都是有利的。但是也应看到，这个河道的管辖权操诸江海关手里，一旦中英间发生敌对时，对中国将是何等危险！由此可见，非彻底改变海关制度，不是根本办法。

---

① 《中华帝国对外关系史》第3卷，第412页。

第十七章

税务处的设立和海关隶属关系的改变

第一节　海关与官民矛盾的急剧发展
和税务大臣统辖海关

近代中国海关，从 1861 年开始便由外交部门——总理衙门统辖；到 1901 年总理衙门改称外务部，海关也跟着改由外务部统辖。无论是总理衙门或外务部，都是办理对外交涉的外交机构；但到 1906 年，清政府特别成立了税务处，并札令海关由税务处统辖，这样，一向由外交部门统辖的海关，便改归财政部门统辖了。海关隶属关系这一变化，绝不是纯粹的行政体制的改变，而是 40 多年来列强对华侵略达到顶点，海关权力极度扩张，步步沦为列强的侵略工具；以及全国人民觉醒、民族意识高涨和跟着而来的全社会反对海关外籍税务司制度的结果。

1906 年 5 月 9 日（光绪三十二年四月十六日），清政府外务部突然发给海关总税务司一个札文，内称：

为札行事。光绪三十二年四月十六日奉上谕：户部尚书铁良着派充督办税务大臣，外务部右侍郎唐绍仪着派充会办税务大臣。所有海关所用华洋人员统归节制。钦此。相应札行总税务司查照钦遵，并转饬各关税务司一体遵照可也。须至札者。光绪三十二年四月十八日①。

---

① 光绪三十二年四月十八日外务部札行总税务司总字 209 号。《总税务司通札》（第 2 辑 1904—1906），第 465 页。

海关由外务大臣转归税务大臣管辖，这是个晴天霹雳！这个敕令的颁布，引起了各国政府，特别是英国政府、舆论界以及海关洋员的极大震动。英国代办康乃吉惊呼："这个谕旨大家都大吃一惊"；曾在海关任职、时任伦敦《每日电讯报》驻华记者辛博森也说："海关出人意外的事件使我大为震惊。它使我想知道事情将怎样收场。这里每个人当然都感到惊讶"[1]；而任海关税务司的贺璧理则在"过去的两星期，我的时间和注意力大部分用在 9 日的敕令上了。"[2] 海关这一隶属关系的改变，是在极度保密的情况下进行的，所以它的发生，谁都摸不清它的来龙去脉，引起了各方面许许多多的猜测。贺璧理询问了《泰晤士报》驻华记者莫理循，"关于敕令的目的和谁是幕后人，你有可靠消息吗？这里的人对这些问题，几乎一无所知"。连经常奔走于外交部门达几十年的总税务司赫德也蒙在鼓里。至于和海关有关的债券持有者，更是惶惶不安。显然海关隶属关系这一变化，影响很大，反应强烈，有详加探讨的必要。

海关的这一变化，有其深远的历史根源。它是 19 世纪 70 年代以来中外民族矛盾急剧发展、民族危机深重的一种反应。

海关在外籍税务司制度的掩盖底下，乘着列强争夺中国权益、清政府一筹莫展的机会，打进了清朝统治阶级的最高层，依靠着满族统治者的当权势力，不但维护了英国的在华利益，而且稳稳地扩大了海关的权力，总税务司赫德俨然成为清政府的"太上皇"。海关被利用作为英国对华关系基石的本质日益暴露。这就不但激起了中国人民反对海关外籍税务司制度的愤激情绪，而且由于它的"权足倾国"，而引起了清朝统治阶级的恐惧，因而产生了收回海关权力、改变外籍税务司霸占海关局面的要求。

海关的工作，非常庞杂，它涉及政治、军事、经济、文化等方面。对于这些工作，应该具体分析，作出客观的评价，不好笼统地肯定，也不好笼统地否定。全面评价海关的工作不是本节的任务。但是从下面这些事实看来，有些做法显然激化了人民、地方官员甚至中央官员和海关的矛盾，而实行殖民统治的外籍税务司制度则成为众矢之的。

海关的工作和活动，对于海关隶属关系的改变有直接关系的大致有下列各事。

---

① 1906 年 5 月 16 日辛博森致莫理循函。《清末民初政情内幕》上卷，第 446 页。

② 1906 年 5 月 23 日贺璧理致莫理循函。《清末民初政情内幕》上卷，第 446 页。

首先，总税务司利用和总理衙门的直属关系，打进了清政府的外交领域。他所干的"业余外交"，至少在下面两件事上，大遭清政府部分官僚的责难：第一，结束中法战争的《巴黎草约》是赫德一手导演的。它是清军在广西、越南战场上获得重大胜利之际签订的，并以清政府承认法国保护越南为基础。西南官僚认为《巴黎草约》的签订，使中国的西南藩篱尽失，为法国打开了中国的西南大门。第二，《中葡里斯本草约》是以中国承认葡萄牙"永驻"澳门，而以澳门殖民当局协助中国海关征收洋药税厘为交换条件。这个活动，连总税务司自己也认为，"我们给澳门的，对中国算不了什么，而对葡萄牙却收获甚大"①。显然，这是严重地损害了中国的领土主权。

由于1886—1887年香港和澳门管制洋药的协定，海关接管了粤海关监督在港澳洋面的常关权力。1898年英德续借款合同，又把苏州等7个地区常关厘金的征收工作移交海关管理，这就剥夺了有关地方官员的征税权力，损害了他们的权益。

从整个清季外交的形势来看，总税务司的业余外交，不但没有改善清政府的外交地位，而因他老是迎合清朝最高统治者避战求和的要求，并为其开辟道路，几乎使每次交涉的结果，总是丧失一批权益，而总税务司的权力却因而扩大了。因此，中国的半殖民地性质，不是削弱而是加强了。这都是由于总税务司通过外交部门和最高统治者的密切结合，从而取得他人所不能取得的外交权力造成的结果。当清朝统治者发觉总税务司业余外交对清政府造成的危害时，它不能不下定决心切断总税务司和外交部门的联系。

1896年，上谕总税务司兼办全国邮政，邮政局所迅速地深入穷乡僻壤。海关兼办邮政，在当时虽然是必要的；但它既扩大了海关权力，损害了民信局的利益，又侵犯地方官员的统治权，于是，加剧了官民和海关的矛盾。

中日甲午战争之前，海关税收的大幅度增加，支援了清政府镇压绵亘20多年之久的太平天国运动和各族人民起义，支援了清政府的对外战争，支援了近代海军的创设和各种洋务的开办，支援了清政府的财政。单就这方面而言，海关在清朝统治者心目中的作用就够大了。这是海关受到清政府信任和重视的基础。《马关条约》签订后的三次大借款（一次俄法借款，两次英德借款），海关洋税大多作为借款的抵押品，抵押给债权国。这样，海关税收通过海关这

---

① 1887年4月1日赫德致金登干Z字285函。《中国海关与中葡里斯本草约》，第79—80页。

一导管源源输进英、德、法、俄四国债权人的荷包，海关在财政上对清政府的重要性大大下降。"这一转折使海关变成了纯粹代表外国债权人利益的征税机构。"① 两次数额庞大的英德借款，都是赫德凭借他对清政府的影响力达成的。借款合同分别规定偿还期限为 36 年、45 年，并各规定："至此次借款未付还时，中国总理海关事务，应照现今办理之法办理"；甚至还规定：在还期之前，"中国不得或加项归还，或清还，或更章还。"② 这是以 36 年、45 年的还款限期来延长、巩固以英国为首的外籍税务司制度。加上 1898 年英国外交部强制清政府承认："英国在华贸易既已超过他国，本国政府认为，海关总税务司将来仍照以前办法，应由英人担任，……"③，公然违反了《通商程善后条约》第十款"任凭总理大臣邀请英人帮办税务"，"毋庸英官指荐干预"的规定。这使当时的爱国人士有理由认为"侵犯了中国主权的完整，在将来税务司人选的问题上束缚了中国的手脚，并趋向于使总税务司一职永远成为外国人的禁脔。"④ 赫德对于这种强制方式并不赞同，因为会加深总税务司和清政府的矛盾，激化清政府官员的不满情绪，促使清政府倒向俄、法一边；但这并不意味着他希望英国放弃这个重要的职位。

紧接而来的是《辛丑各国和约》4.5 亿两数额庞大的庚子赔款。这不但把海关洋税大量抵押了，甚至连通商口岸 50 里内的常税也充当了抵押品，并将各口 50 里内的常关划归海关管辖。海关总税务司兼为总邮政司，还兼管了通商各口的常关。这样，海关权势可谓登峰造极了。

在接管通商各口常关问题上，总税务司维护债权国利益的立场，也使清政府谈判大员感到憎恶。根据《辛丑各国和约》的规定，清政府承担赔偿保票财源之一是通商口岸常关的进款。赫德则把"常关进款"扩大解释为"似应一例解为通商口岸进出各华船船料（民船船税）、各华船货税，并一切规费，均在其内"⑤。这就把常关以外各衙门的征收款项也囊括进去。谈判全权大臣奕劻以"各国公使于各关情形固属未能深知，且亦未暇详考"，要求赫德量宽处理，即关于各口移交常关定为 14 个，至于粤海关"向系内府差役……应仍

① 《赫德与中国海关》，第 817 页。
② 《中外旧约章汇编》第 1 册，第 639、 735 页。
③ 《中外旧约章汇编》第 1 册，第 732 页。
④ 《赫德与中国海关》，第 817 页。
⑤ 引自《海关通志》下卷，第 118 页。

由监督自行管理"；但赫德则把移交的 14 关增至 23 关；关于粤海关不归新关一节，"如此定办，非总税务司所能主"①。至于其他衙门经理的货税，"应循旧归别衙门一节，所拟是否合新约之意，总税务司不敢臆度"②。

不但如此，赫德在接管常关时，还额外苛求。比如，扬州常关在 50 里以外，不宜交管；赫德则称："按水程折算，若出界外，然按陆路直线，仍在 50里以内"③。在九江，姑塘不在 50 里之内；在广州，连一些航路在 50 里之外的常关，也坚持交管。

所以，魏尔特说，总税务司对于通商各口常关的接管，这使中国人"进一步证明海关主要是为了维护外国利益而存在的"，而"以牺牲各省的主权来增加总税务司新的领域"，虽然总税务司在《辛丑各国和约》中以"所起的作用有益于中国，许多人认为这是代表外国利益的总税务司权力的危险扩充"④。

根据《辛丑各国和约》规定而举行的 1902 年后的商约谈判，中英《续议通商行船条约》竟然规定清政府应明降谕旨，饬将所有厘金、内地税征课和厘卡一律废除，并"由各省督抚自行在海关人员中，选定一人或数人，商明总税务司，委以监察这个条款中所规定的有关常税、销场税、盐税和土药税的征收事宜。"这就等于使海关洋员在广泛的领域中监督中国的财政。"在这整个方案中，外国对中国财政和行政权非分干涉的气味太浓厚了"⑤。这样，"当中国作城下之盟的时候，它（海关）通过《辛丑各国和约》和 1902 年与 1903年诸商约的规定，变成了它的主人的主人；可是失去了中国人的欢心，也就失去了它的大部分重要性。"⑥

1905 年，赫德以日俄战争在中国东北的爆发，"实于中国积弱所致"，建议非趁此机会力图自强不可，要自强就必须练兵，练兵筹饷又以地方钱粮为大宗。于是在 1905 年向清政府呈递了《筹饷节略》，建议按里计亩、按亩计赋，每亩完钱 200 文。这样做法，"确可经久，百姓亦不受丝毫扰累"⑦。作为一个改革方案来说，这是无可非议的；但是许多督抚都表示反对。张之洞复奏称：

---

① 《海关通志》下卷，第 118 页。

② 《海关通志》下卷，第 118 页。

③ 赫德致外务部函。《义和团运动》，第 62 页。

④ 《赫德与中国海关》，第 818 页。

⑤ 《中国关税沿革史》，第 371 页。

⑥ 《中华帝国对外关系史》第 3 卷，第 432 页。

⑦ 《中国近代海关历史文件汇编》第 7 卷，第 173—185 页。

"自海关税务归洋员主持，中国财政之权已半为外人所干预。兹阅原节略，有'若使总税务司主张'之一语，殆又欲将中国田赋尽归其一手把持而后已，抑何设词之巧而用计之工也。"①《东方杂志》"书赫德《筹饷节略》后"一文亦称，此议出于赫德，尤不可行也。中国之民，富于排外之思想……故此制一行，凡草野之愚民，不以为政府筹集国用，而以为西人搜括民财，排外思想日益以深，势必至又酿庚子之祸②。

由此可见，总税务司权力的膨胀，已使朝野人士大感不安；而各口海关都在洋员的殖民统治之下，全国海关行政又统一在总税务司"一人统治"（赫德语）之下，这种喧宾夺主的长期现象，使清朝统治者大有总税务司"权足倾国"的恐惧。

中日甲午战争的失败，列强在中国掀起的割地狂潮，《辛丑各国和约》的庞大赔款和莫大耻辱，使中国民族危机空前严重，清朝统治阶级腐败无能，束手无策。这就激发了维新派、革命派和在国外留学生的爱国情绪，促进了中国民族的觉醒，各阶层民族意识的步步高涨。清朝统治阶级在总崩溃的前夕，为了挽救残局，任用了一批接受过西方教育或受西方影响的人物，企图通过他们进行改革，稳定垂危的统治。这就在清政府内部形成了一股新的力量。设立税务处，接管海关权力，正是这股新兴力量所促成的。

近代海关创设初期，它的职权仅限于外商轮船贸易的管理，因此和外商的矛盾大于华商。它不断增加的税收，大大支援了清政府的财政，各税务司也从各方面扶植清朝统治阶级，在国际事务方面为其出谋献策。当海关地位还未巩固的时候，总税务司对待清朝统治者、对于处理内外事务，采取了比较谨慎的态度。进入19世纪70年代以后，由于民族矛盾上升，总税务司介入了外交事务，大大提高了他在清政府的地位。于是，海关干预的事务越来越多，海关的权力越来越大。它和各方面的矛盾也就越来越发展起来了。到了20世纪初，当它的权力到达顶峰的时候，也就是中国官民反对海关浪潮高涨的时候。

19世纪80年代，在广州发生过反对海关洋员的浪潮，但这只是由于个别洋员暴行和治外法权庇护洋员而引起的，还不是反对外籍税务司把持的海关。从中法战争到1906年税务处成立，中国官民反对海关的斗争日益高涨，特别

---

① 《东方杂志》第12期，光绪三十年十二月发行。

② 《东方杂志》第5期，光绪三十年五月发行。

是在《辛丑各国和约》签订之后，海关的帝国主义本质步步暴露，于是，斗争矛头日益指向代表外国利益的海关外籍税务司制度了。

据九江道1902年向外务部的报告："九江关自上年十月暂归税司代征抵偿款，闻当新旧交接之际，众情汹汹，几肇事故。"[1] 1905年8月31日，厦门市民因海关制定的常关章程苛刻、总书邓书鹞恣虐商民，引起了罢市，罢港，市民捣毁理船处，围攻海关。据海关方面的记载："海关员司武装了起来，而且成功地保卫了海关，直到英国'伊比振尼亚'号战船携带机关枪的海军陆战队登陆，暴徒见此情况才溃散。几个中国人丧失了生命，理船处遭到很大的损失。"[2]

在福州，1906年2月间外务部给总税务司的一封信中称："近方抵制美约，而杜（德维）税务司系美国人，力与诸商为难。现已有人布散传单，欲逐税务司出口，……恳将杜税务司即刻电调他口，以弭此祸。"[3] 这也和海关税务司维护其本国利益有关。

海关兼办邮政之后，邮政局所的开设全面展开，于是和各方面的矛盾日渐激化。1897年即海关兼办邮政谕旨颁布的第二年，南海县董元度致粤海关税务司函指出，民信局私运信包，"洋关枷号犯人，窃虑众情易动，邂逅滋事，正自难防"；嗣后如有发现走私，应将该局字号函知地方官给谕，"从严戒饬"，以防滋事[4]。1902年，海关命令民信局包封，由原章取资1角，突增至6角4分，民信局进行了大规模的罢班。据南洋大臣称："自汉迄沪，民局纷纷呈诉。沿江上下均已停班，情甚迫切！"外务部不得不谕令总税务司，民局包封每磅改收2角，才算息事[5]。

改良派从反对外籍税务司制度出发，坚主海关改用国人管理，以保国权。陈炽在《庸书》中抨击外籍税务司制度时说："波斯、埃及、土耳其诸国，柄用西人，无不太阿倒持，日侵日削者"。他认为，"伊古以来，未有堂堂大国，利权所在，永畀诸国之人者。不及此改弦而更张之，他日显蹈印度亡国之辙。

① 中国第一历史档案馆藏：外务部档案第3970号。
② 厦门海关：《申字稿簿》（钞本）；《中国近代海关历史文件汇编》第2卷，第484页注。
③ 中国第一历史档案馆藏：外务部档案第3970号。
④ 1897年9月6日南海县董元度致粤海关函。《中国海关与邮政》，第136—137页。
⑤ 1902年1月5日外务部致赫德札。《中国海关与邮政》，第139页。

海疆万里，拱手让人，济济诸公，何以自解于天下后世哉?"① 钱恂也说："方今天下洋务日兴，不乏深明税则、畅晓条规之人。苟使任关道者留心人才，时与税务司考究，选择干员而荐举之以为税务司之副，责其学习数年；有效，则渐裁外人而使代之。我华人皆知奋勉，次第迭更，不十年而各关皆无外族矣。"他认为要这样干，就得先去总税务司，因为各税务司为其所辖也②。郑观应也说："夫中外通商数十余载，华人亦多精通税则，熟悉约章，与其假手他人，袒护彼族，何若易用华人之为愈乎!"③

清朝统治集团一些封疆大吏对于总税务司赫德包揽海关，签订《巴黎草约》与《中葡里斯本草约》，扩展邮政，接管常关，极表不满。1902年，势力最大的封疆大吏湖广总督张之洞和两江总督刘坤一，对于赫德扩大海关权势的活动，第一次作出了公开猛烈的抨击。他们联名通电外务部，首述海关拟于湖北、河南一些州县设立邮局，"乃税司并未先行禀明钧处允准，亦不妥商外省，遂派洋员前往内地，不计官权民情有无妨碍，便欲设局，大属不合! 赫德近日借赔款为词，揽办常关，并欲占夺各处关局；复饬税司推广邮政，径入内地，意欲将中国利权一网打尽，用心良险矣! 若不及早限制防范，中国实尽是洋官管事，华官只如地保，华人只充奴隶而已。务急切饬赫德，海关只可在通商各口设邮政局，至内地各处，洋员往来不便，且关地方官权，民间信局生计，必须详审；即欲推广，亦须由地方官自行举办，以免觊觎。"④

一些留学回国的中小官员，同样反对海关兼办邮政。留学日本主持江浙外务、洋务的刘子贞，于1905年和1906年写了"上政府暨各督抚宪书"。书称："税务司经理各省洋关，……蒂固根深，业成尾大不掉之势。今再以我全国之脉络，官民之消息，内地之情形，大柄大权，授之予之，良可畏也，深可惜也。""况客卿官中籍西，决无忠爱之忱，是以国家虽高爵以荣之，厚糈以养之，从未闻某为中国而鞠躬尽瘁矣，亦未闻某为中国而毁家纾难矣。""若不速将邮政之权收回，将来必蹈洋关故辙。贻害之深，关系之重，更有不堪设想者。"⑤

① 《庸书》，外篇，卷上。
② 《盛世危言》，钱恂："通商综核表序"。
③ 《盛世危言》，卷3，税则。
④ 录自1902年2月20日赫德上外务部申呈。《中国海关与邮政》，第103—104页。
⑤ 《宪政条议》，宣统版，第8—9页。

以上这些反对斗争，虽然日趋剧烈，但因清朝中央政府依靠海关增加财政收入，而海关洋员势力根深蒂固，最高统治者一直未敢触动它。因此，海关仍然屹立不动。直到清朝中央政府内部形成了一股反对海关的势力，并取得了最高统治者的支持，海关的气焰才被煞了下去，海关的扩张趋势才受到阻遏。

1901 年签订的《辛丑各国和约》，是近代中国屈辱的顶峰！慈禧太后虽然以这种屈辱来换取列强对她的统治的支持；但是，这个统治如此腐败，人民的革命斗争如火如荼，确实使她难以统治下去。因此，她不能不作出变法自强的新姿态，借以缓和人民的反抗情绪，维护她的统治。她从西安回到北京的头 3 年，就实行了三项"新政"。第一，提倡和奖励私人资本创办工业；第二，废除科举制度，设立学堂，提倡出国留学；第三，改革军制，即逐渐裁撤旧式的绿营、防勇，组成新式军队。尽管这些"新政"在《辛丑各国和约》的巨大屈辱和沉重的赔款负担之下，对于稳定统治没有产生什么效果；但在实行"新政"过程中任用的一批新人物，却成为改变海关隶属关系的主要力量。

《辛丑各国和约》签订后的一两年间，李鸿章和刘坤一相继去世。袁世凯和张之洞成为地方督抚中倡办"新政"的主要人物。1903 年，作为实行"新政"的第一个机构——商部成立了。它是管辖商业、工矿业和铁路等新业务的重要机构，并以上年派往英国、法国、比利时、美国和日本考察的皇亲贵族载振出任尚书。载振是接管海关部分权力的重要人物。其次是户部（后改度支部）尚书铁良，他担任过署兵部尚书，受命练新军。1905 年后，铁良地位蒸蒸日上，先是在军机大臣上学习行走，寻兼政务处大臣，这一年年底便任军机大臣了。他是改变海关隶属关系不容忽视的人物。特别引人注目的是外务部右侍郎唐绍仪。"铁良，满人，是一个温和进步派；唐绍仪汉人，是广东极端维新派的领袖。"[①] 以这三个人为首，清朝中央政府里形成了一股反对外籍税务司把持海关的新势力。这股势力虽然也维护慈禧太后的专制统治，但在海关沦为外国利益工具的情况下，他们反对海关的活动，不能不具有一定的积极意义。魏尔特在他的《赫德与中国海关》一书中，对于这股力量的兴起作了如下的描述。他说："这些官吏有的受过国外教育，主要是在美国大学受过教育，精通各种西方学说，熟悉西方政府组织形式。由于他们没有通过旧的科举，在拳乱之前，无缘把他们的知识和在国外受过的训练，为其祖国服务。

---

① 《中华帝国对外关系史》第 3 卷，第 432 页。

《辛丑和约》后，科举制度废除了，迫切需要接受过西方教育的人才。刚刚走马上任的袁世凯从留学生中遴选了一批人才，把他们安置在能使他们充分发挥才智的各个政府岗位上。尽管很少有人具有海关行政的实际经验，至少有一个人，即后来青云直上的唐绍仪，曾于袁世凯驻朝鲜期间，在穆麟德管下的朝鲜海关担任过低级职务。唐曾在袁世凯辖下担任过天津海关道。1904—1905 年唐曾率领中国代表团到加尔各答谈判西藏及其他问题。在加尔各答期间，印度在英国的统治下只有缺点而没有优点这一现象，给他留下了深刻的印象。具有他这种才智的中国人，憎恶他们的海关方式——一个中国机构，却被置于外国压力之下，被用于维护外国利益而不是维护中国的利益"。中国进步党（The Young China Party）公然声称："赫德未能在中国海关为有才干的中国人提供领导职位"，"难道他们永远不能从受人辖制中摆脱出来吗？"[1]

"1906 年 5 月 9 日的谕旨，正是这个中国进步党态度的直接产物。"[2]

至于铁良和载振，也感到海关对清朝统治是个危险因素，也力图收回海关，因而也卷了进去。

早在 1904 年 3 月，清政府就开始进行限制和削弱海关权力的活动。那是刚成立的商部接管了海关的商标注册权。根据 1902 年中英《续议通商行船章程》的规定："由南北洋大臣在各管辖境内设立牌号注册局一处，派归海关管理，各商到局将贸易呈明注册"（第七款）。总税务司根据这个规定，决定在天津、上海设局注册。商部立即提出反对。它声称："前年中英《续议通商行船条约》，系在中国未设商部之先，是以约内第七款载有'派归海关管理'等语。现在本部责有专归，此项商标注册局所，自应由本部专司管辖"；嗣后又声称："总税务司所拟津、沪两地设局注册之处，应改为由该两局代办商标注册收发事宜"[3]。这样，商标注册权便为商部接管过来，而海关所拟津沪两地设局注册之处则成为商部的代办机关了。这个决定虽因各国公使拒绝承认而未能实行，但清政府限制海关权力的扩展，已见绪端。

9 月，商部进一步接管了由海关主办了 30 年的国际博览会中国的展出权。这个事件是由于海关主办的展出腐败出丑，激起了留学生和华侨的爱国义愤而

---

[1] 《赫德与中国海关》，第 819 页。

[2] 《赫德与中国海关》，第 819 页。

[3] 光绪三十年二月初十日外务部致总税务司：商部来文附件。《总税务司通札》（第 2 辑 1902—1904），第 560 页。

引起的。1903 年，《东方杂志》批评海关在日本大阪举办博览会的中国展品，"有未能尽符与会本旨者"。1904 年美国在散鲁伊斯举办国际博览会，中国的展品大为出丑。《东方杂志》记者张继业列举中国展品之丑恶者，如"上海装小脚妇一，宁波装小脚病妇一，北京装小脚妇一，……"，此外还有囚犯、乞丐、娼妓、洋烟鬼等；并称："凡有血气之人闻之当如何兴起奋发，及时改良，以湔洗无穷之奇耻深恨！"① 留欧学生、商人为此特上禀外务部，历述其愤懑情绪。禀云："海关主办展出，动失国体，贻笑外人。何哉？以他国人办吾国之事，利不什一，弊必什九。""士商窃思前车既覆，复轹方道。明年义国赛会转眼又将至矣；如不先事筹划，则一误再误，何以尊国体而挽利权？士商昨曾电请商部自办，专用华员。"② 为此，商部和外务部联合奏请："嗣后遇会事，按地方大小，日期久暂，程途远近，或简王公大臣，或由商部奏派丞参，或另举通达外情熟悉商务之员，或即由外部向章，奏请就近以驻使监理，统俟届时体察情形，酌核办理。"③ 出使比利时大臣杨北鎏亦上奏："赛会关系商务，向由税司领办。以西人置华货，所择未必精，陈所不应陈，每贻笑柄。嗣后应由商部奏派熟悉商情丞参，充当监督，会同驻扎该国使臣办理。"④ 这样，商部接管了海关主办国际博览会的展出权。

关于接管商标注册权和国际博览会展出权问题，都经商部上奏，并经最高统治者批准，"如所议行"。

清政府不但力图接管海关权力，还计划收回治外法权。1905 年 10 月奉命修订法律的伍廷芳等上奏说：修订法律，"本以收回治外法权为宗旨。""请饬下两江总督，会同江苏巡抚，将上海会审公堂一切审判事宜，认真整顿。务须选择品望素著兼通中外法律者，委充会审委员，方能胜任愉快……庶将来颁布新律，可以推行无阻，而收回治外法权，其端实基于此矣。"⑤ 上谕："下部知之。"商部还奏请收回浙江全省铁路。上谕军机大臣："浙江全省铁路，业经商部奏准，由绅民自办……着盛宣怀赶紧磋商，务收回自办，毋得借词延宕；

---

① 《东方杂志》第二年第 9 期，光绪三十九年九月发行。

② 中国第一历史档案馆藏：外务部档案：国际会议奏，第 3911 号。"留欧学生商人禀"。

③ 光绪三十一年八月十二日外务部札行总税务司。《中国近代海关历史文件汇编》第 2 卷，第 485 页。

④ 《德宗实录》，卷 546，第 12 页。

⑤ 朱寿朋编：《光绪朝东华录》，中华书局 1958 年版，总第 5414 页。

并着聂缉椝会同妥速筹办，以重路政，而保路权。"① 此外如收回矿权等也有所行动。总之，在 1903 年以后，清朝中央政府内部已出现了一股新的力量，并对最高统治者发生了越来越大的影响。所以，收回主权的呼声越来越高。接管海关权力和海关隶属关系的改变，就是在这种形势之下出现的。

1905 年 4 月间，清政府接管海关权力继续在酝酿中。赫德得到情报，"商部正在准备从我接管幼年的邮政：摆脱掉这个麻烦。我倒不感到惋惜；但是看到这个机构在两个方面受到危害——中国人还不可能管理它，离开海关自己管，法国会取得它，我将感到惋惜"②。

10 月间，负责训练新军的"直隶总督袁世凯和［署］兵部尚书铁良临时脱下中国的长袍，穿上镶着金边的裤子和短上衣，军事家已经控制和扎根了。"③ 赫德预感到这种军事上的变化将影响到海关。12 月，"外务部有个变化：伍廷芳调到商部，……而唐绍仪从印度调回取代了他。唐一开始就对亲英的情绪不感愉快，而他的外国教育或许会导致他把海关推进窘困地步"；但他却认为"这种困扰将是我的继任者而不是我。"④ 到了 12 月 19 日他已经感到事态的严重性。他说："一个总攻击将造成祸害，而且简直是奴仆离开他的主人。我不知道外国人（指海关洋员）要怎么办！"⑤ 他这时已再度产生离开中国的意念，而力图安排他的亲戚裴式楷继任总税务司职位。

在 1906 年初的 4 个月里，清政府内部显然在酝酿着对海关现状的重大改变。酝酿情况严守秘密，连一向信息灵通的赫德也蒙在鼓里。

5 月 9 日，改变海关隶属关系的谕旨颁布了。这个改变为什么发生在这个时候？据总税务司的猜测，由于他已经 72 岁了，他的离职传说纷纷，"中国政府在他仍在之时采取措施，要比他离去之后更为明智，因为他处理事情的方式可能会使局势更为缓和"⑥。所以总税务司称："也许是我的年龄和我的即将离职为此开辟了道路"⑦。

---

① 《光绪朝东华录》，总第 5399 页。

② 1905 年 4 月 23 日赫德致金登干 Z 字 1055 函。《在北京的总税务司》，第 1464 页。

③ 1905 年 10 月 29 日赫德致金登干 Z 字 1069 函。《在北京的总税务司》，第 1484 页。

④ 1905 年 11 月 19 日赫德致金登干 Z 字 1072 函。《在北京的总税务司》，第 1488 页。

⑤ 《光绪朝东华录》，总第 5414 页。

⑥ 《光绪朝东华录》，总第 5399 页。

⑦ 1905 年 4 月 23 日 Z 字 1056 函。《在北京的总税务司》，第 1464 页。

第二节　各国的反应和总税务司的态度

1906 年 5 月 9 日谕旨一公布，各公使馆都产生了不同的反应。反应最强烈的是英国公使馆。英国代办康乃吉当天立即向赫德询问谕旨意味着什么，并向外交部报告谕旨的内容。第二天，又向外交部报告说："这个谕旨大家都大吃一惊。它可能引起什么结果，此间都极其忧虑"，并请求外交大臣葛雷训令他："要求中国政府解释谕旨的措辞。……陛下政府不能同意海关现行办法的任何改变。"葛雷当即回电，要康乃吉"知照中国政府：如果谕旨的目的，妨碍了总税务司当前行使的权力……这就是对中国政府在 1896 年和 1898 年的《借款合同》所给予的保证……构成了明显的破坏。"[1] 税务司贺璧理报告说："当地报纸对这件事采取的立场：这些任命纯属内政，是任何独立国家主权范围以内的事，外国没有权利提出任何反对。这显然也是中国政府在同〔英国〕外交部交涉中采取的立场"；但是"在贷款限期内受条约的约束，对现在的海关行政制度不能作任何改变"；还有，"她给英国一件书面保证，只要英国的在华贸易继续占优势，总税务司一职就必须由英国臣民充任。因此，在这两点上，中国的国家主权便受到这些约定的限制。作为一个独立国家，她有义务去执行这些约定。"但中国却"不予理睬。"[2] 美国公使柔克义在谕旨下达那一天碰到唐绍仪，质问谕旨是否取消了中国关于 1896 年和 1898 年所作的承诺，并于 1898 年重申的保证。前法属印度支那总督兰尼桑在《世纪》报上认为，"这一事件是自从日俄战争以来根据中国的本意而发生的一次具有深远意义的变化，他们（中国）不再尊重欧洲的权威了"[3]。

5 月 19 日，公使团召开了特别会议，讨论由于谕旨的颁布所造成的局势，最后决定支持英国提出的反对海关行政任何改变的抗议。

英、法舆论对这次改变的抨击非常强烈。莫理循向《泰晤士报》发回了一连串急电，坚持这一改变是对外国债权人的重大威胁，"除非这个意图受到控制，否则将不可避免地要产生麻烦，特别由于铁良是陆军部尚书（兼署度

---

① 《中国近代海关历史文件汇编》第 7 卷，第 201—203 页。

② 1906 年 5 月 23 日贺璧理致莫理循函。《清末民初政情内幕》上卷，第 447 页。

③ 《赫德与中国海关》，第 821 页。

支部），任命他显然是要把关税用于军事。"他还说："赫德不仅是中国政府的雇员，而且是外国债权人债款的委托人。"因此，他的地位不容轻易改变①。法国《时报》在社论中鼓吹列强采取联合行动②。伦敦中国协会和各种贸易委员会也纷纷讨论这个问题，并向外交部请愿。它们认为任命两位钦差大臣"意味着恢复外籍税务司制度建立以前泛滥成灾的腐败的征税办法"③。

从整个海关洋员来说，"本年四月十六日奉旨后，人心惶惑"，"担心保不住'饭碗'"；但是，"他们除了窃窃私议和通信议论此事外，并未采取什么会使其上司为难的举动，或为更高当局提供更多直接干涉的理由。"④

在这次剧变中的关键人物总税务司赫德，早在上年下半年便已意识到问题的严重性，"但是我没想到在此时会出现这种情况，而且，我认为借款合同可能使总税务司保持另一个二十年的独立，谕旨却打乱了这一前景。"⑤

尽管如此，赫德却保持着清醒的头脑，不作任何公开评论，也没有对清朝统治者表现出怨忿情绪。但是他对外籍税务司制度的前途和他自己的处境却怀有难以言宣的隐衷。他在谕旨向他下达后的 11 天，在写给金登干的信中明显地表达了这种隐衷。他说：看来"这一场插曲不会使我漫长的生涯善终"，而"海关也将劫数难逃"。在当前的情况下，他认为唯一的办法是列强的联合一致、出面干涉。但是他知道，"大部分公使支持英国可能提出的要求；可是，一些公使则将保持中立。他们的态度会坚定中国旨在由他们自己管理他们的海关的念头。铁腕人物唐绍仪将浴血奋战；而且他很了解外国人，不会被轻而易举地排挤出去。英国说：'你们必须信守诺言，由英国人担任总税务司；你们还必须遵守《借款合同》，不得对海关作任何变动。'中国则回答说：'所有的协议继续有效，但海关是我们自己的事情，我们要按自己的意愿指派总税务司。'——中立的或倾向于中国措施的公使馆则将由于支持中国而获得新的地盘，并会因此迫使英国退出这场徒劳无益的实际上有损英国利益的斗争。""这种局势是一种隐痛，很难知道它会带来什么结果，吉凶难卜。"⑥

---

①　《泰晤士报》 1906 年 8 月 4 日。

②　引自《赫德与中国海关》，第 821 页。

③　《泰晤士报》 1906 年 9 月 8 日。

④　1906 年 9 月 22 日总税务司通札第 1369 号。《总税务司通札》（第 2 辑 1904—1906 ），第 589 页。

⑤　1906 年 5 月 20 日赫德致金登干 Z 字 1088 函。《在北京的总税务司》，第 1058 页。

⑥　1906 年 5 月 20 日赫德致金登干 Z 字 1088 函。《在北京的总税务司》，第 1508 页。

在这种情况下，"无论我的气数是否已尽，外籍税务司制度已经进入了转变时期。随着时间的推移，人们将会深切地感到它的结果，面对着种种变化。"①

在这个关键时刻，赫德写信给莫理循说："那一道敕令是令人沮丧的，但是处在这种场合，需要冷静，而不是发火。有些人说我应该反对它，另一些人劝我辞职立即离开，还有一些人认为我应该拒绝去拜访铁良；但是在我这方面，我认为最好是先考虑一下我处于什么地位，我应采取什么立场，以及〔它〕的真正意义是什么，然后或是破釜沉舟、背水一战，或是根据形势作出特殊安排。如果事情还是照老样子进行，只是多了两个新上司，那还不至于马上出现什么害处，尽管事实上最后它可能是新秩序的开端。然而这是早晚一定会来到的，因为我们不可能希望这种外国监督制度永久继续下去。"②

赫德清醒地分析了各种形势。他认为为了海关，为了外籍税务司制度，"我将保持缄默，以防触到任何一方的痛处"③。"我除了接受以外，别无选择。因为处在这种'左右为难'的地位中，我的任何任性使气都可能招来激烈的反应。""我并不认为我可以批评谕旨或反对按谕旨行事的官方命令，我也没有考虑什么是危急存亡之秋，什么是放弃这条船的适当时机。"④ 因此，他在整个事件中，不作出任何表态，以保住由他建造起来的这条船。

对于海关洋员的恐惧情绪，他极力抚慰。因为他没有接到上司任何进一步的书面指示，只能私下向各税务司传达新上司的口头谕示，即"一切如前办理"。至于外务部仍照常把有关海关、邮政和公使团事情通知他，关税抵押外债继续有效。他说："由于海关洋员长期忠实有效的服务，而新上司是明智的，不会使海关失去工作效率，以致关税收入下降。"最后表达了他自己的态度："为了海关和公众的利益"，他决定继续干到事情有头绪为止，"而不会收拾行李一走了之"⑤。因此，海关洋员虽感不安，仍能保持镇静。

至于清政府在这个变化中，则处之泰然。直到谕旨颁布的第 4 天（1906年 5 月 14 日），铁良和唐绍仪才召见了赫德，"那道把海关事务和海关人员置

---

① 1906 年 6 月 9 日赫德致金登干 Z 字 1086 函。《在北京的总税务司》，第 1506 页。

② 1906 年 5 月 11 日赫德致莫理循函。《清末民初政情内幕》上卷，第 443—444 页。

③ 1906 年 5 月 20 日赫德致金登干 Z 字 1088 函。《在北京的总税务司》，第 1058 页。

④ 赫德"致西塞尔函"。《中国近代海关历史文件汇编》第 7 卷，第 208 页。

⑤ 赫德致税务司贺璧理等函。《赫德与中国海关》，第 129 页。

于他们手中的谕旨，仅仅在于我（赫德自称）除了向外务部汇报工作以外，还必须向他们汇报工作，或许在一些事上，不向外务部而向他们汇报，但其他一如既往。"①

庆亲王奕劻对于康乃吉的抗议，开头只含糊其词地答复，直到 1906 年 6 月 1 日才发出照会，声明谕旨"并不改变借款合同规定的海关行政管理办法"②。对于美国公使柔克义的抗议，唐绍仪却直截了当地告诉他："由于总税务司是中国的雇员，中国政府有权控制他的行动。"③ 显然，清政府在这个问题上是坚定的。

第三节　税务处的设立和海关发展趋势的转变

1906 年 5 月 9 日的谕旨只是设置两位税务大臣而已，还没有设立什么机构。在此之后的几个月间，清政府开始推行新法中酝酿的厘定官制，整理财政。7 月 22 日（光绪三十二年六月初二日），铁良和唐绍仪以"督办税务大臣、军机大臣、户部尚书、会办大臣、外务部右侍郎"的名义向总税务司发出另一个札文，宣布税务处的成立。札文称："为札行事。……查各关税务，向隶外、户两部，现本大臣等已遵旨设立税务处，专司其事，即以六月初二日开办之日为始。嗣后各关事务除牵及交涉仍由外务部接办，支用税项应候户部指拨外，其余凡有关系税务各项事宜，统应径申本处核办。相应札行总税务司查照可也。"④

两天后，外务部也札行总税务司："查现在税务既有专辖，嗣后所有关系税务及各关申呈册报各事宜，自应径达税务处核准。"⑤ 是日，两税务大臣咨外务部称："遵旨办理税务，酌调人员，以资差委。本日奉旨：依议。"于是税务处从户部、外务部抽调了 20 多名官员，并从海关抽调一些阅历丰富的高级华员。他们的知识和所受的训练，"具有不可估量的价值，使政府这一新部

---

① 1906 年 5 月 3 日赫德致金登干 Z 字 1807 函。《在北京的总税务司》，第 1507 页。

② 据《中国近代海关历史文件汇编》第 7 卷， 1906 年 6 月 1 日庆亲王致康乃吉照会，据英文原件迻译。

③ 1906 年 5 月 15 日赫德鲁特函。《赫德与中国海关》，第 826 页。

④ 《中国近代海关历史文件汇编》第 2 卷，第 540 页。

⑤ 《中国近代海关历史文件汇编》第 2 卷，第 539—541 页。

门（税务处）有条不紊地开始工作。"① 这样，一个统辖税务的机构——税务处成立了。海关统辖关系的这一改变，是由上谕通过军机处发布的，其官员的调动，牵涉到兵部、外务部、吏部和户部等重要部门。这表现了由清政府反对海关力量推动的海关隶属关系的改变，已成为整个统治阶级的决策。其工作进行得如此机密，说明统治阶级内部的一致。

税务处的设立，取代了外交机构管辖海关，其意义是深远的。"海关的重要性和总税务司所发挥的影响力的根源，乃是总税务司对外交部门——总理衙门或外务部的直接依附关系和海关人员对总税务司的绝对隶属关系"。"那个部曾经管理中国对各国和各国使节的关系，而在 1901 年以前，实际是政府的内阁。"② 清政府现在采取断然的手段，切断了总税务司和外务部的联系。这一行动表明，不再让总税务司干预外交事务了。早在 1905 年底，赫德就感到外务部对他疏远了。他写信告诉税务司杜维德说："外务部现在在我主管的范围以外，不太需要我的赞助和建议了。既然一应听我自便，干预其事的机会也就不太多了"；"部里的三、四名通译人员使该部能够离开我而办理部务"了③。

谕旨公布后 4 天，赫德看到"受过外国教育的广东先驱挤进海关"，他认识到，"作为太上顾问的日子已经一去不复返。中国不再需要依赖别人了"④。

1906 年 9 月 9 日，赫德第一次拜访了税务处。在那里，作为主管大臣的铁良和唐绍仪都避而不见，而只由两名从海关调来的关员出面接待。一个自视为清政府的太上顾问，遇到这种场面是何等尴尬，何等难堪！他当天写信给金登干，描述了他的伤痛心情："这次拜访帮助我认识到从外务部转辖税务处而产生的变化意味着什么。税务处的出现意味着总税务司的放逐。一个没有我这五十年衙门阅历的新的人，是不会对这次转辖所带来的地位变化而感到特别不安的"；"但是，它包含着一种痛苦的因素，我担心，它不会使我的日常工作称心如意。"⑤

如果说清政府设立税务处在于剪除总税务司的翅膀，那么，切断他和外交

---

① 《泰晤士报》1906 年 7 月 26 日。

② 《中华帝国对外关系史》第 3 卷，第 432 页。

③ 1905 年 11 月 5 日赫德致杜维德函。《中华帝国对外关系史》第 3 卷，第 434—435 页。

④ 1906 年 5 月 13 日赫德致金登干 Z 字 1087 函。《在北京的总税务司》，第 1507 页。

⑤ 1906 年 9 月 9 日赫德致金登干 Z 字 1089 函。《在北京的总税务司》，第 1517 页。

机构的联系，就是剪除他的最大的翅膀。税务处成立后，他感到"处境今非昔比了。因为外务部的接触已经少到这样的程度，致使总税务司简直成为一个税务处的人；这种滋味将会使人一天天地感觉更深"①。路透社评述说："没有人认为赫德爵士会在他领导了近半个世纪的海关里接受第二把交椅。"② 因此，他决定把海关安排就绪之后告退回英。

随着税务处的成立，总税务司预感到外籍税务司制度覆灭的危机。当7月下旬宣布成立税务处的札文下达时，赫德正在北戴河休养。他认为："这些札文所给人的感觉是，税务处将一点点地把迄今一直由总税务司所拥有的对一切事情的决定权抓到自己手里；实际上，它将接管总税务司署的工作，而总税务司署将不复存在。"③

1906年9月23日，总税务司和唐绍仪作了一次长谈。唐绍仪的一席话使他更加觉得外籍税务司制度的不稳。他说，唐"对英国的干预极感愤懑，愤怒地谈到了中国协会及其侮辱性的话，说海关是一个英国机构而不是中国机构的胡言乱语。我想，在很大程度上工作是会照常进行的；然而，一旦时机成熟，新的成分将使后来者居上，自然不再需要洋员了……一旦不再需要他们，中国人就会取而代之。"④

赫德猜测税务处成立的原因时，也考虑到总税务司的权力和外籍税务司制度问题。他说：税务处"一方面很有可能是为了我离职之后继续这一工作而成立的，也很有可能是，中国政府及其本国顾问不愿意任何后任总税务司享有我所享有、由于我的自然扩展而得到的这种权力范围和独立性"；另一方面"是要使它（海关）看上去更像是一个本国的而不是外国的部门的自然要求。……还可能与'中国人治中国'这一众所瞩目的时代发展趋势有关"。他认为税务处的设立，"如果不是旨在永远消除海关洋员，也是永远消除洋员的征兆"⑤。

有些外国人认为，维护外籍税务司制度的唯一办法是列强的出面干涉；但是赫德仍然认为这是不可能实现的；即使实现了，结果也是不好的。他说：

① 1907年10月20日赫德致杜维德函。《中华帝国对外关系史》第3卷，第434页注2。

② 《泰晤士报》1906年7月26日。

③ 《赫德与中国海关》，第826—827页。

④ 1906年9月23日赫德致金登干Z字1101函。《在北京的总税务司》，第1520页。

⑤ 赫德致西塞尔函。

"假使各缔约国马上协调一致，进行干涉，它们也许已经阻止了这一转变；但是，它们未必能够取消这道谕旨，或是解散税务处；而且，从一开始就明显地不可能协调一致。某些国家认为没有什么值得反对，另一些国家则竟是幸灾乐祸，对于总税务司的羽翼可能被剪除掉而暗自得意。""其中之一的德国，即使不鼓励中国的行动，至少也是置之度外，这一裂缝将破坏协调行动。"因此，他觉得"主要应依靠我的冷静和我的气质，而不是依靠外部的干涉。因为外部干涉不是姗姗来迟，就是毫无作用，或者到头来弄出一个更大的陷阱，使海关陷了进去。"还有，列强的干涉，"即使最终达到了目的，不仅会使中国官员感到难堪，而且会使总税务司署作为一个强加于中国、延伸于中国的外国触角，而与所有方面，在其所发生作用的地方，到处树敌。海关工作将永远不会像过去进行得那样顺利，海关洋员将永远不会安宁，也许还会处于危险之中"，"使海关洋员成为他们的眼中钉、肉中刺"，而"我会因为依靠外部支持和外国刺刀而留在这里，深感不安"。因此，他以为"只有在被中国接受的情况下，才能延长海关的寿命，或使现在在海关工作的人地位稳固、工作愉快"。所以，赫德认为在当前，"最好还是放弃此事（干涉），而专心致志于将来，在任何对口岸办法或对总税务司管理权的干涉而危及商人的纳税利益或关税征收工作时，才提出特别的理由和特别的要求来进行干涉"①。

根据上面的分析，他的结论是："我所做的是，接受这一改变，不向任何人求援，着手开始尽可能利用它来为海关的利益服务，为中国的利益服务，为关税和贸易利益服务，那就是继续干下去的事。"他要求西塞尔，"在您决定采取进一步措施时，请不要把我牵连进去——我的时代已快结束了……"。"如果我感到愤怒而马上提出辞呈，那将会引起混乱，马上招致灾难。如果我默然接受下来，则可使各种事情有条不紊。"因此，他决定等到各方面都能互相适应，一切工作固定下来，成为定例，然后才走。至于他本身已是风前残烛，"我已经长期大权在握，但是我确实不能再把持下去了。"②因此，"我无意呆得比复活节更久——实际上，我的身体状况将迫使我尽早离开——如果情况允许的话，我将任职到那时……"③。

---

① 赫德致西塞尔函。
② 赫德致西塞尔函。
③ 1906 年 9 月 9 日赫德致金登干 Z 字 1098 函。《在北京的总税务司》，第 1517—1518 页。

英国代办康乃吉，因为清政府没有提供不改变海关地位的保证，总是耿耿于怀。他向葛雷报告说："倘若税务处只是取代外务部而不违反《借款合同》，而且在税务处管辖之下的海关人员从税务司以下的职责仍和在外务部管辖之下一样，我认为对于这些命令不能提出异议。此项命令在这方面是缺少叙述的，就是没有明确地命令总税务司照旧办理，因此，我们打算于下星期五唐先生从颐和园回来时，促请他认真地注意这个问题。"①

康乃吉向唐绍仪提出了发给总税务司说明上述保证的札文的要求。唐则坚持说，他已经"面谕"总税务司，这已经足够了。他还对康乃吉所引起激动气氛表示惊异。他只答应在下次见到总税务司时，面谕他按照英国外交部的要求颁发通札给各关税务司，而拒绝直接发给书面札文。总税务司既然认为只能接受这个变化，只好忍气吞声，于9月22日自行发出第1369号通札。通札内容如下："自奉旨以来，各关照常办理。前于光绪三十二年四月十九、二十二两日，迭蒙税务大臣铁良、唐绍仪面谕：一切照旧办理。今再奉示，饬颁札文，俾各关人员得以周知。现总税务司与税务处之位置既照向日与外务部同一办法，各关与邮局亦均照常办理。"②

鉴于5月谕旨颁发后，各关洋员普遍存在害怕地位动摇的心理，所以通札又称："本年四月十六日奉旨后，人心惶惑。此次颁布通札，当释群疑，各关并邮局人员自应体会，勿作轻口妄谈，笔录宣布。自己猜疑，谣言泛滥，既无济于事，徒有碍于中国国家体制。我海关向日办理，诸凡臻善，久蒙中国国家厚待洋员，并无改其恩泽之施。所望各人员安心乐业，勤慎从公，一律照前办事，勿生怀疑。"③ 赫德还将这个通札的华、洋文申呈税务处备案。意欲税务大臣对此札文负责。

在这场重大的隶属关系改变中，总税务司写信告诉裴式楷说，在"中国人治中国"这个时代趋势中，"海关洋员肯定有一天会消失"，而且这种局面即将到来。

为了挽救外籍税务司制度，他主动颁发了通札，要求各关税务司要重用华员，1907年3月再度重申。据税务大臣给外务部一个咨呈称：

---

① 1906年8月1日康乃吉致葛雷电。《中国近代海关历史文件汇编》第7卷，第203页。

② 税务处译总税务司第1369号通札稿。《总税务司通札》（第2辑1904—1906），第618页。

③ 《中国近代海关历史文件汇编》第2卷，第548—552页。

光绪三十三年二月十六日，据总税务司申送发给各关税务司洋文通札一件，当经本处照译汉文如下：为通札事：前曾颁发通札，饬令各关税务司将所属华员着其多习洋员向办之事，以资练习在案。现再重申前谕，俾各留意。嗣后如遇用人之际，再不可多用洋员，漫无限制。其洋员向来职掌，须陆续多派华员之通英文者充当，总期各关司稿、司册、司账等项要公，多归华员经理。各税务司务须认真实行，切勿观望，应札知各关遵办等语。相应咨呈贵部查照可也。须至咨呈者①。

可是他从 1908 年 2 月中旬便因病获准告假回英，从此一再续假，直至 1911 年 10 月身故于英国。赫德在外籍税务司制度建立开始就预言："当一个诚实而有效率的中国行政产生以取代它（总税务司署）时，它就完成它的任务。"② 但过去半个世纪，他一直坚持洋员统治的方针。现在迫于形势，虽有改变意图，而且从 1907 年开始任用华员 10 人为帮办，但他已处于穷途末路，无能为力了，继任人不予执行。于是，外籍税务司制度仍然继续不断地保留下来。

总税务司于 1907 年 3 月要求各关税务司重用华员，限制洋员的通札，铁良和唐绍仪于 7 月便咨请外务部查照。③ 可见他们以华员取代洋员的意图已见绪端。

1908 年 4 月，即总税务司请假回英后两个月，税务处宣布设立税务学堂，委派前海关华员税务处第一股帮办陈銮为该堂总办；前蒙自关税务司邓罗为洋总办。"嗣后凡有关税务学堂公事，由该总办商本处提调，呈本大臣核定后，径由该堂总办会衔照请总税务司转饬各关税务司办理。"④

税务学堂的设立，把清政府改变海关隶属关系的根本意图表露无遗，那就是培养本国的高级税务人员，取代洋员，以达到中国人治中国海关的目的。这可以说是接管海关权力的根本措施。尽管在今后的混乱政局中，没有能够实现，但它的动机是不可磨灭的。

1910 年 1 月，邮传部制定了《各省大小轮船注册给照暂行章程》，规定所

---

① 中国第一历史档案馆藏：外务部档案第 3977 号。
② 1907 年 2 月 8 日总税务司通札第 1415 号。《总税务司通札》（第 2 辑 1907—1909），第 30 页。
③ 中国第一历史档案馆藏：外务部档案第 3977 号。
④ 光绪三十四年三月二十五日税务处札行总税务司。《中国近代海关历史文件汇编》第 2 卷，第 617 页。

有华商大小轮船一律须向该部注册，并取得执照；否则，海关不得发给"船牌"、"国家牌照"或海关执照。这就把海关管理华商轮船的权力也接管过来。

最后一个重大措施就是邮传部接管邮政。邮传部在奏请接管邮政奏折中称："查宣统元年八月宪政编查馆会同复核各衙门元年筹备清单内开：邮传附属税务司，本在未设专部以前，风气未开，暂为管辖。今既有专官，自应责成该部堂官会商税务大臣筹备收回方法，以符名实各等因。……本年四月咨商税务大臣将邮政事宜克期移交，以便接管。"旋据复称：定于本年五月初一日移交，"已札行代理总税务司将交替事宜先期准备。"① 安格联于 1910 年 9 月（宣统二年八月）面交税务大臣胡维德一个节略，反对邮政和海关分离。他的理由是：第一，海关、邮政，向系参用各国之人；现在如加改变，使邮政与海关全行分离。则法国必在邮政部分内要求特别的地位。……偏用一国之局一开，则海关和邮政局均受其害。第二，邮政局虽已发展，然仍入不敷出，非海关协济经费不可。若使分离，邮政进行较慢，"难处加增，而费更巨。"但邮传部坚持接管，并定于 1911 年 5 月 28 日（宣统三年五月初一日）为接管日期。经奏准："着依议"。这样，海关总税务司 40 多年钻营所得的职务外的业务，除港务、外债、赔款等系按《通商章程善后条约》和合同规定仍旧保留外，其他的几被接管殆尽。据 1910 年《新关题名录》的统计，华洋人员共 19,169 人，到 1911 年仅剩下 7,230 人，海关规模和权力的缩小，不可谓不严重了。这是全国人民和清政府内部反对海关外籍税务司制度力量勃兴的结果。

① 1911 年 5 月 27 日税务处致代理总税务司札，处字第 1929 号附件。《中国海关与邮政》，第 196 页。

第十八章

东北海关的"俄罗斯化"，海关查禁洋药的任务
与《关务协定草案》的订立

第一节　俄国占领中国东北地区和
东北海关的"俄罗斯化"

俄国早在 19 世纪 60 年代初便并吞了我国东北边疆的大片领土，其后不断扩张。中日甲午战争后，俄国独占东北的企图日益暴露，因而加剧了俄国与英、美、日的矛盾。俄国为防止其他列强经济势力向东北地区渗透，一直竭力阻止东北增设通商口岸；而英、美、日为了争夺东北的权益，则主张开放东北全境，增设更多的商埠。

1897 年底，俄国趁德国占领胶州湾的机会，以保护中国对抗德国为由，派舰队驶入旅顺口，引起了英国的警觉。英国政府向清政府提出"大连湾开辟为通商口岸"的要求，并以此作为向清政府贷款的条件[1]。英国外交大臣声称：不反对俄国为其商业利益在中国获一出海口，但"任何这类出海口，都只能是个自由港，或具有通商口岸的地位"。[2] 俄国一开始就坚决反对这一要求。

1898 年 7 月，俄国乘与清政府签订《东省铁路公司续订合同》的机会，在合同内塞进了这样一款："俄国可在辽东半岛租地内自行酌定税则，中国可在交界征收货物从该租地运入或运出该租地之税。此事中国政府可商允俄国国

---

① 《赫德与中国海关》，第 685 页。
② ［英］菲利浦·约瑟夫著：《列强对华外交》（1894—1900），第 221—222 页。

家将税关设在大连湾。自该口开埠通商之日为始，所有开办及经理之事，委派
东省铁路公司作为中国户部代办人，代为征收。此关专归北京政府管辖，该代
办人将所办之事按时呈报。另派中国文官为驻扎该处税关委员"①。这里明确
指出，大连设立的海关，要以东省铁路公司为代办人，此关直属北京政府管
辖，这就不归英国人赫德的总税务司署的管辖了，这就是企图把东北海关
"俄罗斯化"。

1900 年 6 月初，当义和团势力扩展到东北时，俄国就准备趁机攻占东北。
它在长大铁路②增加护路警备队，兵额达 1.1 万人，并成立了炮兵队，在阿穆
尔省抽调下级军官③。9 月 24 日，俄军借口义和团攻击铁路，当即出兵攻占了
牛庄，接着占领了鞍山、辽阳、奉天、铁岭，最后占领田庄台。仅仅两个星期
间，把"长大"的全部，南起旅顺港、北至铁岭，西到新民厅，全部囊括下
来，建立了直到直隶边境整个地区的军事占领。

俄国这种咄咄逼人的形势，使得英国和日本结合了起来，于 1902 年缔结
了《英日协定》。这个《英日协定》是地道的防守同盟条约。英、日的结合加
速了中、俄的结合。中俄间于 1902 年 4 月缔结了《交收东三省条约》，其中
规定，俄国"允在东三省各地归复中国权势，并将该地方一如俄军未经占据
以前，仍归中国版图及中国官治理。"（第一条）。并订下撤退俄军期限。

《交收东三省条约》签字画押后，限六个月，撤退盛京省西南段至辽河所
驻俄军，交还铁路。

再六个月，撤退盛京其余各段和吉林省的俄军。

又六个月撤退黑龙江省的俄军，中国则允诺"不可准他国占据俄国所退
各地段"④。

俄军占领东北全境后，便在边境设立海关。据张之洞称："英《泰晤士
报》馆来告曰：闻现在东三省边界设立海关，系归前在旅顺管理财政之俄人
名博罗达夫者办理。现已由其招募俄人多名，不归总税务司节制；所收税款

---

① 《中外旧约章汇编》第 1 册，第 784 页。
② 长大铁路，被日本占领时期称为"南满铁路"。
③ ［俄］罗曼诺夫著，民耿译：《帝俄侵略满洲史》，第 210—211 页。
④ 《中外旧约章汇编》第 2 册，第 40—41 页。

项，除清费用外，交还中国。"①

俄国还在大连设立海关。《癸卯新民丛报汇编》载："俄人已将大连湾收税各华官，一律驱逐出境，另易俄员收税，只准华监督一人在北门外收取北边进口税。西伯利亚铁路一带入口税，概不准擅自征收。"②

又载："达里尼（大连）议设税关有日矣。……此税关以西七月一日启关，其役员皆用俄人，其账单皆用俄文，其税金皆贮存于中俄银行。名虽曰中国之税关，实则中俄两国所共有。质言之，则直可谓俄人之税关者也。俄人更将推行于牛庄、于满洲、于天津、于北方诸省，尽夺北方海关之权，握之掌中，遂夺英人三十余年专有之税关权，而将与之中分天下"③。

又载："青泥窪海关，现在尚未收税。闻俄人之意，若将来退兵之后，该处海关作为自主之税务司，不归赫德节制。所有公文径达中国政府。业经旅顺总督委衙门文案委员卜内得体夫氏为青泥窪税务司。"④

由此可见，俄国将夺取东北海关权力以与英国对抗。

1900年8月俄军占领营口，8月9日竟然宣布牛庄关必须处在俄国在营口组织的临时政府监督之下。同时，华俄道胜银行取代了海关银号，保管了牛庄关税款，并拨充俄国的管理费用。紧接着接管了牛庄关，并将常关税收同样交华俄道胜银行保管和支付。10月4日，海关大楼上悬挂了俄国海军旗。

1902年初，俄国要求任命俄国人为牛庄关税务司，取代英国人包罗。总税务司赫德拒绝了这一要求。1年之后，由于俄国不断施行压力，总税务司不得不委派俄国人葛诺发取代包罗。1904年1月，俄国的旅顺口财务主任私自撤换了牛庄常关负责人。

这样，牛庄关便完全在俄国军事当局控制之下了。

俄国第一期撤军（1902年10月8日）如期履行，但到第二期（1903年4月8日）撤金州、牛庄、辽阳、铁岭、宁古塔、珲春、阿什喀、哈尔滨等地的俄军时，俄国顿翻前约，不肯撤兵，而迫清政府与订新约，要求营口海关税归华俄道胜银行管理；其税关长必用俄国人，并管理该税关检疫事务。

---

① 光绪二十八年十二月十三日（1903年1月11日）张之洞致枢垣东三省关税应归中国自主电。《清季外交史料》卷168，第4页。

② 《癸卯新民丛报汇编》，第969页"记事"。

③ 《癸卯新民丛报汇编》，第791页"时评"。

④ 《癸卯新民丛报汇编》，第977页"记事·俄事汇记"。

英、日、美三国眼见俄国既不撤兵，迫使中国签订新约，要中国不得画押俄约。美国还派驻俄公使，责问俄国政府。俄国不承认有新约，然亦不撤兵①。

俄国侵夺东北海关权力，湖广总督张之洞争之最力。张之洞在《致枢垣：东三省关税应归中国自主电》中指出：俄夺取东北海关，"如此办法，一经中国照允，则德于胶州，法于越南边界，英于缅甸边界、香港等地，定必援请照办，或各国竟于北京各举总税司一人，共管中国关税"。他指出，国际争夺海关的根源，在于中国没有自主。"既名中国税关，则事权应由我自操，……若事事由我自主，则他人无可借口"，因为"赫德把持中国海关，大为各国猜忌，辄欲公共管理。"俄见英国把持海关，它便想分英国之权，"奈无隙可乘，此时稍不检点，略失主权，不惟东三省利权尽归俄人，且恐他国借口，各省关皆将效尤。"他建议：东北"关税之收入，各关经费，必须由我稽查酌定，不能由俄人作主；税关等员应由中国自派，我有随时辞退之权，必须议明参用中国人，并须兼用各国人，借以牵制权，上也；不然，必须中俄并用，断不能专用俄人，次也。万不得已或暂由俄人代办，亦必须订定归还中国自办，年限以速为佳，免致永为所据，又其次也。""至赫德所揽之权，更无收回之望。窃谓急宜趁此机会，一面与俄国妥定章程，一面即预筹渐收赫权之法。"② 这就是 1906 年税务处设立的主旨。

第二节　东北的开埠设关和大连租借地海关的开办

早在 1861 年，位于辽东半岛的牛庄便被迫开放为通商口岸。英国领事密迪乐以"牛庄距海口甚远"，改置营口，对外仍称为牛庄③。这是中日甲午战前东北地区唯一对外开放的通商口岸。

俄国在东北的侵略活动，使得美、日也蠢蠢欲动。

美国于 1903 年 10 月和中国签订《通商行船续订条约》，其第十二款载："中国政府应允，俟此约批准互换后，将盛京省之奉天府，又盛京省之安东县

---

① 《癸卯新民丛报汇编》，第 552—553 页"极东问题之满洲问题"。

② 《清季外交史料》，卷 168，第 4—5 页。

③ 咸丰十一年七月十四日崇厚奏折，中国第一历史档案馆档案。

二处地方，由中国自行开埠通商。此二处通商场订定外国人公共居住合宜地界并一切章程，将来由中、美两国政府会同商定。"[①] 中日《通商行船续约》也同时签订。关于盛京省开放一节，两约内容措辞相同，只是日约把安东县改为大东沟而已。由于俄军抵赖不按约撤退，接着发生了日俄战争，这些规定无法实施，甚至在日俄战后，还不能正式开放，一直拖延到 1906 年日本占领该地的军队撤退之后，才陆续开放。1907 年 6 月 28 日（光绪三十三年五月十八日）税务处接外务部咨称："所有奉天之新民屯、铁岭、通江子、法库门；吉林省之长春、吉林省城、哈尔滨；黑龙江省之齐齐哈尔、满洲里，均据约先后宣布开放。"7 月 3 日（五月二十三日）又咨称：所有奉天省之凤凰城、辽阳；吉林之宁古塔、三姓；黑龙江省的海拉尔、瑷珲，也宣布开放[②]。

1906 年 3 月 5 日，总税务司奉税务处札文，依中美、中日条约的规定，宣布奉天府、安东县、大东沟三处开放，并于"安东县设立海关，名曰安东关，以东关道改为关道监督。安东关仍兼管，并于大东沟附设分卡，归该道兼辖。允奉天府设关另行核办。"[③] 赫德为了尽快地控制海关，于 1907 年初先在东北设立 4 个关区，委派葛诺发（俄籍）、克勒纳（英籍）、欧礼斐（英籍）和巴伦（美籍）分管这 4 个关区。

从 1907 年下半年开始，东北海关的设立集中于哈尔滨关区。这个关区的满洲里海关，中俄商订了《北满洲关税章程》，直到 1808 年 2 月 5 日，才正式开办。11 日，绥芬河海关也开办。1809 年 7 月，松花江沿岸的哈尔滨海关、三姓及其拉哈苏苏分卡正式成立。8 月，位于黑龙江上游的瑷珲也开办。瑷珲和三姓两关为哈尔滨关的分关；但有自己的印鉴，具有独立关的职能。

1909 年的设关转向吉林。1909 年 12 月 27 日珲春关开办，归吉林税务司管理。1909 年 11 月据中日《图们江中韩界务条款》的规定开放了龙井村，并于 1910 年 1 月 7 日设关征税，名曰延吉分关，归珲春副税务司节制，后改为独立关。

这样，在日俄战后短短 4 年间，东北地区也迅速地设置了 10 处海关（包

---

① 《中外旧约章汇编》第 2 册，第 187 页。

② 1907 年 7 月 4 日总税务司通札第 144 号附件，税务处札行总税务司，处字第 182 号、 183 号。《总税务司通札》（第 2 辑 1907—1909），第 189 页。

③ 1906 年 9 月 13 日总税务司通札第 1368 号附件，税务处札行总税务司，处字第 18 号。《总税务司通札》（第 2 辑 1904—1906），第 588 页。

括分卡）。

东北地区设关后，在关税制度上除享有其他通商口岸享有的关税特权以外，还具有一些不同内容和特点。

从中俄陆路贸易的关税制度说，两国交界处，地广人稀，向不征税；凡由怡克图、张家口、东坝、通州直抵天津的俄国货物，只按各国税则三分减一交纳，后定经由铁路运出运入的，减三分之一交纳。是则把中俄陆路减税特权扩大到东北地区了。后来虽有限界，但铁路运货按三分减一纳税，仍然不动。

中俄松花江水路贸易的关税制度，按 1910 年签订的《松花江行船章程》的规定，一、海关通行之船钞暂不征收，改征江捐，其数额按货色种类和多寡远近而定；二、俄国口岸运来之货，经松花江运入百里区内，概不征税；三、土货运到中俄交界之俄界百里区内，免征出口税；四、凡由水路运至哈尔滨之大麦、荞麦等谷物，在转运出口时征出口税，三分减一。这就把中俄陆路贸易中的特权扩大到松花江水路贸易了。

凡是东省铁路的用料，中俄、中日条约都有免税的规定。

奉天（沈阳）开放后，清政府坚持东北各自开商埠和通常意义的约开商埠不同，仅是单纯内地城市，所以外国货缴纳进口税之后，运入这些地区，再行运出，除非运往外国或其他通商口岸，必须缴纳省内厘金。各国拒绝接受这种看法，因已有掣发免重征执照的措施，这项措施规定：凡是这类货物关税一律在天津、牛庄、安东、大连和秦皇岛指定的通商口岸征收。这样，外国货在沿途免缴厘金或其他税，这个办法一直实行了 20 多年。

清末东北地区特殊的关税制度的建立，是代表日、俄两国的特殊利益，为日、俄强化对东北地区的经济侵略提供了种种便利。这对整个东北近代历史的发展，都有很大的影响[1]。

在东北开埠设关中值得注意的是大连租借地海关的设立。

德国强行租借胶州湾后 10 天，俄国也强租旅顺、大连。胶州于 1899 年 7 月设立第一个租借地海关，但大连租借地海关则迟至 1907 年 7 月才开办。

19 世纪末期，日俄斗争集中于中国东北，终于导致了 1904 年日俄战争的爆发。是年 5 月 30 日，日军攻占大连。战争以俄国的惨败而告终。1905 年，日俄签订了《朴茨茅斯和约》。是年 12 月，清政府被迫与日本签订中日《会

① 以上参阅戴一峰：《清末东北地区开埠设关及其关税制度试探》。《社会科学战线》 1988 年第 2 期。

议东三省事宜正约》。根据该约第一条规定："中国政府将俄国按照日俄和约第五款及第六款允让日本国之一切，概行允诺。"① 这样，大连和旅顺划归日本了。

1907年1月，清政府外务大臣向日本公使林权助提出："中国政府已与俄国商议，已定在北满洲设立税关，……日本政府亦应速筹在大连设立税关。"林权助请示日本政府后答复称："此事日本政府亦不愿迁延。惟大连税关办法，当仿照胶州湾青岛税关之例等语。请将所有大连关详细办法，饬令直接管理税务之总税务司与日本大臣商议。"② 税务处当即札行总税务司查照胶海关办法和林权助进行商议，结果，双方签订《会订大连海关试办章程》。《章程》"总纲"一开始就规定："中国应在大连设立海关"。关于设关办法大体仍按胶海关办法，即大连海关税务司"应于各税务司中拣日本国人派充"；如应更调，由总税务司与日本驻京大臣定明另调；所用洋员"原宜选派日本国人"，但可以调派别国之人"暂行委用；大连关与日本国商民等文函往来，均用日本文"。进出大连货物也享有各种免税、减税的优惠待遇③。

据此协议，大连于1907年7月1日正式开办，这是第二个租借地海关。

第三节　海关征收土药统税和查禁洋药的任务

清朝末年，整个统治摇摇欲坠。清政府为加强统治，决定练兵，但经费竭蹶。于是不惜毒害人民，让土产鸦片泛滥，以期抽征大量的土药税捐。这种税捐，叫做土膏统捐。

土膏统捐创始于湖北，原为摊派庚子赔款之用；如有盈余拨充兵工厂常年经费。湖北土药都来自云南、贵州、四川，行销于湖南、江西、安徽、福建、江苏等省。湖南、湖北两省当局因宜昌为商运土药扼要之地，在那里设立了抽征土膏统捐总局。清政府眼见土膏统捐获利甚大，乃于1905年特派兵部右侍郎铁良南下整顿征收工作。铁良接见办理统捐最有成效的总局总办孙廷林，了解统捐征收情况，孙廷林以"两广、苏、闽亦系云、贵、川土药行销所及之

---

① 　《中外旧约章汇编》第2册，第339页。

② 　引自光绪三十二年十二月二十四日税务处札行总税务司，处字第104号，1907年6月7日总税务司通札第1439号附件三。《总税务司通札》（第2辑1907—1909），第183页。

③ 　《中外旧约章汇编》第2册，第395页。

地；若任由各省分办，恐沿途偷漏，散漫难稽；倘能合八省为一，〔统捐〕收
数必有成效。当与该员商度八省合办之法，就原定章程酌加推广"。他们商定
于宜昌土药出口总汇之区仍设总局。于梧州和湖南的洪江设立分局，"其收捐
章程悉照宜局现在办法。""此项收款均照〔光绪〕二十九年收数，作为各省
定额，由宜局合收，分解溢收之数，另款存储，听候拨用"①。

土药必须交纳子口膏捐。子口膏捐经奏准在宜昌新关附收，每百斤加征银
52 两。此项膏捐，专解练兵处充饷。凡有海关省份，无论行抵何省，经过关
卡稽查放行，这就把土膏税捐和海关的子口膏捐联系起来。"凡有海关处，由
海关征收子口膏捐，无海关处由分局征收。但海关征收，必须由局会同新关填
发单照，粘贴印花，加贴箱单。如有仅完纳子口税而未完膏捐者，由下游查验
局补抽。"②

八省土膏统捐仅行 4 个月，又改行土药统税办法（1906 年 5 月），并推行
到 18 省。英国害怕土药与洋药竞争，提出"必须土药与洋药一律加征，方能
公平商法"。于是，统捐统税归并办理。从此，统捐一律改称统税，并规定统
收每担银 100 两，随收经费银 15 两。本来土药膏捐仅行 18 省，现在改行统
税，则于"十八省之外又合直隶等十省，同时并举"，这就等于推行全国了。
于是乃就原来的土膏统捐章程加以修改而另行颁布《土药统税办法章程》。据
此章程规定，所有土药统税统归海关征收。在经过首关或首卡时征收，当土药
过境没有其他地方完纳统税凭证时，而沿途海关是首关时便对其进行征税。熟
土药完纳统税和经费加倍增收，药渣（Opim dross）完纳半数统税和经费的征
收，悉按库平两，不按关平两完纳。土药一经完纳统税和经费，就免除所有额
外税征，领取必要的单照，就将在 18 省通行③。

这样，海关虽然许多职务外的业务被收回，但征收任务却增加了。这是因
为海关这架机器，管理严密，工作效率高，可以利用。

土药统税颁行仅半年，全国掀起了禁烟浪潮。这是由留美留日学生发起
的。1903 年，因为中国在美国路易斯安那博览会上展出了鸦片烟具，激起了

---

① 铁良关于八省土膏统捐奏折。《总税务司通札》（第 2 辑 1904—1906），第 382—399 页。

② 光绪三十一年十二月十四日外务部札行总税务司，总字第 158 号，1906 年 1 月 16 日总税务司通札第
1314 号附件一。《总税务司通札》（第 2 辑 1904—1906），第 382—383 页。

③ 1906 年 5 月 26 日总税务司通札第 1343 号附件《土药统税办法章程》。《中国近代海关历史文件汇编》
第 2 卷，第 517—528 页。

中国留美学生的抗议。接着留日学生风起云涌地发起了禁烟运动，外国传教士也卷了进去。在这种形势推动下，清政府也于 1906 年 9 月 20 日（光绪三十二年八月初三日）颁发上谕："自鸦片弛禁以来，流毒几遍中国；吸食之人，废时失业，病身败家。数十年来，日形贫弱、实由于此。……着定限十年以内，洋土药之害，一律革除净尽。"并着政务处妥议具奏。政务处当即拟具《禁烟章程十条》，其前五条，着意于禁：即禁种罂粟以净根株，分给牌照以杜新吸，勒限减厩以苏痼疾，禁止烟馆以清渊薮，清查烟店以资稽查。另议倡组戒烟会，由将军督抚饬令地方官，督率各处绅商，广为设立。其最后一条，为商禁洋烟进口，以遏来源。"洋药来自外洋，事关交涉，应请外务部与英国使臣妥商办法，总期数年内，洋药土药逐年递减，届期同时禁绝。又印度洋药而外，尚有波斯、安南、南洋荷属输入中国者，亦属不少。如系有约之国，可商诸该国使臣一体严禁；如系无约之国，可施行我国自治法权，严禁进口；并由将军、都统、督抚等，督饬所属暨税务司，于各该省水陆边界，设法稽查，以杜走私闯越。"①

关于洋药的查禁，《禁烟章程十条》已明加责任于税务司。是海关从此以后，又赋予查禁洋药进口的任务了。

总税务司奉到税务处札文后，于 1906 年 12 月 8 日发出第 1393 号通札，札行各关税务司，除洋药查禁应俟外务部与英国公使会商后再说，但对无约国洋药，中国得自行处置，严禁进口，要求各关税务司在海陆边境加紧查禁，采取一切防范走私的措施。吗啡连同注射器具，除了医用，防止进口②。

外务部当和英国议订《中英禁烟条件》，限制印度鸦片来华的允以由印度出口岁额 51,000 箱，自 1908 年起，年减一成，十年净尽。③ 至于波斯、土耳其洋药，由总税务司具拟《1909 年 1 月 1 日起非印度洋药进口中国管理章程》。《章程》以 1,125 担为运进年数，年减九分之一，即 125 担，照此逐年递减，九年净尽。1916 年后，即不发特准单，与印度洋药一律停止运进中国。从 1909 年 1 月 1 日起，凡商人欲运波斯、土耳其洋药往中国通商口岸，须先

---

① 《禁烟章程十条》。《光绪朝东华录》光绪三十二年十月，第 130 页。

② 1906 年 12 月 8 日总税务司通札第 1393 号。《总税务司通札》（第 2 辑 1904—1906），第 650 页。

③ 1907 年 12 月 2 日英使致外务部照会。《中外旧约章汇编》第 2 册，第 444 页。

向九龙关请领特准单，特准单只发给海关素知向作波斯、土耳其贸易之商人①。

同样的，也禁止非印度洋药从内地运往香港。

洋药截止运入日期既定，以后就看实行情况。海关均按规定递减数量放行，"现在禁烟已有成效。中英新订条件，限制印度鸦片非贴有印花，不准进口；所有波斯、土耳其鸦片运入中国者，为数无多，定于 1912 年 1 月 1 日起，一概禁止运入中国各口"②。1911 年 9 月 11 日起实行印度洋药禁止运入奉天、吉林、黑龙江、山西、四川 5 省③。1916 年 12 月 31 日存于通商各口关栈的印度洋药尚有 1,706 箱，存于香港的印度洋药 2,452 箱。按禁烟特派员与洋商所定合同之禁运期限，改为 1917 年 4 月 1 日为止，但据北洋政府国务会议的决议，所有前项余存烟土，停止运进中国销售，自 1917 年 4 月 1 日起一律禁止运销。"查中国此次禁烟，幸得友邦帮助，今已告厥成功，实乃国民幸福。"④

1916 年北洋政府税务处传令嘉奖了海关："近来各关时有缉获大宗私土之案，办理甚属认真；嗣后仍应随时加意严缉，务使数十年鸦片流毒，从此永绝，是为至要。"⑤

但是鸦片并没有禁绝，一来"印花之土以后既不能来华，私土难免乘机偷入"⑥；二来国内生产的土烟，因政局混乱，吏治不修，难以查禁。所以终民国烟祸不止。

---

① 1908 年 5 月 11 日总税务司通札 1510 号附件第 1 号。《总税务司通札》（第 2 辑 1907—1909），第 408 页。

② 宣统三年六月二十六日税务处札行署总税务司，处字第 2023 号，1911 年 9 月 22 日总税务司通札第 1820 号附件。《总税务司通札》（第 2 辑 1911—1913），第 71 页。

③ 宣统三年七月十二日税务处札行署总税务司，处字第 2117 号，1911 年 9 月 8 日总税务司通札第 1836 号附件。《总税务司通札》（第 2 辑 1911—1913），第 105 页。

④ 民国六年三月三十一日税务处令第 397 号，1917 年 4 月 5 日总税务司通札第 265 号附件。《总税务司通札》（第 2 辑 1916—1919），第 137—138 页。

⑤ 民国五年十二月十六日税务处令第 2106 号，1916 年 12 月 29 日总税务司通札第 2609 号附件。《总务司通札》（第 2 辑 1916—1919），第 25 页。

⑥ 民国六年三月三十一日税务处令第 397 号，1917 年 4 月 5 日总税务司通札第 2651 号附件。《总税务司通札》（第 2 辑 1916—1919），第 137—138 页。

第四节 九龙关税务司和《关务协定草案》的订立

1906 年 9 月 20 日，上谕饬令 10 年之内，将洋土烟流毒肃清，这就必须逐步禁绝印度洋烟的进口，清政府和英国政府达成了逐步禁运的协议。这个协议对香港殖民当局的税收产生了严重的影响。香港殖民当局为了弥补因禁止鸦片而产生的税收亏损，不能不另找弥补办法。

1904 年年底，香港殖民当局决定征收民船载运火酒精剂进口税。这个工作需要中国海关配合。于是通过九龙关税务司夏礼士，要求中国海关帮助。署理总税务司同意这项要求，并推荐海关内班人员培斯波（D. Percebois）帮助香港当局处理此项工作。培斯波和香港进出口货局与港务处的民船局密切联系，对民船航运管理的简化和加强提出了建议；海关则以它的民船通行簿制度协助这种管理。

夏礼士因为中国海关在香港的地位一直没有得到肯定，赫德前曾要求中国海关有权在香港设置机构，而税务司具有中国官方地位；中国海关有权在香港拥有一个或一个以上的民船专用码头等。但因香港英国总商会极力反对而不果。1905 年 12 月中德签订了《会订青岛设关征税修改办法》，德国同意中国海关在胶州湾租借地内管理进出口船只和货物，征收关税；中国同意所征收关税百分之二十交付德国，作为酬答。这样，便利商人，促进了青岛的发达。夏礼士受到这个影响，他便在一个报告中提出，如能按照胶海关的办法，取得香港当局的合作，我关将能更好地保护税收，促进正当贸易的发展，同时也解决了我关在香港的地位问题。尽管九龙关的存在促进了当地的贸易，但长期以来仍被香港方面厌恶。因此，签订一项承认海关地位的协定，不仅对于中国有利，而且亦可以改善双方关系。英国政府如愿签订这项协定，则可保证不再像过去那样，对中国的税收利益漠不关心。[①]

夏礼士趁香港当局要求中国海关协助开征酒类税的机会，提出双方扩大合作的范围，签订一项纯属业务性质的《关务协定》。《关务协定》共 17 条 41 款，其主要内容为：

[①] 九龙关档案总 208 号，第 91—92 页。引自九龙海关修志办公室：《〈关务协定〉签订始末》。《海关研究》1988 年第 3 期。

任务与《关务协定草案》的订立

中国政府同意：根据《内港行船章程》的规定，华洋汽船、民船、驳船可航行于香港与两广的非通商口岸之间，其中驳船经海关封舱后，可航行于香港与通商口岸之间；允许外国商品于交付关税、子口税之后，可直运两广非通商口岸销售。在海关监督下，已在各通商口岸完税转运其他口岸的外国商品，在一定期限内仍保有完税的地位，不再重征；中国海关配合港方、查禁酒类、鸦片、吗啡等违禁品非法进入香港，九龙关税务司应为英国籍民等。

香港当局同意：加强民船航行管理，将民船进出香港的货载情况通报中国海关，发现有逃税行为，不论海上或陆上均予查扣，促其向海关补税，并同时通知海关。允许海关在深水地设立分卡，在广九铁路九龙车站为海关验货工作提供设施和便利。香港当局立法机构通过立法手续，使上述各项条款具有法律上的效力。

1910 年 1 月 14 日，夏礼士向香港当局提出了协定草案，并建议双方组成小组进行审议，香港总督、布政使、副布政使都参加小组审议。4 月，草案经香港当局立法机构秘密讨论通过，然后送往伦敦，英国政府表示同意。与此同时，署理总税务司裴式楷也表示基本同意。

这个协定关系到香港航船到通商口岸和非通商口岸通商贸易问题，两广总督张鸣岐未予审批。那时，张鸣岐正忙于镇压广东各地革命，而一再拖延未加审批上报。不久，辛亥革命爆发，张鸣岐逃离广州，《协定草案》就此中止进行。但关于广九铁路的运输方面，双方则作出了比较妥善的安排，便利了商人和旅客。

第十九章

总税务司赫德的日暮途穷

第一节　赫德晚年对海关的迂腐
统治及其请假回英

经过 19 世纪末期列强在中国掀起的割地狂潮和 20 世纪初期的义和团运动与八国联军占领北京等风暴的袭击，偌大的"大清帝国"已经像一座即将倾圮的大厦，岌岌可危；一贯全力支撑这座大厦的总税务司赫德，也跟着日暮途穷了。

赫德遭受海关隶属关系改变风浪的冲击，意识到这是外籍税务司制度末日的征兆，早已打定主意等待度过海关危机之后，便行告退。

税务处统辖海关之后，积极整顿、改进工作方法，对海关暂不采取进一步行动。赫德对于海关能够按"照旧办理"维持下去，也感到宽慰。"虽然税务处并没过分干涉我（赫）的工作，但是处境却已今非昔比了；因为同外务部的接触已经少到这样的程度，致使总税务司简直成了一个税务处的人；这种滋味将会使人一天天地感觉得更深"。"外务部现在在我主管的范围以外，不大需要我的帮助或建议了；既然一应听我自便，干预其事的机会也就不太多了"①。清政府对他的冷漠态度以及他的工作被局限于征税范围，使他感到凄怆，他认为告退的时机到了。

早在 1888 年他为他的健康担心，曾想退休，但害怕总税务司职位落在以

---

① 1905 年 11 月 5 日， 1907 年 10 月 20 日赫德致杜维德函。《中华帝国对外关系史》第 3 卷，第 434 页注①②。

刘坤一为后台的葛德立身上；1897 年又想退休，但又怕落在以莫理循为后台的贺璧理身上，结果都打消退休念头。1897 年，鉴于总税务司职位的竞争激烈，他决定自行设置副总税务司一职，以妻弟裴式楷任之，以备他告退时作为继任人。1908 年，他已 72 岁了，迫于健康，只得决意请假告退了。

赫德在海关的工作量惊人，所以健康一直不是很好。据他的记述，"每星期两天花在英国公函上，两天花在中国事务上，两天办理半官函，一天处理琐事。一星期完了，时间是十分紧的。有这么多的铁要同时在火里炼，这么多的梭子要同时织出布来；在这个门，一批公众正等着结果，而〔总理〕衙门则在另一个门，等着报告和提意见。"[①] 最后一任总税务司李度也追述道："赫德站在一个很高的办公桌前工作，一天从早晨 8 时持续到下午 4 时，一周又一周。他几乎每星期天上午给金登干写信，而且还和欧洲其他人保持通讯……他常常在金登干信中装上多达十封的信，分送给他的家属成员和其他朋友。"[②] 他还天天写日记，此外，还有不能用时间计算的大量的业余外交活动，在严峻的钩心斗角之中，绞尽了脑汁。他从 1866 年请假回英 6 个月、1877 年请假一年赴欧洲外，数十年如一日都是这样紧张地工作着。他向税务处申述道："自彼时至今，黾勉从公，未经请假"。"惟近年来，新开口岸暨自开商埠，年见增多，加以邮政推广事宜，以及代办各口常关事务，日形烦剧，精神已觉不支。不意去岁忽患内伤之症，尚未医治就痊；近复夜不安眠，异常困惫。据医生云：必须请假回籍静养，调理得宜，方能渐就痊可。"因此，"只得具文呈请给假二年，俾资调摄"；并推荐副总税务司裴式楷'接署'总税务司"。他极力渲染裴式楷的劳绩："本年自夏迄今，因总税务司患病，一切事宜多由副总税务司代拆代行，以之署理总税务司，当无贻误。"还请"赏加头品顶戴"，"以示优异"[③]。总税务司也札行各关税务司："最近两年来，我的健康一直在衰退。……我已经申请告假并已获准。"他特地就裴式楷接署总税务司问题告诉税务司们："我提出副总税务司裴式楷爵士在我请假期间署理总税务司。此外，我希望从年底开始，把总税务司一切工作交他代拆代行，俟转年四月再把职务最后交代清楚。从今天起，我只照管诸如税务处和副总税务司希望和我商

① 1883 年 10 月 29 日赫德致金登干 Z 字 144 函。《在北京的总税务司》第 1 卷，第 495 页。

② 《在北京的总税务司》，李度"导言"。

③ 光绪三十三年十二月二十四日税务处奏折。《总税务司通札》（第 2 辑 1907—1909），第 309 页。

量的工作，以及迄今为止主要地由我保管的档案等，我将尽可能停止工作，裴式楷爵士从今天起将以'副总税务司署理总税务司职务'签字。在你奉到本通札之后，申呈和半官函要寄给裴式楷爵士而不再寄给我。"他要求各关的成员，"要和他们的新的首脑热情地合作，如同在我办事时所做的那样"①。

税务处当即奏准："先行暂准给假一年"，"一俟假满病痊，仍即返华，照旧供职"；并赏给尚书衔，裴式楷赏给布政使衔②。

据此情况看来，清政府这时对于赫德还是尊重的，表面上看不出有什么不满之处。

1908年4月20日，总税务司一切部署就绪，乃申呈税务处，一切经办事宜，"已于本日交由署总税务司裴式楷接管，并经行知各银行：此后各项存款，在总税务司假期内，均听署总税务司动拨"。并声称："拟于本月二十二日由京启程。"③ 他还札行各税务司："本总税务司职务从今天（4月20日）起移交给副总税务司裴式楷爵士，他将以署理总税务司签字。"④

总税务司请假回国后在整个1909年期间，税务处受到列强的沉重压力，要它在总税务司继任人选的问题上作出决定。这个行动显然是要清政府委派一个新的人员而不再迁延，以表达对赫德的回任的不满。这个压力主要来自英国外交部和在华的英国上层人物以及海关内部的税务司。

赫德晚年对海关的统治，普遍是不满的。其不满主要集中于下列几个问题上。

首先，赫德在海关坚持的歧视华员的统治，使华员长期受压制，这不利于海关的稳定。这种做法，连坚持维护英国利益的莫理循也觉反感。他批评总税务司对待华员这种态度"极不公正"。他说："1871年，他曾任用一名中国人主持内勤事务。此人是总督崇厚荐举的。这次试用是一件失败的事，这个人选不当，证明此人毫无能耐。赫德爵士从此不再任用其他〔中国〕人，直到唐绍仪采取行动，才迫使他不这样做。唐堂堂正正地宣称，中国应分享管理自己

---

① 1908年2月14日总税务司通札第1483号。《总税务司通札》（第2辑1907—1909），第309页。

② 光绪三十三年十二月二十五日税务处札行税务司文。《总税务司通札》（第2辑1907—1909），第310页。

③ 光绪三十四年三月二十日总税务司申呈税务处文，关字第580号，1908年4月20日总税务司通札第1493号附件。《总税务司通札》（第2辑1907—1909），第358页。

④ 1908年4月20日总税务司通札第1493号。《总税务司通札》（第2辑1907—1909），第357页。

关税机构的权利。税务处的存在是有意义的，如果有什么事能够加强总税务司的地位的话，税务处正好在某种程度上使〔总税务司〕免于遭国际上的嫉妒和攻击。"①

其次，赫德对海关的管理是绝对的，没有任何办法可削弱他对海关的统治，没有任何物议可以限制他的独断管理。《通商各口募用外国人帮办税务章程》第三条规定："各关所有外国人帮办税务事宜，均由总税务司募请调派；其薪水如何增减，其调往各口以及应行撤退，均由总税务司作主"②。赫德在1864年6月颁发的总税务司通札第8号也明确告诉各关税务司："总税务司是海关中惟一由中国政府委托的负责人。"③这些规定，使他有可能在海关厉行"一人统治"。他在给金登干的信中说："海关的稳定和成功是由于一人统治。"④"我从来就是真正独立的了"⑤。而在一封写给他的继任人安格联的信中更说："我所强烈忠告的是你自己要仔细充分考虑情势而不要依靠任何你的员司的方法和决定，要独立行事。"⑥他从不让他的属员分享他的权力，不论他的秘书或税务司。

这种独断的管理方法，当他年迈时，在海关的内外引起了很大的不满。牛庄关税务司萝达尔写信给莫理循说："有一件事很清楚的，即海关的绝对君主统治的岁月已经过去了，立宪政府必须取而代之。这位新领袖……只有当他认识到理智的合作，必须取代盲目服从时，他才能进行统治。……如果要使整个海关团结一致，应把它视为一个协同合作的整体而不仅是一群惟命是听的原子组合。"⑦

再次，赫德晚年的用人，已被讥为裙带风。不少重要关员是任用他的亲属。后期海关中赫德的亲属任职的，有赫政，是他的弟弟，一度曾被推荐为总税务司继承人。第二个是他的妻弟裴式楷，一开始就安排在税务司级中，曾引起洋员们普遍的议论。当赫德请假回英时，他自行设置的副总税务司并署理总税务司。从总税务司的人选上，可以看出赫德的私心，这不但得不到海关洋员

---

①　1911年5月9日莫理循致布拉姆函。《清末民初政情内幕》上卷，第730—731页。

②　《中国海关制度沿革》，第14页。

③　《总税务司通札》（第1辑1861—1875），第54页。

④　1899年2月26日赫德致金登干Z字第819函。《在北京的总税务司》第1卷，第1189页。

⑤　1905年3月5日赫德致金登干Z字1047函。《在北京的总税务司》第2卷，第1459页。

⑥　1911年9月14日赫德致安格联函。《赫德与中国海关》，第851页。

⑦　1911年9月28日致莫理循函。《清末民初政情内幕》上卷，第76页。

的拥护，也得不到英国政府的支持。第三个是他的儿子赫承先，22 岁就当上父亲的挂名秘书。1897 年国际邮政会议在华盛顿举行，赫德也想把不满 25 岁的儿子作为中国代表派往参加。人们怀疑在他身上有巨大的野心。第四个是赫德妹妹的儿子——即外甥梅乐和。梅乐和是第四任总税务司，那已是赫德死后 10 多年的事，和他没有关系。但当他 1891 年进入海关时，只有 7 年便爬上税务司的高位。此外，和赫德有裙带关系的还有另一名外甥阿滋本，在伦敦办事处任职。曾任津海关税务司的吴秉文，是他另一个妹夫。曾任江海关税务司的裴式模，是他的另一个内弟。曾任打狗关的叶德加，是一位表亲。曾任汕头关税务司的一位高年帮办，是他的远房亲戚①。这种任用亲属的裙带风，也引起了海关内外的不满。他曾在人事制度上自设一项章程，即规定除去税务司的缺补以外，凡是晋级的人员，应照例定年资；但每 5 个人之中要保留 1 人，由他根据特殊劳绩选补。随着他的权力的滋长，他丢开了一切限制，差不多以"功绩"作为唯一指南，而这个功绩的评定并不为海关舆论所尽同意。

赫德以薪水和退休津贴的名义提取海关的银子达 40 万英镑，他把这些钱汇回英国，"得到相当于他薪俸两倍多的白银。他的亲属另外又提取了多少钱数？是个未知数。但不会比十万英镑少很多。"② 据另一估计，赫德及其亲属，从海关提取的收入总数达到 75 万英镑之多。因此，海关人员对于有人称之为"无私"贡献，也很怀疑。

最后因为他年老力绌，无法进行统治，以致海关陷入危机。莫理循认为清政府设立税务处收回海关权力的做法，"毫无疑问，应归咎于赫德爵士。部分由于赫德身体羸弱，也由于日益增长的东方式的对事务的漠不关心，他听任海关陷于令人不满的困境。怨声四起，海关几乎要闹事。"③

第二节　反对赫德的浪潮和赫德统治的没落

1910 年 3 月 22 日，税务处据裴式楷接到赫德函称："病仍未愈，势难就道，恳请开缺。"税务处则奏请"再赏假一年，俾资调摄，毋庸开缺"；并称

---

① 参阅汪敬虞著：《赫德与近代中西关系》，人民出版社 1987 年版，第 22—25 页。
② 1911 年 9 月 28 日劳达尔致莫理循私函。《清末民初政情内幕》上卷，第 760 页。
③ 1911 年 5 月 19 日莫理循致布拉姆函。《清末民初政情内幕》上卷，第 730 页。

"该总税务司前次请假，系由〔税务大〕臣等奏派副总税务司裴式楷署理。""现在臣处整理税务，合无仰恳恩施，给予升衔，由臣等令该员裴式楷在臣处另备差遣。所遗副总税务司一缺，臣等详加参访，查有江汉关税务司安格联堪以充补；倘总税务司赫德此次再蒙赏假一年，即以该员安格联暂行代理总税务司，以专责成。"① 这个决定于 1910 年 3 月 23 日交给裴式楷，并以谕旨形式由安格联转给赫德。裴式楷对于这个决定，无法拒绝，只得于 4 月 15 日移交署理总税务司职务给安格联，并申明："从今天起，本署总税务司退出海关。"②

赫德接到安格联转来的谕旨，对于安格联暂代总税务司无可奈何地说："这是值得庆贺的"；"但是也有一些干扰，因为这把我推到另一个值得怀疑和无法确定的年。我决不是好的，甚至可能更加微弱了。我开始感到我真的是七十二岁了"。两个月后他补充说："我已日益衰弱了，所以我怕中国再也看不到我了"③。

从赫德这些话中，可以看出赫德蕴藏着无限伤痛的隐衷。他为大英帝国建立起来的半殖民地事业，眼看即将落进他人手中。但他仍提交税务处和外务部 5 个总税务司候选人的名单，借以显示他的无私。这个名单，按次是安格联、吉德、包罗、贺璧理、好博逊和欧礼斐，他赞同把裴式楷列入最后一名。但税务处则把裴式楷列入首名，并赏给文官中最高官衔头品顶戴，调往税务处作为空头顾问。

赫德另一个反应是决定回到中国，迅速复职，以防止安格联取代他的职位。赫德早在第二次请假之前，即 1909 年 11 月就打电报给外务部和税务处，说他打算于明年春天从海上回来，并尽速恢复职务④。但是他的健康恶化，未能如愿。第二次请假后，裴式楷被调离总税务司署，眼看安格联取代他的职位即将实现，"扬言要返回中国。""他于 3 月 23 日从多奎来信说：他拟于 5 月 9 日乘北德轮船公司'约克'号离开那里返回中国。"⑤

① 宣统二年二月十二日税务处奏折处字第 1206 号，1910 年 3 月 23 日总税务司通札第 1681 号附件。《总税务司通札》（第 2 辑 1909—1911），第 280 页。
② 1910 年 4 月 15 日总税务司通札第 1681 号。《总税务司通札》（第 2 辑 1909—1911），第 291 页。
③ 1911 年 7 月 5 日、9 月 19 日赫德致安格联。《赫德与中国海关》，第 852 页。
④ 1909 年 11 月 22 日赫德致裴式楷电。《赫德与中国海关》，第 850 页注 24。
⑤ 1911 年 4 月 1 日莫理循致布拉姆函。《清末民初政情内幕》上卷，第 715 页。

莫理循当即向驻华公使朱尔典汇报。"昨天他〔朱〕打电报给〔英国〕外交部说，他希望婉言告知赫德爵士，如果他果真要返回中国，外交部需要同〔清政府〕外务部联系，他们将忍痛告诉赫德爵士：鉴于此事关系重大，他年老体弱，不能再委以管理海关的重任。"①

莫理循以"赫德爵士已七十六岁了，况且他的身心已受过三次瘫痪打击，如果他竟然回到这里，那是不幸的。"②又说："如果他回来，他将立刻把包罗调离，但包罗与安格联一起干得很出色，而赫德将收留罗尔瑜在那里工作"。"罗尔瑜是裴式楷爵士的女儿朱莉叶的未婚夫。"③

由此可见，赫德直到临终时还留恋总税务司职位。

裴式楷调任税务处后"即自辞挂名差使"，赶回英国大肆活动，他以"仅辞挂名差使"，并不"永辞中国政府之差"为由，晋见外交大臣葛雷，并称："在中国当差数十年，水土相宜，人情亦熟，实有乐不思蜀之意；加以感戴我（中）政府，此生养之惠，寸心耿耿，无日能忘。此来不过暂时休息；然犬马恋主之情，恐不能允其久居，于此两三月后仍须回华"④。葛雷当即向清政府驻英公使李经方声称："裴式楷回英，始以为已经辞差，不意闻其指日又将回华。此人不洽舆情，将来到华后，若仍录用，我逆料其必多方煽动，以遂其报复之私，实于中英邦交不利。"⑤

葛雷会见李经方时，"据面称：赫德行将告退，似接替之人，才能声望，必中英政府皆信其能胜此任者，方可入选。"并对李经方施加压力："我知用人之权本在中国，但既与英有约，总税务司必用英人。英国视在中国之商务甚重，总税务司关系中国财政，英人知英人较易；若英政府先不能信其才识，纵中国用之，亦未必有益。"接着又说："风闻中国将令裴式楷接充此任，英国上下咸不谓然。我力劝不必任用。"⑥

莫理循在华极力反对裴式楷回任。他早就说过，"没有人比我更不相信裴式楷了"，"当税务大臣统辖海关谕旨发表时"，"他（裴）写过一些明确表明

① 1911年4月13日莫理循致布拉姆函。《清末民初政情内幕》上卷，第715页。
② 1911年4月13日莫理循致布拉姆函。《清末民初政情内幕》上卷，第714页。
③ 1911年4月13日莫理循致布拉姆函。《清末民初政情内幕》上卷，第714—715页。
④ 宣统二年七月十五日李经方致外部丞参函。《清宣统朝外交史料》，第13—14页。
⑤ 宣统二年七月十五日李经方致外部函。《清宣统朝外交史料》，第13—16页。
⑥ 李经方致外务部密函，中国第一历史档案馆档案，外务部类，海关税务三，第3964号。

他的〔反对〕立场的很得体的文件。……文件写得立场坚定，维护尊严，使我们看到前景的希望。""我无法预料到他第一次会见唐绍仪后，竟然把他的文件全部取回，竟然温顺地听从发给他的每个命令，竟然在他的新上司面前事实上是奴颜婢膝。""如果我掌握任命权，我不会考虑他。"①

与此同时，一股反对赫德的势力也一致反对裴式楷的继任。英国外交部副大臣哈定声称："我知裴之为人，向不安静，且逆料如中政府任以要职，必有一番举动；即位以闲散，亦虑其不肯干休。我为保中英邦交起见，不得不先事奉闻，请代转达贵政府云云"②。朱尔典在赞同（纯属私人性质）之下，"特地找了中国人，敦促他们尽快任命一位新总税务司，……中国当局征求他们的意见时，他告诉中国人说，单就贺璧理对采取门户开放政策一事有过贡献而论，别人也会同意中国任命他。"③贺璧理复信说："谋求总税务司的职务，我只不过是随便说说，竟蒙你慨然推荐"④，表示谢意。可见贺对这个推荐甚感兴趣。莫理循认为"贺璧理是个品德高尚、能力很强的人，在海关里深受敬佩。大家信任他而不信任裴式楷"⑤。可是后来莫理循改变了对贺璧理的看法："就贺璧理而言，使他的所有朋友最遗憾的是他正患一种怪症，以致许多人认为在继任人选问题上可以完全不考虑他。他身患一种昏睡病，站在哪里也能入睡。在缔结马凯商约的谈判中，他竟会不断地睡觉，我担心他的体质不适于担任公职，就是为了这个原因。"⑥

在争夺总税务司职位的几个税务司中，最走红的是安格联。安格联进关9年便升任税务司。远在1897年赫德就记载说，"安格联，是我们人员中最有前途希望的人"。赫德为了考验他的能力，把他放在最大的海关——津海关、江海关，而且也在总税务司署。在1903年4月到1904年底又再度担任总理文案。尽管如此，赫德却从来没有把他作为总税务司继任人的意图。他对安格联的推荐，也是出于无奈。

以莫理循为首的英国在华的上层人物都极力支持安格联。他在安格联署理

①　1906年11月1日莫理循致姬乐尔函。《清末民初政情内幕》上卷，第469—470页。
②　宣统二年七月十五日李经方致外务部丞参函。《请宣统朝外交史料》，第13页。
③　1909年9月18日莫理循致贺璧理信。《清末民初政情内幕》上卷，第635页注①。
④　1909年9月18日贺璧理致莫理循函。《清末民初政情内幕》上卷，第635页。
⑤　1906年11月1日莫理循致姬乐尔函。《清末民初政情内幕》上卷，第486页。
⑥　1906年11月1日莫理循致姬乐尔函。《清末民初政情内幕》上卷，第469页。

总税务司时，认为"现在海关管理得比较好，而且比 1897 年我来中国以后任何时候更为令人满意。如果赫德爵士当时继续负责下去，海关事业当已濒于毁灭，事实上当时正不知不觉地陷入甚为严重的状态，而安格联则是挽救颓势的人。"①

安格联署理总税务司之后，税务处和英国外交部都认为他办事"诸臻妥洽"。但是在各方面争夺之中，却从来没有安格联的名字。为什么税务处突然提出安格联，我们只在劳达尔信中的字里行间看到"安格联因为他和税务处关系最好"之语，但具体情况尚未见到记载，至于吉德、好博逊和欧礼斐亦未见其争夺之记载，想系出于赫德己意。

除了英国人自己争夺以外，在国际上亦在进行争夺。据莫理循记述："德国公使已经提出他希望由德国人担任副总税务司。而〔英国〕公使馆，似乎相信……德国公使星期六前往外务部时，他会引证《泰晤士报》社论支持他的论点，即不应再次出现赫德爵士那样的专断独行，而且总税务司为英国人，邮政总局局长是法国人，为了保持适当的平衡，应任命德人为副总税务司。我们至多只能希望不要任命副总税务司。必须强烈反对任命一个德国人，因为副总税务司必须和总税务司有亲密的私人关系，并且随时准备在总税务司出缺时执行他的职务。没有一个德国人，能够符合这些要求"②。但因税务处认为 1897 年副总税务司的职位为"旧章所无"，"自可毋庸拣补"③，这就堵住了德国的争夺。

第三节　赫德的死亡和安格联继任总税务司

赫德于 1908 年 1 月第一次请假回籍就医，获得清政府批准，还赏给尚书衔；税务大臣还特函"病痊回华，恢复原职。"1910 年 3 月间，第二次请假则提出"病尚未痊，恳请开缺"。清政府趁机调走裴式楷，改署安格联。1911 年 6 月赫德第三次请假，只提"可否再恳续假一年，以资调摄"④，而不提"开

---

① 1911 年 9 月 26 日莫理循致布拉姆函。《清末民初政情内幕》上卷，第 757 页。
② 1911 年 9 月 26 日莫理循致布拉姆函。《清末民初政情内幕》上卷，第 757 页。
③ 1911 年 10 月 25 日总税务司通札第 1851 号附件，税务处札行总税务司随处字第 2276 号。《总税务司通札》（第 2 辑 1911—1913），第 147 页。
④ 1911 年 9 月 26 日莫理循致布拉姆函。《清末民初政情内幕》上卷，第 757 页。

缺"了。这显然是因为裴式楷的调动，安格联暂代总税务司，海关形势剧变而引起的。税务处意识到这是赫德意图挽救局面，于是因势就便，具折奏请："今〔赫德〕因病未痊愈，尚难回华供职，委系实在情形。合无仰恳天恩，再赏假一年，俾得安心静养"；"至总税务司一缺，事繁责重，上年经臣等奏请以副总税务司安格联暂行代理在案。该员任事年余，措施优裕，拟即请以安格联署理总税务司篆务，以资熟手，而专责成。"谕旨批示："依议"①。

这样，安格联继任总税务司已成定局，赫德、裴式楷再也挽救不了了。

1911 年 6 月 17 日安格联札行各税务司：他已奉谕旨，"赫德爵士续假一年，而且委派本人为代理总税务司。"②

1908 年 1 月赫德第一次请假时，慈禧太后还活着，她顾念赫德 50 年为大清王朝的满族统治，费尽了心机，所以对他还很恩待。是年 11 月光绪、慈禧相继死亡，赫德几十年的后台垮了，他的东山再起，已经绝望了。他就在这样黯淡境况下度过了凄怆的 3 个月，终于 1911 年 9 月 20 日（宣统三年七月二十八日）寓居于白金汉郡马劳（Marlowa）时突遭峭寒而死亡。

1911 年 10 月 25 日，在辛亥革命爆发后 15 天，税务处上奏称："查赫德旋于七月间出缺，所遗总税务司一缺，综理权务，任重事繁。安格联自权篆以来，办理诸臻妥洽，……臣等公同商酌，拟即以该员〔安格联〕升补总税务司"。1911 年 10 月 25 日税务处奉旨"依议"③。安格联乃于 10 月 25 日札行各关税务司："根据税务大臣的推荐和谕旨的批准，从本日起本人被委派为总税务司。"④ 安格联就在革命烽火连天中就任总税务司。这是第三任海关总税务司。

赫德亡故的消息，由驻英公使刘玉麟电告税务处。税务处钦奉上谕："该总税务司供职中国，所有通商各口设关征税事宜，均由其经手代办，以及办理船厅、设同文馆、赴各国赛会、设立邮政，从始规划，悉臻妥协；遇有交涉，时备咨询。在中国五十年，实资帮助……遽闻溘逝，轸惜殊深！加恩赏加太子

① 以上有关引文出自宣统三年五月二十一日税务处札行总税务司处字第 1959 号暨抄件，1911 年 6 月 17 日总税务司通札第 1810 号附件。《总税务司通札》（第 2 辑 1911—1913），第 35 页。
② 1911 年 6 月 17 日总税务司通札第 1810 号。《总税务司通札》（第 2 辑 1911—1913），第 34 页。
③ 宣统三年九月初四日税务处札行总税务司处字第 2276 号附钞件，1911 年 10 月 25 日总税务司通札第 1851 号附件。《总税务司通札》（第 2 辑 1911—1913），第 143 页。
④ 1911 年 10 月 25 日总税务司通札第 1851 号。《总税务司通札》（第 2 辑 1911—1913），第 141 页。

太保衔，伊子赫承先赏换双龙二等第三宝星，以示优异。"①

清政府对于赫德的亡故表示关切，赏加的太子太保衔，也是任何其他外国人所没有的，即使本国人也很少见，这是格外恩施；但除此以外，却无所表示。莫理循曾描述清政府对于赫德亡故的冷漠态度："除了税务处二个要员即那桐和胡惟德对这位老人家属表示通常的惋惜之外，并未流露最微末的感情"。他还详细地报告了清政府在北京追悼礼拜上的表现："昨天几乎所有外国使节都到安在甘教堂参加纪念的仪式。但除了前驻柏林公使吕海寰大人和驻伦敦公使李经方大人外，别无中国的名人参加。前者现在无官职。没有一个中国高级官员在场。你可以想象这个集会的场面。颜惠庆博士在会上代表外务部！昨天《国风报》上对赫德爵士的善意而友好的介绍，指出总税务司应该是那些贪心的官吏学习的榜样，赞扬其优秀的品德和公正无私的服务，中国官吏在追念其崇高操守和廉洁无瑕的政绩之余，当感羞愧。尤其重要的是这篇文章盛赞其有关陆军和海军的建议；遗憾的是政府置之不理。""中国报纸登载这种文章的，只此一家。而我们称之为外务部喉舌的《北京捷报》则发表文章，评论政府部门雇佣外籍人员，并敦促中国步彼得大帝和日本后尘，在一旦可以不用他们时，就将他们解聘。"②

以上这些冷漠的态度，就是清政府对赫德的最后评价。

关于中国近代海关问题，通过了上面各章的论述，它的概貌大体可以看出来。读者不妨回过头来再看"序言"中开头几段，这是我们对晚清海关总的看法。这里不再赘述。

关于总税务司赫德这个人物，不妨补充几句话。赫德带进中国一些资本主义因素，使落后的中国社会出现了一些新的气象；如果清政府处理得当，是可以促进中国社会的发展的；但他正如费正清教授等所说的，他是"维多利亚女王时代那些创立帝国殖民地的总督之一。只不过他的业绩是在中国"(《步入中国仕途——1854—1863 年赫德日记》序言)。赫德虽然没有获得维多利亚女王正式任命他为殖民地总督，但他却是没有总督官衔的总督。他极力扶植腐朽的清朝统治，紧密地和清朝最高统治者——满族统治者结合起来，结果，维

---

① 宣统三年八月初四日税务处札行总税务司处字第 2176 号，1911 年 9 月 26 日总税务司通札第 1844 号附件。《总税务司通札》（第 2 辑 1911—1913），第 123 页。

② 1911 年 9 月 23 日莫理循致布拉姆函。《清末民初政情内幕》上卷，第 758 页。

护了清朝的腐败的统治，也维护了列强、特别是英国的在华利益，海关被作为英国对华关系的基石。这种关系可以说是英国对中国的半统治关系。由于这方面的急剧发展，而海关又趁列强争夺中国的权益日趋激烈的机会，扩大了它的权力。这样，中国被步步推向半殖民地的深渊，清朝统治也没有得到拯救；但海关外籍税务司制度却在列强庇护下继续维持数十年。赫德在海关的许多措施起了很大作用。

附　　录

一　主要征引书目介绍

Documents Illustrative of the Origin，Development，and Activities of the Chinese Customs Service

本书直译为《中国海关起源、发展和活动文件》，我们简译为《中国近代海关历史文件汇编》①，共7卷，总税务司署统计科编印，1940年出版。本书前5卷是从几千个总税务司通札中精选出来的；后两卷是收集海关文件、信函和半官函，英、美外交部和国会档案，私人日记、书信，报刊有关记载、评论，是研究中国近代海关史的一部系统的资料。除附件外，全是英文。编者魏尔特（Stanley F. Wright）是海关税务司，他的海关史著作甚丰。

Inspector General's Circulars

汉译为《总税务司通札》，是发给各个海关具有普遍性的命令。这是研究近代海关史的基本资料。除附件外，全部是英文，历年总税务司通札由总税务司署造册处（后改统计科）编印，并按年分册装订：

第1辑　1861—1875

第2辑　1876—1882

第2辑　1882—1885

第2辑　1885—1889

第2辑　1889—1893

---

①　《中国近代海关历史文件汇编》第1至3卷、第4至5卷、第6至7卷译本，由中国海关出版社分别于2003年12月、 2007年11月、 2021年底出版，译名分别为《旧中国海关总税务司署通令选编》（第1至第5卷）和《旧中国海关历史文件选编》（第6至第7卷）。

第 2 辑　　1893—1897

第 2 辑　　1897—1901

第 2 辑　　1902—1904

第 2 辑　　1904—1906

第 2 辑　　1907—1909

第 2 辑　　1909—1911

第 2 辑　　1911—1913

第 2 辑　　1914—1915

第 2 辑　　1916—1919

Imperial Maritime Customs Service List.

汉名译为《新关题名录》，民国以后，亦有改称《海关职员录》的。每年出版一期，总 74 期，总税务司署造册处编印。这是根据海关组织系统以官职系名编列的。《题名录》不但可以查阅海关人员的英、汉姓名，并可以查阅组织名称、职称及其变化，对于海关洋员的国籍、华员的籍贯、担任职务和职称均有记录。

Customs Service：Officers in Charge，1859—1921

汉文译为《海关主管官员名录》，总税务司署造册处编印。本书对于海关官员所任职称、任职日期、国籍以及各关海关监督、海关道、委员的姓名都有完整的记录。

中国海关史研究工具书

《中国近代海关地名录（英汉对照）》　厦门大学中国海关史研究中心编

《中国近代海关名词及常用语英汉对照》　陈诗启、孙修福编

《中国近代海关机构职衔名称英汉对照》　厦门大学中国海关史研究中心编

这套工具书是中国海关史研究中心于 1989 年到 1990 年印行的，由陈诗启主编。海关的基本文件全是英文，使用名词有的是海关自行从国外翻译过来的，有的是自行编造的，大多不是英汉字典可以查到的。海关使用的名词，都加规范，不是随便可以翻译的。中国海关史研究中心花了三年时间，从海关档

案中辑出大量海关英汉对照词语，编辑印行，以便翻译海关文件、著作时的参考。

Katherine F. Bruer，John K. Fairbank（费正清），Richard J. Smith（司马富）Entering Chinese Service：Robert Hart Journals 1854—1863

本书是哈佛大学东亚研究中心 1986 年出版的，这是赫德遗留下来的手稿，是有关赫德早期在华生活、工作的原始资料。中国海关史研究中心已全书翻译完毕，定名为《步入中国仕途——1854 至 1863 年赫德日记》。这是《赫德日记》的第 1 卷，第 2 卷的书名为 Robert Hart and Chinas' Early Modernization——His Journals，1863—1866，1991 出版。

Edity by J. K. Fairbank，K. F. Bruner，E. M. Matheson：The I. G. in Peking.

本书是哈佛大学东亚研究中心 1975 年出版的。刊载了总税务司（I. G）赫德 1868—1907 年致总税务司署伦敦办事处税务司金登干的密函。这些密函，绝大部分是有关赫德从事业余外交的资料，有很高的资料价值。内有最后一任总税务司李度撰写的导言，综述赫德统治中国海关的概况。全书分两卷，共1625 页。

North China Herald

汉名为《北华捷报》，这是上海英商的喉舌，是英国人在上海创刊最早（1850 年 8 月），时间最久的英文报纸。近代早期江海关档案已经丧失，关于江海关税务管理委员会的来龙去脉，几乎一无所知；但在《北华捷报》则有详细报道和评论。魏尔特编纂《中国近代海关历史文件汇编》时，关于税务管理委员会的资料，大多出自该报。本书引用该报资料的译文，出自上海科学院近代史研究所编《上海小刀会起义史料汇编》（上海人民出版社 1980 年第2 版）。

The Coastwise Lights of China：an Illustrated account of the Chinese Maritime Customs Lights Service

本书有汉译本，名为《中国沿海灯塔志》，副税务司班思德著，李廷元译，总税务司署统计科 1933 年印行。本书对于沿海灯塔、航标等助航设备的设置，叙述颇详，并附详细的灯塔分布地图，为研究海关海事工作必备书籍。

新关内班诫程

本书和以下几部诫程都是海关档案保存下来的办事细则一类的文件，是内班人员必须遵行的守则。对于内班人员的职责、管理均有详细记述。大约是光绪二三年间印行的。

新关外班诫程

这是外班人员必须遵行的守则。光绪二年总税务司批准颁行。

新关理账诫程

这是刊载海关办理会计手续和财务管理的文件。总税务司于光绪三年批准颁行。

续理账诫程

内容同上。

中国海关密档：赫德、金登干函电汇编（1874—1907）

本书是中国第二历史档案馆和中国社会科学院近代史研究所合编的，由陈霞飞主编。中华书局1990年出版了全书，共九卷。外文出版社还出版了英文本。赫德在总税务司任内，每周都给金登干写一封信，至于电报的往来更为频繁；金登干则每信每电必复，数十年如一日。赫德和金登干在北京和伦敦的活动，特别是业余外交活动，本书都有真实的反映。这是一部研究中国近代海关史、中国近代史和外交史的珍贵资料。

帝国主义与中国海关（丛书）

这部丛书是由中国近代经济史资料丛刊编辑委员会和海关总署研究室合作编辑的，由千家驹负责领导。这部丛书，专门辑录了上揭书中总税务司在近代中国重大事件中活动的档案资料，是一部有关中国近代海关史、中国近代史和外交史的珍贵资料。这部丛书，在1961年前由科学出版社出版；1961年起，改由中华书局出版，1983年重版。这套丛书已出版了10编：

至于第一至三、第十一、第十四共五编，因资料不齐，一直没有出版。拙作引用的大都是科学出版社出版的。

筹办夷务始末

本书是一部官书，收集了鸦片战争及其以后清政府对外交涉的档案资料。因为海关是总理衙门的直属机关，海关问题又作为洋务看待，所以本书刊载了大量海关档案资料。本书卷帙浩繁，内容包括：

《筹办夷务始末》（道光朝）　文庆等纂，齐思和整理，全书 6 册、铅印本，中华书局 1964 年出版。

《筹办夷务始末》（咸丰朝）　贾桢监修，铅印本，中华书局 1979 年出版。

《筹办夷务始末》（同治朝）　宝鋆等修，全书 14 册，影印本，台湾文海出版社 1971 年出版。

《筹办夷务始末补遗》

清华大学历史系辑录的钞本。

清季外交史料

王彦威辑、王亮编，是《筹办夷务始末》的续编，也是光绪朝的外交史料，其中收集大量有关海关史的资料。

吴煦档案选编

吴煦（1809—1872），字晓帆，浙江钱塘县人。1853 年 9 月上海小刀会占领上海城，吴煦入吉尔杭阿军中办文案，旋在上海办厘捐。1858 年，充当桂良等随员，在上海办理英、法商订通商税则事宜。1859 年署理苏淞太道并监督江海关，次年兼署布政使。其后一直在上海任职。他在监督江海关任内，正是外籍税务司制度建立、李泰国任总税务司的时候，他和新关的建立有密切关系。书中保存了江海新关时代大量的原始资料和底稿，是清朝官僚保存第一手海关资料最多的。有了这部分资料，对于江海新关建立的情况大体可以看出来。本书我们看到 7 辑，江苏人民出版社 1983 年以后陆续出版。

中国近代史资料丛刊：第二次鸦片战争

齐思和、林树惠、田汝康、金重远等和故宫博物院明清档案部编，共 6 册，上海人民出版社 1978 年出版。其中有许多有关第二次鸦片战争时期的海关档案资料。

中国近代史资料丛刊：洋务运动

中国科学院近代史研究所史料编辑室、中央档案馆明清档案部编辑组编，共 8 册，上海人民出版社 1961 年出版。海关经办了多种洋务，本书辑录了许多海关洋务的档案资料。

红档杂志有关中国交涉史料选译

张蓉初译，三联书店 1957 年版。

德国外交文件有关中国交涉史料选译

孙瑞芹译，共 3 卷，商务印书馆 1960 年版。

癸卯新民丛报汇编

这是康梁维新失败后及其弟子创办的报纸，鼓吹保皇、抵制革命。癸卯是光绪二十九年（1903 年）。那时俄军正在中国东北地区大搞海关"俄罗斯化"，对于俄国夺取东北海关权力的活动，常有报道。

中外旧约章汇编

王铁崖编，共 3 册，三联书店 1957 年、1959 年、1962 年版，1982 年第二次印刷。中国近代的海关是根据不平等条约而设立的。它的关税征收是依据条约的规定，它是列强监督清政府执行条约规定的机构。所以海关和条约是分不开的。本书所载条约比较完整；但有个别条约似有问题。

中外条约汇编

黄月波、于能模、鲍厘人编，商务印书馆 1936 年第三版，比较准确，但当时废止的约章不载。

中国近代航运史资料第 1 辑 (1890—1895)

聂宝璋编，上海人民出版社 1983 年出版。

李文忠公全书

影印本，商务印书馆 1905—1908 年印。李鸿章和总税务司赫德有时互相利用，有时互相攻击。本书中收入这方面的资料不少。

张文襄公全集

张之洞撰，民国十七年刊。张之洞一贯反对总税务司赫德把持中国海关，对于赫德的业余外交活动多有揭露。本书收入这方面的资料不少。

清末民初政情内幕

《泰晤士报》驻北京记者莫理循的书信集，澳大利亚骆惠敏编，陈泽宪等译，分上下两卷，知识出版社 1986 年出版。莫理循重视中国海关，是英国在华上层人士反对赫德统治海关的为首人物。他和税务司贺璧理有密切关系。书中刊载许多关于海关问题的往来书信，是清末重要的海关资料。

Hart and the Chinese Customs

本书为魏尔特的巨著，全书 949 页，北爱尔兰贝尔巴斯特王后大学出版。本书搜集了大量的赫德书信、海关文件和有关国家外交部的档案，内容丰富，可以作为一部中国近代海关史阅读。魏尔特，原名 Stanley F. Wright，《海关题名录》是译名。《中国关税沿革史》音译为"莱特"，误。

"These From the Land of Sinim," Eassays on the China Question

汉译名为《这些从秦国来——中国论文集》。这是总税务司赫德于 1900 年从使馆围困中脱身直到 12 月撰写的 5 篇论文组成的。邝兆江译。全文刊载于《大陆杂志》第 70 卷第 3 期。它是提供各国公使处理义和团事件的建议。这是一个老中国通对于近代中国社会的系列看法，值得一读。

中国关税沿革史

英国魏尔特著，姚曾廙译，三联书店 1958 年出版。本书搜集了大量英国外交部、国会的档案资料。为了论述海关关税问题，对于新关的起源、活动也多涉及。本书和 Hart and Chinese Customs 有重复处。

中华帝国对外关系史

美国税务司马士著，共 3 卷。张汇文、姚曾廙、杨志信、马伯煌、伍丹戈合译，三联书店 1957 年、1958 年，商务印书馆 1960 年出版。本书部分论述了海关问题，并在注释中刊载了许多赫德的书信。著者是总税务司赫德的亲信，参与过赫德许多机密活动。20 世纪初年，他是赫德管理中国海关行政的主要助手之一。本书搜集了大量的海关资料。总税务司的几个重要文件，分载于第 2、3 卷附录中。

Jack J. Gerson: Horatio Nelson Lay and Sino-British Relations 1854—1864

加拿大葛松著，哈佛大学东亚研究中心 1972 年出版。中国海关史研究中心翻译、邝兆江校。译本作为"中国海关史研究中心译著之二"于 1991 年由厦门大学出版社出版。译名为《李泰国与中英关系》。本书搜集了英国外交部、海军部、高等法院、怡和洋行和伦敦布道会的档案。附件有额尔金、卜鲁斯、威妥玛、李泰国和赫德等有关往来书信及日记，甚为珍贵。本书以大量资料论证了中国海关沦为英国对华关系基石的过程。

中国近代海关税收和分配统计

汤象龙编著，中华书局 1990 年出版。本书主要取材于清代档案中各海关监督从 1861 至 1910 年 50 年中的报销册（四栏清册），共 6,000 件，这是采用统计方法把档案中一些定期的、系统的、计量的报告和报销册进行摘录，制成统计表格，然后把海关监督每年每季的报销册中的旧管、新收、开除、实在四项数字编成系统的统计资料。本书共有统计表 118 个。这是研究中国海关关税问题的珍贵资料。

中国近代外债史统计资料（1853—1927）

徐义生编，中华书局 1962 年出版。

赫德与近代中西关系

汪敬虞著，人民出版社 1987 年出版。著者以大量中、西文资料，从总税务司赫德和近代中西关系方面揭露中国海关的帝国主义本质。书后附有"赫德年表"。

中国近代海关税则史

叶松年著，上海三联书店 1991 年出版。这是我国第一部海关税则史。本书对于历次海关税则及其修订作了比较，对于历次海关税则的特点，有明确的表述。

海关通志

黄序鹓著，上下卷，商务印书馆 1915 年出版。

中国关税制度论

日本高柳松一郎著，李达译，商务印书馆 1927 年出版。

中国海关制度沿革

杨德森编，商务印书馆 1925 年出版。

美国人在东亚

美国泰勒·丹涅特著，姚曾廙译，商务印书馆 1959 年出版。

中国通与英国外交部

英国伯尔考维茨著，江载华译，商务印书馆 1959 年出版。本书引用了大量英国档案资料，详论 19 世纪后半期英国对华政策的变化。

二 通商各口募用外国人帮办税务章程

总理衙门咨。同治三年七月十二日，据总税务司赫德呈报：查通商各口，除琼州外，现有口岸十四处，均设有税务司，会同各关监督办理税务。惟税司之下，有帮办人等在公事房办理事件，又扦子手在船验货及稽查偷漏等事。目下统计各关帮办者有八十余人，扦子手亦有三百名之多。若不定立章程，俾知遵守，无以昭划一而示劝惩。兹拟章程二十六条，呈请酌核等因，前来。本衙门查各关事务纷繁，帮办及扦手人等，为数亦复不少，必须另立章程，庶各关税务司办理不致参差，而该帮办、扦手人等，亦得有所遵循。该税务司所请不为无见。其所定章程二十六条，经本衙门详加酌核，删改增添，共成二十七条，札知该总税务司遵办。第十九条内载：若无总税务司及本关监督文书，不准雇用洋商船只作为巡船一节，查此系为预防各关所用外国人任便为中国雇觅洋船起见，总税务司及各关监督行文税务司雇备巡船，其雇价由税务司于该关议定经费项下支发；如未经总税务司及监督行文，税务司擅行雇备，应不准其开销。至该关监督如有自用巡船之处，船由该监督自行雇备，即由监督调遣，所需经费，亦由该关自行筹办，不得动用各关税务司经费之款。除札知赫总税务司照办外，相应将本衙门改定章程二十七条，抄录一纸，咨行查照；并将此项章程照录通行各关监督，一体遵照办理。同治三年七月，咨各省。

总税务司凡有应申陈本衙门事件及更换各口税务司，务即随时申报本衙门查核，仍一面分别申陈南北洋通商大臣，并知会各关监督。

总税务司系总理衙门所派。至各口税务司及各项办公外国人等，中国不能知其好歹，如有不妥，惟该总税务司是问。

各关所有外国人帮办税务事宜，均由总税务司募请调派，其薪水如何增减，其调往各口以及应行撤退，均由总税务司作主。若各关税务司及各项帮办人内，如有办理不妥之人，即应由该关监督一面详报通商大臣及总理衙门，一面行文总税务司查办。

各关虽系征收洋商之税，然其事实中国之公事，所用之人，虽非中国人，其所办系中国之事，其薪水亦中国所发，应较中国人格外尽心办公；其遇中国官民有交涉事件，尤须格外以礼相待，彼此不可猜疑傲慢。

　　各关所用之人，以各人分内应办之事为第一紧要，务当尽心尽力；至泰西所有各项新法，大有便益于日用常行为中国所未有者，若与地方官民相处浃洽，议论试行，虽属同仁之义，然究为余事，总以分内应办之事为主，不可因此而误公，彼此均不可勉强以必行。

　　各口税务司系总税务司所派委之员，倘手下之人有懈怠误公者，惟该税务司是问。各该税务司于各口收税章程、各国通商条约并外国商情，本应熟悉；且于中国情形较各项洋人尤为透彻，办理税务一切事宜，务求妥协。若有任性偏执，或与监督会商并不悉心陈说，以致误会，办事乖谬，进退两难，是该税务司才不胜任之据，定即撤退。

　　各口税务司如才不胜任及办事错误者，亦为〔惟〕总税务司是问。至通商各口办理收税事宜，如有不妥，均系各关监督之责任。是以凡有公事，自应归监督作主，如此，则税务司所办之事，即监督手下之事。惟税务司系总税务司所派之人，非监督属员可比；然不得因非其所属，遇事招摇揽权，有碍公事，以致监督难专其责。

　　各口税务司于各国所派领事官，常有交涉事件；若领事官非作买卖，税务司与之交好，自于公事有益，惟当论事办事之间，愈当以凡事均系监督责成，不可稍存侵权见好之心，致罹咎谴。

　　各口税务司人等，逐月在关与商民交涉，均应设法重税课，顺商情。查各口章程分两项，一系禁止作弊以重税课，一系将税务司各事晓谕各商，以顺商情。是以各税司，除严行防堵走私偷漏外，应每日在关察看所用之人，是否尽心办公，随时体恤各商，有无刁难之处；且买卖税课之本，若令人为难，不顺其情，不免与税（课）有碍，应由各该税务司，细心斟酌地方情形，多便贸易，以期多收税饷，但不可与章程、条约相背。

　　各口税务司手下之人有日后可胜司税之任，应由现任税务司为之表率，令其妥悉税务，并留心学习汉文、汉语，以期日后可用。

　　各口派税务司系专为帮办税务起见，其税务外地方各事，与之无涉，本不应干预；惟税务司与地方官民相处熟悉，遇有外国人与地方交涉之事，从中调处，两受其益，原不在禁止之例（列）；然须将所处理之事及往来信件，均宜报知总税务司；若处置乖方，以致别生事端，总税务司不能代任其咎，亦必将其惩儆。

　　各口税务司本口界外，概不准管理别口税务，及干预别口地方公事。兹将各口税务司应管界址，注明于后，以便遵守。

自香港至海南，其中沿海归粤海关税务司稽查。自香至潮州北之海岛名拉马磕斯，归潮州关税务司稽查。自拉马磕斯至泉州府之海湾，归厦门关税务司稽查。自泉州府海湾至北关海湾，归闽海关税务司稽查。自北关海湾至乍浦，归浙海关税务司稽查。自乍浦沿海至黄河老口以及沿江至狼山，归江海关税务司稽查。自黄河老口至大清河，归东海关税务司稽查。自大清河至山海关，归天津关税务司稽查。自山海关至大连湾，归牛庄关税务司稽查。长江自狼山至江宁，归镇江关税务司稽查。自江宁至武穴，归九江关税务司稽查。自武穴至岳州，归江汉关税务司稽查。台湾西北沿海各处，归淡水关税务司稽查。台湾西南各处，归台湾关税务司稽查。

各口税务司内有代理人员，与署理无异；代理、署理人员，均与实任无异，其往来文书，均用平移，不得自为高下。

各口税务司若无总税务司明文准行，不得出驻扎之府界，擅离职守。如有紧要事件，必须亲往，应一面具文申报总税务司，并先行知会该关监督。其关上公事，应交妥人接手照料，不得有误。其所管沿海各处，有随时稽查之事，准其派本关人往查。

各关所有总办、帮办、通事、扦子手、头目四项人等应领薪水，不得由该关税务司增减，亦不得任意撤退；若内有不妥之人，即准暂停薪水，不令赴关办事，一面申报总税务司示遵。如此四项人内有自行辞退者，亦随时具报总税务司，以便另行选派。

通事之外，各关所用之中国人以及外国扦子手人等，如有不妥，即由该口税务司立刻撤退；如系书办，应知照监督；如系扦子手，应报明总税务司。

各关所用，如中国人每月领银在十两以上，外国人每月领银在六十两以上者，不得由该关税务司自行增添薪水。

各关之外国人，除扦子手外，若非税务司派来之人，概不准在关上干预公事。

若无总税务司及本关监督文书，不准雇用洋商船只作为巡船。

若有在关上阻挠公事、生端扰害之人，如系中国人即请由监督惩办；如系外国人，应请监督行文该国领事官查办；若领事不肯秉公办理，即将情由申报总税务司，并请监督及总税务司申报总理衙门，各口税务司均不得擅自究断。

每口税务司，每逢结底，将结内收、支、罚三项各款，照前式摺报及遇事随时具报外，每于月底须将该口买卖收税各情形简明报知，均须端楷，尽写汉文，报摺不得挖补。

遇有别口发来单照内有错误，或探闻别处界内有偷漏情弊，应行文该口税务司查照，该口税务司即行查办，并一面知照该关监督。

各口收税，除载在条约者无可更改外，其日行详细章程，亦应永远遵办；如其中实有因时制宜必须随时更改者，务当先期申请酌核，不得擅自更改。

税务司、总办、帮办、扦子手头目，俟过五年后，准告一年之假，领一半薪俸。回国休息，须先三个月请假，以便择人更换；通事每三年准告假三个月，领全薪俸，均由议定各关税务司经费项下交给。

各口税务司、总办、帮办、扦子手头目四项，若有不妥，由总税务司一人作主撤退，或前期三个月谕知起身，回国时，即不另发银两。若立时撤退者，发给三个月俸银，饬令起身。若经历五年，自行因病回国并非因事撤退者，给予半年薪俸，历经十年者，赏给一年；二十年者，赏给二年，亦均由议定各关税务司经费项下支给。其各关税务司如有更动，总税务司随时知照该关监督。

凡税务司与该口监督来往日行事件，除寻常事件毋庸抄录外，如有紧要之事，抄报总税务司查核；若与地方官有不得已行文者，无论是否有关税务，均须抄录具报；倘有应行申呈总理衙门事件，必须开具节略，盖印画押，呈送总税务司转呈。

总税务司所请在各关公事房内办事之外国人，分为六等：税务司，总办，头等帮办，二等帮办，三等帮办，四等帮办。内如有告假回国，派以次之人代办，准支本身薪俸一半，署缺薪俸一半，亦均由议定各关税务司经费项下支给。

以上共章程二十七款，各口税司务须一一遵守；如有违背者，立即撤退。

录自黄序鹓《海关通志》。杨德森《中国海关制度沿革》亦有刊载。

三 总税务司通札 1864 年第 8 号

(1864 年 6 月 21 日)

在已往三年当中所发生而引起我注意的各种事项，诱使我想到，胪列各论点送达各位税务司，其结果可能对大家有不少的功用。这些论点是属于一种性质，估计它们对于各位税务司在尽他们的职时奉作南针的，有些原则，可以导致更为正确的概念，并且它们可以提示几种观点，这些观点是总税务司作为中国政府的负责代理人不得不依从着而去注意各位税务司的行动的，特别是当那种行动不拘在外国人或中国人方面招来议论的批评或者引起不赞同的表示的时候。以此为目的，并且要宣布本海关的某些规章，特发此通札送交各口岸负责海关的诸位先生，请他们特别注意其内容。

首先要清清楚楚而且经常记在心里的就是，税务司署是一个中国的而不是外国的服务机关。既然如此，它的每一个职员的本分就是要在避免引起冒犯恶感的条件下去对待中国的官民。不问侨居在这个国家里的其他外国人可能自觉有权做些什么事（不拘是由于他们的地位，或者由于想象中胜过华人的优越感，或因任凭偏见的驱使，对于那些和他们本国不同的习俗笼统地加以藐视，借以显示出他们的文明高人一等），所期望于身受俸禄而是中国政府的臣仆的那些人们的，就是他们至少要这样去行事：要既不触犯他人的痒处，也不引起嫉忌、猜疑和憎恨。所以海关里的外国职员在应付本地官员以及和本地人民交往方面最好应该记住他们是那些官员的兄弟辈，而且在相当范围内由于他们已经在某种意义下变成了那些人民的同国人，他们已经承受了某些义务和责任：抱有这种观念的人将要趋向于以礼貌对待那些官员，而以友谊对待那些人民；礼貌将使公务处理得顺利，从一种正直的友情出发的行为，将逐渐摈除一般地在许多地方对着外国人表示的不少憎恨。

虽然在一方面任何人应该记住并且依照前节里的暗示去行事。但是，自然并不期望他忘却他是那个进步性的，几乎在每一方面都和这一个国家的文明不同文明的代表人；既然如此，就也不期望他遏制住那个天然要引导他去企图使中国人对那个文明发生兴趣的意向，以及要引导他去提倡根据西方国家的经验已经显示出会产生一般有利结果的那些设备的意向。但是这一论点所包括的行动必须是属于次要的一种：每一个人应当记得的第一件事就是，他是中国政府之下支取薪金去做指定工作的人，所以把那项工作做好应该是他的主要任务；随着进步的潮流而向前推进的那些计划与行动必须属于那项工作之下，要使他们有利而又成功，也必须用理智为先导。这就是要耐心守候机会，要能够作出建议而不自命不凡，要竭力去说服而不去强迫命令，并且要能够在不因暴露缺点而引起刺激的条件下，提出补救方法。

有充分明显的理由可以无须再将那种应该作为行动南针的广泛原则的应用加以详论或说明。如果适当地受到重视的话，它将在个人在中国的公务和私生活方面的最细小的一举一动当中发挥其影响。每一个税务司有特别的事务要去做，有特别的责任要去尽，看他在所派在的口岸里的地位如何。他需要审察他与总税务司、海关监督、领事、商人大众以及海关一般人员之间的公务关系。对他们不了解将使他处理和他们有联系的事务时易于发生错误。他是总税务司的代表人（应当记得，总税务司是海关中惟一由中国政府委托负责者），奉派去管理那些协助中国海关监督去征收关税和办理海关事务的外国职员的；在地位上，他是海关监督下面的行政首领，并且，虽然不一定如此，但由于情分关系，他在一切有关所在口岸的对外贸易事项中是海关监督的顾问。作为行政首领，他的职务虽然重要，却很简单，并且是一个具有常识的人几乎不可能不会把他们做得满意而有效的。因为他有口岸章程作为指导，这些章程对于差不多每一件寻常可能发生的事情都提供了办法。再则他还可借助于办事规程，有了这些规程，事务的处理应该正确得如同机械一样了。作为海关监督的顾问，他的地位就变成一个不同而且较为困难的地位；他的专长——或者说，至少人们以为是——他具有关于外国人同中国进行贸易所遵照的那些章程方面的一种正确的知识，而且认为当然的一件事就是，具有这种知识就应该连带地熟悉那些外国人的习惯、意愿、思想情况，以及他们对于事情的看法，并且要比别的外国人更加熟悉中国人的性格、情况和权利。所以税务司可能被海关监督认为是比他自己更具有资格去对发生的各个问题发表一种正确的意见，而且尽管他可能频频在事后不赞助税务司的行动，他将很少在事前不采纳他的意见而推崇他的看法的。海关监督咨询税务司的意见，也是一件正当而且自然的事，因为他可以认为税务司完全明了中国人与外国人之间的相互义务、权利和行动方法，致使他能够成为一位可靠的顾问；并且从另一方面来看，如果海关监督是新上任的一位，他的不熟悉情况与税务司应该熟悉情况恰好成一对比。税务司应该充当海关监督的顾问，也是他居于总税务司的代表人的地位的自然结果，并且在有些方面是他作为海关监督下面的行政首领的权利；不过每次咨询或意见的采纳，仅是海关监督的情分关系罢了。这类论点自然将要引导总税务司去期望每一处海关的行政部门，彻底地熟悉它的职务，彻底地在各方面发挥其效能，并且他将盼望税务司注意到这事；再者（并且这也是自然的），总税务司期望向海关监督提供的意见是健全而正确的；如果发现海关监督采纳了那个意见之后竟处于一种失策、失当，尤其是一种不堪维持的地位的话，那么，没有一件事要比这件事会引起更大的惊讶了。关于这最后的一点，应当特别指出的是，一位税务司所采取的任何行动或提供的任何意见，只要产生使一位海关监督处于虚妄或不堪维持的地位的效果，将被认为是证据，证明那位税务司没有获得充分的经验，并且不熟悉他的职务当中的较重要事项（只有熟悉这些事项才能使他合理地占有他的位置）；因此，尽管觉得有必要去采取一种步骤是多么遗憾，然而总税务司顾及到中国政府、海关和商人大众的利益，却有责任去开革任何个人，只要他由于像上面说过的那种行动，证明不合做一处海关的首脑。每一位税务司的良好理智无疑地将要保全他不致在判断事项时犯那样的错误，并且阻止他不让本节所含有的警告，而产生那种诱使他由于害怕负责而无所事事的结果。

虽然在奉派在海关供职的各种各样的外国人的办事效率和可靠方面，以及在负责行政的洋员的一般工作方面，对中国政府负责的是总税务司；但是就事实而言，在适当处理每一个口岸的海关职务方面正式负责的却是那一个口岸的海关监督。所以税务司的职位必须是次于海关监督，而且虽然在人的关系上他不同于海关监督的下属（适当的称呼是这样），他却不宜于在不必要的情况下事事向前，而且在不拘是外国人或中国人的眼中看来，除掉合乎由他负责的事情以外，还寻求或承担许多责任；如果税务司擅自僭用海关监督的腔调，这也是不审慎而且可能带来恶果。因为从一方面看来，像这样的一种作风不见得不激怒海关监督本人；从另一方面去看，这种作风是存心引导公众误解税务司职分的性质而要求他做一些服务。这些服务如果是做得了的话，除掉越权以外，还使他处于为将来打算是更加虚妄和困难的地位；但是如果拒绝去做的话，不独引起人家，和在相当范围内使人家有理由去责备他出尔反尔、徇私和对抗，而且也逐渐削弱和玷辱他的真正地位。税务司们越是守在幕后，在他们必须做的职务方面情势就越优，并且招致恶感的机会就越少。

税务司在口岸所居的地位自然会使他多少和各位领事发生接触，所以为了使困难问题得到迅速处置，以及为了事务的处理，同他们（尤其是同不经营商业的那些领事）的友谊应该带有亲密的性质，并且始终要保持友好关系。由税务司对这样的领事官员无论所作的是什么公务、书信或谈话当中，较为宜的就是要把海关监督正式负责这个事实记在心里，并且要戒免采取一种腔调，致使领事们视海关监督为傀儡或待他如傀儡一样，或者竟诱导他们把海关监督的责任转移到税务司身上来。尽管最终的决定最好是由税务司提供意见的决定，必不可忘记的是，在采取行动以前，提供的意见必须由当地海关的负责首领——海关监督——加以接受，根据这样的意见而达成的决定，就职权来说，就是海关监督的决定了；所以应当留心，要戒免以任何方式抵触到海关监督在保持他自己的地位尊严方面所抱有的成见，以及由此而发生的责任；因此，如果准许人们说什么决定之权就操在税务司的手中，那就会是这样的一种抵触。审慎地抑低自己，无论如何不会减损一个人受到别人尊敬的程度或他的真正势力；反过来说，过分地自以为是，尤其是我们看到的责任实在属于别人而擅作主张的一种，将要摧毁势力的根基，其终局必然使个人受到嘲笑。

税务司和海关职员日常接触到商人大众。据说大多数商人对于税务司制度怀有根深蒂固的憎恨；他们当中有许多人并不企图隐瞒这种憎恨；而且只要规章的实行对他们不利，或者甚至当规章稽延实行，这对海关工作的处理虽属必要，但在他们看起来似乎是讨厌而又不必需的时候，他们大家就一齐叫嚷起来了。这样的一种情绪竟然会存在，是应当引为憾事的；但是可以庆贺的就是这种敌意的严重性在有些口岸里却有渐渐消失的征象。说到的那种情绪是起源于几年前商人们一般享有的对于海关办的事可以不必理睬的那项权利，坦白地说，那种情绪一直存在着，并且在有些当儿，由于海关人员不可避免地在办事方面缺乏效率，以及那情绪本身所引起的海关方面的人们的对抗，它倒差不多被认为是合理的了。责备海关对商人的利益不加留意，从有些方面消极地说，并不是一项毫无根据的责备。但是我们不是他人喜爱和憎恨的主宰，所以不管我们的意愿怎样，我们对于商人们的情绪难以左右分毫。假使税务司制度更为得人心的话，那对大家自然是愉快的事。但是我们很难希望它自始至终有深得人心的时候，因为征税这件事在每一个地区和每一个时代总是招来反对和敌视的。然而我们有积极的任务要做，我们顺利地达成那些任务和我们因为要达成它们而使人家讨厌比较起来是一样容易。和商人们对抗不是一位税务司或他的办事人员在办理海关事务中应当奉行的原则。税收的宝箱很快地注满时就是商务发达的时候，而且要使商务发达，就应该在它的一切运用方面尽量予以便利而尽可能少地加以限制；另一方面，税务司制度本身的利益，不但要求工作做得有效率，而且要顺利，要海关工作进行顺利而有效率，必要的就是规则和章程应该是属于最不累赘而又最可理解的一种，——海关里的每一个人员应该彻底地熟悉他自己部门的工作——商人们应该知悉向何人以及用何种方式去申请办理他们的业务。尤其重要的，惟一的情绪的流露应该是像可能从乐于帮助别人的意愿中表现出来的那一种（帮助的意愿越是属于相互报答的，越妙）。一位公务人员感觉到了最使人不快的职务，是用最不使人不快的方式去做的这一事实，将是给他一种十足报酬；究竟帮助别人的企图是否受到别人的感激，这倒对他没有什么关系。从这样的一个观点出发，将要看出，以实际结果为目标，去好生研究所在各口岸的情况和要求，是负责各处海关的诸位先生的职责；在适当地顾到保护税收的条件下，商人们的利益应该是他们主要加以留心之事；他们应该注意，不去把无用的规章付诸实施，属于一种不必要的让人厌烦性质的规章要加以修改；他们应当通过经常亲自监督，去使自己确实知悉他们各关里的人员彻底明了各人的职责，小心地把它们做好，并且表现得愿做事，肯帮忙；作为公务人员，他们就不得不在处理自己职责所在的公务中帮助公众，并且他们的目的应当是在实际方面表现出，不独在现状下为了处理事务而作的安排是最适当的安排，而且这个现状，就其附带的利益和优点而言，是优于或者可能变为优于任何其他状况。无论那位税务司都无须惧怕他为了便利事务的进行和连带地顾到贸易及商业的真正利益而作出的努力，将要被总税务司指为奉承商人；高尚地保持自己地位的尊严和适当而小心地顾到他人的，即使是最微细，却是正当而合理的利益，并不是两不相容的。所以商人大众应当受到鼓励，从他们那一边和他们的观点，提出一些关于办理事务的建议，这些建议在他们看来似乎可能逐步使工作变得容易些。诚然，他们用来指出现有缺点的措词越是有力，就越可理解。人类的制度罕有完善的，但是我们的制度不受那种妨碍别的部门的行动的官僚习气所束缚。所以我们有责任，并且也应该乐于使我们的制度臻于完善。一步一步地接近完善，不管人们知情与否。就其本质而言，作为既得的成绩，将足够酬报任何可能尝到的辛苦。总税务司的看法和愿望既如上述，有信心地期望于税务司们的就是他们将要奉为南针，并且高兴合作以推行一种政策，这种政策结果将被发现为最足以减轻海关的工作而使各部门首长的任务易于达成。

为了使海关服务具有更大的效能，税务司们应该凭他们的劝告和榜样努力去感动他们的下属对工作发生兴趣并且培养一种团体精神，足使低级职员获得升做高级职员所具备的知识和资格，并且使海关的各首长们对海关人员的能力抱有信心。只要是能够做到的人，大家对于汉文的学习应该稍加注意；汉文的学习将要被发现并不是就其本质来说完全没有兴趣的事，并且虽然从一方面说来，获得汉文的知识可以在以后被证明为有利于个人，一如其有用于海关那样；但从另一方面来说，汉文的学习，无论如何，将使我们对于所效劳的那个政府和我们休戚与共的那些人民获得相当的认识，并且发生相当的兴趣。总税务司的目的是要使海关具有效率：税务司和他们的属员们去设法使它受到人家的尊敬吧。

税务司们应当达成的专门任务是从他们同中国海关的关系和他们在中国海关里的地位发生出来的。作为税务司而去充分而有效地达成他们本身的任务，将不会留给他们什么时间来从事于任何别种工作，并且一般说来，从事于任何别的工作，其结果则对于他们本来的任务注意不够，这的确是太可能的事。所以总税务司以为应该尽量防止参与海关以外事务的那些人的行动。但是因为税务司们由于和中国官员的较为亲密的关系，一般地或许能够比别人更加容易地影响那些官员。要发布一项绝对的禁令，禁止越出海关范围去干预事务，这可能是不明智的。因为税务司的友好劝告，如果是健全的话或许在许多事例中产生好的结果；但如不健全，则可能招来不幸的牵涉。然而总税务司却愿意大家明确知悉，虽然这类的事情必须由他让税务司们个别地依从爱好去自由处理，可是他将不分担这类行动的责任；并且无端的或者不审慎的干预，将要被视为提供了证据，证明这人不合留在像税务司那样的可以信托的位置之上。再者，不拘何时，当一位税务司逾越，或者意欲逾越他本来职务的范围时，如果他将所采取或者意欲采取的行动忽略不报，那将被视为大堪斥责之事。涉及无关于海关的事项，与当地或其他官员有书信来往，必须抄录副本送呈总税务司备阅。

虽然干预所在口岸的海关以外的事务的问题要看当时的需要，由税务司自由权衡作出决定，但是必须明确知悉的就是，总税务司将绝对不准许任何一位税务司对于别的口岸内或者超出他主持的海关负责监督的区域范围以外的，不拘属于海关方面或其他任何种类的事项进行干预。为使各税务司充分知晓每一位获得授权去行动的范围（越过这范围，行动就得停止），总税务司在此处附抄作为各口岸和各关卡的界限的那些地方的名称……

关于侨居当地的外商人数，征收关税的数额和其他方面，各口岸互有差异；并且有些口岸由税务司管辖，别的口岸只有代理税务司，甚至只有助理税务司，而且各级支取薪金也不同，总税务司并不是不知晓这个事实。但是大家应当明确知悉，不管名义怎样，薪金怎样，凡遴选去管理各口岸的那些员司被总税务司视作（就现时而言）具有完全同等地位，并且除掉另有特别训令作相反的指示外，一位助理税务司既然由总税务司授权依照他的职位去行事，就有充分的权利对负责别的口岸的员司，在完全平等的条件下作书信来往……

设有任何海关职员，不拘是本国人或是外国人，受到任何侮辱，或任何虐待，税务司职责所在，应即向海关监督建议惩处犯罪者，如果他是中国人的话；但若是一位外国人，应即备一份正式控诉书送交有关领事，要求对控案作一次正式而且公开的调查。设若该领事拒绝进行调查，或该领事在本案中有偏袒嫌疑，致使本海关遭受损害，税务司职责所在，应即向总税务司呈报案情，将一切文件副本寄达，并建议海关监督向总理衙门作类似之呈报。税务司必不可借命令一艘船只停航，禁止人员进入海关，或任何其他类似之行为，用强力实行报复。

税务司办公处所雇用的各洋员们是否行为端正，诚信无欺，办事富有效率，是由总税务司对中国政府负其责任的；设若总税务司的服务或他推荐录用的那些人们的服务为中国政府所不满，他可以立即被革职。税务司、帮办或关员，以及一般洋员，在中国政府需要他们服务的条件下保持他们的位置，只要他们的一般行为和办事方式，能够使中国政府的负责代理人总税务司满意。总税务司是惟一有权将人员予以录用或革职，升级或降级，或从一地调往他地者。一位总税务司或正式助理员，如由总税务司认为宜于或需要免去职务的话，应在三个月前收到通知；设若未行通知，则应得三个月的薪给。但持有委任状，载明免职时另有不同之规定者不在此限……

根据以上所述，各位税务司可以明了，总税务司所抱的目的不过是使海关备具规模，办事有效和一切正规化，以及防止误会和错误；所以同样明显的就是，高兴而忠诚地推行所指示各点，并配合各项建议的精神去行动起来，将是为了总税务司的利益，也是为了各位的利益。

《总税务司通札》（第 1 辑 1861—1875），第 54—60 页。此据《中华帝国对外关系史》第 3 卷附录（4）译文。

四　会讯船货入官章程

同治七年闰四月初十日

凡各口有干涉税务案件，领事官应先与税务司彼此关照，或面见会议，或移文往来；定案时仍照后开数条办理。

凡有洋商或船或货，各在通商海口被关属吏扣留，立宜禀明监督。监督听禀以为罚办合宜，即委税务司函致该商所犯何法，是以扣留。限自接函之时以五日为期，准商禀报领事官知悉；倘至第六日午刻，领事官尚未来文咨请公同查核，该船该货即可入官。该商接函后，于期内仍见自无犯法，任便先向税务司陈明，转报监督。监督若以该商之言为是，即行释放船货；设该商不愿赴关具禀，抑或先禀监督，不以为然，均准禀知领事官据其所禀，转咨监督，请其定期公同查办。

凡监督接到领事官来文，照复定期何日到关当堂晤会，领事官谕饬该商是日统带见证各人等赴关。是时领事官亲身来关上堂，监督请其同坐，该税务司亦当在坐，相帮监督。监督先令海关原拏船货人役，将如何扣留情节禀明监督，监督按照情节随时诘问。凡如该商尚有辩驳情节，准其当堂禀明领事官，领事官即代为逐一诘问，以期得实，而杜偏累。设若监督、领事官欲不亲赴海关，亦可遣员代往，所有办法，一律相同。

询问之间，所有关役、商、证人等口供，随时抄录，监督、领事各为划押盖印时，令全案人退去。监督面告领事官可否如何办理。或该船货领事以为应放，而监督不以为然，又准该商任意上控，具禀领事官，行知监督，均即各将案情抄录盖印，申请总理衙门与驻京大臣查核定夺。倘监督不肯释放船货，领事官以为然，该商不准上控，禀请转详。再，该船货或经海关当堂询明，或经两国总理衙门、驻京大宪核定，应行释放，均不能以原被扣留请索赔偿。

案情既各详大宪定断，准该商按估价出具日后情愿遵断缴案切结，由领事官盖印，交存该关，即由监督将该船货先行发还，俟大宪断定后，或罚银多少，或全数入官，再行饬商遵照。倘该商不肯具结，即将船货扣留，无论大宪定准谁是谁非，不准该商禀请赔补。

凡各口指谓商人犯章，其所犯之条，并非船货入官，系按约按章应罚银两者，税务司一面知照监督，一面遣人在领事官署内立案，由领事官定期讯断。定期后，应先知照税司，届期传集人证，或税司本人，或委员，即在坐指证。如讯明该商实有应罚之处，如条约章程内载有银两之数目，即由领事官按其数断令交出，或可从宽办理，则其权属在该关，即由监督会同税司自定可也。倘查明该商实无应罚之处，税司亦无异言，如有船货因此案留滞者，可一同开放，仍将案情知照监督，不得耽延时日，致该商稍有费用。该商不得索赔延搁贸易银两，亦不得索赔一切水脚费用等项。若税司与领事官意见不合，即行知会监督，一面抄录全案，各详总理衙门、驻京大宪查核。当尚未定案之时，货主亦应一律将拟罚银数，出具日后情愿遵断缴案切结，送交领事官，由领事官行文知照监督，始准该商船货先行开放。

如有监督、领事官不能自定应缴、应免之事，均须援照本章程第五款所载，亦令该商出具日后愿遵断缴案切结，由领事官盖印，送交监督存案，即由监督先将该商货物暂时免税放行，一面将此案情形各详总理衙门、驻京大宪。倘日后断定实系应纳若干税项之物，该领事官即饬该商赴关按数完税销结。

凡有洋商或船或货应入官者，或船货均应入官者，监督与领事官意见未合，案情既各详总理衙门、驻京大宪核断，当尚未定案之时，该商应援照本章程第五款，估价具结，由领事官盖印交存监督。惟所估数目恐多寡不符，即按该商自称定价为准，由该关酌核情形，亦可按价收买，如数呈缴销结。若断定船货实应释放，该关即将原结送还领事官发商完案。所有收买原银，即作为船货卖价，该商不得再持收买原银赴关收赎，以昭核实。

《总税务司通札》（第 1 辑 1861—1875），第 158—161 页。

五　引水章程专条

第一款　各口分章宜定拟也。

凡各口应定之分章及定明引水之界限，并应用引水者若干名，其引水各费一切事宜，均应由理船厅准情酌理，约与各国领事官并通商总局妥为拟定。

引水界限　各口应将本口界限自行注明。

口外引费　各口应将本口引费自行注明。

第二款　引水者宜宽其招募也。

凡华民及有条约各国之民有欲充引水者，均准其一体充当。惟遇有缺出，即应由考选局按照现定之章程并本口之分章拣选充补。

第三款　各口宜立有考选局也。

凡通商口岸每年应由理船厅约同各领事官并通商局，将其可作考选之姓名预为录示，以资帮办考选之事。俟有引水缺出，即由理船厅于所录之人中签掣二人，督同引水董事办理考选之事。

第四款　考选引水之人宜慎也。

凡有缺出，应由理船厅榜示招募引水，以八日后考选局会齐考试。

备考者其中倘有曾充引水因事故而斥革者，或未充引水而无本国官结者，此二项人均不准滥膺赴考。

凡备试者勿庸纳有规费等项。考选局应合众秉公考试,于众人中择其最优者以为入选。然在备试中虽为最优,使其于引水之事仍非有实在本领,亦宁缺而毋用,以免贻误。

备考者其国领事或本人或派员,均可在局从旁监同考试。

局内在事各人,同有事权。选中与否,从众为定。如领事、委员均不在局,其有各执己见者,则以理船厅为定评。

第五款　充引水者宜发给执据也。

凡考选局派充引水者,应赴税务司,由税司代地方官发给引水字据。请领字据者,如非华民,应令该引水赴本国之官处将字据呈验挂号。

每年夏季各引水人应赴关将所领字据呈验后,续行领回,并缴呈续领之费关平银十两。

凡领有引水字据者发给引水章程并该口专条一分收执;遇有索看者,即应并字据随时呈出。

第六款　引水学徒者宜有定制也。

凡已领字据之引水,应准其各带学徒一名,须先赴理船厅报明,并愿保其学徒之人请领学徒之专照,方准携带。

凡学徒领有考选局胜选凭照者,如遇外需情事,由理船厅于此项人内拣派数人,准其在当时特定之界限,暂行引水。

第七款　引水宜听制于理船厅也。

凡领有引水字据者,或系独作引船之事,或系公同作引船之事,均属可行;惟俱归理船厅管理,谕示一切,皆须一体遵守奉行。倘有违背者,或暂撤执据,或将执据撤销,皆由理船厅办理;惟仍准该引水限三日内赴领事官处禀诉撤据原委。

凡引水者若犯关章,或另有违犯,由领事官惩办;亦可由理船厅暂撤执据,或撤销执据。引水者仍可在三日内赴领事官处禀诉撤销执据之原委。

凡查出引船而无引水字据者,或系假借他人字据,应由理船厅知会其该国官照其本国例治罪。凡领有字据者而借与他人,由理船厅将其字据撤销办理外,亦应知会该国官照例治罪。

凡船主、艄工若私以无字据之人引水者,由该领事官罚银一百两。

第八款　引水船只宜有定章也。

凡引水之船，应由该引水将其船名、船式、大小及该船水手姓名，开具清单，一并呈报。由理船厅发给号照后，须将引水船字样第几号书明于船尾及篷上。其旗须挂四方之式，上半黄色，下半绿色。该船原有之本国牌照，或存于领事署内，或存税司处皆可。该引水果遵照各节，方准该船在本口及引水界限内任便往来，并免完纳船钞。倘税司、理船厅派人在其界限内往来，或号船及望楼运取应用物件，一有理船厅吩咐，其引水船即应任为使用。

引水船只每年应交出字据费银二十两。

凡引水遇有紧急引务乘坐未经挂号船只，准将引水旗号暂时悬挂；若平时未奉有理船厅特允，不得擅行常用此无字据之船只。

凡遇有未经挂号船艇，并无领据引水人在上，擅行悬挂引水旗号，应将船户或雇用此船之人，知会该管之官，照例查办。

凡引水船艇并无引水人在上，或也无学徒在上，此时不得悬挂引水旗号。

第九款　船只进口宜有分别也。

凡船将至泊船界限时，应由引水人分别饬挂号记。

如从通商口岸及香港、东洋等处前来者，应悬红白旗，即英寄信旗第三号。

如从外洋口岸前来者，应悬蓝白旗，即第二号。

如并未装载货物，应悬黄蓝旗，即第十号。

如载火药或别样引火之物，应悬三角红旗，即第五号。

第十款　口内停泊宜有定制也。

凡遇船只驶至停泊地界，应由口内引水前赴接领，按照理船厅所指之处，将船停泊。其或应行改泊及进出修厂、来去码头、并复行出口一切事宜，均应由口内之引水照料。

凡理船厅料理停泊事务，宜酌体艄工经纪之便。如有船不遵指定处所、擅自移泊他处，则可由税司将该船开舱起货、下货各准单，并出口红单暂停准发。俟其遵照改泊后，再为办理。

凡停泊之处，宜听理船厅指示；未经奉有特发准单，不得擅行移离。

凡口内引费由理船厅照后开之例代收：凡引至停泊之处及由停泊之处引至界外等事，轮船及轮船拖带之篷船，每尺缴费银　　，篷船每尺缴费银　　。凡引带进入修厂及修锚等事，轮船及轮船拖带之篷船，每尺缴费银　　，篷船每尺缴费银　　。凡更移停泊轮船及轮船拖带之篷船，每尺缴费银　　。篷船

每尺缴费银　　。凡引船来去码头轮船及轮船拖带之篷船，每尺缴费银　　。篷船每尺缴费银　　。其所空之银数，应各按各口情形自行拟订填写。

以上十款，仍系试办之章。若犹有未能妥协之处，亦可随时酌拟更订。

同治七年九月十五日

此据《总税务司通札》（第1辑1861—1875）第176—183页所载。王铁崖编《中外旧约章汇编》第1册第264—268页所载则为《各海口引水总章》，内容有些差异，当以《通札》所载较为准确。

六　光绪二十八年正月十三日赫德申呈外务部

为申呈事。现阅上海新闻纸内有两江、湖广总督致军机处外务部电稿云：据江汉关禀：该关署税司灵律飞拟于湖北之孝感县、河南之信阳州、遂阳县、许州等处添设邮局，已派洋员及供事前往，请为出示晓谕等情，实堪骇异！查各国视邮政之权甚重，为设大臣专管其事。前数年中国于通商各口先行试办，暂归赫德兼管，不过一时权宜之计，系由总署奏明奉旨允准，方能通行办理。然若不及早设法收回邮政，将与海关永为外人占踞。近以会同复奏变法折内有推广邮政一条，正拟于内地各处将驿站改为邮政，俟内地办理有头绪，即将通商各口一并收回，以免利权尽为外人所夺，官民交困。乃税司并未先行禀明钧处允准，亦不妥商外省，遂派洋员前往内地，不计官权民情有无妨碍，便欲设局，大属不合。赫德近日借赔款为词，揽办常关，并欲占夺各处关局，复饬税司推广邮政，径入内地，意欲将中国利权一网打尽，用心亦良险矣。若不及早限制防范，中国实尽是洋官管事，华官只如地保，华民只充奴隶而已。务急切饬赫德，海关只可在通商各口设邮政局，至内地各处，洋员现往来不便，且关地方权利，民间信局生计，必须详审；即欲推广，亦须由地方官自行举办，以免觊觎。除饬江汉关道驳复税司并饬地方官不得率行出示外，谨特电达，务祈切饬总税务司并速电复为祷等语。阅之虽不胜诧异，然其中实有不能不令人佩服之义。中国税课与邮政原系中国应自办之事，惟倘有非常之情形，必须有非常之办法，即无断不可用外人之理。即如俄国二三百年以来，极力延请各国人襄办各事，以补其所短，亦属有益无损、因时制宜之举。中国委用外人之故，略有不同。溯查咸丰四年，红头贼占据上海，地方官均已逃散，惟中外贸易仍系照常，彼时英、法、美三国领事官因不欲中国税课顿失，随会派委员三人代办江海关事务。次年贼退，该委员等即将所征之税全数交出。而江苏大宪因税收数目增钜，大异昔年，实有裕课便商之益，随定为仍照上海新法接办。此关税委用外人之起点，有何欲网利之情势？嗣因津约议定通商各口一律办理，亦系中国大宪之意，并非外人所强，咸丰九年总税务司在广州领事府翻译官任内，两广督宪劳崇光拟派照上海定式帮办粤海税务，当答以并非通晓税务之人，不如函询江海关税务司李泰国商议办法。旋由督宪将李泰国请至粤省商办，随派总税司为粤海关副税务司。是广东延用外人系由上海推及粤省，出自督宪之意，亦非外人所强。后于咸丰十一年李泰国因受伤回国，随由通商大臣江苏巡抚薛派署总税务司，及至京中，复由恭亲王特派总理税务。此后历开通商各口，将一切事权委归总税务司一人，均系由中国王大臣作主派办，无一事由外人强索，而总税务司请办各事，王大臣均有驳不准之权。直至光绪九年间，英国国家忽派总税务司充驻京大臣之任，彼时上意仍欲留办税务，亦系出自中国朝廷之意。旋于光绪二十一年间，因赔偿日本兵费，向他国借款，他国因中国新关夙为人所信服，随指关税为抵，不然即须以地方作押，是则数十年来新关之明效。迨复借洋款时，奉旨允准之合同内，有借款未经还清以前中国新关均照旧办理之语；并将七处厘金交总税务司代征。虽有此权，迄今未办，不过各派副税务司在旁稽查，欲得利权之人，岂肯如此裹足？嗣于去岁乱后议和，又出有无数之赔款，彼时意见多有欲自行据关征税者，惟因中国自立之新关尚在，章程办法犹昔，是以未经改议，并将各常关委交各税务司兼办，此又新关实能维持大局之明证。新关自始迄今将五十年，于征税外所办各项有益之事更不待言。只就以上所陈数节而论，即可知遇此非常之情形所必需者也。不但于国课贸易有益，而与百姓，毫无妨碍；且一遇国家急难之时，应留之主权即因此而不失。税务如此，邮政亦可详陈。

历开口岸，随设新关，总税务司驻京、于各关文函往来，不能不设一寄递之法，此则创设邮局之原委。适行之既久，不但新关寄送各件，而中国附近官商人等亦多喜其便益而投送托寄者日多。彼时因思中国已有驿站民局，然皆散漫无纪；若设有官局而统率之，则各项商民受益良多，数年之后，办理就绪，国家亦可多得一大宗进项，此则欲行推广之原委。当将其事拟具通行章程，蒙总署奏奉谕旨准行，此则总税务司凭办一切之权。章行数年，日渐推广，并无一民局闭歇之意，甚愿其赴官局挂号照旧生理，只须由税务司各择要地设立官局，以补驿站民局之缺而资联络，渐使民局皆成为邮政之分局，不但与各民局各款无碍，且信件日多，所得盈余银两，必足敷国家经费而有余，何能有官民交困之虑！

总税务司驻京如此总理邮政事务，各省之邮政合一，日后必可为国家之要政，俟其成功，或另设专署，或另设大臣，均无不可。惟现在亦遇有两项难处：一系地方官因知邮政可变为官事，自思举行，阻止推广之路；惟各处官员散办，不归一处专办，恐将来成效难期，不若于此事未成以前，不改奉旨准行之办法，仍照现在推广之情形办理；二系数年以来，各国在中国通商口岸各设信局，现有推至内地之举，此与中国邮政日行之事多所掣肘，并与中国日后应自办理之事，关系亦属非轻。因有此情，是以促令各税务司速行推至内地，以便捷足先登，不致他国借口，云中国未设邮政，均可代办。是总税务司推广邮政，不但系奉旨之事，亦关于非常之情形所迫而致也。地方官非特不应阻止，且应会同襄助。江汉关税务司先请地方官出示晓谕一节，即系欲其明悉甚愿会同之凭证。

总之，洋税、常税、邮政三项要事原应中国自行办理，两督宪电语，将此义发明甚属不诬，深可佩服。然此三事委派外人，实迫于非常之情形，且系奉旨允准之件，何得有抗违之举？虽委外人，仍系中国之公事，非外国之私事，亦系中国所明派，非外国所私派，毫无用心甚险之处。总税务司告退在即，不得不将前情先行呈明，即希鉴查可也。须至申呈者。

《中国海关与邮政》，第103—106页。

七　税务处译总税务司第1369号通札稿

为劄行事：案查一千三百三十九、一千三百六十一等号通劄颁行各关、各邮局，当经明示，新设税务处专理海关事务，所有总税务司以前来往总理衙门并外务部公事，现已奉示，自后均须呈报税务处，所奉示谕，亦由税务处劄饬。

自奉旨以来，各关仍照常办理，前于光绪三十二年四月十九、二十二两日，迭蒙税务大臣铁、唐面谕：一切照旧办理。今再奉示，饬颁劄文，俾各关人员得以周知。现总税务司与税务处之位置既照向日与外务部同一办法，各关与邮局亦均照常办理。

本年四月十六日奉旨后，人心惶惑，此次颁行通劄，当释群疑，各关并邮局人员自应体会，勿作轻口妄谈，笔录宣布，自起猜疑，谣言泛滥，既无济于实事，徒有碍于中国国家体制。我海关向日办理，诸凡臻善，久蒙中国国家厚待洋员，并无改其恩泽之施。所望各属人员，安心乐业，勤慎从公，一律照前办事，勿生怀疑。

再，此劄业经由税务大臣允准颁行。须至通劄者。

《总税务司通札》（第 2 辑 1904—1906），第 618 页。

八　总税务司申呈税务处文关字第 39 号

为申呈事：窃查总税务司因病请假一事，业蒙钧处奏准赏假一年，当即钦遵，并声明定期办理交代在案。查总税务司在任至请假之年，恰五十载之久。此五十年来，所办各事，不无舛误；只缘历任上宪伏容，随得保全。

至今回忆总税务司来华，系咸丰四年。彼时在宁波英领事署充副翻译官。八年，调广州领事署，升翻译官，嗣经告退。九年，蒙前两广督宪、前粤海关部恒优待，由前总税务司李泰国派充粤海关副税务司，先行帮同料理广州、潮州开办新关事宜。十一年，因前总税务司李泰国受伤回国，蒙前通商大臣薛派署总税务司。到京后，复蒙前总理衙门王大臣给劄派署。当将出口土货定一纳复进口税之要章。是年，即赴长江一带，在新开之口岸，先行开设不收税之新关。同治元年复到长江，与前湖广督宪官商办按关征税之章；并蒙前总理衙门奏明拨款，交由前总税务司李泰国兴办水师。二年，李泰国回任，带同所办水师船只来华。德即开署总税务司之缺，蒙前总理衙门特派为江海关税务司，管理长江各口并宁波一口事宜。是年，因新办水师有不合章程之情事，即由前总理衙门令李泰国开缺，并设法饬水师船只回国销案。随便（使）德升授总税务司之任，改饬驻扎上海。

维时苏州甫经克复。因前常胜军提督戈登与前苏抚宪李有意见不合之处，带领该军，竟回昆山驻扎，迄不临阵，以致贼氛复炽。经前总理衙门嘱令总税务司从中调和。当即往返昆山、苏城两处，带同戈登面见抚宪，将一切不合之处解释；并调驻京学生现任江海关税务司好博逊，作为戈提督之翻译随员，俾不致再有龃龉之处。此事解和后，戈提督即由昆山带兵临敌，于数月之内，克复如许地方。至三年，常州尚未克复，时因须预备遣散常胜一军，复由总税务司亲赴常州，待至克复后帮同料理。

是年，并将台湾南北开设新关事宜办理妥协，赴京报明一切，即蒙前总理衙门以总税务司驻扎上海，遇事不便，复饬移驻京中。自彼时以迄于今，虽屡经亲赴各口办理要事，而数十年来，即在京中供职。同治四年，蒙前总理衙门准将船钞一成，交总税务司办理各口内理船厅应备之件。五年，请假六个月回国，由江海关税务司费士莱暂行兼理总税务司事务。在请假以前，曾将自著《旁观论》一帙呈阅。至准假起程之时，复蒙奏准派花翎三品衔内务府庆丰司郎中斌椿，带同同文馆学生三人，内有前出使英国大臣张德彝、前新加坡总领事官凤仪，并新关帮办德色二员，乘机游历欧洲各国，以资日后派委出使大臣之先导。至年底，幸皆平安回华抵京。此则中国派出使人员之第一次也。是年，请将已设之同文馆扩充，特派美国学士丁韪良充总教习，督同新由西国大学堂延聘之学士四员，按照泰西大学堂章法，分别添教格致、算、化学。六年，分别将引水、会讯、招工等三项要章拟定底稿，经前总理衙门暨各国驻京大臣商允照办。七年，经前总理衙门特派卸任之美国大臣前往有约各国商议要事，当由总税务司请派前总理衙门之总办二员会同前往，此则中国派出使人员之第二次也。是年，又蒙前总理衙门奏明将七成船钞，交总税务司办理江面海面灯楼塔表之用。嗣于九年间，亲赴沿海各处，勘定某处应设灯塔等事。是年，三口大臣崇奉旨赴法，当派税务人员那威勇等三员，随同前往，此则中国派出使人员之第三次也。十二年，奥国都城维也纳开设赛奇会，该国政府敦请中国赴会，蒙前总理衙门派委总税务司备办物品，并派税务司前往料理一切，此为中国入赛奇会之第一次也。十三年，又有派陈大人赴古巴查办华工事件，带同税务司马福臣、吴秉文两员前往之事。嗣即派陈大人为出使美国大臣。

光绪二年，因云南案意见不合，致英国驻京大臣骤然离京，蒙前总理衙门派委总税务司踵至上海，相机挽回。当与英国大臣商允在烟台会议办法，即请奏派前直隶总督李赴烟，商定烟台条款结案。一面奏派郭大臣出使英国。自此以后，按国随时派委出使大臣作为定章。是年，美国开百年大会，请中国入会，亦由总税务司备办物品，并派税务司等前往料理。三年，亲赴金陵谒见前两江督宪沈，商定烟台条约所指长江六处停船贸易征收厘税之章。是年，派金登干作为驻英税务司，代办一切。四年，法国开办赛会，敦请中国，亦由总税务司备办物品，并请假一年，带同税务司等前往入会。所有总税务司事务，请准暂派总理文案税务司斐式楷管理，汉文文案税务司葛德立、德益等会同办理。是年，又蒙前总理衙门奏请将各关税务司赏加三品衔，副税务司加四品衔作为定章。嗣由总税务司将多年所办之寄递信件等事，拟一试办章程，派津海关税司德璀琳经理。五年，遵奉前直隶督宪李前年在津面定之蚊子快篷等战船初行陆续到华，由郎提督管带，作为北洋水师之根本。至八年，又将寄递信件事宜略为推广，饬各口照办。十年，因越南案未结，蒙派总税务司前往上海，面见法国巴大臣设法料理，未能议妥，即行回京。是时经理灯楼之飞虎巡船，在台湾海面被法国捕挐。旋由总税务司饬驻英税务司金登干前往法国，面谒法相理论此事；即乘机开议和局，电报往返。至十一年，幸尔议妥，先在巴黎画定停战草约，一面即派税务司吴得禄、雷乐石速往越南解和兵事。后经法相拟照草约办法，订立详细条约，由前总理衙门王大臣照允，派总税务司暨金税务司两面往返电议，拟定条款，经王大臣允认后，由直隶督宪会同法国巴大臣在天津画押完案。是年，经英国政府派总税务司为驻京英国大臣，蒙中国政府要留，遂不赴驻京大臣之任。又蒙北洋大臣李饬派税务司等前往朝鲜通商口岸，照中国新关定式，办理关税事宜，历办至日俄议和后，即行停止。十二年，蒙前总理衙门派赴香港、澳门等处，会同邵道台与该两处大宪，商办洋药税厘并征拟议条款。彼时此事若澳门官宪不允，则香港亦难成议，当仍派税务司金登干亲赴大西洋国在彼议定草约。此草约甫定，香、澳两处即允照总税务司所拟办法办理，一面将并征事宜在通商各口开办，并开设九龙、拱北两关，照新章在香、澳理事。

十三年，大西洋国特派大臣来京议立条约，即乘此机与之议定澳门详细办法，定立专条，由总税务司与该大臣所派之参赞签押，转呈存案。自十二年回京后，因各口办事均有定章可循，京中事又烦剧，总税务司即不照以前常行巡视各口办法，久未离京。至光绪二十年，中日失和，先后所借七厘息银款，六厘、五厘暨四厘五息各金款，此等巨款均由总税务司一手经理。因系在中国食俸人员，是以借款规例、费用等项，丝毫未受，能借如此巨款，而未指地抵偿，可谓开设新关之明效。

二十二年，奉上谕将邮政推广，即派税务司阿理嗣经理开办各事。二十四年，因事务甚繁，请添派税务司裴式楷作为副总税务司，当蒙前总理衙门允准照办。二十五年，蒙派与德国海大臣商议在山东青岛界内设立胶海新关，并试办各条款。是年，法国开设赛会，敦请中国，由前总理衙门法文教习华必乐督办，由各口税务司备办物品并添派人员帮办。

二十六年，联军到京后，总税务司即在高井庙内会见留京大臣崑裕、阿敬那等商议挽回大局之法，并催请庆亲王回京。后即将所拟开办和议大纲呈阅，并面见南城御史暨商董等议济民食。当由总税务司与各国提督商订米粮准运入城之办法。二十八年，法国在河内开赛奇会，敦请中国，由外务部派总税务司备办物品，派员前往。二十九年，美国散鲁伊斯城赛会，敦请中国，由总税务司备办物品，派税务司等前往。此次入会，与往时不同，特由中国钦派伦贝子带同随员黄开甲等赴会，并恭将皇太后颁送美国之圣容，暂在会中敬谨悬挂。三十一年，比国黎业斯赛会，敦请中国，亦由总税务司备办物品派请假在籍税务司阿理嗣随同中国出使比国杨大臣料理一切。自此会后，蒙定明以后赛会事宜，毋庸由税务司经理，为农工商部专办。以上七次入会，皆系各国大会，尚有小会二十次，只系先行札知总税务司转饬各关示谕各商，某处设会，愿入会者可照章前往，并将所运物品免税出口。又自二十八年起，历年蒙外务部王大臣带领觐见。

三十年，另拟"筹饷节略"，蒙外务部入奏，奉旨交各省议复。三十一年，蒙派与德国穆大臣将胶海关试办章程，另议改订无税区地之实行办法。三十二年，所有税务事宜奉旨由外务部移交新设之税务处管理后，复蒙外务部转饬与日本林大臣商订大连湾设关征税办法，当照胶海关从前试办章程之成案议定条款，呈明照准，并派税务司前往，于三十三年开办。一面将东三省分为四大区，各派税务司前往，预为履勘设关及各处派员经理之地步。

三十四年，因病请假，当蒙奏准赏假一年。又查同治三年，蒙前总理衙门奏请赏加按察使衔。八年，赏加布政使衔。光绪七年，赏加头品顶戴。十一年，赏戴花翎，并双龙二等第一宝星。十五年，赏加三代正一品封典。二十七年，赏加太子少保衔。三十四年，于请假时赏加尚书衔。

伏以欧西下士，在中国供职五十年之久，本已罕闻；又复历蒙皇太后皇上恩遇优隆，以历办各事而论，实觉赏浮于功，自属非常荣幸。现因回国在即，除历年所办寻常各事，毋庸详叙外，谨将尚能记忆之经办数项要务，及历蒙恩赏各节，缕晰陈明，俾备查考，并藉表感激无既之忱。

再，各口派税务司会同办理设关事宜，原以上海一隅为起点。缘咸丰四年间，逆匪攻入上海，地方官均即离任，而驻彼之英、法、美三国领事官，因条约内不准未完税船只出口之责成，不得已各派委员会同代收各项税钞。嗣上海克复，地方官回任，见税收较前加多，遂请继续代办。至咸丰八年《天津条约》添开口岸，议明各口划一办理，即由中国官宪议令各口均照上海办法陆续开办，遂经分派税务司经管关务，并派李泰国驻扎上海为总税务司。嗣于同治四年底，英法兵费还清在即，由前总理衙门见历年所收税项有加无已，随经奏留税务司等专办关务，奉旨允准。是西人在华帮办税务，并非出于各国之要索，实由于中国之委托。现已历办五十余年，所有京内外办过案情及各项章法，足可为日后之基础。

以上历陈各节，因钧处系属新设之署，未谂有无案卷，是以详呈一切，以备存查。除另申当年派补总税务司多年容留之外务部外，理合备文呈请钧处鉴核可也。须至申呈者。光绪三十四年二月十九日

总税务司申呈税务处文

（1908 年 3 月 27 日　关字第 552 号）

为申呈事：窃查总税务司供职五十余年，业将历办数项要事于本年二月十九日备文呈明在案。后阅已缮之稿，忽有人告以忘却极要之一案，即西藏事宜。溯查光绪十五年间，藏兵竟犯哲孟雄地界，旋有英兵闯入西藏之事，情形极难了结。当由总税务司请前总理衙门特派甫由广西越南查勘分界要事回任之税务司赫政，前往会同驻藏大臣设法妥为料理。嗣于十六年间由印度执政大臣兰会同驻藏帮办大臣升商拟划界等事条款，并留赫（政）税务司在彼久驻，以便商议未结之通商交涉游牧三款。至十九年底，始在大吉岭会同英国特派政务司保尔、中国特派参将何长荣，将应议各事订立专条，并开亚东为通商处所，派税务司前往驻扎。计赫（政）税务司在藏备历艰辛，四年有余，告厥成功，奉委各事均已妥协，即经回华销差。此事与中印暨西藏各项交涉事宜，关系重要，未便遗漏，是以特为备文补呈一切，即希贵处钧鉴，叙入前申，归为一案可也。须至申呈者。光绪三十四年二月二十五日

《总税务司通札》（第 2 辑 1907—1909），第 424—434 页。

九　总税务司通札第 1535 号

（1908 年 7 月 17 日）

据第 1515 号关于赫德爵士工作摘要和海关历史等问题的通劄，兹附粘《开放通商的口岸及其设关年表》的附件。此项年表，记载根据条约或其他原因而开放通商的口岸、处、上下货物之埠、商场等，以及那里海关的设立。此表是和上述《摘要》联系制定的，可能有利于查阅列举地方的情况。

附　件
开放通商的口岸及其设关年表
甲、根据条约开放的通商口岸和埠处

（表中的口岸有两个年代的例如 1858/1864，
第一个年代是指根据条约开放口岸的年代，
第二个年代是指实际开放的年代）

口　岸	开放年代	设关年代
1、上海	1842	1854
		（1859 年设置首任总税务司）
2、宁波	1842	1861
3、福州	1842	1861
4、厦门	1842	1862
5、广州	1842	1859
6、牛庄	1858/1864	1864
7、芝罘	1858	1863
8、镇江	1858	1861
9、汕头	1858	1860
10、琼州	1858	1876
11、南京	1858/1899	1899
12、天津	1860	1861
13、汉口	1861	1862

口　岸	开放年代	设关年代
14、九江	1861	1861
15、宜昌	1878	1877
16、芜湖	1876	1877
17、温州	1876	1877
18、北海	1876	1877

①芦溪口
②无锡
③湖口
④安庆
⑤大通①
（沙市，后为通商口岸）

1876 年作为长江六处开放的。（吴淞，后为"自开"商埠，1881 年作为长江六处而开放的。）

口　岸	开放年代	设关年代
19、龙州	1887/1889	1889
20、蒙自	1887/1889	1889
21、重庆	1890/1891	1890
22、沙市	1896	1896
23、苏州	1896	1896
24、杭州	1896	1896
25、思茅	1896/1897	1896
26、三水	1897	1897
27、梧州	1897	1897

⑥甘竹
⑦肇庆
⑧德庆
（江门、后为通商口岸）

1897 年作为西江起下货物之埠开放的。

口　岸	开放年代	设关年代
28、腾越	1897/1900	1900
29、江门	1902/1904	1904

⑨白土占
⑩罗定口
⑪都城

1902/1904 作为西江起下货物之处开放的。

---

① 1898 年在大连设立盐厘局。

口　岸	开放年代	设关年代
甲、客奇		
乙、马宁		
丙、九江		
丁、古劳		
戊、永安	1902/1904 年作为西江搭客上落之埠开放的。	
己、后沥		
庚、禄步		
辛、悦城		
壬、陆都		
癸、封川		
30、长沙	1903/1904	1904
31、奉天府	1903/1907 根据条约开放的，但中美和中日条约则称为"自开"。	1907
32、安东	1903/1907 根据条约开放的，但中美条约则称为"自开"。	1907
33、大东沟	1903/1907 根据条约开放的，但在中美和中日条约则称为"自开"。	1907
34、满洲里	1907 年根据条约开放的，但中日条约则称"自开"。	1907
35、海拉尔	1907 年根据条约开放的，但中日条约则称"自开"。	1907
36、齐齐哈尔	1907 年根据条约开放的，但中日条约则称"自开"。	1907
37、瑷珲	1907 年根据条约开放的，但中日条约则称"自开"。	1907
38、哈尔滨	1907 年根据条约开放的，但中日条约则称"自开"。	1907
39、关城子（长春）	1907 年根据条约开放的，但中日条约则称"自开"。	1907

口　岸	开放年代	设关年代
40、吉林	1907 年根据条约开放的， 但中日条约则称"自开"。	1907
41、宁古塔	1907 年根据条约开放的， 但中日条约则称"自开"。	1907
42、珲春	1907 年根据条约开放的， 但中日条约则称"自开"。	1907
43、三姓	1907 年根据条约开放的， 但中日条约则称"自开"。	1907
44、新民府	1907 年根据条约开放的， 但中日条约则称"自开"。	1907
45、铁岭	1907 年根据条约开放的， 但中日条约则称"自开"。	
46、通江子	1907 年根据条约开放的， 但中日条约则称"自开"。	
47、法库门	1907 年根据条约开放的， 但中日条约则称"自开"。	
48、凤凰城	1907 年根据条约开放的， 但中日条约则称"自开"。	
49、辽阳	1907 年根据条约开放的， 但中日条约则称"自开"。	

乙、自开商埠

口　岸	开放年代	设关年代
1、秦皇岛	1898	1902
2、岳州	1898	1898
3、三都澳	1898	1899
4、吴淞	1898（从上下货物之埠的 地位改变过来的。)	
5、济南	1905	
6、周村	1905	
7、潍县	1905	
8、南宁	1907	1907

《总税务司通札》（第 2 辑 1907—1909)，第 513—516 页。

十　总税务司光绪三十四年三月二十日申呈税务处文

为申呈事：窃查总税务司请假回国，前已声明定期交代在案。兹因起程在即，特将交代一切情形备文详陈。

查中国约开之口岸暨自开之商埠，共约六十处。其内由税务司管理者共约五十处。经理之常关共十九处，经理之厘金共七处。又新关襄助征税人员，内班洋人共约三百七十余人，华人共约一千余人；外班洋人共约七百八十余人，华人共约三千余人；海班洋人共约五十余人，华人共约六百七十余人。出海火轮巡船共六只，内港小轮共三十四只、篷船共九只。船钞项下食俸办理警船各事宜人员，洋人共约一百余人，华人共约六百四十余人。又邮政人员，洋人共约一百余人，华人共约七千八百余人。截至一千九百七年底，各省府州县境内所设邮递大小局所，共约二千八百处。至新关所收税钞，计一千九百七年内，共收税项三千二百五十万余两；共收船钞一百三十二万一千余两。经理各常关所收税数，计三百九万余两，又入出货物，计一千九百七年内进口洋货估值约四万一千六百五十余万两，出口前往各国之土货估值约二万六千四百五十余万两，他项抵制进口之物未计在内，往来通商口岸之土货估值约二万六千七百余万两。

以上总税务司经办一切事宜。已于本日交由署总税务司裴式楷接管，并经行知各银行。此后各项下存款，在总税务司假期内，均听署总税务司动拨。拟即于本月二十二日由京起程。所有总税务司任内各事，均经交代清楚各缘由，理合备文呈请钧鉴施行可也。须至申呈者。光绪三十四年三月二十日

《总税务司通札》（第 2 辑 1907—1909），第 358 页。

年次	内·总税务司	内·税务司	内·副税务司	内·头等帮办	内·合计	灯塔处(洋员)·主事人	灯塔处·头等值事人	灯塔处·二等值事人	灯塔处·灯塔头等值事人	灯塔处·灯塔二等值事人	灯塔处·灯塔三等值事人	灯塔处·灯塔四等值事人	灯塔处·合计	洋员总数	熟练雇员	官差	华员总数	船钞项下项人员总数	征税、船钞两项人员总数
1875	—	23	12	20	4	4	3	1	6	11	18	—	43	66	156	32	188	254	1,830
1876	—	24	12	20	7	4	2	1	4	12	17	11	51	75	177	41	218	293	1,918
1877	—	28	12	24	6	4	1	2	3	23	27	3	63	87	178	48	226	314	2,195
1878	—	28	11	25	3	2	1	1	2	18	18	13	55	81	180	47	227	308	2,208
1879	—	28	11	20	5	2	1	1	2	17	14	7	44	69	205	50	255	324	2,167
1880	—	26	12	21	4	3	3	1	2	17	14	7	47	68	225	43	268	336	2,220
1881	—	27	13	20	5	4	3	2	4	16	17	3	49	71	272	27	299	370	2,314
1882	—	26	13	20	5	5	3	1	3	16	17	7	52	75	246	51	297	372	2,363
1883	—	27	13	20	6	2	4	1	9	14	18	8	56	79	266	50	316	395	2,438
1884	—	27	13	20	6	3	3	1	8	11	23	5	54	77	269	58	327	404	2,548
1885	—	27	12	20	5	3	3	1	8	13	22	2	52	73	273	60	333	406	2,581
1886	—	26	12	21	5	3	6	1	8	11	26	3	58	78	271	61	332	410	2,613
1887	—	32	12	22	4	3	6	1	8	10	30	1	59	78	274	65	339	417	3,340
1888	—	31	13	22	5	3	4	1	8	11	30	—	57	77	283	65	348	425	3,680
1889	—	34	15	20	4	3	3	—	13	11	29	—	59	77	282	58	340	417	3,892

据 1875—188

年 次	分配总计	国用总计		
		银数	占分配总计%	银
1861	5,523,264	3,880,270	70.25	1,2
1862	8,382,986	4,817,026	57.46	2,8
1863	8,602,351	5,355,774	62.26	2,0
1864	7,340,561	4,598,610	62.65	1,4
1865	8,245,394	4,899,759	59.42	2,2
1866	8,620,855	5,763,489	66.86	1,5
1867	9,233,413	6,462,390	69.99	1,4
1868	9,672,347	7,301,030	75.48	1,0
1869	10,013,426	7,818,088	78.08	9
1870	10,041,826	7,640,361	76.09	1,1
1871	10,783,806	9,024,447	83.69	4
1872	11,965,860	9,989,081	83.48	6
1873	11,257,824	9,034,302	80.25	8
1874	12,120,112	10,025,829	82.72	7
1875	12,893,471	10,617,681	82.35	8
1876	12,933,581	10,344,656	79.98	9
1877	12,857,541	10,158,509	79.01	5
1878	13,481,588	11,077,590	82.16	5
1879	13,627,028	11,159,607	81.89	4
1880	14,692,208	12,135,012	82.59	4
1881	15,084,721	12,533,621	83.09	4
1882	14,421,983	11,876,111	82.36	5
1883	13,724,181	11,195,817	81.59	5
1884	14,149,963	11,391,295	80.51	7
1885	14,056,914	11,553,364	82.19	4
1886	15,253,364	11,579,725	75.92	1,3
1887	16,411,544	12,428,893	75.73	1,1
1888	19,332,885	14,572,858	75.38	1,6
1889	19,119,792	14,629,486	76.51	1,6
1890	19,100,657	14,208,642	74.39	1,6
1891	20,133,831	15,050,944	74.75	1,8
1892	20,912,148	15,992,364	76.47	1,7

E至宣统二年) 全国各海关历年税收分配统计总表

（单位:库平两）

省用总计		关用总计		其他总计①	
银数	占分配总计%	银数	占分配总计%	银数	占分配总计%
0,527	22.10	376,404	6.81	46,063	0.84
0,090	33.40	664,166	7.92	101,704	1.22
9,453	23.58	1,174,089	13.65	43,035	0.51
5,556	19.69	1,235,795	16.83	60,600	0.83
8,033	27.13	1,027,002	12.46	80,600	0.99
6,313	18.40	1,209,984	14.03	61,069	0.71
1,764	15.72	1,258,659	13.64	60,600	0.65
9,621	10.85	1,240,257	12.82	81,439	0.85
4,391	9.20	1,212,533	12.11	61,414	0.61
5,421	11.41	1,178,090	11.73	77,954	0.77
8,921	4.16	1,228,758	11.39	81,680	0.76
4,673	5.31	1,260,416	10.53	81,690	0.68
8,980	7.90	1,252,708	11.13	81,834	0.72
7,931	6.17	1,264,541	10.43	81,811	0.68
0,556	6.52	1,358,602	10.54	76,632	0.59
5,482	7.00	1,612,362	12.47	71,081	0.55
3,292	4.53	1,797,230	13.98	318,510	2.48
8,998	3.78	1,743,569	12.94	151,431	1.12
0,614	3.60	1,924,324	14.12	52,483	0.39
1,515	3.01	1,898,083	12.92	217,598	1.47
4,817	3.21	1,882,947	12.48	183,336	1.22
5,603	3.85	1,926,269	13.35	64,000	0.44
7,493	4.21	1,868,071	13.60	82,800	0.60
3,023	5.18	1,887,928	13.34	137,717	0.97
3,655	3.37	1,909,294	13.58	120,601	0.86
0,389	8.92	2,053,728	13.46	259,522	1.70
9,095	7.25	1,993,929	12.15	799,627	4.87
0,343	8.74	2,192,348	11.34	877,336	4.54
0,076	8.47	2,635,432	13.78	234,798	1.24
2,321	8.86	2,856,004	14.95	343,690	1.80
5,837	9.22	2,892,370	14.37	333,680	1.66
3,169	8.43	2,932,834	14.02	223,781	1.08

十四　海关管理的沿海各口灯塔、灯船
（1927 年年终统计）表

海关名称	灯塔名目	数量	备　　注
琼海关	临高、关窖尾角（今滘尾角）海口湾、炮台灯桩	4	由法国管理的灯塔未列入统计
江门关	淇澳、横门口	2	由葡国管理的灯塔未列入统计
粤海关	舢舨洲、金锁牌、黎洲头、立沙、赤沙、大濠洲	6	由英国管理的灯塔未列入统计
广州口外	东沙岛灯台（并有气象台、无线电台，由海岸巡防处建造及经营灯务，改由海关管理）	1	
潮海关	遮浪角、石碑山、表角、鹿屿、南澎岛	5	
厦门关	东碇、青屿、大担岛、北碇、乌丘屿、牛山岛、东涌山、东犬岛	8	东涌山即东引岛
闽海关	七星山、西洋岛	2	
瓯海关	冬瓜屿	1	
浙海关	北渔山、东亭山、洛伽山、七里屿、虎蹲山、太平山	6	太平山灯塔系渔业会馆建造及管理
江海关	小龟山、鱼腥脑、下三星、白节山、半洋山、唐脑山、大戢山、花鸟山、佘山、小九段、吴淞口	11	另辖：铜沙、九段、崇明灯船 3 艘
胶海关	朝连岛、大公岛、小青岛、游内山	4	
东海关	镆铘岛、成山角、崆峒岛、烟台山埭矶岛、起母（屺姆）岛	6	威海卫区域由英国管理的灯塔未列入统计
津海关	秦皇岛、曹妃甸	2	大沽口外灯船、拦江沙灯船未列入统计
山海关			牛庄灯船未列入统计
安东关	马岛（由日本人管理）、大罗（鹿）岛	1	
合　计		59	以上合计有灯船 6 艘

《中国航标志》第 27 页

十五　1948 年 12 月各海关管理的航标统计

关区	灯塔	灯桩	立标	灯船	灯浮	浮标	信号台	无线电指向标	总数
北海						4			4
雷州	25		2			16			43
江门	2	4							6
三水	1	2	1		1				5
梧州						14			14
广州	7	10	4		27	1			49
汕头	8		1			4			13
厦门	4	1	11			13			29
福州	6	2	13			17			38
温州	1	1	6			9			17
宁波	8	3	4			2			17
上海	12	7	9	2	70	2		3	105
南京		39	2	3	19	1			64
汉口		56	5	12	3	4			80
长江中游		18	191	1		23	2		235
重庆			225			106	23		354
宜昌			38			41	26		105
宜宾			284			45	11		340
青岛	15	2	3		4	15			39
烟台	13	5	2			4		1	25
天津	8	2		2	4	4			20
秦皇岛	1								1
营口	1	1							2
安东*									
哈尔滨*									
台湾	25	13			2				40
总数	137	166	801	20	130	325	62	4	1645

注：1. "＊" 情况不明。

2. 资料来源：1949 年海关出版的《各关警船灯浮桩总册》和《中国长江及其主要支流航标表》，
统计至 1948 年 12 月 1 日止。当时，长江江阴以下灯浮直接由上海海务科管辖，上海海关的统
计数包括这一段在内。

《中国航标志》第 35 页

民国部分

第二十章

海关总税务司在辛亥革命混乱政局中
夺取中国关税税款保管权

第一节　辛亥革命时以关税为担保尚未清还的外
债赔款。抵付与不抵付外债赔款的关税

　　总税务司夺取中国税款保管权，是和外债、赔款的偿付、关税的抵押联系在一起的。所以首先应了解债赔偿付和关税抵押债、赔的情况。

　　晚清时期，清政府借了许多外债。这些外债以关税为担保、到辛亥革命时尚未付清的，计有下列各项：

　　一、1886年七厘息银款，这是向汇丰银行商借的，总额为库平银70万两，合规平银760,702,000两。此款到辛亥革命时，尚欠本息总数规平银320,700余两。

　　二、1894年清政府汇丰六厘息银款。借款总额为规平银1,090万两，合库平银1,000万两。到1911年11月1日净欠本息规平银248余万两。

　　三、1895年清政府汇丰六厘息金款，总额为英金300万镑。辛亥革命时，尚未到期的本息，共为英金89.6万镑。

　　四、1895年清政府向南京瑞记洋行订借的六厘息金款。瑞记银行是代表德国的国家银行。借款总额为英金100万镑。辛亥革命时，尚未到期的本息，为英金30万零600余镑。

　　五、1895年清政府向英商克萨商借的六厘息金款。此项借款共100万镑，至辛亥革命时，本息尚未偿付的，共为英金30余万镑。

　　六、1895年四厘息金款，即俄法借款。借款总额为法金4万万法郎，约

合英金 1,582 万镑，向俄法六家银行团合借的。至辛亥革命时，此项借款未付本息，计 4.2 万余万法郎。

七、1896 年清政府五厘息金款，即英德正借款。承募备款的为汇丰、德华两银行合组的银团。总额为英金 1,600 万镑。两行各认募半数。辛亥革命时，此项借款未到期之本息，共为英金 1,974 万余镑。

八、1898 年四厘五息金款，即英德续借款，总数为英金 1,600 万镑，承募银团亦系汇丰、德华两行合组的。此款至辛亥革命时本金之未还的，尚有英金 1,402 余万镑①。

通商各口海关所征的税款，其用以偿付关税担保之外债的有进口税、出口税、复进口税或转口税、子口半税和五外常关税等。兹分述如下。

进口税。从 1842 年中英缔结《江宁条约》起，直到 1929 年实行国定税则时止，进口税的税率为从价货物值百抽五；但税则中各项从量税率，则屡经修正，以期切合值百抽五，但均未达实数。

出口税。本国货物，由一通商口岸，运往其他通商口岸，或运往外洋时，应纳出口税。其税率亦为值百抽五；但在 1929 年前，出口税则所载多种货物的税率，实际上久已不到值百抽五。政府不惟未加修正，为了鼓励出口贸易，曾将某数种货物的出口税豁免，免税期限，长短不一。1931 年 5 月，国民政府改订出口税则，根据值百抽 7.5 原则，所有运往外洋货物，一律照此税率征课，并于是年 6 月 1 日起施行。但自 1936 年 9 月 6 日起，出口税完全停征。

转口税。转口税源于复进口税。复进口税是从 1861 年 9 月起开征的，至 1930 年 12 月 31 日停征。凡在国内消费之已完出口税的本国货物，于到达指运通商口岸进口时，按当时出口税半数征收复进口税。至 1931 年 1 月 1 日，复进口税取消，所有本国货物，由按照普通行轮章程行驶的船只载运，自通商此口至通商彼口而在国内销售的，均按照出口税税则，仅征收出口税及附税。到 1931 年 6 月 1 日新出口税税则实行，此项货物，一律按照新出口税税则征收；但改名为转口税。

此外，还有子口税的规定。子口税分两种：凡已完进口税之洋货运内地的，课入内地子口税；内地之货运销外洋的，课出内地子口税。二者均按进出口税额之半征收。从 1931 年 1 月 1 日起，子口税取消。

---

① 《关税纪实》，第 207—230 页。

此外，根据《辛丑各国和约》规定，通商口岸50里内常关交总税务司管理，所收各项常关税款，全用以抵付庚子赔款，1931年6月1日，50里内常关裁撤，此项税收遂告取消①。

必须注意，不是征收的关税全都抵付外债、赔款，总税务司所征常关关税，其列入税收统计之内的，还有大量不抵付外债、赔款的。据总税务司署统计科出版的《关税纪实》一书的记载，由总税务司征收而不抵付债、赔的常税，计有如下各种：

一、船钞；

二、滨江、爱珲两关经征的河捐；

三、九龙、拱北两关经征的百货厘金与台炮费，以及加征五成货厘与炮费；

四、胶海关经征之进口税等二成，以及大连、胶海、龙口三关经征的民船货税等；

五、津海常关经征的工关税；

六、安东关经征的内航税；

七、秦皇岛关经征之出关税一成及奉天厘金；

八、闽海常关经征的船牌照费；

九、拨充海岸巡防处经费的各常关民船钞；

十、偶然附征之赈捐等。

但至1934年，上项税款之存在的，只有船钞一项而已②。

此外，总税务司还经征不抵付外债、赔款又不列入税收统计内之各种捐钞。这些捐钞，仍由政府委托海关代征；惟皆有特定用途，与债赔各款毫无关系，故其收入数字，均不计入税收统计之内。其显著的有：一、代统税局征收之各项统税（货物税）；二、经政府许可，代地方或市政机关征收的码头捐、疏浚捐、河工、堤工捐等③。

此外，尚有抵付外债但不经总税务司征收的厘金，即苏州、淞沪及鄂岸、皖岸等七处的货厘和盐厘。这些抵款的偿付比较复杂，略叙于后。

---

① 《关税纪实》，第54—55页。

② 《关税纪实》，第53—58页。

③ 《关税纪实》，第84页。

厘金是清政府地方官员征收留用的内地税，总税务司赫德早已觊觎厘金的征收。当 1898 年清政府为偿付对日战争赔款向汇丰、德华银行进行第二次大借款时，因当时"关税收入十分之七抵押"了，"所余无几"①，乃在赫德策划之下，由总理衙门奏准将"苏州、淞沪、九江、浙东等处货厘，宜昌、鄂岸、皖岸等处盐厘"，"札派总税务司赫德代征，以便按期拨付本息，不致延误。以上抵押的七处厘金，每年为 500 万两。"②

赫德虽然打进了厘金领域，可是由于地方官的抵制，厘金地域的广泛性和散乱性，使得海关无法履行征收任务。结果，不得不"率由旧章，仍归华官管理。"③ 而由华官征收的份额则交总税务司转付庚子赔款。这种办法，一直维持到辛亥革命时。辛亥革命爆发后，清政府瓦解，全国陷于混乱状态，各处解送的厘金有的愆期，有的索性不解。各处最后一次解款，为 1911 年 12 月所应摊解的；自此以后，"各厘局遂相率效尤，或迟汇、或短解，"海关派往各地督催的税务司虽时加催促，但他们仅属承转机关，没有实权，不生效力。在革命党占据地方，则被随时截留。这样，名为应解厘金，动辄停解。停解货厘，以淞沪为最早，次为苏州。浙东厘局直到 1919 年，尚如数照解；但到 1920 年底，便不再解送了。

1914 年，北洋政府税务处与财政部协商，由财政部饬由各该省国税厅会同财政司收集货厘，照应交数目就近交付经理之税务司或副税务司。至宜昌、鄂岸、皖岸三处盐厘，"另由〔盐务〕稽核总所张总办与总税务司商有办法，系将宜昌、汉口、大通三局盐厘与盐税同时征收，归入盐款项下。不拘盐厘若干，由稽核所总会办将抵押英德之款，计宜昌一百万两、汉口五十万两、大通三十万两，拨归上海总税司账下。"④ 这笔盐厘的抵款，就由盐务稽核所负责处理了。这样，三局的盐厘由盐务稽核总局直接交给总税务司，派驻各处督催盐厘的海关员司就成为多余了，总税务司通令撤离⑤。1925 年 9 月，江西督军因"省库奇窘，此项盐厘请予暂停汇解。"至 1927 年，九江、湖口货厘局裁

---

① 1897 年 12 月 30 日赫德致金登干新字第 716 号电。《中国海关与英德续借款》，中华书局 1983 年版，第 23 页。

② 光绪二十四年二月初十日奕劻等奏文。《清季外交史料》，卷 124，第 22—23 页。

③ 《湘报》，光绪二十四年六月二十一日。

④ 民国三年四月一日税务处令第 2235 号。《中国近代海关历史文件汇编》第 3 卷，附录一，第 112—114 页。

⑤ 1915 年 3 月 20 日总税务司通令第 2180 号。《中国近代海关历史文件汇编》第 3 卷，第 175 页。

撤，英德续借款厘金抵押部分也只好以其他办法去偿付了。

第二节　海关税款一向在清政府委派的海关监督保管中

列强为了保障不平等条约关于关税特权方面的规定，为了发展洋商在华的进口贸易，垄断中国市场，曾经千方百计地夺取中国海关的行政权和关税征收权；但是不论从条约的规定或在实际工作中，在清代外籍税务司制度建立后的50多年间，从没有取得海关税款的保管权；就征收权来说，也只限于估税的权力，收款则归海关监督管理下的海关银号。

清政府和各国签订的不平等条约，关于关税方面的规定，如洋商进出口货物的关税税率，洋商货物在流通领域中的优惠待遇以及走私偷漏等，都只限于征收权方面的规定。在 1858 年签订的《天津条约》附约《通商章程善后条约》中，清政府虽然承诺"邀请"英、美、法人帮办税务，也只限于"通商各口收税如何严防偷漏"以及一些港务设施管理问题。1854 年，英、美、法三国驻上海领事强迫上海道吴健彰设立由三国领事提名的税务监督组成的江海关税务管理委员会，接管上海海关行政权，这是对中国海关主权赤裸裸的剥夺；但其职责也只是"特别着重关于船舶和关税方面适当遵行海关章程和条约的规定的监督，""并赋予充分权力以及所有必要的手段，使他们能检查船舶报告、货运舱口单、装卸准单、关税完纳和结关准单，以发现任何方面发生的一切错误、违规和偷漏行为"①，并没有涉及税款保管权问题。

1861 年恭亲王奕䜣在札派英人李泰国担任首任总税务司的札谕中，关于总税务司职责方面的规定，也只是"帮同各口监督委员，按照条约认真办理，不得任外国商人代华商销货，亦不准任华商之货暗附外国船只，影射偷漏，并务将进口出口各货分晰清楚，勿得牵混。"② 在同一年札派费士莱和赫德署理总税务司的札谕中也只指出，他们是"会同帮办各通商口岸关税征收与对外通商一切事务。"③

由此可见，不论是条约、札谕或其他文件，外籍税务司在关税方面的权

① 《北华捷报》1854 年 7 月 8 日。

② 《筹办夷务始末》（咸丰朝），卷 72。

③ 《总税务司通札》，第 1 辑（1861—1875），第 1 页。

力，都只局限于关税征收权，从未涉及税款的保管权。他们征收的税款，一律由清政府指定的银号收纳；税款的保管和支付，完全由清政府指派的海关道或海关监督负责，外籍税务司或其他外国势力都无权干预。所以终清一代，中国虽然丧失了部分海关关税征收权，但仍保留着税款保管权。

当时各国对华的经济侵略，主要在于开拓和垄断中国市场，因此，它们的主要要求是取得进出口货物的最低税率和货物流通上的优惠待遇；而外籍税务司管辖下的海关，也在于最大限度地保障和发展这些方面的权益。1860年《北京条约》，特别是1895年《马关条约》和1901年《辛丑各国和约》签订之后，中国海关虽然一步步地沦为债权国家的代理机关，但也只是极力扩大关税征收权力，罗掘关税税源，以备如期偿付以关税为抵押的债、赔款项而已，而对税款保管权则从没有提出过任何要求。

1844年《中英五口通商章程》就已规定："海关应择殷实铺户，设立银号数处，以便英商纳税"（第八款）。据此规定，洋商应纳税款都要到清政府指定的商人银号完纳。1852年上海开始设立官银号，这是官设收税机关的开始。从此，上海洋商都得到官银号缴纳应完的税款。

总税务司赫德为了保证税款不受官吏的侵蚀，取得清政府的信任，曾经制定了一套比较严密的纳税办法，以完善税收制度。这套办法规定洋商卸货、验估货税之后，由海关发给"验单"，洋商持单向银号纳税，银号掣发和验单税额相符的"号收"（收据），号收转送海关。海关据以编制实收税款季度报表，分送海关监督、总税务司和海关领导机关——总理衙门以及户部查核。由此可见，"总税务司署所属机关估税，〔海关〕监督收款，总税务司署呈报。但是没有一个中国口岸有总税务司署的任何机构掌握税款的任何部分。"[1] 税务司魏尔特在论述总税务司的权限时也说："总税务司对于税款从无直接管理之职责。"[2]

1895年《马关条约》签订之后，清政府为了偿付日本2.3亿两的庞大赔款和赎辽款项，不得不向俄法、英德分别举借外债。1901年根据《辛丑各国和约》的规定，赔偿八国的庚子赔款竟达4.5亿关平两。这些巨额的洋债和赔款，都是以海关洋、常两税作抵的，另由清政府按年度分配各省一个固定比

---

① 《中华帝国对外关系史》第3卷，第427页。

② 《关税纪实》，第1页。

例的款项给以偿付的。此项款项叫做协款。协款一律汇交上海江海关道，分存
上海各官银号和钱庄，然后按期拨交各债、赔国家指定的外国银行。所以清政
府偿付外国债、赔款项，也一律不经总税务司之手。"计自清咸丰四年（西历
1854 年）创办海关，迄辛亥革命时止，数十年间，所有税款的收纳、存放、
汇解等事，俱由海关道或海关监督主之。""所有税务司具报经征之税款，皆
由各关监督对政府负责保管，并遵照命令，加以支配。"① 继任赫德为总税务
司的安格联也说："中国对外债务的偿付集中在上海的海关道手里。"他还认
为：从来"没有一个债权人有抱怨应付款项不准时支付的情形。不必说，外
国收款银行方面是满意于当时情况的，并且也没有就政府对于担保税款的支付
提出过任何问题。"② 可见江海关道对于债赔款项的偿付是无可指摘的。这种
办法，作为一个制度来说，"固属未尽完善，但行之多年尚无窒碍；且与国人
设一官以察一官之观念，尤相吻合。盖以税司之报告，核监督之账目，有如石
验金之妙。两相对照，无可假借也。"③

第三节　辛亥革命爆发，总税务司乘机通令各关
把税款移存汇丰银行总税务司账户

纵观中国海关关税主权丧失的历史，关键的有两个阶段：1853 年太平军
攻占南京之后，上海小刀会起义军占领上海城，英、美、法三国领事于 1854
年 6 月迫使上海道吴健彰交出江海关行政权，接管关税征收权。这是中国丧失
海关行政权和关税征收权的开始。1911 年，辛亥革命爆发，总税务司凭借统
辖各口海关税务司、统一全国海关行政的庞大权力，利用各省纷纷起义和清朝
统治瓦解的混乱局面，夺取中国海关税款的保管权，这就完成了对中国关税从
征收权到保管权的全面控制，从而为总税务司垄断中国财政打下了基础。主持
剥夺关税保管权的是武昌起义前 9 天（10 月 1 日）刚被正式札派为总税务司
的英国人安格联，而支持安格联此项行动的则是驻北京以英国公使朱尔典为首
的公使团。

---

① 《关税纪实》，第 1—2 页。
② 《辛亥革命和海关备忘录》。《中华帝国对外关系史》，第 3 卷，第 428 页。
③ 《关税纪实》，第 3 页。

　　总税务司剥夺海关税款保管权，是以确保如期偿付指抵外债、赔款的关税，以免列强干涉为理由的。《马关条约》签订后的俄法借款、英德两次借款，都是以海关洋税为抵押的，借款合同都有优先偿付的规定。庚子赔款的抵押除洋税外，还加上通商口岸50里内常关征收的常税。所以安格联说："总税务司必须负责审核各口税收并将账目转报中国政府。与此相关的是经理债款和赔款事宜，以备中国一切以海关税收为担保的对外债务的支付，以及一切以常关税收和未抵押的海关税收余款为担保的庚子赔款的支付。"[1] 显然，总税务司已成为列强债权国在中国的代理人了。

　　从总税务司剥夺海关税款的情况看来，其目的大约是：一、为保全债权国，特别是英国的债权利益；二、借此机会夺取中国税款保管权，以为垄断中国财政的阶梯；三、抵制革命势力的发展，维护清朝的垂死统治。

　　安格联是以中国海关总负责人的地位主持剥夺中国海关税款保管权的首要人物，这已是公开的事实；但是海关出版的《关税纪实》一书，一直在为总税务司开脱剥夺责任。该书叙述"总税务司保管税款之由来"时说："凡独立诸省之各关税务司，因局势迅速发展，总署（总税务司署）道远，指示难周，均须各筹妥善办法，分别应付，故均当机立断，代行监督职务；如属可能，且将税款移存外国银行，以期稳妥。"安格联以同样的口气报告英国驻华公使朱尔典，朱尔典也照样地向英国外交部汇报。但是海关保留下来的档案资料，充分说明了这种说法的虚伪性。

　　1911年武昌起义爆发以后，在短短的一个月间，湖北、湖南、陕西、江西、山西、云南、浙江、江苏、贵州、安徽、广西、福建、广东13个省份，和最大城市上海以及其他省份的许多州县，都纷纷宣布起义。安格联看到革命洪流滚滚向前，清朝统治面临总崩溃境地，早在10月14日，便意识到税款有被革命军截留的危险，便打电报给汉口江汉关税务司苏古敦："你应当将税款设法转入汇丰银行我的账内，等候事态发展。让税款跑到革命党的库里是不行的！"[2] 10月23日，他向清政府税务处帮办大臣胡维德提出："采取某种方针，确保关税不致为革命党用作军费、并留供偿还外债，现在已经是时候

---

① 《辛亥革命和海关备忘录》。《中华帝国对外关系史》第3卷，第428页。

② 1911年10月15日安格联致江汉关税务司苏古敦函。《中国海关与辛亥革命》，中华书局1983年版，第8页。

了。"① 朱尔典也向英国外交大臣爱德华·格雷报告说："一旦某些通商口岸脱
离清政府而落到革命党的手中，所收税款就听任革命党支配，税款就有被革命
政府移作军用、或应付其他迫切需要的严重危险。"安格联和朱尔典的同一腔
调，显示出他们在夺取起义口岸海关税款保管权、阻止革命政府利用税款发展
革命势力的态度是一致的。但是安格联却装聋作哑地告诉胡维德说：关于税款
的保管问题，"我相信各关税务司自己一定会尽力去做……他们由于处境困难
也不能向我请示"，这就是说，在当时的形势下，他对起义口岸各关税务司
"主动"处理税款问题，不能负责。实际情况并不是这样。最早要求留用税款
的湖南军政府，是 10 月 26 日发生的事。当安格联接到长沙关税务司伟克非的
报告时，马上找朱尔典商谈应付办法。朱尔典当即"电令长沙英国领事同税
务司合作。""帮助税务司设法商定将税款以总税务司或领事团名义暂行保
管。"② 安格联也电示伟克非："向有关方面说明，海关税收已指抵外债，为了
避免与列强发生纠纷，最好暂时将税款交由总税务司或领事团保管。"③

由此可见，税款由总税务司或领事团保管的主意，是总税务司和英国公使
共同策划的。之后，安格联向朱尔典直截了当地提出要求："我需要时间来把
中国的关税置于我的也就是外国的控制之下，而且在没有成功之前，千万不要
做什么事来限制我的行动。"④ 安格联取得朱尔典的谅解之后，便放手大干特
干了。他于 11 月 3 日向全国瞩目的上海江海关税务司墨贤理发出指示："我希
望近来的事件以及皇室的让步可以阻止革命发展，阻止更多的地方加入革命。
如果任何邻近上海的口岸加入革命，有关的税务司在紧急的时候向你征求意见
时，我们的方针是这样的：关税是外债的担保品，因此，税务司应向有关方面
说明：为了避免外国干涉，关税必须以总税务司或领事团名义暂时存储"；但
他附加了一点，"如果有外国银行可以存入税款，最好用总税务司的名义。"
他还说："我正设法在长沙、宜昌、九江等口岸作这样的安排……"（11 月 3
日函）。一周后，墨贤理报告说："我把每天所收的税款，如数存入汇丰银行
您的税款账内。五天存入的税款已经超过九万八千两。""苏州、杭州、汉口、
九江等海关的大部分税款由我们代收。""还将您关于税款拨入总税务司账内

① 1911 年 10 月 23 日安格联致胡维德函。《中国海关与辛亥革命》，第 330 页。
② 1911 年 10 月 23 日朱尔典致格雷呈。《中国海关与辛亥革命》，第 340 页。
③ 1911 年 10 月 26 日安格联致伟克非电。《中国海关与辛亥革命》，第 95 页。
④ 1911 年 11 月 9 日安格联致朱尔典。《中国海关与辛亥革命》，第 331 页。

的指示转知有关各海关"（11月10日）。11月20日，安格联竟以第1858号通札，通饬全国各海关税务司："最近的事件使在设有外国银行的一些口岸，以本总税务司的名义开设税款账和船钞账是合适的。"通札指示在汇丰银行开设以下三种账户，即总税务司洋税账、常税账和船钞账。"在没有设立外国银行的口岸，而已有当地政府负责管理事务的地方，税务司受命获取税款并解交上海或广州的汇丰银行，……凡是没有设立外国银行的口岸，解交下列的汇丰银行：湖南各口（长沙和岳州）、汉口以上沿江各口（重庆、宜昌和沙市），汇解汉口；下游各口（九江、芜湖、南京、镇江）连同苏州、杭州、宁波和温州汇往上海；三都澳口岸汇往福州；其他南方各口都汇往广州。"① 这个通札是对海关税款保管权明目张胆的剥夺。从此以后，凡是革命军占领口岸的海关税款，一律被总税务司接管过去了。

海关的这种行为引起了军（革命）政府的不满，并在不同程度上进行了斗争。10月23日，湖南都督函致长沙关税务司伟克非，声明湖南已经宣布独立，并已接管海关和邮政局，要求职员们照常工作，改换旗帜徽章，并服从他们的命令。伟克非拒绝接受命令，并以罢关为威胁。他说："我是清政府的官吏，""总税务司命令我留下，我就留下；如果命令我走，我就走。"他要求"暂为缓换关旗徽章；如欲即换，则税务司等论理不能到关。"② 安格联接到伟克非的报告，当于24日和26日复电，"鼓励他们（关员）坚守岗位，"并指示把海关税款暂交总税务司或领事团保管。军政府则"建议税款存在大汉银行，军政府和税务司都不得动用。"但伟克非按照安格联的电示，坚决反对。军政府表示："尊意欲将一切税款用总税务司名义存储汇丰银行，未免成为片面之契约，断难承诺。"并提出"一最良好办法，即以湖南关税名义存储汇丰银行；但动用之时，必经军政府允许；否则，无论任何人不得擅行支取。"伟克非以驻长沙英国领事，"尚未奉钦使命令承认此军政府"为理由，坚持税款暂用总税务司名字存储汇丰银行；"一俟大局安定，再行商订一切，"仍以撤退海关人员为要挟③。安格联要求伟克非坚持斗争，并说："我在到处都想办法使海关成为一个中立的机构，在总税务司管辖之下，照过去一样征收关税，

---

① 《总税务司通令》第2辑（1911—1913），第155、176—184、274—275、448—449页。
② 1911年10月23日伟克非致安格联第49号函。《中国海关与辛亥革命》，第93页。
③ 1911年11月6日伟克非致安格联函及附件。《中国海关与辛亥革命》，第100—101页。

归入总税务司账内，代借券持有人保管。"①

此外，宜昌、汉口、汕头、蒙自、思茅、福州等起义口岸都发生了类似的斗争；但在安格联统一指挥下，各口税款最后都被剥夺得一干二净。

总税务司一方面剥夺了起义口岸各关税款的保管权，另方面对于残留在清朝统治中少数海关的税款，也多方面想法剥夺。这样的海关大多在北方，特别是在东北。其中津海关是清政府统辖下唯一重要的海关，所以成为安格联主要的剥夺对象。10 月 29 日他指示该关税务司欧森说："无论如何，为了解决财政上可怕的混乱，外国不久总是要干涉的。如果可能的话，应当取得〔海关〕监督的同意，把关税存入汇丰银行。"② 但是津海关道却说："只有天津每月分担偿付债赔款项的六万两可从税款账内拨付，其余税款都应当归省库，用以发放军饷。""如果不发饷，很可能闹乱子。"欧森要挟说："凡是革命党控制的口岸，他们都同意将税款专作偿还外债赔款之用，以便维持国家信用，防止外国干涉。如果还在清政府控制下的口岸不照样办，革命党可能废止这样的办法。如果他们这样做，并动用其控制下的各口岸的税款（约为全国税款总数的百分之九十），那么，他们所得的款项将大大有利于他们的事业，对于清政府的事业则将造成更大的危害。"海关道却坚持："没有独立的口岸仍照旧办理。"③ 这样，税务司剥夺津海关税款保管权的活动，一时没有能够得逞。

天津以外，还有哈尔滨、珲春、安东、牛庄、胶州和大连等海关。据安格联说："我以为中国政府过去认为这儿几处的税款不在担保范围之内，这样说大致是不错的。"④ 既然如此，总税务司就没有能够以偿还外债的理由夺取它们的税款了。但是武昌起义爆发后，由于革命形势的冲击，11 月 20 日到期的英德洋款本利约 8 万镑，未能如期偿付，这是暂时的现象；但朱尔典却以此为借口，照会清政府外务部，声明此款是以中国关税担保的。"坚决要求采取步骤将全部关税归总税务司管理；不但已经脱离〔清〕政府的口岸海关，就是尚归政府管辖各海关也要这样办。"⑤

---

① 1911 年 11 月 12 日安格联致伟克非函。《中国海关与辛亥革命》，第 103 页。
② 1911 年 11 月 24 日安格联致欧森函。《中国海关与辛亥革命》，第 280 页。
③ 1911 年 11 月 28 日欧森致安格联函。《中国海关与辛亥革命》，第 280 页。
④ 1911 年 11 月 23 日安格联致朱尔典函。《中国海关与辛亥革命》，第 383 页。 1911 年 11 月 3 日安格联上格雷呈。《中国海关与辛亥革命》，第 330—351 页。
⑤ 《关税纪实》，第 21 页。

为了保管税款，各口海关就得自行设所征收。当时各口间有未设银行的，或已设银行但信用不著，各口海关便自行设立收税机构，自行征收关税。税款既为税务司征收，中国政府也就保管不了。

1912 年 1 月初，当公使团已就接管中国海关税款作出了《办法八条》的决定时，安格联高兴地函告江海关税务司墨贤理说："听说列强终于都同意由银行委员会处理债款问题，并接受了我的建议……为了做好准备，我已经开始将税款向上海调拨。到这个月底，我的洋税账内差不多将有四百万两了。我远在北京，不便处理偿付债款问题……"（1912 年 1 月 5 日），决定授权江海关税务司处理。于是，江海关税务司取代了海关监督，负起经管偿付债款的任务了。

第四节　清政府关于"全国各关税项 暂由总税务司统辖"的决定

早在 1911 年 10 月 23 日安格联就向税务处帮办大臣胡维德提出确保关税偿还债款的要求，现在起义口岸的军政府纷纷要求保管、动用海关税款；与此同时，公使团也就夺取海关税款保管权的问题作出了决定。于是，安格联加紧怂恿胡维德把尚归清政府管辖的海关税款，"毫无保留地交给我（安）经管。"[1]

这里应该特别指出：清政府把全国海关税款交给总税务司保管的实现，这是朱尔典迫成的。朱尔典在接到胡的英德借款利息和本银八万镑尚未偿付的报告，马上用照会通知清政府外务部，声明英德借款是以中国关税担保的，现在到期不能偿付，"坚决要求采取步骤将全部关税归总税务司管理。"[2] 清政府在朱尔典的压力下，只好把中国关税款保管权交给总税务司。

清政府面临着来自革命方面的致命打击，当然不甘心让税款落入革命党手中，同时对于来自英国公使的压力，无法招架。于是只好把全国税项交给总税务司统辖。兹将决定全文录下：

---

[1]　1911 年 11 月 23 日朱尔典上格雷呈。《中国海关与辛亥革命》，第 343 页。
[2]　1911 年 11 月 20 日安格联致朱尔典函。《中国海关与辛亥革命》，第 332 页。

税务处札行总税务司。

为札行事，准外务部咨称：前准领衔英朱使请将全国款项由总税务司统辖，以待拨付洋债、赔款，等因。当经本部片行度支部核复去后。曾准片复称：全国各关税项由总税务司统辖，以待拨付赔款洋债之用，系属暂时权宜之计，应行照办，等因，咨行查照转饬遵照前来。本处查各海关税项暂由总税务司统辖，以备拨付洋债赔款，既经度支部核准，自可照办。除通行外，相应札行总税务司遵照办理可也。

须至札者。

宣统三年十月十六日处字第二三七三号①

据此札，则不但宣布独立省份的海关税款尽归总税务司掌握，连不在抵押债、赔款项范围的一些海关的税款也尽归总税务司掌握了。这个卖身契约虽说："系属暂时权宜之计，"但是身处于"四面楚歌"中的清朝统治阶级，自己的生存已属难保，哪里谈得上结束这种"暂时权宜"的局面？所以这个说法，只是为其出卖关税主权以图苟延残喘遮羞而已。

安格联接到这个札文非常得意。他在发给各关税务司的通札中说："政府批准这种在税务中违反先例的事情，使得现在有可能在全中国按照近乎一致的方式进行〔税款的保管〕了。"这就是总税务司剥夺全国海关税款保管权的真相。

总税务司所以能够实现这样的剥夺，主要是凭借列强半个世纪以来长期经营的外籍税务司海关制度。在这个制度下，海关行政权完全操在外籍税务司手中，并以总税务司为首脑；各口海关税务司只听命于总税务司。因此，只要总税务司一声令下，各关税务司便积极响应，并有充分权力予以执行。因为这个制度是代表列强的利益，所以在华各国的使领馆，都极力支持。正是有了这个制度，所以当各关税务司和革命政府争夺税款保管权的时候，都一致借口海关的中立性和完整性以及关税担保债赔，拒绝接受军政府的命令。这里不妨举个例子。当福建都督孙道仁要求接管闽海关行政的时候，税务司单尔答复说："海关是实行文官制度的机构，它是中立的……不能与现在规章、办法或条约条款相抵触。""其次，海关这个机构是所有各通商口岸海关组成的一个不可

---

① 《总税务司通令》第2辑（1911—1913），第179页。

分割的整体，以总税务司为首脑。因此福建各口岸海关就不能任意脱离其他海关而改隶于福建临时政府。"① 1911 年 11 月 30 日，厦门关税务司巴尔在"呈闽都督孙道仁省字第十七号"中也申称："本年十月初九日接奉贵都督札开，以本都督奉中华民国军政府命令，继起义师，拯救同胞，俾脱清政府之虐待，改建共和政体，已将福州口岸占领。所有有关税务司辖下新、常各海关，均归本都督暂行监理云云……等因；奉此。查海关税课向系抵押外债等款，现时若欲使外国不能出为干预，必由总税务司将此税银设法守护，而已故敝税司已自九月二十日起，业将厦口商人所完各税自行征收，即将此等税银归入总税务司名下，寄存汇丰银行，号曰'总税务司特别税课存款名目'。似此妥为保存，丝毫不伤，以候大局定后为限，殊属妥洽之至，似不必改交领事团或领事团所举之人名义，汇缴汇丰收储可也。况敝税务司有闻得在厦领事团云：'伊等此次有接到贵都督来文，所拟海关税课暂存办法等由。当经金复，以此等事宜应归驻京各钦使主政，均与伊等无干，等语。惟敝税司复查，目今各口所收税款，准其暂行统归总税务司保理。鄙见厦门此际既将前项税课由关直收，寄存银行，自属万全，毋庸再由贵都督派委来厦接管银号等件。倘必再行派人到厦会办，万一阻此办法，或恐外国出而干预，较为不美，而敝税司亦委系无权承认也。'……请烦察核施行，实为公便，须至申呈者"②。由此可见，要是没有这一套特殊的海关制度，没有各关外籍税务司的卖力，总税务司要在一两个月内把全国海关税款的保管权剥夺净尽，那是不堪想象的。所以安格联对各关税务司在剥夺各关税款过程中那种"准备有素，临事措施适宜，并在某些地方处于危险和不安的情形下，应付并克服了不平常的困难"，表示了无限的"感佩之忧。"

总税务司既已统辖全国各关税款，清政府便令总税务司拟具处理税款办法。安格联据以拟具了四项办法，经度支部批准，兹录之如下：

一、凡口岸收入税银事宜，未经总税务司接管者，如哈尔滨、珲春、山海、安东、大东沟等关，应转行各该监督，即将所有税银，交由该关税务司，转寄上海汇丰银行，存于总税务司征税项下，备付洋款。以后各该关续收税银，即照经乱各关，一体由税务司管理。所有大连、胶海两关征收税项，除胶

①　1911 年 11 月 28 日单尔致安格联第 18 号函。《中国海关与辛亥革命》，第 182 页。

②　《申字稿簿》，无页数，厦门海关档案室藏。

海关进口税应津贴德国租界之款外，一律由总税务司解沪，备付洋款。

二、所有九龙、拱北两关征收之税厘，向来均系解交两广督宪查收。自西历本 1911 年 10 月起，亦应一并归总税务司解沪，备付洋款。

三、应请各国驻京大臣选派外国银行委员会，商定何项洋款应行尽先付还，暨预备各项付款定制，并接受总税务司按照定制随时所应交之关税。

四、应请由所选派之外国银行委员会，将中国各项借款，安排暂缓归本；俟所收税款积有成数，再行归还。在此暂时间内，按期照数只付利银①。

公使团对独立口岸各关税务司剥夺税款保管权的支持，主要是依靠驻各口领事对新生的军政府的胁迫和炮舰政策。当湖南军政府和长沙关争夺海关行政管理权和税款保管权时，朱尔典就应安格联的请求，电令驻长沙的英国领事佳尔斯和长沙关税务司伟克非合作，帮助税务司设法以总税务司或领事团名义把税款暂行保管起来。差不多与此同时，汉口也发生了同样的问题。朱尔典认为："就汉口来说，税务司进行交涉，无疑得到当时停泊江面的大批外国军舰的支持。在长沙的一艘德国小炮舰，也发生道义上的作用。没有在中国内地住过的人是不容易理解这种作用的。后来终于商定将所征税款以总税务司名义存入汇丰银行。"② 宜昌的军政府最早要求宜昌把税款交给商会，"以备接济司令部饷。"在进行交涉时，英国领事和一艘英国炮舰到达宜昌，和税务司的斗争互相呼应③。

广州粤海关接管税款，税务司梅乐和与军政府直接达成了协议，看来似乎没有经过什么斗争；但是安格联还是提醒梅乐和说："永远不要忘记，他们（领事）是在暗地里支持你的，任何对于海关的无理干涉，列强也不会容忍。随时和〔英国领事〕杰尔逊保持接触。"④ 他还指示重庆关税务司斯泰老："尽最大努力取得全部海关税款。""作为最后一着，你可以要求领事协助。"（安格联对斯泰老第 25 号函的批语）

云南都督蔡锷坚决要求接管蒙自关税款，税务司谭安在无可奈何的情况下，只得求助于驻云南的英法领事。谭安就这件事报告安格联说："我觉得已经没有办法使他们改变看法，因此决定请求英国领事巴特勒和法国领事韦尔登

① 宣统三年十二月二日外务部致朱尔典照会。《中国海关与辛亥革命》，第 345—346 页。
② 1911 年 11 月 23 日朱尔典上格雷呈。《中国海关与辛亥革命》，第 341 页。
③ 1911 年 10 月 28 日宜昌关税务司葛礼致安格联函。《中国海关与辛亥革命》，第 70 页。
④ 1911 年 11 月 17 日安格联致梅乐和函。《中国海关与辛亥革命》，第 310 页。

协助。他们马上答应了。第二天我们三人在约好的时间，到达军政府。巴特勒首先发言。他很直率地说："'蒙自关税务司必须遵总税务司的指示收取税款。'"蔡锷坚不答应。"在韦尔登的协助下，我说我们一定要等候北京的指示，不能照办。两位领事在上次会谈时已经声明要向英、法两国驻北京公使报告这件事。"① 江门关税务司烈梯也向革命军要挟说："如果海关财产遭到任何侵犯或者关员遭受任何干扰，我立刻就走，由他同各国领事和炮舰去解决！"

各起义口岸的海关税款就这样地被总税务司一个一个地接管了。清政府管辖下的海关税款，也在英国公使胁迫下交了出来。

第五节　总税务司把中国税款的保管转移公使团和《税款归还债赔各款办法》的出笼

如前所述，早在 1911 年 10 月下旬，安格联就和朱尔典商定把各关税款从海关监督掌握中剥夺过来，交由总税务司或领事团保管。安格联并于 11 月 3 日电令江海关税务司墨贤理转知各口海关遵照办理。墨贤理据此指示，向上海领事团提出建议，将江海关税款存入汇丰银行总税务司账内，以便拨付海关经费并偿还外债。领事团把这个建议于 11 月 6 日打电报给公使团领袖公使朱尔典。各国公使对于接管中国海关税款保管权一事，当然一致同意；但把税款存入英国汇丰银行，意见就不一致了。开头朱尔典同意用原有的庚子赔款银行委员会取代汇丰银行保管税款，使签订《辛丑各国和约》各国都得均沾保管税款的利益。但当他和安格联商谈时，安格联认为借款合同明确规定，关税系按优先次序担保偿还庚子赔款以前英、德、法、俄四国的债务的，其次才轮到偿还各国的庚子赔款，因此，应当另行组织特别委员会，确保偿付庚子赔款以前的四国债务；如有余款，再交给庚子赔款银行委员会。安格联于 11 月 10 日在给朱尔典的信中曾说："不必恢复过去的庚子赔款银行委员会来办这件事，以免机构庞大，不易管理，并防止引起与庚子以前所借外债无关的问题。"这些话显然是为了确保债款份额最大的英国的优先利益。朱尔典于 13 日召开公使团会议，当场宣读安格联关于这个问题的节略。当时在中国关系最密切、势力最强大的是英、德、俄、法四国，在它们的把持下，会议终于决定向和关税担

---

① 1911 年 11 月 27 日谭安致安格联第 2944 号呈。《中国海关与辛亥革命》，第 267 页。

第二十章　海关总税务司在辛亥革命混乱政局中夺取
中国关税税款保管权

保债务有关的上海各国银行总董征询意见，组织特别委员会，并把组织方案提
交公使团。

11 月 23 日，上海各外国银行总董在麦加利银行开会，会议通过六条决
议，报经公使团修改补充，共为八条，称为《税款归还债赔各款办法》，王铁
崖编的《中外旧约章汇编》则作《管理税收联合委员会办法》①。《办法》虽
然决定仍以庚子以前以关税作抵各洋债银行和庚子赔款各国银行的总董组成，
但却着重指出："关系尤重之各银行，即汇丰、德华、道胜三家，应作为存管
海关税款之处"（第二款）。这就使和中国债务最有关系的四个国家，在税款
保管问题上，取得了一致的意见。《办法》还规定："应请总税务司筹备由各
收税处所（指各口海关新设的收税机构），每星期汇交上海一次之办法"（第
四款），并请总税务司将净存税款，"于每星期均分，收存汇丰、德华、道胜
三银行，以作归还该项洋债及赔款之用。上海应由此项存款内，按照各洋债先
后次序，准其届期提拨付还"（第五款）②。清政府把《办法》一字不改地全
部接受下来，并称为《外务部与公使团协定之关税归还债赔办法八条》。各公
使把这个办法分别呈报本国政府。1912 年 1 月 3 日，各有关国家政府复文到
齐，公使团再度开会，并对总税务司所提四项办法付诸讨论。关于《办法》
第一、二项将全国关税交给总税务司管辖一事，早经清政府批准；第三项关于
选派各国银行委员会一事，亦经各国认可。但对第四项关于外债"先付利息，
暂缓还本"一节，各公使均借口借款合同已作了规定，未便擅改，不能采用。
公使团所提《办法》亦经一致通过。至此，各国通过总税务司强行接管中国
海关税款保管权的工作全部告成。

根据《办法》的规定，总税务司的权力从半个多世纪以来局限于关税征
收，一跃而兼任保管税款的任务了。总税务司规定，各口税务司征收的税款，
除额定海关行政经费及其特准就地指拨各款得随时开支外，其净存款项，一概
汇交上海汇丰银行总税务司洋税、常税两账内存储。汇款期间，大关大约是每
星期一次，小关是每月一次或两次。总税务司复在外债关系尤重的汇丰、德
华、道胜三银行，立有总税务司债务款。又因《辛丑各国和约》规定把通商
口岸的常税抵押给庚子赔款，所以在经收各国赔款的各外国银行，也立有总税

① 《中外旧约章汇编》第 2 册，三联书店 1957 年版，第 795 页。
② 《总税务司通令》第 2 辑（1913—1914），第 304 页。全文见本书附录一。

务司赔款账。汇丰银行每月分四次，将总税务司洋税账内的存款，按三份均分，摊存于经理债务的三家外国银行的债务账内；总税务司常税账内的存款，则按 1912 年各国驻沪银行委员会与江海关商定的成数（和 1902 年各国协定摊分赔款成数无甚差异），分配于经收各国赔款的外国银行赔款账内。所有到期应付的各项债款和赔款，概委江海关税务司依照成案或总税务司特别训令，由银行的债务账内和赔款账内，分别提款拨付①。

从这一系列的税款保管办法看来，总税务司实居于主要地位。因为一、所有各关税款在汇交上海汇丰银行之前，都由总税务司在各口的代表——税务司征收保管；二、各关税款都汇解上海，分存于外国银行，特别是汇丰银行总税务司的洋税账、常税账、债务账和赔款账内；三、债赔款项的支付根据江海关依总税务司的训令办理。由此可见，税款现款虽然存储于外国银行，税款的保管和动用，虽须经过公使团的同意；但实权则操于总税务司手中。

第六节　税款保管权的丧失对中国财政经济的影响

随着海关税款保管权的转移，税款的支配动用权也转移了。南京军政府曾要求金陵关税务司把巡警月饷、邮电厘金，每月由税款中提拨的衙门经费约 1,600 两、大胜关和其他常关税款，按月支付。这些款项是清朝循例的拨款；但该关税务司卢力飞却拒绝拨付。他说："非有总税务司的明确指示，不能照办。"安格联也指示说："除非经我特别批准，不得从税款中拨付任何款项。……未经列强同意，从税款中拨付衙门经费也是不合法的"（1911 年 12 月 29 日卢力飞函和安格联的指示）。并说："从税款内扣款，只能由我，或经我批准，由税务司办理。"② 宁波关在清朝统治时，应付给地方三成船钞，六成罚款；但安格联却批示说："这些款项暂由总税务司保管，以待最后决定处理办法"（1911 年 12 月 2 日柯必达第 97 号函）。东北海关如哈尔滨、珲春、安东和牛庄，据安格联向朱尔典的说明，所征税款本来是由海关监督管理，"他们处理税款时不必问税务司或总税务司。天津海关的税款，虽然用总税务司的名义存储，……但自己对税款并不担负责任，而且清政府要他汇解，他只能照

---

① 《总税务司通令》第 2 辑（1911—1913），第 155、176—184、274—275、448—449 页。
② 1911 年 12 月 6 日安格联对烈梯第 83 号函的批示。《中国海关与辛亥革命》，第 235 页。

办。青岛和大连两海关的税款本来一直是用税务司名义存储银行的，但是总税务司必须奉外务部命令并向税务司下达时，税务司才能动拨税款。"① 这些税款本来是清政府留充行政经费的，现在一律被接管，中国政府不能动用。其经中国政府特准提拨的经费，如哈尔滨、营口、安东、北平和北洋防疫处河海防疫的经费，海河改善河道、顺直水利委员会、永定河修防、疏浚辽河、修浚闽江、广东治河、河海测量、烟台海坝工程以及属于临时性质的十项特提等有关公共福利的经费，也得申请公使团批准；否则不得动拨。这样，公使团俨然成为中国关税的主人了。

公使团对于庞大复杂的债赔保管、偿付、动拨和特提经费内容等，茫然无知，一切都得征询总税务司的意见。这样，总税务司就得以从中操纵。总税务司既是各国在中国利益的代理人，他的意见当然也为公使团所重视。所以公使团在批准动拨税款时，总税务司的意见显然占据主要地位。正因如此，后来广东革命政府通饬总税务司摊分关余时，责成总税务司要对摊分事宜负责，"如摊分不成，则该（军）政府不问公使团是否同意，将执总税务司以负此项失败责任。"② 安格联在革命政府压力之下，通过了"斡旋"，果然使革命政府分得了 13.7% 的关余。总税务司地位的重要性，由此可见一斑。

如前所述，列强剥夺海关税款保管权的最大理由，是用以拨付以关税为抵押的外债和赔款。从 1917 年起，因为关税征收激增，所以除了偿还当年应付的两款份额以外，尚有剩余，这就构成了所谓关余。如果列强保管海关税款是用以偿付债赔两款的，那么，关余就不在偿付之列，当然要归中国政府自由动用，列强自无置喙余地。但是"列强驻在北京使节，因与中国有条约关系，当时颇认为中国关税之安全关政之完整，与各国有深切之影响，故声言中国政府应经过征求公使团同意之正式手续，方可动用关余。"③ 公使团还借口《办法》对于拨付债赔两款所余款项的处置未作规定，且所有税款既存于指定各账内，其余款如需动用，自应经签订《办法》的双方同意。这样，中国连属于自己的关余也无权动用了。

从以上事实可以看出，各债权国，特别是它们的代理人总税务司，不但剥

---

① 1911 年 11 月 23 日朱尔典上格雷呈。《中国海关与辛亥革命》，第 393 页。

② 《关税纪实》，第 559 页。

③ 《关税纪实》，第 635 页。

夺了海关税款的保管权，还剥夺了税款的动用权。总税务司垄断中国的财政，就是在这个基础上发展起来的。安格联是把总税务司、海关和垄断中国财政联系在一起的。他毫不讳言地告诉税务司谭安说："关于外国管理中国财政问题，不论采用什么形式，我总是争取通过我来进行，这样办最能保障海关的安全。"[①] 可见他总是力争通过垄断中国财政来保障总税务司的地位和海关的"安全"的，而垄断海关税款的保管权则是实现他垄断中国财政的第一步。

中国税款保管权既被剥夺，连不在债赔担保范围的税款甚至关余也被囊括去；全部税款都在公使团、总税务司掌握之中，存储于外国银行。列强既以挖家底的暴力方式把关税剥夺净尽，当然无须动用武力；中国债信正是在这种丧失关税主权的情况下维持下去的。

总税务司和列强对中国税款保管权的剥夺，是明显的横暴劫夺，中国所付的代价太大了，后患无穷。

列强保管中国海关税款的现金数额是庞大的。据海关收支报表的收入部分看来，1911 年全年的收入约 4,400 万关平两，到 1927 年增至大约 7,000 万关平两。这么庞大的现金存储于外国银行；加上这些银行发行的纸币，中国的金融市场就为外国银行所垄断了。这就产生了如下各种弊害：第一，当市场筹码不足，金融紧迫时，失去了调剂营运的作用。早在英、德、俄三大借款和庚子赔款确立之后，每年应付债赔两款，本息便达 4,200 万余两，其时皆存于上海各银号，平均每月有 350 万两可供上海市面的调剂。辛亥革命以后，所有海关税款都存储于外国银行，当金融奇紧之际，便失掉调剂作用。于是，市场纷乱，利率奇高。这对工业的发展甚为不利。第二，本国资金，归外商运用，于是外商日富，华商日绌，对外贸易为外商独占，越陷越深。第三，国际汇兑完全操诸于外国银行，国库就得经受高率汇兑的损失。总之，这种情况对中国工商业的发展极为不利，特别是阻碍了银行业的发展。不仅如此，总税务司还得以掌握庞大的税款为关键的一步，进而垄断中国财政，其为害尤不可胜言！

以上这些情况说明，中国海关税款保管权的丧失，对中国财政、经济的发展起了极大的阻碍作用。

清政府移交税款保管权给总税务司，原"系暂时权宜之计"，《办法》也有"届中国政府复能偿还洋债之时为止"（第三款）的规定。但是，清朝统治

---

① 1911 年 12 月 2 日安格联致谭安函。《中国海关与辛亥革命》，第 268 页。

崩溃之后，辛亥革命胜利的果实被袁世凯篡夺。袁世凯及其后起的北洋军阀，不但不想收回税款保管权，甚至把中国的税源一项一项地交给总税务司，以便凭借他所掌握的财政力量，大行举借内债，延长他们的垂死统治。因此，税款保管权迟迟不能收回。日本高柳松一郎对于这种情况，曾作过如下评论：在中国，"暂时的办法，往往变成永久之制度"，"革命以来，已经数年之久，秩序屡坏，财政愈穷，此项权利至何日始能收回，殊属疑问。"这是军阀混战和军阀与海关结合的结果。

第二十一章

民国前期海关的行政组织和人事管理

第一节　海关行政组织的扩大

　　民国建立时，海关总税务司署仍由部级的税务处统辖，它的隶属关系不变。税务处的督办、会办都是由大官僚、大资本家、大财阀如蔡廷干、孙宝琦、梁士诒、周学熙等地位很高的官员担任。

　　总税务司署在整个民国前期，不断扩大。它所属各机构的名称，大多改用民国时期的新称。总税务司署的组织从 1874 年以后便固定下来，基本不变；直到民国建立之后，才有了较大的变化，其下分设五科二处：

　　总务科。1910 年，清政府税务处乘赫德请假回英机会，撤销他私自委派的副总税务司。所遗职务归总务科税务司管理。在总税务司请假或外出时，总务科税务司代理总税务司职务。总务科税务司，协助总税务司处理关务。是各科中最为重要的科。

　　机要科。专司机要文件。设税务司一人，协助总税务司处理一切机要事务。此科事务全归洋员管理，华人从不参与。

　　汉文科。管理各关汉文报告及总税务司与政府间往来文件事宜。设正副税务司各一人，由洋员通晓汉语文者充任。

　　会计科。主管人员原为稽核税务司，后改为会计科税务司。还有一名副税务司襄办。会计科主要是审核海关经费的收入及各项会计账目；编制全年预算；管理海关职员的储金及养老金账目；管理海关所有财产；兼司债、赔款项。

　　总税务司原设有私人秘书之类的录事司，由副税务司充任。1912 年 4 月，录事司改为总税务司秘书，隶属于总税务司署新设的铨叙科。1921 年 4 月，总税务司秘书从铨叙科划出，单独设立。

铨叙科。设税务司一人，掌全科事务，又设副税务司一人襄办之。该科主要承总税务司之命处理全国海关职员的录用、分配、迁调、考核、晋级、奖惩等人事事务。

造册处。原设于上海，现仍不变。管理编制及印刷统计，提供各关账册文具事宜。设正副税务司各一人，华员为署缺。

驻外（伦敦）办事处。名义上是采办海关物料，招用洋员，并支付洋员来华旅费等，实际上是总税务司驻伦敦的外交代表。设税务司一人。

总税务司原驻上海，总税务司署也设在上海。1865 年，清政府和各国的关系日趋密切。清政府官僚对于外国事务了解不多，办理洋务感到棘手，迫切需要像赫德一类人物的匡助。总理衙门"决定〔赫德〕应把北京作为他的总部，并得到〔恭〕亲王认可"，而且"无论如何从今〔1865〕冬开始。"① 从 1865 年冬直到 1928 年 10 月，总税务司署一直设在北京，前后达 63 年。总税务司署在通商各口设立税务司署，即各口海关。据 1928 年《海关题名录》的记载：是年全国海关计有瑷珲关、滨江（哈尔滨）关、珲春关、延吉关、奉天关、安东关、大连关、山海关、秦王〔皇〕岛关、津海关、龙江关、东海关、胶海关、重庆关、万县关、宜昌关、沙市关、长沙关、岳州关、江汉关、九江关、芜湖关、金陵关、镇江关、江海关、苏州关、杭州关、浙海关、瓯海关、福（三都澳）海关、闽海关、厦门关、潮海关、粤海关、九龙关、拱北关、江门关、三水关、梧州关、南宁关、琼海关、北海关、龙州关、蒙自关、思茅关、腾越关②等 47 关。

通商口岸划归海关管理的常关，计有山海常关、津海常关、东海常关、宜昌常关、沙市常关、九江常关、芜湖常关、江海常关、浙海常关、瓯海常关、福海常关、闽海常关、厦门常关、潮海常关、粤海常关、江门常关、梧州常关、琼海常关、北海常关等 19 处③。

各口海关仍设有海关监督署，名义上是监督税务司署，实际上和清朝时一

①　《赫德日记》，第 719—742 页。《中华帝国对外关系史》第 2 卷第 51 页说于 1865 年 8 月在"北京设了总税务司公署"，误。

②　《海关题名录》（1928 年），第 91—113 页。

③　《海关题名录》（1928 年），第 194—202 页。

样，只是税务司署的傀儡，没有实权。海关监督原来拥有收纳税款、保管税款的权力，辛亥年间，税款保管权继征收权都为税务司所剥夺，海关监督的职权，更不如前了。

各口税务司署，是总税务司署的直辖机关，它是总税务司署方针政策的执行机关。各口海关的组织，繁简不一，要皆视各口的业务情况而定。兹以上海的江海关和福建的厦门关为例，详加叙述，以见其组织的一斑。

江海关设在上海，据黄序鹓民国六年《海关通志》的记载，其组织计分11台（Desk）：

一、大写台（Head Desk），即总务处，为各帮办集中处所。总理内班一切事务。

二、验单台（Duty Memo. Desk），管验单处。稽查进出口货物之应付检验与否与税率之适用；兼理给付船钞证书事项。

三、进口台（Import Desk），即进口货经理处。掌接收装货、卸货一切书类，给付进口免税执照事项。

四、内地单台（Transit Desk），即内地货经理处。掌关于通商口岸与内地间通过货物事项。

五、结关台（Clearance Desk），即结关经理处。掌接收出口货单，给付出口准单事项。

六、出口台（Export Desk），即出口货经理处。掌检查经过验单台之出口报单，并给付出口红单事项。

七、存票台（Drawback Desk），即领存票处。掌接收出口报单，决定其货物应付检查与否及关于损伤货物，装剩货物与复出口货物应否发给存票免照事项。

八、管洋药暨关栈事务所（Opium And Bonded Cargo Desk），掌管鸦片之进口及复出口，保存关栈之货物事项。

九、派司处（Pass Office），掌司进口货物请领派司事项（派司亦税单之一种）。

十、发存票处（Drawback Office），掌管及保管海关监督所发存票事项。

十一、码头捐台（Wharfage Due Desk），掌关于征收码头捐事项。

以上是征税部的内班组织，至于稽察、查缉的外班组织不包括在内，可以说记载不完整。

厦门关的组织，据民国《同安县志》的记载，系按内班、外班、海班不同业务性质人员组成各机构，叙述颇详，兹略述如下：

一、内班（Indoor Staff）下列各房属之：

甲、大公事房（General Office）分台如下：

A. 大写台　督率所属员役，签发护照、准单等重要文件。各台事例有疑义时，应为适当指告。遇有临时发生或特许事件，承税务司之命，分别准驳。

B. 进口台

C. 出口台

D. 复出口台

E. 结关台

F. 饷单台（The Duty Memo. Desk）：（一）、指挥外班查验货物；（二）、按照税则钞率分别征免；（三）、批进口出口税及船钞之税率，掣发验单。

G. 号头台（The Numbering Desk）：登录进出口船只号数，分别填注于进出口货报单。

H. 出口总单台（General Certificate Desk）：登记出口船只号数，分别填注于出口货报单。

I. 核对台：核洋货复出口之报单。

J. 问事台（The Enquiry Certificate Desk：（一）、关于通关手续之询问；（二）、关于商人报关完税之询问；（三）、掌管错误报单之更正事项。

乙、派司房

丙、存票房

丁、关栈房（The Bond Office）：（一）、受理洋货出入关栈之拨单；（二）、监督关栈。

戊、内地运单房

己、综核房（The Duty Record Office）：按照验单存根，核计税钞征收总数。

按：以上五房均属大公事房之大写台。

庚、总结房（The Returns Office）：主管关于统计材料之整理及本口贸易册之编制事件。

辛、文案房（The Secretary Office）：主管印信之典守，职员进退升降之记录，文件之收发及其他不属于各房文书之撰译并保存事项。

壬、账房（The Pay Office）：主管会计稽核经费出纳事项。

二、外班

总巡房，置总巡一人，督率巡务。所属有验估、验货、铃〔钤〕子手、巡役，就地巡役，均归节制。验货以上多系洋员；近年华人有擢为二等铃〔钤〕子手及三等验货者。

三、海班（Coast Staff），理船厅（Harbours Masters）属之，掌后列事务：甲、关于指引船只停泊处所之事项；乙、关于管理港内浮桩、锁链绳索及其他海上冲突预防之事项；丙、关于装载危险品之港内火灾、风信等之警备事项；丁、关于检疫及其他卫生事项；戊、关于商船之测量检查事项；已、关于其他应行会同外班办理之事项。

各关分设理船厅，上海、广东为专职，厦门由总巡兼办，其所属有指泊所、管理标志栈房、巡江吏等，皆洋员充任。

第二节　海关人员的"职位分类"和安格联
关于工程局人员的设置

海关的人事管理制度是从西方资本主义国家移植过来、结合中国的半殖民地实际而建立的，其中为列强侵夺中国海关主权而设置的殖民统治，是大可非议的；但从管理学的角度来看，有其一定的科学成分，仍可作为我们的借鉴，人员的"职位分类"就是其中的一种。所谓职位是指符合法定标准的公务人员所承担的职务、职权和职责，所谓职位分类是一种以人的职位作为主要依据的分类方法。先将所有职位按工作种类、业务性质的不同，横向划为若干职门、职组和职系，然后再根据工作性质的繁简难易、责任轻重、所需资格条件等划分职级，并将它纳入适当的职等。这种分类法是以事为出发点，强调行政的性质和要求，要求专职专才，适才适用，因事设人而不因人设事。

海关为征税机关，本来只有征税一种业务，全体人员只是根据征税业务的需要划分为内班、外班两个职系；其后，又增设了海班，共为三系。1868 年，海关兼办海务业务，于是又增设了"船钞项"（Marine Deparment），因而海关人员划分为征税和海务两部门，即"征税项"和"船钞项"。后因为兼管同文馆，又增加同文馆人员；以后增设了邮政，又增加了邮政人员。其后，同文馆归并京师大学堂，而邮政局归辖于邮传部，于是海关又回到征税和船钞两项职务，其人员也只有征税和海务两项了。

1912 年，继任总税务司的安格联对于人员的管理做了较大的改变。这就是于征税和海务之外，又增加了工程局。安格联认为："由于建筑和财产事务日益增长其重要性，组织一个新的海关部门，叫做工程局的，已经是非常合乎需要了"。这个工程局是要把"征税和海务部分所属的财产和设备事务，在一个负责的技术官员管理下，可以按照一种系统方法加以处理"。随着这项人员的设置，海关的各项人员就得重新划分了。总税务司通令指示：从 1912 年 6 月 1 日起《海关题名录》人员分为三个部分：

一、税课司，即原来的征税项：

    1. 内班　　洋员

      内班　　华员

    2. 外班　　洋员

      外班　　华员

    3. 海班　　洋员

      海班　　华员

二、海政局，即原来的船钞项：

    1. 巡工科（Coast Inspector's Staff）洋员

      巡工科　　　　　　　　　　　华员

    2. 理船科（Harbour Staff）洋员

      理船科　　　　　　　　华员

    3. 灯塔科（Light Staff）洋员

      灯塔科　　　　　　　华员

    4. 运输科（Marine Staff）洋员

      运输科　　　　　　　华员

三、工程局

    1. 营造科（Engineering Staff）洋员

      营造科　　　　　　　　　　华员

    2. 图画科（Office Staff）洋员

	图画科		华员
3.	督工科（Out-door Staff）		洋员
	督工科		华员①

据 1913 年《新关题名录》的记载，内班、外班、海班的汉名有了改变，并把各部分的华洋人数统计如下：

税课司——
- 征税科（内班） 华 1,146 人 洋 319 人
- 稽查科（外班） 华 3,373 人 洋 876 人 以上共华 4,995 人
- 巡缉科（海班） 华 476 人 洋 43 人 洋 1,238 人

海政局——
- 巡工科 华 无 洋 11 人
- 理船科 华 330 人 洋 30 人 以上共华 1,045 人
- 灯塔科 华 453 人 洋 60 人 洋 104 人
- 运输科 华 262 人 洋 3 人

工程局——
- 营造科 华 无 洋 4 人
- 图画科 华 无 洋 3 人 以上共华 0 人
- 督工科 华 无 洋 8 人 洋 15 人

统计：华 6,040 人。

洋 1,357 人。以上共 7,397 人②

海关人员虽划分为三个部分，但以税课司人员最占重要，人数也最多，约占全部海关人员十分之八以上。各口海关的首领是税务司，所有税课、海政、工程人员都是在税务司统辖之下；但税务司有关海政事务，必须得海政局首长——巡工司专门知识的支援；有关技术方面事务；必须得工程局首长总营造司的技术援助，由税务司总其成。

工程局总部设在上海。它主管海关地产、建筑物动产及海政局中的财产、灯塔、灯船、机械等技术方面的工作。工程局本身没有独立的经费；其经费是从税课司和海政局方面支拨的；也不增加人员，其人员是从原有两个部门调整过来的。工程局的业务，本来是分辖于海政局和税课司的；为了加强它们的力量，所以划归特设的工程局去管。

工程局的首要任务是编制计划，编纂各海关地产与建筑物的技术档案。同时对所有建筑物逐步进行视察。每一建筑物三年视察一次，而且必须保管历次

---

① 1912 年 3 月 25 日总税务司通令第 1887 号。《总税务司通令》第 2 辑（1911—1912），第 247—248 页。

② 《海关题名录》（1913），第 4 页。

视察的系统档案。

各口岸税务司必须于每年 8 月 31 日以前按年寄送现有建筑物必须修理、规划中的工程等完整清册、连同它们的费用的精密估计寄交工程局，同时把抄件寄呈总税务司。

每年 12 月 31 日以前，工程局要呈给总税务司一个关于各口海关清册的摘要，连同一个基于其上的来年工程计划及费用的估计。在必要时候，得由税务司建议，按照现在的管理章程，经过或者没有经过总税务司特别批准的次要修理。

总营造司可以自行视察，或者派他的属员视察任何海关，并在到达前一个月通知有关税务司，并把抄件送给总税务司。税务司要把建筑清单和商人估计费用交视察人员，由视察人员进行技术上的修改，然后共同把决定提交总营造司审核后，退回有关海关执行。

工程局的技术力量是从税课司、海政局调整出来的，对于整个人事管理制度没有什么根本改变。

第三节　海关人员的等级

海关人员按照职位作了横的划分之后，又按等级作了纵的划分。这个划分，非常复杂，极为细致。兹据 1924 年《海关题名录》的记载，节录于下，供读者参考。

甲、税课司人员，分为征税（内班）、察验（外班）和巡缉（海班）三个部分：

（一）征税科——专司货物征榷及一般行政事宜。其人员有：总税务司、税务司、副税务司、署税务司、暂行代理税务司、署副税务司。

洋班帮办：下分超等、头等、二等、三等、四等。超等分为特班、前班、后班；头等、二等、三等、四等分为前班、后班；零用帮办分为正前班、副前班；正后班、副后班。

华班帮办：分为超等、头等、二等、三等、四等前、后班，未列等。

杂项洋员：翻译、疋头技士、寄顿处执事、速记书记员、速记员、速记打字员、监事、印刷所经理、总校对员、试用校对员、印刷员、管理物料员、看守公所、差遣童、管理栈房、医员。

（二）稽查科——专司货物验估及防杜走私。其人员分为超等总巡，署理超等总巡，头等总巡前、后班，署理头等总巡，一等总巡前、后班，署理二等总巡，三等总巡，署理三等、四等总巡前、后班，署理四等总巡。

超等验估，验估前、后班，署理验估。

头等验货前、后班，二等、三等验货前、后班。

超等、头等、二等、三等、四等、试用钤字手，就地巡役。

杂项：寄顿处执事，莫干山调养主管妇，私盐巡役，值宿员，汽车司机，女缉私员，汽锅匠。

总税务司署、江海关、潮海关还设有额外巡役、更夫、分卡巡役。

（三）巡缉科——专司海关巡缉船只驾驶缉私事宜。其人员为：管驾官、管轮正、管轮副前、中、副后班，管轮正、管轮副正前班、副后班、巡艇弁。

（四）华属征税科：同文供事，超等前、中、后班，头等、二等前、中、后班，三等前、后班，试用，另用，就地，副校对员，见习。

各关分别酌设文案，司书，教读，录事，管账。

（五）华属稽查科：设有华班钤字手前、后班，超等前、后班，头等、二等、三等、四等前、后班，试用。

另设称货巡役、水手巡役、跟役、听差、信差、差役、轿夫、门役、更夫、匠役、杂差等。

（六）华属巡缉科：设有水手、火夫、舱役。

乙、海政局人员

（一）巡工科：设有巡工司、副巡工司、巡江工司、副巡江工司、巡段江工司。

巡江员前、中、后班，管驾正、管驾副前、中、后班。

小轮工司、测量师、监事、供事、另用供事、绘图师、绘工、匠董。

杂项：黑龙江河道专门顾问、监事、河道监事、管理储存所、泅水匠、无线电技手。

（二）理船科：设有理船厅，总巡兼办理船厅事宜，帮办理船厅，指泊所、海洋测量师，副海洋测量师，供事，火药栈司事；巡江吏、供事头等、二等、三等、试用。

杂项：门役。

（三）灯塔科：下设巡灯司，灯船船主，大副，超等值事人上、下班，头等、二等、三等值事人上、下班。

灯塔值事华人。

（四）运输科：下设管驾官，管驾正，管驾副前、中、后班，管轮正，管轮副正前班、副前班，正后班、副后班，船主，哈尔滨关就地小轮工司，哈尔滨关就地巡艇弁，哈尔滨关就地杂项。

（五）华员运输科：水手、火夫、舱役。

（六）海政局华属：值事人、指泊手、巡役、火夫、听差、匠役杂差。

丙、工程局人员，按其工作性质，分为：

（一）营造科，下设总营造司、营造司、副营造司、建筑司、副建筑司。

（二）图画科，下设监事、华班帮办、供事、零用供事、绘图师、绘工。

（三）督工科，下设工师、匠董。

（四）工程局华属：匠董、机器匠、听差、水手、匠役杂差。

常关人员：常关设征税科、稽查科。其人员视情形酌设：副税务司、洋班帮办、华班帮办、文案、录事、洋班验货、称货，洋班铃子手、华班铃子手、古董技士、哨夫、巡役、水手、跟役、听差、信差、匠役、杂役等。

从上列庞杂的等级，我们可以看出：

一、华洋人员界限分明。

二、华洋人员总数 8,259 人。其中华属 6,964 人，洋员 1,295 人。

　华属占 84.32%，洋员占 15.68%。税课司 6,434 人，占全关人数 77.90%；海政局 1,779 人，占 21.54%；工程局 46 人，占 0.56%。

三、洋员均任领导或要职，华员大部分为铃子手、巡役、水手、听差、信差、轿夫、门役、更夫、杂差等低级人员。

这是 1929 年海关改制以前的一般情况，体现以洋制华的民族歧视政策。

第四节　征税部门的分工

海关的根本任务是征收出入国境的货物及运输工具的关税，所以海关集中力量于征税部门。为了更好地履行征税职务，海关的征税部门根据征税任务的要求，早就划分为内班、外班和海班三个部门。资本主义国家的征税机构，大都分为管理部和监视部，中国海关税务部门也是仿照划分：内班是管理部，外班和海班属于监视部①。

税务部门内、外班之分，至少在赫德初任总税务司时就已经存在；但是一直到1867年，"外班人员总是在一种不确定和不能令人满意的基础上服务的"，而且"他们很少受到关怀，他们的服务不受重视。"因此，"本总税务司（赫）对于存在着许多混乱的地方，更加乐于尽量使它有秩序些，有计划些，而且让其中许多占有非常重要地位的部分稳定下来，同样地履行一种重要性质的服务。"② 由此可见，在1867年以前，就有了内外班的划分；而且一开始，外班就"很少受到关怀"，"他们的服务不受重视"，所以"外班人员是在一种不确定和不能令人满意的基础上服务的。"1869年，内外班大致稳定下来，华员通事也确定了，赫德据以制定《中国海关管理章程》。《章程》把征税人员划分为内班与外班两个部分。《章程》对于内外班的薪俸、升迁、假期都作了规定。税务部门划分为内外两班的格局大致形成。这个格局在整个近代海关的人事制度中，从未改变。

从当时人员的分布与机构的关系来看，内班人员主要分布在总税务司署和各口海关的要害部门，主要是总务课。外班人员主要是分布在验估、稽查、巡缉部门。内班集中在海关总部办公室内办理审核、征税、发证等业务；外班是在码头、验货厂、轮船等场所执行查验、巡缉业务的。

一般说来，各关总务课握有一关大权，一切重大业务决策，都由其决定；总务课还是通关过程的重要环节。它由税务司、副税务司、帮办等地位较高的人员组成（帮办是台的负责人）。在一些支关，即使如供事（后改为税务员）的低级职员，也可以指挥外班各级人员，安排日常工作。这就形成了内班指挥外班的格局；而且由于进出口主要手续集中在一个机构之内，使重大问题的报告等集中到总务课高级职员，如税务司、副税务司或帮办统一汇总，分析，反馈，为总税务司的决策发生了一定辅助作用③。

海关对于内外班的文化水平要求不同。内班人员大多由伦敦办事处推荐或招聘来的，要求具有普通大学的教育水平，不少是哈佛、耶鲁、剑桥、牛津等大学的高材生，文化层次较高；华员帮办和供事需要增加时，基本上也是税务

---

① 《中国关税制度论》第3编，第3页。

② 1867年9月19日总税务司通札第14号。《总税务司通札》第1辑（1861—1875），第172页。

③ 以上参阅詹庆华：《中国近代海关内外班制度述略》，打印本。

专门学校毕业生见习一年并通过考试、成绩优良的才补上。至于外班人员则对身体素质、品行有一定的要求，对于教育程度要求较低。如铃子手从二等提升为头等或超等，只要求能流畅地写、读和准确的计算。由于要求不同，报酬待遇也有所不同，甚至两者悬殊。

必须指出，在外籍总税务司统治下，内外班制度都被利用作重洋轻华、以洋制华的工具，因为内班的高级职位都操在洋员手里，而以华员为最多的外班尽居于低下职位，这就把内外班制度敷上了民族歧视色彩，有利于洋员统治。

第五节　统一货物估价和验估课的设置

海关征税业务中，最感困难的是对货物价格的估计。中国通商口岸的广泛性和复杂性，使得估计工作更加艰巨。

总税务司认为，早期中国对外贸易包括的应税商品，相对的少，所以验货的估计工作简单。现在生产力发展，科学发达，对外贸易的商品种类繁多。有许多商品项目在税则中找不到，验货非有较高技术和专业知识不可，按理应有学校一类的机构加以培训；但是海关的迫切需要，不许可等待训练，唯一可能的乃是像内班人员学习汉文那样自我学习。

安东、大连、牛庄三个海关，为了解决货物估价问题曾联合举行会议，进行商讨。在会议中有 14 种出口商品和 75 种进口商品的价格取得了一致意见。这个办法为一些口岸的税务司所赞赏，认为可以推广到其他各口岸。总税务司根据地理、距离以及其他条件，指定一些口岸为中心点，并认为天津、汉口、广州、上海和厦门可作为中心，企图把围绕中心口岸的各口岸的货物估价、通过集会研究、通讯形式，取得比较一致的价格。总税务司要求中心口岸所包括各海关，编出进出口货季度价格目录表，并建立图书室等①。

1918 年 14 个国家在上海举行了修正税则委员会。在最后一次会议中，美国代表团建议一切货物的价值，不论其为从量或从价，不再容许以任意而为的方法，或轻信商人的申报，随便加以确定。海关赖发洛力主成立一个验估课，以一个直接对总税务司负责的验估税务司主持其事。这样一个机构，据他说，

---

① 参阅 1915 年 4 月 2 日总税务司通令第 2357 号及附件。《总税务司通令》第 2 辑（1914—1916），第 147 页。

不但可以搜集对将来修订税则大有贡献的货物价值的正确可靠材料，而且还可以杜绝商会和商人对从价货物的差别待遇经常发出的怨言。这种差别待遇并不必然发生在不同的口岸，即使在同一个口岸也往往有甲商按合同价值，乙商按发票价值，丙商却又按照他本人和海关商定的价格缴税的情形。

美国代表认为"市价"一词解释作为公平的批发市价，应按照进口口岸的实际发行市价课征；并且应该在上海设立一个估价总局。局长应该是税务司一级的官员，全权掌理一切有关海关报税的商品的估价。以分设在汉口、广州和天津各口岸的估价分局局长为辅助。修改税则委员会虽然具有同情，但是认为不应该深入到细节去的建议。所以通过了一项议决案，拟请中国政府："按价征税之办法，请将大口岸估价员之地位提升，以便改良估计之一切事宜。"①

在1920年6月间，上海开始指派一个副税务司负责主持新成立的验估课。这个试验成功，所以总税务司在两年半之后，就得利用它，作为一个保证一切口岸划一华洋货物关税待遇的机构了。为防止地方规章中产生混乱情形起见，总税务司通令各关，将各税务司对任何货物的关税待遇所作的任何决定，在他本人没有核准以前，一律为暂时性的，更为了使各口税务司能够将这类暂行决定连同它的一切详细情形尽量向他呈报起见，他责成他们必须按定式表格，逐项填明，一律寄由上海税务司转呈，以便上海税务司将上海办法和实行该项办法的理由，一并填入②。

第六节　关于帮办任用问题

帮办为海关的高级人员。举凡各关各课，各房各台的首长，均由洋帮办担任。洋帮办向例以曾受高等、普通教育而品行良好、身体强健的青年为条件。总税务司用人的方针，仿照驻华英国领事馆办法，重在录用之后的实际训练，期能养成良好的事务官。因帮办所任事务，无须专门高级知识，所以不要求太高的教育程度，但仍须有相当学历。1899年，日本公使为增进海关的日本势力，曾函询总税务司关于帮办录用问题。副总税务司说明了帮办任用办法如下："一、帮办由总税务司于一切缔约国人民选择任用之；二、帮办由总税务

① 《中国关税沿革史》，第424—425页。
② 总税务司通令第2952号。引自《中国关税沿革史》，第419、427页。

司友人选任，或由本人之履历、品性得有切实保证时任用之；三、候补人年龄从 19 岁起至 23 岁止；四、候补人应为未婚的；五、候补人须先试验英、算、地理及近代语，然后任用。其标准须与欧洲各国高等文官有相当的社会地位，或有高等教育程度的；六、候补人数目超过所采录名额时，须行甄别考试；七、检查体格时遇有肺病、心脏病、遗传病以及太过近视者，均不录用；八、人品能力及华语等项若有不及格者，即经采用，总税务司亦得免其职。"[1]

至于华帮办，自 1913 年以来税务专门学校优等毕业生，得免试任用；但供事中优秀的亦得升为帮办。

税务处创办的税务专门学校，到 1913 年 2 月已经 4 年，学生已届毕业。这些毕业生如何安置，税务处曾向总税务司查询。"查总税务司办理海关有用人之权，历来华洋人员均归其进退升调去取。目下华员帮办究竟缺额若干，此外别项缺额能否以该生递补之处"，要总税务司"详查申复"。总税务司当即申复："窃维新关所用华人，向分两途，一为帮办，一为供事。按照关章，各人进关应由下级递升。以税务学校学员之程度，自宜于帮办，而不宜于供事。""现拟变通向章，特准入关者派充帮办，此后作为常例；但海关帮办缺额有限，""就目下情事而论，实难安置该校如许学员。总税务司详为参酌，今年似可暂不委实额，先行送赴各关，由税务司历练，俾各该学员实地见习，以一年为期。应送往某关暨薪水若干，由总税务司核定。""在此一年内，新关如需人之处，即可由各见习员内选拔数人，提充关员"（1913 年 2 月 8 日税务处税字第 356 号令）。税务处当即据以令税务学校校长，"将甲班毕业生函送总税务司酌派各关见习"（1914 年 6 月 16 日税务处饬利字第 80 号令）。据此规定，税务学校毕业生还要增加一年见习时间，才得升为帮办。

1914 年 6 月，据总税务司向税务处的报告，"民国二年所派之见习员，总税务司均按各关税务司所报，择其优者酌升数人为四等内班帮办，月薪关平八十两；俟有缺额列为帮办，或编入三等乙班供事之列，仍支关平六十两。""至民国三年，税务学校毕业生，亦拟派往海关充当见习，月薪关平五十两。俟一年期内，其程度不足升帮办者，或帮办缺额无法升补者，即编为三等内班供事，月支关平五十两。嗣后该校毕业生派入海关，均拟如此办理。"[2]

[1]　《中国关税制度论》第 3 编，第 40—42 页。
[2]　民国四年三月九日税务处令第 234 号。《总税务司通令》第 2 辑（1914—1916），第 302 页。

1922 年，四等后班帮办月薪提高至关平 100 两，三等内班供事月支关平 55 两；到 1925 年，税务学校毕业生见习一年之后，"分三等支薪：成绩最优者月支关平 100 两，稍次者或以帮办缺额无法升补者，可升为三等中班供事，月支关平 70 两；其不足擢升帮办者概行编入三等后班供事，月支关平 55 两。"

税务专门学校培养的学员，是要充当海关高级人员如帮办、税务司等，以期逐步改变洋员统治的局面；但安格联最多只让提升为帮办，从无一人升为税务司者。因此，税务专门学校办学的目标无法达到。

第七节　鼓励关员久任的制度——关于酬劳金及强制退职和养老金的规定

海关为鼓励优秀的富于经验关员久任及终身任职，除了给予优厚的薪俸以外，任职一段期间又发给赏金或酬劳金，从 1926 年起还实行养老（退休）金制度，这是海关人事制度中值得称道的措施。

海关发给关员酬劳金的制度，始于 1876 年，其性质和年终赏金相同。酬劳金系为列名《职员录》的关员而设的。赏金则为未列《职员录》的员役而设的。

凡列名《职员录》的关员，服务海关届满 7 年的得享等于 12 个月薪俸的酬劳金一次，其底薪以该员在职所支月薪为标准。退职时，自上次核发酬劳金之翌日起算至退职之日为止，按比例计算。

未列名的员役，每年 1 月间得享年终赏金一次。服务满 1 年者，得享等于 1 个月底薪的赏金；服务未满 1 年但已满 1 个月者，按比例计算。

海关华员届新年得领赏金一次，后按 1865 年规定的办法发给。这个办法，大抵在关平 10 两以下者，得享等于 1 个月薪饷的赏金；超过 10 两，但不超过 50 两者，得享等于月薪 1/3 的赏金；超过 50 两但不超过 100 两者同。超过 100 两者得享等于月薪 1/4 的赏金。后来，洋员中有人因关系申请退休，服满 10 年者，发给等于 1 年薪饷的赏金；超过 10 年者，每超过 1 年，多发两个月薪饷的赏金。

最初仅洋员离职才得支领酬劳金，1865 年，在职洋员服务满 10 年发给等于 1 年薪饷的酬劳金，1907 年改为凡税务司、副税务司、帮办或监察长如因病退职回国，其服务满 5 年者，得享等于该员 6 个月薪饷的酬劳金；满 10 年者得享 1 年；满 20 年者得享 2 年；如因他故退职者，得享 3 个月。

1919 年 4 月，所有洋员除巡役及杂项职员外，一律得享 7 年领取酬劳金的福利。

最初，华员每届新年发给赏金一次，1871 年，停止发给年终赏金，改发酬劳金，唯规定服务满 12 年者发给一次。1929 年 3 月，国民政府规定海关华洋人员待遇一律相同，于是除帮办及同文供事可于服务届满 7 年享有一次外，所有其他列名《职员录》的华员，均得比照服务满 7 年发给酬劳金的规定①。

中国海关人员的待遇，是仿照各国文职各机关的办法；但有一点不同，就是中国海关从来未曾对已满预定年龄的人员加以强制退职，即合法退休的规定。当海关创始尚未多历年所时，此项规定的必要性不大；但当海关创设已历 70 余年时，筹设一项规定以便强令年老人员退职，实为当务之急。总税务司安格联以为当前没有年老人员退休的规定，妨碍了年轻关员的上进，年老关员尽占高位，而因已到衰龄，工作能力已逐渐丧失；年轻关员则因所有高位尽为老年关员所占据，自己无晋升之望，因感触望而不能积极工作。这有碍海关工作效率的提高；还有，年老关员皆望于颓龄引退之时，享有足以颐养余年的赀财，俾可乐于桑榆暮景，优度岁月，这也是合理的要求。因此考察了西方各国情形，决定对于关员的退职人员，由国家发给终身年金，或为实俸二分之一或四分之一不等。从前海关曾发给关员酬劳费一项，酬劳费本意原以替代养老金的规定。但因所发数额不足养生之用；即使存储起来，或投资企业生息，到退职时仍不足以保证生活，所以非改变办法，不能解决养老问题。

10 年来，年老关员辄催请当局筹设养老金。现在海关已和邮政机构商定，将从前协济邮政的款项 72 万余两的银子作为基础，筹设养老金，实行强制退职办法。

安格联指定税务司阿其苏拟定办法，商酌多月，最后完成《拟定海关人员强制退职暨养老金以及强制储金办法》。《办法》第一条"绪言"称：此项办法"为所有海关人员至预定年限时强制退职，腾出升进之阶级，借以增进海关之功效"；"为对于此项退休人员予以资助，俾暮年得有养赡"；其因体弱而退职之人员"予以资助，或在职身故之关员，其遗族亦予以资助。"这是整个《办法》的精神。1919 年 12 月，办法拟定，呈经税务处批准。

---

① 叶伦会编撰：《中华民国海关简史》，台湾"财政部关税总局" 1995 年版，第 85—86 页。

退职后发给养老金。其办法为：凡强制退休，洋员年满 60 岁，或内班在职 40 年、外班 35 年；华员服务 40 年，又华洋人员身弱多病，经医员诊断不胜职务者，均应强制退休，得享养老金；但总税务司认为得力人员，得令其照常供职。其洋员在职未满以上年限者，每少 1 年，应扣 1/40 或 1/35，照此类推。其因病强制退休者，应按在职年月比例扣算；其因病自行告退者，不给。洋员按照退休年份全年薪额，按 3 先令 4 便士合关平银一两折合金款，以其数四分之一为年金；华员受一次银款养老金，其数以足敷购退休年份全年薪额四分之一银款年为标准。华洋人员俸额均按实缺作算，以月薪一千两为限，月薪在一千两外者亦作一千两算。至年金计算法，按欧战前英国政府所订年金计算率，由海关编成一表，并由退休人员陈请托某国某机关或某公司代购，其基金由海关照拨。

此外，还规定强制储金办法。华洋各员新入关的，由月薪内提百分之六，以月薪一千两计算。月薪在一千两以外者亦作一千两算，由海关代储生息，每半年结利息一次。旧有人员愿否，听其自便。将来拨还办法分为四种：一、强制休致时；二、自行告退时；三、本人病故时；四、免职出关时。在第一、二、三项均本利全数发还，第三项本人病故，交由遗族承领。第四项，如系普通免职亦将本利全给；若有亏空公款或损害税课等情，应行抵扣，由总税务司随时核定[1]。总税务司宣布从 1926 年 1 月 1 日开始实行。

海关人员退休养老规定，是安格联在人事管理方面一大创举。这个制度建立之后，海关人员不但在职时有优厚待遇，退休之后生活也有了保障。这样，关员不因错误过失而轻易牺牲工作。这对保持关员工作的积极性及廉洁作风有促进作用。但这个办法对于华洋关员显然是不平等的。1923 年 4 月 3 日总税务司通令第 3397 号才改为：洋员和华员服务 35 年自动退职养老的，一律按比例享受各种利益[2]。

第八节　海关人事管理存在的问题依然不变

赫德制造的一套华洋人员管理的民族歧视政策，安格联变本加厉地继承下

---

[1]　1920 年 2 月 20 日总税务司通令第 3006 号，附件。

[2]　《中国近代海关历史文件汇编》第 3 卷，第 688 页。

来。1906 年税务处成立，赫德意识到"如果不是旨在永远消除海关洋员，也是永远消除洋员的征兆"（赫德致西塞尔函语）。他知道歧视华员的统治办法不可能继续下去。为了挽救外籍税务司制度的危机，重新取得清政府的信任，他主动颁发了一个通札，要求各税务司："嗣后如遇用人之际，再不可多用洋员，漫无限制。其洋员向来职掌，须陆续多派华员中之通英文者充当。总期各关司稿、司册、司账等项要公，多归华员经理"；并要求"务须认真实行，切勿观望"；而且重申了一次[1]。赫德不但说了，而且也开始做了。他第一次任命华员张福廷（玉堂）为亚东关署理税务司，任用华帮办 10 人。安格联继任总税务司的 16 年中；虽然不能不接受税务学校毕业生为帮办；但不曾提升一个华员到税务司级。在安格联任职的开头，洋员不是减少，而是按比例增加了。如 1910 年洋员为 1,468 人，占华洋人员总数的 7.6%；1911 年洋员因邮政划出而减为 1,345 人；但占华洋人员总数则达 16.6%[2]。这反映了洋员统治的加强。

第一次世界大战爆发后，一些欧籍洋员离开了海关，回国服役。总税务司对于这些人员作出了"不再雇用"的决定。

由于不少协约国关员离职返国，德奥关员又受排斥，洋员人数从开关以来第一次趋向减少。大战爆发前，即 1913 年，洋员总数为 1,357 人，到 1915 年减为 1,327 人；1917 年中国参战后，继续减至 1,259 人，1918 年又减至 1,148 人，较之 1913 年减少 209 人[3]。

洋员递减，安格联不得不招募华员以资补充，并把洋帮办的部分职务交给华帮办。但是增雇的华员，大部分只是充当任务艰巨的钤子手；至于从洋帮办交给华帮办的职务也只限于文书、会计等事务性工作。原来，"自德奥两国人员停职后，海关事务已移归协约国人员接办。华帮办及其供事等，为海关之大组合，且所负职务较昔尤重。其向为洋员所担负者，今兼而任之。"[4] 因此，华员按所顶替职务依次递升，或取代主管职务，这是合情合理的。可是，安格联宁可维持主要征税口岸洋员的足够人数，而让那些次要口岸暂时缺少人手。这样，当洋员复职时，华员仍得退出所任要职。华员大感不平。

---

① 中国第一历史档案馆藏，外务部档案第 3977 号。
② 据 1910、1911 年《海关题名录》。
③ 阅各该年《海关题名录》。
④ 陈向元：《中国关税史》，第 180 页。

大战结束后，总税务司为巩固洋员的统治，一变其原来决定，召回大战爆发后解雇的协约国洋员，并以参战奖金的形式发给停职期间四分之一的薪给，还发给本人及其家属来华的船票费用；此外，还在英国重新招雇洋员。这样，战后海关洋员人数又再度回升。

安格联任内华洋地位的不平等，还可参看下表。

1916、1925 年海关税务部门华洋职员任用一览表①

职分	内班												外班							海班			
	总税务司	税务司	副税务司	超等帮办	头等帮办	二等帮办	三等帮办	四等帮办	未列及见习等帮习	同文供事	文录案司书等	杂项	总巡	验估	验货	钤字手	巡役	杂项	水舱手役火夫等	理船厅	指泊所	巡管江栈理吏及房	供事
洋员 1916年	1	45	22	46	35	42	50	35	2	2		14	64	6	228	476	57	51		27	7	10	1
华员 1916年			1	4	3	6	15	46	28	622	485							33	3,375			457	13
洋员 1925年	1	43	30	30	43	21	30	20	13			23	83	30	300	363	24	45		33	10	30	1
华员 1925年			5	13	23	70	40	26		686	426							337	3,200			345	24

从上表可以看出，内班华员直到 1925 年担任税务司的没有一人，担任副税务司到二等帮办的才有 1—6 人，只有三等帮办以下的人数才较多。外班的总巡、验估、验货没有一个华员，华员只能位至钤字手；即使担任钤字手，也只能作为洋员的"补充"。厦门关税务司哈里斯在致总税务司的绝密函中说："我总是认为华籍钤字手可以作为洋员的一个有限的补充；但绝不能取代洋员。这句话是被普遍接受许多年的口头表达方式。华籍钤字手只有在他的外国同事的监督、引导、支持和指导之下才有某种程度的效率。让华籍钤字手自己——就缉私工作而言——检查拥挤在船上的旅客，搜查旅客行李，监视口岸的漏洞，或在船上进行认真的搜查，经常只不过是穿着制服装模作样而已。我本人和监察长休威特和士丘斯两位先生都持这种看法，几乎没有能够证明他们主动积极、随时准备到闷热的船舱搜查、在洋员不在场随时有效地处理在船上分配给他们干的工作。"总税务司 4 月份对江海关关员发表的演说中明确强调

---

① 《海关题名录》，1916、 1925 年。

这一点，"我们完全赞同这句话，外国人有一种在中国大众尚未曾有的个人正直标准。"①

华洋地位不平等，表现在华洋职员晋级上，潘忠甲在其论著中，曾这样写道："1925 年内班华员中，帮办 177 人，供事 686 人，竟无一人擢升至税务司或副税务司者。同其服务期间在 30 年以上者，计逾 10 人，积资如此之深，而充其量不过一超等或头等、二等帮办。其北京税专之毕业生，分派各关见习，期限一年，平均每年得提升为帮办者，也不过五六人，余所招募，均为供事。其任职在十年以上，得升迁至帮办者，不过百分之二三；而内班洋员，则入关即为帮办，一年半载，例得擢升，至多亦不过二年。故平均二十年后，即可坐升至副税务司，二十五年后，可坐升至税务司。每有华员入关，尚在洋员十年以前，而二十年后，一已累迁至副税务司，一为供事如故。穷通悬殊，言之增慨。"

税务学堂成立后，赫德曾确定一个原则，非税务学堂出身，不得任税务司。但是这仅仅是给华员一种愿望而已，并不意味着提擢华员充任税务司，这是一张遥远的空头支票，华洋不公的老问题依然存在。赫德时代，一个外籍年轻人，八至十年可任税务司，而华员假如顺利，实习期满考取四等二级帮办，二年一级地上爬也要 25 年。

入关数十年的华员丁艋仙上书总税务司称："今为最后而最要者，为等级之分别问题。此项问题，职屡次呈请，但未蒙嘉纳。如王锦屏，服务海关四十二年，始获得超等正前班同文供事之职位，有《职员录》可凭。然此项职位，他人尚未必可以达到，因有多人以年高之故，迫而告退，遂致《职员录》中，高级者尚多空白也。近年来洋内班中等级，业已重行分别，而于华人供事人等，则未之闻也。支给薪俸之标准，为前总税务司于一千九百零八年所订，今于供事中，仍然适用；不知现在生活，除受战事影响之外，已去昔时远甚！抑更有进者，海关升递之举，较之邮政、盐务等方面，最为迟缓。故职员等呈请供事中等级之分别，亟须研究，而升迁之举，须如此办法，以每两年升一级；供事中之等级，亟应缩少，而有功于职务、特别保荐者，更须正当奖励之亟也。"②

① 1920 年 9 月 22 日厦门关税务司致总税务司第 6299 号呈。厦门海关档案室藏。
② 《中国关税史》，第 180—183 页。

华洋生活待遇悬殊。从薪俸说："除税务司及副税务司不授予华员外，即同为帮办，洋班则初级每月薪俸为关平银一百七十五两，试用六个月后，即增至二百两；华员帮办初级为一百两，三年后始能增二十五两；且华员进级迟，洋员进级速。因之俟华员至二百两时，洋员至少至四百两。外勤华班，钤字手，薪俸系由四十五两至一百五十两；洋员钤字手则由九十两起级，至超等总巡或验估时，每月可支俸六百两。华、洋相差亦有四倍之钜。"[1]

洋员远涉重洋，适当地提高薪津，还有一定合理性；但其他生活待遇的悬殊，则极不合理。洋员宿舍，待遇特优，"不减富绅巨贾之居。设宿舍已满，另行租赁者，均由海关发给租金。租金之钜，竟有可抵中（华）员三四人之薪；且园丁门役，均由海关发给工资，陈设器具，亦皆由海关购置。华员则宿舍租金仆役均须自理。"

丁�仙还列举：

"（一）医药之设备　查海关定章，洋员及其妻室仆从等，均享有医药之照料，华员竟付缺如。海关聘用之医生，不过专供检验华人之体格是否合于服务之用而已。职员等以现有薪金，虽平居康健尚虞不能自给；苟遇疾病，则更有不可胜言者。且沪地延医费用之昂，实足令人惊骇。此职员等所以对于医药之设备，请求予以容纳者也。

"（二）房租之津贴　海关设有公寓，以为洋员之需；苟无公寓，则与房租之津贴。洋员远离国家，服务异邦，加以优礼，亦甚公允；但职员等无此津贴，亦觉困难。因华员中百分之九十五，无建置之家宅于各该服务之港口；若以有限之收入，付日长之房租，是诚难堪者也。

"（三）病假　海关定章，洋员呈请病假三月后，若不能销假，支取半薪。而华人只限一月后，即支取半薪，似此区别，亟宜废除，以昭公允。

"（四）长假　查海关定章，洋员服务满七年后，予以长假一年，照给全薪；而华员于服务四年或四年以上，只得两个月长假而已。故职员等，函请宽待，按照服务年限，酌与展期。

"（五）旅费之津贴　如遇更调等，洋员发给舟车之费，虽妻室仆从，亦沾此利益；而华员一切旅费，则出自私囊，故职员等函请给与洋员同等之待遇。

---

[1]　童蒙正：《外人管理海关之弊端》，《银行周报》第6卷第1号。

"（六）告退津贴　居帮办等级者，服务满七年后，可得告假津贴；而同文供事者，则十二年后，方可享此利益。是供事人员于三十六年中，此项津贴，始得三次；于同等期限中，帮办人员，能五次。洋员薪俸之优厚，既可以供应其超享之生活。故职员冒昧呈请对于此项告退津贴，为几年始能给予一次者，勿再有所区别，幸垂察焉！"

此外，海关规定一定等级的洋员必须懂得汉文或汉语，因此，凡学习汉语或汉文的洋员，准于例薪而外，年给津贴银 150 两；仅习方言的年给 75 两。

海关的人事管理，重内班轻外班，也是一大问题。

内外班之分，本系为工作之方便。但在海关，内外班门户之界，堂奥之序判然，划若鸿沟。重内班，轻外班，是海关人事制度的一大问题。

内班的构成，包括税务司、副税务司、华洋帮办、供事、华员文案、司书等。外班则由总巡、验估、验货、华洋钤字手、巡役、秤手、水手、听差、门役、水夫、更夫、木匠、杂役等低级人员组成，他们的地位，"外班不如内班。"① 从晋级说，内班快，外班慢。"其服务内班者，例得循序或越级晋升至高级职位；而服务外班者，则永抑于中下级。""查海关人事管理及奖惩之权，尽操内班之手，以此赏则重内轻外，罚则外重内轻。凡属有利关誉者，不记〔论〕大小功绩，论功行赏，尽归内班。而今内班服务十年以上而跃居高级职位者，不胜枚举；反之服务十五年至二十年擢升之外班人员，则仍列中下职级。"② 而且在原则上，外班不能转调内班，外班人员不得擢升为正副税务司。两者自成体系，不能互调。

从薪津看，内外班相差径庭。1869 年公布的《海关管理章程》规定的内外班人员的薪俸，便有很大差距。兹列表比较如下：

① 《中国关税制度论》第 3 编，第 13 页。
② 1946 年重庆外班向海关当局及国人呼吁。中国第二历史档案馆档案第 629—1136 号。

1869 年海关内外班人员年薪　　　　　　　　（单位：两）

内　　班					外　　班								
税务司	副税务司	头等中、帮办前、后班	二等中、帮办前、后班	三等中、帮办前、后班	超等验估	头等验估	二等验估	超等验货	头等验货	二等验货	超等铃字手	头等铃字手	二等铃字手
3,000 — 9,000	3,000 — 3,600	2,400 — 3,000	1,500 — 2,100	900 — 1,200	2,400	1,000	1,200	1,200	1,000	960	840	720	600

可见，当时外班最高职位超等验估的薪俸只相当于内班头等帮办后班的水平。1922 年的关员薪俸章程中，外班薪俸同样明显低于内班。外班最高职位超等总巡的薪俸只相当内班头等帮办前班、头等总巡前班相当于二等帮办后班①。

海关对内外班人员的要求及其职责既有不同，其待遇的差别也是合理的；这种差别应适当，不可悬殊。但是海关内外班的待遇悬殊，引起了外班人员极大不满，这种情况直至 1946 年还没有改变。是年，重庆海关总税务司署及重庆关全体外勤同人上总税务司文中记述其悬殊的情况："数年来内班打字员过班擢升帮办及文牍主任擢升副税务司、税务司，多至数千百人（？），且有三四年内过班连升数级者；而外勤人员除破格擢升三级署副税务司、冠以'外勤主任'之衔，仍列于内勤之下外，至中下级之晋升，则仍旧顺序以进，与内勤之特别提升相较，似感偏颇而欠公允。即以关员中最低级之本口税务员〔内班〕及本口稽查员〔外班〕而论，两者于录取时，原具同等学力，而一旦进关后，因职务上之不同，而分属内外班，于是前者因参与考试升为四等二级税务员，其薪金与二等稽查员同。一年后复升为四等一级税务员，其薪金与二等稽查员同。后者非仅不能参与是项考试，即前公布之提升为四等稽查员甄试办法亦因故迟未实现，两相比较相差悬殊，至为明显。再如超等稽查员一级，虽久经全体呼吁，仍未蒙明令废除。凡此种种之不平，皆属同人共同之痛苦。"呈文最后称："海关为税收机关，外班、查缉、验估工作之重要，并不稍逊于内勤之总务、文书，其待遇原应一秉大公，不分轩轾。曩昔内外勤之划分，本属职务性质之区别；今日显有据此而定尊卑之序，俨若封建时代之贵族

---

① 参阅孙建国：《南京国民政府初期海关人事制度述评》（1992 年硕士论文），第 16—21 页。

与平民阶级。""再就政府颁布之《铨叙法》而言，凡在政府机关服务三年以上者，应视为具有专科以上之程度；但海关现仍仅持入关时之学历，而忽视服务年限与工作成绩，借以限制其进展，且此种限制仅施于外勤人员，似有背于民主公平之原则，且与政府《铨叙法》之原旨不合。"因此要求"彻底改革"（重庆总署及重庆关全体外勤同仁签名盖章。民国三十四年十二月）①。

外班人员的不满情绪，到安格联任总税务司时，愈演愈烈。

这种悬殊现象，引起了外班人员长期的抗争。从 1917 年 10 月总税务司通令 2681 号中可以看出，外班由不满情绪发展到在报刊上发泄出来，到了 1919 年 3 月，由于德奥外班关员的撤退而加重了外班关员的工作负担，最后爆发了"运动"。包括上海、广州、汉口、天津各大海关的外班代表在北京集会，再度向总税务司提出改善待遇的要求。他们对薪给、请假、房租、家具、强制养老、缉私奖金、调动、值勤时间等问题都有意见，甚至认为"外班"这个名词"在全中国带来了耻辱。"这个词是为"维持人员的低下而保留的。""重内班轻外班的精神仍作为一种传统继承下来，成为海关人员团结的一大障碍。"②

另外，帮办这一职级，是"以洋制华"的民族歧视政策的体现。设关以来，帮办是作为"以洋制华"的统治骨干而存在的，一般都任用总税务司亲信或认可的洋员；至于华员则另设供事（后改称税务员）的等级以资容纳，但受帮办管辖。清政府为改变洋员统治的局面，曾设立税务学堂培养高级税务人才，以充任海关高级干部。但总税务司则加以抵制，凡毕业生加见习一年，延期升迁，又须俟缺额时才能酌升数人；又定缺额时酌升，没有缺额就不升了，以延长毕业生的升迁。这样，华税务员之进帮办等级的，一年只有数人。迳升副税务司或税务司的，更是凤毛麟角了。引起税务员极大不满。

---

① 此文载于重庆关区同人进修会编印的《关声》，民国三十五年四月发行。
② 引自 1919 年 11 月 1 日总税务司机要通令第 29 号。《总税务司机要通令》第 1 卷，第 56—59 页。

第二十二章

海关管理的特种业务

　　海关管理的特种业务相当复杂，凡是和进出口贸易有关的业务都尽量包揽。这些业务有的是和海关本身直接联系的，如贸易统计、关产管理；有的是不平等条约赋予的，如部分航政、港务；大部分是为了扩充海关权力而有意包揽的。其所以能够包揽职务外的许多业务，主要是因为清朝官员对于外国资本主义的新事物所知极少，有的甚至茫然无知，因此，没有专设的机构去管理，海关趁机包揽，以扩大其权力，意图使海关成为一棵盘根错节、根深蒂固的大树，任摧不倒。

　　这里所说的特种业务，有的是海关职务内的，更多的是职务外的。

　　海关管理的职务内外的特种业务，分节概述如下。

第一节　贸易统计

　　海关贸易统计，是海关业务之一。海关自 1859 年起便开始办理统计，连续出版刊物，直到 1949 年，共 90 年。海关出版的各种报告，都经精密编制，严格审核，所以是很有历史价值的经济记录，凡是研究中国对外贸易及关税的学者，莫不以它为根据。社会科学研究，直到现在仍然非常重视海关刊物刊印的数字和图表。海关统计，可以提供系统、确切的资料。兹就海关统计的发展、编制方法举其概要，作一综合的记述。

　　海关贸易统计的发展，依照以往编制的方法，可分为两个时期：第一个时期从 1859—1931 年，是人工编制。这一时期中，各关的统计，由各关的统计课，集中一关的报单，分类登记，核算制表，每年分季把制成的表册，送到总税务司署造册处（其后改称统计科）再汇总计核，编制全国的统计，加以印

行。因为登记核算全靠人工，所以工作缓慢，校对错误也相当困难。但这 72
年中，也分别出版了全国性的季报、年报、十年公报常关贸易报告，以及各关
自印的日报，内容涉及中国经济状况的各部门。在 1873 年以前，海关统计汇
总印刷工作是由江海关兼理的。这一年开始，海关总税务司署才设置了造册
处，地点在上海。由此孕育了以后集中编制统计的基础。

　　1928 年，国际联盟通过了一个国际贸易统计公约，其目的是统一各国统
计编制方法，并提早公布统计时期。中国为要加入这个公约，以增进统计地
位，经过详密的研究和调查以后，到 1931 年，便购买了第一批统计机器的全
套，从那年 8 月起，海关贸易统计的编制，便进入了划时代的时期，即使用了
机器，抛弃了人工誉录数字及核算工作。这一转变促使总税务司署统计科设立
了一个中央统计股，集中编制所有贸易统计，这就废止了旧的季刊的内容，也
因中国经济状况的变化，由一卷扩展到三卷或四卷；只有十年报告，到 1931
年已停止出版。其他临时为政府各机关及国内外各商业团体需要某种统计或资
料而提供的表格，更不胜繁举①。

　　海关贸易统计的编制方法，可分为：

　　一、程序

　　海关贸易统计改用机器之后，各种统计都由总税务司署统计科在上海集中
编制。所有全国各关收集的进出口统计报单，由各关按时送到该科，加以分组
校核以后，便把报单上各项目，逐个打在记录卡上。这些卡片经过专门人员审
核无讹以后，再经分类机及制表机的作用加以简化；简化后的卡片，便可以适
应编制各项表格。其后如需编制某种统计表，依表中的纲目，经分类机的排
列，即可在制表机上获得该表格的内容，再为缮校付印，出版问世。

　　二、范围

　　（一）报单的时间性

　　统计科根据各关所送的报单而编制统计；但是边远各关每月末尾数日的报
单，要到次月初旬方到达，所以这些报单的内容，不及列入本月份，而归入下
月份。

　　（二）货品的分类

　　海关所出各项统计刊物，其中商品的分类，完全按照《进出口税则分类

---

① 《海关制度概略》，总税务司署统计科 1949 年印行，十一、"海关贸易统计"，第 1—2 页。

须知》办理，凡不列入税则的免税物品，不包括在统计表之内。出口货物内，也不包括：1、出口旅客自用免税品，2、出关栈运往外洋的货物。

（三）报关

进口货物，要待海关一切手续办理完毕，经海关放行的，才列入统计，并不是到达中国或存进关栈的，都列入统计。存入关栈的货物，一定要待提出关栈报运入口以后，才予列入。至于出口货物是要确定已装船，才认为出口而列入统计。

三、内容

各项统计的内容，以商品价值、进口货原产国、出口货运销地、金银与货币以及邮包五项。此五项均有所说明，这里从略。

经济学家杨端六于 1930 年著有《六十年来中国国际贸易统计》，郑友揆于 1934 年著有《我国海关贸易统计编制方法及其沿革》两书，综合他们的意见，认为海关统计的优点在于：一、规模大，有资料根据，这是国内独一无二的刊物；二、能随时改良，使海关统计日趋完善。但是它的缺点有：一、统计货目的内容，有时芜杂不明；二、分类不合理；三、前后出版物不一致；四、贸易的数量方面及估价，尚有更精确的余地①。

第二节　关产的管理

早于 1925 年以前，总税务司署就已设置了关产股，起初仅限于管理总税务司署自有的关产，至于管理各关关产的机构，则属于 1912 年设置的营造处，在江海关内办公。处内分设工程及建筑二组，由总工程师主管。主要任务是编制各地关产的图册，视察关有房地，制定营缮方式，审核各关呈请修建房屋的估价，以便汇总签请总税务司核准，委派监工员前往各关监视营缮修理工程。其所管关产范围，包括属于税课司（税务部门）所有的房屋和装修，与海政局（海务部门）所有的房屋和灯塔设备及器材。至于水上关产，除灯船外，其他船只的营造修理则属于营造处。营造处在江海关内办公，一直到 1935 年 4 月，才迁回总税务司署办公，作为总税务司署关产股的一部分。但是抗战胜利后，关于建筑部分已另设建筑股。此后各关有关税务方面的关产、家具等的

---

① 《海关制度概略》，十一、"海关贸易统计"，第 1—9 页。

呈文和报表等，迳呈总税务司署发交关产股集中办理。至于有关海务方面的关产及港务工程文件，则须抄送巡工司、总工程师签注意见。

总税务司署关产股的职责，在抗战以前，其所管关产，仅属财政性质。旋因各关所置关产逐渐增多，管理范围愈形扩大；抗战以后，才从财政性质分开来。海关对于关产有一套严密的管理办法，具有如下各种优点：

一、各关税务司，对于所有关产事项仅仅提出拟议，不得擅自处理，这样，可以杜防越权处理的流弊。

二、土地所有权状之正本不在各关分存，必须送至总税务司署汇齐保管，以防散失。

三、各关动用家具，虽一桌一椅，必须经过总税务司署核准，方可购置；购到之后，并登入家具清表，这样办理，有案可查，不致遗失。

四、遇有一关裁撤，关产股可根据登记的册籍，查出有无家具可以拨给它关应用。使物尽其用，避免重复购置，虚耗公币；倘有一部分家具已经破坏，也必须呈准就地拍卖，将所得价款入账①。

第三节　港务管理

海关管理港务，系根据 1858 年《通商章程善后条约》第十款的规定，自是以后，税务和港务一直成为海关两大业务骨干，始终不变。关于各关的港务管理，以江海关最为典型。兹特就江海关港务管理方面加以叙述，以见一斑。当时航政、港务并未明确分开，航政方面均由港务机构兼管，兹将其详细内容叙述于下。

上海为当时东亚第一大商港，港口界线由吴淞起到龙华之鳗鲤嘴止，长几22 海里，华洋船只鳞次栉比，维持港内秩序，航行安全，为江海关港务课第一要务。港内河道深阔，在最高潮时吃水 32 尺之巨轮，亦能驶进。

上海港务工作由港务课负责管理。港务课的组织如下：

一、总务股　管理关于进出口船只记录、拖轮注册，易燃爆裂物品之移动
　　　　　　及发给各项准单等事项。

二、浮筒股　掌理关于浮筒租赁及指定系泊等事项。

① 《海关制度概略》，六、"海关会计制度"，第 8—11 页。

三、文书股　掌理关于文件、档案、职工记录表报等事项。

四、港口警察所　掌理维持港内水上交通及治安等事项。

五、港口消防队　掌理关于港内船只及码头消防事项。

港务长为一课之长，执行港口章程的负责人。港内违章事件，由其照章处罚或移送法院究办。港务长兼任上海浚浦局副局长。凡有关黄浦江疏浚及测量等事项，与该局维持联系合作。兼任交通部上海航政局船舶碰撞纠纷处理委员会委员，关于船舶碰撞发生纠纷者处于仲裁地位，提供意见等，职责甚繁。

江海关港务课有小轮"镜辉"、"镜光"、"海关第 125 号"及"海关第 155 号"等 4 艘，每日由港务员乘坐港内，维持交通秩序。港口警察所亦有"保平"、"保安"、"保泰"、"保海"、"保关"、"克生"、"勉力"等 14 艘，为警察出巡之用。

本课在浦东杨树浦及吴淞设有信号台三处，报告船只出入；又有问讯处一所，记录船只出入时间，以备查询。

上海港内遇有沉船，即由港务课接管，并即设置标识及通知船东限期打捞。所有标识及打捞费用归船东负责；其有逾期尚未捞起者，即由港务课派人代捞，所得船身及载货价值归入海关；倘该价值不足偿付打捞费用，其不足部分，仍由船东补足。

港口消防队，有救火船"普济号"、"沪宁号"及"海关第 150 号"，又有"木兰号"一只，为救火队员工休息及居住之用。各船平时泊外滩七号码头，有电话连接岸上，遇有火警报时，即开出施救。

"普济号"船长 160 呎，全船救火吨每分钟能喷射水 5,000 加仑。另一较小的救火船，每分钟喷射水 1,500 加仑，两船均日夜升火待发，一闻火警，立即驶出。

港口警察成立之始，仅外籍警察 7 人，华籍警员十数人，后因工作增加，逐渐扩充，列名警官，均属外籍。港口警察的主要工作为：

一、维持港口治安。

二、执行上海港口管理船只章程。

三、防止窃盗。

四、管理水运交通。

五、保护海关税收。

六、防止走私。

七、保护海关水上财产及一切港口设备①。

此外，还管理沿海及助航标志，拙著《中国近代海关史问题初探》已有专章论述，因内容太繁，兹不赘述。还有，部分航政如船舶的登记、给照、丈量、检查、引水（详第十四章）②等业务，亦由海关管理。

第四节　港口检疫

港口检疫也是海关兼管的一项特种业务。

港口检疫是于 1873 年由厦门和上海二处海关首先施行的。

1873 年，因为暹罗和马来半岛发生霍乱疫病，厦门和这些地方之间往来的旅客很多，为预防传染，厦门关税务司和各国驻厦领事会同制定实施《厦门口岸保护传染瘟疫章程》，决定对来自新加坡、暹罗疫港的船舶实施检疫。上述船只只许停泊在厦门港外头巾礁，不得移动或上下客货，必须听候海关医官登船检验，得到海关允许，方可起落旅客及行李、货物；违者罚办③。

同年，上海江海关对于来自有疫口岸的船舶，也采取了检疫措施，厘定了本口防疫章程，由上海道委任海关医员兼任本口防疫医员，办理检疫事宜。当时因有治外法权，对于各国船只及乘客实施检疫，必须获得各有约国领事的同意。1874 年重行颁发了一个章程，规定宣布某一口岸为有疫口岸，须由海关监督及领事共同决定。凡违反防疫章程的人应由管辖他的机关惩治。其后各口制定的防疫章程，大都以上海章程为蓝本。汕头、哈尔滨、瑷珲、牛庄、天津、烟台、汉口、宁波等处，先后都实施了检疫办法。检疫经费除消毒、熏洗、检验等费以外，或由地方当局津贴，或由海关税款拨助。各口检疫事务，大都由港口防疫医员（多由海关医员兼任）全权办理；但各关税务司对于本口防疫章程之实施及经费管理，负监督之责。

---

① 参阅《海关制度概略》，十二、"港务概述"（上海港），第 10—16 页。
② 出版者注：此处为原书章序号，因原书"晚清部分"与"民国部分"合并，此处约为本书第三十三章，为尊重原著，保留原序号。
③ 《厦门海关志》，第 283 页。

第五节　协助商品检验工作

商品检验于 1915 年开始。是年北洋政府税务处饬称："现美国农部新定律例，规定各项肉质输往美国者须经检验"，"税务处转知各海关，俟各警察厅查验执照实行后，商人报关时必须执此项执照，始予放行。"（民国四年三月三日税务处饬乐字第 439 号）虽然检疫工作已开始引起注意，但无专设机构加以管理，只是由警察厅兼管而已。

1928 年 12 月 31 日，国民政府工商部公布《商品出口检验暂行规则》，据此规定，工商部在各通商大口设立商品检验局，对于规定的几种商品，在出口时实施检验。凡经检验合格商品，由局发给证书；没有证书不得报关纳税、贩运出口。这个规定由工商部咨请财政部令海关协助执行。从 1929 年起，先后在上海、广州、汉口、青岛等处设立商品检验局，在福州、厦门、汕头等处设立检验分处，对于各项应施检验的商品，制定检验细则，逐一实行。最先实行检验的是牲畜的正副产品如油、肉、肠衣、蛋类及皮毛等，其后扩展到生丝、桐油、豆类、植物油类、棉花、茶、芝麻、果品、蔬菜、植物种子、柏油等。最初以输出国外的商品为限，其后规定在国内转口的商品如棉花、桐油等也要检验。以后更扩展到进口商品如蚕种、蜜蜂、糖品、火酒、果品、牲畜、麦粉、棉种等，非经检验取得合格证书不得报关进口。

为了防止不宜食用的物品输入我国，输入品质不良的种子（如蚕种、棉种等），1932 年规定：凡自外国进口货物，须领有商品检验局之合格证书，方准进口者，应按下列规定办理：

一、凡报运进口的货物，非领有合格证书，海关不准放行；

二、报运进口之货物，在未领有合格证明以前，必须呈请完税者，概准缴纳进口税押金。如遇商品检验局不准进口时，即将所缴押金予以退还；

三、凡商品检验局不准进口之货物，亦不准转运国内其他各埠。得由原进口商人运回外洋；否则，予以充公，在海关监督下将其销毁。

至于由外国进口之牲畜，如牛、羊、绵羊、山羊等，须经上海商品检验局之检验。商人呈报进口时，应将该局所发报关凭单，连同进口报单一并呈关，并缴足税捐等数目之押款。此项牲畜，俟海关手续办理完竣，并由进口商人呈缴检验合格证书后，始准放行。如进口牲畜经验明不合格者，海关将派人将该牲畜押送运赴上海商品检验局隔离所，检验局对于所内牲畜定有处置办法，如放行或屠宰，焚烧或掩埋，应通知海关。

　　凡自外国输入之棉种，准在上海报运进口，但须经上海商品检验局检验合格，方准放行；其在广州、天津及青岛报运者，如领有当地商品检验局所发之临时许可证，亦准进口。凡在其他各口报运进口之棉种，应准复运外洋或转运以上四口进口。至于免验货物或特准免验货物，均订有报运放行办法①。

　　关于海关管理引水问题，本书在第十四章②内有详论，这里从略。

---

① 《海关法规汇编》，总税务司署统计科编印，1937年版，第71—73页。

② 出版者注：此处为原书章序号，因原书"晚清部分"与"民国部分"合并，此处约为本书第三十三章，为尊重原著，保留原序号。

第二十三章

第一次世界大战与中国海关

第一节　大战的爆发和北洋政府宣布中立 与参战。海关增加了战时任务

　　1914 年，第一次世界大战爆发，北洋政府宣布"严守中立"，并公布《局外中立条规》，明言交战国不得在中国领土、领海内有交战行为，一切按照《海牙陆战、海战中立条约》办理。北洋政府外交部要求税务处根据规定，训令总税务司转饬各关税务司会同交涉员或地方长官严饬查验；如有交战国商船安置炮位、装载军火或船上涂用战时油色及一切准备战争实在形迹，"即行阻止出口，或将船内炮位及军用有关物件卸下，使不能再改战舰，方得出口，以维中立义务。"①

　　这样，海关被赋予战时的搜查任务。海关洋员是分属于相互厮杀双方的各国人员。为了防备他们袒护各自的国家利益，破坏中立，税务处又训令总税务司转饬各关洋员："当此中立期内，检查商船禁制品，极关重要。其间若有轩轾，即启强邻之责言，甚可破坏中立。各海关关员应召远来，国籍虽各不同，而服务中华执事，俱归一律。自能力顾大局，不以国籍观念稍存于中。战争时日绵远，检查手续益繁，责任更加繁重。一切事务只须遵照中立条规，泯除国籍观念，自能巩固中立，昭信友邦。相应饬知总税务司通饬各关税务司；一体遵照。"②

---

① 总税务司通令第 2261 号附件，"照录外交部来文"。《总税务司通令》第 2 辑（1915—1916），第 768 页。
② 民国 3 年 4 月 1 日税务处饬利字第 4411 号。《总税务司通令》第 2 辑（1915—1916），第 768 页。

海关一向强调它的"国际性"，现在要求各国洋员，"泯除国籍观念"、"严守中立条规"，究能实现至何程度，殊为可疑；但任务下达了，海关毕竟增加了战时任务。

北洋政府虽然宣布"严守中立"；但交战国双方都想利用中国的人力和物力，以充实各自的战争实力，所以争相拉拢中国参战。协约国的英、俄、法、意极力怂恿中国对德奥作战，并答应种种条件。结果，北洋政府于1917年3月14日宣布对德绝交，8月14日宣战。

北洋政府对德奥宣布绝交后，便公布《中国政府对于交战国武装商船酌定办法》，由海关执行。《办法》内容如下：

一、凡交战国商船设备武装专为自卫之用者，可照普通商船准其出入向来该商船航海所必须经过之中国海港；

二、凡交战国武装商船，须于进港时该船主或经理人向海关报明所带武装，专备自卫之用；

三、凡交战国武装商船进港报明海关后，即由海关查验所带武装，证明非为攻敌之用；

四、凡交战国武装商船，仍须于出港之先，由该国领事备文担保所带武装，专备自卫之用；

五、凡商船所带武装，若何系备自卫，若何系备攻敌，中国政府有自行决定之权[①]。

第二节　协约国对北洋政府的报偿。
1918年修改进口税率仍未达到报偿规定

北洋政府对德奥宣战后，协约各国公使递交了一份联合照会，同意以下列各项为报偿：

一、将应付各该国的庚子赔款展期5年；

二、将应付德国和奥国庚子赔款一律取消；

三、修订进口税则，以期将税率提高至切实值百抽五的水平。

1918年，北洋政府以协约国既同意中国修改税则，外交部便和公使团商

---

① 《总税务司通令》第2辑（1916—1919），第134页。

议，决定在上海成立"修改进口税则委员会"。14 个国家派出代表参加。中国派财政部税务处提调曾述棨为委员会主任，财政部印花税处总办李景铭和总税务司署汉文秘书科税务司赖发尔（洋员）为副主任。会议从 1918 年 1 月 5 日开始，至同年 12 月 20 日修订结束。

中国代表团认为，修订税则有待于调查货价工作的完成才能进行。在此期间，中国关税的短收必然很大。为了弥补这个短收数目，在新税则实施以前，应按税务处拟定的《暂行办法》以为过渡。《办法》大致取得各国同意，只有"日〔本〕方仍坚持反对。"那时"笔舌俱究〔穷?〕，竟至中辍，实非意想所及"（曾述棨语）。曾被迫辞职。5 月，由蔡廷干继任主任。

会议继续就货价年度标准，货价依据标准，修订期限等问题进行审议，最后将议妥各类货物的税率，提交委员会议决，于 1918 年 12 月 20 日在最后一次会上表决通过。

这一次的修订税则，是第三次全面的修订。1858 年《通商章程善后条约》修订的税则，是第一次修订。1902 年《辛丑各国和约》签订，是第二次修订，结果，确立了"切实值百抽五"的税率。"诸国既允可行"；但以 1897—1899 年 3 年的平均货价为年度标准，而 1902 年的市价要高于这三年的货价。据蔡廷干的测算，按 1897—1899 年平均价值的年度标准，实际税率仅达 3.2%，与报偿规定 5% 相差 1.8%；如按顾维钧提供的资料，经测算为 4.2%，与报偿规定也相差 0.8%。不论哪一种测算，实际税率低于值百抽五。

1918 年修订税率时，采用了 1912、1914、1915 三年的平均货价为标准，而 1917 年和 1918 年的市价都高于这 3 年的平均货价，修订后税率仅为 3.6%，与"切实值百抽五"报偿规定尚相差 1.4%，以 1912—1916 年为标准年度，是日本所坚持的。这样，税则虽然修订了，仍未达到报偿的规定。

第三节　中国参战后海关"国际性"的削弱和安格联坚持洋员的统治

北洋政府宣布中立后，在海关供职的交战国洋员，尚能在中立的幌子下共处，维持海关表面上的"国际性"。但当交战各国的政府命令各自的籍民回国服兵役时，总税务司宣布："中国〔海关〕不能保留他们的雇佣，或给予请假。""鉴于欧洲的重大危机，我表示一种愿望，即所有我们这个国际性机构的人员，都要记住我们的老传统，而且尊重这个机构的国际性。"①

可是到了中国参战后，德奥关员变成敌人了，总税务司便摘下了"国际性"的面纱，宣布"撤退所有德奥关员成为必要的了。"②

于是，德奥关员便都被清除出去。这样一来，这个一向标榜为"国际性"的机构便成为协约国所独揽的机构了。由于不少协约国关员归国服役，而德奥关员又受排斥，海关洋员的人数趋向减少。洋员的递减，显示海关"国际性"有所削弱。总税务司不得不招募华员以资补充，并把洋帮办的职务交给华帮办。但总税务司仍然坚持海关的洋员统治，千方百计地压制华员，庇护洋员，以防海关民族性的抬头。

大战结束后，总税务司为巩固洋员的统治，一变其原来决定，召回大战爆发后解雇的协约国洋员，并以参战奖金的形式发给停职期间 1/4 的实际薪给，还发给本人及其家属的船票费用；此外，还在英国重新招雇洋员。这样，战后海关洋员人数又再度回升：1920 年为 1,228 人，1921 年增至 1,301 人，1922 年又增至 1,312 人。海关要职，仍然由各国洋员分任。洋员统治海关的局面原封不动。请以 1925 年洋员的任职情况观之：这一年"税务司四十三人，英居其二十七；副税务司三十人，英居其十八；帮办一百五十七人，英又占六十二席"。英国仍居第一位；而日本则有税务司 2 人，副税务司 5 人，帮办 31 人，居第二位；法国有税务司 7 人，帮办 10 人，居第三位；美国则税务司、副税务司各 1 人，帮办 14 人，居第四位；俄国帮办 14 人，居第五位；意国税务司、副税务司各一，帮办 7 人，居第六位③。华人居要职的一个也没有。

贾士毅在 20 世纪 20 年代对于海关国际管理的叙述，可为这一情况的补充。他说：海关洋员"若论其差别，则英人为最优，法次之，美日又次，意又次之，葡、比、西、丹、瑞典、挪威等国次之，俄又次之，以中国人为最下。总税务司署人员，向限于英、法、美、日、意五大国，其余各国人员，原则上不准在总税务司署供职，即间用一二人，亦以与总税务司署或总税务司有情谊之关系，未可训也。"④

历史的事实告诉我们，除非对这种强暴的统治采取斗争手段，洋员是不会

① 1914 年 8 月 8 日总税务司通令第 2254 号。《总税务司通令》第 2 辑（1915—1916），第 705 页。

② 《中国近代海关历史文件汇编》第 3 卷，第 412 页。

③ 潘忠甲：《解决关税十大问题意见书》。

④ 贾士毅：《关税与国权》第 3 编，第 17—18 页。

自动退出海关的。赫德坚持了将近半个世纪的洋员统治。他后来所以发出限制洋员，重用华员的通札，乃是清政府采取了强硬态度，设立税务处，接管海关部分权力的结果。安格联无视中国民族意识的高涨，无视国家民族要求独立的时代潮流，加强洋员的统治，以统治者的身份在中国海关发号施令，甚至和中国买办资本势力结合在一起，垄断中国的财政金融，这必然遭到中国官民的强烈反对。这是不可抗拒的历史潮流。

第四节　大战对中国债赔偿付的影响

第一次世界大战爆发时，远东因未成为直接战场，中国的税收所受影响不大，而且因为银贵金贱（例如1917年，每规平银一两平均仅易英金3先令10便士又8分之3，1918年涨至4先令8便士又16分之11，到1920年涨至6先令11便士又16分之7）。这种变化，对于债、赔本息用金偿付，反而减轻了负担。现把第一次世界大战对于各项债、赔款项偿付的影响，分述如下：

一、1895年四厘息金款，即俄法借款。此款本息，原以法国法郎汇寄；但据规定，债权人得要求用他种金币（如马克、卢布、金镑等）兑付。在第一次世界大战以前，各种金币间的互换率涨落不多，所以持票人虽然根据其应享权利，选择一种金币兑取本息，其间发生的汇兑亏折数目自然有限。到了大战爆发以后，此种损失才逐渐增加，需由中国政府另行拨款弥补；但在战争期间，各国管制汇兑，法国法郎尚能维持一个比较稳定的水平，所以弥补此项汇兑亏折的数额不大。到了大战结束以后，各国管制汇兑的办法纷纷取消，法郎的价值一落千丈，政府弥补汇兑亏折的数目也有加无减。直到1924年以后，法郎的地位才逐渐恢复稳定。我国对于弥补汇兑亏损的款项，以英金汇拨，此种情形才逐渐好转。其后，曾有一度争议，但获得协议。此项借款到了40年代才逐步清偿。

二、英德正、续借款。其偿付办法也因大战影响，一再发生问题。1914年8月大战爆发，全世界的金融组织顿时失了常轨，上海和伦敦、柏林间的汇兑暂时陷于停顿。因此，应行拨付正、续两借款的基金，不得不与该两家经纪银行在上海开立一个暂记账户，暂时将款存储。其后英沪间汇兑先告恢复，因而存储在上海汇丰银行暂记账内的债款基金，仍得陆续汇到伦敦；但德华银行方面，仍无法将款汇到柏林。到了1917年8月中国参战后，所有按月应付德华银行的英德正、续两借款德发债票基金当然停付，改在伦敦汇丰银行特设一账，名曰"中国政府英德正续借款德发债票基金账"，于每月摊付正、续借款基金时，将原来应拨交德华银行的款项，改交汇丰银行，将款汇至伦敦该行存入"德发账"内，此为兑付非敌国（即协约国及中立国）持票人所缴债票本息之用。当"德发账"开始开立时，所有账内收存的德发债票基金，除用以兑付非敌国持票人所缴债票本息外，余额颇多，遂在伦敦市场暗中选购本国债票，借以生利。等到第一次世界大战告终，原来住在比利时、亚尔萨斯、洛林及曾被占领的法境以内的非敌国持票人，在战争时期未能兑取他们所持债票的本息，此时纷纷前来领取，所以"德发账"的支出大增，不得不将原购的债票抛出以资应付。其后，中德恢复邦交，德华银行乘机要求恢复它经理正、续两债款德发部分原来的地位，北洋政府要求该行清理 1917 年所付德发基金六批问题，德华银行不肯清理，仍由汇丰银行照旧管理"德债账"并德发债票偿付事宜。一直到 1929 年 2 月，国民政府才决定委托中国银行及其伦敦代理店城市银行经理。

三、善后借款。1917 年 3 月，因为中国对德宣布绝交，德华银行不得不退出善后借款五国银行团，所有德发部分债票的还本付息事宜，改由汇丰、汇理、道胜及正金四银行各代办四分之一。中德邦交恢复后，德华银行复业，一再要求恢复其战前地位，但因德华不肯清理战前收取善后借款德发债票基金问题，直到 1924 年 7 月 18 日，善后借款德发部分连同俄发部分四分之一的偿付事宜，均由国民政府委托中国银行代理，与汇丰、汇理及正金三银行分担各项责任。后因付息时的汇兑亏损越来越大，其亏损数额都由中国关税项下先后补足。

所有债赔各款，以庚子赔款所受大战的影响最大。大战结果，各国庚子赔款有的退还，有的取消。其变动情况如下：

一、德奥两国赔款先是暂行停付，后即正式取消，1917 年 3 月中国对德宣布绝交，同年 8 月 14 日又对德奥两国宣战，因此应付德奥的庚子赔款自 1917 年 5 月份起便停止偿付。大战结束，据 1919 年《凡尔赛和平条约》第 128 条的规定，德国放弃 1917 年 3 月 14 日以后应付的庚款。其时中国虽然没有在该约签字；但据 1921 年 5 月《中德协约》声明文件所载，德国同意履行《凡尔赛和约》第 128 条的规定，所以德国部分庚子赔款遂正式取消。奥匈帝国的庚款也经奥匈在签订和约时声明放弃。

二、协约各国庚款缓付五年，这是协约国诱劝北洋政府参战的条件之一，因此从 1917 年 12 月 1 日起到 1922 年 11 月 30 日为止，所有英、美、法、意、日、比、葡诸国均全部缓付，只有俄国赔款因数目太大，俄国政府仅允缓付一部分，其他部分在此五年内仍照常拨付，名曰"照付部分"。

庚子赔款为不义之财，即大战战败的德国也不赔款。中国人民摊负赔款负担沉重，大为不满。各国为缓和中国人民不满情绪，先后宣布退回庚款。

美国庚款分为两部分，一部分由美国国会于 1908 年通过退还中国，作为派赴美国留学及清华大学经费之用。这一部分从 1917 年 12 月起至 1922 年 11 月止的五年缓付期内，仍继续照付，其余部分经美国国会于 1924 年通过退还中国，作为发展教育及文化事业的费用，设立中华教育文化基金董事会，负责保管支配。

英国庚款经英国国会的议决，自 1922 年 12 月份起退还中国，作为教育文化事业、整理及建筑铁路之用，由中英庚款董事会负责保管。所有每月到期的英国赔款均分为两份，以一份汇交伦敦购料委员会购买铁路材料；另一份付给在华之中英庚款董事会，以供发展教育及改进各种交通事业的费用，其中以完成粤汉铁路最为重要。

日本的庚款，自 1922 年 12 月起恢复偿付，根据该国"对华文化教育事业特别会计法"的规定，移充对华文化教育事业的费用；但一切管理支配之权，都操于日本外务省亚细亚局内所附的文化事业局。

荷兰庚款经中荷两国政府同意，自 1926 年 1 月 1 日起退还中国，以 65% 用于水利工作，35% 用于文化事业。

至于葡萄牙对于庚款始终没有退还表示，所以自 1922 年 12 月份起即恢复偿付。

此外，还有西班牙、瑞典和挪威，因为并非协约国，并未缓付。这些国家的赔款数目微少，不足重视。

关于美、英庚款，还有一事应附带说明的，就是 1922 年 3 月 1 日起至 1923 年 2 月底止，该两国的赔款，经中国政府的要求，特别缓付，改为 1946 年补付[①]。

---

① 《海关制度概略》，五、"海关关税收支之过去与现在"，第 15—21 页。

第五节 日本乘大战之机攻占德国租借的 胶澳全境，接管胶海关

1897 年，正当民族危机深重时刻，德国为在中国沿海获一海军基地，武装侵占胶州湾，1898 年强行租借胶州湾。为了平息西方列强对德国强占胶州的不满情绪，避免激怒英国，德国于 1898 年 4 月宣布青岛为自由港，并同意在青岛设立中国海关。所谓租借地海关，在青岛开创了先例。之后，德国极力经营青岛，使之处于和香港竞争的地位。

直到 1914 年 8 月第一次世界大战爆发，中国宣告中立。日本声称："为除去远东和局扰乱之根，保卫英日同盟之公共利益"，向青岛德军发出通牒，要求德国军舰及一切武装船只，立即撤出中日两国之领海，并于 9 月 15 日以前，将胶澳租借地全境移交日本，"以便日后交还中国"。青岛德军奉德皇命，战至最后一人。1914 年 8 月 25 日战争爆发。27 日，日本第二舰队封锁青岛，并在龙口、崂山登陆，英国海军协同作战。11 月 7 日，德军援绝，宣布投降①。

日本接管胶澳德国租借地之后，于 11 月 16 日要求自派人员接管胶海关。北洋政府以此等提议无可允许；一从其请，恐海关组织将因之而纷乱；且在德人管理之日，青岛海关人员，亦全由中国自派也。此事磋议未毕，而日本神尾总司令已奉命将青岛海关之文件财产遽行押收。于是 1914 年 11 月 11 日到 1915 年 9 月 1 日胶海关完全沦为日本殖民统治的海关了。

---

① 《帝国主义与胶海关》，档案出版社 1986 年版，第 184 页。

第二十四章

中国关税自主权的步步丧失和中国代表在巴黎和会与华盛顿会议争取收回关税自主权的曲折斗争。中法金法郎案

第一节　中国关税自主权丧失的回顾

自清初设关征税，施行 150 余年以来，关税主权始终操自清政府，绝对不容外国政府和外商置喙。税则随时修改，税率自由增减，货税视国计民生而定其征免，商埠因时代需要而定其启闭。关税自主权，金瓯无缺；历代沿用的关税政策，保持未堕。直到鸦片战争，清政府战败求和，签订《江宁条约》，清政府对于英国所提的严酷条款，未尝稍持异议。于是关税主权遭受侵夺，清政府一向坚持的自主税则，任受摧残，我国片面协定的关税制度，于是造端。

此后 5 年，清政府腐败无能，既与英国缔约于前，美、法、比、瑞典、挪威接踵而起，要求步英后尘，签订条约，采用五口进出应完税则，因有最惠国待遇的规定。清政府所许英国权利，各国皆得均沾。于是，关税主权的丧失不断扩大，我国关税主权遂因条约关系而受种种束缚。从订约的内容来看，一、自五口税则订定之后，中国不得自定征税则例；二、进口货之内地通过税，受"不得过某分"的限制，而开日后协定子口税为值百抽二·五之端。三、规定修约年限。物价上涨，欲求修订税率而不得，国家损失大宗岁入；四、奢侈品税不能加重税率，日用品税不能减轻税率。

1858 年订定的旧税则，到 1901 年缔结《辛丑各国和约》，前后施行了 44 年，未曾修改一次。在此 44 年间，清政府曾经两次要求修改税则，一次是在 1869 年，距 1858 年已经 10 年，中英代表会议修订条约 16 款，善后章程 10

款，改定进出口税子目 10 余项，业已签字；但因英国政府拒不批准而作废。一次是在 1896 年，李鸿章奉命历聘欧美各国，要求列强修订税则。这时旧税则已实行 30 余年，其间物价腾升，银价跌落；税则名为值百抽五，实际只征到百分之二或三。李鸿章只求按旧税则规定的税率征收货税，唯请改征金货，谈判亦无结果。直到《辛丑各国和约》签订时，筹议赔款，清政府要求加税，以资抵补，始允重修，把值百抽五的税则增加"切实"二字。1902 年，中英《马凯商约》签订后，中外合组委员会，审定物价，经两个月始行竣事。施行至 1912 年，又届 10 年修改税则之期。中国外交部于 8 月间照会英、法、俄、荷等 14 国公使，"今已阅十年，各货价值多有增减，自应及时修改，以符切实值百抽五之原约"；但各国以民国初建，未经各国承认，均无确实答复。到了 1913 年 10 月，外交部又致照会于各国公使，现民国政府"既与各友邦保持正式完全之关系"，"前项进口税则，自应切实修改"。英、美、比、荷 4 国同意修改，其他各国均借端要挟，未加赞同。1914 年 1 月外交部再致照会后，始予承认；但法国表示"候辛亥革命损失赔偿公平完美了结之后，将可续议税则事"。其后再次交涉，才于 1918 年 12 月在沪举行修改税则委员会会议。

　　中国代表所提的第一次议案，内称："查此次修改进口税则，其宗旨在办到切实值百抽五"，"有约各国既经承认应将现行税则增至〔切实〕值百抽五，则于各国承认之日，即系中国应得此项权利之时"；并要求于"税则未经改良完善以前，暂定一通融办法。"办法要旨有二：一、照现行税则加八成八；二、一律改照价抽值百抽五之税。关于第一点加成收税办法，各国意见不一，中国乃抛弃暂行税则的磋议，而进行直接修改正式税则。关于标准年度、定价办法、修改年限等问题均经一一讨论决定。定价办法，议决以 1912 年至 1916 年间平均物价为新税则货价的标准；修改年限，决定战后二年作和约奉准后二年解，届时新税则可全部或部分修改[①]。由此以观，税则修改极端困难。

　　列强就是这样蛮横地侵夺中国一项又一项的特权。这些特权在列强半殖民统治之下，根深蒂固，除非凝聚起广泛而强大的民族风暴给予猛烈的冲击，是无法动摇的。

---

① 王正廷著：《中国恢复关税主权之经过》下编，北洋政府外交部编纂委员会编印， 1929 年版，第 35 页。

第二节　中国代表在巴黎和会第一次提出收回关税自主权的强烈要求

1918 年第一次世界大战以德奥同盟国的失败而告终。1919 年 11 月 13 日，27 个战胜国在巴黎凡尔赛宫举行和平会议，处理战后的世界问题。北洋政府以战胜国资格派出了代表团。团长是北洋政府外交部长陆征祥，南方军政府也派出了王正廷参加代表团。

巴黎和会举行之前，美国总统威尔逊在国会演说，提出了"14 条"作为此次和会主旨。其中表示对于一切殖民地的处置，应顾全各殖民地居民的利益；并且表示：大小国家都要互相保证政治自由和领土完整。这就使中国知识界对此次和会寄予很大幻想，以为可以利用这个机会争取中国在世界上平等独立的地位。当时中国代表团中的代表王正廷和顾维钧，受过西方教育，熟悉国际法，了解国际形势和各国政治经济情况，是当时杰出的外交家。而王正廷还是革命政府的代表，因此，代表团在和会上力争国家民族的自主和独立。中国代表团向和会提出说帖，罗列七个希望条件，即希望废除在中国的势力范围、撤退外国军警、撤销在中国的邮政电报机构、取消领事裁判权、归还租界和关税自主等。还提出两项要求，即一、取消日本强迫接受的"二十一条"；二、归还大战期间被日本夺去的原德国在山东的各种特权。七个希望条件的第七个，即关于关税自主权问题。这是中国关税史上一个极其重要的文件，这里不妨加以摘录：

"中国现行海关税则，发端于 1842 年之中英《江宁条约》。次年依据该约议定则例，按货注明税率。大抵以值百抽五为比例；然亦有值百抽十者。嗣后他国与中国通商，即援此为例。及 1858 年，中国与英法等国改订税则，始一律以值百抽五为率。各约内均有按期改订之规定，即嗣后所订商约，亦均有改订之条款；然自 1858 年以来，仅于 1905 年及 1918 年改订两次，亦不过改订货价；而值百抽五之率，则仍旧贯。此项税则不特不公，且亦不合科学原则。盖日用必需之品课税之重，与奢侈品无异。其流弊必至大伤中国之财源与商务。"何则？

"一、无交换也　因此类条约及最惠国条款之故，各国均得享受

普通之税则；又以最惠国条款之故，为一国得享受任何权利特权，他
国即可援例享受；然中国不能得交换利益。故凡有约国之货物，皆得
以值百抽五完税进入中国，而中国货物之运往各国者，不能享此利
益。按国际习惯，通商税则，无不以交换互让为根据。此等不交换之
情形，实与国际习惯相背。"

"二、无区别也　自 1858 年课税不复区别，而原料及日用必需之
品，课税与奢侈品相同。此亦与各国习惯相异者"。试以 1913 年各国
奢侈品课税之率（欧战发生前一年，其时情形未失常度）列表以
证之：

菸　叶	醇　酒
英：每磅 8 先 6 便	每加仑 15 先 3 便
美：每磅 18 先 9 便（15%）	每加仑 10 先 10 便
法：每磅 1 镑 7 先 2 便半	每加仑 2 先 6 便半
日：每磅 355%	每加仑 10 先 2 便
中：每磅 5%	每加仑 4 便半

"观以上税率，轻重昭著……因税率轻微之故，国家收入不足，
以致不应征税之货物，亦不得免于税课。""六十年来，虽货物之种
数增至四倍，进口货之价值增至 18 倍，而值百抽五之划一税则，仍
未更改。当 1858 年中国允行值百税五划一税则之时，外国商务尚未
臻重要；今则其数大增，不特觉得分配担负之法，至为不公，且原料
之输入，无从鼓励，奢侈品之输入，无从限制，于国家经济，大为
不利。"

"三、收入不足也　值百抽五之率，已较各国为轻，而即此值百
抽五，亦仅有名无实。条约中本有随时改订税则之规定，而从未按约
实行；即有改订之举，其所订货物标准，亦必较时价为低。即如
1902 年之改订，则以 1897 至 1899 之平均价目为标准，故货价虽涨，
而关税所收，则恒不能得按照时价应收之数。且海关所收进口税，仅
居全国收入之一小部分。即如 1914 年全国收入为 180 兆两，而进口
税所得，仅 18 兆两，不及百分之七。于是政府因关税收入不足，而
不得不取盈于他税。虽明知其害，而欲罢不能。即如厘金一项，中外

人士，同声非议，然因其收入有 90 兆两之多，不能废也。"

"各国久知厘金之害，故 1902 至 1903 年中国与英美日三国订立条约，其中有废止厘金、增关税至值百抽 12.5 之规定；然非各国全体承认，则不能实行。而国数既多，欲其全体同意，又绝为不可能之事。故此条规定，虽有若无。于此可见关税一事，中国虽以权利遍饷各国，而不能食报也。"

"四、改订之有名无实也 值百抽五之税率，规定于 1858 年，嗣后并无真实之改订。其 1902 年与 1918 年所谓改订者，不过重估货物之价目，而计算各货应完税之多少，而值百抽五之率，则五十年来，从未改订。""依据万国联合会之宗旨，中国应有改订税则之权利。"但改定关税之事，"必经有约国全体之许可，此为平时所不易办到者。故中国政府尤以此次和平会议为绝好机会也。"

"中国所望于和平会议之同意者，为两年以后废除现行税则，易以无约国货物之税则。此两年内，中国亦愿与各国磋商，就各国所最注意之货品，按照下列条件，另订新税则：一、凡优待之处，必须彼此交换；二、必须有区别……；三、日用品之税率，不得轻于 12.5%，以补 1902 至 1903 年商约所订废止厘金之短收；四、新条约所指之期限，期限届满时，中国不特可自由改订货物之价目，并可改订税率。"

"中国以废止厘金为交换条件。"

最后声明："中国并无施行保护税则或苛敛之意，不过以现行税则，不得其本，不符学理；不合时宜，不敷需要，故要求修订而已。中国对外商务，输出不抵输入。积年既久，负债日多，财政经济，益见困难；非改订税则，鼓励输出，不能救济。"

说帖结论，申明"此次所提各问题，若不亟行纠正，必致种他日争持之因，而扰乱世界和局。"①

中国代表团向会议提出特别对日不利的要求。但是巴黎和会不过是列强的分赃会议，美国和其他西方列强只是拿中国问题作为同日本讨价还价的一个筹码，他们不可能使日本对中国问题全面让步，日本更绝不愿自动放弃它们在中

---

① 《中国恢复关税自主权之经过》下编，第 1—5 页。

国的既得利益。对于中国代表团提出的废除"二十一条"和取消列强在中国
的领事裁判权等问题，和会会长、法国国务总理克雷孟索代表"最高委员会"
函复中国代表团："充分承认此项问题之重要，但不能认为在和平会议权限之
内。拟请俟万国联合会行政部能行使职权时，请其注意。"[①] 在讨论战前德国
的殖民统治的问题时，和会讨论了中国胶州湾问题，在这个问题上，日本方面
说，胶州湾已在事实上为日本占领；而且 1919 年 9 月北洋政府在同日本政府
关于山东问题的换文中已对于日本的要求表示"欣然同意"，所以德国在山东
的一切权利只能转让给日本。英、法、俄、意等国支持日本的要求，美国为了
利用日本抵制苏俄，最后也支持日本。这样，把德国原在山东的一切权益全部
让给日本，并载入《巴黎和约》。这种丧权辱国的《巴黎和约》，北洋政府竟
然命令代表团签字。中国外交全面惨败。这就成为五四运动的直接导火线。中
国人民反对列强、反对军阀的怒火终于点燃了。

第三节　北洋政府在巴黎和会上外交的
惨败和五四运动的爆发

1919 年 5 月 4 日，北京十几所高等学校 3,000 多学生在天安门前集合。他
们手执"还我青岛"、"废除二十一条"、"拒签和约"等小旗，高呼口号，一
致要求惩办代表团三个北洋政府成员曹汝霖、陆宗舆、章宗祥。会后举行游行
示威。游行群众冲进曹汝霖家，曹宅被烧毁，章宗祥被痛打。大量军警闻讯赶
来，逮捕学生 32 人。这就是五四运动。19 日，北京学生总罢课，开展抵制日
货，组织护鲁义勇队等，6 月 1 日和 4 日，有 400 余上街宣传的学生被军警逮
捕，或被马队冲击。

北京五四学生运动，迅速得到全国人民的响应和支持，天津、上海等几百
个城市，几百万青年学生，在短短一个月内当了运动的先锋。6 月 3 日以后，
上海掀起了工人罢工、商人罢市、学生罢课的"三罢"运动。上海工人罢工
的约达 15 万人，长辛店、唐山的铁路工人以及杭州、九江、天津的人力车工
人都举行了罢工，斗争主力逐渐转向工人。

在上海斗争的推动下，三罢浪潮迅速波及全国 20 多个省、150 多个城市。

①　《秘笈录存》，中国社会科学出版社 1984 年版，第 199 页。

东京、巴黎、旧金山、南洋、秘鲁和古巴等地的华侨也纷纷来电声援。北京总商会向北洋政府呈称："市面惶恐，岌岌可危"；天津总商会急电说："津埠劳动者数十万众，现已发生不稳之象；倘牵延不决，演成事实，其危厄之局，痛苦有过于罢市者，市面欲收拾而不能矣。"① 北洋政府得悉，惊惶失措，紧急免曹、陆、章职务，派员星夜赶往天津宣读罢免令。国务院总理钱能训引咎辞职，大总统徐世昌也被要求下野。中国代表团终于拒签《巴黎和约》。中国人民取得了胜利。

在巴黎的华人反对强烈。顾维钧曾记载巴黎激烈反对的情况："在巴黎的中国政治领袖们，中国学生各组织，还有华侨代表，他们全部每日必往中国代表团总部，不断要求代表团明确保证，不允保留，即予拒签。他们还威胁道，如果代表团签字，他们将不择手段，加以制止。"他还记载说，代表团秘书岳先生说："人们威胁说要杀死他。人群中有一女学生甚至在她大衣口袋内用手枪对了他。"②

通过五四运动，国人的民族意识大大高涨，国家主权观念大大提高。主要表现在维护国权和国家统一的要求上。当时学生的口号是"内除国贼、外抗强权"，进一步酿成反对帝国主义，特别是反对英国、日本帝国主义的运动。运动还广泛冲击了传统思想，西方各种思想纷纷传入中国。西方社会主义思想填补了部分知识分子思想的真空。

第四节　中国代表在华盛顿会议继续抗争和《九国间关于中国关税税则之条约》的签订

1918 年修改税则委员会会议规定："战争告终后二年，此次修改之税则可得全部或部分之修改"。该税则于 1919 年 8 月实施，至 1921 年 8 月已届修订期限。是年 6 月，北洋政府外交部向各国公使发出照会，要求修改现行税则。英国公使建议召开关税会议研究修订税则问题，但以裁厘为条件；裁厘后，进口税可增至 12.5%。美国赞同，但日本反对，另行建议对现行税则增加 2.5% 的附加税。

---

① 《五四运动在上海史料选辑》，第 416—418 页。
② 《顾维钧回忆录》第 1 册，中华书局 1985 年版，第 207 页。

这时正当美国总统哈丁召开华盛顿会议，讨论裁减"海军军备"问题和"太平洋地区及远东问题"，邀请中国参加。北洋政府外交部复照表示："中国政府深愿与各国一律平等参加。"于是，中国关税问题成为华盛顿会议讨论的重要问题之一。

华盛顿会议于 1921 年 11 月 12 日开幕。共有美、英、日、法、意、中、比、荷、葡九国参加。华盛顿会议除由九国组成的大会以外，还设置了两个委员会：一个是"裁减军备委员会"，由美、英、日、法、意五个海军大国组成；一个是"太平洋地区及远东问题委员会"，九国代表都参加。这个委员会讨论的问题，大多是有关中国的，所以对于中国显然是极端重要的。

太平洋地区及远东问题委员会于 1921 年 7 月第一次会议通过了有关解决中国问题的四项原则。美国为了遏制日本独占中国的势头，确认列强共同统治中国的局面，提出了解决中国问题的"四项原则"，主要的是第一项："尊重中国之主权与独立暨领土与行政之完整"、"机会均等"、"门户开放"。这些原则纳入《九国间关于中国事件应适用各原则及政策之条约》的第一条。这个条约一般称为《九国公约》或《华盛顿条约》，于 1922 年 2 月 6 日由九国代表签署通过。

在太平洋地区及远东问题委员会第五次会议上，中国代表顾维钧提出收回关税自主权问题，并发表了《对于中国关税问题之宣言》。《宣言》概述了中国税则修改的困难与征收不及规定实数的不公平情况，申述了要求收回关税自主权的理由，其要点如下：

一、世界各国都有自定关税税则的权利，而现行中国关税制度，侵害了中国自由规定税则的主权。

二、现在关税制度，违背了国际通商优待之处应彼此交换的原则。外商输入中国之货，仅纳轻税，中国土货输入外国，须纳重税。

三、现行关税制度，妨碍了中国的出口贸易和经济的发展。

四、现行税率进出口一律，并无区别，忽视中国社会之需要。

五、现行税则既不考虑中国社会经济的需要，也不计及中国财政上的需要，使中国的财政经济蒙受极大损失。各国关税在预算中占重要地位。英国所收关税占国家总收入的 12%，法国占 15%，美国占 35%，而中国关税只占次要地位；中国关税收入，大部已作为偿付外债抵押之用，中国政府可以支配的数额大为减少。

六、现行税则即使达到切实 5%，可增收关税 1,500 万两，也不敷中国政府因教育、卫生、铁路、公益等事业所需的经费。

因此，中国代表提出了收回关税自主权的三项渐进办法：

一、中国进口税则自 1922 年 1 月 1 日起，按照现行税率加至 17.5%。

二、在短期内仍用协定税则，与各国商定最高税率。在最高税率以下，由中国按照各种进口物品的性质，自由制定有区别的税率。

三、出席会议各国应议定，经过上述时期后，关税自主权交还中国，中国政府可以自由订定税则，免除外国的约束和限制[1]。

委员会对中国代表的要求进行了讨论，决定成立"中国关税分股委员会"，专门研究中国关税问题。关税分股委员会由 9 国代表选派的 9 名委员组成。委员会从 1921 年 11 月至 1922 年 1 月，共举行 6 次会议。中国代表在第一次会议中提出关于关税问题具体提案六点。第一点，要求现行值百抽五的进口税率，增至切实值百抽 12.5，以 10 年为期；全部废止中国与各国所订征收关税的条约；并声明："中国自愿声明：对于海关行政的现行制度，并无根本的变更，亦无以业经抵押外债的关税收入，移作他用之意"[2]，作为交换条件。经过六次会议讨论，最后通过了英国代表提出的《中国关税条约草案》，交由起草分股委员会拟订条约。条约起草完毕后，正式宣告为华盛顿会议《九国间关于中国关税税则之条约》，并经大会表决通过，九国代表都在条约上签了字。

《条约》的主要内容有下列几点：

一、立行修正 1918 年上海修正税则委员会所采用的中国进口货海关税则表，以期其税率适合于切实值百抽五之数。

自采用本议决案之日起，"四个月以内修正完竣。修正之税则，应及早生效，至迟亦不逾公布后两个月"。

二、由特别会议立即设法，以便从速筹备废除厘金，并履行 1902 年、1903 年二年中英、中美、中日各《商约》所开之条件，以期征收各该条款内所规定之附税。

三、上条所称的特别会议应考量所应用之过渡办法，并应准许对进口货征

---

① 贾士毅：《华盛顿会议闻见录》，第 187—188 页。

② 《中国恢复关税主权之过程》上编，第 2—4 页。

收值百抽二·五附加税，"其实行日期，用途及条件，均由该特别会议议决之"，"此项附加税应一律按值百抽二·五；某种奢侈品得据特别会议规定，能负较大负担尚不致有碍商务者，得将附加税总额增加之；惟不得逾值百抽五。"

四、"四年后税则应再行修改；其后每七年修改一次，以替代现行条约之每十年之修改。"

五、"中国海陆各边界划一征收关税之原则，即应予以承认。"

六、"凡缔约各国从前与中国所订各条约之条款，与本条约各款所规定有抵触者，除最惠国条款外，咸以本条约各款为准。"①

根据这个《条约》的规定，行之60多年的值百抽五的税率仍然雷打不动，只是增加了切合当时物价实际情况的"切实"二字，而这二字在《辛丑各国和约》早已有之。这个《条约》只是在修约期限有些松弛，即由10年改为7年。另订海陆边界划一征税。《条约》所规定的附加税，也是1902、1903年中英、中美、中日商约所规定的，这只不过重加承认而已；至于附加税征收的实行、用途、条件尚须由一个"特别会议议决之"，这就把上述的点滴改进付诸可望而不可即了。至于中国代表团热切要求的关税自主权问题，则只字不提。

这个条约显然是在各国压力之下签订的，是个十足的"迫定"关税条约，一点也闻不到关税自主的气味。

顾维钧在最后一次分股委员会上义正辞严地抨击了现行关税制度对中国的严重危害。他说："现行〔关税〕制度是对中国主权的侵犯，对行政权的束缚；这种制度的维持，使〔中国〕政府遭受不断的最严重的税收损失，使中国不能发展和维持一个有效而稳固的政府；在这种制度下，奢侈品的进口受到鼓励；税则的修订硬定要靠一打以上国家的一致同意，甚至一国的异议，就可以阻挠修订工作的实现。这对中国造成极大的不公平。这无异是为了各有约国的利益，而牺牲中国的福利。"他以下述的演辞作为讲话的结束："鉴于现行制度固有的困难和不公平，又鉴于关税自主权的收回对于中国贸易和经济发展及财政制度的演进，必然会有健全而适宜的影响，中国代表团认为有责任声明：虽则本委员会并没有考虑中国收回关税自主权的要求，可是中国代表团同

---

① 王铁崖编：《中外旧约章汇编》第3册，三联书店1962年版，第221—223页。

意目前提付各位表决的这项协议，绝不会有放弃他们的要求的意思，相反的，他们的目的是要在将来遇有适当机会时，再将问题提请考虑。"中国代表团提出了《保留案》，内称："到会各国，均有关税自主权，独不以国税自主权许与中国，实为憾事，将来一遇适当时机，仍欲将此问题重行讨论。"

美国许多参议员也认为这件条约"简直是合力压迫中国一件极不适当的税则的另一个事例。"① 巴黎和会举行的时候，一般知识分子有了极大的幻想，以为中国可以通过这次会议，获得独立和自主。当时缺乏上述的强烈的民族风暴，所以和会敢于以不理睬的态度，拒绝中国一切抗议和要求。华盛顿会议时，中国的幻想更大，但因五四运动的激烈冲击，英、美不能不在日本无理占领德国在山东特权的尖锐问题上对日施加压力，迫使日本吐出了已经吞下的山东权益。除了这一点以外，其余特权的收回，都无确切的保证或付诸未来。关于中国要求收回关税自主权问题，不但谈不上收回，甚至加上一层列强共同协定关税的束缚。这也是当时的列强没有受到强烈的民族风暴的冲击，有以致之。

第五节　1922 年的修订税则

华盛顿会议《九国间关于中国关税税则之条约》第一条"附件"规定："1918 年 12 月 19 日上海修正税则委员会所采用之中国进口货海关税表应立行修正，以期其税率适合于中国与各国所订商约中规定切实值百抽五之数"；"修正税则委员会应赶早在上海会集，即行将税则修正"。"修正之进行屡早屡妙"，"修正之税则应及早发生效力，"但"至早亦不得逾……修正税则公布后两个月之时间"②。

据此规定，修改税则委员会于 1922 年 3 月 21 日在上海成立，中国指派蔡廷干为委员会正主任，赖发洛等 4 人为副主任，由英、美、法、意等 13 国，连同中国共 14 国代表组成修改通商进口税则委员会（简称税则委员会）。税则委员会在于讨论如何使进口税达到切实值百抽五。税则委员会研讨了征税的年度标准、定价标准和估计方法等问题。关于年度标准最后通过中国的提案，

---

① 以上引文出自《中国关税沿革史》，第 441 页。
② 《中外旧约章汇编》第 3 册，第 221—222 页。

以 1921 年 10 月至 1922 年 3 月 6 个月的上海平均批发市价作为新的年度标准。
至于定价标准，最后决定：一、所有重要货物的税率，均照市价订定，而以指
数法核正之；二、由上海、大连、汉口、广州各口的进口货数额，均以 1921
年海关贸易册为标准。关于估计方法问题没有开展讨论，而留待关税特别会议
去研究。

　　税则委员会还一致通过了各分股委员会所拟定的修正税率表，并由各国代
表团呈请各该国政府允准自 1922 年 10 月 1 日公布修正税率表，并允于 1923
年 12 月 1 日开始生效。

　　但日本等国以《华盛顿条约》尚未经关系国全部批准，设置了障碍。日
本代表强调，按日本法律，凡是条约均需经枢密院批准，然后由天皇裁可，裁
可后两星期始得实施。一个多月后，北洋政府税务处才接外交部函称，新税则
已取得各国政府一致承认，即可实施。总税务司最后发出通告，定于 1923 年
1 月 17 日实行；但较原定日期又推迟了 40 余天。中国政府又短收了一笔关税
收入。

第六节　胶海关的收回

　　在华盛顿会议上，中国代表提出收回关税自主权的要求完全失败；但是在
全国人民激昂情绪推动下，却收回了被日本侵占的德国租借地青岛和胶海关。

　　1915 年 8 月，日本以青岛三面在中国包围之中，如不和中国处理好关系，
青岛的贸易将受影响。于是自动建议将胶海关交回中国管理，并请援照从前德
国与总税务司直接商办之例，请中国政府委任总税务司和日本公使直接商办。
北洋政府税务处乃委派总税务司安格联按照从前中德《合订青岛设关征税办
法》，和日使商议接收手续及征税章程，并声明"此项会议之件只于欧战期内
暂时适用，庶免日后轇轕。"因此，所拟合同底稿有"暂行办法"字样。日使
以日本意图久占青岛，力主取消。几经周折，中国终于同意取消"暂行"字
样，而于 8 月 6 日双方定议，即行签字，并拟于 9 月 1 日复行开办胶海关。总
税务司饬派大连关税务司立花政树（日人）为胶海关税务司；其所遗大连关
税务司一缺，饬派该关头等帮办江原忠（日人）署理。合同有如下数条：

　　一、兹彼此订定中国海关在青岛重新开办。

　　二、中德从前会订《关于在青岛设立海关之办法》和《青岛设关征税修

改办法》内所定各条件，应推及中日两国政府，照前发生效力。其中"德国"字样改为"日本"字样，即应照改。（大意）

三、日本军政府占领青岛时，所有据守中国海关之案卷，海关支用之公款暨从前归总税务司管理之海关关产，应交还于总税务司。

四、除按一千九百年与德国会订之修改办法，将进口税之净数扣出二成津贴外，日本政府应将日本官员在青岛所收之税项，至青岛海关复行之日为止，一并交由总税务司接收[1]。

这样，胶海关恢复总税务司的管辖，但仍受日本军政府控制。

1919 年结束第一次世界大战的巴黎和会召开，中国以战胜国地位提出直接收回青岛；但告失败。

到 1921 年华盛顿会议时，中国代表团继续要求收回德国旧租借地青岛。列强因中国人民情绪激昂，这个问题如不妥善解决，远东形势不能稳定，乃由中日双方代表签订《解决悬案条约》，于 1922 年 2 月在华盛顿签字。其中第一条规定："日本应将胶州德国旧租借地交还中国"；关于青岛海关问题也作了规定："本条约实施时，青岛海关应即完全为中国海关之部分"，1915 年 8 月 6 日中日所订《关于重开青岛中国海关之临时合同》，"于本约实施时应归无效"[2]。

6 月，《解决悬案条约》在北京正式交换，按照该约第二条规定，组织中日两国委员会，商订接收条件，终于 12 月 10 日在青岛大衙门举行正式交收典礼。隶治德日达 25 年的胶澳良港，至此方得收回[3]。

跟着青岛的收回，胶海关也同时收回，并由总税务司接管，胶海关税务司人选局限于德、日的现象，至是始行结束。

从两次国际会议来看，会议的结果，表示列强都一直坚持对中国的关税特权。尽管如此，在中国人民民族意识日益高涨的情况下，在一些杰出的外交家的抗争中，华盛顿会议不能不通过有关解决中国问题的一般原则，即"尊重中国之主权与独立暨领土行政的完整"的《九国公约》，并于《九国间关于中国关税税则之条约》作出以下几点的具体规定：一、规定修正 1918 年上海修

---

[1]　青岛市档案馆藏档案 47，全宗 1407 号，卷 38。
[2]　《中外旧约章汇编》第 3 册，第 208—209 页。
[3]　参阅《胶海关十年报告》（1922—1931 年），"沿革"。

正税则委员会修订的中国进口货海关税则表，"并规定自采用本议决案之日
起"，4 个月以内修正完竣，修正之税则，"至迟不逾〔修正税则〕公布后 2
个月"，防止无限期地拖延。二、准许对进口货征收值百抽二·五附加税。
三、"应予承认"中国海陆各边界划一征收关税之原则。四、规定"四年后再
行修改税则"，"其后每七年修改一次，以替代现行条约之每十年之修改"。这
些修改是为了堵塞中国代表提出收回关税自主权的要求。

第七节　庚子赔款金法郎案的发生和北洋政府的屈辱解决

华盛顿会议结束后不久，又发生了中法间的金法郎案。

庚子赔款之以法郎给付的，计有法、比、意、西四国，其中除西班牙以
外，其他法、比、意三国，由法国带头，要求以金法郎偿付。这是列强勒索中
国财富一种恶劣行径。金法郎案是由法国挑起的。

在庚子赔款缓付期限告满前，即 1922 年 7 月，北洋政府外交部咨财政部
称："准法傅使函称：关于法国部分庚子赔款，自一九一七年以来所定折算办
法，核以按约应交之金法郎数目，暨与法国应得赔款总数，均不相符。本公使
以为嗣后关于法国部分之庚子赔款之各项账目暨各种应付款项，不如不用纸法
郎，迳以金元计算，较为简便。此项金佛郎或金元，其折算之行市，则宜照
《辛丑和约》规定之率，请令行总税务司将实行上述原则之各种办法，立即订
定；本公使一面亦饬令汇理银行照办。"[1]

法、比、意赔款是根据各自的选择，向来以法郎偿付的；而当时在世界通
行的只有纸法郎一种，并无金法郎。1918 年 11 月大战结束后，法国政府为稳
定战时货币的经济限制取消，旧有法国的纸法郎价格逐步跌落，致使在战前以
25 法郎 2 钱 5 分所能购到的英国英镑，现需 50 余法郎才能购得。由此可见，
"法国纸币已失其战前及战时所有之购买金货数目的价值，故现在所用的计算
法同赔款比照市价之价格，不足视为能购金货之〔银价〕。中国每月虽仍购买
125 万 5 千余法郎；但其所购法郎，系纸法郎，仅值应购金法郎之银价半数
而已。"[2]

---

[1]　民国十一年七月七日税务处给安格联第 923 号令。《中国海关与庚子赔款》，第 99 页。

[2]　1922 年 9 月 16 日安格联致税务处第 297 号函。《中国海关与庚子赔款》，第 103 页。

财政部"以为按照《辛丑和约》之规定，此项赔款原应以金币交付；惟所称金币，系对银两而言。至法郎纸币，亦系由法、比等国政府正式发行之代表通货，国际上进出，自以此项汇兑价格为准。中政府按照此项汇兑总价格付款，甚有理由；但法、比等国因比较上受亏太巨之故，要求改持金佛郎计算。……惟如果照办，即不但以佛郎计算之各国部分赔款，均须一律办理，即中政府所欠佛郎价款，亦难保不援例要求以金佛郎交付。一出一入之间，关系国家利益颇巨。"究应如何办理，财政部"未敢擅决，因提交国务会议从长讨论，以资解决。"当由国务会议议决："以纸佛郎计算。"①

总税务司安格联主张"与之另行协议"，但一年后，他密函外交总长顾维钧又主张"不管中国有什么政治上的权利，因为再拖下去，各种有益的事业会受到阻碍，不能进展。比起用金支付赔款增加的开支来，因拖延而遭受的金钱方面的损失，也不知道要多少。"他了解这个条件已为人民注意到何等严重程度，"不管中国政府多么希望解决这个问题，他们很难在人民面前作出决定，将中国方面的理由一笔抹杀。"因此，他认为"解决这个问题的惟一方法是既不失中国面子，又使总长们能够执行"，就是"建议将这个原则问题提请中立的法庭决定"。"中国可以把本案提交海牙国际法庭"去裁决②。

过一星期，安格联又函顾维钧，"我已经查明，对于那些拒绝接受纸佛郎作为赔款的国家，如果按照《辛丑和约》规定比价用银两付给，比用金法郎付给要多付规平银六十万两。""可以告诉国会，政府必须用金或用银付给；如果用银支付，比用金支付要多用一百万左右。""再把这个问题拖下，是于事无补的。"③

顾维钧的态度则相反。顾维钧说："在我掌管外交部工作以后……曾经搜集了所有文件，仔细研究了《辛丑和约》和此案的始末，我确认从法国的要求即法国公使馆要求中国用金质佛郎偿付法国，这是不合法的，"并拟就了一个备忘录④。

---

① 民国十一年十一月十九日税务处致安格联 1807 号令及附件："照录财政部上国务总理节略"。《中国海关与庚子赔款》，第 104—105 页。

② 1923 年 11 月 20 日安格联致顾维钧密函。《中国海关与庚子赔款》，第 105—106 页。

③ 1922 年 11 月 19 日安格联致顾维钧密函； 1923 年 12 月 17 日安格联致顾维钧函。《中国海关与庚子赔款》，第 105—110 页。

④ 《顾维钧回忆录》第 1 册，第 320 页。

　　继任外交总长王正廷也曾发出过照会，这个照会"一定是以我（顾）写
的备忘录的基础而起草的。"① 到了黄郛担任外交总长时，"第一个官方行动是
照会法国公使，接受关于金法郎的要求。""他采取的行动是根据王克敏（中
法实业银行买办）建议作出的。据说王克敏因在中法实业银行有巨额存款，
不愿此银行停业倒闭，故希望用金佛郎赔款一事获准。"顾维钧说：接受法国
的要求大有人在，"在中国银行界，甚至政府官员中间，这种看法相当普遍。"
"法国人当然是有对付我们的手段的，他们完全可以在掌握中国海关大权的外
交团中不同意交还中国的关余，以便根据欠法国政府的赔款和贷款数目加以
扣除。"②

　　最后，在吴景濂任国会议长时，曾以顾的备忘录为根据，极力反对接受法
国的要求。黄郛接受法国要求不久，国会就愤怒抨击内阁，黄郛也随着而辞
职。于 1923 年 4 月 8 日辞职批准，同一天顾被任命为外交总长。

　　"在段祺瑞任中华民国执政时，李思浩任财政部长时，接受了法国金佛郎
的要求。"③ 承认金法郎案。1925 年 4 月 12 日双方签订了《中法关于金法郎新
协定》，主要的解决办法是：中国政府承认庚子赔款为金债，按照纸法郎折合
汇兑美金付款。

　　同年 9 月又先后与比、意签订了类似解决办法的协定。

　　据李思浩的叙述："段芝老为什么甘冒天下之大不韪，决然要办这件事
呢？我想，有两个原因：一是当时执政府财政奇绌，各方伸手要钱，无法应
付。这事办成后，扣在总税务司安格联手里的关余、盐余 2,360 余万元，立即
可以拿到手，执政府就可以维持一段时期了。二是他认为这事终究要办，他不
办，继任政府也非办不可，不如自己先办了，可以救一时燃眉之急。……还有
一个很重要的原因，是他那时想召开关税会议，把金法郎案办好，可以讨法、
比等国的欢心，想早日促成关税会议，可以增加一些关税收入。"④

　　段政府的主要财政来源是关余，法国为了借金法郎案勒索我国的财富，串
通了英、美公使，"由领袖公使欧登科出面，通知总税务司安格联，金法郎一
天不解决，关余即一天不拨付。"段祺瑞主要是张作霖捧上台的。上台后，张

①　《顾维钧回忆录》第 1 册，第 320 页。

②　《顾维钧回忆录》第 1 册，第 321 页。

③　《顾维钧回忆录》第 1 册，第 321—322 页。

④　《中国海关与庚子赔款》，"关于金法郎案"，附录 3，第 235 页。

催迫军费甚急，所以，段非急于办成不可。他曾对我说："假如再不办，连执政府的日常开支也没法应付了。""金法郎成交后，安格联立即把扣住的2,360余万元发给我们。"① "照当时纸法郎和所谓金法郎（当时法国实际早已不使用金法郎了）的差价计算，我国至少要吃亏6,000万元。"②

华盛顿会议本来已经通过《九国间关于中国关税税则之条约》，法国也签了字；为了迫使北洋政府承认金法郎案，以不批准《华盛顿条约》为挟制；金法郎案一解决，法国就批准了《华盛顿条约》。到1925年8月5日，九国代表才得在华盛顿交换《华盛顿条约》批准书，此约从签订到换文，达3年之久。按照规定，《关税条约》生效后3个月内就应召集关税特别会议，现在稽延达3年之久，足以证明列强关于改善中国关税待遇，并无诚意。

① 《中国海关与庚子赔款》，第235—236页。
② 《中国海关与庚子赔款》，第238页。

第二十五章

广州军政府的建立及其与公使团、总税务司
关于摊拨关余问题的长期斗争。总税务司
把全部关余移充内债基金和双方矛盾的激化

第一节　广州护法军政府的建立及其摊拨关余的斗争

1917 年，封建余孽张勋在德国和日本支持下，废弃了《约法》，解散了国会。《约法》和国会是共和国的象征。孙中山对于这种公然推翻共和国的行径，极为愤慨。他和廖仲恺等离开上海，到达广州，组织护法军政府（后改为中华民国军政府等）发动护法运动。广州从此逐渐形成为反封建军阀的革命根据地。军政府成立后，围绕着摊拨关余的问题，和海关总税务司以及公使团开展了长期曲折的斗争，这个斗争逐步发展为截留税款、收回粤海关的运动。

什么是关余？关余有其特定意义。在 1912 年公使团炮制的《税款归还债赔各款办法》中有"所余各款"一词。《办法》第二条于 1913 年 12 月 24 日，经公使团提议修正、北洋政府承认的原文为："由 1914 年 1 月为始，每月秒待每月应付关税所保 1900 年前所借各款本息全行付清，所余各款，应摊拨于〔庚子〕赔款各银行账内，以足敷各该银行每月应收赔款之数为限。"此条所称的"所余各款"系指 1900 年前订借的各项外债，应尽先以海关税款偿付；如有余额，再照《辛丑各国和约》的规定，以为付还各批赔款之用。历年偿付庚子赔款时，多以此项余款摊拨于各赔款银行，用以转付各国。这里所说的"所余各款"不是我们所论述的关余。其时海关税收除敷偿还外债，余额甚微。从 1916 年 10 月开始，所有每年偿付的庚子赔款，全部由海关及常关的收

入拨付，不再仰助于其他财源。从 1917 年 7 月起，善后借款也全由关税付还。及至 1917 年 8 月，关税偿付外债赔款以外，余额很多。其后税收愈旺，余额愈多。税收形势发生了辛亥革命以来第一次的转变。这个转变是从 1916 年下半期开始的。其时的关余约达关平银 800 万两，可滚入次年账内。关余不在担保债、赔范围之内，中国政府可以自行处理。总税务司乃于 1917 年以关余规元 1,000 万两，提供北洋政府作为普通行政费用，1919 年复拨付 500 万两。1921 年 10 月 3 日，北洋政府乃以大总统令，批准切实委托总税务司保管关余[①]。

关余问题，1919 年发生了两件引人注目的事：一、因商业渐复旧观，银两折合英金汇价逐渐高涨，所以当年的关余数目大增，总计全年达 2,096 万余两，次年则达 2,235 万余两，为 1929 年关税自主以前最高一年；二、军政府两度向粤海关税务司要求摊拨关余，理由为军政府既由其所属各口海关征收税款内，偿付以关税为担保之债赔款应拨部分，则军政府要求摊分该税一切余款，其应获得承认，为事理之平。为表示必得此款起见，乃由军政府财政总长伍廷芳通令总税务司安格联，"如分拨之议不成，则该政府不问公使团是否同意，将执总税务司以负此项失败责任。"[②] 这是自有海关以来，总税务司第一次收到的严厉命令。安格联则称："鄙人不过为税收之会计员耳。""至于建言将关余如何分配，则既非鄙人之业务，亦非鄙人之职责。以此原因，故按指定办法动用关余一事，如有何项失败，鄙人自无横被牵涉，或执以负之可能也。"但他却表示："对于广东方面之要求，于有机可以办理时，固曾代为推毂，以期能底于成也。"[③] 安格联在军政府的压力下，不能不向北洋政府疏通。结果经北洋政府和公使团同意，根据 1918 年军政府管辖下各口税收和当年全国海关税收总数比较，按关余 13.7% 比例分拨给军政府。第一批拨款于 1919 年 7 月拨付，共为 557,000 两，由总税务司汇至广州汇丰银行，以军政府财政总长名义存放，听军政府提用。收据书明，此款系"经北京公使团同意，自关税中拨交中华民国军政府之关余。"从此以后，关余都按规定比例如数拨付。1920 年 3 月，军政府为桂军所把持，内部分裂，孙中山和伍廷芳被迫离

---

① 《关税纪实》，第 554—557 页。

② 《关税纪实》，第 558—559 页。

③ 1919 年 6 月 25 日安格联致伍廷芳函。《关税纪实》，第 566 页。

粤赴沪，关余停止拨付；但伍廷芳过香港时发表声明，说他并未离职，此款仍
由他负责保管。公使团以"避免助长内争"为理由，把军政府应得关余份额，
交由总税务司"暂代存储"。计从1920年4月到12月存入"暂记账"内的款
项共2,513,950规元。12月以后，公使团不复同意"将属中央政府之全部关
余，摊交未经正式承认之政府；"而总税务司和北洋政府串通，拟将关余全部
拨充整理内债基金。于是，索性把军政府应得份额，不再提存代储。

　　1920年10月，孙中山组织了"救粤军"，攻下广州，打败了盘踞军政府
的桂系军阀。11月，孙中山回到广州。军政府向公使团继续提出按比例拨付
关余的要求，并要求发还1920年4月以来积欠的关余。公使团以"关余不能
供无意识之滥用"①，拒绝拨付。从这个时候开始，军政府和公使团、总税务
司围绕着关余问题进行了一系列的斗争。这种斗争实质上是反对列强把持海关
的斗争。

　　公使团既然拒拨关余，军政府便于1921年1月21日发布命令："凡在军
政府所属各省海关，须自2月21日起，服从军政府之训令，听其管辖；但各
省关税仍照前尽先摊还外债，绝不欲稍有妨害债权人之利益。"② 这个命令，
无视海关自称为"国际性"、"中立性"，海关行政的"完整性"，凡是军政府
辖境的海关，都得服从军政府的命令。这种触及海关外籍税务司制度的做法，
当然不是列强所能接受的。因此，公使团当即决议："禁止广州扣留关税，即
电粤领事团保护海关。"③

　　1922年1月28日，军政府毅然通告沙面各国领事，声明决定收回粤海关管
理权。香港殖民当局闻讯立即派兵200名到广州西堤，"保护"海关。广州各界
人民团体代表晋见军政府负责人，"请求实行接管海关，勿示弱。"④ 2月10日，
伍廷芳打电报给公使团，明确表示："若不交款，必派人接〔管〕粤海关。"⑤

　　总税务司安格联意识到军政府的力量是无法抵挡的，便用机要通令向粤海
关税务司提示："在这个问题商讨期间，我和伍廷芳博士的频繁通讯中，确实
感到从一种不堪设想的地位提供一个退却的立足点，这是得策的。""处在这

① 《申报》，民国十年一月十八日。
② 《申报》，民国十年一月二十一日。
③ 《申报》，民国十年一月二十七日。
④ 《民国日报》，民国十年二月三日。
⑤ 《申报》，民国十年二月十一日。

种困境中的我本身和海关官员，向来总是承认事实上的政府的权力；而当它的命令不和中国的国际协定冲突时，总是遵循的。"① 公使团也被迫答应把关余拨付军政府；而以用于治河和自治建设等方面为条件。但是美国公使则以"北京〔政府〕既未允许〔支付关余〕，而美公使驻在北京，与其他政府或党派均无关系"主张公使团不和军政府"直接接触"，要"军政府提请北洋政府同意"。军政府拒绝这个做法。广州群众举行国民大会，参加者达万余人，一致主张收回关余。

3 月 21 日，公使团为了推卸责任，一反前议，悍然作出决定："西南关余交付中央（按：指北洋政府）。"②

第二节　反对举借外债的浪潮和内债的发行。总税务司兼理内债基金

关余斗争问题和总税务司安格联管理内债基金问题是联系在一起的。内债——公债是资本主义国家的产物。总税务司不但经理外债，还兼管关余、内债。在资本主义以前的封建社会和奴隶社会，不可能产生现代意义的公债。在封建社会或奴隶社会中，君主的主权是神圣不可侵犯的。君主是土地和臣民的最高所有者，臣民对于君主只有完税的义务，没有臣民放债给君主而君主反要还债的道理。把政府和个人当做对立的经济单位这种观念的发生，是 18 世纪资本主义获得相当发展的意识的反映。

发行公债要有一定的条件，这就是要有近代化的金融机关和全国性的金融市场。有了近代化的金融机关才能通过公债吸收社会上的流动或闲置资金；有了金融市场，资本家或投资者才愿意把资金投资于购买公债，而公债也才有可能作为"有价证券"而流动，债券的购买和出售，也才有了可能。

中国发行第一次内债，是清政府于 1894 年发行的"息借商款"。第二次内债是 1898 年发行的"昭信股票"。前一次虽然没有完全具备现代公债的形式；但可以说是中国举办公债的滥觞。后一次比前一次更具有现代公债的形式。但这两次发行公债的主客观条件都不够完备，最后都失败了。它们和海关

---

① 1921 年 2 月 7 日总税务司机要通令第 34 号。《总税务司机要通令》第 1 卷，第 34 页。

② 《申报》，民国十年三月二十三日。

没有关系，这里就不多谈了。

内债发行的兴起，和民国初年反对举借外债的浪潮是联系在一起的，和总税务司经理内债是分不开的。民国草创，没有充裕财政，难于图存，而缔造民主政府，需款尤多。当举国纷扰之日，此项财力如何筹措，确是当务之急。当时的旧税源，除关税而外，均为地方临时当局所截留；新增捐项亦非北洋政府所能享有。民国当局迫于急需，乃诺以招商局、汉阳铁厂、萍乡煤矿及江、浙、赣等省铁路为担保，抵借款项，但因时局不定，各抵借实业关系复杂，所收成效甚微。是时外国资本家、银行团眈视于旁，等待对中国投资，静待时机成熟。及清帝退位，共和告成，时会既至，袁世凯政府乃与当时之四国银行团立刻成立垫款两宗，共 300 万两。该银行团复允继续垫借；但要求由其发行善后借款为条件。袁世凯以书面允准；但国务总理唐绍仪以其可能造成外人垄断并管理财政之嫌，故最后加以否认。于是遂有英比借款之进行。当时国内爱国人士，对于以监督财政为条件的外资，反对接受，声势激烈。在爱国情绪高涨的情况下，募集内债之议遂乘机而起。因有民国成立以后元年六厘公债 2 万万元之发行，当时南京临时政府也发行八厘军需公债 1 万万元。在时局不稳情况下，认购者并不踊跃，可以说两种公债的发行都失败。内债既鲜成效，国外资本家重行露面，借款谈判遂复重开。原为四国之银行团，因俄、日的加入，而扩充为六国银行团，顿形活动。双方所有谈判，系在反对外人财政监督与经济侵略声浪中进行。卒因银行团坚持有效之监督政策，故议而无成。乃于元年 8 月与克利司浦公司，签订借款英金 1,000 万镑。后因该公司只发行债票 500 万镑，仅半数交足。袁世凯政府赖此借款渡过难关，直到 1913 年 4 月才签订善后借款。

善后借款条件甚苛，舆论反对激昂。孙中山通电有关各国政府加以否认，国内爱国人士惴惴以财政不能自主为虑，均主张不宜再向外国金融机关接洽借款。当时第一次世界大战爆发，各国战费激增，要向外贷款，困难益甚，于是举借外债之议遂寝。1919 年夏间，当局决议向国内乞援，新公债遂以产生。此项公债仅为 1,000 万元，数目适宜，指定担保的财源，人们均认为确切可靠；特别是由总税务司经理还本付息事宜，并负责选择银行，存储特别款项，以为付息之用；加以政府强迫官吏认购票面，遂使该项公债之发行，成绩优异。北洋政府乃扩张债款，增发 800 万元。总计募得之款，共 2,492 万余元。超出增发之额。但因受中交钞票停兑影响，一时财政紊乱，原充还本之款，移为他用，故第一期抽签日期，不能不延期半年举行；第二次、第三次抽签，亦因缺乏款项而愆期失序；第四次抽签，直至1921年12月1日才举行，距原定期限，已延误整整一年了。

海关和内债发生关系，是从1914年（民国三年）开始的。是年国民党讨袁战争失败，袁世凯决意实行帝制。他一方面大借外债——善后借款，同时准备发行民国三年公债。为了管理公债发行事宜，他设立了内国公债局，聘请一些华洋人员组织董事会，并于董事会中推选总理一员、协理四员，"常川到局办事"。洋董事中最令人瞩目的是总税务司安格联。

安格联在辛亥革命中命令各关汇解江海关道的税款，一律汇交汇丰银行总税务司的洋税账和常税账，所以拥有庞大的财政权力；他又从江苏省海关道获取了外债经理权，经理了外债的偿付，把海关办成外债的出纳机构，保证了中国对外债的偿付，得到列强的赞赏，取得了它们的大力支持。海关在半殖民地中国的地位，特别坚固。袁世凯为了利用海关的地位和信用发行公债，把总税务司安格联拉了进去，在内国公债局董事中设置了一个专员的职位，经理出纳公债款项，并定名为会计协理，"由公债局董事提议，推定公债局协理总税务司安格联为经理专员"。北洋政府财政部以"公债局协理总税务司安格联，办理全国海关收入及偿还各国款项事务，措置咸宜，久为中外绅商之所信仰""举为公债局会计协理，专司出纳债款，于公债信用裨益自多"[1]。所以把发行公债事务交给安格联。"该局收存款项及预备偿本付息及支付存款，均由该员安格联经理，以专责成。"一切关于公债款项的出纳事务，除经总理签字外，均由安格联"副署"[2]。

袁世凯利用海关地位，发行民国三年公债，以1,600万元为额，定名为"民国三年内国公债"；民国四年又发行2,400万元，名为"民国四年公债"；民国五年又发行2,000万元公债。

民国三、四年公债，"系以常关税课一部分作为担保"。"常关税课自归部整顿后，历来税收已达七百万元左右；但以国家多故，每有事变，税款辄被截提。事后追索，终成亡羊"。"现在已届〔民三、民四〕还本之期；若不设法

---

① 民国九年三月三十日《财政部呈大总统请援成案设立内国公债局文》。千家驹编：《旧中国公债史资料》，中华书局1984年版，第38页。

② 民国三年八月一日《财政部呈为设立内国公债局拟具章程勘定地点文》。《旧中国公债史资料》，第39—40页。

储集基金，在政府捉襟见肘，势必致有失信用，此后募集公债，更难着手。"
"兹为巩固公债信用，并以保存税课起见，拟将常关税款委托总税务司保管。
在海关监督兼管之常关，由监督按月将征解常税交付税司转解储存；其距海关
较远之内地常关，即由总税务司派员向关按月提取。在总税务司只有保管税款
之责，并无经征税收之权，与海关税之归税司管理者，截然不同。至边远常税
各关，总税务司不能派员提取暨各关向例就地指拨之款，关监督仍须照常拨付
者，并由本部按数另行筹交总税务司保管，以为公债偿本基金之用。一俟三、
四两年债本清还，即取消此项办法，仍由监督收款解部，庶于公债信用，得以
巩固，中央专款，借以保全。"1918 年 1 月 29 日呈奉大总统批复"准如所拟办
理。此令。"并附"海关兼管 50 里外各常关及内地常关与边远税关名称表"：

50 里外常关	内地常关	边远税关
山海常关	淮安关	赣　关
东海常关	荆州关	张家口税关
江海常关	扬由关	杀虎口税关
瓯海常关	新堤关	塞北税关
闽海常关	武昌关	多伦税关
粤海常关	太平关	潼　关
潮海常关	凤阳关	宝庆关
琼海常关	临清关	成都关
津海常关	夔　关	浔州关
芜湖常关	辰州关	打箭炉关
浙海常关		京师税关附
厦门常关		

　　另附"常税各关指拨数目表"：

江海常关	69,600	两
山海常关	143,279	两
荆州常关	3,600	两
杀虎口税关	3,081	两
塞北税关	283,330	两
合　　计	502,890	两①

---

① 1918 年 2 月 2 日总税务司机要通令第 22 号，随财字 230 号。《总税务司机要通令》第 1 卷，第 35—40 页。

按上规定，不但通商口岸 50 里内常关归总税务司管辖，全国常关、甚至边远税关的税款也归总税务司保管。这样，总税务司不但经征保管全国的洋税（海关税），连全国常税也由总税务司保管了。

民国六年（1917 年）5 月，北洋政府财政部"为统一事权、节省经费起见，"决定将内国公债局"暂行裁撤。所有该局向管五年公债发票记账，以及三、四两年公债付息暨核销债票各种事务，应归本部办理。"因该局董事会的事务，"一时尚难裁并，将该会移设本部，照常进行。"到 1920 年，因"现在时局艰危，远非昔比。用度支绌，倍于曩时。即往知来，自非设立专局，选派大员，筹划督率，恐不足以收成效而策进行。"因此，财政部"拟就已设之公债局，加以组织，查照三、四年公债成案，设立内国公债局，并望仍派梁士诒为内国公债局总理；""该局原设董事会，一仍其旧。俟后旧公债之如何整理，新公债之如何进行，及与公债相关之金融计划，责成该局详慎规划，随时商同本部，逐渐进行。"这次的《内国公债局章程》第二条规定"本局设立董事会"。董事会的第一董事是总税务司①。这样，总税务司成为内国公债局的首要人物了。

1920 年 9 月公布《整理金融短期公债条例》，规定发行公债 6,000 万元，定名为"整理全国短期公债"。此项公债，和海关的关系更加密切了。"此项公债的还本付息，由财政部函请总税务司，在关税项下，依照附表所列每次应付本息总额，尽先提拨，预交中国交通银行，专款存储备用。倘所拨关余，不敷应付本息之数，即由财政部指定的款，如数补还。"② 这就是不但依靠总税务司的信用，还依靠海关关余的拨款了。

北洋政府，每年入不敷出，辄仰给于国内公债。"自元年以来，其发行〔公债〕总额已达三万一千五百余万之钜。""惟查各项公债，四、七年短期有延期赔款确实指抵，三、四年公债曾由本部指定常关收入暨〔停付〕德、俄赔款交与总税务司，专款存储，作为偿本付息之基金，……此外各种公债，抽签还本，不免时有愆期，以致信用日坠，价格日落。推厥原因，皆由基金不能确定之故。""就本年应付各种内国公债本息数目而言，除七年短期与三、四年公债以外，余如遵照《公债条例》，按期偿本付息，即需三千九百七十万元

① 民国九年三月三十日《财政部呈大总统请援成案设立国内公债局文》。《旧中国公债史资料》，第 60 页。
② 民国九年《整理金融短期公债条例》。《旧中国公债史资料》，第 60 页。

之多。按之目前状况，必无力以办此；但若任意延搁，不为速筹办法，一旦措
手不及，必至停付本息，直至丧失国家之信用，间接牵动社会之金融。……假
令各项内债本息一朝停滞，全国金融必受恐慌。"财政部长以"此种情形迫在
眉睫，若竟出此，何异政府对于国民宣告破产，而财政命脉，国家生机从此斫
尽"。"元债、八债，市上价格仅及原订票面十分之二"，此等内债，多已抵押
于国内银行，作为垫款担保品；如不设法维持，银行必受其害，严重的财政危
机，将普遍发生。为了解决这个严重问题，北洋政府财政部长周自齐挖空心
思，企图挪用关余、盐余、烟酒等税，以资弥补，并订出具体办法："兹定在
盐余项下拨银一千四百万元，烟酒税费项下一千万元，在烟酒税公卖尚未整理
收效，及历年指定烟酒税费押解各款尚未清偿以前，咨商交通部先于交通部事
业余利项下，每月拨借数十万元，以足每年一千万元之数。""此项基金由各
该机关直接拨交总税务司安格联会同银行专款存储，以资应付。"嗣后海关盈
余如有余款，及停付德俄赔款之类，"皆归入此次整理公债基金之内。"[1]

　　但到1922年底，盐余、烟酒等税应拨各款，都未按期拨解。于是，作为
经理内债基金处负责人的安格联，向北洋政府提出《整理内债基金说帖》（阅
附录），要求"变通办法"，把所有关余移作整理内债基金。北洋政府当于
1922年1月内阁国务会议议决"照办"。这样，内债基金便"专由关余拨付"
了。[2] 北洋政府不但把全部关余拨充内债基金，甚至"自关税实行的切实值百
抽五而未征收的关余"，也拨充内债基金，连军政府应得的关余份额，也都移
拨了。

　　孙中山得此消息，非常愤懑。他告诉国会议员："外交团把关余交北京政
府，不啻对西南宣判死刑。""救济办法，惟有快选总统。"他在1922年2月
间一次政治会议上就已经表示过，应组织政府，以利于对外交涉。结果于
1922年5月5日，撤销护法军政府，正式成立中华民国政府，选举孙中山为
非常大总统。但是新政府一成立，就忙于讨伐广西桂系军阀残余，准备出师北
伐，跟着陈炯明叛变，广东政局趋于紊乱，摊拨关余问题受到阻遏。现在，北
洋政府悍然决定把关余尽充内债基金，军政府摊拨关余、补拨积欠关余的要求
完全落空了，这就激化了广州政府和总税务司的矛盾，双方的斗争越来越激烈。

---

① 《关税纪实》，附件第15，第1014页。
② 《东方杂志》19卷16号；《关税纪实》，附件第21，第1029页。

第三节　安格联垄断北洋政府财政权力

安格联自任总税务司后，仗着他保管了全国海关税款，拥有大量的现款；他又经理了庞大的外债，连内债也在他包揽之中。又因关税稳稳上升，到1919年以后，征收税款除偿付外债、内债以外，还出现了大量"关余"。关余也在安格联掌握中。他不但掌握了海关的洋税，还掌握了常关的常税。

安格联因为拥有庞大的财政权力，所以北洋政府财政部也得仰他的鼻息。1925年顾维钧任北洋政府财政总长时，各司的司长都"建议我（顾）第一件事是去拜访总税务司安格联。他们说，历届财政总长就职后都要拜访他。我惊问其故。他们说他是财政部属下的官员，但拥有〔财政〕全权。那时，要发行公债没有关税的某种保证是不行的。无论是以赔款豁免部分作为担保，还是以关余部分作担保，均需总税务司点头同意。"① 国民政府财政部长宋子文也直言："有谓中国海关俨然政府中之政府，""甚至谓总税务司之一言，其效力等于财政部之成法。北京财政总长之命运，实操于总税务司之手。"②

总税务司因为拥有庞大的财政权力，便和银行界买办金融集团勾结起来，垄断了公债市场。这一事实，顾维钧任北洋政府财政总长不多天便发觉了。《顾维钧回忆录》记载这一事实说：他就任后约两三天光景，"一份待我签字的文件放到我的桌上，公债司长来找我签字。……他说这是关于向中国银行借款的一份协议书。总数不大，可能是几万元。……〔协议书〕有一款写着月息1.5%折年率18%。我说，'这太高了'，我查了当时通行利率，年利为14%，或月息1.2%左右。我觉得我有充分把握肯定政府所支付的利息高于市场利率。""他〔公债司长〕说，过去经常是这么办的，我的签字只是履行贷款的签字手续而已，因为钱已经支取了。""我说：'我希望公平些，要按市场利率改过来，市场利率想来不会超过15%。他说：'钧座，最好不要改动。'但是我说没有理由要政府向一家半官方银行支付不必要的一部分过高的利息，所以我在上边修改了利率。""想不到这就是给以后造成一个大问题的原因。

---

① 《顾维钧回忆录》第1册，第283—289页。
② 引自1933年10月宋子文在海关赠鼎仪式上答词。《总税务司通令》第2辑（1933—1934年），第135—136页。

这件事在中国银行界引起了一种轰动，说是来了个不按银行意见办事的财政总长，还胆敢给银行规定利率。多年服务于中国银行的公债司长张某求我不要这么做的时候，我认为作为财政总长，对银行提的一切不吭一声就照办不误，是不对的。我认识不到这么做会在银行界造成一个极为不佳的印象。"[1] 结果，因为银行界的作祟，发不出中秋节过节的钱，卫戍部队围困了国务院，连内阁总理杜锡珪也被迫辞职。

银行界如此猖狂，和安格联的支持、勾结是分不开的。

银行界买办金融集团"把安格联看成是一个庇护者，每当政府拟用债券筹款，解决一些重要问题的时候，张家璈（北京中国银行总经理）以能左右一切的地位自居，因为他们有本事能使他所提任何计划得到安格联的同意。换句话说，每当张家璈代表各银行与政府打交道时，安格联总是给他当后台。"[2]

安格联为了偿付外国债、赔款项，极力把海关办成各国债、赔款的出纳机关，从而获得了各国的大力支持。他公然声称"海关财政上为独立，前后所恃以维持者，非中国政府，乃为列强政府也。"[3] 海关有了列强的支持，难怪它成为北洋政府中的"政府"了。

千家驹在《旧中国公债史资料》一书的《代序》中对于安格联垄断北洋政府财政权力，曾作过下列的叙述：在北洋政府时期，"海关税收完全在列强控制之下，不但地方军阀，即连北洋军阀的中央政府，若不得总税务司的点头，也休想染指。安格联成了中国的太上财政总长。北洋政府的财政总长要经常奔走于总税务司之门，他的一言一笑都可以决定中国财政总长的命运，也可以影响公债的价格。"[4] 这是确切的叙述。

第四节　国共合作和苏联的声援，促进
广州政府摊拨关余斗争的高涨

孙中山因陈炯明叛变，于 1922 年 8 月第二次离粤，住在上海。1923 年 1

---

① 《顾维钧回忆录》第 1 册，第 285—288 页。

② 《顾维钧回忆录》第 1 册，第 314 页。

③ 引自梅乐和 1931 年《海关历任总税务司政策之沿革及将来之方针》，全文刊载于《总税务司机要通令》第 106 号机要通令附件。《总税务司机要通令》第 1 卷，第 101—107 页。

④ 《旧中国公债史资料》，第 10 页。

月 17 日,苏联特使越飞到达上海,在李大钊陪同下,会见了孙中山,就当前远东局势和中国革命问题,进行了为时六天的商讨,最后发表了《孙文越飞宣言》。《宣言》声称:中国的独立统一,"可以俄国援助为依赖。"① 1923 年1 月,福建的讨贼〔陈炯明〕军和滇桂联军打败了陈炯明,2 月,孙中山回到广州,接受了共产国际和中国共产党的帮助。10 月,国民党发表了改组宣言和党纲草案。1924 年 1 月国民党在广州召开了第一次全国代表大会。国共合作和苏联声援,使中国革命形势呈现光明的前景,这就促进了广州政府提拨关余斗争的高涨。

这个时候,广州政府"转战经年,东、西、北江三面,此起彼伏,无有宁时。滇、桂、湘、豫之师云集其间,殊非一省力所能胜"。1923 年 8 月,广州政府再度要求公使团分拨关余,公使团置之不理。1923 年 11 月,孙中山通过广东领事团领袖领事真密孙向北京公使团提出了分拨关余的通牒,认为"北洋政府以关余兴兵侵伐西南,西南各省不得不另筹款,兴兵以自卫。此项不平之事,吾人实不能长此忍之,"并附公函两件,抨击美国倡议把关余尽付北洋政府的粗暴行为,还称:"今日之北京,已无所谓'中国的政府'存在。""北京政府亦不过今日国中政治之一部分,惟其据有中央政府之旧址,故得外交上之承认耳。""如果今日之北方,可以无条件接受关余","则广州政府,当可以无条件接受同样之关余。"嗣称:"今以由西南各省所收之关税,透诸其敌,不用于本境各种建设之用,而假手于敌人,作戕杀其子弟,涂炭其人民之器具,此诚不可忍之事。"这种"以其部分之关余,充北方军阀以杀吾民之用,不顾公理,违反正谊,此又为吾人民所誓死而反对者也。"②

11 月 23 日,孙中山照会公使团,重新声明:"北京政府于 1921 年 3 月间所发之擅自处置本政府所要求及应得之税款之命令(按:即停拨广州政府关余之命令)无效,"并要求重新修订关余分配比例,还须有广州政府参加③。

广州政府外交部长伍朝枢在给上海总商会"请打消提取关余"的快邮代电的复电中,关于关余专充内债基金一事表示坚决反对。电称:"北洋政府乃凭总税务司之力,倚外交团为护符,以西南之关余,为还己债之基金;转移盐

---

① 《民国日报》,民国十二年一月二十八日。
② 《申报》,民国十二年十二月十八日。
③ 《申报》,民国十二年十二月十九、二十日。

务、交通等税收入，以贿选总统，用兵西南。事之不平，孰逾于此！总税务司
既以保管基金自任，则不应取之于关余而置盐余、交通不问。""要知西南对
于关余，断不能赍盗以粮，必据理力争，始终不懈。"①

　　广州政府虽向公使团发出通牒，但公使团"并无明白之答复，只有尚待
考虑之敷衍语。""当前三星期陈炯明兵困广州时，北庭趁机派遣江西北军，
侵我北江；命沈鸿英由湘桂率兵，犯我西北各属。北庭以我南方应得之关余，
而来攻我南方。吾等实不忍以广东财政，汇往北方，而转以祸粤也。"②

　　广州政府的要求，历时3月，公使团仍不作复，不能不作出两种对付办
法：一、"北京外交团，既不之应，吾等惟一之方法，只有令广东税务司停汇
税款往北而已"③；二、"或更不得已，而辟南方港口，自由贸易；虽牺牲税
收，亦于地方商务大有裨益"④。

　　12月13日，孙中山发表了扣留海关税款宣言。宣言声称："为求粤省之
长保和平与安宁"，"必使粤海关之收入，今后不解与直系〔北洋政府〕而后
可。本政府有鉴于此，今特行使管理支配此项税收之职权，令仰总税务司及粤
海关税务司，于粤省以外各海关税收足敷偿付所抵外债之时，务将本政府辖境
内所收税款，保留供本政府之用。谅总税务司及粤税务司，均为中国公仆，对
于粤事，自应在本政府节制之下，而服从其命令也。"此外对于公使团干涉海
关之事，亦加驳斥："考历届条约，并未允许列强干涉中国未拖欠关税所抵外
债之际，共同的或单独的有权干涉中国海关。盖海关始终为中国政府之机关，
即列强固亦承认关税余款之支配与使用，纯属中国内政问题也。"⑤

　　孙中山还向《字林西报》记者发表截留关税的决心。据该记者报道："查
两广关税，岁以千万元计。此原为粤人之款，故彼拟截留之。彼将令税务司缴
出粤省关税之全数；如不徇从其请，则将另易总税司。"并表示："在此后数
日内〔截留〕，且不欲预先照会外国领事。因款属粤省，与彼等无干也。"记
者又询以如果各国阻止截留，"是否将与各国抗？（按：当时广州港内泊有英
炮船四，日炮船一，美、法各二。）"中山答称："彼力不足与抗，然为四大

---

①　《申报》，民国十二年十二月十七日。

②　《申报》，民国十二年十二月二十三日。伍朝枢答香港西报记者问。

③　《申报》，民国十二年十二月二十二日。伍朝枢向香港西报记者谈话。

④　《申报》，民国十二年十二月二十七日。伍朝枢复上海总商会等电。

⑤　《申报》，民国十二年十二月十三日。转引自《大陆报》10日电。

强国压倒，虽败亦荣。果尔将另有办法。"其办法"隐示拟与苏俄积极联盟。"①

1923 年 12 月 1 日，公使团见广州政府态度强硬，乃通过驻广州领袖领事转告广州政府：以该政府对于请求分润关余一事，"兹本公使团尚未予以答复；然孙文已有暂行管理广州海关骇人听闻之主张。本外交团特为此事祈贵领事以领袖领事名义向军政府提出警告，说明两事：（一）任何方面，如有干涉中国海关之事，外交团均不予以容纳；（二）如有上述情事发生，本外交团即当采取强迫手段，借凭办理。"②

驻广州各领事害怕广州政府提取海关税款，立即下令驻泊沙面外舰水兵警备，听候随时调往西瓶海关驻守。外国兵舰驶入省河的有 9 艘。湾泊沙面海面和白鹅潭一带的，计有美舰二、英舰三，日舰、葡舰各一。

美国驻粤领事侦知广州政府有意于 1924 年 1 月 1 日开始实行提取关税，认为事机紧迫，乃电小吕宋舰队司令，调鱼雷艇一队，载部分水兵到香港待命。该队共有鱼雷艇 6 艘。

这时，列强干涉关余问题表现最突出的是美国公使舒尔曼。舒尔曼由香港乘美国炮舰到达广州，和领事团各国海军官员举行会议，讨论干涉粤海关问题；还晋见了孙中山和伍朝枢。舒尔曼重弹不干涉其他国家内政的老调。孙驳称："不干涉中国内政，为在华会列强所一致赞同；但此不过一种空谈。试观今日有六国之战舰泊于广州港内，阻吾人利用应得之关余，而将此关余付诸北京，乃犹言不干涉内政；实则不干涉内政其名，外交团控制中国如一殖民地则事实也。"③ 舒尔曼在华北美侨公宴上强调海关行政完整性，不容侵犯："西南对于外人之利益上及条约义务上，颇为蔑视。"例如"广州政府以要求关余不遂，至于有强截之恐吓。如任其自然，不加制止，则继广东之后者，必有同样之要求。二十年来，金瓯无缺之海关，非导致破碎不堪不可，则外国人之债权无确实之担保，此其直接影响于外人利益者实大，故各国考虑之余，至不得不集中海军于广州。"④ 他还对《泰晤士报》记者宣称：列强自当"尽力合作"，以便"取缔大元帅政府干涉海关之事"。又谓："各国驻广州海军及领事，颇

---

① 《申报》，民国十二年十二月十一日。
② 《申报》，民国十二年十二月十九日。
③ 《民国日报》，民国十三年一月十三日。
④ 《向导周报》第 52 期。

能和衷合作，共策进行。"① 这显然企图以海关行政的完整性拒绝广州政府对
于粤海关行政的干预。

广州政府以时机紧急，乃召开外交军政要人会议，商讨对付办法。伍朝枢
向香港西报记者申明："吾等做事，秉持公理而行，……幸勿以老大帝国国民
之畏惧外舰及洋枪者视我辈。倘各国以武力来压制，或引起双方人民的及历史
的意外，则列强当负其咎，盖列强以武力干涉我政府而袒助北庭也。"②

12月16日，广州各界代表和工团领袖召集群众于丰宁路西瓜园前，举行
公民大会，参加大会的有万余人，计有工业联合会、女界联合会、社会主义青
年团、工团总会、高师学生会、国民党各支部等20余社团。各行业代表相继
演说，均以外舰示威干涉政府提取关余为无理，"吾人当一致为政府后盾。"
大会通过了宣言和请愿书。会毕，举行游行示威，高呼"誓作政府后援""请
愿收回关税"等口号，并向孙中山请愿。孙中山演说称："予现对关税问题，
经拟妥收回办法，决于近三日内，以正式公文，向税务司接收关余。如三天以
内税关不能照办，则再于七天内警告税务司，着即遵办；倘过十天时期，该司
仍不服从，届时我另有办法。将来结果，或者闹到外国水兵实行驻守税关，亦
未可逆料。倘不幸而演此耻辱，仍望我国同胞再开国民大会，率同群众示
威。"大会主席暨代表分电公使团，"请主持正谊，切勿逾轨干涉。全省公民
与政府同意，力作后盾。"另电海外各埠华侨，"共作后盾，一致力争。"

公使团对于关余问题的干预，原就不合理。他们看见广州政府的强烈反
对；又见各地反对海关情绪高昂，害怕不好收场，乃于12月12日复电广州领
袖领事转广州政府："公使议决：此项要求之赞成或反对，外交团无议决之
权。"③ "据一九〇一年《辛丑各国和约》，各国有监视关税担保各外债本息优
先偿付之权；惟于每年年终偿付外债本息后所剩之关余，中国政府如何支配之
处，则条约上未赋以裁决之权。"最后还声明，以海关税收入偿还某项国内公
债等，"外交团与此种债务，并无丝毫之关系，盖此项借款事前未得磋商，即
告成立之故。"④ 于此，广州政府更以对关余的主张与行为为正当，乃又发出
一次宣言，宣称"夫处分关余，列强在条约上无干涉之权……是故本政府要

---

① 《申报》，民国十三年一月十八日。
② 《申报》，民国十二年十二月十七日。
③ 《申报》，民国十二年十二月二十日。
④ 《申报》，民国十二年十二月二十日。

求分沾关余时，仅属于北京政府及总税务司间之交涉。……本政府今日（12月19日）已令行总税务司：（一）于本政府辖境内各关之收入，除拨付应摊各外债外，另行存储，备本政府拨用；（二）补拨一九二〇年三月以后停拨本政府之关余。倘总税务司不能奉行此令，则本政府将另委〔总〕税务司，以维持税务。"此外还宣称："列强注意关税，主要之点，在于庚子赔款；惟此赔款乃施诸战败人民之罚款，而在今日万国现行各约中从无类此之罚款，即凡尔赛对于德国〔亦仅〕赔偿而不取罚款。"这就连庚子赔款的"合法性"也予否定了。

进入 1924 年，收回粤海关关余问题，在国内外引起了强烈的反应。广州工学各界"愤关税问题受外人劫持，连日分出演讲。又组国防义勇队，报名者甚众。"① 上海各省区公民大会致电孙中山，支持扣留粤海关关余；又致电公使团、香港总督，要求撤退广州示威军舰，表示道歉。② 留日学界 350 人在东京开会数次，"一致表示与国民合力抗争，俾达收回之目的。"③ 广州政府外交部长伍朝枢因安格联态度顽梗，也声称准备另派总税务司④。

1924 年 1 月 24 日，中国国民党在广州召开第一次全国代表大会。大会通过了收回关余的议决案。如果此案为列强拒绝，将进一步收回海关。议决案称："自民国六年国会被非法解散以来，北京无依法组织全国公认之政府，海关余款，自非北京所独有。洎乎十年五月，我孙总理受国民之付托，就任总统，北庭恐我政府名正言顺，收回关余，遂为先发制人之计，将全国关余拨作内债基金。我政府当然不能承认。""总税务司安格联非不明此理，而竟于其职责之外，复贸然担任内债基金保管之职，近又托词关余为内债基金，未能交付我政府应得部分，殊所不解。""北京政府现为不法武人官僚所盘踞，为我人所否认；我广州政府辖境内之关余，若仍听北庭支配，是无异赍盗以粮。应请我政府迅速收供建设之用。至列强纷派兵舰来粤示威，直不啻助北庭以压迫我政府，干涉我内政。兹本党一致议决，誓为政府后盾。"

议决案还正式提出收回海关问题。"抑有进者，外人管理海关，其结果不但保护政策无由实行，且使我国实业，不能与外国实业在我国境内为同等之发

---

① 《民国日报》，民国十三年十月三日。

② 《申报》，民国十二年一月七日。

③ 《民国日报》，民国十三年一月十五日。

④ 《民国日报》，民国十三年一月二日。

展，其束缚我国实业之发展，以妨其生存，为害之大，不可胜言。本党尤当更
进一步，主张收回海关。"但声称要"用种种和平方法正当手段与准备方法，
以求有济。"这就由收回关余问题发展到收回海关了。

革命形势的蓬勃发展，引起了列强的恐慌。英国为破坏中国革命，一面以
金钱和武器援助陈炯明，"反攻"广州，一面怂恿汇丰银行广州分行买办陈廉
伯利用商团势力，力图推翻以孙中山为首的广州政府，建立"商人政府"。由
于这两股势力的合流，广州政府截留粤海关税收的斗争，又被阻遏。直到 10
月中旬，广州政府平定了商团叛乱之后，英国及其豢养的买办势力受到严重打
击，广州政府转危为安。于是雷厉风行地进行收回粤海关的活动。

先是孙中山命令外长伍朝枢训令税务司，收回粤海关。10 月 17 日，孙中
山任命罗桂芳为粤海关监督。23 日，罗桂芳接任海关监督，准备接管粤海关。
"闻政府收回海关，拟先照会英国领事和税务司，着其将关税事权移交；否
则，另设新关驳载，工会决定允向新关纳税。"① 19 日，英国的印度水兵 50 名
先期开往沙面，从事"戒防"。英、法、美、葡等国兵舰 8 艘开进白鹅潭。24
日，沙面续到印度兵数百人，实行戒严。"沿岸堆沙包作炮垒，海关文件送入
沙面，外舰炮衣尽脱，以阻止孙接收海关。"②

一时形势紧张，大有战机一触即发之势。在此关键时刻，广州政府突然停
止接管活动。1924 年 10 月 26 日，沙面印兵宣布解严。收回粤海关终于作罢，
罗桂芳请假。一阵轰轰烈烈收回粤海关的运动，就这样偃旗息鼓了。

收回粤海关失败的原因，首先和国民党幻想以和平方式解决海关问题联系
在一起。上述国民党第一次全国代表大会的议决案关于收回海关问题方面，明
确规定"用种种和平方法正当手段"。因此，广州政府在态度上虽然表示坚
决，但在行动上却没有相应的措施，只是徒言恐吓。这样，当列强调兵遣将准
备使用武力的时候，就只好临阵退却了。其次，当时广东大部分地区仍被各派
军阀所盘踞，东江的陈炯明、南部的邓本殷，还有表面依附于广州政府的滇系
军阀杨希闵、桂系军阀刘震寰，在北洋政府支持下，时刻企图推翻广州政府。
在这样恶劣形势之下，广州政府的首要任务是肃清广东境内的军阀势力，因
此，主张"和平解决"的势力在广州政府内部占优势。这就不能不在关键时

---

① 《申报》，民国十三年十月二十五日。

② 《申报》，民国十三年十月二十六日。

刻，放弃了收回粤海关的斗争。

从列强方面来说，海关是它们长期扶植起来，代表它们利益最好的侵略机构。它负有保障它们债权利益的责任，当债权发生危机时，它们可以利用它作为国际共管中国财政的工具，还可以通过它来控制中国政府。因此，无论如何，它们不会轻易放弃这个根深蒂固的堡垒。所以当广州政府宣称接管的时候，就不惜以兵戎相见。广州政府酝酿多时的接管工作终于失败。

广州政府截留关税、收回粤海关的斗争虽然失败，但从1919年以来，在军政府和外交团、总税务司的长期斗争中，列强把持海关行政、海关垄断关税征收权和保管权以及"协定"关税等危害性，却暴露无遗，这就大大激发了全国人民反对海关的情绪，为下一阶段的反对关税特别会议、收回关税自主权的斗争，准备好了群众基础。

第二十六章

20 世纪 20 年代反帝运动步步推向高潮
和关税特别会议的召开及其瓦解

第一节　反帝运动的民族风暴步步高涨
和 1925 年壮烈的反帝高潮

以五四运动为先导，中国人民的民族意识不断高涨，到了 20 世纪 20 年代中期，中国人民的反帝运动出现了席卷全国的民族风暴。这个风暴的形成，和中国共产党提出的纲领与路线是分不开的。

第一，中国共产党提出了反帝反封建的民主主义纲领。这个纲领突出了反对帝国主义的内容。

1922 年 1 月，共产国际在莫斯科召开远东各国共产党及民族解放团体第一次代表大会，大会指出了中国"当前的第一件事，便是把中国从外国羁轭下解放出来，把督军推倒"，"创立一个民主主义共和国。这些思想对于〔中国共产党〕制定党的当前阶段的革命纲领给予了直接的帮助。"① 1922 年 7 月在上海召开的中国共产党第二次全国代表大会，通过了对中国经济、政治状况的分析：揭示出中国社会的半殖民地半封建性质。一方面，"中国在政治上、经济上无不受帝国主义列强的控制，实际上已经成为国际资本帝国主义势力所支配的半独立国家；"另一方面，中国"在政治方面还是处于军阀官僚的封建制度把持之下"，"使方兴的资产阶级的发达遭着非常的阻碍。"因此，反对帝国主义和封建势力的"民主主义的革命运动是极有意义的。"这样，党的二大

---

① 胡绳主编：《中国共产党的七十年》，中共党史出版社 1991 年版，第 32 页。

"就在全国人民面前破天荒第一次提出明确的反帝反封建的民主革命纲领。"这个纲领对于正在遭受革命挫折和失败的孙中山产生了重大影响。在孙中山主持的1924年国民党第一次全国代表大会上突出了反对帝国主义的内容。《中国国民党第一次全国代表大会宣言》,对三民主义作了新的解释。在民族主义中突出了反对帝国主义,在民权主义也强调民权应为"一般平民所共有","凡真正反对帝国主义之个人及团体,将享有一切自由及权利";反之,则不能享受。孙中山在大会讲话时特别强调:"现在是拿出鲜明反对帝国主义纲领,来唤起民众为中国的自由独立而奋斗的时代了!不然就是一个无目的无意义的革命,将永远不会成功。"① 这样,当时中国两个主要政党的奋斗目标取得了一致,这就导致全国人民朝着同一个方向奋斗,产生了无比的威力。

第二,中国共产党提出建立统一战线、国共合作的方针,壮大了革命声势。1922年中共中央一些领导人在杭州开会,共产国际驻华代表马林建议实行"党内合作":即共产党员以个人身份加入国民党,把国民党改造成为各革命阶级的联盟。1923年6月12日在广州召开的中国共产党第三次全国代表大会对于国共合作的方针和办法作出了正式决定,决定共产党员以个人身份加入国民党;但必须在政治上、思想上和组织上保持自己的独立性。

中共"三大"以后,国共合作的步伐加快了。共产党动员党员和革命青年加入国民党,在全国范围内积极推动反帝反封建运动的发展。

第三,采取发动群众、依靠群众的新的革命路线。党的"三大"提出:"我们要到群众中去,要组成一个大的'群众党'";"党的一切运动必须深入到广大群众里面去,都必须是不离开群众的"。这就把工农群众卷进了反帝反封建运动,从而推动革命的迅速而广泛的发展。

1924年后,"情势大变,国民党与中国共产党合力推动反对帝国主义与民众运动。"② 全国的反帝运动推向高潮。

全国范围的反帝高潮,是从1925年5月30日工人反对英日大罢工开始的。

上海是中国最大的工业城市,那时有工人80万人,占全国工人总数近三分之一。上海是帝国主义列强侵略中国的重要基地;中国共产党在上海工人中

---

① 黄季陆:《划时代的民国十三年》,第43页。

② 郭廷以:《近代中国史纲》,中文大学出版社1984年版,第531页。

有相当的工作基础，中共中央设在上海，共产党人以上海大学为重要据点，深入到工人中去工作，先后在 7 个地区创办了工人夜校，成立了沪西工友俱乐部，会员达 2,000 人，这是推动上海工人运动走向高潮的群众团体。

1925 年 5 月 15 日，上海内外棉七厂的日本资本家枪杀工人顾正红（共产党员），中共中央认为当把工人的经济斗争转变为民族斗争。5 月 28 日，中共中央召开紧急会议，决定发动学生和工人在 30 日到租界内举行大规模的反帝示威活动。30 日，上海工人和学生到租界举行援助纱厂工人的街头宣传讲演和示威游行，租界的英国巡捕在南京路上竟然向着密集的群众开枪射击，打死学生、工人等 13 人，伤者不计其数。以后几天，在上海和其他地方，连续发生英、日等国枪杀中国群众的事件。这些事件激起了全国人民的极大愤怒，于是工人罢工、学生罢课、商人罢市。6 月 11 日，上海举行群众大会，参加人数达 20 多万；全国各地约有 1,700 万人直接参加运动，到处响起了"打倒帝国主义"、"废除不平等条约"的怒吼，反对帝国主义的浪潮激荡全国。

当"五卅"惨案消息传到广州时，广州各界群众在 6 月 3 日举行声势浩大的示威游行。5 月 19 日，香港海员、电车、印务等工会工人首先罢工，其他工会随即响应，成立全港工团联合会，声称要"与帝国主义决一死战"。15 天内，参加罢工工人达 25 万，其中 10 多万人离开香港回到广州，举行大会和游行。周恩来等领导黄埔军校学生 2,000 人参加。当游行队伍经过沙基时，突遭沙面英国军警的排枪射击，当场打死 12 人，重伤 170 多人。沙基惨案发生后，广州革命政府立刻宣布同英国经济绝交，并封锁出海口。香港和沙面工人在广州举行省港罢工工人代表大会，成立省港罢工委员会，由共产党员苏兆征任委员长。对香港实行封锁①。

第二节　北洋政府召开关税特别会议。在反帝高潮 形势下会议通过了中国关税自主议决案

根据华盛顿会议《九国间关于中国关税税则之条约》的规定："各国允于本条约实行三个月内，在中国会集，举行关税特别会议，其日期与地点由中国政府决定之"（第 2 条）。会议目的在于议决九国一致同意中国对于应税进口

---

① 参阅《中国共产党的七十年》，第 49—50 页。

货，征收二·五附加税的开征日期、用途及条件问题。据此规定，附加税的征收、用途及条件，还得另由一个"特别会议"议决之；没有特别会议的议决就不能开征。北洋政府为解决财政上的严重困难，渴望早日召开特别会议，甚至希望借此机会，收回关税自主权，以恣任便增加关税，达到进行内战、扩大割据地盘的目的。然而，关税特别会议对于列强不但无利可图，甚至还要对应税的进口货加征附加税。因此，它们对于会议的召开，漫不经心；而法国更借口"金法郎案"没有解决，拒绝召开。直到1925年，中国人民的反帝运动不断高涨，特别是席卷全国的五卅运动，对于列强的在华利益给予猛烈地冲击，它们不得不同意北洋政府召开关税特别会议，以缓和人民的斗争情绪。诚如《国民政府反对重开关税会议宣言》所说："近年以来，中国人民受帝国主义之侵略压迫太甚，渐知起与相抗，尤以五卅运动为最强烈而普遍。帝国主义见而惊心，知纯恃武力之不能镇压，不得不别求和谈之法，于是数年前经华府会议决定之关税会议，乃能于去年十月实行召集开会。"[1]

此时，中法间的"金法郎案"，已因北洋政府的屈服而最后解决，法国议会批准了华盛顿会议条约。《九国公约》的签字国得于1925年8月在华盛顿交换条约批准书。法国对于会议的召开，也表示同意。

北洋政府于8、9月间先后三次送致通牒于有关各国政府。通牒邀请参加10月26日在北京举行的关税特别会议，以"完成华盛顿会议关于中国关税问题之事业"。通牒内称："华盛顿会议《九国间关于中国关税税则之条约》，中国代表团虽予承认，但曾宣言并无放弃关税自主之意，将来一遇适当时机，仍欲将此问题重行讨论。根据上项宣言，中国政府兹特提议将此问题提出于行将开幕之会议，并希望能有一种之决定，以袪除其税则上之束缚也。"[2] 荷兰使馆当即复照称："中国政府对于该会如拟提出合理事项，荷兰政府亦愿协同各有关系之国斟酌之"；日本的复照亦称："对于中国政府关于关税问题将提出之任何合理之提议，不辞与其他各国共同讨论之。"[3]

特别会议的召开，既得九国同意，北洋政府便组织关税特别会议委员会，筹备开会事宜。关税特别会议委员会委员名额定为12人，其中外交、财

① 《中国恢复关税自主权之经过》下编，第19页。
② 《中国恢复关税自主权之经过》下编，第32—33页。
③ 《中国恢复关税自主权之经过》下编，第34页。

政……各部首长 6 人为当然委员，外交、财政"资望卓著者由临时执政派充 6 人。"参加关税特别会议的全权代表，由执政于 12 委员中任命 6 人。此外，设专门委员 20 名，顾问 20 名。《关税特别会议委员会章程》规定：全权代表 6 人，分别担任议案、出席关税特别会议。全权代表将会议情形，向委员会报告。委员会设秘书一人，承主席暨全权代表之指挥，办理关税特别会议一切事务；委员会设总务处、会务处和议案处①。关税特别会议的委员 12 人，分为两组，一组专司对外谈判，轮流出席关税特别会议，其余分任内部事务及准备一切提案②。

在委员会第一次会议上，对于不出席华盛顿会议各国如巴西、丹麦、瑞典、挪威等国要求参加会议；还有美使介绍未参加华会的国家参加会议等问题，当即议决："让其参加"。结果参加关税特别会议的共 13 国，即中、荷、意、英、日、比、法、美、葡、瑞典、挪威、丹麦、西班牙③。

关税特别会议的议事日程，由中国政府事先提出，经各国同意。议事日程为：

甲、关税自主：

（一）制定国定税则；

（二）裁厘。

乙、过渡时期之临时办法：

（一）征收临时附加税；

（二）征收奢侈品附加税；

（三）陆海边界划一关税税率之办法；

（四）估定货价。

丙、有关事项：

（一）证明洋货出产地之办法；

（二）关税存放办法。

10 月 27 日会务委员会举行会议时，英国代表麻克类等提议于议事日程中，加入整理债务及支配附加税进款等问题。

---

① 《申报》，民国十四年九月十八日。

② 《晨报》，民国十四年九月六日。

③ 《晨报》，民国十四年十月二十七日。

关税特别会议设立下列各委员会：

甲、关税自主委员会，即第一委员会；

乙、过渡办法委员会，即第二委员会；

丙、有关事件委员会；

丁、起草委员会。

另设下列各分股委员会：

一、第二委员会分股委员会；

二、附加税用途分股委员会；

三、厘金专门分股委员会；

四、其他用途专门分股委员会；

五、税率分股委员会；

六、临时附加税分股委员会；

七、编订附加奢侈品表专门分股委员会①。

关税特别会议的中国全权代表为沈瑞麟、颜惠庆、王正廷、黄郛、施肇基、蔡廷干。

1925 年 10 月 26 日关税特别会议正式开幕。会议设在中海居仁堂楼上大厅，13 个国家的全权代表全部出席。临时执政段祺瑞致欢迎词并演说称："查此项会议，本根据华盛顿会议而成。本执政深望本会之讨论与议决，遵守华府会议之精神。华府《九国条约》第一条第一项，即首先声明尊重主权与独立暨领土与行政之完整。""本执政认为此次会议，为实现华府《九国条约》声明之机会，故乘此时机重申我国关税之自主。……在我言之，不过遵守国家应有之职权，想各友邦必能本平等互惠之原则，共谅此旨。查我国现行约定税则，不合经济原理，致所受影响，不可胜计。……故不惮以平等互惠之精神，属望于斯会也。"②

会议主席、北洋政府外交总长沈瑞麟致开会词。他说："国际惯例中的公认原则，即条约的神圣义务，虽然必须信守；可是因为情势已经有了变迁和正在变迁之中，而必须对特殊条约加以修订，那也是理所当然的。"他"希望这项'情势变迁'的原则不为到会各代表所忽视，"并且希望代表们和他抱同样

① 《中国恢复关税自主权之经过》下编，第 34—35 页。

② 《晨报》，民国十四年十月二十七日。

的看法，"认清八十多年前，在中国创行的那种协定税则制度，已经完全不适合于当前情况，不再容许继续下去。"所以他"深信此次会议必能对中国关税问题作一番调整。俾中国早日收回它的关税自主权。"①

继由中国代表王正廷陈述中国政府关于关税自主之提案。首先叙述巴黎和会拒绝讨论中国关税自主问题，而华盛顿会议时，中国代表"以中国现行之协定关税，妨碍中国主权，违背国际间均等及互惠主义，重为关税自主及过渡办法之提议；惜未能充分容纳。中国政府至今引为遗憾，不得已而订立《关税税则之条约》"。中国代表事前曾宣言关税自主问题，"于将来适当机会时，再行提出讨论"。"际此特别会议讨论关税问题之时期，中国认为前所称之'适当机会'已至，故特根据《九国公约》尊重中国主权完整之精神，且为增进各友邦之睦谊起见，拟有祛除现行条约中税则上各种障碍，推行中国关税定率条例，与实行关税自主之办法如下：

一、与议各国向中国政府正式声明：尊重关税自主；并承认解除现行条约中关于关税之一切束缚；

二、中国政府允将裁撤厘金与国定税则条例同时实行；但至迟不得过民国十八年（1929）一月一日；

三、在未实行国定税则条例以前，中国海关税则照现行之值百抽五外，普通品加征值百抽五之临时附加税，甲种奢侈品（即烟酒）加征值百抽三十之临时附加税；乙种奢侈品，加征值百抽二十之临时附加税；

四、前项临时附税，应自条约签字之日起三个月后，即行开始征收；

五、关于前四项问题，应于条约签字之日起，立即发生效力。"②

在第一委员会第一次会议时，美国等多数国家的代表，原则上承认中国关税自主是中国享有的一种主权权利；但要求同时实行裁撤厘金，并应明确裁厘日期和方式。第二委员会于 11 月 6 日举行第一次会议，王正廷交了一份裁厘办法。其内容为：

一、裁厘步骤及裁厘办法。"关税特别会议，……其目的在中国的关税自主，是以对于裁厘一事，应有固定之决心"；"惟各省所征收之厘金统捐，以及类于厘金各项税收向为各该省进款之大源，故此种赋税，决不能立即撤废，

---

① 引自《中国关税沿革史》，第 460 页。

② 《中国恢复关税自主权之经过》下编，第 37—38 页。

非分期举行不可。"其次提出裁厘计划，于 1928 年 12 月底，"计划可以完全实行。"

二、抵偿厘金办法及筹偿厘金。各省厘金之收入，虽无详确之统计，然约略计之，每年总额为华银七千万元。裁厘以后，诚恐各省收入将受重大损失，是以中央政府于详查之后，应预筹一笔款项，以抵偿所失。下分两期举行：在第一时期内，应由增收关税附加税项下划出一部分，为抵偿之用；第二时期内，即关税自主实行时期，应即由关税项下筹拨①。

11 月 19 日，第二委员会召开第四次会议。此次会议的议程是关系中国关税自主案的通过问题，特别重要，各方也十分关注。由第一、第二委员会联合举行。会议正式通过《关于中国关税自主条文》的议决案。议决案内容为：

> 本会议各国代表议决：采用下列所拟关于关税自主一条，以便连同以后协定其他各项事件，加入本会议所签订之约。

> 各缔约国（中国除外）承认中国享受关税自主之权利，允许解放各该国与中国间各项条约中之关税上束缚，并允许中国国定关税定率条例于 1929 年 1 月 1 日发生效力。

> 中华民国政府声明：裁撤厘金与中国国定关税定率条例同时施行；并声明于 1929 年 1 月 2 日将厘金切实裁撤。②

除上述议决案外，中国代表还提出下列各案，即《编订货价、预订修改税则章程》之提案；还发表了《中华民国政府向旅华外侨推行各项税捐之宣言》、《中华民国政府关于不出洋之土货抛弃出口税及复进口半税之宣言》。

在前一《宣言》中声称："在完全独立之国家，其行政权完整无缺者，租税权亦完整无缺。中国自与各国通商以来，无论何项条约，并无允许外侨在中国租界内或租界外者可以免纳税捐之规定。乃近年中国推行税务，而外侨均以租界为借口，或托词未奉本国政府训令，抗不缴纳；又匪特租界已也，即租界以外，或铁道附属地等，亦以条约上解释不同，概不纳税；又，匪特外侨已也，即华人之住在租界以内或铁道附属地以内者，亦不令纳税。虽经种种之接洽，始终未臻完善。中国政府不得已乃暂在租界及附属地之周围，设卡征税。不但于中国之税权有碍，其于中外之商务亦有妨也。夫同一领土，因国籍不

---

① 《晨报》，民国十四年十月三十一日。
② 《外交公报》第 58 期，专刊，第 17—18 页。

同，即可免除其负担；同一国民，因居所之或别，即可借口以逍遥，揆诸国际法内外国民同等待遇之原则，及华府会议尊重中国领土暨行政完整之精神，均有未符。故中国政府拟将此等阻碍撤除，使中国政府之租税权得以完全行使也。""是以中国政府宣言，凡外侨在中国领土居住者，无论其为租界内或租界外或铁道附属地及其他地区内，均与中国人民同一服从中国政府公布之税法，负担其一切捐税。此乃中国之声明。"①

中国代表另于 1925 年 11 月 6 日过渡委员会第一次会议，提出《关于应纳关税之进口货征收临时附加税税率之提案》，"提议对于普通进口货，征收值百抽五附加税；对于甲种奢侈品（即烟酒），征收值百抽三十附加税，乙种奢侈品，征收值百抽二十附加税。"

中国代表蔡廷干在会议中宣读下列各种理由书：

一、《过税（渡）期间对于普通品提议征收值百抽五附加税之理由书》。《理由书》陈述华府会议，"应允中国加征值百抽二·五之海关附加税，以巩固中国之财政。""惟不幸此项办法，""竟延缓至四年之久。今日中国政府财政之困难，远甚于华会之时。""当此政治、财政俱在改造时期，直接税一时尚难办有成效，故中国政府拟征收一种间接税。对于奢侈品，稍有加重税课，对于普通品进口，一律课以值百抽五之附加税。此实过渡办法，与各国巩固中国行政之希望相符。"

二、《关于甲种奢侈品（即烟酒）中国提案之理由书》，内称："查烟酒二项，各国类多严加取缔，或悬为严禁；或课以重税。""如日本烟税之值百抽335，意大利烟税之值百抽300，英国烟叶税之值百抽465，烟丝税值百抽500；至于白兰地酒，英国值百抽800，而美国之禁酒，是为世人所共晓也。""中国各省现在征收本国烟酒税，有值百抽至 80 以上者，而洋烟酒所纳进口税仅为值百抽5，再抽值百抽2.5之额外税后，即可运销内地，通行无阻。世界税率之轻，莫逾于此。以中国与各国比较，中国所征洋烟酒税率，比之日本，约50 分之1，比之意大利，约40 分之1，比之英国，80 分之1。比之中国所征烟酒之税，约 10 分之 1。税率似此悬殊，实欠公允。""是以中国政府现在参照各国通例，决定征收过渡时期值百抽 30 之烟酒附加税。此项税率，于实行关税自主后，当易为将来之管理进口烟酒之国定税率。"

① 《中国恢复关税自主权之经过》下编，第50—51 页。

三、《关于乙种奢侈品中国提案之理由书》，《理由书》开头就申述："不分奢侈品与必需品，一律值百抽五，此项税率之限制，中国感厥苦痛者，已八十余年矣。""按各国通例，奢侈品进口税，有高至值百抽百者，有高至值百抽百以上者。中国政府虽不欲采取多数国家所通有之先例；惟总觉奢侈品之附加税不过值百抽五，未免与各国通例太相悬殊，是以拟增高此项附加税之税率。除烟酒二项，各国皆课以极重之税额者，列入甲种，订为值百抽 30 外，其余奢侈品，则订为值百抽 20。""至于何种货物，应列入乙种奢侈品，既属复杂问题，故中国政府一面将英法日比等国之奢侈品表，加以参考，一面仍本诸国内之民情习尚，妥为区别。"①

蔡廷干宣读的《理由书》，摆事实，讲道理，有说服力。《理由书》宣读后，日本代表芳泽当即发表反对声明，认为"此项二·五附加税，已为参与本会之各国政府应许，故如经本会议认可，即无庸再行批准；否则，亦断无不批准之理。若课二·五以上附加税率，则须再行协定；势且未必可靠，而有延搁之虞。因是希望立即办理，以应急需。吾人依据以上理由，以为征收二·五附加税，乃可得确定结果之切实办法也"；其次，"若立即施行，二五以上之附加税，则不特扰乱中国与各国之贸易关系，且与日本之工商事业，尤有严重影响。"

芳泽就中国附加税收入的用途问题，提出了大纲，"以如此方针为根据。"其中关于"中国政府财政上之信用"一条，声称"日本代表团主张立即整理一切无担保之债务，且日本为主要债权之国，如遇必要，提议于过渡期间三年以内，将整理公债缓利拨本，即以此款提供中国政府之用。"②

为了应付各项用途，"与会各国代表议定：每年从进口洋货所征临时附加税之税收，其数应在华币九千万与一万万之间。其进口货如何分类，及各类税率如何分等，均按过渡期之进口税则办理。"

不但附加税收之用途由会议规定，连附加税款的保管也要经会议的议决。

关于附加税税款的保管问题，中国代表于 1926 年 2 月 18 日的过渡办法委员会第六次会议上竟然自动提出"应存于保管银行，由中国海关总税务司负责管理，而照本会议议决之用途与条件使用之。"法国代表提议："此项附加

---

① 《中国恢复关税自主权之经过》下编，第 54—56 页。
② 《中国恢复关税自主权之经过》下编，第 54—57 页。

税增收之税款，应加保管，不受任何一方面干涉。应由海关负责，照本会议议定办法存放于今所指定之各保管银行。"美国代表亦有同样内容的提议。

第三节　关税特别会议的瓦解和北洋政府的对策

会议进行到 1926 年 4 月中旬，便逐渐瘫痪。到 5 月中旬便瓦解了。这是因为北伐军发展神速，北洋政府既已神沮气馁，军阀内部不断斗争分裂，北京局势一片混乱；特别是英、美见到南方国民革命蓬勃发展，北洋政府覆灭的趋势，为了拉拢广州国民政府，力主会议停开，所以关税特别会议到 5 月间便寿终正寝。

4 月 10 日，冯玉祥的国民军罢黜了临时执政段祺瑞，吴佩孚被邀请负责管辖北京，但是吴佩孚辞谢了这项邀请。10 天之后，段祺瑞被迫出京，到天津避难。冯玉祥也被排挤出京，政府随之倒台。随后一个治安维持会执行了几个星期的职务，直到 5 月 13 日，因为张作霖和吴佩孚对于应行组织的政府形式不能获致同意，于是成立了一个所谓"摄阁"，以颜惠庆为国务总理。在这种情况下，各国代表认为作为谈判对象的负责政府已不存在，关税特别会议也就无形瓦解了。主席王正廷已经在 4 月间前往上海，不久之后一些专为关税特别会议而来北京的外国代表也纷纷离去；同时，那些经常职务不在北京的代表们也公开表示，除非新政府的授权代表奉派继续谈商，否则他们也都要离京了。

6 月 10 日，公使团在荷兰使馆举行会议。英国公使以中国正式政府迟迟未能成立，以致关税特别会议不能继续进行。他提议，先行宣告停止会议，俟中国正式政府成立，有全权代表负责出席会议时，再行商定继续开会与否。

7 月 3 日各国参加关税特别会议的代表一致通过停止开会，由参加会议的 12 国代表议决，自行发表停会声明；声明书内容为："列席中国关税会议之各国全权代表，本日在荷兰使馆举行会议，全体一致，决定表明真挚希望，至中国政府全权代表，得列席会议与各国全权代表共同讨论各项问题时，当即迅速进行会务。"①

---

① 《新闻报》，民国十五年七月八日。

因此，各外国代表在 7 月 2 日举行的一次非正式会议中，决定无限期休会。①

《申报》对于关税特别会议的停开作过如下的述评："关会之不能续开，平心而论，中国（按：指北洋政府）亦有不能卸除一切责任之处。此一年来，时局之变幻与北方无政府之状态，在外人方面，确有谁可代负全责之疑虑；而各国之中，英美之变态影响，尤非浅鲜。英美外交之南倾，与北方乃成绝不相容之势。故以迄最近，英美实为反对关会重开之最有力者。"② 这个评述是中肯的。

关税特别会议历时半载有余，花了 130 万两的税银，因北伐军进展神速，已攻抵长江，北洋军阀的覆灭指日可待；英美为争取南方国民政府，以维护其在华利益，对于关税特别会议力主停开。结果，会议瓦解。

"关税特别会议没有举行过第二次全体会议，甚至没有起草一件新条约，也没有对《华盛顿条约》所规定的参考条件范围内任何点，达到一项正式协定。"③

北洋政府关税特别会议委员会于 1926 年 5 月 13 日通电张作霖、吴佩孚、孙传芳、阎锡山各省区军民长官，报告会议经过情形。

通电叙述了召开会议的方针和会议的结果，从此可以看出会议的大概情况，这里不妨加以摘录。

电文首称召开会议，"原以华盛顿会议允征的附加税，核计此项收入，每年不过三千万元，其用途与条件，尚须与各国商定。""预计用途，上项三千万元，万不敷我分配之用；且我国经济，若干税权之受束缚者已久，仅增高税率，尚非根本之图。故会议之前，我国即曾决定根据华会前议提出关税自主。惟在自主之前，对内对外，不能无所筹算，故又决定以增加附加税率，使收入能达一万万元以上。而其支配则斟酌华会时讨论情形与国内需要，拟以三成为裁厘准备金，三成为整理债务基金，其余一成，供紧要政费。此原定之方针也。开会之初，我代表即将自主案与附加税案提出，各国代表鉴于我主张之正大，已将自主一事承认，定于民国十八年一月一日实行。同时，我国亦宣言将

---

① 《中国关税沿革史》，第 574—578 页。
② 《申报》，民国十五年十二月十六日。
③ 《中国关税沿革史》，第 578 页。

厘金裁撤，其附加税率及其用途、支配办法、各国意见不同。""兹分为税率、裁厘、偿债等数大端，约略言之。"

第一，关于附加税税率问题。中国代表提出的税率要求较之华会原议增加 1 倍，奢侈品附加税率，增为 4 倍至 6 倍，"各国以此项税率过高，未肯赞同。经多次讨论，改定税率，重分货类，始有允将附加税增至七千余万至九千万之议；仍待正式决定"，"此项税率，既超过华会税率范围，须俟各国批准，方能实行；至早亦在明春以后。"在未批准实行之前，拟先采取用华会附加税率，"俾税款可以早日增加。"

第二，关于裁厘问题。"兹由我国宣言于民国十八年一月一日以前裁尽。其抵补之款，先在过渡期间附加税中筹措。各国代表因商务关系，亦各具意见，迭经讨论，未有归宿。""将来应由中央与各省区通力合作，总期抵补确定，庶使裁撤可以实行。"

第三，关于偿债用途问题。"我国财政、交通两部积欠无确实担保内外债务，至八九万万元以上，其中外债居十分之六七。各国对此最为重视。""此次关税会议开会之后，迭与关系各国代表接洽，关于债权条件、期限、利率，彼此利害相反，主张歧异，舌敝唇焦，尚未确定办法。"另据报道，中国代表提出关税用途为：一、抵补厘金，二、整理债务，三、建设经费，四、中央行政费四项。"但各国则主张整理债务列为第一项，裁厘抵补次之；建设费一项，英美赞同，日本反对甚力。还有，各国占数额多少，又为争议之点。"

第四，关于附加税的保管问题。据《关税纪实》记载：各国拟定了一件草案，内分八条，其第一条为："中国政府应指定上海某数银行，以存放海关之净税。此等银行应自华商银行及与债赔款项有关各国所推荐之外商银行内选择。"该条并载明："至少须有中国银行一家，并至少每一国参与此项推荐者，须有其国家银行一家。"[①] 会议之后，中国代表"迭与有关各国个人接洽，关于债权条件、期限、利率，则彼此利益相反，主张歧异，虽舌敝唇焦，尚无确定办法。"

"总之，我国方面，非有充裕之收入，不足敷各项用途之支配，故以增加税率为先决问题；在各国方面，则因商务及债权关系，必须将裁厘及偿债定有办法，乃肯决定税率。开会以来，接洽几无虚日，而争议纷纭，综其结果，只

---

① 《关税纪实》，第 626—627 页。

得概括之范围，尚少具体之决定；惟自主一层，既经定案，税收不受条约束缚，将来善为张弛，国民经济自有发展之希望，关税收入，亦宽留增加之余地。至于过渡期内，用途繁多，而附加税收入，既能决定加至九千万元……就此数分配裁厘抵补，偿还债务，每年至少约各需三四千万元。所余建设费及政费，实属无几；但不得不拮据支持，以待自主届期，另行支配，此又交涉困难之情形也。"①

关税特别会议委员会于 1926 年 6 月 10 日举行例会。例会决定紧缩本委员会机构及今后三项方针，其第三项为"各国既不欲关税（会）观成，我国惟有届期自行宣布关税自主而已。""此举实含有三种理由：第一，为对外卸除责任，俾今后我国得自由活动；第二，为应付南方党政府之对外运动，借以阻抑各国倾向南方趋势；第三则为财政问题，欲于民国十八年一月一日起，实行关税自主是也。"并称："中国政府因不能长此听其停顿，自当一面尊重华府会议之精神；一面根据全民意思，按照在会议中业经各国代表一致承认之原则，宣布于 1929 年 1 月 1 日实行关税自主，依照本处四月公布之国定关税定率条例，征收出入口货税。各友邦如能于此时期，前来接洽互惠条件，自当按照该条例第五条规定，从速订定互惠协定，俾于自主税率，同时进行；否则，系各友邦之自误，中国不任其咎。此实中国不得已之行动，但望友邦谅悉而已。"②

关税特别会议中国代表王宠惠也表示："中国政府对于关会之政策，皆根据全国国民之意思与希望而决，无论何人当国，无论内部有何问题，此全国国民之意思与希望，决不有变更。"③

由此可见，中国的关税自主已成不可避免之趋势。

第四节　反对关税特别会议、收回关税
自主权的浪潮激荡全国

华盛顿会议列强合力强制订立的《九国间关于中国关税税则之条约》，无

---

① 《晨报》，民国十五年五月十三日。
② 《新闻报》，民国十五年十二月二十九日。
③ 《新闻报》，民国十五年十二月十九日。

视中国代表团关于收回关税自主权的要求，已经激起中国人民的不满；现在北
洋政府竟然根据这个《条约》所批准的召开关税特别会议，全国人民更加强
烈反对。于是反对关税特别会议、坚持收回关税自主权的浪潮不断高涨，形成
收回关税自主权运动的高潮。

全国各报刊都刊载了各地运动的情况，兹就《民国日报》《申报》《时事
新报》等主要报刊的有关记载摘录于下，以见运动的广泛激昂情况。

远在北洋政府筹备召开关税特别会议时，各方便已发出反对呼声。

1925 年 8 月 8 日，银行公会向北洋政府电陈"力争自主"，税款存放指定
华行等四项意见。

9 日，总商会发表声明"力持自主，新税则实行后三个月自动裁厘。"

12 日，苏皖赣各公团、江苏自治期成会、苏皖赣公团联合会发表声明：
"不废约而议关税，则增不平等条约之效力；不废约而不议关税，则显示我独
立国家之精神，不终屈服于非理势力之下，而留随时废约余地。能废约而关税
当然自主，又何取于会议？今日关税会议，诚属掩耳盗铃，自欺欺人。"

18 日，香港学生联合会发表反对关会宣言，宣言称："关税主权在我，应
该收回，绝不容列强横加干涉。关税会议，不过列强的欺骗手段，我们要积极
反对，莫要上他们的当。"

18 日，上海国民对英日外交大会对执政府筹备召开关会发表反对意见：
"关税协定，已为举世所无之先例。战败濒于灭亡之德、奥、土耳其，亦不能
受此苛待。我国在此时期，要求撤废，实国家生死存亡所关，谁复得而非议？
无论若何牺牲，若何痛苦，皆宜挺身往受之；若图二五、二七之增加，遽抛根
本大计，非惟饮鸩止渴，亦且自陷深渊，永无得见青天白日！""至祈一致主
张，根本拒绝关税会议；否则向各国分途交涉，至关税自主而后已。"

10 月 19 日，北京大学教授和北洋政府关会委员舌战两小时。会上，林森
提出：一、自定海关税率权，二、中国自行保管关税，三、海关行政自主权。

23 日，上海学生联合会宣言："反对关税会议，若吾政府逆及吾人要求，
则召集全国国民代表大会，督促政府宣告一切不平等条约无效，另立互尊主权
之条约。"

同日，上海中华国货维持会会长王介安呈北京执政府外交部专函："列国
既觉悟前非，于华府会议公决"，"尊重中国主权独立行政完整"之案，"现原
案已发生效力，自当切实履行，还我关税自由，以符适用原则之意义。窃愿乘

此千载一时之机，提出收回关税主权；各项税则，由我国自由规定，要求各国一律履行，以吻合华府会议第一条之意义，而解除中华商民八十余年之束缚。"

割据各地的军阀官僚，也利用这个题目作为进行政治斗争的口实。

10 月 5 日唐绍仪放了第一炮。11 日孙传芳附和唐的意见，并且加以补充说："洋货出厂，土货产销，一仍其贯，未改只字。加税尚未实行，通商各口，国货添此劲敌，何以自存！"

10 月 26 日，关税特别会议开幕，各地的反对浪潮如火上加油，迅速蔓延。

这天，北京各团体、学生、工人举行规模浩大的集会游行。北京各校、沪案后援会、北京外交代表团、广东外交代表团等召集各学校、各团体举行示威运动大游行。参加者有中学、大学 130 余校，团体 180 余个，约 2 万人左右。上午 7 时东城各校在北大第一院集合，西城各校在法大、交大集合，8 时出发到新华门，举行国民大会。在西长安街学生和警察发生冲突，警察殴打学生，学生则以旗杆、瓦片还击，巡警败退入新华门之铁栏内，学生蜂拥上前，巡警冲击，学生又退，如是者两次。半个小时之内人跑车翻几若战场。傅学启等多人被警察捕去，伤者无数。11 时半，群众仍向天安门集中，在天安门召开大会，众推北大教授周鲠生为主席，议决：一、请政府首先提出关税自主；二、下午三点在北大开代表会；三、全体继续游行，一面派代表赴警察所请释放被捕代表。议决后全体仍出前门游行。

26 日下午 2 时，天津关税自主运动市民大会在南开操场举行，到会者有天津各学校与河北公民救国团及宗教大联盟、学术研究会等 50 余团体，天津总工会与中国国民党天津市党部均有代表参加。大会决议：一、通电全国一致反对宰割中国的关税会议；二、组织关税自主运动大同盟。会后举行游行散发传单，声援北京群众反对关税会议。

27 日，北京学生、工人继续开会。

11 月 3 日，中华民国学生联合会总会全国临时代表大会在北京召开。大会通过"关税自主议决案"，议决案指出："用武力强迫通商，并约定单方的协定税率，是帝国主义者夷灭弱小民族国家，或使他降为半殖民地的一种实际上最狠毒而形式上最温和的巧妙手段；帝国主义者施用这种手段，逐渐把中国变为一个事实上的半殖民地"。因此，"关税自主议决案"主张，关税会议只能讨论一个问题——无条件地收回关税自主权，废除现行条约中关于关税之一切束缚。

3 日晚，北京广东外交代表团、北京国民外交团、学生联合会、各校沪案后援会等 150 余团体联合发出通电：一、力争无条件的关税自主；二、从速组织各地国民外交代表团，在最近期间内召集全国国民外交代表大会，以求贯彻取消一切不平等条约；三、援助北京民众抵抗顽凶。

5 日，北京新闻界关税自主促成会开成立大会，并发表宣言。

6 日，北京各大学教授关税自主促成会成立，由会员查良钊、张贻惠、肖纯锦、张歆海、雷殷、商允、马寅初等任各股主任。

7 日下午，北京各大学教授开会讨论关税自主促成会事宜，计到会共有 150 余人，公推马寅初为主席，马不肯就，改推查良钊。……会议通告："……兹为督策政府，警告外人，唤醒国民一致促成关税自主起见，特发起斯会。"

10 日，大学教授函日置益："应诚意尊重中国关税自主，勿徒唱'亲善'老调。"

11 日，广东外交代表团与北京外交代表团开联席会议，到会者有北京各团体代表及各大学马叙伦、马寅初等百余人。会议一致通过广东外交代表团提出关税自主之三项原则：一、海关税率，应该是无条件的收回，中国自定海关税率权；二、海关税款，中国自行保管及中国自定税款用途；三、海关决定分向关会之中国代表王正廷、蔡廷干、颜惠庆、沈瑞麟 4 人提出严重警告，议决于相当期间举行大规模示威运动。

13 日，北京全国学生总会与广州外交代表团等发起"关税自主示威运动筹备会"。

同日，举行第一次示威运动。通电主张民众与武装结合，并致最后通牒于段祺瑞，令其即日下野出京。同日，北京各界关税自主促成会发表宣言："盖关税自主权为国家主权行政之一部分，中国国家主权在于人民，凡有侵害中国主权之国际行动，中国人民万难容忍也。""中国关税一日不自主，国人之责任即一日未解除，不随政府之政策为转移。"

22 日，北京工人、学生及各团体在天安门举行"国民关税自主示威大运动"，到会数万人。大会散发小旗数万，传单 10 余万份。又扎有大纸屏一具，上书一切不平等条约的内容，于开会时焚烧。群众高呼口号：一、无条件关税自主；二、反对欺骗性的关会；三、取消不平等条约；四、促政府争沪案；五、反对政府剥夺民众自由；六、打倒帝国主义；七、打倒军阀外交代表团。当日，警厅派警察于各热闹地方及各大学门首，阻拦学生出校，殴伤师大学生数人。警察复在天安门两旁堵塞交通，不许入门。

28日，北京工人、学生数万人齐集神武门举行大规模示威运动。北京总工会，率领工人臂缠红布前来参加。示威群众高呼："无条件收回关税自主权"；"释放一切反帝国主义运动的被捕战士"；"打倒一切帝国主义"；"拥护广东国民革命政府"；"驱逐段祺瑞，枪毙朱深"。游行队伍在会后怒毁章士钊、朱深、叶恭绰、李思浩、曾毓隽、刘百昭、梁鸿志等之住宅。

29日，北京群众继续举行示威大会，参加者5万人，议决"打倒段祺瑞，解散关税会议。"

12月13日，中国国民党中央执行委员会发表对关税会议宣言，指出："关税会议纯为帝国主义勾结军阀图利之一种会议，颇有扩充不平等条约之危险。"《宣言》主张：在会议中应要求关税完全自主，并讨论废除不平等条约；应有国民党政府代表参加。

隔日，天津商界各团体纷纷通电，一致主张关税自主。

1926年1月6日，武昌开市民大会，到会5万人，即通电反对关税会议，要求关税自主，并举行游行。

10日，长沙市民反对关会、定于14日举行示威大运动。

11日，上海召开各团体代表大会，恽代英等发表演说，议决：一、通电各报馆，主张关税自主；二、致电孙传芳，请勿封爱国团体。

11月4日，上海总商会、江苏省教育会致电关税会议："关税自主为全国民意所一致主张。""若会议时仍有协定气味，我国民誓必一致否认。"

同日，中华妇女节制协会也电中国出席关会代表："争回主权，万勿畏难，民为后盾；不能成功，停止会议。"并电各国代表："恳请尊重中国主权，顺从民意。""赞成自主，以示亲善。"

11月6日，各大学教授关税自主促成会成立。议决数项，其中第四项称："帮助并促请中国出席代表，总期做到自主。"

11月12日，江苏自治会成立、苏皖赣公团联合会通电反对关税会议。河南全省学生联合会发表反对关税会议宣言。上海国民对英日外交大会召集紧急会议，讨论继续反对关税会议。

25 日，天津 34 校在南开集会，力主关税自主。

26 日，北京市民在天安门召开国民关税自主运动大会，参加者数万人，一致主张关税自主。会后举行盛大游行，高呼"收回关税自主""打倒帝国主义""取消不平等条约""解放被压迫民族""反对国内战争"等口号。

11 月 29 日，重庆外交各团体发出三通电：一、主张关税自主；二、警告沪商会；三、反对外交部敷衍交涉。

31 日，湖南学生联合会电段祺瑞："关税会议为列强宰割我国之第二华府会议，国民一致反对。今公然背民意，擅行召集，尤复纵警捕殴爱国群众，全国公愤，请即惩凶释囚，停止会议进行；否则，誓率三湘健儿声讨。"

1926 年 5 月关会瓦解后，北洋政府仍然向各国活动，企图重开，广州国民政府通电反对关会复开。通电称：关会复开"将税款支给吴佩孚、张作霖，不外将借英人管治下之统一的海关作为工具，以攫取中国全土的国税，供他们挥霍，又将协助此等军阀继续酿成内乱，攻击国民军和广州政府"。中国国民党和国民政府还发表反对关会重开的宣言，宣言指出：北洋政府"欲图重开关会，且欲迁就让步，以资其扩张武力，抑压革命之用。""对于张作霖、吴佩孚此种卖国之举，绝不能予以承认。"

8 月 6 日，西北军首领张之江、鹿钟麟、宋哲元通电各省军民、教育会、农会、工会、各报馆、各法团："在全民知此会之召开，在列强不过借以示惠，在段政府亦非真能为人民谋利益，故于其开会之初，即宣言北京政府不可信赖；即使其初所提条件，不背人民公意，亦难保不虎头蛇尾，以争自主权始，而以牺牲自主权终。""今吴（佩孚）张（作霖）迫于财政困难，急与各方接洽，欲图重开关会，且欲迁就让步，承认只解决二·五附加税案，冀以此项附税抵借巨款，以资其扩充武力、压制革命。""故对于张、吴此种卖国之举，绝不能予以承认，尤望全国人民急起反对。"

全国人民继续不断地开展反对关税特别会议、要求收回关税自主权的广泛运动，对于列强、特别是英国受到了极大震动，不得不在特别会议上通过中国代表提出的关税自主议决案。

第二十七章

中国出现了划时代的大变局和广州国民政府迈向关税自主的第一步。总税务司安格联的免职

第一节　北伐战争的革命风暴改变了中国的政治形势和英国侵华政策的转变

国共合作实现后，以广州为中心，汇集全国的革命力量，很快开创了一个反对帝国主义和封建军阀的革命新局面。共产党员加入国民党后，在全国各地积极创立和发展国民党组织，工农运动在广州政府统辖区内取得合法地位，有了突飞猛进的发展。此外，广州政府还在苏联帮助下建立了一支革命的武装力量，即 1924 年建立的黄埔陆军军官学校，先后聘请加伦（布留赫尔）等苏联红军将领为顾问，中共广东区委委员长周恩来为军校政治部主任。黄埔军校的最大特点是把政治教育提到和军事训练同等重要的地位，注重培养学生的爱国思想和革命精神。军队中设立了党代表和政治部，使军队一新其面目。黄埔军队培养出来的军官，成为北伐战争的骨干力量。

广州政府在平定了杨希闵、刘震寰叛乱之后，进行了改组，军队也进行改编。1925 年 7 月 1 日广州国民政府成立，鲍罗廷被聘任为高等顾问。

广州国民政府成立后，将黄埔军校校军和驻在广东的粤、湘、滇军队先后改编为国民革命军 6 个军，共 8.5 万人。共产党员周恩来、李富春、朱克靖、罗汉、林祖涵分别担任第一、第二、第三、第四、第六军的副党代表兼政治部主任，担负起国民革命军的政治工作。

国共合作建立后，广州国民政府平定了陈炯明、杨希闵、刘震寰、邓本殷等军阀势力，完成了统一广东根据地的工作，而为反对北洋军阀的北伐战争准

备了比较可靠的后方基地。北伐战争的直接打击目标是受帝国主义支持的北洋
军阀。北洋军阀十多年来，一直控制着受到各国承认的中央政府，拥有巨大的
物力财力。他们直接掌握的军队有 70 万人，而国民革命军只有 10 万人左右。
但是全国人民对北洋军阀的割据和混战的黑暗局面，早已深恶痛绝，渴望早日
实现国家的独立和统一，把越来越多的希望寄托在南方广州国民政府方面。民
心的向背，是具有决定意义的力量。其次，北洋军阀内部四分五裂：直系军阀
吴佩孚控制湘南、湘北直到河南和直隶保定一带；孙传芳盘踞苏、浙、皖、
赣、闽 5 省；实力最雄厚的奉系军阀张作霖，控制着东三省、热河、察哈尔、
京津地区和山东。他们之间勾心斗角，矛盾重重，难以一致行动，便于北伐军
的各个击破。

　　国民革命军在以苏联加伦为首的军事顾问的建议下，制定了集中兵力、各
个击破的战略方针，于 1926 年 5 月先行出兵湖南，援助退守衡阳的唐生智部。
7 月 9 日，国民革命军正式出师北伐，7 月 11 日胜利进入长沙，8 月 22 日占
领岳州，随后进入湖北境内。

　　北伐军从一开始就取得战区和后方民众的热烈支持。北伐军向长沙进军
时，中区湘南区委发动工农群众参加带路、送信、侦察、运输、扫雷、担架、
救护、慰劳、扰乱敌后等工作，还组织农民自卫军直接参加战斗。

　　8 月下旬，北伐军连克汀泗桥和贺胜桥，击溃了吴佩孚的主力。9 月 6、7
两日，占领汉阳和汉口，10 月 10 日，攻克武昌，叶挺领导的独立团首先攀登
城头，其他各部相继攻城，全歼吴佩孚主力。

　　9 月间，另一支北伐军进入江西，11 月就在南浔铁路发动猛烈攻势，歼灭
孙传芳主力，占领九江、南昌。留在闽粤边境的第一军也向福建进军，12 月
中旬，不战而下福州。

　　当北伐军在华中、福建取得巨大胜利时，原来从南口退守绥远一带的冯玉
祥部国民军于 9 月 17 日在绥远五原誓师，挥军南下；刚从苏联回国并加入国
民党的冯玉祥，就任国民军联军总司令，共产党员刘伯坚任政治部副部长。11
月间，联军已控制了陕西、甘肃等省。

　　这样，广州国民革命军在誓师北伐后，只用半年时间，就取得惊人的进
展，到 1926 年底，已先后歼灭吴佩孚、孙传芳两部的主力，控制了江苏、浙
江、安徽的南部各省，国民军也控制了西北地区，准备东出潼关，响应北伐
军。北伐胜利的大局已定，北洋军阀统治的覆灭只是时间问题而已。

中国出现这一划时代的大变局，对于列强的在华利益，特别是首当其冲的英国在华利益，给予了空前的冲击。为了维护其在华的根本利益，英国和列强的对华政策不能不相应地改变。国共合作所开辟的革命力量，正以雷霆万钧之力扫荡着军阀的黑暗统治，这是民国以来所没有的。这个变化，首先引起了英国外交部的严重关注。英国外交部副大臣威尔斯利深深感到，"从海军和陆军观点来看，对付像中国的大群混乱的民众，我们多少是无能为力的"；"现在已不可能继续使用炮舰政策。""英国没有充足的财力和军事力量去介入远离本土，并有可能陷于持久不决的冲突之中。"因此，"从现在的观点来看，只有把政策改得温和些，才能达到在华扩大贸易的总目标。"

威尔斯利对于苏联和中国共产党对国民党所产生的巨大影响，感到无限的恐惧，他说："外交部回过头来认识到，应当运用同情，而将中国的国民运动，从布尔什维克主义那里争取过来。从政治上讲，如果屡遭困难、挫折的国民党人不得不同共产党人和苏俄分子长期结盟，就将是灾难性的；相反，赞成这一运动中的稳健分子，促其成功，将对英国有利。"① 差不多与此同时，外交大臣奥斯汀·张伯伦也认为："与中国签订的旧条约业已过时，必须变更，中国人的修约要求如此的坚决，如此的合理，因此，即使中国仍在内战中，英国也必须就这种变更，尝试同各敌对的政权谈判。"②

1926 年 12 月，在英国对华政策转变的关键时刻，英国驻华代理公使欧玛利抛出了《英国对华政策备忘录》。《备忘录》叙述了英国对华政策转变的背景，并建议《九国公约》各签字国，采取"一致行动"。《备忘录》首先提出华盛顿会议时代的中国时局与"近日的时局，回不相同。"当前"中国政务上之瓦解，乃同时有具大力期图于列邦谋一平等地位之国民运动发生。"对于"此项运动，若不待之以体贴及谅解，殊不符合各国对华之真意也。"因此，"本政府建议：

一、由各该国发出宣言，叙述时局之主要事实，并声言情愿修订条约问题及其他悬而未决之问题，俟华人自己立有政府时，即行与之交涉；且愿以符合华会精神，而参合现时局变通之处，加以发展以变通之一建设政策办理也。"

二、"本政府建议：此项宣言须释明其建设政策，意欲竭尽所能迎合中国

---

① 英国外交部档案 371/12395F702/10。《威尔斯利关于蓝普森来电笔记》。

② 《泰晤士报》 1926 年 4 月 30 日。

人合乎大理之想望，废弃中国经济、政治非有外人监督不能发达之意。"

三、"声明情愿于中国自订国税新则，一经规定宣布时，即行承认其应有
得享关税自主之权，更无特行力辩以何种外人之节制，迫施于不甘承受之中国
之嫌；一面声言，望中国对于凡文明国家所固有、尊重条约神圣之首要义务，
毋稍懈怠。各国都应承认，中国修改条约的要求，揆诸大理，乃尚尔公允，与
处于现势之下，缔结新约以代旧约之艰难，而各国相沿严守约权之习，亦应因
之稍加变通也。宣言之中，应表明无论处何地方中国官厅，若有任何近理之主
张，即使背于约权之严格解释，亦愿尽以体谅之考核，公允宽厚待遇，以还
报之。"

四、"各国现对于华会附加税，予以无条件之应允"，"借使广州政府之现
状，纳诸正轨也。""关于附加税之征收，既为无条件准许，则所收附加税进
税（款），未必由各税务司解交上海之指定保管存款银行。凡关于附加税进款
若何支配、储存等问题，均应由中国官府自行解决。"

五、"本政府始初根本反对无担保债务之整理列入关税会议应议事项内；
又有一弊，即得自自主而增加之税收并归之监管。""盖此时中国，无论为财
政之整理或厘金之裁撤，皆不能忍外人监管之展拓矣。""本政府以为中国既
不甘受外国人管理，而各国联合以图管理之，实与华会条约精神及本政府迄今
历次不变之宗旨，完全相背也。"[①]

由于北伐战争胜利进军，导致英国侵华政策的转变，中国出现了近代史上
划时代的大变局。广州国民政府此后关于关税、海关行政的变革都是在这个大
气候影响的基础上进行的。

第二节　反对海关的浪潮

由于响应五卅运动而发动的省港大罢工、抵制外货运动，直到 1926 年二
三月间还在持续，一向作为列强侵略堡垒的海关，也成为打击的对象。广东统
一后，1926 年 2 月间，潮海关监督开展了收回汕头 50 里内常关卡口空前的革
命行动。

为了偿还庚子赔款，根据《辛丑各国和约》的规定，汕头 50 里内常关卡

---

① 全文载于《银行周报》第 11 卷（1927 年）第 1 号。

口，划归潮海关税务司管理。"近年本国税收日旺，洋关及通商口岸之常关收入，还款有余。50里内各分卡归税务司管理之原因，业已消失，因此，潮海关监督兼交涉员马文车，特函税务司，要求收回常关各卡，并于11月19日选员，带同职工，分赴庵埠、潮后……各七卡口，全部接管，并布告所有经过货物应完税项，仍归各卡口征收。驻汕头各国领事当即在法国领事署举行会议。各领态度，极为强硬，议决令税务司提出抗议。"马文车除声称近年洋关及各通商口岸常关收入，还款有余，各关归税务司管理已经消失外，并揭发汕头常关腐败情形，如炮台司事王盛唐舞弊，证据确凿；但前税务司与副税务司，"有心徇容，压搁半年，置而不闻，均属有亏职守。"因此，理直气壮地宣布："关于收回常各卡口问题，不论意见如何，均无抗议之余地。"①

2月下旬，广州罢工委员会工商组验货处，为了严格禁止外货进口，定于22日起进行验货。粤海关税务司界路（英人）借口工人纠察队在轮船未到验货处之前扣留货物，派遣海关洋员监视到口轮船，不准起卸货物，停止验关，西堤海关洋员都不到关办公。虽有华员验货，但税务司不发放行纸，货物仍然不能放行。总税务司安格联悍然训令粤海关停止开关。"全国各地闻讯，不胜愤激，纷纷召集市民大会，通电抗争。一致主张撤惩税务司"，"收回海关"②。25日，上海纱厂、印刷、铁厂、罐头等4个总工会代表联席会议，"电勉广州国民政府，勿畏英人对粤用兵之恫吓，继续努力于反帝国主义运动。"③ 广州国民会议也通电："力争海关管理权，要求撤粤税务司。"④ 到26日才恢复开关。

广州国民政府于1926年7月9日出师北伐。在北伐军出发前，"粤海关妄指广〔州〕为'疫埠'，经监督署抗辩后，反密议诬蔑工人包围海关，将停发关单，作无形封关举动，意在破坏北伐。"⑤ 还借口海关工会会员李昌黎等"煽惑人心，"把他们开除，严禁组织工会；还说工人百多人包围海关，企图再行封关。全国总工会上呈广州国民政府，请饬恢复李昌黎职务，严禁封关。广东农工商学联合会宣言：海关如再封关，禁止职工组织工会，"当以武力对

---

① 《申报》，民国十五年二月三日。
② 《新青年》，1926年第4号，《革命日志》。
③ 《新青年》，1926年第4号，《革命日志》。
④ 《申报》，民国十五年三月三日。
⑤ 《民国日报》，民国十五年十月五日。

付。"广东掀起了"积极收回海关运动"①。

从上列事实看来，省港大罢工和北伐的革命形势，把反对海关的斗争推向高潮。

广东人民连续不断对海关的斗争，为广州国民政府于 10 月间自主地开征二·五附加税大创声势。

第三节　广州国民政府迈向关税自主的第一步
——二·五附加税的开征

关税特别会议无形解散后，北洋政府力图重开关会，以求得关会批准附加税的征收。可是列强意极冷淡，全国纷起反对，关会续开无日。这时，全国革命形势急剧发展，北伐军已逼近武昌。广州国民政府撇开列强，撇开不平等条约，撇开关税特别会议，撇开海关，毅然决然于 1926 年 9 月 7 日公布《出产运销暂行内地税征税条例》，并通告各国领事。《条例》共五条：

第一条　广东广西两省，与中国其他各省或外国之贸易品，不论其为出产品或运输品，一律须暂时征收内地税。

第二条　此项内地税，对于普通货物之税率，加现行海关或常关之征收额之半数，即二厘半；对于奢侈品之税率，加一倍即五厘。其烟、酒、火油、挥发油等，已经特别课税者，不再课此税。

第三条　此项暂时内地税，为财政部之便宜（利）起见，在各海关、常关收税所附近征收之。

第四条　凡买卖各样货物者，若不纳此条例之税金，即处以十倍于货价之罚金。

第五条　本条例从十五（1926）年十一月一日起施行②。

广州国民政府外交部代部长陈友仁于 9 月 18 日就征收附加税问题致函驻粤英国领事。函称："此项新税，原则上言，系一种内地税，与中国海关所抽海关关税不同。"因此，决定另行设所征收。"至现行海关行政，本政府当然

---

① 参阅《民国日报》，民国十五年七月五日到十四日。

② 《申报》，民国十五年十月九日。

无意干涉。然海关若能与本政府所任收税官员，通力合作，自无误会冲突之处。"① 并声称："只要英国政府不反对，可于 10 月 10 日停止抵制英货活动；""但进出货物，应开征附加税，以充清理〔对英〕罢工费用。"② 广州国民政府附加税的开征和陈友仁这一席话，显示中国人民开始站了起来，坚决走独立自主的道路。这是历史性的事件。这种行动为今后收回关税自主权、实行国定税则开辟了道路。

当时北伐战争尚在进行中，全国大部分地区为军阀所割据，列强在华势力仍然不变，因此附加税的征收，在策略上多作考虑，以避免列强的干预和反对，这是必要的。所以附加税的税率仍按照《九国间关于中国关税税则之条约》的规定，不作变动；并把此项关税作为最后消费者负担的落地税，即内地税，这项税收中国有权自己征收；并声称不干涉海关行政，此项附加税系为"维持罢工工人生活费，"充当粤汉铁路等的建筑费之用。这种策略上的考虑，减少了来自列强方面的阻力。

尽管广州国民政府采取了种种回避办法，列强从自身利益出发，还是强烈反对。英国《每日电闻》迫不及待地说："中国海关归国际管理，由来已久，今广州拟收奢侈品税，是引起非法干涉海关行政之重大问题也。此举可视为对条约国之反抗；应否屈从此次侵犯，是在列强自决之。惟此次侵犯，如置之不问，则更严重之侵犯，将继而起云。"③ 驻北京的各国公使不断集会，"愈以为对于此等未经（各国）会议手续之附加税之实施，不能不反对。"但"因列强利害关系不同，对于此问题列国表示协调之态度，恐尚须经相当之时日，外交团本日会议之结果，决定各自向其本国政府请训。俟各本国之训令递到后，必须划一步调；俟步调划一后，再取共同通牒之形式。除此以外，别无对付之策。"④

广州国民政府鉴于"英国已疲于排货风潮，且英国对华态度现已改变，势必以取缔排货为条件而承认此税。英国若承认，美国亦将出于同一步调，所

① 1926 年 9 月 18 日陈友仁致英国领事函。洪钧培：《国民政府外交史》第 1 集，上海华通书局 1930 年版，第 74 页。
② 1926 年 9 月 22 日易纨士致安格联密电。《总税务司与各口税务司往来密电》，总税务司署档案679.32744，中国第二历史档案馆藏。参见《关税纪实》，第 641—642 页。
③ 《申报》，民国十五年十月二十四日。
④ 《申报》，民国十五年十月八、九日。

虑者为日本。"① 因而不理外国干涉，径自设立内地税局。广州内地税局局长
陶邵彬宣布 10 月 11 日视事，开征附税。到 10 月底，财政部布告："所有广
州、江门、石龙、拱北、三水、海口、汕头、梧州、南宁、龙州及常关口卡，
均已派员开收出产品物内地税。"财政部派员驻广州邮局，办理征收邮包内地
税②。财政部还组织检查队，在大堤、虎门、长堤、泽镇、河南五处，设立检
查所。"为防备反对派之活动，且为开发财源起见，将对于开抵广东之船舶及
火车，无分中外，一概严重（格）检查旅客及货物。"又公布《检查队检查条
例》通知领事团，声明该《条例》从 25 日起实施③。

　　11 月 1 日为广州国民政府开征附加税的规定日期，从这天以后，各国驻
华使节不断向广州国民政府提出抗议。11 月 5 日，广州领事团向外交部递送
声明书。陈友仁表示："新税为合理的税率，比各独立国为轻。华货入列国口
岸抽重税，中国未尝加以声明，列国亦应遵从新税。"8 日，广州葡萄牙总领
事以领袖领事资格向广州国民政府抗议《稽查局条例》，指为"违反海关章程
与对外条约，并声明领事团不能依允鸦片稽查局查验本江外轮。"④ 陈友仁复
称："本政府不承认驻京领袖公使之存在，以其欠缺法律上之根据。""更须声
明者，国家大权威，早已不在京行使，已移本政府；如各关系国觉悟及此，则
本政府立可讨论此问题。"⑤

　　在广州开征附加税之后，各省纷纷开征，"九龙、江门及梧州，均于十五
（1926）年十一月一日开征类似之附加税；是月复有拱北、三水、琼州、汕头
及北海等处，系分别于二日、六日、八日及十五日举办。"北伐军攻克武汉
后，"汉口及九江两地之附加税，系于十六年（1927）一月一日庆祝新年声中
开始；继之有南京、镇江、上海及苏州等处，均于是年二月十五日实行。二月
内启征者有十四口岸之多；如宁波、厦门、长沙、芜湖、青岛及烟台系一日，
三都澳及福州于七日，天津于十日，宜昌于十四日，岳州及温州于十五日，秦
皇岛于二十一日，龙州于二十四日。三月内举办者则有万县，系于一日，沙市
于六日，思茅于十四日，重庆于十五日，瑷珲于十六日，牛庄则迟至二十四

---

① 财政部长宋子文语，引自民国十五年十月九日《申报》。
② 《申报》，民国十五年十月二十九、三十日。
③ 《申报》，民国十五年十月二十七日。
④ 《申报》，民国十五年十一月十日。
⑤ 《申报》，民国十五年十一月十三、十八日。

日。此外东三省两大口岸——哈尔滨及安东，至四月始照征收，前者于是月十一日，后者于是月十四日；至杭州则于是月二十五日。"五、六两月内，仅奉天一地征收。自7月至11月，南宁、珲春、龙井村、腾越、蒙自都先后开征。计自广州首倡征收附加税以来，13个月间，国内各通商口岸，纷起仿行。截至1928年6月以前，"所有长江及以南各口，悉归国民政府统辖，长江以北及东三省各口，则听命北京政府。"据估计，此项附加税，"每年国民政府治下各口新征收之百分之五及百分之二·五附加税约达三千五百万元；北方各口所征收者，约达六百万元，至各处所征收之烟、酒及煤油特税，则超过上述两项数目。"长江及以南各口征得之此项税款，大部分解交广州国民政府；但在下列各口，如重庆、宜昌、长沙、三都澳、福州、厦门、梧州、龙州、蒙自、思茅及腾越等地，均拨归地方当局应用。北方亦有同样情形。如山东军务督办张宗昌，即坚持该省所收税款"须拨作省用。"[1]

附加税和煤油特税的征收，为避免税款为海关所控制，均不由海关代征，系设专局专所办理。此等局所都在海关收税银行内执行职权，海关只给予间接帮助。征税手续系于每次发出纳税证时，将该证内所包括的每件货物税则号数，加以注明，以便税局人员了解何者应照普通品，何者应照奢侈品纳税。[2]

附加税征收，在广州国民政府首倡之下，各割据势力、地方势力如脱缰之马，纷纷自行开征；只有北洋政府尚在等待公使团和关税特别会议的批准，直到1926年12月中旬，才"认真考虑"征收。北洋政府决定征收二五附加税之后，原定计划由各海关附征，以免各地方当局任意截留税款。嗣以广州国民政府宣称，如安格联为北方征收附税，则南方境内各关关税将予一概截留。安格联因此不敢承办，乃转赴汉口和广州国民政府协商。北洋政府大为不满，毅然将安格联免职（下节详论）。由海关附征附税的原意，不得不打消，另起炉灶，于是提议于海关以外另设机关，即：一、在各关设立征收专局，由北京委任局长负责专办；二、由各关监督征收。在北洋政府未议定具体办法以前，各地方当局多已自行设法开征，如江浙等处，则由海关监督会同当地征收税款的银行负责征收；奉、直则另设监理处，以各关监督为处长，兼征附税，至于滇、湘、鄂、赣则各自为政。"国民政府迁鄂后，决照粤省办法，实行征收内

---

① 《关税纪实》，第643—644页。

② 《关税纪实》，第644—645页。

地税，业于民国十五年十二月三十日由财政部令行湖北交涉署，正式照会驻汉各国领事查照办理，并称，国民政府定于十六年一月一日，开始征收内地税。""财政部现在委派专员，于各海关及常关所在地，开始征收，汉口则设于江汉关内。""其征收办法全然与税关分别进行。税单由政治委员会财政部、江汉关、内地税局联名发行，征收事务则由征收委员在中央银行办理，关于征税布告由税关监督兼局长张肇元出名。"①

当时，英国政府已决定同意广州国民政府无条件征收附加税，法国因"有中法越南修约问题"，愿以此为交换条件。美国进口货，皆奢侈品，虽不无影响，但奢侈品尚可在市面增高价格，以资弥补。其他如意大利、西班牙等皆以领袖公使欧登科（荷使）马首是瞻。于是反对者仅日本一国而已。② 日本公使在公使会议上声称："奉到东京政府训令，对于英国所提附加税新办法，认为殊出华盛顿会议九国公约之精神。因华会规定中国关税应由华会关系国开关税会议解决之也，现关税会议虽中途搁浅，但只能认为暂时的顿挫，不能认为正式解散。故日本政府对于英国主张抛开关税会议，而以无条件允许中国自由征收附加税之新提案，绝不能附和，所以反对。""日英对华之贸易情况不同：英货多高价品，而日货多低价品；高价品增税二·五，销售上影响尚微，低价品则影响较大，而极普通奢侈品之输入，以日货为最多，尤为切肤之利害。苟中国而如英提案，一概照二·五附加增征者，则日本国民经济上当立受重大之影响。故日本政府不辞为明确切实之反对，而昌言不讳。""尤其重要的是，附税的征收，关系到几达三万万华币的'西原借款'"，"此项借款的担保品，茫然无着落，日人满期去年的关税会议就新征关税内，觅一固定担保。后来关税会议未能观成，日本所望落空，（对）英国无条件允许中国实施二·五附税，当然坚持反对。"③

日商也抵制甚力。哈尔滨日商"迭次集会于日商侨务会议所，推出代表，四出串连各国商人，共同抵制。""海关扣押未征附税的日货，日领事向税务司抗议。辽、吉也有抵制之事发生；天津日商也请求领事向交涉署提出不能遵纳；但积货不能起运，有的货物被扣留，损失更大，所以最后不能不认缴，日

① 《银行周报》第 11 卷（1927）第 3 号，《江汉关征收内地税》。

② 《时报》，民国十六年一月十七日。

③ 《申报》，民国十六年一月九日。

本领事的抗议，不能不告失败。"这样，广州国民政府附税的征收，终于胜利
进行。

第四节　总税务司安格联在二·五附加税 问题上的顽抗和投机

海关总税务司安格联自辛亥革命爆发担任该职后，仗着他实际掌握全国关
税税款保管权，管理列强对华债款、赔款，又任全国内债基金处会计协理
（出纳），北洋政府大量现金进出都掌握在他手中，他和银行买办、资本家勾
结，垄断公债市场，气焰嚣张。又因为海关经管各国债、赔的重大任务，变成
各国在华债、赔的出纳机关。总税务司的地位因而受到了各国政府的支持，列
强成为总税务司的坚强后盾，而英国更为其后盾之后盾。因此，安格联在北洋
政府中骄横跋扈，简直不把政府首脑看在眼里。

本来，根据不平等条约的规定：凡开辟通商口岸，就得设置由外籍人员管
理的海关，所有洋船载运出入境的货物，都得向海关完纳条约规定的关税，其
货物的稽查和缉私，也得由海关执行，其他机关不论中央或地方不能取代，也
不能染指。广州国民政府征收的附加税虽须经特别会议"议决"才得实行；
但附加税征收条例规定的征收机构，不是海关，而是在"海关、常关收税所
附近征收。"这是对海关地位的否定，严重打击了海关的征税权力，连规定这
种权力的不平等条约也被打破了。这必然引起安格联的强烈反对。那时，安格
联请假回英，当他接到暂代总税务司易纨士电告广州国民政府即将开征附加税
的消息时，便向美国游说阻止这种附加税的开征。他在 1926 年 11 月间回到北
京，"当广东政府决定对外国货物征收附加税，以筹集经费解决广东的抵制
〔英货〕和罢工所造成的形势时，我得出结论：除非附加税通过某种协定的手
续而为国际上所公认是一种合法的关税，而广东政府必须表示可以由海关征收
的愿望；否则，海关的安全势必受到危害。"[1] 他看到广州国民政府自行设所
征收附税，又看到广州工人纠察队搜查外轮货物，认为"势必和外轮职员

---

[1]　1927 年 2 月 11 日总税务司机要通令第 53 号。《总税务司机要通令》第 1 卷，第 103 页。

〔发生〕直接冲突，造成混乱，引起国民政府和各国政府的摩擦"①，他认为"只有采取强有力的措施，鼓吹由列强规定海关的地位，维护海关的完整，才能有效地保护英国和各国的在华利益。""游移不定的政策只会终止外国人对海关的有效控制，毁掉千万中外债权人仅有的债权"②。

北伐军此时所向披靡，作为工农反对对象的英国，已被五卅运动、省港大罢工搞得焦头烂额。英国政府不能不重新估计形势，改变它的对华政策，还要尽可能争取即将成为执政党的国民党。

因此，英国政府对广州国民政府采取妥协的政策，反对安格联的对抗态度。英国外交部通过伦敦办事处税务司泽礼劝告安格联："海关在广东和其他地方对国民政府保持一种友好的合作态度，会大大地有利于海关，有利于发展将来与国民政府之间的友好合作关系；即使这种合作意味实际上的关税自主，这种自主既得诺许，英国政府准备面对现实。特别是以这种方式进行的关税自主，将会由海关来履行海关职能，由总税务司管理值百抽五的关税；拒不合作会反过来使国民政府决定采取一种肯定的敌视态度，最终可能导致海关行政的彻底摧毁。"③

安格联既然不能取得英国政府的支持，便挑动各国出面干涉。他说："如果主要的航海国，一致决心阻止不负责任的排外煽动摧毁海关，我相信我们可以在可能发生的任何政治动荡中安然无恙。"他还要泽礼煽动英国的债权人："只要海关不被摧毁或取代，用税款担保的债赔款项就万无一失；但是如果失去了海关，债权人的债券就会成为一堆废纸。"他企图利用债券持有者的力量，迫使英国政府"宣布对海关的（强硬）政策。"④他还说："中外双方的巨大利益都以海关为中心。""海关和条约地位密切相关，失去一方，另一方也难于保留。"⑤外交部却坚定地答复："他们知道失去了海关，债款也保不住；但他们不会用武力去保护债券持有人的利益，正如完全处于中国辖区内的英国工厂一样，〔政府〕不会用武力去保护英国工厂开工一样。其他国家——

---

① 1926 年 11 月 13 日安格联致伦敦办事处税务司泽礼密电。中国第二历史档案馆档案，总税务司档案 679. 32744 号。

② 1926 年 11 月 28 日安格联致泽礼密电。中国第二历史档案馆档案，总税务司档案 679. 32744 号。

③ 1926 年 11 月 22 日泽礼致安格联密电。中国第二历史档案馆档案，总税务司档案 679. 32744 号。

④ 1926 年 12 月 2 日安格联致泽礼密函。中国第二历史档案馆档案，总税务司档案 679. 32744 号。

⑤ 1926 年 12 月 4 日安格联致泽礼密函。中国第二历史档案馆档案，总税务司档案 679. 32744 号。

维持海关对他们的利益不大——不会一致宣布这种政策。英国政府不希望由于单方面作出此种声明，而被视为条约地位的主角，并由此而带来新包袱。"①

这时，两湖工农运动进入新高潮。12月26日武汉各界20万人举行了反英大会，呼吁全国"实行对英经济绝交，要求政府立即收回妨害革命工作的租界。"②"在武汉发生排外骚动时，〔女王政府〕不允英军保护英租界附近的海关，也不保护在海关供职的英国臣民，这意味着海关英籍关员失去各国人员所得到的人身保护。""英国政府已经放弃海关了。"③

1927年1月3日，武汉工人冲占汉口英租界，安格联见英国政府不予挽救，对英政府的支持已成绝望，转而"努力谋求与国民党建立正式关系的办法；在此之前，不偏袒地承认南北两方，这似乎是中国政治发展的合理结果"，"可能是最佳政策。"④显然安格联已被推上脚踩多条船的境地了。他感到"局势发展令人目眩。""海关充满危险的局势，并可能在口岸造成各种各样困难。"他不能不发出1926年第52号机要通令，作为各口税务司的指导方针。通令说："几十年来似乎坚不可摧的〔海关〕基础，各方面都在崩溃：劳工如不说是咄咄逼人，至少也已开始有了发言权。〔他们〕正在提出旨在严重干涉海关原则的种种要求，海关处在出于政治宣传目的浪潮的冲击之下。""广州和汕头在罢工和叫嚣声中首当其冲。""要记住，我们的职责是征税和保护税款，不问政治（按：即不问党派），与那些掌权的人维持友好关系。但是我要对有关工会的事讲一句话：华员值得同情。那些屈服于巨大压力的人，除非违反海关纪律、拒不服从命令，不能对他们采取个人或集体措施。"⑤

当时，北洋政府分崩离析，各地政权纷纷要求开征附税。安格联看到"这种局势使海关充满危险。""海关只能根据形势变化，决定改变辛亥革命以后的税款保管政策。除了值百抽五关税外，不再代管附加税，而仅限于征收税款的工作。税款交由其他方面支配。"⑥海关征税一般都抵押给列强债、赔，谁都无法动用。新的附加税则可以自由使用，因而成为各方争夺的对象。"如

① 1926年11月4日安格联致泽礼密函。中国第二历史档案馆档案，总税务司档案679.32744号。
② 《第一次国内革命战争时期的工人运动》，人民出版社1980年版，第384页。
③ 1926年12月1日安格联致泽礼密函。中国第二历史档案馆档案，总税务司档案679.32744号。
④ 1926年12月5日安格联致泽礼密函。中国第二历史档案馆档案，总税务司档案679.32744号。
⑤ 1926年12月15日总税务司机要通令第52号。《总税务司机要通令》第1卷，第98页。
⑥ 1926年12月15日总税务司机要通令第52号。《总税务司机要通令》第1卷，第98页。

果总税务司只参与征收工作，而不保管税款，把税款交由有关方面自行支配，
海关就得避免成为众矢之的。"在安格联看来，这虽然是一种让步，但这是保
全海关的最好办法。

可是这种面面讨好的办法，却不为国民政府所接受。安格联后来说道：
"国民政府在我逗留武汉期间就十分明确地通知我，一开始广东政府就没有想
到过允许海关直接接触附税。海关在中国任何地方征收附税，都会被视为一种
战争行动。"① 安格联正是在这样面面讨好的情况下被撵下总税务司的宝座。

第五节　安格联违抗北洋政府电促回京命令及其免职

张作霖控制下的北洋政府，饷糈浩繁，奉〔天钞〕票跌落，无法应付困
难局面；英国提出无条件同意征收二·五附税，北洋政府认为这是一个好机
会；还有，南方已开征附税，北京如不开征，则自吃亏。北洋政府乃于 1927
年 1 月 3 日决定开征附税。1 月 12 日发出开征命令："自民国十六年（1927）
二月一日起，分别征收。着财政部税务处遵照办理。"但声明有必不可少之条
件，"即征收时必经由海关，不得于海关以外另行立所征收。"其所以必经海
关，乃因"英人在华基础，海关占其半，保持海关现制，乃英之最大目标"②，
不好动之。命令公布后，一面通告各公使，一面以附加税的保管及征收手续
等，均有和安格联磋商之必要，乃于 1 月 31 日"由（国务）院电沪"，"促在
南方的安格联即日回京。"③ "然安氏迄不奉行，且遨游汉、沪"，"虽电促而
不归。顺承王府以非安无从举办。一月三十晚之关税委员会，即由梁士诒提议
免安，而极端赞成者为汤（尔和）与罗（文干）二阁员。……此一月三十一
晚之阁议，所以免安也。"④

据《顾维钧回忆录》的记载，免安事为代理内阁总理兼外交总长顾维钧
所策动的。《回忆录》记载说："政府对安〔的不返〕，极为愤慨，并决定将其
革职"。"整个内阁都同意我的意见，认为一个公务人员的首先义务是服从政
府的命令，尤其是作为一个外国人，他应该知道他的地位特殊，无权使自己处

---

① 1927 年 2 月 11 日总税务司机要通令第 53 号。《总税务司机要通令》第 1 卷，第 100 页。

② 《京报》，民国十五年十二月二十三日。

③ 《申报》，民国十六年一月十七日。

④ 《申报》，民国十六年二月十四日。

于可以对政府施加压力的地位上。内阁一致同意将其革职，并公布了这项命令。"①

安格联在 1926 年 12 月 13 日就知道北洋政府要海关承担征收附加税的任务。他在致泽礼密电中说："北京政府正认真考虑要求外交团同意征收华盛顿会议规定的附税，想由海关在上海和北方各口开征。"② 安格联既已明知北洋政府将由海关征收附加税，为什么又于 1927 年 1 月初匆忙离开北京去汉口？他解释说："我之所以访问汉口，是因为去年 12 月那里工会活动引起了一次严重的关员问题。去汉口是为了解这个问题。"这可能是一个原因，但去汉口的主要原因，却是他在致泽礼密电所说的："在上海海关仍掌握在北方手中时，由海关征收附税，会把巨额款项充作北方的军费，这可能使海关崩溃。"在同一电中，他又说，他获得"与国民党当局接触的有影响的银行家（按：可能是张家璈或李铭）的保证，（国民政府）不会否认我管理的内国公债，这表明不会干预海关"；而当时"长江口岸的海关工会心灰意冷，国民党当局显然不支持他们"；"张作霖正试图在这里鼓舞士气；但除非他拿出钱来，否则，不会真正变化。"③ 这个电报提示了两个情况：一是广州国民政府强烈反对海关为北洋政府征收附税；如果海关征收，即摧毁海关；二是一方面北洋政府没有钱，它的糟糕情况不会有所变化；另一方面国民政府不会干预海关，也不支持海关工会。前一种情况相当紧急，急需和广州国民政府商讨；后一种情况，提示他有和国民政府取得妥协可能，应乘此机会和国民政府搞好关系。因此，他当机立断，决定以处理海关工会问题为理由，亲赴汉口。因此，在电报末尾，附了一句："绝密。元旦后我马上经上海去汉口。"④

安格联大约是在 1927 年 1 月 3 日抵达上海的，1 月 11 日左右启程去汉口。他在汉口和国民政府讨论了海关问题，"并因此和他们建立了私人关系。我认为这十分有助于消除过去的误会，发展将来令人满意的关系。"⑤ 安格联这一活动，北洋政府首脑顾维钧当然不快。顾说："我们感到他在讨好南方集团。

① 《顾维钧回忆录》第 1 册，第 306 页。
② 1926 年 12 月 13 日安格联致泽礼密电。中国第二历史档案馆档案，总税务司档案 679. 32744 号。
③ 1926 年 12 月 29 日安格联致泽礼密电。中国第二历史档案馆档案，总税务司档案 679. 32744 号。
④ 1926 年 12 月 29 日安格联致泽礼密电。中国第二历史档案馆档案，总税务司档案 679. 32744 号。
⑤ 引自 1927 年 2 月 11 日总税务司机要通令第 53 号。

作为仍属北京政府的一名公务员，他这样做是不应该的。"① 1 月 22 日，当安
格联向国民政府外交部代部长透露他将为北洋政府开征附税时，部长发火了。
安格联在致泽礼密电中简述了这个情况："今天会晤〔国民政府〕外交部长
时，我声明北京政府强制命令我开始征收附税；如果列强不反对，我将开征。
部长说，如海关在任何地方开征，广州国民政府将马上在其辖区内接管所有海
关，摧毁现行〔海关〕行政。"②

部长这一严重警告，使安格联感到进退两难。一方面，他已接到北洋政府
命令他速回北京开征附税的电报；如他不即返回，他将被视为抗命；但海关还
可以不受变动。如果回去就得为北洋政府开征附税；附税一开征，国民政府马
上就将接管辖区中的海关。在这紧急而关键时刻，他只好"遨游沪、汉"，甚
至连电也不回。

由此可知，征收附税，确是免安的重要原因；但安格联管理内外债，实际
掌握税款保管权，因而和当时中国银行金融集团相互勾结，垄断北洋政府公债
市场，控制北洋政府的财政大权，恣意骄纵，胁制政府，也是一个导因。《顾
维钧回忆录》说："政府将安格联革职，不是因拒绝同意以对奥赔款作抵押
（按：应是违抗征收附税命令）而产生的怨恨或恼恨，而是经内阁一致通过
的，内阁中我的一些同事还积极主张以此来打破中国银行界和海关总税务司的
勾结。这种勾结是蓄意控制政府公债市场并全力加强和继续其对中国政府、特
别是财政部的控制。安格联的革职受到以张家璈为代表的中国银行界的强烈反
对，但在全国却受到衷心的欢迎。中国舆论界一般都认为这是维护中国主权和
中国政府权力的合法行动。"③

《顾维钧回忆录》还说："安格联习惯于独行其是，而且往往对于自己的
职位的重要性，颇为自满。""中国银行界人士把安格联看成是一个庇护者，
每当政府拟用债券筹款、解决一些重要问题的时候，张家璈就以能左右一切的
地位自居，因为他有本事能使他所提任何计划，得到安格联的同意，换句话
说，每当张家璈代表银行与政府打交道时，安格联总是给他当后台。两人互相
勾结，当然加强张家璈在政界的地位。因此当时国库被弄得如此空虚，以致没

①　《顾维钧回忆录》第 1 册，第 306 页。

②　1927 年 1 月 22 日安格联致泽礼密电。中国第二历史档案馆档案，总税务司档案 679. 32744 号。

③　《顾维钧回忆录》第 1 册，第 131 页。

有一个政府不仰仗中国各银行提供财政援助。"① "政治形势的多变，是这两人权力的又一来源。" "仅有不变者，一是安格联，他身为海关总税务司，处于政治浮沉之外；一是中国银行张家璈，因为他和安格联的特殊关系，其他一些银行都惟他马首是瞻。"② 这样紧张的关系，即使没有附加税征收问题，免安事也总有一天要爆发的。

第六节　安格联免职余波

安格联对于他的革职的直接反应是抱怨北洋政府"既不理解这种行动的财政后果，也不理解我脚踩三四条船所处的地位及长江上游关员可能面临的危险。"③ 他确实踩着北洋政府、国民政府、英国政府和各国政府这三四条"船"。在这种情况下，他要处理好附税征收和海关问题，确属不易。结果，他滚下台了。

泽礼接到安格联革职电报，立即作出积极反应，企图为安挽回局面。他回电说："昨日电悉。各方对总税务司解职，深感关切，我已于昨日面见各要报编辑或与他们通电话，说北京政府的行动欠周，而且是在总税务司离京期间采取的。现在事情尚未结束，总税务司返京后会受到那些完全依赖于安格联爵士人品和威望的中国金融利益集团的支持，并运用他的个人影响及权力使北京政府撤回〔革职的决定〕。"泽礼显然期望安的革职决定得到撤销；但安格联却认为："除非施加重大压力，绝不会撤销命令，也不会改变"；"至于海关，除非列强认为采取国际行动符合重大国际利益；否则，解体无疑。"且要求泽礼"不要试图使我复职；如列强快速行动，仍可挽救海关。"④ 他虽然渴望国际干预，但他知道国际干预是不容易的，英国政府的袖手旁观，已是显然的事。因此，安未曾为复职一事而奔走，只要不加革职恶名，也就算了。北洋政府也经由税务处发给公函，给以面子。公函内称："税务事项承阁下服务多年，经营擘画，勤劳足佩；惟阁下迭次表示归国意思，当予照办，以遂初衷"，并"准

① 《顾维钧回忆录》第 1 册，第 134 页。

② 《顾维钧回忆录》第 1 册，第 314 页。

③ 1927 年 1 月 21 日安格联致泽礼密电。中国第二历史档案馆档案，总税务司档案 679.32744 号。

④ 1927 年 2 月 2 日、5 日安格联致泽礼密电，中国第二历史档案馆档案，总税务司档案 679.32744 号。

于一年之内，仍予以总税务司待遇，以示笃念之意。"①

安格联革职令发表后，银行界极度紧张，即于次日（1927 年 2 月 1 日）上午到顾维钧处责问。《顾维钧回忆录》记载其事："该日上午九时，中国银行总经理张家璈在其他三四家中国的银行头面人物陪同下，来找我，我接待了他们。张家璈是发言人。他极为严肃认真地说：'他希望通知政府，革职令在中国银行界引起很大的震惊。''在全国金融市场，特别是在上海孕育着严重的后果。'他扬言：'中国银行界的意见是：如果政府不准备有效应付局势，最好是辞职，让位于能处理局势、懂得如何立即采取办法的其他人物。'我对他有意制造严重气氛及其威胁性声明，感到意外的吃惊。虽然预料到中国银行界反应不妙，但没有想到银行家们会像张家璈刚刚表现那样，威胁政府到这等地步。我们理所当然地严肃而坚定地回答说：政府在决定革去安格联的职务时，完全准备好可能出现的任何后果。""如果政府自己没有能力应付局势，威胁政府却不是银行家应做的事。""我还告诉张家璈，他的语言很不得体，叫政府下台肯定不合乎银行代表的身份。""另外，政府公职的任免是政府的正常职权的一部分，所以我认为政府革除安格联的职务这一行动，与其他高级官员没有什么不同。""张先生说，我想必了解中国政府的债券是根据安格联的保证来发行，他的去职，当然会使债券持有人失去信心。我回答说：政府举债不是以安格联的话，而是以关余做保的，同时政府借债不是私人问题，一笔债券的发行，是与关税收入紧密相关的。他再次警告说：如果政府决定留任而不采取应急措施的话，就得对革职一事造成全部后果负责。""最后，我说各银行应该明白，如果他们以正确的看法来考虑形势的话，就能够避免任何不幸的发展。"②

紧接着，"七国公使即英国的蓝普森、马慕瑞、比利时的道依西、我想还有玛德伯爵、日本公使芳泽谦吉、荷兰的欧登科以及意大利公使。"他们是作为一个整体来的。"蓝普森爵士说：我们来此要问一下外交总长，对安格联爵士革职这一不寻常行动的理由。""我对他们提问的态度有点生气。我说：'公使先生，我恐怕不能对你的问题作答。''因为你问到这件事，只涉及中国政府内部的事务，是政府正常管理的问题。可以肯定，你这是想干涉中国内

---

① 民国十六年二月七日税务处公函年字第 121 号。

② 《顾维钧回忆录》第 1 册，第 307—308 页。

政.'你要问理由,很简单,就是'抗命'。他说,'抗命'这个罪名怎么会适用于安格联爵士呢？我说,即使他代表英国债券持有人的集体利益,也代表其他出席公使、即代表其他国家债券持有人说话,我也没有必要去解释政府为什么要革去安格联的职务,我已经说明了革职的理由,我认为这已经够了。"①

关于各国公使会见顾维钧的情况,《新闻报》北京特约通讯也作了报道,可与顾维钧记述互为补充,兹录于下:各国公使向顾维钧表示:"免安格联,于安个人,各国本无所为,惟各国深觉海关向来之惯例与状态,现时殊有不可打破之势。民国以来,十五年中,内战频仍,而海关地位,常处于中立,任何方面,皆以海关有外交关系,不好动弹,故无论在何方独立区域内,海关不受影响,行政制度,依然保持统一状态。今中政府自行挑动此端,免安职务,易人办理。为此,海关向来状态,已不啻打破,海关地位,隐然变易。各省鉴此先例,对辖境内海关,不免自行动作,其实行分裂之状态,各省海关乃至附属于各省当局,中央不能过问。届时非但附税固不可得,即正税亦无由而归政府。此举为政府计,损失殊大。并谓中政府欲使海关外人征收附税,赖其力以抗地方当局之扣留,此为不可能事,外人亦决不愿负此责任。中政府若另设法,不经由外人,则各国或可默许等语。顾聆其言,颇有理由,故在当时未作何坚决答复,仅允考量而已。"②《申报》所载内容,要点大致相同。

北洋政府坚持免安,各国不能联合一致,无可奈何。

北洋政府虽明令定期开征附税,但因免安问题而不克实行。各地割据势力虽自行开征,但不上解税款。北洋政府到头来还是两手空空。

从以上论述可以看出,中国到20世纪20年代已经出现了大变局。1926年9月广州国民政府宣布开征二·五附加税,随着附加税开征问题而来的总税务司安格联革职,说明协定关税的壁垒,海关外籍税务司制度,以及严重束缚中国发展的不平等条约,已被打开了缺口,中国已迈出了关税自主的第一步。这是自鸦片战争以来,前所未有的历史大变化。它为今后几年中的收回关税自主权、改革海关外籍税务司制度,开辟了道路。

---

① 《顾维钧回忆录》第1册,第309—310页。
② 《新闻报》,民国十六年二月十六日。

第二十八章

南北政府对峙中的总税务司问题

第一节 北洋政府任命易纨士为代理总税务司 和英国公使馆的阻挠

1927年北伐军势如破竹。4月，攻占黄河流域大半地区，国民政府宣布定都南京。中国出现了南北两个政权对峙的局面。这时总税务司署仍在北京，由尚为各国所承认的北洋政府统辖，全国各口海关，仍然听命于北京总税务司署；但黄河以南，尽属南京国民政府，全国十分之七的海关掌握在南京国民政府手中。这种分立的局面，使海关一向强调的完整性受到冲击。在北洋政府覆灭前的一年零两个月中，海关总税务司的任命，实一重大问题。安格联免职后，北洋政府任命易纨士为代理总税务司。易纨士的出任代理总税务司，经过一段复杂的外交过程。这个过程显示英国驻华使馆是如何阻挠中国海关总税务司的任命的，兹将《顾维钧回忆录》关于这方面的记载约述于下。

安格联免职后北洋政府于1927年2月1日以大总统令委派易纨士为代理总税务司，但到2月11日易纨士尚未呈报就任日期。税务处因又令："查总税务司职务重要，未便久悬，该代理总税务司即于本日就任，以重职守，仍于就任后呈报本处。"①

易纨士历任总税务司署要职。据安格联从前的呈报：他"前充总司署秘书科税务司，后经调充粤海关税务司，旋又调京，由秘书科税务司，升授总务科税务司之任。所以该员对于署中一切公务，均甚熟谙"（安格联呈语）。他

---

① 民国十六年二月十一日税务处令第106号。《总税务司通令》第2辑（1924—1928），第975页。

又是"英国公使馆所推荐。""与英国公使有密切的关系"（顾维钧语）。北洋政府任命易纨士为代理总税务司；英国公使蓝普森为了报复北洋政府免安格联职务，"他于是有一件武器，就是阻止易纨士继安任职，以此对政府施加压力。""易纨士本人是乐意任职的；但他明确表示，如无英国公使的批准，他不敢接任"，因为"蓝普森明确告诉他，不应该接任。"这样，易纨士接任代理总税务司问题，一再迁延，不能解决。

顾维钧时任内阁总理兼外交总长，他通过大理院院长王宠惠"向英国了解蓝普森是真的拒绝易纨士任职，还是为了向政府施加压力而作出的策略活动？""我（顾）让王博士告诉蓝普森：如果他不同意易纨士的任命，政府将任命他人，取代的人选是对公使采取不协调态度的梅乐和；让易纨士暂时代理，可尽量避免与英国公使馆摩擦。"从王宠惠和蓝普森的接触中，顾维钧了解到蓝普森的态度，一、如果在梅乐和与易纨士之间选择的话，他宁愿选择易纨士；二、他希望政府对安的革职收回成命。王告诉蓝："安格联的复职是不可能的。"

"最后，内阁和我自己对英国公使馆的刁难很不耐烦了。几天后，我们通知蓝普森，在安格联免职前提下，如他有什么政府能接受的建议，或可加以考虑；但总税务司的职位不能久悬，我们将通知易纨士于两个月内到职；同时我以外交总长的身份通知驻伦敦代办陈维城就蓝普森企图干涉中国政府的行政事务向英方提出抗议，并试探英国外交部的反应。陈的报告表明：对蓝普森为安格联的革职问题与中国政府争辩，英国政府持不同观点。英国政府已经感觉到要中国政府废除官方命令是不可能的，倾向于寻求一种保'面子'的解决方式。……最后蓝普森同意易纨士接任新职；但他建议安格联保留总税务司名义，改为离职一年，以缓和他被革职在海外所造成的影响。……我们加以接受。"①

北洋政府税务处乃于 1927 年 2 月 9 日以公函形式致安格联："应准于一年内，仍予以总税务司待遇。"安格联当于 2 月 11 日函复称："窃以钧处能以设法，使鄙人交卸回国，以遂初衷，实深仰佩；而对于此次钧函所提办法，感荷尤深。现已遵将海关一切事务暨所有以关税作抵之债赔各款，以及从前中政府委托保管之各项内国债券还本付息事宜，均交由代理总税务司易纨士接收办

---

① 《顾维钧回忆录》第 1 册，第 314 页。

理，嗣后鄙人即不负责。"①

税务处于 1927 年 2 月 11 日以第 106 号令易纨士："迄今未据呈报〔就职〕。查总税务司职务重要，未便久悬，该代理总税务司即于本日就任，以重职守"②。易纨士乃于 2 月 11 日就任。

这样，安格联免职和易纨士就职问题便告一段落。

第二节　易纨士的南下活动和国民政府的正式任命及其免职

易纨士虽然担任了代理总税务司；但他是北洋政府大总统任命的，南京国民政府不承认。国民政府关务署长张福运曾经表示：对于北洋政府任命的代理总税务司，"原则上难以承认。"所以易纨士的职务，没有最后落实；要解决这个问题，非取得国民政府的任命不可。还有，当时角逐总税务司职位的大有其人：一为安格联，他虽被免职，但曾电北洋政府，表示复职意愿；其次为岸本广吉（日本人），他有日本的强大后台；再次为梅乐和，他是极力支持国民政府的江海关税务司，后台最硬；最后为江汉关税务司福格森。这四人都有相当资格。依当时海关所处地域统计，各口海关属于南方国民政府的有十之七，属于北洋政府的仅十之三，而国民政府即将成为执政政府，所以对于总税务司的任命，处于决定优势。易纨士为争夺总税务司职位，力谋寻机南下，以便争取国民政府的任命。所以《银行周报》说他的南下，"实为争夺总税务司职位。"当为事实。

易纨士的南下，是易纨士本人主动提出的，也是各国公使促成的。

1917 年后，内国公债额数日增，皆以关余担保，无形之中，关余逐渐减少；段祺瑞当政时期，关款之收入，因层层挪用，寝寝乎无余了；而已成各铁路之有外债关系的，因内战频仍，收入锐减，铁路外债偿本付息，往往不能照约履行。关税特别会议瓦解之后，迄今已逾两载，内外债虽未增加；但海关正税之收入却不断减少。1925 年关税之收入，较前年少收 500 余万关平两，本年（1926）又少收 700 余万两。似此江河日下的情况，若不急谋挽救方法，

① 《总税务司通令》第 2 辑（1924—1928），第 674 页。
② 《总税务司通令》第 2 辑（1924—1928），第 675 页。

行见各外债之无担保者，永无着落；而有担保者也将渐发生基金动摇之恐慌。加以国民政府基础日固，奄有全国21省之16省；若无适当立法支配关款，海关必将受害不浅。因为关款问题关系债赔偿付很大，引起各债权国的关注，各债权国公使乃与北洋政府磋商，由南北两政府协同解决。

易纳士的南下是准备劝告国民政府和北洋政府一致增加关税，以便整理外债，即以增收税款，移充无担保或担保不确实之外债基金；南方如赞同增税，易氏即筹备在上海或其他通商口岸召开厘定税率、编写物价的关税会议。北洋政府税务处公函亦称："关税自主既定期明年（1929）一月实行，所有固定税率，自应早为厘定。因此特派易纳士赴沪，调查上海方面关税情形，俾为商订税率时之参考。"在各公使怂恿之下，北洋政府税务处决定以往南方考察税务的名义，委派易纳士南下上海。

易纳士于1927年2月初到达上海。在上海和国民政府要人往返频繁。6日，往访财政部部长宋子文，陈述关税问题的大略，"对于国民政府颇表示诚恳的意见。"英国领事馆从中撮合，"是晚英领署邀宴。各方面有关系要人均在座，无异为英日与国府三方对于关税问题初次交换意见之会议也。"8日，易氏往交涉署访问代理外交部长郭泰祺；10日与新任外交部长黄郛晤谈。"本拟赴宁一行，因中央四次全体会议宣告闭幕，国府各要人相继返沪，南京之行，或将作罢。见黄外长后，闻将再谒蒋介石一次，借资交换意见，定于本月十七日由海道回京云。"[1]

易纳士两度南下，在英国使领馆撮合下趁机和国民政府有关要人会晤，银行家李铭、张家璈也在支持。结果，国民政府于10月3日正式任命易纳士为代理总税务司。

但是易纳士在职期间"对于管理关余及其他事宜，仍遵循安前总税务司之成规"（梅乐和语），于1928年10月，即被免职。

林乐明在《海关服务卅五年回忆录》中记述了易纳士免职的具体情况，兹录之于下，以供参考。"民国十六年秋间，余奉派在江海关服务时……海关总税务司署，亦奉命于冬间南迁。惟当易氏奉命即将国内公债基金账户金，由汇丰银行改存中央银行保管时，又持阻硬态度。盖渠以该项基金为保存信誉计，应继续存于汇丰银行；复以此为长久之习惯，不能更改为理由。岂渠不顾

---

① 《银行周报》第12卷（1928）第1号，"国内要闻"。

及庚子赔款及国外公债账，与此项内国公债基金账之性质有异，政府随时有权存在任何银行，何况是中央银行乎！易氏此举显蹈其前任之覆辙，政府原有将其撤职之权，复（嗣）经丁贵堂氏（是时尚系署副税务司，三等一级帮办），密与江海关税务司英人梅乐和……商讨应付办法，立即向当局献策，准易辞职，并给予养老金，以示体恤。此项建议，即为当局采纳。"①

易纨士的免职，为梅乐和继任总税务司开辟了道路。

第三节 梅乐和对国民政府的支持 及其任命为总税务司

当国民政府势力到达上海时，梅乐和适在江海关税务司任内。梅乐和大力支持国民政府财政。南京国民政府于 1927 年 5 月 13 日发行的"江海关二·五附税国库券，"定额三千万元，"此项库券，应付本息，以江海关二·五附税全部作抵，""由国民政府命令二·五附税征收机关，自民国十六年五月一日起，将此项收入直接拨交基金保管委员会保管之。"②

"当〔民国〕十六年春间，上海方面，关于附加税问题，曾发生最奇异之运动。缘其时有人提议，所有进口货物，于完纳关税以后，未缴附加税之前，即由关将货放行，以图推翻附加税之组织。是时余〔梅〕适在江海关税务司任内，参与此项运动者，拟推余为首领，提倡实行。余声明不愿为此事之首领，并不愿在任何情形之下为首领。南京政府征收无条约根据之捐税，系外交范围之事，海关不能干预。除政府向余垂询时，可贡献意见外，不能采取任何行动。同时余又将此项意见，向驻沪领袖领事及上海洋商商会，分别说明，均无异议。而南京政府对于余此种态度，亦认为极端正当，并表示满意。"③

在南北政府对峙之中，总税务司问题没有解决之前，"当时国民政府以余〔梅〕在税务司中，资格最深，又居江海关税务司重要地位，故关于海关一切事宜，恒垂询于余；并拟派余为副总税务司或领袖税务司。余既不欲海关分裂，当即力辞；数月后，国民政府又拟派余为南方总税务司，并声明所有总署

① 林乐明：《海关服务卅五年回忆录》，香港龙门书店 1982 年版，第 5—6 页。

② 《江海关二五附税国库券条例》，《旧中国公债史资料》，第 9 章，第 148 页。

③ 参阅梅乐和：《海关历任总税务司政策之沿革及将来行政之方针》，附件 3。《总税务司机要通令》第 2 卷，第 24 页。

委派人员，不经余核准者，政府即不承认。余仍本前项宗旨，力辞不就。余此种态度，原为维持海关完整起见……"①看来，梅乐和正在等待实授总税务司。

因为梅乐和极力支持国民政府，当易纨士免去代理总税务司时，南京国民政府以梅乐和"服务政府，办理税务，历四十年，……当我革命北伐之初，该总税务司独能洞瞩情势，翊赞大业，国民政府垂念旧勋，畀以斯（总税务司）任。"②财政部于1929年1月8日以第1807号令发表："梅乐和为海关总税务司。"③

从1927年1月安格联免职到1929年梅乐和任职的两年多中，总税务司的职位一连换了三次，这说明在人民民族意识高涨、反帝运动推向高潮的政治形势中，统治阶层中也出现了一些具有民族意识、国家主权独立观念的上层人物。他们把总税务司看作是中国政府委派的官员，中国政府有权撤换，也有权任用。总税务司的频繁更迭，正是这种大气候的反映。

第四节　易纨士就任伪满洲国顾问职务和中国的宣言

易纨士辞职之后，于1932年就任伪满洲国顾问职务，财政部令总税务司，撤销其前在海关服务时所取得的荣誉。令称："据报前代理海关总税务司易纨士，现已就伪满洲国顾问之职等情。查该前代理海关总税务司易纨士，服务多年海关，经政府特予拔擢，洊升至代理总税务司之职，于准其辞职以后，复给以养老金，以示体恤，在政府优遇客卿不为不厚。乃该易纨士匪特不知图报，竟尔甘心附逆，实堪痛恨！所有该易纨士前在海关服务时所取得之荣誉，应即查明取消。"④

当时税务司李度出席国际联盟会，在日内瓦为易纨士之投伪发表宣言："……迄今该易纨士仍在享用其（中国海关）养老金，乃该易纨士竟就伪满洲国顾问之职，是不啻以其忘恩负义之行为，昭示公众。因此，深为中国海关同

---

① 参阅梅乐和：《海关历任总税务司政策之沿革及将来行政之方针》，附件3。《总税务司机要通令》第2卷，第24页。

② 民国二十三年四月十日，令总税务司。财政部关务署训令政字第12711号。

③ 《总税务司通令》第2辑（1928—1930），第89页。

④ 民国二十二年一月二日财政部令关字第4804号。《总税务司机要通令》第2卷，第25页。

僚所怨恨。盖此举实足使中国海关全体向有之高尚声誉及义气为之摧残也。该易纵士之行为，以视彼前在满洲服务之外籍关员，虽遇贿赂恐吓，甚至幽囚而仍拒绝，不为伪满洲国利用，始终尽忠于中国政府者，不啻有霄壤之别。"①如易纵士之客卿，只图名利，谈不上爱中国之心也。

---

① 民国二十二年二月二十三日财政部关务署政字第 9108 号。《总税务司通令》第 2 辑（1932—1933），第 191 页。

第二十九章

国民政府宣告"统一告成"。各国承认中国关税自主权和《国定进口税则》的实行

第一节　北伐军向北京挺进和北洋政府的覆灭。各国承认中国的关税自主权

1927年4月，国民政府定都南京。7月1日，国民政府乘着北伐战争的锐势，发布了改革财政重大措施的《布告》。《布告》称："数十年来，外感协定关税之压迫，内受厘金制度之摧残，以致商货艰滞，实业不振。"因此，"非将万恶之厘金及类似厘金之制度，彻底清除，不足以苏民困；而不平等条约之关税条约，尤与国家主权相妨，非迅速实行裁厘并宣告自主，不足以跻国际之平等。爰本此旨，决定在短期内实行裁厘，并宣告自主。"① 根据《布告》的精神，南京国民政府雷厉风行地一连颁发了三个条例：一、《国定进口关税暂行条例》，实行初步的关税自主，颁布国定税则；二、《裁撤国内通过税条例》，把厘金和同类性质的税收，无论中央或地方收入，"悉行裁撤，"先从已经平息的苏、皖、浙、闽、粤、桂等六省裁起；三、《出厂税条例》，不论华洋工厂，一概征收出厂税。以上三个《条例》，一律明确规定于1927年9月1日起实行。实行国定税则和裁撤厘金是数十年来全国人民梦寐以求达到的奋斗目标。

可是，当时南京国民政府成立不久，北方地区尚在军阀占据之下，张作霖还控制着北洋政府；孙传芳则据江北，伺机进窥南京；特别是列强对于南京的

---

① 《中国恢复关税自主权之经过》下编，第81—82页。

新政府，还没有承认。在这种形势下，当《国定进口关税暂行条例》公布时，各国公使"举行公使团会议，谋联合对我之道。一方对我之《布告》不加正式表示，一方则调集兵舰，分驻各处海关，借以恐吓我国。各国公使领事又时时非正式表示其强硬反对态度"①；日本驻华公使芳泽谦吉甚至威胁说："如果中国政府要按《国定进口关税暂行条例》所载的新税率征税，日本政府就要采取适当的'对抗手段'。"

南京国民政府面对着这种形势，对于国定税则的实行，不能不因"军事未定，迄未果办。"至于裁厘，也因"事实上之困难"未能付诸实施②。

1928 年 6 月，形势急转直下。北伐军占领北京，北洋政府垮台。国民政府以国境大体平息，宣布"统一告成"。当时国民政府在一连串战争之后，财政陷于前所未有的枯竭。那时，新税的创办一时不易；旧税不能解决问题，只有实行关税自主一途，较为可行。时人卢化锦对于这种情况曾加评述："近来中央政府需款之急较民国以来任何时代均过之。但中国向少直接税，创办非易；且通过税性质之厘金，方拟裁撤，即能另设新税，以之抵补厘金损失，尚嫌不足，何能补助中央政府之收入？况财政尚未统一，各省多不解款。""此种形势，如何维持久远？需款之急既如彼，而筹款之难又如此，则除实行关税自主之外，尚有何术足以渡过现时的危机？"③

1920 年前后七八年间，广州政府对总税务司提拨关余和收回粤海关的长期斗争，和五四运动以来中国人民的反帝运动，废除不平等条约运动，以及关税特别会议期间的收回关税自主权的斗争，一浪高过一浪，不断推向高潮；中国代表在历次国际会议中勇敢地揭露列强对中国关税自主权的侵犯，抨击协定关税对中国的严重危害，使巴黎和会不能不"充分承认"关税等问题的重要性；华盛顿会议列强不能不同意中国对进口应税货物征收二·五附加税，缩短修改税则期限等；1925 年在席卷全国的收回关税自主权的吼声中，关税特别会议不能不通过关于中国关税自主的议决案，"各缔约国承认中国享受关税自主之权利，允许解除各该国与中国间现行条约中关税上之一切束缚"，并"赞同中国国定关税定率条例于 1929 年 9 月 1 日发生效力。"中国代表团的说帖还

① 《国民政府外交史》第 1 集，1931 年 7 月。
② 《中国恢复关税自主权之经过》下编，第 89 页。
③ 《中国关税交涉之过去、现在与未来》。《东方杂志》第 25 卷，第 22 号。

提出："关于关税自由一端，请宣言由中国与各国商定时期，此时期届满时，中国得自行改订关税；又在此时期内，中国得自由与各国商定关税，交换条约。"中国人民越来越强烈的反帝运动，使列强在中国的既得利益，受到前所未有的冲击；迫使英国于1926年12月要求《九国公约》签字国在"有大力期图中国于列邦谋一平等地位的国民运动"下，不能不要求各签字国共同"声明情愿将修改条约问题及其他悬而未决之问题，俟华人自己立有政府时，即行与之交涉；且愿以符合华会精神，而参合会议现时局变通之处，加以发展及变通之一建设政策办理也"；并要各国"声明""情愿于中国自定国税新制一经规定定率时，即行承认其应得享受关税自主之权，更无以何种外人之节制，迫施于不甘承受之中国之嫌"（此据原译文）；而英国外交部长也认为中国人民要求关税自主是"这样坚决，""这样合理，""英国必须更多地迎合中国人"；还有，北洋政府眼见关税自主的时机已经成熟，决定自行宣布自主，以免广州国民政府着先鞭。由此可见，中国的关税自主、已至水到渠成、瓜熟蒂落的境地。这是中国人民十年来大大小小的长期斗争取得的结果。1927年11月，中国和西班牙签订的条约适届期满，国民政府主动于11月23日照会西班牙公使，"声明1864年10月10日中国与贵国所订条约，现业已满期"，"此约应即作废"；并订定旧约已废、《新约未订临时办法》七条，以为订定新约的规范。这就为以后各国旧约废止，另订新约开了先例。

1928年6月，"国民革命军克复北平。……历年各国每每借口中国无统一之政府，不肯改订新约。至是，无复可以推诿，故6月15日国民政府乃发表《对外宣言》，郑重声明不平等条约之应废，平等互尊主权之新约应速缔结。""外交部本此意旨，于同日发表宣言，声明：一、条约之已届满期者，当然废除，另订新约；二、条约尚未满期者，以正当之手续解除之，而另行重订；三、旧约已废，新约未缔者，应适用临时办法。"①

国民政府的《对外宣言》声称："中国八十余年间，备受不平等条约之束缚。既与国际相互尊重主权之原则相违背，亦为独立国家所不许。""所幸自1926年以来，诸友邦之当局，已有同情另订新约之表示。今当中国统一告成之会，应进一步而遵正当之手续，实行重订新约，以副完成平等及相互尊重之

---

① 《中国恢复关税自主权之经过》下编，第91页。

宗旨。"①

国民政府发表上述宣言之后，美国为加强对中国的影响，争取在华的优势地位，首先作出反应，当即派驻华公使马克谟为代表与国民政府代表宋子文于1928年7月25日在北平签订《整理中美两国关税关系条约》。《条约》第一条规定："历来中美两国所订立有效之条约内，所载关于中国进出口货物之税率、存票、子口税并船钞等项之各条款，应即撤销作废，而应适用国家关税完全自主之原则。"

接着，在半年内相继和其他各国签订了下列各约：

中德条约　　　　　　　　　　　1928年8月17日

中那〔挪〕关税条约　　　　　　1928年11月12日

中义〔意〕条约之关税条款　　　1928年11月22日

中丹条约之关税条款　　　　　　1928年11月27日

中葡之关税条款　　　　　　　　1928年12月12日

中和〔荷〕关税条约　　　　　　1928年12月19日

中比条约之关税条款　　　　　　1928年12月20日

缔约的主要国家只有日本迟迟不废旧约。国民政府曾于1928年7月向日本驻华公使发出照会。照会声称："1896年中日订立之《通商行船条约》及其附件，与1903年订立之《通商行船续约》，业于1926年10月第三次期满。施行以来，历时已久，于中日两国现存之政治商务关系，多不适宜。在六个月修约期间内，新约不能完成，应当宣示旧约失效"②；但日本公使的复照，认为所提条约及其附件以及旧税则"仍然有效"，甚至威胁说："为拥护条约上之权益，将有不得已出于认为适当之处置。"8月14日，国民政府再次发出最后照会，重申前议，"深冀重订新约"，"迅即简派全权代表，于最近期内开始商议，相见以诚，促成新约。"③ 国民政府为了打破僵持局面，才考虑从关税中拨出500万元作为偿还日本"西原借款"的担保，以此作为日本承认中国享有关税自主权的交换条件。《中日关税协定》直到1930年6月才签订。

上列重订的新约，大抵都有中美新约第一条所具有或类似的内容：

---

① 　《中国恢复关税自主权之经过》下编，第92页。

② 　国民政府外交部编：《外交部公报》，第1卷第4号，第115—116页。

③ 　国民政府外交部编：《外交部公报》，第1卷第4号，第118—119页。

一、历来所订条约所载关于在中国进出口货物之税率、存票、子口税并船钞等项之各条款，应即撤销作废，而应适用国家关税完全自主之原则；或两缔约国内现行条约所有限制中国任意订定税则权之各条款，一律取消；或约定关税及一切关系等项，彼此完全以各本国国内法规定之。

二、缔约各国对于关税及有关系之事项，在彼此领土内享受之待遇，应与其他国享受之待遇毫无区别。

三、此缔约国不得以任何借口，对于彼缔约国人民货物之进口或出口、征收较高或异于本国人民或任何他国所完纳之关税、内地税或任何税款。

各国虽然承认中国关税自主权，但是当时的中国还是一个半殖民地国家，列强在中国的半殖民统治地位依然不变。因此，国民政府实行的关税自主，还是有一定的局限性，也就是没有能够彻底地实现。如作为缔结新约"先驱"的《整理中美两国关税之条约》是在"南京事件"解决之后美国才同意签订；各国承认中国的关税自主权，是以中国裁撤厘金为交换条件；而当时的日本正在密谋大举侵略中国，对于中国的关税自主是不甘心的。国民政府虽一再照会日本废除旧约，另订新约，日本则一再刁难，直到1930年各国新约签订后，才最后签订了《关税协定》；但《关税协定》的附件则规定：自协定发生效力之日起，中国"应于三年期内"，"维持"指定货物的"最高税率"。这就是等于这些货物在三年内不能改变税率。还有，关税自主，意味着中国实行保护税，保护民族工商业的发展。如按新约规定，此国运输出口货物到彼国，彼国不得征收高于本国人民或其他国家人民所完的关税、内地税或捐款，这岂不等于不要保护税？哪还谈得上享有关税自主权？条约的条款，有的看来似乎是两造平等的，但实际上则不平等。落后的农业国和先进的工业国生产的商品，其成本大不相同，农业国如果不能采用保护税，将大为不利。显然，这样的关税自主是有很大局限性的。尽管如此，但是应该承认，各国在新约中承认中国享有关税自主权，这为国民政府施行国定税则铺平了道路。

第二节　1929年2月1日《国定进口税则》的公布实施

截至1928年12月，国民政府通过废约改约和各国签订了新约。新约都承认了中国的关税自主权。1928年12月7日，国民政府决定，自1929年2月1日起，施行国定税率；同时由外交部照会各国。照会称："查中国现行进口税则，沿用均一税率之制，已历八十余年，现在时移势易，此项税率，久已不适于用；且与各国税制通行之原则，互相背驰。国民政府为应时势、整理税制起见，特令由各主管机关，妥定进口税率表，业经明令颁布，定于民国十八年〔1929 年〕二月一日实行，相应照会。"①

1928 年 12 月 10 日，国民政府财政部关务署发布第 504 号令："查《中华民国海关进口税税则》业经国民政府公布，兹定自十八年二月一日施行。"②

《国定进口税则》，既定于 1929 年 2 月 1 日施行，海关乃公布正式办法，以便商民遵循。办法主要的有如下几条：一、"凡外洋船只于 1 月 31 日或以前进口者，所载货物，无论报运进口日期是否在 2 月 1 日以后，均依旧税则征税；若船只在 1 日进口者，则货物须照新税则纳税。新旧税则施行标准，视船只之进口日期。在 1 月 31 日以前或在 2 月 1 日以后，不在货物报运日期"；二、"凡在 1 月 31 日以前运抵上海进口洋货拟在 2 月 1 日以后转船运往通商口岸者，于到达地点，仍照旧税则征税"；三、"在 2 月 1 日以前到沪洋货，照旧则征税者仍须完纳二·五附税或奢侈税"；四、"出口二·五附税、复进口半税附税，2 月 1 日起，由江海关代收。此项附税税收，归并在饷单之内"；五、"入内地子口税附单、出内地三联单附税，由 2 月 1 日起，完全取消"；六、"所有二·五税、奢侈品税，并各项未发存票，均由内地税局移交海关，将由海关陆续发给；惟自 2 月 1 日起，二·五附税并奢侈税，江海关不能照发。货物运抵大连、青岛者仍照旧税则收税"；七、"津浦捐、码头捐，无论新旧税则，均照应纳关税百分之五征收"；八、"关栈货物如于 2 月 1 日退出关栈者，领（应）照新税则纳税"；九、"常关附税、邮包附税，由 2 月 1 日起，仍照旧征收，由海关代征"；十、"内地税局今日起裁撤。江海关内地税局于新税率实施之期，应即裁撤，其事务归并海关办理"；十一、"煤油统税局亦裁撤，其事务归海关办理，定 20 日为结束之期；卷烟部分则划分另设卷烟特税征收局征收。"③

新税率施行后，进口洋货并不减少，且有逐渐增加之趋势，其原因：一、我国数年战乱，各地交通阻断，货物不能流通；现在南北统一，交通便利，内

① 《中国恢复关税自主权之经过》下编，第 128—129 页。
② 《总税务司通令》第 2 辑（1928—1930），第 66 页。
③ 《申报》，民国十八年二月一日。

地商埠，均争定货物，以应需求；二、新税则实行，税率虽增，商号仍可将货价略增，故华洋商之定购货物，一如平日。海关各项公务，仍甚忙碌。其收入，2月份中曾有一日收到 188,300 余元，而去年平时每月收入仅 50 万左右①。新税则的实行，除了哈尔滨和大连因海关通告过迟，日本和各国领事有些抗议外，一般情况平稳。

1929 年的《国定进口税则》，平均税率为 8.5%，比起协定税率提高了许多；但和世界各国的平均税率如美国的 26%、日本的 17%、西班牙的 40% 相比，还是很低的。

国民政府之不敢遽将税率大幅度提高，而以英、美、日三国在关税特别会议的提案为根据制定新税率，这是为避免列强反对，所以"1929 年税则有着浓厚迁就和妥协性质"②，因此，"尚未能目为完全自主，仅可被视为过渡的梯阶"而已③。还有，1928 年 7 至 12 月，国民政府虽和 12 国签订了新的关税条约，承认中国享有关税自主权；唯有日本乘机要挟，要求先订立片面互惠协定，取缔排斥日货的爱国运动等，迟迟不肯签订新约。按照 12 国签订的关税新约的解释，如果有一个国家不承认中国的关税自主权，其他享有最惠国待遇的国家，也可不予承认。国民政府急于实现关税自主，只好屈从了日本的要求，在中日《关税协定》的附件规定了束缚中国对日本多种货品输入中国的增税权利，附件一内称："（1）中国政府将于三年期内维持附表甲部之第一、第二、第三款应课之税率；（2）日本政府于三年期内维持该附表甲部第四款应课之税率"，这些定期不增税的货物包括棉货品、鱼介及海产品、麦粉、杂品，以及夏布、绸缎、绣货等。国民政府对日的特惠程度，已达到无以复加的地步。所以"闽变"后的福建人民革命政府批评这种关税自主实际仍是协定关税。

据江海关报告，新税率最低为 7.6%，最高为 27%。至于日用货品如洋布之类则为 7.5%，较旧税率增 2.5%；但新税则实行后，2.5% 的附加税停征，故日用品的实际税率并未增加；但其他进口洋货如五金、洋糖等，其税率则提高至 10%—15%。新税则实行后的 1929 年，江海关所收进口税较之 1928 年有

---

① 《申报》，民国十八年二月二十四日。

② 《中国近代海关税则史》，第 306 页。

③ 《关税制度概略》，第 7 页，"海关税则及进出口货物估计方法"。

相当大的增加，即增至106%。全国税收的增加是很可观的。

　　新税则实行后，不论是第一年或第二年，关税收入都大幅度增加，新税则的财政性十分明显；但就其保护性而言，当时上海实业界普遍认为1929年的税率，仍然偏低，起不了保护国货，抵制洋货的作用①。

　　由此可见，1929年的"国定税则"，其自主性还有很大局限性。尽管如此，但不能不说这是中国自1842年《江宁条约》签订以来关税自主的开端，其进步意义是不可否认的。

---

① 《中国近代海关税则史》，第307—308页。

第三十章

南京国民政府成立初期对海关的
改革和 1929 年的海关改制

第一节　关务行政的庞杂紊乱和关务署的
统一领导及其对海关的改革

南京国民政府成立后，迅速开展关务行政的改革。

晚清以来，关务行政日趋庞杂、紊乱，北洋军阀割据时代，更为加剧。当时的海关，是在外籍税务司管理、英国控制下的国际官厅。它和列强的债权利益结合在一起，是各国驻华使馆的附属物，英国对华关系的基石，存在着严重的主权问题。常关，根据《辛丑各国和约》的规定：通商口岸 50 里内归海关管理的叫"五内常关"，50 里外不归海关管理的叫"五外常关"。五外常关在一大批腐败官僚管理之下，名义上归财政部管理，实质上则为各割据军阀或地方势力所控制，征收税款不上解，它们继承着清代以来各种弊窦和恶习。1926年广州国民政府根据《征收出产运销物品暂行条例》的规定，对进口货征收二·五附加税。在中国银行海关收税处内设立了二五附税局，各地割据势力也纷纷开设内地税局。这些税局，各自为政，各搞各的。国民政府还对棉纱、面粉、火柴、卷烟、水泥另征统税。统税署在海关内设立驻关办事处，征收统税。存在数十年、各地方擅自设立的厘金局卡，更是"变本加厉，节节设卡，物物抽税"。"华商之茹苦含痛，固不待言，即外商亦同感不便。病国病民，莫此为甚。"[①]

----

① 《中国恢复关税自主权之经过》下编，第 80—81 页。

　　当时各地关局横征暴敛。关务署"选据各处商会举报，各该地商民感受
当地各分关局卡横征暴敛之痛苦，呼吁到署。综合其事，实不外苛征重征两
项"。因此严令"该管各分关局卡，务必严加约束。如查有苛征重征弊端，应
即分别究治，不得稍加纵容，致贻失察之咎！"①　过了两个月，又以"国货运
销内地，关卡税局重叠抽收，""甚至已经核准免报之免税或减税国货运过关
卡，往往有员司扞巡人等巧立验票、放行等名目，勒索陋规，成为惯例。"②
以运沪的景德镇的关税情况而言，"景德镇有下里河厘金、金姑塔船关税，湖
口有出口税，安徽有华阳镇之统税、芜湖常关税，又有江苏捐，吴淞有进口
税、上海有落地税；兼之沿途关卡照票，在在留难。约计捐税之总数，自景德
镇到达上海，百元须加捐税至三十余元，民船运输费用日加。若装轮由景德镇
至九江，沿途亦有同样之税厘。从九江装轮报关过磅论税，更加烦重……"③。
以上都是根据上海总商会、各地商会、工商部门的咨函，具有普遍性。

　　以上这种庞杂、凌乱、腐败的情况，非痛加改革不可。

　　关务行政的改革，是从统一领导开始的。南京国民政府于 1927 年 4 月成
立，5 月，设立财政部，下设关税处。10 月，关税处改为关务署。财政部命令
根据《财政部组织法》，公布《财政部关务署总则》。《总则》明确规定："关
务署设署长一人。""署长承财政部之命，综理本署事务，监督本署职员、总
税务司、全国海常关各关监督、内地税关、税局长官及所属职员。"④ 据此规
定，以往各自为政，不相统属的全国海关、常关、总税务司、海关监督、内地
税局各长官，都在关务署长统辖之下了。晚清以来的关务行政都归关务署统一
领导。

　　关务行政改革面临的主要问题是海关，所以改革海关是当务之急。

　　中国近代海关，经过英籍总税务司六七十年的长期经营，清政府和北洋政
府的扶植，已经成为列强、特别是英国盘根错节、根深蒂固的侵略堡垒，大有
"权足倾国"之势。国民政府财政部新任部长宋子文曾坦率地指出："北伐告
成，国民政府奠都南京，当时朝野对于海关方面指摘殊多。有谓中国海关俨然

---

① 民国十七年五月二十六日署令 1297 号。《财政部关务署法令汇编》（民国十七年）（以下简称《法令汇
编》），关务署，第 34 页。

② 民国十七年七月十四日部令第 312 号。《法令汇编》（民国十七年），第 40—41 页。

③ 引自民国十七年八月七日财政部第 3521 号通令。《法令汇编》（民国十七年），第 43—44 页。

④ 《财政部关务署总则》第六条。《法令汇编》（民国十七年），第 2 页。

成为政府中之政府，不啻为列强驻华使馆之附属物，甚至谓总税务司之一言，其效力等于财部之成法。北京政府财政总长之命运，实操于总税务司之手；且海关收入，则尽存于外籍银行，致其在华势力日益雄厚，华商银行，坐令向隅；其海关高级人员之任命，只限于外籍关员。当时朝野一致有彻底改善海关组织之主张。"[1] 他还说："直到 1928 年夏天，海关是彻头彻尾不属于国家的行政机构。"[2] 总税务司安格联也公然声称："历来海关所处地位，具有特殊性质，应负维持各国在华利益专责"；"海关在中国财政上完全变为独立，前后所恃以维持者，非中国政府，乃为列强政府。"[3]

海关既成为列强在华利益的工具，在当时争取收回关税自主权的形势下，自非彻底改革不可。

南京国民政府成立后，对于海关的改革做了大量工作。1927 年设立的关务署，根据《财政部组织法》和《关务署总则》的规定，制定了《财政部关务署临时办事细则》，于 1927 年 10 月 20 日由财政部命令公布。这个《细则》规定的关政科职掌，反映了关务署对海关的统辖内容。关政科的职掌大体为：关于关税政策之规划施行事项，关于关税应兴应革事宜之处理事项，关于各关局之设立、废止及划分收税区域事项，关于各关局华洋人员之任免、升调、奖惩、赏恤事项，关于关税上发生之外交事项，关于各关局人员之考试、甄录事项等。据此职掌，则各关局的方针政策、设立、废止，划分区域，华洋人员之任免、升调、奖惩、赏恤、考试、甄录等事项，全归关务署管理。关政科职掌虽然泛指各关局，但显然是针对总税务司把持下的海关。这个规定一旦付之实施，总税务司便被架空了。

为了加强对各关局的监督，国民政府提高了海关监督的地位，加强了监督的权力。民国十七年四月公布的《关务署主管各关局组织章程》中规定：各海、常关设监督一员，"承国民政府财政部长及关务署长之命，监督、指挥所属职员征收关税，"其中特别指出："海关监督并应监督税务司以次华洋人员

---

① 1933 年 10 月 8 日宋子文在海关赠鼎仪式上之答词。《总税务司通令》第 2 辑（1933—1934），第 143—144 页。

② 宋子文：《财政部第 17 及 18 届财政年度报告》。阿恩·杨格著，陈泽宪译：《1927—1937 年中国财政经济情况》，第 91 页。

③ 引自 1934 年 5 月 1 日，梅乐和《海关历任总税务司政策之沿革及将来行政之方针》。《总税务司机要通令》第 1 卷，第 21—22 页。

办理关务"（第一条），并规定"各海、常关监督由财政部长呈请行政院转呈
国民政府简任"（第四条）。据此规定，则海关监督等于关务署特派专员，代
表关务署，以泰山压顶之势对税务司以次人员进行指挥监督。这意味着总税务
司豢养的大批税务司已在海关监督指挥监督之下了。这样，一方面总税务司被
架空，另一方面税务司也在海关监督指挥监督之下。这个变革简直是把海关的
原有结构摧毁了。这是解决海关问题最彻底的办法。

接着，关务署执行规定，把擅自恫吓封关的芜湖关税务司洋员贾士停职。
关务署在 1928 年 1 月 31 日的通令中告诫各关税务司："查各关税务司为本部
直辖收税官吏，应遵政府命令办理关务，本不得妄使职权，致亏职守"；"乃
查近有芜湖关税务司贾士违背命令，擅放盐斤，复借故恫吓封关，殊属蔑视政
府，滥用职权。业经令饬停职，以示惩戒。惟恐各税务司再有违法行为，妨碍
关政，用特重申诰诫；如有不遵政府命令，越权渎职情事，本部职权所在，决
当严以惩处，不稍宽纵！"①

这是中国政府第一次对税务司行使免职权；海关监督对税务司的行文也由
"咨"改为"饬"。显然，海关外籍税务司制度正濒临着被推翻的危机了。

梅乐和就任总税务司后，意识到这个关系改变的严重性，曾专呈关务署力
争维持关监督与税务司的平等地位。呈称："查各关监督与税务司职权地位，
向属平等，所有往来文牍，皆用公函或咨文；至于会衔布告，亦系平等列衔行
之，历有年所。""现在钧署令行职署或各关监督文中，常有‘令其〔关监督〕
转饬该关税务司遵照办理’字样，似于各关监督与税务司向来所处平等之地
位，略有未符。"拟请"此后关于令文中前项字样，加以更改"，"以维各关监
督与税务司向来所处平等之地位，而免误会。"关务署则指令："查各关税司
与各关监督虽属同等阶级；但关监督系立于监督地位，职权究有不同。"关于
请求更改字样的呈请，则批称："应毋庸议。"

第二节　财政部长宋子文对海关的不彻底改革

但是这个变革，却遭到新任财政部长宋子文的否定。无可讳言，宋子文对
于海关的改革做了大量工作，但他的改革方针却不彻底。宋子文 1933 年曾说：

---

① 民国十七年一月三十一日署令第 54 号。《法令汇编》（民国十七年），第 21—22 页。

"在新政策下，海关行政的完整和它的文官服务传统将加以保持"；"海关将只恪守政府命令，专营征税工作，而摆脱一切政治性的超出本职之外的职权和联系，"应"把它变成一个纯粹属于国家而没有党派性的机构"（宋子文在《财政部第 17 及 18 届财政年度报告》语）。由此可见，宋子文对海关一开始就不作彻底的改革。他企图"保存"海关的"行政完整"和"文官服务传统"。他还认为"其时依鄙人观察，海关之牵入政治漩涡，与其本身之组织无关。关务内部，组织本极健全，外界指摘之点予以纠正，可不动摇其组织。"① 所以宋子文对于海关的改革方针，是受国人指摘之点，"应予纠正，但不动摇其组织。"

宋子文既认为海关组织没有加以动摇的必要，便极力维护海关的原有组织，不惜推翻南京国民政府成立初期摧毁外籍税务司海关制度的决定。这从解决潮海关特务队员兵选募权限的争执上，可以看出。

潮海关以汕头地方"恃强走私，请组织特务队，俾资防卫。"海关监督以"据《特务队章程》第四条规定：本队员兵由本关选募，照部章（按：即1928 年 4 月 10 日公布的《关务署主管各关局组织章程》），监督为本关之长官，凡事应由监督作主。此项选委自属监督之权"，总税务司以"是否政府对于海关组织有此规定，职未曾奉有明令；惟按海关向来制度，监督与税务司系属同等阶级，并无长官、属员之分；其职权，一居监督地位，一负执行责任。据管见所及，监督与税务司既同属财政部委任之官吏，此项制度似应极力维持，勿使有轩轾，庶于关务有济；否则，如谓监督为一关之长官，凡事应由监督作主，则税务司自应惟监督之命是从，不但就管理上而论，恐监督遇事干涉，致税务司于执行关务时诸多掣肘。即就税款言之，亦难免发生他故。盖监督一职多由地方政府派充；设使地方当局意欲监督向海关提取款项，而监督即以长官资格强令执行，在税务司势必无法反抗，即税款亦必难以保全。是以拟请钧〔关务〕署特为考虑，务使各关监督与税务司之关系，一如昔时之居于同等地位，勿另显分轩轾，以致关务、税收两者妨碍，并乞转呈部长通令各关监督，一体遵照，庶一切误会，悉可泯除。"财政部接得此呈，竟然训令各关监督："该监督对于此事，不免误会；所拟〔特务队〕《章程》亦未尽妥善。

---

① 1933 年 10 月 8 日宋子文在海关赠鼎仪式上之答词。《总税务司通令》第 2 辑（1933—1934），第 143—144 页。

兹经核定，该项特务队管理权，应属于该税务司，并将该《章程》修正。"①
修正后的章程为："本队管理之权，属于本关税务司。平日执行公务，均须遵
从税务司或税务司所委之代表指挥差遣"（第三条）。还规定"本章程倘有未
尽事宜，应由本关税务司随时呈请修改"（第十四条）②。这个修正表面上是指
特务队章程，实际上则维护了海关监督和税务司的固有关系。这样，1928年4
月制定的《财政部关务署主管各关局组织章程》的精神也就被默默推翻了。

第三节　1929年在全国海关华员联合会
推动下，关务署进行海关改制

国民政府在1929年进行了海关改制。海关改制就是对海关外籍税务司制
度的改革，时称"改善关制"。关制改善，是有成效的；但因改制不彻底，特
别是保存了"海关现行制度"，即英籍总税务司统治海关的制度，结果不但维
护了海关外籍税务司制度，而且导致1938年英、日关于中国海关问题的非法
协定，使沦陷区海关沦为敌伪的敛财工具。

国民政府的海关改制是在中国政治大变局形势的影响下进行的，但是推动
改制的主要力量则是全国海关华员联合会。

早于1925年，粤海关华员在中国共产党的号召下，便组织了"粤海关华
员总工会"。这是中国海关建立最早的工会。

1926年10月。北伐军攻占武汉，共产党到处发动群众，组织工会。武汉
江汉关职工也于11月下旬成立职工总会，发表《宣言书》。《宣言书》揭发了
海关洋员统治的内幕，华洋人员待遇的不平等，反对洋员把持海关，要求收回
关税自主权。《宣言书》着重揭发华洋人员待遇的不平等，"海关系中国国家
收税机关，非彼外人之收税机关也。虽在势不能专用华员，然亦当中外并重；
乃税务司、副税务司及重要位置，皆属洋员充当，华员悉听其指挥；即华帮办
亦须受其支配，若主人之对奴仆。职务相似，待遇攸分，此事理之至不平一
也。"并列举华洋人员薪给、津贴等的悬殊，因而要求收回海关管理权、关税

---

① 民国十九年三月七日关务署训令第1675号。《法令汇编》（民国十九年），第26—27页。
② 民国十九年七月十一日关务署训令第5660号。《法令汇编》（民国十九年），第177页。

自主权①。

1927 年 4 月，江汉关职工总会通电国民政府各部长、全国总工会、全国各海关、各工会、各团体、各报馆："我政府……曾建议于最短期间，收回海关……惟迄今多日，尚未见具体表示。""目下沪宁肃清，实收税收，岂容再缓？用特沈〔沉〕痛呼吁，务祈鉴纳，即日实行。职工等敢告奋勇，为国前驱；否则，即当牺牲一切，作政治罢工，直接向彼帝国主义最后之斗争。"②江汉关职工总会的倡议，对于全国海关产生很大影响。

1927 年初，随着上海工人运动的高涨，上海江海关外班华员于 3 月 13 日成立"海关外班华员俱乐部"。俱乐部以提高职权、改良待遇、收回关权、关税自主为推动会务的方针；提出了"宣布关税自主，废除国际协定，提高华员地位，打破秘密行政，恢复征税旧制"的口号。俱乐部成立后，即和南京、芜湖海关外班华员联系，并在上海举行多次埠际代表会议，筹备召开全国外班华员代表会议。1928 年 6 月公布了《全国外班华员俱乐部条例》，并发出了《告同寅书》。是年 12 月，全国外班华员在上海召开了代表会议。

海关外班华员俱乐部的首脑人物汪文卓、张韵等为扩大华员组织的力量，筹备了全国海关各阶层华员的群众组织——全国海关华员联合会，在北伐军到达上海的 1927 年 4 月宣告成立。江海关各部门如征税科、稽查科、巡缉科、巡工司、河泊司、灯塔司、巡船司、工程局以及总税务司设在上海的造册处的华员，均有代表参加。从此以后，全国海关华员联合会领导全国海关各级华员向海关的洋员统治开展了长期的斗争。

1927 年 6 月海关华员联合会选举成立了两个组织，即"改良华员待遇特别委员会"和"恢复税权讨论会"。联合会发动各级华员提出改良待遇的各项要求，共收集华员 30 多个等级有关工薪、福利、调口津贴、抚恤等各项要求。经过长达两个月的汇总，写出了《请求书》。由何智辉、张启元面交江海关税务司梅乐和，另送代理总税务司易纨士呈文一件。呈称："1898、1908、1915、1922 年几次大加薪，皆加在洋员。1925 年后物价上涨甚多，华员生活困难。由银两改元后，华员反而降低工薪。现今内班华员没有担任副税务司〔的〕，外班华员只能担任稽查员。职务低，而且待遇更加悬殊。总税务司月薪四千

---

① 民国十五年十二月二十日《江汉关职工总会敬告各界宣言书》。甘胜禄同志赠。
② 南京图书馆特藏部：汉口《民国日报》，民国十六年四月四日。甘胜禄同志赠。

两，洋员进关就担任帮办，月薪二百两，还不算出国津贴、房贴、医疗费等；
而华员外班进关仅三十五两，工作一生，最多任超等稽查员，才一百五十两。
故要求增加华员薪金，提高职权。"[1] 12月6日，江海关传达了易纨士的意见：
他未正式承认华员联合会，所以不便接受，将《请求书》退回。12月7日联
合会召开紧急会议，决议请求梅乐和出为斡旋。

联合会主席汪文卓发表《告全体同事书》，内称："亲爱的同事们，退回
《请求书》，是帝国主义永远把持海关权，华洋待遇永远不平等。"号召大家
"赶快从梦中醒来！"。12月8日，联合会派代表三人面见梅乐和，再请代转
《请求书》。

1928年2月，易纨士在上海汇中饭店和联合会代表举行了三次谈判。易
纨士最后表示：一、可以考虑就地津贴，二、其他问题不能解决。结果谈判
破裂。

联合会派出唐锡卿、张韵、赵耕佘三名代表到南京财政部关务署，面见署
长张福运，要求提高华员职权，改善华员待遇。张在批文中说："呈悉。查海
关华洋职员待遇回有不同，本署长深以为此事有改善之必要。""此种海关现
行制度，正在统筹办法。俟该项办法见诸实行，必能副该员等之望。"

华员联合会还趁国民党中央第四次全体会议即将举行之际，向关务署呈递
《请愿书》，声称："职会为国家前途计，为全体会员前途计，谨请迅速实行收
回税则国定权、关税保管权、海关行政权，以裕国计民生一案，请求大会委员
会〔列入〕议程，通过施行，俾全国国民得蒙经济解放之利，而职会会员亦
受待遇平等之赐。此不独党国之光，亦职会之幸。"[2]

国民政府感到海关问题的严重性。在全国反对声中，感到非改革不可。财
政部长宋子文明确指出："北伐告成，国民政府奠都南京，当时朝野对于海关
方面指责良多。""朝野一致有彻底改善海关之主张。"[3]

从以上事实看来，一方面，海关华员联合会的要求压力使梅乐和感到难以
招架；另一方面，国民政府在全国反对海关的浪潮中，不能不进行改革。

---

① 引自迟吉哈：《海关华员联合会》。《海关职工革命斗争史论文集》，中国展望出版社1990年版，第
26页。

② 以上参阅迟吉哈：《海关华员联合会》。《海关职工革命斗争史论文集》，第18—36页。

③ 1933年10月8日宋子文在海关赠鼎仪式上之答词。《总税务司通令》第2辑（1933—1934），第143—
144页。

1929 年梅乐和上任后，就开始酝酿改革。关务署以"此事关系华籍关员利益及前途匪浅"，特令组织"改善关制审查委员会"，对联合会的要求，予以审查，并作出决议。

改善关制审查委员会成立后，上海江海关华员联合会因对海关领导不信任，特致函税务司梅维亮称：关于改良华员待遇案，"在细则未完全发表前，联合会不能正式表示接受。将来完全发表；如有不满，仍随时请予修正。并请将中下级〔华员〕细则，商请于本月内完全发表"。嗣又函致总税务司，"此次关务署于华员有提高职权、改良待遇必要，故召集关制委员会，并根据敝会意见加以审查，想贵总税务司不能否认敝会代表全体华员之合法组织。对政府之命令，自当尊重；而贵总税务司为该议决案之执行者，所有细则是否依照案令执行，此集中全体华员意见之团体，为其切身利益关系，责任所在，自应有相当之表示，以唤起当局之注意，予以修正，并非干涉行政。"①

改善关制审查委员会把各议决案呈关务署详加核定，并呈财政部长批准。关务署于民国十八年（1929）二月二十七日以第 306 号令，令总税务司"遵照执行"；并令"凡海关以前所有单行章程及习惯办法，如与该议决案有抵触者，并应一律改正。"②

第四节　海关改制的基本内容

改善关制审查委员会呈经批准执行、至关重要之议决案的内容，兹摘录于下：

第一，关于停招洋员问题："此后除因特别情形需要专门人才，而华员中一时无相当人选，不得〔不〕任用洋员，由总税务司呈请关务署长核准任用外，不再招用洋员。"

第二，关于华洋人员职权平等方面："此后各税务司职务，应由总税务司于可能范围内，尽量选择合格华员，呈请关务署转呈财政部长派充；并应由总税务司按关务之需要，选派合格华员为副税务司，以

---

① 引自 1929 年总税务司呈财政部关务署文第 262 号。《总税务司通令》第 2 辑（1928—1930），第 406—408 页。

② 民国十八年二月二十七日财政部关务署令第 306 号。《总税务司通令》第 2 辑（1928—1930），第 181 页。见附录一，五，1。

便养成税务司之人才。关〔于〕中华籍稽查员，亦得与各该部合格洋员享同等之机会。"

第三，关于待遇平等方面。

一、关于薪给问题：

  1. 高级洋员薪给，"照华员现在之薪给改订，以昭一律。但以洋员系属客卿，生活程度较高，应酌予特别津贴；惟其津贴数目及现订薪俸数目两项并计，不得超过旧订薪给之数。""所有海关高级华洋人员之职责，均关重要，其原有待遇，如有必要改善时，应由总税务司斟酌核定，呈请关务署核准施行。"

  2. "华洋副税务司薪给，每月关平银五百五十两；税务司初次薪给，每月关平银六百五十两，最高薪给每月关平银七百两。"

  3. 下级华员之最高薪给，"各按现行薪给表所列者增加十五元至二十元。各项下级华员服务至第二十五年时，方能支领各该级此项最高薪给，并将各该级升级期限，改为一年。""为救济各生活程度高贵口岸之下级华员起见，应另发给口岸津贴。"

二、华洋人员的晋级期限："此后所有内外班华洋高级人员，不得循照向例，不论资劳，按期进级；如有资劳卓著，每二年得进一级；其资格较高之关员中，如有特别劳绩或卓越才能，应由总税务司择优提升，以示鼓励。"

三、内外班高级华员口岸津贴，应照房租津贴办理。

四、高级华洋人员之慰劳金，应一律改为七年发给一次。

五、凡低级华员服务至一年期间时，准领年底奖金一月。

六、华员退职年限，应按照现行洋员退职年限办法，一律办理。

七、所有高低级各级华员均按职别及服务期限，每年一律按规定给予例假。

八、病假，凡内外班华洋人员如经海关医生证明，确系因病不能到关服务的，得准病假。病假在三个月内，薪给照领；三个月至六个月，按半薪支给；六个月以上，不再支薪。

九、病假，现在海关已筹备为华员及相当家属，设置医生诊治病症，与洋员一律待遇。

十、华员调口旅费，应按照现行洋员调口办法办理。

此外，还通过"外班华洋查验人员薪俸表"，提高外班华洋人员薪俸的决定①。

第五节　海关改制的评价

改善关制审查委员会通过的议决案，梅乐和确实在贯彻。从洋员人数的递减来说，从 1924 年以后，由于反帝运动的蓬勃发展，洋员人数已有递减的趋势。是年为 1,291 人，1925 年为 1,260 人，1926 年为 1,231 人，1927 年便减为 1,184 人。到海关改制之后，洋员就有较大的递减。据《海关职员录》的记载：

1930 年	1,133 人
1932 年	1,075 人
1934 年	960 人
1936 年	894 人
1937 年	856 人

华员在 1928 年前的六七十年中，除个别以外，没有能够担任税务司或副税务司的，担任帮办人数也不多；从 1930 年起，情况发生了变化。这从下列几个年份华员担任税务司和帮办的人数，可以看出来。

年份	税务司	帮办
1930	29 人	171 人
1932	32 人	231 人
1934	32 人	230 人
1936	38 人	236 人
1937	37 人	286 人

通过这样的改革，海关华员职权待遇的不平等，确有较大的改善。这是海关开关以来人事制度上一次历史性的变革。尽管这种变革是逼于时势；但作为总税务司的梅乐和能够顺应时势而不是抗拒时势，这不能不说是海关行政上一个进步。

这次的关制改革，最重要的是第一项和第二项。第一项停招洋员，这指的

---

① 民国十八年二月二十七日财政部关务署令第 306 号附件《改善关制审查会议决案折》。《总税务司通令》第 2 辑（1928—1930），第 181—186 页。

是不再招收新的洋员（技术人员除外）。第二项华洋人员职权平等，即合格华员，亦得与各该部分合格洋员同样提升。据此发展下去，则旧的洋员逐步退休，新的洋员又不招收，华员又有晋升副税务司或税务司的机会。这样，在若干年后，海关的高级洋员必将为华员所取代。那时海关外籍税务司制度便会发生质变，而中国在关政上的主权，也有恢复的可能；但是华洋职权平等，只有恢复海关主权的可能性；至于能不能恢复，则大有问题。因为：第一，新的洋员虽然停招，旧的洋员仍然继续统治，而技术洋员仍继续招收。洋员的统治要到何时结束，则很渺然。

第二，华员固然有升迁到高级关员——副税务司或税务司的机会，但此种升迁，每年数人，要到何时才能取代外籍税务司，也难以估计。

第三，如果英籍总税务司仍然把持总税务司署，而总税务司对海关的统治关系原封不变，总税务司还是可以利用其统治权力，延宕华员的升迁。他曾经说过："这个升迁过程是不断继续的；""但却是缓慢的。"华员的提升，"不是自动的，"而是看其"贡献"，而贡献又没有客观标准。

这样，恢复中国在关政上的主权，把海关变成"纯粹的中国机关"，只能期之于渺茫的未来。

梅乐和曾于1934年撰写一篇长文，题为《海关历任总税务司政策之沿革及将来行政之方针》（以下简称为《政策与方针》），全文刊载于《总税务司机要通令》。在文中，他说：他的海关政策，一方面是"恢复中国在关政上的主权"，一方面则"维护海关现行制度"。所谓"海关现行制度"，说穿来，就是赫德在英德借款、英德续借款合同中所说的：在借款还期36年、45年以内，"总理海关事务应照现今之法办理"的"现今之法"。不论是"现行制度"也好，"现今之法"也好，指的都是英籍总税务司对海关的统治。在赫德、梅乐和看来，只要这个制度不变，总税务司便可以按照己意继续统治下去。他们认为这是海关的根本利益，所以赫德和梅乐和势在必争。梅乐和在《政策与方针》一文中特别强调维护现行制度的重要性。他说："中国所有债赔各款，均由总税务司管理，而国内公债，亦多以关税为担保；""如海关现行制度发生变动，则海关随政局而变迁，"海关税款无法保证偿还债款，这就"不能免债权者之过虑，而对内对外之纠纷，正不知伊于胡底？"这就是说，海关非在英籍总税务司管理之下不可，否则，就会发生种种纠纷，所以海关现行制度动不得。正因如此，梅乐和在接任总税务司职务之后赶到南京，"晋谒当局诸公"，详述"维持海关现行制度，以巩固财政之基础，及内外债之信用为第一要义。"

国民政府对于海关改革，一开始就无意进行彻底的改革。当梅乐和赶赴南京向"当局诸公，陈述维持海关现行制度的重要性"时，"当局诸公亦均洞鉴及此"，表示："无变更现行制度之意"（《政策与方针》语）。由此可见，维持海关现行制度，不但是梅乐和的迫切要求，也是国民政府的本意。

梅乐和认为改善华员地位和待遇，便可以恢复中国关政上的主权，这是诡辩。改善华员地位，充其量只能把恢复中国关政上的主权期诸渺茫的未来，而华员待遇的改善，充其量也是只把不平等的华洋人员待遇拉向平等，和恢复关政上的主权无关。确实能够恢复关政上的主权的是废除英籍总税务司统治海关的现行制度，或者改变这个制度。这个制度不废除，不改变，恢复中国关政上的主权便只是一句空话。所以在梅乐和看来，改善华员的地位和待遇，是海关的次要利益，可以让步；而英籍总税务司的统治是海关的根本利益，必须维护。海关改制，只是英国以小换大，以次要利益换取根本利益的手法。总税务司这一让步，不但维护了海关的根本利益，甚至取得了国民政府更大的信任。结果国民政府把全国主要的关务行政都交给总税务司去统管。

因为英籍总税务司统治海关的现行制度不作改变，英国政府就得把海关视为囊中物，因而导致1938年英国政府以中国海关主权者自居，竟然和日本签订了英日海关的非法协定，把沦陷区的海关税款统统交给日本，汪伪政权并得委派海关监督管理江海关，沦陷区海关成为协助执行敌伪政策的财政工具。这种结果，追本溯源，在于维护了海关现行制度。

海关改制竣事之后，总税务司反过来对海关的职工运动大肆镇压。他呈请关务署准予"整饬纪纲"，取缔海关华员联合会。关务署指令总税务司："据称该联合会声请对于改良待遇案在细则未完全发表前，不能表示正式接受，对于令调他口之田国雄、陆开元二员，因〔联合会〕代表职务尚未满期，请予免调各节，均属逾越范围，违抗命令，极为不合，应严行禁止，以维纲纪，而肃政令。至政府机关人员，不得设立职工会名目。如前芜湖、凤阳等关职员所设之职工会，旋奉部令解散，即为先例。该联合会若仅为关员等联络情谊而设，尚无不可；倘假团体名义，妄事干预行政，要挟长官，是即以违反纪律

论，依法应受严厉之处分。……如该联合会仍敢故违，部、署决不能为之宽容
也。"① 梅乐和奉令之后，坚决执行。联合会在高压政策之下，于 1929 年 6 月
以后，会务陷于停顿。1931 年 2 月 7 日大会议决，至 12 月 31 日正式解散②。
从此以后，英籍总税务司仍得安然统治下去了。

第六节 梅乐和的《海关历任总税务司政策之
沿革及将来行政之方针》

1929 年海关改制之后，外籍税务司制度获得稳定，国民政府赋予海关更
大权力，总税务司梅乐和对此甚感得意。"余深信海关最困难时期，业已安然
渡过。吾人苟能本以上（下述）方针，继续迈前，海关前途，自可乐观。"为
激励关员们遵行他的"政策"，他特地撰写了《海关历任总税务司政策之沿革
及将来行政之方针》一文，总税务司署于 1933 年 3 月以总税务司机要通令第
106 号通饬各关税务司遵照。这个文件载于总税务署印行的《总税务司机要通
令》第 2 卷，第 9—29 页（全文详见本书附录）。这是一个关系到梅乐和任总
税务司时期在海关推行的"政策"方针的问题，是一个极其重要的文件。现
在把这个文件的主要内容摘述于后（全文请见附录十五）。

文件首先概述历任总税务司对海关的"政策"。他认为历任总税务司对海
关的"政策"，可分为三个时期：第一时期为从总税务司署成立到辛亥革命；
第二时期从辛亥革命到恢复关税自主；第三时期从关税自主到梅乐和当政。

他认为，第一时期赫德的海关"政策"，把海关办成"纯粹中国机关"是
正确的。他认为赫德的"海关观念"，为"总税务司署，乃系中国机关，总税
务司系受中国政府之任命，办理海关事务。故总税务司在执行关政上，对于中
国政府系协助性质，非代替性质。自不应蔑视中国之主权，而谓政由我出。"
他引述了赫德在 1873 年"申明此义"的通令，略谓："海关雇用洋员，对于
海关与洋商接洽事务，无论如何便利，对于海关税收，无论如何有益，但总非
中国欢迎之事。海关虽因雇用洋员，颇见发达；然在中国观之，似在被迫与外
国通商之后，不得已而为之者。因此现行由洋员管理之海关制度，迟早必须取

---

① 1929 年 5 月 21 日关务署指令第 617 号。《总税务司通令》第 2 辑（1928—1930），第 412—443 页。
② 《海关职工革命斗争史》，第 35 页。

消。此种制度纵可收效一时，为中国政府所借重，但日后洋员地位，必因中国民族能力之发展，而受必然之淘汰。故吾辈洋员之责任，仅系协助中国政府办理海关事务，不可置中国主权于不顾，或更取而代之也"。这个通札于1905年重申一次。梅乐和认为"赫前总税务司此种见解，甚属正当，至今日而益信。"

第二时期为安格联任总税务司时期。他因管理税款，"嗣又管理关余及以关余抵借债款各问题，以致情形愈为复杂。而总税务司与中国政府，历年以来发生种种误会，实即胚胎于此。""当时一般见解，以为总税务司保管关余，终必与中国政府发生误会，而海关之地位，亦必蒙影响。证之安前总税务司任内之事实，益令人服其见。"他援引了两件事：第一，"安前总税务司于〔民国〕十一年某函件中有云：海关在中国财政上，完全变为独立。最后所恃以维持者，非中国政府，乃为列强政府"；第二，"迨至〔民国〕十五年终，北政府拟将全国二五附加税，交由海关征收。安前总税务司以为此项附加税，既为条约所无，又未获各国同意。若海关遽行征收，必致引起国际交涉，因而力劝北政府取消此议；一面通令各关税务司，如政府不纳谏言，迳颁明令，海关应坚决拒绝代收。"梅乐和认为"安前总税务司对于此案，无论如何正当，只可向政府陈述，不能自视为关税政策之主持者。"梅乐和由此而证安格联"独自为政"的"专擅"态度，结果被免职。

安格联免职后，易纨士被北洋政府任命为代理总税务司，至1928年10月间"南京国民政府始予承认。易氏在职期间，对于管理关余及其他事宜，仍遵前总税务司之成规，其他亦无所表现。"易氏在职仅半年，即行辞职。

第三时期，前代理总税务司"至十八年一月即行解职，国民政府遂任余为总税务司"，梅乐和认为他的"政策"有三："（一）华洋职员平等待遇，华员中有相当资格及办事能力者，得升充税务司；（二）服从政府命令，不受外力之干涉；（三）绝对不干涉关余"，"要之，余之政策，一方恢复中国在关政上之主权，一方维护海关现行制度。"他论述这两方面的政策，"似相反而实相成，何则？若徒欲维护海关现行制度，而不恢复中国在关政上之主权，则现行海关制度，终无维护之可能；若徒恢复中国关政上之主权，而不维护现行海关制度，则海关地位发生变动，使中国在财政上、国信上以及与海关有关之各种事业（如港务、航政等）同受影响。而中国在关政上之主权，亦难达恢复之目的。"为什么不恢复中国关政上的主权，则海关制度终无维护之可能？

因为中国政府"对于海关势必不能信任，国内舆论亦必加以非难。"也就是朝野不能容忍这种制度的继续存在，势必起而抗争。这样，海关现行制度就难以维持了。为什么只恢复中国在关政上的主权，而不维护海关现行制度，则中国在关政上的主权难达恢复的目的？因为"中国所有债、赔各款，均由总税务司管理，而国内公债，亦多以关税为担保；如海关现行制度发生变动，则海关随政局为变迁，中国对于内外债及赔款，无论维持如何信用，亦不能免债权者之过虑，而对内对外之纠纷，正不知伊于胡底？"其次，"中国国库收入，以关税为大宗，实为国家命脉所托，中央军政各费大抵取给于此。若海关现行制度一有变化，则海关势不能超然于政治漩涡之外。海关既随政治为转移，关税亦随政局而分裂，而中央军政各费，自必顿形枯竭，所有一切建设，均无进行之余地，此关于财政者也。""不宁惟是，现时中国港务灯塔及引水事宜，因时势之需要，均由海关管理；中外航商各业，均利赖之。他如中国金融事业，亦与海关有密切之关系，其盈虚消长之机，实由海关司之，凡此诸端，均附丽于海关现行制度之下，而同其休戚，此尤其显焉者也。"

梅乐和正是以这种平衡论来掩盖他维护英国控制海关现行制度的实质。只要英国能够保持对海关的统治地位，就可以使用任何明的暗的方法，如同过去那样，把中国海关充当英国对华关系的基石。为了使中国朝野不干预海关现行制度，今后"吾人对于海关行政，惟有厉行余之政策，绝对服从政府命令，使海关为纯粹中国机关，而无客卿专政之嫌；使华员地位提高，俾可担任重要职务，而无久假不归之意；且必须尽心服务，以期获得优美之成绩。"这样，中国政府"自必益加信任，对于现行制度，必不愿轻易更张，自坏其财政上之万里长城，即另与海关有关系各方面，亦必表示深切之同情，而予以相当之拥护。"

梅乐和所论的海关现行制度必须维护的理由，并非尽是空言恫吓。海关经历了英籍总税务司的长期经营，在中国财政、经济、社会各方面，已经是盘根错节、根深蒂固、坚不可摧。当时国民政府内部矛盾重重，错综复杂，而财政部长宋子文认为海关组织极为健全，不思改变，所以梅乐和的"政策"得以实现。

因为梅乐和实行了他的两面"政策"，处于危机的外籍税务司海关制度，不但得到了挽救，而且更加发展，所以梅乐和自以为慰地说："吾人如能本以上所述之方针，继续迈进，海关前途，自可乐观。"其所以能得这种结果，"推溯本源，端由赫前总税务司之嘉谟良规，堪资矜式。"

第三十一章

1929 年陆路边关减税办法的废行。
1930 年进口税征金的实行

第一节　1929 年陆路边关减税办法的废行

我国陆路边关减税办法，是极不合理的。1929 年 1 月 18 日关务署训令总税务司：俄国方面所请享受减税待遇，早经北洋政府于民国十年明令废止；所有中东铁路现仍照行减税办法，自应予以取消。英国方面，此次签订中英税约时，业经商定，俟新税则实行后，即行取消。法国方面，此次商订税则，对于划一征税办法，亦无异议。唯《中法边界陆路通商章程》修订在即，为事实上之便利起见，议定减税办法，暂予维持至三月三十一日为止；但新税则实行后，应按照新则依原有减税成数办理。三月三十一日以后，不论《陆路通商章程》是否商议完竣，所有中法边境减税办法，即予废止。除由财政部令滨江、腾越、龙州、蒙自、思茅等关监督转饬该关税务司遵照办理外，仰该总税务司遵照[①]。

关务署令西南各边关：边越减税办法于本年二月一日新税则实行之日起，应即按照该项进口税则依照原减数征收进口税，至三月三十一日以后，此项减税办法即予废止。此次《中法关税条约》附件内载：在越南边境对于进出口货物之减税办法，自 1929 年 3 月 31 日起，虽新约未曾签订，亦即予以废止之规定，则于本年三月三十一日以后，凡在中法边界进出口货物，自应按进口新税则及出口税则一律十足征收。又自缅甸出口货物之减税办法，应于二月一日

[①]　民国十八年一月十八日关务署训令第 154 号。《法令汇编》（民国十八年），第 56—57 页。

新税则实行之日起，与进口货物同时取消，即按出口税则十足征收，以归一致①。

第二节　关税自主和银价暴跌推动
国民政府实行进口税征金

进口税征金或简称关税征金。关税征金早于 1896、1899、1902 年，清政府根据总税务司赫德的建议，便三次向各国提出过②。当时正是列强侵华炽热时代，中华民族正处于严重危机之际。那时中国的主要问题，是如何救亡图存，在关税上是如何切实地征收到世界上最低的值百抽五税率，哪里谈得上关税征金？

1928 年，中国政局发生了前述的巨大的变化，各国承认中国的关税自主权；1929 年 9 月 1 日国定进口税则实行。只有在这种形势下，进口税的征金才有可能。国民政府司法院院长王宠惠声称："列国既已承认中国关税自主"，对于进口税征金，"当无问题"；"自无要求列国同意之必要。"总税务司梅乐和也认为：赫德于 1886 年曾建议进口税征金办法，"惜为列强所反对，责以违约，因致作罢。盖当时关税不自主，故受意外之牵制耳。今日实现自主，改用金单位计算，实不成问题。"（梅乐和语）由此可见，关税自主实为进口税征金的前提。

第一次世界大战爆发以来，各国都极力恢复金本位制，而每年银产不断增加，供过于求，因而造成金渐涨银步跌的趋势。这种趋势，在中国于 1930 年 2 月间达到最高峰。这对于世界唯一用银的中国，所受影响，至深且巨。

这个时期，我国出现金贵银贱的情况，其所以达到这样暴烈的程度，从世界趋势观之，自 1920 年开始，世界各重要国家如美如英首先解除金禁，恢复原来的金本位，德国颁布新马克，俄国颁布新卢布，完全取消旧制。其他各国也极力恢复金本位制。这样一来，在战后八九年中，金本位国家在大战中吸收的银货，遂一一还诸用银之国。又因战后币制改革，银辅币需要日趋减少，而可容纳银货的中国和印度，因印度实行金本位制，已有的银陆续出售，新产的

---

① 民国十八年一月二十六日关务署指令总税务司第 173 号。《法令汇编》（民国十八年），第 57 页。

② 参阅本书第 433—434 页。

银无法消纳，于是，银货的唯一尾闾，只有中国；而中国因连年军阀混战，出口贸易无法增进，外人投资又复锐减，一般国民经济有退无进，故中国消纳银货的力量，较诸从前而减少，无法承受源源而来的银货，因而促成银价的暴跌。这种情况至 1930 年 1 月达到高峰。据总税务司报告，民国十八年（1929年）由关税支出债、赔各款的本息，计规平银 65,331,130 余两，较十七年之规银 57,388,724 余两，多支 7,947,388 余两，折合国币约损失 1,100 余万元。1930 年债赔各款，如以最近汇率（规平银每两合英币 1 先令 7 便士）计，则本年尚须再损失 3,000 余万元，其结果全年关税收入，不敷偿还债、赔款项之用。而内国债券，以关税为担保的，将更无着落，"此不独我国财政与国际信用发生破绽，而市面金融及人民财产亦将起绝大恐慌。前途危险，何堪设想！"①

1930 年 1 月，一方面因世界金价飞涨，一方面因日金解禁，导致日金猛涨，在此二者巧合的短期中，日金对规元飞涨至十分之三，银价的暴跌，到达前所未有的地步，这就引起金价暴涨、银价暴跌，导致中国金银汇兑的严重亏损，引起了债赔偿付严重问题。1930 年 2 月国民政府进口税征金的命令就是在这种形势之下公布的。

第三节　1930 年 2 月国民政府公布进口税征金的命令及其实施

国民政府于 1930 年 1 月 15 日公布如下的关税征金命令：

"近日金价暴涨，银价跌落，影响金融至巨，而偿付外债所受损失，尤属不资，亟宜设法补救。所有海关进口税，应一律改收金币，以值 60.1866 公厘为金单位，作为标准计算。由财政部妥筹办法，令海关自本年二月一日起实行。此令。"

是日，财政部即据以命令总税务司，1 月 25 日又令各关监督，"遵照办理"。令文内容相同。财政部令如下："查近来金价暴涨，银价跌落，致本年偿付关税担保外债，已有不敷之虞。为妥筹根本救济办法，业由政府决定，自二月一日起，征收海关进口税，一律改用海关金单位计算，并由政府规定值

---

① 董仲佳：《海关进口税征金后内债基金之推测》。《银行周报》第 14 卷第 6 号，民国十九年二月二十五日发行。

60.186,6 公厘纯金，等于 0.40 美金、19.726 便士英金、8,025 日金。自二月一日到三月十五日进口税，按关平一两合一海关金单位有半（此系按〔民国〕十八年末三月之平均汇率，规银 1 两合 2 先令 2 便士半折合）。自三月十六日起，关平一两，合一海关金单位又百分之七十五（此系按十八年一月之平均汇率，规银 1 两合 2 先令 7 便士折合）。但银元、银两及其他通用银币，纳税均准使用。其与海关金单位之折合率，应由该总税务司随时于三日前公布。仰即遵照办理。此令。"①

国民政府实行进口税征金，乃为维持关税收入，以稳定财政。进口税所征的金，原为一种以金计算的虚单位。凡缴纳关税者，依然以银两缴纳，以当日汇价结算，而收款机关的中央银行，亦于当日购入外币，以当日汇价结算。如是在收入方面，毫无损失；由于将来偿付外债本息，亦以金单位计算，则于偿付债、赔亦无损失。

1930 年 1 月 25 日财政部长宋子文电粤海关监督："凡外洋经由五外常关直接进口之货，其向照海关进口税则征税者，本年二月一日起，自亦应按海关所行金单位办法办理，并照粤海关按期公布之比价随时折算，以昭划一。"②

财政部曾电令各大口岸海关税务司，饬自 3 月 1 日起以银行每日首次发表之美金或日金或英金电汇率为海关金单位之折合率。据闽海关税务司福本顺呈称："前奉电令，遵于三月一日起按照银行每日首次发表之各国金币汇兑行市为折合海关金单位定率。惟行之月余，常觉用美金汇率折合海关金单位合成当地银元数目，较用同一银行同日发表之日金汇率折合海关金单位合成当地银元之数，往往相差甚距；复查此项海关金单位折合率，如以美金汇率为率，实于海关较为有利，故职关暂定专以美金汇率折合。"总税务司认为闽海关税务司所呈，"系属实情。""现为保护税收起见，似宜规定以有利之汇率为折合之定率。至有数口通用外汇使用日金或有持他项理由，反对以美金汇率为海关金单位之折合率者，自当另行核办。"财政部当以指令关字第 27246 号批示："应准如所拟办理"③。

1930 年 5 月 1 日，经征机关中央银行为便利缴纳税款，经呈准发行关金

---

① 以上引自《关税征金问题纪要》。《银行周报》第 14 卷第 4 号，民国十九年一月二十一日发行。

② 民国十九年一月二十五日财政部电 9542 号。《法令汇编》（民国十九年），第 3—4 页。

③ 1930 年 4 月 22 日总税务司呈关务署文第 1007 号。《总税务司通令》第 2 辑（1928—1930），第 827—833 页。

兑换券，于是进口商遂得以关金兑换券付税。1930 年 5 月 28 日，中央银行和中国银行订立合同，于中央银行未设分行各地，委托中国银行代征。于是关金券及关金汇票，遂得通行各埠，用作完税之用。

财政部训令"自本年（1931）五月一日起，所有海关进口税及其他可以海关金单位缴纳之款项，得无限制以中央银行发行关金兑换券缴纳。"[①]

统计 1930 年全国进口税款之以关金券及关金汇票缴纳者，仅占 12.18%，到 1933 年增至 87.82%。此项大量金单位的收入，除拨付以外币偿还的外债和赔款外，所余甚多。

第四节 财政部、司法院、总税务司就进口税征金问题发表声明和外商的反应

关税征金命令公布后，财政部宋子文部长就关税征金问题发表了声明。他说："此次决定之办法，无非恢复现行税则初颁布时之进口税价，亦即恢复从量税与从价税之原来关系。为保障政府巩固起见，有采用此项办法之必要。盖政府每年所付外债在 900 万镑以上，按现在汇价偿付，较诸民十四（1925）年之平均汇价须多付百分之六十；即较一年前之汇率，亦须多付百分之二十有余，国家损失甚大。如新办法实行，从三月十六以后起，税收虽有增加，但于多数货价，不过增百分之二或三。在二月至三月十五间所增的百分比，尚少于此。故商务上并不受若何影响。又须声明者，政府采用此项办法，并无过分之利益，以十八年一月之平均汇率，较前四年之平均汇率尚低也。"[②]

司法院院长王宠惠也就征金之期限发表声明。他说："国民政府决定自二月一日起改输入关税为金单位勘定者，乃迫于偿还外债与维持政府信用之必要，不得已而出此。外债大半以关税收入为担保；但现在银价大跌，国库收入大减，势不能依单位勘定而偿还外债。长此迁延下去，则债权国之利益，国民政府之信用，将同归于尽。故急须采用此法，以为救急之过渡办法。""关税金基本单位，乃国际间所常有，对于马克及法郎之价格，每适用此办法，并不以为奇异。此为过渡办法，乃由国际汇兑之变动，故并无一定之期限。拟继续

---

① 民国二十年五月八日财政部训令各海关监督第 28（办）号。《法令汇编》（民国二十年），第 103 页。

② 《银行周报》第 14 卷第 4 号，民国十九年十一月二十一日发行。《关税征金问题纪要》。

施行至无此必要时为度。至于根本的永久方法，惟有改为金本位制。政府已决定方针，将排万难而渐次实行也。"①

总税务司梅乐和亦谓："进口税适用金单位计算，实为万全之方法。""关税改用金单位，系分两期进行，详细分析每一期到沪货物关税征金所增关税仅为1%或3%。"②《泰晤士报》引用某进口商的话："新征税法实行后，一切洋货价格，将不致十分高涨"，因此，"甚表赞同"，并认为"政府此举，实为允当。"

美国总领事克银汉亦向往访之华报记者称，略谓渠对于中国政府，于2月1日起令海关以金单位征收进口税，甚表赞同；又据日领田中声称：……本埠日侨方面，以我方一旦采用金单位征税后，所付之款，较前顿增，颇露反对之意。惟十六日东京来电，谓国府决定将海关进口税采用金本位，目下银价跌落，故日本方面自不免因此受相当损失。据日本大藏当局见解云："既承认中国关税自主权，中国因银价跌落而采用金制度；从前德国亦于马克跌落时，有此办法，已有先例。关税自主在即，自无可容喙。"

从上面情况看来，国民政府对于关税征金一事，是有计划、有步骤地进行，办法相当稳妥。所以得以顺利进行，外商也表赞同。这是中国近代关税史上空前的变革，也是关税史上一次成功的变革。

---

① 《银行周报》第14卷第4号，民国十九年十一月二十一日发行。《关税征金问题纪要》。
② 《银行周报》第14卷第4号，民国十九年十一月二十一日发行。《关税征金问题纪要》。

第三十二章

国民政府厉行关税行政的改革
和海关统辖主要关税行政

第一节　国民政府厉行关税行政的改革和
海关统辖主要的关税行政

国民政府对于关税行政进行了一系列的激烈改革，改革是有成效的；但其结果是主要的关税行政归海关统辖，海关的历史在重演。

宋子文既以"海关内部组织本极健全"，而"海关之公务人员服务规则，鄙人极以为善，且意欲财部各司署，皆行效法。"① 因此，他的关税行政改革方针是裁撤机构，裁汰人员，把主要的关税行政归海关统辖。

首先是裁撤内地税局，归并海关统辖。国民政府以新税则将于 1929 年 2 月 1 日施行，乃命令取消新税则以外的二五附加税，全国所有的内地税局以及煤油特税局，"其事务归并海关办理"，"以一事权，而节经费。"财政部训令总税务司和五外常关监督：各内地税局及煤油特税局"于是〔1929〕年二月以前办理结束，将各项关于海关附税及五内常关之文卷、簿册移交该关税务司接收；关于五外常关附税之文卷、簿册移交该关监督接收。"② 此项内地税即附税，"应自二月一日起由各关税务司按照下列免税办法分别办理"："第一，凡在本（1929）年 2 月 1 日是日以后进口之洋货，概照新税则征税；第二，

---

① 1933 年 10 月 8 日宋子文在海关赠鼎仪式上之答词。《总税务司通令》第 2 辑（1933—1934），第 143—144 页。

② 民国十八年一月二十三日财政部训令第 1850 号。《法令汇编》（民国十八年），第 1 页。

洋货进口二五附税与奢侈品税以及洋货子口附税概行免税；第三，土货进口所征二五附税，届期应一律免税。"①

这样，存在了两年多的内地税和内地税局从此在关税史上消失了。

其次，裁撤常关。常关的裁撤是从芜湖五内、五外常关归并海关开始的。总税务司1929年5月上呈关务署，"查芜湖五内常关由民国二年归芜湖海关管辖以来，税收日见起色；不意于民国十六年春，际革命军兴，芜湖北方秩序紊乱，该常关即由该关监督接管。现革命成功，大局底定，芜湖地方治安亦已恢复原状，自应仍将该常关收归海关管辖，以符成案。"5月8日，关务署指令照准施行，"〔财政部〕令饬该关监督自本〔五〕月十五日起交由该关税务司接管办理。"8月15日，关务署进一步训令总税务司："现为整顿税收，统一事权，节省经费起见，特将芜湖关所辖五外各常关一并归由该关税务司管理"，并限该关监督于9月1日以前将该五外常关一切征收事项移交该关税务司接管。② 次年2月，财政部又令总税务司："兹为整顿关政起见，将瓯海关五十里外常关移交该关税务司管辖。除分令外，合亟令仰该总税务司遵照，限于本月底接收具报。"③ 这是五外常关管理权转移海关的尝试。

在这两次尝试成功的基础上，财政部又把管辖地区广大的凤阳和扬由两常关的管理权移交海关。1930年2月3日，宋子文密电梅乐和："将凤阳、扬由两关交由总税务司管辖，仰即遵照，迅速接受，妥为办理，并将办理情形具报备核。"22日公布财政部呈行政院文，指令海关接管两个常关。总税务司呈请将两关监督改称税务司，并由财政部就海关中选派资深干练的华员担任。财政部当即调翁绥琛署扬由关税务司，虞斌署凤阳关税务司，3月15日办理交接手续。此后，两常关便由海关管理了④。

凤阳、扬由是当时两个最大的常关，下属关卡30多个，总税务司对这两个常关归海关管辖一事甚为得意，"最近关于一些50里内〔外〕常关的发展，

① 民国十八年一月三十一日关务署第7号，二月二日关务署电、二月二日关务署指令第286号。《法令汇编》（民国十八年），第58—59页。
② 1929年8月15日总税务司通令第4069号附件。民国十八年八月八日、八月十五日财政部关务署训令第255号、第1055号。《总税务司机要通令》第2卷，第826—827页。
③ 民国十九年二月五日财政部训令1550号。《法令汇编》（民国十九年），第9页。
④ 民国十九年二月二十二日关务署指令2111号财政部呈行政院文。《法令汇编》（民国十九年），第17—18页。

提高了海关的声望，加强了海关的地位。"① 这种心情和赫德于 1887 年接管粤海常关时的心情是一样的。

在财政部转移上述常关管理权同时，总税务司利用种种机会，揭露常关弊端，攻击常关，为转移常关管理权大造舆论。

首先借思茅关代理税务司霍启谦呈请裁撤该关监督之机指摘海关监督制度。霍启谦呈称："从前设关伊始，以洋员充任税务司，畀以处理关务之责，而以道台兼任监督，以监督关务之责。揆其时所以设立监督者，寓有保持主权之意；又兼洋员初在中国服务，于地方商务情形隔阂殊多，势必赖有监督，以资协助（按：此非事实）；但自兹以后，监督之于关务，并无何等裨益，而从前各关税务司，或尚有借助监督之处；今则华洋人员，久经训练，于关务当能胜任愉快，自与从前情形不同。且现今全国海关业已划归财政部直辖，所有监督与税务司之二重制度，已为国人所訾议。按此是海关监督一项制度现时已无存在之必要。"② 霍启谦的呈文为总税务司反对监督制度提供了口实。关务署认为思茅关监督"既属虚设"，"应即裁撤。所有职务，即由该关税务司执行。"③

这是海关监督第一次受到裁撤。从此，监督管理下的常关便每况愈下了。

1927 年颁布的《国定进口关税暂行税则》，因列强的阻挠，无法实施；国民政府转而开展收回关税自主权活动，到 1928 年下半年，除日本以外主要国家同国民政府签订了新的关税条约，承认中国拥有关税自主权。国民政府重拟国定税则，并于 12 月 7 日颁布，定于 1929 年 2 月 1 日实施。新税则既已公布施行，新税则规定以外的税种，自应取消，其征收机构，也就必须裁撤。

1930 年 10 月，财政部电令"永远废止"五外常关。电称："五外常关及子口税，复进口税等，均于十九年二月三十一日止，一律永远废止。关务署遵于二十年一月一日起，将所属五十里外常关关税，一律停征，并会同海、常关税务司，将子口税及复进口税于是日停止征收。至于常关税务司并有代征工关税一项，均系于边境各河流流域征收船税及竹木税等项，应与常关税一律废

---

① 1930 年 3 月 2 日总税务司通令第 4069 号及附件。《总税务司机要通令》第 2 卷，第 824—826 页。参阅本书第 313—314 页。

② 民国十九年二月二十四日关务署指令 2118 号附原呈。《法令汇编》（民国十九年），第 18—20 页。

③ 民国十九年二月二十四日关务署指令 2118 号附原呈。《法令汇编》（民国十九年），第 18—20 页。

除；其五内常关所征之工关税，暂准照收。"①

至于"各五外常关如有向系设在海口处所者，应即改设海关分关，专征进出口国境税项。广东黄坡、梅菉两属均属海口，自应分别征税；至高州、罗江两厂所征税款，系属厘金性质，自应一律裁撤。"②

五外常关裁撤后，向有直接对民船贸易各海口改设海关分卡，"此项五外海口常关，原仅管理民船贸易，此后经各海关接办后，改设海关分卡，隶属各就近海关，一切征税办法，自应按海关章程办理。惟各项往来外洋贸易之汽船，概不准在新设海关分卡报关纳税。"③

1930年12月，梅乐和借财政部改革常关之机，要求裁撤各关监督派驻各关委员。他在给关务署的呈文中称：此项委员"自昔迄今率皆坐领干薪，终年不到关办事，似此虚縻廪禄，实贻素餐尸位之讥，殊失国家设官之本旨；况现在各常关多派华员管理，已无庸设此项委员。虽有数处常关仍系洋员管理，而该洋员等于一切应办事务，均已熟练谙习，自能处理咸宜。且办理五内常关各职员，向系隶于各关税务司指挥之下，而各关税务司则由职秉承财政部及钧署之命令节制而指挥之。"因此，"拟请钧署准将各常关委员悉予裁撤，以免滥竽，而节经费。"④ 关务署据此于1931年1月15日训令江海、闽海、腾越、荆沙、厦门、山海、津海、九江、宜昌、瓯海等十个海关监督派驻各关委员一职，"应自本年二月份起一律裁撤，不得再行支领薪津，借节关款。"⑤

裁撤监督派驻各关坐领干薪的委员，这是必要的；但同时也暴露了监督的腐败，打击了监督的声望，加速了常关管理权的转移。

国民政府定于1931年1月1日裁撤厘金。1930年12月16日财政部发出第24531号部令，令称：裁厘事"现在为期迫近，急应恪遵实施。所有全国厘金及厘金变名之统税、统捐、专税、货物税、铁路货捐、邮包捐、落地税，及正什各税捐之含有厘金性质者；又海关之五十里外常税及其他内地常关税（陆路边境进出口税除外）、子口税、复进口税等，均应于本年十二月三十一

① 民国十九年一月十四日财政部电132号。《法令汇编》（民国十九年），第15页。
② 民国二十年一月二十六日财政部电。《法令汇编》（民国二十年），第22页。
③ 民国二十年一月二十九日关务署电，附总税务司原呈五外海口《设立分卡办法十条》。《法令汇编》（民国二十年），第29—33页。
④ 民国十九年十二月二十四日关务署指令4108号附原呈。《法令汇编》（民国十九年），第157—158页。
⑤ 民国二十年一月十五日财政部训令第25597号。《法令汇编》（民国二十年），第17页。

日止，一律永远废除。"并严令总税务司："应即依限迅速办理结束具报"。

"自二十年一月一日起，上列征收机关名称绝对不得再行存在；如有饰词延宕，巧立名目，阳奉阴违，自便私图者，是居心破坏党国大计，法律具在，断不宽假。"① 此项命令颁布后，全国厘金迅速裁撤。为害七八十年的厘金制度，清末以来，议裁30年，不能实现；直到此时，才在全国范围内，付诸实施。

1931年4月，关务署训令裁撤统税署驻海关办事处。训令称："统税署及各区局分区管理所，向在海关内设有驻关办事处，办理征收舶来品统税及稽查出口应征统收各货品。兹为便利商民及节省经费起见，各该办事处着于五月一日裁撤，原有该项征税及稽查事宜，即拨归各口岸海关税务司兼办，所交接及应办各手续，着关务署、统税署、总税务司妥筹办理具报。至税务货品应行监贴印花及发给票照等事，仍由统税署照旧继续办理；其各驻关办事处原有员司，由统税署督同各局所，视事务需要情形，分别裁留，归并各主管科管辖。"②

1931年5月，关务署发出裁撤五内常关的训令，所有五内常关，"六月一日一律裁撤。"③ 从而实现了海关对常关的彻底管辖。

同日，关务署电总税务司："查五内常关既由部定期裁撤，所有海关对于行销国内帆运货物向征之税项，自应同时一律取消。"④

5月26日，关务署又指令总税务司："五内常关裁撤，所有向征船钞，既无合法机关征收，自应一律取消。"⑤

五内常关裁撤后，"原有五内常关分卡，现应改为海关分卡，以管理驳船及查缉走私之用者"，福海、闽海、厦门、潮海、江门、粤海等处的27个常关分卡"暂行改为海关分卡，俟试办一年后，再行决定去留。至其余分卡，则业已依期裁撤，其关亦由当地海关接收。"⑥

五内外各常关改设海关分卡试办一年之后，1932年12月总税务司署派员分赴华南北各地实地调查，并令各关税务司报告近期情况。根据各方面的报

① 民国十九年十二月十六日财政部令第4531号。《总税务司机要通令》第2卷，第178页。
② 民国二十年四月二十五日关务署训令第4988号。《法令汇编》（民国二十年），第92页。
③ 民国二十年五月十五日关务署训令第5154号。《总税务司机要通令》（1930—1931年），第560页。
④ 民国二十年五月十五日关务署电。《法令汇编》（民国二十年），第126页。
⑤ 民国二十年五月二十六日关务署电。《法令汇编》（民国二十年），第134页。
⑥ 民国二十年七月一日关务署电附总税务司呈。《法令汇编》（民国二十年），第167—170页。

告，总税务司署拟定了沿海分卡整理办法，添设新卡 4 处，裁撤原有分卡 14 处，更名、移交他处管辖的共 23 处①。

这样，海关分卡的整理大体完成，海关接管五内外常关工作也随之结束。至于杀虎关，因地处塞北，1932 年 7 月 1 日改为塞北分关，由塞北分关监督署兼辖，以防走私；并另定税率②。该税关既没归并海关，而又保留了常关的性质，只是个别例外。

全国关税行政的改革，至此全部结束。

英籍总税务司把持的海关制度没有改变，海关监督也就发挥不了监督作用。1937 年抗日战争爆发，9 月，国民政府命令紧缩编制，财政部遂电令总税务司裁撤各关监督署，并于 9 月底办理结束③。监督署从此不复存在，但仍留监督官职。

第二节　中国海关历史的重演

国民政府关税行政的改革，从内地税局、五内外常关、厘金的裁撤，到归并海关，前后不到 3 年时间。改革的结果，全国主要关税行政集中于海关，统一管理。从此以后，关税行政的多头领导，各自为政，规章制度紊乱，管理腐败等现象，有所克服。经此改革，关税行政提高了工作效率，增加了税收。

作为改革主要策划者的财政部长宋子文，把全国行政归并海关统辖，从管理角度看来，是无可非议的，因为海关采用了资本主义先进的管理方法，比较科学，工作效率高，与落后腐败的常关、厘金制度，不可同日而语。

但是，宋子文关于海关制度的改革，却极不彻底。他保全了英国控制的海关现行制度，贻害无穷。海关现行制度的根本问题在于英籍总税务司对海关的严密统治，毫无疑问，总税务司必须服从英国的利益，奉行英国对华政策，履行不平等条约有关海关行政、关税、贸易等规定。

清政府只看到海关行政优越一面，无视外籍税务司控制海关一面。也就是说，无视海关主权的一面，只从财政角度出发，不惜把税收权力拱手奉送。如

---

① 民国二十一年十二月七日关务署指令第 8553 号。《法令汇编》（民国二十一年），第 177—183 页。

② 民国二十一年六月十七日财政部训令第 1548 号。《法令汇编》（民国二十一年），第 83 页。

③ 民国二十六年九月二十九日财政部电第 2673 号。《中国近代海关历史文件汇编》第 5 卷，第 212 页。

粤海常关，原是两广总督开办管理的，清政府因创办海军，需款孔急，强迫两广总督张之洞交出常关管理权。粤海常关交出后，税收虽有增加，但20年后，当辛亥革命爆发后，总税务司安格联乘政局混乱之机，命令各关税务司，将所征税款全部截留，税款保管权从此由海关监督转入总税务司。总税务司在各国公使支持下，长期把持海关税款保管权，粤海常关税款也不例外。这是个沉痛的历史教训。

国民政府成立后，宋子文主持全国关税行政改革，却没有"变更海关现行制度"，总税务司继续保持对各关税务司的统辖关系。这样，海关实际上仍在英籍总税务司牢牢掌握之中。在这种情况下，宋子文把全国主要关税行政归并海关，这无异扩大了总税务司的根基，加强了总税务司的权力。虽然暂时解决了关税行政问题，财政情况也有所好转；但从长远利益看，却是饮鸩止渴。辛亥革命爆发后，海关出现的异常情况，表明了关税行政改革的失败。

国民政府对全国海关行政改革问题的处理，与清政府对粤海常关问题的处理如出一辙，都是仅仅从管理角度出发，从财政利益着眼，维持了海关洋员统治制度，致使国家权益沦丧。这是中国海关历史的重演。

第三节　中山港无税口岸的筹建及其失败

1931年，广东政府在唐绍仪的提议下，将香山县改为中山县；他还建议改良县制，将中山县改为模范县，作为改良县政制度的试验重点。

早在1921年初，唐绍仪曾和孙中山就有将香山县建成"县自治的模范"之议。1924年2月，南京国民政府第19次国务会议决定：中山县为模范县，并颁布《中山县训政实施委员会组织大纲》。《大纲》规定，设立中山县训政实施委员会，直属中央，在全国率先试行"训政"。《大纲》还规定，中山县长和训政委员会主席须由资望甚隆的中山县人士充任。唐绍仪是国民党元老，又是设立中山模范县的首倡者，此职当然非他莫属。于是，唐绍仪出任中山模范县训委会主席。1931年3月起又兼任中山模范县县长之职。唐绍仪于1929年4月至1934年10月主政中山县期间，致力于家乡桑梓建设，其中最主要政绩是提议开辟中山港为无税口岸，并规划、筹建中山港区及其配套设置。唐绍仪的家乡濒临珠江口西南部的出海深水干道金星门，因有环海之湾，故名唐家湾，或称唐家环。族叔唐廷枢曾开辟唐家环至广州、唐家环至香港航线，后因

业务不旺而停航。远在清末已有人主张开香山为"香洲埠"之议，计划测量
而未实施。至民国有人谓香洲局面较小，主张在唐家湾辟港。孙中山在《建
国方略》中计划将唐家附近水域疏通，引进数万吨巨轮。护法战争期间，孙
中山曾派海军司令程璧光到唐家湾，准备在此筹建军港。1920 年，唐绍仪又
与孙中山商议在唐家湾建设商港问题。唐绍仪就任中山县训委会主席伊始，重
提唐家湾建港之议。从 1929 年 2 月起，他接连向南京国民政府报告，以孙中
山曾与程璧光商讨在唐家环建设军港等五个理由，阐述了中山建港的重要性。
他设想在唐家湾前后环沿海地区开辟一个可以停靠 5 千至万吨级轮船的南方巨
大良港，并把该港辟为无税口岸，以取代香港和广州湾的部分对外贸易地位。
为此，训委会于 1930 年 1 月专门设立了建港筹备委员会，加紧开港的申请工
作。同年 2 月，唐绍仪向国民政府呈递了《请辟唐家港并设海关分关的报
告》。接着又提请将唐家环商港，定名为中山港，将无税口岸从香洲移到唐
家，唐家环辟为无税口岸，"以六十年为期，期满归省政府管理"。他认为
"开辟中山港实为国家百年大计，而又为纪念中山先生"，"建设中山港为无税
口岸，对外可移香港之商业，而置澳门于死地；对内与滇、黔、桂各省沟通，
为西南诸省出海之要道，亦即我粤自有之门户。"在唐绍仪频频的请求下，国
民政府于 1934 年 5 月中旬明令公布："指定广东省中山县唐家环开辟为无税口
岸，以六十年为期，定名中山港。由中山县训政实施委员会负责经营管理。"[①]

　　开辟中山港无税口岸的申请一经批准，唐绍仪立即着手规划筹建，并付诸
实施。他首先申请将中山县治由石岐镇移设唐家，以便就近建设中山港。县训
委会决议中山县第六区辖境的翠亨村（孙中山故乡）为中山港无税区范围，
并呈报南京国民政府鉴核。国民政府拨给了十几万元资金，还赋予中山县行政
上、财政上较大的自主权；中山县上缴中央和省财政厅的税收，可截留 25%
归县政府支配。唐家环开辟为无税口岸，实行进出口免征货税的优惠政策。

　　1931 年 12 月，中山港的建设转入实际施工阶段，唐绍仪十分重视中山港
区的配套设施建设。他大力推行以经济建设为中心，以农业、交通、工贸、农
林、渔业生产和文教福利事业的全面发展。经过几年的努力，建成后环简易码
头、信号台与部分交通设施，开辟了唐家环至石岐、港澳不定期航班，设立了
民众实业银行、民众实业公司、煤油局、工商炼油公司、农业试验场、蚕丝改

---

① 　《法令汇编》（民国十九年），第 70 页。

良局、模范林场、海产试验场；兴办公立医院、报社、图书馆、师范学校、中小学、幼稚园，兴学育才。

正当中山港建设进入关键阶段，1934 年 10 月，唐绍仪因中山县兵索饷"兵变"而去职，县政府迁回石岐，中山县和中山港建设工程突然中止。

中山港既定为无税口岸，理应尽早做好开港前的准备工作。以海关业务而言，必须预先拟订章程，在免税区域界限外设关征税，加强管理，防范走私偷漏于未然。当时虽有拱北关于 1930 年 3 月在唐家环设立中山港分关，对运出中山港无税区的洋货征收关税；但中山港无税区广阔 3 万平方里，中山港分关偏处于唐家环一隅。海关势单力薄，随时可以走私偷漏。中山港仓促开港，无税区域面积并未明白规定，半年之后方才专勘核定预定范围。由于章程设施措手不及，海关监管办法未定，商人借口无税，由该港私运火水，转售内地，其他油类、布匹、火柴、百货，也难以胜计，走私日趋严重。据财政部长宋子文电称："中山港自定为自由港，走私日多，关税大受影响。此次子文赴粤实地调查，国税损失每月有数十万之巨，除已饬总税务司对于防私办法，应从速计划实施，凡由该港进出口货物，并著暂按关章办理"①。行政院亦以"该部现令中山港进出口货物暂按关章办理，系为顾全国税收见。准予照办"。这样，无税口岸又成为有税口岸了。

中山港无税口岸筹建的失败，有其主观原因，也有其客观原因。除了选址不当，论证欠妥外，在开港计划及其具体措施上亦有不少不尽如人意之处。

中山港筹建的失败有着更深刻的社会原因，那就是南京国民政府和广东地方实力派之间的矛盾难以解决。广东陈济棠，号称"海天王"，哪容得中山港直属南京国民政府，听命于南京？因此，陈济棠视唐绍仪为眼中钉、肉中刺，必欲去之而后快。

还有，中山县和其他农村一样，地主豪绅横行乡里，海盗、恶霸、军阀互相勾结，阻挠唐绍仪一切改革，尤以清丈全县沙田，触犯了地主豪绅的利益，他们频频发动"倒唐运动"。特别是唐绍仪通电取消西南政务委员会，归政中央，激怒了陈济棠。陈济棠终于策动县兵索饷事变，迫走了唐绍仪。中山港建设和中山县建设的前程，就此断送了②。

---

① 民国十九年十一月二十一日署训第 3864 号。《法令汇编》（民国十九年），第 133 页。

② 参阅连心豪：《唐绍仪与中山港无税口岸》。《历史教学》 1994 年第 6 期。

第三十三章

海关经办的航政和国民政府
在收回引航权中总税务司的态度

第一节　海关管理引航和外人垄断引航权

在近代，西方列强的对华贸易，主要通过横越大洋的轮船，所以叫做轮船贸易。海关主要是征课轮船贸易的关税，还征收载运货物的轮船船钞，监管轮船的进出口、装货、卸货等一切有关活动。船钞是作为改善航船航行的经费，它是由海关征收保管的，而海关又是在洋员管理之下。在各国看来，改善航船航行的工作，由海关经办是再稳妥不过的，因此，在 1858 年签订的中英、中美、中法《通商章程善后条约》第十款一律规定：任凭清政府总理大臣邀请英、美、法人"帮办税务并严查漏税"，还兼办航政，航政"经费在于船钞项下拨用"。海关就是根据这条规定设置"船钞项"人员的。船钞项人员专管航政工作。海关为了扩大权力，维护和发展各国对华的轮船贸易，便大办起航政业务来了。

海关办理的航政，因经费充裕，吸收外国专门人才比较得力，经营管理较好，所以大都办有成效。它所引进的都是资本主义国家的新航政。这些新航政对于落后的中国旧航政来说，是先进的。新的航政工作，大大便利外商轮船的行驶，加速了列强对中国的经济侵略；但另一方面，对于中国商船，以至海军舰艇的航行，也有不可忽视的作用。在这一点上，不能不承认海关的航政工作具有一定的公益性质。

但是我们必须看到，当时的清政府对于新的航政一无所知，对于一切航政设施不可能进行有效的领导，只好听任总税务司一手包办，这样，航政主权便旁落了，这就使航政工作成为总税务司扩大权力、谋求列强利益的工具。不仅如此，有相当一部分航政设施和国防有密切关系，航政主权操在海关洋员手中，一旦中外发生战争，其危害性就很严重了。这种危害性首先暴露的是引航（引航旧称引水）权问题，这个问题的危害性早于1922年便被北洋政府海军部发觉了。是年，海军部海界委员会倪文德上呈，抨击外籍引水员垄断中国引水的情况。他说：1867年的《引水总章》第二款，有"凡华民及有条约各国之民，均准其一体充当引水"的规定，"细译该条文语义，是引水营业之权利，约明无分国籍，得以均沾。""今查上海引水，就上海、吴淞二处与东沙灯塔及大戢山二处往复航线之中，无一华人充当引水。沪口如此，他口可知。此不但与《章程》第二款之义相违反；且中国若在战时，各口无一华人引水可以雇用，而外国人引水为敌船向导，亦无法律可以制裁。"中法之役，有案可证（呈文引自1922年2月18日总税务司通令第3272号）。这一呈文说明引水和国防的密切关系，以唤起海军部的重视。基于这种情况，倪文德呈请海军部和交通部联系，各派专员修订引水章程。"惟事关各国利益，修订及交涉需时。目前补救方法，惟有先由各口海关理船厅责成引水公会即行教练华人引水若干名，大口约四五人，小口约二三人。如各口未有请充引水学徒之人，即由海军挑选航海官员前往备选。""拟请钧部照咨税务处请其切商总税务司饬下各口理船厅遵照办理。"①

总税务司据以通饬各关税务司，但只限于调查各口引水情形，并询可否按照倪文德建议实行培养，有无其他满足海军部建议的办法。据各关申复资料，上海、天津、牛庄、安东、大连、胶州、厦门和汕头已无执有引水执照的华人引水②。总税务司最后直截了当地通饬各关说："《章程》没有赋予理船厅对引水公会实行倪文德先生建议的权力，因此，不可能实行这个建议"（1922年2月18日总税务司通令第3272号）。其后，海军部海道测量局局长许继祥则从另一角度，表示对海关船钞的使用的不满。许继祥援引民国九年中国民船进出口数目，统共每年平均计算共达32.4万余艘，中国汽船以及其他航海小船尚不在内。"或因风灾无预见警告之方法，或因遇雾无临时方向之指示。航船淹没，人命死亡，殊难枚举。"因此，特呈海军部，"拟请即就海关常税内所收

① 民国十一年二月八日税务处令第184号。《中国近代海关历史文件汇编》第3卷，第475—478页。
② 民国十八年二月十八日税务处令第184号。《中国近代海关历史文件汇编》第3卷，第657—658页。

民船吨钞项下充作经费，并建议先择两区试办，俾款少而效宏"，"成效既著，逐渐扩充"（1929 年 3 月 23 日第 413 号呈附件）。"查轮船航路，向经海关设立灯塔灯志、浮标、气候警报，一切颇称完备，其经费由洋税吨钞项下拨付；但沿海港道与不通商口岸之处，均为民船所经之路，其间并无设备，以致民船遇雾遭风被盗，生命财产损失甚巨。兹经本部派员与总税务司商榷防护计划，并拟将民船所纳附税每年约银十余万两，作为此项经费，借以保安海道，亦与税课前途大有裨益，敬候公决。"① 轮船船钞用于轮船，民船船钞用于民船，名正言顺，总税务司不能不照办。"查此项船钞如实在拨作设立保护沿海民船航线机关及其常年经费之用，在总税务司之意，即可按照划拨。" 至于将来沿海民船航线的助航设备之机关，可归海军部临时所辖，仍循海军部所属海道测量局主办，由该机关与海关海政局会同接洽，因海道测量局与海关海政局接洽办法，甚有成效也。② 这样，海道测量局仍然摆脱不了海关的控制。

1925—1927 年，北伐战争节节取胜，人民民族意识空前高涨，国家主权观念更为深化，这种形势使引航问题受到更大的重视。1928 年，全国江海领港总联合会发出《修改引水章程讨论会宣言》，《宣言》系统论述了引水对于国防的重要性："窃维引港一道，关系至巨……凡轮舰出入港口、航行领海间，胥赖于是。列强各国〔规定〕外国人不得充当，盖有深故焉。国内领海，自应以本国人充引港，俾得为专利之营业，以其各地主权利之关系一也；商业为财源之命脉，水险公司为运输之保障，本国人引港，则运输稳而财源足二也；外国船舶往来领海要道，可借本国引港以防其测绘及他种之窥探；若外人得充引港，则一旦有事，向导得人，是无异于开门揖盗三也。"《宣言》又称："我国除扬子江、珠江间有华人充当引港外，其余各处，悉系外人。长此以往，商业为之操纵，权利为之剥夺，贻国际之羞，受无形之痛苦。"《宣言》追述我国引水权丧失之原因，在于"我国无完善之章程以限制之耳。"（全文见附录七）所以总联合会于 1927 年便呈请交通、海军、外交、财政等 4 部派员到上海，组织引水委员会，修改《章程》。

是年，总联合会呈请国民政府财政部，以外籍领港公会垄断引水业务，请

①　民国十八年十一月二十八日税务处第 1744 号附件《照抄海军部提出议案》。
②　1923 年 12 月 14 日总税务司呈复税务处成字第 925 号。以上资料均出自《中国近代海关历史文件汇编》第 4 卷，第 59—75 页。

令理船厅责成领港公会加入华员，以挽回利权。财政部以现在"上海口应用引水人数额定五十名"，据所呈称，"竟无一本国人在内，足见该地领港公会办理不善，全为外籍操纵把持，喧宾夺主。"因令江海关税务司转饬理船厅："凡本国人具有引水资格者，应准一体加入该公会，俾资练习。嗣后遇有该口引水缺出，并应尽先以本国人合格者递补，毋得听其垄断，致碍国家主权。"并令"应给予修改 1868 年章程。"

1929 年，国民党中央委员王伯群在中央政治会议上提出了《确定航政根本方针》案，并拟具《海关兼管航政移管大纲》。关于"确定航政根本方针"等的主要内容如下：

第一，甲、遵照党纲，确立航路国有政策。凡属港政应归中央主管机关主持，负责施行，以昭统一；

乙、凡属港务如埠头、仓库、港内航行标识、船坞等均归地方管理；惟仍应受中央主管机关所派委员指挥监督。至埠头、仓库等处之收入，应全数作为港务之用。

第二，向由海关代管航政各部分，已归海军部指挥者，不在此限。

第三，确定航政范围，航政法规，亟应由立法院从速制定颁布。

第四，沿海岸及本国境内之外船航行权应速收回①。

经国民政府第 38 次国务会议议决"照办"，并说明："查该项航政方针第二条载：向由海关代管航政各部分，暂行仍旧；惟须同时受中央主管机关之指挥监督；其关于海关代管航政部分已归海军部指挥者，不在此内。"

第二节　《中华民国各口引水暂行章程》的提出和寝议

1929 年，国民政府关务署署长张福运指示总税务司，由江海关拟定新的引航章程，作为中国政府接管引航权的准备。与此同时，舆论界也提出修订引航章程的迫切要求。

财政部会同交通部，拟定了《各口领港暂行办法》呈交行政院审核。行政院以"海军领港之监督及教练，应属海军部主管；普通船舶领港之管理监督，应属交通部主管。""而在海关代管航政暂行仍旧时期内，该部（财政部）

---

① 民国十八年十月二十一日关务署训令总税务司第 1318 号。《法令汇编》（民国十九年），第 33—35 页。

对于普通船舶领港之管理监督，自然有参与之权。"据此，财政、交通两部就所拟《暂行办法》重新删改，于 1931 年 10 月间呈上《中华民国各口引水暂行章程》。

综观这份章程，它在总体框架及各项目具体条文上，与《引水总章》有着历史继承关系，其中对于引航员证书的颁发，引航员的培养、参选、职责、行为规范与纪律，引船的管理等方面，与《总章》是一脉相承的；但因时代和引航业的变化，而有所新的改变和发展。这主要是着眼于建立、维持和加强这一职业的规范、秩序和效率，以为该行业的正常运行和发展提供法制支持和保障；渐次收回引航权。①

这份《章程》和《总章》的不同，在于以下各点：

第一，关于引航员的国籍要求，明确规定须为"中华民国人民，年龄在二十五岁以上、四十五岁以下者"；而《总章》则规定由外国势力控制的考选局拣选补充。

第二，关于引航主管机关，《章程》明确规定：引航主管机关为沿海及长江下游组设的"引水管理委员会"。沿海各港的引水管理委员会由当地海关税务司、港务长、交通部代表各一名、当地船政局局长、当地中国商会代表（上海港加上外国总商会代表）组成，以税务司为主席。长江下游引水管理委员会由海务巡工司、长江下游航政局长、上海商会代表共同组成。以海务巡工司或其代表为主席。

第三，关于委员会的职责方面，凡是本区域内之管理引水细则、划分引水界限、规定引水人并引水学员额及其费用等，均由委员会拟定，并呈由财政部分咨各关系部核办。合格引水人的任用、监督、引水人控告他人，统由管理委员会议决处理之；而《总章》则处处受制于领事、外商或外籍引水。

第四，关于引水人的补充问题。"各该口遇有合格之引水人不足名额时，委员会应遴选富有经验之华籍引水人给予执业凭证试充"；而《总章》则规定由外国势力控制的考选局拣选补充，并明确规定华民及有条约各国之民均准其一体充当。

第五，关于引水人组织方面，为了防止外籍引水人垄断引水公会，特规定："凡各口领有执业凭证之引水人在三人以上者，可以设立引水分会；但应

①　徐万民、李恭忠主编：《中国引航史》人民交通出版社 2001 年 5 月版，第 107 页。

设于委员会所在地，其组织章程及公会职员应呈请委员会核准备案。委员会有执行惩戒处分、停止其业务或罚金或撤销其执照的权力；被惩戒人有不服者，得请求复审；但由财政部会同裁决之。"而《总章》对于受惩戒的外籍引水人，则规定"可在三日内赴领事处禀诉原委"，或由"理船厅知会其该国关照本国例治罪。"这就连外籍引水人的治外法权也被取消了。

从以上各点看来，除了适应航运和引航发展的新要求，而将引航管理制度加以完善以外，这份章程的另一个目标是逐步收回引航权，而不是采取激进的方式，立即取缔外籍引航员。马上取消外国势力对引航管理的干预，也就是首先把引航管理权集中到中国部门的海关，外国领事在引航管理上的权力被取消，但个别地保留外国商会的发言权，保留现有的外籍引航员的特殊权益，让他们自然淘汰，同时不新增外籍引航员，而中国引航员一边得到培养和成长，到一定的时期便可自然取代外籍引航员。①

但是，当《暂行章程》提交上去的时候，1931年正值"九一八"事变爆发后，国民政府把注意力集中于应付日本的侵略，暂时无法顾及这件事，于是搁置下来。

第三节　国防计划委员会关于《收回引水权问题》的提出

1933年6月，国民政府国防计划委员会为了根本解决引水权问题，曾指定专人搜集所有有关引水问题的资料，并由王洸、万琼撰就《收回引水权问题》和《引水法草案》，呈送国防委员会查核，以为"根本收回〔引水权〕之计。"关于《收回引水权问题》一文，阐论了有关引水权各项问题，于1934年9月29日呈奉审批。这是一个全面阐论我国引水权问题至关重要的文件。兹特节录于下，以供参考。

第一，文件论述了引水权的含义及其重要性。"引水权者，乃独立国家在其领水区域内之港口，选派本国人民，指示航路，领导船舶出入港口，以策航行安全之权也。"次论引水权的重要性，"按各国通例，对于外人，向不准充当斯职。""日本《引水法》之规定非常严密"，"其如此重视引水者，旨在巩固国防与尊重主权也。引水人不仅于港口之情形、礁石、深度、风向、港章应

---

① 《中国引航史》，第108页。

加谥熟，负行船安全之责，而于国防险要形势，亦负保守（密）之责。故对于所引之外国船舶于行经海口险要时，应警戒外人摄影、绘图、窥探，制止外轮自由航行，以保国家主权。各国在其领水港口内，虽准外轮在指定海港停泊，但决不许其任意自雇引水，更不能有外籍引水人员从事引水职务者。""现在我国，外人得自由雇用引水，出入我领水各口岸，开国防未有之恶例。""当时〔清〕政府不辨利害，遽尔批准，以与国防攸关之引水权，不惜与外国共同享受。危害国防，莫此为甚！"

外人引水在战争中危害的实例："前光绪十二年，中法之役，法舰雇我海关颁给执照之美人为引水，侵入闽口，使我舰船，多被击沉，无辜人民，死亡枕藉。此事载在《内尔慕公法》上，各国公法学者，引为奇谈。又天津塘沽之役，亦由我政府颁给执照之引水人，带领敌舰入港，毁我海军。近于'一·二八'之役，日本侵犯淞沪，敌舰运兵输械，出入港口，亦全雇佣领有我海关执照之日人为引导。长江各处，日舰长驱直入，予国军以侧攻旁击，蒙极大之损失，亦皆为外籍引水公会为之协助。事后扬子江领港公会经理费立朴且得有旭日战功勋章。丧权辱国，可资殷鉴！""际此世界风云紧急，日帝侵我益烈，对于收回引水权，以维国防，实有刻不容缓之势也。"

第二，外人对我国引水权侵略的沿革："'引水'二字，最初见于条约，始于 1843 年中英《五口通商章程》；但据此《章程》，只有规定引水费问题，即英国领事有核定引水费之权，至于引水权仍属我国，至 1847 年，中瑞〔典〕、中挪〔威〕条约第八款有准其'自雇引水'之语。这不但开自雇引水的先例，还规定中国地方官对于引水费之给付亦毋庸经理。1858 年中美条约第十七款，完全抄袭中瑞、中挪二约。英国借口'利益均沾'，要求同等待遇；法国也提出同样要求"；但损失更大的，是中法《天津条约》第十五款。该款不但有"自雇引水"的规定，甚至进一步规定："凡人欲为大法国领水者，若有三张船主执照，领事官便可着伊为引水，与别国一律办理。"至是，各国效尤，引水权遂为各国所共有了。"1866 年的中意《通商条约》，外人所享引水权更大。该约第 34 款规定：'意国船只欲进各口，听其雇觅引水之人，完清税务（项）之后，亦可雇觅引水之人带其出口。所给引水工银及引水人等应遵规条，地方官会同领事官酌量定立。'"由是，"外人不仅得在我港口引导外轮进出口岸，且能参加引水行政事宜矣。"以上乃就条约以言引水权丧失之经过；外国实际攫取我国引水权，以同治六年总税务司赫德所订的《引水总章》（按：原名为《引水章程专条》）。《引水总章》，"实秉各帝国主义者之意志（旨），以欺蒙前清政府之批准施行。"迄今，已垂七十年。兹将其损失国权者，略举于下：

《总章》第一款规定："领事官有拟定各口分章、引水名额及引水各费之权。其原文为'凡各口应定之分章及定明引水之界限，并应用引水者若干名，其引水各费一切事宜，均应由理船厅准情酌理，与各国领事官并通商总局妥为拟定'。按此章程，完全出于赫德之阴谋。本款所谓理船厅，表面上虽为我国航政机关，实则一切发号施令，概由外籍巡江司专断，向未经我国政府之审核。考其行政，并非对我国负责，而实际即对各条约国领事负责也。"

第二款规定"广募引水"。此为《总章》主要关键。其原文云：

"凡华民及有条约各国之民，有欲充引水者，均可准其一律充当。惟遇有缺出时，即应由考选局按照其规定之章程，并本口之分章，拣选补充。按此款，即在规定有约国人民，有充当中国引水人之权。""据同治七年九月间赫德呈复前清总理衙门文内称：各口引水人计二百零三名，内有华人一百零三名，英人四十名，美人三十五名，葡人十名，丹人六名，瑞〔典〕人六名，荷人二名，奥人一名。是此款章程实施不过一年，外人已过半数。足见当时赫德订定本款之旨，显在侵略我国引水权，将已往条约上所称引水，明白为之具体规定，俾外人得依此章程有充当引水职务之可能。其中所称考选局，依章程所载，系归海关所属理船厅包办，我国向无过问之权。理船厅之考选，乃对各条约国领事及外国总商会负责也。"

关于考试引水事务，由各口考选局办理。乃《引水总章》第三款之规定。"事实上中国政府并无权可以参与考试引水，有参与考选引水权者，乃各国领事官及外国商会。且该款中所谓考选引水，对于我国人民始终未予以相当训练及考选。盖理船厅素操在洋员之手，引水董事又多属外人，以理船厅与外籍引水董事互相朋比，岂有国人插足之余地？"

《总章》第四款共分五项，可注意者为第四项规定："备考者，其国领事官或本人或派员，均可在局从旁监同考试。"此项乃规定领事有监同考选之权。

《总章》第六款引水学徒规定"已领字据之引水，应准其各带学徒一名。""凡学徒领有考选局胜选凭照者，如遇外需情事，由理船厅于此项人内拣数人，准其在特定之界限暂行引水"，按此款规定，"凡充当引水者，得带学徒……我国各口引水，既多半由外人充任，又准其各带学徒，无异使外人永远强占我国引水地位。""较之咸丰八年《中法条约》第十五款所载，尤属荒谬。"

"总之，赫德订定之《引水总章》，完全出于藐视我国主权。尔时总理衙门，尸居高位，不慎察其阴谋，遂被玩弄于股掌之上，而成丧权辱国史上之一页。诚所扼腕太息者也。"

第三，关于我国各口引水情形。"引水有领港、领江之别。在沿海各港执行引水业务者，谓之领港，在长江各段执行引水业务者，谓之领江。中外籍人员均有引水团体之组织，而外人组织尤密。""从表列（略）观察，关于领港方面，可知我国沿岸各口，竟有十一个国籍之领港，俨成国际性质，各港领港人数为七十一名，国人仅十七名，而外籍则占五十四名之多。除福州华人占七名为多数外，上海为我国最要之港口，而领港华人仅有二名，外人则有三十七名。他如天津、秦皇岛、厦门、汕头等地竟无华人踪迹。""关于领江方面，长江上游，中国一百二十六人领有宜昌关二等领港证者，其中二十名专备临时紧急之用，并学习领江，六十名现在训练中"。"长江中游，中国一百六十一名均系扬子江中段领江分会会员，但并无任何证书。长江下游，中国一百三十七，领有海军部证书六十八名，无证书六十九名，日本十九，英国十四，挪威一，丹麦一，共六国四百六十二名。综观长江领江情形，除上、中游为本国人充任外，而下游领江一百二十五人，外籍亦占三十三名。外人势力由沿海而侵入我长江胜地。长江锁匙，无异洞开，江防尚堪问乎？"

第四，"外人反对收回引水权之辩证"，"自〔民国〕二十二年九月，国民政府颁布《引水暂行章程》以来，全国上下方庆主权收回，国防可图；但上海领团及各国公使提出抗议，以同治七年《引水总章》，乃中国与各国双方订定之结果，而非中国单独行动所颁布。又谓现实引水权，乃以条约为根据；如有何变更，影响各国人民之处，非得彼方缔约者同意，则碍难承认。其曲解条约，断章取义，无非企图永久强占我引水权。"兹据领团反对各点，辩证如下：

一、领团以赫德所拟《总章》为根据之不合理。

（一）"《引水总章》为我国单独自定法规，非国际条约。赫德原为中国官吏，其代中国所拟之《总章》，曾呈经总理衙门核准，知照各国公使作为试办，不过一种寻常通告手续，事前并未邀请各公使参加会议，事实上为我国单独自定之法规，毫无国际协定之形式与意味。今我国颁布之《引水管理暂行章程》亦非同治七年赫德所拟之《总章》。以后令更改前令，固无非议之余地，而外人更无权过问也。"

（二）"外人要求代定章程，为国际公法所不许。颁布引水法律为我国法权之一部分，今以外国驻华之官吏要求参与订定，损我主权，亦为国际公法所不许。"

（三）"引水权不在领事法权范围之内，领团无权干预。"因此，"领团异议，不仅缺乏根据，且根本亦乏发言之立场也。"

二、"外人曲解条约之辩证。""中法条约，我国并未将引水权让与法国"，对于意国，虽"明定意国有雇用引水之权"，但"所谓另定章程及须与各国领事商定者，仅属引水之价值一端，并非以有规定引水费之权即作为有干预引水之事权也。""嗣后我国与各国所定各约，并无有外人得有引水之权"的规定。

最后结论。"引水主权关系国防至巨，际此国防国难方殷，海防重要，收回引水主权实为当务之急。上年秋间，财政、交通、参谋、海军各部曾会同研究，决定废止《引水总章》，另行颁布《引水管理暂行办法》，以为逐渐收回引水权之张本。""兹参照各国成法及我国引水情形，酌拟《引水法草案》于后（略），以备采择。"《引水法草案》计27条，又拟《引水管理暂行章程》共46条。

另于9月4日由万琮、王洸、洪瑞涛呈送《全国引水人调查》报告一份，《报告》总计全国中外籍领港、领江人856名，中外籍引水人数百分比为：中国有引水人755名，占88.2%。英籍引水人43名，占5.0%；日籍引水人31名，占3.6%。其他各国（包括美、法、意、丹、荷、挪、俄等国）合计共有37名，所占百分数为5.2。[①] 由此可见，全国的引水权，实际上已为各国所共有了。

1931年10月6日财政部上行政院第188号呈文附件《中华民国各口引水暂行章程》第44条规定："各口引水一切事项，在引水法未公布施行以前，暂依本章程办理。所有同治七年所订《引水总章》及各口引水分章，均自本

[①] 以上所引资料均出自中国第二历史档案馆主编《民国档案》，1996年第2期，李琴芳选编：《国防计划委员会筹备收回引水权档案史料选》。

章程施行之日废止。"①

　　1933 年，收回引水权问题进入实践阶段。7 月，关务署令总税务司"从七月二十五日起，凡引水区域轮船，不得雇用无证书之引水人。"② 嗣又电称："如雇用无证书之引水人，不予结关"；但其实行展至 8 月 25 日③。与此同时，由财政部、参谋部组成的扬子江标志军事设计委员会奉令研讨引水管理问题。该会上呈参谋部称："引水事业，迄今仍为外国人垄占，虽无条约关系，然相沿已久……因前清官吏许以营业特权，引水人自设引水公司，在香港注册，订立章程，非公司〔人员〕不得充引水人，故其营业证书系海关发给，而组织事权成为独立自主。其由吴淞至汉口一段，数十年来系华人充当引水，不领执业证书，亦无官厅监督。前由海军部设立引水传习所，加以教练。现已自立淞汉区引水公会，由该传习所监督。惟该区内引水业务，十余年来有欧美人二十名，日本人二十一名，亦不领执业证书，不受任何官厅监督。上年淞战，敌舰即曾雇用该项引水人带领。其由宜昌至重庆引水人，则向由海关注册，而沿海各口引水事业，尤为散漫。"在此"大权旁落，取缔无从"的情形下，该会议决"沿江沿海引水事宜，令海关先行收回，统一办理。"④

第四节　《引水管理暂行章程》的颁行
和收回引航权的失败

　　正当引航章程的修订拖而不决的时候，1932 年爆发了"一·二八"事变。这个事变加快了国民政府收回引航权的步伐。

　　事变过后，根据海务巡工司的统计，1932 年 3 月份，上海引水公会的 32 名外籍引航员（不包括日本籍），总共引航了 437 条船，其中大部分是日本战舰和货船。所有日本籍引航员，则直接受日本海军的调遣，为日本军航提供引航服务。在淞沪战争中，外籍引航员为日本军舰提供引航服务，造成我国军事上很大的损失。

　　这次事件给国民政府和公众很大的震动。海军部和交通部由此得到了惨痛

---

① 《法令汇编》（民国二十年），第 239—249 页。
② 民国二十二年七月十七日，关务署训令第 1029 号。《法令汇编》（民国二十二年），第 123 页。
③ 民国二十二年八月五日关务署代电第 1703 号。《法令汇编》（民国二十二年），第 130—131 页。
④ 民国二十二年九月关务署训令第 1085 号。《法令汇编》（民国二十二年），第 158—159 页。

的教训，加强了积极收回引航权的决心。扬子江标志设计委员会经过研讨，认为1931年的《中华民国各口引水暂行章程》屡经修改，已经很完善，只将其稍作修改，便成了《引水管理暂行章程》，并于1933年2月呈经行政、司法、考试三院审核与施行。于是，1868年的《引水总章》及各口分章宣告失效。

新修订的《引水管理暂行章程》与1931年的《章程》总体上一致，只是在各港引水管理委员会的组设中，规定增加参谋本部和海军部代表各一人而已。

新颁布的章程完全不承认外国领事在各口引航管理上的发言权；除上海一口外，其他各口的外国商会也无权过问引航事务。海关拥有的引航管理权，也大大削弱。现有的外籍引航员仍然可以在中国执行引航业务；但应遵守中国的引航规章，服从中国有关当局的管理，而且不许增加新的外籍引航员。

这些规定显然都牵涉到不平等条约中规定的问题，在这些条约还没有废除以前，《引水管理暂行章程》在实施过程中，就不可避免地遭遇一系列复杂的对外交涉问题，从而影响这份《章程》的实施效果。

1933年9月关务署训令总税务司：一面将沿江沿海引水权迅速收回，一面监督各口，将引水管理委员会即行筹备组织。总税务司认为新章程的实行牵涉到外交问题，而这并非海关职责，因而批示各口海关税务司，"在目前还不要采取任何与之有关的行动"。巡工司也认为现在不可能选出有丰富经验的中国引航员；有必要选用部分外国人做学习引航员。

至于组织引水管理委员会，关务署要求先成立上海引水管理委员会；但上海外国总商会则认为，这件事影响到外国特权，因而，所有问题都必须提交领事团讨论；在此之前，该会不拟派人参加新的引水管理委员会。领袖领事也表示除《引水总章》以外，"所有其他引水章程自不适用于各国轮船。"

1933年12月，上海引水管理委员会宣布成立。1934年2月海军部训令委员会接管淞汉华人引水公会及海军部引水传习所。3月，财政部训令：总税务司应将各口引水公会筹备收回管理；跟着指令：上海引水公会的设备和财产由海关购买下来，该公会由上海引水管理委员会接管。于是委员会着手接管总部设在上海的四个有关组织；即上海引水公会、淞汉引水有限公司、淞汉引水公会、日本扬子江引水公会。

接管上海引水公会是最重要的任务，可是就在这里，上海引水管理委员会遇到了空前的阻力。公会的成员表示：他们仍然服从旧的上海引航委员会的管

理，并不认同新成立的上海引水管理委员会。这样，接管工作因而停顿；接管
淞沪引水有限公司也因而搁置起来。

这时，按照已公布的《引水管理暂行章程》更换引水人凭证的 7 月 1 日，
已迫在眉睫，总税务司以外籍引水人如果不按规定更换新证，他们就没有有效
的凭证，可能要求领事发给临时凭证。鉴于这种干预的可能性，财政部不能不
训令总税务司：现《引水暂行章程》正在修改，所有以前汉宜湘区、淞汉区
引水人执业凭证，一律准予自本年七月一日起继续有效三个月，统俟新章颁布
后，再行照章办理。显然，引水权的收回，已遇到了很大阻力。

国民政府对于这样的结果，显然估计不足，现在只好让总税务司去处理这
个棘手问题了。

从此以后，引航问题的外交谈判由署总税务司罗福德和总税务司梅乐和相
继进行。7 月。罗福德分函有关各国驻沪领事并附新修正引水章程，还和各国
公使密切交往；又和上海引水公会就接管公会财产问题开始谈判。10 月，英
国和美国同意接受修正章程，而上海引水公会的谈判也有了进展。上海引船公
司同意它的财产按售价移交，而上海引水公会的成员也同意编入政府引水
机构。

但是日本始终坚持反对态度。当时日本军国主义已在处心积虑大肆侵略中
国，总税务司和日本驻上海总领事、领事以至大使进行了多次谈判，他们一直
坚持反对修正章程的实施。日本大使于 1935 年 6 月 24 日直截了当地正式写信
给总税务司称："日本政府拒绝放弃 1868 年《引水总章》规定关于中国引水
事务的领事管辖权以及中国和有关国家订立的其他条约。"[1] 面对着日本的蛮
横阻挠，梅乐和也无可奈何。

至此，国民政府关于收回引水权问题，终因日本的逞强阻挠而告失败了，
梅乐和只好建议国民政府：

第一，把上海情况暂时放下，上海引水公会维持原状。

第二，公布 1934 年 6 月批准的修正引水章程。当前仅在那些只有在中国
引水被雇用的口岸和地区诸如广州、福州、温州和扬子江中上游施行[2]。

[1] 1935 年 7 月 5 日总税务司《关于中国领水引水问题备忘录》。《中国近代海关历史文件汇编》第 7 卷，
第 354 页。
[2] 1935 年 7 月 5 日总税务司《关于中国领水引水问题备忘录》。《中国近代海关历史文件汇编》第 7 卷，
第 354 页。

根据这两条建议，等于自动放弃收回引航权。从此以后，日本扩大对华侵略。太平洋战争爆发后两年，国民政府利用对日同盟作战的机会，而当时日本已成强弩之末，才于 1943 年 11 月通过外交途径，取得了美、英的承认："放弃……中国领土内各口岸外籍引水人之雇用。"① 而日本不久就战败，再也逞强不了。中国引水权为列强蹂躏达一百年，至此才告最后收回。应当说，这主要是当时整个国际斗争形势所促成的。

---

① 《中外旧约章汇编》第 3 册，第 1284—1285 页。

第三十四章

部分海关管辖权的收回

第一节　海关税款保管权的逐步收回

在关税自主思潮的影响下，国民政府各部纷纷提出收回海关管辖权。部分海关管辖权终于收回。

从 1911 年 10 月 16 日清政府税务处作出关于《各海关税项暂由总税务司统辖》的决定时起，海关税款保管权便落在总税务司和公使团掌握中了。直到 1928 年关税自主实现后，国民政府才逐步收回，到 1942 年 10 月才最后全部收回。

最先收回的是内国公债基金的保管权。

内国公债基金，向由总税务司于关余项下拨存汇丰银行。1928 年 10 月 13 日财政部才令代理总税务司易纨士移存于中央、中国、交通三家银行。16 日汇丰银行将该项基金拨存该三行，总计 600 万两。计存中央银行约 300 万两，中国、交通两行共约 300 万两。以后各种库券公债到期还本付息事宜，均由中央、中国、交通三行分别经理，并由财政部门函江海关及津海关二五附税国库券基金保管委员会分别查照①。

1929 年 1 月关务署训令易纨士"查中央银行系国家银行，兹经国府议决：各机关公款，均应悉数存放该行，业经部令饬遵照在案。凡属公款自应一律办理。嗣后该总税务司署暨所属各关税务司经费款项，凡有中央银行分设之处，均应悉数存放该行，以重公帑。再：嗣后海关以银两购买银元，并应专向该行

---

① 《银行周报》第 12 卷，第 29 号，民国十七年十月二日发行。《内债基金拨存中、中、交三行》。

购买，仰即遵照办理为要。此令。"总税务司奉到此令，当即呈复："自应遵照办理，并经通令各关税务司遵办。""至关于以银两购买银元应专向中央银行购买一事，查中央银行既系国家银行，自然有接受此项交易之优先权；唯购买银元之时该行所订银价，似不能低于当日之市价。应请转知该行查照。"① 据此，内国公债基金和海关经费的保管权完全收回。1930 年 7 月关务署又令："总税务司存款：各关缉获之金条金货，除充公变卖提供奖金外，其余款项应暂存总税务司账内，报明本署，听候核办。"② 其次是收回海关收入项下拨付各机关经费。财政部于 1928 年 10 月 27 日令代理总税务司："为令遵事。本部现为统一财政、划一收支起见，凡海关收入项下拨付各机关经费有案可稽者，应仍照旧案自本部接收前税务处后，按月由该〔代理〕总税务司将各该款解交本部国库，不得直接拨付，仰即遵照。此令。"③ 嗣于次日又令："兹规定解款手续，凡以上各款及该代理总税务司向本部所解之款，着一律解交本部关务署核收，以便转解国库。"④

1936 年 2 月财政部又令总税务司署："支拨各款，自二十四年度起，均须办理支付抵解手续。""至此次实施支付抵解转账手续，纯为谋会计程序之划一，所有该署经付内外债及赔款，均仍照成案办理，并无变更之意。"另附《二十四年度起海关经营支拨各款处理办法》九条。《办法》对海关经费、海关所拨关监督署、海关例拨税务署之税款、应拨之统税、海关应拨外债本息及手续费、海关应拨庚子赔款、海关应拨内债基金借款本息手续费、海关应拨整理内外债基金废止。奉准特提之款名称，月报表内所列各款，如税则分类估价评议会经费、海关考察人员旅费、关税税则国际事务局年金、广东治河委员会经费、江海、津海、厦门等关防疫经费、税务专门学校及两分校、国定税则委员会经费……如何支付、抵解，均一一作了详细规定。还附发了《中央各机关经营收支款项由国库统一处理办法》，共二十九条。其第二条规定："中央各部会直接收入款及其所属非营业机关收入与营业机关盈余款或摊解非营业之

① 民国十八年一月二十九日财政部关务署训令第 162 号。 1929 年 1 月 29 日总税务司呈财政部关务署文第 67 号。《总税务司通令》第 2 辑（1928—1930），第 108 页。
② 民国十九年七月二十九日财政部关务署指令第 3172 号。《总税务司通令》第 2 辑（1930—1931），第 154 页。
③ 民国十八年一月二十九日财政部关务署训令第 162 号。 1929 年 1 月 29 日总税务司呈财政部关务署文第 67 号。《总税务司通令》第 2 辑（1928—1930），第 108 页。
④ 民国十七年十月二十六日财政部令第 4567 号。《法令汇编》（民国十七年），第 279 页。

经费款，均解交国库核收。"第十条规定："中央各部会及其所属机关经费，均由国库核发。""各机关请领经费须依据预算或法案送财政部，并经审计部核签，支付命令及通知，由财政部交付国库核发，国库将领款收据、支付通知加盖付讫年月日章记等，送财政部转送审计部备查。"① 至此，税款保管权逐步收回。

第二节　财政部宣布《会讯章程》无效和违法处分管辖权的收回

走私偷漏等违法行为应受相应处分，这是任何国家的海关都有明确的规定。国家为防范进出口货物的走私偷漏，拥有检查、搜索和处分的权力，这种权力是属于国内海关法的范围，不容任何国家、任何外商的干预，这是各国公认的原则；可是，近代中国这种关税违法处分的管辖权，却为总税务司赫德所炮制的中外会同审讯的《会讯章程》所剥夺②。《会讯章程》自 1868 年实施以来，海关的关税违法处分的管辖权就为代表外国利益的海关和各国领事所掌握；直到关税自主实行之后，才予以收回。

经过三次修订，1937 年出版的《海关法规汇编》第十三章《走私、漏税、罚则及缉私条例》，对于这种处分权力作出了系统的规定。这一章的第一条规定："海关秉承财政部及关务署命令，有施行适当方法，防止走私漏税之全权。"这就肯定了海关有防止走私偷漏之全权。其次对于到口船舶，规定由海关派员进行检查。在海关检查之前，其他机关，除检疫处外，不得派员登船检验。这就肯定了海关对于船舶检查的权力。

又规定："船只擅自行驶往未经核准的地方贸易的，海关应将船货一并充公；如有走私情况，禁止再行贸易；一俟该船账目结清，即驱逐出境；其偷漏货物，均予充公。"根据以上的规定，则走私处分的管辖权、关税违法处分管辖权，都在我国管辖之下了。

至于篡夺中国海关违法处分管辖权达 60 多年的《会讯章程》，则于 1933

① 民国二十五年二月五日财政部训令令字第 22391 号。《总税务司通令》第 2 辑（1935—1936），第 691—697 页。
② 参阅本书第 232—236 页。

年 8 月 4 日宣布"无效"。是年，美国公使曾函询总税务司：1868 年订立的《会讯章程》"现在仍否有效"；并询问 1929 年关税条约签订以后曾否另行颁布新章？总税务司据以请示关务署。关务署当即指令："按近年中国政府与各国签订新约之精神，各国政府已承认中国政府应有自由施行各项关税法规之权。"因此，"前项《会讯章程》实不能视为有效，殊无疑义。""查各海关对于违章货物之充公处罚，向有通行办法，以资遵守。自关税条约签订以后，关于外商所运货物之有违犯关章情事者，其充公处罚，即按照此项通行办法办理，故无另行颁布新约章必要"，并抄附海关充公处罚《办法》［见附录十（二）］①。

《会讯章程》既已失效，取代办法则为"海关罚则评议"。"凡商人对于海关处分有不服的可以提出抗议。抗议商人提出抗议时，应向海关领取空白请求书，将抗议详情，以中文依式填写两份，呈送总税务司转请核夺。该税务司应将该案详情，及抗议不合理由，以中文填明于请求书之'税务司意见'栏内，海关罚则评议会对于该请求书评议结果，经关务署批准后，即以关务署决定，令行总税务司知照。"

海关罚则评议会的《组织法》规定：评议会以五人组织之，由关务署长指派其中一人为主席评议员。评议会"由财政部关务署组织之。""本会评议员，由关务署属于本署职员中指定三人，总税务司署职员中指定二人充任"；"海关税务司，遇有商人向该关请求撤销罚金或没收处分案件，认为无理由者，应于收到此项请求书十日内，叙述理由连同原请求书，呈经总税务司转呈关务署交会评议"，"本会评议结果，经关务署决定后，发生效力。"② 民国二十三年至二十五年的评议员为：主席评议员吴兢，财政部关务署关政科科长。评议员为李庭坚，财政部关务署秘书；袁长春，财政部关务署荐任待遇科员；丁贵堂，海关总税务司署汉文科税务司；白立查，海关总税务司署缉私科税务司③。

从上列评议员的情况看来，评议会完全掌握在关务署手里，虽有外人一人参加，这是因为该会与缉私问题有密切关联，非有缉私科税务司参加不可。从

① 民国二十一年十月二十七日部咨 953 号。《法令汇编》（民国二十一年），第 162—163 页。

② 《海关罚则评议会组织章程》。民国二十三年九月二十八日行政院公布《海关罚则评议会章则议案汇编》，海关罚则评议会编印，1936 年版，第 13 页。

③ 《海关罚则评议会组织章程》，第 37 页。

评议程序看，商人案件是由关务署提交评议会的，由关务署长指定的主席评议员率同评议员加以评议，由关务署指派的秘书秉承主席评议员掌管会中事务，保管档案。评议案件核定后，应由关务署最后核定。总之，从开议到最后核定，都由关务署掌握。

《会讯章程》把违规处分分为罚款、充公两个部分，这是领事裁判权在关税处分案件上的反映。关务署规定无论罚款或充公都一样处罚。所有罚款、充公案件及其他一切事务，均由海关与关系人直接办理，商人不得委托律师办理①。

据上规定，海关关税充公罚则管辖权已全收回了。

第三节　人民国家主权观念的提高和卫生部收回海关检疫权

清政府长期处于闭关自守之中，对于西方新事物，大都茫然无知，外国商船来华的越来越多，旅客也络绎不绝。清政府对之甚感隔阂。这些船只和旅客都享有治外法权，清朝官员对于这些船只及旅客如何处置，感到为难。海关外籍税务司来自外国，因为关务关系，和船只及旅客接触频繁，对他们的处置比较熟悉；还有，清朝的官制是适应封建社会的旧事物而设置的，对于西方新事物，没有专设的管理机构。海关为了扩展权力，庇护外轮，趁机攫取许多新业务的管理权。清朝官僚对新业务既不了解，管理又感困难，也就只好听任海关洋员去包揽了。于是许多关于船政、港务、检疫等新业务管理权也就一个个地落在他们的手中了。外籍税务司虽把这些业务包揽下来，但这些新的业务许多和中国国家主权是联系在一起的。到了人民民族意识、国家主权观念提高的时候，有关部门便纷纷提出收回的要求了。

在 20 世纪 30 年代前期，收回海关业务管辖权的呼声甚嚣尘上，收回的行动也日益积极。于是海关管理的检疫、船舶注册给照、丈量、检查等业务也就陆续收回。

首先收回的是海关检疫权。早于 1926 年 12 月国际联盟卫生局局长就派遣卫生委员团来华考察检疫工作，该团由我国伍连德、金宝善、蔡鸿等陪同。考

---

① 《海关法规汇编》，第 415 页。

察后与有关方面协商，最后经由国民政府决定以下四条：

一、在上海成立海港检疫处；

二、上海为我国之最大最主要之港口，应先于 1930 年 7 月 1 日收回检疫工作；

三、公布海港检疫章程，通行全国各口岸；

四、预备及时收回全国一切口岸的检疫工作①。

1928 年 8 月卫生部咨财政部称："本部前经呈准行政院积极筹办海港检疫。现已聘请国际卫生专家来华指导进行。惟海港检疫，事关国防卫生，国家主权，必须慎重从事，始克臻善。我国海港检疫事宜，向由海关代办，拟请贵部通饬各海关，将各该海关办理检疫事项之条文及现在之设备状况，详细查报汇咨过部，俾规划海港检疫时，可以参证，免滋遗误。"（民国十八年八月七日财政部关务署令第 1015 号。）

1930 年 8 月卫生部咨财政部关务署："查海港检疫事务，系属本部职掌。首经国民政府于公布之《卫生部组织法》及《全国卫生行政系统大纲》分别规定。惟是此项事务向由海关办理，已历有年所。本部筹备接收，自需时日，故于上年十二月间呈明行政院，拟于〔民国〕十九年夏先行收回上海港检疫事务，其他海港则于二年之内次第收回办理。奉批'照准'在案。现在已届上海接收之时，由本部派技监伍连德接收，以重职守。再，此项检疫事务应用经费，计每月需洋五千元，拟请仍由海关拨给。并希转饬于本部接收以后，按月照拨。""兹经〔财政部〕核定，上海海港检疫经费，计每月需洋五千元，准自本年七月一日起，由江海关税务司在该关监督公署所得之码头捐项下扣拨二千元；另由税款内加拨三千元，以资应用。至移交一节，仰即转饬该关税务司与卫生部代表商洽办理。"总税务司不能不遵命，但要求上海检疫所将"占用"海关房屋从速迁出，并将熏船机器等自行移运；还要求将向来担任之该检疫机关司账职务解除；以前办理该口国际防疫事务之海关移借未清各款注销（民国十九年八月二十二日财政部关务署指令第 3309 号）。

其次移交的是厦门海关。1930 年 11 月，关务署训令总税务司："蒙据伍连德呈称：'厦门为我国重要港口，商务辐辏，船舶繁多。该港检疫似应早日收回办理，以资整顿。'拟于二十（1931）年一月由伍连德前往接收厦门海港

---

① 《传染病论文集》，厦门卫生检疫局 1996 年版，第 113—114 页。

检疫事务。"1931年3月卫生署复定于4月1日接收潮海关海港检疫事务，并自本年4月份起按月拨给经费二千元①。

第四节 交通部继起收回部分海关航政权，力争收回长江标识管辖权受阻

卫生部收回海关检疫权，交通部也跟着收回部分海关航政权，并且成为一支收回海关管辖权的坚强力量。

向来船舶的注册给照、检查、丈量都由海关办理。1930年10月，国民政府公布《船舶法》，规定所有船舶事宜概由"所在地之主要航政官署管理"；旋又公布了《船政局组织法》。交通部据此规定，于1931年5月特咨财政部关务署："窃查自海关成立以来，因政府未设置交通部，所有船舶注册事宜，原归海关管理，并由关发给各轮船等一项船牌，以凭行驶。嗣于民国三年间奉前税务处令，颁发《交通部轮船注册给照章程》，于是始有轮船等均须呈请交通部核准注册给照之规定；惟旧时未将海关之船牌取消，……以故自是迄今，凡轮船于开驶以前，既须向交通部缴纳照费，请领执照；复须在海关缴纳牌照费，请领船牌。历经照办在案。""乃当时不但不取消船牌名目，且以之放入部章之内，视为必要之根据。是凡一轮船必须请领两种证据，方得行驶，殊属未臻允洽。""拟请嗣后，凡轮船等只须领有交通部发给准照，即可准其行驶。……如新置船舶急需行驶，不及呈部请领执照时，得呈由海关暂行发给船牌，以便行驶，并限期注领执照，将所领船牌取消。"交通部据此发出《修正轮船注册给照章程》，其第一条指出："凡营业之轮船，无论官厅或公司或个人所有，均须遵照本章程，呈请交通部核准注册给照"；第二条规定："非经交通部注册给照，不得航行。"② 于是，交通部收回了公私船舶注册给照的权力。

交通部于1931年7月在上海、天津、汉口、哈尔滨4处设立船政局，"海关兼管船舶丈量、检验事项，当即分别移归各该航政局继续办理。"③ 于是交

---

① 民国十九年十一月二十日关务署政字第3820号训令、民国二十年五月十七日关务署政字第4671号训令；参阅1931年9月9日总税务司通令第4309号。

② 1930年4月4日总税务司呈关务署文第967号。民国二十年五月九日财政部关务署训令政字第5101号。《总税务司通令》第2辑（1931—1932），第456—457页。

③ 民国二十年七月七日财政部训令第30531号。《法令汇编》（民国二十年），第172页。

通部收回了船舶检查、丈量管理权。

交通部又力争收回长江标识管理权，措辞严厉，其间有云，海关置"洋员十八人，间有非航船出身者充之，均给巨额薪俸"；"下级员役数百人。""议者谓海关置此标识，对于轮航，多无必要，徒为扩张事权；并借以开支轮船吨税"，"本部已设置委员会，专司其事"，"是海关之巡江司，已属赘疣机关，应行裁并。""航路标识，与国防有莫大关系……今测绘内江水道，操诸外人，军事秘密，难保不无泄漏；且外国民籍之人，享有领事裁判权，则战时及戒严时所颁条例，亦无责成遵守之法权，则遇军事时期，殊形窒碍。"总税务司则加反驳，罗列许多长江标识之成绩，甚至认为交通部所提收回长江标识的理由为"撷拾风影之词，任意指摘，非高级行政机关所宜为。""现海关及巡江司事务所各职员，对于交通部此项无故痛诋，无不认为奇耻。"此案经中央政治会议交交通、海军、财政各部与参谋本部会商。结果，财政部认为总税务司所称长江标识之成绩，"尚非故事铺张。现在国家多事，筹款紧急之时，惟海关为完整统一之机关，若遽将此水上标识之一部分之管理，予以改变，或致因此发生分裂，而影响及于税收，尤不能不预为顾虑。海关代管航政部分，既经中央政治会议决，暂行仍旧备案，似可维持原案，照旧办理。""经中央政治会议第 329 次会议议决，'暂仍其旧'。其关于军事上应有之设计，由参谋本部、海军部与财政部商定，令海关遵办。"① 这场争议，至此才告结束。

这样，交通部收回长江标识管理权之事，因财政部的反对而告流产。

海关部分业务管理权虽然收回，但国民政府却极力维护英籍总税务司统辖海关的现行海关制度，因此，虽然收回部分管辖权，但整个海关主权仍在英籍总税务司控制之中，所以改变不了海关的本质。

① 民国二十一年十一月二十二日财政部关务署密令政字第 8431 号令总税务司。《总税务司机要通令》第 2 卷，第 214—233 页。

第三十五章

国民党内部的矛盾斗争与海关的分裂。
总税务司梅乐和维护海关"完整性"的活动

第一节 国民党内部军事集团的矛盾斗争和阎锡山劫持
津海关。梅乐和维护海关"完整性"的呈文

清朝表面统一的局面,遭到辛亥革命的冲击,一时分崩离析。在民国建立之前,因为革命势力在各地纷纷兴起,全国出现了分裂局面。在这种局面之下,分处于全国各地的海关难免出现分裂的危机,总税务司安格联为了维护英国控制下全国海关行政的统一,维护担保外国的债、赔,提出了海关的"完整性"和"中立性",以抵制革命军截留关税、收回海关行政权的要求。辛亥革命海关分裂的形势,终因列强的炮舰政策和领事的干涉,而避免了英国统治下海关"完整性"的分裂。

20 世纪 30 年代中国发生的内战,同样影响到海关的"完整性",海关面临分裂的危机。

海关的分裂是由政治分裂引起的。国民政府在南京成立后,由于内部各军事集团的分立,它们之间不断爆发了矛盾斗争。在它们各自的势力范围内的海关,就有受劫夺或截留税款的可能,使统一的海关陷于分裂的危机。

第一次的分裂危机是阎锡山军事集团对津海关的劫持。当阎锡山的势力发展到平、津一带时,他对于津海关征收的新增关税提出了截留的要求,不准汇给国民政府。其所以只要求新增关税,乃因值百抽五的旧关税已经抵押外债、赔款,动了这笔税款,就有引起国际纠纷的可能;而新增关税与债、赔无关,不致引起国际交涉,所以成为各军事集团争夺的对象。

国民政府自然不能容忍。1929 年 4 月 30 日，阎锡山命令作为海关银行的交通银行天津支行，截留存在那里的海关经费。国民政府则命令津海关税务司贝泐承担实际的征收工作，并作出满意的安排，这势必引起严重的后果。

阎军势力开始要挟劫夺津海关，继于 5 月 6 日进行了劫夺尝试，其劫夺经过，梅乐和曾通令各关知照。兹摘译于下：

"5 月 6 日，天津第一特区司令陈鸿鑫先生、天津市长秘书谭福先生、卫戍司令秘书段茂澜先生和监督的秘书与许多科长、文书来到海关，声称目的在于接管海关工作。"然而，"这种努力由于税务司的机智和坚定而被挫败了。6 月 10 日早晨，海关监督葛〔敬猷〕来到税务司办公室，由辛博森（新闻记者，英国人）先生陪同，他被介绍是新任的津海关税务司，是阎总司令委派的。下列这些先生是陪同葛监督和辛博森前来的：陈鸿鑫、谭福、段茂澜、李汉元（天津华警总侦探）等。当他们和副税务司会见时，辛博森解释说，他的示谕的性质，说明他有北方联军作为后盾，抵抗是无用的。海关房屋是属于他们的。华员离职的得作为擅自离职枪毙。那时，外面的电话被切断，税务司和外界的联系断绝，海关被许多便衣队包围着，他们不准将任何东西搬出屋外。许多华文布告盖着应变总部、市长、监督的印章，通告公众关于辛博森的任命。还贴在所有通道。"①

国民政府财政部部长宋子文得悉，径电总税务司梅乐和："关于津海关被敌方强行占据一案，现经中央政治会议议决：一、津关一切关员即撤退；二、运往天津货物在江海关纳税，等因。查津海关一切关员既经撤退，该关应即行停闭；所有运津货物，应在江海、安东、胶海、东海、粤海、潮海、闽海、厦门、山海、大连等关纳税后放行。"②

在国民政府看来，撤退人员、封闭津海关是直截了当的解决办法；可是梅乐和为了维护对全国海关的统治，维护海关行政的"完整性"，极力反对这个解决办法。他于 8 月 20 日径呈关务署，力陈保留津海关的重要性，企图打动国民政府，作出让步。这个呈文代表了梅乐和对此项事件的全部观点，兹特把要点录下：

一、"此项问题不仅为单纯之海关问题，实已成为政治问题，当然宜由中

---

① 1931 年 3 月 13 日总税务司机要通令第 72 号。《总税务司机要通令》第 1 卷，第 15—199 页。

② 民国十九年六月二十一日财政部电第 325 号。《总税务司机要通令》第 1 卷，第 142 页。

央决定方针。在职既不过为中央政府雇员之一，自然惟有执行政府命令，以尽
职责"；但梅乐和在下文却转了个大弯；二、"设不幸致津关管辖权有所变动，
恐向来完整之海关，或将因而分裂，即开空前未有之恶例。"三、"此次津关
事变既将向来完整之海关予以分裂，其最大之危险，即为将来留一恶例，……
诚恐各省地方当局，纷纷效尤，亦将中央政府委派之税务司，援例驱逐……则
海关向来完整之制度，及多年良好之功效，势必扫地以尽，完全损毁；甚至经
济界、银行界以及持有各项公债库券者，均非宣告破产不可。实于国计民生发
生影响綦巨。"最后声言："以为海关立场超出任何党争、政争之外，方于党
国前途，大有裨益"；并认为"此项原则无论为政府威信计，为国民利益计，
均有严行保持之必要。"[1] 关务署复称："海关之完整，应竭力维持，实为必要
之图；至海关行政向系禀承政府命令办理；征税事项，本与政治问题无关。所
称将海关立场超出政争以外之原则，持论颇有见地，应存储参考也。"婉言拒
绝[2]。其后东北军易帜，进入天津，辛博森又遇弑身亡，总税务司乃恢复对津
海关的管辖，税务司贝泐因津关被劫夺，率全体职员南下。总税务司署乃以副
税务司杞尔森署理税务司，由杞尔森接收关务。津海关即于 1931 年 10 月 10
日重新开关。宣布凡在 5 月 16 日劫关后任用的人员，"一律着令即日离开。"[3]
津海关问题至此才最后解决。

第二节　两广另立国民政府和海关再次面临分裂危机

津海关问题，虽因东北军进入天津而获得最后解决；但跟着广州另立国民
政府，海关又陷入新的分裂危机。

1931 年 5 月，汪精卫、孙科、陈友仁等与粤、桂的陈济棠等纠合在一起，
在广州召开反蒋的中央委员会非常会议，宣布另立广州国民政府，撤销蒋介石
作为南京国民政府主席的一切权力，解散南京国民政府。同时要梅乐和从接到
九龙关税务司泽礼电报之日起，服从广州国民政府命令，把总税务司署迁到广
州，命令各口税务司把所有税款汇解广州国民政府财政部，并要他在 24 小时

---

① 1930 年 7 月 28 日总税务司机要通令第 67 号附件。《总税务司机要通令》第 1 卷，第 142—143 页。

② 关务署指令第 3008 号。《总税务司机要通令》第 1 卷，第 143 页。

③ 《银行周报》，1910 年 10 月 10 日发行，"国内要闻"。

内答复①。梅乐和接到这个消息，即函南京国民政府财政部部长宋子文称："如果广州国民政府强行截留海关税款，就会严重影响中国与各国签订的国际条约，对外国债、赔利益和中国信用造成危害。建议与广州国民政府妥协；否则，会造成比津海关事件更大的危害。"② 他提出解决两广海关问题的三项办法，供南京国民政府选择：一、新增关税存留广东，由广州国民政府和南京国民政府共管；二、在广州国民政府按比例清偿外债后，只汇解旧值百抽五关税给南京国民政府；三、全部撤出两广海关人员。他分析了这三种办法的利弊：认为只有一、二办法可行；如果撤出两广海关人员，广州国民政府势必自行设关征税，实际上是分裂海关③。

与此同时，广州国民政府财政部部长古应芬通知泽礼，如果梅乐和无法来广东，或无法将总税务司署迁到广东，广州国民政府将委派泽礼为总税务司。泽礼以维护海关的完整性为由而加拒绝。他说："为了中国的商业上和信用上的利益，必须不惜一切代价保持中国海关的完整。海关应当保持中立，这对于广东国民政府在国内外信用大有裨益。"④ 当时两广各口关税占全国总数百分之十一，广州当局绝对不会轻易放弃。6月4日，粤海关税务司伯乐德会见孙科，建议暂时不把海关税款汇解上海，企图助长广州国民政府同意以妥协办法解决两广海关问题⑤。

梅乐和接到伯乐德的消息后，立即向宋子文建议，由海关出面与广州国民政府设法达成某种妥协：两广海关只汇解旧值百抽五关税，至于新增关税则存留广东，由广州国民政府支配。南京国民政府指示梅乐和：值百抽五关税不敷偿还外国债、赔，要用新增关税补足；除此之外，总税务司还得负责偿还以关税为担保的内债，每月数达1,000万两之巨，因此广州国民政府只能每月按比

---

① 1931年6月3日泽礼致梅乐和电。中国第二历史档案馆总税务司档案第679.32743号，总税务司与各口税务司密电。

② 1931年6月3日梅乐和致宋子文函。中国第二历史档案馆总税务司档案第679.32743号，总税务司与各口税务司密电。

③ 1931年6月3日梅乐和致九龙关税务司泽礼电。中国第二历史档案馆总税务司档案第679.32743号、总税务司与各口税务司密电。

④ 1931年6月3日泽礼致梅乐和电。中国第二历史档案馆总税务司档案第679.32743号，总税务司与各口税务司密电。

⑤ 1931年6月4日伯乐德致梅乐和电。中国第二历史档案馆总税务司档案第679.32743号，总税务司与各口税务司密电。

例得到南京国民政府新增关税的余额。对于南京国民政府这种答复，广州国民
政府置之不理。6月5日，广州国民政府命令两广各口海关税务司把税款直接
汇解广州国民政府财政部。同时，向海关下了通牒，限自6月4日起照此办
理；否则，广州国民政府将采取行动，"立即接收两广各口海关，对海关的分
裂，广州国民政府不承担任何责任。"泽礼和伯乐德都认为广州国民政府完全
有力量立即夺取两广海关税款，他们都表示"最强烈地要求南京国民政府做
出某些让步，挽救中国最有价值的机关——海关。"[1]

一方面，广州国民政府持强硬态度；另一方面，南京国民政府不愿做出太
大的让步。面对这种僵局，梅乐和忧心忡忡，他向宋子文分析了南京国民政府
的处境：中原大战后，尽管阎、冯两军退守北方，仍然虎视眈眈；长江流域政
局不稳，共产党在江西伺机而动。因此，他坚持：保证海关安全的唯一办法是
和广州国民政府妥协，允许在汇解值百抽五关税后，让广州国民政府截留新增
关税，自由支配。经过长时间的劝说，宋子文终于改变撤退两广海关人员的初
意，同意按照梅乐和所提办法处理[2]。

就在此时，日本发动了"九一八"事变，大举入侵东北，激起全国人民
发出停止内战的要求，形势迫使国民党各派不能不从武力争夺转为和平谈判。
9月19日，南京国民政府张继、吴铁城等电汪精卫等，提请停战议和，"共赴
国难"。通过谈判，广东方面同意取消广州国民政府，实行宁粤合作。两广海
关也随之恢复原状，两广新增关税仍归南京国民政府支配。

第三节　福建成立人民革命政府，
海关第三次面临分裂危机

1933年11月20日，以陈铭枢、蒋光鼐、蔡廷锴为首的国民党第19路军
将领在全国抗日救亡运动的推动下，联合李济深、陈友仁等国民党内的抗日势
力，反对蒋介石的"攘外必先安内"的内战政策，在福州发动了"闽变"，召
开了全国人民临时代表大会，成立了抗日反蒋的"中华共和国人民革命政

---

[1] 1931年6月5日伯乐德、泽礼致梅乐和电。中国第二历史档案馆总税务司档案第679.32743号，总税务
司与各口税务司密电。
[2] 1931年6月6日梅乐和致伯乐德电。中国第二历史档案馆总税务司档案第679.32743号，总税务司与各
口税务司密电。

府"。

福建人民革命政府成立后，首先要解决的是军政费用问题。福建地处东南僻隅，除了福州、厦门、三都澳的关税收入为大宗外，没有其他重要收入。于是，这三个海关的税收成了人民革命政府争夺的对象。

1933 年 11 月 20 日福建人民革命政府在《中国人民临时代表大会人民权利宣言》中提出了一系列抗日救国口号。其中申明"否认与帝国主义列强订立的不平等条约，首先实行关税自主。"① 福建人民革命政府财政部部长蒋光鼐发表财政政策，表示"实行关税自主，免除出口税，增征进口税"，提出接管福建三海关。海关行政再一次面临分裂危机。

福建人民革命政府成立时，鉴于闽、厦海关和两广海关同样的重要，总税务司梅乐和命令闽、厦海关税务司把税款存入外国银行②，或用不间断汇款上海的办法，把税款保留在最小限度③。11 月 24 日福建人民革命政府外交部部长陈友仁召见闽海关税务司卫根，提出接管闽、厦两关所有税款的要求；如果拒绝要求，将于 26 日午夜接管海关。如果海关同意要求，可以保证扩大海关行政，不干涉海关人事④。为了进一步施加压力，福建人民革命政府还大造关税自主舆论。1933 年 12 月 2 日，福建人民革命政府机关报《人民日报》发表了《人民权利宣言》，《宣言》称："鸦片战争以来，帝国主义在中国的势力发展异常迅速，帝国主义所以在中国领土内为所欲为，主要是与中国订立协定关税，使外国商品如潮水般进入，使中国经济发展受到极大的阻碍。现在南京政府在口头上宣扬关税业已自主，实际上还是一种协定关税；只有实行彻底的关税自主，才能发展民族资本主义，奖励工业建设。"⑤ 12 月 4 日又提出了 48 条人民政纲，重申"厉行绝对关税自主"⑥。

列强对于福建人民革命政府这些宣言，给予很大关注。1933 年 11 月 22

---

① 民国二十二年十一月二十二日厦门《江声报》。

② 1933 年 11 月 19 日致厦门关税务司福贝士电。中国第二历史档案馆总税务司档案第 679.32743 号，总税务司与各口税务司密电。

③ 1933 年 11 月 20 日梅乐和致福贝士电。中国第二历史档案馆总税务司档案第 679.32743 号，总税务司与各口税务司密电。

④ 1933 年 11 月 29 日卫根致梅乐和电。中国第二历史档案馆总税务司档案第 679.32743 号，总税务司与各口税务司密电。

⑤ 1933 年 12 月 2 日福建人民革命政府机关报《人民日报》号外。

⑥ 民国二十二年十二月四日《国闻周报》。

日，各国驻福州领事在日本领事馆开会商讨，特别是讨论了海关问题。会上决议：关税已经用于担保外国债、赔，如福建人民革命政府截留关税，没有违背条约，领事团不加干涉；如果触及各国利益，当另商对策。

梅乐和对这个事件的态度，与他对津海关和两广海关所持的态度完全一样，只要能够保住外国债、赔利益，特别是保住海关的"完整"，他是可以牺牲南京国民政府的利益而和福建人民革命政府妥协的。他认为，阻止地方政府对"代表国内外债权利益的海关日常工作的干涉，维持外籍税务司制度，比暂时失去地方税收更为重要。"① 一面向南京国民政府财政部部长孔祥熙进言：如果海关不能在福建立足，就会创造一个先例，使各地政权群起效尤，干涉海关行政，要求不要就福建人民革命政府接管税款的行动采取措施，而由他去和福建人民革命政府谈判，以保全海关的完整；并且函告闽、厦两关税务司："我希望你们记住，海关的完整最为重要，你们所作的任何保持海关完整的非正式谅解，都会得到批准。"② 其后又向闽海关和厦门关税务司交代具体妥协条件：只要福建各海关留下足够偿付外国债、赔的税款和海关经费，就可以与福建人民革命政府达成非正式妥协。同时，命令卫根向陈友仁申述，上述安排是一种公正的安排，使中国能够按期偿付债、赔，"从而有可能避免外国的卷入；并在国内外维持中国的信用和声望。"③

当时，福建人民革命政府处境不佳，南京国民政府大军压境，人心浮荡，政权不稳。因此福建人民革命政府和海关草草达成非正式协议：规定福州、厦门、三都澳三海关指拨偿付外国债、赔的税款如前继续汇解上海总税务司账号；但从 11 月 18 日起，上述三关每月应解交福建人民革命政府财政部425,000 元，三关的用人行政，一切仍由税务司照旧办理，福建人民革命政府不予干涉④。为了解决福建人民革命政府的财政困难，同意从 1933 年 1 月 1 日起对进口税、出口税、转口税各项现行税率，一律加征百分之十的附加税，由

---

① 1933 年 11 月 28 日梅乐和致英国公使蓝普森函。中国第二历史档案馆总税务司档案第 679.32743 号，总税务司与英国驻华公使馆密电。
② 1933 年 11 月 28 日梅乐和致英国公使蓝普森函。中国第二历史档案馆总税务司档案第 679.32743 号，总税务司与英国驻华公使馆密电。
③ 1933 年 11 月 28 日梅乐和致蓝普森函。中国第二历史档案馆总税务司档案第 679.32743 号，总税务司与英国驻华公使馆密电。
④ 民国二十二年十二月五日厦门《江声报》。

海关征收，税款全部上解福建人民革命政府财政部①。

1934 年 1 月，福建人民革命政府在南京国民政府大军压境之下终告溃败。1 月 13 日，海关恢复原状，海关问题终告结束。

从上面三次海关分裂的危机可以清楚地看出，总税务司梅乐和为了维护英国对中国海关的全面统治，为了维护列强的债、赔利益，决定走自己的路线，自行和地方势力进行谈判，以妥协换取让步。梅乐和一再申说：他任职时绝对服从政府命令。在诸如海关分裂问题上，我们可以看出他全不理会他的上司——南京国民政府财政部的命令，而自行其是。南京国民政府因总税务司尾大不掉而无可奈何的情绪表露无遗。正因这个路线的发展，所以在 1938 年出现了英日关于中国海关问题的非法协定。

---

① 1933 年 12 月 7 日福建《人民日报》。以上第二、三节参阅吴亚敏：《民国时代总税务司维护海关完整的活动》，1988 年硕士论文，第 46—55 页。

第三十六章

海关行政组织的发展

第一节　总税务司署奉命南迁及其组织的完备

1927 年 4 月，国民政府定都南京。11 月，令代理总税务司易纨士："本国民政府定都南京，总税务司署著移京设置"（财政部令沪字第 4 号）。这显然是意图加强对总税务司的控制。易纨士自然了解这个意图，他呈复说："目前在南京没有可资利用的地点以容纳总税务司署的办公人员"，抵制迁往南京。结果，"经获得同意在上海开办个总税务司署临时办事处。"最后于 11 月 24 日代理总税务司通令各关："本代理总税务司业于本日在赫德路第 21—24 号，开办一个叫着'总税务司署上海办事处'的办公机构。从收到本通令起，各关应将所有税款汇解票据以及所有〔15—6〕和〔8—8〕的册报径寄上海地址。"① 总税务司通令原来都是从北京总税务司署发出的；从 11 月 24 日的第 3822 号通令起，改由"总税务司署上海办事处"发出了。其后，都发自上海办事处，海关的重心从此由北京移到上海了。

总税务司署本来是奉命迁往南京的。这个命令不好不服从，但梅乐和为应付命令，却派了一个不大不小的官员——总务科额外税务司到南京去开办个总税务司署办事处。这个办事处在 1932 年公布总税务司署组织机构英汉名称时，其汉名则为总税务司署；到 1934 年却称为留京办事处了②，而上海办事处却成为道地的总税务司署了。这样，留京办事处只是个财政部和上海总税务司署

① 总税务司通令第 3822 号及附件。《总税务司通令》第 2 辑（1928—1930），第 42—43 页。
② 周念明著：《中国海关之组织及其事务》，商务印书馆民国二十三年版，第 10 页。

间的承转机关而已。

11月9日，财政部又令易纨士："查前税务处事务，业由本部关务署接收办理。总税务司署著即由关务署管辖，仰该员秉承关务署署长命令办理及改善海关关务一切事宜，以一事权。"① 于是，海关的隶属关系又作了改变。总税务司署原由与部级平行的税务处统辖，现则改为部属关务署统辖，在行政地位上显然下降了一级。这说明国民政府在加强对总税务司的控制。其前后关系的变化如下图：

以前的隶属关系：

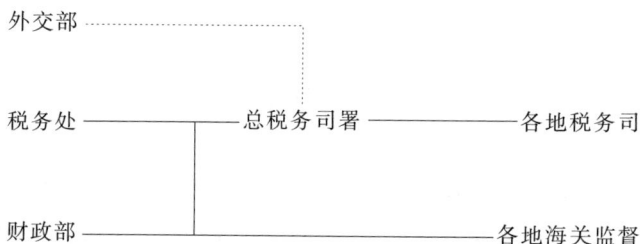

```
外交部 ··········································┐
                                          ┊
税务处 ————————— 总税务司署 ————————— 各地税务司
                  │
财政部 ————————————————————————— 各地海关监督
```

实线说明管辖实权，虚线说明间接管辖关系或表面管辖关系。

其后总税务司署的隶属关系改如下图：（见下页）

〔《海关制度概略》"海关组织"，第4页。〕

1929年国定进口税则实施，这一新的形势，对于关政的影响很大，一、既已实行国定税则，则各口的税则税率必须取得统一，税则税率有随时改变可能；二、国民政府为解决内战军费的困难，一再提高进口税率，这就导致走私活动日盛一日。在这种新的形势下，总税务司署旧的组织已不能适应，不能不作出相应的调整和扩充，兹将其调整与扩充情形分述于后。

第一，国定税则实施后，税则细目及税率必须拟定和修改，这个工作具有很强的技术性，非有专设一科以司之不可，因有税则科的设立，以便对税则问题进行研究，集中意见。税则科由一个税务司领导，其下有个副税务司级的税则帮办协助，还有一个超等验估中挑选出来的税则技士，一个速记员帮助。

总税务司署于1930年12月宣布税则科成立（总税务司通令第4153号）。

---

① 总税务司通令第3820号。《总税务司通令》第2辑（1928—1930），第39—40页。

```
                          财政部
                            │
                            ├──────────┐
                            │        关务署
                            │          │
                       海关总税务司署
                            │
        ┌───────────────────┼───────────────────┐
      各海关               各海关               各海关
                            │
                   ┌────────┴────────┐
                  分关              分关
                   │                 │
                  支关            直属支所
                   │                 │
        ┌──────────┤             支所
     直属支所      支所
```

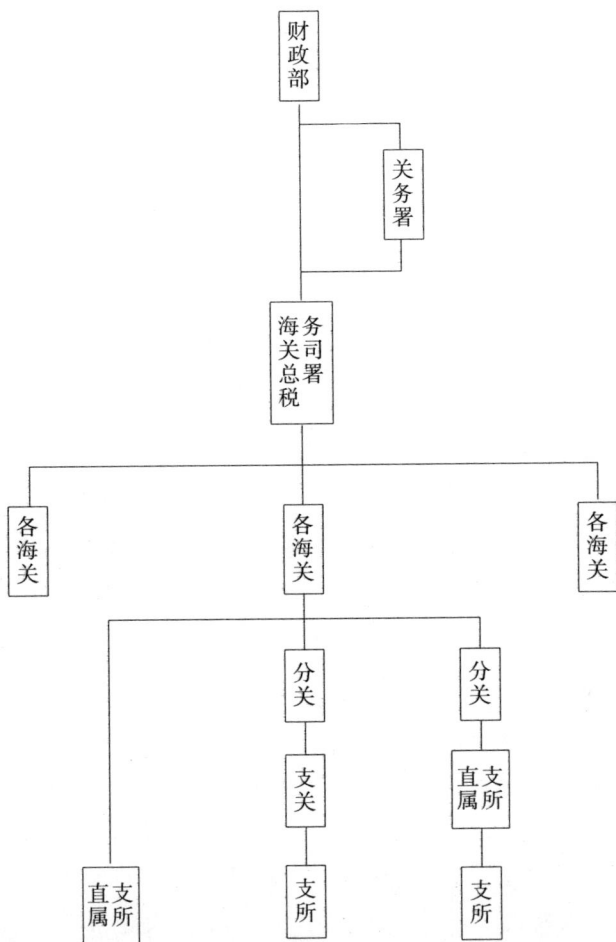

第二，以前的走私大多是违禁品一类的货物；进口税率提高后，一般货物走私就大大发展起来了。总税务司决定专设缉私一科，策划指挥全国的缉私工作。

总税务司署设立 70 多年来从没有缉私机构的设置。总税务司赫德在总税务司署设立一开始，就认为走私的问题不好解决，因为海关面对着势力强大的英商大洋行的走私，要处理，英商不服那种以英国人治英国人的办法，尤其是领事们老是站在洋行一边和海关作对，经常酿成外交交涉，使海关感到棘手；总税务司署作为税收的主管机关，如果置而不理，对中国政府说不过去。在这种情况下，赫德认为即使设立缉私机关还是解决不了走私问题，索性把缉私问题由各关自行处理；而他则另搞一套"中外会讯"的办法，凡属走私案件，就以"中外会讯"办法去解决。这就省得闹到北京公使馆和总理衙门去，酿成外交交涉；而总税务司也得摆脱因走私问题而招来的困扰。可是到了1929年国定进口税则实行，国民政府不断提高税率，于是，走私之风日盛一日。总税务司梅乐和感到非设立专门缉私机构不可，才议在总税务司署设立缉私科。1931年2月乃向关务署呈请设立，呈称："窃以在此税率增高之时，一切缉私设施实与关税收入有莫大之关系，并须派专员管理，以专责成。兹拟于职署另设缉私一科，主管一切事宜，并以前任职署总务科额外税务司兼金陵关税务司之福贝士（英国人）充任……"（1931年2月4日总税务司通令第4182号附件）。关务署当即照准。从此，海关这一重要任务，才有了专设的机构去执行。

第三，海关税为政府收入的巨擘，内外债本息均赖以挹注。全部税收的会计极为繁重，必须设立专门机构管理，因有财务科的设置。总税务司曾于1930年的一个通令中说："为了使海关的最后结账和关税征收的处置更加易于集中和配合，本总税务司已决定把所有前此北京和上海的办事处迄今关于核对、说明用途和各口岸汇解关税的处理结合成一个办事机构。这种结合将影响以下各办事机构：

（1）前在北平的稽核主任办事处；

（2）前在北平的内国公债局；

（3）在上海的稽核关税办事处。"[1]

通令所指的"结合成一个办事机构"，当系指财务科的设置。按规定：各海关按时呈报其税收数目于总税务司署时，由本科分别登册，汇成总数，由总税务司按时向关务署具报；此外，本科还兼理政府的内外债账目，到期支付具报。国民政府数年来所发行的公债库券，改订还本付息办法，每月由海关税拨付860万元，交与债券基金保管委员会，此项事务亦归本科处置。

第四，原属人事系统的工程局改为行政部门，即工务科，下设工程股、绘图股及建筑股。1929年底，工务科撤销，建筑及维修关产归关产股负责，其余合并到海务科。海务科下属增至5个股，由总工程师和海务巡工司分别管理。

第五，铨叙科，原名典职科。总税务司署统计科印行的《中国海关人事管理制度》（无出版日期）专辟了一章，题为《总税务司署典职科》，文曰：

---

[1] 《总税务司通令》第2辑（1928—1930），第115页。

"总税务司署内特设典职科，襄助总税务司办理人事事宜"，"凡关于铨叙事项如任用、迁调、晋级等，均由该科主管"（第2页）。在1932年公布总税务司组织英汉名称时仍为典职科。

第六，原来的造册处，于1932年改为统计科。由于海关业务的发展，此时的统计科已是设有5个股的最大的科。这5个股即总务股、统计股、印刷股、会计股、出版股。统计科除编制刊印贸易报告以外，还根据各关报送的统计报单，整理汇编成各类统计，及时发表；出版股发行关员的专题论著以及期刊、杂志等，还刊印供海关内部使用的文件汇编、《题名录》或《职员录》，各种手册、表格、单证等。

第七，审计科的设置。审计科主管的事务，第一，为审核海关税务行政经费的开支；各地海关的支出。第二，编制预算；每年统筹海关全部事务的需要，研究税收增减的趋势，秉承总税务司编造全年之预算，呈送关务署，待政府核准；此外，关员储金账目以及关于养老金事宜兼司之。还有，海关税务部门所征收的船钞，财务科据各地收入的报告，转交本科，故又经管海务部经费之收入[1]。

1932年整个海关组织的名称进行了统一，并加规范，从此以后，海关的组织名称有固定的译名。现将公布的英汉名称列后。

Inspectorate General of Customs，NanKing	海关总税务司公署
Shanghai Office of the Inspectorate General of Customs	海关总税务司公署
Chief Secretariat	总务科
Central Registry	文书股
Chinese Secretariat	汉文科
Writers Office	文书股
Personal Secretariat	机要科
Audit Secretariat	稽核科
Service Chief Accountant's Office	会计股
Pensions Chief Accountant's Office	储金股
Property Office	关物股
Budget Office	预算股
Staff Secretariat	典职科

---

[1] 以上资料出自周念明著：《中国海关之组织及其事务》，商务印书馆1923年版，第5—10页。

Financial Secretariat	财务科
Tariff Secretariat	审榷科
Preventive Secretariat	缉私科
Statistical Secretariat	统计科
General Office	总务股
Compilation Office	编辑股
Printing Office	印刷股
Central Returns Office	统计股
Account Office	会计股
Martine Department	海务股

口岸

General Office	总务课
Secretary's Office	文书课
Account Office	会计课
Return Office	统计课
Appraising Office	验估课
Chief Tidesurveyor's Office	监察课
Harbour Master's Office	海务课①

据周念明的记述，1934 年的总税务司署又作了调整。整个署的组织调整为：机要科、总务科、汉文科、财务科、审计科、税则科、缉私科、铨叙科、统计科，南京总税务司署改为留京办事处，还有驻外（伦敦）办事处，此外又设有产业处（Property Office），专司海关所有财产，如土地、建筑物、动产、船只、机械等。

于九科三处之外，又增设不管科秘书一人，处理不属各科的事务，这是机要、总务两科的辅助人员。②

第二节　海关监督权力进一步削弱及其任命的变化

自从外籍税务司海关制度建立之后，各地海关便形成税务司和监督两个系

---

① 总税务司通令第 4403 号。《总税务司通令》第 2 辑（1931—1932），第 415—416 页。

② 《中国海关之组织及其事务》，第 5—10 页。

统了。在清政府的本意，海关监督是国家主权的代表，用以监督外籍税务司的；但当时的总税务司赫德，为着削弱海关监督的权力，扩大税务司的权力，却千方百计夺取海关监督的权力，海关监督逐步沦为傀儡地位。当时海关监督的权力虽被侵夺，但却拥有关税保管权；到了辛亥革命，全国陷于混乱状态，总税务司和公使团乘机夺取税款保管权，监督的权力进一步削弱。当时，清政府即将垮台，民国尚未建立，海关监督纷纷脱逃，海关行政便由独立省份的都督兼管，海关监督的委派便由中央转为地方了。

1912 年 10 月，民国政府成立后，税务处乃札行总税务司："查自上年民军起义以来，各省关务暂由都督兼管。现在各关监督将次由中央任命"①，因此制定《新任各关监督办法》五条，把监督的任命权收归中央：

一、各关监督正式任命后，即由该监督先行刊刻木质关防。文曰"某关监督关防"，以资信守，并一面呈报中央政府备案。

二、各关监督直隶中央政府，不归都督节制。

三、各关经征税项，应按月呈报财政部税务处查核。

四、各关监督经征通商口岸五十里外之常关税项，应专款存储，径解财政部兑收，非有部令不得动用。

五、各关监督办公经费，由财政部税务处会同酌定，通令遵照。

税务处又以旧日监督与税务司权限多不明确，遂订立《各关监督与税务司办事权限四条》如下：

一、各海关税项，照阴历上年十二月十六日本处劄文，皆由总税务司统辖，备拨洋债赔款之用。至各关用人，除帮办、供事、文案仍应由税务司委派外，其书办一项，仍应由监督选派；惟书办名目现不适用，应即改为录事。

二、除距新关五十里外之常关归监督专管，所收税款由监督径解中央外，其距新关五十里内之常关，应照案归税务司兼管。所收税款，暂与新关一律备拨洋债赔款。其一切用人办事仍照旧会同监督办理。

三、所有新、常两关监督经发之单照，仍由监督照旧给发。

四、新、常两关征收税项，按日分拨监督查核②。

① 民国元年十月五日税务处札行总税务司处字第 3063 号。《中国近代海关历史文件汇编》第 3 卷，第 30 页。
② 引自贾士毅：《关税与国权》第 3 编，第 40—41 页。

第三节　通商口岸及通商贸易地方
不断增加和海关的增设

　　中外通商贸易，首先必须开辟通商口岸及通商贸易地方。早期的通商口岸，都是西方资本主义通过条约强迫开放的；外国叫"条约口岸"。其后西方资本主义一再强制开放，清政府疲于应付；又因开放通商口岸可以发展对外贸易，增加税收，于是又有自开口岸的设置。通过鸦片战争以来七八十年的历程，到 20 世纪 30 年代，中国的通商口岸及其他商船、商人往来贸易的地方，在沿海、沿江以至内陆边境都逐步开放。通商口岸及贸易地方开辟的过程，是列强扩大侵略中国的过程，也是中国逐步开放的过程。

　　据民国二十六年（1937）7 月出版的《海关法规汇编》记载，凡各国轮船、电船，其注册吨位在 100 吨以上的及商民船在 200 吨以上的，均得在沿海、沿江及西江各通商口岸，往来外洋贸易，地点如下：

烟　台	威海卫	青　岛
重　庆	万　县	宜　昌
沙　市	长　沙	岳　州
汉　口	九　江	芜　湖
南　京	浦　口	镇　江
吴　淞	上　海	苏　州
杭　州	宁　波	温　州
三都澳	罗星塔	福　州
厦　门	汕　头	黄　埔
广　州	中　山	江　门
三　水	梧　州	南　宁
琼　州	北　海	

　　大黑河、安东、大连、哈尔滨、龙井村、牛庄等 6 处，因东北为日本侵占，实行移地征税办法。

　　各国商人，得在陆路边境通商口岸居住及贸易。其地点如下：

龙　州	蒙　自	思　茅
腾　越	亚　东	

这里附带谈谈关于亚东关开闭问题。亚东关是根据 1893 年《中英会议藏印续约》的规定，于 1894 年 5 月 1 日开关通商的。1911 年 11 月，在辛亥革命影响下，驻藏清军响应武昌起义，囚禁了驻藏大臣联豫。起义军占领了海关监督衙门，署理亚东关税务司张玉堂逃到广东，亚东关由藏族同文供事王曲策忍暂代税务司职务。由于社会动荡不安，亚东关无法行使职权。1913 年，总税务司安格联派潮海关二等帮办卜鲁师赴大吉岭，协助清查亚东关的账目和结束工作，至此亚东关完全关闭①。

中越、中缅陆路边境，海关设有分卡、分所，管理往来贸易，其地点为：

思茅关区，设有孟连、易武等 10 个分卡；

腾越关区，设有牛囤河、遮岛等 12 个分卡，1 个分所。

凡注册吨位未满 100 吨之各国轮船、电船、马达驳船及其拖带的船只，得按《管理香港与珠江口各通商口岸往来拖船暂行章程》，在珠江口通商口岸与香港、澳门间往来贸易；但应在下列任何一分卡，即伶仃、大铲、马骝洲、前山报验纳税。

上述各船，凡注册吨位在 100 吨以下的，如不拖带船只，得在香港、澳门间，按照普通行轮章程往来贸易。

因为九龙、拱北及雷州各关区沿边和香港、澳门近在咫尺，特设如下分卡：

九龙关区设有蛇口、桂庙等 5 个分卡。

拱北关区设有关闸、石角等 4 个分卡。

雷州关区设有安铺、黄坡等 12 个分卡。

又设双溪、电白、傅贺 3 个分所。

各国轮船、电船，得按照专章，在下列各地方起卸货物，并得上下客货，这叫上下客货处所。

运河沿岸的嘉兴，长江下游的江阴、南通、安庆、大通、湖口、武穴、陆溪口、大冶（不准上下搭客）、黄石港；长江上游的巴东、巫山、夔府即奉节、云阳、忠州、酆都、涪州、长寿。西江上下客货处所有甘竹、白土口、肇庆、罗定口、德庆、都城、容奇。

此外还有仅准搭客上下的处所：长江有芦泾港、天星桥等 10 处，西江有

① 刘武坤：《亚东关始末》，《海关研究》1993 年第 4 期。

马宁、古劳等 10 处。

为了照顾华籍民船往来国外贸易，凡容量在 200 担以上的，除得在通商口岸往来国外贸易外，并得在下列各分卡往来贸易、起卸货物及完纳税款；其容量不满 200 吨者，不得援例。华籍民船往来国外贸易分卡，在沿海 18 个关区都有开辟，不一一冗述。

至于华籍民船在 200 担以上者得在规定的通商口岸往来国外贸易外，并得在规定的分卡，往来国外贸易，起卸货物及完纳税款。内港轮船得按照行轮章程，在中央政府及地方政府核准之沿海及内港各地方往来贸易。长城的张家口及山海关也设有六口，得往来贸易。

船只擅行往来未经核准通商地方贸易者，一经查获，立即充公①。

从 1915 年 7 月 1 日开始，据税务处编纂的《海关常关地址道里表》记载，凡是洋关、新关之名不再用于海关，而钞关、户关之名也不再用于常关。所有官方文件，统称为海关和常关。总税务司通令于 1915 年下半年各项报告或报告书开始实行②。

据 1934 年的记载，全国共有海关 49 处，兹将其关名及所在地列后：

瑷珲关	黑龙江瑷珲
滨江关	吉林哈尔滨
珲春关	吉林珲春
龙井村关	吉林龙井村
沈阳关	辽宁沈阳
安东关	辽宁安东
大东沟关	辽宁大东沟
大连关	辽宁大连
营口关（山海关）	辽宁牛庄
葫芦岛关	辽宁葫芦岛
秦皇岛关	河北秦皇岛
津海关	河北天津
龙口关	山东龙口

① 以上资料出自《海关法规汇编》，第 1—15 页。
② 1915 年 7 月 8 日总税务司通令第 2385 号。《总税务司通令》第 2 辑（1914—1918），第 225 页。

东海关	山东烟台
威海关	山东威海卫
胶州关	山东青岛
重庆关	四川重庆
万县关	四川万县
宜昌关	湖北宜昌
沙市关	湖北沙市
长沙关	湖南长沙
岳州关	湖北岳州
江汉关	湖北汉口
九江关	江西九江
芜湖关	安徽芜湖
金陵关	江苏南京
镇江关	江苏镇江
江海关	江苏上海
苏州关	江苏苏州
杭州关	浙江杭州
浙海关	浙江宁波
瓯海关	浙江温州
三都澳关	福建三都澳
闽海关	福建福州
厦门关	福建厦门
汕头关	广东汕头
粤海关	广东广州
中山埠关	广东中山模范县
拱北关	广东拱北
江门关	广东江门
三水关	广东三水
梧州关	广西梧州
南宁关	广西南宁
琼海关	广东琼州

北海关	广东北海
龙州关	广西龙州
蒙自关	云南蒙自
思茅关	云南思茅
腾越关	云南腾越①

1931 年以后，因日本侵占东北，东北海关尽为日本假借伪满洲国名义劫夺。到 1936 年便只剩 40 个海关了②。

各关均有一定关界，即关区。1932 年海关改制后，全国划分为 12 个关区：即：安东关区、津海关区、江海关区、浙海关区、福海关区、闽海关区、厦门关区、潮海关区、粤海关区、九龙关区、江门关区、琼海关区。

第四节　各口海关组织的发展

在总税务司统辖之下，各关的税务部门约分为下列各课：

一、总务课（通称大公事房）。本课分进口、出口两部，处理进出口货物商人报关、纳税之一切手续。这是海关的基本工作，所管事务，至为繁琐，也是各关的主要部门。自船只出入之登记以至货物完税后逐日记账（税收数字未送会计课以前之初步记账）均须一一处理。

二、秘书课。凡与总税务司署来往之公牍及各关对地方各机关有所接洽时所需的文件，均归本课处理。各关秘书课皆分英文、汉文两股办事。

三、会计课。总务课每日所收各项税收之账略，次日即转交会计课。本课分别科目，司其会计，按时将各项税收之数字呈报总税务司署。事务较少各关，所有本关之支出，亦由本课一并处理，不尽另置专司（江海关会计课则分为税收股（Revenue Accounts）与普通账房。普通账房专理各种用费之支付）。

四、验估课。专司进出口货物之检验与估价，为征收关税的根据。本课职员，可谓内外班之混合。办理商人报关经过本课时的手续为内班之事务，而实地检验、估价须有专门学识与经验者，则由外班之验估员与验货员掌之。本课

① 《中国海关之组织及其事务》，第 13—17 页。
② 《海关职员录》，民国二十五年，第 167—169 页。

验估之决议，商人即须据以纳税。

以上4课均属内班，至于稽查督察，则由外班稽查员任之，而以监察长为领袖。海上缉私、防止偷漏，则由各关巡船担任。

各关也管理海务部门所管的航政、港务等事项，此等事项由各关的港务长（原名理船厅）督率其所属人员负责处理，与税务部门别成系统；但遇事则尽量合作（按：各关的港务长多由监察长兼任)[1]。

各关的组织是发展的。本来是以房、台等为分属单位，后来由总税务司署统一规定，一律设课，每关分设4课至7课不等。

江海关所设7课，自第一至第四课，长期以来以洋员内班帮办为课长，第五、第六两课以外班洋员为主任。在贸易繁盛的口岸，有设置副税务司以辅助税务司的；有于总务课中设置分课的。工作较繁的常关有时设置独立常关，以副税务司为主任，通常多于海关内设常关课，以洋帮办为课长。总务课为各课中之最要者，因为它总辖船舶出入、关税征收等要职。

全国各关的组织以江海关为最繁，兹特分述于下：

一、秘书课

设汉文、英文秘书各一人，分掌本关与各处往来的文件和对外界的公告。本课案卷亦归本课保管。

二、会计课

江海关税收最多，经费也最多，账册繁重，所以下分两股，即税收股（Revenue Aeeounts），专司进出口各项税收之会计；支出股（Pay Office），专司本关各项经费的开支。江海关关员的薪俸，亦归本股发给。本课两股，以上海区会计主任为课长。

三、缉私课

这是根据当时税率提高、厘金常关局卡裁撤，走私气焰嚣张的情形而设立的。

以上三课的职掌，多属海关内部事务，和征税手续、商人报关无甚关系。以下各课，和商人关系则甚密切。

四、验估课

关系税收至大，故本课在海关组织中，向占重要地位。江海关业务特繁，

---

① 《中国海关之组织及其事务》，第11—12页。

所以特设额外税务司一人综理全课事务。本课处理货物的验估，共分六股：

第一股——专司油脂、酒、香水、染料、墨药料、化学产品、制纸纤维。

第二股——专司疋头类。

第三股——专司五金、五金杂器、纺织机器、汽车、电器杂类、杂货机器。

第四股——专司食物、烟、皮件、照相杂物、音乐器、橡皮什物、煤、玻璃杂货、木材、瓷器。

第五股——专司土货进口。

第六股——专司土货出口。

商人报关，用报关单注明各货物，报请验估，本股人员即审核货物的价格，查阅税则，明白批注其应纳税率，由稽查员验货后，即由本课直接将报单送交总务课，办理其他征税手续。凡货物无适发市价的，由海关酌定。

本课设有化学试验室。

五、总务课

综理一切进出口货物征税之手续，为海关征税部分最重要的一课，江海关因业务极繁，特设常务税务司（Administrative Commissioner）一人为本课课长，其下有主任台（Head Desk），为副税务司缺，处理日常例行公事，集进口、出口两部之大成。

进口部，要通过下列各台：

（一）舱单收进台（Manifest Receiving Desk）

（二）进口货物清单台

（三）挂号台

（四）舱单台

（五）税单台

（六）接收完税收据台

（七）记账台

（八）放行台

（九）核账台

（十）即放台

（十一）过期台

（十二）关栈台

（十三）派司房

凡进口洋货或土货的商人，要享受复出口利益的，必于货物报关进口时，请领派司（Pass），派司为证明货物已在上海完纳各税的证件。派司分为三种，一叫原来派司（Original Pass），或称"进口洋货盖印原据"，只限洋货使用；分派司（Sub Pass）。商人可以根据"原派司"，尽其所需请领若干"分派司"；土货派司（Natives Pass）可以保留土货复出口利益。

出口部，也分下列各台：

（一）挂号台

（二）出口台

（三）税单台

（四）接收纳税收据台

（五）记账台

（六）放行台

（七）核账台

（八）结关台

（九）退关货物台

此外，还有错单台等。

江海关还设有邮政包裹税征收处，征收处分进口股。进口股又有分国内包裹台、日本包裹台、国外包裹台；出口部分国内包裹台、国外包裹台、大宗包裹台。

江海关还有江海分关的设立。所谓江海分关，包括黄浦江边十六铺海关及驻吴淞专为缉私、稽查的分卡。分关系征收经过吴淞的民船及内河轮船所载货物应纳之关税，以及在常关区域内执行缉私防漏事务①。

从江海关组织看来，相当严密，该管的业务都设有机构专管，一个环节跟着一个环节，不使遗漏；手续虽繁，但很有秩序。这是积累多年经验，逐步改进的结果。

---

① 《中国海关之组织及其事务》，第 18—39 页。

第三十七章

海关人事管理制度的严密

第一节　典职科和海关职员的重新调整及其等级

海关有一套严密的人事管理制度，这套制度是数十年来积渐而成的。原有制度，因时势迁移，总有不相适宜之处，历任总税务司根据实际情况和以往经验，酌予改变。所有改变，虽未订有专章，但均明令通饬各关照办。以前例案凡可援引的，仍令遵从。

海关全关的人事管理权，操自总税务司。为了襄助总税务司处理人事事宜，总税务司署特设了典职科（后改为铨叙科）。典职科设税务司1人，副税务司2人，为科的首长。凡人员的铨叙如任用、迁调、晋级等均由该科主管。这个时期海关的关员等级，和1928年《海关职员录》附件第1号"海关职员等级表"有较大的不同：第一，华洋分班痕迹已经消失；第二，职称的旧名难以理解的，改用今名；第三，前中后班一律改为一、二、三、四级，因今表和前表有较大不同，兹将今表照录于下，以供参考。

甲、税务职员

　　（一）内班人员

　　　　子、征税人员：

　　　　　　税务司、副税务司。

　　　　　　特等一级、二级帮办。

　　　　　　超等一级、二级帮办。

　　　　　　一等一级、二级，二等一级、二级，三等一级、二级，四等一级、二级帮办。

试用帮办。

特等一级、二级税务员（前称供事），超等一级、二级税务员，一等一级、二级税务员，二等一级、二级税务员，三等一级、二级税务员，四等一级、二级税务员。

试用税务员。

学习员。

丑、杂项人员：

档案主任，额外帮办，未列等帮办，额外税务员，本口录用税务员，化学师，副化验员，登录员，速记员，档案管理员，编录员，打字员，汉文文牍员，汉文书记，核税员，经收员。

寅、统计科（前称造册处）技术人员：

印刷所主任，总校对员，校对员，副校对员。

卯、建筑人员：

建筑师，副建筑师，制图员，制图生。

（二）外班人员

甲、监察人员（原称总巡）：

总监察长，一等、二等监察长，一等、二等副监察长，一等、二等监察员，一等、二等副监察员。

乙、验估人员：

超等、一等、二等验估员，一等、二等副验估员。

丙、验货人员：

特等一级、二级验货员，超等一级、二级验货员，一等、二等验货员。

超等、一等、二等、三等、四等稽查员（原称钤字手或扦子手），试用稽查员。

丁、其他人员：

未列等验货员，额外稽查员，未列等稽查员，本口稽查员，本口巡役，运输员，监工员。

（三）巡缉人员

一等驾驶员（原称管驾官），一等一级、二级、三级、四级机师。

乙、海务（原称海政局）职员

（一）工程人员：

总工程师，工程师，副工程师，试用副工程师，无线电工程师，无线电副工程师，无线电监理员，无线电副监理员，工务办事员，制图员，制图生，机匠，无线电报员。

（二）巡工人员：

海务巡工司，海务副巡工司，海务监察，海关缉私舰队队长，巡江事务长，副巡江事务长，军械员，验船员，一等、二等、三等巡工事务员，测量员，副测量员，海务帮办，江务帮办，海务办事员，制图生，海务额外办事员。

（四）管理灯塔人员：

灯塔巡视员，超等一级、二级灯塔管理员，一等一级、二级灯塔管理员，二等一级、二级灯塔管理员，三等一级、二级灯塔管理员。

（五）运输人员：

船长，一等驾驶员，一等一级、二级、三级驾驶员，一等机师，一等一级、二级、三级、四级机师，候补驾驶员①。

第二节　海关人事管理制度的基本要点

海关的人事管理制度，到了 20 世纪 30 年代前期已经相当严密，总税务司署统计科印行的《中国海关人事管理制度》一书，系统叙述各项管理规章。兹特结合有关记载摘录于下：

一、考试与录用章程

海关用人，通常都要经过考试。考试制度是英国文官制度的核心。也是中国海关人事制度之一重要原则。

关员录用，内外班不同。内班低级职员如汉文文牍员、汉文书记等，以公

---

① 《中国海关人事管理制度》，附件一号，第 17—38 页 "海关职员等级表"。原文无英文名，只有汉译名，未载出版日期，估计为改制后出版的。

开考试方法录用之。考试及格的，经关医检验身体合格后，即先予试用，以 6 个月为限；期满由该管长官缮具特别考成报告，呈报总税务司斟酌录用或辞退。

凡学习员及帮办遇有增添必要时，均由税务专门学校毕业生派充。该校毕业生经医官检验身体合格，即派往各关任学习员，学习期限定为 1 年。期满，成绩卓越者任为帮办，优良者派为税务员，欠佳者，学习期限酌予延长，恶劣者，即予辞退。

学习员考成方法：学习员于入关 3 个月，对于所任关务，考试一次，一年期满，再由总税务司派员举行口试及笔试各一次，并由关医检验身体。其成绩及格及各关税务司与奉命举行口试之税务司所具特别考试报告，均由总税务司署典职科详加考核，并对学习员在学校所得分数，互相比较，加具考语，呈总税务司察核办理。

凡外班职员，遇有缺额时，即以税务专门学校外勤班学生遴选补充。此项学生，经医官检验身体合格，方派往海关服务。入关后，作为试用稽查员，期限以 6 个月为度。期满，该员是否继续任用，即由总税务司典职科依据各关税务司所具考试报告，予以决定。其经正式任用者，则列为四等稽查员。

二、关员晋级章程

普通晋级。海关内外班职员，如资、劳卓著，每二年得晋级一次，每年晋级日期为 4 月与 10 月 1 日。

内班中之税务员，成绩优越者，如遇帮办等级内有缺额时，亦得越级为帮办。

外班稽查员成绩优良者，可逐步递升为监察或验货职员；唯一等验货员，应参与笔试和口试，及格方得晋级。参与此项考试之一等验货员，如得 80 分以上的，得升为验估职员；其所得分数在 70 以上 80 以下者，得升为超等验货员。超等验货员，如欲进为验估员，仍得参与考试，及格方准擢升。

普通关员，届晋级年限时，是否予以擢升，概由总税务司署典职科严加考核，呈报总税务司定夺；唯职位较高之关员，其擢升标准，视当时有无职缺而定，由总税务司自行裁夺。

特别晋级。关员之有特殊劳绩者，得于每年 3 月或 9 月，予以特别晋级；但资格较深的关员，如有奇异勋绩时，其晋级时期，亦得特予提前一年或数年。

停止晋级。不足升级标准者，即停止晋级；倘厥后该员考成仍无进步，即由典职科具函警告；如警告后，仍不自行策励，即予免职。

关员因家庭或其个人缘由，不能随时迁调者，亦得停止晋级。

关于考核关员晋级方法。典职科办理各关关员的晋级和迁调时，均以各关呈送之考成报告作为根据。此项报告系由各关税务司及高级关员编制，每年于12月汇送总税务司备核。所有关员之品性、才能、资格等，均详载于内。其编制方法，系按总税务司通令1933年第4448号的规定"编制关员年终考成报告之方法"办理。通令要求："凡考成报告所列各项考语，对于该员极形不利，甚至有受停止晋级或免职处分之虞时，该税务司对于该员，应亲自垂询，并晓谕该项情形；如有必要时，并应与之讨论其弱点，予以指导。凡保荐税务员擢升帮办者，应格外慎重，税务司应加具赞成与否的意见。关于品行、学识、才能、健康的考成，都有具体的规定，都要求表示明晰，以防敷衍塞责。有特殊才能的，都要详诸报告中。"

典职科接到各关关员考成报告后，该科税务司及副税务司，即分别将各报告逐一详加研究，并将研究结果，以规定符号填注于特备职员录各该关员姓名之后，用示该员办事成绩。其符号为：最优等"++"、优等"+"、中等"0"、劣等"-"、最劣等"--"。上列符号不足表示该员之成绩时，得另加附注详释之；如有某员应予特别擢升，或成绩过劣请求免职的，则应特加附注。历年报告，加以比较，以免时轻时重之弊。

每年春秋，届时应行擢升之关员，典职科均列有清单，由正、副税务司逐一考查，并按上列符号，签具考语，而后呈请总税务司核准。

三、典职科迁调人员手续

各关税务司于每年6月及12月终，编制职员统计表，呈送总税务司署。凡各关税务职员有增减必要时，得于表内陈明，俾典职科于分配人员时，有所依据，并应编制职员清册及住所分配表。典职科收到上述表册，并各关员年终考成报告，详加审核，而后决定是否予以迁调。凡服务边徼各地业已数载者，则迁之环境较佳之口岸。各关职员有请假、退职情事，应调员前往，以补其缺。

为了考绩及分配人员，典职科备有各种表册：（一）关员履历表，（二）年终考成报告，各种职员统计表，各种职员清册及住所分配表，（三）各关职员升迁月报，密函。各关税务司，关于其所属关员，遇有应行报告事项，但认为情形轻微，无须呈报总税务司时，即将详情，以密函径咨典职科税务司办理。

（四）海关职员录

每六月间刊行一次，由典职科编制。凡三等一级税务员、二等监察员及二等验货员以上之职员，各发给一份。

（五）海关职员任调公报

每月由典职科编制，分发各关。此外，每年春秋二季，并刊行擢升及迁调特刊，分别将关员擢升或迁调，总税务司不另行文；至于高级人员的擢升或迁调，辄以训令通饬各关办理。

（六）其他表册

甲、索引片，所有关员均按其英文姓名，编绘一片；乙、各关职员清册；丙、各关职员清册的备忘录，凡海关所定之管理人事章程及例案均予载入，以备日后援照办理。

四、关员请假章程

请假分为例假、病假及准假日期三项。

例假。因为海关关员中有华、洋不同国籍的区别，所以例假分为华籍职员与外籍职员两种。华籍职员的例假：

（一）凡税务司、副税务司、帮办及税务员、汉文文牍员等，每年得请不逾 14 日之短期假。服务满 3 足年，得给予 2 个月之长期假，满 4 足年，得给予 3 个月之长期假，满 5 足年，得给予 4 个月之长期假，满 6 足年以上，得给予 6 个月之长期假。

（二）凡校对员、副校对员、额外税务员、本口录用税务员、汉文书记、税务员等，每年得请不逾 14 日之短期假。服务满 3 足年，得给予 1 个月之长期假，满 4 足年得给予 2 个月长期假，满 6 足年以上，给予 3 个月之长期假。

（三）信差、听差、杂役等，每年给予 20 日之假期。

（四）凡外班各级华员，得比照内班所规定之办法办理。

外籍职员，因家在外国，在例假方面，则给予特别照顾：

（一）凡洋员税务司、副税务司、帮办及其他职位相等之洋员，初入关者，服务满 6 足年，得给予 1 年长期假；其后每服务 5 足年，得给予 1 年长期假。

（二）凡外班洋籍职员及同职位之洋员，于初入关后，服务 7 足年，得给予 6 个月长期假，其后每服务 6 足年，得给予长期假 6 个月。

病假则华、洋不分。凡内外班华、洋人员，如经海关医生证明，确系因病不能到关工作的，得准予病假。如其病假在 3 个月以内，所有应领之薪金，照旧支给；如逾 3 个月不足 6 个月，其所逾期限内应领薪金，按半数支给；如逾 6 个月，仍未痊愈，不再支给薪俸。是否按因病退职章程退职，或继续给予病假，由总税务司酌核办理。

关于长期假之准假日期，华、洋职员各有规定。

五、关员迁调人员手续

海关内外班人员，分为迁调和不迁调两类。不迁调的职员为本口录用税务员，稽查员及其他杂役。其余均为随时可以迁调的人员。这样的人员，待遇较优。

普通关员的调动事宜于每年 4 月、10 月办理。总税务司署典职科对各关需用人员及职员有否迁调必要，随时调查，和各关请假关员清册互相核对，以为规定迁调人员的标准。每届迁调时期，典职科即根据上述标准编造迁调人员清册，呈请总税务司核准，然后分别以关员迁调特刊或训令，令行各关遵照。

高级人员的迁调，由典职科税务司秉承总税务司之命斟酌办理。各关税务司的调派，要由总税务司呈请关务署转请财政部长核准，并发给委任状。

调口需要旅费。凡总税务司令行迁调的人员，均由海关发给旅费及调口津贴。旅费的发给，按关员等级和所乘交通工具而定。资深人员和他的家属的川资，均由关发给，但以妻 1 人，子女 3 人为限，调口津贴亦按等级发给，但关员无论因个人或家庭关系，而自行请调的，非独需要自备旅费，连海关派遣补充人员一切旅费，亦由该员偿付，以示限制。

六、关员退职发给慰劳金和抚恤章程

（一）关员退职章程。

凡关员服务满 35 年的，强迫退职，并得享有全数养老金的利益。其年满 60 岁的，也强迫退职，但养老金则按服务年限，比例发给。

关员服务满 30 年或以上的，得自动退职，其养老金亦按比例发给之。

凡因病退职的，由关员自行呈请，或由总税务司命令退职；但应由医员 3 人会同查验，经全体同意，认为该员不复胜任职务时，则准予因病退职。凡因病退职的，按照规定比例，核发养老金。

关员因海关裁员或改组，或虽未犯有过失，而因不堪继续任用，经关辞退者，其养老金仍按规定比例发给。

关员服务满35年者，才得享受全部养老金的利益。此项养老金于关员退职时，由海关发给。其数目以足敷购买终身年金为度；年金额系以关员退职时年薪四分之一，作为计算标准。此项终身年金，可向经营此项事业之金融公司，如保险公司等处购买，由购买人付与基金。该公司即逐年照所订金额付给年金，至身故为止。关于购买此项年金所需基金之数，各该公司订有标准，因年龄及购买金额而有差别。

凡因前项原因，服务未满35年即行退职的，其所得养老金，按其服务年数，比例发给；但不依其退职时之年龄计算，而以其服务满期时之年龄为核算标准。

海关职员，除低级杂役外，每月由关扣除薪金百分之六，以为养老储金。此项储金另列于关员储金账内，由关妥为投资。俟关员退职时，连同应得利息全数退还之。所有服务未满30年自动辞职或亡故，或被免职与撤职之人员，其应得储金本息如数发还；唯不得享受养老金之利益。

（二）关员抚恤金章程。

所有内外班职员，除低级杂役以外，服务满7年后，得发给慰劳金一次。此项慰劳金等于该员所得之全年薪给总数，按其第七年最后一个月之月薪计算。唯发给与否，总税务司得斟酌办理。倘关员服务成绩不佳，或未满7年自行退职的，即停止发给。

关员奉主管长官命令，和私贩斗争以致伤落水终致殒命的，得按该员薪给及家庭状况发给恤金。倘由其他事故如海关被匪抢劫等事，或未奉命令自行动作以致毙命或受伤的，均不得按照前项办法发给恤金；但得呈请关务署分别参酌情形，核夺办理。又关员或外人如未赋予缉私工作之权而自行参加，以致残废或殒命者，亦不发给恤金。其经海关主管长官核准参加者，如受伤或殒命时，其恤金之发给，由关税务司核定之。

临时雇用职员，因公受伤或殒命者，发给恤金与否，也由总税务司核夺。发给时最多不得超过同级长期职员应得的三分之二。

七、关员奖励章程

凡华洋关员勤劳卓著或有特殊功绩者，总税务司得呈请关务署转呈财政部发给奖章、奖状，或颁给海关奖章；或由总税务司传令嘉奖。海关并酌予特别晋级。财政部发给的财政奖章，依《财政奖章规则》的规定发给。凡服务于各级财务机关公务员在职务上著有劳绩、合于一、服务在 5 年以上确有劳绩者；二、办理重要机密案件特别勤劳者；三、对于财政有专门著作或有特殊建议经采纳施行者；四、办理税务超过比额继续至 3 年以上者；五、发觉偷漏案件因而缉获在 1 万元以上者；六、劝募征额公债库券缴款迅速者……的规定，给予财政奖章。凡给予财政奖章者，由主管长官开具事实，呈请财政部长转行政院批准后，由财政部颁给之（《财政奖章规则》），也可以发给海关奖章。凡在中国海关服务之华洋人员，任职长久，卓著勤劳，或有特殊功绩者，得给予海关奖章。海关奖章分金质奖章、银质奖章、铜质奖章三种，由总税务司按照规定，呈经关务署核请财政部颁给。各种奖章限于在关服务连续 25 年以上、勤劳卓著的；但著有特殊功绩者，不拘年限，总税务司得特别呈请颁给奖章。

凡未列入《海关职员录》的人员，服务已满 25 年的，应由各关税务司及各科领袖，于每届年终开列名单，各员服务期内之劳绩及品行等，加具考语，呈报总税务司署酌核请奖。凡名列《海关职员录》的人员，服务已满 25 年的，应由铨叙科税务司，于每届年终开列名单，加具考语，连同前条所开各关及各科呈送之名单，一并呈请总税务司酌核请奖。

凡未列入《海关职员录》的人员，第一次颁给奖章的，应给铜质奖章。

凡已受银质或铜质奖章之关员，若有优良成绩，或特殊功绩者，得由总税务司呈请晋级高一等之奖章。

八、关员惩罚章程

各关关员之品行及办事效能，政府责令总税务司负完全责任，而各关税务司则对总税务司负管理其所属职员之责。凡关员品行不端或犯有过失者，税务司得口头或以文字，单独或于全体关员面前申诫之；或呈报总税务司；或予以停职处分。该员薪金暂按半发给，听候总税务司核夺办理。

关员如有重大过失应予停职时，税务司得将其停职缘由，拟具报告交与该员阅读，俾得将自拟的辩诉书，交由税务司连同报告书备文呈请总税务司核办。

海关职员概不准经商，或直接间接办理进出口贸易。非经海关核准，不得兼任其他事务，以图报酬，更不准公开发表意见，或对于政府任意批评。关员组织和社交团体，以联结感情为目的；唯关于政治结社、工会或相似之团体，则奉令严予禁止。

总税务司通令第 3899 号所列各种过失，仍分别轻重，予以撤职或辞退或将其姓名在《海关职员录》中列于本级之最末位[1]。

海关的人事管理制度，海关出版的《海关制度概略》曾作过总结，认为有其下各种特点：

一、所有各关人事管理事宜，均由总税务司署依照订定章则办理。人员之任免升降，一般均凭其才能、学识、工作成绩而定，不能因政治势力之影响，或私人关系之牵制而有所转移。是以数十年来在清朝腐败势力之下，海关能保持其清明风气和较高的行政效率，不致流为官僚政治部门。

二、职位分类比较细密。中国的文官制度，有官阶之分，无"职位分类"。海关人员的编制，横的有职类之别，纵的有等级之别，分类分等级细密。所有各门类各等级人员之职务权责，均有明确规定。这样，人有专司，职无虚设，符合"分工合作"原则，具有近代科学管理精神。至人员之薪给，按其职务之繁简，与责任之轻重，核实评定，使工作与给酬相当，无厚薄不平之感，也颇符合"各尽所能、各取所值"的原则。

三、考试任用之严格。海关各部门人员，通常都用考试方式考选录用或晋级，不能只凭当局显要的推荐，或由亲戚故旧的援引，即可安插位置；因为考试任用严格，所以人员的才能、学识、均有一定的标准。这样，不致发生冗滥充数，良莠不齐的情形，海关行政效率得以保持。

四、升陟顺序。海关各部门人员，均须从最基层做起，凭其工作成绩，顺序晋升，不能由于权要的推毂或汲引，即蹿登高位。这样，各部门高级人员，都自基层开始，对于工作有实践的经验，了解较深，处理工作时，自能处置得当，不致事事假于属员，养成一种科员政治风气。其次，人员的晋升须循一定阶梯，不能由私人援引，以求晋升，自能杜绝夤缘奔竞，损及勤勉服务之精神。

五、考绩之确实。海关人员的考核报告所列项目比较详细，并根据各部门各系人员职务之不同，分别订定其考核标准，符合分类考核之原则。考核结果自较准确合理，考核程序较为严密。关员考绩报告由直接主管填造后，先经关区主管长官审核，次由总税务司署典职科复核，并与历年之考核报告互相参证；如有疑点，提出复查，然后呈由副总税务司复核，呈总税务司核定之。如此层层考核，其结果比较公平，不致有过枉过纵之弊。

---

[1]　《中国海关人事管理制度》，第5—26页。

六、专业化训练。所有各部门的干部人员于任用之前，均须经税务专门学校税务班及海事班的专业训练；入关后，须经过试用时期，轮流到各部门实习，是以当正式任用之时，无论在知识、技能方面，较能合乎业务之要求。

七、职位有保障。海关人员一经正式任用之后，其职位切实保障；苟非犯有重大过失或有贪渎行为，决不能任意撤换，亦不以长官之进退而影响其地位。是以人人以此为终身职业，无五日京兆之心，自能安心工作，不必奔走逢迎，拉拢私人关系，以巩固其职位。

八、待遇优厚。每月所得均能维持较高生活水平，是人皆安心乐业，一般均不作非分之想，所以数十年来一般能保持比较廉洁的作风。

九、养老退休的设施。此项设施，使人员退休之后，其生活仍有确切的保障。在职之时，不必有后顾之忧，这就可以提高其工作情绪。关员退休后所得之养老金，一部分为其本人按月薪俸中扣缴储金之累积。此项储金积累至相当数额，即等于"保证金"。关员为保持其应得利益，自不愿作非分之企图、违法之行为。此对于防杜私弊，保持操守，有一定作用①。

海关的人事管理，不但事事定有管理章程，而且严格执行。据林乐明记述一事，可以想见其执行的严厉。林氏书中记述道："查人事科所办工作，在不正式发表之前，奉令均不准私谈，因恐不慎泄漏而致要求更改情事。倘一经查出有此走漏消息时，重者有革职，轻者有被降级及他调之虞。是以凡在该科服务者均守口如瓶，明知之者，如有所问及，亦答称'未悉'。此种'白说话'，实属不得已也；否则，难免累及己身而受处分。忆有一次，胶海关梁某君，请假三月经已核准，文稿已由人事科税务司呈准总税务司划行，送交总务科备文该关税务司知照；惟因每日文稿繁多，核对需时，尤须该科税务司签示后始可寄出，同时又因当时航邮，只靠车船转驳，颇费时日。适有乔君与梁君为妗兄弟之谊在该科办事，捷足先登，发电先行转告。第该电适落在该关税务司手中……以至不匝月，乔君即被调岳州。"②

《海关制度概略》对于海关人事制度特点的叙述，大体中肯；但对制度存在的缺点却一无涉及，这个制度培养出来的人才，只是循规蹈矩、唯唯诺诺的驯服工具。关员在种种规章的严格束缚下，只能是没有政治头脑、惟总税务司

① 《海关制度概略》，第13—14页。
② 林乐明：《海关服务卅五年回忆录》，第3—4页。

之命是听。总税务司正是通过一大批驯服工具对海关进行统治的。

还有，《中国海关人事管理制度》明确规定，关于"所有关员，品行及办事效能，政府责令总税务司负完全责任，而各关税务司则对总税务司负责管理其所属职员之责。"这就明确规定总税务司负有管理全体关员之全责，各关税务司对于属员之管理，对总税务司负责。这样规定，便利总税务司包揽全关人事权，以致清政府和国民政府意图改变海关的洋员统治终不可得。

第三节　培养税务华员的税务专门学校

税务专门学校原名税务学堂。成立于1908年。1908年4月29日，前清税务处札行署总税务司裴式楷："为札行事。本处现在开办税务学堂，派定第一股帮办补用知府陈銮为该学堂总办、三品顶戴前蒙自关税务司邓罗为洋总办。经合札行总税务司查照，并希通饬驻英税务司、造册处暨各关税务司知悉。嗣后凡有关于税务学堂公事，由该总办会商本处提调呈本大臣核定后，经由该堂总办会衔照请总税务司转饬各关税务司办理，以省周折。相应札行署总税务司转饬各关税务司遵照可也。须至札者"（光绪三十四年三月二十五日札）。

陈銮任华籍总办至1912年辞职，由北洋政府内阁农林部长陈振先接任校长，同时将洋校长改称副校长。

税务学堂成立初期，校址设在北京王府井西堂子胡同税务处东院及马号南院的一部分作为办公、讲堂、宿舍、操场之用。1910年位于朝阳门雅宝胡同东口的新校舍竣工，11月迁入新校舍。招收高中毕业生，修学期限为4年。是年暑假在上海、北京、广州办理新生入学考试，计录取华籍学生36人。9月13日正式开学。嗣后每年招收学生二班。

1913年，教育部承认税务学堂具备高等学校水平，学堂改名为税务专门学校，简称税专，改华洋总办名称为华洋校长。

税专成立初期，学校组织较为简单，校长以下设有文书、会计、庶务、图书等行政单位。教务方面则设有教务长、监学、教授等。其行政组织历经演变，迄国民政府定都南京，财政部关务署成立时，其组织系统大致如下：

税专课程相当庞杂，第五班课程有汉文学科：有道德、作文、历史、条约；英文学科：有文法、函牍翻译、论略、历史、算学、法学通论、国际法、商法、政治、财政、经济、统计、簿记、银行、保险、商业地理、商业历史、

```
                    副校长
                    校长
    ┌─────┬─────┬────┬────┬────┬──────┬─────┐
  训导处 (训导长) 秘书 教务处 (教务长) 事务处 (事务长)
    │                │              │
 ┌──┼──┐          ┌──┼──┐       ┌──┼──┐
医  军  斋         图  注        会  文  庶
务  事  务         书  册        计  书  务
室  体  组         馆  室        组  组  组
    育
```

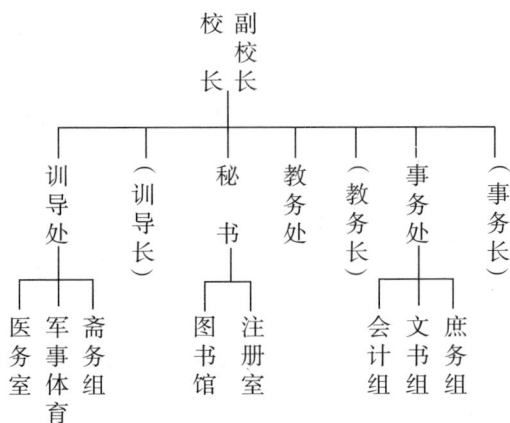

关税、商品、税则历史；外国语则有法文、俄文、日文等。第 13 班课程则有法学绪论、国际法、商法、税则法、外交史、文化史、政治学、统计学、簿记学、财政学、国际贸易学、英文文学、英文公牍、海关办事手续等。除国文、公牍、修身系用国文及日、俄、法、德等外国语文外，所有科目均用英文教材，并用英文讲授，尤其侧重英文作文及英语辩论①。

税专第五班毕业生叶元章记述税务专门学校的概况颇详，兹摘录于下，以资补充："清朝末叶，唐绍仪在税务大臣任内，以海关行政悉操于洋员之手，华人不得过问，几经交涉，始设立税务专门学校，招录全国优秀少年，给予高等教育，养成专门人材，以接收海关管理权。故校方标榜'为国储材'四字，悬诸礼堂。税务专门学校，成立于宣统元年，首班学生卅人，在平、汉、沪、穗公开招考取录。于是年开录。民国二年（1913 年）毕业。全班学生除经批准在其他机构任事外，悉数派在各关服务。余属第五班。"

"税专课程为期四年，学费书籍膳宿，均由校方免费供给，第一班同学闻除发制服外，尚可领到现金津贴云。第一次世界大战时，来往我国轮船渐稀，向为税校经济来源之船钞收入锐减。为抵补之计，校方自民国六年起酌收学费，每期五十银元。"

"税专校址，在北平朝阳门大雅宝胡同。占地十余亩，规模宏大，校舍堂皇，除双层建筑教室大楼外，悉为平房，有漫长盖瓦之长廊贯通。一概设备，除清华大学外，无与伦比。"

"税校行政方面，由华洋两校长监督，对税务处负责。洋校长为海关总税

---

① 《税务专门学校建校九十周年纪念文集》，第 13—18 页。

务司署之秘书长，华校长为税务处之提调。两人均为海关高级职员。其下设有文书、会计、税务、图书等科，录用职员校役若干人。教务方面，聘有教务长、监学、教授若干人，由税务处、海关调派任职或聘请之。在余毕业时（1917 年）职教各员，题名如下：

洋校长包罗（C. A. V. Borwra），英国人，海关总税务司署秘书长，海关税务司。

华校长　陈銮（字琴），广东人，税务处提调，海关超级帮办。

教务长　黄厚诚（漪千），福建人，海关高级帮办。

总　务（文书、会计）　薛鸿基。

庶　务　金××，（绰号四品衔）

斋　务（宿舍管理）　陈川南，广东人。

图　书　林星台，广东人。

监　学　张汉卿，江苏人，在税务处任职。

同文教员　谈道隆（瀛客），广东人，前清进士，专聘。
　　　　　　高超（荫甫），江西人，在税务处任职。

伦理教员　蒋用嘉，安徽人，专聘。

法律教员　毕善功（L. R. O. Bevan），英国人，专聘。

经济财政教员　芬来森（H. C. F. Finlayson）英国人，B. A.，专聘。

商科教员　左柏（W. C. Cooper），英国人，B. A.，专聘。

统计教员　铁迈士（C. O. M. Diehr），德国人，B. A.，海关帮办。

关章教员　阿德利（W. J. Adderley），英国人，B. A.，海关帮办。

商科及英文教员　白礼士（W. T. Price），英国人，专聘。

货品及英文教员　花德森（E. Watson），英国人，海关总验估员。

法文教员　清敬（惠人），广东人，留法学士，专聘。

俄文教员　仇洛记（J. Javrolsky），俄国人，海关帮办。

德文教员　史德达（Walter Strsoda）。

日文教员　原冈（J. Haraoka）。

体育教员　宝勋，北平人，专聘。"

"税校对于教导及管理方面，民初时堪称一流。德育除伦理一科外，每两周由陈校长躬自演讲，关注学生的人伦道德、修身卫生知识；智育方面，除大学课程由学历资深之教授指导外，每两周由洋校长主持英文辩论一次。每次订有主题，指定学生四人，出席表达正反两方意见，乃使学生于公共场所侃谈而不怯场；体育方面，则有广大之操场，设有篮球、足球、网球场地，备置其他器具。尚有游泳池。可惜只聘有在职多年之体育教员，敷衍塞责，任由学生各行其是而已。

校章严密，门禁森严。七时上自修课，由监学躬自点名，宿舍十时熄灯，不得喧哗。

宿舍有电灯和暖气设备。每室名额四人，但实际二三人而已。

膳食由校供给。雇有厨司数人，早餐小米粥和咸菜炸花生，中晚两餐白饭四菜一汤。每桌八人。学生多嫌粗陋，轮流加菜之风甚盛。

海关业务，在梅乐和总税务司任内，进展迅速。为统一管理及应付关务需要，先后接办上海关之浦东外勤职员训练所，改为税务专门学校分校（外勤班），及在上海海格路训练驾驶员之海事班分校。前者两年毕业，后者三年。北平总校即改称内勤班。"

"为税专学生得有深造机会，学校当局曾由清华大学庚子赔款留美学额之内取得两名。"

"税专培植人材，著称国内。其表之者在海关则有丁贵堂、裴倬其等，在盐务则有缪秋杰、卢彦孙等，在外交则有李俊（驻巴黎总领事）、沈乐民等……其他在工商等业，成就超卓者，不胜枚举。"

"税专程度，与北京大学不相上下，但无学位。"

"税务专门学校之设立，原使有志青年获得充分知识，俾能担当榷政任务。是故四年课程，缜密筹划，对于行政、外交、财政、商法科目，由浅入深。卒业之年，在关服务，堪与洋员相媲美，不久可接收洋员职务，无复楚材晋用。但事实上，此种办学之原义，因历任总税务司持有异议，始终未能达到。税专毕业生在见习期间，每三个月由主管税务司指派高级人员，加以笔试考验，题目多关办事原则及程序，造具成绩报告，转呈总署备案。末期报告，须详报该员能否充当帮办，抑只能当税务员之职，由总署决定铨叙之。逐后办法稍有改变。在考生末期考试成绩完毕后，总署派一高级职员前赴各口各别复试，然后决定。目的在标准划一，盖各税司之意见，难免参差也。"

"查毕业生每班廿余人，每年擢升帮办者不过五六人，即五分之一，其余均改铨为税务员。待遇及前程两者比较，奚若天渊，……其实此种办法，殊欠公允。譬如获升帮办者为六人，照成绩而论，六七名之间，相隔毫厘，而待遇差别则巨。当局对该等失意者往往凭主管税务司之保举升为帮办，但资历则较幸运者瞠乎其后矣。"①

1929 年后，特别是 1931 后海关各种训练班，逐渐归并于税务专门学校统一领导。

第四节　税专扩办外勤班、海事班和内勤班

1929 年 3 月，上海浦东海关外勤训练班扩充，奉命由税务专门学校接收办理，名为税务专门学校海关外勤班。是时还添设海关外事班②。其后奉命各班添设验估、稽查等科目。

1931 年 7 月，上海税务专门学校因迁新校舍，把海事班改为税务专门学校上海第一分校，外勤班改为税务专门学校上海第二分校，添设的验估、验货两班，附在上海第二分校内③。

验估班学生考试及格毕业后，由学校送回海关派充副验估员；验货班学生毕业期满后，由学校送海关，派充副验货员④。

查海关任用人员，除税务专门学校各班毕业生外，各关尚有自行招考人员入关实习，实习后升用者。此项人员除不得调口外，与税务专门学校毕业生之服务上无甚差别。从 1931 年 5 月起规定：各关除录取生外，不准自由招考；即令有特殊需要必要招收情形，必须招考低级人员，亦应详具理由，先经呈候关务署核准招考及待遇办法，方得举行⑤。

1937 年 1 月，税务专门学校呈请关务署添招内勤训练班新生一班，定额 30 名；毕业期限缩短 1 年，提高入学资格，以国内各大学毕业生为限。总税务司以定额 30 名，定期 1 年毕业，超过海关需要，请定 25 名；并建议即将毕业学生任用办法，重新规定。

---

① 叶元章：《抗战前海关往事琐忆》，台湾 1987 年出版，无出版社名，第 11—15 页。此书系台湾关税总局叶伦会先生寄赠。

② 民国十八年三月十八日关务署训令第 373 号。《法令汇编》（民国十八年），第 16 页。

③ 民国二十年七月十八日关务署指令第 3934 号。《法令汇编》（民国二十年），第 191 页。

④ 民国二十年四月二十五日关务署训令第 3809 号。《法令汇编》（民国二十年），第 94—96 页。

⑤ 民国二十年五月二日关务署训令第 5055 号。《法令汇编》（民国二十年），第 47 页。

第五节　关务署设置视察员及行政考察员制度

财政部为考核、整顿全国关政，于1928年3月设置视察员制度。《关务署视察员简章》规定：视察员"视察全国各海、常关及内地税局一切行政征收事宜"，"视察员额设二人，按照荐任待遇，由关务署长遴选，呈请财政部长派充。"

视察员视察的职务分为两种：一、普通视察。即由关务署长核定日期，派视察员分往各关局，轮流视察。举凡各关局现行税制、简则和单行法规的利弊，各关局报、解、征、存的税款及各种杂款，各关局每月税收盈绌的原因，各关局填用之税标单照存根等，均在视察范围。二、特派查案。凡关局应解款项及应报表册延不清解造报或所报数目不符、各关局人员有舞弊情事或被人指控的、各关局税收异常短绌的、各关局发生案件或因乱损失税款报请复查的、各关局建筑修缮动用公款之应复勘的、各关局监督局长移交不清的，认为有派员专往查办的必要时，得派视察员前往查办。视察员如在非视察时间，由关务署长指定职务，分派署内各科办事①。

为培养海关高级华员人才，关务署于1929年设置行政考察员出国考察制度。其《章程》要点如下：

第一条　本署为研究各国养成海关人才起见，于每年秋季就海关华帮办、供事中考选四人，派赴各国考察关政事宜，名为海关行政考察员；

第二条　考察员在外考察以一年为期；

第三条　考察员每年每人给费五千元，并准按月支领原薪；

第四条　与试考察员之资格，应以海关华帮办、供事服务海关四年以上、曾在税务专门学校或其他大学毕业得有文凭或证书，而年龄在四十岁以下者为合格②。

《章程》制定后，由关务署训令总税务司遵行。1930年开始选派，到1933年共选派四届。

---

① 民国十七年三月二十六日35号部令公布：《财政部关务署视察员简章》。《法令汇编》（民国十七年），第8—9页。
② 《法令汇编》（民国十九年），第42—44页。

海关行政考察员须经严格考试。此项考试特组织考试委员会。按规定：委员会"以税务专门学校校长与所聘教员三人及由总税务司派员一人为委员，并以税务专门学校校长为委员会主席"（第四条）。就此条规定看来，考试委员会的主要成员为税专校长、教员，以防总税务司把持。

应考人员应填具报名单，由所在关税务司加具考试及体格检查证书，汇总税务司署报考。总税务司署收齐报考证件后，由铨叙科税务司按各该科历年成绩报告书及该关税务司所具考语，详加审核，另具切实考语，供考选时参考。考试分笔试和口试，笔试科目有党义、中文、英文、本国海关行政知识、文化史、商业地理、普通知识、第二外国语。由考试委员会分别命题，交总税务司署转发各关，由税务司监考。考试完毕，将试卷径送考试委员会评阅，并择优录取 8 名，连同试卷呈报关务署，由关务署长令总税务司通知录取各员，由署长约与总税务司举行口试，并参酌各该员在关之成绩及品格核选 4 人，分派各国考察。考察期限以一年为期。考察员每年每人由关发给旅费 500 镑，考察期内在关之薪俸及待遇，照旧支领。考察员回国后，其考察成绩优良者优先提升。关于大学毕业的学校，特别提到：在中国的有燕京大学、清华大学、圣约翰大学、南京大学等；在外国的有牛津、剑桥、伦敦、哈佛、耶鲁、普林斯敦、巴黎、柏林、东京等大学①，可见要求很高。曾任行政考察员的叶元章对于行政考察员的选派记述颇详，兹撮述于下。

叶元章谈到行政考察员制度的缘起："海关鼎革之初，税专同学具有远见者，主由政府选派优秀同学，资助前往先进国家，考察关政，提出意见，以为改进蓝本。此项提议，始在《税专期刊》发表，继则采取行动。是时前教务员黄秀陶先生，在南京适居要位，亦极力臂助。终获政府批准，交总税务司执行。"

"首次公开考试，报名者颇为踊跃。是时余供职厦门，税务司毕尚劝余报名参加。余以笔砚生疏，不敢应考。考试科目除中、英文及第三国语外，有海关章则及世界文化历史等项。""此项公开考试办法，继续四年。被选派者姓名如下：

①　《总税务司通令》第 2 辑（1928—1930），第 129 页。

年份	考察员姓名	派往国名	考察科目
（民）十八年	潘学瑜、黎彭寿	美国	普通行政
	江辰生、王化民	美国	普通行政
十九年	庄则忠、章家宝	美国	缉私
	袁福昌、刘　起	英国	缉私
二十年	方　度、周彼得	法国	普通行政
	王文举、钟大钟	日本	普通行政
廿一年	石　昆、范　豪	德国	化验
	任锦祥	日本	化验
	李宝田	美国	化验"

"自第五届起，不复公开招考。改为提名竞考。由总署人事科按历年成绩及当时等级，选出若干人，著其加入考试。是届指名者几全部为副税务司等级。如霍启谦、卢寿汶、陈滋乐、林国道、李廷元、杜秉和、李桐华、陶乐君等，共二十人，余幸在其列。参加考试者约三分之二。笔试以后，再由关务署长会同总署要员二人加以面试。结果取卢斌、刘丙彝、夏廷耀及余四人。卢、刘二君派往美国。卢君考察海关行政，刘君考察统计，夏君派英德两国考察关政，余则派往法国考察统计。卢、刘两君，因关务需要，不及半载，即奉调回国，担任要职；余与夏君全程完毕，如期回国报到。"

"此次提选考试成绩结果，刘丙彝君居首，卢斌次之，余与卢君分数相等，因资历上余在卢君之下，故名列第三，夏廷耀君则为殿军。除余属帮办阶级外，余者均膺署理副〔税务〕司衔。海关选派高级职员参加试验出洋考察，此乃首次。中文报章颇注意之，故余等姓名，《申报》均有记载。"①

行政考察员的选派及其担任海关高级官员，势必改变海关洋员统治，这不是外籍税务司所乐见的。因此，总税务司不是积极支持，而是想法削弱它，最后甚至取消它。

1933年总税务司呈关务署改变行政考察员考试方法时呈称："查海关行政考察员办法自民国十八年施行以来，先后派赴各国考察业经回关供职者，计已三起，共考察员十二人。其中考察成绩报称优良者固占多数，而成绩平常无多心得者亦有其人。考其成绩欠佳之故，虽由于未能悉心考察，但从前考选方法

① 叶元章：《抗战前海关往事琐忆》，第66—68页。

未尽妥善，以致选非其人，实为重大原因。就考察员十二人全体而论，现在除黎彭寿护理思茅关税务司、潘学瑜充任江海关署副税务司职掌，均属重要外，其余帮办九人、税务员一人，在关所办事务与未派赴外国考察之人员，殆无甚轩轾。其所以不能达到考察目的，症结所在，则以考选办法不能周妥之故。盖从前选派考察员，其考试偏重普通学识，而海关行政知识之测验反寥寥无几。"所以建议"所有考试科目应以本国海关行政为要目，并由总税务司署就高级华籍帮办中之经验丰富才力卓著者加以考试，选派外国考察。迨回国后即予以重要职位。""现在考试科目既拟改订，多属海关行政事项，其考试委员自非海关人员担任不可"。所以修改《章程》第二条规定"由署长选派委员五人，组织委员会，并指定一人为主席，并由署选定人员，然后考试。"

修正《章程》第三条改公开考试为提名竞考。"此项与试考察员之资格，凡海关华籍二等帮办以上、在海关服务过十年、年龄四十五岁以下、身体强健者为合格。"第四条规定："总税务司于每年年终选定合于上条规定资格之关员二十人，在三月一日以前通令各关周知，并函考试委员会知照。"第六条规定笔试科目：一、中文，二、英文，三、第二外国语，四、本国海关史及组织，五、本国海关行政知识：1. 总务、2. 验估、3. 会计、4. 统计、5. 文书、6. 缉私。六、本国海关章则，七、本国海关税则。

第九条"笔试合格人员，应由考试委员会开列名单，连同试卷呈报关务署，并由关务署长定期口试。"①

1934 年 3 月总税务司又呈请关务署将行政考察员改为二年选派一次。呈称："向来海关高级〔职位〕极少，似此每年选派四人，逾（愈）积逾（愈）多，将来势必应升之员，远过于可升之缺，其应升未升之员，恐不免以向隅而觖望，转不足以资鼓励。且派出之员，每年四人，所费颇属不赀，似亦非撙节之道。除本年应选派出洋考察者照旧选派外，拟自明年起此项选派，改为每二年举行一次，俾于升转之途，预防拥挤，而于公帑亦不无节省。"②

最后，由特派海关考察专员丁贵堂出面提出专案报告和总税务司署各科税务司附议意见书，提出停止遴派海关行政考察员之建议，"总税务司甚表赞

① 1933 年 3 月 11 日总税务司呈关务署文第 4073 号。《总税务司通令》第 2 辑（1932—1933），第 435—492 页。

② 1934 年 2 月 27 日总税务司呈关务署文第 550 号及《选定二十三年海关行政考察员应考关员名单》。《总税务司通令》第 2 辑（1933—1934），第 312—313 页。

同。因事实上海关历年所派行政考察员，先后已有二十三人之多，似无再行续派之必要。"关务署批示："本届应停止遴派"①，并复称："呈悉，本届海关行政考察员，既据称：现值国难时期，经费紧缩，海关目前亦无派员出洋考察必要，应准如拟，仍照上次办法停止选派。"② 选派行政考察员之举，就此停止。

此外，为了吸收高级华员进入海关工作，关务署于 1929 年 6 月公布《修正考选留学毕业生派入海关服务章程》，《章程》规定："中国留学国外"大学或专门学校毕业生经考试后，得"按照海关现需人数，择其最优者录取之，派入海关充任内班试用帮办之职。""试用时期以六个月为限"，"每人每月支俸给关平银一百两。""试用期满，经海关考察，确系品行端正具有办事能力者，即正式派入海关服务，实授四等二级帮办之职，支领四等二级帮办俸给。""但试用期满，如查有办事能力薄弱或品行不端者，应即撤退。"③

以上关于选派行政考察员和吸收留学生的制度在于培养高级华员，含有取代高级洋员的意图；但因人事权掌握在总税务司手里，终不能达到目的。

---

① 1936 年 1 月 20 日总税务司呈关务署第 8674 号、1 月 27 日关务署指令政字第 19333 号。《总税务司通令》第 2 辑（1935—1936），第 441 页。
② 民国二十七年一月二十一日财政部关务署代电关沪字第 16 号。《总税务司通令》第 2 辑（1937—1938），第 483 页。
③ 《章程》载于《法令汇编》（民国十八年），第 22—24 页。

第三十八章

日本大举入侵东北和东北海关的沦丧。
"华北特殊化"和规模空前的武装走私狂潮

第一节　"九一八"事变和伪满洲国的成立。
国民政府对东北海关的处置

日本在明治维新以后，就把侵略中国作为基本国策。1931 年在中国东北制造"万宝山事件"，又利用"中山事件"煽动战争。

1931 年 9 月 18 日，日本关东军炸毁沈阳北郊长大铁路一段路轨，诬称中国驻军破坏长大铁路，袭击日本守备队，于当晚向中国东北军驻地大本营和沈阳城发动进攻，这就是震动中外的"九一八"事变。国民政府对日本的侵略，采取不抵抗政策，使日本得以顺利占领沈阳城。紧接着占领安东、海城、辽阳、鞍山、本溪、营口、牛庄等城市，掠地千余里。日本驻朝鲜的第 39 旅团奉令渡过鸭绿江，进入中国东北，纷向辽宁、吉林进军；11 月底占领黑龙江，1932 年 1 月占领锦州。在不到 4 个月时间里，整个东北 130 万平方公里的土地，3,000 万同胞陷入日本军国主义铁蹄之下。

"九一八"事变后，在日本关东军参谋部策划下，抛出了一个在中国东北建立"独立国家"的统治方案，即在日本支持下，"以东北四省及蒙古为领域，以宣统皇帝为首，建立中国政权，并使其成为满蒙各民族之乐土。"旋又根据这一方针，进一步具体化为"三条根本原则"，即："一、使满蒙完全脱离中国本土，二、一手统一满蒙，三、表面上由中国人统治，但实质上严格掌握在我〔日〕方手里"，"至少要掌握军事、外交和交通的实权。"①

在日本导演下，东北各地伪政府纷纷出笼。与此同时，日本陆军省、海军省、外务省于1932年1月共同炮制了《中国问题处理方针纲要》，决定将各地伪政权逐步"联省合并"，计划成立"新的统一政权"。2月16日，成立了"东北行政委员会"。"委员会"宣称"从此与党国脱离关系，东北省区完全独立。"25日，正式定名为"满洲国"，以溥仪为"执政"，年号"大同"，改用旧五色"国旗"，以长春为"首都"，改称"新京"②。3月9日，溥仪粉墨登场，各部设总长，其副职及中层各职均由大批日人充任，日人驹井德三任国务院总务厅长官，掌握各部一切实权。凡有命令，非经该厅签字盖章，不得执行。9月15日，日本正式承认"满洲国"，并签订了《日满协定书》，规定日本在"满洲国领域内"享有"一切权益"；"日本军队，应驻扎于满洲国内。"③

"满洲国"是由汉奸充任伪总理及各部总长、由日本顾问官吏掌握实权的傀儡政权。武滕信义大将为日本关东军司令官，实为伪满洲国太上皇。

东三省沦陷，国民政府对于处在东三省境内的海关如何处置，作了周详考虑之后，决定封闭，移地征税。财政部关务署发出密令，对于处置办法作了剖述。密令内称："据该〔财政部〕部长称：自本年春暴日强夺东省各海关以来，我政府始终涵忍。旧日办法绝未更动，来去东省之货物，亦未另加关税。盖日本意，原欲使东省在经济上与关内脱离，变为日本之一部分；更希冀我取报复政策，使关内与关外由我而脱离经济关系，并可以借口向各国宣传，让关内与关外之经济脱离，因我方封锁东省与关内之往来逼迫使然，借以淆惑国际视听。我政府洞瞩奸谋，且以东三省为我国土地，东三省人民为我之人民，是以再四容忍，使脱离之责任，由日本负之，且报复政策对于关税收入亦不能为有效之增加；而国联皆再三劝告勿使事态增加严重。故凡可认为挑衅之举动，我方始终力求避免也。现在日本已正式宣告，自九月二十五日起，伪国于关税方面，视我国为外国，自关内至东省，自东省至关内之货物，决征进出口税。日方既有此公告，则今昔情形不同，吾国不得不有相当之应付方法。"因

---

① 《满洲事变》，上海译文出版社1983年版，第46页。
② 南京国民政府军事机关档案：《日本帝国主义制造伪满洲国始末记》，中国第二历史档案馆藏。
③ 《南京国民政府外交部公报》第5卷第3号，民国二十一年十月版。

此，财政部部长宋子文提出了三项建议："一、视东省为外国，自东省至关内
之货物征进口税，自关内至东省之货物征出口税；二、采取报复方法，禁止货
物出入东三省；三、视东省为在叛乱中。""第一方法，视东省为外国，自政
治方面观察，万不可行"；"第二方法须用舰队封锁东省或断绝东省与关内之
交通，事实上为不可能。"权衡轻重，第三种方法实最妥适。"因在目前状态
之下，政府不能在东省各关合法征收关税，故在东省应征之税收改于关内征
收。如此，则收入税额与用第一方法同，而将来可随时采取较严厉之办法。"
因提交行政院第 65 次会议议决：原则通过，由外交、财政两部妥拟详细办法。
于是财政部拟具布告稿咨行外交部，布告稿内称："兹因辽宁、吉林、黑龙江
三省为日本占据，暂时无从征收合法关税。自本年九月二十五日起至另行解放
为止，将哈尔滨、牛庄、安东、龙井村各海关封闭，所有在各该海关应征合法
关税，暂由国内别处海关征收。"并列出详细办法①。

　　关于封闭东北海关，经财政部长宋子文宣言后，即于 1932 年 9 月 25 日开
始实行。对于封闭后移地征税的办法，由江海关监督、税务司公布周知。江海
关监督和税务司于 1932 年 9 月 21 日第 1200 号布告称："现奉政府令饬，兹因
辽宁、吉林、黑龙江三省，为日本占领，暂时无从征收合法关税，自本月二十
五日起，至令行解放时为止，将哈尔滨、牛庄、安东、龙井村各海关封闭。其
在各海关应征合法关税，暂由国内别处海关征收。"大连海关，"因日本当局
拒绝中国海关根据《大连设关协定》行使职权，以致货物之出入大连者，海
关无从确定其来源与其目的地"，"因另定征税办法。"国民政府外交部于 24
日通知国联及关系各国。移地征税办法实行后，据海关监督署语往访记者称：
江海关业已实行代征东三省各口岸关税后，"目前进行顺利"；"外商深明此事
的是非曲直，对我移地征税，当然表示同情，不致发生误会云。"②

　　东北海关虽宣布封闭，但封闭的只是几个独立关，至于日本侵略势力尚未
到达的关卡仍继续存在，但执行海关任务十分困难。如滨江关的绥芬河分关就
是这样。据该分关主任王作民帮办电称："自〔1932 年〕十月十六日起，中东
铁路对于车运货物，往往任意装车，不复遵照关章，呈验单据。经要求本地驻

①　民国二十一年二月二十八日财政部关务署密令政字第 8063 号。《总税务司通令》第 2 辑（1932—
1933），第 7—10 页。
②　《银行周报》第 16 卷第 39 号，民国二十一年十月四日发行，"国内要闻"。

军司令及路警长官将违章装运车辆扣留无效。该路局务股主任唆使绥芬河路局主任，嗣后凡遇有由绥芬河装车之货物，尽可强迫运输，毋庸承认海关。因滨江关既已封闭，其分关也就不能存在，迄今凡有路运货物仍属任意装车，不按关章办理。"于是总税务司呈准关务署正式声明，在滨江关封闭期内，已将滨江关改为独立海关，并派绥芬河分关主任王作民护理该关税务司，并由财政部电请吉林自卫军司令李杜转令当地军警机关，对于海关切实保护，随时协助[1]。

瑗珲海关也坚持到 1932 年 9 月才最后封闭。据该关税务司周骊电称："近数月来，本口地方交通隔绝，商业已完全停顿，无税可收；而境内复迭遭变兵抢劫，食粮缺乏，人心惶惶，朝不保夕。所有在职关人员，已处于危险之域；现在冬令将届，情势尤为严重。"总税务司只好呈请"将该关暂行封闭；一俟将来情形稍佳，再行相机设法开办。至该关所有各关员，如在该处仍有危险，应即全体撤退，以保安全。"[2]

哈尔滨、沈阳、牛庄、安东、龙井村和大连海关于 1932 年 9 月 25 日在山海关建立海关，在秦皇岛海关管辖之下，负责东三省海关税收的处理[3]。

第二节　日本假借伪满洲国名义劫夺东北海关

在"满洲国"成立之前的 1932 年 2 月 21 日，日本关东军军部、满铁株式会社关东厅及日本奉天领事馆几个部门的负责官员，在和军部特务部门串连之下，一起策划劫夺东北海关。他们制定了强制接管东北海关的具体计划。会后，日本驻奉天代理总领事森岛即向外务大臣作了详细密报，其计划内容有如下几点：

一、以东北行政委员会委员长名义向安东、营口、哈尔滨、龙井村各海关监督官处，派出日籍顾问；

二、对于瑗珲关，待至"满洲国"的权力能彻底推行时再接收；

三、准备在山海关设立海关，委托奉山铁路山海关站长进行准备，并派出

---

[1] 1932 年 12 月 3 日总税务司呈关务署文第 3668 号。《总税务司通令》第 2 辑（1932—1933），第 173—174 页。

[2] 1932 年 9 月 22 日总税务司呈关务署文第 3421 号。《总税务司通令》第 2 辑（1932—1933），第 12 页。

[3] 1932 年 11 月 1 日总税务司通令第 4511 号。《总税务司通令》第 2 辑（1932—1933），第 83—84 页。

日籍顾问；

四、于"满洲国"成立时，废除全部监督官，任命日籍关长及其他干部官吏；并要求大连海关必须归属于"满洲国"；但考虑有可能遭到拒绝，则着手准备在瓦房店设立新海关，在大连新设监视员；

五、所有派出之日籍顾问，由关东厅及满铁推荐候选人，接收时立即作为临时税关长进行工作①。

"满洲国"于 1932 年 6 月 18 日以伪财政部长名义发表声明，大意谓："满洲国建立后，即欲有关税自主权，使关税独立。为稳便起见，曾于 3 月 21 日正式和国民政府提议如下：大连及其他全满一切海关，统归满洲国管辖；进口税及其征收方法，暂照现行办法；以关税为担保偿还外债者，满洲国海关之收入内以合理的方法，预备分别分担；但其余则归满洲国扣留使用；海关人员暂用旧人；但税务司及干部之任免，应求满洲国之谅解。南京政府对此提议，不但不允，反汲汲于督励各海关。于是发出警告，先收大连以外满洲海关之全部税收，停止汇往南京政府。南京政府仍不反省，但吾人对于该问题之解决，不容迁延，乃为断然之决意，准备掌握大连及其他海关关税征收之全部。本月九日首将此意通告大连海关关长本福（福本），要求通告总税务司，允许满洲国关税之自主权及关税独立；若总税务司及南京政府依旧否认，则满洲国必为断然之处置，并警告南京政府，应负以上之全责。"②

这个声明，显示日本将假借"满洲国"名义劫夺东北海关。

总税务司梅乐和关于日本嗾使"满洲国"劫夺东北海关的情况，曾据被劫夺各关的报告，作了记述，兹摘译如下。

记述首先综述劫夺情况：

"伪满洲国政府自本年（1932 年）二月十七日组织所谓东北政务委员会之后，即自行通知东北各海关监督及税务司称：各关既属满洲国所有，自应归东北政务委员会管辖，同时通知各关监督及税务司等，由该委员会训令各关人员照常服务，并称各关已派有日本顾问一名驻关，监督各关一切政务。伪国先从封锁税收入手，然后将积储于各银行之国税没收，最后再以高压手段驱逐各关税务司，强制接管各关。"

① 中央档案馆编：《日本帝国主义侵华档案资料选编：九·一八事变》，中华书局 1988 年版，第 410—411 页。

② 《银行周报》第 16 卷第 24 号，民国二十一年六月二十五日发行，"国内要闻"。

关于各关被劫夺的情况，列述于下：

安东关。安东关署税务司铎博赍报告称：1932年3月初，日本领事劝告税务司称：海关监督将请阁下把海关移交给"满洲国"管辖。不久，即有海关日顾问的委派。6月4日，日顾问转来了"满洲国"财政部的明确命令，勒令存储安东关税款的中国银行，不得将税款汇往上海。6月16日，4名"满洲国"警察，陪同警察署副警察长（日本人）来到中国银行经理住宅，声称他们是前来"看守税款"的。6月19日，中国银行解交东三省官银号783,000两银子。银行通知税务司说，这是被武力胁迫的。从前，安东关的税款一部分存储于朝鲜银行。朝鲜银行声称：汉城总行训令所有税款都要解交"满洲国政府"，并称总行已预先商诸日本外务省和大藏省。

6月20日和23日，日本顾问一再要求移交安东关关务，税务司当即拒绝。6月29日，安东关伪海关监督函致铎博赍称："六月二十五日奉满洲国财政部电开：孙监督电：海关问题终归决裂，仰贵官速向各机关取得联络，将海关完全接收可也。现在服务于海关职员，对满洲国总誓必要出于忠诚。本人的地位待遇（恩俸），均照旧保证。满洲国已将任用关税官吏人员之意旨公表之。仰速办理具报，勿稍延误为要，等因；奉此，相应函请查照办理，希速见复为荷。此致安东关税务司铎。满洲国大同元年六月二十六日。"铎博赍即日复函称："查此事非税务司职权所能决定。拟即电达总税务司查核转报；俟奉回电，再行函达。"

6月29日，税务司又致函伪监督称："本月二十八日日员崎川顾问奉满洲国财政部总长命令，同武装士兵来关，强制接收本关全部关务。故署税务司一再据理抗辩。而该顾问竟悍然不顾，不惜以武力相挟制，当时贵监督亦曾莅场，目睹经过情形。按海关税款一部分为外债的担保品，其中实含有国际关系，应请贵监督注意。故署税务司处此万难抵抗强制武力之下，除将安东总关一部分关务先行交出外，为此提出严重抗议。相应函请查照，即希向满洲当局提出为荷。此致安东关监督孙。"另据总税务司记述，当税务司一再拒绝交出锁匙时，"遂有更多警察（皆日本人）持来福枪上刺刀入室包围税务司签押桌。税务司不得不屈服于武力。在提出最后抗议后，离开了关署。6月30日，安东关27个人员（其中25人是日本人和朝鲜人）向中国海关提出辞职，税务司乃收其余效忠中国海关的人员迁往税务司住宅办公。那个地方是在日本管辖的铁路附属地内，税务司希望能够继续执行关务。同日，日本顾问崎川携同便衣武装围困税务司住宅，索取档案，声称如拒绝移交，即以武力攫取。铎博赞拒绝交出，日本人拔出手枪相向，铎在枪口胁迫之下，只好交出档案。日本人即扬长而去。"

龙井村。延吉关署税务司华乐士（英人）约于 1932 年 3 月第三星期接到伪海关监督通知称：东北政务委员会委派的日本顾问来称："所有海关关务，均应与该顾问洽商。" 6 月 2 日，日本顾问忽令海关储款的朝鲜银行：凡税务司所开支票，一律不生效力。

6 月 29 日，突有一批包括伪国委派的海关监督、日本顾问宫本和日本陆军情报官井上少校来到海关。伪海关监督由卫队陪同入内，卫兵手执手枪，要求移交关务。税务司手无寸铁，无法反抗。监督即将日本顾问延入，宣称该日顾问已受命为该关税务司。龙井村最后解款日期为本年 6 月 22 日。总税务司曾于 7 月 12 日送致公文给日本公使馆称："……兹准延吉关署税务司华乐士呈称：该署税务司及其属员，为受命于日本顾问之武人所摈逐；并据华乐士报称：珲春分关中国关税官员马根杰，亦以受武力之干涉，不能行使职务，并身处危险之中等情。'满洲国'警察逮捕关员 4 人，并恐吓其余员司。铎既无力保护属员安全，只得被迫将铁路附属地内的关务，暂行停止。珲春关最后一批解款，系于本年 10 月 1 日汇出。"

牛庄关。据山海关税务司余脑海呈报：3 月 26 日，日本顾问命令中国银行把牛庄关积储的税款移解东三省官银号。该行在武力胁迫下，只好屈服。牛庄关税款，本存于日本正金银行，该行是享有治外法权的日本机构，不受"满洲国"当局管辖。税务司嘱将所存税款余额汇往上海，该行经理以"满洲国"要其停解为辞，不允照办。对于海关行政，初无什么行动，到 6 月 27 日，伪海关监督和日本顾问率武装一队，强占关署。该关日籍员司，全体请辞中国海关职务，转为"满洲国"聘用，并由地方当局委任前副税务司江原（日本人）为税务司。该关华员，皆被武力强制，照常供职。曾有一人试图停工，当即被逮捕拘禁。该关最后一批解款，是本年 4 月 16 日汇出的。

滨江关（哈尔滨关）。据滨江关税务司傅德荣（英人）呈报："满洲国"当局于 3 月底劫夺哈尔滨中国银行的税款，强迫银行同意：今后征收税款移交东三省官银号。税务司及其员司照常办公，约有两个月；但被强制参加"满洲国"。6 月 26 日午夜，武装的"满洲国"警察，由一日本人带领，包围占领海关。翌晨，税务司试图进入，发现海关被封闭看守。当日，有便衣日人

（他们承认隶属于日本军事委员），闯入华籍及俄籍关员住宅，迫令签署承担"满洲国"海关工作的"志愿书"。日本顾问偕四警察往访副税务司东伯客（俄人），任命他为税务司，酬金8,500两。东伯客拒绝受贿。几天后，他受拘捕，监禁了5天。其他关员也受同样拘捕。满洲里分关代理关务帮办佘德（挪威人）亦在其内。华员所受惊慌，尤其可怕。税务司住宅为"满洲国"警察包围，警察搜查了住宅，而且劫夺了贮藏在那里的档案，最后勒令税务司及其关员离开海关。滨江关最后的汇款为3月28日。

日本最后劫夺了租借地海关——大连关。总税务司梅乐和对于日本劫夺大连关情况，有过详细叙述：

"满洲海关各种事件，现在演变得相当迅速，一种不可理解的情势发生在大连。大连关是根据众所周知的《大连设关协定》（1907）而设立的。鉴于日本政府享有租借地（大连在其内）的独立管辖权，设想哪一个外国当局干涉那里的海关是不可想象的；然而，下面的事件表明这种设想是令人失望的。""'满洲国政府'劫夺大连海关，这是关东厅知情和同意的。1932年6月7日，大连关的税收达12,448,000关平两，通常是间隔3—4日汇解上海一次；但从6月7日到14日就不再汇解了。我（总税务司）打电报给大连关，确查停止汇解原因。税务司福本（日本人）回电说：'因为这样的行动会引发危机，所以他们迟疑不决'；他还说：'关东厅外务司川井曾向他表示，满洲国享有境内各海关税款是很有理由的。'在进一步往来电报之后，福本似乎已完成了汇解税款的安排；但是，井上（注意，他是个日本政府官员而不是"满洲国"官员）再一次出面干涉，并坚持必须停止汇解。""倘他履行总税务司训令，则于日本利益大有妨碍，他遵循关东厅和日本当局的命令，拒绝服从中国当局的命令。总税务司于6月22日警告福本，倘仍不奉行命令汇解税款，当即以抗命论处。福本回电说：这是被迫而为的。日方负责人警告他说：假如大连关和满洲国断绝关系，势必影响日本利益。他既为日人，自应竭力设法避免此项冲突，保全日本之利益。他自信系出于不得已，希望本人（总税务司）谅解其不能负此责任之苦衷等语。本人（总税务司）接到此狂妄之复电，6月24日立即呈准宋子文部长将其免职。但此类因税务司轻视上级正常命令而造成若斯严重之事实，实在自有海关历史以来所未曾有。福本免职后，另派副税务司中村元（日人）暂代大连关关务。随后他也解职。6月26日，大连关日本关员除一人以外，其余（共62人）全部电致总税务司，表示与中国海关断绝关系。"

"6月29日，一队包括伪海关监督、日本顾问、井上少校、日本陆军情报官员的人员，来到大连关。监督由武装卫队陪同，进入海关强迫移交。"①

这样，东北海关一个个被日本劫夺了。

东三省海关，共有瑷珲、滨江、珲春、延吉、安东、大连等6处，此外尚有分关数处。自1907年以后，对外贸易逐年发展，税收亦随之剧增。"按光绪三十三年（1907年），东三省输出入贸易总额仅六千万两，……近年（1930年左右）已达七亿余两，较之光绪三十三年，竟增加十倍以上。""综计自光绪三十三年至民国十九年（1930年）之二十四年，输入仅4,100余万两，输出大约超过948,000,000余两，出入相抵，净出超额计九亿两。""按我国对外贸易，历来均为巨大之入超，苟无东三省之出超以资抵补，则资金之外溢，正不知伊于胡底。"

东三省对外贸易，既增进甚速，故关税之收入，亦年有增加。"此项税款，关系内外债担保信用，至为重大。按现在外债中如英德洋款、庚子赔款、善后借款，均以关税为抵，年需一亿零余万元。此外尚有许多铁路借款，政府亦已担保以关余之一部分偿还。中国全部海关税收，每年平均约国币三亿一千万元，其中用以偿付以温故知新为抵之各项债款及海关开支者，逾二亿五千万元。今于总额内骤失三千九百余万之收入，则债、赔各款之偿付，当然立受影响；且因东三省海关税收丧失，将令以关税为抵之各种义务，加诸中国其他各埠，结果，不独影响国际信用，我国财政命脉所寄之海关，亦将摧残无余。"

"日本嗾使'满洲国'劫夺东北海关关税，原为预定北进计划之一，还企图将东三省与日本打成一个经济单位，以发挥其独占利源的野心，也就是：筑起关税壁垒，对外封锁；全废出口税，攫取东三省廉价原料。由此可见，日本之劫夺东北关税，不独我国税收锐减，而影响于对外贸易尤为重大。"②

东北关税，自被劫夺之后，中央关税因之锐减。据总税务司署江苏省海关的报告，1932年7月份关税，因收入短绌，除应偿外债外，不足之数达300余万两。计7月份收入关税，共计10,070,235两，应付各项借款及外债，共

---

① 1933年3月20日总税务司机要通令第95号。《总税务司机要通令》第1卷，第246—249页。
② 子明：《日本劫夺东北关税之影响》。《银行周报》第16卷第25号，民国二十一年七月五日发行。

计 13,278,258 两，收支合并，不足数共计 3,208,123 两①。

第三节　国民政府财政部关于东北及大连海关问题的声明

国民政府财政部长宋子文于 1932 年 6 月 20 日发表《关于东三省海关事之声明》。略谓"往日财政部曾一再发表宣言，请众注意日政府假托所谓满洲国当局，希图干预东三省海关之行政。哈尔滨、牛庄、安东之税收，已自 3 月 28 日、4 月 16 日、4 月 19 日先后停止解交总税务司，最近之发展，甚至使局势更形阽危。据东三省各处税务司报告，伪政府现正在提用扣留各埠之税收，现且扩张其侵逼以达大连，要求该埠之税收，并命税务司及储存税款之银行（中国银行与横滨正金银行），停止解款与总税务司。该银行现受日当局之控制，已自 6 月 7 日起，拒绝解款。此种行动，关系更重。盖大连海关（迄今完整）所收之税，超过东三省各处所收总额之半；且大连乃中国租与日本之土地，该处海关乃于 1907 年由中日缔结国际协定而设立者。当所谓满洲国当局干涉安东、哈尔滨、牛庄海关时，日本谓彼等乃单独行事，与政府无关……但今日大连之举，日本丝毫不能有所借口，以诿卸责任。盖该港乃租与日本，完全由日本管理者，故干涉大连之海关，实为日本直接侵犯庄严国际协定之行动。东三省各埠海关之税收总额，依近 5 年所收之数，根据平均，占海关税收全额百分之十五……日本与其傀儡，恣意破坏国际协定，实为与全世界至有关系之事件；苟不与争，则将树一恶例，而中国内外信用总脉之海关，将自此解体矣……且东三省海关税收之丧失，将令以关税为抵之各种义务，加诸其他各埠。在目下经济困难之中，中国全部海关税收，每年于总额内损失三千九百万元之收入，影响之重大，实不堪应付！占据税收，其不可免之结果，将为由伪政府派员管理东三省之所有海关，令其地与中国断绝关系，而在一切目的上，成为日本之一部分，如朝鲜然。而中国目下之入超，从此更将增高，盖东三省几为中国惟一输出过剩之要地也。"

"查所谓满洲国之财政部长曾于本月照会大连海关税务司，预示渠将取自卫计划，而令海关行政之维持完整与国际现状，不成问题。""如中国财政命

---

① 《银行周报》第 16 卷第 31 号，民国二十一年八月十六日发行，"国内要闻"。

脉所关之海关，一旦分裂，则将发生莫大之财政祸患。中国之市场，将为败坏而令世界咸受反响。各友邦今皆关心海关之完整，盖此为防杜财政紊乱之砥柱也，彼等负关心其借款与怠付借款为抵之海关，彼等负拥护东三省门户开放政策之责任，彼等庄严担保中国土地与行政之完整，世界今已为经济凋敝而陷于黑暗矣，各友邦对此严酷摧毁四百兆人民偿还能力之举动，必不致熟视无睹也。"这个《宣言》无非幻想诱使各国出面干预而已。

22日宋子文又再发《申明书》，针对日本租借地大连关问题，谴责日本劫夺大连关破坏国际协定的罪行。《申明书》内称：大连租借地"法律上仍为中国之土地也，此种特殊地位，乃由1898年原订租约而发生，实为中国主权法令之结果，与中国东三省即满洲存在之行政体制，毫无关系。所谓满洲国当局对大连海关之任何干涉，皆属违反《中日租地条约》条款。日本既握租地行政权，责当遵守原订租约中订明之信托条件。大连海关设于日政府管理之租借地内，如自称奉'满洲国'行事之个人加以任何干涉，则中政府将视为违反条约之条款。""关于此节所不当忘怀者，即原租约中规定：虽行政权归属日本当局，而租地之举，毫不侵犯中政府对该地之主权，则中政府征收大连海关关税，当然不成问题。查1898年7月6日中日条约之第五款，即于1905年后约束日本者，规定中国可在边界对租借地运入内地或由内地运入租借地各货征收税项。此种税关，应专由北京政府管理。今谓辽东租借地乃向'满洲国'租借，直为笑谈。夫所谓满洲国者，甚至尚未臻事实之存在，其所自称所辖之土地，尚不能管理，反具一种飘渺之政治机关，其实权全操诸自称雇员之日顾问之手。此种未定型之政治机关，甚至日本尚未予以承认。彼自号'满洲国'，非法政治机关之代表，今图动用大连海关税款，更足引起日本之条约义务问题，同时且危害中国海关之完整。此种事实为中外各国所不得不严重注意者也。""保留中国对于辽东输往及内地输入辽东之货品，于边境设关征税；如'满洲国'或日方当局对于大连海关横加干涉，则中国可提出要求赔偿因大连关税被扣之一切损失。辽东租借地由日本政府管理，日政府应切实保护大连关之完整，并负有租借地受任何干涉，以致破坏大连关之责任。如参阅1907年《中日海关协定》之下列规定，甚为明显。""大连关应负责征收关税，并实行'中国通商各埠现施之税则'，为保护上述规定之施行计，日方当局应设法防止从租借地向中国内地偷运之办法。""1898年7月6日之协定规定'大连关应归北京政府全权管理'。""上述协定如不遵守，中国政府可依法认为使此发生之情况，日政府应负完全责任。""大连关如受干涉，势将危及中国海关之完整。"末以"在此两年期间内，日货由大连自由输入东三省，不纳进口税，英美外商均处于不利地位。东三省门户开放，显被破坏，""声明"极力挑动各国出面干涉。

关于"满洲国"接收大连关问题，外交部以为日本如果承认，英、美两国必联袂而向日本提出抗议。日本外务省当即发表意见：一、此为中国与满洲国政府间之问题，与日本无关。现在大连海关长虽为日人福本，"但福本在中国政府管理下而行动，非日本所得而知"；二、大连海关及满洲各地之海关收入，系满洲住民所负担。鉴于此征税之性质，则对满洲国此次处置，可表同情；但其最终的解决方法，尚未决定。"大连海关能收入 1,200 万两，除去外债担保四成，残余之 700 余万海关两，除由中国政府与满洲国平均分配为政治解决外，别无办法，甚至在北平开公使会议，亦未可知云。"①

第四节　总税务司梅乐和制定中日开战时中国海关"中立"的原则

在日本劫夺东北海关，中日两国处于战争危机时，1931 年 10 月 21 日，总税务司梅乐和密函英国驻华公使蓝普森，并附备忘录一件。密函内称："满洲事件已经成为危险问题。尽管我们希望避免战争，我们仍然必须认识到可能发生敌对行动这一事实。""如果实际宣战肯定会在上海海关出现复杂而危险的情况，不应不作努力使日本不干涉我们承担〔海关〕的半国际性的责任。""由于我们各种活动具有国际特点，我认为列强将会认为，施加影响来维持目前的〔海关〕行政制度不变是合适的。兹附上一份关于此事的备忘录。"这个备忘录所体现的精神和原则是关系到整个中国海关的前途，因此，有加以抄录的必要。

---

① 以上两个《宣言》及日本之表示，载于《银行周报》第 16 卷第 24 号。民国二十一年六月二十八日发行。

备 忘 录

1931 年 10 月 21 日

　　如果满洲的僵局发展成为中日两国之间的战争，海关可能会受到
危险和不利的影响。1858 年，天津的和平因次年重开战端而中断时，
引起了海关人员对于应持什么态度问题。当时公使团决定：撤离不但
不必要，反而是不明智。海关工作如常进行对中国和列强都非常有
益。由于条约和各种情况，导致了海关职能具有许多征税职能以外的
国际特点，因此，如果现有的海关组织消失，那么，国际贸易、国际
金融和国际关系的利益就会受到普遍的伤害。在这个前提下，兹建
议，在宣战时，如果海关在日本占领区内，列强应该努力使下述原则
获得承认，即鉴于海关职能的多样性，应当让海关行政如同过去那样
保持中立，允许它（也许是有条件的）在总税务司署的直接管理下
继续工作下去。南京和南方（广东）之间最近的内战，双方都心照
不宣地有条件承认海关"中立"这种情况。在中日发生战争期间的
做法，也许可以在细节上作必要的修改后，作为采用的先例。①

　　这就是说，在中日战争期间，海关应作为"中立"的行政机关在英籍总
税务司统治下继续工作，要像第二次鸦片战争中海关的先例那样办理。

　　蓝普森当于 10 月 23 日回信说："对你 10 月 21 日关于在中日两国正式开
战时海关行政地位问题的来函，极表感谢。我对您事先提出这个问题感到高
兴。如果局势需要的话，我是不会忘记这个问题的"（1931 年 10 月 23 日蓝普
森致梅乐和密函。）

　　梅乐和提出的这个原则，不但适用于中国内战时期，而且适用于中日两国
发生战争时期。换言之，在中国对日作战时期，中国海关同样可以宣布中立，
而在英籍总税务司继续统治下去。这样一来，无论沦陷区或中国政府统治区的
海关，都可以在总税务司署统治下，继续维持海关的"完整性"。"七七"卢
沟桥事变后，梅乐和就是运用这个原则在两个敌对地区实行备忘录所提示的
"中立"原则，这个问题将于第四十四章第二节详论。

---

① 　总税务司档案 679. 277，总税务司与英国驻华公使馆往来密函，中国第二历史档案馆藏。

第五节　1935 年 5 月日本侵略势力伸向
华北和"华北特殊化"

日本侵占中国东北之后，又将其魔爪伸向华北。

1935 年 5 月，日本借口中国援助东北义勇军进入滦东"非武装区"活动，以武力要挟中国政府，要求铲除华北抗日活动，撤退军队和军事机关。国民政府继续采取不抵抗的妥协政策，由国民党北平军分会代理委员长何应钦和日本天津驻军司令梅津美治郎进行谈判。

7 月 6 日，何应钦致函梅津，答应日本的种种要求。内容包括：

一、取消河北境内一切国民党党部；

二、撤退驻河北的东北军第 51 军、中央军及宪兵第 3 团；

三、解散国民党军分会政训处及蓝衣社、励志社等机关；

四、撤免河北省主席于学忠及日本指控的其他官吏；

五、取消全国一切反日团体及活动。这就是所谓的《何梅协定》。

6 月 5 日，察哈尔驻军逮捕了潜入张北地区绘制地图的日本特务，随即释放；日本关东军特务机关长土肥原以此为借口，提出蛮横要求。

6 月 27 日，察哈尔民政厅秦德纯和土肥原签订了《察哈尔协定》（即《秦土协定》），规定：

一、保证日人在察省自由往来；

二、取消察省的国民党机关；

三、成立察东非武装区，29 军从该地区撤出；

四、察省主席宋哲元免职。从此，冀、察两省主权大部分落进日本掌握中。

日本不以此为满足，还进一步搞"华北自治"的花招。

1935 年 9 月 29 日，日本驻屯军司令官多田骏发表《华北自治声明》，提出华北 5 省组织"联合自治"。接着，日军煽动部分汉奸，占领香河县城，发表"自治宣言"。

10 月，国民政府冀东行政督察专员殷汝耕，在日军指使下组织了"冀东防共自治政府"，在内蒙古扶植一些王公和伪军头目成立所谓内蒙自治政府。日本派遣以土肥原、松井为首的军事访问团分赴太原、保定、济南等地，策动阎锡山、韩复榘等地方实力派，进行华北 5 省"自治运动"，实现华北政权"特殊化"。

国民政府继续采取妥协政策，撤销北平军分会，改设冀东绥靖公署，以宋哲元为主任，任命何应钦为行政院驻北平办事处长官，作为全权代表，与日本谈判解决华北问题。

12 月 7 日，国民政府决定在北平设立"冀察政务委员会"，派宋哲元为委员长，由日本推荐汉奸王揖唐、王克敏、齐燮元、曹汝霖为委员。这个变相的"自治"机构准备于 12 月 16 日成立。

1933 年 4 月，日军大兵压境，间不容发。北平军分会代理委员长何应钦认为，"权衡利害轻重，与其放弃平、津，使傀儡得以组织政府，陷华北于万劫不复，何若协商停战，保有华北，得图休养生息，以图党国之根基，较为利多害少。"于是，双方开始谈判。

5 月 31 日，日方谈判代表冈村宁次拿出印刷好的停战协定草案，命中国代表熊斌"一字不容变更"，在一小时以内作出决定。熊斌只得和日本签订《塘沽停战协定》，《协定》的主要内容为：

（一）中国军即撤至延庆、昌平、高丽营、顺义、通州、香河、宝坻、宁河、芦台所在之线以西以南之地区，尔后不越线前进。

（二）如日军确认第一项所示规定，中国军队已遵守时，即不再越该线追击；且自动归还于长城之线。

这样，日军就迫近平津地区了，整个华北迅速在日本控制之下了。

1936 年 10 月，日本向中国提出了：

一、华北"共同防共问题"；

二、"华北特殊化问题"。

大纲大要如下：

（一）政治方面：五省脱离中央，各机关聘请日本顾问，实行自治；

（二）经济方面：包括日方投资开发华北资源（如棉业统制、采掘龙烃煤铁矿等），建立新的铁道网（如同蒲、济聊、沧石、津石等铁路的建设），航空线的展开（成立经营华北至日本福冈间航线之惠通公司）；关税独立（至少减低关税），设立华北中日经济合作之金融中心机关（以日本三井、三菱、住友、满铁为中心的华北开拓公司），挖深河海，大沽歧口辟港，华北电气事业与盐业之统制等；

（三）事业方面：辟华北五省为特殊地带，性质和非战区大同小异。中国军队，退出五省；

（四）文化及其他方面：则有改编教科书，以及毒化工作之逐渐推进等①。

这是一个把华北沦为日本殖民地、分裂中国的阴谋。

第六节 日本在华北、华东、东南掀起 规模空前的走私狂潮

日本在"满洲国"成立后，便在华北掀起大规模的武装走私狂潮。侵华日军和特务机关将走私作为对华经济侵略、军事侵略的先导。据北平特务机关长松室孝良向关东军密报："帝国货物之向华北走私，为帝国之断然手段，其用意在促进华北特殊政治体系成立，而隶属于帝国势力之下，届时，政、经、军诸般问题，均可依帝国之意而实践解决。"② 当时日本政府称对华走私为"特殊贸易"，日本侵华的大本营——"满铁"认为，"特殊贸易……作为日本大陆政策的一环，从商品市场的开拓上看，具有特殊的重要性。"③ 由此可见，日本发动大规模的走私浪潮，其政治目的，在于迫使国民政府承认"华北特殊化"；其经济目的，在于搞乱、搞垮中国的经济，开拓中国的市场。

日本在中国的走私，以华北最为猖獗，并且扩大到华东、东南。日本在华的走私是有组织的，用有组织的暴力对抗中国的海关军警，绝不是少数私人不法分子的偷漏行为。1935 年 5 月间，日本利用大批日、韩浪人，私带巨额银元，搭乘北宁路车，经过山海关，私运出境。在 5 月 17 日及 25 日，海关因追走私白银的"满"籍私贩和日籍私贩各一名，日韩私贩图逃坠长城受伤。日方借题发挥，要求赔偿外，还迫令海关放弃长城缉私，于是陆地屏障丧失。是年 9 月间，日方又借口按照《塘沽协定》，海关缉私舰艇应解除武装，海关被迫接受。不久，日方又得寸进尺，迫使海关缉私舰艇，撤退所谓冀东非武装区 3 海里以外，而在 3 海里以外的公海上，我国虽曾声明在离海岸 12 海里以内，海关有缉捕私运船只之权，日本始终不予承认。声称海关舰艇倘在公海上干涉

---

① 《关声》第 5 卷第 11 期，民国二十五年十月二十五日发行，"华北特殊化"。

② 《民国档案》 1987 年第 4 期，《有关日本策动华北走私档案史料选》。

③ "满铁"产业部：《北支那经济综观》，昭和 13 年版，第 50 页。

日本船只，将视为海盗行为，予以击沉。这样，我国北方海陆屏障全部丧失，私运乃一发不可收拾。私贩以大连为根据地，用大批帆船、电船、轮船等满载私货，在冀东各处起卸，再由北宁路运到天津。当时天津日租界成为私货大本营。天津租界专营走私业的纳税机构共达六七十家，这些机构，纯持暴力，如殴打路警关员，强运私货上车，驱逐乘客座位，捣毁关税机关，种种不法暴行，日有所闻。

日韩走私浪人的走私活动，不仅使用暴力，而且还得到日本政府和日本在华军事力量的庇护和支持。日本政府不承认华北有走私，甚至声言"走私不犯罪"。而在华日军竟向秦皇岛税务司提出要求，将所有海关缉私船上的机关枪一律撤除。于是，走私队伍迅速扩大。天津租界专营走私业的商行达六七十家，"大批货物由秦皇岛登陆，载运到昌黎，登北宁铁路车运进关。""今年此种商店约增十余家，连前共八十余家，均纳税营业。至于明为'洋行'，实为推销白面毒物，兼营私运者，均在一二百家以上"，"现在私运之货……均用麻袋打成巨包，自北宁路卸下后，即由浪人护送至租界各'洋行'，无人过问，亦无人敢问。""此种商行，趁天色昏暗之时，运出运入。此种货物，人造丝运至上海，销售华南各地；糖类则运往山西销售；毛织品销在内地；烟卷纸大部销往河南。近自当局查缉甚严，买卖货物者竟订有新约，即无论何货，不出租界者，包送包运。"[1] 1935 年 9 月间，日韩浪人从事走私的，在山海关约 400 人，秦皇岛约有 200 人，旋有"石河运输公司"出现，雇佣中国苦力达 1,000 名之多。中央社天津电云："走私愈趋严重，传津市将有大规模之走私机关出现，作有计划之运输。"1936 年 6 月 3 日，日本外务省东亚局局长桑岛抵北平，日韩浪人随而组织"特殊贸易协会"。6 月 24 日《申报》天津电云："济南走私商人电津，已仿浪人组贸易协会，营走私事业，与各会呼应。"6 月 6 日，《密勒氏评论报》也载："华南业已成立台湾浪人所组织之私运机关，有资本三千万，闽、粤、桂三省之私货，皆由其运销云。"

又据 1936 年 3 月 31 日报载："自冀东运来天津之私货不复利用北宁铁路，因走私商行和走私公司，备有大批载重汽车，专行驶北戴河、唐山、天津间。最近并有浪人拟办平津、津塘两汽车公路运私专利，以汽车 30 部分在该两公路行驶，计平津线者为 10 部，每日往返各七次，每车除载客 40 名外，兼搭运

---

[1] 以上引自《银行周报》第 26 卷第 11 期，民国二十五年三月二十四日发行，"国内要闻"。

私货，津塘间次数无定，将与轮船采取联络，汽车共 20 部，……闻二月中旬即将出现。届时平津近郊的走私，殆愈无法防遏矣。"路运缉私总稽查处曾在地方当局协助下扣留私货，"讵日浪人多赴各私货地点滋闹，叫嚣不休，结夥行殴，各地方当局，无力抗衡，只有畏葸袖手。天津转口行销他处之货物，在日韩浪人武装保护下，装载大汽车上，径插日〔本〕国际运输会社旗帜，沿津浦路南运。其输往淮南一带者，则于静海、沧县间装火车运往南阳；运往清苑一带者，则以汽车运去。每次走私货物，自津运出，经过大营门要道口，浪人即一枪在握，怒目横眉，直冲查验所而过。其自冀东输来者，因伪政府沿昌、滦各海口遍设税卡，征收极低关税。浪人持该项税单，即装火车运输来津，公然卸除。海关查问，则出示已税税单为已税证据，关员不能过分干涉；否则，祸患即至。"走私问题，动辄引起中日外交交涉，使海关极感棘手。

华北的武装走私，直到 1937 年上半年，愈演愈烈。据《银行周报》1937年 2 月的记载："近一周内，私货之入平津者极为汹涌，较去年夏初最为猖獗时，其势尤甚。私货种类，已不只日货之砂糖、人造丝等品，欧美各贵重货物，亦颇多以走私方法偷运入境。大连港向来辟有自由贸易区，凡欧美货物由船装运过大连港停泊而不卸货贩卖者，皆享受免税待遇。走私商利用这点，自欧美运到货物，然后改用走私商汽艇输往冀东区域内北戴河、秦皇岛等地卸岸，再经武装浪人包护，换装载重汽车运输来津，堆存私货之地，除某（日）租界外，其他各国租界，亦囤积甚多。接近某（日）国租界之某国租界，且贪图走私商输将利益之厚，从而庇护。海关查悉，欲行没收，则遭阻止。"

日本浪人在华东的走私活动也十分猖狂，以上海而言，"日本浪人于〔3月〕20 日，将价值万元之铜元，秘密装运出口。因关员阻止而行凶，当场击伤关员七人。""海关缉私人员，……日前举行会议，……并发表宣言云：一年来，在上海的日本码头关员为走私事件，与日本浪人冲突，不下十余次，在这十余次冲突中，我们有的被打得头破血流，有的被殴断手指，现在竟闹得一天厉害一天，差不多关员已不能在日本码头执行职务了。好比这一月来所发生的几项事件，有两三次已经被海关缉得的走私铜元，竟为日本领事馆的人员，在码头上强行领去。有一次，有一位税警连同缉获的私货，竟为浪人以绑票的方式，绑架至巡捕房，而由〔日〕领事将私货取走。我们现在已经感觉到上海的日本码头，不是中国领土了。自去年 4 月起，海关为加强管理外洋货物效率起见，实施码头管理栈房新制度，英美各国商人，均诚意接受海关办法，乃日本商人及各码头公司，借口无根据的理由，抗不受命。"①

　　日本割占台湾后，与台湾隔海相望的福建和广东潮汕地区成了日台当局极力渗透的势力范围，许多具有日本国籍的所谓"台湾籍民"纷纷渡航大陆，以厦门为中心，麇集福州、泉州、汕头地区，其中相当一部分在日本领事馆的庇护下，大肆进行走私贸易。福建沿海港湾曲折，有很长的海岸线，沿海岛屿星罗棋布。汕头毗邻闽南。台湾海峡两岸相隔不过 100 海里，澎湖列岛与厦门之间距离仅 75 海里，对于海上走私，极其方便。

　　在 20 世纪 30 年代华北武装走私的狂潮中，"初则华南一带肇其端倪，而以香港、澳门及广州湾为渊薮，继而延及全国海岸，尤以台湾对岸为最烈。不法电船，三五成群，潜自台湾，装运私货秘密输入闽岸岛屿村落，再行分售内地。"② 走私货物，在闽南地区大部是白糖、煤油和火柴；在潮汕地区"其自台湾运来之私货，以糖、煤油及火酒为最多。"厦、汕一带的走私，在 30 年代的走私高潮中，厦门、福州、汕头等地的台籍浪人充当了先锋和主力角色，"不少台湾人也与日本人、朝鲜人一样当起日本政府的'御用商人'，利用其与中国人间的人脉关系及言语上的便利，走私战争所需的物资致富。"（厦门关 1935 年 10 月《缉私报告》，厦门海关档案 1781 号）。台湾籍的走私商人利用定期航行于台湾基隆、高雄与福州、厦门、汕头等口岸的"凤山丸""广东丸""地厘丸""大球丸"雇佣专以走私为业的"水客"，甚至组织了"水客组合"，将大量日本货物化整为零，充作行李，携带入境，"每期船有所谓水客二三百人……尤其厦门方面经常被偷漏"（1933 年 1 月 23 日财政部关务署密令语）。还"有一种称为'便利屋'的半走私行业。有很多台湾人以手提少量的日本货以低额关税入关交便利屋售出。1933 至 1934 年间每年约有 600 人进口 500 万至 1,000 万元的货物。"③ 台湾"水客"不仅大量走私各种棉布、人造丝、疋头等日货进口，还大量走私银元出口。仅 1934 年底一个半月内，厦门就缉没价值超过 33,000 元的走私银元、银块和银链④。据台湾总督府的贸易报告，1934 年 11、12 两个月，从中国进口的白银价值为 237,787 元，

---

①　《银行周报》第 21 卷第 11 期，民国二十六年三月三十日发行，《日浪人运大批铜元出口》。

②　1934 年《关册》，第 14 页。

③　台湾总督官房外事课：《台湾与支那》，昭和 12 年版，第 22—23 页。

④　《厦门海关志》，第 250—251 页。

1935 年 1 月达 329,816 元①。海关缉获的走私白银，仅是一小部分。

以厦门为中心的"台湾籍民"的走私是受日本军事力量的支持和庇护的。据 155 师师长李汉魂 1932 年 1 月的报告：驻汕日本特派员太田氏多次召集日籍商行密议组织大规模武装，以抵抗缉私②。日本海军经常为走私船只通风报信，公然阻挠中国海关在台湾海峡进行缉私。1935 年初，闽海关"和星"号缉私舰在东引海面追缉一艘走私渔船，渔船挂起日本旗，日舰迅速开来干涉，保护走私渔船逃往公海③。同年 5 月 10 日，厦门关"专条"号缉私舰在福建沿海乌龟屿海面缉获两艘走私白银、煤油的渔船，在解押厦门途中，日本海军"汝风"号、"夕风"号驱逐舰包围监视，日舰开炮强迫"专条"号停航，接受检查。6 月，厦门关"春星"号缉私舰又在沿海被两艘日本军舰包围，而无法执行缉私任务④。日本海军甚至蛮横地宣称：中国海关舰艇如在公海干涉日本船只，将予击沉⑤。为此，总税务司署于 1936 年 4 月通令沿海各关，海上缉私应特别注意，"负责缉私的沿海各口岸，严防任何扩大事态的发生，""海关缉私船不得在三海里以外的海面上阻搁任何船只……甚至从情况分析可以判定它不是经营正当贸易时，也只能进行追踪侦察，直到它进入领海才采取行动。"⑥

日本领事也同样支持日台的走私活动，曾任厦门市台湾公会议员的曾厚坤所开的"厚祥"、"坤吉"两店，专门从事走私、贩卖日货、毒品，每次其船抵厦，日本领事都派警察为其起卸鸦片百货打掩护⑦。

从上述情况看来，在 30 年代抗日战争爆发前，日本在中国掀起的走私狂潮，以及港澳为策源地的走私浪潮，仍然不断滚滚而来，已在华北、华东、台湾海峡对岸泛滥了。

从走私狂潮兴起后，中国方兴未艾的民族工业，因之减缩及停工者屡见不鲜，尤以糖业、纺织业、烟业等受影响最大。上海糖业原有 62 家，因私货充

---

① 厦门关与总税务司缉私科关于缉私工作往来密函，厦门海关档案第 056 号。

② 《汕头海关志》，1988 年版，第 245—247 页。

③ 冯晓：《福建海上走私活动的历史回顾》，《福建文史资料》第 10 辑。

④ 《厦门海关志》，第 478—480 页。

⑤ 《厦门海关志》，第 478—480 页。

⑥ 总税务司署 1936 年 4 月 1 日通令。引自《汕头海关志》，第 245 页。

⑦ 引自林满红《日据时期的台商与两岸经济关系》（以上引文，均引自连心豪提交香港中文大学主办的中国海关史第三次国际学术研讨会论文：《三十年代台湾海峡海上走私与海关缉私》）。

斥，损失千万元；广东制糖厂，一半停工。5 月中旬，因私货压迫，原料缺乏，全部停工。上海华商烟厂，本年度勉强维持者 26 家，较之去年已停减的逾四分之一；华商织厂 92 家，完全停工者 14 家，减工者 24 家，勉强维持，已非易事（据 1936 年《时事新报》的报道）。

至于对商业之影响也很大。原有之商品市场，几全为贱价大量私货所独占，我国商品几无人问津。兹以糖商与烟商为例：华北、潮汕、闽三埠糖商，过去百余家，现因走私影响，仅存 30 余家。上海为烟丝的大本营，原有 20 余家在华北设有推销处者，现因私货充斥，均无形裁撤。由上二例观之，可知私货独占中国市场，华商无贸易可言，势非以贩卖私货谋生不可。同时因商业市场缩小，工业亦大受影响①。

---

① 以上引自唐鑫：《走私问题之透视及防私救亡之方策》。《关声》第 5 卷第 2 期，民国二十五年八月二十五日发行。

第三十九章

海关缉私问题

第一节　外籍税务司制度建立后
海关缉私工作的回顾

　　从 19 世纪 60 年代海关外籍税务司制度推行到全国时起，海关面临的严峻问题就是关于缉私及其处分问题，当时英国的对华贸易占主导地位，英商和海关的关系最为密切。海关虽被标榜为"国际机关"，但总税务司是英国人，海关人员和要职，以英人占多数。因此，海关主要接触的对象是英国商人，这样，以海关的英员对英商执行缉私及其处分就经常发生矛盾，英国领事也站在英商一边，这就使海关的缉私处分经常发生争吵。香港的英国商会极力反对海关的处分管辖权，他们认为："除非经过领事的公平和公开的审判之后，〔中国海关〕不能由于破坏税权法令而以惩罚加诸一个〔英国〕臣民"，"所有那类海关案件，应向〔领事〕提出，由他公开裁决。"因为英国人已被赋予领事裁判权，所以可以不受海关官员对违章行为所加的处分，特别是这些官员都是外国人，他们本人就应当服从领事的管辖。该商会甚至认为："应褫夺海关根据本身处断没收货物的权力。凡有违反税法的行为，非经领事公正和公开审讯后，不得加英国臣民以任何处罚，不论是没收充公或是罚款。"① 赫德作为海关的领导，对于这种情况感到为难，他抱怨说，英商希望领事用来作为他们的行动标准的观念，"就是商人想怎么干就怎么干的权力，而中国人除了条约订

---

① 1861 年 8 月 20 日、 26 日香港商会致罗素函。引自《中华帝国对外关系史》第 2 卷，第 154 页。

明他们可以干的以外没有权力作其他任何的事。"① 英商当一个案件在当地不能解决时，动辄提到北京英国公使馆和总理衙门去，于是酿出外交交涉。总理衙门只好询问总税务司，这就使总税务司感到为难。在这种情况下，作为总税务司的赫德认为，即使设立了缉私机构，也不能解决问题；但这个问题不找出一个出路，老是纠缠下去也不胜其烦。于是，他挖空心思搞个"中外会讯"办法。他把领事、外籍税务司都拉进会讯中来，企图以《会讯章程》来解决一切走私违章处分问题，从而以"会讯"办法来取代海关的缉私，因此，海关自始不设缉私机构，以免因缉私问题而增加了海关和英商的矛盾。所以关于缉私事务，"大都由各关分任其职，向无特别组织。"② 而《会讯章程》亦因总税务司只想摆个样子，无意认真执行③，他所希望的是各口税务司背着海关监督和领事进行私下交易，把大事化小事，小事化无，以免引起商人、领事的作梗。所以上海试行"会讯"办法的 4 年间，没有"会讯"过一个走私违章案件。魏尔特也说，从《会讯章程》公布到废行的 60 多年中，"绝少进行"。

外籍税务司制度统治下的海关，就是这样自行处理缉私和违章处分的。

缉私和走私违章处分是联系在一起的，没有适当的处分，就达不到惩戒和制止走私违章的目的，因而影响缉私的效果。所以说，从海关创立直到 20 世纪 20 年代，不存在严格意义的缉私制度和缉私机构④。

第二节　20 世纪 30 年代的走私狂潮
和海关缉私制度的建立

近代中国在不平等条约的束缚下，关税不能自主，税率被压得很低，进出口除禁运和限制物品有较多的走私外，其余货品的走私还不严重。

从 1929 年开始，国民政府获得关税自主，得以自行修订税则。那时南京国民政府刚建立，为了解决财政困难，于 1929 年 2 月 1 日开始实施第一个《国定税则》，进口税税率从原来的 5% 提高到 7.5%—27.5%。1929 年以后的

---

① 1861 年 11 月赫德呈卜鲁斯备忘录。《赫德与中国海关》，第 353 页。

② 民国二十四年《财政年鉴》，国民政府财政部编，上册，第 427 页。

③ 参阅本书第 239—241 页。

④ 参阅连心豪：《南京国民政府建立初期海关缉私工作的整顿与加强》，载于《厦门大学学报》（哲学社会科学版）1989 年第 7 期。

几年中，接连爆发了三次反蒋战争，1931年后，国民政府对中央革命根据地发动了三次大围攻，财政收支严重不平衡。为了弥补财政赤字，关税税率一再提高。1931年1月1日实施的第二个《国定进口税则》采用了5%—50%的12级税率，经1932年部分修改，提高了糖品进口税率，继又提高人造丝、绸缎、洋酒、玩具等货品的进口税率。加重税率，固然可以弥补财政的亏损，但跟着而来，却是走私日盛一日。那时，走私最严重的仍是靠近香港、澳门的华南地区，其他地区，特别是华北、东南地区，因日本势力意图入侵，走私也有迅速扩大的趋势。在这种新的历史条件下，总税务司不能不加强缉私工作，建立缉私制度。据总税务司1931年2月向关务署呈上的报告，其加强缉私措施如下：

一、华南的缉私办法，是把原来分属粤海、九龙、拱北、江门各关管理的巡船5只，全归九龙关税务司节制，集中管辖，增加力量；并于各巡船上装无线电，以便互通声气，于一轮遭受困难时，各轮可立即开往互援。因此，在这一区域内一切设施较前完备。九龙关从前每结（季度）缉获的私货只有7,000关平两，今则骤增至4万两，其成效已见。

二、在五外常关裁撤以后，派员调查闽、粤、浙边界海口，除设海关分关、分卡外，有直接贸易各海口，由就近海关税务司派员接收管理，各省税务司亦在赶速拟具防私办法。

三、对北方各口派员前往考察各种走私伎俩，现除于各重要地方设置武装巡缉队，作为来回防范的第一步以外，并拟派福贝士于考察闽粤边境查私后，再往北方各口，会同各该税务司对于陆路情形详加勘察，并呈拟缉私计划。

四、各重要口岸设立验估处，对于货物详加察核，使征收税款能得平允。

五、对于外洋各埠间往来贸易的轮船或电船，限制在100吨以下，使专以小轮走私为业的船只较前减少。

六、关于台湾与东南沿海走私情况，已派署副税务司夏廷耀前往台湾了解正当及非正当之对华贸易；一俟调查完竣，即据其报告以拟定防私办法[①]。

总税务司还向关务署呈请设立专司缉私的缉私科（后改为查私科）。呈云："际此税率增高之时，一切缉私设施实与关税收入有莫大关系，并须派专员管理，以专责成。兹拟于职署分设缉私一科，主管一切缉私事宜，并以前任

---

① 1931年2月4日总税务司通令第4172号，附件。《总税务司通令》第2辑（1931—1932），第223—225页。

职署总务科额外税务司兼金陵关税务司之福贝士（A. H. Forbes）（英国人）充任，俾该员得以殚精竭虑，筹办一切。"关务署当于 10 日批复："应予照准。"①

海关从此才正式设立缉私机构，专门负责统筹规划、部署落实全国海关的缉私工作，协调各关缉私事务，统一政令，统一领导指挥。自 1932 年起先后于江海、粤海、津海、九龙、厦门等重要缉私关区设立缉私课，统辖各该关区的缉私工作。在此后五六年间，海关的缉私工作逐步走上正轨，各项缉私业务也作了规范。海关秉承财政部及关务署命令，有施行适当方法，防止走私偷漏之全权。凡华洋船只，驶赴各通商口岸贸易者，均应由海关派员执行检查，以防偷漏。在检查之前，其他机关，除检疫处以外，不得派员登船查验。但进口船只，在检疫医官未到以前，关员仍得随时登船，执行缉私职权，这就是"海关之检查权"；惟该船关员非俟该船领回交通许可证明以后，不得离船他去。海关为处理缉获私货之唯一机关，凡公共团体及地方机关，对于海关此项权限，不得干涉或侵犯；如有以武力向关提取私货情事，得请省市政府遵照行政院令，严予制止。在通商口岸查有走私情事，应禁止其再行贸易；一俟该船账目结清，得即驱逐出境；其偷漏货物，无论货值式类如何，均予充公。

海上缉私限界也作了规定：即自中国海岸线潮落 12 里以内，海关有施行缉私之权。如船只在此界线以内，经海关巡船按规定信号令其停轮候验时，有不遵照停航及其他违犯关章情事，海关巡船得追入公海逮捕之。船只不遵令停驶时，应予追缉；如再不停驶，得施放空炮两次；再不停驶，得发实弹射过该船船头；如再不停驶即得瞄准该船射击。如系民船，击其船桅；如系轮船，击其船舵。船只用武力拒捕时，如向巡船施放枪炮，巡船得施放枪炮以制止之，直到该船降服为止，必要时并得将其击沉②。

国民政府于 1934 年 6 月 19 日公布《海关缉私条例》，全文 53 条。这个《条例》是经过长时间的研讨，参考各国缉私法令而拟订的。依照当时缉私的需要和情形，做了相当周密的设计，是相当完善的法令。《缉私条例》是一切关员缉私行为的法律根据。对于海关关员执行缉私时，搜查对象、空间和时间的范围，以及扣押货物的程序等都有明确的规定；对于走私行为如何构成和对

---

① 1931 年 1 月 10 日总税务司呈关务署文第 1695 号。《总税务司通令》第 2 辑（1930—1931），第 226 页。
② 《海关法规汇编》，第 585—586 页。

于违犯法规的货物、货主、报关行以及舟车运输工具等的处分罚则，也都作了详尽和严格规定。为求公允起见，规定商民对于海关所为之罚锾或没收处分，有声明异议之权，得在规定期间，依法提请罚则评议委员会加以评议；倘对该会的决定仍不甘服，还可以提出行政诉讼，以求最后的决定。这个《条例》对海关缉私工作的顺利推进，有了很大帮助。可是《条例》对于武装走私的处置，并无制裁的明文规定，因此，当日本在华刮起武装走私狂潮时，不能不另行设置措施以对付之①。

第三节　海上缉私舰艇的设置和海上缉私力量的加强

缉私科建立后，积极建造海上缉私舰艇，到1934年底，舰艇建造工作大致完成。计有主力巡缉舰26艘，长度自100呎至200呎不等，分配沿海海岸，北自山海关，南迄东京湾，担任深海巡缉工作；还有100呎以下的巡缉艇40余艘，分配各关区，辅翼主力缉私舰，担任港湾缉私工作。

到1937年抗日战争爆发时，海关缉私舰队共有舰艇84艘，最大一艘"福星"号巡舰，长度达370呎，船员150人；最小的巡艇长度30呎，船员6人，全部缉私舰艇，就其性能约可分为三类：一、长度100呎以上的海船，装有汽艇和马达舢板若干艘，随时可以下水，驶靠经过船只，搜查私货。二、长度40呎以上100呎以下的巡缉艇，可以出海面近岸一带缉查船只，因为船身小，可以靠近轮船和民船，直接执行查私工作。这一类巡艇，大部有无线电设备。三、小艇分派沿海各关所，在港湾或河面巡缉。除小艇外，都有固定的武装设备，以防武装走私或海盗袭击。海关缉私主要武器有3磅小钢炮、6磅小钢炮、重机枪、轻机枪、步枪和手枪等。

为查缉便利起见，全国海岸分成四大缉私区，区分为若干辅助缉私区。各大区，各配备若干主力巡缉舰，若干巡缉艇。第一区，北起鸭绿江口，南迄连云港；第二区，北起青岛，南迄浙江的三角洲；第三区，北起舟山群岛，南迄广东遮浪闸；第四区，北起广东石碑山，南迄东京湾。各区起讫点互相包叠，以免有所疏漏。各区查缉工作，统归各该区主要根据地的税务司负责管理：第一区，归青岛胶海关；第二区，归上海江海关；第三区，归福建厦门关；第四

---

① 全文参阅《海关法规汇编》，第585—611页。

区，归广东九龙关。各主要根据地均设备无线电台，互通情报，指挥各巡缉舰艇的行动。辅助缉私区的舰艇，归各该区税务司管理，随时与各大区保持联系。以上各区税务司秉承总税务司命令执行缉务，而实际管理归缉私科税务司负责。关于舰艇的技术管理，经常由海务科税务司计划督责①。

第四节　关警的组织加强了陆路边境的缉私工作

抗日战争前，沿海各关为加强缉私实力，已有关警队的组织；但各关关警由总税务司署统筹编练分配，则始于1935年。是年初，国民政府为简化机构，将原有的缉私署裁撤，所有全国货物查缉工作，责成海关专责办理。缉私署原有一部分税警，由海关接收编训，组成关警42队，分发各关区工作。其后又先后在各关区招募若干队。至1941年末，经常派驻各关区的共有130队，每队12人，由队长、队副各1人，警士9人，伙夫1人组成。派在各关、所的关警，归各关税务司或分支关、所主任指挥管辖，总税务司署缉私科内设关警股，由副税务司一人主其事，下设关警督导员数人。关警股秉承缉私科税务司命令，办理全国关警的编练、管理及督导等事宜，各关区可以按需要酌设关警督导员1人，秉承税务司命令督导有关关警事务。

关警队的任务约有二端：一、协助关员执行查缉工作。关员督率指挥协助巡缉，特别是应付边境的武装走私。至于主要的检查工作，仍由关员本身负责执行，严禁关警单独查缉，以防流弊；二、私贩走私，聚众要挟，捣毁关所，截击关员之事，经常发生，关警有保护之责。

海关主要的防私地点，到抗战胜利时，主要是港、澳两地，密迩国境，边界长约180余里，控制非常困难。海关在沿边扼要地点设立关所，以为缉私据点。派在边境的关警有34队，还建造守望所若干处，监视私枭活动。战后物资供应局购卡车、吉普车多辆，供缉私巡逻之用；但沿边一带，萑苻遍地，海关缉私工作极为困难。广九铁路上深圳、樟木头间，关员带领关警随车检查私货。樟木头以北，归粤海关派员警负责查缉②。

①　《海关制度概略》，十、"缉私问题"，第1—6页。
②　《海关制度概略》，十、"缉私问题"，第4—10页。

第五节　加强民船管理

1930 年以来，沿海岸一带民船走私之风日见猖獗，所有台湾及大连租借地等处，往往将货物私运，由沿海地方起岸，再由汽车、骡车或民船转运各处销售。目下海关虽于各重要海口设有分卡堵截，但海岸甚长，海湾栉比，支河港汊随处可通，究不能毫无疏漏；而走私民船如在距离海关分卡较远之处卸货，尤属防不胜防。似此情形，所有往来外洋及沿海贸易之民船，非从根本上严密管理，势难杜绝私运。商会检私委员会检私主任亦称："近自政府厉行缉私以来，江海轮船与路运方面，私货虽渐绝迹（？），但奸民为避免检查，多将私货改由民船、小轮、拖驳或长途汽车装运内地推销，各地缉私机关尚未普遍注意。"①

1931 年 1 月，总税务司曾呈称："本国南部沿海一带行驶之快捷电船及轮船，由外洋私运货物偷入我国者，近来日见增多，请核定凡百吨以下之轮船或电船，不准于本国与外国各埠间航行；违者即将船货扣留，予以充公。行政院交交通部复议。交通部以华商航业，尚在萌芽，吨位大都不过百吨左右，只有仿照英国之例，暂定为一百吨左右以下的轮船、电船，不准在本国与外国各埠间航行，庶于限制之中仍得稍存维护之意。行政院训令照准。"②

筹拟各关巡缉事务专员福贝士的节略也称："中国南部沿海一带行驶之快捷电船及轮船，由外洋私运货物偷入我国者，近来日见增多，亟应设法制止。现考日本法律载有五百吨以下之轮船，不准往外洋贸易；英国法律亦载有一百吨以下之船只，不准贸易外洋之条文。中国亦定明凡 150 吨以下之轮船或电船，不准于中国与外国各埠间往来装运货物。建议此后定明 150 吨以下之电船不准往外洋贸易。"关务署呈奉行政院训令："核定：凡一百吨以下之轮船或电船，不准于本国与外国各埠间航行。违者即将船货扣留，予以充公。外国渔船一律禁止由公海驶入本国各口。但本国渔船不在此例。"③

---

① 民国二十五年九月三日财政部关字第 28838 号令。《总税务司通令》第 2 辑（1936—1937），第 165 页。

② 民国二十年一月十二日关务署训令第 4230 号。《法令汇编》（民国二十年），第 9 页。

③ 1931 年 1 月 27 日总税务司通令第 4166 号附件；总税务司呈关务署文第 1345 号、1436 号。关务署训令政字第 4230 号、4298 号。《总税务司通令》第 2 辑（1930—1931），第 203—204 页。

为加强民船管理，防止走私，海关于 1931 年拟订《管理航海民船航运章程》，呈准国民政府公布施行。嗣于 1934 年因感原有《章程》的规定不足应付实际需要，应行修改和增订的地方很多，于是再行呈准修正公布施行。内容偏重于管理经营国外贸易的民船，全文共 21 条，兹就其要点，概要分述如下：

一、民船的注册：按照章程的规定，所有从事航海贸易的民船，应向海关注册登记。海关于审查其各项证件后，合格者，即予编号，签发航运凭单。未经注册者，不得在海面航行，经营贸易业务。

二、经营贸易的区别：民船于申请注册时，应声明经营国内或国外贸易。其载重量在 120 公担以上者，可注册经营国内或国外贸易。其载重量在 120 公担以下者，仅可注册经营国内贸易。注册核准后，应即按照章程，在船头及船尾，依规定格式及颜色，烙印标明其注册号数。经营国内或国外贸易之民船，其烙印之格式和颜色各有规定，以资识别。其后如拟更改贸易性质，应先经海关核准。

三、航行前后的手续及航程中的检查：按照章程规定，民船所应具的证件，无论在航程中，或靠岸时，应随时备置船上，以备关员检查验看。在每次开航前及抵达后，应向海关办理报关手续。经营国外贸易的民船，不得驶至国内未设关卡之任何地点。

四、渔船不得经商的规定：为防止渔船走私起见，章程内特别规定，渔船在未经海关核准改营商业，并办理民船注册手续以前，不得经营国内外贸易；未经向海关申请改营渔业的民船，亦不得经营渔业。

五、罚锾的规定：凡违犯《海关管理民船航海章程》的船只，海关得按其情节轻重，科以罚金，或将其船货充公，或两者并施①。

第六节　1936 年严密铁路运输的稽查

1935 年华北的走私狂潮，引起了国民政府严重关注。国民政府财政部乃训令总税务司称："查华北私运情形，日益严重，亟应设法切实制止，以维税收。……兹为督促严厉执行起见，由部根据前项院定办法，核定办法如后：

一、应由该总税务司设立海关防止路运走私总稽查处，直隶该署管辖，并

---

① 《海关制度概略》，十、"缉私问题"，第 14—15 页。

由该总税务司遴选干练之税务司、副税务司各一员，呈由本部加委，充任正副处长，统辖各路稽查处关员执行缉私职务。

二、前项总稽查处，应由总税务司克日组织成立，遵照院令规定办法，迅即遣派得力关员，赴各路执行缉务，毋得借词延宕，妨碍进行。

三、所有因防止路运走私必须经费，应准先行报部动支，然后追加预算。

四、应由该总税务司严饬缉私关员，于执行职务时，务须遵守定章，妥慎办理。对于正当商旅毋得骚扰，致贻口实。"

"除院定办法应另定施行细则，俟由关务署另文饬遵外，合行令仰该总税务司克日遵照办理具报毋延。此令。"

行政院第 261 次会议还就铁道部协助海关制止华北走私问题，召集内政、外交、财政、军政、交通、铁道六部进行审查，详加讨论，重行拟定办法七项：

"（1）海关得在各铁路沿线重要车站设立稽查处；（2）关员得在各铁路重要车站并随车查缉私货；（3）关员认为必要时得在各处车站检查旅客行李；（4）关员在站或随车执行缉私职务时，不得妨碍站内及行车秩序及延误行车时刻；（5）铁路应凭海关完税凭证运输；如有无照洋货到站托运，经路员通知驻站关员后，应由关员直接处理；（6）关于私货扣留，无论在起运站、中途站或到达站，应由关员负责办理，由路局协助；（7）关员进行缉私，应日夜常川驻站办公。"

"此项办法的实施，由财、铁两部迅即切实商定详细手续，务期便于执行，铁路沿线各军警机关，应随时协助。"

财政、铁道两部据以会同拟具《防止路运走私办法施行细则》，《细则》要目为："（一）洋货由仙岳路运输必须领有海关完税凭证；（二）起运车站办理手续；（三）到达车站办理手续；（四）检查旅客行李；（五）沿铁路各设立海关检查处；（六）关、路两方合作。"① 以上各条均订有详细执行办法。

---

① 以上引自民国二十六年二月十日、五月十五日、五月二十八日财政部关务署关字第 25506 号、 27075 号、 22807 号。《总税务司通令》第 2 辑（1935—1936），第 658—661 页。

第七节　随着华北走私狂潮的泛滥，财政部实行严厉的缉私办法

1936 年 5 月 19 日，财政部提出《稽查进口货物运销暂行章程》，经行政院第 263 次会议修正通过。其主要规定为：一、凡商人将规定稽查之进口货物，装载内河轮船、民船、汽车等由进口口岸转运各省销售者，应向海关缴验纳税证据，请领运销执照，方得起运。二、凡……装载火车转运各处销售者，应向海关缴验纳税证据，请领完税路运凭证外，并加领运销执照，方得起运。三、所领运销执照于货物到达指运地点时，应由商人送交当地同业公会（无同业公会者送交当地商会）收存。四、凡经同业公会或商会登记之货物，如再运向其他地方运销时，应由同业公会或商会发给分销执照，方得起运。五、凡应领运销或分销执照之进口货物，在转运时得由沿途军警查验；如无运销或分销执照，应即扣留，通知附近海关照章处理。六、规定凡茇销购用转运本章程所定进口货物之商号、工厂及转运公司，均应向财政部指定机关注册领照。……七、凡商号、工厂及转运公司茇销购用或转运本章程所定之进口货物，均应分别将其来源、销售、存储、转运各情形，备具簿册，详细记载。八、凡商人违反本章程所规定的，有按情节之轻重处以二百元以上至五千元、一百元以上至三千元之罚金。凡内河轮船、民船、汽车及火车运输未领执照之货物，商营者吊销其执照，并停止营业；官营者撤惩起运地点之负责人，等等。

1935 年 5 月，财政部发给总税务司快邮代电云："查滦东一带，奸商勾结浪人搭乘北宁路客车，偷运现洋出关之事，时有所闻，自非严厉防止，不足以安定金融。会拟办法，仍觉限制过宽。兹经由部（财政部）酌定《北宁铁路取缔辗转私运银币银类出关办法》"，其要点为"旅客携带银币银类赴天津以东各站，每人每次携带银币，以二十元为限；如未请有财政部护照，一经本路员警查获，即将逾限银数没收充公。""旅客购车票赴山海关以东各站，概不准携带银币银类，违者予以没收充公。"①

6 月，财政部又令总税务司："查偷漏关税被获，向例仅由海关按照《海

① 民国二十四年五月七日财政部给总税务司快邮代电第 2221 号。《总税务司通令》第 2 辑（1934—1935），第 757 页。

关缉私条例》处罚。近因各处走私日益猖獗，非严行惩治，不足以维税源，而安民业。曾由本（财政）部拟订《惩治偷漏关税暂行条例》八条，是由钧（行政）院呈奉国民政府公布施行在案。偷漏关税既为犯罪行为，则漏税货物即为赃物。收受故买赃物，《刑法》定有明文，则收受故买漏税货物应依《刑法》赃物罪科刑。……理合呈请钧院明令，凡收受故买海关漏税货物者，除按照《海关缉私条例》将货物没收充公外，并应依照《刑法》赃物罪科刑。使一般人民知所警戒，并转咨司法院通令各级司法机关遵照办理。"另抄《刑法》第三百四十九条："收受赃物者，处三年以下有期徒刑，拘役或五百元以下罚金。搬运、寄藏、故买赃物或为牙保者，处五年以下有期徒刑，拘役或并科一千元以下罚金。因赃物变卖所得之财物，以赃物论。"①

第八节　海关管理经过边境铁路公路运输货物办法

鉴于走私者利用火车进行走私非常严重，海关对边境各铁路、各公路运输货物特别规定管理办法。其办法，各视地方特点而定：

北宁铁路。凡旅客随身携带行李，应在山海关、秦王〔皇〕岛间，于车上检查之。行李车所载行李，则在山海关站海关验货厂检查，但由关内或关外各站上下车的，如各该站设有海关分卡，得在各该站就地检查后，把行李用铁丝封捆，并加铅印；关外行李至关内各站的，亦应请山海关分卡将其行李条封铅印，至到达站时再行检查。此项行李，海关封固后，应由铁路运至到达站，并应由铁路局按规定另行开关，交海关查检；行李中带有应税货物，应按现行税则征税。海关检查手续，务求迅速。无论星期日或假日，不分昼夜，应随时施行检查，不得妨碍铁路规定行车时刻及业务。

广九铁路关于海关检查联运货物办法，大抵有如下各点：

一、火车装运自九龙运往中国境内之应税货物，如经过英段各站道不停靠者，应于车未开前，在九龙海关缴纳进口税。

二、火车装载中国境内运往九龙之应税货物，如未执有海关完税凭证，应在未放行前，在九龙海关缴纳进口税。

---

① 1936 年 7 月 1 日总税务司公署通令第 5286 号附件。民国二十五年六月八日财政部令关字第 25983 号。《总税务司通令》第 2 辑（1935—1936），第 673—674 页。

三、火车装载九龙或英段各站运往中国境内之应税货物，如经过华段各站停靠者，得准任便在九龙海关或深圳海关分卡缴纳进口税。

四、火车装载自深圳运往英段各站之应税货物，如未持有海关完税凭证，应在深圳海关分卡缴纳出口税。

滇越铁路运输货物，其办法比较复杂，这里不能详述，其总则为：由蒙自海关所属河口、壁虱寨及昆明三处分关管理。所有运入河口、壁虱寨间各地货物，应由河口分关管理，其运入壁虱寨、昆明间各地者，应由壁虱寨分关管理；输入昆明者，应由昆明分关管理。出口货物与进口货物同样办理。凡自国内各通商口岸转运各该处之土货，必须于起运口岸，向关报明指运各该处。如在起运时报运香港或海防，而后转运滇省者，即不准享受转口利益。此项办法，对于滇省出口货物，亦适用之。至于进口货物、出口货物、复出口货物、旅客行李另有细则规定。因为办法过细，请阅 1937 年版《海关法规汇编》第482—486 页，此间从略。

往来经过中国边界及在边界以内附近地方的汽车，在 1935 年也订有管理办法，当时所称的汽车，指普通汽车、运货汽车、马达自行车、曳车及其他可与汽车接连之车辆，并车辆附件。

凡在外国登记之汽车装载客货，第一次驶抵中国境内时，应由汽车所有人或司机人或管理人，在经过第一海关或海关分卡停车报验，并请海关或海关分卡核准，照章完纳进口税，由关填具执照，发给汽车所有者或司机、或管理人收执，以便在中国境内往来装载客货。凡在外国登记之汽车，装载客货往来经过中国边界或在境内往来行驶者；凡外国公务员因公或旅行，乘坐自用或雇用汽车，经过中国边界行驶入境之汽车、外国境内居民乘坐经过中国边界入境旅行之私有汽车、在中国登记装载客货之汽车、中国公务员或中国境内居民乘坐经过中国边界出境公办或旅行之私有或雇用之汽车，均订有详细管理办法。请参阅《海关管理往来经过中国边界及在边界附近地方行驶汽车办法》[1]。

由于走私之风甚盛，国民政府对于走私犯的处罚极为严厉。

1936 年 6 月 8 日，财政部关务署奉行行政院训令："即日布告施行"《修正惩治偷漏关税暂行条例》。其主要内容：凡偷漏关税者，处三年以上、七年以下有期徒刑；偷漏在一万元以上者，处死刑或无期徒刑。凡因偷漏关税、持

---

① 《海关法规汇编》，第 487—495 页。

械拒捕伤人未致重伤、聚众威胁缉私员警时在场助势……处无期徒刑；凡因偷漏关税而持械拒捕杀人、伤人致死或重伤，公然为首聚众威胁缉私员警、勾结外国或叛徒、组织秘密团体者处死刑。

又："兹据密报，各地私贩多有将漏税私货向银钱业抵押借款，是无异收受漏税货物，即属严犯刑章，该公会转知各行庄，对于承做货物押款，如要进口货物，如向原进口口岸之银行钱庄押款，应持进口税收据，向海关领取证明者，证明该项货物确凭海关发给运销执照准予运销。……若各行庄明知为漏税货物而收受为抵押品者，一经查明属实，对于各该行庄经理人等应即依照刑法赃物罪严惩，以儆奸究。"①

第九节　国民政府加强内地缉私工作

20世纪30年代上半期，日本在中国的走私极为猖獗，走私不但在沿海、沿江进行，甚至利用铁路、公路扩展到国内各处。国民政府为了制止内地的严重走私，督促海关制定了《海关管理进口货物运销国内各处办法》。《办法》相当严密，其要点如下：

一、凡应行稽查的进口货物，运销国内各处时，应呈验运销执照；其经由铁路运输者，并应呈验海关完税凭证，方得起运。

二、内地商号遇有大批货物，认有私运嫌疑者，海关得按《缉私条例》查明处理。

三、凡应行稽查之已税货物，由原进口口岸，复以海轮、江轮运至另一口岸，未经领有运销执照者，如须由该另一口岸运向其他地方分销时，应向该口岸海关请领运销执照。其由原进口口岸，以火车、内河轮船、汽车转运各处销售、已经领有运销执照者，如须运往其他地方分销时，仍照《运销章程》规定办理。

四、凡领有分销执照之货物，于到达执照上所载明之指运地点后，仍须再运其他地方分销者，应于该货物到达时，凭同原分销执照将所运货物，报由该地同业公会或商会核明登记。

---

① 引自民国二十五年六月十六日财政部关务署训令政字第21137号。《总税务司通令》第2辑（1935—1936），第765页。

五、凡内地商会，遇有将应行稽查之货物，因质色不合，退回原购地方掉换时，应报由同业公会或商会查核该商原领之运销执照。如属相符，即由该会出具证明书；如原领运销执照已送缴海关，即由会查核与该货到达时原登记情形相符后，发给证明书，以便起运。其凭分销执照运输之货物，应由该商号向该分销地点之同业公会或商会，出具保结，请求发给证明书。前项证明书用毕，应由该商号缴还原发处所。

六、凡已税洋货，拟由原进口口岸分批运销各处，或售与趸销商号，再行运销各处者，应按《运销章程》规定办理。应按改装化整为零，或经改制再行运销各处者，应由起运人于起运以前，将货物数量、标记、号码，以及包装情形、起运日期、指运地点等项，持凭原进口完税证据，报由海关发给运销执照。其经由铁路运销者，并由关发给海关完税凭证，以资起运。趸销、购用、转运应行稽查各进口货物之商号、工厂及转运公司，应备具领照申请书，向财政部指定之机关注册领照。

七、凡土货运经海关时，得报由海关发给土货运销执照。运至到达地点后，仍须运向其他地方分销时，应报明同业公会或商会或工厂联合会，根据海关所发土货运销执照，发给土货分销执照。

八、凡洋商将土布、厂布运至指运地点后，如须分销他处者，准予验凭统税机关所发分运照运输。

九、凡向铁路托运之洋货，路局须凭海关完税凭证，方可予以托运，按照《防止路运走私办法》办理①。

第十节　海关对于私货的处理及充公罚款的配解

海关缉获私货办法：海关现行处理充公货品范围，不仅限于海关本身缉获的私货，其他机关所缉获的也应移交海关处理，凡已经确定充公的货品，除了金、银、币券、特种矿产品、军火、鸦片、毒品等，另有专章处理或移交其他主管机关处理之外，应每 3 个月经公告后举行公开拍卖一次。但货品性质容易腐坏，或因特殊情形有尽速处置必要时，得随时公布举行拍卖。此外，若有特种物品不合公众需要，或因缺乏适当拍卖场所，经总税务司核准后，可于公告

---

① 《海关法规汇编》，第 497—515 页。

后以投标方式出卖。若充公货品中有为海关公务所需用者，经总税务司核准后，方得备价购买。

至于充公罚款配解情形：凡充公货品变价及违章案件罚款，除了扣除缉运等及充公货物应付之税项外，按十成分配如下：

一、经司法机关裁定之罚款，应提四成充司法机关办公费，其余六成，再按十成分配（如未经司法机关裁理者，不予提扣）。

二、经举发人告密之案件，应提三成充作举发人之奖金；其余七成，再按十成分配（无举发人之案件，应免提扣）。

三、解缴国库五成，其余五成分配如后。

四、缉获机关二成。每案出力人员应得奖金之最高限额，按照财政部的规定，实发半数给出力人员，其余半数及超过最高限额部分之奖金，由各关汇缴总税务司署计核科，拨充全体关员福利事业基金。

五、协助机关二成。无协助机关之案件，此二成并入缉私机关充奖。

六、主管机关三成。由各关汇缴总税务司署计核科，拨充全体关员福利事业基金。

七、其余三成，由各关汇缴总税务司署计核科，按期汇转财政部及关务署各一成半①。

总上以观，抗战前为对付港、澳、台等地的严重走私，以及华北日、韩浪人的武装走私，海关做了大量工作，也有一定的成绩，当时建造了缉私舰队，成立了缉私关警队，订立了许多缉私法令章则，实施了许多查缉方策。缉私制度可说已经建立；但我国武装走私炽盛，加以强邻迫视，走私根据地又近在咫尺，海关实行缉私格外困难，所以走私未能根绝②。

国民政府虽然使尽力气加强缉私工作，但面对日本的武装走私狂潮，海关无可奈何！

---

① 《海关制度概略》，十、"缉私问题"，第16—17页。
② 《海关制度概略》，十、"缉私问题"，第16—17页。

第四十章

海关的财政。国民政府利用
总税务司的关税担保发行庞大的内债

第一节　海关的会计制度

海关会计制度创立于 1861 年。当时的账项分为五种，即：一、经费账，二、罚款账，三、船钞账，四、杂项收入账，五、常关经费账。到了 1934 年，经费账分为关务及海务两种。1942 年 10 月《公库法》实行后，各关关务及海务经费账，仅以记载预算经费范围内的收付款项为限，另外立了一个未了案件暂记账，记载不属于预算经费范围的收支。海关的会计制度，大略如下。

总税务司署的会计制度分为：

一、关务账与海务账之收入。海关是一个由国库管辖收入的机构。所有经费收入，原则上均应由国库根据核定预算拨发，不过因时局动荡不定，特别是抗战爆发以后，通货不断膨胀，以致有时如照正常手续，俟预算核定后再由国库拨款，则公文旅行，辗转需时，每每感到缓不济急。所以实际上，海关遇到需款孔急时，除照常赶编预算外，常须呈请先行垫款一部分经费作为周转金。遇到特别急需时候，须向中央银行洽请先行垫借，借以应付业务上随时的需要。兹将各项收入途径略述如次：

（一）库拨款系根据预算核定数目而发，有时由财政部代编后，饬关知照。拨款方式：一由库发交总税务司署支领；二由库直接拨发各关支领。

（二）周转金在预算未核定前，需款孔急，可由总税务司署呈请财政部，转请中央银行垫拨周转金；一俟预算正式核准时，再由国库扣回归垫。此项周转金，概由总税务司署具领，分发各关应用。

（三）银行垫借。海关遇到需款孔急时，可呈请财政部由中央银行垫借，其是否须付利息，要看当时签订合约情形而定。

（四）其他垫拨办法。除前二种拨款途径外，有时为应急及权宜计，间有在税款账内暂行垫拨。每次皆须呈奉总税务司令准，方可照拨。

二、关务与海务账的支出。自《公库法》实行后，按照规定，所有开支概须签发公库支票，由审核机关派员驻库审定，加以背签，方能领款；惟经常费可以先领5%，备供零用。至于支出的方式，各关每月皆须编具补助经费申请书一种，除一部分开支由国库直接拨款充抵外，不敷之数，再由总税务司署开具支票，汇拨补助。

三、预、决算。

预算的编造：海关于每年度未开始前，预饬各关就规定的科目编呈全年度预算，计分常时及临时两部分。常时部分包括海关各科的行政经常费用，如俸给费、办公费等；临时部分包括改进业务及其他新计划支出，如增设分卡费、购买缉私舰艇等。总税务司署收到各关的单位预算后，就所有资料汇编全国海关总预算，送呈政府核定；俟预算数额核定后，再编预算分配表，分别列明每关每月应分配数额，再呈政府核定，作为饬库拨款的根据。这是一种正常的手续，有时海关遇到特殊紧急事项须立等开支，除迅速照常编造预算款项，俟预算正式核定后，由库拨还归垫。

各关除由库根据预算分配表直拨库款以充经费外，如预计月内需超过库拨数额，则可另填补助经费申请书，申请总税务司署拨款补助。在申请书内，应分别申述用途、月份、月内所需额等，以便总税务司署根据事实分别批复核准数目，早日汇款接济。

月终各关编具关务及海务经费收支月报表，详列各种科目之收入及支出，送呈总税务司署核阅。季终各关根据预算科目，加编年度开始至该季终事实支数，及下季开始至年度终了预计数，以使总税务司署得根据数字，汇编该年度各科目之最后追加或追减预算及各科目余绌额流用表。

海关预算，为一种财务收支之计划，实施此项财务计划时，岁入岁出之数额，自难恰与其预算数额相同，于是需要决算的手续。决算的主要作用是计算并确定某一会计年度内，海关财务收支之实在结果，并以是项结果与预算作一比较，计算其增减额，呈报政府，使明了海关财务之状况。海关决算的时期，与预算一致。政府预算规定为每年编造一次，且规定会计年度之起讫与历年相

同，则决算自应在每年之终办理一次，而以一年内的全部财务收支作为计算与
编造之根据。

决算之编造。每季终了后，各关根据账项簿籍登记规定的海关会计科目，
编呈关务署经费收支季报表及海务经费收支季报表，详载季内之收入及支出，
使总税务司署明了海关的经济收支情况，以为编报会计季报表的资料，备政府
核阅。其后，又令各关分别编具关务经费收支表、海务经费收支表，以便由总
税务司署汇总与预算逐项科目比较，有否余绌。如一科目之余数与其他科目之
绌数抵消后，仍有余剩，则须缴还国库，或申请将款作为下半年度的库拨款。

海关经费账目理清后，应通过审核。审核有事前审核和事后审核之别。事
前审核，是要各关把应当支付的款项开列申请书，呈请核定，方可支付。但在
抗战爆发后，法币价值急剧下跌，只能从权先由各关垫付，待后呈递申请书。
事后审核，海关经费账各关遵例每月结算一次，每三个月汇齐各项收支编造收
支季报表呈署备核。除季报表本身外，尚须附有收入明细表、暂付款总表、收
支传票及银行存款凭单等。凡在经费范围以外各款，皆应记入未了案件暂记
账；亦应编造总表连同经费账按季呈核。上述二账之各项收入，必须事先经批
准手续，方算于法有据；若无根据，虽微末小数，亦不得收付。此后事后审核
工作，集中于收支传票，为数虽多，亦须一一查核收支各项是否均经批准，计
算金额是否准确，签证是否精确齐全。所呈各项表册，必须经详细之审核，而
后归档。存款凭单须经银行切实证明所存数额与账目上结存之数相符，如有不
符，应将缘由查明为应收、未收，抑或应付、未付，或既付而未取现等情形。
各关账目经过缜密审核之后，其报销始获通过。其间如有未尽明了之点，必须
查询明白。虽案牍往复，务使彻底明了、正确无讹而后已。

海关会计，采用单式簿记，手续单纯；但因组织严密，纪律甚严，选用的
会计人员，认真负责，足资防范，尚少浮领、冒领情事，而事后审核之严密，
收效也颇大。

各关会计制度。各关经费账仍分为关务及海务两种，采用单式会计制度。
所有收付款项，均分别用收付传票详细记载，并将有关单据附同传票存放。此
种收付款项，逐日另行登入日记账。各关于每月终除将日记账结清外，并将全
月收入及结余分列项目，编造关务及海务经费收入月报表呈核。到了每季终结
及年底终结的时候，还要另编收支季报表年度收支总表呈核。此外，各关另备

账簿一本，将上述日记账内，各收付款项誊写清楚，作为日记账结册①。

各关会计工作实际情形，卢海鸣记叙颇详，兹摘录于次，以资补充："我在海关担任会计工作，前后计十一年十个月之久，其中在台南、台北两关会计课连续七年有半。兹将在这段期间个人经历及两关会计课服务经管岁出会计事项列述如次："

"民国三十五年十月，总署电令调派我自闽海关前往台南关服务……光复初期……我向台南关报到后，即被派往会计课工作，开始处理会计事务的经历。""从前，海关岁入会计与岁出会计，分由两个单位办理，在总〔税务司〕署，财务科办理岁入会计事项，计核科办理岁出会计事项。在各关（台南、台北两关）岁入会计由总务课之税款台办理，岁出会计则由会计课办理。兹就台北，台南两关会计课经营之岁出会计工作简述如次：

海关经费分为'关务'与'海务'两大类。有关税务部门之经费支出，包括海关巡缉舰所需费用，均属于关务类（Service Account，简称 A/C. S）；有关灯塔及导航设备之建造与维护、暨灯塔补给舰之建造与维护，所需费用则属于海务类（Marine Account，简称 A/C. M）两类之账户分别设置，报表亦分别编制，不相混淆。"

"海关会计采用单式簿记，较为简单，且会计兼办现金出纳的工作，想来似易发生弊端；但因被派担任会计工作的人员，均诚实负责，对经费开支能严格审核，遵守'Nothing But, Facts'之会计原则，所有会计凭证及簿籍记载，均与事实相符，绝无虚伪。……"

"会计凭证主要为收入传票及支出传票，有时亦使用收支并用之转账传票。各种传票之右角均印有经费类别〔A/C.〕、费用项目〔sch.〕及传票编号〔Vr.〕字样，以便缮制时，分别填列，传票应制一式二份。

一、收入传票（Receiving Voucher）：关务经费账之收入主要来源为总署拨发收入，海务经费账之收入主要来源为总署拨发吨税收入。……编制后应经税务司于下端签字。

二、支出传票（Payment）：支出传票，除为记载凭证外，兼具原始凭证之功能，因其下端有'收入人签收'一栏，故有否另附原始收据或发票并不重要。惟原始凭证仍应保存，以备有需要时审核查考之用。传票之上端有

---

① 《海关制度概略》，六、"海关会计制度"，第1—8页。

'支付依据''支付日期'及'税务司签字'三栏，中间部位除记载收款人名
称、及支付金额外，对于有关支付金额之计算，均应详予说明；如财产修缮费
用，另应查载上次修缮日期及支付传票号码，该部分之记载应经有关单位主管
在传票上证明无讹。传票之端有'收款人签收'及'付款证明人签证'（Wit-
ness to Payment）两栏。其慎重与周全，似较现行政府会计制度规定有过之而
无不及。"

"会计簿籍仅设现金簿一种，依据传票按收付日期之先后顺序登载。"

"收入及支出项目：

1. 收入项目依英文字母编列。例如：Sch. 0 为有关财产之支出。其下再
分 Sch. 6/1 为财产购置，Sch. 6/2 为财产修缮，Sch. 7 为旅运费支出，其下
再分：Sch. 7/1 为旅费，Sch. 7/2 为运费。"

"会计报告

1. 经费收支月报表　依现金簿之记载，将各收支项目之金额累计编制。

2. 经费收支季报表　该季度报表至为重要。须先将期内所有收支传票集
中，依项目别及日期先后列清单；并将传票予以先后顺序编号；加计各收支项
目金额，应与期内三个月之经费收支月报表所列各该项目金额总数相符，然后
据以编制季报表。季报表编妥后，应以 Advance copy 一份先送总署。俟所有传
票整理完竣后，将正本传票连同传票清单装订成帙，随附季报表送总署计核科
审核；有关副本则装订成册，存关备查。

3. 经费收支年报表　系将年内四季之季报表所列收支项目加计而编制之。

充公罚款账各关为处理罚锾及没收物变卖估款之收入，与缉运费及奖金之
支付及提成分配等事宜而设立之充公罚款账，则由缉私课经管，会计课予以账
面控制而已。而其中缉运费、举发人奖金及缉私奖金之支付，则由会计课处
理，并在经费收支季报表内列报①。"

第二节　海关税款的分合

自辛亥革命总税务司接管税款保管权之后，所有税款集中存放于上海汇丰

---

① 卢海鸣：《海关蜕变年代——任职海关四十二载经过》，台湾雨利美术出版有限公司 1993 年版，第 36—
40 页。台湾关税总局叶伦会先生寄赠。

银行，并按期分拨经理外债及赔款之各有关国家银行，作为偿付到期债、赔款本息之用。1929 年 2 月 1 日国定进口税则施行后，所收税款出现两个部分，即一、值百抽五的旧税部分；二、新增关税和附税部分。其所以如此划分，乃因值百抽五的旧税是约章所规定的，而外债、赔款之以关税为担保者，在订约当时，既然施行旧税则，则所征的关税，自系指值百抽五旧税则而言，所以债、赔各款，应以此值百抽五之旧税项下拨付，由各关汇交上海汇丰银行，按期拨存各债、赔款经理银行。至于新增关税部分，则不在担保债、赔之内，听由政府处理，另行汇存上海中央银行。两部分税款的界限，划分清晰，不得互混。直到 1932 年 3 月 1 日，因为 1929 年 2 月到 1932 年 2 月的一段期间，国内政局动荡，金贵银贱，以致值百抽五的旧税收入项下，不足偿付以旧税担保的外债、赔款，不能不经常由新增关税收入项下提拨弥补。当时财政部看到这一点，认为以前划分的界限已经无保留的必要，乃下令改变原有办法，自 1932 年 3 月 1 日起，所有各关全部税收一律汇解上海中央银行收存，然后将偿付到期债、赔所需的数额，按期拨付汇丰银行保管。此项新办法实行到 1939 年初，财政部宣布停付债、赔、改行拨存办法时为止。自 1942 年 10 月 1 日起，海关实行《公库法》以后，所有海关税收，均悉数解缴当地代理国库的机构，列收库账。因此，总税务司对关税收入，又恢复辛亥革命以前的情形，不再负直接保管支配的责任①。

第三节　近代中国货币的庞杂和海关记账单位的更改

随着关税征金的实施，有一个问题需要趁机解决，即货币制度的整理，特别是银两应即行废除。一个国家没有一定的货币制度，其于工商业发展上有莫大的障碍。中国近代货币的复杂，无以复加。从货币单位说，既用银元复存银两；今关税征金，而另有金单位。其他如纸币、辅币等等，各色各样，种类繁多。其纷乱之象，实非言语所可形容。而且，一种货币通用于甲省，而不通用于乙省；即在甲省之内，通行于此地者，而又不通行于彼地。经营事业者倘不通晓各地货币流通的情形，则仅受汇兑折合、亏耗贴水的损失，便可使之倾家荡产而有余，其为害之烈，诚不可胜言。故我国整理货币制度，实为刻不容缓

---

① 《海关制度概略》，五、"海关税收之过去与现在"，第 9—10 页。

之图；而整理的第一步，即是废除银两。因银两的复杂，不但为一般人所不能
了解，即专业者亦未必能尽悉其内容。若统计其种类，全国当不下有数百余种
之多。各地所用不同、成色又各有别，即在全国各地，复有种种之殊。以上海
一埠言之，有库平、漕平、关平、运库平、议砝平、公砝平、铖平、行化平
等；又同一地也，成色又复各异。如库平一种，中央政府的库平与地方政府之
库平不同；又一省之库平与他省之库平又各参差不齐；又如关平，各关所收关
平名目虽同，成色却不一致；又如漕平，其标准重量，又各因其地而异；即同
一地，平秤称量亦不能得其一致。至如市平，各地各样，名目纷繁，更属莫可
究诘。这些银两，皆为虚物，如现时银两中，最占势力之上海规元、天津行
化、北平公砝、汉口洋例，非真有其物，真有其形，不过用为在账上之一虚单
位而已，实际上仍以银两折合通行也。其所以不用银元而用银两为记账之单
位，因银两有一定的价格，而银元则无也。银元乃以银两为主而折合计算也。
故日有市价，涨落无定，用以记账颇感困难，故各埠大宗交易以及对外贸易，
均以银两为计算之标准，而一直维持沿用也[1]。

因为各地货币非常庞杂，海关为估值征税记账统一整齐起见，一开始就采
用关平银为单位。但关平银也是虚单位，市上实无此种银两，亦无此种庄票。
所以纳税人不能以关平银缴纳，各海关只能各就所在地方情形，配收数种货
币。据统计：江海关所收税款，98%为规元，2%为银元票；其50里内常关，
则93.5%为规元，余为银元票，2%为辅币及铜元；江汉关所收税款，50.5%
为洋例银，45%为银元及银元票；粤海关所收税款99.95%为广东中央银行所
发钞票，余为毫洋。此皆本国的货币。邻近朝鲜边境的安东关则79%为日金
票；大连6%为日金票，余94%为日银元票。至于东北各关多收日币，福建各
关也一样。广东、广西各关多收香港银元及港纸，亦有收法属西贡银币批亚斯
的，向日各关搭收外币及搭收的成数及折合标准，海关随时公布关金折合率缴
纳进口税。上海中央银行并且举办单位金存款，以便商人预购开立金单位账
户，随时开具金单位支票缴纳进口税。1931年5月1日中央银行奉准发行关
金兑换券，于是进口商人更多了一个付税方法。但是虽在海关金单位实行后，
海关税款账仍以关平两为记账单位。直到1933年3月10日实行银本位币，关
平银奉令取消，海关乃从是日起，凡以前税款之以关平银计算者，一律按关平

---

[1]　童蒙正：《关税征金与废除银两》。《银行周报》第14卷第5号，民国十九年二月十八日发行。

银 100 两等于银本位币 135.80 元，折合银币缴纳。在海关账目上有 90 年悠久历史的关平银，至是遂告废止。其后，国民政府实行法币政策，所有海关税款，除实收金单位部分外，概以法币征收入账。

第四节　国民政府利用总税务司的关税担保发行大量内债

1927 年国民政府在南京成立以后，以关、盐、统税为担保，发行大量内债。综计自 1927 年到 1931 年 5 年内，发行的债额达 10.58 亿元，较诸北洋政府 16 年所发行的内债增加一倍左右，而其发行额是逐年增加的。其后内债的发行主要依靠总税务司的关税担保。当时国民政府收入总额不过三四亿元，还要续还外债、赔款和支付军政各费。关税收入自 1929 年实行国定进口税则以后，虽略有增加，但绝对应付不了这样逐月增加的债券本息，因此，只有继续发行内债才能维持其统治。

国民政府依靠总税务司的关税担保及退还庚款发行的内债，计自 1927 年到 1937 年抗战爆发，除赈灾、电气、救济丝业、交通部电政……等事业性公债不计外，计有如下各次：

当北伐军抵达上海时，梅乐和方任江海关税务司。国民政府在梅乐和支持下，于 1927 年 5 月发行 "江海关二五附税国库券"，定额 3,000 万元。"此项库券，应付本息，以江海关二五附税全部作抵，有优先偿付本息之权"，"由国民政府命令二五附税征收机关，自民国十六年五月一日起，将此项收入直接拨交基金保管委员会保管之。"① 1927 年 10 月，国民政府续发江海关二五附税国库券，定额 4,000 万元，以江海关二五附税奢侈品出口税及江苏邮包税每月拨足 32 万元付息，江海关二五附税全部，并分拨二五附税出口税 11 万元作为本息基金，至全部偿清为止②。

1928 年 6 月发行津海关二五附税国库券，总额为 900 万元。"本库券基金，以津海关二五附税全部收入作抵，至全部偿清为止。由国民政府财政部命令津海关监督自民国十七年九月起提前预拨。"③

---

① 《内国公债库券汇编》第 3 册，第 4—5 页。
② 《中国债券汇编》，第 87—88 页。
③ 《内国公债库券汇编》第 3 册，第 19—20 页。

1928 年 10 月发行金融短期公债 3000 万元，"公债应还本息，由财政部指定以关税内法国退回赔款余款项下为担保品，特命令总税务司将上项赔款按月拨存指定之银行保管，备付到期本息。"①

1928 年 11 月发行长期金融公债，总额 4,500 万元。"本公债应还本息，由财政部指定以关税余款内照拨，特命令总税务司……按月拨出基金，交存指定之银行保管，备付到期本息。"②

1929 年 2 月发行裁兵公债，总额 5,000 万元。"此项公债应还本息，财政部指定在关税增加收入项下照拨。特命令总税务司依照还本付息表所载数目拨出基金，交基金保管委员会专项存储，备付到期本息。"③

1929 年 6 月发行关税库券 4,000 万元。"本库券本息基金，指定由关税增加收入项下指拨。所有该项基金，由财政部委托江海关二五附税国库券基金保管委员会兼代保管，于每月二十五日由总税务司（按：当时梅乐和已由江海关升调总税务司）拨交中央银行列收该委员会账储存。"④

1930 年 1 月发行关税公债 2,000 万元。"本公债应还本息由财政部指定在关税增加收入项下照拨。特命令总税务司依照还本付息表所载数目，于每月二十五日拨交中央银行列收基金保管委员会户账，备付到期本息。"⑤

1930 年 11 月发行善后短期库券，定额 5,000 万元。"本库券应还本息，由财政部指定关税增加收入项下指拨，特命令总税务司按月查照还本付息表所列数目，拨存中央银行交由基金保管委员会兼为保管，备付到期本息。"⑥

1931 年 4 月发行关税短期库券，定额 8,000 万元。"本库券应还本息，由财政部指定在关税增加收入项下如数照拨，特命令总税务司按月依照还本付息表所列数目，拨存中央银行交基金保管委员会兼为保管，备付到期本息⑦。"

1931 年 10 月发行金融短期公债，定额 8,000 万元，"本公债应付本息，由财政部指定在庚子赔款部分项下照拨。除前经指定担保之各项内债基金外，所有余款悉充本公债基金之用。特命令总税务司……按月拨存中央银行列收基

---

① 《中华民国法规大全》第 3 册，第 2865 页。
② 《中华民国法规大全》第 3 册，第 2867 页。
③ 《中华民国法规大全》第 3 册，第 2923 页。
④ 《中国债券汇编》，第 160—162 页。
⑤ 《中华民国法规大全》第 3 册，第 2941—2942 页。
⑥ 《中华民国法规大全》第 3 册，第 2912—2913 页。
⑦ 《中华民国法规大全》第 3 册，第 2878 页。

金保管委员会账款，备付到期本息。"①

"九一八"日本大举入侵东北，各种债券价格因之暴跌。国民政府发表"关于变更债券还本付息条例命令"。命令称："政府丁艰屯之会，对于还本付息，从未愆期。迫上海事变继起，债市骤失流通，金融亦陷停滞。……际兹困难当头，财政奇绌，与其使债市飘摇，毋宁略减利息，稍延偿还日期。""迭饬财政部与各团体从长讨论，就原颁之条例，重拟适当标准，并经决定每月由海关税划出八百六十万元，作为支配各项债务基金。其利息长年六厘，还本期限照财政部所拟程表办理，仰由行政院饬部转令拨发基金之征收官吏及总税务司，每月按期将各项债券本息如数拨付，至本息还清之日为止，不得稍有延误。"②"持票人会"当即宣言，提出交换条件。其第九条称："基金保管委员会改称国债基金管理委员会，以关务署长、总税务司为当然委员"；第八条，"所有应付基金，应就原有之庚款及增加关税项下，由总税务司尽先照数直接拨付基金管理委员会，由该会全权管理；如有不足，由政府于各项中央税收中特定一种税收按数补充之。"国民政府"命令征收官吏及总税务司将每年应还债务本息总数，每月分二次于十五日及二十五日，将各项如数拨付，至还本付息偿清之日为止，不得挪移别用及稍有延误。"并由总税务司切实宣言："负拨付基金之责任，至各项公债库券还清为止。"③

财政部部长宋子文当即宣言："持票人既为国难牺牲，则政府对于债信之维持，责无旁贷，当尊重而履行之。"总税务司也公告："自当敬谨遵守，每月如数拨付，至本息还清之日为止，不稍延误。"④

前期债务解决之后，1933年10月又依靠总税务司发行民国二十二年税券1万万元，"指定由关税增加收入项下指拨，由财政部命令总税务司于每月二十五日按照还本付息表所列数目存中央银行交由国债基金保管委员会一并保管备付。"⑤

1934年1月又发行"民国二十三年关税库券一万万元。本库券本息基金，由财政部指定在关税项下照拨，特命令总税务司依照还本付息表所载应还本息

---

① 《中华民国法规大全》第3册，第2870页。
② 《中国债券汇编》，第543页。
③ 《中国债券汇编》，第545—548页。
④ 《中国债券汇编》，第550页。
⑤ 《中华民国法规大全》第3册，第2886页。

数目，按期拨存中央银行列收国债基金管理委员会户账，备付到期本息。"①

1934 年 1 月国民政府财政部与意大利庚款借款银团签订了借款合同，定额 4,400 万元。"本借款指定意国政府退回庚子赔款（自民国二十年一月起至民国三十七年止），全部为还本付息基金，并指定以海关税款为付息基金。"②

1934 年 6 月发行民国二十三年关税公债，定额国币 1 万万元。"本公债应还本息基金，以换回销毁之民国二十三年关税库券票面五千万元原有基金移充外，其不敷之数在新增关税项下照数补足，由财政部命令总税务司依照还本付息表所载应还本息数目，按月平均拨存中央银行列收国债基金管理委员会户账，专款存储备付。"③

1935 年 1 月发行退款凭证，总额 1.2 亿元，以俄退庚款为担保。

1935 年 4 月发行金融公债 1 亿元。"本公债应还本息，指定新增关税为基金，由财政部命令总税务司……按月提交中央银行国债基金管理委员会本公债户账，专款存储备付。"④

1936 年 2 月财政部布告发行统一公债。布告称："历年发行或认可之内国公债、库券、凭证等名称三十余种，期限长短不一，而库券凭证等按月领取本息，数目奇零"，"不惟计算繁难，且偏远省份之持票者，领取常感不便。应发行统一公债，各按旧有债券实欠债额，以同额统一公债如数掉换偿清。""此项公债为国币十四万六千万元。""本公债本息基金……在关税项下，除拨付赔款外债外，所余之税款支付，由财政部命令总税务司依照五种还本付息表所列应还本息数目，按月平均拨交中央银行收。"⑤

1936 年 3 月发行复兴公债 3.4 亿元。"本公债本息，指定在关税项下，拨付赔款、外债，及十七年金融长期公债、二十五年统一公债外所余之税款为基金，由财政部命令总税务司统照还本付息表所列应还本息数目，按月平均拨交中央银行，收入国债基金管理委员会户账，专款存储备付。"⑥

抗战全面爆发后，沿海重要海关均为敌伪接管，税款损失严重；总税务司

---

① 《中华民国法规大全》第 3 册，第 2894 页。
② 《中央银行月报》6 卷 6 号，第 1019—1020 页。
③ 《中华民国法规大全》第 3 册，第 2883—2884 页。
④ 《中华民国法规大全》第 3 册，第 2871 页。以上各注的引文均引自千家驹：《旧中国公债史资料》。
⑤ 《申报年鉴》（民国二十五年），第 527—528 页。
⑥ 《申报年鉴》（民国二十五年），第 556 页。

又远驻上海租界，再也无法以税款充当公债基金了。抗战期间所发的公债再也无法以税款作为抵押了。

从以上这些资料可以看出：一、国民政府所以乐意保全英籍总税务司统辖海关的现行制度，就是意图利用总税务司大发内债，以济燃眉之急；二、国民政府不唯保全海关现行制度，而且不惜扩展总税务司的权力，把全国主要关税行政归总税务司统辖。作为总税务司的梅乐和，在国民政府内债发行上也卖尽力气。

国民政府在抗战前所以能发动内战，维护其统治，完全得力于总税务司的财政资助。

第四十一章

中国近代的海关税则和
国定税则的修改摆脱不了列强的掣肘

第一节　20 世纪 30 年代的海关税则

中国近代的税则，屡经变革。然不论其为初期的片面协定税则，抗战前的国定税则，或 1938 年后采用的互惠协定税则，海关仅负施行的责任，至于税率之修订非其职掌。

税则是根据国家的关税政策和经济政策、通过一定的立法程序公布实施的应税商品的系统分类表。税则包括税号、货物名称和税率三个部分，是海关征收关税的法律依据。关税是国家税收的组成部分，是中央财政收入的重要来源之一。税则具体体现一个国家的关税政策，是关税制度重要的组成部分。

中国近代的税则，是随着国际国内形势的发展而发展的。在 30 年代，中国的税则，有进口税则、出口税则、转口税则和机制洋式货物税则。进出口税则问题在前文已有所论述，现就转口税则和机制洋式货物税则的内容，加以阐述。

1843 年中英协定进出口税则以来，出口税则对于出口运往外洋之土货，与出口运往国内他口之土货，均适用之，概称出口税。1858 年的通商出口税则也一样。1927、1928 年间，各省当局征收进出口货二·五附加税，对于国内各地出口的土货也一律征收。1931 年 6 月，国民政府施行新出口税则，专用于出口外洋土货；对于出口运往国内各通商口岸的土货，倘由依照普通航海章程行驶的轮船装载，仍继续征税，惟改称转口税，而仍适用 1858 年通商出口税则，改称为转口税则。该税则的税率较之新出口税则为低，以示优惠。至于由民船载运往国内通商口岸之土货，自此免征转口税，二·五附加税仍继续征收，改称转口税附税。转口税附加税率为值百抽七·五，但实际上仅合时价值百抽三以下。1933 年 3 月废两改元，税率由关平银改为国币。1934 年 2 月采用度量衡公制。以上为关于转口税则的内容。

我国机器仿造洋货始于 1889 年设立的上海机器织布局。次年，税法规定该局布匹如在上海本地零星销售，免完税厘；如运内地，则完纳进口税，免纳子口半税；如运出外洋或通商他口（即转口），则完一出口税，免纳复进口半税，意在鼓励国内机器工业，俾与洋货竞争。1920 年，北洋政府税务处编订《机器洋式货物税办法》，其第一条规定：凡运销外洋者免纳一切税厘；运销国内者，由经过第一关征收正税一道，其余税厘，概免缴纳。第四条规定：运销国内者，有多种途径，悉听商人之便。1923 年为划一待遇起见，由海关编制《机制洋式货物税则》。但自 1926 年 10 月起规定正税之外，另征二·五附加税。

机制洋式货物，倘逢同样普通土货免征转口税者，再予免税。又，应纳统税之机制洋式货物，得凭呈验统税免税照，免纳关税①。

关于税则问题，非常复杂。兹仅就税率问题阐述于下：

税率问题，乃关税政策问题。我国税率的修订，其根据的立法原则大致如下：一、洋货进口，应按国定税率纳税；但关税协定另有规定者，得运用协定税率；二、工业农业机器机械工具、科学仪器、医疗器具，得减免进口税；三、国内供应不足之日用必需品，得征轻税或免税；进出口物品与政府指定应行保护之幼稚工业产品有竞争性的，应征重税；四、奢侈品之税率，应寓禁于征。我国产业落后，不适应自由贸易政策；但极端保护贸易，亦非国际局势所许，且保护应有重点，保护程度，亦应有限度；否则一律课以重税，对于人民的负担，其增加恐有不合理者。所以采取的立法原则，既非自由贸易政策，亦非极端保护贸易政策。财政部所属国定税则委员会，虽按此原则制定税率，但经财政、经济两部的审查及立法院的讨论，为了增加收入，其初稿变动甚多，故辄与初意相反。

① 《海关制度概略》，三、"海关税则及进出口货物估计方法"，第 15—16 页。

第二节　历次国定进口税则的修订
摆脱不了列强的掣肘

1928 年国民政府开展争取关税自主的外交活动，与除日本以外的 12 个国家签订了关税新约，新约都承认中国享有关税自主的权利。是年 12 月 7 日颁布了第一个《国定进口税则》，1929 年 2 月 1 日实施，是为《1929 年国定进口税则》。

《国定进口税则》在 1929—1934 年的 5 年间，共修订了 4 次。叶松年教授著的《中国近代海关税则史》对于历次国定进口税则的修订作过精辟的论述，兹特引述如下：

《1929 年国定进口税则》的进口货分为 14 类，718 号列；税率共 7 级，自 7.5% 起至 27.5%，这是综合值百抽五的正税率与 1925 年关税特别会议英美日委员所提 7 级附税税率并合而成的。此次税则较前有所进步，以前税率 80 余年来皆系以值百抽五为根据，系浑一税，甚为粗简；此次税则则按货物性质，对于奢侈品及消费品分别提高，较为合理，对于国家税收有较大的增加；但此次税则，乃依关税特别会议议定的税率而修订的，不能视为完全的关税自主，仅可作为过渡梯阶看待。

《1931 年进口税则》的进口货物分为 16 类，647 号列。进口税率分 12 级，最低为 5%，最高为 50%，属奢侈品的烟酒均征 50%，较 1929 年税则有所提高。

国民政府急于求成关税自主，日本则乘机要挟。国民政府于 1930 年 9 月 6 日和日本签订了偏利于日本的《中日关税协定》。该协定规定了输入的日本棉货类等货品，仍按 1929 年税率征税，束缚了中国的增税权，税则的自主性和保护性大受限制。中国幼稚的民族工业，尤其是棉纺织工业，受到严重的打击。

1931 年出口税率大多为 7.5%，较旧税率有所增加。提高税率是为了增加财政收入。

《中日关税协定》签订后，英、美等国对国民政府过分迁就日本的特惠关税待遇甚感不满。当 1933 年 5 月 15 日《协定》满期时，国民政府宣布废止 1931 年进口税则，于 5 月 20 日实施 1933 年进口税则。

1933 年税则是在财政部部长宋子文主持下制定的。制定新税则的意图，主要的是增加财政收入，其次是利用英美势力、抑制日本对中国的压力，最后才是促进民族工业的发展。

1933 年的税则将进口货物分为 16 类，672 号列。提高税率较多的货品，是从日本输入的棉货类和鱼虾海产品，最低税率为 5%，最高为 80%，较 1931 年税率有较大幅度的提高；同时降低了从英美输入的汽车、电车、汽油、木材等货品的税率，增税货品的进口税大于减税货品的进口额达 9 倍。新税则的财政作用是显著的。但日本政府则大为不满，宣称 1933 年税则是专为打击日本、偏利英美而制定的，增税"全以日货为主"，日本外务省向国民政府一再提出抗议。

1933 年税则提高了棉花、木材、煤、汽油等原材料、机器工具和消费品的进口税率。增税达 309 税号，占税则号码总数的 46%。国民政府企图把减税中的损失，从增税中取得补偿。增税的最大受害者莫过于中国的民族工业。民族工业所需的原材料、燃料都提高了税率，从而增加了成本，降低了出口竞争能力。多种消费品税率的提高，促使国内物价的上升，加重了人民的负担。

增税货品以美国占多数。棉花提高税率 43%，美国棉花占该货输入中国总值 63%；汽油提高税率 25%—32%，美国占 50%，增税对美国不利。

1939 年再次修订出口税则，税率有所降低，多数税号降低税率 50%。

国民政府颁布实施 4 部《国定进口税则》，从形式上看，每部税则的修订都是自动的；但从制定的过程内容上看，都摆脱不了外力的掣肘，因而税则的自主性和保护性大受限制。例如 1929 年税则是英、美、日在关税特别会议上联合提案的基础上形成的。1931 年税则受到了《中日关税协定》的束缚。

1933 年税则是宋子文执行迎合英美、抑制日本的政治路线的具体体现。

1934 年税则是在日本压力之下，汪精卫执行对日妥协路线的结果。

国民政府制订税则的政策的意图是要达到两个目标：首先是增加财政收入，以关税偿付外债、赔款以及支付巨额的军费，这是提高税率的主要因素，也是决定因素。其次是适应外交政策的需要，特别是考虑主要贸易国的英、美、日的利益关系。

这 4 部税则可说是增加财政收入作用明显，保护民族工业作用不足。其中的 1933 年税则保护色彩虽然较浓，然而在财政和外交双重力量的钳制下，税则仅有一点点的保护作用往往被冲淡或进一步削弱。中国的民族工业受到损害，而列强及其商人都从中获得巨利。

国民政府建立后，在人民要求国家独立自主的舆论压力下，虽然积极开展争取关税自主的外交活动，取得了一定的成就；但是，这些成就并不意味着中国的关税主权已经完全收回，因为关税主权包括自主地制定本国税则及其条例的关税制度的权力、关税行政管理权力，以及关税保管权力。国民政府除陆续收回关税保管权以外，其余两种权力的收回并未完全解决，以致未能制止列强的商品倾销，为民族工业提供充分的保护。关税行政的领导仍为外人所掌握；领事裁判权以及其他一切不平等条约也迄未完全废除。

以上这些问题的存在，都是中国半殖民地社会性质这一历史条件所决定的，只有彻底推翻列强在中国的半殖民地统治之后，税则的制订和修订，关税行政的管理权收回，才能不受外力的牵制，否则，关税自主难免有其局限性①。

---

① 《中国近代海关税则史》，第 354—357 页。

第四十二章

《海关法规汇编》的刊布

第一节　《海关法规汇编》的编纂和出版及其涵盖内容

海关成立之始，诸凡草创，大抵随时随事设立规则，以资遵守。然多以命令、文告行之，未及尽订专章。其后关务日繁，凡稍涉重要的，则草拟条文章程，呈准而后施行。唯以前随时随事设立的章程，迄今仍为各关所通行的，其效力亦与呈准章程相等，但散见错出。总税务司梅乐和命令搜集现行例案暨呈准施行之各项章程，条分类别，编纂《海关法规汇编》。此编经 1933 年、1935 年两次出版，由海关总税务司公署统计科印刷。至 1937 年印行了第三版。这是海关业务的准则，用以指导关员对于海关业务之进行。此书包括海关业务的规章条例，但各关所定适用于当地的规则不在其内。此书为海关业务必备之书。梅乐和号召各关税务司及其属员"务宜熟读其条文，详绎其意义；而其中有关各级人员之专职者，尤当循行唯谨；非有明令，不可擅行更张。即前此各关所定当地之规则，虽未列于本编之内，而其业经核准存案者，亦不得迳自修改。至新订办法，则非呈准之后，不得施行。所有本编应予增引或修改之处，均由本署（按：指总税务司署）编印增改册，随时颁发各关，以资遵守。关员务宜按照该册，予以更正，俾臻完善而期适用。"①

这是办理海关业务的指南，它不但是关员必读之书，也是商人必用之书。

1937 年出版的《海关法规汇编》共包括 33 章，附件 35 号。兹将其章目抄录于下，以见海关业务涵盖的内容：

---

① 《海关法规汇编》，梅乐和撰写之"引言"。

一、通商口岸及其他中外商船商人往来贸易地方。

二、船只进口报关手续。

三、船只卸货手续。

四、进口货物报关手续。

五、进口税。

六、进口制造货物材料特别征税办法。

七、保税货物。

八、出口税。

九、出口货物报关手续。

十、复出口、转口、转船暨退关货物、退税办法。

十一、转口税及转口贸易。

十二、长江、西江、珠江口一带贸易章程。

十三、内港行轮规则。

十四、民船贸易。

十五、船钞。

十六、海关代征之码头、浚河等项捐税。

十七、海关代征统税。

十八、应纳统税及特税之国产各种烟酒及矿产征免、验税手续。

十九、纳税手续。

二十、船只结关手续。

二十一、军火。

二十二、违禁品及禁止或限制运输品。

二十三、驻华外国使领人员用品报运办法。

二十四、海关管理经过边境铁路、公路运输货物办法。

二十五、海关管理进口货物运销国内各处办法。

二十六、海关管理邮包、邮件办法。

二十七、航空邮运。

二十八、船只上下客货时间。海关放假日期。船只上下客货特别准单费及
　　　　其他各费。

二十九、签证文件。

三十、机制洋式货物。

三十一、印花税票。

三十二、洋盐及国产盐。

三十三、走私偷漏罚则及缉私条例①。

《海关法规汇编》所载海关业务包罗万象，每件业务的办理程序、手续、章则、条文浩繁，非有专书，不能详载，这里只能择要分节概述如下，其余则请参阅有关章节。欲窥全豹，请阅原书。

第二节　关于船只进口报关、卸货、进口货物报关等手续及进口税缴纳问题的规定

一、船只进口报关手续。按规定，所有通商贸易地方，均由国民政府根据实际情况加以规定。所有船只均得在规定地方进行通商贸易；至于在未经规定的地方贸易，即为非法，海关得予没收。船只进口应履行报关手续，本国商船（民船除外）于驶抵通商口岸时，应由船长或该船经理人向海关呈报进口，并将船舶国籍证书、船舶登记簿、船舶检查证书等规定文件，呈关查验。呈验之后，该船始得认为业已进口。新造或购自外国的商船，如未领有通航证书，不得在通商口岸、贸易地方贸易，违者科罚。

凡在进口通商口岸设有领事的外国商船，于抵埠时，应由船长将该船国籍证书等项规定文件，呈交该国领事官收存，由该领事官出具领事报告书，交由船长或经理人转呈海关查验，并应将规定应需单照呈关查验。查验之后，该船始认为业已进口。

未在进口通商口岸设有领事的外国商船有两类：（一）按照条约享受最惠国待遇的外国商船；（二）未订有最惠国条款之外国商船，此项商船，非经中国政府特许，不得与前项商船享受同等待遇。

以上两类商船，于驶抵通商口岸时，该船长或经理人，不愿请求他国领事代为收存国籍证书等项、出具报告证明书者，应由该船长或其经理人将规定单照呈关查验。查验后，该船将认为业已进口。海关代为收存规定单照，外国商船应向海关交纳手续费。

进口船舶的证件所以必须由领事收存，乃因外商跋扈，海关难以控制，不

---

① 《海关法规汇编》，目录。

能不借助于领事的干预。日本高柳松一郎曾就此事加以论述："船舶之出入所以必经领事之干预者，盖因领事裁判权之关系。船舶有犯海关规则者，领事得以强制科罚，且使领事充〔关税〕间接保证人之任者也。"①

凡商船驶入中国通商口岸，除星期日及放假日外，应于 24 小时内向海关报到，并呈递指运该埠货物舱口单。

凡进口 24 小时内复行出口之商船，得免缴存文件。凡商船如不在该口上下旅客共达 20 名或以上，并不上下货物，且于 24 小时以内开驶出口，可毋庸将所有单照呈交领事官或海关收存②。

凡通运货物（即属不转他船、由原船运输之经过货物），应由船长于呈关之舱口单中，详细列明。其载有通运货物之船只，并应另备通运货物舱口单一份，呈由沿途经过之通商口岸海关查核签印。通运货物中，如有违禁品，须特向海关声明，并应报明该项违禁品在船内存储之地方。

凡在中国领水以内之船只，未备有文件足以证实其国籍及真实情况，或携有文件副张及伪造文件，或擅将文件涂抹藏匿者，经发觉，得将该船及其所载货物一并缉获，予以究办③。

二、船只卸货手续。凡具有常年保结及押款保结之船只，所有由外洋直接进口之货物，系按进口轮船正式呈报进口日施行之税率征税。其由关栈运出之货物，应按呈报出栈进口日施行之税率征税；但无论直接进口或移出关栈进口之货物，概应于报关之日起 15 日内完纳税项；倘不于此期限以内完税，如遇政府将该项税率增加，则应按新税率征税。商船应按规定将各项文件呈交海关，或交由该管领事馆出具报告证书以后，得向海关请领普通卸货准单，以便卸货。船长未领到卸货准单以前，如有擅行起卸货物情事，应科该船长以该项私卸货物价值一倍以上、二倍以下的罚金，并得将船货充公。按期往来沿海、沿江贸易的船只，得请领长期普通卸货准单，其有效期间，以 1 个月为限。船只起卸货物，只准将船只舱口单所列货物直接卸入该项准单内所指定之码头货栈，不得卸入其他货栈。停靠码头船只欲将部分货物卸入货船或驳船的，应预行请由海关批准；如运赴其他码头，应预向海关请领转卸准单，另行呈递码头

---

① 　《中国关税制度论》，第 111—112 页。
② 　《海关法规汇编》，第 41 页。
③ 　《海关法规汇编》，第 23—41 页。

保结，请领普通卸货准单。此项转卸货单，须交在船关员及各卸货码头当值关员查阅。凡船只如因航行上的阻碍，不能进入通商口岸港内，须将货物之全部或一部，卸入货船或驳船，运至码头或海关验货厂时，应先行呈关核准，或发给特别卸货准单，方准起卸。凡停泊江心船只，要将货物卸入货船或驳船时，应请由在该口当值关员，发给载货单。具有常年保结之船只货物，完清各项税款日期，一律以 15 日为限；如于 15 日不能缴清，得向海关缴纳规定之手续费，呈请将保税期限予以延长①。

三、进口货物报关手续。凡华洋商行，如所运货物自行报关，应按规定手续，申请海关初次注册。初次注册，本国商人申请书须经海关熟知之妥实商人机关或商号签证。享有领事裁判权之外国商人，其申请书须经该管领事签证；无领事裁判权之外国商人，其申请书须经该管领事或海关熟知之妥实商人机关或商号签证。凡商行于初次向关注册者，须于每年 1 月请关重予注册一次。凡华洋普通人民，偶有货物自行报关者，毋庸经过注册手续。商人对于所运货物，得委托报关行或代理人代为报关纳税。报关行对于营业上一切事宜，应遵照《管理报关行暂行章程》办理。

直接进口货物，收货人或其代理人，于轮船领到普通卸货准单后，得即备具进口报单，连同经轮船公司签证之提单、各项货单，并应随附驻在出口地点或相近出口地点中国领事馆或驻中国香港、海防、西贡、盘谷（曼谷）签证货单专员所发的领事签证货单。进口货物无领事签证单者，由提货人按照规定签证费数目三倍补缴，作为罚款，由海关补发签证货单后，始得放行。领事签证货单费不并计于完税价格之内。

海关对于报关货物，有自由决定应否检查之权。进口洋货按规定施用标记及号码。凡轮船运输的包件或物品，应按规定标明重量；并于显著处用中国文字标记原产国名。进口货物须领有商品检验局合格证书，方准进口。凡由外国进口之牲畜，如黄牛、水牛、绵羊、山羊等，须经上海商品检验局检验；自国外输入之棉种，（一）准在上海报运进口，但须经上海商品检验局检验合格；（二）其在广州、天津及青岛报运者，如领有当地商品检验局所发之临时许可证，方准进口。在其他各口报运进口之棉种，不准复运外洋或转运以上四口进口。此外还有免验货物、特准免验货物的规定。进口商人对于海关货物估价分

---

① 《海关法规汇编》，第 47—56 页。

类或所核税款数目，如认为不满意时，得按章程规定用书面向税务司提出抗议。海关检查货物时，收货人或其委托之代理人，应亲自到场查看；如查验货物时，因施必要之手续而致损坏货物，海关不负责任。进口货物如在缴付关税以前，因水火或其他不测祸变而遭受损失，经海关查明有确实证据者，得按其损失程度，酌予减免其进口税；唯已缴进口税之货物，则概不退回所缴税款；伪造商标及伪造商标之货物应按规定办法处理之①。

四、关于进口货物缴纳进口税的规定。凡进口货物，得按现行海关进口税税则征收进口税。该税则中之税率，政府得随时修改之。所有由外洋直接进口之货物，系按进口轮船正式呈报进口日施行之税率征税；其由关栈运出之货物，应按呈报出栈进口日施行之税率征税。以上两者的货物，概应于报关之日起15日内完纳税项；倘不于此期限内完税，如遇政府将该货税率增加，则应按照新税率征税。政府修订之进口税税则，各口海关奉到之日，立即施行。自该日起所有进口洋货，无论洋式船只或民船运输或邮寄，均应按照该项新税率纳税。对于提单日期概不予以考虑。凡进口货物，应自规定日期起，按照进口税率百分之五的救灾附加税及百分之五的附加税征收。进口税的征收，概按《现行进口税则暂行章程》办理②。

凡报运进口货物，其上船价值，超过金单位90元者，另应随附驻在出口地点或相近出口地点中国领事或驻中国香港、海防、西贡及盘谷（曼谷）签证货单专员所发的领事签证货单。领事对于货单内所填各项，应俟查验确实后方予签证。领事签证货单时，每套收手续费海关金单位5元。领事所收货单签证费，按月汇解外交部。进口货物无领事签证单者，由提货人按照规定签证费三倍补缴作为罚款，由海关补发签证货单费后，始得放行③。

第三节　关于保税货物问题的规定

进口洋货不即纳税提货者，须入关栈存储。所谓关栈，"系指曾经当地海关准予注册用以存储保税货品者，及保税货品之曾经特准在栈改装或改制或履

---

① 《海关法规汇编》，第59—80页。
② 《海关法规汇编》，第81—83页。
③ 《海关法规汇编》，第90—93页。

行其他一切特许之加工手续或制造者。"关栈应经当地海关详细勘察,认为其地点、建筑、栈内布置,确系合宜;并经栈主呈验相当之保结并执照费,方准注册设立。关栈执照每年换发一次。关栈有三种,一、普通货物关栈;二、油类关栈,火油类关栈分为三种,(一)存储散舱之油池,(二)存储装桶油之关栈,(三)存储铅片及其他制桶原料之栈房;三、特种加工关栈。此项关栈亦分为三种,(一)整理货物关栈,(二)装配汽车关栈,(三)制造货物关栈。各种关栈根据其特点订有各种不同的管理章程。章程条文甚繁,未能一一列举,这里只就普通货物关栈章程略为一述,以见各种关栈章程严密管理的一斑。

普通货物关栈,分为公用关栈及私有关栈。私有关栈系指进口商人自备或租用专备存储私有货物的关栈。公用关栈得于规定各口设立之。公用关栈应设于直接靠近水滨之地点。如靠近水滨无货栈,或虽有货栈,不宜关栈之用时,亦得距离水边较远地点设立;唯该栈主或货主由码头至关栈往返搬运货物,须遵照海关章程办理,其往返监视起卸货物之关员,并须由栈主、货主或船行设法接送。倘有由海关派员常川监视之必要时,该栈主除提供该员住宿外,应照纳监视费。在非水路口岸地方,公用关栈应设于检查货物区域之内。

商人输入洋货如欲存入公用关栈,预先用关栈报单填报海关,经海关发给准单后,方准卸货入栈。该货经验放后,须直接搬运入栈。俟出栈时,海关仍得复验。栈主于货物入栈时,须向商人索取准许证,并须会同监视关员验点数量,方准存入。进口货物存储关栈之期,以 12 个月为限。满期即须完税,在未满期以前得运往其他通商口岸,到后,得任便即行完税或存入该口之关栈。如仍存储关栈,其期限应自第一次初入栈之日起算。

公用关栈报请进口之货物,其税款须按照其货物初入栈时之性质及数量征收。但该项货物在存于关栈期间,如因水火或其他不测祸变而遭损失者,海关得按情形减免其所征之税款。

存储关栈之货物,于 12 个月期满之时,如不照章提出,其应纳税款须按照海关所估价值完全由栈主缴付,并须于 3 日内将该货运出关栈。

存入关栈待运复出口之洋货,如于 4 个月内尚未出口,经海关查验之后,或照完税,或继续存入关栈,悉听商人之便;唯再行存栈日期,不得过 8 个月。存入关栈待运复出口之洋货,须完全与他货隔离存放。

存栈货物,如有蒙受损失情事,尽由栈主自理,海关不负任何责任。

私有关栈之设立及存货、提货等手续，均适用公用普通货物关栈之规定。

私有关栈的栈主或租赁人，除呈缴相当保结外，并须呈缴现银保结。

存储私有关栈之货物，以运交该栈栈主或该栈之租赁人为限。货物进出私有关栈所具之报单，须由该栈栈主或该栈租赁人签字或盖章。

关栈之罚则：凡未经领得准许证擅向关栈抽取货样者，得由海关科以所提货物 5 倍至 10 倍之税款，同时对于关栈栈主亦得科以所提货物 7 倍之税款，并得撤销其关栈执照。

如栈主或其雇员有违反海关关栈章程所定，栈主应履行一切职务时，海关均得酌量情形科以关平银 5,000 两以下之罚金，并得撤销其执照。凡普通货物关栈所存货物如经全数完税，栈主得呈请海关将该关栈执照之效力暂行停止。在执照暂停效力期内，该栈房即失去其关栈地位，而与普通非保税之货栈同等待遇，所有应行缴纳之关栈监视费亦无须缴纳。奉准暂停关栈执照效力之普通关栈，在执照有效期间（即发照后一年以内），其栈主得用书面请求海关将其关栈地位予以恢复，仍得适用原有执照，不须另缴照费，至原执照期满为止。

第四节 关于出口税和出口货物报关手续问题的规定

关于出口税的规定：凡出口运往外国之土货，应按现行海关出口税税则征收出口税，所有该税则中之税率，政府得随时修改之。出口税应于货物装船时完全付清，至由此通商口岸运往彼通商口岸之土货征转口税。凡出口土货，自民国二十一年八月一日起，按出口税税率百分之五征收救灾附加税，至奉令停征之日为止。凡出口货物，应按出口税税率百分之五征收附加税。凡用已完进口税之外国材料，无论是否加用或混合土货，在中国加工制造之货物，及已完进口税之外国货物，在中国加工改变原来状况之货物，均应视为土货，于运往外洋时，征收出口税；运往通商口岸时，征收转口税。但于关栈中施行混合或其他加工手续者，不在此例。

凡应从价完纳出口税之货物，应以当地海关查验该货时之平均趸发市价作为完税价格；倘该货在输出口岸无趸发市价可考者，得以国内及其他主要市场之趸发市价作为计算完税价格之根据。出口商对于海关所定价格或分类认为不满意时，可依海关发给出口税（或转口税）缴纳证之日起 14 日内，用书面向税务司声叙反对理由。在该案未解决以前，该商得呈缴押款，请将货物先予放行；但此项办法，以经海关许可者为限。关于货价争执案件，如经税则分类估价评议会决定，该货实价较抗议人原报之数超过百分之二十以上者，则海关得于征收其应纳之正税外，饬令遵缴匿报税银 10 倍或 10 倍以下之罚款。

关于出口货物报关手续，大体如下：

凡装载货物出口、复出口或转船运往外洋之轮船，应先呈由海关登记，编列该船号数，方能验放货物。在该轮结关至少 24 小时以前，应备具出口舱口单，呈交船上当值关员查考。轮船结关时，应另将出口舱口单一份，由该轮经理人证明完全无讹，呈关查核。查验出口货物，应在出口轮船停靠之码头上或验货厂施行查验。凡出口货物，除执有政府免验护照者外，均应由关查验。凡人或报关行运出货物时，应先向海关呈递出口报单，详列所运货物名称及净重量。此项货名及重量应与下货单及船员收货单所列者相符。如于海关将货放行后，有将其货单及船员收货单内私行涂改情事，应即由海关处罚。下货单及收货单字迹不清，或有改动形迹，或未载明出口报单所列货物净重量者，海关概不接受；出口报单应由负责报关人签名，海关方能承认。无论应税或免税货物，凡未领有准单擅行装船者，得予充公。出口报单、下货单及所运全数货物，应按规定，同时送往验货处所，由关员决定某件货物应予拆包查验，并应验若干件。如查验结果，该项货物之数量、品质或价格与出口报单内所填者相差甚远，证明该商系有意偷减税项，或有重大疏忽，以致影响税项者，得酌核情节，分别予以处罚。该货应俟商人将应办各项手续办理完竣，并缴清罚款后，方准放行。其情节尤重者，并得将货物充公。凡进口货物，于报关后，未经纳税而撤回不运者，至迟须在原船出口次日，将货运关查验；违者得予处罚。海关查验出口货物时，报关人或其委托之代理人，应亲自到场查看，并亲自搬运货物及拆包开箱等事；如查验货物时，因施行必要之手续，以致损坏货物，海关不负责任①。

第五节　关于复出口、转口、转船及
退关货物、退税办法的规定

一、复出口洋货及其免税期限。凡已完进口税及由关栈运出之进口洋货，

---

① 《海关法规汇编》，第 139—249 页。

如原包及其标记、号码均未变更，或虽已变更，而经鉴定确系洋货，并未在中国加工者，准其免税复出口运往外洋。前项货物应完纳进口税外，其已完进口税之进口货物，亦准免税复出口；唯必须呈验完纳进口税凭证。凡合于上述规定之已完纳进口税洋货，复出口运往外洋或其他通商口岸或内地者，均得免税，其免税有效期间，自该货进口之日起算，以 10 年为限。

二、凡商人报运洋货进口，如欲享受免税复出口利益，应于报运进口时，向关请发已完进口税洋货凭证（即洋货派司），将货色、数量、标记等项详细载入，以备将来报运复出口时呈关核办。凡未实行前项办法之各关，如商人欲将已完进口税洋货免税复出口，必须将该货原进口时，货色、数量、标记等项报关查核；否则，不准免税。货物进口 5 年后，海关即将该货报关单、舱口单等照章销毁。商人如欲保留该货复出口利益，得将所存进口货物在 5 年期满至少 3 个月以前，向关请发进口洋货特别凭单，将货色、数量、标记等项详细载入，以备将来报运复出口时，呈关核办。凡洋货进口满 10 年后，无论执有已完税洋货凭证，或执有进口洋货特别凭单，或可以查明该货原进口情形，均应视为土货，于运往其他通商口岸时，征收转口税；运往外洋时，征收出口税。复出口之洋货，不准退税。轮船所用外国煤斤及燃料油不准退税。船用物料不准退税。

凡经政府特准免完出口税之土货，于运抵出口口岸一年以内报运出洋时，得将其由通商口岸运至通商口岸所纳之转口税，用现金退还。其应征出口税之土货，如所纳转口税及附加税两项，多于应纳出口税，得将多纳之数退还之。至于土货转口运往外洋，另订有征免税项办法。

无论何项货物，非经海关特许，不准直接或间接由此船转装彼船，违者得科该卸货及装货船长各以该项私行转船价值 1 倍以上、12 倍以下之罚金，并将该两船及所载之货充公。除有特别情形请准海关派员押送者外，所有外洋进口之转船货物，必须用经关登记之货船运输。内港船只，不准装运未经完纳进口税之转船洋货。有转船货物，均须受海关检查，并应在规定时间以内办理完毕。至于限制进口洋货转船办法、在一通商口岸转船运往指运通商口岸之进口洋货征税办法、由通商口岸经过外国口岸运往通商口岸之土货之处置、改包土货复出口运往外洋等，均有特定办法。

凡出口或复出口或转船货物，业经报由海关将下货单签印放行后，并未运出者，谓之退关货物。遇货物退关时，应由轮船经理人在该船结关以前报告海关，将舱口单及各项单证分别更正。其查验手续，应在海关限期以内，并在海关指定码头执行。如该货于起岸后，不报由海关查验，将来该货再行装船时，如系土货，应重行纳税；如系洋货，不予发给免税凭证。如于海关查验之后，不即行装船，俟将来装船时，仍应报由海关施行查验。已完出口税或转口税之退关货物，如不再行装运，得准退还所纳税项；但该货必在退关后三日内请由海关复验，并由报关人在原船出口于 14 日内向关呈请退还之。

红箱运货办法：凡小包或少量之已完进口税洋货，在规定各口岸间，得装入红箱内，由轮船运输，免予重征。红箱货物，如系从价征税者，每箱所装同一性质之货物价值，不得超过金单位 50 元。红箱货物如有舞弊情形，除将货物充公外，并科报运人以国币 80 元之罚金。红箱装运洋货办法，土货不得援此例①。

第六节　转口税及转口贸易

所谓转口税，即凡洋式船只往来通商口岸所运的土货，应按规定征收转口税，并另征半数的附加税。

凡用已完进口税之外国材料，无论是否加用或混合土货，在中国加工制成之货物，及已完进口税之外国货物，在中国用加工改变原来状况的，均应视为土货。自此一通商口岸，运往另一通商口岸时，应征转口税。

外籍洋式船只，现准在通商口岸间往来贸易，所有洋货、土货，均准装运。

由通商口岸运往内地或由内地运往通商口岸之土货，如该货船中途驶至另一通商口岸，或由另一通商口岸港界经过，再运至指运之内地或通商口岸者，均应照征转口税。

凡内港轮船由连云港（老窑附近）运往通商口岸之土货，经过国内各通商口岸，沿途并不卸载者，概免征收转口税。

按照《内港行轮章程》行驶之船只，得于上下客货处所往来贸易；但以该轮呈奉核准之航线以内者为限，其由上下客货处所运往通商口岸，或由通商口岸运往上下客货处所之土货，倘中途不经过另一通商口岸，得免征转口税。

① 《海关法规汇编》，第 155—277 页。

凡由民船装载往来通商口岸之土货，应免征转口税。

凡往来西江各通商口岸之轮船、电船、拖带民船所装之土货，特准免征进口税。

邮包转口税，已奉令裁撤；但邮包所装货物，仍须呈报海关检查①。

第七节　关于内港行轮规则及航海民船管制的规定

华商及根据条约享受最惠国待遇各国之轮船、电船，暂准在中国政府及地方当局核准之沿海及内港各地方往来行驶。无约或未享受最惠国待遇之各国商船及外国帆船，均不得驶赴内港贸易。现时准许享受内港行轮利益的，计有英、法、比、丹等16国。华籍船只拟驶往内港贸易时，应按规定将船舶国籍证书等项，呈关查验，并应于申请书中，将交通部航线证内核准之航线详细叙明，由港务长登入该船行程簿内。此项船只，只准在航线内行驶，不得易驶他线。

外籍船只拟驶往内港贸易时，应由该管领事官用书面向海关税务司请发内港轮船执照，持有合法之船舶国籍证书，叙明拟行的航线。如其拟行之航线尚未经核准，非呈中国政府或地方当局核准，海关不得发给执照。

据规定：华洋船只按照前清光绪二十四年颁布之《华洋轮船驶赴内港章程》及《内港行轮续补章程》、前清光绪二十八年《中英通商章程条约》附件丙《续议内港行轮修改章程》，并嗣后由中国政府决定之办法行驶内港者，规定如下各点：

一、轮船或电船，无论船身大小，或专在通商口岸界线行驶，或自通商口岸驶赴内地，除应备有船舶国籍证书等项外，并须向通商口岸海关呈请登记。其驶赴内港者，如系洋商船只，应向关请领内港轮船执照及行程簿。

二、已经由关登记之船只，得在通商口岸界线内及通商口岸附近地方自由行驶，免其呈报海关。但如驶赴内地，应于每次离口及返口时呈报海关。

三、前项已登记准在内港贸易之船只，除在核准地方外，概不准擅自起卸货物。违者应按船只私自未经核准地方贸易处理。

四、无论民船、货船或载客船，均可由内港船只拖带。其被拖船之舵工及

---

① 《海关法规汇编》，第183—187页。

水手人等，应悉由华人充任；并不问船只系属何人所有，概须呈请登记。

五、内港船只及其所拖带之民船、货船、驳船，每 4 个月完纳船钞一次，船钞率与往来通商口岸之轮船所纳者相同，至所拖民船，应遵照当地章程缴纳捐项。

六、内港船只所装之土货，于由一通商口岸指运另一通商口岸，或运往该船核准航线内所经之另一通商口岸时，应在起运口岸海关照完转口税。

七、内港船只所装之洋货，于由一通商口岸运往另一通商口岸时，其征免税项办法，应与普通往来通商口岸轮船运往者一律办理。

八、内港轮船执照，自填发之日起，以 12 个月为有效期限①。

按《华洋轮船航行内港章程》第一条规定："中国内港，嗣后均准特在口岸注册之华洋各项轮船，任便按照后列之章往来，专作内港贸易……'内港'二字，即与《烟台条约》第四款所论'内地'二字相同。"该约第四款载：内地"系指沿海、沿江、沿河及陆路各地不通商口岸，皆属内地，""凡属洋商之船，应完何税，即按条约税则办理"，"如有不遵允停轮，或搭客、水手在内港地方滋闹等事……倘系洋商之船，若该商以审断案情及罚款，均请照同治七年《会讯船货入官章程》办理。"②

第八节　海关代征的码头、浚河、统税等项捐税的规定

各口海关遵照中央政府之命令及地方当局的请求，在规定的通商口岸代征各项捐税，各关代征捐税情况大体如下：

津海关代征之捐税，其种类为河工捐、桥捐、疏浚海河附税。

东海关代征该口之海坝捐，其种类为从税捐、定率捐，船捐之下分洋式船只、民船及货船、小轮等。

重庆关（万县分关在内）代征川江打滩费。宜昌关代征该口堤工捐；沙市关代征该口堤工捐及码头捐；岳州关代征该口码头捐及堤工捐；长沙关代征该口之堤工捐及码头捐；江汉关代征该口之堤工捐。金陵关代征该口码头捐。江海关代征该口浚浦捐及码头捐。浙海关代征该口码头捐。福海关代征该口码

---

① 《海关法规汇编》，第 213—221 页。

② 《海关法规汇编》，第 213—221 页。

头捐。闽海关代征该口浚河捐。厦门关代征该口堤工附加税。粤海关代征该口浚河捐。腾越关代征该口骡马专钞。

各关代征的捐税，各订有征收办法①。

海关依关务署令，在已施行统税区域各口岸，对于由国外进口之棉纱、火柴、水泥、卷烟、麦粉、火酒及尚未施行统税省份进口之国产棉纱、下脚棉纱、火柴、水泥、卷烟、麦粉、棉纱直接织成品及火酒；代税务署征收统税。

进口卷烟统税，包括在海关进口税金单位税率之内，由海关合并征收之。上面所列国产各货，除手工织造之棉纱直接织成品、国产麦料及麸皮外，于出口运往国外或尚未施行统税省份各口岸时，应免征统税，照征关税。上面所列国产各货，如由尚未施行统税省份运至施行统税省份各口，应向关缴纳统税。如在施行统税省份，自一通商口岸运往另一通商口岸或内地，如能呈验已交统税凭照，应由关免税放行。上列各货应征之统税，概归海关征收，前项统税，凡在已施行省份内之海关，均须一律征收。各海关代征之统税，应按税务署所订统税税率，一律以中央、中国、交通三银行法币征收②。

第九节　驻华外国使领人员用品免税办法的规定

驻华外交官及领事等用品，可以免税。按规定的免税标准为：

一、驻在本国之各国外交官，如大使、公使、代办等的官用物品及自用品，并其直系家属之自用品，均准免税。

二、驻在本国之外国使馆馆员，如秘书、随员、海陆军参赞等，于初期到任及回国时所带之日用品，均准免税。

三、驻在本国之外国总领事及与领事同等的商务委员等的官用物品，并其初到任及回国时所带之自用品，并准免税。

但此项免税办法是对等的，即：

四、各国对于本国驻外大使、公使、代办以及使馆馆员、领事、商务委员等所带官用、自用物品如有限制免税，或自由进口之各项规定与本标准有差别者，其驻在本国的外交官、领事官等之官用、自用物品，应查照各该国办法，

---

① 《海关法规汇编》，第 265—299 页。
② 《海关法规汇编》，第 301—303 页。

予以相同待遇。

对于不与中国订有相互免税协定的各国在华使领人员之官用、自用物品，如持有其外交机关的证明文件，或由各该领事用书面向税务司证明该项物品确系政府物品而为官用者，应即暂予免税放行。

驻华外交官，如大使、公使、代办及其直系家属之自用物品，到关请求放行时，验明其国书，或他项公文书，足以证明其资格者，得准暂予免税放行。

外国使领馆馆员，如秘书、随员等，及领馆馆员与商务委员，于初任或回国时所带之自用物品，如能呈验应备文件证明其资格者，得准暂予免税放行；如在其他任何时间搬运，概应按照私人物品办理。

驻华各国使领馆人员报运出洋之自用土货，如驻在各该国之中国使领人员于购运土货出口时，享受各该国免税待遇，中国亦准其免税出口；但以按照两国相互免税协定，准予享受进口自用物品免税待遇之使领馆人员为限。其所运物品，必须为各该官员自用而非卖品。

各国使馆人员官用、自用物品除上述一般规定外，有些国家如比利时、加拿大、丹麦、法国、德国、美国、日本、荷兰、波兰、西班牙、英国等还有"特予免税办法"的规定。如西班牙的免税待遇，以使领馆人员为限，其家属不在其内；使馆馆员报运之自用物品，任何时均准免税。英国外交人员得享免税待遇的为大使、公使、代办、参赞，秘书、随员；而领馆人员以总领事、领事及副领事为限。美国协定则有：凡某国领事，兼充其他一国或数国领事者，其自用物品，仅应享受其本国与中国所订相互办法之免税待遇①。

第十节　关于船只结关手续的规定

凡出口船只，须将货物装载完竣，并将应完税款和各项费用及出口保结，或用其他合法方法缴清以后，方准结关。具有通常保结之船只，如将出口税款及船钞缴清，得于进口尚未缴清以前，先予结关。

凡呈请结关之船只，未执有检疫管理处或外国检疫所发给，而发给时期未满6个月之除鼠证书（或熏船执照）者，或未将其他应备文件照章办理者，均不准结关出口。其由各外国检疫所发给之证明书，并须经管理处签证，海关

① 《海关法规汇编》，第459—471页。

始予承认。

华籍船只，除民船外，如欲由一通商口岸驶赴另一通商口岸或内地或外洋，应由该船船长或代理人出具结关呈请书，并应在结关规定时间以前向关呈递出口舱口单，由船长签字。该船对于以上各项手续办理完竣，并与前述结关条件相符时，应将该船行程簿内之结关准单一联签字盖印，并将该船进口时交存之各项文件，发交该关监察长，俟该船呈递退关货物清单，将退关各货物详细列明以后，即由该监察长将该船行程簿及前项文件发还该船长或经理人收执，俾使开驶出口。总吨数 50 吨以上之华轮自起航口岸呈请结关出口时，应呈有航政机关盖章之船员姓名报告书，方准结关。但仅以该口设有航政局者为限。

凡容量在 200 担以上之民船，如呈请由一通商口岸或海关分卡结关，驶往另一通商口岸或海关分卡或外洋，应由该船船长向关呈递出口舱口单，并由该船船长或其经理人签字；一俟税款完清后，即由关将该船进口时交存之各项文件发还，俾便该船开驶出口。

凡容量未满 200 担特准往来外洋贸易之民船，应向海关呈递出口舱口单；俟一应税项完清后，始准结关，由关将该船进口时交存之各项单照发还之民船，除前项外，如在通商口岸或海关分卡结关，应于事前报请海关，将该船进口时交存之各项单照发还。

凡出口口岸未设有领事之外国船只，如欲结关驶往其他通商口岸，其呈请结关手续，应按前规定办法与华籍船只一律办理。此项船只如欲驶往外洋，得由该船船长出具呈请书，请由海关核准。在呈递出口舱口单以前，先予结关。此项船只，如欲驶往内港，应按照《内港行轮章程》办理。凡出口口岸设有领事之外国船只，如欲结关驶往其他通商口岸，其结关手续与前述之华籍船只一律办理。海关俟该船一切手续办理完竣后，即发给船长或经理人结关通知单，俾使持赴该国领事公署领回该船进口时交存该署之一切文件，以便开驶出口。此项船只，如欲驶往外洋，该船长得按规定出具结关呈请书，请由海关核准，在呈递出口舱口单以前，先予结关。此项船只，如欲驶往内港，应按《内港行轮章程》办理。

凡按普通行轮章程由通商口岸赴通商口岸之仅载压船物空船，在结关出口时，如未将中途所欲经过之外国口岸名称，先向关报明，不准因装载船用燃料，或其他任何事故，驶经外国口岸，违者处罚。其因遇难不得已而驶入外国口岸者，不在此例。

凡出口口岸设有领事之外国船只，如呈请结关驶往外洋或沿海通商口岸时，应由海关发给结关通知书。凡出口口岸设有领事之外国船只，如请准发给江轮执照，驶往沿江通商口岸，或请准发给内港执照，驶往内港时，应由海关发给结关证明书。此项船只，于驶回原发结关证明书口岸，呈请结关驶往外洋或沿海通商口岸时，应由海关按照规定，发给结关通知书，俾便具领交存领署之各项文件。凡出口口岸设有领事之外国船只，请准发给江轮专照，结关驶往沿江通商口岸。如该船预先申请由沿江通商口岸结关，直接驶赴外洋或沿海通商口岸，应由海关发给结关通知书。

凡船只驶入通商口岸，非呈请海关结关，概不准驶离该口，违者处以 100 元以上、1,000 元以下之罚金。其在出口口岸设有领事之外国船只，如未经呈请结关擅自出口，得由关酌核情形，将该船所享条约以外之利益，概予取消。凡已经结关之船只，如不上下货物，得停留口内 48 小时，免予再行呈报进口。如该船超过 48 小时，应再行报关进口。凡出口口岸未设有领事之外国船只，于呈请进口时照章将国籍证书及其他文件呈由海关收存，海关得于结关时征收手续费。

凡自通商口岸结关，驶往其他通商口岸之船只，均应领有结关单照附副报单，持交该轮到达口岸海关。

凡华籍船只呈请结关，海关应查明其所有职员均执有商船职员证书，方准照办[①]。

第十一节　关于纳税手续的规定

凡货物查验完毕后，由验货员将查验情形填入货物细目单内，送由主管部门核算税款，填发税款缴纳证。税款缴纳证共分四联：第一联为缴纳证，俟税款完纳后，缴由海关转送监督存查；第二联为商人完税收据；第三联为海关存根；第四联为海关收税处存根。此项缴纳证，分进口税缴纳证，出口及转口税缴纳证二种。商人缴纳税款，非填用关制缴纳证，不予接受。各联应填事项，概由海关依式填写，俟将应征税款核算填入后，即将第一至第四联一并交予商

---

① 《海关法规汇编》，第 361—373 页。

人，持赴海关收税处照完各项税捐，俟所有各项税捐如数完清，海关即将完税收据交由商人收执。关于中途或起岸时或在转船口岸与指运口岸损坏货物，都有减免进口税限制的规定。在中央银行发行金单位兑换券之各通商口岸，所有进口税项，得用此项兑换券完纳；至中央、中国、交通三银行发行之法币，亦得按照海关逐日公布之金单位折合率完纳。此项折合率，应以缴付税款日之率为准，其在各口原有外汇行情者，每日金单位与法币折合率，得按当日银行开盘之各国金币电汇行情，择其最有利之一种规定之；至在无外汇行情之各通商口岸，及虽有外汇行情而海关认为有特殊情形之各口，得由总税务司随时规定金单位折合率电令各关作为计算法币折合金单位之根据。出口税及转口税应按国币征收，准以中央、中国、交通三银行所发行之法币照额缴纳。至于船钞、特别准单费及其他各费，应按国币征收，准以中央、中国、交通三银行发行之法币缴纳①。

第十二节　关于违禁品及禁止或限制运输品规定概略

海关对于违禁品及禁止或限制运输品，按下列各条的规定：一、农业病虫害专供科学研究之用者，方准报运进口，并暂以上海口岸为限，且须持有上海商品检验局签证之农业部病虫害进口特许证。二、火酒。除奉政府令特许进口者外，均应由报运人呈验当地商品检验局所发之合格证书，方准由关放行。三、锑。所有锑类运输，归国民政府军事委员会资源委员会管理。该委员会在湖南省设有锑业管理处，凡自该省报运锑类出口者，应向该管理处领取许可证，连同出口报单，一并呈关，方准放行。四、古物。古物之流通，以国内为限；但中央或地方政府直辖之学术团体，因研究之必要，须运往外国时，得呈验教育、内政两部会同发给之出境护照，予以放行。运往国外古物，至迟须于两年内归还原保存处所。五、军火。除另有规定外，概予禁止运输。六、中国古籍、名人原稿及总理遗墨、官署档案，应按教育部《修正鉴定禁运古籍须知》之规定，一律禁止出口。七、签字及空白纸币、伪造纸币、印制伪币印模、福票及印花税票，或须查验而后放行，或一律禁止出口。八、蜜蜂或蜂种。须呈验原出口国无病保证单。九、带毛禽皮，一律禁止出洋或在国内运

---

① 《海关法规汇编》，第339—353页。

输。各种野禽兽，如野鸡、兔、大雁、鹿、竹鸡……等 11 种，无论带毛或去毛，除非每年十一月至翌年二月间，准由各口冻制贩运出洋或在国内运输外，无论何时，应一律严禁出口。活野禽兽，一律不准出口。十、凡宣传赤化之书籍，一律禁止进口。十一、黄铜运输办法。按照铜类运输办法处理。余如食粮，卷用烟纸，钱币、铸币印模、铸币机器及材料、药品甚至破棉胎、旧衣服、废棉纱之运输，均作了规定①。这里未能一一列举。

从 1937 年的《海关法规汇编》的内容看来，一、进出口货物税率，"政府得随时修改之"；二、使领人员的免税办法，采取"对等"待遇。关于船只进出口报关、结关、卸货、装货以及一切活动，均有规定。违反规定的均予处罚等，体现了自主精神；但《汇编》公布的当年，日本便发动侵华战争，一切规定的实行便成问题了。

---

① 《海关法规汇编》，第 409—446 页。

第四十三章

抗日战争爆发，总税务司奉命厉行战时措施。
总税务司署留驻上海公共租界

第一节　抗日战争爆发和总税务司奉命厉行战时措施

　　1937 年 8 月 13 日淞沪战争爆发，总税务司奉到第一个战时命令，就是关务署发出的代电：抄发《非常时期安定金融办法》七条，暨《补充办法》四条，并通饬各关税收收纳税款仍以法币及可以兑取法币之票据为限。汇划票据概不适用；报解国库税款亦应以法币收付，不适用汇划办法……（1937 年 8 月 19 日关沪字第 13 号）。第二个是快邮代电，内称："奉部座电：战事发生，凡我各属主管人员，均应谨慎从公，不得轻离职守；倘有故违，重惩不贷"（1937 年 8 月 24 日第 7459 号）。此外还有关于汽油、滑油、小麦、麦秠、废金属、废絮等禁止出口，以防资敌等法令。

　　我国对于进出口贸易，向不加以管制，除违禁品及米、盐等数种物品禁止输出外，其他货物商品均可自由报运。抗战爆发后，国民政府为解决物资短缺，因有管制贸易的措施。此种贸易管制政策有如下两种：

　　一、统制进出口贸易。抗战初起，国民政府对于外汇市场尚力为维持，嗣为免被敌人以法币套取外汇起见，始于 1938 年 3 月及 4 月间颁布进出口外汇管制法令，一方面对于进口商停止无限制供给外汇，另一方面规定商人运货出国者，须先向国家银行办理结汇手续，即凭"外汇承购证明书"报关出口。当时规定应结外汇之出口货物计有桐油、猪鬃、牛皮、茶叶、蛋品等。建立三贸易公司从事经营。唯出口商以法定外汇与黑市相差太远，引起走私之风；收购价格太低，易致出口货物减产，而统购统销手续繁琐，也为人所诟病。适太

763

平洋战争爆发以后，于 1942 年 5 月颁布《战时管理进出口物品条例》，复将准许出口物资分为三种：（一）结汇出口物品；（二）先经特许，方准结汇出口物品；（三）先经专营机关特许，方准结汇出口物品。

二、贸易国营。抗战中期，《易货借款合约》成立后，易货商品大增，国民政府遂将桐油、茶叶、猪鬃、矿产品 4 项重要商品，规定由国营机构，如中茶公司、复兴公司等统购统销。

1937 年 7 月至 1938 年 10 月之抗战初期，因沿海口岸如上海、天津等处已不能利用，所有进口出口贸易，均改道粤汉路集中香港，同时，国民政府由苏、浙、赣、粤等省大量抢运丝、茧、蓖麻等土产。嗣后战事扩大，国民政府遂于 1938 年 10 月颁布《查禁敌货条例》与《禁运资敌物资条例》，一以杜绝日货运入内地，一使日敌不能获得中国物资。关于资敌物品种类，计有 80 余种，如煤、盐、矿产、桐油、豆类等。这两个《条例》实行至 1942 年 5 月，另行颁布《战时管理进出口物品条例》。6 月间复公布《沦陷区物资内运奖励办法》，规定进口物品除奢侈品与非必需品外，其余物品不论来自何国何地，一律准许进口；出口物品，除由政府机关运输与特准结汇出口者外，其余物品均绝对禁止出口。

以上统制货物之报运、征税、稽查和缉私，都需要海关执行，所以在抗战期间，海关成为执行统制贸易的主要机关。

其次是奉令厉行紧缩政策：一是通令推迟正常提升人员的工薪。总税务司于 1937 年 9 月 30 日通饬各关：海关员司仍然得以正常提升，但"伴随这种提升的正常支薪的增加将暂时推迟。"二是紧缩机构，裁撤海关监督署。1937 年 9 月 19 日财政部以第 2043 号电总税务司："查现值非常时期，本部奉命厉行紧缩，所有全国各海关监督署一律裁撤，仍各留监督一员，分别驻在各该管税务司署，依照海关法规，监督税务司，办理关务。原有关防小章应予留用，其卷宗、财产移交各该管税务司署接收保管，节余经费及杂款，一概解归国库。统限九月底结束清楚。"并附发《海关监督办事暂行章程》。《章程》规定："海关监督奉财政部长及关务署长之命，监督该关税务司执行关务；海关监督应驻在该税务司署办公。……"①

---

① 《总税务司通令》第 2 辑（1937—1938），第 371—372 页。

第二节　国民政府迁驻重庆和总税务司署
留驻上海公共租界

1937 年 7 月抗日战争爆发，11 月 11 日上海沦陷，12 月 13 日南京失守。早于 10 月底，国民政府就发表宣言，表示为"适应战况，统筹全局，长期抗战起见"，决定"移驻重庆"。26 日，国民政府主席林森率部乘船抵达重庆，军政机关纷纷后撤，部分留武汉、长沙等地办公。

在南京军政机关大撤退中，出现一种奇异现象，那就是同属国民政府行政机关的海关总税务司署，则例外地留驻在上海公共租界中。为什么总税务司署可以例外地留驻上海公共租界而不后撤？这个问题可以从 1931 年梅乐和呈给英国驻华大使蓝普森的《备忘录》中找到答案。《备忘录》提出在"中日宣战时，在日本占领区中的中国海关保持中立，仍然在总税务司署统辖下，继续工作下去。"这就可以"完整地"统治两个敌对地区的海关。梅乐和为了实现这个原则，决计把总税务司署留驻上海公共租界中，以便以中立姿态对日本占领区中的海关进行统辖；国民政府也幻想总税务司署在英、美等列强支持下，对日本占领区的海关拥有主权，也同意总税务司署留在上海公共租界。正因如此，在国民政府军政机关大撤退中，总税务司署却例外地留在上海公共租界，企图对日本占领区的海关和国民政府统治区的海关进行统辖，这就是梅乐和一贯强调的"海关完整性"。总税务司署在租界中，战隙既开，继续遵奉国民政府财政部关务署的命令，向着两个敌对地区的海关发号施令，编制两个敌对地区的《海关职员录》。看来，"海关完整性"已经得到实现，梅乐和的企图已经达到了。

第三节　税务督察专员的设置

抗战爆发后，日本在中国发动全面进攻，我国河山破碎，全国处于分裂状态。全国国税的征收，也处于分裂状态，国民政府财政部为加强对各国税机关督察起见，特设置税务督察专员制度，分区督察。全国计分：

川滇区、黔桂区、闽粤区、湘鄂区、浙赣区、苏皖豫鲁区、陕甘宁青区。

税务督察专员秉承财政部长之命办理下列各事项：

一、中央直辖全国税务机关征榷事务之指导督促事项；

二、国税税款收入状况之调查考核事项；

三、国税整理改进方案之筹划事项；

四、税务机关人员之考查事项；

五、战时特别措施之指示与协助事项；

六、其他交办事项。

第三条税务督察专员应将考查所得情形随时密报外，应按旬呈报一次。

第四条税务督察专员对于该管区内国税机关之命令与处分认为有违反、越权或失当之处，应立即呈报财政部核办①。

总税务司署虽然统辖沦陷区海关，但在1938年英日《关于中国海关问题的协定》签订之后，沦陷区海关实际已操纵在日伪手中。那时，各关的税款完全存入日本正金银行；每关均新添日籍内外勤关员控制一切关务，尤以出口货品为然。如非日籍高级职员签准，不得办理结关手续。

总税务司署所发通令，仍依照国民政府财政部或关务署，转令各关遵照办理；对于"维新政府"及伪监督之来往公文，乃以普通行文传达之，直到太平洋战事爆发，总税务司署为日伪接管，沦陷区的海关才全归日伪管辖②。

① 民国二十七年五月九日财政部秘字第653号。《总税务司通令》第2辑（1937—1938），第11页。

② 林乐明著：《海关服务三十五年回忆录》，香港龙门书店1982年版，第23—24页。

第四十四章

日本侵夺沦陷区海关税款保管权和英日关于
中国海关问题的非法协定。日伪接管江海关

第一节 日本侵夺沦陷区海关税款保管权的先行
步骤——侵夺津海关和秦皇岛海关税款
保管权和总税务司的妥协活动

　　沦陷区的海关，处于日本军国主义铁蹄之下，迟早总有一天要劫夺海关税款保管权，把它们沦为侵略者的敛财工具。日本对沦陷区海关税款保管权的侵夺是从北方的津海关和秦皇岛海关开始的。早于1937年2月11日，津海关税务司梅维亮就电告总税务司梅乐和，并建议采取妥协方针，以保全总税务司署统辖下的海关。电称："窃以为无论如何，海关问题终必发生。如日方对于海关得有施行压迫之地位，而我方竟完全拒绝，毫不予以商量余地，势必使我方海关行政完全消失，而发生日方管理海关行政及施行低率税则等情事，其结果将不堪设想。故将来如果发生此项问题，惟一挽救办法，惟有由我方允许津、秦两关因其关税系专为担保内外债而征收，保证两关税款余数扣留，作为此项〔偿付内外债〕用途。此项办法或有成功可能，因日方态度对于各种有关国际事务，似像无意干涉。以上所陈办法，应请予以详慎考虑，并请早日预为训示机宜，以便临时应付。"这就是当日本企图劫夺津、秦两关税款时，将两关税款全部扣留，暂不汇解，以换取日本对两关行政权的剥夺。

　　8月30日，梅维亮又电梅乐和："本日据驻津日总领事的通知：日方对于海关并无干涉之意。惟海关在日本占领或管理区内，应照以下三项办法办理：（甲）海关税收除应付外债部分，可照常汇解外，其余税款在全部问题尚未解决以前，应存于日方认可的银行，暂为保管；（乙）海关在前项区域以内，所存中国当局进口之军火，即使领有国府护照，亦不准放行；（丙）上项余款不得移作不正当用途。以上三条件海关如能照办，日方对于海关及关产允许充分保护，并制止日人在上项区域内私运；且在双方举行交涉以前，亦不提出要求修改税制；倘海关不予照办，日方恐必将上项区域内之海关接收，由日方完全管理。""现在日方对于上项办法，仅限于津海及秦皇岛两处，惟尚拟扩充至胶海关或甚至于江海关及其以南各处。职意现在只有接受日方甲乙两项办法，一方面设法交涉，将多余税款由国际担保，交汇丰银行暂行保管。又：上项办法系由日军司令与总领事拟定，或不致有所变更。"梅乐和把梅维亮的电文转呈关务署，并称："查津、秦两关所辖区域，现均在日军势力范围以内，处此特殊情势之下，势不能不有特别应付办法，俾维现状。"并称"该税务司（梅维亮）所拟各节，实属不无见地。职以为日方所提甲、乙两项办法，应予暂行由海关接受。兹将其利害关系，谨为钧座缕析陈之：一、津、秦两关应摊付之债、赔部分，仍得照旧汇解上海，由职照付。因之中国对外债信即可借以维持。二、海关为中央政府所属机关，津、秦各地海关如能照常执行职务，非止海关行政完整得以维持，而中央主权亦得借资表现于该区域。三、所有余款，中国政府在战事未结束以前，固不能动用，而日方亦不能予以处置；俟将来战事结束，该项余款自仍属中国政府所有。……设使对于日方所提要求拒绝，则其结果必致各处海关被劫，非止该两关全部税收悉归损失，即上述种种利益亦将根本不能保持。职权衡轻重，窃以为该项提议甲、乙两项；似应予以接受。如以由中国政府特许照办，事属未便，可由职令该关税务司就地接洽办理。"

9 月 4 日，国民政府财政部以国债基金管理委员会名义函复梅乐和："应请鼎力交涉，对于内债基金务必照前拨付。"9 月 7 日，梅乐和复以代电致关务署："现准秦皇岛海关税务司报告：伪冀东自治政府日方之首领，已在设法煽动反对海关。驻榆日方当局在对于海关所提要求未得以前，不愿制止冀东浪人反对海关之举动，等语。为此电请转呈政府，对日方所提要求迅赐考虑，予以接受，以挽危局而免纠纷，并乞电复。据此，查对于日方所提要求……其中最关重要者，首为保存中央政府在津、秦一带之主权一端，维持税收犹居其次。至对于应付内债基金一节……应由日方承认加入；惟为中国在津、秦一带最大利益即中国主权起见，窃以为其他一切牺牲，未尝不可让步……是以恳请迅赐酌核，准由职令饬津海关税务司，根据日方所提要求，并加入拨付内债基金一项，与之商洽；如日方坚决反对加入内债，可将此项声明保留，以便解决，而保主权。"关务署乃于 9 月 15 日以关沪字第 127 代电复梅乐和："查日领所提三项办法，碍及国家主权，且自敌方非法封锁我国海岸之后，对于海关巡船任意毁击，显已干涉海关行政。关税收入，关系担保偿还内外债及赔款。该总税务司责任重大，应力为维护；如遇有某关不能执行职务时，应即将该关封闭，立于附近相当地点，另行设关征税……以图补救……并将遵办情形，随时呈由本署核转。"

关务署此电态度明朗坚定，但梅乐和为维护英国对海关的完全统治，仍然数电饶舌，"拟请准许由职与对方尽力交涉，以便于在可能范围内取得最优条件，而永远免除本地海关破坏之危机。"9 月 27 日，他仍然密函梅维亮："在当前情况下，我过去认为，现在仍然认为，〔日本〕所提这些条件是合理的。"他还密告梅维亮：他在国民政府内部的会上如何争取对日让步的情形。他说："昨天早晨宋子文又找我去开会，参加会议的除他本人外，还有徐堪（财政部次长）、孔令侃（孔祥熙的儿子和代表）和郑莱。〔我〕再一次指出，不应该过高估计美、英、法三国在南京和东京的抗议，应知道这种抗议只能是一般性的。我说，日本军方大概会得出如下的结论，即这种空洞的抗议并不预示要发生战争，因此不必太认真对待。由于现在北方只有津、秦两关标志着南京的主权，应当尽一切努力不使脱离，时间愈长愈好。不要忘记，河北省实际上由日本人控制，因此他们提出的条件不算太苛……如果北方的海关被劫夺，再恢复管理就不容易了。在这个前提下，就应该不惜任何牺牲，避免海关被劫夺。如果海关真被劫夺，就一定会造成非常危险的先例。"他还告诉梅维亮："关于这个问题已同宋子文和徐堪提过不知多少次，同郑莱更不必说了。接着我把一个给你〔和解〕的电稿给他们看，建议由我立即发出……但是徐堪说不行，必须先送给委员长。这样一来，还要讨论，不免又要耽误了……我〔已〕建议准我指示津海关税务司，如他不能照我的方针求解决，由他在可能范围内尽力寻求最有利的办法，就地解决，即不惜任何牺牲，避免海关被劫夺。从以上情况你可以了解，我在这里已经尽一切力量劝说政府承认现实，同意照建议方针解决此案，至少也不要反对……"10 月 8 日，梅乐和再度致代电关务署："窃以日方要求应亟予承认，毋庸再另提条件。即请迅赐电准职相机办理，以资应付，而解危局。如在限期前，仍未奉有钧令，职即以为对日条件默予承认，并当即于可能获得最优条件之下，进行解决。"由此可见，梅乐和决计一意孤行。关务署当即电复："此事正呈请政府核夺；在未奉命令以前，不得按所拟办法办理……职于第354号代电内曾陈明将来一切方法均归失败，为保持中央政府对于津、秦两关之主权起见，职拟电令该税务司（梅维亮）于可能范围内尽力设法在中国有利条件之下，就地解决，等语。据电前情，应请准予仍照职前拟办法办理。"从此电内容看来，梅乐和对日妥协之意甚坚，大有不再理会关务署之势。这时，总税务司署远在上海租界，总税务司果真自行其是，国民政府也无可奈何，于是，转而乞求于英国驻日代办，并电复梅乐和："海关问题，奉署座通知：外交部长已将可以解决该问题之方案，通知驻东京英国代办，并由英代办即刻转达日方有关当局。"

10月19日梅乐和于致关务署第332号代电中称："兹奉钧〔关务〕署……代电，以此案经英代办美、法两国大使迭次建议，兹可勉照外交部长与英代办商谈意见，密令转令照所开六条，与日方商议，妥慎接洽办理。奉此，遵经于本月13日夜间，电令该（津）关税务司遵照，妥慎办理并具报……"。经过外交部与英代办和美、法大使迭次建议后，国民政府显已转变，即勉可照外交部长与英代办商谈的六条和日方妥协。六条中最主要的是："（一）海关全部收入，现由政府自动令中央银行委托第三国银行暂行存款……"。"（二）委托存放之款，为海关全部税款，包括津、秦两关在内。"但是将全国〔沦陷区〕税款存入受托银行的条件，"受到〔日本〕强烈反对。我（梅维亮）听说东京和本地的日本军方，都认为这样就无法控制津、秦两关的税款。总领事态度坚决……""他说，照原议〔六条〕办法的条件，只限于保管津、秦两关的税款，达成协议的希望极小"，"他们决不允许再谈中立国银行保管税款问题。"于是，电请梅乐和指示。梅乐和据以代电关务署，并称："窃以为在现时情势之下，为解决此项问题及维护中国主权起见，似应准由津海关税务司参酌中国政府所提条件及日方所提条件之原则，斟酌情形，就地解决。"关务署电复："现已由贺武（英国驻华代办）设法与日方洽商，当可稍延时间，俾有从速解决余地。"

10月16日，梅维亮又急电梅乐和："据日总领事称：现在除同意原来条件，将津、秦两关税款直接存于正金银行外，绝无其他办法，可资解决；如于本月十七日以前，税务司尚未奉命办理，亦无妥协之余地。"梅乐和据以再电关务署："关于此事，职再三陈述，如欲促使中国海关行政之完整，及海关在津、秦两地代表中国政府执政之主权，其惟一办法应即赋予津海关税务司全

权，使得斟酌情形，就地解决。""职万恳俯察下情，准予电令该税务司立刻
接受，以资解决而维关政及中国主权。"10 月 18 日再度代电关务署："应即为
决定，接受日方条件"；"否则时机一逝，挽救为难。""职以职责攸关，难安
缄默，胆敢再贡最后之刍议"，"并请转呈部座当机立断，迅赐示遵，以挽危
局！"关务署看见英、美、法三国无能为力，只好答应梅乐和的请求，"部座
非正式特准该（津）税务司得自行斟酌，将津、秦两关税款存于当地殷实可
靠之银行，以为最后之让步。"梅维亮接到"授权"与日方解决有关津、秦两
关关税悬案，"立即采取必要措施，在天津正金银行开立账户。""自今天〔10
月 22 日〕起，津、秦两关征收的全部关税将存于该行。""常务税务司赤谷由
助（日员）将代表我监督这些关税及时存入正金银行。我已授权他采取必要
的措施，以便对这些关税进行适当的审核。"

　　这样，就算"保全中国利益及华北海关'完整'的问题"了。梅乐和还
认为"六条"是"解决目前问题的最好办法，可以向南方推广"；"如果临时
协议被推翻……你（梅维亮）应该请求英国总领事协助东京谈判解决。据我
了解，不久以前东京方面已经为谈判作好了准备。"看来梅乐和为"完整地"
统治中国海关，非牺牲中国海关权益不可。就在这种情况下，津、秦两关税款
被劫夺了，海关变成执行日本侵略政策的工具了。

　　税款存放问题退让了，跟着又发生税则修改问题。1938 年 1 月 7 日，国
民政府财政部给梅乐和的电报第二点明确指出："海关现行制度及办事手续不
得变更"；第三点，"现行税则不得擅行改变"，并说"这是维持海关行政权之
'最低立场'。""无论在任何情况下，不得稍有迁就，仰即严电密饬各该关税
务司遵照为要。"梅乐和当即复电说："津、秦两关处境特殊，各该税务司在
暴力之下，从权应付，借维现状"；"但为维护中国主权，保持关政完整，俾
全国海关不失为中央政府机关，维护内外债信、并为减少敌方参与关务之机会
起见，将来在敌方占据口岸，对于非关重要事项，恐不得不因暴力威胁而从权
应付，借维现状。再因战事关系，民生困苦，为振兴对外贸易、恢复国内经济
计，职或于最近将来对于某种税率，呈请准予修改"，显示蓄意违反国民政府
财政部的命令。

　　1938 年 1 月，伪北京政权公布新税则，梅维亮电告梅乐和说："他不能反
对〔新税则的〕减税；因为如果反对，华北海关立刻就会完蛋。他认为这种
情况确实是不可抗力。"梅乐和则电复："根据国际惯例，只有各国承认的合

法政府有权制定和修改税则。未经政府批准，我不能同意实施上述修改的税则"；但他在次日打给国民政府财政部的电报则建议："为了推动贸易和恢复全国经济，拟请政府批准将1931年税则稿修改后恢复实施。这样，既可以抵消华北伪政府擅自修改税则，又可以保证各国商人享受同等待遇……各国最关心的是待遇平等。如果政府拒绝此项建议，原从上海等地进口的货物将从天津和青岛进口，并通过铁路和公路渗入沦陷区，使政府的威信和税收受到损害。"梅乐和这个建议，是另一种减税方式。

1月23日财政部电梅乐和："兹据报载，伪组织修订海关税则，宣布实行。此种非法行为，显系破坏海关行政之统一。依照政府宣言意旨，自应认为无效。"据梅维亮电称："日内即将宣布减〔免〕税项目：

（1）人造丝每吨改征31个金单位；

（2）开矿机器、冶炼机器、农业用种籽、电机及灯泡从价免税25%，出口税以从价2.5%为原则；但棉花出口暂时免税。"

梅维亮认为："解决办法，只有由有关各国以1931年税则和北京政府公布的新税则某些进口项目如糖及人造丝等为基础，共同商定一个税则付之实施。在全国有统一政府以前，暂时由各国共管海关。""国际共管海关，看起来好像太厉害；但是我相信这是真能解决问题的惟一办法。目前由于国际政治的关系，使这个急救的办法不能立即实施。不过最后还是要靠它来挽救局势。必须把眼光放远，只有承认像海关这样一个机构，才能维护中国的债信。""假如有关各国没有能力使这个或其他切实可行的办法做到的事，就不要指望某一个人能够做到。以后不论发生了什么事，都只能认为是各国束手无策的必然结果。"

英、法因希特勒势力的牵制，不能进行强有力的干预，结果，津、秦两关在不可抗力之下不能不从12月22日和24日分别实施伪税则。

1938年1月28日，英国驻华代办贺武给梅乐和的信说："关于华北临时政权实施新税则，现接外交大臣来电说，对于梅维亮应该如何应付新税则，他不准备提出意见。至于是不是不可抗力，必须由梅维亮自己判断。""同时我〔贺〕劝告〔国民政府〕财政部长接纳你的建议，实施1931年税则，因为你的建议看来是切实的。另外，我还奉命向华北日本当局提出强硬的抗议，反对他们修改税则。理由是根据我们的条约权利，中国各口岸应该实施统一的税则，因此，一个地方政权，不论它是否获得各国承认，如果擅自修改税则，都

是不合法的。我已向派驻北京和汉口的代表以及天津英国总领事发出相应的指
示，并由总领事转告梅维亮。英国驻东京大使已向日本政府提出抗议。本函已
抄送法国驻华大使那琪安和美国驻上海总领事高斯。"英国对待日本仅此
而已。

美国国务院表示："无意提出意见。"国民政府财政部关于沦陷区各关不
得实施伪税则的命令，梅乐和以"对于有关各国政府在东京进行交涉，可能
发生严重影响"，因此，"没有照发。"这就只好听任伪税则的实施了。

不唯如此，据英国驻华大使说："华北各关税务司被迫同意用日圆、联银
券……及河北省银行钞票完税，和法币等值使用。这些钞票实际上无法兑换外
币。"国民政府财政部对此也不吭一声①。

第二节　英日非法签订《关于中国海关问题的协定》

总税务司梅乐和关于中日宣战时海关在日本占领区保持中立，并由总税务
司署继续统辖的原则，在抗战爆发后一个短暂期间内，在一定程度上实现了。
这种形势完全是依靠英美势力的支持。这种情况是日本军国主义所不能容忍
的，总有一天日本要出面干预的。这种干预，首先发生在华北的津海关和秦皇
岛海关。这两关的税款保管权全为日本所剥夺。海关变成协助日本执行侵略政
策的工具。日本为了把这种情况扩大到全国沦陷区，便和英国勾结起来；英国
为了保全对沦陷区海关的统治，不惜牺牲中国海关的权益，背着中国政府而和
日本进行私下交易。英国公然以海关主权者的地位和日本签订了关于沦陷区中
国海关问题的非法协定，出卖了中国海关。

国民政府是个逃难的政府。它在沦陷区的情况，正如梅乐和向英国驻华大
使寇尔所说的："中央政府（按：指国民政府）在那里已毫无实权，显然无法
履行国际条约义务。沦陷区各个海关不执行中国合法政府的命令，不能认为是
不忠于海关的优良传统。海关人员得不到政府的支持，同时又不断遭受沦陷区
日本当局的武力威胁，很难想象他们怎样能够服从政府的命令。目前财政部自
己尚且不能在黄河以北或上海地区行使职权，这些地区所有其他中国政府机关

---

① 本节引用资料出自《一九三八年英日关于中国海关问题的非法协定》，中华书局 1983 年版，第 2—
49 页。

也早已没有了，还要沦陷区的海关（政府的一个部门）继续在财政部领导下照常执行职务是不合情理的。因此，如果当地政权不同意，中国政府就不能强使海关照它的意志行事。""我昨天已经向你谈过，我认为政府只有两条路可走：（甲）命令我封闭沦陷区海关或（乙）为了中国和同它有贸易关系的其他国家的根本利益，准许我和各国从权应付，以便在可能取得最有利条件下保全海关。"梅乐和所说的情况是确实的，但是他为什么不执行财政部关务署1937年9月15日"如遇有某关不能执行职务时，应即将该关宣告封闭，立于附近相当地点，另行设关征税"的命令？这是因为梅乐和企图依靠英、美的力量，继续在日本占领区中统辖海关，保全英国控制下的总税务司署对两个敌对地区海关的统辖，"继续工作下去"。这样，就可以保全海关的"完整性"。梅乐和告诉财政部长孔祥熙说："在这紧急和极端困难时期，维持海关完整对中国前途具有重大意义。偶尔采取平时看来是不正规的方针，以便整个机构得以保持完整和进行活动，这是既明智又合理的。灵活一点就可以在敌人阵营里暂时保住我们的地位；不这样就是不明智的。在修改税则、临时任用人员、税款存放等方面，暂时不照现行的规章办事，等到战事结束以后，当然可以纠正过来。""我认为如果我们现在不惜任何代价维持各地海关机构，对中国总是有利的。这样不仅可以维持中国的对外债信，更重要的是可在对各国一律平等的基础上保持对外贸易，并使国内财政机构得以巩固。值得快慰的是，迹象表明沦陷区各关可以重新走上正轨。这是各友邦在东京施加压力的结果。"孔祥熙复函说："日本的目的不仅是把中国合法政府的各级机关（包括目前形式的海关）的官员驱逐出去，而且要破坏各国及其商民的在华权益。纵容日本的阴谋，将帮助他们实现这个目的。""在我任职的四年期间，我尽力维持中国的债信。……如果有关各国容许日本那样做，那么咎有攸归，显然应由日本负责。"

梅乐和在复函中着重指出："（甲）必须与英、美、法三国使节保持密切联系；（乙）上海当地的税收，可照旧存在汇丰银行，或者由包括正金银行在内的几家外国银行联合保管，或者按其他办法处理；但须先征得中国政府和包括日方在内的有关各国的一致同意。""在目前的危机中，我们能在华北和上海保持住自己的地位，毫无疑问完全应归功于各国在东京强有力的交涉。""如果在一些政治上关系不大而各国认为对它们的贸易、财政和航运利害攸关的问题上，不顾他们的愿望，那是既不策略也不礼貌的。因此我曾建议，如果它们认为，为了继续保护'门户开放'政策的实施和保障外债等等，必须采取不致损害中国政府利益的措施。总税务司应当在一定限度内迎合他们的政策。"

从上述情况看来，中国海关要在日本占领区中立足，和孔祥熙要对沦陷区海关进行实际的统治，都只有依靠英、美的联合力量，没有这股力量，日本是不会答应的。

1937 年 11 月，日本要求将江海关税款按照津海关前例办理。上海是中国最大的口岸，税收最多，是英国在华利益集中的地方，英、美当然不肯像津海关那样轻易地放弃。因此英国便和美国、法国合谋对策，由英国外交部指示驻华和驻日使馆分别在上海和东京同日本进行谈判，并通过驻华使馆向梅乐和指授机宜。谈判中心逐渐移往东京，谈判内容也由江海关问题扩大到整个沦陷区海关问题。上海沦陷后，梅乐和向关务署汇报说："据报：上海日军当局将要求把江海关问题，按照津海关税务司与日本驻津当局非正式商定之暂时办法解决，即将该关所有税款，除扣留经费及应摊的债、赔各款以外，余款暂存正金银行。"梅乐和认为，这种办法"在理论上甚属满意。缘海关完整颇赖维持，债、赔各款仍得拨解，维持原有税则，走私之风亦借资减少。"英国外交部也电驻华大使寇尔："务必尽一切努力取得中国政府的默认。维持中国海关的完整是如此重要，即使中国政府拒绝接受郝伯枢（英国驻华大使馆财政顾问）与对方谈妥的条件，也不应该妨碍有关四国（英、美、法、日）政府就这些条件达成协议。中国政府可以责备我们纵容日本人控制税款；但是，从现实观点说，这样的办法可以防止停付外债，特别是保全了海关。"这里所说的保全海关，就是保全英国对沦陷区中国海关的控制权。由此可见，英日谈判完全是为了英、日各自的利益，牺牲中国海关权益而进行的。谈判开始于上海，在日本总领事与英国驻华使馆的财政顾问、总税务司、江海关税务司间进行的。其后，谈判逐渐移到东京，最后在东京缔结了关于中国海关问题的非法协定。美、法两国是这次谈判的帮手。英国驻日大使克莱琪和法国、美国大使串联，要美国政府至迟在 11 月 29 日以前同意按照所提的建议采取联合行动。并说"英、法二国，可能还有美国政府，都已准备采取有力行动。"

11 月 28 日，英、美两国驻日大使访问了日本外务相，商谈海关问题。外务相说："在和中国海关达成协议时，各国意见会得到应有的重视。""在原则上说，日本政府认为，关于这个问题的任何正式协定，都不能同各国商定，只能同中国政府的海关直接达成协议。"英国驻日大使克莱琪竟然说："上海的海关官员现在已经不再和中国保持联系，他们除了自己以外并不代表任何人。因此，同他们达成的任何协议，除非得到中国政府及（或）有关各国同意，只能认为是靠武力获得的。""外务相认为不会那样，因为和海关最后达成协议时，他对于各国的意见将给予应有的考虑。他告诉我（克莱琪）已经正式指示驻上海总领事去同英国大使馆的财政顾问直接联系，并在充分考虑我们的意见下，再和海关官员达成协议。此外，我还强调指出，必须向军事当局发出明确的指示：在考虑各国的要求期间，决不要夺取海关。他说这完全没有必要，因为从来没有想到要夺取海关。除非事先取得日本政府的同意，地方当局也不会采取其他行动。"

"12月1日起，罗福德（江海关税务司）一连三次和日本总领事进行了会谈。总领事表示除了浚浦捐和船钞以外，日本政府希望将全部税收，包括统税和市政府应得的码头捐，以江海关税务司的名义存入正金银行。他明确地说，我必须在正金银行先开户，然后他才同和外债有关的各国代表谈判。他说，我可以从存款账里提取江海关的经费。""关于在正金银行开立账户问题，日方要求我在1937年12月2日星期二答复。"梅乐和函说："关于日本总领事要求你在正金银行开立税款账户问题，据我了解，有关各国的代表已经正式通知日本总领事，在改变税款存放办法以前，必须先同他们商量。因此目前我不能同意你答应日本总领事的要求。希望你设法同日本总领事商量，将会谈时间推迟，以便有时间寻求满意的解决办法。"梅乐和在呈孔祥熙函说："12月31日日本总领事冈本……非正式来职署拜访。冈本说：现在日本军队已占领上海区域及扬子江下游各地，据敝人所知，日军当局现已提议管理江海关。""所谓管理者，系由日方派监视员驻关之谓。""现时在日军占领区域内，不能让任何中国政府机关独立行使职权，海关系中国政府机关之一。"梅乐和答称："中国海关一向为中国机关，永未加以否认。其所以有异于其他中国政府机关者，为因其具有国际性质……海关一切职务及责任，多与各国利益有所联系，而不可予以分离。因此敝人对于江海关之行政，无论施行任何剧烈变动，应于事先征求有关各国意见。""据报载：英美法曾经向东京政府表示，对于解决江海关问题，深盼事前与之商洽，故敝人以为解决本地海关问题，最要之前提乃为先与有关列强交换意见。"关于海关税款存于正金银行问题，梅乐和答称："现在天津办法已不满意……敝人对于此事不能予以确切之答复；但敝人

以为此事亦应先征求有关各国之意见。"梅乐和把谈判内容向关务署汇报。关
务署遂予答复："据情呈奉部长批：不能让步。合亟电仰遵照。"但是谈判仍
然继续下去。

日本驻上海总领事冈本和领事曾根益于 1938 年 2 月 2 日又和梅乐和进行
了关于江海关税款存放问题的会谈，冈本说："关于江海关税款存放……按现
在上海所处之地位而言，日本方面要求将江海关税款存于正金银行，完全正
当。况日本政府允许由所存税款项下拨付该关一切经费及应摊付之债、赔各
费。此项要求，敝总领事认为在此种形势之下，殊为合理正当，并应准予照
办。是以请贵总税务司令饬江海关税务司罗福德将该关税款即行存于正金银
行。"梅乐和答称："贵总领事所提存于正金银行之税款，几全部为外债之抵
押，并非独一有关之国家的。现在有关列强中对于关税关系最大之数国政府既
反对将江海关税款存于正金银行，故总税务司殊难自作主张，变更向来办法。
是以仍提议应由当地日本当局与有关列强直接接洽；如商有结果，并此项结果
不为中国政府反对，海关自乐于合作。"曾根益说："现在上海为日军占领区
域，江海关税款自应按日方所指定之办法存放。"梅乐和说："碍难让步。"冈
本最后说：当与英、美、法各国驻沪代表接洽商定办法。

梅乐和在日本逼迫之下，于 2 月 7 日呈孔祥熙一个节略，提出了四项
建议：

一、在不可抗力的情况下，对于非关重要问题最好准我凭自己的判断自由
行事，只要我所做的事得到各友邦代表的支持。

二、如果〔日方〕向我提出悬挂新旗的最后通牒，特别在不挂新旗就挂
日本旗的情况下，我应该照办。

三、如果要求我雇用新的日籍人员，假如这些人从最低一级做起，我可以
按照正常录用人员的条件来雇用；假如日方支持这些人员要立即担任较高职
位，我可以按照订立短期合同的条件来雇用。我深信日方将要求大量增加日籍
人员。

四、在日本占领区口岸，日本同意采用 1931 年税则的可能性很小（在天
津他们已经公开表示了）；但是如果我们在其他口岸采用这个税则，就可以抵
消他们的税则。他提出这样办有六点有利方面，最后一点就是以"所有沿海
沦陷区的海关仍在我的管理下执行任务。"

从这个节略的建议看来，梅乐和极力劝说孔祥熙采纳他的建议，并给他自

由行事的权力。他在不可抗力之下，为保全对沦陷区海关的统治，就只好采取妥协让步的办法，也就是牺牲中国海关以求得对海关的完整统治。

孔祥熙在回信中一一作了答复。关于海关完整问题，他作了如下的表述："海关在中国历史悠久，很有贡献，因此，政府对于维护海关的完整极为重视，并且还将继续为此尽一切力量。但是仅仅为了维持外形的完整而牺牲重大原则是不值得的。据我所得的消息，天津等地海关已挂五色旗，按照日本傀儡政权所定的税则征税，税款已移交正金银行，不许拨款偿付以关税为担保的中国债务，在事实上必须听从日本操纵的傀儡政权的命令。这种情况对于中国以及关心海关完整的外国政府和它们的商民都没有任何实际利益可言。""这种情况如不改变，华北地区海关的完整基本上将被日本破坏。在这种情况下如果中国仍然予以容忍，这就是粉饰日本的掠夺行为，掩盖事实真相，而不是向全世界公开揭露。这就是说，华北地区中国政府的海关人员就成了协助执行日本政策的工具，这是中国政府所不能同意的。"尽管孔祥熙极力抨击梅乐和所粉饰的沦陷区海关的完整性，但梅乐和仍然按照英国外交部和日本妥协的方针一直走下去。总税务司署在英国控制之下，而且远在上海租界，孔祥熙无可奈何。他急于获得英、美的援助。他在结束上引这段话时说："如果你接到这一指示时，还没有收到各友邦政府进一步的建议，你应将这一指示的要点通知各友邦代表，使他们有机会发表更多的意见，但是千万不要再耽搁下去。"由此可见，孔祥熙对于得到列强支持的愿望何等迫切！梅乐和也同样把这一问题寄托在列强身上。

英、美的态度怎样？

日本在1937年7月7日发动了对中国大规模的军事侵略，以期实现其灭亡全中国的既定方针。日本对中国发动侵略，严重威胁了英、美在中国的利益，加深了日本与英、美的矛盾。英、美不愿意日本夺取它们在东方的利益。但是它们一则希望把战争引向苏联，以便自己坐山观虎斗；二则忙于应付西方由希特勒强暴所引起的紧张局势，力求缓和日本在东方对它们的威胁，以免日本在东方对它们的利益进行攻击，所以在1941年太平洋战争爆发以前，英、美总是竭力寻求与日本妥协。在这样的形势下，幻想英、美出来干预日本，简直是缘木求鱼！结果，英、美不但不出来干预，甚至背着中国，牺牲中国海关主权，以保全自己的利益，这就导致英、日关于中国海关问题的非法协定。

在这样一个关系中国主权的海关问题谈判过程中，英国竟然将中国排除在

外。谈判集中在税款保管、债赔的偿付上。英、日讨价还价，谈了差不多半年
多，到了4月中旬，大抵已达成：沦陷区过去积存和以后各关所收的税款存入
正金银行，停付的对日庚子赔款照付；日本同意从沦陷区各关税款中按比例拨
付外债、赔款。日本全得所欲，英、美的债、赔也得到解决。

1938年4月16日，克莱琪电告英国外交部，日本外务省次官"再一次明
确保证，日本政府无意干预海关的行政完整，并像英国政府一样对海关完整极
为重视。"

英、日两国关于海关问题的谈判至此已告结束。梅乐和为了使国民政府不
反对协议，特电江汉关税务司安斯迩："一有机会就去向财政部长解释，维持
海关完整可以保证对外贸易门户开放，使列强暂时对沦陷区继续关心；同时还
可以巩固中国在国内外的财政信用，这对中国是有利的。向他指出，协定规定
每月平均拨付摊款四百万元偿还外债，这样中国政府就可以少出这笔钱。他强
调说明，日本即将强迫实施协定，并不要中国政府批准；只要你们告诉我，孔
部长默认协定，不加反对，我就可以在不可抗力下予以实施。一经麦琪洛
（英国驻华大使馆参赞）通知英日已经签订协定，立刻再去见孔部长，请他口
头答应不阻挠我照协定行事，因为协定不过是临时性的，只在日本占领地区有
效。将孔部长的态度告诉我，以供参考。"

1938年5月2日，日本外务相广田宏毅致克莱琪第59/A1号照会："根据
最近阁下与堀内先生商谈关于偿付以中国关税为担保的各项外债以及其他有关
事项的结果，我荣幸地通知阁下，日本政府在征得占领区中国当局的同意后，
现愿按照附件中所提出的方针处理这些问题，并准备执行附件中所订明的措
施。双方同意，这是目前战事进行期间的临时性措施，当这些措施所依据的经
济条件发生剧烈变化时，将重新加以考虑。我相信英国政府会接受这些办法。

附件：

1. 日本占领区各海关所征一切关税，附加税及其他捐税，应以税务司名
义存入正金银行，在该行未设立分行的地区，应存入双方同意的其他银行。

2. 所有进口税、出口税、转口税及救灾附加税按前项规定存入后，每隔
若干日，最多不超过十日，应将应摊外债份额解存正金银行总税务司税款账
内，以便1937年7月尚未还清的以关税为担保的各项外债赔款到期时，如数
偿还。

3. 偿还以关税为担保的各项外债和赔款，应作为全国各关所征关税的第

一项开支，但经总税务司证明的海关经费（包括由各关分担的总税务司署经费）以及其他照例拨付的款项（过去一向偿付外债以前从总税收中拨付的）应尽先扣付。

4.（甲）各关应摊外债份额应按照本关税收在上月份全国税收总额中所占比例逐月核定。

（乙）应摊外债份额以中国海关的进口税、出口税和转口税的总数为计算的依据，摊付数额按照上列（甲）项规定，由总税务司署征得日本及其他有关各国同意后确定。

（丙）华北和华中日本占领区某关税收不足应摊数额时，应由各该区内其他海关的税收补足。

5.（甲）自 1937 年 9 月起停付的日本部分庚子赔款，现存于汇丰银行暂付账内，应即付给日本政府。

（乙）日本部分庚子赔款和 1913 年善后借款，以后应照以关税为担保的各项外债赔款偿还办法同样办理。

（丙）1938 年 1 月和 2 月应摊外债赔款（计 3966576.32 元）现存于汇丰银行，应即发放，以归还以该款作担保的透支款项。

（丁）日本占领区各口岸汇丰银行海关税款账内，如有余款，应改存当地分行海关税务司账内，以便将来用于支付应摊外债份额。

上述办法应自 1938 年 5 月 3 日起生效，并适用于自 1938 年 5 月 3 日起征收的关税。"

1938 年 5 月 2 日克莱琪致广田照会："英国政府认为目前局势引起了许多重大困难，为了有关各国的利益，迫切需要谋求一项解决办法。为此我奉命声明：英国政府不反对实施阁下的照会和附件中所提出的临时措施。我还奉命再一次向阁下着重指出，我国政府对于从各方面维持海关的权力和海关的完整，极为关切。"[①]

这样，英、日私自交易的协议最后完成。

---

① 本节引文出自《一九三八年英日关于中国海关问题的非法协定》，第 50—191 页，哈瓦斯社伦敦三日电。

第三节　国民政府对《协定》的声明。伪政权接管
江海关和江海关华员的抗日护关运动

英日非法协定签订，国民政府"并不表示惊骇，因彼等早知有此结果。但中国民众以英竟与日订结协定，表示愤懑！""中国民众之所以愤怒，乃因当中日战争之际，竟将海关收入之一部分，付予日本作庚子赔款中的一部分"（美联社汉口五月三日电）。在群众愤怒情绪影响之下，国民政府对于《协定》的签订提出异议，略谓"日本政府支配各关税收之举，既未便予以承认；中国内债本息偿付办法，亦无一言提及，均有未当。"英国政府则答称："此次协定，系属临时性质，亦即现行环境下所可获致之最佳办法。中国外债本息，既可赓续偿付，其在国外之信用，自可加以维持也云。"

中国某法学家发表如下的意见："此项事件，可分为三点讨论之：其一，此项办法，对于中国之效力而论——第三国就有关中国主权与行政权之事项，与另一国家订立办法，在国际法上，对于中国不生法律上之拘束力。……其二，就该办法之内容而论——英国声明其尊重中国之主权，并声明此项办法为中日冲突期间暂行办法，然未得中国政府之同意，而处理中国之关税，究于中国海关行政有所妨碍。其三，以中国对于此项办法，应取之态度而论——政府对于日本在占领区内任何行为，概不承认，自不待言，政府对于英国亦应声明，中国根据主权及行政完整之原则，对于此项办法，深感遗憾！并希望英国严守尊重中国主权与行政完整之立场。"（汉口五月三日电）

日本不但和英国签订非法协定，而且怂恿伪汪政权，接管江海关。据林乐明的记载："李建南于接到伪汪政权的'江海关监督委任状'后，即于5月6日晨偕同日本驻沪副领事、监督署科长、日籍便衣探捕三人及工部局日籍警士数人赴江海关，先见该关日籍高级职员，旋由该日人介绍与税务司罗福德晤面，并告以海关已由新政府接收；当由李氏面交所携文件，请罗税务司共同合作。罗乃陪同李等到监督公署约坐数分钟而别。惟并无举行任何接收仪式。江海关从此'易帜'。"

江海关全体华员对于这种情况极为愤慨！即于当（日）晚分别举行会议，金认为事态严重，理应表明严正态度，并决定于7日晨在江海关举行全体会议讨论办法。当场议决：

（甲）请税务司罗福德及华籍副税务司裴倬其说明经过。

（乙）推派代表成立海关华员护关会，以保海关主权完整为宗旨。

（丙）推派执行委员三十五人组织执委会。

（丁）电中央说明目前环境并怠工情形；并请财政部孔部长明示办法。

（戊）未得切实办法前，坚决实行怠工。

次由裴倬其发言申述："拥护政府之热诚，如不能贯彻主张，宁辞职以去"云。

5月8日（星期日）晨，海关全体华员又集合举行会议，高级职员除江海关副税务司裴倬其外，总署之汉文科税务司丁贵堂，人事科税务司胡辅辰，均到会先后致训。略谓"海关是政府机关，与航商关系颇巨。在海关服务人员未获政府命令，不能擅离职守；况且外界所传种种，均非事实，不应有所举动，免使各方遭受影响，而为他人所借口。故望星期一起，照常工作"。各员对于丁氏所示意见，表示接受；唯望对于维护海关主权一层，必坚持到底。

江海关华员发出了《抗日护关宣言》。《宣言》略谓："关税为国家财政命脉，而江海关税收复占全国关税之重要部分。同人等素秉政府意旨，对于国家财政国民经济竭力维护，虽有困难，在所不顾。慨自华中伪组织成立以后，对于江海关税收，时加觊觎。本月六日伪海关监督李建南，挟伪命前来江海关，企图接收。同人身当其冲，不胜愤慨，爰于七日上午举行大会，当请税务司罗福德到场报告经过情形。罗税务司一再声明，对于中国誓矢忠贞，绝不接受伪命，并对同人等爱国行动，深表同情。同人等身为公务人员，素沐政府优遇。际此伟大时期，对于违反国家民族利益之伪组织，誓承以往光荣奋斗历史，决不合作。而于国家税款存在正金银行，尤所反对。除呈候政府核示办法外，特此宣言，敬请全国同胞，不吝教益，并与声援，不胜盼切！江海关全体华员护关会。"①

上海职业界也发出《援助海关华员护关宣言》。《宣言》称："上海海关是中华民国的税收机关，是中国主权之一。此次英日海关协定与国际公法相抵触。吾政府已声明态度，不予承认；而日人竟指导（使）'维新政府'的傀儡组织强行接收，更系破坏中国主权的完整。幸吾爱国关员不为势力所屈服，在政府之维持行政完整及保障内外债信用两大原则之下，坚决奋斗，实行怠工，

---

① 录自《文汇报》民国二十七年五月六日。

为国家主权予对方以反抗。此种崇尚的爱国精神，光明的正义行动，正是每个中国人的楷模。我们敬致最诚挚的敬礼！""保护海关绝不仅是关员的责任，每个中国人，尤其是我们工商界同人都有保护关税壁垒的责任，因此，我们除了坚决为关员做后盾外，并向全上海市各界同胞呼吁，大家一致起来援助英勇坚强的海关华员为保持行政完整与国内外债信而奋斗的护关运动。""全市各界同胞们，我们赶快起来，保卫中国工商界命脉的江海关。谨此宣言。上海市职业界同人"（录自1938年5月8日《华美晚报》）。《导报》也发表题为《海关华籍关员的斗争》的社论，社论说："中国海关虽因外债关系容许列强关于它有说话的地位；但是无论那一项条文都不能说任何两个单独的列强可以只顾自己利益，不容中国置喙的处决中国海关，更不能说某一单独强国，只为了眼前的小利益，可以与中国的敌人同谋，将中国政府机关断然交与那敌人去处理，这里不但包含了有蔑视中国主权的问题……并且实际上，这种办法完全提供了日本军人以新的经济来源，使他们便于大批地屠杀中国人民。"社论还指出应采取的斗争方法，即"他们的工作……应当尽量公开，他们应该和外界发生关系，使外界的同情能变成事实上的援助。""要使得工作支持长久，他们还得有严密的组织"，"对于那些经济力量薄弱，因而不容易支持的同胞们，他们应该有救助和共济的工作。""江海关中的一批华员……既不投降，也不出让，反在重重压力之下揭櫫出斗争的旗帜，他们的精神和胆力不亚于战场上荷枪实弹的志士！若是袖手旁观，使他们的奋斗孤立起来，使他们感到四望无援，以致被敌人各个击破，则上海人民以自己的懦怯，换来的将是他们的耻辱了。"①

　　《导报》还紧接着发表《援助华籍关员》的社论。社论指出："要把斗争坚持下去和把战线立刻扩大，可能的办法是：上海各界各团体应迅速起来援助华籍关员这一斗争。""关员们的行为不但是为了争主权，而且要杜绝这条裹粮资敌的途径。可见这一斗争的意义，不是消极的维护主权，而是积极的杜绝裹粮资敌的途径，以支持政府，达到抗战到底。同时每一个中国人民都要尽他们一分的责任，不能'袖手旁观'，更不能认为这种斗争只是华籍关员们自己的义举，不干其他中国人的事。"上海全体市民也响应江海关华员们护关运动发表宣言："吾人生息孤岛，与财政命脉经济壁垒之海关，休戚相关，爰本同

---

① 录自《导报》民国二十七年五月十日。

舟共济之义，郑重宣言如次：

（一）维护国家主权，保持海关行政之完整，坚决反对华中汉奸组织觊觎海关之企图。（二）反对未经中央政府同意之英、日间关于中国关税之妥协。（三）拥护政府实行自主外交，正式否认英、日关于中国关税之妥协。（四）号召全国同胞，一致声援江海关华员的护关运动。（五）联合全世界人士一致抨击某方之无耻走私。（六）发动全市力量，与忠勇卓绝之江海关华员共同奋斗到底。另附《告全国同胞书》，号召全国同胞，不辞任何牺牲以赴此的；然此举关系国家主权，责任重大，工作艰巨，必须全国同胞一致声援，收效始宏，全国同胞共速起！"①

上海学生为援助江海关华员反对伪组织接收江海关也发表宣言，号召"全国关员、工商界同胞，一切爱国爱自由的中国人民，团结起来，为维护海关利益而奋斗！"②

解放区的喉舌《新华日报》于1938年5月5日发表短评，指出：英国的这种做法，是"藐视我国主权的措施"；"英国所以要与日寇谈判非法占领区域关税问题，主要目的，无非在对日让步中，以求分得一杯羹，英国这种做法，不仅在远东的中日纷争中是如是，在西欧也是一样的。它是对强者软弱退让，牺牲弱者，以图得保持一己利益；然而这必然是一种幻想。"最后指出："应宣布英日协定根本违法，不能生效。"英日协定以后，日本帝国主义强迫海关执行，并立即通过伪政权接管江海关。江海关爱国职工义愤填膺，忍无可忍，终于5月7日掀起了伟大的护关运动。《新华日报》于5月10日发表题为《上海海关关员罢工事件》的社论，热烈赞扬和支持海关关员的罢工斗争，指出："上海爱国的关员，邮工，他们以罢工的武器来反抗敌伪的恶毒无耻的行为；在万目睽睽的国际都市，为中华民族争国格。所以全国的同胞，在今天都应立时奋起，给予他们以有力的精神上和物质上的鼓励与援助！"社论又一次指出，英、日缔结对华海关协定，"无论它如何说法（非正式的或只限于战争期间），但皆为破坏中国行政独立的举动，这是英国政府远东政策上一大污点。"社论最后号召坚持抗战，加强扩大华北与江南的游击战争，"我们应认定要收回我们的海关，只有以武力驱逐日寇出中国，才有可能。"

---

① 《文汇报》民国二十七年五月十一日。

② 《文汇报》民国二十七年五月十二日。

　　5月9日，"负责组织护关会之委员，仍忙于开会。此举当由日籍关员所
探悉，随即通知日领事派员到关，将帮办张鸿奎带走。……数日后，总税务
署的总务科税务司岸本广吉（日籍）出面，向日方营救释放该帮办后，此次
风波，即告段落。"①

　　英日《海关协定》实施后，根据《协定》，各日本占领区域内的海关关
税，存入日本正金银行。各占领区内之海关华员，在未奉国民政府明示以前，
均继续工作。名义上虽奉税务司之命令而行，然各关均增加日籍内外勤关员控
制一切关务，尤以出口货品为然。如无日籍高级职员签准，不得办理结关手
续。总税务司署所发通令，仍旧依照国民政府财政部或关务署，转令各关遵照
办理；对于"维新政府"及伪监督之往来公文，乃以普通行文传达之②。

---

①　《海关服务三十五年回忆录》，第23页。
②　《海关服务三十五年回忆录》，第23—24页。

第四十五章

适应战时的缉私措施

第一节　适应战时环境，实行统一缉私办法

抗战爆发后，日本扩大对华军事侵略，战区不断扩大，各地军政机关纷纷设立检查机关，全国的检查工作处于混乱状态中。国民政府行政院第 552 次会议议决《统一缉私办法》及《全国水陆交通统一检查条例》。

关于《全国水陆交通统一检查条例》所指的检查分为两类，即：一、运输检查类；二、货物检查类。关于运输检查类因不属本书范围，从略；至于货物检查类则属于海关缉私范围，这里当详为叙述。《条例》关于货物检查类，主要的有下列各条规定。兹录之于下：

一、……货物检查由财政部缉私处或海关主持。

二、财政部于全国各货运要道及走私据点，分别设立缉私处所，或海关关卡。所有各地原设之有关货运检查机构或类似组织，不论属于中央或地方之有关货运检查机构，概行裁撤。其中税收机关原有检查事项，如有必要时，得准其派员参加〔统一检查机关〕。

三、前条所派参加统一检查人员，各在其应管范围内照〔执〕行职务，直接对原机关负责；但须受检查所站、缉私处所或海关关卡之指挥监督。其薪给及办公费用，仍由原机关支付。

四、全国水陆各线路，除监察处检查所站及缉私处外，不得有其他检查机关。在同一地点，设有监察所站及缉私处所或海关关卡者，应联合办公，并在原则上当以监察处检查所站为主持机关。

五、在未设有缉私处所或海关关卡地点，关于货物检查，得由财政部委托

监察处或指定当地机关办理之。所查获之私货及违禁品等应移送就近海关关卡及其他主管税收物资各机关或当地主管官署依法处理，不得擅行处分。

六、运输检查及货物检查，均应力求简便，经过第一次检查后，以不再行检查为原则。运经海关时，沿途未经过海关查验者，仍应报验，以符定章。其证明单据，由终点之检查机关收回注销之。

七、各有关机关所派参加统一检查人员，违反本《条例》规定或不服主体检查机关指挥监督者，得由主体检查机关负责人据实上报上级机关核办。

八、本《条例》施行后，其他法令关于水陆交通检查事项之规定与本《条例》抵触者，不得适用之。①

行政院又同时通过《统一缉私办法》，其要点为：

一、凡属查验税收物资一切走私事务，应由财政部依照本《办法》统筹办理。

二、为统一缉私职责起见，现规定缉私处所及海关在所辖区域以内为负责查缉机关。

三、沿海沿边及接近战区之货运要道与走私据地，由财政部督饬缉私处及海关尽量添设处所或关卡，严密防缉。

四、未设有缉私处所或海关关卡地方，由财政部暂行指定当地机关，受该管区内缉私处之指挥监督，负责查缉。其他机关团体概不得干预。上项指定代行查缉事务之机关，对于货物不得收取任何规费。

五、前条指定代行查缉事务之机关，对于报运货物，应照中央现行法令，认真查验。其已经缉私处所及海关验放者，应予验凭缉私处所及海关所发单证，随时放行，毋庸再行检查。

六、凡查获之私货，应就近送交海关或其他所属之主管机关，照章处理……②

① 1942年2月24日行政院第552次会议修正通过。《总税务司署通令》第2辑（1942年4—10月），第106—108页。

② 1942年2月24日行政院第552次会议修正通过。《总税务司署通令》第2辑（1942年4—10月），第109页。

第二节　组织缉私署

《全国水陆交通统一检查条例》实行后，各省区军政机关纷纷组织检查机构。据《大公报》报道，重庆到黄沙溪一段江程中，有检查机构 8 个。据财政部派员前往实际调查，竟达 14 处之多。重庆国民政府财政部为集中缉私力量，增进缉私效能，特于 1942 年 6 月 9 日公布《财政部缉私署组织法》，另行组织缉私署。《缉私署组织法》主要条文有如下各条：

第二条　缉私署承财政部长之命，办理全国缉私事宜。财政部所属税警团队，统由缉私署监督、指挥、补充、训练、调遣。

第三条　缉私署设置后列各处：即编练处、查缉处、侦讯处、经理处、总务处和医务处。

第十条　缉私署设署长 1 人，综理全署事务，并监督指挥所属职员及机关。下设副署长 2 人，辅助署长处理署务。

第十二条　缉私署设督察长 1 人，督察员 24 人至 36 人，承长官之命令办理有关缉私事务之督导、缉私员兵之考勤及案件之交查事务。

第十三条　缉私署设处长 6 人，副处长 18 人至 24 人，还有科员、助理员等若干人，承长官之命令，分任各项事务。

第十五条　缉私署于必要时得聘用专员，撰拟审核法制规章及设计事务。

第十七条　缉私署设会计主任、统计主任各 1 人，承主计长之命并受署长及财政部会计长、统计长之指挥监督，分别办理岁计、会计并统计事务，……

第十九条　缉私署为执行缉私事务，于各省、区设立缉私处。缉私处的主要内容为：

一、各省区缉私处，承财政部部长及缉私署署长之命办理各该省区缉私事务。

二、缉私处设第一、二科。第一科掌握人事、文书、庶务、收发事项；第二科掌理走私情报之搜集、缉私团队之调遣及走私案件之查缉事项。

三、缉私处设处长 1 人，综理该处事务，必要时得设副处长 1 人，辅助处长处理事务。

四、缉私处设秘书 1 人，承处长之命撰拟机要文电，综核各科文稿及交办事务。

五、缉私处设会计 1 人，助理员 2 人至 4 人，办理岁计、会计及统计事务，受缉私处长及缉私署会计主任、统计主任之监督指挥。

六、缉私处为执行查缉事务，按实际需要得经财政部核准设立查缉所。查缉所承缉私处处长之命，办理辖区内查缉事务，必要时得就近调用查缉团队并指挥之。

七、查缉所设所长 1 人，办事员 4 人至 6 人，查缉员 6 人至 10 人，助理员 6 人至 8 人，分办文书、情报及一切查缉事务。

八、缉私处及查缉所调用之缉私团队，于各地担任财政部所属国税专卖贸易等机关，保产护运或警戒事务。

九、缉私处或查缉所所查缉之案件，其应送司法或军事审判机关者，应即依法分别移送①。

第三节　加强国内贸易民船的管理

关于民船方面，也加强管理。从前民船的管理章程，"除往来外洋贸易之民船，不得驶往中国沿海未设关卡地方贸易外，对于经营国内贸易民船并无此项规定，以致大部分与沦陷区贸易之民船，均群趋未设关地方装卸货物，自不足以言管理。为补救起见，财政部经拟议于《管理民船章程》第十条之后，增加下列条文一段，作为附注。"兹全录于下："在非常时期内，凡经营国内贸易之民船，自沦陷区驶来后方，无论何处，应先驶至后方设有海关关卡之地方报关，领得准单，方准驶至其目的地起卸货物。其由后方设有海关关卡之地方，报准结关，方准前往；如违反上项规定，海关得处业主或船主以国币三千元以下之罚金，并得没收其货物。其由军警机关查获者，由该查获机关，将船货移交由海关照章处理。"② 此项附注经由财政部转请行政院"准予备案"③。

---

① 《总税务司署通令》第 2 辑（1942 年 4—10 月），第 602—607 页。

② 总税务司署通令第 5996 号（渝字第 228 号）。

③ 1942 年 7 月 16 日。《总税务司署通令》第 2 辑（1942 年），第 541—542 页。

第四十六章

太平洋战争爆发和总税务司署的分裂。美员李度出任总税务司和华员丁贵堂擢升副总税务司及其开拓新疆海关。重庆区税务员改善待遇运动

第一节　太平洋战争爆发，日伪接管上海总税务司署。国民政府任命周骊代行总税务司职务，在重庆另立总税务司署

1940 年 9 月，德、日、意三国法西斯互相勾结，签订了军事同盟条约。1941 年 6 月 22 日，德国进攻苏联。日本为了配合德、意在西方作战，于 1941 年 12 月 8 日偷袭了美国在太平洋上的主要海军基地珍珠港，同时进攻太平洋上的美、英属地，太平洋战争爆发。

占领上海的日军当即开进公共租界，日伪接管总税务司署。总税务司梅乐和被俘。梅乐和于 1941 年 12 月 11 日发出的第 5769 号通令，内称："本总税务司已被解除总税务司职务，总理文案岸本广吉先生已被南京当局委派为总税务司，我已停止行使被占领的中国的职务。"[1]

上海总税务司署被接管，沦陷区海关尽归隶于伪总税务司署；而非沦陷区的海关势将各自为政。国民政府财政部不能不训令云南腾越关税务司周骊（英人）："总税务司署应移渝办公"，并"饬在总税务司梅乐和未到渝以前代行总税务司职务。"周骊"遵经三十一年（1942 年）一月八日就职视事"（引自财政部关渝字第 25854 号训令），是年 12 月 28 日，周骊奉命在重庆另立总

---

[1]　《总税务司署通令》第 2 辑（1938—1941），第 85 页。

税务司署。1942 年 1 月 8 日，周骊即在狮子山就任。

重庆总税务司署匆促建立，原有之案卷人员在沪，"未能撤去。本署一切均待草创。"首先要筹划办公房屋。先在重庆关成立，就该关及附近职员宿舍，稍加修葺，并设备简单家具，以为办公之用。其次是简派人员。"前上海总税务司署之人员，全体未能撤出，重庆现在各级人员俱须自后方各关抽调备用。（一）先尽附近各关抽调，俾能迅速到达；（二）自较远各关抽调人员，分别补充附近各关及充实本署，并按本署及各关之需要，将后方各级人员统筹支配；（三）奉调各员统限立刻启程，并迅速到达；（四）征集文具文仪。现值战时，在后方制备大宗文具表格、油印机、打字机等项，甚费张罗，费用尤属不赀。本署成立之始，即通电各关分别征集，限期运到，以应急需。一方就纸张价较低之地方赶速印制表格等项，以继续供应备用；（五）借抄例案档卷。本署成立之初，无片纸案卷可查。一切应例行造具之报表格式手续，均无旧案可循。成立之后，即呈请关务署准将上海总税务司署呈送之例案报表，借调本署抄录全份，分科研究，赶速依式办理。"[1]

重庆总税务司署就这样草草地建立起来，此后非沦陷区各关，都由其统辖。对各关发出的通令另编"渝"字号数，自渝字 101 号开始。这样，总税务司署分裂为二：一是在敌伪管理下的上海公共租界原总税务司署；另一为重庆总税务司署。一直到 1945 年抗战胜利，上海租界总税务司署为重庆总税务司署接收为止。

第二节　英美在华势力的消长和美籍李度取代
英人为总税务司。华员丁贵堂擢升为
副总税务司及其开拓新疆海关

周骊于 1942 年 1 月"就职视事"。梅乐和由沪脱险到渝，周骊呈请退休返国，财政部当即照准，"令饬梅乐和复职"，梅乐和于 1943 年 3 月 1 日"复职视事。"[2]

---

[1]　民国三十一年一月二日海关总税务司署通令第 5974 号（渝字第 206 号附件 2，"海关三十一年度工作计划"）。《总税务司署通令》第 2 辑（1942 年），第 440—441 页。

[2]　引自《总税务司署通令》第 2 辑（1942 年），第 436 页。

梅乐和复职不久，也呈请退休。时英国在华势力削弱，美国的势力取代英国。国民政府财政部根据形势的转变，委派美籍税务司李度为代理总税务司。时李度在美，"在李度未到任以前，所有总税务司职务，着由该员〔丁贵堂〕代理"（1943 年 5 月 28 日渝人一字 40181 号训令）。

华员中最高税务司丁贵堂由沪脱险到重庆，任总税务司署总务科税务司之职。财政部以李度远在美国，来华需时，因暂派丁贵堂为暂行代理，直至是年 8 月 16 日，李度由美抵重庆接任视事为止。财政部以丁贵堂劳绩卓著，于 10 月底擢升为副总税务司。丁贵堂代理总税务司到 1943 年 10 月底，财政部于 10 月 30 日训令总税务司署，训令云："兹派丁贵堂为海关副总税务司……等因，奉此。查丁副总税务司遵奉财政部令前赴新疆省筹设开关事宜，现正在途中。除特电知照，即日就职外，令行令仰知照并饬属知照。"[1] 此为海关开关以来华员所得的最高职务。

丁贵堂在副总税务司任内，除襄助总税务司处理一切关务外，其重要事迹为开辟新疆海关。新疆在中国西北边区，面积广大，与苏联、印度、阿富汗接壤，向与内地省区隔阂。抗战以后，与各省关系，渐形密切。该省的经济外交，重要性大增。丁贵堂于 1943 年秋末，奉令亲率关员前往开关。历时 9 个月，奔驰沙漠地带，备尝辛苦，终于在迪化（今乌鲁木齐）设立海关，在伊犁、喀什、乌什、塔城 4 处设立分关，在哈密、吉木乃、九卡、尼堪、二道卡、伊塔、蒲犁、叶城、和阗 9 处设立支关，管理对苏、对印货运。

第三节　重庆区税务员改善待遇运动

海关的人事制度，税务员和帮办是分立的两个职级，以帮办管理税务员。在早期帮办都是由洋员充任，而税务员都是华员，这就体现出以洋制华的民族歧视。这种制度沿袭了数十年，到了 1929 年海关改制，规定合格华员也可以充任税务司和副税务司，从此华洋平等。于是，税务员要求改善待遇的运动便开始发生。因为华洋既已平等，就无须特殊的帮办等级来"管理"华员了。1936 年到 1937 年间，税务员曾联名签呈指陈：帮办、税务员分立制度不合理，要求改善。他们建议把帮办和税务员两级合并起来，但无结果。一直到

---

[1]　民国三十二年十一月五日海关总税务司署通令渝字第 641 号。

1943 年在重庆才发生了税务员改善待遇的运动。重庆区税务员改制建议书提
出帮办和税务员的分立的不公平、不合理，并列举下列各种理由：

一、区分标准不合理。在理论上，帮办是海关行政的领导阶级，但实际上
无论选拔或分配工作上都没有一致的标准。拿选拔说，有以学问取的，有以才
力取的，有以工作劳绩取的，也有缺额升补的。选拔标准随时随地不同，在年
终考绩的报告中有"有否升为帮办资格"等项，但什么是"帮办资格"，从没
有明文规定。拿工作分配说，无论征税、秘书、会计等，并没有明确划分，所
以帮办与税务员之间，往往只有官阶上的区分而没有责任轻重之别。

二、擢拔方法的不妥善。帮办的选拔，有凭考试，有凭保举。凭考试的，
以一日之长短而定终身之命运，当然不公允；凭保举的，机遇不同，流弊
更多。

三、终身待遇不公。升了帮办，即使成绩不好，也因官阶关系，而处较高
地位。因为有这样的保障，有些升了帮办就故步自封，不求进步。这在培育人
才的观点是有害的。

四、特殊地位的不合理。以学力论，帮办、税务员都是大学或专科程度；
以经验和工作论，两者也没有多大差别；但因职级的划分，同一职务，帮办掌
得较大的权力和信任，而税务员便处处遭遇困难和歧视。于是才能学识不能充
分发展，而且两者由于待遇不同，而发生的对立状态，实在影响关员全体合作
精神。

由于职级区分的不合理，税务员的擢升待遇是不公平的。税务员的官阶只
有几级，服务满 22 年，就升到顶，还有 13 年的服务期内不升级也不加薪。另
一方面，帮办在 35 年的服务期内，一直享有升级加俸的待遇。

台南关税务员签呈更指陈税务员薪给制度的不合理。例如，三等二级税务
员升为三等一级税务员只增薪 15 两，而一等稽查员升为二等副监察员或二等
副验货员即增薪 20 两。又从二等一级税务员而后，每升一级增薪 20 两，但从
二等副监察员或二等验货员以后，每升一级增支 25 两。以至资历愈深，两者
薪级相差愈大。

至于同帮办比较，税务员从四等二级至三等一级每级增薪 15 两，而帮办
的同等职级每级增薪 30 两，为一与二之比，相差就太大了①。

---

① 《关声》 1938 年 5 月 15 日，克勒：《税务员改善待遇运动》。

第四十七章

适应战时需要海关关税制度的变革和海关任务的转变。外债赔款的停付和海关《公库法》的施行。各国声明放弃庚子赔款

第一节　海关进出口税则的修订

1934 年进口税则施行至 1937 年，值抗战军兴，国民政府内迁重庆。1939 年 7 月，国民政府颁行《非常时期禁止进口物品办法》，就洋货中选择非抗战建设及民生必需之物品共 168 税则号列，规定为禁止进口之物品，非经政府特许，不准输入。9 月间又规定凡进口货品，未经载入禁止进口物品表所订税则号列以内者，一律准照原税率减征 1/3 关税，以谋促进战时必需品的输入。

自滇缅路通车后，对于由该路进口之卡车，无论军用或自用，特准完全免税。此外，洋米、汽油、柴油三项，亦于 1940 年期间先后核定暂准免税进口，以裕来源。医药救护用品，凭卫生主管机关给照输入者，亦准一律免税。

1941 年冬，太平洋战事爆发，港口全遭阻断。为争取外来物资，另颁《战时管理进口出口物品条例》，将一部分禁进物品，特予弛禁，得征全税进口。1943 年 2 月，复将弛禁货品中之一部分，如呢绒、茧丝、糖精、纸张等，计 12 项税则号列，亦增订为减税品目，于 1943 年 2 月起施行。

战时因物价猛涨，从量税率完缴之数与从价税相较，殊失平衡，故于 1943 年 1 月，一律改用从价税。抗战胜利后，复于 1945 年 9 月，将进口货减税办法取消，一律按原来从价税率全部征收①。

---

① 《海关制度概略》，三、"海关税则及进出口货物估价办法"，第 8 页。

抗战期间，国民政府为发展输出贸易，以增加外汇来源，先后分别货物品目，减免出口税，并施行出口货售结外汇办法，指定 20 余种重要货品，由政府统购统销。其后改订结汇货物种类，凡商人报运若干指定之货物出国，亦须结售外汇，免征出口税。

第二节　转口税的整理

1931 年 6 月，国民政府施行新税则，对于出口运往国内各通商口岸的土货，倘由普通航海章程行驶的轮船装载，仍然继续征税，改称为转口税。所谓转口税，"即系由此口出口至彼口之税"；"嗣后出洋谓之出口，由此口至彼口应称为转口，以志区别。"①

1937 年卢沟桥事变发生，"八一三"淞沪战事爆发，战隙既开，进出口贸易大受影响，税收锐减。海关于是年奉命施行《整理海关转口税征收办法大纲》，对于民船、铁路、公路及轮船运输于通商口岸与内地间，及内地与内地间之土货，一律征收转口税，以增国库收入。嗣后日军大肆侵略华北各省，沿海、沿江各埠相继沦陷，各关税款均被攫夺。

1937 年 9 月，关务署用"急密"快邮代电令总税务司于 10 月 1 日起实行《整理海关转口税征收办法大纲》。《大纲》的主要内容为：

"一、征税范围。现时海关转口税，仅对于往来通商口岸间之轮船或航空机运输之货物征收之，其由民船、铁路及其他陆运货物，概行免征；即轮运货物往来通商口岸与内地间者，亦不征收。以致商人企图取巧，将原可能轮运之货物，改由其他各种方法运输。其输运货物，亦多故意将由通商口岸运往另一通商口岸之货物，改以轮船先由起运口岸运往指运口岸附近之内地，再以其他方法转运该口岸销售，以图避免关税。因之税项有征有免，负担颇欠公允，而转口税收，亦损失甚巨。现时整理转口税，拟对民船、铁路、公路及轮船运输往来通商口岸与内地间暨内地与内地间之土货，一律照征转口税。

二、税则……分别酌加税率，以值百抽五为标准，借裕税收。

三、……

四、征收地点应征转口税之货物，凡在现有海关及分卡地方装载或起卸或

① 《法令汇编》（民国二十年），第 126 页。

经过时，无论运往何地，或来自何地，亦不论其由何种方法运输，其转口税均由海关及分卡征收，海关并得于现有关卡之外，添设分卡，以便稽查。"[①]

第三节　转口税的裁撤和战时消费税的开征

太平洋战争爆发以后，日本加紧对中国侵略，军费的支出剧增，对外贸易几陷于停顿状态，税收锐减。国民政府为应付这种困难，决定开征战时消费税，同时裁撤转口税。

据 1942 年 5 月 8 日海关总税务司署通令称："查开征战时消费税，同时裁撤海关转口税一案……前经呈奉行政院第 554 次会议议决通过，经以……代电饬知该总税务司准备开征在案。兹查《战时消费税暂行条例》，业奉国民政府明令公布，事关整理税制，自应遵照，迅予施行。""兹由部核定，此项战时消费税即由各海关于本年（1942）四月十五日开始征收，同时将转口税裁撤。其由各地方原征之特种消费税及其类似名称之货捐，并应由各省区税务局于四月十五日开征战时消费税时，一律停止征收转口税。""仰即遵照，迅予电饬各关依期办理，并饬将办理情形呈由该总税务司禀报查核为要"；"并宣布前项《转口税则及土货转口免税品目表》，应即一律废止。"财政部另行规定："应准将免税限度酌予放宽，改订为应征战时消费税率之货物，每次所征税款在国币五元以下者免税。凡属应征战时消费税之洋货，不问其由国外进口、或在国内报请转运，一律照征战时消费税。"财政部还补充规定："《战时消费税暂行条例》，原系专对消费者征收消费税，故不特在运输中之货物应行纳税，其于货物出产地及消费场所，尤应注意切实征收。消费税完税收据有效期间，订为一年；如已超过限期，自应再行征收。"并附 1942 年 4 月 2 日公布的《战时消费税暂行条例》。《条例》共分十三条，兹摘录于下：

第一条　凡在国内运销货物，除法令别有规定者外，概应征收战时消费税。

第二条　战时消费税从价征收，由海关及所属关卡征收之。

第三条　战时消费税税率按照货物性质分别规定如下：

---

① 1937 年 9 月 21 日总税务司通令第 3585 号附件一。《总税务司通令》第 2 辑（1937—1938），第 319—320 页。

　　一、普通日用品　　值百抽百分之五；

　　二、非必需品　　　值百抽百分之十；

　　三、半奢侈品　　　值百抽百分之十五；

　　四、奢侈品　　　　值百抽百分之二十五。

　　第四条　战时消费税只征一次，通行全国，概不重征。

　　第五条　应征战时消费税之完税价格，洋货应以所纳进口关税之完税价格为根据；国货应以当时前一个月之平均趸发市价为计算根据。……商人对海关所适用之完税价格或分类有争议，得呈经海关交由税则分类估价评议会转呈关务署核定。

　　第六条　关于征收战时消费税之报关验货及完税等手续，均按海关现行章则办理。

　　第七条　凡经财政部依法核定已征统税或矿产税之货物，概不征收战时消费税。

　　第八条　由邮局寄递应征战时消费税之货物，由海关派员驻在邮局经征或委托邮局代征之。

　　第十二条　已征战时消费税之货物，如于一年以内转运出洋时，得于证明出口后，将已征税款如数退还。

　　第十三条　凡运销应征战时消费税之货物，未将有完税凭证及运单者，按照海关《缉私条例》处罚①。

第四节　海关任务的转变

　　抗战爆发以后，沿海各关区相继沦陷，国外贸易几为停顿，进口税收锐减，各关税收遂以转口税为主。至 1942 年 4 月转口税裁撤，乃改征战时消费税，然此种税制，与从前的厘金无甚差别；而且当时海关以外之各地检查机关，名目繁多，货运大受影响，极为商人诟病。1945 年 1 月，国民政府乃下令取消战时消费税，裁撤缉私署及中央与地方在各地设立之各项货物检查机关。于是海关税收仅限于来往边区货物之进出口税及少数由国外航运及邮包寄

---

① 1942 年 5 月 8 日海关总税务司署通令第 5879 号（渝字第 131 号）。《总税务司署通令》第 2 辑（1942），第 126—128 页。

华之进口税，而其工作范围，则推及于各项货运之缉私及检查。海关奉命后，第一步先将内地各关卡 400 余处尽量裁撤，酌留三分之一。第二步将缉私署原有之武装部队，改编为关警 100 队（每队 12 人）分配各关区，以增强缉私力量。此时原以收税为重要任务的海关一变而为散处内地之唯一缉私机关。此为海关 90 余年历史之重要变化①。

第五节　外债赔款的停付，改行摊存办法

抗日战争全面爆发后，沿海、沿江各口岸先后沦陷，日本每占一地，就把海关税款迫存于日伪银行，禁止海关将所收关税汇解上海，连应由关税项下拨付的内外债及庚子赔款基金也不能例外，除拨充本关行政经费以外，一概被迫存入日伪银行，为数甚巨。但因日本始终未曾对华正式宣战，所以对于税收未曾没收，却由有关日伪银行作为普通性质存款，按月出具证明书交给各伪海关存执。抗战胜利后，各有关敌伪银行，概由国民政府接收清理；但是对于所存海关税款如何处理，没有明令规定。

抗战发生后，所有沦陷区各海关税收，日本均不许其中任何部分汇解上海，拨充以关税为担保的内外债及赔款本息基金。国民政府只好历准总税务司商由上海中央银行垫付。计自 1937 年 9 月至 1938 年 12 月的 16 个月中，共透支国币 17,500 万元，并供给了所需的外汇，使以关税担保债赔各款本息，得以按期全部偿还。但是到了 1939 年 1 月初国民政府已迁都重庆，因为战区各关税收仍继续为日本勒存于日伪银行，以供执行侵略政策之用，自难长期垫付债、赔各款，乃于 1939 年 1 月中旬发出通告，并电令总税务司自 1939 年 1 月起所有以关税为担保的债、赔各款本息基金，一律停止拨付（但 1898 年英德续借款，经汇丰银行要求的结果，改自 1939 年 3 月份起停付），改行摊存办法。通告首称："政府已往竭尽全力维持外债赔款信用，不使愆期；不意自日人侵略以来，在战区内劫夺海关税款，以我之财源，为侵我之工具，用尽欺骗或威吓伎俩，将海关担保债务之税款，全部勒存于日伪银行。计战区各关应摊而未解之债额，由政府转商中央银行透支垫付者，已积至 17,500 万元之巨数。政府为维持内外债信、保障债权者利益，虽增巨款负担，仍按期偿付。日人在

---

① 《海关制度概略》，一、"海关组织"，第 12 页。

战区内又复强迫行使日伪钞券及军用票，欲借以扰乱我方金融，降低海关关金税收；而政府……对于海关偿债所需外汇，仍由中央银行照数售给。……顾目前税收，被日人暴力劫持，勒存于日方银行。名为存储，实则利用以夺取我外汇，增加其侵略力量。故其存储之款，本为我各关税务司税收存款，而并不依照汇拨。其侵害友邦利权及中外债权人之利益，已属无可讳言。政府在此种情形下，不能不有正当之措置。故对于总税务司最近呈请照旧透支还债办法，已不再准予通融，并饬就各该关所存税款内，提拨摊付。嗣后对于海关担保各项长期债务，凡在战前订借而尚未清偿者，当就战区外各关税收比例应摊之数，按期拨交中央银行，专款存储；惟此项摊存办法，原系应付当前非常情势之暂时措置；如战区各关将已存欠之应摊债、赔款，嗣后税收应摊照旧解交总税务司时，政府自当仍即同时照旧拨付债、赔款基金，以恢复战前原状也。"①

第六节　海关《公库法》的施行和海关税款
保管权的最后收回

财政部关务署于 1942 年 5 月 29 日以计字第 268 号训令海关总税务司署，训令内开："案奉行政院（民）三十一年四月二十一日顺政字第 2168 号训令内开：案奉蒋委员长……手令开：以后中央与地方各机关，其预算经费之收支，应一律依照《公库法》之规定，由代理公库之银行或邮政机关办理之，不得由各机关经领全部经费，自办出纳事项。希通令全国各机关切实遵行为要。合行令仰遵照等因；奉此，上年八月间呈奉行政院核定限期推进公库制度，并完成公库网一案办法第一项明定：凡经中央核定限期暂缓实行《公库法》各机关，应于三十一年一月起，一律实行。经〔财政〕部通行照办在案。兹奉前因，所有各海关一切税收及经费，应即一律切实遵办，以重库政。"并检发《公库法》有关各法规等。

《公库法》的主要内容摘录于下：

第　二　条　为政府经营现金、票据、证券及其他财物之机关称公库。中央政府之公库称国库，以财政部为主管机关；省政府之公库，称省库，以财政厅为主管机关；市政府之公库称市库；

---

① 《银行周报》第 23 卷第 3 期，民国二十八年一月二十四日发行。

县政府之公库称县库，各以其财政局为主管机关；不设财政局者以各该市县政府为主管机关。

第 三 条　公库现金、票据、证券之出纳、保管、移转及财产之契据等之保管事务，除法律另有规定外，应指定银行代理。前项事务属于国库者，以中央银行代理，属于其他各级公库者，其代理银行之指定，应经该管上级政府公库主管机关之核准。在未设银行之地方，应指定邮政机关代理。

第 七 条　除另有规定外，政府各机关关于现金、票据、证券之出纳、保管、移转及财产契据等之保管事务，均应由代理公库之银行或邮政机关办理之，不得自行办理。

第 十 三 条　一切经费应依据预算，由收入总存款拨入普通经费存款或特种基金存款后，始得支出；但得依法以紧急命令由收入总存款拨入普通经费存款支出之，仍应于支出后补行追加预算程序。

第 十 四 条　普通经费之划拨，应照核定之分配预算，按期由主计机关知照公库主管机关，会同该管审计机关通知代理公库之银行或邮政机关，由收入总存款按经费之机关别，拨入普通经费存款项下。前项各项经费拨付时，公库主管机关及代理公库之银行或邮政机关，应通知主计机关及请领机关。

第 十 五 条　政府各机关，由其普通存款项下为支出时，应以支票为之。

第 十 六 条　政府各机关之普通经费存款，由各该公库之主管机关主管。其出纳、保管、移转由代理公库之银行或邮政机关及支用经费之机关，分别遵报至公库主管机关。

第二十四条　公库之会计事务，由各该公库主管机关主办会计人员办理之。

第二十五条　公库的审计事务，由该管审计机关办理之。代理公库之银行或邮政机关于代理之审计事务相同。

第二十七条　违反本法之规定如收纳或命令收纳者，分别依法惩办。

第二十八条　违反本法之规定，如收出或命令支出者，分别依法惩处，并令其赔偿公库之损害。

　　　　　　代理公库之银行或邮政机关违反法令或契约，如支付致公库损害时，该银行或邮政机关应连带负赔偿之责①。

另由财政部订定《公库法施行细则》40 条、《未设国库地方各国税机关收解税款临时处理办法》。特别是《各海关施行公库法后自理收支应行注意事项》10 条，在海关说来是特别重要，兹特将其重要原文摘录于下：

"甲、关于税款等收纳事项：

一、各关经征款项，应依法填具征款书交由纳税人迳缴国库核收。其从前由银行业务主管部分经收者，应依法移归国库主管部分经收。其移接手续，由国库局洽办。

二、各关合于《公库法》第四条规定各款，得先陈明事实，经部核准，自行收纳、保管，或委托其他机构收纳、保管；并须按五日或按旬扫解。

三、各关在游击区或接近战区地方，自行收纳款项……应按旬或按月设法扫解就近国库或直接汇交中央银行国库局，列收库账。

　　……

六、各关征收款项，除依法令另有规定外，不得擅自动用。其经部核准拨交有案者，应于拨款后随时办理抵解，转入库账，以清手续，而免延误。

七、各关施行《公库法》以后，应由关务署督同总税务司查明以前结存款项，终于〔民〕三十一年六月底，扫解就近国库核收，并报部备核。其因特殊原因必须立户另存者，应行呈部核准。

　　……"

关于经费如何划拨，也有详尽规定②。

根据这个文件，各海关征收的税款并所有以前结存款项，一律要扫解国库核收；各关征收款项，不得擅自动用。自《公库法》实行后，海关一切收支均应按《公库法》规定办理。辛亥革命以后，海关税款归总税务司保管的权力，至是完全收回了③，但时间已延至 40 年之久了。

---

① 民国三十一年五月二十九日财政部关务署训令海关总税务司署计字第 268 号附件，民国二十九年六月九日公布《公库法》。《总税务司署通令》第 2 辑（1942），第 827—833 页。

② 《总税务司署通令》第 2 辑（1942），第 848—850 页。

③ 《海关制度概略》，五、"海关税收之过去与现在"，第 9—10 页。

第七节 外债赔款担保问题的变化
和各国声明放弃庚子赔款

自 1939 年 1 月起至 1941 年 11 月止（即太平洋战争爆发以前），均按各关税收所占全国海关税收之成数比例，摊存每种债、赔款应摊数额。但自 1941 年 12 月起，因太平洋战争爆发，此项比例无法再行计算，乃改按 1941 年 10 个月平均摊存国币 2,695,000 元每月摊存比例，分配于各有关债、赔项下，在中央银行专账存储。到了 1948 年 11 月间，因为以关税为担保的各项外债，尚未恢复偿付，将来各债恢复偿付后，其到期本息应由国库统支；且此项摊存款为数甚微，所以根据国库署函请由总税务司续存税款结至该时止，本息合计法币 111,174,832.00 元，折合金圆券 44.43 万元，扫数缴还国库。自 1939 年 1 月实行摊存办法到此完全结束。

1942 年 10 月 1 日起，海关奉命实行《公库法》，按照该法规定，所有海关税收，应扫数解库，不得提付任何款项，即以关税为担保之债、赔各款的本息基金亦不例外。实行之初，因为以关税为担保的债、赔各款，早已停止支付，改行摊存办法，所以对于各该债、赔偿付问题，实际上并未立即感受影响，且当时第二次世界大战方酣，国内国外，都集中注意力于战争的进退得失，对于实行《公库法》一事，并未引起重视；但是事实上此种措施已改变了关税担保的性质，即原来以关税为担保的特种担保，已一变而为以国库收入总存款为担保的一般担保，而海关总税务司非奉特别令准，已不能再按借款合约的规定，按期由关税收入项下拨付其所担保的各项债、赔款本息基金。

1942 年底，各国声明放弃庚子赔款。

1942 年底及以后数年中，重庆国民政府与英、美、法、比、荷等国签订新约，各该国声明放弃 1901 年在北京所签的议定书及其附件所给予的一切权利，包括庚子赔款在内，所以庚子赔款丧失其继续拨付的法律根据。1943 年 1 月 11 日中美签订的《关于取消美国在华治外法权及处理有关问题之条约》第二条："美利坚合众国政府认为 1901 年 9 月 7 日中国政府与他国政府，包括美利坚合众国政府，在北京签订之《议定书》应行取消；并同意：该《议定书》

及其附件所给予美利坚合众国政府之一切权利应予终止。"① 和其他有关国家
也订有类似内容的新条约。

但是各国部分庚子赔款，已经分别拨充特定用途，而对于此项特定用途如
何处理，新约中并无明确规定。在订约当时，似因各国庚款用途各殊，性质复
杂，留待将来再行洽商妥筹解决办法，所以当时没有予以硬性规定。

抗战胜利后，在 1948 年 1 月间，上海汇丰银行特别代表盖士礼，首向总
税务司提出恢复偿付民国二十三年六厘金庚款公债及其他以关税担保债、赔各
款的问题。总税务司将盖士礼原函并拟具意见转呈财政部核示。财政部决定：
因为我国在战时损失惨重，金融未臻稳定，一切当候经济恢复正常后，再行
考虑②。

---

① 《中外旧约章汇编》第 3 册，第 1256 页。
② 《关税制度概略》，五、"海关税收之过去与现在"，第 43 页。

第四十八章

解放区海关的建立和发展

第一节 革命根据地的赤白贸易
和雏形海关机构的建立

随着革命根据地的建立和发展，国民党除在军事上对革命根据地进行围攻以外，同时采取了严密的经济封锁。因此，如何打破经济封锁，开展对外贸易，是苏区政府的一项重要任务。

1928 年，在井冈山斗争时期，边界工农兵政府就在赤白区交界积极开展对白区的贸易活动。派出人员深入白区，秘密接通赤白贸易线，从白区运进根据地缺乏的必需品，如食盐、布匹、西药等，建立赤白贸易线。后来，还成立"竹木委员会"，有计划有组织地开辟各种渠道，向白区输出根据地盛产的竹、木、油、茶等。赤白贸易线和"竹木委员会"，沟通了赤白区间的物资交流，对打破国民党的经济封锁起了一定作用。

在此时期，根据地的主要任务是打破国民党的经济封锁，发展赤白区的贸易，以解决物资供应上的困难，不在于征收关税，所以没有什么稽征机构的设立。

随着赤白贸易的发展，有必要在赤白交界处设立稽征赤白贸易货物的机构。1930 年赣东北工农民主政府成立不久，就决定在各县建立对外贸易处，以管理苏区和非苏区间的赤白贸易。"在江西信河北岸设立了船舶检查所，实行征税办法"。"当时，对外则设立物资检查处，下设两个机构：一个是对外贸易处，一个是船舶检查处。这个机构的设立有两重意义，一是疏通物资交流；二是向白区群众宣传苏区税收政策。因为那时苏区的税收率很低，特别是群众的需用品，一般的税率是 5%，有的只 3%，而粮食买卖则不要税。""船舶检查处，每天的税收就有几千元光洋，一般是三千元。"船舶检查处，顾名思义，是监管船舶的机构，是征税机构，看来这是解放区最早的海关①。

据刘绍锐同志的回忆：

"1934 年，对于和我们做生意的商人要进行检查。在赤白交界的赣县茅店设有关卡，到处有站岗放哨的儿童团。""在车头、江口也设有关卡。由保卫队派了一个排去驻扎。对进出的货物，要检查是否符合手续，船上货物是否与账单相符，对运货人员要审查登记。对白区商人运来的货物，也要进行检查。凡是我们需要的如盐、布等货物，均可运进；对于鸦片及其他根本不需要的货物，绝对不准运入"②。

又据杨松保等同志的回忆：

"1933 年 5 月初，在上杭新泉成立对外贸易公司，下设两个站，一个设在庙前，一个设在山鱼坝。在庙前还设有一个海关。海关的主要任务是检查双方交易的货物，不准禁止输出的物资外运，而不纳货物的税。"③

据杨松保同志的回忆，新泉的海关，只是监管货物；但不纳税，可见还不具海关性质；又，此时是否有"海关"其名，尚须有旁证。

第二节 中央苏区的关税处

记载解放区前期海关情况比较详细的是汪玉林、朱火全同志所写的《中央苏区创立的税关与关税制度初探》一文，其内容大致如下：

早在 1931 年，中央苏区就建立关税处。先是各县苏维埃政府为解决财政困难而自行成立关税处，后收归省苏维埃政府管辖。当时的关税处遍及根据地内的 11 个县。

1933 年春，各省苏维埃管辖的关税处，划归中央财政部直接管辖。1933 年 1 月 11 日，中央财政部第 15 号训令就关税处设立地点、管辖业务范围作了规定。从规定的情况看来，当时中央在江西 11 个县境内设立了 17 个关税处，

---

① 《革命根据地财政经济史长编·土地革命时期》（下），（送审稿） 1978 年 10 月印行，第 948 页。
② 同上书，第 948 页。
③ 同上书，第 948 页。

在福建 4 个县境内设立了 7 个关税征收处，统称为"中华苏维埃共和国×××关税处"。关税处地点一般都选择在地势险要、水路船运便利、陆路驿运隘口处。由于当时战斗频繁，根据地区域随时变化，因此，关税处也在随时增减变化之中。

关税处直属于中央财政人民委员会（财政部）。下设税务总局，总局下设关税科等机构。

各地关税处人员编制，根据业务的繁简而定。一般说，各处设有检查员 2人，核算、会计、出纳、管理、调查统计各 2 人，伙夫、挑夫各 2 人。关税处主任人选由县苏维埃主席团选定后报财政部加委。

关税处工作人员的选择条件：对革命忠实可靠，会写会算，懂得货物，了解当地市情。一般都从当地的店员、船运工人、苦力工人中挑选。

关税处配备武装力量。因为关税处都设在赤白区交界、与国统区接近的地方，经常遭受攻击；还要预防抗拒检查和企图偷漏的不法商人、货主，因此，关税处都配备了强有力的武装部队。据规定，邻近白区的关税处，可设一排或两排武装。比较安全的地区，可设一班或二班。此项武装由当地苏区政府负责调充，以便征税①。

中央根据地设立的关税处，有力地配合武装斗争，打破了国民党的经济封锁，调剂了根据地内外的物资流通，增加了中央的财政收入，促进了苏区经济的发展。

关税处对于进出的一切船只货物，都要派人上船查验，而后检查员填写一份验货单，核算员根据检查员的验货单核算税款，再交会计员开出税票，缴纳税款。出纳员收到税款后，收税票交纳税人。

关税处的关税税率，由苏区运出的货物，一般只征收 3%—5% 的出口税，最高也不超过 10%。对于从外地运进根据地的货物，各种洋货按总值征收5%—10%，化妆品 50%，迷信品 100%，人民生活必需品如盐、布、纸张、电器、治疗用的西药，都是免税，或征收轻微税率。关税只收一次，不收二次。

中央苏区关税处，从 1931 年创立到红军长征离开时，虽然只有 3 年的历史，但在组织上建立了机构，配备了人员编制，委派了领导，培训了业务人员，制定了一系列的制度、政策、法规，对以后的税制改革提供了借鉴。

---

① 《中央苏区创立的关税与关税制度初探》。《海关研究》 1995 年第 1 期。

第三节　解放区政府相继发布出入境货物稽征条例

随着解放区各地海关的建立和对敌伪海关的接管，边区政府发布了一系列边区出入口货物的稽征条例，把稽征办法逐步规范化。据我接触的有限资料，有关办法有1941年8月公布的《晋冀鲁豫边区征收出入境税暂行办法》、1942年9月公布的《晋察冀边区出入口货物稽征条例》；1949年华东财办公布的《山东解放区进出口船舶货物报验纳税办法》。规定的办法，除1942年9月的晋察冀政府公布的《暂行条例》仅适用于"对敌占区贸易"以外，其余均适用于一般出入口货物的稽征。《办法》或《条例》关于税则税率的规定，较国统区的规定为低，稽征办法也较简便。凡禁止输入的货物，一律绝对禁止输入。凡违章漏税案件，或查核鸦片、吗啡等违禁品，除罚款、没收外，并将人犯交政府依法惩办。还规定查获私货的奖励办法。《条例》或《办法》的规定，越来越完备。

从这些规定，可见到20世纪40年代不但有正规的海关机构，而且有比较完善的海关法规。独立自主的海关已在逐步建立了。

1947年3月，辽宁省政府公布了《关税法》和《出入口税法》。《关税法》明确规定："凡国内物品向国外输出，或国外物品向国内输入时，均依本税法课关税"。关于课税的税率，向国外输出物品，照从价课税：药材类10%、毛皮类15%，木材5%、油脂30%、肉类15%、烧酒20%……向国内输入物品照从价课关税，药品类5%、染料及颜料5%、酒精类5%、文具纸张5%、水果干果50%、农工用机械类5%、化妆消耗品类100%、迷信品100%、烟草纸烟50%、美国烟100%……下列物品如粮谷、煤油、汽油、棉毛丝麻织品、机械等，如无贸税管理总局之许可输出者，禁止输出。既经许可，一律按10%课税。粮食、棉毛丝麻织品、电料、机械类、文具办公纸张等输入则免税。军械、军火、弹药、军人被服禁止输出。麻药、鸦片、海洛因、吗啡等毒品禁止输入。另外还有处罚规定。

至于《出入口税法》则规定："凡在本省境内之货物向蒋占区输出，或蒋占区之货物输入本省境内时，依本税法课出入口税。"粮食类、棉毛织品、丝麻织品、电料等绝对禁止向蒋占区输出，违犯者没收。化妆品、奢侈品、迷信品、木制品、卷烟纸、煤炭、火柴等课出口税后准许向蒋占区输出。化妆品、奢侈品、迷信品、消耗品、海产品、土产品、药品、木制品等，由蒋占区向我区输入时，课规定入口税。粮食、棉毛丝麻织品、电料、机械类、文具办公纸等，由蒋占区向我区输入的免税。此外还规定货物运输手续及罚则等。"本法自民国三十六年三月一日施行"①。

第四节　华东财办工商部发布《关于调整海关机构的指示》

1949 年 1 月，全国解放的形势已经形成，接管的海关越来越多，海关机构必须随着调整。华东财办工商部于是发出《关于调整海关机构的指示》。《指示》内容摘录如下：

一、1949 年 1 月，由于革命形势的胜利发展，原有海关的地区性，逐渐走上全国性。对国民党统治区的封锁斗争已成为部分的，且将逐步成为个别的。这就要求我们的海关机构应当适当调整。一方面，对建立正规的关税管理制度打下初步基础，达到繁荣经济，有重点地发展海口城市；另一方面，便于干部训练，加速重要海关的管理工作，提高我们关税管理的业务水平。过去我们为了对敌斗争，反对走私，防止敌人的掠夺破坏，采取分散管理的方针是完全正确的；今后则需要根据不同情况，采取相对的集中的管理方针，加强大海口合并或撤销部分小海口，照顾对国民党统治区的封锁斗争的需要，工商部本此方针，特作如下指示：

二、各局即可根据下列要求调整所属机构：

（一）渤海进出口局利津、郭家局海关事务所撤销，下洼设海关，于羊角沟、埕口两地设海关事务所。

（二）烟台进出口局设烟台海关。下属设：1. 系山口、八角、刘家庄三个直属海关事务所；2. 设龙口分海关，威海分海关……

（三）石岛进出口局设石岛海关。下属俚岛等五个海关事务所……乳山海关名义撤销……

（四）胶州进出口局，陆地进出口事务所及分所均不变动；海口沿线设红石崖……等三个海关事务所……

---

① 《海关研究》1991 年第 2 期。

（五）连云港进出口局设连云港海关……

三、海关工作与港务工作，在烟台、连云港分别设立两种机构，均属进出局领导。其他港口的某些港务事务由海关兼理。

四、海关及分海关之内部组织，除烟台海关分设秘书、行政、会计、监察四课外，其他海关及海关暂均分设四个股……

五、以海关为单位设巡缉队，负责所属沿海之护税及护港；假日代替监察等工作。根据业务范围，一般暂定为二十至三十人为标准……

六、陆地进出口事务所，可以依工作繁简分二至四股办公①。

从这个《指示》看来，华东人民政府不但接管了外籍税务司制度统治下的海关，而且根据实际情况对海关加以整顿。

---

① 《海关研究》1991 年第 4 期。

第四十九章

抗战胜利后国民党政府接管敌伪海关和海关重心的转移。外籍税务司海关制度的衰落及其最后消失

第一节　抗战胜利后国民党政府接管敌伪海关和海关重心的转移

1945 年 8 月抗战胜利，重庆国民政府派丁贵堂为京沪区财政金融特派员，同时奉命接管上海总税务司署及江海关。丁以副总税务司原衔兼任江海关税务司飞往上海，履行接收任务，次第将原有海关财产档案，逐一接收；并于整理之外，会同其他接收委员，接收敌伪码头仓库。

总税务司李度以全国海关行政复归统一，乃奉命遴选高级关员分赴各地接收原有海关。计自东北之沈阳、长春、安东、营口；沿海而南，以迄广东之北海、琼州，广西之龙州，长江之汉口、南京等处。恢复海关工作 20 余处。其中以接收台湾之台北、台南关意义为大。

抗战胜利以后，我国的对外贸易应以沿海各大海口及边境各要隘为重点，关务署乃令总税务司署将内地各关，如西安、兰州等关以及长江各海关，如万县、宜昌、沙市、长沙、岳州、九江、芜湖等，及广西之梧州关、南宁关，一律裁撤，俾海关得注全力于沿海、沿边各地之对外贸易。长江各关未裁撤者，仅重庆、汉口及金陵三关而已。重庆关则于 1949 年 3 月 1 日改为江汉关分关。至沿海、沿江之灯塔及其他各种助航设备，在抗战时期几乎完全停止，遭破坏的亦复不少。总税务司署迁沪后，乃重行修葺，渐复旧观。

李度复以海关组织将近百年，现在华员中学识丰富、经验充足者，颇不乏人。其行为并不违反国法，例不应因国家变更之故，而有所歧视。爰于抗战胜

利后，向国民政府建议，对于沦陷时期未及调赴内地之各级关员，一律准其恢复原资，继续工作，以保持整个海关办事效率①。

第二节　抗战爆发以来进出口税则的修改和出口税的废止

抗战期间，为发展输出贸易，以增加外汇来源，关务署先后分别货物项目，减免出口税，并施行出口货售结外汇办法，指定 20 余种重工业货品，统购统销。其后改订结汇货物种类，凡商人报运若干指定之货物出国，也须结售外汇，免征出口税。对于各工厂用机器制造之洋式货物，仍系按照《机制洋式货物法》办理，免征出口税。1946 年 3 月，国民政府实行《出口贸易暂行办法》，凡一切土货出口与洋货复出口之往外国者，均须呈验结购外汇证明书，并废止出口结汇货物免纳出口税办法，出口货物仍应完纳出口税。直到 1946 年 9 月，才完全废除出口税。这是中国关税史上一个历史性的变革②。

抗日战争爆发，国民政府颁行《非常时期禁止进口物品办法》，就洋货中选择非抗战建设及民生必需的物品共计 168 税则号列，规定禁止进口物品，非经政府批准特许，不准输入。9 月间，又规定：凡进口货品，未经列入禁止表所订税则号列以内者，一律准照原税率减按三分之一征税，以谋促进战时必需品之输入。自滇缅公路通车后，对于该路装货进口之卡车，无论军用或自用，特准完全免税。此外，洋米、汽油、柴油三项，亦于 1940 年 11 月及 1941 年 10 月间，先后核定暂准免税进口，以裕来源。医药救护用品，凭卫生主管机关给照输入者，亦准一律免税。

1941 年 12 月，太平洋战争爆发，港口全部阻断，国民政府为争取外来物资起见，另颁《战时管理进口出口物品条例》，将一部分禁运物品，特予弛禁，得征全税进口。1943 年 2 月，复将弛禁货品中之一部，如呢绒、呢帽、蚕丝、糖精、纸张等，计 12 项税则号列，亦增订为减税品目，于 1943 年 2 月起施行。

战时因物价激涨，从量税率完缴之数与从价相较，殊失平衡。故于 1943 年 1 月，一律改用从价税。抗战胜利后，更于 1945 年 9 月，将《进口货减税

---

① 《海关制度概略》，一、"海关组织"，第 11—16 页。

② 《海关制度概略》，三、"海关税则及进出口货物估计方法"，第 12 页。

办法》取消，一律按原来从价税率全数征收。汽油、柴油于 1947 年 10 月恢复征收进口税值百抽五十，煤油之进口税率，亦同时增至值百抽五十。旋柴油中之（甲）项货品税率，减为值百抽十八。

第三节　华南的军人走私和宪兵配属海关缉私

抗战胜利后，日本的大规模武装走私不复存在；广州湾已经收回，来自越南的走私也大为减少；唯有中国香港和中国澳门，因毗连国境，走私活动一如往昔，尤以香港为甚。所以战后走私的重心在华南一带。

抗战胜利后，人民对于一般生活用品普遍感到缺乏，同时国内生产不振，供不应求，不得不仰赖洋货的输入，以为补充。但是国民政府对于输入货物品类和数量限制极严，领取输入许可证手续繁琐，于是商人群趋走私。出口方面，虽可免税，但是结汇困难，官定汇价太低，遂形成偷运现象。输出入禁令增多，禁止奢侈品进口。进口商惑于厚利，多方偷运进口。国民政府对于出口货，实行统购统销。由于上述种种原因，华南的走私趋于紧张。

华南经济大动脉的珠江口外，有香港、澳门扼守左右。这两处被英、葡占领或租借，中国的政令不能到达。香港自割让给英国以后，辟为自由港，成为主要走私的策源地。从香港内运，有广九铁路、公路和水道。九龙租借地边境广袤，对外可以私运。香港的走私者随时袭击海关缉私船只，阻挠追捕。陆路上，聚众搭乘广九铁路强运，或利用公路肩挑运入边境，武力抗拒检查。截击关卡之事，层出不穷，关员时有伤亡。澳门方面走私情形和香港相似，但规模较小，控制也较易。

沿海缉私的主要工具是大量舰艇。海关原有的巡缉舰，大部毁于战火。战后曾向美军购得舰艇，以备补充；但该项舰艇大半陈旧，需要大加修理，始可应用。走私商队备有新式武器，关警所用武器大多陈旧，对于配备优良的私贩，每感棘手，军人加入走私行列，推波助澜，走私形势极为严峻。

海关既自感力量不足应付，乃向军事当局申请派宪兵协助。1947 年 1 月间，宪兵第 36 团一营奉派先后开到，分派在粤海、九龙、拱北、江门四关执行缉私任务。

宪兵配属海关缉私，固然不无成效；但他们五步一检，十步一查，苛扰情况，行旅实不堪其苦；且不论何等车辆、船只，要搭便搭，态度刁横，视肩挑

负贩如因犯，"民众观感为之失色也"。（《建中日报》社论语）对领导他们缉
私的关员，何尝待之以礼，听从命令！一个参加宪兵缉私工作的关员记道：
"当我们要带宪兵出去执行缉私任务前，既未能一通知便即报到，甚至通知后
一点多钟始姗姗而来。有一时期，口头通知无效，还要书面通知。又如出发
时，带着三五以上宪兵，他们很少屏声静气，衔枚疾走；不是高谈阔论，就是
沿途高歌，有时引起路人围观。至于检查货物，依照规定，宪兵只能在旁监视
私枭行动，无权进行检查；但事实上关员在左边检查，宪兵却在右边搜索；你
说：'一两斤米悯他可怜，让他去吧。'宪兵则说：'不行，这是走私，米要扣
留！人物要解广州行辕法办！'中山县境接近港澳，走私之风，诚然猖獗，但
海关的缉私以大批走私为主体，并不是针对肩挑负贩；而在宪兵心目中，他们
显然已自负是监视海关，并不是配属海关……"

　　由此可见，宪兵配属缉私，扰民更甚。

第四节　1948年《关务协定》的签订

　　香港、澳门既是华南走私的策源地，要杜绝走私，非取得港、澳殖民当局
的合作不可。

　　历届总税务司都建议中国政府和港、澳殖民当局进行谈判，签订合作协
定，共同制止走私。香港殖民当局乘机大肆勒索，要求在中国扩大内河通商特
权；清政府和广东政府在这个问题上也有矛盾。因此，这个问题的谈判迁延了
许多年，谈了不知多少次。从1909年开始谈判，直到1948年，前后谈了40
年，最后中国政府与香港殖民当局签订了《关务协定》，跟着中国政府与澳门
殖民当局也签订了同样的协定。

　　与香港《关务协定》的要点，分述如下：

　　一、私运船只，多系200吨以下的小船，所以《关务协定》中规定此项
船只，只限于西环碇泊所、油麻地避风塘、大埔港口三处装运货物，以便集中
管理（大浦港口经决定暂缓实施）。

　　二、中国海关得在香港境内设立检查处所，执行对于行将运往内地货物的
查验、估价、征税等工作；不过此项货物是否在港报关纳税或申请预先估定税
款，完全由有关商人自行抉择；对于在港纳税或申请在港估定税额之货物，海
关得在港装运时核对查验。

三、香港当局拒绝船舶从香港结关驶往内地不设关卡的任何港口。

四、中国内地海关舰艇，得在香港海域之急水门区和大鹏湾区的指定区域内，巡弋查验船舶的文书，有无违章运货情事；但海关并无搜查、没收、扣留或科罚的权力。倘显有是项船只，应交由最近的香港当局办理。

五、在九龙陆路边境上输往中国内地的货物，仅限于沙头角、莲塘、广九公路及罗湖铁路桥等指定地点出口，该边界其他地点，一概禁止出口（此项准许货物过境地点，经中英双方商定续开隔田镇对面渡口、马洲渡口及罗枋海关支关对面等三处）。

六、九龙关税务司及该关主管各部门之税务司，应为英籍，并为港政局能接受之人员。

与香港《关务协定》是在1948年1月12日签订的，但因香港当局立法程序的稽延，直到同年年底方才实施，该《关务协定》有效期为1年，期满继续有效。中国海关为实施《关务协定》而增派的人员及增设的查验处所，支出都以港币计算，负担极重。因金圆券迅速贬值，商人多不愿在港以港币付税。中国海关虽然能在指定地方查验船只的单证文件，但无权搜查货物和扣留罚办，私运船只无所顾忌。

1948年5月20日，中国政府与澳门殖民当局签订了《关务协定》，6月28日实施。《关务协定》内容也在防止华南一带和澳门间的走私。澳门地势较易防堵，中国内地关卡环立，白昼走私，较为困难。所以与澳门《协定》比与香港《协定》简单得多。与澳门《关务协定》的要点如下：

一、澳门当局禁止船舶于夜晚自澳门驶往内地或自内地驶入澳门。

二、澳门当局对于中国政府违禁、禁止、限制物品以及暂停输入之物品，不再发给出口许可证，或装船准单。

三、所有由澳门驶往内地船舶的出口舱单，于该有关船舶结关前，由澳门当局将其副单迳送拱北海关。

四、所有驶抵澳门及由澳门结关前往内地的内地船舶或民船，澳当局将其行程簿或往来挂号簿签证，注明到达及结关日期。

澳门在经济权益上和香港相同，一切依赖于过境商运来货物维持市面的繁荣。走私对于港、澳都是有利的。该项《关务协定》倘能严格实施，对于阻

遏走私是有帮助的①。可是当时国民党政府已在总崩溃时候，《关务协定》执
行效果如何，殊属疑问。

第五节　关员生活待遇急剧下降和舞弊现象的发展

抗战胜利后，特别是 1948 年币制改革之后，海关员工生活待遇急剧下降。
各级关员于 1948 年 8 月份的实得薪数比应得薪数平均减少了约 30%，这等于
关员从 8 月份起减薪 30%。如以币制改革后的薪津水平和战前薪津水平比较，
以金圆券 2 元折合银元 1 元的比率计算，那么战前收入 1,013 元的，现在只得
13.1%；战前收入 335 元的，现在只得其 23.16%。海关的基本干部，战前收
入都在 200 元至 300 元之间，那么现在的待遇可说只及得上战前的 25% 左
右②。这几年海关员工的待遇，不但比不上邮政和银行，"而且连清苦的生活
都难以维持了"。

不但如此，华洋待遇的不平等现象也再度出现。一个华籍税务司的薪金约
为 260 余金圆；一个外籍税务司的安家费就达 160 金镑，薪金还不在内。按一
镑折合 12 金圆计算为 1,960 圆，相差几达 8 倍，"在同一职级内做同样的事，
而待遇相差如此之大，恐怕全世界也找不到同样的例子"③。"在现在物价压迫
之下，华员生活艰苦，衣服褴褛"。因此，华员要求改善待遇更加迫切。所以
海关华员出版的刊物《关声》1948 年 9 月 26 日一期中连载了 5 篇关员呼吁改
善生活待遇要求的文章。

由于关员生活待遇急剧下降，关员的舞弊现象也迅速增长，关员贪污舞弊
现象日益增加。一个署名"星"的作者写道：

"经过了八年抗战，职员的待遇，今非昔比，因而整个关员的效
能与操守日趋下游"。"例如江海关的救火队总队长竟因诈取财物及
侵吞公款而被开除；港口警察长也因侵吞公款而撤职法办；粤海关的
总监察长因有舞弊嫌疑而撤职；前昆明关的副税务司和前台北关的副
税务司均因利用职权，私自经商被撤职；潮海关因某种原因，自税务

---

① 《海关制度概略》，"缉私问题"，第 11—13 页。
② 梁琛：《币制改革前后的待遇》，《关声》 1948 年 4 月 30 日。
③ 《华洋待遇平等问题》，《关声》 1948 年 9 月 20 日。

司起所有重要职员全部调口……"①

海关关员贪污舞弊现象的严重，由此可见一斑。

第六节　总税务司署伦敦办事处的裁撤

总税务司署伦敦办事处是于中外矛盾上升的 1874 年设立的。它是作为英籍总税务司大搞业余外交的特派机构，是总税务司和英国外交部密谋对华政策的渠道。1943 年美籍李度取代英籍人员而为总税务司，这条存在了 70 余年的中英业余外交渠道失去了作用。于是，总税务司于 1949 年 4 月 20 日通令："清同治十三年设立伦敦办事处，并派主任一员，民三十七（1948）年八月五日奉关务署命令裁撤，废止主任"；"惟该处裁撤，尚有各项应办事项，仍须继续办理。经委派已退休税务司安斯迩为伦敦办事员，在欧度假人员遇有购买返华车船票，及其他海关有关事项，均可迳请该员协助。"②

第七节　在全国解放形势下外籍税务司制度的最后消失

抗战胜利后，紧接着就是解放战争爆发。解放战争烽火燃遍全国。依附国民政府的总税务司署跟着国民党政府南逃，逃离大陆。最后总税务司李度率领残余洋员逃往台北。总税务司以大陆大片国土已无帝国主义立足的余地，恢复帝国主义的统治绝无希望，乃请准假返美；残余洋员纷请退休或资遣，外籍税务司海关制度至此在中国国土上最后消失。老关员卢海鸣对此曾有记载，兹录于下，作为本书的结束。

"民国三十八（1949）年戡乱战争失利，局势逆转。美籍总税务司李度率领总署少数人员自上海迁至广州办公。十月中，广州撤守，他又携同少数高层关员经香港到台北。同时，自大陆各关辗转抵达港澳及台湾之洋员百余人，以时局动荡，纷请退职或资遣。均经政府准按海关规定办理退职。李度总税务司自三十九（1950）年元月一日起请准长假六个月返美。总税务司职务由税务司罗庆祥及方度二人共

---

① 《从改善待遇与肃清贪污说起》，《关声》复刊号第 1 期， 1947 年 1 月 4 日。

② 1949 年 4 月 20 日总税务司署通令。

同代行。从此，海关始完全由国人自行管理。"

李度总税务司于返美前，曾至台南关巡视，他假满后，即请准退休，并经
"财政部"聘请为顾问，直至 1954 年 12 月①。外籍税务司海关制度经历了 96
年（1854—1950 年），终于在海关职工护关运动、迎接解放声中在中国国土上
最后消失，取而代之的是独立自主的海关。

---

① 《海关蜕变年代——任职海关四十二载经历》，第 31—32 页。

附　录

一　民国元年至二十三年海常各关税收总数收支表

民国元年

收入项下		关平银
宣统三年结存		3434479.271 两
民国元年海关税全部收入		38258922.203 两
民国元年常关税全部收入		2545016.318 两
利息汇换盈余及其他杂项收入		216983.725 两
合计		44455401.517 两

支出项下		关平银
照案提拨之海关经费①		4818270.655 两
各关监督经费②		13498.572 两
银行手续费、汇费及汇换亏折		366305.583 两
疏浚江河及改良港口经费或垫款		65000.000 两
防疫及海港检疫经费		28134.973 两
拨交地方当局之地方捐钞及奉准按成提拨之税款③		320821.439 两
其他杂项支出④		99135.753 两

外债及赔款	规平银	关平银
1886 年七厘息银款	61428.82 两	55142.567 两

---

① 此款目计包括海关额定经费、常关税一成经费及其他奉准提拨之各关经费。所有嗣后各年关税收支表同一款目，均适用此注。

② 自民国二年四月一日起，关税内特提一数为关监督经费。自该日起，此款目内所示数目，计包括所有照章应拨或事实上拨付之关监督经费在内。

③ 此款目由所包括之捐钞：计有九龙、拱北两关之百货厘金与台炮经费，暨该两关加征之五成货厘与炮费；胶海关之进口税等二成；津海常关之工关税；秦王岛关之奉天厘金；闽海常关之船牌照费等。

④ 此款目系包括各种杂项支出，如赔偿关员遭受盗匪抢掠之损失及焚毁充公烟土费用等。

1894 年七厘息银款	1242702. 15 两	1115531. 553 两
1895 年汇丰六厘息金款①	3493184. 31 两	3135713. 025 两
1895 年瑞记洋行六厘息金款②	1158207. 52 两	1039683. 591 两
1895 年克萨借款③	650080. 22 两	583554. 955 两
1895 年俄法借款④	8003402. 98 两	7184381. 286 两
1896 年英德正借款⑤	8433178. 32 两	7570178. 025 两
1898 年英德续借款⑥	6032293. 12 两	5414984. 847 两
庚子赔款⑦		
支出总计		33668676. 014 两
本年结存⑧		10786725. 503 两
合计		44455401. 517 两

民国二年

收入项下	关平银
民国元年结存	10786725. 503 两
民国二年海关税全部收入	41576321. 757 两
民国二年常关税全部收入	2806175. 161 两
利息、汇换盈余及其他杂项收入	286247. 561 两
合计	55455469. 982 两
支出项下	关平银
照案提拨之海关经费	4747194. 776 两
各关监督经费	403848. 923 两
银行手续、汇费及汇换亏折	331094. 386 两
购置地产及修建关房	373. 447 两
疏浚江河及改良港口经费或垫款	60000. 000 两

---

① 此款包括关平银 1831665. 41 两，系 1911 年 12 月份到期之款，至民国元年始行偿付。

② 此数包括规平银 608897. 98 两在内，系 1911 年 12 月份到期之款，至民国元年始行偿付。

③ 此数包括规平银 65237. 49 两在内，系 1911 年 12 月份到期之款，至民国元年始行偿付。

④ 此数包括规平银 1910596. 16 两，系 1911 年 12 月份到期之款至民国元年始行偿付。

⑤ 此数包括规平银 1324903. 71 两在内，系 1911 年 11 月及 12 月份到期之款，至民国元年始行偿付。

⑥ 此数并不包括厘金协款规平银 152000 两在内。

⑦ 此系 1911 年 10 月份到期之款，至民国元年始行偿付。

⑧ 每年年终结存数目不仅包括上海债务账内余款，举凡年终汇沪中途未到与各关税款账内结存之数，亦均并计在内。所有嗣后各年关税收支表内结存数目，均适用此注。

	规平银	关平银
防疫及海港检疫经费		60000.000 两
拨交地方当局之地捐钞及奉准按成提拨之税款		408186.877 两
外债及赔款	**规平银**	**关平银**
1886 年七厘息银款	61376.00 两	55095.153 两
1894 年七厘息银款	76300.00 两	68491.921 两
1895 年汇丰六厘息金款	1684777.15 两	1512367.280 两
1895 年瑞记洋行六厘息金款	574899.60 两	516067.863 两
1895 年克萨借款	570770.50 两	512361.311 两
1895 年俄法借款	6248908.24 两	5609432.890 两
1896 年英德正借款	7156307.32 两	6423974.255 两
1898 年英德续借款①	4571749.23 两	4103904.156 两
庚子赔款②	3122475.23 两	28029403.259 两
支出总计		52841796.497 两
本年结存		2613673.485 两
合计		55455469.982 两

民国三年

收入项下	关平银
民国二年结存	2613673.485 两
民国三年海关税全部收入	37222361.055 两
民国三年常关税全部收入	3389001.827 两
利息汇换盈余及其他杂项收入	440295.467 两
合计	43665331.834 两

支出项下	关平银
照案提拨之海关经费	4827251.051 两
各关监督经费	472808.752 两
银行手续费、汇费、及汇换亏折	350601.270 两
购置地产及修理关房	110493.044 两
疏浚江河及改良港口经费或垫款	60000.000 两
防疫及海港检疫经费	62652.106 两

① 此数并不包括厘金协款规平银 1591953.35 两在内。

② 此系 1911 年 11 月份至民国元年四月份；又二年一月份至十一月份到期之款至元年五月份至十二月份应付之数，计英金二百零三万二千镑则于二年七月二十四日由该年善后借款项下拨给。

拨交地方当局之地方捐钞及奉准按成提拨之税款		450815.687 两
其他杂项支出		2056.528 两
外债及赔款	**规平银**	**关平银**
1886 年七厘息银款	61376.00 两	55095.153 两
1894 年七厘息银款	1166300.00 两	1046947.935 两
1895 年汇丰六厘息金款	1916641.65 两	1720504.174 两
1895 年瑞记洋行六厘息金款	33728.24 两	30276.697 两
1895 年克萨借款	576419.75 两	517432.451 两
1895 年俄法借款	6805849.58 两	6109380.233 两
1896 年英德正借款	8001176.33 两	7182384.497 两
1898 年英德续借款①	4568210.52 两	4100727.576 两
庚子赔款②	16888963.87 两	15160649.794 两
支出总计		42260076.948 两
本年结存		1405254.886 两
合计		43665331.834 两

民国四年

收入项下	**关平银**
民国三年结存	1405254.886 两
民国四年海关税全部收入	35460350.844 两
民国四年常关税全部收入	3784570.319 两
利息汇换盈余及其他杂项收入	465463.523 两
合计	41115639.572 两

支出项下	**关平银**
照案提拨之海关经费	4783991.149 两
各关监督经费	449296.867 两
银行手续费、汇费、及汇换亏折	311347.733 两
购置地产及修建关房	375016.039 两
疏浚江河及改良港口经费或垫款	65000.000 两
防疫及海港检疫经费	52568.279 两

---

①　此数并不包括厘金协款规平银 2338600 两在内。此项协款中有规平银 1972800 两，系归盐厘项下拨付。

②　此系民国二年十二月份到期赔款全部分及三年一月至十二月份到期赔款一部分付给之数，至其余三年一月至十二月份应偿之规平银 9868172.48 两，则由盐税内拨助。

拨交地方当局之地方捐钞及奉准按成提拨之税款		242897.126 两
其他杂项支出		22342.566 两
外债及赔款	**规平银**	**关平银**
1886 年七厘息银款	61376.00 两	55095.153 两
1895 年瑞记洋行六厘息金款	607557.61 两	545383.851 两
1895 年克萨借款	600938.13 两	539441.768 两
1895 年俄法借款	7022293.20 两	6303674.327 两
1896 年英德正借款	8354619.86 两	3499658.761 两
1898 年英德续借款①	5988844.70 两	5375982.675 两
庚子赔款②	12288221.16 两	11030719.174 两
支出总计		37652415.468 两
本年结存		3463224.104 两
合计		41115639.572 两

民国五年

收入项下	关平银
民国四年结存	3463224.104 两
民国五年海关税全部收入	36506285.011 两
民国五年常关税全部收入	3746645.457 两
利息、汇换盈余及其他杂项收入	3746645.457 两
合计	44135645.542 两

支出项下	
照案提拨之海关经费	4915007.583 两
各关监督经费	455355.698 两
银行手续费、汇费及汇换亏折	398680.646 两
购置地产及修建关房	310926.615 两
疏浚江河及改良港口经费或垫款	60000.000 两
防疫及海港检疫经费	36127.040 两
拨交地方当局之地方捐钞及奉准按成提拨之税款	363392.758 两
其他杂项支出	6506.862

---

① 此数并不包括厘金协款规平银 1274472.52 两在内。

② 此系民国四年一月至十二月份到期赔款一部分付给之数，其余应偿之规平银 17380548 两则由盐税内拨助。

外债及赔款	规平银	关平银
1886 年七厘息银款	61376.00 两	55095.153 两
1895 年俄法借款	5982332.63 两	5370137.010 两
1896 年英德正借款	6581392.14 两	5907892.405 两
1898 年英德续借款①	4415520.52 两	3963662.945 两
庚子赔款②	15843501.88 两	14222174.039 两
支出总计		36064958.754 两
本年结存		8070686.788 两
合计		44135645.542 两

民国六年

收入项下	关平银
民国五年结存	8070686.788 两
民国六年海关税全部收入	37042287.006 两
民国六年常关税全部收入	3775732.129 两
利息、汇换盈余及其他杂项收入	459994.920 两
合计	49348700.843 两

支出项下	关平银
照案提拨之海关经费	4857059.570 两
各关监督经费	450080.413 两
银行手续费、汇费及汇换亏折	783598.583 两
购置地产及修建关房	220247.702 两
拨交政府抵补船钞三成之款项	324000.000 两
疏浚江河及改良港口经费或垫款	60000.000 两
防疫及海港检疫经费	32814.148 两
拨交地方当局之地方捐钞及奉准按成提拨之税款	424087.719 两
其他杂项支出	4044.984 两

外债及赔款	规平银	关平银
1886 年七厘息银款	13828.82 两	12413.662 两
1895 年俄法借款	4327931.83 两	3885037.550 两

① 此数并不包括厘金协款规平银 1325457.62 两在内。

② 此系民国五年一月至十二月份到期赔款一部分付给之数，其余应偿之规平银 7358748 两则由盐税内拨助。

1896 年英德正借款	5037466.28 两	4521962.549 两
1898 年英德续借款①	2611500.65 两	2344255.521 两
民国二年善后借款②	2956069.34 两	2653563.142 两
庚子赔款③	17330691.03 两	15557173.277 两
关余内拨充政府行政经费之款	8000000.00 两	7181328.545 两
支出总计		43311667.365 两
本年结存		6037033.478 两
合 计		49348700.843 两

民国七年

收入项下	关平银
民国六年结存	6037033.478 两
民国七年海关税全部收入	35331011.064 两
民国七年常关税全部收入	3974035.336 两
利息、汇换盈余及其他杂项下收入	435276.689 两
合 计	45777356.567 两

支出项下	关平银
照案提拨之海关经费	4896551.567 两
各关监督经费	442789.333 两
银行手续费、汇费及汇换亏折	445082.138 两
购置地产及修建关房	175020.549 两
拨交政府抵补船钞三成之款项	432000.000 两
疏浚江河及改良港口经费或垫款	916630.808 两
防疫及海港检疫经费	62590.016 两
拨助改良中国蚕桑会之经费	24000.000 两
拨交地方当局之地方捐钞及奉准按成提拨之税款	372815.778 两
其他杂项支出	5094.239 两

外债及赔款	规平银	关平银
1895 年俄法借款	3398506.28 两	3050723.770 两
1896 年英德正借款	4117218.20 两	3695887.074 两

---

① 此数并不包括厘金协款规平银 1791297.01 两在内。

② 此仅系六年七月至十二月六批基金之数。

③ 此数内包括规平银 777951.03 两折合关平银计 635503.618 两，系六年十二月份缓付之庚子赔款。

1898 年英德续借款①	2691801. 20 两	2416338. 600 两
民国二年善后借款	5317222. 87 两	4773090. 547 两
庚子赔款②	14432819. 92 两	12955852. 710 两
关余内拨充政府行政经费之款	2000000. 00 两	1795332. 136 两
支出总计		36459799. 265 两
本年结存		9317557. 302 两
合计		45777356. 567 两

民国八年

收入项下	关平银
民国七年结存	9317557. 302 两
民国八年海关税全部收入	44417327. 732 两
民国八年常关税全部收入	4493708. 303 两
利息、汇换盈余及其他杂项收入	289771. 188 两
合计	58518364. 525 两

支出项下	关平银
照案提拨之海关经费	5054860. 405 两
各关监督经费	447490. 667 两
银行手续费、汇费及汇换亏折	666439. 480 两
购置地产及修建关房	207989. 806 两
拨交政府抵补船钞三成之款项	432000. 000 两
疏浚江河及改良港口经费或垫款	2185417. 451 两
防疫及海港检疫经费	109205. 217 两
修改税则委员会经费	30474. 084 两
拨助改良中国蚕桑会之经费	48000. 000 两
拨交地方当局之地方捐钞及奉准按成提拨之税款	361481. 682 两
其他杂项支出	3355. 069 两

外债及赔款	规平银	关平银
1895 年俄法借款	3850008. 22 两	3456021. 741 两
1896 年英德正借款	3463842. 02 两	3109373. 447 两

---

① 此数并不包括厘金协款规平银 892074. 14 两在内。

② 此数内包括规平银 8365017. 14 两折合关平银计 7508992. 047 两，系七年一月至十二月份缓付之庚子赔款。

1898 年英德续借款①	1777169.95 两	1595305.162 两
民国二年善后借款	4534297.80 两	4070285.278 两
庚子赔款②	12080060.92 两	10843860.790 两

关余内拨交政府之款

归入各银行财政部户账数目	16150730.71 两	14497962.935 两
拨交广东军政府数目③	2438010.00 两	2188518.851 两
垫付出席凡尔赛和平会议 　中国代表团之经费	296840.96 两	266460.057 两
拨充三、四年及七年短期 　公债之基金	5342733.60 两	4759990.718 两
拨充教育用途数目	215078.00 两	193068.223 两
拨交外交部使领经费数目	737600.00 两	662118.492 两
支出总计		55225683.555 两
本年结存		3292680.970 两
合计		58518364.525 两

民国九年

收入项下	关平银
民国八年结存	3292680.970 两
民国九年海关税全部收入	47823735.259 两
民国九年常关税全部收入	4385535.053 两
利息、汇换盈余及其他杂项收入	373575.965 两
合计	55875527.247 两

支出项下	关平银
照案提拨之海关经费	6292538.761 两
各关监督经费	443016.000 两
银行手续费、汇费及汇换亏折	211711.251 两

---

① 此数并不包括厘金协款规平银 1280840.950 两在内。

② 此数内包括规平银 6732680.5 两折合关平银计 6043698.833 两,系八年一月至十二月份缓付之庚子赔款。

③ 此数较民国八年摊给广东政府数目,计少规平银 109600 两,盖因八年全部关余内有规平银 80 万两系年终余款,至次年始克发放,按广东政府应摊或数百分之 13.7 折合,恰为此数。至九年关税收支表内关余项下所拨广东政府之款,则已将此数计入,合并说明。

购置地产及修建关房		201929.432 两
拨交政府抵补船钞三成之款项		432000.000 两
疏浚江河及改良港口经费或垫款		894159.964 两
防疫及海港检疫经费		77558.918 两
拨助改良中国蚕桑会之经费		48000.000 两
拨交地方当局之地方捐钞及奉准按成提拨之税款		437510.312 两
其他杂项支出		30471.689 两
外债及赔款	**规平银**	**关平银**
1895 年俄法借款	3116889.93 两	2797926.329 两
1896 年英德正借款	3329533.12 两	2988808.905 两
1898 年英德续借款①	1328339.60 两	1192405.386 两
民国二年善后借款	4410624.84 两	3959268.258 两
庚子赔款②	10776344.07 两	9673558.411 两
关余内拨交政府之款	**规平银**	**关平银**
归入各银行财政部户账数目	13183689.23 两	11834550.476 两
拨交广东军政府数目	657600.00 两	590305.207 两
拨充三、四年及七年短期公债		
之基金	5262460.77 两	4723932.469 两
拨充整理金融短期公债之基金	1152300.00 两	1034380.610 两
支出总计		47864032.378 两
本年结存		8011494.869 两
合计		55875527.247 两

民国十年

收入项下	**关平银**
民国九年结存	8011494.869 两
民国十年海关税全部收入	52371785.180 两
民国十年常关税全部收入	4522058.373 两
利息、汇换盈余及其他杂项收入	305526.037 两
合计	65210864.459 两

---

① 此数并不包括厘金协款规平银 1418982.2 两在内。

② 此数内包括规平银 5522439.42 两折合关平银计 4957306.481 两，系九年一月至十二月份缓付之庚子赔款。

支出项下		关平银
照案提拨之海关经费		6334754.795 两
各关监督经费		449704.533 两
银行手续费、汇费及汇换亏折		302030.000 两
购置地产及修建关房		245117.440 两
拨交政府抵补船钞三成之款项		510000.000 两
疏浚江河及改良港口经费或垫款		1462319.749 两
防疫及海港检疫经费		468807.670 两
拨助改良中国蚕桑会之经费及出席		
纽约万国丝业博览会津贴		65953.321 两
缉获烟土奖金		289423.570 两
拨交地方当局之地方捐钞及奉准按成提拨之税款		531856.042 两
其他杂项支出		71049.470 两

外债及赔款	规平银	关平银
1895 年俄法借款	6312514.45 两	5666530.027 两
1896 年英德正借款	5454538.38 两	4896354.022 两
1898 年英德续借款	4712419.24 两	4230178.851 两
民国二年善后借款	7099294.86 两	6372796.104 两
庚子赔款①	16747999.24 两	15034110.628 两

关余内拨交政府之款		
拨交外交部使领经费数目	700000.000 两	628366.248 两
拨充三四年公债之基金	2580688.86 两	2316596.822 两
拨充整理案内公债之基金	11452732.77 两	10280729.596 两
代政府付还之各银行小宗垫款	364936.61 两	327591.212 两
支出总计		60484270.100 两
本年结存		4726594.359 两
合计		65210864.459 两

民国十一年

收入项下	关平银
民国十年结存	4726594.359 两

---

① 此数内包括规平银 9135722.58 两折合关平银 8200828.169 两，系十年一月至十二月份缓付之庚子赔款。

民国十一年海关税全部收入		56141326.680 两
民国十一年常关税全部收入		4317595.772 两
利息、汇换盈余及其他杂项收入		276649.991 两
合计		65462166.802 两

支出项下 　　　　　　　　　　　　　　　　　　　关平银

照案提拨之海关经费	6457042.634 两
各关监督经费	450650.839 两
银行手续费、汇费及汇换亏折	484681.627 两
购置地产及修建关房	747489.056 两
拨交政府抵补船钞三成之款项	619200.000 两
疏浚江河及改良港口经费或垫款	212466.248 两
防疫及海港检疫经费	167953.480 两
拨助改良中国蚕桑会之经费及出席	
纽约万国丝业博览会津贴	97134.650 两
缉获烟土奖金	60143.530 两
拨交地方当局之地方捐钞及奉准按成提拨之税款	564191.048 两
修改税则委员会经费	11632.072 两
其他杂项支出	20579.105 两

外债及赔款 　　　　　　　　　规平银　　　　　　　　　关平银

	规平银	关平银
1895 年俄法借款	5303495.97 两	4760768.214 两
1896 年英德正借款	5746998.70 两	5175043.716 两
1898 年英德续借款①	4519196.70 两	4056729.533 两
民国二年善后借款②	8076443.84 两	7249949.587 两
庚子赔款③	16710108.39 两	15000097.298 两

关余内拨交政府之款

	规平银	关平银
拨交外交部使领经费数目	1671000.00 两	1500000.000 两
拨交教育部之北京高等教育		
及留学经费	181175.00 两	162634.650 两

① 此数并不包括厘金协款规平银 419653.16 两在内。

② 此数内有规平银 599141.2 两，系偿付息票汇换损失之款。

③ 此数内有规平银 8545060.48 两折合关平银，计 7670610.844 两，系十一年一月至十一月份缓付之庚子赔款至十一年十二月份应付之法、义〔意〕、比三国赔款，则不在此数以内。所有此项拨存滚存，以迄十四年金佛郎案解决为止，同时十二年及十三年之赔款数目，亦均适用此注。

拨交外交部之洋顾问薪金	86400.00 两	77558.348 两
拨助各委员会及各机关之经费①	71418.68 两	64110.126 两
维持首都治安及行政经费	941937.50 两	845545.332 两
拨充整理案内公债之基金	12121727.66 两	10881263.609 两
支出总计		60771552.702 两
本年结存②		4690614.100 两
合计		65462166.802 两

民国十二年

收入项下		关平银
民国十一年结存		4690614.100 两
民国十二年海关税全部收入		60915313.446 两
民国十二年常关税全部收入		4490130.408 两
利息、汇换盈余及其他杂项收入		398713.326 两
合计		70494771.280 两

支出项下		关平银
照案提拨之海关经费		6502770.496 两
各关监督经费		490754.546 两
银行手续费、汇费及汇换亏折		805320.081 两
购置地产及修建关房		2413120.996 两
拨交政府抵补船钞三成之款项		619200.000 两
疏浚江河及改良港口经费或垫款		1012830.464 两
防疫及海港检疫经费		196803.561 两
拨助改良中国蚕桑会之经费		96000.000 两
拨交地方当局之地方捐钞及奉准按成提拨之税款		685270.156 两
修改税则委员会经费		15304.640 两
其他杂项支出		6465.224 两

外债及赔款	规平银	关平银
1895 年俄法借款	6708020.57 两	6021562.451 两
1896 年英德正借款	6179199.42 两	5546857.648 两

① 此款目所包括者计有督办接收威海卫事宜公所及法权讨论委员会，以后诸年中则有财政整理会、经济讨论处及外交部关税特别会议筹备处等。

② 此数包括规平银 536140.22 两，系十一年十二月份按金计算备付法、义〔意〕、比三国之庚子赔款。

1898 年英德续借款①	5248288.36 两	4711210.377 两
民国二年善后借款②	8878025.59 两	7969502.325 两
庚子赔款③	15312495.50 两	13745507.630 两

关余内拨交政府之款

拨交教育部之北京高等教育		
及留学经费	181450.00 两	162881.508 两
拨助各委员会及各机关之经费	290136.70 两	260445.871 两
拨充整理案内公债之基金	10506814.00 两	9431610.413 两
支出总计		60693418.387 两
本年结存④		9801352.893 两
合计		70494771.280 两

民国十三年

收入项下　　　　　　　　　　　　　　　　　　关平银

民国十二年结存	9801352.893 两
民国十三年海关税全部收入	66735580.428 两
民国十三年常关税全部收入	4175961.525 两
利息、汇换盈余及其他杂项收入	359049.494 两
合计	81071944.340 两

支出项下　　　　　　　　　　　　　　　　　　关平银

照案提拨之海关经费	6477656.030 两
各关监督经费	486711.830 两
银行手续、汇费、及汇换亏折	773581.550 两
购置地产及修建关房	1369084.370 两
拨交政府抵补船钞三成之款项	619200.000 两
疏浚江河及改良港口经费或垫款	946115.691 两
防疫及海港检疫经费	160937.088 两
拨助改良中国蚕桑会之经费	96000.000 两

---

① 此数并不包括厘金协款规平银 14 万两在内。

② 此数内有规平银 60482.49 两系偿付息票汇换损失之款。

③ 此数并不包括十二年应付之法、义〔意〕、比三国赔款在内。

④ 此数包括规平银 6825256.16 两在内系十一年十二月份至十二年十二月份按金计算备付法、义〔意〕、比三国之十三个月庚子赔款。

拨交地方当局之地方捐钞奉准按成提拨之税款		800353.014 两
其他杂项支出		61077.898 两
外债及赔款	**规平银**	**关平银**
1895 年俄法借款	6066660.955 两	5445835.682 两
1896 年英德正借款	5901246.86 两	5297349.066 两
1898 年英德续借款①	5000808.92 两	4489056.481 两
民国二年善后借款②	9254870.91 两	8307783.583 两
庚子赔款	14833872.26 两	13315863.789 两
关余内拨交政府之款		
拨助各委员会及各机关之经费	276047.36 两	247798.349 两
拨充整理案内公债之基金	16333812.11 两	14662308.896 两
支出总计		63556713.316 两
本年结存③		17515231.024 两
合计		81071944.340 两

民国十四年

收入项下	关平银
民国十三年结存	17515231.024 两
民国十四年海关税全部收入	67081525.283 两
民国十四年常关税全部收入	4528107.480 两
利息、汇换盈余及其他杂项收入	611560.496 两
合计	89736424.283 两

支出项下	关平银
照案提拨之海关经费	6549214.001 两
各关监督经费	489912.808 两
银行手续费、汇费、及汇换亏折	833436.087 两
购置地产及修建关房	1015099.949 两
拨交政府抵补船钞三成之款项	619200.000 两
疏浚江河及改良港口经费或垫款	1125538.600 两

---

① 此数并不包括厘金协款规平银 10 万两在内。

② 此数内有规平银 9697185 两，系偿付息票汇损失之款。

③ 此数包括规平银 13055400.88 两，系十一年十二月份至十三年十二月份按金计算备付法、义 〔意〕、比三国之二十五个月庚子赔款。

防疫及海港检疫经费		161141. 354 两
拨助改良中国蚕桑会之经费		96000. 000 两
拨助关税特别会议之经费		656179. 623 两
拨交地方当局之地方捐钞及奉准按成提拨之税款		709308. 978 两
其他杂项支出①		434245. 235 两

外债及赔款   规平银   关平银

	规平银	关平银
1895 年俄法借款	5395627. 21 两	4843471. 463 两
1896 年英德正借款	6189460. 88 两	5556069. 013 两
1898 年英德续借款②	5171959. 82 两	4642692. 837 两
民国二年善后借款③	10271663. 89 两	9220524. 138 两
庚子赔款④	34025485. 59 两	30543523. 869 两

关余内拨交政府之款

	规平银	关平银
拨助各委员会及各机关之经费	391192. 75 两	351160. 458 两
拨助整理案内公债之基金	20068342. 41	18014670. 026
支出总计		85861388. 439
本年结存		3875035. 844
合计		89736424. 283

民国十五年

收入项下   关平银

	关平银
民国十四年结存	3875035. 844 两
民国十五年海关税全部收入	74985502. 417 两
民国十五年常关税全部收入	4298092. 745 两
利息、汇换盈余及其他杂项收入	378672. 29 两

① 此数内有规平银 41107. 706（按 111. 4 折合，等于关平银 369009. 928 两）系备付金佛郎赔款项下滚存之利息，于金佛郎解决时，交由政府支配。又关于赔偿关员遭受盗匪抢掠损失及焚毁充公烟土费用等，亦均包括于此数以内。

② 此数并不包括厘金协款规平银 175000. 000 在内。

③ 此数内有规平银 86281. 77 两，系偿付利息票汇换损失之款，又规平银 564897. 94 两，即系付给盐务稽核总所，作为特别归还汇丰银行代垫善后借款德发息票第四期至第八期之息金。

④ 此数内有（甲）十一年二月份至十三年十一月份应付法国赔款计规平银 7541615. 57 两，（乙）十一年十二月份至十四年八月份应付比国赔款计规平银 251443. 134 两，及（丙）十一年十二月份至十四年十二月份应付义国赔款计规平银 4417594. 95 两，以上三佛郎赔款之规平银数目，均系根据美金折算，按照中国与各该国成立之特别协定，由中国政府自行提用。

合计		83537303.285 两
支出项下		**关平银**
照案提拨之海关经费		7487008.994 两
各关监督经费		503940.797 两
银行手续费、汇费及汇换亏折		1186462.517 两
购置地产及修建关房		1308358.48 两
拨交政府抵补船钞三成之款项		619200.000 两
疏浚江河及改良港口经费或垫款		1173042.783 两
防疫及海港检疫经费		158276.070 两
拨助改良中国蚕桑会之经费		96000.000 两
拨助关税特别会议之经费		201640.484 两
拨助编订货价委员会之经费		89130.727 两
拨交政府之维持首都治安及紧急行政经费		1428007.181 两
拨交政府之财政部及各委员会经费①		216295.897 两
拨交地方当局之地方捐钞及奉准按成提拨之税款		560598.581 两
其他杂项支出		76538.047 两
外债及赔款	**规平银**	**关平银**
1895 年俄法借款	5726636.07 两	5140606.885 两
1896 年英德正借款	7012268.79 两	6294675.754 两
1898 年英德续借款	5958487.49 两	5346936.706 两
民国二年善后借款	10933500.66 两	9814632.549 两
庚子赔款	23718963.07 两	21291708.321 两
关余内拨交政府之款		
拨助各委员会及各机关之经费		265985.05 两
拨充整理案内公债之基金	17064451.36 两	15318178.959 两
支出总计		78550005.154 两
本年结存		4987298.131 两
合计		83537303.285 两

---

① 此款目并包括有修订法律馆、司法储材馆、中俄会议委员会及条约研究会等机关在内。

民国十六年

收入项下 关平银

　　民国十五年结存　　　　　　　　　　　　　　　　4987298.131 两

　　备付伦敦汇丰银行德债债账中垫款所自内债基金账

　　重行提出之十五年税款（规平银 304 万两）　　　2728904.847 两

　　民国十六年海关税全部收入　　　　　　　　　　　65750266.57 两

　　民国十六年常关税全部收入　　　　　　　　　　　3606990.830 两

　　利息、汇换盈余及其他杂项收入　　　　　　　　　556772.917 两

　　合计　　　　　　　　　　　　　　　　　　　　　77630232.882 两

支出项下

　　照案提拨之海关经费　　　　　　　　　　　　　　8366172.143 两

　　各关监督经费　　　　　　　　　　　　　　　　　478193.682 两

　　银行手续费、汇费及汇换亏折　　　　　　　　　　1249709.357 两

　　购置地产及修建关房　　　　　　　　　　　　　　695408.107 两

　　拨交政府抵补船钞三成之款项　　　　　　　　　　619200.000 两

　　疏浚江河及改良港口经费或垫款　　　　　　　　　1226451.203 两

　　防疫及海港检疫经费　　　　　　　　　　　　　　178242.662 两

　　拨助改良中国蚕桑会之经费　　　　　　　　　　　96000.000 两

　　拨助关税特别会议之经费　　　　　　　　　　　　29582.585 两

　　拨助编订货价委员会之经费　　　　　　　　　　　77139.165 两

　　拨交政府之维持首都治安及紧急行政经费　　　　　215242.765 两

　　拨交政府之财政部及各委员会经费　　　　　　　　625015.431 两

　　拨交地方当局之地方捐钞及奉准按成提拨之税款　　672196.168 两

　　其他杂项支出①　　　　　　　　　　　　　　　　233392.210 两

外债及赔款

　　1895 年俄法借款　　　5872493.26 两　　　5271537.935 两

　　1896 年英德正借款　　7585943.48 两　　　6809644.057 两

　　1898 年英德续借款　　6586363.60 两　　　5912355.117 两

---

① 此款目内所包括者，计有下列各数：长沙及沙市两地军事当局提拨之关平银 35532.939 两，哈尔滨车站办理查验外人进口护照经费关平银 94336.500 两；武汉纷扰时垫付江汉关 ［海关经费账］ 关平银 54250 两（按此款后经拨还并计入收方"利息、汇换盈余及其他杂项收入"项下）；退还九江亚细亚火油公司所纳进口税款关平银 43598.796 两；及赔偿关员遭受盗匪抢掠损失暨焚毁充公烟土费用等关平银 5674.452 两。焚毁充公烟土工资等关平银 5674.455、7445.425。

民国二年善后借款	12328030.40 两	11066454.578 两
庚子赔款	25390953.58 两	22792597.469 两
备付伦敦汇丰银行德债账中		
垫款所购英金之款	3012884.71 两	2704564.372 两

关余内拨交政府之款

拨助各委员会及各机关之经费	176363.00 两	158315.081 两
拨充整理案内公债之基金	1500000.00 两	1346499.102 两
支出总计		70823313.189 两
本年结存		6806919.693 两
合计		77630232.882 两

民国十七年

收入项下	关平银
民国十六年结存	6806919.693 两
民国十七年海关税全部收入	79078828.539 两
民国十七年常关税全部收入	3483236.071 两
利息、汇换盈余及其他杂项收入	488330.652 两
合计	89857314.955 两

支出项下	关平银
照案提拨之海关经费	8375776.550 两
各关监督经费	520599.851 两
银行手续费、汇费及汇换亏折	1580594.544 两
拨交政府抵补船钞三成之款项	619200.000 两
疏浚江河及改良港口经费或垫款	1264734.631 两
防疫及海港检疫经费	177463.985 两
拨助改良中国蚕桑会之经费	96000.000 两
付还十四、十五两年关税特别会议之费用	8020.970 两
拨助编订货价委员会之经费	66417.578 两
拨交政府之维持首都治安及紧急行政经费	364192.325 两
拨交政府之财政部及各委员会经费①	542342.702 两
拨交地方当局之地方捐钞及奉准按成提拨之税款	746932.097 两
其他杂项支出	32481.500 两

---

① 此款目并包括有修订法律馆、司法储材馆、北平模范监狱及条约研究会等机关在内。

外债及赔款	规平银	关平银
1895 年俄法借款	6455292.47 两	5794697.011 两
1896 年英德正借款	7362376.30 两	6608955.386 两
1898 年英德续借款	6383441.02 两	5730189.402 两
民国二年善后借款	11725826.00 两	10525876.122 两
庚子赔款	25626203.31 两	23003773.169 两
关余内拨交政府之款		
拨助财政整理会及经济讨论处	138855.50 两	124645.871 两
之经费		
拨充整理案内公债之基金	16300000.00 两	14631956.912 两
支出总计		80814859.556 两
奉财政部令注销之前道胜银行		
所存备付债赔款之税款余额		974822.253 两
本年结存		8067633.146 两
合计		89857314.955 两

民国十八年	
收入项下	关平银
民国十七年结存	8067633.146 两
民国十八年一月一日收民船钞账内结存①	63015.184 两
民国十八年七月一日收大连民船货税项下结存②	8171.831 两
值百抽五海关税全部收入（船钞在外）	78748993.229 两
常关税全部收入（连计民船在内）	4567403.111 两
新增海关税及附加税全部收入	70763031.759 两
利息、汇换盈余及其他杂项收入	888342.409 两
合计	163590.669 两
支出项下	关平银
照案提拨之海关经费③	9736765.884 两

---

① 遵照十八年关务署第 581 号指令，芜湖五内常关税钞应专款报解部库，故该关之常税、附加税及民船钞均在特立之同一账内办理，不与其他常关税款相混。唯因芜湖关之常税、附加税及民船钞未经分别立账，是以编制此表时，不得不将民船钞之收入与支出，均行包括在内。

② 所有大连、龙门及胶海等关之民船货税账，均自十八年七月一日起，并入值百抽五海关税总数账（参阅十八年关务署第 1121 号指令）。此数目内之关平银 8171.831，乃系截至十八年七月一日止之大连民船货税余款。

③ 此款目计包括海关额定及特准经费，常关税一成经费及其他奉准提拨之各关经费。

各关监督经费①		490544.516 两
银行手续费、汇费及汇换亏折		1483693.262 两
拨交政府抵补船钞三成之款项		619200.000 两
疏浚江河及改良港口经费或垫款		1339473.898 两
防疫及海港检疫经费		176630.069 两
拨助改良中国蚕桑会之经费		96000.000 两
拨助海岸巡防处之经费		160000.000 两
付还十五年至二七年编订货价委员会之费用		14831.876 两
拨交政府之财政部及各委员会经费②		936974.733 两
拨交地方当局之地方捐钞及奉准按成提拨之税款		911377.203 两
其他杂项支出③		106942.651 两

外债及赔款	规平银	关平银
1895 年俄法借款	6437013.45 两	5778288.555 两
1896 年英德正借款	8101921.58 两	7272820.090 两
1898 年英德续借款	6989572.71 两	6274302.253 两
民国二年善后借款	12584347.44 两	11296541.688 两
庚子赔款	31427348.82 两	28211264.650 两
拨付内国公债及国库券之基金	38879864.89 两	34901135.449 两
拨充内国公债之基金		7854578.095 两
解交财政部之款项		35346673.043 两
支出总计		153008037.906 两
本年结存		10098552.763 两
合计		163106590.669 两

民国十九年

收入项下	关平银
民国十八年结存	10098552.763 两
值百抽五海关税全部收入（船钞在外）	85773032.084 两

① 此款目并包括有修订法律馆、司法储材馆、条约研究会、北平模范监狱、经济讨论处、财政整理会及税则分类估价评议会等机关在内。

② 此款目并包括有修订法律馆、司法储材馆、条约研究会、北平模范监狱、经济讨论处、财政整理会及税则分类估价评议会等机关在内。

③ 此款目所包括者，计有焚毁充公烟土费用、安徽交涉员公署经费、海关德籍退职人员救济金及海关行政考察员费用等。

常关税全部收入（连计民船钞在内）		6605540.313 两
新增海关税及附加税全部收入		91740135.954 两
利息、汇换盈余及其他杂项收入		3832131.604 两
合计		198049392.718 两

支出项下		关平银
照案提拨之海关经费		11310054.662 两
各关监督经费		500998.363 两
银行手结费、汇费及汇换亏折		1872180.153 两
拨交政府抵补船钞三成之款项		619200.000 两
疏浚江河及改良港口经费或垫款		1283873.193 两
防疫及海港检疫经费		190594.420 两
拨助改良中国蚕桑会之经费		96000.00 两
拨助海岸巡防处之经费		145586.733 两
代付驻外使领馆之经费		170547.733 两
拨交政府之财政部及各委员会经费①		164325.660 两
拨交地方当局之地方捐钞及奉准按成提拨之税款		630700.979 两
其他杂项支出②		91084.522 两

外债及赔款	规平银	关平银
1895 年俄法借款	8990010.53 两	8070027.406 两
1896 年英德正借款	11342031.89 两	10181357.172 两
1898 年英德续借款	9767753.47 两	8768180.853 两
民国二年善后借款	17500804.16 两	15709878.061 两
庚子赔款	44165298.93 两	39645690.242 两
拨付内国公债及国库券之基金	59733225.83 两	53620489.973 两
拨充整理案内公债基金		1348734.022 两
解交财政部之款项		25794093.196 两
支出总计		181213596.944 两
本年结存		16835795.774 两
合计		198049392.718 两

---

① 此款目并包括有修订法律馆、司法储材馆、条约研究会、北平模范监狱、经济讨论处、财政整理会、青岛市政府及税则分类估价评议会等机关在内。

② 此款目所包括者，计有蚌埠育婴堂经费、注销之各关损失之税款、焚毁充公烟土费用、海关行政考察员费用、海关德籍退职人员救济金及十八、十九两年海关行政考察员考试委员会费用等。

民国二十年

收入项下   关平银

民国十九年结存	16835795.774 两
值百抽五海关税全部收入（船钞在外）	97559800.789 两
常关税全部收入（连计民船钞在内）	2251618.915 两
新增海关税及附加税全部收入	145163958.295 两
利息、汇换盈余及其他杂项收入	1971766.855 两
合计	263782940.628 两

支出项下   关平银

海关经费	17386424.719 两
各关监督经费	528964.258 两
银行手续费、汇费、及汇换亏折	4289483.746 两
海港检疫经费	157099.125 两
疏浚江河经费	228300.000 两
拨助海岸巡防处之经费	40940.894 两
付还北平交通银行代理之北平各银行借款	252575.061 两
拨付政府各机关之经费	3295879.273 两
拨交地方当局之地方捐钞及奉准按成提拨之税款	53836.779 两
广东当局所扣留之新增进口税及附加税	
暨三分之一之出口税	9563169.258 两
其他杂项支出①	71896.872 两

外债及赔款   规平银   关平银

	规平银	关平银
1895 年俄法借款	13672166.90 两	12273040.305 两
1896 年英德正借款	14317398.93 两	12852243.204 两
1898 年英德续借款	12393080.34 两	11124847.703 两
民国二年善后借款	23458474.33 两	21057876.418 两
庚子赔款	56288209.27 两	50528015.503 两
拨付内国公债及国库券之基金	84265599.98 两	75642369.820 两
拨充整理案内公债之基金		184813.196 两
解交财政部之款项		27697758.953 两
支出总计		247229535.087 两

---

① 此款目所包括者，计有二十年海关行政考察员之费用、海关人员筹办特税之旅费、每年付给关税税则国际事务局之会费、厦门关退还商人先期缴纳之常关税、江门常关建筑费、及焚毁充公烟土费用等。

本年结存		16553405.541 两
合计		263782940.628 两

民国二十一年

收入项下		关平银
民国二十年结存		16553405.54 两
海关税全部收入（船钞、救灾附加税、		
及关税附加税在外）		182041404.83 两
利息、汇换盈余及其他杂项收入		1792603.23 两
财政部拨给之款项		2483842.01 两
合计		202871255.61 两

支出项下		
海关经费①		15785140.25 两
各关监督经费		485153.34 两
银行手续费、汇费及汇换亏折		2481264.44 两
海港检疫经费		131678.32 两
疏浚江河经费		228000.00 两
协助海防巡防处之经费		40940.894 两
付还北平交通银行代理之北平各银行借款		229005.83 两
拨付政府各机关之经费		3175883.82 两
平津教育经费		2436870.04 两
拨交粤海关监督之倾镕费		16295.97 两
拨交税务署五分之四之卷烟进口税		1173714.46 两
广东当局所扣留民国二十年十二月三十一日以前征收		
之新增进口税及附加税暨三分之一之出口税		385723.82 两
其他杂项支出②		58865.90 两

外债及赔款	规平银	关平银
1895 年俄法借款	386715.20 两	347141.11 两
1896 年英德正借款	2600682.28 两	2334544.24 两
1898 年英德续借款	9526118.57 两	8551273.40 两

---

① 此款目包括海关额定暨特准经费，及其他奉准提拨之各关经费。

② 此款目所包括者，计有付还总税务司暂记账内垫付税务学校之款项、二十年及二十一年海关行政考察员之费用、每年付给关税税则国际事务局之会费、及焚毁充公烟土费用等。

民国二年善后借款	17469402.94 两	15681690.25 两
庚子赔款	38811546.03 两	34839807.93 两
拨付内国公债及国库券之基金	83380445.34 两	74847796.54 两
拨付整理无担保内外债之款项		3191334.56 两
解交财政部之款项		28763920.52 两
支出总计		195145104.74 两
本年结存		7726150.87 两
合计		202871255.61 两

民国二十二年

收入项下

民国二十一年结存	关平银 7726150.87 两
按 155.80 折合①	12037343.06 元
海关税全部收入（船钞、救灾附加税及关税附加税在外）	306859134.07 元
利息、汇换盈余及其他杂项收入	3691484.01 元
合计	322587961.14 元

支出项下

海关经费	30563494.03 元
各关监督经费②	667013.85 元
银行手续费、汇费及汇换亏折	1389009.40 元
海港检疫经费	147621.76 元
疏浚江河经费	355224.00 元
付还北平交通银行代理之北平各银行借款	360208.17 元
拨付政府各机关之经费	4930274.80 元
平津教育经费	4201670.20 元
特提备付东三省海关各辞退人员按比例应得之养老金	904000.00 元
付还缉私及税专学校建筑借款规元430万两，二十二年七月至九月份应付本金（此即系拨给税校部分，现由税款账内代为付还）	419580.42 元
拨交粤海关监督之倾销费	11286.67 元

① 所有本年一月一日至三月九日期内之数目，均已由关平两折成国币，即按法定行市关平银 100 两等于国币 155.80 元计算。

② 此项经费数目，自二十年七月一日起重经改订。

拨交税务署五分之四卷烟进口税	837465.15 元
福建事变时所截留之闽海关（二十二年十一月二十日	
至十二月二十六日）及厦门关（二十二年十一月二十	
日至三十日）关税余款	174126.78 元
其他杂项支出①	66144.06 元

外债及赔款

1895 年俄法借款②	153974.20 元
1898 年英德续借款	13709715.40 元
民国二年善后借款	25015859.09 元
庚子赔款	47513280.25 元
拨付内国公债及国库券之基金	122408602.34 元
拨付整理无担保内外债之款项	5011762.70 元
解交财政部之款项	49571289.18 元
支出总计	308411602.45 元
本年结存	14176358.69 元
合计	322587961.14 元

民国二十三年

收入项下

民国二十二年结存	14176358.69 元
海关税全部收入（船钞、救灾附加税及	
关税附加税在外）	301884091.91 元
利息、汇换盈余及其他杂项收入	1265337.89 元
财政部拨给之款项	1083905.22 元
合计	318409693.71 元

支出项下

海关经费	26523999.54 元
各关监督经费	631952.19 元
银行手续、汇费及汇换亏折	1446228.74 元

---

① 此款目所包括者，计有二十一年及二十二年海关行政考察员之费用、每年付给关税税则国际事务局之会费、注销之各关损失之税款、付给烟台丝业促进委员会二十一年东海关所征之生丝转口税及附加税、及焚毁充公烟土费用等。

② 此系付给美籍法律顾问办理俄法借款一案之酬金，及补偿此项借款还本付息所致汇兑亏折之一部分。

海港检疫经费	147277. 20 元
疏浚江河经费	355224. 00 元
付还北平交通银行代理之北平各银行借款	360000. 00 元
付还中国银行代理之中法储蓄会借款	60000. 00 元
拨付政府各机关之经费	5063989. 56 元
平津教育经费	4200000. 00 元
特提备付海关各辞退人员按比例应得之养老金	327000. 00 元
付还缉私及税专学校建筑借款规元 430 万两，二十二 　　年十月至二十三年十二月份应付本金	2097902. 10 元
付给上项借款二十二年四、五、六月起至二十三年 　　十、十一、十二月止各结到期利息	306755. 39 元
拨交税务署五分之四之卷烟进口税	715837. 74 元
福建事变时所截留之闽海关（二十二年十一月二十日 　　至十二月二十六日）及厦门关（二十二年十一月二十 　　日至三十日）关税余额	207480. 75 元
其他杂项支出①	51719. 54 元
外债及赔款	
1895 年俄法借款	118063. 91 元
1898 年英德续借款	12620304. 30 元
民国二年善后借款	22842176. 38 元
庚子赔款	40458591. 27 元
拨付内国公债及国库券之基金	147150234. 27 元
拨付整理无担保内外债之款项	5000000. 000 元
付还财政部拨给之款项	1083905. 22 元
解交财政部之款项	31956579. 60 元
支出总计	303725221. 70 元
本年结存	14684472. 01 元
合计	318409693. 71 元

《自民国元年起至二十三年止关税纪实》，第 721—781 页。

---

① 此款目所包括者，计有二十二年及二十三年海关行政考察员之费用、每年付给关税税则国际事务局之会费、注销之各关损失之税款、追回少纳税款所给线人二成之奖金、财政部捐助济南日本救火会之款项及焚毁充公烟土费用等。

较大之增加尚不致有碍商务者，得将附加税总额增加之；惟不得逾按值百抽五。

第四条　中国进口货海关税表按照第一条立即修改完竣，四年后应再行修正，俾能确保按值税率与第二条中特别会议所定者相符。

再行修改之后，为同一目的起见，应将中国进口货海关税表每七年修改一次，以替代中国现行条约每十年修改之规定。

按照本条所行之修改，应遵照第二条所称特别会议规定之章程办理，以资迅速。

第五条　关于关税各项事件，缔约各国应有切实之平等待遇及机会均等。

第六条　中国海陆各边界划一征收关税之原则，即予以承认。第二条所载之特别会议应商定办法，俾该原则得以实行。凡遇因交换某种局部经济利益曾许以关税上之特权而此种特权应行取消者，特别会议得秉公调剂之。

同时，凡一切海关税率因修改税则而增加者，与夫各项附加税，嗣后因本约而征收者，在中国海陆边界，均应按值课以划一税率。

第七条　在第二条所载办法尚未实行以前，凡子口税应一律课以按值百抽二·五之税率。

第八条　凡未参与本约各国，如其政府现经缔约各国所承认且与中国现行条约订有进口货税则不得超过值百抽五之规定者，应请其加入本条约。因此，美利坚合众国政府担任为必要之通告，并将所接答复知照缔约各国。任何国家之加入，自美政府接到该国通知时起，发生效力。

第九条　凡缔约各国从前与中国所订各条约之条款与本条约各规定有抵触者，除最惠国条款外，咸以本条约各条款为准。

第十条　本条约经各缔约国依各本国宪法上之手续批准后，从速将批准文件交存华盛顿，并自全部交到华盛顿之日起，发生效力。该项批准文件笔录，由美国政府将正式证明之本送交其他缔约各国。

本条约英文、法文一律作准，其正本保存于美利坚合众国政府之档库，由该政府正式证明之誊本送交其他缔约各国。

兹将议定条约由上列各全权代表签字，以昭信守。

一千九百二十二年二月六日

订于华盛顿

《中外旧约章汇编》第 3 册，第 220—224 页。

五　财政总长周自齐为筹拟拨付整理内债 暨九六债券基金呈大总统文

呈为拨付整理内国公债暨九六债券基金，筹拟变通办法，恭呈仰祈钧鉴事。窃查整理内国公债基金，因盐余烟酒税及交通事业余利项下应拨各款未能按期照拨，经总税务司安格联提议，请变通办法，由关余项下准其随时拨充整理公债基金，当于十一年八月间国务会议议决照办。此项办法，以十一年十二月底为止；现在期限早已届满，所有关余以外指拨各款，仍未照数拨解，于是整理案内公债本息，事实上只能继续前年办法办理，专由关余拨付，而政府迄未明白宣布，以致持票人疑虑纷纷，金融因之摇动。又民国十一年政府发行九六债务清理盐余作抵之内外债款，曾经指定以切实值百抽五增加之关余作抵。不意发行以来，政府仍为财力所限，未能照《条例》实行，加以金价骤涨，税收复减，虽系暂时情况，而本年所存关余，连切实值百抽五者在内，尚不敷整理公债本息之需。除九六债券偿还外债部分已由盐余按月拨扣本息外，所有偿还内债部分，仅另行筹款付第一期半年利息，其第二、第三两期利息，均满期未付。同一种类之公债，而内外悬殊若此，亦非事理之平！本部统筹各案，详慎钧稽，窃以为两案本息之不敷，皆由关余以外指抵各款未能照拨所致。政府限于财力，本非得已，人民亦当谅解；然仅此备抵本息之关余，自应明定办法，统筹兼顾，庶抽签时日纵有迁延，而公债本息终使有着。查整理九六两案，虽同一以值百抽五之关余作抵，而发行时日究有先后，保全整理，破坏九六，固非事理之平；然必执两案同时并办之说，则关余只有此数，势必至付息有资，还本无款，国家负担，永无减轻之日。且移先补后，紊乱次序，又岂人民所愿？整理方法，自应各随其立案之先后以为衡，则前者定后者自定矣。本部现拟解决办法，约有三：（一）所有整理与九六两案同一以值百抽五之关税余款作抵，应先拨整理公债基金，有余时即拨充九六公债内国部分基金，统由总税务司办理；（二）整理案内之公债及九六债券，如有迟期抽签之事，均照总税务司办理整理公债成案，按迟期时日补息；（三）关余拨付整理公债基金之余款，即接续拨充九六债券内国部分基金。此项基金，每足敷半年利息之数，即先补付息一次，至九六债券欠息付清以后，基金足敷第一次抽签时，仍按九六案原定年限，分年抽签。

以上三项办法，整理公债之信用既固，九六债券之信用亦随之俱固，还本纵或迟期，得息不爽毫厘，维持市价，足使流通。

一俟九六之欠息付清，仍照原定年限抽签，则关余项下除付内国部分九六债券按年本息银元八九百万元外，余数即可为政府之用。九六案了结，全数关余，均可腾出。如此办法，于国家财政、社会金融，获益实非浅鲜。所有筹拟拨付整理内国公债暨九六债券基金变通办法，业经国务会议议决，理合呈请大总统钧鉴，训示祗遵。谨呈大总统。

《关税纪实》下册，附件第二十一，第1029—1030页。

六　训令各海关监督，为关于东三省海关移设关内征税详细办法，已奉院令核准，仰遵照，并由署令总税务司文

中华民国二十一年九月二十八日

〔财政〕训令第三三六八号

为密令事。案查本部前以东三省现时状态，该处各海关不能合法征税，提议：拟在关内设关征税。经呈奉行政院第三六九二号密令，内开：为密令事。案据该部部长提案称，为提案事；自本年春，暴日强夺东省各海关以来，我政府始终涵忍，旧日办法绝未更动，来去东省之货物亦未另加关税。盖日本之意，原欲使东省在经济上与关内脱离，变为日本之一部分；更希冀我取报复政策，使关内与关外由我而脱离经济关系，并借口向各国宣传，谓关内与关外之经济脱离，因我方封锁东省与关内之往来逼迫使然，借以淆惑国际视听。我政府洞瞩奸谋，以东三省为吾国之土地，东三省人民为吾国之人民，是以再四容忍，使脱离之责任由日本负之；且报复政策对于关税收入，亦不能为有效之增加。而国联曾再三劝告，勿使事态增加严重。故凡可认为挑衅之举动，我方始终力求避免也。现在日本已正式宣告，自九月二十五日起，伪国于关税方面，将视我国为外国，自关内至东省或自东省至关内之货物，决征进出口税。日方既有此公告，则今昔情形不同，吾国不得不有相当之应付方法。兹胪陈如下：（一）视东省为外国。自东省至关内之货物，征进口税，自关内至东省之货物，征出口税。（二）采报复方法，禁止货物出入东省。（三）视东省为在叛乱状态中。详考第一方法，视东省为外国，自政治方面观察，万不可行。且用

第一法后之关税收入不能多于第三法。第二法须用舰队封锁东省或断绝东省与关内之交通，事实上为不可能。权衡轻重，第三方法，实最妥适。缘货物之自东省来关内或自关内去东省者，另在关内各口征收关税，一如东省之海关已移在关内各口办公。申言之，即为在目前状态之下，政府不能在东省各关合法的征收关税，故在东省应征之税，改在关内征收。如此，则收入税额，与用第一方法同，而将来仍可随时采取较严厉之办法。子文今郑重提议，拟请政府采第三项办法交子文执行：（一）表示政府对于东省人民，深加体恤；（二）昭示中外东三省经济上脱离关内各区，实为日本所逼而然；（三）将来随时可舍此办法采取较严厉手段；（四）事实上政府采取第三法比第一、第二方法不多受损失也。理合提请公决等情，据此，经提出本院第六十五次会议，决议：一、原则通过；二、由外交、财政两部妥拟详细办法；三、呈报政治会议等因。除照案呈报并分令外，合行令仰该部遵照，会同外交部，妥拟详细办法呈核。此令。等因，复经会同外交部拟具布告，详列各项办法呈复在案。兹奉行政院指令：呈件均悉。提出本院第六十六次会议，决议，通过。除呈报中央政治会议备案外，仰即照所拟办法，布告施行可也。并转咨外交部知照。布告稿随令发还。此令。等因，奉此，除咨外交部并由关务署令行总税务司施行外，合亟抄同布告稿，令行该监督知照。此令。

　　附布告稿

为布告事。现奉

政府令饬：兹因辽宁、吉林、黑龙江三省为日本占据，暂时无从征收合法关税，自本年九月二十五日起至另令解放时为止，将哈尔滨、牛庄、安东、龙井村各海关封闭。所有在各该海关应征合法关税，暂由国内别处海关征收。详细办法开列于左：

　　运往上列各该省口岸货物征税办法：

　　一、国货（厂制货物在内）仍旧。

　　二、洋货。

　　（甲）向给免重征执照及批明进口税已完纳者仍旧。

　　（乙）向来批明应征字样者，在装运口岸征进口税。

　　（丙）向来在到达口岸征税之转船货物，在转船口岸征进口税。

　　（丁）提出关税货物，在装运口岸征进口税。

　　由上列各该省口岸运来货物征税办法：

一、国货　征转口税及转口附加税。

二、厂制货物　向在各该省口岸征收之厂制货物税及附加税，均在进口口岸征收。

三、洋货　征进口税。

大连租借地内固因日本当局拒绝中国海关根据《大连海关协定》行使职权，以致货物之出入大连者，海关无从确定其来源与目的地。爰定征税办法如左：

货物运往大连：

一、国货　征出口税。

二、厂货　不论其最后目的地，概征厂货税。

三、洋货　征税办法与运往上列各该省口岸同（见上）。

由大连运来货物：

凡货物均征进口税，应征之关税附加税及救灾附加税，一律照征。

运往上列各该省口岸货物，所有关单迳交运货人收执。自本年九月二十五日起，在各该口岸装运货物所领之一切单据，概作无效。凡通运之洋货，直接自外洋运往各该口岸中途并不离开原船者，毋庸征税，或通运之国货直接自各口岸运往外洋中途并不离开原船者，亦不征税。自本年九月二十五日起，上列各口岸所发征收船钞证，亦作无效。仰即遵照等因；奉此，自应遵办。仰各商人一体周知，特此布告。

《财政部关务署法令汇编》（民国二十一年），第 148—152 页。

七　全国江海领港业总联合会发表的《修改引水章程讨论会宣言》

迳启者：窃维引港一道，关系至巨，又名领港，或称引水，凡轮舰出入港口，航行领海间，胥赖于是。列强各国规定，非本国人，不得充当，盖有深故焉。国内领海，自应以本国人充引港，俾得为专利之营业，以其各地主权利之关系，一也；商业为财源之命脉，水险公司为运输之保障，本国人为引港，则运输稳而财源足，二也；外国船舶往来，领海要道，可籍本国引港，以防其测绘，及他种之窥探，若外人得充引港，则一旦有事，向导得入，是无异于开门揖盗，三也。综观各端，则引水于权利上、商业上、军事上之关系，诚非浅鲜，此所以引港权之绝对不能让于外人也。

我国除扬子江、珠江间有华人充当引港外，其余各处悉系外人。长此以往，商业为之操纵，利权为之剥夺，贻国际之羞，受无形之痛。

日本在明治以前，亦泰半以欧美人为引港，与我国现在情形正复相同，嗣思力矫其弊，及设水险公司，凡日人引港，概由公司承受保险，不数年间，全国引港，尽为日本人。其热心爱国，远虑深谋，堪以作则。

因思我国航权之不振，其最大原因，为同治七年引水暂行章程不善所致。若外国水险公司、航商公司、外国商会及外人引港等，皆是以阻止华人从事斯业，且华人所引船只，该水险公司，概不保险，尤足促华人无经营之余地。

夫各国引港事权，均操诸本国，载在约章，即我国所订条约，亦有中国应允许外国船只雇用中国引港等语。盖恐中国引港尽系华人，不受他国雇用，特为是语，以备日后地步。讵知我国于求外人之不遑，备论外人之求我耶。喧宾夺主，疾首痛心。然亦不能责外人之野心，蚕食我国，无完善章程以限制之耳。

敝会有鉴于斯，去岁曾呈交、海、外、农四部，请派专员来沪组织引水委员会，修改引水旧章，当蒙准予备案。事关国家主权、人民权益，政府协谋于上，国人讨论于下，一木难支，众擎易举。甚望爱国同胞，起而共图之。倘承赐教，无任欢迎。

《中国引航史》，第 102—103 页。

八

（一）关务署训令总税务司，发关制审查
会议决案，仰遵照执行文

中华民国十八年二月二十七日

署训令第三〇六号

为令遵事。前据改善关制审查委员会呈送该会议决各案，当由本署详加核定。现已呈奉财政部长批准，合行将该案令发该总税务司遵照执行。凡海关以前所有单行章程及习惯办法如与该案有抵触者，并应一律改正。仰即遵照。此令。

附改善关制审查委员会会议录：

会议日期：中华民国十八年一月十八日。会议地点：南京财政部关务署。出席委员：谢冰、吴竞、丁贵堂、梅维亮、卢立基。主席：谢冰。纪录：汪崇实。

兹将议决各案纪录如次：

（一）停招洋员问题：

此后海关除因特别情形，需要专门人才，而华员中一时无相当人选，不得不任用洋员，由总税务司呈请关务署长核准任用外，不得再招用洋员。

对于现在在职华洋员中，其有不堪继续任用者，应由总税务司酌核，在其未到退职年限以前，将其辞退，予以比例之养老金。此项养老金所需之款项，应由总税务司呈请关务署长核准拨给。

（二）华洋人员职权平等问题：

此后各税务司应由总税务司于可能范围内尽量选择合格华员，呈请关务署转呈财政部长派充，并应由总税务司按关务之需要，尽量选派合格华员为副税务司，以便养成税务司之人才。关〔于〕中华籍稽查员，应与洋员同得升任稽查员。以上各职缺，其他各部分合格华员，亦得与各该部分合格洋员，享同等之机会。

（三）薪给问题：

（甲）此后修改薪率，应以遞退百分率为标准。

（乙）所有现在内外班高级华员之薪俸，按现在之生活程度、本国财政情形，及比较其他各机关人员之待遇，已属优越，暂时毋庸增加；但为华洋高级人员同等待遇起见，应将洋员之薪格照华员现在之薪格改订，以昭一律；但以洋员系属客卿，生活程度较高，应酌予特别津贴；惟其津贴数目及现订薪俸数目两项，并不得超过旧订薪给之数。其各该洋员应领慰劳金及养老金，应依照所领新订之薪给及特别津贴之总数，一并计算。

所有海关海务科高级华洋人员之职责，均关重要，其原有待遇，如有必须改善时，应由总税务司酌核订定，呈请关务署核准施行。

（丙）华员副税务司薪给，每月关平银五百五十两。税务司初次薪给，每月关平银六百五十两，最高薪给，每月关平银七百两。
其洋员应领之特别津贴，应按照乙项规定办理。

（丁）凡华洋代理人员，在代理职务期内所领之津贴，应一律待遇。

（戊）现在外班华籍稽查员之乙级，应即取消，以示与洋员同等擢
升之意。所有外班华洋查验人员之薪俸，重行厘订如另表：

外班华洋查验人员薪俸表：

试用稽查员	五十两
四等稽查员	六十五两
三等稽查员	八十两
二等稽查员	九十五两
一等稽查员	一百十两
超等稽查员	一百三十五两
二等副验货员	一百三十五两
二等副监察员	一百六十两
一等副验货员	一百六十两
二等副监察员	一百八十五两
二等验货员	一百八十五两
监察员	二百一十两
一等验货员	二百一十两
二等副监察长	二百三十五两
超等二级验货员	二百三十五两
一等副监察长	二百六十两
超等一级验货员	二百六十两
二等监察长	二百八十五两
二等验估员	二百八十五两
一等监察长	三百一十两
一等验估员	三百一十两
总监察长	三百五十至五百五十两
超等验估员	三百五十至五百五十两

以后所有外班华洋查验职员之薪给，应一律按照此次新订之
薪表支给；但洋员得依本条乙项所规定之办法，发给特别

津贴。

（己）下级华员之初次薪给，暂照现行薪给表支给；但其最高之薪给，各按现行薪给所列者增加十五元至二十元。各项下级华员服务至少至第二十五年时，方能支领。各该级此项最高薪给、并将各该升级期限，改为一年。其每年应加薪级若干，应由总税务司酌核规定。并为救济各生活程度高贵口岸之下级华员起见，应另行发给口岸津贴。此项津贴之数目，应由各该口岸税务司就各该当地生活情形，拟定数目，呈请总税务司核准发给。所有下级华员，每年应领之年底奖金及退职养老金，应以各该员之薪给及口岸津贴两项合并之数目计算。

（庚）现在税务员各等中之丙级，应即取消，另添四等甲乙级税务员。

（四）华洋人员晋级期限问题：

此后所有内外班华洋高级人员，不得循照向例，不论资劳，按期进级。如资劳卓著，每二年得进一级，其资格较高之关员中，如有特别劳绩或卓越才能者，应由总税务司择优提升，以示鼓励。

（五）口岸津贴问题：

关于低级关员之口岸津贴，已于第三条己项内规定。其内外班高级华员口岸津贴应照房租津贴办理，由各口税务司依照各该地方情形，拟具相当数目，呈请核定。

（六）慰劳金问题：

高级华洋人员之慰劳金，应一律改为七年发给一次。

（七）低级人员年底奖金问题：

凡低级华员服务至一年期满时，始准领年底奖金一月。如届年终发给时，其服务时间已逾一年者，得将所多之期限，按照比例并计发给。

（八）退职年限问题：

华员退职年限，应按照现行洋员退职年限办法，一律办理。

（九）例假问题：

（甲）所有华员税务司、副税务司及帮办，每年得请不逾十四日之短期假；服务满三足年，得给予二个月之长期假；满四足年得给予三个月之长期假；满五足年得给予四个月之长期假；
满六足年或六足年以上，给予六个月之长期假。

（乙）帮办以下之各级华员，得请不逾十四日之短期假。服务满三
足年得给予一个月之长期假，满四足年得给予二个月之长期
假；满六足年或六足年以上得给予三个月之长期假。

（丙）信差、邮差、杂役等，每年得给予二十日之假期。

（丁）凡外班各级华员，得比照内班所规定之办法办理。

（十）病假问题：

凡内外班华洋人员，如经海关医生证明，确系因病不克到关服务
者，得准予病假。如其病假在三个月以内，所有应领之薪给照旧支
给；如逾三个月而不及六个月者，所逾期限内应领薪给，按半数支
给；如逾六个月仍未痊愈，不再支给薪俸。是否应令按因病退职章
程退职，或继续给予病假，应由总税务司酌核办理。

（十一）医药问题：

现在海关已筹备特为华员及相当家属，设置医生诊治病症，与洋
员一律待遇。

（十二）调口旅费问题：

华员调口待遇，应按照现行洋员调口办法办理。

《财政部关务署法令汇编》（民国十八年），第3—9页。

（二）财政部关务署令第三〇九号令总税务司梅乐和

中华民国十八年二月二十七日

为令遵事。查海关华洋服务人员之待遇，较诸其他机关人员，殊为优越，该员
等自应勤慎从公，严守纪律，以期改善关政而增国课，如其干犯纪律，违背命
令，即应按章惩办，以肃关章。合行令仰该总税务司知照，并转饬所属一体遵
照。此令。

（三）总税务司致关务署函

中华民国十八年四月十八日

敬启者：查当革命时期，国内各处工潮时起，海关关员，不免亦稍受影响。维
时以种种原因，不得不将海关纪律略示弛放，以免发生事端，俾税款得以继续

征收。现在革命成功，邦基巩固，国民政府亦经各国正式承认，整饬纲纪，实为至要之图。所有海关固有之纲纪，亦宜由此整饬，以利关务。况自此次改善待遇后，各华员所处之境遇，不但较诸曩日，多所改良，即比诸其他政府机关人员，亦属颇为优越。且服务海关，系为终身职业，尤非其他公务人员之动辄被裁者所可同日而语。是各该关员从此更应恪遵纪律，忠于厥职，以仰副政府厚待之至意，而保持国家最大之税收。否则，纲纪废弛，弊窦丛生，非止有碍海关行政之管理，亦大有碍国家之税收。是以特拟颁发整饬纲纪通令，以肃关政。兹将所拟通令底稿，送请核阅，即乞俯赐核准，俾使颁行。至将来执行此项通令时，并恳准予格外维持，尤为盼祷。理合函请鉴核示复祗遵。此致财政部关务署署长张。

（四）指令总税务司准将改善关制审查委员会议决案第九项甲乙两条如拟修改文

中华民国十八年三月十六日

署指令第三六九号

呈暨附件均悉。准予如拟修改。此令。

九 例假问题

（甲）所有华员税务司、副税务司、帮办及税务员并汉文文牍员等，每年得请不逾十四日之短期假，服务满三足年，得给予二个月之长期假、满四足年，得给予三个月之长期假、满五足年，得给予四个月之长期假、满六足年或六足年以上，得给予六个月之长期假。

（乙）所有华籍校对员、副校对员、额外税务员、本口录用税务员、汉文书记及核税员等，得请不逾十四日之短期假；服务满三足年，得给予一个月之长期假；满四足年，得给予二个月之长期假、满六足年或六足年以上，得给予三个月之长期假。

《财政部关务署法令汇编》（民国十八年），第14—15页。

（五）总税务司通令

第三八九九号

为令遵事。案奉关务署令开：查海关华洋服务人员之待遇，较诸其他机关人员殊为优越，该员等自应勤慎从公，严守纪律，以期改善关政，而增裕国课。如其干犯纪律、违背命令，即应按章惩办，以肃关章。合行令仰该总税务司知照，并转饬所属一体遵照。此令。等因。嗣又奉关务署长复函内开：查海关职员待遇较其他政府机关为优，自宜各遵纪律，无负职守，函请整饬纲纪，洵属要图。所拟通令各节，经加核阅，亟应办理。执行时自当予以维持。此复。等因；先后奉此。查前此革命军兴，时局未靖，海关多年纯良之纪律，曾因种种关系，有时不得不略示弛放，而关员之能力及功用，即因感受影响。本关总税务司既一再奉关务署命令，整饬纪纲，改善关政。关于所属华洋人员之行为及道德，对政府仍负全责；并此后如有干犯纪律，违背命令者，应即按章惩办，决不姑宽。本总税务司自当仰体政府意旨，力为遵办。各关员须知政府向来待遇，海关关员既极优异，自深盼各关关员之能以忠于职守，而有用于海关。此后各关员应避免参加政治运动，并不得以个人或团体之任何行为，扰乱长官合法职权，或干涉海关行政；但关员中如有真正不平情事，自当准予用相当手续，呈请核夺。再，关于干犯纪律，违背命令之处分，海关本有定章。兹为各关员明了各项过失，俾得便于避免违犯起见，再将各种过失，详为规定如下：

甲（一）未经事先请假擅离职守者。

（二）因饮酒过量于执行职务时发见醉态者。

（三）与报关行或商人串同舞弊妨害税收者。

（四）违背合法命令、或有其他相似重大不服从行为者。

（五）因债务等事而被控诉者。

（六）有重大之不道德行为者。

（七）贪赃勒索者。

（八）长久不按时到班者。

（九）未得长官许可擅自刊布关内事件者。

（十）在执行职务时酣睡者。

（十一）不称职者。

乙（一）轻视长官者。

（二）疏忽职务者。

（三）执行职务懒惰者。

（四）身体不洁及制服褴褛者。

（五）在报纸登载之谈话、或个人论文中、或在向公众演讲及可达于公众演讲中、有批评长官或政府机关事务者。

（六）假报疾病规避役务者。

凡违犯甲项各条之一者，即分别轻重予以革职或辞退；其初违犯乙项各条之一者，亦即分别轻重降级或停职候查，或将其在职员录中之姓名退列于本级之最末地位，以示惩戒。但如有再犯者，其所受之处分，应按违犯甲项各条之一者办理。所有以上关于整饬纲纪、服从合法命令之办法，政府已决定力予维持。为海关前途计，及各关员个人利益计，各关员等自应一体凛遵，免干未便。犹有告者，各关员在关之职务，本属长久性质；如各关员不能继续忠于职守，俾有用于海关，则其职务即无继续之必要。再者，此次通令令文已经关务署长核阅批准，除将与关署来往文函各抄发一份一并饬知查照外，合行令仰各关税务司知照，并转饬所属一体凛遵无违。此令。

总税务司梅乐和
中华民国十八年四月二十二日

（六）关务署复函

中华民国十八年四月二十日

迳复者：来函阅悉；查海关职员待遇较其他政府机关为优，自宜各遵纪律，无负职守，函请整饬纲纪，洵属要图。所拟通令各节，经加核阅，亟应办理。执行时自当予以维持也。此复。关务署长张福运。

总税务司梅

《总税务司通令》第 2 辑（1928—1930），第 181—190 页。

九　《出口税则暂行章程》

中华民国二十一年九月八日
部训令第三〇五〇号

第一条　凡应从价完纳出口及转口税之货物，应以当地海关查验该货时之平均趸发市价作为定税价格，此项平均趸发市价，包括该货包装及整理该货等费用，但税项并不包括在内。倘该货在输出口岸无趸发市价可考者，得以国内其他主要市场之趸发市价作为计算定税价格之根据。

第二条　凡出口运往外洋货物，业已订立合同售出，应将载列该货售价之真正合同与报关单一并呈验，该项合同，可视为货价之凭证，但非必可以视为确定之凭证。关于此点，其解释应由海关酌定之，海关除责令商人呈验合同外，并得任便使用一切有效方法，例如检查与估价有关之其他各种文件，调查详细售货单据、检查商家簿册、考察货色暨于必要时从事一切访问，以及延请任何私人协助，以便确定完税价格。

第三条　出口商对于海关所定价格或分类或其所征税项或费用数目，认为不满意时，可于报关单或海关他项登记归案以后二十日内，用书面向税务司提出抗议，明白声叙反对理由。在该案未解决以前，该商得呈缴押款，请将货物先予放行。该项押款之数，须足敷完纳税银全数及海关所定其他加征之款。但此项办法，以经海关许可者为限。税务司于接到抗议后十五日内，应将该案重行审核，倘认该商抗议为不合，应将该案呈请总税务司核夺；如经总税务司查明该税务司办理允当，即转呈关务署交由税则分类估价评议会审定之。

第四条　税则分类估价评议会，开会时关于手续等事发生一切问题，应由多数议决，此项多数议决案，须经关务署批准，并于十五日内（例假在外）公布一体遵照。

第五条　关于货价争执案件，如经税则分类估价评议会决定该货实价较抗议人原报之数超过百分之二十或以上者，则海关得于征收其应纳之正税外，饬令遵缴匿报税银十倍或十倍以下之罚款。

第六条　凡于价格上发生争议之货物，业已订立合同售出者，当报关时并未呈验合同，则该合同日后如向税则分类估价评议会呈验，拟作该货价格之凭证时即不予承认，该项抗议案作为无效。

《财政部关务署法令汇编》（民国二十一年），第 136—137 页。

十

（一）指令总税务司，为《会讯章程》
现已无效，仰即知照文
中华民国二十一年八月四日
指令第七七五三号

呈悉。该项《会讯章程》现在自己无效。仰即知照。此令。

附原呈

呈为呈请事。案准驻华美国公使函称：查海关前为决定货物充公及处罚商人案件，曾于一千八百六十八年间订立《会讯章程》，颁布施行。该章程现在仍否有效，请予查明见复，等由。准此。查会讯办法系由赫前总税务司于前清同治三年呈准先在上海试办，至同治七年，以办理颇著成效，即经颁定正式《会讯章程》，在各口一律施行。在此时期以前，海关遇有洋商违犯关章案件，无论应将货物充公或处以罚金，向由海关道与该管国领事往复函商决定，既非公开审理，复无共同评议机关审核其所定处分是否允洽，以致海关道及各国领事于商办违章案件，不免有坚持己见处理失当情事，而商人无从申诉，殊欠公允。故赫前总税务司始于此时拟订《会讯章程》八条，呈奉政府核准施行，以救其弊。此项《会讯章程》之所由来也。按近年中国政府与各国签订新约之精神，各国政府已承认中国政府应有自由施行各项关税法规之权，故最近数年间，海关罚办洋商之案甚多，仅现在驻福州日本总领事，为闽海关对于日籍船商呈送伪造舱口单处罚关平银一千两一案，要求援用《会讯章程》，会同审讯。其余所有各关办理违章案件，从无何国领事提出抗议；且海关于上年颁布《进口船只呈验单照规则》，各国亦均无异词。于此可见，前项《会讯章程》，业于无形之中完全失效，此时似不应再行提起讨论。况按现在情形而论，各国商人，对于海关所定处罚办法，如认为未臻公允，尽可请由该管国官署向中国政府从事交涉，或迳向海关提出抗议，不患无平反之余地；而海关每遇商人抗议案件后，向准延缓执行，以俟最后决定。如充公货物，则暂不拍卖，应处罚款则暂收押金，必俟案情确定后再行处分。是前项《会讯章程》，此后实不应视为有效，殊无疑义。惟事涉对外，究应如何答复美使之处，理合检同该项中英文《会讯章程》一份，及订定《会讯章程》英文纪略一份，备文呈请鉴核，令示遵行，谨呈。

《财政部关务署法令汇编》（民国二十一年），第110—111页。

（二）财政部咨外交部，为抄附海关
充公处罚办法咨复查照文

中华民国二十一年十月二十七日

部咨第九五二号

为咨复事。准贵部第五九一号咨，以关于美使询一八六八年海关没收科罚规则，已否撤销一案。在十七年《关税条约》签订以后，曾否另行颁布新章，请查明见复等因。查各海关对于违章货物之充公处罚，向有通行办法，以资遵守。自《关税条约》签订以后，关于外商所运货物之有违犯关章情事者，其充公处罚即按照此项通行办法办理，故无另行颁布新章必要。准咨前因，相应抄附《海关充公处罚办法》咨复贵部查照。此咨外交部。

海关充公处罚办法：

一　凡违犯左列情事之一者，应将货物充公：

　　子　违犯中国政府法令将违禁物品或禁止或限制运输物品私运进口或出口者；

　　丑　假报货色或呈验记载不实之发票，或伪造发票以及其他假造单据，希图将违禁物品或禁止或限制运输物品运输进口或出口者；

　　寅　未经海关发给准单，不遵海关章程，擅自装卸违禁物品或禁止或限制输运物品进口或出口者。

二　凡违犯左列情事之一者，应将货物充公。由税务司酌量情形，或按海关所估该货值价百分之六十以下售与原货主，或将该货另行拍卖；惟遇有特别情形，可以从宽处罚时，除责令原货主缴纳应完税款外，并按其所希图偷漏税款数目，处以六倍以下之罚金。

　　子　私将进出口应税货物藏匿船内者；

　　丑　未领海关准单，擅自装卸进出口应税货物者；

　　寅　私自装卸货物者；

　　卯　未得海关允许，擅将未经之进口应税货物，由码头或关栈移出者；

　　辰　报运进出口应税货物时，假报货色、价值、数量、品质、标志、号数，或捏报海关据以估算税款之其他事项者；

　　巳　呈验假发票、证明书、合同或其他单据，希图蒙混，借以偷漏应完进出口税款者；

　　午　伪造或涂改发票货单合同或海关凭以核对进出口报单之各项单据者；

　　未　伪造或涂改海关准单及已盖印之提单、下货单、或海关对于进出口货物放行起卸出入关栈、拆包改装及更换包皮上标志所发之各项单照者；

　　申　在海关应办手续尚未完毕以前，并不通知海关、私自将进出口货
　　　　物包装拆开、或更换包皮上之标志者；

　　酉　运输应税货物进出口时，假报为私人行李者；

　　戌　出口应税货物，于海关放行后有掉换影射情事者；

　　亥　违犯海关章程、私运进出口应税货物者。

三　凡违犯左列情事之一者，除将货物充公外，并将装运该货之轮船船
　　主，处以关平银一千两以下之罚金。

　　子　呈验记载不实之舱口单者；

　　丑　将私运货物藏于船内特设之秘密处所，以避检查者；

　　寅　在海关未发准单以前私自开舱卸货者。

四　在上列各条所载事项以外，如有其他违反关章情事，应由税务司随时
　　酌量情形处理之。

《财政部关务署法令汇编》（民国二十一年），第 162—165 页。

十一　呈行政院为自二十年四月一日起，取消海关退税
存票办法，除训令遵办外，仰鉴核备案

中华民国十九年十二月十七日

部呈一四三

　　呈为呈请事。查海关现行办法，凡由外洋输入之货物，于进口后三年内原
货复运出口者，其已完之进口税项，应以存票发还。惟自此项退税制度施行以
来，流弊滋多，因旧约之束缚，延未改订。现在关税，业经完全自主，自应亟
予厘正，以重课税。兹经酌核规定，凡已照完税项之进口洋货复运出口，无论
运往何处，自二十年四月一日起，概不退税发给存票。此后运商，欲享受暂免
缴税之利益者，得按关栈办法，存入关栈，借资利便。除由部通令各海关、监
督、暨总税务司遵照外，理合具文呈明，仰祈

钧院鉴核备案。谨呈

《财政部关务署法令汇编》（民国十九年），第 154—155 页。

十二　指令总税务司，为令准扬由、凤阳
两关监督名称改为税务司文

中华民国十九年二月二十二日

署指二一一一

呈悉。该扬由、凤阳两关监督名称，应改为税务司；并已由部派委翁绶琛署扬由关税务司。卢斌署凤阳关税务司。仰即知照。此令。

附原呈

呈为呈请事。案奉财政部二月三日电令内开：查凤阳、扬由两关，自上年调用海关人员试办以来，税收增溢，成效已著。兹为实行整理起见，着将凤阳、扬由两关交由该总税务司管辖。仰即遵照，迅速接收，妥为办理，并将办理情形具报备核，等因；奉此，自应遵照办理。惟该两关既移归职管辖，所有该两关以前监督名称，自应改为税务司，以昭一律。兹拟委前由部调委扬由关监督翁绶琛（江苏人）署扬由关税务司，前由部调委扬由关总务课长卢斌（江苏人）署理凤阳关税务司。除着各该税务司于二月十五日接收具报外，所有拟派扬由、凤阳两关税务司员缺缘由，是否有当，理合呈请鉴核，迅赐转呈财政部长核示施行。谨呈。

附本部呈行政院文

呈为呈请事。窃查近年海关税收激增，良由海关用人，向凭考试，员司服务，均有保障，薪给既优，责任亦专，故能祛除积弊，裨益税收。各处内地常关，因办理不得其法，往往弊窦丛生，较之海关，有相形见绌之势。职部所辖扬由、凤阳两常关，地当商务繁盛之区，税额之钜，为东南各常关之冠。但年来收数锐减。上年经职部调用海关人员，派往分任各该关监督及分关关长，以为试验。果不逾月，税收大有起色，半年以来，成效益著。兹为统一事权起见，经将该凤阳、扬由两关交由总税务司管辖。据总税务司呈请将该两关监督名称改为税务司。除指令照准，并由职部就海关中资深干练之华员派充税务司外，理合呈请钧院鉴核备案。谨呈。

十三　指令总税务司，为令准裁撤思茅关监督一职文

中华民国十九年二月二十四日

署指二一一八

呈悉。该思茅关监督一职，应即裁撤。所有职务，即由该关税务司执行。除由部呈行政院，分咨云南省政府，并令行思茅关监督外，仰即遵照，督饬将应行整顿及建设各事项，妥筹办理具报察核。此令。

附原呈

呈为拟请裁撤思茅关监督一职，以一事权，而节靡费，仰祈鉴核事。窃据思茅关代理税务司霍启谦称："现在普洱道尹，已经奉令裁撤，所有该道尹兼任之思茅关监督一职，似可呈请一并裁撤。兹谨将拟裁撤该职之理由，缕晰陈之：（一）以海关制度而论，从前设关伊始，以洋员充任税务司，洮以处理关务之责，而以道台兼任监督，洮以监督关务之责。揆其时所以设立监督者，盖寓有保持中国主权之意，又兼洋员初在中国，服务于地方，商务情形，隔阂殊多，势必赖有监督，以资协助；但自兹以后，监督之于关务，并无何等裨补，而从前各关税务司或尚有借助监督之处。今则华洋关员，久经训练，于关务当能胜任愉快，自与从前情形不同；且现在全国海关，业已划归财政部直辖。所有监督与税务司之二重制度，已为国人所訾议。按此是海关监督一项制度，现时已无存在之必要。矧思茅地处僻壤，既无领事，洋商亦无何等重要机关，所有来往商人，又多属小本经营，于关章税则，绝对服从，并无偷运禁品等情事。所以对内对外，均无交涉可言。即职关与该监督文牍往还，除按月按结照送例行表册外，亦无何等接洽之处。可见该关监督一职，已同虚设，此其可以裁撤者一也。（二）以海关经济而论，思茅征数本属极微，在近两年间，除新增附加税外，每年所征，不过关平银四千两有奇，而每年应拨监督之经费，竟需关平银四千两，再加以监督所属易武、猛烈两分关应支之经费，亦需关平银一千二百余两，合计实已超过职关旧税部分一年之征数。以国家有用之税款，置无裨实用之地，殊非政府设关征税之本意，此其可以裁撤者二也。（三）以海关职务而论，当海关在前清总理衙门管辖时代，系由税务司执行关务，由监督登记税款。迨至民国改元以后，所征税款，亦改由税务司保存拨解，监督除转呈一切例行表册外，并无何等重要事务。虽尚有易武、猛烈两分

关归其管辖，然每年均属入不敷出，所亏甚钜。此后若不由职关接管，殊无整顿之望。此其可以裁撤者三也。以上诸端，实为思关不能发达之原因。倘蒙政府准予所请，则职关每年省出一项钜款，此后经费，当能自给，不至再如今日之支绌。至该职裁撤后，所有易武、猛烈两分关，似可由职关接管，其由该署转呈之各项表册，甚为简易，亦可由职关赓续办理，当无窒碍。抑犹有陈者，福海县（即猛海）地居中缅要冲，近来商务渐臻繁盛，实有设关之必要；只因用人之权，操诸监督，诚恐虚糜钜款，又蹈易、猛两分关之覆辙，故未敢轻言举办。此后如将该监督准予裁撤，应在该县之打洛地方开一分关，若将易、猛两分关，改归职关管辖，妥加整顿，窃料思关地位，不难蒸蒸日上。所有拟请裁撤思茅关监督缘由，是否有当，理合备文呈请鉴核"等情，据此，当经详加披阅。据该代理税务司呈称各节，是该监督不但虚糜经费，抑且有碍该关之发展；如不将该监督准予裁撤，则该关应行整顿者，既属无从着手，应行建设者，亦属难于进行，似与关务，大有妨碍；惟监督系中央政府所简任，究竟应否裁撤，自非职所敢擅拟。按据前情，理合备文呈请鉴察施行。谨呈

《财政部关务署法令汇编》（民国十九年），第16—20页。

十四　海关接管五内外常关改设海关分卡酌定去留清单

一　添设新卡：

甲　瓯海关区之海门，拟添设分卡一处。

乙　粤海关区之穿鼻，拟添设分卡一处。

丙　北海关区之安铺、龙门，拟各添设分卡一处。

二　现有分卡之应予裁撤者：

甲　东海关区之下　埕子口二分卡，拟予裁撤。

乙　胶海关区之媛口、五垒岛、张家埠、蜊江四分卡，拟予裁撤。

丙　福海关区之蓁屿、硖门、牙城、乌岐四分卡，拟予裁撤。

丁　闽海关区之东吴分卡，拟请免予设置。

戊　北海关区之梅菉、石门、麻罗门三分卡，拟予裁撤。

三　现有分卡应缩小范围改为分所者：

甲　瓯海关区之镇下关分卡，拟改为分所，归该区福海关区沙埕分卡

管辖。

乙　福海关区之福宁分卡，拟改为分所，归该区三沙分卡管辖。

丙　闽海关区之三江口分卡，拟改为分所，归该区涵江分卡管辖。

丁　厦门关区之秀涂、石井两分卡，拟改为分所，分别归该区泉州、安海两分卡管辖。

戊　粤海关区之印洲、新塘两分卡，拟改为分所，归该区石龙分卡管辖。

己　粤海关区之车站分卡，拟改名为石龙车站分所，归该区石龙分卡管辖。

庚　江门关区之电白、博资两分卡，拟改为分所，归该区水东分卡管辖。

辛　北海关区之双溪分卡，拟改为分所，归该区雷州分卡管辖。

壬　北海关区之竹山、江平两分卡，拟改为分所，归该区东兴分卡管辖。

四　改定分卡名称：以下各卡现仍沿用旧日名称与实际驻在地名不符，拟予改定，以免误会。

甲　胶海关区之小洛分卡，改名为八河港分卡。

乙　粤海关区之镇口分卡，改名为太平分卡。

丙　北海关区之斗门分卡，改名为城月分卡。

五　分卡之应予移转管辖者：

甲　江海关区之海州分卡，拟改归胶海关管辖。

乙　胶海关区之沙窝岛、朱家圈、八河港、石岛、俚岛、龙须岛六处分卡，拟改归东海关管辖。

附沿海各关区分卡、分所清单表：

一　秦皇岛关区

分卡二处：山海关　洋河口

二　津海关区

分卡三处：唐山　塘沽　北塘

三　东海关区：

分卡十九处：羊角沟　下营口　掖　口　海庙后　黑港口

石虎嘴　黄河营　栾家口　天桥口　刘家旺

平畅河　八角口　击山口　龙须岛　俚　岛

石　岛　八河港　朱家圈　沙窝岛

四　胶海关区

分卡三处：沙子口　青岛小港　海州

五　江海关区

分卡一处：吴淞

六　浙海关区

分卡一处：镇海

七　瓯海关区

分卡二处：海门　古鳌头

八　福海关区

分卡二处：沙埕　三沙

分所三处：福宁　可门　镇下关

九　闽海关区

分卡三处：海口　涵江　秀屿

分所二处：三江口　潭头

十　厦门关区

分卡四处：獭窟　泉州　安海　石码

分所二处：秀涂　石井

十一　潮海关区

分卡二处：东山　汕尾

分所三处：妈屿　海门　达濠埠

十二　粤海关区

分卡六处：穿鼻　陈村　石龙　太平　容奇　市桥等

分所三处：新塘　印洲　车站

十三　江门关区

分卡七处：江门　广海口　石岐　阳江　崖门　水东
　　　　　三夹海等

分所五处：电白　傅贺　都斛　闸坡　北津口

十四　琼海关区

分卡二处：清澜　铺前

十五　北海关区

分卡十一处：东兴　安铺　龙门　黄坡　芷芎　麻章

　　　　　　福建　大埠　沈塘　城月　雷州

分所三处：竹山　双溪　江平

《财政部关务署法令汇编》（民国二十年），第 179—183 页。

十五　海关历任总税务司政策之沿革及将来行政之方针

梅　乐　和

（1934 年 5 月 1 日暂行代理总税务司罗福德发出的总税务司机要通令第 106 号附件 3。）

余自就职以来，对于海关所采取之政策，既已见诸实施，本可无庸辞费；然余犹不能已于言者，乃为余之政策，是否适当耳。顾欲知余之政策，是否适当，又不可不将以前历任总税务司之政策，及其在政策上所获之效果，一一追述而衡量之，庶可得有正确之认识，以为将来行政之南针。今于叙述之前，先作简单之论列。盖余之政策，在恪遵赫前总税务司之遗规，使海关为纯粹中国机关，以期获得政府之信任，及一般商民之同情；且深信此项政策，可将海关置于安全最完善之地位，较之安前总税务司所施之政策，为深合时宜也。

历任总税务司政策之沿革，可分为三时期，第一时期，自总税务司署成立起，至前清宣统辛亥年止。第二时期，自辛亥革命起，至中国恢复关税自主止。第三时期，自恢复关税自主起，至现在止，试分述于左。

第一时期，为赫前总税务司任职时期。赫前总税务司对于海关之观念，以为总税务司署，乃系中国机关，总税务司系受中国政府之任命，办理海关事务，故总税务司在执行关政上，对于中国政府，系协助性质，非代替性质，自不应蔑视中国之主权，而谓政由我出。其在前清同治十二年间，曾有通令申明此义，略谓海关雇用洋员，对于海关与洋商接洽事务，无论如何便利，对于海关税收，无论如何有益，但总非中国欢迎之事。海关虽因雇用洋员，颇见发达；然在中国方面观之，似在被迫与外国通商之后，不得已而为之者。因此现行由洋员管理之海关制度，迟早必须取消。此种制度纵可收效于一时，为中国政府所借重；但日后洋员地位，必因中国民族能力之发展，而受天然之淘汰。故吾辈洋员之责任，仅系协助中国政府，办理海关事务，不可置中国主权于不顾，或竟取而代之也。后于前清光绪三十一年，复经重申前令。余以为赫前总税务司此种见解，甚属正当，至今日而益信。其在任时，所以能得中国政府之信任，而立不朽之功业者，良由于此。至前清宣统辛亥，赫前总税务司逝世，迄今二十余年矣，中国有识之士，犹为之称颂不置焉。

第二时期，赫前总税务司逝世后，继任者为安格联氏。未几武汉起义，支配海关税款办法，因之发生重大变化，缘外交团方面，深恐以关税作抵之债赔各款，致受时局影响，因要求中国政府特准总税务司负责经征并保管税款，兼主管债赔各款事务，于是各关监督经征及保管税款之权，始移转于各关税务司之手。嗣管理关余，及以关余抵借债款各问题，又相继而起，以致情形愈为复杂，而总税务司与中国政府，历年以来，发生种种误会，实即胚胎于此。然此种结果，实为当时外交团意料所不及。在外交团要求变更经征及保管税款办法之初，原系应付一时之特殊情形，并无意涉及关余保管问题，盖其时关税收入，尚不敷拨付债赔各款之用，安有所谓关余？既无关余又安有所谓关余保管问题？嗣海关税收增多，使团方面，虽偶有非经总税务司证明，不允中国政府提用关余之办法，但若谓以后外交团对于关余，有意干涉，实为远于事情之论也。且当时一般见解，以为总税务司保管关余，终必与中国政府发生误会，而海关之地位，亦必蒙其影响，证诸安前总税务司任内之事实，益令人服其先见。安前总税务司就职后之数年，广东护法政府组织成立，与北政府两相对峙，而海关在事实上，则隶于北政府，故北政府得以关余抵借债款；然关余者，乃系全国海关之关余，所有广东政府统治下之各省海关关余，当然包括在内，北政府既以全国关余，抵借债款，是北政府独享支配全国关余之权利，而使广东政府担负债务上一部分之义务，则广东政府之反对此事，并连带反对管理关余之总税务司，自不待言；而北政府以总税务司把持关余，侵夺财政部之权限，对之亦甚嫉视，驯致海关形成独自为政之局。安前总税务司于十一年某函有云，海关在中国财政上，完全变为独立，最后所恃以维持者，非中国政府，乃为列强政府云云，其情形概可想见。然夷考其实，安前总税务司保管关余，虽近擅专，但代管内债，系受当时政府之委托，既为当时政府服务，自属义不容辞，此种情形，亦为广东政府所深悉。迨至十五年年终，北政府拟将全国二五附加税，交由海关征收；安前总税务司以为此项附加税，既为条约所无，又未获各国同意；若海关遽行征收，必致引起国际交涉，因力劝北政府取消此议，一面通令各关税务司，如政府不纳谏言，径颁明令，海关应坚决拒绝代收等语，此种态度，深为北政府所不满，遂于十六年一月三十一日奉大总统令，准免本职，旋由税务处特准给假一年，假满后即行退休。余以为安前总税务司，当时对于此案，其理由无论如何正当，只可向政府陈述，不应自视为关税政策之主持者。盖总税务司职在奉行政府之命令；倘因执行命令，发生外交上之关系，或法律上之问题，总税务司当然不能负责。易言之，总税务司之职权，系中国政府所授予，而非得自条约，此余对于此事之观察也。然而安前总税务司之政策，亦大略可知矣。

安前总税务司于十六年初退职后，经北政府派委易纨士氏代理总税务司，英国公使亦从中赞助之。至十七年十月间，南京国民政府始予承认。易氏在职期间，对于管理关余及其他事宜，仍遵循安前总税务司之成规，其他亦无所表见，故略之。

余对此又有附带叙述者二事。当十六年春间，上海方面，关于附加税问题，曾发生最奇异之运动。缘其时有人提议，所有进口货物，于完纳关税以后，未缴附加税以前，即由关将货放行，以图推翻附加税之组织。是时余适在江海关税务司任内，参与此项运动者，拟推余为首领，提倡实行。余声明不愿为此事之首领，并不愿在任何情形之下为首领。南京政府征收无条约根据之捐税，系外交范围之事，海关不能干预；除政府向余垂询时，可贡献意见外，不能采取任何行动。同时余又将此项意见，向驻沪领袖领事，及上海洋商商会，分别说明，均无异议；而南京政府，对于余此种态度，亦认为极端正当，并表示满意（见机密通令第六十二号及附抄与此事有关往来函件）。假使余当时轻信若辈之主张，则海关必牵入政治漩涡，不惟海关制度，将发生剧烈变化，而以关税担保之债赔各款，亦将有意外之危险矣。

在前项运动发生以后不久，又有人提议，由各大国领事合作，将管理江海关之权，由中国方面攘夺，暂由领事组织委员会管理之。在进行此项计划之时，有人曾询问上海洋商商会能否供给验估人员，以为此项新组织之用。当时该会主席答以在缴纳税款以前一切事务，仍应由海关照常办理，毋庸变更等语。嗣稳健派得占优势，此项运动，旋即消灭。观于以上两事，可知中国海关，当时实处于危险之地位。此种事件，虽不在总税务司政策范围之内，然亦有因果之关系，故附述于此。

第三时期，易前代理总税务司，自十七年十月间，经国民政府承认后，至十八年一月即行辞职，国民政府遂任余为总税务司。今欲述余就任后，所采取之政策，姑先述余就任前种种之经过。在易前代理总税务司未经国民政府承认以前，余方任江海关税务司，当时国民政府以余在税务司中，资格最深，又居江海关税务司重要地位，故关于海关一切事宜，恒垂询于余，并拟派余为副总税务司，或领袖税务司，余雅不欲海关分裂，当即力辞。数月后，国民政府又拟派余为南方总税务司，并声明所有总署委派人员，不经余核准者，政府即不承认。余仍本前项宗旨，力辞不就。余此种态度，原为维持海关完整起见；不意当时有少数上海外籍报纸，竟谓余有破坏海关之意，横肆攻击，殊为遗憾。

余受任总税务司后，赴南京晋谒当局诸公，详述维持海关现行制度，以巩固财政之基础，及内外债之信用，为第一要义。当局诸公，亦均洞鉴及此，表示无变更现行制度之意，并对于余拟训练海关华员，使能负较重责任，以备将来完全由华员自办之意见，表示嘉许。由此观之，在最近将来，海关现行制度，当无若何变更，余对于海关之观念既如彼，当局诸公之意见又如此，故余决定主要之政策有三，（一）华洋职员，平等待遇，华员中有相当资格，及办事得力者，得升充税务司；（二）服从政府命令，不受外力之干涉；（三）绝对不干涉关余。关于第一项，余尤当说明者，在设立海关之始，华人中受新式教育之人才甚少，故赫前总税务司不得不以洋员任干部职务，以应需要。自民国肇造，时势丕变，华员中有相当关税经验者，日见增多，昔日对于华员之限制，不容存在，故提高华员地位，乃系自然之趋势，亦系公允之办法，所谓彼一时此一时也。要之余之政策，一方恢复中国在关政上之主权，一方维护海关现行制度，斯二者似相反而实相成。何则？若徒欲维护海关现行制度，而不恢复中国在关政上之主权，则政府对于海关，势必不能信任，国内舆论，亦必加以非难，而现行海关制度，终无维护之可能。若徒欲恢复中国在关政上之主权，而不维护海关现行制度，则海关地位，发生变动，使中国在财政上，国信上，以及与海关有关系之各种事业上，同受影响，而中国在关政上之主权，亦难达恢复之目的。前者之理由，尚简单而易知，后者之理由，则复杂而难明，兹将后者之理由，详细说明之。中国所有债赔各款，均由总税务司管理，而国内公债，亦多以关税为担保，信用颇为巩固。如海关现行制度，发生变动，则海关随政局为变迁，中国政府对于内外债及赔款，无论如何维持信用，亦不能免债权者之过虑，而对内对外之纠纷，正不知伊于胡底，此关于国信者也。中国国库收入，以关税为大宗，实为国家命脉所托，现正在竭力整顿之中，将来关税收入，尤居中国财源重要地位，自可断言。历年以来，中国政局，虽极端俶扰，而海关之统一自若，关税之完整自若，中央军政各费，大抵取给于此；若海关现行制度，一有变化，则海关势不能超然于政治漩涡之外，海关既随政局为转移，关税亦随政局而分裂，而中央军政各费，自必顿形枯竭，所有一切建设，均无进行之余地，此关于财政者也。不宁惟是，现时中国港务灯塔及引水事宜，因时势之需要，均由海关管理，中外航商各业，均利赖之。他如中国金融事业，亦与海关有密切之关系，其盈虚消长之机，实由海关司之。凡此诸端，均附丽于海关现行制度之下，而同其休戚，此尤其显焉者也。余迭向政府，申述此旨，深蒙采纳，盖于此有同揆焉。

海关现行制度，既有维护之必要，且为政府所深知矣，吾人对于海关行政。惟有厉行余之政策，绝对服从政府命令，使海关为纯粹中国机关，而无客卿专政之嫌，使华员地位提高，俾可担任重要职务，而无久假不归之意，且须尽心服务，以期获得优美之成绩。如此则政府方面自必益加信任，对于现行制度，必不愿轻事更张，自坏其财政上之万里长城，即中国与海关有关系各方面，亦必表示深切之同情，而予以相当之拥护矣。

近年以来，因华员地位提高，所有华洋人员，颇能和衷共济，办事效率，亦因之增加，将来关政前途，自必有蒸蒸日上之势。而吾人所又堪自慰者，关政则日进有功，经费则极力缩减，统计海关经费，连同办理灯塔港务，及缉私设备，仅占税收百分之八九，是收税百元，解交政府净数在九十元以上。以海关行政范围如是之广，而经费不过此数，此种结果，一方固由现在税率提高，税收激增，同时复将海关所收各项杂费，充作经费之故；而海关行政得宜，尤为其主要原因。关心关政者，对此当作如何之同情耶。余深信海关最困难时期，业已安然渡过，吾人苟能本以上所述之方针，继续迈进，海关前途，自可乐观，推厥本源，端由赫前总税务司之嘉谟良规，堪资矜式，余因得祖述其意，发扬而光大之，始有今日之结果，岂偶然哉。

（按：此文写于1931年3月1日。1934年梅乐和请假回英时，把这份文件交给暂行代理总税务司罗福德，提供他作为处理关务的参考。罗福德"认为这个备忘录对于整个海关极为重要"，"是一份历史性文件"，所以将此文件及其中译本以通令的附件通饬各税务司"及其属下的高级关员参阅。"全文刊载于《总税务司机要通令》第2卷，第9—29页）

十六 致上海洋商商会主席函

民国十六年八月二十五日

径启者：关于征收附加税问题，外间颇多误会之处，兹将鄙人对于此事之态度详细述之。征收未经条约规定之捐税，系一政治问题，应由中国与各国政府直接解决之，若海关仅系中国政府所属机关，对于各国领馆方面，所筹划拒付此项附加税之办法，自不应有所参予，必须由各国政府用最适宜之方法，直接应付之，其理固甚明也。按国民政府征收此项附加税办法，系在中国银行海关收税处内，设一二五附加税局，以海关监督为局长，故该局因局长之地位得于商人完纳关税后，将应发给之海关税款收据暂予留押，俟商人将附加税缴清后，再行发给；而海关方面，按照条约规定原则及向例，对于商人所纳关税，必须有已向收税处缴清税款之书面凭证（即税款收据），方予将货放行，各国领事鉴于以上情形，有时准许商人将应纳关税，缴存领馆，请关将货物先行放行。此项办法，是领事得在领馆内自设收税处，鄙人碍难承认，因之对于未领有海关收税处所发税款收据之货物，拒不放行，于领馆方面，以为海关收税处在付清附加税以前，既拒绝发给税款收据，而海关对于未领有税款收据之货物，不予放行，是海关被利用为征收不合法捐税之工具，不免啧有烦言。但鄙人以为此事解决之途径，不当求之于海关，应由各国政府，直接与中国政府提出交涉，以免附税局限制海关收税处之日常工作，舍此别无他途也。

近来又有要求海关税务司积极协助反抗国民政府以图破坏附加税之组织者。不知中国海关为国家信用及国内外贸易之砥柱，而且债赔各款，率以关税为担保，并由海关直接管理；他如航行标志，各口港务，亦均海关主持之，其责任之巨，关系之重，为何如者。若海关与各国领事，联合一致，反对国民政府，以图破坏附加税之组织，是海关牵入政治漩涡，其结果不但上海海关，将受莫大影响，而在国民政府统治下之各海关，亦无以维持完整之局，行见海关管理之以上诸端，均必发生变化，而债赔各款，且将根本动摇，故敝意必须将海关置于政治漩涡之外，对于解决附加税问题，海关毫不参与，一任各国自行设法解决。虽报纸不明真相，致有误会之言论；然鄙人殊不以为意。惟有根据上述原则，努力进行，且深信此项主张，于中外商务及财政诸端，良有裨益也。

近来各方面尚有一种见解，以为海关可以脱离政府，独立行动，此种见解，完全错误。本埠海关，除租界总关外，在部属方面，则尚有分卡多处，北卡位于苏州河十英里以上，南卡位于黄浦江五英里以上，又南市常关，吴淞常关，及吴淞港务办事处；在财产方面，则有浦东浮标存储厂，火药库，各种船只。以上各项，皆分布于租界以外，势必须仰赖国民政府，予以保护，断无可以脱离政府独立行动之理，实不仅关于国信及国内外贸易诸端之利害而已。

上海洋商商会主席复函
民国十六年九月十五日

接奉大函，敬悉一是，敝商会对于阁下地位之困难，深为了解，而阁下所持之政策及态度，系将海关置于政治范围之外，并保障商务及财政之利益，敝会甚表赞同。敝会以为海关完整必须维持，各国政府对于本地当局把持干涉海关管理权之企图，当必不以为然也。

十七　主要征引书目

《总税务司通令》 Inspector General's Circulars

后改为《总税务司署通令》，海关总税务司署统计科印行。

第 2 辑　（1911—1914）
第 2 辑　（1914—1916）
第 2 辑　（1916—1919）
第 2 辑　（1919—1921）
第 2 辑　（1921—1924）
第 2 辑　（1924—1928）
第 2 辑　（1928—1930）
第 2 辑　（1930—1931）
第 2 辑　（1931—1932）
第 2 辑　（1932—1933）
第 2 辑　（1933—1934）
第 2 辑　（1934—1935）

第 2 辑 （1935—1936）

第 2 辑 （1937—1938）

第 2 辑 （1938—1941）

第 2 辑 （1942.4—10）

第 2 辑 （1945—1946）

第 2 辑 （1947—1948）

第 2 辑 （1948.5—10）

第 2 辑 （1948—1949）

第 2 辑 （1949.6—8）

《渝字通令》

1—100

101—200

201—250

251—300

《总税务司机要通令》 Inspector General's Semi-Official Circulars

第 1 卷 （1911—1933）

第 2 卷 （1933—1949）

《财政部关务署法令汇编》

民国十七年至民国二十一年，每年出版一册。无出版单位及出版年月。

《中国近代海关历史文件汇编》

Documents Illustrative of the Origin，Development，and Activities of the Chinese Customs Service，共 7 卷，［英］魏尔特编，总税务司署统计科 1940 年出版。

《新关题名录》（后改为《海关职员录》）

总税务司署统计科编印，每年出版一期，总 74 期。

《海关法规汇编》（1937 年版）

　　总税务司署统计科编印，前后印行了三版。本书的引文都是出自第三版。

《自民国元年起至二十三年止关税纪实》（简称《关税纪实》）

　　［英］魏尔特原著，郭本校阅。总税务司署统计科 1936 年版。

《海关制度概略》

　　总税务司署统计科 1949 年印行。

《海关罚则评议会章则议决案》

　　海关罚则评议会编印，1936 年版。

《中国海关人事管理制度》

　　总税务司署统计科印行，无出版年月。

《中外旧约章汇编》第一、二、三册

　　王铁崖编，三联书店 1982 年第 2 次印刷。

《帝国主义与中国海关》丛书：

　　第十编：《中国海关与庚子赔款》。

　　第十三编：《中国海关与辛亥革命》。

　　第十五编：《一九三八年英日关于中国海关问题的非法协定》。

　　本丛书在 1961 年前由科学出版社出版，1961 年后由中华书局出版。

《帝国主义与胶海关》

　　档案出版社 1986 年版。

　　中国第二历史档案馆藏：海关总税务司署档案全宗号 679，327435、277。

《银行周报》

《申报》

《民国日报》

《晨报》

《新闻报》

《关声》

《中国共产党的七十年》
胡绳主编，中共党史出版社 1991 年版。

《旧中国公债史资料》
千家驹编，中华书局 1984 年版。

《中国恢复关税主权之经过》
王正廷著，北洋政府外交部编纂委员会 1929 年编印。

《顾维钧回忆录》
中华书局 1988 年版。

《国民政府外交史》
洪钧培著，上海华通书局 1930 年版。

《中国关税沿革史》
［英］魏尔特著，姚曾廙译，三联书店 1958 年版。

《中华帝国对外关系史》第一、二、三卷
马士著，张汇文等译，商务印书馆 1960 年版。

《中国近代海关税则史》
叶松年著，上海三联书店 1991 年版。

《海关职工革命斗争史文集》

中国海关学会编，中国展望出版社 1990 年版。

《海关通志》

黄序鹓著，商务印书馆 1915 年版。

《中国海关制度论》

［日］高柳松一郎著，李达译，商务印书馆 1927 年版。

《外交部公报》

国民政府外交部编。

《中华民国史纲》

张宪文主编，河南人民出版社 1985 年版。

《海关服务三十五年回忆录》

林乐明著，香港龙门书店 1982 年版，香港中文大学邝兆江教授寄赠。

《抗战前海关往事琐忆》

叶元章著，台湾出版，无出版社名，1987 年版。

《海关蜕变年代——任职海关四十二载经历》

卢海鸣著，台湾雨利美术印刷有限公司 1993 年印刷。

《服务海关四十一载琐记》

王树德著，无出版单位名，1990 年出版。

最后三本书均系台湾关税总局叶伦会先生寄赠。

十八 其 他

（一）《历史研究》鼓舞了我的中国海关史的研究

从 1954 年《历史研究》创刊以后，我的研究工作几乎和它结下了不解之缘。

早在《历史研究》创刊的第二年，我青年时期的习作《明代的工匠制度》得到它的采用，刊登于 1955 年第 6 期，这篇文章标志着我研究明代经济史的开端。1959 年，我的研究方向由明代经济史转入近代经济史。当年的《历史研究》第 2 期发表了我的《甲午战前中国农村手工棉纺织业的变化和资本主义生产的生长》，这是我研究中国近代经济史的开端。《历史研究》对我的研究成果的发表，鼓舞、推动了我的每一阶段的研究工作。

从 1954 年到 1959 年是我研究的春天。其后，阶级斗争一天天地加紧，全国呈现着山雨欲来风满楼的凄煞景象；紧接着十年浩劫的"文化大革命"爆发了。

1972 年冬，一阵狂风骤雨突然把我打进暗无天日的深渊，看来永无翻身之日。眼看着大好时光受到无情的摧残，而篡改历史的文化专制逆流到处泛滥，不胜愤激！我不甘心宝贵年华淹没于滚滚黑流，决心咬紧牙根，在条件许可范围内，力争继续我的研究工作。当时，我无法估量我的厄运将持续到何时，我得搞个内容广泛、难度较大的研究课题，以便持久奋斗。我在中国近代史的教学中，模糊地体会到中国近代海关问题，内容庞杂，影响和作用很大；在学术领域中是一片荒漠，很有开拓的必要。我确定以中国近代海关史作为我持久的研究课题。

课题确定之后，立即率同全家大小，根据各自的能力，选摘、抄写、校对、翻译有关资料。经过了六七年的默默工作，虽然遭到无法言宣的艰难险阻，终把多年积累的资料加以整理，集成《中国近代海关史资料总目》一册，并在这个基础上开始撰写论文。1980 年春，我写出了"中国近代海关行政的几个特点"，寄给《历史研究》编辑部。

编辑部审阅我的文章之后，当即给我写了回信。回信极大地鼓舞了我的研究，成为我研究中国近代海关史的动力，我至今还把它珍藏。回信说："大作……收到。我们已将其打印，并在编辑室进行了认真的讨论。同志们认为关于帝国主义控制下的中国海关，是个值得研究的课题，而且过去还很少发表这方面的研究文章，因此，我们对于你的这篇文章很感兴趣。希望你能在现在基础上加以充实，提高。"此外，"从你附寄之《中国近代海关史资料总目》来看，你对这方面的资料很熟悉，而且有多年的研究，不知你还有哪些专题研究计划？你的这篇文章，仅就海关机构本身作了论述，能否再在这方面为我们撰写文章？如评赫德，再如《帝国主义与中国海关》。这样题目虽然较大，但作全面系统的论述也是很有意义的。如果你有兴趣，我们很欢迎你为我们撰写这方面的文章。"编辑室主任还特附了一函，内称："海关问题……我们想多发一些，加以提倡。您是这方面问题的专家，研究多年，占有丰富资料。我们编辑室的同志，都恳切希望您能予支持……继续为我们撰写有关这方面问题的文章。……我想您一定会慨然惠允。"（1980 年 4 月 30 日、5 月 2 日来函）

接到这封信，喜出望外。因为我的研究受到重视和热情支持，而且明确表示有意提倡。编辑部这种积极倡导的精神，增强了我的研究信心，我决心把毕生的精力贡献给中国近代海关史的研究。但是，按照我当时的水平，我确实写不出所要求的文章。过了一段时间，我却写出了中国近代海关一篇阶段性的文章，即《论清末税务处的设立和海关隶属关系的改变》。这篇论文刊载于《历史研究》1987 年第 2 期。

1985 年，我在深入接触海关档案之后，感到海关的历史涉及关税史、对外贸易史、内债史、外债史、金融史、港务史、航政史、邮政史、气象史、检疫史、军事史、教育史、外交史以至对外关系史等。海关史的内容如此庞杂，海关档案又是浩如烟海，要完成这个项目的研究任务，绝非个人能力所能办到的。为了进行分工合作、综合系统的研究，我觉得非设立研究机构不可，因而贸率倡议中国海关学会和厦门大学合办"中国海关史研究中心"。研究中心终于 1985 年 11 月成立，经费和人员问题大致解决，中心工作开始蓬勃发展起来了。

鉴于近代海关是英国控制下的国际官厅，它和各国特别是英国的对华政策以及政治、经济、文化等领域都有密切关系；各国外交部都保存了大量有关中国海关的档案资料，回国的海关外籍人员也有许多有关海关问题的记录、信件、文件；而各国学者研究中国海关问题的也不乏人，有必要在国际范围内交流有关资料、研究成果和不同观点，因有举办国际学术研讨会的想法。1988

年我们倡议香港大学举办首次中国海关史国际学术研讨会。王赓武校长欣然俯诺。我曾就举办首次研讨会问题征求《历史研究》编辑部的意见。近现代史编辑室给我回了信，提供了宝贵意见，信说："首次〔国际〕会议，意在提倡，唤起学术界对这个专题的关注。因此，将会议重心放在交流研究及资料方面，并对这个专题的研究历史和现状进行总的检讨，这对于组织队伍、推进研究的深入，无疑是十分必要的。"还称："我们觉得，海关史研究不仅是一项开拓性的工作，可以扩大近代史研究的领域，填补以往的薄弱环节，而且还会在总体上推动整个近代史研究的开展，深化人们对近代史的认识。"（1988年3月10日函）这封信不但坚定了我举办国际研讨会的信心，而且加深了我对中国近代海关史和中国近代史密切关系的认识，对我的研究工作有很大的启发。

首次国际学术研讨会于1988年在香港大学举行。《历史研究》编辑部特请章鸣九和徐思彦两同志参加。章同志提交了《海关总税务司赫德与洋务运动》一文；徐同志针对拙作提出了《评〈中国近代海关史问题初探〉》一文。这篇文章发表于《中国社会科学》1989年第5期。它鼓励了我对海关史的持续研究。

1989年12月上旬，《历史研究》主编徐宗勉同志暨编辑部阮芳纪、章鸣九、马力四同志赴汕头筹备第四届洋务运动史讨论会，途经厦门，看望了我。我希望借着《历史研究》的火车头作用，带动海关史的研究，建议他们和研究中心联合举办第二次中国海关史国际学术研讨会，得到他们的热情支持，当即达成合办协议。

1990年8月第二次国际学术讨论会在厦门大学举办。由《历史研究》编辑部、《近代史研究》编辑部、中山大学历史系、广东社会科学院历史研究所和中国海关史研究中心联合主办。时任《历史研究》副主编的阮芳纪同志任研讨会组委会副主任委员。阮同志亲临厦门共同主持研讨会，并就总税务司赫德在庚子赔款中的作用问题发了言，还代表组委会在闭幕式上作了总结性的发言，肯定研讨会的优点和不足之处，并建议国内外学者一起努力，为海关史的研究筹措基金。

编辑部为了提倡海关史的研究，在1991年第2期的《历史研究》上，特发表了一组有关中国海关史的文章，其中包括我的《从总税务司职位的斗争看中国近代海关的作用》和《近代史研究》主编夏良才同志的《海关与中国近代化的关系》两文，还附了薛鹏志同志的《中国海关史第二次国际学术研讨会概述》。这一期的《历史研究》突出了中国海关史研究的重要地位，尽了倡导的责任。

从上述一系列的事实看来，我的近代海关史研究的发展和《历史研究》编辑部的鼓舞和指引是分不开的。我殷切希望编辑部继续不断地带动新的研究领域的开拓，推动学术争鸣，把历史研究推向更高的台阶。

注：《历史研究》发表本文时对于一些引文略有删节，此系原稿。

1993 年 10 月于厦门大学中国海关史研究中心

（二）1995 年 5 月 4 日在香港中文大学主办的中国海关史第三次国际学术研讨会欢迎宴会上的讲话

主席、各位来自五湖四海的专家学者们：

中国海关史第三次国际学术研讨会，在中文大学历史系主持之下现在开始了。

中国海关史国际学术讨论会，是由香港大学倡办的。1987 年厦门大学中国海关史研究中心建议港大王赓武校长，由港大举办中国海关史首次国际学术研讨会，以为倡导。王校长对于学术研究工作极为重视，当即和历史系先生们商讨，结果接受了建议。这样，中国海关史首次国际学术研讨会于 1988 年 11 月底在香港大学历史系和亚洲研究中心主持下顺利召开了。我们今天举行第三次研讨会，不能不追忆香港大学王校长倡导的功绩。第一次研讨会的主持人是霍启昌博士。

在第一次研讨会中，厦门大学中国海关史研究中心、《历史研究》编辑部、《近代史研究》编辑部、中山大学历史系和广东社会科学院历史研究所参加会议的先生们，商定由五个单位联合举办第二次国际学术研讨会，并由中国海关史研究中心牵头。1990 年 8 月，第二次中国海关史国际学术研讨会在厦门大学举行了。

今天的研讨会是由中文大学历史系主办的。这次会议是由美国特拉华大学庞百腾教授提出、中国海关史研究中心倡议的；但是如果不是港大王校长、厦门大学郑学檬副校长和中文大学许倬云院士与陈学霖、吴伦霓霞前后两位历史系主任的共同努力，还是难于落实的，应感谢五位先生的促成。

第一次学术研讨会参加的学者，来自美国、加拿大、日本、中国（包括台湾、香港地区）。会议议题是"中国海关与中国近代史"，王赓武校长亲临开幕式，并讲了话。新华社香港分社文教部、商务印书馆总经理、《虎报》、《明报》、《文汇报》的记者参加了开幕式。

第二次学术研讨会的议题是"中国海关的影响与作用"，参加会议的学者其国籍和第一次差不多。参加研讨会开幕式的有厦门大学副校长郑学檬教授、厦门市人民政府秘书长蔡模楷、厦门海关副关长逢浚才等，中央人民广播电台、厦门日报社、厦门广播电台等单位的记者，参加了开幕式。研讨会聘请哈佛大学费正清教授和港大王赓武校长为顾问。

中国海关学会、中国海关史研究中心、汕头海关、厦门海关、中国第二历史档案馆分别赠送参加会议学者有关书籍。

通过了两次国际学术研讨会，海关史的基本问题大多接触到，交流了各国对中国海关史的研究情况和学术观点，增强同行的国际学者的友谊，开始打开了中国海关史研究的国际局面，促进了大陆海关史研究的发展。

清初设立的海关，到了太平天国初年——1854 年，英、美、法三国领事乘着小刀会占据上海城，海关行政停顿机会，接管了上海江海关。这是外国接管中国海关的开始。到了 1858 年，这种外籍人员管理的海关制度才根据不平等条约推行到了全国，外籍税务监督制度演变为外籍税务司制度。从此，这种外籍税务司制度成为近代中国一成不变的海关制度了。

近代中国海关是在外籍税务司管理之下，它的职能庞杂，它的业务也包罗万象。海关历史包括了港务史、航政史、内债史、外债史、邮政史、洋务运动史、对外关系史以至外交史等。正因如此，海关对中国近代社会、经济、政治、文化都产生了广泛的影响和作用。

深入地研究中国近代海关的历史，不仅可以充实整个中国近代史，而且可以加深对中国近代社会性质的认识，推动了有关专门史的研究。由于中国海关的"国际性"，它和各国、特别是英国的经济、政治、文化有着密切关系。外籍人员回国时带回了不少海关档案资料、各国外交部保存着大量的海关档案、外籍人员保存了大量有关问题的日记、书信、评论，一些外国学者做过中国海关历史的研究。因此，举行国际学术会议、交流各国资料、交流各国研究情况、交流各国观点，成为一件必要的事情。我们希望通过一次次的国际学术研讨会，求同存异，群策群力，共同推动中国海关史的研究工作。

厦门大学中国海关史研究中心正在从事中国海关史这门学科的研究，今后计划整理、翻译海关机密档案；已经取得了中国第二历史档案馆领导同意与合作。这个工程，不是研究中心一个单位所能承担的，我们希望，各国学者在人力、物力上提供帮助。

这次研讨会，中文大学历史系的先生们做了大量的、认真的筹备工作。他们辛苦了，我们特此向他们致敬！

敬祝研讨会成功！

（三）《中国海关史论文集》序
香港中文大学吴伦霓霞、何佩然主编，
香港中文大学历史系 1997 年出版

中国海关史第三次国际学术研讨会由香港中文大学历史系主办，于 1995 年 5 月在港举行。这是研究中国海关史的一次盛会。

中国海关原是独立自主的。鸦片战争后，随着列强对中国侵略的加紧，它的主权步步被侵夺了。于是，海关虽是中国的行政机关，却在外籍税务司管理之下；海关虽为中国征收对外贸易关税，其业务的管理，却远超于征税范围，诸如航政、港务、内债、外债、邮政、同文馆等，甚至连清政府的外交，也都在其控制之下。因为它管理的范围广泛，对中国社会的影响深巨。研究中国近代海关史，不但可以充实中国近代史和有关专门史的内容，而且可以加深对近代中国社会性质的认识。

近代中国海关是在外籍税务司管理之下，它和列强有着密切的联系。各有关国家外交部都保藏着大量中国海关档案，海关外籍人员退休返国的，带回了不少海关档案，有的还撰写了有关海关问题的著作、书信、日记，英、美等国研究近代中国海关问题的，也不乏其人。因此，如非举行国际学术研讨会，交流研究资料、学术观点，求同存异，不可能使这个研究领域取得全面的发展。

中文大学历史系有鉴于此，毅然承担起举办第三次国际学术研讨会的任务。历史系的先生们，为完成这个任务，夜以继日地筹备工作，动员了全港以及附近的澳门、珠海各高等学校的历史学界参加主持会议和评议，备极辛劳。现在又决定将与会学者提供的论文，汇成论文集出版，工作更为繁重。此书出版，将促进这个研究领域的发展，贡献至大。

中文大学对于中国海关史的研究，如此热心倡导，洵足钦佩！书成，嘱我作序，爰志其倡导之热忱于此，并致敬意，此序。

1997 年国庆节于厦门大学中国海关史研究中心

（四）《东印度公司对华贸易编年史》出版缘起

［美］马士著，区宗华译，林树惠校，

中山大学出版社出版

《东印度公司对华贸易编年史》是在中国海关担任过税务司的美国人马士的巨著。马士阅读了东印度公司有关中国方面的全部档案。这部著作是在公司档案保存的航务日记和航务咨文以及有关资料的基础上编写的。书上所说的英国对华贸易，"事实上是广州与伦敦之间的贸易"（本书原序）。这是一部早期英国对华贸易状况的记载，是研究中国经济史、特别是中英贸易史的珍贵资料。随着中英贸易的开展，中国和英国的关系步步打开。在中英两种不同社会制度上开展的贸易，势必引起两国间的频繁交涉，从而引起了许多矛盾冲突以及一切错综复杂的现象，所以这部著作也是早期中英关系历史发展的记载。

东印度公司的对华贸易，主要是在粤海关管理之下进行的。因此，本书对于粤海关的制度和管理也有所记载。书中特辟几章记述粤海关问题。这是研究清代海关史不可多得的资料。

中国海关史研究中心鉴于这是一部资料价值很高的著作，是研究早期中英贸易、中英关系和清代海关的重要史籍，所以早于成立开始，就把它的翻译列入研究规划。其后探悉中山大学经济系区宗华教授已于"文化大革命"中译竣全书，经中山大学历史系陈胜粦主任的介绍，征得区教授的同意，把译稿交给研究中心处理，区教授委托经济系汤照连主任代理其事。

本书的译稿是在十年浩劫、条件艰难的境况下完成的。研究中心认为有加以整理的必要，汤主任还建议加以校订。当由区教授请中山大学历史系章文钦先生负责全书人名、船名、地名的规范化工作，章先生又参阅中西文献，增补了三百二十多条译注，研究中心特请南开大学历史研究所林树惠教授进行校订。全书的整理校订工作，历两年始告完成。

陈胜粦主任重视本书的出版，和中山大学出版社联系出版事宜。该社以本书既具很高的史料价值，决定承担出版任务，并列为重点出版项目。研究中心特请柯焕孙副主任专程赴广州，与中山大学出版社刘翰飞副编辑协商出版问题。经多方斡旋，终于达成出版协议。

中国海关史研究中心是中国海关学会和厦门大学合办的学术研究机构。本书的出版和两单位领导的关怀和支持是分不开的。

我们谨向上述单位领导以及译校整理参与出版工作诸先生致以衷心谢忱！

1989 年 4 月于厦门大学中国海关史研究中心

（五）《赫德与中国海关》译序

［英］ 魏尔特著，陈敦才、陆琢成等译，戴一峰校，

厦门大学出版社 1993 年出版

中国近代海关是在外籍税务司管理之下。统辖全国海关的总税务司，长期是英国人，海关的负责官员以英人占多数。不妨说，海关是在英国控制下各国共管的国际官厅。海关内部使用的文字主要的是英文。海关既为外籍税务司管理，外籍税务司在处理关务上，自有一套适合其自身利益的方针和办法。关务严守秘密，关员不得向外泄露，有些关务甚至对关内华员也严加保密，这是处理关务方面一条重要的方针。因此，研究海关历史的学者要获得海关资料特别困难，文字上的隔阂，也增加了学者研究的困难，这就造成海关史研究在我国学术领域中特别薄弱。

由于海关处于外籍税务司的管理之下，外籍税务司查阅海关档案资料，有近水楼台之便；他们还参与了关务的处理，对于关务特别熟悉。因此，有些海关税务司乘机大搞海关问题研究，写出不少大部头的著作，成为专家。马士和魏尔特就是其中突出的人物。

魏尔特（1873—1951），原名 Stanley F, Wright，海关译名为魏尔特。姚曾廙先生译为莱特，这是音译，不是海关标准的译名，海关标准的译名为魏尔特。魏尔特出生于英国爱尔兰，1903 年来华，进入中国海关工作。历任海关帮办、副税务司、税务司等职。他在海关主要是担任总税务司署的高级官员，而且都是机要职务。我们查阅过总税务司署统计科出版的《海关主管官员名录》，他在安格联、梅乐和任总税务司时期，曾长期担任总税务司署机要科税务司，还担任过总税务司署秘书，代行过典职科税务司职务；多次代理总务科税务司。机要科专司机要文件，典职科管理人事，总务科税务司在总税务司外出时代理总务科职务。这几个职务都是总税务司署的要职。正因他担任了这些要职，所以有机会涉猎海关的机要文件。他在撰写《赫德与中国海关》时，得到总税务司安格联、梅乐和"允许我使用总税务司署和各口岸的大量海关

档案"。他还借用过税务司包罗的父亲在海关工作时遗留下来的日记，阅读过税务司贺璧理的部分信件，并在中国海关图书馆、上海图书馆、清华大学图书馆、英国几个有名图书馆查阅过有关海关资料。他还向一些有关方面核查过有关赫德和海关的资料。

由于他从多方面收集到大量资料，并加核查，所以这部书引用的资料比较扎实，内容特别丰富，是一部资料价值很高的中国近代海关史著作。

近代中国海关——洋关虽然是由李泰国奠基的，但它的巩固、发展完全得力于赫德。他从 1861 年署理总税务司后的半个世纪，中国海关一直由他管理。因此，我们同意该书"序言"中所说的："在他工作的那段时间，中国海关历史基本上是赫德的传记"的说法。

在我国近代海关史研究还处于薄弱的当前时期，除了必须大力发掘档案，特别是大量的机密档案、培养档案翻译人才以外，为了加速我国的研究过程，还必须大力翻译国外有关著作，充分利用其研究成果。这可以节约我们许多时间和精力，促进研究进程，少做重复工作，少走弯路。这是中国海关史研究中心一贯的方针，即两条腿走路的方针。基于这个想法，我们在几年前就向厦门海关学会推荐出版《赫德与中国海关》的中译本。学会名誉会长秦惠中同志一向重视中国海关史研究工作，毫不犹豫地表示乐意承担出版任务。现在我们看到这一大部头的书即将出版，不胜感慨！本书在出版过程中，遇到种种困难，厦门海关学会克服了一个又一个困难，终于付梓了，我们对于厦门海关学会和秦惠中同志如此热情支持海关史研究工作，感到由衷的赞赏。

我们欣赏这部书的资料价值和渊博内容，我们同意"序言"所说的"在中国海关的发展和活动中，赫德在一段很长时间里一直起着推动作用"的评价；但是我们不同意它把赫德打扮成为"维护中国利益""提高中国的福利""对中国人富有同情心"的评价。对于这些美化的言词，我们毋须在这篇幅有限的译序中加以评论，现在赫德的大量密函已经发表了，我们只想摘录近年来出版的赫德密函文件的一些自述，让读者自行对照，此中的真相就可大白了。下面摘录他的一些自述：

赫德曾就条约与海关关系论述海关的作用。他说：条约"总是制定者从外国立场出发强迫签订的，因此，极端重视的首先是要求外部（国）贸易的发展，而不是发展内部（中国）的潜在能力。"根据条约规定而建立的海关外籍税务司制度，"是为使贸易按照〔条约〕规定的方式进行，为使中国人按照条约规定强加于他们的贸易方向行动。"① 这是他所说的海关的本质。

海关从事外交活动，是整个海关最引人注目的活动。赫德称这种外交为"业余外交"，也叫做"秘密外交"。从他的业余外交活动中，我们可以看到他的一些自述。

当赫德接到《烟台条约》签订消息时，他电告金登干说："就中国方面来说，'滇案'已告结束。""经此事件后，海关比以往任何时候都强大，我认为今后二十年之内绝无翻船的可能。我开始感到我出色地驾驶了这条船。"②

在中法战争的前期谈判中，代表德国势力的津海关税务司德璀琳诱劝清政府和谈成功，中法签订了天津《简明条约》。赫德看见这种情况，大为惊慌。他密电金登干："对于这〔指德璀琳为代表的德国势力〕正在增长的权势，我所畏惧的倒不是他将取代我的地位，而是德国的势力将因他而高涨，英国的势力却要衰沉下去。……我的得意日子也许快完了吧。"他警告金登干说："也许有一天你会接到命令，把伦敦办事处移到柏林。"③

中法战争在赫德的调停下，终于由金登干和法国的华格洛签订了《巴黎草约》。据赫德自称："《巴黎草约》对中国完全不利。""〔中法〕双方比较〔所得〕，法国尽得所欲，毫无所损；保有实益而以虚名惠人。""战争的胜利，还能为法国取得什么比现在提请茹费理〔当时法国的内阁总理〕立刻接受更有利的东西？"④

当1887年赫德取得粤海常关管理权时，他密函金登干："我们业已胜利。现在我将各通商口岸往来香港和澳门的民船贸易〔的征课〕从粤海关监督的掌握中抢了过来，置于税务司的管辖之下。""这一项不小的扩大权势，看上去早晚可以管理通商口岸以外的事情了。"⑤ 中葡《里斯本草约》的结果是：

① 1884年赫德呈递英国议会的《关于洋关创办备忘录》，全文刊载于《中国近代海关历史文件汇编》第1卷，第172—194页。

② 1876年10月3日赫德致金登干Z/32函。《中国海关密档》第1卷，第449页。

③ 1884年5月28日赫德致金登干Z字第177号函；6月4日Z字第178号函。《中国海关与中法战争》，第158、159页。

④ 1884年12月16日赫德致金登干Z字第167函。《中国海关与中法战争》，第63页。

⑤ 1887年4月1日、6月20日赫德致金登干第285号函、297号函。《中国海关与里斯本草约》，第89、79、80页。

"我们给澳门的，对于中国不算什么，而对葡萄牙却所获甚大。"①

1885 年 11 月，英军侵略缅甸，清廷通过赫德"以私人途径安排解决"，"以后再由官方正式进行。"赫德竟然建议"英军应继续推进，强制〔缅甸〕订立条约，约束缅甸。未经同意，不得对外交涉。"1886 年，中英签订《缅甸条款》，金登干看到国会公布的文件后电告赫德说："协定前三款，可以说全与您原来所提的相同。正所谓'天从人愿'了。"②

1866 年后，英国不断窥伺西藏，侵占了咱利、亚东等地。清政府派升泰在纳荡和英国保尔谈判。清政府派遣赫德的弟弟赫政作为翻译，协助谈判。赫德立电赫政："你可试作中间人，将事权掌握在手中"，并提出他的谈判方案③。

结束中法战争的《巴黎草约》签字后，英国政府对于赫德非常赏识，特任命他为驻中国和朝鲜公使；但赫德却辞去了公使的要职，而宁愿继续担任总税务司。对于此中理由，他作了如下的表述："他的离开海关"，非常可能的是"各种各样有益的结果，将由于海关落在别人手中而不幸崩溃，或者发生一种可怕的对抗的发展，从而〔使海关〕变得没有什么价值，说不定还会完全抵消。""我所掌管的这个机构虽然叫做海关，但它的范围是广泛的，它的目的是在各个方面为中国做有益的工作。它确实是一个改革所有海关分支的行政管理和改进帝国行业应有的核心组织，因而首要的是，其领导权必须掌握在英国人手里。这种领导权已经由于谈论我的告退所引起的种种建议而受到危害。"正因如此，所以"我认为最好是留在原来的职位上。"④ 赫德的留任，杜绝了德璀琳幻想依靠李鸿章的势力取代赫德出任总税务司的可能性。

中日甲午战后，清政府为偿付日本赔款而向俄法借了一大笔款项。赫德得悉，喟然长叹，电告金登干说："我们已经被排斥在一边了，俄、法可以随心所欲，俄国已经提出共同分享管理海关权利，这是企图控制海关的楔子，只要我一走，他们必定立刻下手。"⑤ 接着清政府第二次借款，赫德电金登干说：

---

① 1886 年 11 月 1 日金登干致赫德第 292 号电， 1885 年 11 月 15 日赫德致金登干第 306 号电。《缅藏问题》，第 8、 29 页。

② 1886 年 10 月 8 日赫德致赫政第 446 号电。《缅藏问题》，第 81 页。

③ 引自 1889 年 4 月 6 日赫德致金登干第 11 号电。《缅藏问题》，第 89 页。

④ 1885 年 8 月 28 日欧格讷致索尔兹伯里函附件。《中国近代海关历史文件汇编》第 6 卷，第 542—545 页。

⑤ 1895 年 8 月 25 日赫德致金登干 Z 字第 674 号函。《中国海关与中日战争》，第 190 页。

"自俄国借款以来，英使馆用一切力量争取其余借款，以缓和财政控制，分割政治上的统治。……如中国接受〔俄法贷款〕，则英国将来对华交涉，将失去重要把柄。"为此，赫德"建议英国出面担保，可望取得政治上的优势。如果法俄联合继续下去，则他们得利，英国吃亏，以后造成同盟和军事上的优势，为害是无穷的。"①

为了抵制俄法争夺海关，赫德仗着与总理衙门的紧密关系，终于取得了第二次和第三次的英德借款。为了稳定英国对中国海关的控制，在英德借款合同中特别规定："至此次借款未付还时，中国总理海关事务应照现今办理之法办理。"由于合同中规定"借款三十六年还清，在三十六年期内，中国不得或加项归还，或清还，或更章还。"② 这将使英国继续控制中国海关 36 年。赫德为此电告金登干："借款合同签字，海关终获保全，我在总理衙门的地位也满意。"③ 在争夺第三次借款时，赫德认为："英国要想抵消〔俄国〕这种拼命追求的惟一办法，就是指示英格兰银行承办三厘息的中国借款，而由英国担保……除非这样办，中国就越来越陷入俄国的圈套中，而长期间出不来了。"④《英德续借款合同》终于签字，《合同》仍然规定"海关事务应照现今办理之法办理。"借款期限延至 45 年⑤。

要引的还有很多。引不胜引。请读者就这些有限的摘录自行加以熟思。

当然，赫德是生长在资本主义国家，接受过资本主义的高等教育。他介绍和引进中国的资本主义事物，使落后闭塞的中国出现了一些新气象，其积极作用是不容忽视的。我们认为，对于历史现象，必须全面地客观地加以考察，不好忽视任何方面的历史记载，这才可以恢复历史的真面目。

魏尔特还在总税务司秘书郭本的辅助下，撰写了《关税纪实》一书，把庞杂的中国关税的征收和支配，写得一清二楚，纲举目张，为我们提供关于民国前期海关关税状况的完整资料。这部书海关有了中译本。

魏尔特还编纂了一部七卷本的中国海关历史资料汇编，原名为 Documents Illustrative of the Origin，Development，and Aetivities of the Chinese Customs Serv-

① 1896 年 3 月 1 日赫德致金登干新字 836 号电。《中国海关与中日战争》，第 205 页。

② 《中外旧约章汇编》第 1 册，第 142—143 页。

③ 1896 年 3 月 24 日赫德致金登干新字 822 号电。《中国海关与中日战争》，第 213 页。

④ 1897 年 7 月 18 日赫德致金登干 乙 字第 759 号函。《中国海关与英德续借款》，第 12 页。

⑤ 《清季中外史料》第 149 卷，第 221—228 页。

ice，直译为《中国海关的起源发展及其活动文件汇编》，我们简译为《中国近代海关历史文件汇编》，总税务司署统计科 1940 年出版。此书大部分是从几千个总税务司通令和机要通令选择出来的具有代表性的通令，其次是英、美国会的有关海关问题的档案、报刊、日记、书信等资料，是研究中国近代海关史一部系统的原始资料。我们希望有关学术机构赓续本书，将其翻译问世。

南京中国第二历史档案馆藏有海关总税务司署 1861 年至 1994 年的档案，共 53,672 卷，各海关也在不同程度上保存了一些海关档案，需要大量的外语人才进行翻译。这些档案大多已整理好，便于选译。

我们殷切希望有关方面，急起直追，促使这个重要而又薄弱的学术领域迅速繁荣起来。

按：此译序是应本书原译者陈敉才、陆琢成家属的嘱咐而撰写的。

1995 年 9 月于厦门大学中国海关史研究中心

（六）《李泰国与中英关系》译序

[加] 葛松著，方家驹等译，邝兆江校，
厦门大学出版社 1991 年出版

本书作者葛松（Jack J. Gerson），加拿大人，就学伦敦大学，以撰写《李泰国及其在中英关系中的作用（1849—1865）》一书而获得博士学位。他担任加拿大多伦多大学教授多年。十多年来，数度来华讲学。

本书《李泰国与中英关系（1854—1864）》是上述著作的缩本，1972 年由哈佛大学东亚研究中心出版。全书计有正文 207 页，附件 7 种 25 件，各章注释 990 条。附件有早期英国显赫人物如额尔金、卜鲁斯、威妥玛、李泰国和赫德等有关往来书信及日记，并有恭亲王奕䜣授权李泰国购买船炮的札文，甚为珍贵。

作者撰写是书时，查阅了英国外交部、海军部、高等法院、怡和洋行和伦敦布道会的档案，额尔金与李泰国后裔珍藏的函件等。书中立论，均有所本。

李泰国于 1847 年 7 月 29 日到中国，曾在英国驻沪领事馆担任过翻译员和副领事等职务。1854 年上海江海关税务管理委员会设立的次年，继威妥玛任该会委员（即税务监督），1859 年 5 月 23 日两江总督兼各口通商大臣何桂清任命他为海关总税务司；1861 年为总理衙门重新任命，同年告假回国。1862

年为清政府在英国购买船炮，1863年5月返华，因企图夺取清政府水师船队管辖权，翌年1月15日被革职。

李泰国这一段历史，正是中国社会和中国海关激烈变化的过程。在这一过程中，中国海关沦为英国外交部的附属物，从而成为英国对华关系的基石。本书运用大量的史料论证了这一变化的过程，很有说服力。

鉴于本书为研究中国近代海关史和中英关系史必备的书籍，所以特将全书译出，以供参考。

译本第六章增加了七个小标题，为校订者所添，特此申明。

本书由方家驹、叶永、卫宝瑛、赵九龄四位先生冒着酷暑赶译；方家驹先生年过八旬，亲自定稿总纂；加拿大列城大学邝兆江博士精心审核，备极辛劳。我们谨此表示谢意！

本书由戴一峰老师负责审阅，花费了很多时间；厦门大学出版社热情支持迅速发排，在此一并致谢！

本书在校译期间，承加拿大阿尔伯特省列城大学（ULRF, University of Lethbridge, Alberta, Canada）经费资助，谨此致谢。

1990年11月26日

（七）《中国近代海关与中国财政》序言
戴一峰著，厦门大学出版社1993年出版

以外籍税务司为管理核心的近代中国海关，是个包罗万象的行政机关，它的职责和活动范围非常广泛。就我们接触到的资料，主要的有海关关税征收和对外贸易的监督管理，外债和内债的管理，包括港务、航政如灯塔、浮标、气象、引水、检疫等的海务管理，还管理邮政、同文馆，为清政府开拓近代外交，倡办新式海军等洋务，此外还从事大量的业余外交活动，等等。海关行政所以出现这种情形，是海关的特定任务所决定的。

近代中国海关，一向是在英国控制下的国际官厅，英国在海关外籍税务司制度建立的过程中，便力图把海关建成英国对华关系的基石。为了巩固、发展、扩大这个基石，单单依靠管理税务，监督对外贸易，远远不够；它必须在政治、经济、财政、军事、文化等领域进行活动，最大限度地扩大自身的权力，才能强化对清政府的影响力，引导清政府朝向英国利益方面发展。基于这一任务，总税务司赫德一再重复说："他绝不是采取狭隘的工作职务的观点，凡是促进商业、工业和地方繁荣的事都要做"（《中国沿海灯塔志》，第1页）。他认为："我所管理的机构虽然叫做海关，但是它的范围是广泛的，它的目的是在最大可能方面为中国做有益的工作"（赫德致索尔兹伯里函）。只有这样，才能充分地发挥基石的作用，发展英国的在华权益。近代中国海关作为一个税务行政机关，当然要抓紧税务工作，"把那项工作做好应该是他们（税务司）的主要任务"（总税务司通札语）。这不仅是中国政府指定做的工作，而且做好了这项工作，才能保证税收的源源增加，为其他工作、活动提供雄厚的经济基础。这是扩大海关权力，巩固发展英国对华关系基石的根本企图。

基于此，海关极力整顿关税，力争打进地方官员管理的常税、厘金领域，扩大税源；并以掌握的海关税收为基础，打进庞大的外债领域。到辛亥革命时，又乘着中国政局的混乱，把一向掌握在清政府海关监督手中的税款保管权也剥夺过去。它运用庞大的税款，为北洋政府发行内债。北洋政府为了支持拮据的财政，罗掘内战经费，把田赋以外的税源和可能挤出的款项，尽可能地拨交总税务司，充当发行内债的基金。总税务司利用庞大的财力，和买办阶级结合起来，垄断了北洋政府的财政。结果，海关成为北洋政府太上财政部，总税务司成为太上财政总长。海关势力所以能够渗透进中国的各个领域，除了列强特别是英国的强大后盾以外，主要就是借助于庞大的财政权力。由这种权力支持的各个领域的综合力量，反过来加强了海关外籍税务司制度，巩固、发展了英国对华关系的基石。所以海关和财政的紧密关系，影响深远，作用很大。本书对于这个发展过程，从纵的和横的两方面加以阐述，可供研究中国近代史、海关史、经济史特别是财政史的同志参考。

戴一峰同志在中国海关史研究中心工作多年，撰写了不少有关近代海关史的论文，曾经作为访问学者到菲律宾做过经济史的研究，主持了厦门海关和中国海关史研究中心合作整理厦门海关旧档案的业务工作。本书就是在此基础上撰写的。如上所述，近代中国海关的行政范围广泛，职责庞杂，它管理的各个部门专业性都很强，必须进行专门的研究，才能取得良好的结果。因此，撰写海关各部门的专门史，是海关史研究的方向。戴一峰同志这一著作，正是朝着这个方向进行研究的发端。我们热切希望青年学者们参加此项研究的行列，把大片中国海关史的研究荒漠迅速开拓出来，为改革开放作出扎扎实实的贡献！

1992 年 12 月 31 日

（八）《中国近代海关名词及常用语英汉对照》编辑说明

陈诗启主编，中国海关史研究工具书之二；

陈诗启、孙修福编，中国海关史研究中心印行

中国近代海关是以洋员为管理核心的行政机构。它的职务庞杂，涉及税务、海务（包括港务、航务、气象、检疫、引水……）、外债、赔款、内债、教育、邮政等方面，还有其他临时性如对外交涉等任务。它对中国近代社会有着广泛的影响和作用。中国近代海关史的研究是个亟待开拓的研究领域。

中国近代海关是在英国人控制之下，使用的语文，主要是英文，它的文件、记录和出版物，大多是用英文撰写的。中国近代海关是近代中国一个新的机构，它在长期发展过程中形成了一套独特的专用名词和常用语。这套词语有的是从外国翻译过来的，有的是自行编造的，许多不是一般英汉字典或工具书可以查到的，这使中国海关研究工作者感到很大困难。中国海关史研究中心成立开始，就把完成海关词语英汉对照的工作列为主要任务之一。这个工作远在三年前就着手进行了。

海关总税务司署对于此项工作早已做过努力，曾经搜集了大量英汉对照词语；税务专科学校洋员起林士（C. A. S Williams）也编选了《海关商务华英新名词》一书，收集了 4,600 多个英汉对照名词。以上收集的大都是在二十年代以前使用的词语，三十年代以后的大多缺如；所收范围仅侧重于某一专业。这些词语的汉译，大多出于洋员，因为他们的汉语水平的限制，不少文理欠通，难于理解。现在中国近代海关史的研究已渐为学术界人士所重视，海关档案资料的翻译刻不容缓。为了提供翻译工作者查阅的方便，为了使词语的翻译规范化，以便于阅读，我们特就海关档案中所辑的英汉对照词语、海关法规、文件和海关出版物中出现的有关海关英汉对照的词语，进行了广泛搜集，并经一再选择和补充，直到现在才完成这部书稿。

中国近代海关业务庞杂，牵涉的面很广，前后百年，积累的名词和常用语，真是汗牛充栋，难以计数。如果尽录，不胜其烦；如果选录，又恐有失。因此，感到取舍不易。我们只能就水平所及和研究实践，选择那些常用而又难解的词语，至于一些用处不大或在现行英汉字典或工具书上可以查到的，尽量不录或少录。有些词语，有英无汉，有汉无英，这就不录了。所有汉译，除文理欠通的稍加修改以外，一般沿用原来译名，我们补充的一些，如外国在华使

节的汉名，就不一定是海关的译名了。

因为我们对中国近代海关业务不尽熟悉，选择的词语，不一定完全适用。所以虽三易其稿，历时三年，仍感不足。尽管如此，在当前工具书缺如的情况下，仍不失为一部可供参考的书籍。因此，我们决定作为试用本尽速付印，以应需要。我们希望同志们在使用过程中，发现有什么错误、有什么需要补充或其他问题，随时赐告，以便进一步修改。让我们共同来完成这个工作吧。

中国近代海关的组织机构和职衔名称，相当复杂，而且跟着时代变化而变化，我们已另编专书，并附各关关名、开办时间以及主管人员名单，当力争尽早付印。

本书承海关前辈方家驹老先生，冒着酷暑，为我们审阅，还尽他所知做了补充。方老以八十余高龄，如此热心工作，实足为我们的楷模，特此致以衷心谢忱。

本书资料主要由孙修福同志搜集，我也搜集了一部分；我还负责选编定稿，书中不当之处，由本人负责。

本书原稿承黄美德和詹庆华两同志反复整理；为了减少错误，还亲自誊抄；在此一并致谢。

1989 年 5 月于厦门大学中国海关史研究中心

（九）《厦门海关历史档案选编》序
厦门海关档案室编，戴一峰主编，
厦门大学出版社 1997 年出版

中国各海关都在不同程度上保藏着历史档案。其中上海海关保藏得最为完整，厦门海关也基本完整。这些档案都是价值较高的历史资料。在 1990 年中国海关史第二次国际学术研讨会上，各位与会的专家学者，参观了厦门海关档案室，翻阅了部分档案，都啧啧称赞厦门海关的精心保藏及档案资料的价值。事后，日本东京大学东洋研究所滨下武志教授建议厦门大学中国海关史研究中心加以整理出版。我在几年前向秦惠中老关长建议，由厦门海关和厦门大学中国海关史研究中心合作整理。秦老关长欣然表示同意。研究中心因抽不出人，基本上只由戴一峰教授一人自始至终参加工作。

海关档案相当复杂，据经办过海关文书工作的卢海鸣先生的记载说："海关公文书以英文为主，与总署〔总税务司署〕及其他关区来往公文均使用英

文，即内部签注意见亦用英文。其他机关来函及民间申诉书件，则由文书课人员简要翻译，以便税务司批阅处理"。海关文件分为："1. 总署发各关之令文，及各关对总署之呈文，均称为 Despatch。2. 总署遍发各关之通令，称为 Circular。3. 副总税务司遍发各关之通函，称为 Printed Note 或 Circular Memorandum。4. 总署各科税务司遍致各关之通函，称为 Memorandum。5. 总税务司与关区税务司间往复文件，除正式之 Despatch 外，尚有半官式之 Semi-Official Letter（简称为 S/O Letter）。各关税务司每月至少应有两次将当地发生之重要事件或关务不便正式而以 Despatch 呈报者，缮写 S/O Letter 报告总税务司了解或请示。6. 总税务司遍发各税务司之 S/O Letter 称为 Circular S/O。另外，总税务司遍发各关之通令，如采用 S/O Letter 方式撰写者，则称为 S/O Circular，与 Circular S/O 又有不同。7. 总税务司与各关税务司间往复函件，内容如涉及为机密者，另称 IGS/Letter，以便加强管制，严防泄密。8. 总署与各关间往返电报，均采用海关自编之密码（名称为 Jordan Code）拍发。另有属于代电性质之 Memo. Telegram，系使用电报之简洁文句，惟以航空邮寄。"①

本书翻译的档案资料系出自上述的 S/O Letter。S/O 即半官式。总税务司署统计科出版的 I. G. Semi. Official Circular 一书的译名为《总税务司机要通令》，可见 S/O 的海关译名为机要。既为机要，即系内部文件，它所记载的是"当地发生之重要事件或关务不便正式以 Despatch 呈报者"，可见是保密资料。厦门海关今天能把这些机要信件的一部分公之于世，这对中国海关史和地方史，将有特殊贡献。希望各海关保藏有半官函的尽可能组织翻译出版，借以充实海关史和地方史的内容；也希望从事海关史和地方史研究的同志，从中发掘出大量有价值的资料。

1997 年国庆节于厦门大学中国海关史研究中心

---

① 《海关蜕变年代——任职海关四十二载经历》，第 13—14 页。台湾关税总局叶伦会先生寄赠。